Chronologie der Informationstheorie und -technik
Chronology of Information-Theory and -Technology

60 vor Chr.	**Cäsar**-Verschlüsselung**code**: Beginn der Kryptologie
16. Jhr. n. Chr.	Polyalphabetische Verschlüsselung (nach **Vigenére**)
1617	Idee für einen Rechenschieber (**Napier**)
1641	Rechenmaschine nach dem Zählrad-Prinzip (**Pascal**)
1679	Analysen zum Dualsystem von **Leibniz**
1805	Webmaschinensteuerung mit Lochstreifen (**Jacquard**)
1833	Rechenmaschine mit Lochkarten (**Babbage**)
1834	Elektromagnetischer Telegraf (**Gauß/Weber)**
1847	Boolsche Algebra (**G. Boole**)
1861	Entdeckung des Telefonprinzips durch **J. Ph. Reis**
1864	**Maxwell** formuliert die elektro-magnetische Gesetze
1876	Erster funktionsfähiger Fernsprecher durch **A. G. Bell**
1879	*„Begriffsschrift“* von **Gottlob Frege**
1886	Elektrische Lochkartenmaschine (**Hollerith**)
1887	Entdeckung der elektromagnetischen Wellen durch **Hertz**
1895	Erste Radio-Antenne (**Popow**)
1897	Entwicklung der Braunschen Röhre (Ferdinand **Braun**)
1901	Erste drahtlose Datenübertragung (Atlantik)
1908	Erstes Wählamt in Deutschland
1924	Systemtheorie in der Nachrichtentechnik (**Küpfmüller**)
1931	Unvollständigkeitssätze von **Gödel**
1933	Frequenzmodulation (**Armstrong**)
1936	Konzeption eines universellen Rechenautomaten – **Turing**
1936	Automatenmodell nach **Turing**
1936	**Churchsche These:** Beziehung von Turing-Automat und Algorithmenkonzept
1937	**Zuse** entwickelt einen Relais-Rechner (Z1)
1937	**PCM** (**P**uls **C**ode **M**odulation) von **Reeves** entwickelt (erste Vorarbeiten 1926 **Rainey**)
1937	**Laplace**-Transfomation in der Nachrichtentechnik (**Doetsch**)
1937	**Fourier**-Transfomation i. d. Nachrichtentechnik (**Wiener**)
1939/1948	**Abtasttheorem** von **Raabe/Shannon**
1940er Jahre	Universalprogrammierbarer Rechner (**Zuse**)
1944	Rechnerarchitekturprinzip von **Neumann**
1946	**ENIAC**: erster kommerzieller Universalrechner
1946	Flussdiagrammdarstellung (**Goldstine/von Neumann**)
1948/1950	**Wiener/Turing** begründen die Kybernetik
1948	Erfindung des Transistors (**Brattain, Barden, Shockley**)
1948	Informationstheorie nach **Shannon**
1950	Präziser Algorithmus-Begriff (**Markoff**)
1952	**Chomsky:** Konzeption der formalen Sprachen
1954	Ausarbeitung von **FORTRAN** (**Backus**)
1956	**A**rtificial **I**ntelligence (**AI**) Carthy/Minsky/Rochester/Shannon
1957	Serienfertigung von Elektronenrechnern (USA)
1960	Erster Nachrichtensatellit (USA: **Echo I**)
1960er Jahre	Vernetzung von Computern; Protokollwelt TCP/IP
1963	PAL-Farbfernsehprinzip (**Bruch**)
1968	Einführung von integrierten Schaltkreisen
1969	Erste UNIX-Versic
1970	Erster verwendba
1970-80er	Algorithmische I
1971	Entwicklung des
1971	Strukturierte Pr
1972	Entwicklung der
1972	Erste objektorie
1973	UNIX-Version 4 (vo
1976	Data Encryption Standard (**DES**)
1977	Public-Key-Algorithmus (**RSA**)
1981	Erste DOS-Version (86er DOS)
1983	Das „Internet“ entsteht; ISO-OSI-Modell
1983	Grafische Benutzeroberfläche beim PC (GUI)
1985	CD-ROM (Fa. Philips und Sony)
1986	Zero-Knowledge-Verfahren (**Fiat-Shamir**)
1989	ISDN
1990er Jahre	Entwicklung von **Java**
1990	WWW-Browser (Tim Berners-Lee)
1991	Linux
1991	**PGP** (**P**retty **G**ood **P**rivacy von **P. R. Zimmermann**)
1993	Euro-ISDN; MPEG-1
1994	Faktorisierungsalgorithmus für Quantencomputer (**Shor**)
1995	MPEG-2
1996	DVD; Online-Dienste
2001	Neues BDSG in Deutschland (8 Gebote)
2002	**AES** (**A**dvanced **E**ncryption **S**tandard) – 128-Bit-Code
2005	Zerlegung von 200stelligen Dezimalzahlen in Primzahlfaktoren
2006	Web 2.0; Web-Wissenschaft (Tim Berners-Lee et al.)
Seit 2007	erste kommerzielle Geräte zur Nutzung der Quantenverschlüsselungstechnik
2009/2010	Google Betriebssystem Chrome OS (im Netz)
2010	Android – Smartphones liegen vor iPhone (in USA)
2010	W32.Stuxnet – Computerwurm: weltweite Beeinträchtigung von Industrieanlagen
2011	Schrittweise Einführung und Nutzung von IPv6

Chronologie der Wirtschaftstheorie und Gesellschaft
Chronology of Economic-Theory and Society

1494	L. **Pacioli** entwickelt die „Doppelten Buchhaltung“
1516	„Utopia“ von Thomas **Mores**
1776	Industrielle Verwendung der Dampfkraft (James **Watt**)
1798	**Malthus** - Theorie zur Bevölkerungszunahme
1883	Gesetz über die Krankenversicherung in Deutschland
1889	Gesetz über Alters- und Invaliditätsversicherung
1910	Grundsätze der wissenschaftlichen Betriebsführung (Scientific Management) von F.W. **Taylor**: Taylorismus
1914–1918	**Erster Weltkrieg**
1924	„**Re**ichsausschuss **f**ür **A**rbeitszeitermittlung“ (**REFA**)
1929	**Weltwirtschaftskrise**
1939–1945	**Zweiter Weltkrieg**
1962	„Learning by Doing“ - K. J. **Arrow** (Nobelpreis 1972)
1972	„Die Grenzen des Wachstums“ – **„Club of Rome“**
1989	9. November „Maueröffnung“ in Deutschland
1990	3. Oktober – Beitritt der DDR zur BRD
1999	Europäische Zentralbank (**EZB**) nimmt ihre Arbeit auf
2001	11. September – Terroranschlag in New York
2002	Euro (€) wird Zahlungsmittel
2003	Irak-Krieg
2008	Ernsthafte weltweite Finanzmarktkrise
Seit 2008	Aufnahmen in Deutschland für google street view 1. Nov. 2010: Elektronischer Personalausweis in Deutschland (inkl. RF-Chip: Internet-Ausweis, Signaturfunktion, ...)

IT-Handbuch (Tabellenbuch)

IT-Systemelektroniker/-in
Fachinformatiker/-in

Heinrich Hübscher, Lüneburg
Hans-Joachim Petersen, Helmstedt
Carsten Rathgeber, Petersberg
Klaus Richter, Braunschweig
Dr. Dirk Scharf, Meine

Unter Mitarbeit der Verlagsredaktion.

westermann

Diesem Buch wurden die bei Manuskriptabschluss vorliegenden neuesten Ausgaben der DIN-Normen, VDI-Richtlinien und sonstigen Bestimmungen zu Grunde gelegt. Verbindlich sind jedoch nur die neuesten Ausgaben der DIN-Normen und VDI-Richtlinien und sonstigen Bestimmungen selbst.

Die DIN-Normen wurden wiedergegeben mit Erlaubnis des DIN Deutsches Institut für Normung e.V. Maßgebend für das Anwenden der Norm ist deren Fassung mit dem neuesten Ausgabedatum, die bei der Beuth-Verlag GmbH, Burggrafenstraße 6, 10787 Berlin, erhältlich ist.

Auf verschiedenen Seiten dieses Buches befinden sich Verweise (Links) auf Internet-Adressen. Haftungshinweis: Trotz sorgfältiger inhaltlicher Kontrolle wird die Haftung für die Inhalte der externen Seiten ausgeschlossen. Für den Inhalt dieser Seiten sind ausschließlich deren Betreiber verantwortlich. Sollten Sie bei dem angegebenen Inhalt des Anbieters dieser Seite auf kostenpflichtige, illegale oder anstößige Inhalte treffen, so bedauern wir dies ausdrücklich und bitten Sie, uns umgehend per E-Mail unter www.westermann.de davon in Kenntnis zu setzen, damit der Verweis beim Nachdruck gelöscht wird.

8. Auflage, 2013
Druck 1, Herstellungsjahr 2013

Redaktion: Armin Kreuzburg
Satz und Layout: Fa. Lithos, Dirk Hinrichs, Wolfenbüttel
Umschlaggestaltung: boje5 Grafik & Werbung, Braunschweig
Druck und Bindung: westermann druck GmbH, Braunschweig

ISBN 978-3-14-**23 5042**-4

1	Der Betrieb und sein Umfeld	5 ... 32
2	Geschäftsprozesse und betriebliche Organisation	33 ... 50
3	Informationsquellen/Arbeitsmethoden	51 ... 74
4	Elektrotechnik	75 ... 118
5	Systemkomponenten	119 ... 194
6	Software	195 ... 266
7	Kommunikationsnetze	267 ... 362
8	Projekte, Sicherheit, Qualität	363 ... 410
9	Markt- und Kundenbeziehungen	411 ... 444
10	Rechnungswesen/Controlling	445 ... 469
	Sachwortverzeichnis	472 ... 497

Informationstechnik. Ein Begriff, der fast täglich verwendet wird, und dennoch nicht ganz so einfach zu definieren ist. Zieht man einschlägige Informationsquellen zurate, so ergibt sich für diesen Begriff je nach Blickwinkel eine mehr oder weniger umfangreiche Interpretation bzw. Definition.

Warum ist das so?

Der Begriff Informationstechnik wird als eine Art Sammelbegriff für die vielfältigen technischen, theoretischen und praktischen Disziplinen aus den Bereichen Informationsgewinnung, Informationsverarbeitung und Informationsdarstellung verwendet.

Die Anwendungsbreite der Informationstechnik kann in fast allen Lebensbereichen tagtäglich erlebt werden. Einfache Beispiele sind dabei die elektronischen Medien Internet und Mobiltelefonie mit einem umfangreichen und täglich wachsendem Angebot an Netzen und zur Verfügung stehenden Diensten und Geräten. Bedingt durch den wachsenden Umfang der technischen Implementierungen ist es erforderlich, eine Übersicht zu allen Themengebieten zu gewinnen bzw. zu behalten. Obwohl eine Vielzahl von Informationsmöglichkeiten zu dem Thema Informationstechnik gegeben ist, fällt es doch nicht immer leicht, die relevanten Informationen schnell zu erarbeiten bzw. zu gewinnen.

Eine wesentliche Arbeitserleichterung bietet das nunmehr in der 8. Auflage erschienene IT-Handbuch (IT-Tabellenbuch) des Westermann Verlages. Auch diese Auflage bietet zielgerichtet, umfassend und wohl strukturiert die gesamte Bandbreite des Wissens zum Thema Informationstechnik.

Dabei werden sowohl Grundlagenwissen als auch Anwendungswissen verständlich und übersichtlich präsentiert. Die Inhalte decken generell den Informationsbedarf für Auszubildende, Lehrkräfte und Prüfungsabsolventen der IT-Berufe ab.

Darüber hinaus ist das IT-Handbuch hervorragend geeignet für Studierende der Berufsakademien und Hochschulen und für alle, die an der Informationstechnik interessiert sind.

Die Auswahl und Aufbereitung der Themeninhalte erfolgte sowohl unter Berücksichtigung der mit den bisherigen Ausgaben gemachten Lehr-/Lernerfahrungen im Ausbildungsbereich als auch in der beruflichen Arbeitsanwendung. Selbstverständlich wurden die ausgewiesenen Lernfelder der Rahmenlehrpläne als Grundlage für die Themenauswahl berücksichtigt.

In der 8. Auflage präsentiert sich das IT-Handbuch mit neuen, an den Stand der Entwicklung angepassten und aktualisierten Themen. Jedes der 10 Teilkapitel behandelt thematische Schwerpunkte und bietet somit die Möglichkeit der konzentrierten Informationserfassung in dem jeweiligen Fachthema.

Mit dieser Auflage ist es erneut gelungen, Inhalte der Informationstechnik und der Betriebswirtschaft in einer für den unterschiedlichen Leserkreis verständlichen Form darzustellen.

Damit ist dieses Buch unter anderem geeignet für
- den Fachunterrricht,
- die Prüfungsvorbereitung,
- für die Weiterbildung,
- den betrieblichen Arbeitsrahmen,
- das Selbststudium.

Für Hinweise und Verbesserungsvorschläge sind Autoren und Verlag jederzeit aufgeschlossen und dankbar.

Autoren und Verlag

Braunschweig 2013

Der Betrieb und sein Umfeld

6 Duales Ausbildungssystem in Deutschland
6 Ausbildungsvertrag
7 Rechte und Pflichten laut Berufsbildungsgesetz (BBiG)
8 Personalbeschaffung und -einstellung
8 Kündigungsrecht laut BBiG
8 Wichtige Gesetze zum Arbeits- und Tarifrecht
9 Jugendarbeitsschutzgesetz
10 JAV – Jugend- und Auszubildendenvertretung
10 Betriebsrat
11 Gesetzliche Kündigungsfristen
11 Sozialgerichtsbarkeit
12 Mitbestimmung
13 Tarifvertragsrecht
15 Entgeltabrechnung/Sozialversicherung
16 Stellung eines Betriebes in Wirtschaft und Gesellschaft
17 Geld- und Güterströme eines Betriebes
18 Aufgaben und Ziele von Betrieben
18 Arten von Betrieben
19 Unternehmensgründung
20 Rechtsformen der Unternehmungen
21 Produktionsfaktoren und Faktorkombination
22 Arbeitsteilung in der Wirtschaft
22 Auswirkungen der Arbeitsteilung
23 Arbeitsgerichtsbarkeit
24 Strukturveränderungen der deutschen Wirtschaft
24 Wirtschaftsorganisationen
25 Wirtschaftskreislauf
26 Marktstrukturen und ihre Auswirkungen
27 Anbieter- und Nachfragerverhalten
27 Preisbildung auf dem vollkommenen Markt
28 Gleichgewichtspreis und -menge
28 Kooperation und Konzentration
29 Formen der Kooperation und Konzentration
30 Grundzüge staatlicher Wettbewerbspolitik
31 Wettbewerbspolitik in der Sozialen Marktwirtschaft
32 Kartellkontrolle und Marktbeherrschung

Duales Ausbildungssystem in Deutschland
Dual System of Education in Germany

Die berufliche **Erstausbildung** der staatlich anerkannten Ausbildungsberufe im Sinne des **Berufsbildungsgesetzes (BBiG)** von 1969 bzw. 2005 findet in Form **des dualen Ausbildungssystems** statt. Die Ausbildung erfolgt dabei an **zwei Lernorten**:

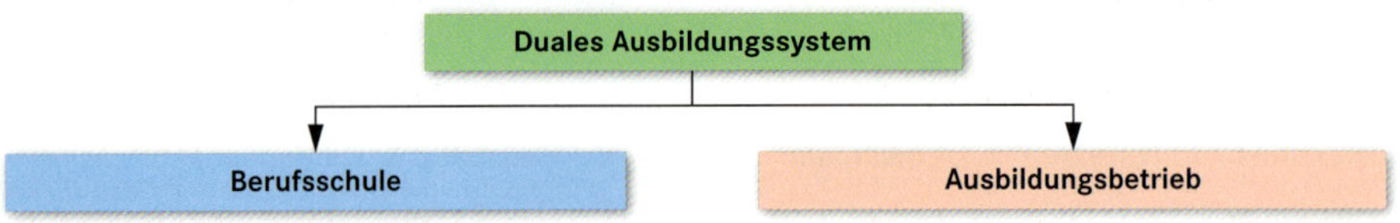

Das **BBiG** benennt Rechte und Pflichten der an der Ausbildung beteiligten Personen und Institutionen und beschreibt die Ordnung/Organisation der Berufsbildung.

§ 5 des BBiG definiert als Grundlage einer ordnungsgemäßen Berufsausbildung die so genannte **Ausbildungsordnung:**

§ 4: Anerkennung von Ausbildungsberufen

(1) Als Grundlage für eine geordnete und einheitliche Berufsausbildung kann das Bundesministerium für Wirtschaft und Technologie oder das sonst zuständige Fachministerium im Einvernehmen mit dem Bundesministerium für Bildung und Forschung durch Rechtsverordnung, die nicht der Zustimmung des Bundesrates bedarf, Ausbildungsberufe staatlich anerkennen und hierfür Ausbildungsordnungen nach § 5 erlassen.

(2) Für einen anerkannten Ausbildungsberuf darf nur nach der Ausbildungsordnung ausgebildet werden.

§ 5: Ausbildungsordnung

(1) Die Ausbildungsordnung hat festzulegen

1. die Bezeichnung des Ausbildungsberufes, der anerkannt wird,
2. die Ausbildungsdauer; sie soll nicht mehr als drei und nicht weniger als zwei Jahre betragen,
3. die beruflichen Fertigkeiten, Kenntnisse und Fähigkeiten, die mindestens Gegenstand der Berufsausbildung sind (Ausbildungsberufsbild),
4. eine Anleitung zur sachlichen und zeitlichen Gliederung der Vermittlung der beruflichen Fertigkeiten, Kenntnisse und Fähigkeiten (Ausbildungsrahmenplan),
5. die Prüfungsanforderungen.

Während der **Ausbildungsrahmenplan** verbindlich festlegt, was im Ausbildungsbetrieb zu vermitteln ist, wird im von der Kultusministerkonferenz (KMK) beschlossenen **Rahmenlehrplan** für den berufsbezogenen Unterricht der Berufsschule definiert, was der Lernort Berufsschule im berufsbezogenen Bereich zu vermitteln hat.

Rahmenlehrplan und Ausbildungsordnung des Bundes sind aufeinander abgestimmt (Rechtsgrundlage: „Gemeinsames Ergebnisprotokoll vom 30. Mai 1972").
Aufgrund von landesspezifischen Schulgesetzen erlassen die zuständigen Kultusministerien zusätzlich **Lehrpläne** für die so genannten allgemein bildenden Fächer (z. B. Deutsch).

Alle **Berufe** unterliegen einem stetigen Wandel, dies gilt auch für die IT-Berufe:

- Die **fachlichen Anforderungen** verändern sich, z. B. durch technische Innovationen oder die Weiterentwicklung rechtlicher Bestimmungen.
- Die Bedeutung der **inner**- und **außerbetrieblichen Kommunikation** nimmt zu, z. B. bei der Umsetzung des Beschwerde-Managements oder der Betreuung von „Schlüsselkunden". Auch die Anforderungen an unterschiedliche Fremdsprachenkenntnisse steigen.

Diese Trends verdeutlichen, dass die **Fort**- und **Weiterbildung** von entscheidender Bedeutung ist, um im gelernten Beruf weiterhin tätig sein zu können.

Ausbildungsvertrag
Articles of Apprenticeship

Der Ausbildungsvertrag wird zwischen dem **Auszubildenden** und dem **Ausbildenden** geschlossen. Bei minderjährigen Auszubildenden muss ein Erziehungsberechtigter den Vertrag mit unterzeichnen. Der Ausbildende, der Inhaber des Ausbildungsbetriebes, kann **Ausbilder** im Betrieb beauftragen, die Berufsausbildung des Auszubildenden im Einzelnen zu gewährleisten.

Der unterschriebene Ausbildungsvertrag wird der zuständigen **Industrie- und Handelskammer (IHK)** zur Prüfung vorgelegt und von ihr in das Verzeichnis der Berufsausbildungsverhältnisse eingetragen. Das **Berufsbildungsgesetz (BBiG)** regelt die Rechte und Pflichten von Auszubildenden und Ausbildenden.

Pflichten des Auszubildenden
(= Rechte des Ausbildenden)

Der Auszubildende hat …

- sich zu bemühen, die berufliche Handlungsfähigkeit zu erwerben, die erforderlich ist, um das Ausbildungsziel zu erreichen
- die ihm im Rahmen seiner Berufsausbildung aufgetragenen Aufgaben sorgfältig auszuführen
- am Berufsschulunterricht und an Prüfungen teilzunehmen
- den Weisungen zu folgen, die ihm im Rahmen der Berufsausbildung von weisungsberechtigten Personen erteilt wurden;
- die für die Ausbildungsstätte geltende Ordnung zu beachten
- Werkzeug, Maschinen und sonstige Einrichtungen pfleglich zu behandeln
- über Betriebs- und Geschäftsgeheimnisse Stillschweigen zu wahren
- ein Berichtsheft zu führen

Pflichten bei Ausübung einer Nebentätigkeit:
Grundsätzlich ist die Ausübung einer Nebentätigkeit zwar erlaubt, sie darf den Auszubildenden aber nicht so stark belasten, dass er seine vertraglichen Pflichten, insbesondere das Erreichen des Ausbildungszieles, nicht mehr erfüllen kann. Aus diesem Grund ist die Ausübung der Nebentätigkeit mit dem Ausbildenden abzustimmen.

Zusätzliche Rechte und Pflichten, wie z. B. Urlaubsansprüche, besondere Schutzrechte Jugendlicher, werden in weiteren Gesetzen geregelt (siehe dazu auch Seite 8).

Pflichten des Ausbildenden
(= Rechte des Auszubildenden)

Der Ausbildende hat …

- mit dem Auszubildenden einen Berufsausbildungsvertrag zu schließen und ihn schriftlich niederzulegen
- mit dem Auszubildenden eine Probezeit zu vereinbaren (mindestens einen Monat, höchstens vier Monate)
- dafür zu sorgen, dass dem Auszubildenden die berufliche Handlungsfähigkeit vermittelt wird, die zum Erreichen des Ausbildungszieles notwendig ist
- die Ausbildung planmäßig durchzuführen
- dem Auszubildenden kostenlos die notwendigen Ausbildungsmittel zur Verfügung zu stellen
- den Auszubildenden zum Besuch der Berufsschule sowie zum Führen von Berichtsheften anzuhalten
- dafür zu sorgen, dass der Auszubildende charakterlich gefördert sowie sittlich und körperlich nicht gefährdet wird
- sicherzustellen, dass dem Auszubildenden nur Verrichtungen übertragen werden, die dem Ausbildungszweck dienen und seinen körperlichen Kräften angemessen sind
- den Auszubildenden für die Teilnahme am Berufsschulunterricht und an Prüfungen freizustellen
- dem Auszubildenden eine angemessene Vergütung zu gewähren
- dem Auszubildenden bei Beendigung des Ausbildungsverhältnisses ein Zeugnis auszustellen

Personalbeschaffung und -einstellung
Personal Recruitment and Staff Recruitment

Personalbedarfsplanung des Unternehmens (Personalbedarfsrechung: **welches Personal** muss in **welcher Anzahl** zu **welchem Zeitpunkt** an **welchem Ort** eingestellt werden?

→

Einleitung **interner** und **externer Personalbeschaffungsmaßnahmen**

→

Prüfung der Bewerbungsunterlagen (Anschreiben, Lebenslauf, Anlagen – z. B. Zeugnisse, Fortbildungsbescheinigungen)

→

Planung, Auswertung und Durchführung von **Bewerbungsgesprächen**

→

Absage an abgewiesene Bewerber

→

Einstellung der ausgewählten Bewerber durch **Abschluss** eines **Arbeitsvertrages**

Kündigungsrecht laut BBiG
Right to Give Notice According to the Vocational Training Act

- Voraussetzungen, unter denen der Berufausbildungsvertrag gekündigt werden kann, sind in die Vertragsniederschrift aufzunehmen (**§ 11**);
- Während der Probezeit kann das Berufsausbildungsverrhältnis jederzeit ohne Einhalten einer Kündigungsfrist gekündigt werden (**§ 22 Abs. 1**);
- Nach der Probezeit kann das Berufsausbildungsverhältnis nur gekündigt werden
  1. aus einem wichtigen Grund ohne Einhalten einer Kündigungsfrist,
  2. von Auszubildenden mit einer Kündigungsfrist von vier Wochen, wenn sie die Berufsausbildung aufgeben oder sich für eine andere Berufstätigkeit ausbilden lassen wollen (**§ 22 Abs. 2**);
- Die Kündigung muss schriftlich erfolgen (**§ 22 Abs. 3**);
- Wird das Berufsausbildungsverhältnis nach der Probezeit vorzeitig gelöst, kann der Auszubildende oder der Ausbildende unter Umständen schadensersatzpflichtig werden. Dies gilt nicht im Falle des **§ 22 Abs. 2 Nr. 2**.

Wichtige Gesetze zum Arbeits- und Tarifrecht
Important Laws of Labour and Collective Bargaining Right

- Gesetz zum Schutze der arbeitenden Jugend, kurz: Jugendarbeitsschutzgesetz (JArbSchG)
- Mindesturlaubsgesetz für Arbeitnehmer, kurz: Bundesurlaubsgesetz (BundUrlG)
- Kündigungschutzgesetz (KSchG)
- Gesetz zum Schutze der erwerbstätigen Mutter, kurz: Mutterschutzgesetz (MuSchG)
- Tarifvertragsgesetz (TVG)
- Arbeitszeitgesetz (AZG)
- Gesetz zum Schutz vor Missbrauch personenbezogener Daten (BDSG)
- Bürgerliches Gesetzbuch (BGB)
- Gesetz über die Mitbestimmung der Arbeitnehmer in den Aufsichtsräten und Vorständen der Unternehmen des Bergbaus und der Eisen und Stahl erzeugenden Industrie, kurz: Montanmitbestimmungsgesetz (MitbestG)
- Gesetz über die Drittelbeteiligung der Arbeitnehmer im Aufsichtsrat (DrittelbG)
- Gesetz über die Mitbestimmung der Arbeitnehmer, kurz: Mitbestimmungsgesetz (MitbestG)
- Betriebsverfassungsgesetz (BetrVerfG)
- Gesetz zur Ordnung des Handwerks, kurz: Handwerksordnung (HandwO)

Geltungsbereich des Gesetzes

- Das Gesetz schützt **Kinder** (Personen unter 15 Jahren) und **Jugendliche** (Personen ab 15 Jahren, aber noch unter 18 Jahren), die sich in der Berufsausbildung befinden oder in einem Beschäftigungsverhältnis als Arbeitnehmer oder Heimarbeiter tätig sind (§ 1).
- Auf Jugendliche, die der Vollzeitschulpflicht unterliegen, finden die für Kinder geltenden Vorschriften Anwendung (§ 2).

Arbeitszeit/Pausen/Schichtzeit

- Jugendliche dürfen nicht mehr als 8 Stunden täglich und nicht mehr als 40 Stunden wöchentlich beschäftigt werden.
- Wird die Arbeitszeit an einzelnen Werktagen verkürzt, kann die Arbeitszeit an anderen Tagen auf maximal 8,5 Stunden verlängert werden (§ 8).
- Die Pausenzeiten gelten nicht als Arbeitszeit (Ausnahme: Schichtzeit). Als Arbeitspause gilt nur eine Arbeitsunterbrechung von mindestens 15 Minuten (§ 11).
- Jugendliche dürfen nach Beendigung der täglichen Arbeitszeit nicht vor Ablauf einer ununterbrochenen Freizeit von mindestens 12 Stunden beschäftigt werden (§ 13).
- Bei Jugendlichen darf die Schichtzeit prinzipiell 10 Stunden nicht überschreiten.
- Ausnahmen: Im Bergbau unter Tage: maximal 8 Stunden, im Gaststättengewerbe, in der Landwirtschaft, in der Tierhaltung, auf Bau- und Montagestellen: maximal 11 Stunden (§ 12).
- Schichtzeit ist die tägliche Arbeitszeit unter Hinzurechnung der Ruhepausen (§ 4).

Nachtruhe

- Jugendliche dürfen prinzipiell nur zwischen 6 und 20 Uhr beschäftigt werden (§ 14).
- Ausnahmen bei Jugendlichen über 16 Jahren:
  - im Gaststätten- und Schaustellergewerbe bis 22 Uhr
  - in mehrschichtigen Betrieben bis 23 Uhr
  - in der Landwirtschaft ab 5 Uhr oder bis 21 Uhr
  - in Bäckereien und Konditoreien ab 5 Uhr

Fünftagewoche/Wochenendarbeit/Feiertagsruhe

- Jugendliche dürfen nur an 5 Tagen in der Woche beschäftigt werden. Die beiden wöchentlichen Ruhetage sollen nach Möglichkeit aufeinander folgen (§ 15).
- An Samstagen und Sonntagen dürfen Jugendliche prinzipiell nicht beschäftigt werden (§§ 16, 17).
- Zulässige Ausnahmen sind zum Beispiel:
  - in offenen Verkaufsstellen (Sa.)
  - in Bäckereien und Konditoreien (Sa.)
  - in Krankenanstalten (Sa., So.)
  - in der Landwirtschaft (Sa., So.)
- Am 24. und 31. Dezember nach 14 Uhr und an gesetzlichen Feiertagen dürfen Jugendliche prinzipiell nicht beschäftigt werden (§ 18); Ausnahmen sind in § 18 Abs. 2 geregelt.

Urlaub

- Der bezahlte Erholungsurlaub beträgt laut § 19 jährlich ...
  1. mind. 30 Werktage, wenn der Jugendliche zu Beginn des Kalenderjahres noch nicht 16 Jahre alt ist,
  2. mind. 27 Werktage, wenn der Jugendliche zu Beginn des Kalenderjahres noch nicht 17 Jahre alt ist,
  2. mind. 25 Werktage, wenn der Jugendliche zu Beginn des Kalenderjahres noch nicht 18 Jahre alt ist.
- Der Urlaub soll Berufsschülern in der Zeit der Schulferien gegeben werden. Soweit er nicht in den Schulferien gegeben wird, ist für jeden Berufsschultag, an dem die Berufsschule während des Urlaubs besucht wird, ein weiterer Urlaubstag zu gewähren.

Berufsschulunterricht

- Der Arbeitgeber muss den Jugendlichen für die Teilnahme am Berufsschulunterricht, an Prüfungen und außerbetrieblichen Ausbildungsmaßnahmen freistellen. Am Arbeitstag vor der schriftlichen Abschlussprüfung ist der Jugendliche außerdem freizustellen (§§ 9–10).

Gefährliche Arbeiten

- Jugendliche dürfen keine Arbeiten ausführen, die ihre physische oder psychische Leistungsfähigkeit übersteigen, die ihre Gesundheit gefährden oder bei denen sie sittlich gefährdet werden (§ 22).

Jugend- und Auszubildendenvertretung (JAV)
Representation of Juvenile Employees and Trainees

Rechtsgrundlage	Wahlen
Betriebsverfassungsgesetz §§ 60–71	Alle **zwei** Jahre in der Zeit vom 1. Oktober bis zum 30. November (§ 64).

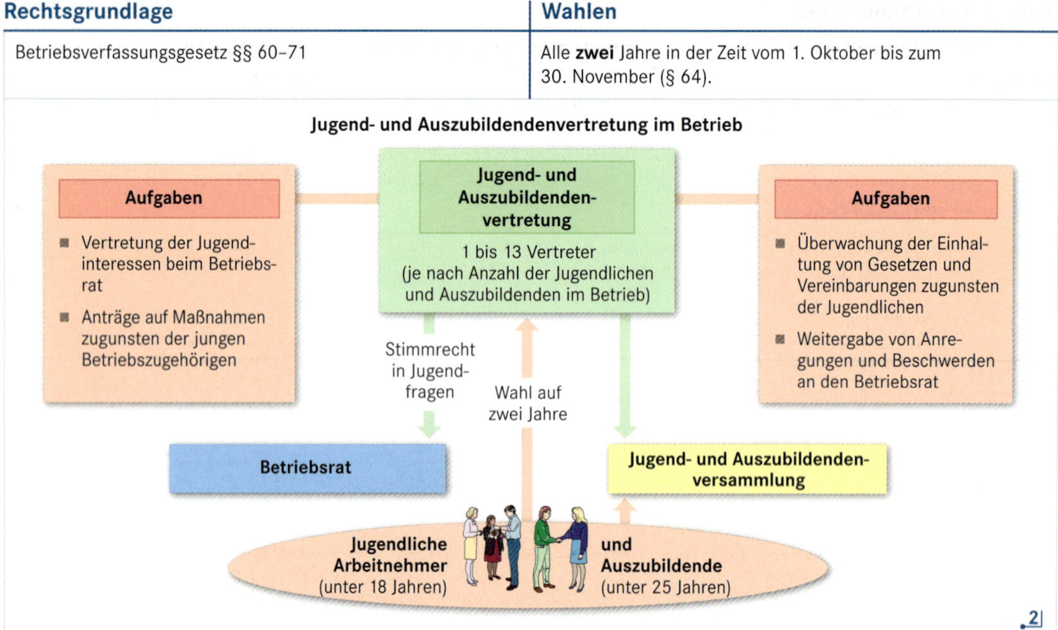

Betriebsrat
Works Council

3

Rechtsgrundlage

§ 1 ff. Betriebsverfassungsgesetz (BetrVerfG)

Wahlen

Amtszeit	Wahlberechtigte	Wählbarkeit
Alle **vier** Jahre in der Zeit vom 1. März bis zum 31. Mai (§ 13)	Alle Arbeitnehmer, die das 18. Lebensjahr vollendet haben (§ 7)	Alle Wahlberechtigten, die 6 Monate dem Betrieb angehören (§ 8)

Errichtung von Betriebsräten	Stellung des Betriebsrates
In Betrieben mit in der Regel mindestens fünf ständigen wahlberechtigten Arbeitnehmern, von denen drei wählbar sind, werden Betriebsräte gewählt (§ 1).	Der Betriebsrat arbeitet unter Beachtung der geltenden Tarifverträge vertrauensvoll zum Wohl der Arbeitnehmer und des Betriebes mit dem Arbeitgeber zusammen (§ 2).

Allgemeine Aufgaben des Betriebsrates

- Überwachung der Einhaltung von Gesetzen, Unfallverhütungsvorschriften, Tarifverträgen und Betriebsvereinbarungen
- Beantragung von Maßnahmen, die dem Betrieb und der Belegschaft dienen, beim Arbeitgeber
- Förderung der Durchsetzung der tatsächlichen Gleichstellung von Frauen und Männern
- Förderung der Vereinbarung von Familie und Erwerbstätigkeit
- Weiterleitung und Unterstützung der Anregungen von Arbeitnehmern und Jugendvertretern
- Förderung der Eingliederung Schwerbehinderter
- Vorbereitung und Durchführung der Wahl einer Jugend- und Auszubildendenvertretung
- Förderung der Beschäftigung älterer Arbeitnehmer
- Förderung der Integration ausländischer Arbeitnehmer im Betrieb (§ 80)
- Förderung und Sicherung der Beschäftigung im Betrieb
- Förderung von Maßnahmen des Arbeitsschutzes und des betrieblichen Umweltschutzes (§ 80)

Betriebsrat
Works Council

Rechte des Betriebsrates

4

... in wirtschaftlichen Angelegenheiten	... in personellen Angelegenheiten	... in sozialen Angelegenheiten
Beispiele: ▪ Unterrichtung über wirtschaftliche und finanzielle Lage des Unternehmens (§ 106) ▪ Kenntnis von Rationalisierungsvorhaben und Investitionsprogrammen (§ 106)	**Beispiele:** ▪ Erstellung von Personalfragebogen (§ 94) ▪ Unterrichtung bei Einstellungen, Umgruppierungen und Versetzungen (§ 99)	**Beispiele:** ▪ Mitentscheidung über Arbeitszeit, Pausenregelung und Urlaubsplanung (§ 87) ▪ Mitbestimmung bei Kündigungen (§ 102)

In **wirtschaftlichen** und **personellen** Angelegenheiten hat der Betriebsrat in der Regel ein **Mitwirkungsrecht**, in **sozialen** Angelegenheiten ein **Mitbestimmungsrecht** (Betriebsrat wird nicht nur informiert oder angehört, er hat auch mitzuentscheiden).

Laufende Tätigkeit des Betriebsrates

4

Betriebsratssitzungen und **Sprechstunden** des Betriebsrates finden in der Regel während der Arbeitszeit statt (§§ 30, 39).
Der Betriebsrat kann mit dem Arbeitgeber **Betriebsvereinbarungen** beschließen (z. B. über Errichtung von Sozialeinrichtungen) (§ 88).

Betriebsversammlungen sind vom Betriebsrat in jedem Kalendervierteljahr einzuberufen. Der Betriebsrat hat in der Betriebsversammlung einen Tätigkeitsbericht zu erstatten (§ 43).
Der Betriebsrat hat bzgl. Betriebs- und Geschäftsgeheimnissen **Geheimhaltungspflicht** (§ 79).

Zahl der Betriebsratsmitglieder

- Die Zahl der Betriebsratsmitglieder hängt nach § 9 BetrVerfG von der Zahl der wahlberechtigten Arbeitnehmer im Unternehmen ab, z. B. sieben Betriebsräte, wenn das Unternehmen zwischen 101 und 200 wahlberechtigte Arbeitnehmer hat. Gleiches gilt nach § 38 BetrVerfG für die Zahl der von beruflicher Tätigkeit freigestellten Betriebsräte.
- Arbeiter und Angestellte müssen entsprechend ihrem zahlenmäßigen Verhältnis im Betriebsrat vertreten sein, wenn dieser aus mindestens drei Mitgliedern besteht.
- Die Mitglieder des Betriebsrats sowie die Jugend- und Auszubildendenvertreter sind nach § 15 Abs. 1 KSchG während ihrer Amtszeit und ein Jahr danach **unkündbar**.

Gesetzliche Kündigungsfristen
Legal Notice Periods

Allgemeine Kündigungsfrist	Verlängerte Kündigungsfrist							
Zum 15. oder zum Ende eines Kalendermonats mit vierwöchiger Frist (§ 622 Abs. 1 BGB)	Betriebszugehörigkeit ab dem 25. Lebensjahr in Jahren[1]	2	5	8	10	12	15	20
	Kündigungsfristen in Monaten zum Monatsende (§ 622 Abs. 2 BGB)	1	2	3	4	5	6	7

[1] Nach dem Urteil des europäischen Gerichtshofs vom Januar 2010 müssen auch Beschäftigungszeiten vor dem 25. Lebensjahr berücksichtigt werden, da nach der bisherigen Regelung des BGB gegen das Diskriminierungsverbot verstoßen wird. Eine entsprechende Änderung des BGB-Paragrafen wird vorbereitet.

Sozialgerichtsbarkeit
Social Jurisdiction

Sachliche Zuständigkeit

Die **Sozialgerichte** sind laut Sozialgerichtsgesetz (SGG) für Rechtsstreitigkeiten über gesetzliche Sozialleistungen zuständig. Dies sind im Wesentlichen strittige Fälle aus folgenden **Bereichen**:

- Arbeitslosenversicherung und Arbeitslosengeld II
- Krankenversicherung
- Pflegeversicherung
- Unfallversicherung
- Rentenversicherung
- Schwerbehindertenrecht
- Sozialhilfe
- Soziales Entschädigungsrecht

Örtliche Zuständigkeit

Zuständig ist das Sozialgericht, das in der Rechtsbehelfsbelehrung im Widerspruchsbescheid genannt ist bzw. das Sozialgericht des Beschäftigungsortes des Klagenden.

Sozialgerichtsbarkeit
Social Jurisdiction

Instanzen

Bevor das Sozialgericht vom Klagenden angerufen wird, erhielt der betroffene Bürger in der Regel einen Bescheid einer Behörde, gegen den **Widerspruch** eingelegt werden kann. Widerspruch und der darauf folgende **Widerspruchsbescheid** werden als **Vorverfahren** bezeichnet. Danach kann das **Klageverfahren** in drei Instanzen beschritten werden.

1. Instanz: **Sozialgericht** – jeweils zuständig für einen Gerichtsbezirk, unterteilt in Kammern für bestimmte Rechtsgebiete.
Das Urteil oder der Bescheid wird in einer mündlichen Verhandlung durch einen Berufsrichter als Vorsitzenden sowie zwei ehrenamtliche Richter formuliert.

2. Instanz: **Landessozialgericht** – zuständig in der Regel für ein Bundesland, unterteilt in Senate für bestimmte Rechtsgebiete
Das Landessozialgericht entscheidet über Berufungen gegen Urteile und über Beschwerden gegen Beschlüsse in dem jeweiligen Bundesland. Eine Tatsachenerhebung wie in der ersten Instanz ist auch in der zweiten Instanz möglich.

3. Instanz: **Bundessozialgericht in Kassel** – unterteilt in Senate für bestimmte Rechtsgebiete
Das Bundessozialgericht entscheidet über Revisionen gegen die Urteile von Landessozialgerichten und über Beschwerden gegen die Nichtzulassung der Revision. Die Tatsachenerhebung ist nur in der 1. und 2. Instanz möglich, beim Bundessozialgericht erfolgt nur eine Prüfung der möglichen Verletzung von Rechtsvorschriften.

Mitbestimmung
Co-determination

5

Individual- und Kollektivrechte

Neben **individuellen** Rechten des Arbeitnehmers, die sich aus seinem Arbeitsvertrag und seinen individuellen Rechten laut §§ 81–84 des Betriebsverfassungsgesetzes (z. B. Recht auf Einsicht in die Personalakte) ergeben, kann der Arbeitnehmer **Kollektivrechte** durch besondere Organe (z. B. Betriebsrat handelt Betriebsvereinbarung aus) ausüben.

Betriebliche Mitbestimmung (Überblick)

Organe der betrieblichen Mibestimmung (**Betriebsrat** und **Jugend- und Auszubildendenvertretung** siehe Seite 10 f.):

- Betriebrat
- Betriebsversammlung
- Einigungsstelle
- Jugend- und Auszubildendenvertretung
- Sprecherausschuss
- Wirtschaftsausschuss

Betriebsversammlung (§ 42 ff. Betr.VerfG)

Betriebsversammlungen sind vom Betriebrat in jedem Kalendervierteljahr einzuberufen, geleitet werden sie vom Vorsitzenden des Betriebsrates.
Vor den versammelten Arbeitnehmern erstattet der Betriebrat seinen Tätigkeitsbericht.
Der Arbeitgeber ist einzuladen, da er vierteljährlich über die wirtschaftliche Lage und über das Personal- und Sozialwesen zu berichten hat.

Betriebsausschuss (§ 27 BetrVerfG)

Besteht ein Betriebrat aus mindestens neun Mitgliedern, wird ein Betriebsausschuss gebildet, der die laufenden Geschäfte des Betriebsrates führt.

Der Betriebsrat kann dem Betriebsausschuss mit der Mehrheit der Stimmen seiner Mitglieder Aufgaben zur selbstständigen Erledigung übertragen; dies gilt nicht für den Abschluss von Betriebsvereinbarungen.

Einigungsstelle (§ 76 BetrVerfG)

Sie dient zur Beilegung von Meinungsverschiedenheiten zwischen Arbeitgeber und Betriebsrat. Die Einigungsstelle ist bei Bedarf zu bilden; durch Betriebsvereinbarung kann eine ständige Einigungsstelle errichtet werden. Die Einigungsstelle besteht aus einer gleichen Anzahl von Beisitzern, die vom Arbeitgeber und dem Betriebsrat bestellt werden, sowie einem unparteiischen Vorsitzenden, der von beiden Seiten bestimmt wird. Beschlüsse werden mit einfacher Mehrheit gefasst.

Wirtschaftsausschuss (§ 106 ff. BetrVerfG)

In Unternehmen mit mehr als 100 ständig beschäftigten Arbeitnehmern ist ein Wirtschaftsausschuss zu bilden.
Er hat die Aufgabe, wirtschaftliche Angelegenheiten mit dem Arbeitgeber zu beraten und den Betriebsrat zu informieren.
Der Wirtschaftsausschuss besteht aus mindestens drei und höchstens sieben Mitgliedern, die vom Betriebsrat bestimmt werden.
Dieses Organ soll monatlich einmal zusammentreten.

Sprecherausschuss (§ 1 ff. SprAuG)

In Unternehmen mit in der Regel mindestens zehn leitenden Angestellten werden Sprecherausschüsse der leitenden Angestellten gewählt. Der Sprecherausschuss soll mit dem Arbeitgeber vertrauensvoll zusammenarbeiten und vertritt die besonderen Interessen der leitenden Angestellten.

Tarifautonomie

Das Recht der Tarifvertragsparteien, Tarifverträge ohne Einflussnahme des Staates frei aushandeln zu dürfen **(Tarifautonomie)**, ist im Artikel 9 Absatz 3 **Grundgesetz** abgesichert: „Das Recht, zur Wahrung und Förderung der Arbeits- und Wirtschaftsbedingungen Vereinigungen zu bilden, ist für jedermann und für alle Berufe gewährleistet. Abreden, die dieses Recht einschränken oder zu behindern suchen, sind nichtig, hierauf gerichtete Maßnahmen sind rechtswidrig." Näheres regelt das **Tarifvertragsgesetz**. Die Tarifvertragsparteien werden auch als **Sozialpartner** bezeichnet.

Tarifvertragsparteien

1. Möglichkeit:

Arbeitgeberverband

↕ **Branchentarifvertrag**

Die Interessenvertretungen von Arbeitgebern und Arbeitnehmern handeln **Branchentarifverträge** (z. B. für die Metall verarbeitende Industrie) für einen bestimmten Tarifbezirk (z. B. ein Bundesland) in Form von **Flächentarifverträgen** aus.

Gewerkschaft

2. Möglichkeit:

Arbeitgeber

↕ **Haustarifvertrag**

Die Gewerkschaft handelt mit einem großen Arbeitgeber (z. B. einem Konzern) einen **Haustarifvertrag** aus. Er gilt nur für dieses Unternehmen.

Gewerkschaft

Gründe für Tarifverträge

- Beide Vertragsparteien erhoffen sich mehr Macht, um die eigenen Interessen durchzusetzen („Einigkeit macht stark").
- Ökonomisch sind Tarifverträge sinnvoll, da Einzelverhandlungen zwischen einzelnen Arbeitgebern und -nehmern unnötig Zeit und Geld kosten würden.
- Arbeitgeber und -nehmer können langfristig planen, da während der Dauer eines Tarifvertrages **„Friedenspflicht"** (Verbot von Arbeitskampfmaßnahmen) besteht. Produktionsausfälle werden so vermieden, was sich auch volkswirtschaftlich positiv auswirkt.
- Die Aushandlung und der Abschluss von Tarifverträgen führt zur politischen Stabilisierung des Staates. Demokratische Spielregeln (zum Beispiel die Urabstimmung) wurden durch das Verfahren von Tarifvertragsverhandlungen eingeübt und verfestigen sich im Bewusstsein der Bürger.

Ablauf von Tarifvertragsverhandlungen

Jede Gewerkschaft ist rechtlich frei, die genauen Bestimmungen zur Durchführung einer Urabstimmung festzulegen (z. B. den Mindestzustimmungsprozentsatz von zurzeit 75 %) oder ein Schlichtungsverfahren vorzusehen.

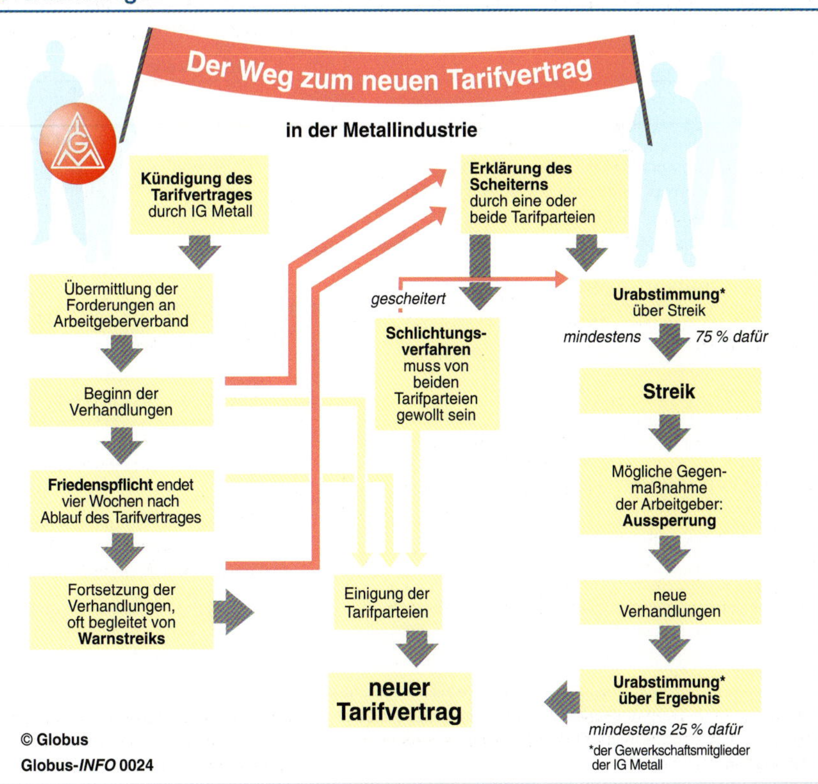

Schlichtungsverfahren

Wird zwischen Gewerkschaft und Arbeitgeberverband ein so genanntes **Schlichtungsverfahren** (vgl. S. 12) vereinbart, um harte Tarifauseinandersetzungen zu verhindern, schlägt ein neutraler **Schlichter**, der von beiden Tarifvertragsparteien akzeptiert wird (z. B. ein ehemaliger Bundesminister), eine Tariflösung vor.

Gewerkschaft wie auch Arbeitgeberverband sind allerdings nicht an diesen Schlichterspruch gebunden, sie können trotzdem ihre „Kampfmittel" einsetzen. Der politische Druck der Öffentlichkeit (z. B. über Massenmedien) und der Regierung führen aber in der Regel zu einer Übernahme des Schlichterspruchs.

Streik und Aussperrung

Die Gewerkschaft ruft einen **Streik** aus, um ihre Tarifforderungen durchzusetzen.
Für diese Zeit des Verdienstausfalls erhalten die Gewerkschaftsmitglieder ein so genanntes Streikgeld von ihrer Gewerkschaft, das sie vorher durch ihre Beitragszahlungen angespart haben.
Umfangreiche Streiks reduzieren die angesammelten Beiträge, die Streikkasse droht leer zu werden.
Bei den Arbeitgebern führen die Streiks unter Umständen zum Produktionsstillstand und damit zu Umsatz- und Gewinnausfällen.

Dieser enorme **wirtschaftliche Druck** auf beide Tarifvertragsparteien ist aber gewollt - nur dadurch kommt eine Tarifeinigung zustande.

Damit die Antwort des Arbeitgeberverbandes auf den Streik - die **Aussperrung** - nicht zu einem sofortigen Zusammenbruch der Streikkasse der Gewerkschaft führt, sind Aussperrungen im Umfang rechtlich begrenzt - es geht darum, dass keine der beiden Seiten ein Übergewicht erhält.

Man spricht vom Grundsatz der **Verhältnismäßigkeit** (Übermaßverbot).

Streikarten

- **Warnstreik:**
  Diese Streikart dient in der Regel in der ersten Verhandlungsphase zur Untermauerung der Gewerkschaftsforderungen; er umfasst nur relativ wenige Arbeitnehmer und wird nur für kurze Zeit durchgeführt.
- **Flächenstreik:**
  Unternehmen werden „in der Fläche" bestreikt, z. B. im gesamten Tarifbezirk.
- **Schwerpunktstreik:**
  Nur ausgewählte Unternehmen (z. B. Zulieferbetriebe) oder sogar nur bestimmte Abteilungen werden bestreikt.
  Diese Streikart ist für die Gewerkschaft kostengünstig, verspricht aber hohen Erfolg.
- **Politischer Streik:**
  Diese Streikart verfolgt rein politische Zwecke und ist durch Art. 9 Abs. 3 des **Grundgesetzes** nicht geschützt.
  Er kann allenfalls als letztes Mittel dienen, um die verfassungsmäßige Ordnung zu erhalten im Sinne des **Widerstandsrechts** laut Art. 20 Abs. 4 des Grundgesetzes: „Gegen jeden, der es unternimmt, diese Ordnung zu beseitigen, haben alle Deutschen das Recht zum Widerstand, wenn andere Abhilfe nicht möglich ist."
- **Wilder Streik:**
  Wird ein Streik nicht von einer Gewerkschaft, sondern von den selbstorganisierten Arbeitnehmern selbst ausgerufen, spricht man von einem **wilden Streik**. Diese Form des Streiks zeigt, dass die streikenden Arbeitnehmer sich nicht von der Gewerkschaft vertreten fühlen. Die Rechtmäßigkeit dieser Streikart wird in der Regel verneint; es wird argumentiert, sie werde von keiner tariffähigen Partei durchgeführt.

Arten von Tarifverträgen

- **Lohn- bzw. Gehaltstarifvertrag:**
  Regelt die Höhe des Arbeitsentgelts in der Regel für ein oder zwei Jahre.
- **Mantel- bzw. Rahmentarifvertrag:**
  „Ummantelt" den Lohn- bzw. Gehaltstarifvertrag durch die Festlegung bestimmter Rahmenbedingungen, wie z. B. Arbeitszeit, Urlaubsregelung, Lohngruppeneinteilung. Er hat in der Regel eine mehrjährige Laufzeit.

Geltung von Tarifverträgen

Tarifverträge gelten prinzipiell nur für die **Arbeitnehmer**, die Mitglied der Gewerkschaft sind, und für **Arbeitgeber**, die Mitglied des Arbeitgeberverbandes sind.

Ist zwar der Arbeitnehmer Mitglied der Gewerkschaft, der Arbeitgeber aber nicht Mitglied des Arbeitgeberverbandes, muss der Arbeitgeber nicht das Tarifentgelt zahlen.

Arbeitnehmer, die kein Gewerkschaftsmitglied sind, erhalten von ihrem im Arbeitgeberverband organisierten Arbeitgeber trotzdem das zwischen den Tarifvertragsparteien vereinbarte Tarifentgelt.

Im anderen Falle würden die nicht organisierten Arbeitnehmer in die Gewerkschaft eintreten und deren Verhandlungsposition verbessern, was nicht im Interesse des Arbeitgebers sein kann.

Unter besonderen Umständen (z. B. bei Wettbewerbsverzerrungen) kann der Bundesminister für Arbeit und Sozialordnung einen Tarifvertrag für **allgemein verbindlich** erklären, das heißt, er gilt für alle Arbeitnehmer und Arbeitgeber eines Tarifbezirks - unabhängig von ihrer Zugehörigkeit zu einem Interessenverband.

Erläuterung	Abrechnungsschema	Erläuterung
Name Personalnummer Abteilung, Kostenstelle Lohnsteuerklasse Lohn-, Gehaltsgruppe Versicherungsnummer Bankleitzahl Kontonummer	Persönliche Daten	
	Bruttoentgelt (Gehalt, Lohn)	
■ Anteil des Arbeitgebers zur **vermögenswirksamen Sparleistung** des Arbeitnehmers ■ Freiwillig oder gemäß Tarifvertrag	+ ggfs. vermögenswirksame Leistungen (Arbeitgeberanteil)	
	= steuerpflichtiges Bruttoentgelt	
Die Höhe der **Lohnsteuer** hängt ab von ■ Familienstand (Lohnsteuerklasse), ■ Einkommenshöhe, ■ Steuersatz.	– Lohnsteuer	
Der **Solidaritätszuschlag** beträgt ■ 5,5 % von der Lohnsteuer und dient ■ dem Aufbau der ostdeutschen Bundesländer.	– Solidaritätszuschlag	
	– ggfs. Kirchensteuer	■ Die **Kirchensteuer** beträgt je nach Bundesland 8 % oder 9 % von der Lohnsteuer.
	– Sozialversicherung (Arbeitnehmeranteil)	
	= Nettoentgelt	
	– ggfs. vermögenswirksame Sparleistung	■ **Staatliche Förderung** bei vermögenswirksamer Anlage von mindestens 7 Jahren und Nichtüberschreiten bestimmter Einkommensgrenzen ■ **Anlageformen und Förderung:** – Bausparverträge mit 9 % für maximal 470 €/Jahr – Beteiligungen am Produktivkapital mit 20 % für maximal 400 €/Jahr
	= Auszahlungsbetrag	Dieser Betrag wird dem Arbeitnehmer/der Arbeitnehmerin **auf das Konto** überwiesen; er kann sich noch weiter verringern z. B. durch die Verrechnung gezahlter Vorschüsse oder den Abzug von Lohnpfändungen.

■ **Zweige/Leistungen** der **gesetzlichen Sozialversicherung**

- **Krankenversicherung**:
  zum Beispiel ärztliche und zahnärztliche Behandlung, Arznei- und Verbandsmittel, Krankenhausbehandlung, Krankengeld, Mutterschaftsvorsorge, Mutterschaftsgeld
- **Pflegeversicherung**:
  gestaffelt jeweils in die Pflegestufen I, II und III: Häusliche Pflege (Kostenübernahme für ambulante Pflegedienste – Sachleistungen; Zuschuss für pflegende Angehörige, Nachbarn, Freunde – Geldleistungen), stationäre Pflege in Heimen
- **Arbeitslosenversicherung**:
  zum Beispiel Berufsberatung, Arbeitsvermittlung, Insolvenzausfall-, Kurzarbeiter-, Arbeitslosengeld
- **Rentenversicherung**:
  zum Beispiel Rehabilitation, Umschulung, Witwen-, Witwer-, Waisen-, Altersrente
- **Unfallversicherung**:
  Maßnahmen zur Verhütung von Arbeitsunfällen, Berufsförderung zur Erhaltung, Besserung, Wiederherstellung der Erwerbsfähigkeit, Rente wegen Minderung der Erwerbsfähigkeit

■ **Versicherungsträger**

- KV: zum Beispiel AOK, Ersatzkassen
- PV: die bei den Krankenkassen errichteten Pflegekassen
- AV: Bundesagentur für Arbeit
- RV: zum Beispiel Deutsche Rentenversicherung Bund
- UV: Berufsgenossenschaften

■ **Versicherungsbeiträge**

- Sie sind grundsätzlich je zur Hälfte von Arbeitnehmer und Arbeitgeber zu tragen; nur die Beiträge zur Unfallversicherung sind vom Arbeitgeber allein zu tragen, deren Höhe von der Lohnhöhe der Arbeitnehmer und der Gefahrenklasse des Unternehmens abhängen.
  An den Zuschlägen für Zahnersatz (0,4 % vom Bruttoentgelt) und Krankengeld (0,5 %) sind die Arbeitgeber nicht beteiligt.
  Zu den aktuellen Beitragssätzen siehe zum Beispiel: www.deutsche-sozialversicherung.de

■ **Beitragsbemessungsgrenze**

- Hiermit ist der Höchstbetrag des Bruttoentgelts gemeint, von dem Beiträge berechnet werden.
  Sie wird jährlich neu festgelegt. Für die Kranken- und Pflegeversicherung beträgt sie 75 % der Beitragsbemessungsgrenze der Renten- bzw. Arbeitslosenversicherung.

Gesellschaftliche Einbindung des Betriebes

8|

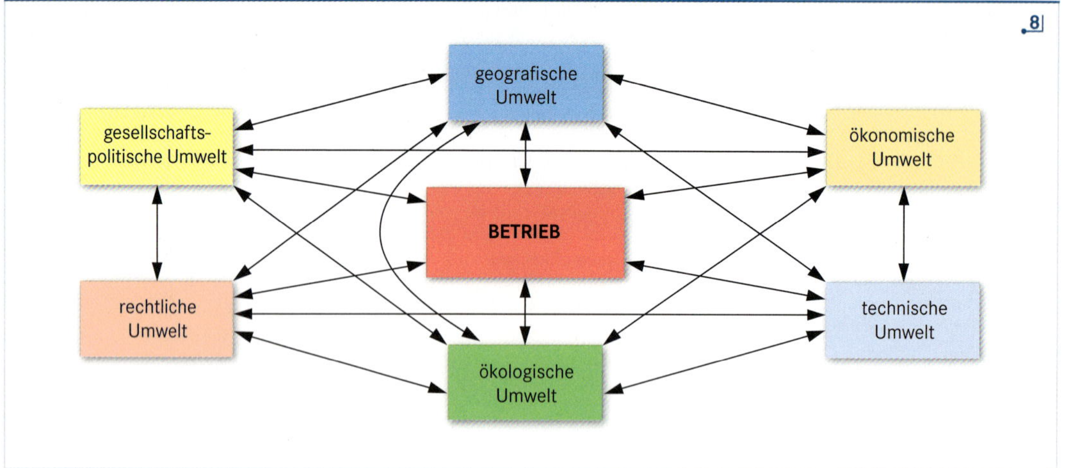

Unternehmen als Adressaten unterschiedlicher Ansprüche

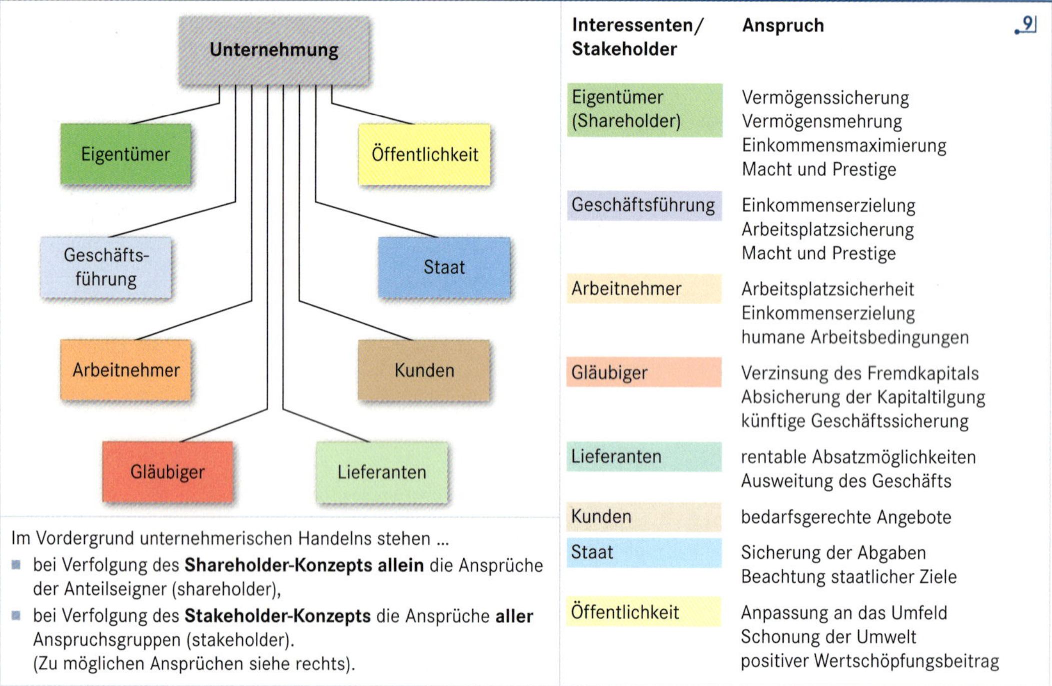

Im Vordergrund unternehmerischen Handelns stehen ...

- bei Verfolgung des **Shareholder-Konzepts allein** die Ansprüche der Anteilseigner (shareholder),
- bei Verfolgung des **Stakeholder-Konzepts** die Ansprüche **aller** Anspruchsgruppen (stakeholder). (Zu möglichen Ansprüchen siehe rechts).

9|

Interessenten/ Stakeholder	Anspruch
Eigentümer (Shareholder)	Vermögenssicherung Vermögensmehrung Einkommensmaximierung Macht und Prestige
Geschäftsführung	Einkommenserzielung Arbeitsplatzsicherung Macht und Prestige
Arbeitnehmer	Arbeitsplatzsicherheit Einkommenserzielung humane Arbeitsbedingungen
Gläubiger	Verzinsung des Fremdkapitals Absicherung der Kapitaltilgung künftige Geschäftssicherung
Lieferanten	rentable Absatzmöglichkeiten Ausweitung des Geschäfts
Kunden	bedarfsgerechte Angebote
Staat	Sicherung der Abgaben Beachtung staatlicher Ziele
Öffentlichkeit	Anpassung an das Umfeld Schonung der Umwelt positiver Wertschöpfungsbeitrag

Betrieb und Unternehmung

Betrieb:
Der Betrieb kann als planvoll organisierte Wirtschaftseinheit bezeichnet werden, in der Sachgüter und Dienstleistungen durch Kombination der Produktionsfaktoren unter Beachtung des Wirtschaftlichkeitsprinzips erstellt und abgesetzt werden, **unabhängig** vom Wirtschaftssystem.

Anm.: In der Fachliteratur werden die Begriffe „Betrieb“ und „Unternehmung“ z. T. unterschiedlich definiert.

Unternehmung:
= Betrieb des marktwirtschaftlichen Wirtschaftssystems, der gekennzeichnet ist durch

- selbstständige, autonome Bestimmung seines Wirtschaftsplanes
- Verfolgung des erwerbswirtschaftlichen Prinzips (Gewinnmaximierung)

Der Begriff Betrieb ist hier weiter gefasst als der Begriff Unternehmung.

Geld- und Güterströme eines Betriebes
The Flow of Goods and Money in a Business Enterprise

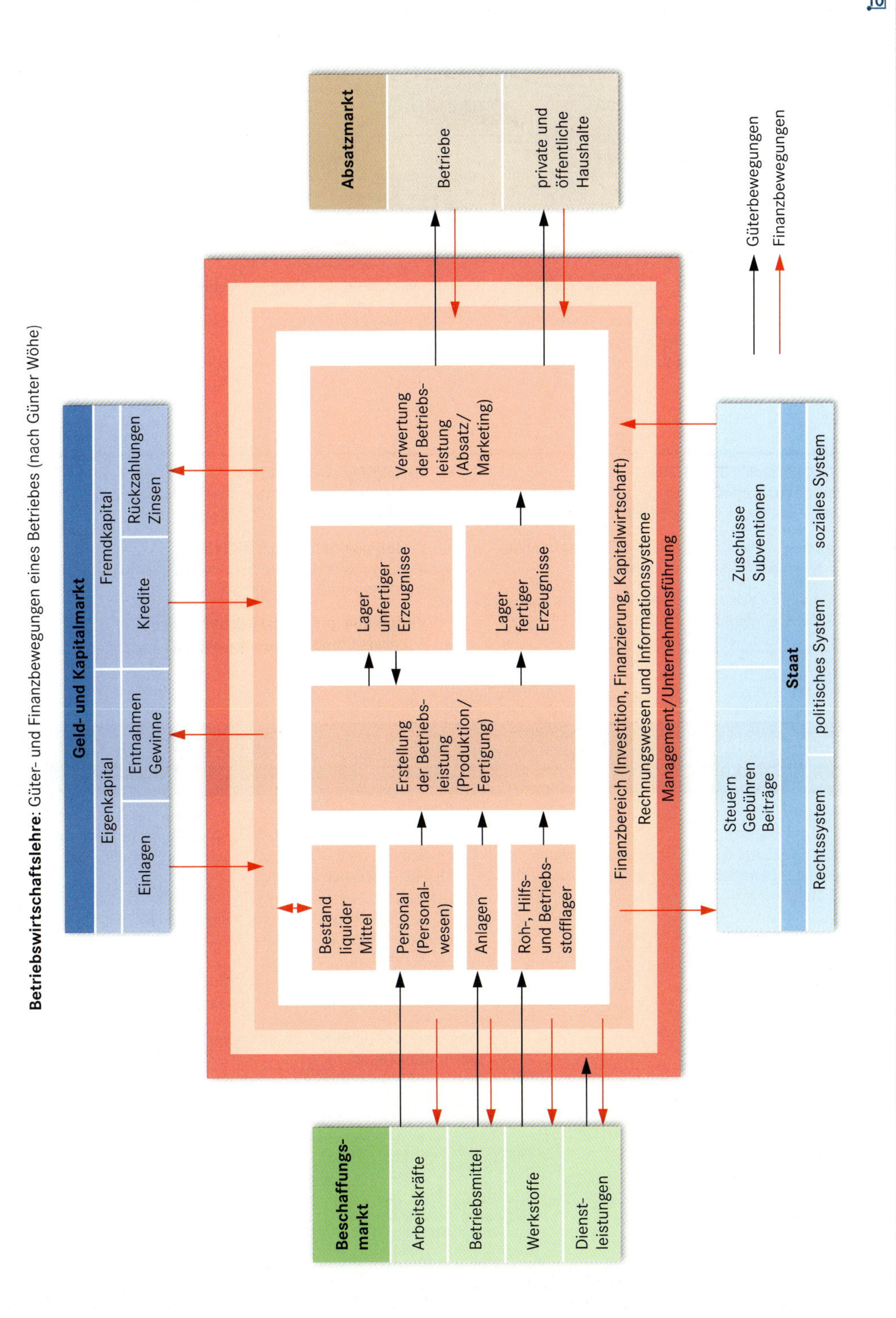

Aufgaben und Ziele von Betrieben
Roles and Objectives of Business Enterprises

Aufgaben

Die volkswirtschaftliche Aufgabe von Betrieben sollte sein, durch den Einsatz von Produktionsfaktoren solche Sachgüter und Dienstleistungen zu erzeugen, die der Befriedigung menschlicher Bedürfnisse dienen.
Diese Güter und Dienstleistungen werden den anderen Wirtschaftseinheiten (Betriebe und Haushalte) über den Absatzmarkt zur Verfügung gestellt.

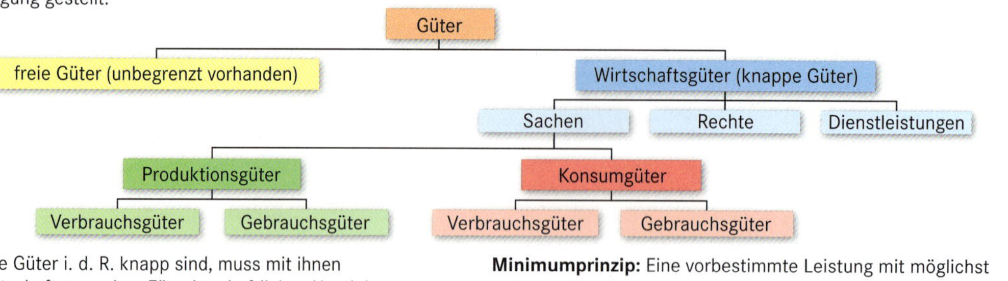

Da die Güter i. d. R. knapp sind, muss mit ihnen gewirtschaftet werden. Für wirtschaftliches Handeln (Handeln nach dem **ökonomischen Prinzip**) gelten die folgenden Grundsätze:

Minimumprinzip: Eine vorbestimmte Leistung mit möglichst geringen Mitteln erzielen.
Maximumprinzip: Mit gegebenen Mitteln die größtmögliche Leistung erzielen.

Ziele

Verfolgung wirtschaftlicher Ziele

- **Wachstumsziele:** Steigerung von Absatz, Marktanteil, Umsatz, Produktqualität; Erschließung neuer Märkte
- **Erfolgsziele:** Gewinn, Rentabilität des Eigenkapitals, - des Gesamtkapitals, - des Umsatzes
- **Finanzziele:** Sicherung der Liquidität, - der Kreditwürdigkeit, - der Kapitalstruktur

Verfolgung sozialer Ziele

- Sicherung des Arbeitsplatzes, - der Arbeitszufriedenheit, Ausbau der sozialen Leistungen

Verfolgung ökologischer Ziele

- Umweltverträgliche Produkte, - Prduktionsverfahren, - Entsorgung (Recycling)

Verfolgung gesellschaftlicher Ziele

- Image, Corporate Identity, Macht

Arten von Betrieben
Classification of Business Enterprises

nach Art der Leistung

- Sachleistungsbetriebe, z. B. Computerhersteller
- Dienstleistungsbetriebe, z. B. Betriebe, die Netzwerke installieren

nach Wirtschaftszweigen

- Industriebetriebe
- Handwerksbetriebe
- Handelsbetriebe
- Kreditinstitute
- Versicherungsbetriebe
- Verkehrsbetriebe

nach dem vorherrschenden Einsatz eines Produktionsfaktors

- arbeitsintensive Betriebe (hoher Lohnkostenanteil), z. B. Handwerksbetriebe
- anlage- oder kapitalintensive Betriebe (hoher Maschinenkostenanteil), z. B. Betriebe der chemischen Industrie
- materialintensive Betriebe (hoher Materialkostenanteil), z. B. Stahlwerke
- energieintensive Betriebe (hoher Energiekostenanteil), z. B. Betriebe der Aluminiumherstellung

nach der rechtlichen Stellung in Verbindung mit den verfolgten Zielen

Firma

Die **Firma** eines Kaufmanns ist laut § 17 HGB der Name, unter dem er seine Geschäfte betreibt und die Unterschrift abgibt. Er kann unter seiner Firma klagen und verklagt werden.

Firmengrundsätze

Damit Firmen im Markt eindeutig unterscheidbar sind, wurden so genannte **Firmengrundsätze** aufgestellt:

Firmenwahrheit, Firmenklarheit

Der gewählte Name soll wahr sein. Er soll keine Angaben enthalten, die geeignet sind, über geschäftliche Verhältnisse des Unternehmens, die für die Öffentlichkeit maßgeblich sind, irrezuführen (§ 18 HGB). Ein Kleinbetrieb darf also nicht unter einem Namen firmieren, der den Eindruck erweckt, es handele sich um ein Großunternehmen.

Firmenbeständigkeit

Ändert sich der bürgerliche Name eines Kaufmanns oder wird das Unternehmen an ein anderes verkauft, so kann der alte Name des Unternehmens weitergeführt werden. Das bisherige positive Image des Unternehmens bleibt so erhalten.

Rechtsformzusatz

Aus einem Zusatz beim Geschäftsnamen muss eindeutig hervorgehen, um welche Rechtsform es sich handelt, zum Beispiel: OHG, KG, GmbH, AG, e. K., e. Kfm., e. Kfr.

Firmenausschließlichkeit

Jede neue Firma muss sich von allen an demselben Ort oder in derselben Gemeinde bereits bestehenden und in das Handelsregister eingetragenen Firmen deutlich unterscheiden (§ 30 HGB).

Firmenöffentlichkeit

Jeder Kaufmann ist laut § 29 HGB verpflichtet seine Firma in das zuständige Handelsregister eintragen zu lassen.

Handelsregister

Jeder Kaufmann ist laut § 29 HGB verpflichtet sein Unternehmen im Handelsregister (öffentliches Verzeichnis aller Kaufleute) anzumelden.

Die Eintragung wird im **elektronischen Unternehmensregister** (www.unternehmensregister.de) veröffentlicht.

Gegenstand der **Eintragung** sind u. a.:

- Firma
- Sitz des Unternehmens
- Gegenstand des Unternehmens
- Inhaber
- Haftungsverhältnisse
- Rechtsform
- besondere Rechtsverhältnisse (z. B. Prokura)

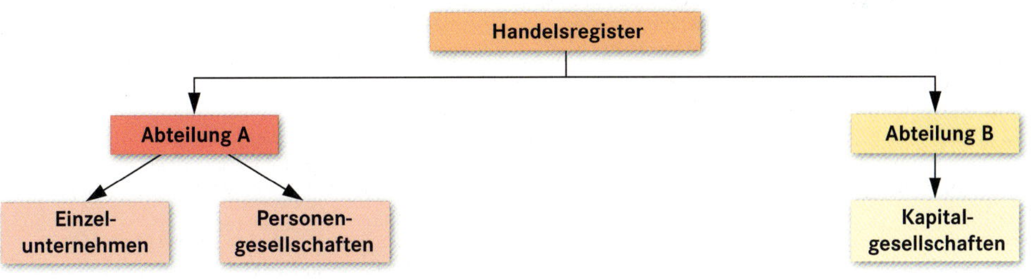

Eintragungen in das Handelsregister können sowohl **rechtserzeugend (konstitutiv)** als auch **rechtsbezeugend (deklaratorisch)** sein. Bei rechtserzeugenden Eintragungen tritt die Rechtswirkung erst durch die Eintragung ein (z. B. bei der Rechtsform von Kapitalgesellschaften).

Bei rechtsbezeugenden Eintragungen ist die rechtliche Wirkung bereits vorher eingetreten, dies wird durch die Handelsregister-Eintragung nur bestätigt (z. B. bei der Rechtsform von Personengesellschaften und der Rechtsstellung von Prokuristen).

Bestimmungsgründe für die Wahl einer Rechtsform

Bevor eine oder mehrere Personen ein Unternehmen rechtlich gründen, müssen verschiedene Überlegungen zur **Wahl der geeigneten Rechtsform** angestellt werden:

- **Kapitalaufbringung** (Anzahl der Personen, Höhe der Kapitalsumme)
- **Haftungsumfang** (Voll- oder Teilhafter)
- **Steuerrechtliche Behandlung** (z. B. des Gewinns)
- **Entscheidungsbefugnisse** (z. B. Geschäftführung, Vertretung)
- **Gewinn- und Verlustverteilung**
- **Rechtliche Vorschriften zur Mitbestimmung**

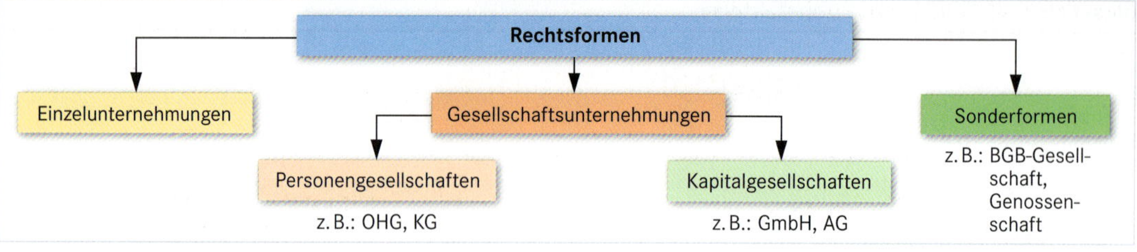

Merkmale ausgewählter Rechtsformen

Rechtsform / Merkmale	Einzelunternehmung	Offene Handelsgesellschaft	Kommanditgesellschaft	Gesellschaft mit beschränkter Haftung	Aktiengesellschaft
Allgemeines Merkmal	Kaufmann	Betrieb eines Handelsgewerbes	Betrieb eines Handelsgewerbes	Für jeden beliebigen Zweck	Für jeden beliebigen Zweck
Firma	Eingetragene(r) Kauffrau/-mann	OHG	KG	GmbH	AG
Anzahl der Gründer	1 Person	mindestens 2 Personen	2 und mehr Personen	mindestens 1 Person	mindestens 1 Person
Mindestkapital	Keine Vorschriften	Keine Vorschriften	Keine Vorschriften	Stammkapital (Gezeichnetes Kapital): 25 000 EUR[1]	Grundkapital (Gezeichnetes Kapital): 50 000 EUR
Haftung	▪ Betriebs- und Privatvermögen ▪ unbeschränkt	▪ Gesellschafter mit Einlage und Privatvermögen ▪ unbeschränkt, unmittelbar, solidarisch	▪ Komplementäre: wie OHG-Gesellschafter ▪ Kommanditisten: beschränkt auf die Einlage	Gesellschaft beschränkt auf das Gesellschaftsvermögen	Gesellschaft beschränkt auf das Gesellschaftsvermögen
Gesetzliche Regelung der Geschäftsführungsbefugnis (Innenverhältnis)	Inhaber berechtigt und verpflichtet	▪ Jeder Gesellschafter alleine ▪ Widerspruchsrecht des einzelnen Gesellschafters ▪ Zustimmung aller Gesellschafter bei außergewöhnlichen Geschäften	▪ Komplementäre: wie OHG-Gesellschafter ▪ Kommanditisten: Kontrollrecht der Bilanz; Widerspruchsrecht bei außergewöhnlichen Geschäften	Der Geschäftsführer bzw. die Geschäftsführer gemeinsam	Alle Vorstandsmitglieder gemeinsam
Gesetzliche Regelung der Vertretungsbefugnis (Außenverhältnis)	Inhaber berechtigt und verpflichtet	Jeder Gesellschafter alleine	▪ Komplementäre: wie OHG-Gesellschafter ▪ Prokuraerteilung an Kommanditisten möglich	Der Geschäftsführer bzw. die Geschäftsführer gemeinsam	Alle Vorstandsmitglieder gemeinsam
Gesetzliche Regelung der Erfolgsverteilung	insgesamt	▪ Gewinn: 4 % auf die Kapitaleinlage, Rest nach Köpfen ▪ Verlust nach Köpfen	▪ Gewinn: 4 % auf die Kapitaleinlage, Rest im angemessenen Verhältnis ▪ Verlust im angemessenen Verhältnis	Im Verhältnis der Geschäftsanteile	Im Verhältnis der Aktiennennbeträge
Organe	–	–	–	▪ Geschäftsführer ▪ Aufsichtsrat (ab 500 Arbeitnehmern zwingend) ▪ Gesellschafterversammlung	▪ Vorstand ▪ Aufsichtsrat ▪ Hauptversammlung

[1] Das am 26. Juni 2008 vom Deutschen Bundestag beschlossene Gesetz zur Modernisierung des GmbH-Rechts und zur Bekämpfung von Missbräuchen **(MoMiG)** sieht als neue GmbH-Variante die **haftungsbeschränkte Unternehmergesellschaft (UG)** vor, die mit der Einzahlung von **einem Euro** durch die Gesellschafter entsteht. Diese GmbH darf ihre jährlichen Gewinne allerdings nicht im vollen Umfang ausschütten, dadurch soll das Mindeststammkapital der normalen GmbH von 25.000 Euro nach und nach angespart werden.

Volkswirtschaftliche Produktionsfaktoren

Volkswirtschaftliche Produktionsfaktoren

- **Ursprüngliche (= originäre) Produktionsfaktoren**
  - **Natur**: Boden, Bodenschätze, Wasser, Klima
  - **Arbeit**: geistige Arbeit, körperliche Arbeit, leitende Arbeit, ausführende Arbeit
- **Abgeleitete (= derivative) Produktionsfaktoren**
  - **Kapital** (Realkapital): Gebäude, Maschinen, Büroausstattung, Werkzeuge
  - **Bildung** (human capital): technisches Wissen, rechtliche und wirtschaftliche Kenntnisse

werden in **Betrieben** kombiniert zu

Gütern und Dienstleistungen

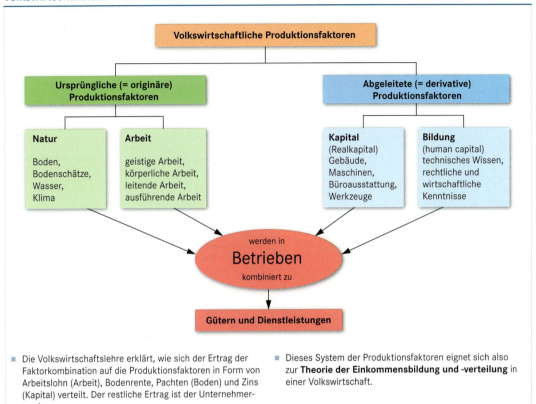

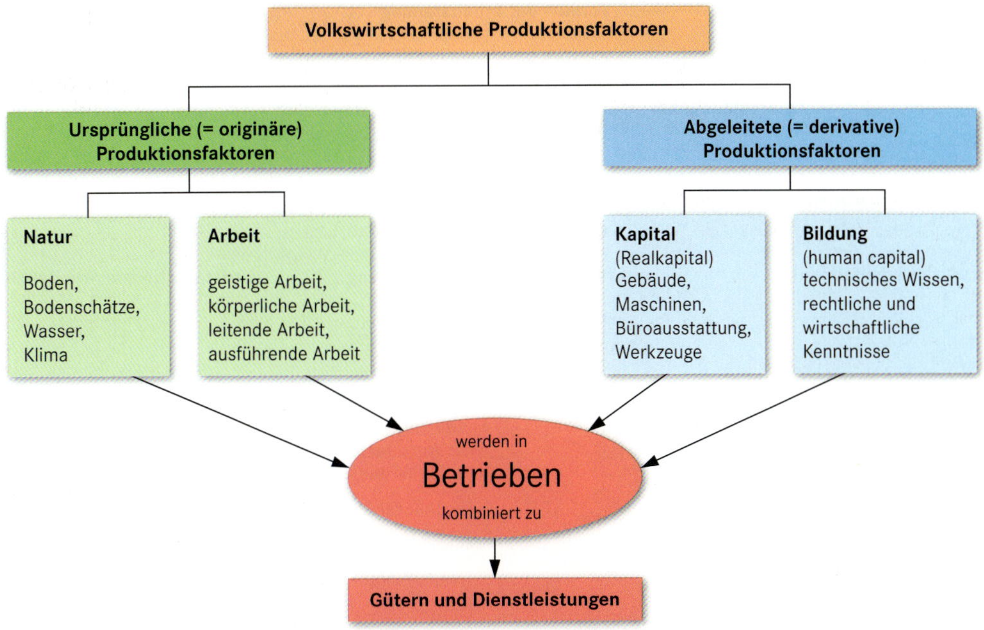

- Die Volkswirtschaftslehre erklärt, wie sich der Ertrag der Faktorkombination auf die Produktionsfaktoren in Form von Arbeitslohn (Arbeit), Bodenrente, Pachten (Boden) und Zins (Kapital) verteilt. Der restliche Ertrag ist der Unternehmergewinn.
- Dieses System der Produktionsfaktoren eignet sich also zur **Theorie der Einkommensbildung und -verteilung** in einer Volkswirtschaft.

Betriebswirtschaftliche Produktionsfaktoren

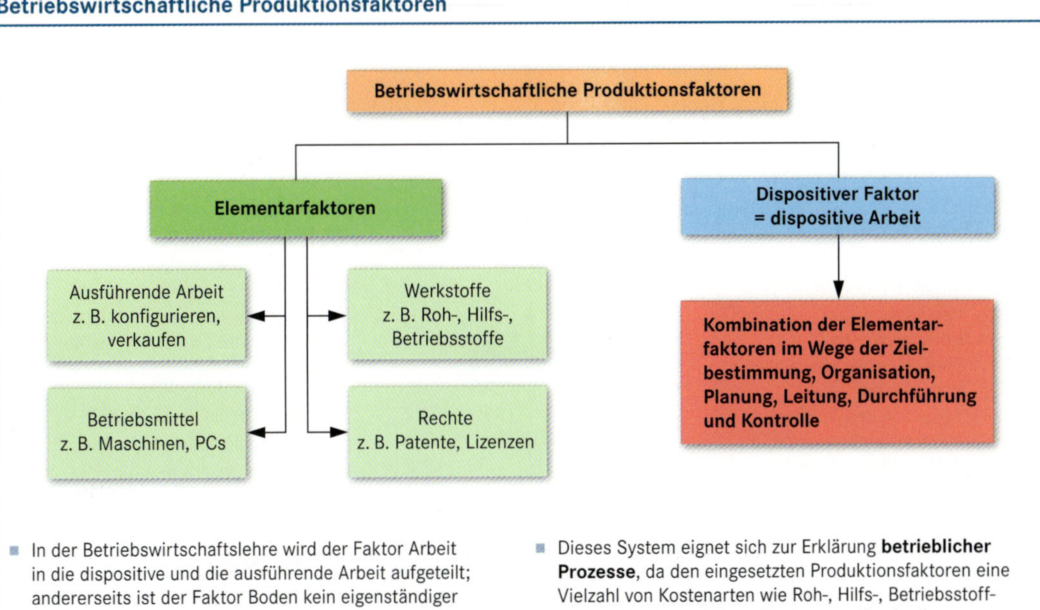

- In der Betriebswirtschaftslehre wird der Faktor Arbeit in die dispositive und die ausführende Arbeit aufgeteilt; andererseits ist der Faktor Boden kein eigenständiger Produktionsfaktor, sondern Teil des Faktors Betriebsmittel.
- Dieses System eignet sich zur Erklärung **betrieblicher Prozesse**, da den eingesetzten Produktionsfaktoren eine Vielzahl von Kostenarten wie Roh-, Hilfs-, Betriebsstoffkosten, Fertigungslöhne, Zinskosten, Abschreibungen, soziale Abgaben usw. entspricht.

Arbeitsteilung in der Wirtschaft
Division of Labour in the Economy

Arbeitsteilung: Aufteilung der Produktion von Gütern und Dienstleistungen in Teilprozesse

Formen der Arbeitsteilung

- **betriebliche Arbeitsteilung:** Aufteilung von Arbeitsprozessen nach Abteilungen oder Arbeitsbereichen, z. B.: Einkauf, Produktion, Vertrieb, Rechnungswesen/Controlling
- **überbetriebliche Arbeitsteilung:** Hierbei unterscheidet man **berufliche**, **volkswirtschaftliche** (nationale) und **internationale** Arbeitsteilung.

berufliche Arbeitsteilung

Spezialisierung auf bestimmte Tätigkeiten in unterschiedlichen Berufen, z. B.:

- IT-Systemelektroniker/-in
- IT-Systemkaufmann/-frau
- Diplom-Ingenieur/-in

volkswirtschaftliche Arbeitsteilung

vertikale Arbeitsteilung
Arbeitsteilung nach Wirtschaftsstufen:

- Urproduktion
- Weiterverarbeitung
- Dienstleistungen

horizontale Arbeitsteilung
Spezialisierung innerhalb einer Wirtschaftsstufe, z. B. im Dienstleistungsbereich:

- Großhandel
- Einzelhandel
- Tranportunternehmen
- Banken

internationale Arbeitsteilung

Spezialisierung einzelner Nationen oder Wirtschaftsräume (meist Folge historischer Entwicklungen), z. B.:

- Rohstoffländer
- Industrieländer

Auswirkungen der Arbeitsteilung
The Effects of the Division of Labour

Positive und negative Auswirkungen

12

Knappheit — verlangt → **Wirtschaften** — bedeutet → **Arbeitsteilung** — verlangt →

- Koordination und Integration der einzelnen Wirtschaftsprozesse auf nationaler und internationaler Ebene
- Durchsetzung des Leistungsprinzips

Positive Wirkung

- Steigerung der Produktivität und verbesserte Versorgung mit Gütern
- Rationelles Wirtschaften
- Steigerung des allgemeinen Wohlstandes
- Förderung des Weltfriedens durch die internationale Wirtschaftsverflechtung

Negative Wirkung

- Abhängigkeiten durch Verzicht auf Selbstversorgung
- Zunahme wirtschaftlicher und damit politischer Macht Weniger
- Unüberschaubarkeit des Wirtschaftsprozesses
- Motivationsverlust

Arbeitsgericht

Können Konflikte im Arbeitsleben nicht einvernehmlich zwischen den Beteiligten gelöst werden, dient das Arbeitsgericht dazu, den Rechtsstreit zu klären und eine Entscheidung herbeizuführen.

Beispiel: Ein Arbeitnehmer klagt vor dem Arbeitsgericht gegen die Kündigung durch seinen Arbeitgeber.

Örtliche Zuständigkeit

Örtlich zuständig ist das Arbeitsgericht, in dessen Bezirk der Beklagte seinen Wohn- oder Geschäftssitz hat.

Sachliche Zuständigkeit

Die Arbeitsgerichte sind zuständig für:

▪ Streitfälle zwischen einzelnen Arbeitnehmern und -gebern ▪ Streitfälle zwischen Tarifvertragsparteien (Gewerkschaften und Arbeitgeberverbänden)	so genanntes **Urteilsverfahren**
▪ Streitfälle, die sich auf das Betriebsverfassungsgesetz beziehen (z. B. Errichtung eines Betriebsrates) ▪ Streitfälle, die sich auf das Mitbestimmungsgesetz beziehen (z. B. Wahl der Aufsichtsratsmitglieder)	so genanntes **Beschlussverfahren**

Instanzen

Erste Instanz

In der **ersten Instanz**, d. h. vor dem **Arbeitsgericht**, kann sich jede Partei selbst vertreten, die Einschaltung eines Rechtsanwaltes ist zwar möglich, aber nicht verpflichtend. Tarifvertragsparteien gewähren ihren Mitgliedern in der Regel Rechtsschutz, sodass Prozessvertreter die Mitglieder vor Gericht vertreten.

Bei Erhebung der Klage müssen angegeben werden:
1. Jeweils Name und Anschrift des Klägers und des Beklagten,
2. die genaue Forderung des Klägers,
3. die Begründung der Klage.

Ist die Klage bei Gericht eingegangen, wird vom Gericht zunächst ein Termin zur **Güteverhandlung** festgelegt. Sie wird von einem Berufsrichter allein durchgeführt. Ziel ist die gütliche Einigung der Parteien. Der Richter unterbreitet dazu nach einer **Erörterung** einen **Vorschlag**. Wird daraufhin ein **Vergleich** zwischen den Beteiligten geschlossen, ist der Rechtsstreit beendet. Im anderen Fall wird ein Termin für eine **Kammerverhandlung** festgelegt.

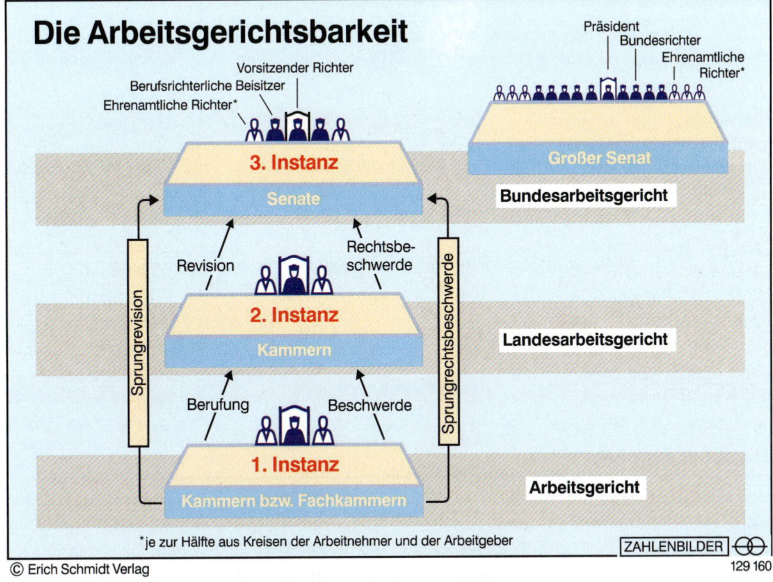

Strukturveränderungen der deutschen Wirtschaft
Structural Changes in the German Economy

Wirtschaftssektoren

Struktur einer Volkswirtschaft lässt sich am Anteil der einzelnen Wirtschaftssektoren an der Gesamtleistung dieser Volkswirtschaft messen. In der Regel werden drei Wirtschaftssektoren unterschieden:

- Der **primäre Sektor** bezeichnet die Urproduktion. Darunter werden alle Betriebe der Rohstoffgewinnung (Gewinnungsbetriebe) zusammengefasst. Hierzu gehören die Land-, Forst- und Fischwirtschaft, der Bergbau und die Öl- und Gasgewinnung.
- Der **sekundäre Sektor** beinhaltet die Be- und Verarbeitung von Rohstoffen in Handwerks- und Industriebetrieben (Weiterverarbeitungsbetriebe). Bedeutende Industriebranchen in Deutschland sind z. B. die Automobil-, die Maschinenbau- und die Chemieindustrie.
- Der **tertiäre Sektor** (Dienstleistungssektor) umfasst die „verteilende Wirtschaft“ (Handelsbetriebe) mit den Groß- und Einzelhandelsbetrieben sowie weitere Dienstleistungsbetriebe, wie z. B. Banken. Zunehmend werden Unternehmen des Informations- und Telekommunikationsbereichs gesondert zum **quartären Sektor** zusammengefasst. 13

Wertschöpfung[1] nach Wirtschaftssektoren

Deutsches Reich und Bundesrepublik[2] 1850 – 2008

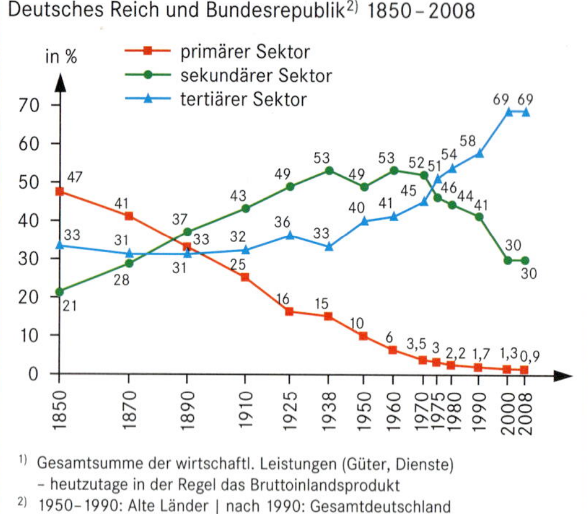

[1] Gesamtsumme der wirtschaftl. Leistungen (Güter, Dienste) – heutzutage in der Regel das Bruttoinlandsprodukt
[2] 1950 – 1990: Alte Länder | nach 1990: Gesamtdeutschland

14

Seit des rasanten Wachstuns der IT-Technologie in der 2. Hälfte des 20. Jahrhunderts wird auch vom „**Vier-Sektoren-Modell**“ gesprochen, das die Eigenständigkeit eines Sektors „**Information**“ betont:

Sektor I: Information	Sektor II: Produktion	Sektor III: Dienstleistungen	Sektor IV: Landwirtschaft

Wirtschaftsorganisationen
Economic Organizations

Rechtliche Grundlage und Sozialpartner

Laut Artikel 9 des **Grundgesetzes** können zur Wahrung und Förderung der Wirtschaftsbedingungen Vereinigungen von jedermann gebildet werden. Diese so genannte **Koalitionsfreiheit** bezieht sich vor allem auf **Gewerkschaften** (Arbeitnehmervereinigungen) und **Arbeitgeberverbände**. Diese Organisationen sind in der Regel Branchenvereinigungen (z. B. die IG Metall), die wiederum jeweils in so genannten Dachverbänden zusammengeschlossen sind.

15

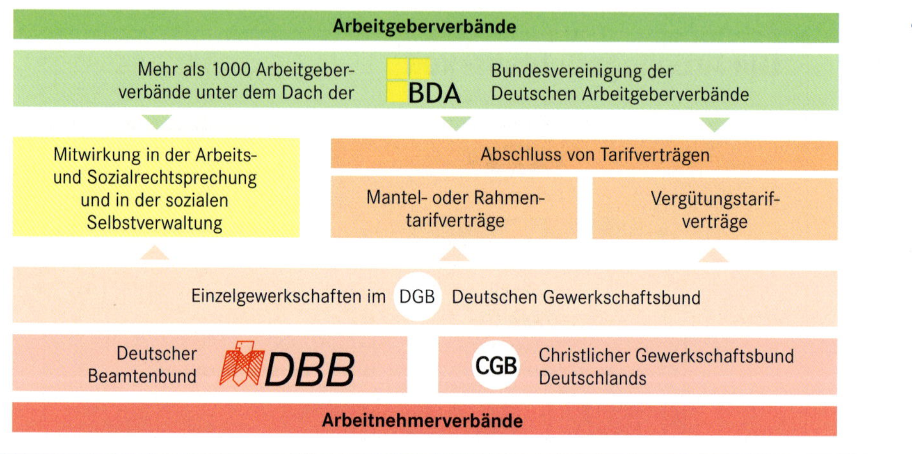

Industrie- und Handelskammern

Diese Kammern sind regional gegliederte Selbstverwaltungsorganisationen von Unternehmen der gewerblichen Wirtschaft. Es besteht für die betroffenen Gewerbetreibenden Zwangsmitgliedschaft. Die IHKs beraten ihre Mitglieder in wirtschaftlichen Angelegenheiten und vertreten ihre Interessen gegenüber Staat und Öffentlichkeit. Die Kammern sind Träger der dualen Berufsausbildung. Spitzenorgan der 82 IHKs ist der deutsche Industrie- und Handelskammertag (DIHK).

16

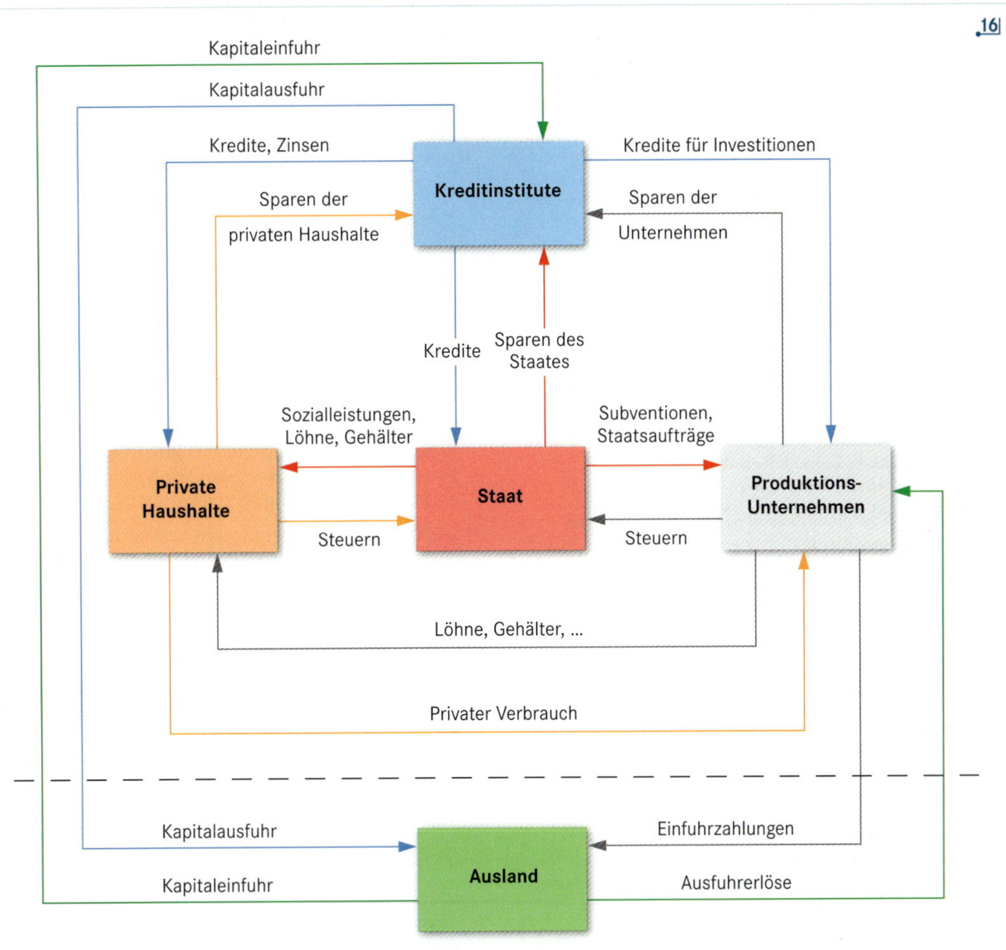

Art des Wirtschaftssubjektes	Haupttätigkeiten, z. B.	Zwischen- und Endziele, z. B.
Privater Haushalt	▪ Verkauf von Arbeitskraft ▪ Konsumieren ▪ Sparen	▪ Sicherung der Existenz durch Erzielung von Einkommen zur Befriedigung von Bedürfnissen, Schaffung und Vermehrung von Eigentum und Ansehen
Unternehmen a) Kreditinstitut b) Produktionsunternehmen	▪ Gewährung von Krediten ▪ Aufnahme von Krediten ▪ Abwicklung des Zahlungsverkehrs ▪ Produktion von Sachgütern und Dienstleistungen ▪ Investitionen	▪ Sicherung der Existenz ▪ Deckung der Kosten (langfristig) ▪ Erzielung von positivem Nettogewinn ▪ Erweiterung der Einflussnahme auf Märkte ▪ Gewinnmaximierung
Öffentlicher Haushalt, z. B. Gemeinde 17	▪ Einnahme von Steuern und Gebühren ▪ Durchführung von Haushaltsplänen ▪ Bereitstellung von Dienstleistungen ▪ Durchführung von Verwaltungsaufgaben	▪ soziale Sicherung der Bürger ▪ Unterhaltung und Sicherung der Betriebsfähigkeit von Ver- und Entsorgungseinrichtungen ▪ Bau und Unterhalt von Sport-, Kultur-, Erholungs- und Verwaltungseinrichtungen ▪ Schutz der Bürger/-innen vor inneren und äußeren Gefahren

Marktstrukturen und ihre Auswirkungen
Market Structures and their Effects

Begriff Markt

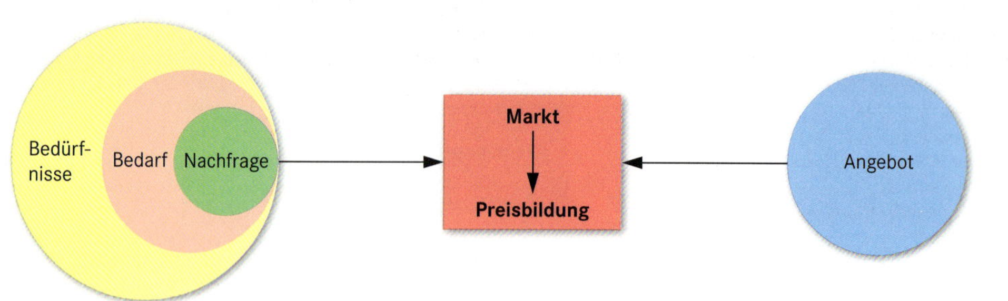

- **Bedürfnisse**
  ... sind Wünsche, die durch Mangelempfindungen des Menschen hervorgerufen werden, z. B. Trinken gegen Durst, Essen gegen Hunger
  ... sind Triebfeder wirtschaftlichen Handelns
- **Bedarf**
  ... ist der Teil der Bedürfnisse, der durch Einkommen gedeckt werden kann
- **Nachfrage**
  ... ist der auf dem Markt erscheinende Bedarf

In der Fachliteratur wird zwischen dem abstrakten und dem konkreten Markt unterschieden:

- Der **abstrakte Markt** ist eine Zusammenfassung von Angebots- und Nachfragebeziehungen. Er ist der theoretische Ort, an dem sich Angebot und Nachfrage treffen und an dem die Preisbildung stattfindet.
- Der **konkrete Markt** ist sachlich, zeitlich und örtlich bestimmt, z. B. die Cebit-Messe im Jahr 20.. in Hannover.

Marktarten

- **Unterscheidung nach Umfang der staatlichen Marktbeeinflussung:**
  Freie Märkte (ohne Staatseingriff; Modell der freien Marktwirtschaft),
  regulierte Märkte
- **Unterscheidung nach Umfang der Marktzutrittsmöglichkeit:**
  Offene Märkte (jedermann kann als Anbieter oder Nachfrager auftreten), geschlossene Märkte
- **Unterscheidung nach Stellung des Betriebes im Markt:**
  Beschaffungsmärkte,
  Absatzmärkte
- **Unterscheidung nach Art der gehandelten Sachgüter und Leistungen:**
  Werkstoffmärkte für Roh-, Hilfs- und Betriebsstoffe,
  Betriebsmittelmärkte,
  Arbeitsmärkte,
  Geld- und Kapitalmärkte,
  Informationsmärkte
- **Unterscheidung nach Art der Verwendung der Sachgüter und Leistungen:**
  Investitionsgütermärkte,
  Konsumgütermärkte
- **Unterscheidung nach geografischen Gesichtspunkten:**
  Inlandsmarkt (örtlich, regional, national),
  Auslandsmarkt (EU-Markt, Weltmarkt)
- **Unterscheidung nach räumlich-zeitlichen Gesichtspunkten:**
  Zentralisierte Märkte (Punktmärkte; zugleich organisierte Märkte), dezentralisierte Märkte (zugleich unorganisierte Märkte)
- **Unterscheidung nach Marktposition:**
  Verkäufermärkte (Nachfrage > Angebot; Verkäufer haben starke Marktposition),
  Käufermärkte (Angebot > Nachfrage; Käufer haben starke Marktposition)
- **Unterscheidung nach Vollkommenheit der Märkte:**
  Vollkommene Märkte,
  unvollkommene Märkte

Marktformen

Anbieter / Nachfrager	einer	wenige	viele
einer	bilaterales Monopol	beschränktes Nachfragemonopol	Nachfragemonopol
wenige	beschränktes Angebotsmonopol	bilaterales Oligopol	Nachfrageoligopol
viele	Angebotsmonopol	Angebotsoligopol	Polypol

Erklärung: mono = ein; olig = wenig; poly = viel

Bestimmungsgründe der Nachfrage privater Haushalte

Der Verlauf der Nachfragekurve N_0 basiert auf folgenden **Bestimmungsgründen:**

- Individuelle Nutzeneinschätzung bezüglich des Gutes (Bedürfnisstruktur)
- Höhe des verfügbaren Einkommens
- Höhe des Vermögens
- Preise anderer Güter (Substitutionsgüter, Komplementärgüter)
- Preis des nachgefragten Gutes

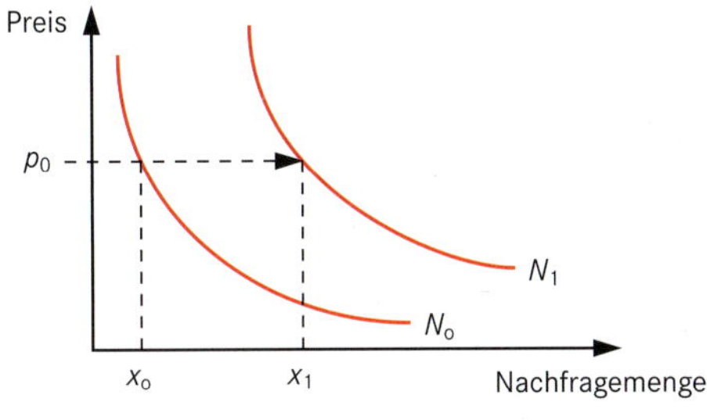

Bewegung auf der Nachfragekurve N_0:
Werden alle anderen Bestimmungsgründe als gegeben angenommen, besteht normalerweise folgende Beziehung zwischen dem Preis des Gutes und der nachgefragten Menge dieses Gutes:

- Mit steigendem Preis eines Gutes sinkt die Nachfrage nach diesem Gut
- Mit sinkendem Preis eines Gutes steigt die Nachfrage nach diesem Gut

Verschiebung der Nachfragekurve von N_0 auf N_1:
Ändert sich einer der vier zuerst genannten Bestimmungsgründe der Nachfrage (z. B. steigt durch eine Einkommensteuersenkung das verfügbare Einkommen der Nachfrager), verschiebt sich die Nachfragekurve (in diesem Beispiel von N_0 auf N_1 nach rechts).

Bei gegebenem Preis p_0 steigt die Nachfrage von x_0 auf x_1.

Das Ausmaß von Nachfrageänderung als Reaktion auf Preis- bzw. Einkommenänderungen wird als **Preis- bzw. Einkommenselastizität** der Nachfrage bezeichnet.

Bestimmungsgründe des Angebots privater Betriebe

Der Verlauf der Angebotskurve A_0 basiert auf folgenden **Bestimmungsgründen:**

- Zielsetzung des Anbieters (Gewinnmaximierung, Kostendeckung, Ausweitung des Marktanteils, ...)
- Marktposition des Anbieters (Monopol, Oligopol, Polypol)
- tatsächliche bzw. erwartete Marktlage (Konjunktur, Preise der Konkurrenz, Nachfrageentwicklung, ...)
- Kostenstruktur des Anbieters (Faktorpreise, technischer Stand)
- Preis des angebotenen Gutes

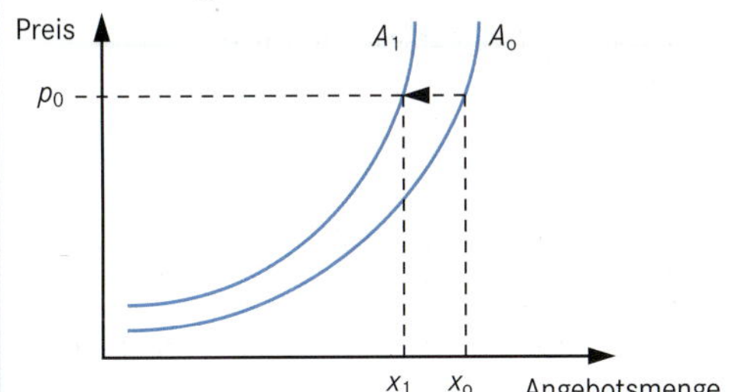

Bewegung auf der Angebotskurve A_0:
Werden alle anderen Bestimmungsgründe als gegeben angenommen, besteht normalerweise folgende Beziehung zwischen dem Preis des angebotenen Gutes und der angebotenen Menge dieses Gutes:

- Mit steigendem Preis eines Gutes steigt die Angebotsmenge dieses Gutes, da weitere Anbieter, angelockt durch sich verbessernde Gewinnchancen, auf den Markt drängen
- Mit sinkendem Preis eines Gutes sinkt die Angebotsmenge dieses Gutes, da es sich für zunehmend mehr Anbieter aus Kostengründen nicht mehr lohnt, weiter zu produzieren

Verschiebung der Angebotskurve von A_0 auf A_1:
Ändert sich einer der vier zuerst genannten Bestimmungsgründe des Angebots (z. B. verschlechtern sich die Konjunkturaussichten), verschiebt sich die Angebotskurve (in diesem Beispiel von A_0 auf A_1 nach links).
Bei gegebenem Preis p_0 sinkt das Angebot von x_0 auf x_1.

Preisbildung auf dem vollkommenen Markt
Pricing in an Ideal Market

Bedingungen des vollkommenen Marktes

- Viele Anbieter und viele Nachfrager (Polypol)
- Anbieter und Nachfrager haben vollständige Marktübersicht (Markttransparenz)
- Anbieter und Nachfrager reagieren auf Marktänderungen ohne zeitliche Verzögerungen
- Das von den Anbietern angebotene Gut ist homogen (Güter unterscheiden sich nicht)
- Angebot und Nachfrage treffen an einem bestimmten Ort aufeinander (Punktmarkt)
- Anbieter und Nachfrager haben keine sachlichen, zeitlichen, räumlichen oder persönlichen Präferenzen
- Unter diesen Bedingungen ergibt sich für das angebotene Gut ein Einheitspreis, der von dem einzelnen Anbieter nicht verändert werden kann (Preis = Datum)

Gleichgewichtspreis und -menge
Price and Quantity Equilibrium

Marktgleichgewicht

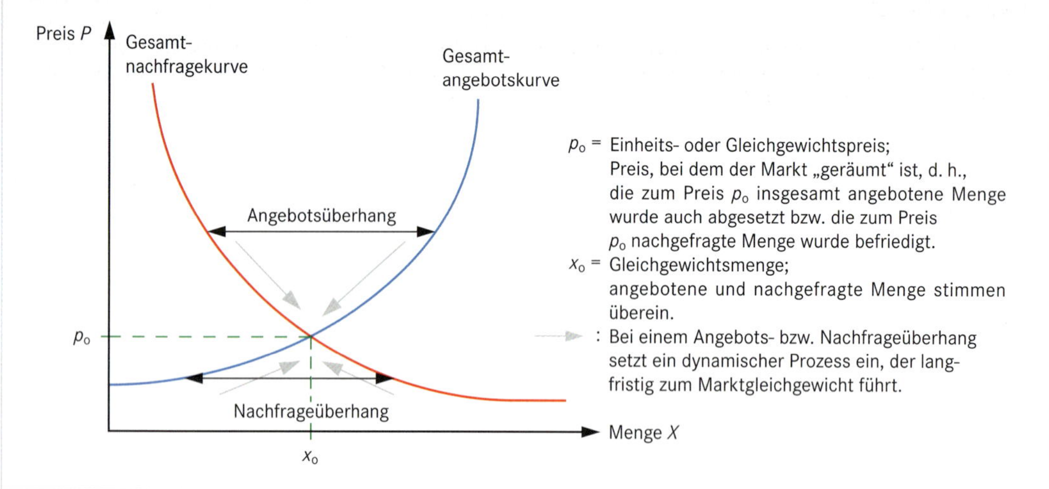

Funktionen des Preises

Was leistet der Preis in der Marktwirtschaft?

- Der Preis gleicht Angebot und Nachfrage auf dem Markt aus: **Ausgleichsfunktion.**
- Der Preis lenkt das Angebot (die Produktion) auf die Märkte mit der größten Nachfrage: **Lenkungsfunktion.**
- Der Preis signalisiert, ob ein Gut besonders knapp (hoher Preis) oder besonders reichlich vorhanden (niedriger Preis) ist: **Signalfunktion.**
- Der Preis „erzieht“ Produzenten und Konsumenten dazu, jeweils die wirtschaftlichste Entscheidung zu treffen: **Erziehungsfunktion.** 18

Kooperation und Konzentration
Co-operation and Concentration

Gründe von Unternehmenszusammenschlüssen

- Verringerung hoher Forschungs- und Entwicklungskosten
- Verbreiterung der Kapitalbasis
- Streuung des unternehmerischen Risikos
- Ausnutzung von Rationalisierungsvorteilen
- Erhöhung des Auslastungsgrades der Produktionsanlagen
- Erschließung neuer Beschaffungs- oder Absatzmärkte
- Begrenzung des Wettbewerbs/Aufteilung von Märkten

Formen von Unternehmenszusammenschlüssen

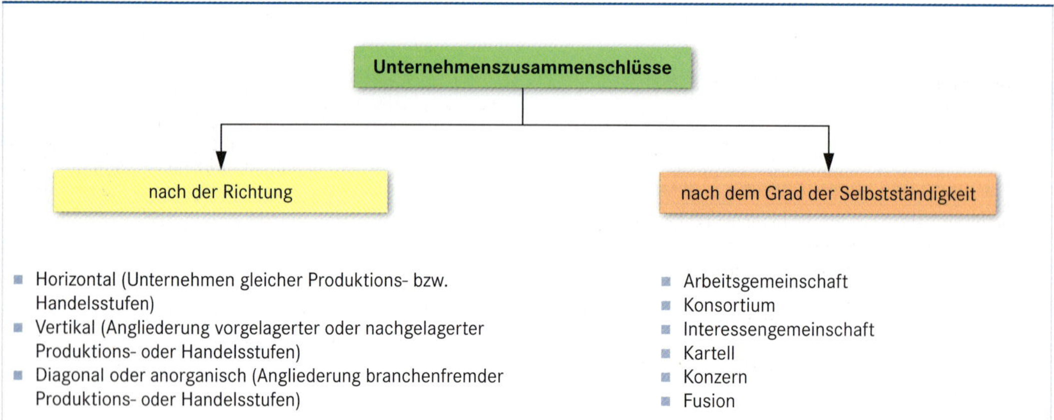

Kooperation

Arbeitsgemeinschaft

Beschränkte Zusammenarbeit von Unternehmen in ausgewählten Teilbereichen – in der Regel in Form einer vertraglichen Vereinbarung –, z. B. Bildung einer Werbegemeinschaft in einer Fußgängerzone. Die beteiligten Unternehmen behalten ihre rechtliche, größtenteils auch ihre wirtschaftliche Selbstständigkeit.

Konsortium

Unternehmen schließen sich für einen begrenzten Zeitraum zusammen, z. B. in Form einer BGB-Gesellschaft, um ein gemeinsames Projekt, z. B. Bau einer Autobahntrasse, durchzuführen. Die wirtschaftliche Selbstständigkeit wird nur in sehr geringem Umfang begrenzt.

Interessengemeinschaft

Unternehmen schließen sich zusammen, z. B. in Form einer BGB-Gesellschaft, um gemeinsam unternehmerische Tätigkeitsfelder zu bearbeiten, z. B. gemeinsame Forschung. Die wirtschaftliche Selbstständigkeit wird dadurch eingeschränkt.

Kartell

Ein vertraglicher Zusammenschluss rechtlich selbstständiger Unternehmen, die einen Teil ihrer wirtschaftlichen Selbstständigkeit mit dem Ziel aufgeben, den Wettbewerb zu beeinflussen oder auszuschalten, wird als Kartell bezeichnet. Der Begriff „Kartell“ ist von dem Lateinischen „charta“ abgeleitet und bedeutet Schreiben oder Vereinbarung.

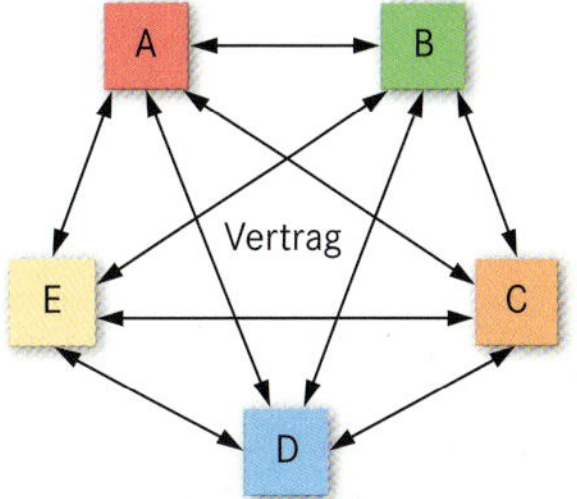

Konzentration

Konzern

Zusammenschluss von Unternehmen unter einheitlicher Leitung, die ihre rechtliche Selbstständigkeit behalten, ihre wirtschaftliche Selbstständigkeit dagegen völlig verlieren. Eine besondere wirtschaftliche und politische Bedeutung erlangen die so genannten Multis (multinationale Konzerne). Prinzipiell kann zwischen Unterordnungs- und Gleichordnungskonzernen unterschieden werden.

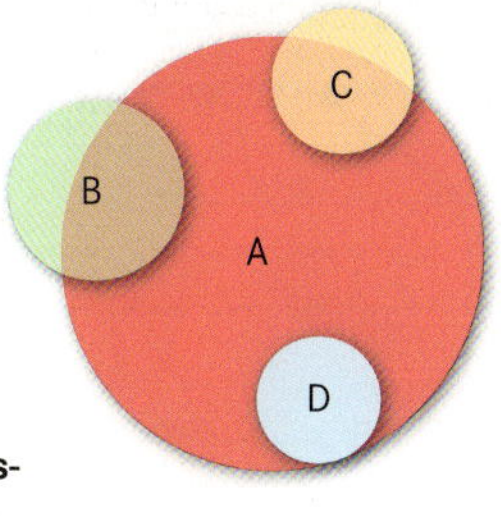

Unterordnungskonzern

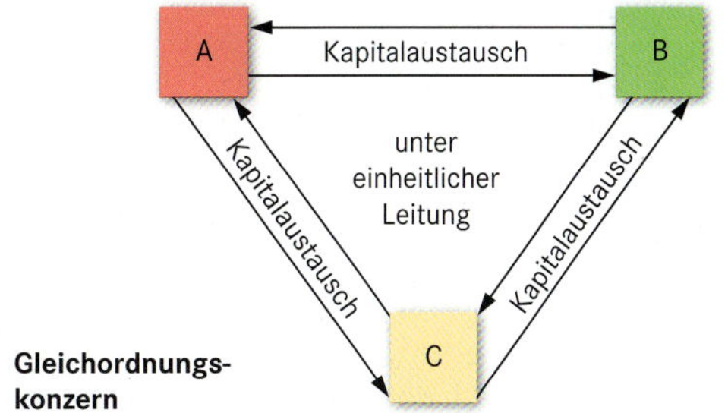

Gleichordnungskonzern

Fusion

Ehemals rechtlich und wirtschaftlich selbstständige Unternehmen schließen sich zu einem (neuen) Unternehmen zusammen, z. B. Verschmelzen eines deutschen und eines ausländischen Automobilunternehmens.

Unterschieden werden so genannte „freundliche Übernahmen“ (**mit Einverständnis** des übernommenen Unternehmens) und „feindliche Übernahmen“ (**gegen den Willen** des übernommenen Unternehmens).

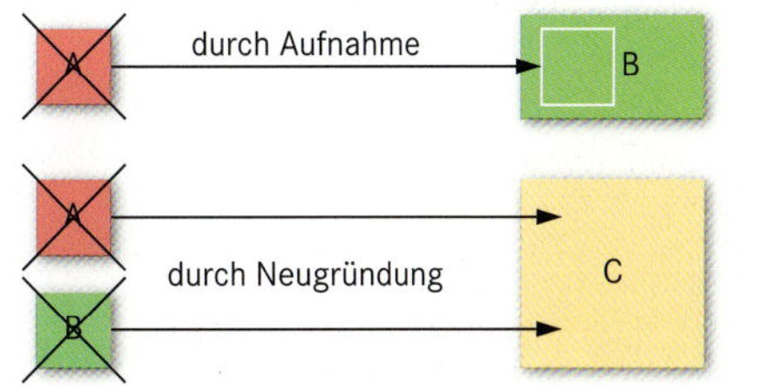

Grundzüge staatlicher Wettbewerbspolitik
Essential Features of Governmental Competition Policy

Einordnung staatlicher Wettbewerbspolitik in ein wirtschaftspolitisches Zielsystem

19

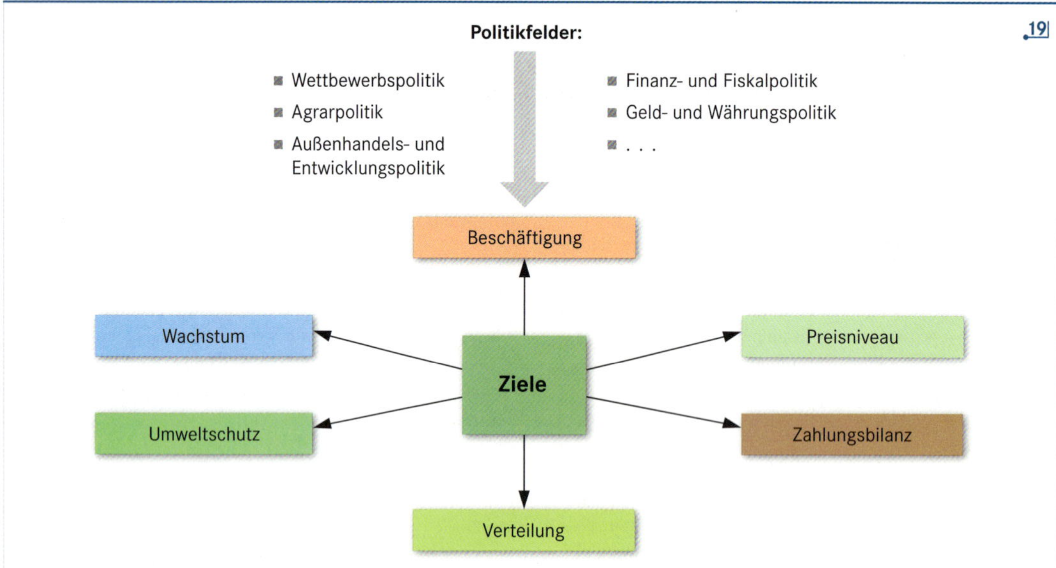

Das „Gesetz zur Förderung der Stabilität und des Wachstums der Wirtschaft“ von 1967, kurz **„Stabilitätsgesetz“** genannt, beschreibt als vier Ziele wirtschaftspolitischen Handelns des Staates: hoher Beschäftigungsstand, stetiges und angemessenes Wirtschaftswachstum, stabiles Preisniveau und außenwirtschaftliches Gleichgewicht (**„Magisches Viereck“**).

Werden als weitere Ziele eine gerechte Einkommens- und Vermögensverteilung sowie eine Verbesserung der Umweltbedingungen verfolgt, spricht man vom **magischen Sechseck** der Wirtschaftspolitik. Das Adjektiv „magisch“ drückt aus, dass es in der Realität nahezu unmöglich ist, die unterschiedlichen Ziele gleichzeitig zu erreichen.

Ziele und Funktionen staatlicher Wettbewerbspolitik

20

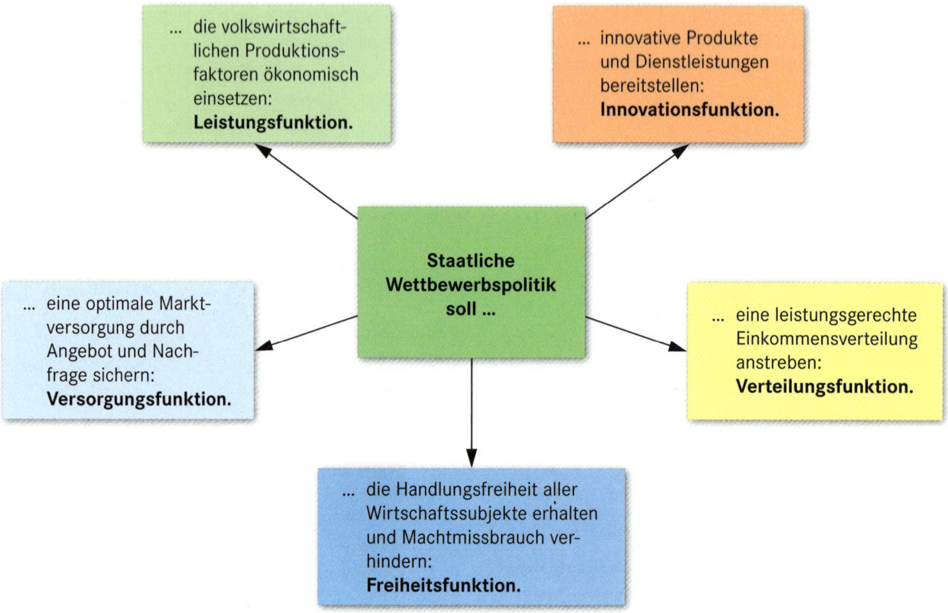

Staatliche Wettbewerbspolitik soll ...

... die volkswirtschaftlichen Produktionsfaktoren ökonomisch einsetzen: **Leistungsfunktion.**

... innovative Produkte und Dienstleistungen bereitstellen: **Innovationsfunktion.**

... eine optimale Marktversorgung durch Angebot und Nachfrage sichern: **Versorgungsfunktion.**

... eine leistungsgerechte Einkommensverteilung anstreben: **Verteilungsfunktion.**

... die Handlungsfreiheit aller Wirtschaftssubjekte erhalten und Machtmissbrauch verhindern: **Freiheitsfunktion.**

Bausteine der Sozialen Marktwirtschaft

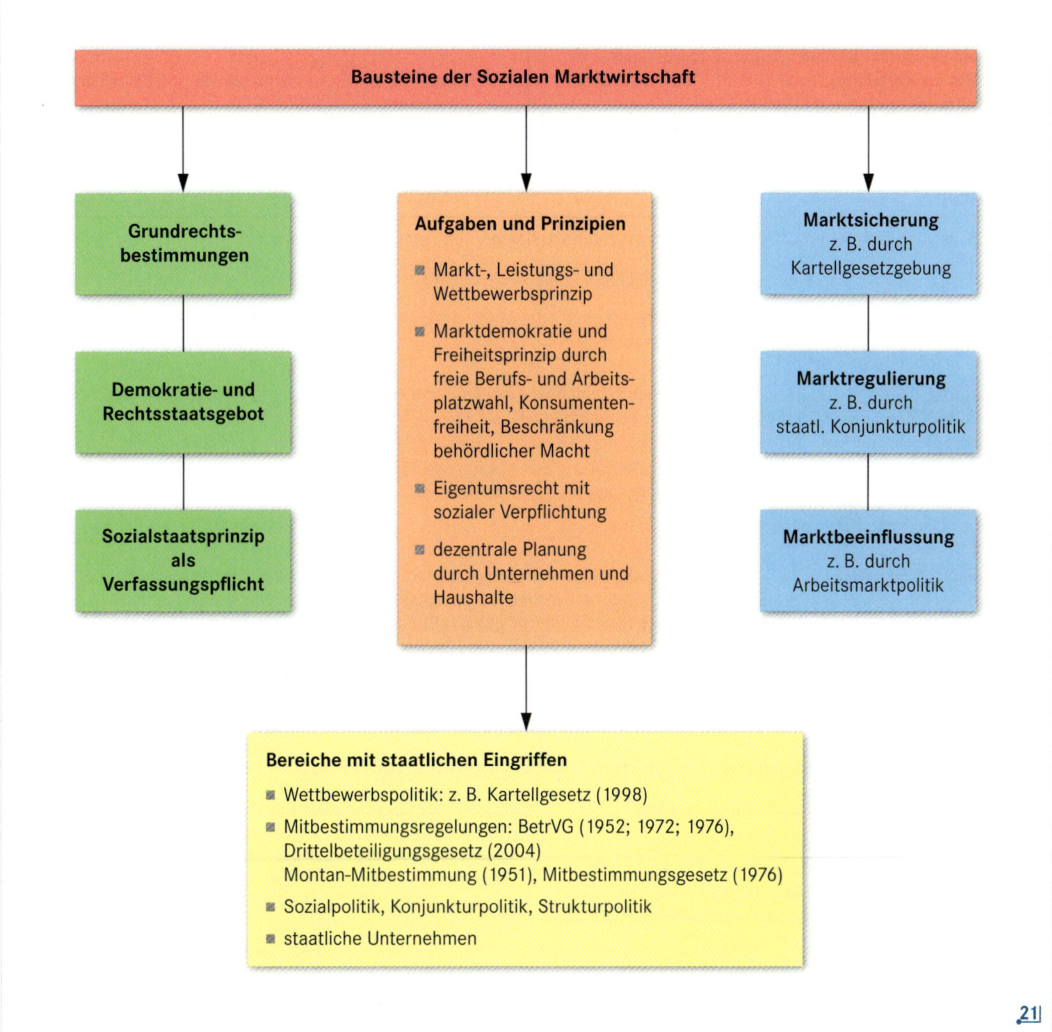

21

Instrumente staatlicher Wettbewerbspolitik

Unter staatlicher Wettbewerbspolitik ist zum einen die aktive Förderung des Wettbewerbs, z. B. durch eine unabhängige, öffentlich geförderte Forschung bei kleineren und mittelgroßen Unternehmen, zu verstehen.
Andererseits bedeutet staatliche Wettbewerbspolitik, dass Unternehmenszusammenschlüsse, die gegen die Prinzipien des freien Wettbewerbs verstoßen, zu verbieten und unter Strafe zu stellen sind. Hierüber wacht auf der Grundlage des Gesetzes gegen Wettbewerbsbeschränkung (GWB) das Bundeskartellamt in Bonn. Dessen Wirken hat schon vielfach dazu geführt, dass Firmenzusammenschlüsse verhindert wurden, die zu einer marktbeherrschenden Stellung von Unternehmen geführt hätten.

Instrumente internationaler Wettbewerbspolitik

Auf EU-Ebene wurde 1989 eine wirksame Fusionskontrolle institutionalisiert. Dafür ist die EU-Kommission zuständig. Bei ihr müssen Unternehmenszusammenschlüsse von EU-weiter Bedeutung ab einer bestimmten Größenordnung angemeldet bzw. von der EU-Kommission geprüft werden. Liegt durch den Zusammenschluss eine marktbeherrschende Stellung vor, ist die Fusion zu untersagen.
Seit 1991 existiert ein Abkommen zwischen den USA und der EU, um marktbeherrschende Zusammenschlüsse von Unternehmen aus beiden Wirtschaftsräumen zu beschränken.

Begriff Kartell

Ein Kartell ist ein Zusammenschluss rechtlich selbstständiger Unternehmen einer Branche (horizontaler Zusammenschluss), die den Teil der wirtschaftlichen Selbstständigkeit aufgeben, auf den sich die Kartellabsprache bezieht. Damit das Kartell durchgesetzt werden kann, müssen möglichst alle Unternehmen der Branche beteiligt sein.

Ziele von Kartellen

- Beeinflussung des Marktes für bestimmte Produkte durch Wettbewerbsbeschränkung
- Verbesserung der Gewinnsituation der am Kartell beteiligten Unternehmen

Kartellarten

Je nach Gegenstand der Absprache werden verschiedene **Kartellarten** unterschieden, zum Beispiel:

Kartellart	die beteiligten Unternehmen vereinbaren ...
Preiskartell	einen Einheits-, Höchst- oder Mindestpreis sowie zugehörige Produktions- oder Beschaffungsquoten.
Submissionskartell	wer im Rahmen öffentlicher Ausschreibungen den Auftrag erhalten soll, z. B. im Wege der Abgabe eines Mindestpreises.
Absatz-, Beschaffungskartell	die räumliche Aufteilung des Absatz- oder Beschaffungsgebietes **(Gebietskartell)** oder dass der gesamte Absatz/die gesamte Beschaffung von einer Zentrale aus vorgenommen wird **(Syndikat)**.
Rationalisierungskartell	z. B. die Entwicklung gemeinsamer Normen wie Abmessungen **(Normungskartell)**, die Vereinheitlichung von Produkten **(Typungskartell)**, die Aufteilung bestimmter Funktionen oder Produkte **(Spezialisierungskartell)** oder weiter gehende Rationalisierungen.
Konditionenkartell	die Gewährung gleicher Rabatte, Boni, Skonti **(Rabattkartell)** oder sonstiger gleicher Geschäftsbedingungen wie z. B. Lieferbedingungen, Verpackungskosten.

Wettbewerbsrechtliche Regelungen nach dem Gesetz gegen Wettbewerbsbeschränkung (GWB)

Nach § 1 GWB gilt grundsätzlich ein **Kartellverbot:**

„Vereinbarungen zwischen Unternehmen, Beschlüsse von Unternehmensvereinigungen und aufeinander abgestimmte Verhaltensweisen, die eine Verhinderung, Einschränkung oder Verfälschung des Wettbewerbs bezwecken oder bewirken, sind verboten."

Gemäß § 2 GWB müssen Unternehmen grundsätzlich selbst prüfen, ob die von ihnen getroffenen (wettbewerbsbeschränkenden) Vereinbarungen mit anderen Unternehmen erlaubt sind **(freigestellte Vereinbarungen)**. Dieses Selbstprüfungssystem hat eine höhere Eigenverantwortung der Unternehmen zur Folge. Es birgt mitunter jedoch auch die Gefahr einer falschen Beurteilung und somit das Risiko in sich, dass gegen das Unternehmen Bußgelder oder Schadensersatzansprüche erhoben werden.

„(1) Vom Verbot des §1 freigestellt sind Vereinbarungen (...) Beschlüsse (...) oder aufeinander abgestimmte Verhaltensweisen, die unter angemessener Beteiligung der Verbraucher an dem entstehenden Gewinn zur Verbesserung der Warenerzeugung oder -verteilung oder zur Förderung technischen oder wirtschaftlichen Fortschritts beitragen, ohne dass den beteiligten Unternehmen 1. Beschränkungen auferlegt werden, die für die Verwirklichung dieser Ziele nicht unerlässlich sind, oder 2. Möglichkeiten eröffnet werden, für einen wesentlichen Teil der betreffenden Waren den Wettbewerb auszuschalten."

Für mittelständische Unternehmen gilt die folgende Ausnahmeregelung nach § 3 GWB **(Mittelstandskartelle):**

„(1) Vereinbarungen zwischen miteinander im Wettbewerb stehenden Unternehmen und Beschlüsse von Unternehmensvereinigungen, die die Rationalisierung wirtschaftlicher Vorgänge durch zwischenbetriebliche Zusammenarbeit zum Gegenstand haben, erfüllen die Voraussetzungen des § 1 Abs. 1, wenn 1. dadurch der Wettbewerb auf dem Markt nicht wesentlich beeinträchtigt wird und 2. die Vereinbarung oder der Beschluss dazu dient, die Wettbewerbsfähigkeit kleiner oder mittlerer Unternehmen zu verbessern."

Missbrauch einer marktbeherrschenden Stellung

Nach § 19 GWB ist die **missbräuchliche Ausnutzung** einer marktbeherrschenden Stellung durch ein oder mehrere Unternehmen verboten.
„Ein Unternehmen ist marktbeherrschend, soweit es als Anbieter oder Nachfrager einer bestimmten Art von Waren oder gewerblichen Leistungen auf dem sachlich und räumlich relevanten Markt 1. ohne Wettbewerber ist oder keinem wesentlichen Wettbewerb ausgesetzt ist oder 2. eine im Verhältnis zu seinen Wettbewerbern überragende Marktstellung hat."

Geschäftsprozesse

2

34 Klassische Aufbauorganisation
35 Leitungssysteme
37 Vollmachten
38 Funktionen des Betriebes
39 Ablauforganisation
41 Funktions-/prozessorientierte Organisation
42 Geschäftsprozesse
43 Prozessanalyse
44 Geschäftsprozessmodellierung und -management
45 Analyse und Gestaltung von Geschäftsprozessen
49 Kontrolle von Geschäftsprozessen
50 KAIZEN/TQM

Abgrenzung des Begriffs Organisation

Organisation	Improvisation	Disposition
System offiziell verkündeter, generell gültiger und auf Dauer angelegter Kompetenzen → bei konstanten Situationsbedingungen	vorübergehende, sich lfd. ändernde Regelungen einer begrenzten Zahl von Teilhandlungen → bei sich ständig ändernden Situationsbedingungen	situationsabhängige Regelung eines Einzelfalls im Rahmen einer dauerhaft und umfassend angelegten Organisation

Prozess der Stellen-/Abteilungsbildung

- **Aufgabenanalyse:**
  Zerlegung ganzheitlicher Arbeitsprozesse in Teilaufgaben bis hin zu kleinsten Arbeitseinheiten wie Arbeitsgriffe und Griffelemente (zurückzuführen auf Frederick Winslow Taylor (1856–1915))
- **Aufgabensynthese:**
  Anschließende Zusammenfassung sachlogisch zusammenhängender Teilaufgaben zu Aufgabenkomplexen und Zuordnung an Aufgabenträger
- **Ergebnis:**
  Bildung von Stellen und Abteilungen

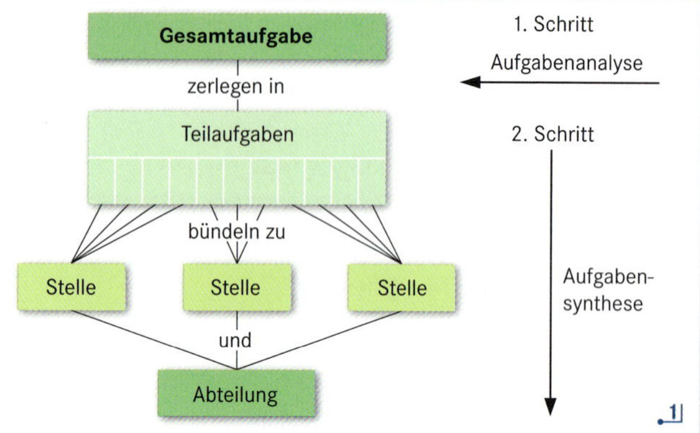

Stellenbildung

Begriff Stelle	Stellenarten	
■ Kleinste Organisationseinheit im Unternehmen ■ Zusammenfassung von Teilaufgaben zum Aufgabenbereich einer Person	**Linienstellen** (Instanzen) ■ Anordnungsbefugnis ■ Entscheidungsbefugnis Beispiel: Abteilungsleiter Einkauf **Ausführende Stellen** ■ Keine Leitungs- und Entscheidungsbefugnis Beispiel: Schreibkraft	**Stabsstellen** ■ Hilfsstelle von Linienstellen ■ Beratung ■ Entscheidungsvorbereitung ■ Keine Entscheidungs- und Anordnungsbefugnis Beispiel: Rechtsabteilung

Abteilungsbildung

Begriff Abteilung

- Zusammenfassung mehrerer Stellen unter einheitlicher Leitung.

Ziele

- Schaffung überschaubarer, leicht kontrollierbarer Bereiche
- Strukturierung eines übersichtlichen Unternehmensaufbaus
- Schaffung von Verantwortungsbereichen mit speziellen Aufgaben

Betriebshierarchie

Betriebsgliederung (= Betriebshierarchie)

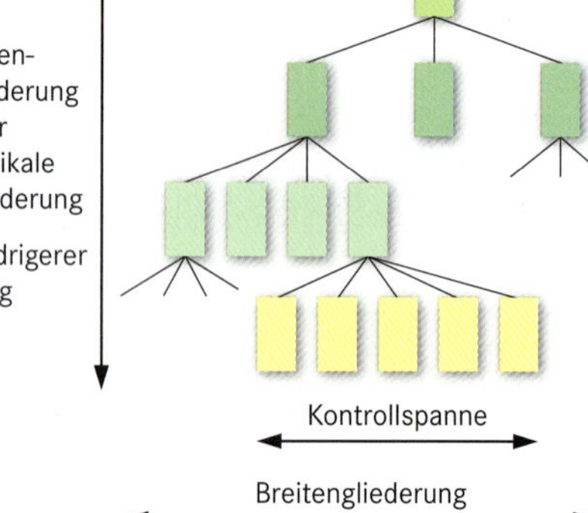

Klassische Aufbauorganisation
Functional Organization Structure

Kriterien der Abteilungsbildung

Funktionsorientierte Organisation (functional type of organization)	**Produktorientierte Organisation** (product type of organization *oder* divisional organization)	**Regionorientierte Organisation** (geographical type of organization)	**Personenorientierte Organisation** (personal type of organization)
⬇	⬇	⬇	⬇
Bildung von Abteilungen, wie „Einkauf“, „Verkauf“, ...	Bildung von Abteilungen, wie „Produkt A“, „Produkt B“, ...	Bildung von Abteilungen, wie „Deutschland“, „Westeuropa“, ...	Bildung von Abteilungen, wie „Friedrichs“, „Müller“, ...

Organigramm

Begriff	Stellensymbole	Funktionen
Hilfsmittel zur grafischen Abbildung der Organisationsstruktur eines Unternehmens	Linienstellen: In der Regel Rechtecke Stabsstellen: z. B. Ellipsen	Veranschaulichung ▪ der Aufgabengliederung ▪ des hierarchischen Aufbaus ▪ der Über- und Unterordnungsverhältnisse ▪ der Kommunikationsbeziehungen

Beispiel funktionsorientierte Aufbauorganisation

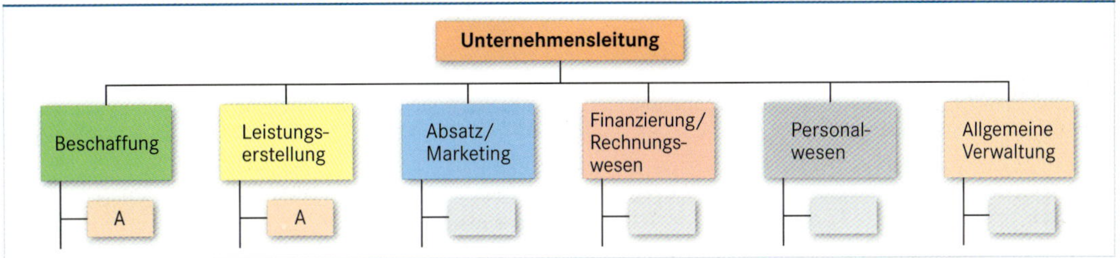

Beispiel produktorientierte Aufbauorganisation

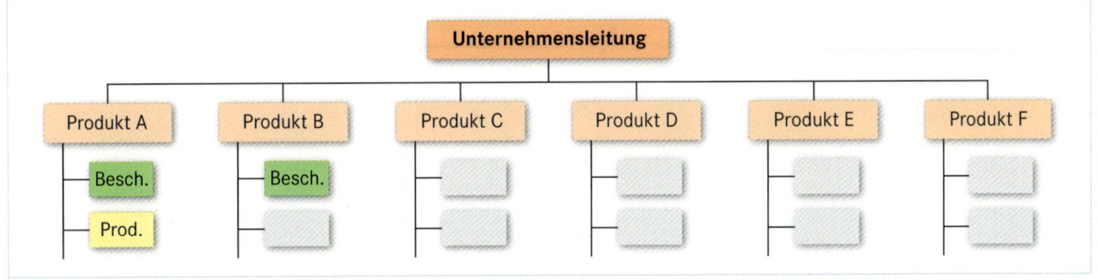

Leitungssysteme
Management Systems

Einliniensystem

- Eine untergeordnete Stelle erhält nur von einer übergeordneten Stelle Anweisungen.
- Eine untergeordnete Stelle gibt Meldungen/Vorschläge nur an die unmittelbar übergeordnete Stelle (Instanz).

Beispiel:

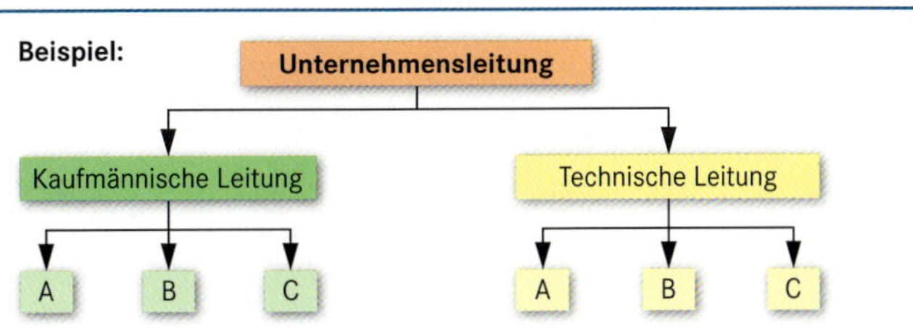

Leitungssysteme
Management Systems

Mehrliniensystem

- Eine untergeordnete Stelle erhält Weisungen von mehreren übergeordneten Stellen.

Beispiel:

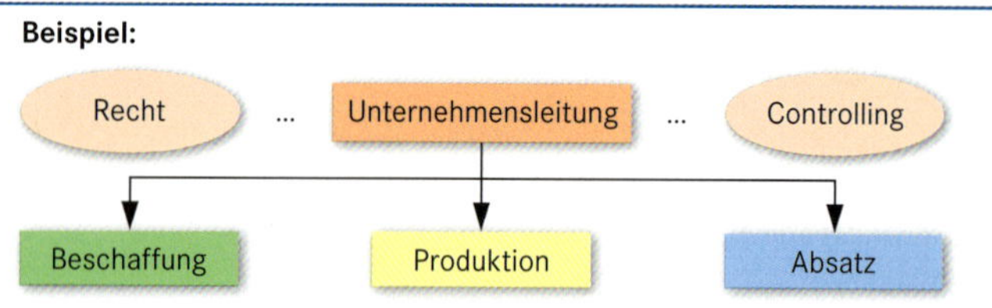

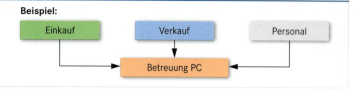

Stab-Linien-System

- Ergänzung des Einliniensystems durch Stellen der Staborganisation
- Stabsstellen entlasten die Linienstellen. Sie dienen häufig nicht nur einer einzelnen Instanz (Direktionsassistent), sondern dem ganzen Unternehmen

Beispiel:

Recht … Unternehmensleitung … Controlling

Beschaffung | Produktion | Absatz

Matrixorganisation

Weiterentwicklung des Mehrliniensystems, da jede Teilfunktion von zwei Entscheidungslinien beeinflusst wird.

Kombination zweier gleichberechtigter Hierarchieebenen:
- Funktionsorientierte Organisation und
- Produktorientierte Organisation

Bedeutung

Zwei Fachabteilungen mit unterschiedlichen Sichtweisen bemühen sich um die Lösung derselben Aufgabe.

Beispiel: „Beschaffung zur Fertigung von PCs"
Der Produktmanager „PC" entscheidet über die Art der Materialien, der Leiter der Funktionsabteilung „Beschaffung" entscheidet über die Auswahl der Lieferanten.

Beispiel:

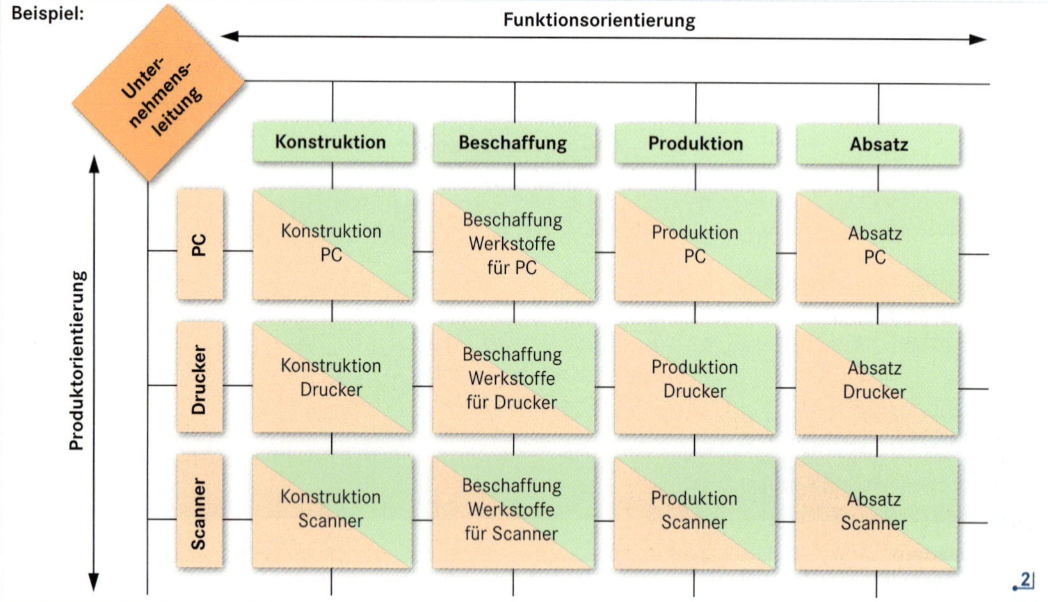

Bedeutung

- Förderung der Teamarbeit
- Entlastung der Unternehmensleitung
- Verbesserung der Qualität von Problemlösungen durch das Einbringen verschiedener Denkansätze

- Auftreten von Kompetenzproblemen
- Längere Entscheidungsdauer durch die Notwendigkeit der Abstimmung
- Häufigere Kompromissentscheidungen durch Konfliktvermeidungsstrategie der Abteilungsleiter

Prokura

Die Prokura ermächtigt zu allen Arten von gerichtlichen und außergerichtlichen Geschäften und Rechtshandlungen, die der Betrieb **(irgend)eines** Handelsgewerbes mit sich bringt (§ 49 HGB).

Arten		
Einzelprokura	Gesamtprokura	Filialprokura
Ausübung der Vollmacht ohne Mitwirkung einer anderen Person	Ausübung der Vollmacht nur im Zusammenwirken mit einer anderen vertretungsberechtigten Person	Beschränkung der Vertretungsvollmacht auf den Betrieb einer Niederlassung

Handlungsvollmacht

Die allgemeine Handlungsvollmacht erstreckt sich auf alle Geschäfte und Rechtshandlungen, die der Betrieb eines **bestimmten** Handelsgewerbes gewöhnlich mit sich bringt (§ 54 HGB).

Arten nach dem Umfang		
Allgemeine Handlungsvollmacht	Artvollmacht	Spezialvollmacht
Auf Dauer erteilte Vollmacht, die zur Erledigung **aller** gewöhnlichen Rechtsgeschäfte in dem betreffenden Handelsgewerbe befugt	Auf Dauer erteilte Vollmacht, die zur Erledigung einer **bestimmten Art von wiederkehrenden** Geschäften befugt, z. B. Einkaufen	Vollmacht, die zur Erledigung eines **einzelnen** Rechtsgeschäftes ermächtigt, z. B. Kauf eines PC

Erteilung der Vollmachten

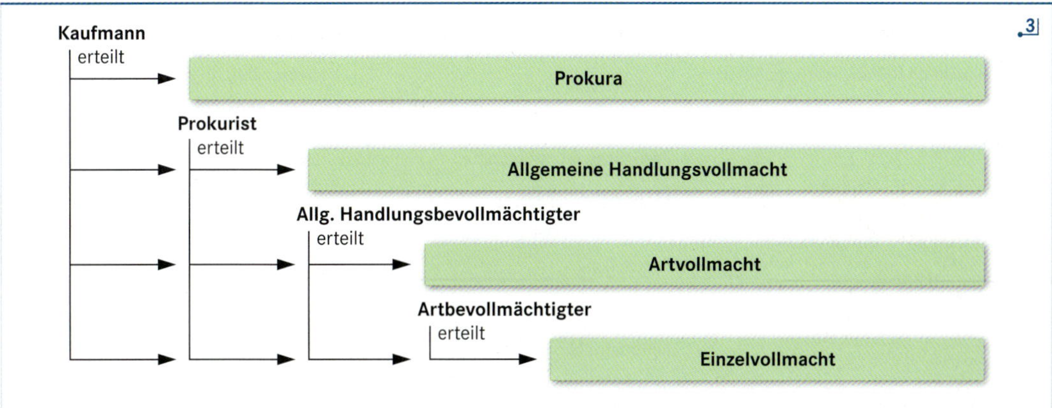

Umfang der Vollmachten

Unternehmer/-in	Prokura	Allgemeine Handlungsvollmacht	Art-vollmacht	Einzel-vollmacht
Steuererklärungen/Bilanz unterschreiben, Eid leisten, HR-Eintragungen anmelden, Insolvenz anmelden, Geschäft verkaufen, Prokura erteilen, Gesellschafter aufnehmen				
Grundstücke belasten/verkaufen				
Prozesse führen, Darlehen aufnehmen, Wechsel unterschreiben				
Grundstücke kaufen, Zahlungsgeschäfte erledigen, verkaufen, Mitarbeiter entlassen/einstellen				
Einkaufen				

Geschäfte, die ohne besondere Vollmacht möglich sind
Geschäfte, für die eine besondere Vollmacht notwendig ist
Geschäfte, für die eine Vertretungsvollmacht gesetzlich verboten ist

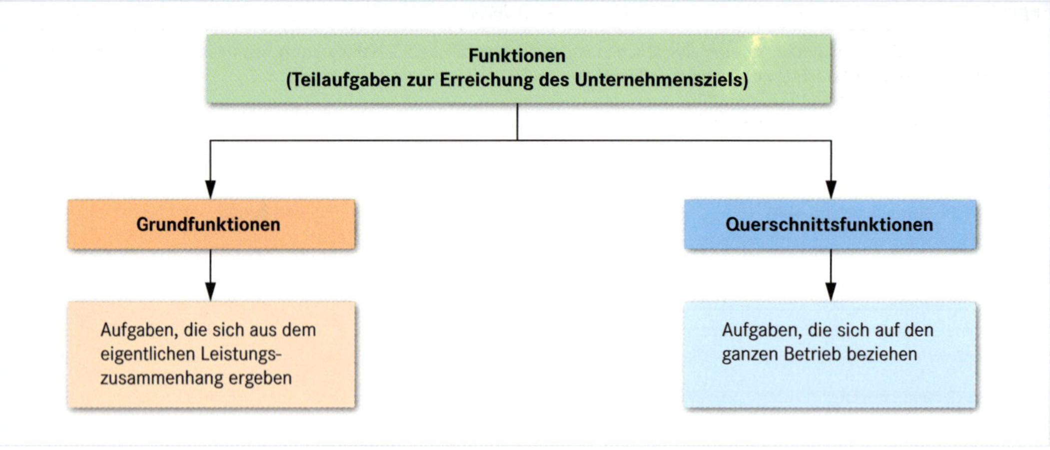

Grundfunktionen und ihre Teilaufgaben

Beschaffung

Zum Beispiel:
- Klärung des Bedarfs nach Art, Menge und Zeitpunkt
- Ermittlung der Bezugsquellen
- Einholung und Prüfung von Angeboten
- Bestellung
- Bestellungs-, Terminüberwachung
- Herbeiholen der Leistungen
- Übernahme mit Kontrolle, Qualitätsprüfung, Reklamationen
- Rechnungsprüfung

Leistungserstellung

Zum Beispiel:
- Forschung und Entwicklung
- Konstruktion
- Planung des Fertigungsverfahrens
- Arbeitsvorbereitung
- Lagerung der Werkstoffe
- Fertigungsdurchführung
- Fertigungskontrolle
- Lagerung der Fertigerzeugnisse
- Verpackung
- Hilfsfunktionen wie Wartung, Instandhaltung, Energieversorgung, innerbetrieblicher Transport

Absatz/Marketing

Zum Beispiel:
- Marktforschung, -erkundung
- Einsatz der Marketinginstrumente
- Absatzanbahnung (Anfragen bearbeiten, Angebote erstellen)
- Auftragsabwicklung
- Rechnungserstellung
- Kundenservice wie Beratung, Wartung, Reparaturen
- Kundenpflege

Querschnittsfunktionen und ihre Teilaufgaben

Finanzierung/Rechnungswesen

Zum Beispiel:
- Kapitalbedarfsrechnung
- Investitionsrechnung
- Finanzplanerstellung
- Eigen- oder Fremdfinanzierung
- Kreditbeschaffung
- Liquiditätsüberwachung
- Finanzbuchhaltung
- Jahresabschluss
- Bilanzanalyse
- Kosten- und Leistungsrechnung
- Statistik und Vergleichsrechnung
- Planungsrechnung

Personalwesen

Zum Beispiel:
- Personalbedarfsermittlung
- Stellenausschreibung
- Personalauswahl
- Personaleinstellung
- Personalleasing
- Personalcontrolling
- Personaleinsatz
- Personalentwicklung (Personalförderung)
- Personalbetreuung (Sozialwesen)
- Arbeitsbewertung und Entlohnung
- Personalentlassung

Informationswesen

Zum Beispiel:
- Ableitung des Informationsbedarfs aus dem Entscheidungsproblem
- Nutzung interner und externer, nichtelektronischer und elektronischer Informationsquellen
- Sammlung und Speicherung entscheidungsrelevanter Informationen im Data-Warehouse
- Verarbeitung (Transformation) originärer Informationen zu entscheidungsrelevanten Größen
- Informationsübermittlung (räumlich) und -ausgabe an Entscheidungsträger

Begriff

- Ablauforganisation ist die rationale Gestaltung von Arbeitsprozessen zur Erfüllung betrieblicher Teilaufgaben. Arbeitsvorgänge, die zeitlich und räumlich hinter- oder nebeneinander verlaufen, werden geordnet.

Ziele

- Optimale Auslastung der Arbeitskräfte und Betriebsmittel
- Minimierung der Durchlaufzeiten für die Arbeitsprojekte

Gegenstand

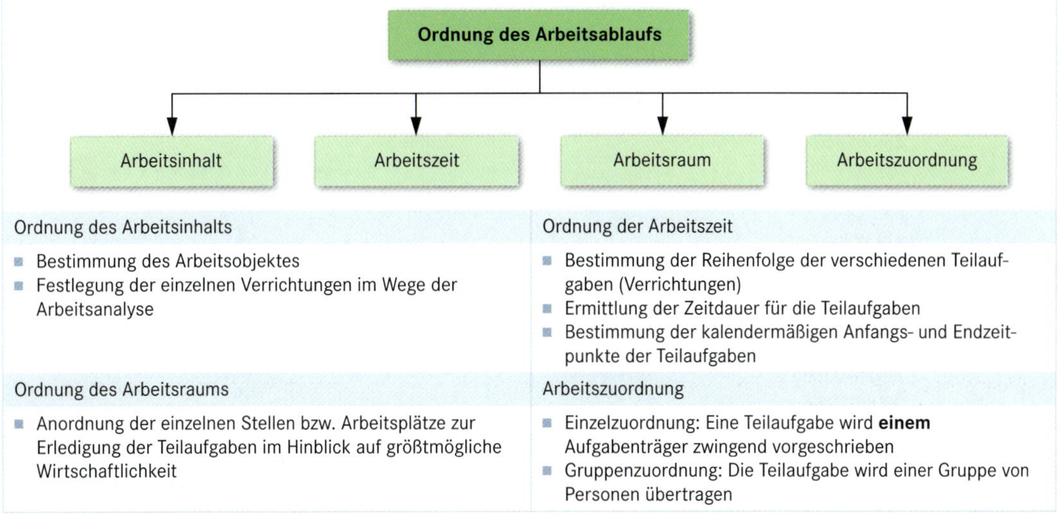

Ordnung des Arbeitsinhalts

- Bestimmung des Arbeitsobjektes
- Festlegung der einzelnen Verrichtungen im Wege der Arbeitsanalyse

Ordnung der Arbeitszeit

- Bestimmung der Reihenfolge der verschiedenen Teilaufgaben (Verrichtungen)
- Ermittlung der Zeitdauer für die Teilaufgaben
- Bestimmung der kalendermäßigen Anfangs- und Endzeitpunkte der Teilaufgaben

Ordnung des Arbeitsraums

- Anordnung der einzelnen Stellen bzw. Arbeitsplätze zur Erledigung der Teilaufgaben im Hinblick auf größtmögliche Wirtschaftlichkeit

Arbeitszuordnung

- Einzelzuordnung: Eine Teilaufgabe wird **einem** Aufgabenträger zwingend vorgeschrieben
- Gruppenzuordnung: Die Teilaufgabe wird einer Gruppe von Personen übertragen

Formen der Darstellung

Ablaufdiagramm

Beispiel:

Inhalt:
Wörtliche Aufführung aller Arbeitsgänge in ihrer Reihenfolge

Form:
Arbeitsablaufkarte

Anwendungsbereich:
Einfache Tätigkeiten

Arbeitsablauf		**Inhalt: Auftragsbearbeitung**			
Lfd. Nr	Ablaufstufen	Stellen			
		Sachbearbeiterin Poststelle	Sachbearbeiterin Versand	Sachbearbeiter Rechnungswesen	Sachbearbeiter Lager
1	Eingang Bestellschein (BS)	●			
2	BS an Sachbearbeiterin Versand		➡		
3	Ablage, wenn Lieferschein (LS) fehlt		◗		
4	2 LS-Kopien erstellen	●			
5	LS-Kopien an Sachbearbeiterin Versand		➡		
6	Kopien trennen		●		
7	1. Kopie an Sachbearbeiter Lager				➡
8	Lieferung buchen				●
9	Kopie ablegen				▲
10	Zusammenfügen von BS + 2. Kopie LS		●		
11	Konditionen prüfen		■		
12	LS und BS an Sachbearbeiter Rechnungswesen			➡	
13	Rechnung schreiben, LS, BS			●	
14	Kontrolle von Menge, Preis, Konditionen, Adresse			■	
15	Kopien verteilen an Sachbearbeiter(in) Versand und Lager		➡		➡
16	Ablage Rechnung, LS, BS			▲	

Symbolerklärung: ● = Tätigkeit ◗ = Wartezeit, Stillstand ➡ = Transport ▲ = Ablage ■ = Kontrolle

5

Flussdiagramm

Inhalt:
Darstellung zeitlicher bzw. logischer Folgen und Abläufe

Verwendete Symbole:

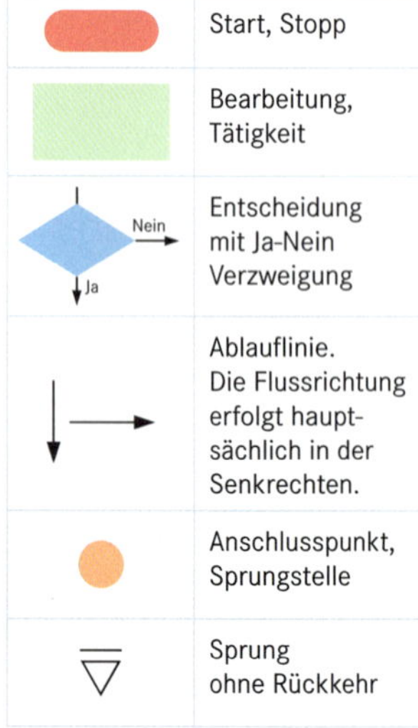

Start, Stopp
Bearbeitung, Tätigkeit
Nein
Ja
Entscheidung mit Ja-Nein Verzweigung
Ablauflinie. Die Flussrichtung erfolgt hauptsächlich in der Senkrechten.
Anschlusspunkt, Sprungstelle
Sprung ohne Rückkehr

Beispiel:
Arbeitsablauf „Bearbeitung einer Bestellung von Kunden“

6

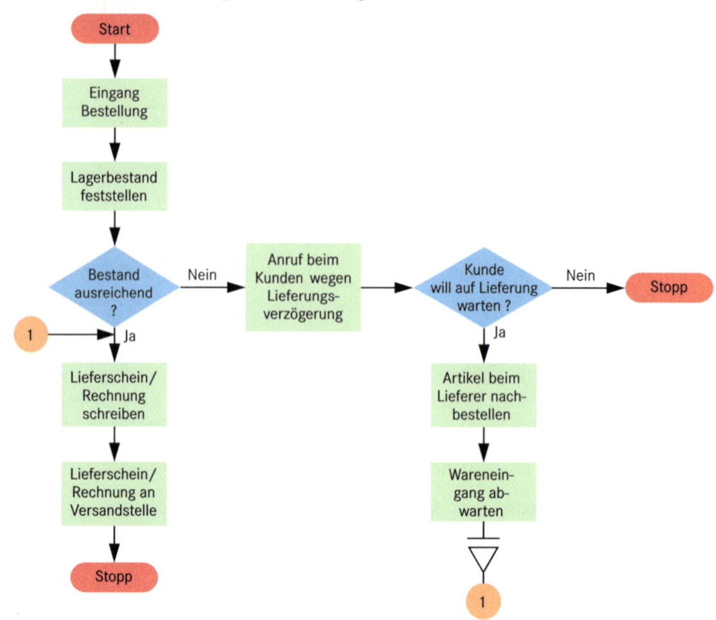

Netzplantechnik

Inhalt:
Beschreibung der Teilarbeiten von Prozessen/Projekten in der **Strukturanalyse**.

Erläuterung:
FAZ = frühester Anfangszeitpunkt
FEZ = frühester Endzeitpunkt
SAZ = spätester Anfangszeitpunkt
SEZ = spätester Endzeitpunkt
GP = Gesamtpuffer
FP = Freier Puffer
GP = SAZ – FAZ
FP = FAZ (Nachf.) – FEZ

Beispiele: Puffer für Vorgang G
GP = 26 – 20 = 6 Arbeitstage
FP = 22 – 22 = 0 Arbeitstage

Beispiel:
Struktur- und Zeitanalyse „Bau einer Lagerhalle“

Vorgang	Strukturanalyse		Zeitanalyse						
	Beschreibung	Folgetätigkeit	Arbeitstage	FAZ	FEZ	SAZ	SEZ	GP	FP
A	Entwurf, Planung	B, F, G	20	0	20	0	20	0	0
B	Erdaushub Fundamente	C	3	20	23	20	23	0	0
C	Ausgießen Fundamente	D	2	23	25	23	25	0	0
D	Verschalung Betonsockel	E	5	25	30	25	30	0	0
E	Betonierung Betonsockel	I	3	30	33	30	33	0	0
F	Bestellung und Auslieferung Betonteile	I	10	20	30	23	33	3	3
G	Aushub Ver- und Entsorgungsleitungen	H	2	20	22	26	28	6	0
H	Leitungsverlegung	I	5	22	27	28	33	6	6
I	Montage Lagerhalle	J	7	33	40	33	40	0	0
J	Installationsarbeiten	–	4	40	44	40	44	0	0

Aus den Angaben der Struktur- und Zeitanalyse ergibt sich der Netzplan:

Knoten:

Kritischer Weg:
Weg ohne Pufferzeiten

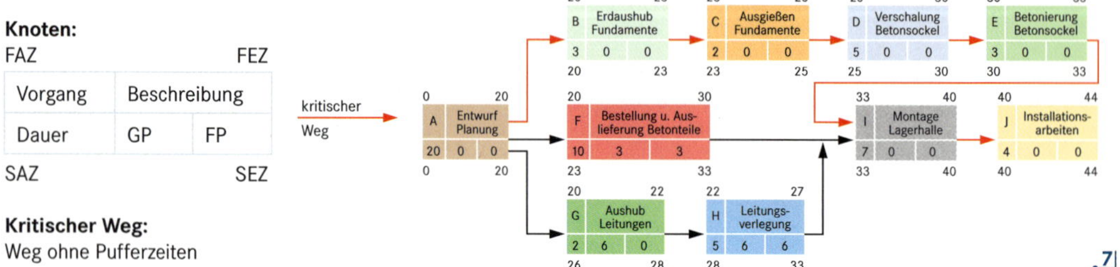

7

Nachteile der Funktionsorientierung

- Arbeitsplatz- und aufgabenbezogene Betrachtungsweise innerhalb einer Abteilung; Gliederung nach dem Prinzip der Tätigkeit
- Leistungsorientierung
- In der Regel Einzelarbeit und Routinearbeiten
- Erkennen, welche Tätigkeiten den Abteilungsnutzen erhöhen bzw. besonders kostenintensiv sind
- Wenig ausgeprägtes Kosten-Nutzen-Denken
- Ausrichtung der Leistungsprozesse auf Kosten und Zeit
- Betriebliche Prozesse laufen häufig „quer" zu den Funktionen
- Engpässe durch Schnittstellen zwischen den Abteilungen
- Fehlende Datenintegration
- Datenredundanz

Funktionale Arbeitsteilung 8

VK | EK | M | S | F

Kunde/Markt

VK = Verkauf
EK = Einkauf
M = Montage
S = Service
F = Fakturierung

Vorteile der Geschäftsprozessorientierung

- Bereichsübergreifende Betrachtungsweise; Gliederung nach dem Prinzip des Durchlaufs
- Ziel- und Ergebnisorientierung
- In der Regel Teamarbeit und konzeptionelle Problemlösungsarbeit
- Erkennen, welche Tätigkeiten den Kundennutzen erhöhen bzw. besonders kostenintensiv sind
- Ausgeprägtes Kosten-Nutzen-Denken wegen größerer Mitverantwortung
- Zielorientierte Ausrichtung der Leistungsprozesse am Kunden und am Markt

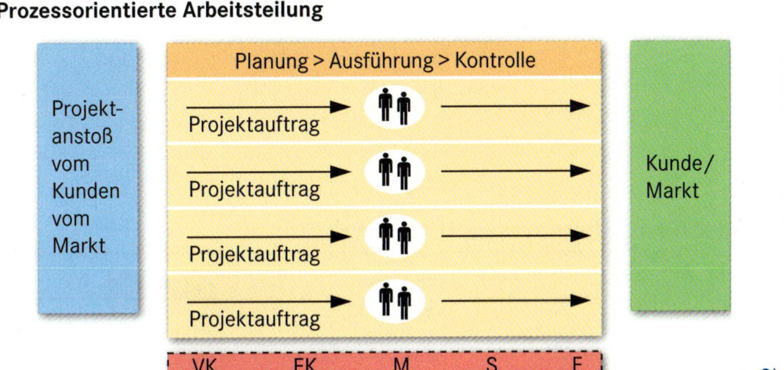

9

Kombination funktions- und prozessorientierter Organisation

Prozessorientierung über die Funktionsabteilungen hinweg: Die Schnittstellenprobleme zwischen den Funktionsbereichen werden überwunden und zum Kunden besteht nur noch eine Schnittstelle! Nach dem Motto: „One face to the Customer".

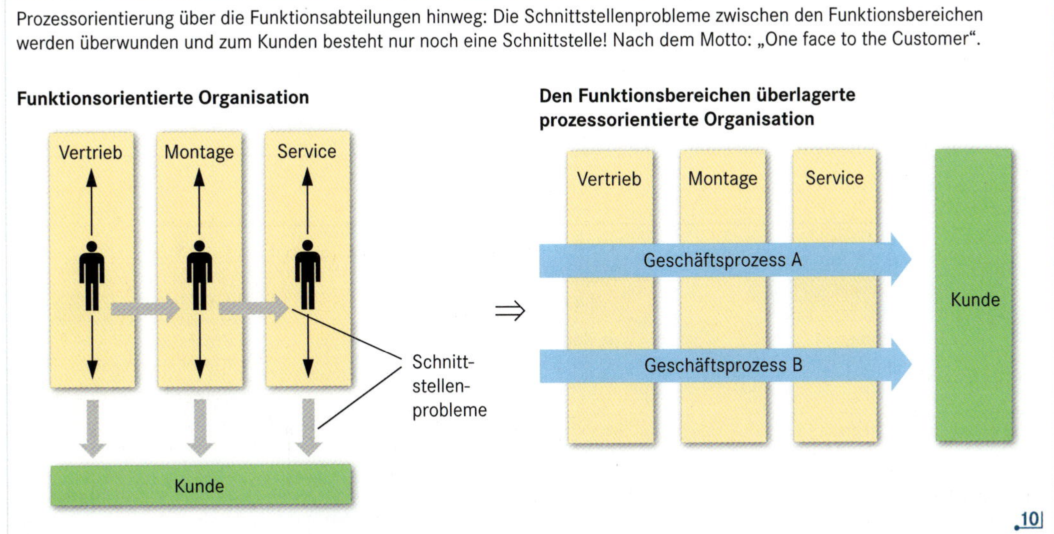

10

Begriff

„Ein Geschäftsprozess besteht aus einer zusammenhängenden abgeschlossenen Folge von Tätigkeiten, die zur Erfüllung einer betrieblichen Aufgabe notwendig sind.
Die Tätigkeiten werden von Aufgabenträgern in organisatorischen Einheiten unter Nutzung der benötigten Produktionsfaktoren geleistet. Unterstützt wird die Abwicklung der Geschäftsprozesse durch das Informations- und Kommunikationssystem IKS des Unternehmens.“ 11

Kunden können sowohl externe Nachfrager (Kunden im eigentlichen Sinne) als auch interne Nachfrager (z. B. Abteilungen des eigenen Unternehmens) sein.

Beispiele von Geschäftsprozessen:
- Erstellung eines Angebotes
- Beschaffung von Fremdleistungen
- Abwicklung des Zahlungsverkehrs

Beispiel: Geschäftsprozess

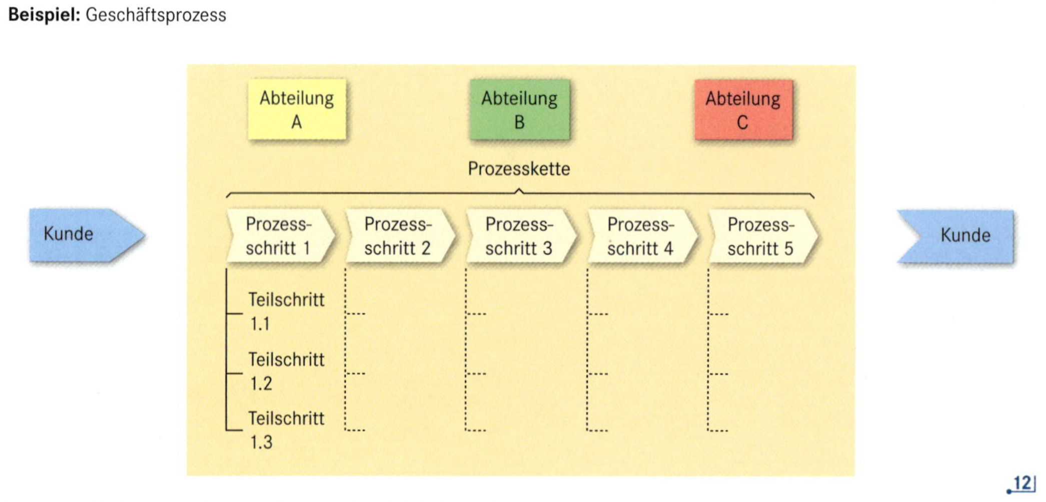

12

Ziele der Geschäftsprozessoptimierung

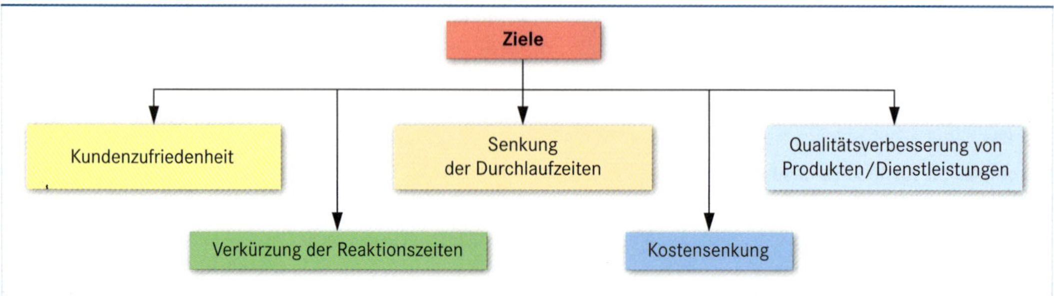

Arten von Geschäftsprozessen

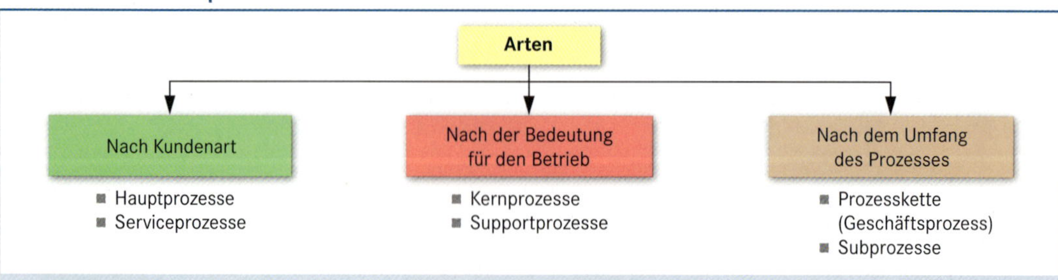

- Hauptprozesse
- Serviceprozesse

- Kernprozesse
- Supportprozesse

- Prozesskette (Geschäftsprozess)
- Subprozesse

Unterteilung nach Kundenart

Hauptprozesse:
Folge von zusammenhängenden Tätigkeiten, die an **externe** Kunden geleistet werden.

Serviceprozesse:
Folge von zusammenhängenden Tätigkeiten, die an **interne** Kunden geleistet werden.

Geschäftsprozesse
Business Processes

Unterteilung nach der Bedeutung für den Betrieb

Kernprozesse:
Geschäftsprozesse, mit denen die Hauptleistung eines Unternehmens erbracht wird, d. h. mit deren Hilfe die eigentliche Wertschöpfung (→ Betriebsertrag – Vorleistungen) erbracht wird. 13

Kundennahe Kerngeschäftsprozesse
in Industrieunternehmen sind zum Beispiel:

Kundennahe Kernprozesse

Kundenbetreuung
Kundenkontakte → Anfragebearbeitung → Projektierung → Angebotsausarbeitung → Vertragsverhandlungen → Auftragserteilung

Auftragsbearbeitung
Kundenauftragsannahme → Auftragsklärung → Auftragsbestätigung → Auftragseinplanung → Auftragsabwicklung

Außenmontage
Montageplanung → Erzeugnisversand → Kundenmontage → Auftragsabnahme

Ersatzteilversorgung
Auftragsannahme → Verfügbarkeitsprüfung → Bonitätsprüfung → Kommissionierung → Versand

Wartungsabwicklung
Wartungswerbung → Wartungsvertragsabschluss → Wartungsdurchführung → Ersatzteilabwicklung

Zahlungsabwicklung
Fakturierung → Zahlungseingangsbearbeitung → Zahlungseingangsüberwachung → Mahnwesen

Wertschöpfungsintensive Kerngeschäftsprozesse
in Industrieunternehmen sind zum Beispiel:

Wertschöpungsintensive Kerngeschäftsprozesse

Erzeugnisentwicklung
Erzeugnisanalyse → Konstruktion → Berechnung → Zeichnungserstellung → Stücklistenerarbeitung → Erzeugnistest → Prototypenfertigung → Nullserie → Erzeugniseinführung

Fertigung
Fertigungsplanung → Fertigungssteuerung → Teilefertigung → Baugruppenmontage → Erzeugnismontage → Versand

Supportprozesse: Geschäftsprozesse, die die Kernprozesse unterstützen, wie z. B. Beschaffung von Produktionsfaktoren, Abrechnung von Löhnen und Gehältern, Sicherung der Liquidität 14

Unterteilung nach dem Umfang des Prozesses

Prozesskette (Geschäftsprozess):
Reihung von zusammenhängenden Prozessen.

Subprozesse:
Teil- oder Unterprozesse eines Geschäftsprozesses.

Prozessanalyse
Process Analysis

Notwendigkeit der Prozessanalyse

Der Einsatz moderner **betriebswirtschaftlicher Standardsoftware** (z. B. SAP R/3) in den Kernprozessen des kaufmännischen Bereichs setzt in der Regel voraus, dass eine Prozessorganisation – zumindest neben einer funktionsorientierten Organisation – im Unternehmen besteht. Dazu ist die Analyse und Abgrenzung der einzelnen Geschäftsprozesse notwendig. Der weltweite Globalisierungsdruck und die hohe Innovationsgeschwindigkeit in Wirtschaft und Technik machen es für die einzelnen Unternehmen notwendig, ihre definierten Geschäftsprozesse ständig zu hinterfragen und sie laufenden Veränderungen anzupassen. Die Prozessanalyse ist damit ein Hilfsmittel der Prozessorganisation.

Durchführung der Prozessanalyse

Sie wird in zwei Schritten durchgeführt:

- **Istaufnahme** der bestehenden Organisation
  Dazu werden Organisations- und Arbeitsunterlagen ausgewertet und gegebenenfalls Mitarbeiterinterviews durchgeführt.
- **Istanalyse** der Prozesse
  Als Methoden werden z. B. eingesetzt:
  - Benchmarking
  - Workflowanalyse
  - Referenzanalyse
  - Schwachstellenanalyse
  - Checklistentechnik
  - Vorgangskettenanalyse

Geschäftsprozessarchitektur: Vier-Ebenen-Modell

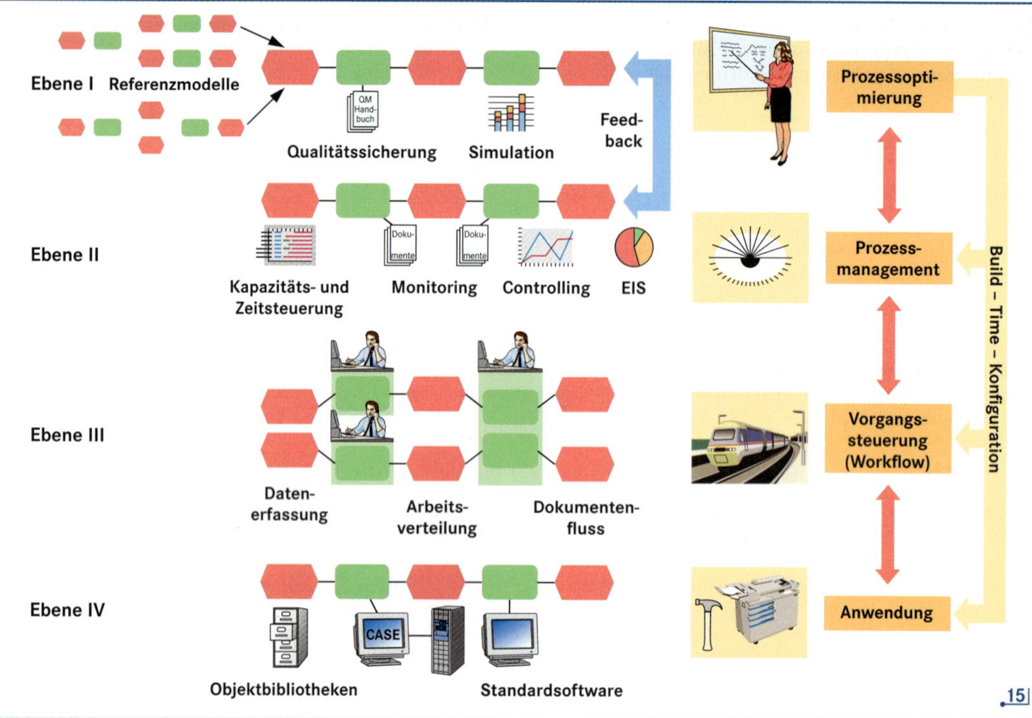

15

Ebene I: Prozessoptimierung

- Analyse und Modellierung des Geschäftsprozesses und Optimierung der Prozessstruktur
- Unterstützung der Prozessoptimierung mit EDV-gestützten Werkzeugen, z. B. ARIS-Toolset
- Zur Einsparung von Kosten
  - eventuell Rückgriff auf Referenzmodelle (empirisch erhobene Best-Practice-Beispiele oder aus theoretischen Überlegungen)
  - Simulierung verschiedener Modelle auf dem PC zur Optimierung des Prozesses

Ebene II: Prozessmanagement

- Zuordnung von Funktionen (Aufgaben) auf Arbeitsplätze/Arbeitsplatzgruppen für einen bestimmten Zeitraum
- Belegung der Abläufe mit Zeiten und Kapazitäten (Zeitabläufe geben Aufschluss über die Kapazitätsauslastung der Arbeitsplätze und über die Dauer eines Geschäftsprozesses).
- Ermöglichung der Prozesskostenrechnung als wesentliches Steuerungsinstrument auch in der Verwaltung
- Durchführung einer mitlaufenden Kostenkalkulation von Abläufen durch den Einsatz von Workflow-Systemen

Ebene III: Vorgangssteuerung

Verfeinerung der Geschäftsprozessmodelle durch Betrachtung einzelner Vorgänge innerhalb des Prozesses:

- Zuteilung einzelner Vorgänge zu den ausführenden Organisationseinheiten
- Auswahl der günstigsten Möglichkeit bei alternativen Bearbeitungsstrategien unter Berücksichtigung aktueller Kapazitäten
- Sammlung von Informationen über realisierte Vorgänge und Ermittlung von Abweichungen von strategischen Vorgaben
- Aufzeigen kritischer Veränderungen in der Prozessentwicklung

16

Ebene IV: Anwendung

- Ebene der Prozessausführung durch Unterstützung der zur Funktionsausführung benötigten Bearbeitungsregeln
- „... ablauforganisatorische Integration der realen Aufgabenstellung (definiert in den Prozessmodellen) mit DV-Systemen (Standardsoftware, Individualsoftware) sowie Anwendungsdiensten“ 17

Sichten

Um unterschiedliche Geschäftsprozesse analysieren und darstellen zu können, werden so genannte Sichten benutzt. („Sicht: Betrachtung einer bestimmten Ausprägung eines Geschäftsprozesses.“) 18

Vorteile der Nutzung von Sichten zur Prozessanalyse:

- Erhebliche Reduktion der Komplexität
- Einsatzmöglichkeit von speziellen, besonders geeigneten Verfahren für die verschiedenen Ausprägungen der Geschäftsprozesse
- Möglichkeit der Fokussierung auf einzelne Ausprägungen von Geschäftsprozessen bei Ausblendung anderer Gesichtspunkte
- Isolierung der verschiedenen Ausprägungen, um Experten gezielt einsetzen zu können
- Durch die Sichtendefinition liegt ein standardisierter Ordnungsrahmen für die Prozessanalyse ... vor. 19

ARIS-Konzept

Begriff

ARIS: **Ar**chitektur **i**ntegrierter Informations**s**ysteme
Konzept zur computerunterstützten Modellierung und Dokumentation von Geschäftsprozessen

Inhalt

Ausgangspunkt: Betriebswirtschaftliche Problemstellung (Geschäftsprozess)

Beschreibung des Geschäftsprozesses aus fünf **Sichtweisen:**

- Organisationssicht
- Datensicht
- Steuerungssicht
- Funktionssicht
- Leistungssicht

Zerlegung jeder Sichtweise in drei Beschreibungsebenen **(Schichten):**

- Fachkonzeptebene
- Datenverarbeitungskonzeptebene
- Implementierungsebene

Sichten, Beschreibungsebenen und Methoden für die jeweiligen Komponenten der ARIS-Architektur.

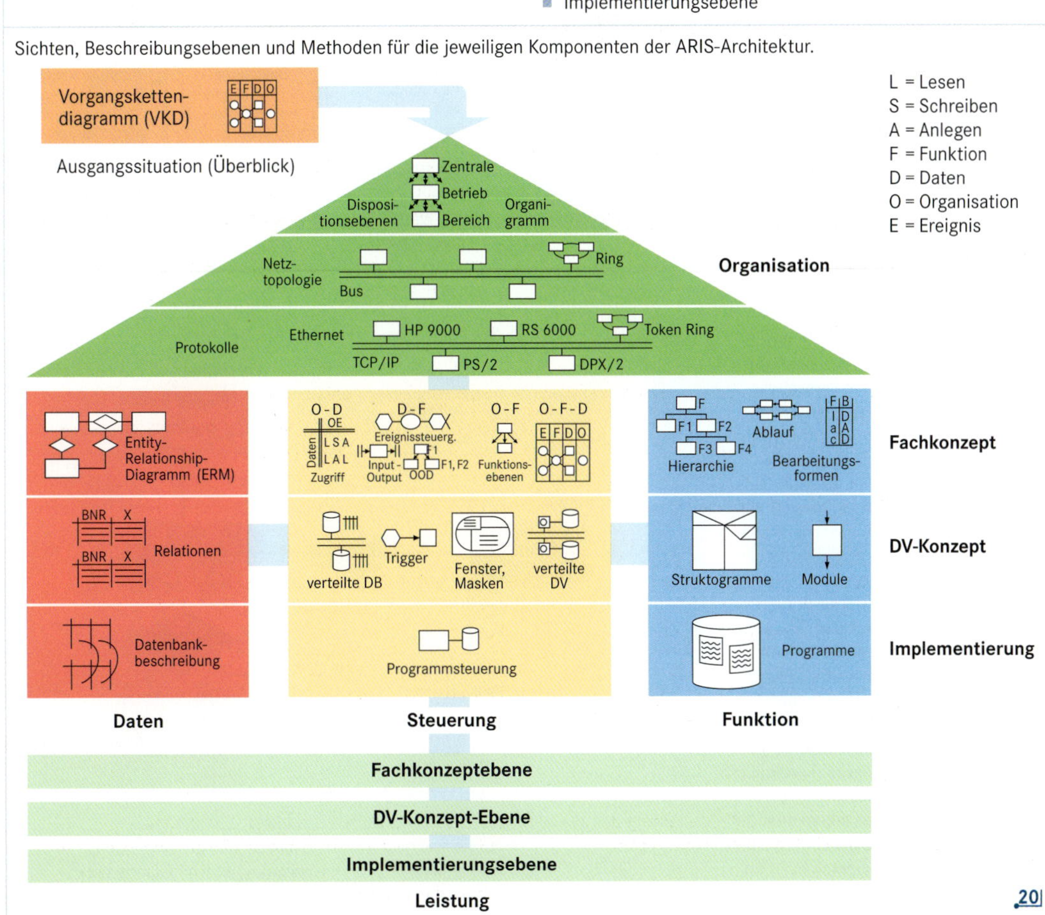

20

ARIS-Fachkonzeptebene

Organisationssicht

Alle Elemente der **Aufbauorganisation**, wie Abteilungen, Stellen, Personen und deren Beziehungen zueinander, werden in der Organisationssicht beschrieben. Üblicherweise wird die Aufbauorganisation in **Organigrammen** abgebildet.

Beispiel: Ausschnitt aus einem Organigramm 21

Funktionssicht

In der Funktionssicht werden Vorgänge (Funktionen) und deren Zusammenhänge beschrieben. Als Kernmethode zur Beschreibung von Funktionen werden so genannte **Funktionshierarchiebäume** verwendet.

Beispiel: Ausschnitt aus einem Funktionshierarchiebaum 22

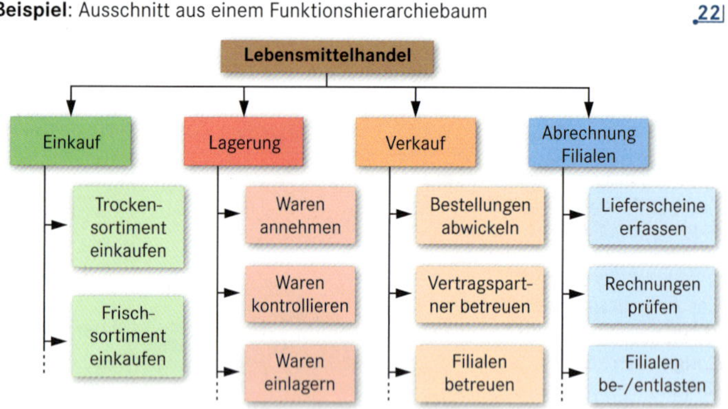

Datensicht

Für die Gestaltung eines Informationssystems ist die Datensicht besonders wichtig. Die am weitesten verbreitete Entwurfsmethode ist das **Entity-Relationship-Modell** (ERM). Im ERM werden Entities (Objekte), Attribute und Beziehungen unterschieden. **Entities** sind reale oder abstrakte Dinge, die z. B. für einen zu analysierenden Geschäftsprozess von Bedeutung sind. Sie werden durch Rechtecke dargestellt.
Attribute sind Eigenschaften von Entities (Objekten), z. B. hat das Objekt Artikel eine Artikelnummer und einen Preis. Sie werden in Form einer Ellipse dargestellt. **Beziehungen** sind logische Verknüpfungen zwischen Objekten.
Sie werden in Form einer Raute dargestellt. Der Komplexitätsgrad (Kardinalität) einer Beziehung wird dadurch bestimmt, wie viele andere Entities einem bestimmten Entity eines Typs zugeordnet werden können. Man unterscheidet 1:1-, 1: n-, n : 1- und n : m-Beziehungen.

Beispiel: Ausschnitt aus einem Entity-Relationship-Modell 23

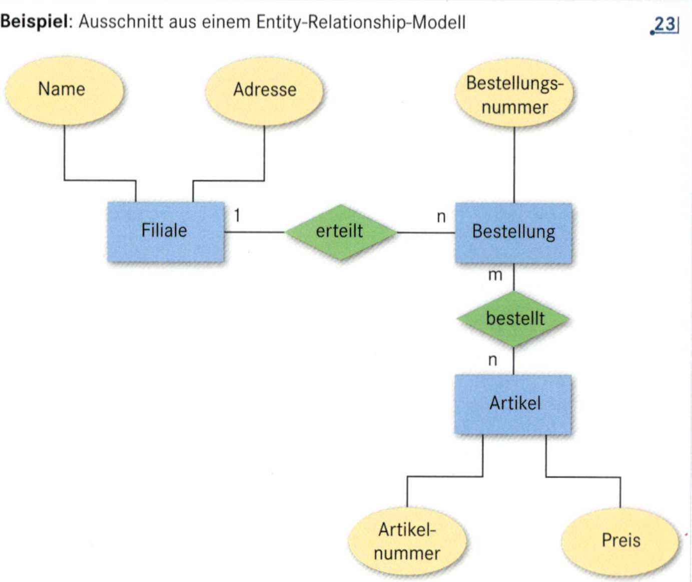

Steuerungssicht

Wird ein Geschäftsprozess lediglich durch die vier Sichten Organisationssicht, Datensicht, Funktionssicht und Leistungssicht beschrieben, kann zwar die Komplexität von Geschäftsprozessen reduziert werden, dafür gehen die Zusammenhänge der einzelnen Elemente zwischen den Sichten verloren.
Durch die Steuerungssicht wird nun die Verbindung zwischen den anderen Sichten geschaffen.

Erweiterte ereignisgesteuerte Prozessketten (eEPK) werden zur Beschreibung der Steuerungssicht eingesetzt (s. Abb. unten). 24
Sie zeigen die **Ablaufstruktur aus Ereignissen und Funktionen**. Ereignisse (z. B. Kundenbedarf) lösen Funktionen aus (z. B. Anfrage an das Unternehmen); Ereignisse sind andererseits Ergebnisse (z. B. Endergebnis „Fertigprodukt") von Funktionen.

Leistungssicht

In der Leistungssicht werden alle materiellen Leistungen eines Unternehmens, die Ergebnisse von (Teil-) Prozessen sind, strukturiert. Dabei handelt es sich z. B. um die Produkte und Dienstleistungen des Unternehmens.

Beispiel: Ausschnitt aus einem Produktbaum

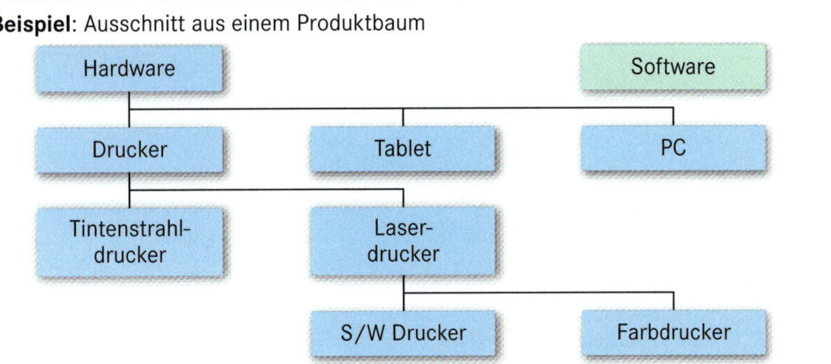

Notation

Begriff

Geschäftsprozesse werden in der Regel nicht als fortlaufender Text in Satzform beschrieben;
vielmehr haben sich grafische Notationen zur Beschreibung von Geschäftsprozessen durchgesetzt.

Als Standard haben sich dabei die **Ereignisgesteuerten Prozessketten (EPK)** durchgesetzt.
Daneben werden z. B. **Vorgangskettendiagramme (VKD)** und **Petrinetze** benutzt.

Beispiel:
Geschäftsprozess
„Die eingegangene Lieferantenrechnung wird von der Rechnungskontrolle mit Hilfe der

- Bestellkopie und des
- Wareneingangsscheins

geprüft. Erweist sich die Eingangsrechnung bei der Rechnungsprüfung als fehlerhaft, so wird von der Rechnungskontrolle ein Begleitschreiben erstellt, in welchem der Rechnungsfehler ausgewiesen und dargestellt wird. Begleitschreiben und fehlerhafte Rechnung werden an den Lieferanten zurückgeschickt.

Ist die Eingangsrechnung fehlerfrei, so wird sie von der Buchhaltung mit Hilfe des Softwaresystems PROFBUCH verbucht. Die Konten werden in der Kontendatei fortgeschrieben und der Buchungssatz in der Buchungsdatei gespeichert." 25

Ereignisgesteuertes Prozesskettendiagramm

26

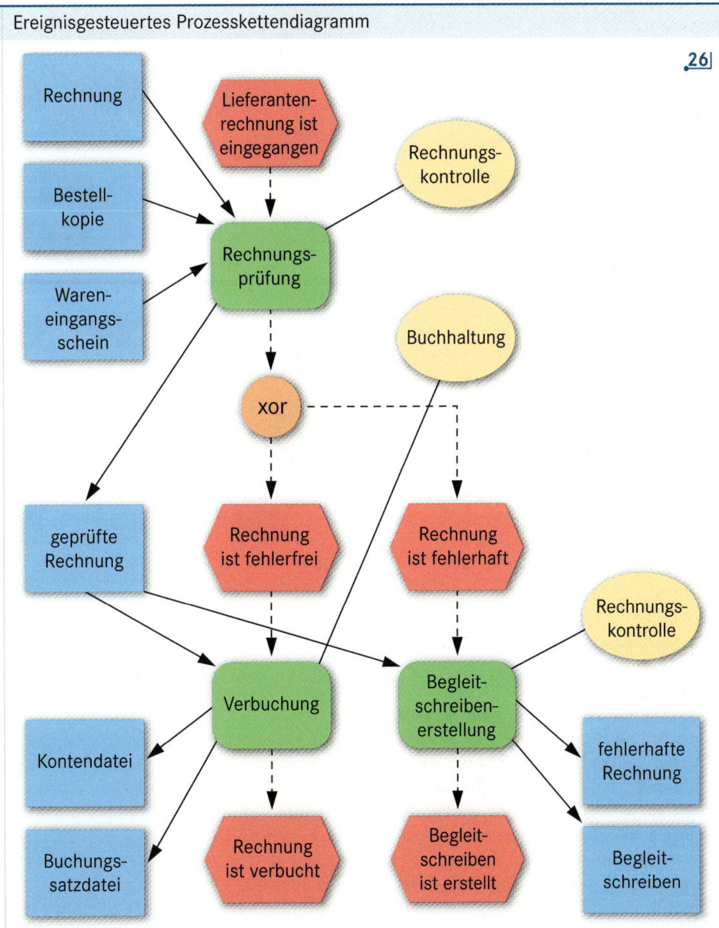

Notation

Sinnbilder der EPK-Technik

Sinnbild	Symbol	Beschreibung
Ereignis 27		Eingetretensein eines Zustandes, der eine Folge auslöst
Funktion		Verarbeitungsaktivität, die eine Transformation vom Eingangszustand in den Zielzustand bewirkt
Objekt		Informations- oder Material- oder Ressourcenobjekt, also die Abbildung eines Gegenstandes der realen Welt
Organisationseinheit		Aufbauorganisatorische Stelle oder Gremium
Prozesswegweiser		Navigationshilfe, zur Darstellung der Verbindung von einem bzw. zu einem anderen Prozess

Sinnbild	Symbol	Beschreibung
UND-Operator		Verknüpfungsoperator UND
ODER-Operator		Verknüpfungsoperator ODER
EXKLUSIV-ODER-Operator	xor	Verknüpfungsoperator EXKLUSIV-ODER
Kontrollfluss		Ausweis der zeitlich logischen Abhängigkeiten von Ereignissen und Funktionen
Informations- und Materialfluss		Fluss von Imformationen oder Materialien
Organisationseinheitenzuordnung		Zuordnung von Organisationseinheiten oder Ressourcen zu Funktionen

Verknüpfungsmöglichkeiten und -regeln ereignisgesteuerter Prozessketten

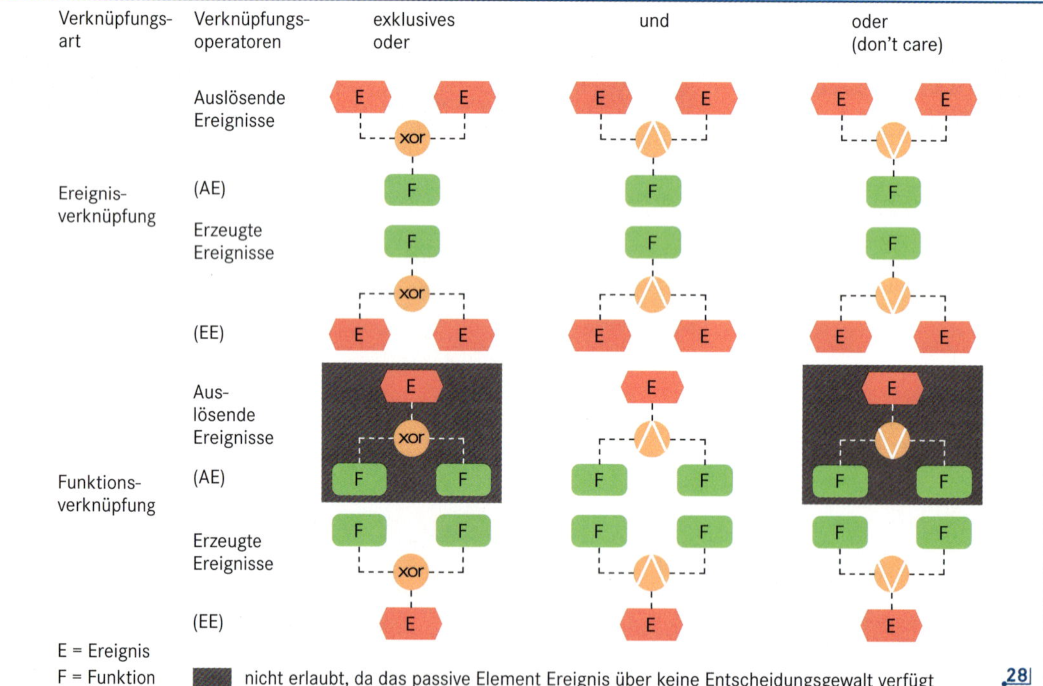

28

- Der zeitlich/logische Prozess ist auszuweisen.
- Prozessketten werden immer von einem Ereignis ausgelöst. Deswegen muss am Anfang mit einem Ereignis begonnen werden.
- Ereignisse sind nur solche Situationen, die eine oder mehrere Funktionen auslösen können oder von Funktionen ausgelöst werden.
- Im Kontrollfluss lösen sich Ereignisse und Funktionen ab.

29

- Der Informationsfluss ist nicht darzustellen, sondern nur die Informationsobjekte, also der Input und der Output.
- Entscheidungen werden ausschließlich bei Funktionen gefällt.
- Die Verknüpfungsverbote sind einzuhalten.
- Größere Prozessketten über zwei oder mehrere Seiten haben als Konnektoren zwischen den Seiten immer Ereignisse.
- Prozessketten enden immer mit einem Ereignis.

Analyse und Gestaltung von Geschäftsprozessen
Analysis and Design of Business Processes

Notation

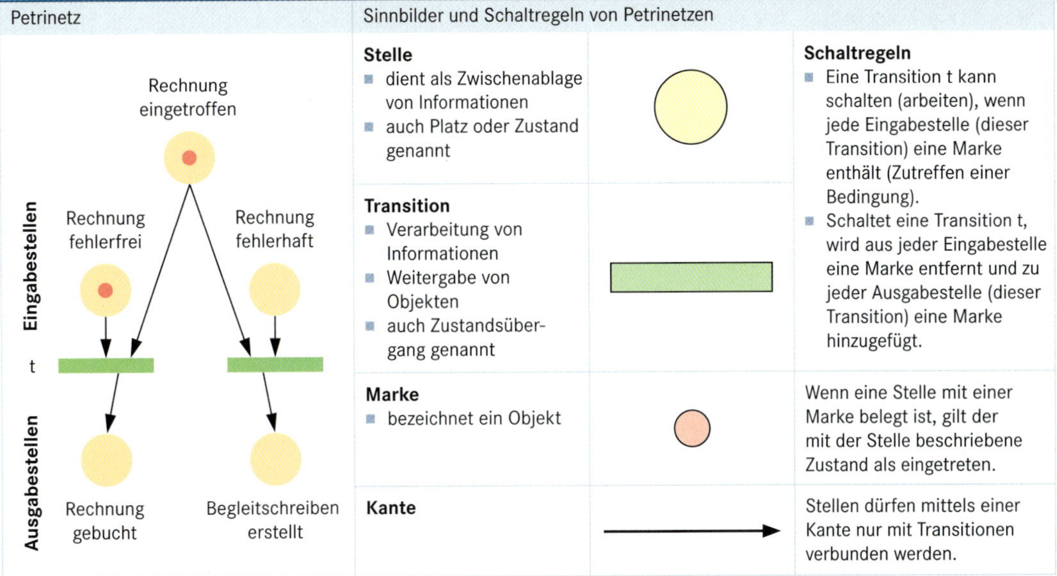

Kontrolle von Geschäftsprozessen
Controlling of Business Processes

Erfolgsindikatoren

Nach einer **Einführungskontrolle** des neuen Geschäftsprozesses, dem Vergleich von Soll- und Istorganisation, wird eine **Zielerreichungskontrolle** durchgeführt: Festgestellte **Istergebnisse** werden mit den **Zielvorgaben** verglichen. Mithilfe von Erfolgsindikatoren kann geprüft werden, wie effektiv die Gestaltung eines Geschäftsprozesses erfolgte.

30

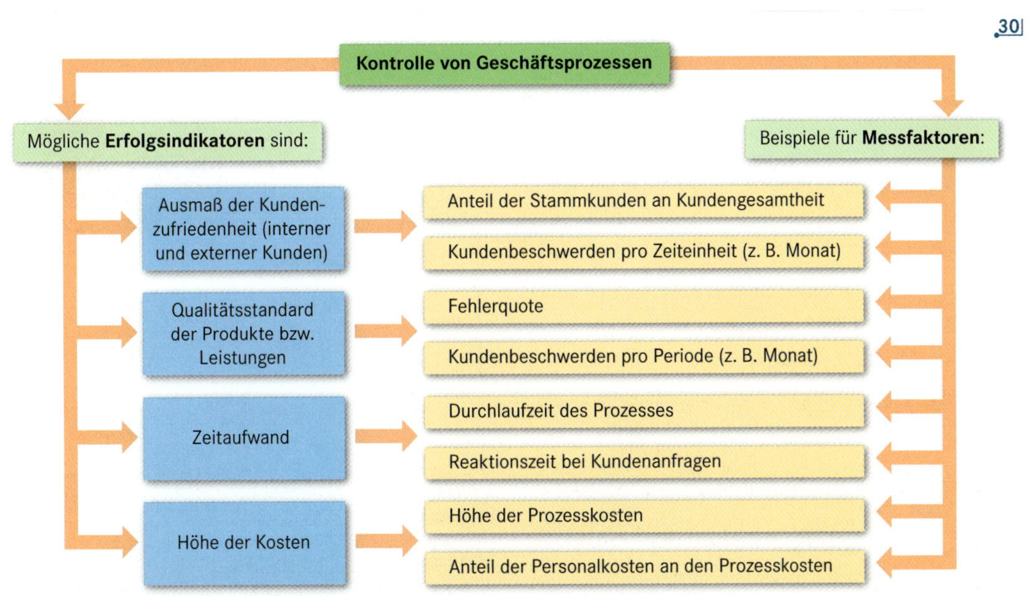

Da nicht alle Ergebnisse mengenmäßig bestimmbar sind, muss zwischen **quantitativen** und **qualitativen Messfaktoren** unterschieden werden. (Zu Erfolgskennziffern siehe S. 467)

Begriff KAIZEN

Japanisch: **KAI** = Veränderung **ZEN** = zur Verbesserung Deutsch: KVP = Kontinuierlicher Verbesserungsprozess	Prozess- und kundenorientierte Unternehmens- bzw. Managementphilosophie eines nie endenden Optimierungsprozesses.

KAIZEN-Schirm

31

- Vorschlagswesen
- Automatisierung
- Arbeitsdisziplin
- Total Productive Maintenance (TPM)
- Kanban-System*
- Kundenorientierung
- Total Quality Management (TQM)*
- Mechanisierung
- Quality Circle (QC)
- Lean Production*
- Charge Management
- Lean Management*
- Qualitätssteigerung
- Just-in-Time-Fertigung (JIT)*
- Fehlerlosigkeit
- Business Process Reengineering (BPR)*
- (Klein-)Gruppenarbeit
- Kooperation der Managementebenen
- Produktivitätssteigerungen
- Entwicklung neuer Produkte

* Lean Production (Schlanke Produktion)

- Vermeidung jeglicher Verschwendung in der Produktion, insbesondere unnötiger Arbeitsschritte bis hin zur Verringerung der Produktionstiefe durch Outsourcing vorgelagerter Produktionsstufen
- Überwindung der strikten Trennung von dispositiver und ausführender Arbeit durch Einführung von Gruppenarbeit i. V. m. jobenrichment

* Lean Management

- Übertragung des Konzeptes des Lean Production auf das gesamte Unternehmen
- Hoch entwickeltes Vorschlagswesen
- Integration von Kunden, Lieferanten und Mitarbeitern
- Abbau von Hierarchiestufen

* Kanban (Karte)

- Innerbetriebliches Verfahren zur Unterstützung der Produktionsplanung und -steuerung
- Kanbans sind Anzeigekarten in Materialbehältern, mit deren Hilfe Nachschublieferungen an die Fertigungslinien ausgelöst werden.

* Just-in-Time-Fertigung

- Fertigungssynchrone Materialbeschaffung und -bereitstellung bzw. verkaufssynchrone Produktion zur Verringerung oder im besten Falle zur Vermeidung der Lagerhaltung im Beschaffungs- bzw. Absatzbereich
- Voraussetzungen:
  - Exakte Vorhersagbarkeit des Materialbedarfs
  - regelmäßiger Materialfluss
  - Zuverlässigkeit hinsichtlich Mengen, Terminen und Qualitäten
  - Verlagerung der Qualitätskontrolle auf den Zulieferer

* Business Process Reengineering

- Bei der „Neugestaltung von Geschäftsprozessen" konzentriert sich das Unternehmen auf seine Kernkompetenzen.
- BPR orientiert sich an den entscheidenden Geschäftsprozessen, die, ausgerichtet auf den Kunden, erneuert und optimiert werden.
- Intensive Nutzung der aktuellen Informationstechnologie zur Prozessunterstützung, z. B. ARIS-Tools

* Total Quality Management(TQM)

- Integratives Managementkonzept, das alle Unternehmensbereiche, alle Hierarchieebenen, alle Mitarbeiterinnen und Mitarbeiter einbezieht
- Wesentliches Unternehmensziel ist die Qualität, die sich in fehlerfreien und kundengerechten Produkten und Dienstleistungen widerspiegelt.
- Der Qualitätsbegriff bezieht sich darüber hinaus auf Optimierung von Geschäftsprozessen, technische Ausstattungen und Arbeitsbedingungen sowie personelle Ressourcen und Außenbeziehungen.

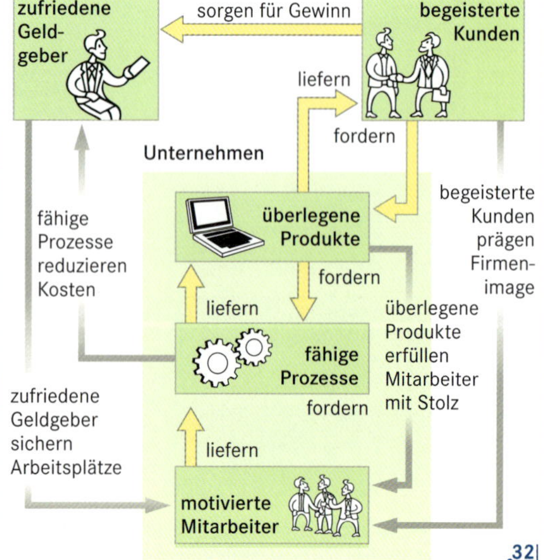

32

Informationsquellen und Arbeitsmethoden

3

52 Informationsquellen
53 Suchen im Internet
54 Umgang mit Texten
55 Textaufbau, Berichte, Protokolle
56 Seitengestaltung
57 Webdesign
58 Arbeitsorganisation
59 Zeitmanagement
60 Lernen
61 Problemlösung
62 Brainstorming
62 Einzel- und Gruppenarbeit
63 Arbeitsgruppen
64 Visualisierung
65 Präsentation
66 Diagramme
68 Mind-Mapping
69 Kommunikation
70 Moderation
71 Gespräch
72 Kundengespräch
73 Vortrag, Referat
74 Konflikt

Druckmedien (Printmedien)

Fachbücher

- Der Inhalt ist systematisch, übersichtlich und im Zusammenhang dargestellt.
- Fachbücher sind gut geeignet zur Vorbereitung und Nachbereitung an beliebigen Orten.
- Dauerhafte und individuell eingefügte Markierungen erleichtern den Zugriff und die Handhabbarkeit.
- Fachbücher können auch über das Stichwortverzeichnis als Nachschlagewerk verwendet werden. Das Quellen- und Literaturverzeichnis liefert Hinweise zu weiterführender Literatur.

Fachzeitschriften

- Behandelt werden begrenzte Gebiete oder nur Teile eines Fachgebietes.
- Fachzeitschriften sind aktuelle Informationsquellen. Mitunter kann es sinnvoll sein, die reinen Fachaufsätze getrennt zu sammeln und zu archivieren.

Lexikon, Tabellenbuch, Handbuch

- Einzelne Fachgebiete sind geordnet, übersichtlich, anschaulich und mitunter in Tabellenform dargestellt. Ein schneller Zugriff auf wesentliche Informationen wird dadurch erleichtert.
- Sie eignen sich in der Regel zum Nachschlagen bestimmter Sachverhalte oder Themen. Alphabetische oder themenbezogene Gliederungen kommen vor.
- Ein sinnvoller Zugriff auf Themen oder Begriffe erfolgt in der Regel über das Sachwortverzeichnis.

Firmenunterlagen

Diese Informationsquellen sind in der Regel auf eine bestimmte Zielgruppe ausgerichtet, z. B.:

Käufer → Produktwerbung, Selbstdarstellung

Service → Technische Informationen und Bedienungsanleitungen

Multimedia

- Informationsquellen mit diesem Merkmal enthalten neben Text- und Bildinformationen auch akustische Informationen und Videosequenzen.
- Die Datenträger sind in der Regel CDs und DVDs.
- Mit Hilfe des Computers lassen sich einzelne Programmelemente bzw. Seiten abrufen (über Links) und dem eigenen Auffassungsvermögen (Schnelligkeit, Wiederholung, Standbild, usw.) anpassen.
- Der Benutzer kann aufgefordert werden, aktiv in die Darbietung einzugreifen (interaktiv).
- Bestimmte Teile lassen sich ausdrucken und können dann wie eine reine Textinformation benutzt werden.

Internet

Internet-Dienste:

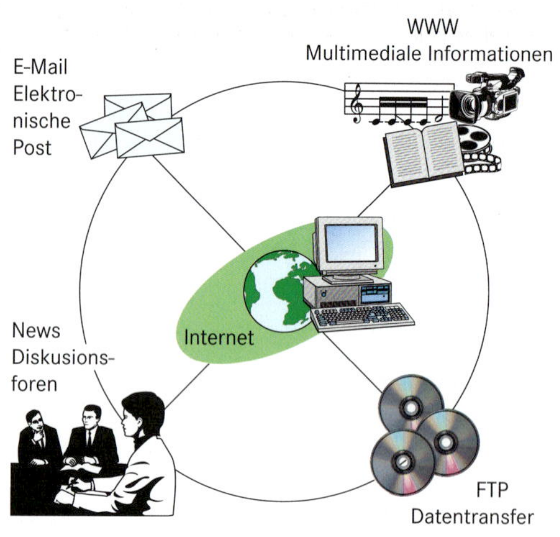

E-Mail

Elektronisches Versenden oder Empfangen von Nachrichten (Electronic Mail).
Die Nachricht kann gespeichert, ausgedruckt oder sofort beantwortet werden.
Alle Teilnehmer besitzen eine elektronische Postadresse, z. B.: **Schulservice@westermann.de.**

WWW (World-Wide-Web)

Multimediale Benutzeroberfläche des Internets.
Angebote und Informationen können aufgerufen, gespeichert oder ausgedruckt werden.
Die Informationen können umfassen: Texte, Bilder, grafische Symbole, Ton- und Videosequenzen
z. B.: **http://www.westermann.de**

FTP (File-Transfer-Protokoll)

FTP ist eine Abkürzung für ein Verfahren zum Datentransfer im Internet.
Mit diesem Verfahren können aus dem weltweiten Softwarepool des Internets die unterschiedlichsten Dateien direkt kopiert werden.
Hochschulen und größere Firmen bieten entsprechende Software über ihre FTP-Server an,
z. B.: **ftp://ftp.mcafee.com/**
(Hauptverzeichnis des Rechners der Firma McAfee)

News

- Im Internet finden sich Gruppen (Newsgroups) zum Gedanken- und Meinungsaustausch zusammen.
- Diskussionsbeiträge und Ratschläge zu unterschiedlichsten Themen werden ausgetauscht.
- In Diskussionsforen stellt jeder Teilnehmer seine Nachricht, Fotos, Dateien usw. für alle anderen als elektronische Post zur Verfügung („schwarzes Brett").
- News-Server sind Computer, auf deren Festplatten die Nachrichten der Diskussionsforen gespeichert sind und abgerufen werden können.

Elemente einer Suchstrategie

- Ist das Internet die geeignete Informationsquelle?
- Führen gedruckte Publikationen schneller zum Ziel?
- Internetrecherche weltweit oder im deutschsprachigen Raum durchführen?
- Suchbegriff gründlich überdenken und präzisieren
- Entscheidung für eine Suchmaschine, Meta-Suchmaschine oder ein Web-Verzeichnis (Katalog) fällen
- Suche durch weitere Begriffseinengung verfeinern
- Einengung durch mathematische Zeichen oder boolesche Operationen möglich

Web-Verzeichnisse, Web-Kataloge

- Diese Verzeichnisse bzw. Kataloge werden von Fachleuten erstellt und nach Themen sortiert
- Sie enthalten Sammlungen von Webseiten-Adressen
- Schritt für Schritt kann man sich der speziellen Thematik nähern
- Verzeichnisse bzw. Kataloge enthalten die „Wertvorstellungen" der jeweiligen Verfasser
- Bei nichthierarchischen Web-Verzeichnissen ist eine netzartige Struktur aufgebaut, deren Elemente durch Links verknüpft sind.
- Die Bewertung der Beiträge kann manuell (Voting), automatisch (Ranking) oder durch Auswertung der Zugriffe erfolgen.

Funktion von Suchmaschinen

- Mit Programmen werden Dokumente (Text, Bild, Ton, Video) automatisch im Internet analysiert und indiziert.
- Der Index enthält die Datenstruktur sowie Informationen über das Dokument.
- Wenn ein Suchbegriff in die Suchmaschine eingegeben wird, liefert diese auf Grund ihrer Indizierung **(indexbasierte Suchmaschine)** eine Liste von Verweisen auf relevante Dokumente und Kurzinformationen zum Dokument.

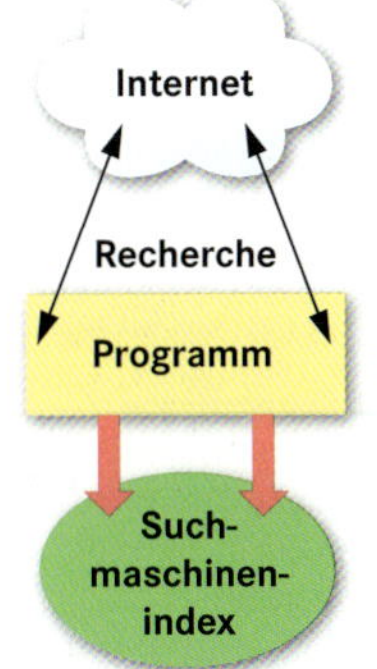

Beispiele

Google
http://www.google.de

Fireball
http://www.fireball.de

Bing (Microsoft)
http://www.bing.com

Altavista
http://www.altavista.de

Metasuchmaschinen

- Ihre Aufgabe besteht darin, die Suchanfrage an mehrere andere Suchmaschinen gleichzeitig weiterzuleiten. Die Ergebnisse werden gesammelt und aufbereitet.
- Anfragen werden langsamer beantwortet als eine direkte Anfrage bei einer einzelnen Suchmaschine, da die Antwort aller Suchdienste abgewartet wird (Servicequalität).

Eingrenzungen der Suchaufträge

Die nachfolgenden Operatoren werden nicht von allen Suchmaschinen unterstützt. Auch kann die Schreibweise abweichen.
Deshalb: Bedienungsanleitung beachten.

Operator	Erklärung	Beispiel
AND	Die verknüpften Suchbegriffe müssen vorkommen.	Festplatte AND Einbau
+	Der Begriff direkt ohne Leerzeichen nach dem Pluszeichen muss vorkommen.	Buch+IT
OR	Mindestens einer der Begriffe muss vorkommen (häufig Standardoperator)	Shareware OR Freeware
–	Begriff direkt ohne Leerzeichen nach dem Minuszeichen soll nicht vorkommen.	Betriebssystem -Windows
NOT	Der nach dem NOT folgende Begriff soll nicht vorkommen.	CD-ROM NOT Sony
NEAR	Die Begriffe sollen nahe beieinander auftauchen (logisches UND).	Microsoft NEAR Office
„..."	Phrasensuche: Es werden genau die in Anführungszeichen gesetzten Begriffe gesucht.	„Internet Explorer 7.0"
(...) {...} [...]	Klammern werden für komplexe Abfragen mit booleschen Operatoren verwendet.	Software AND (Adobe OR Corel)
title: url: link:	Sucheinschränkungen für Titel, Domäne, Link	title:DVB-S2
*, %	Platzhalter für eine unbestimmte Anzahl beliebiger Zeichen.	Auto*, Ergebnis: Automat, Automobil, ...

Internetquellen bewerten

Da jeder im Internet Veröffentlichungen vornehmen kann, gilt: Das Suchergebnis muss bewertet werden.
Beispiele für **Bewertungskriterien**:

URL
- Dienst entsprechend dem Protokoll (http, ftp, news, ...)
- Nationalität (.de, .at, ...)
- Kontext (.edu, .org, ...)

Seriosität
- Verfasser (kommerziell, privat, wissenschaftliches Institut, ...)
- Aktualität (Datum der Erstellung)
- Präsentation (Übersichtlichkeit, Verständlichkeit, ...)
- Vollständigkeit

1. Überblick verschaffen

Ziel: Erste Orientierung und Überblick.

- **Titel** (evtl. Untertitel), Verfasser bzw. Herausgeber, Verlag, Auflage, Erscheinungsort und Jahr
- **Inhaltsverzeichnis** (Gliederung, Aufbau und Gewichtung werden sichtbar)
- **Vorwort, Einführung** (Ziele und Inhalte werden deutlich).
- **Gestaltung** (flüchtiges „Durchblättern" verdeutlicht den Grad der Visualisierung)
- **Schluss** (Vergleich von Zielen und Ergebnissen)
- **Literaturverzeichnis** (Niveau wird sichtbar)
- **Stichwortverzeichnis** (Register), **Glossar, Personenverzeichnis,** ...
- **Anhang** (Tabellen, Übersichten, ...)

2. Text durcharbeiten

Ziel: Eine strukturierte Übersicht erarbeiten und das Wesentliche herausfinden.

Lesetechniken
- **Diagonales Lesen** (rasches „Überfliegen" des Textes, anwendbar bei einem nicht völlig fremden Sachgebiet, erste Markierungen vornehmen)
- **Eiliges Lesen** (vollständiges und schnelles Lesen, Markierungen vornehmen)
- **Verweilendes Lesen** (gründliches und vollständiges Lesen, Satz für Satz, Gedanken des Autors nachvollziehen, sich Fragen stellen, Markierungen und Anmerkungen vornehmen)
- **Selektives Lesen** (Textpassagen mit unterschiedlicher Intensität lesen, evtl. vorher Fragestellungen festlegen)

Textmarkierungen
Grundregel: Sparsam und gezielt markieren. Symbole und Farben verwenden. Markierungssystem beibehalten.

Vorteil: Zugriff zu bestimmten Textstellen wird erleichtert, durch Visualisierung werden Strukturen sichtbar.

Im Text Kernbegriffe bzw. Kernaussagen unterstreichen, hervorheben.

Am Rand wiederkehrende Kurzzeichen verwenden.
Beispiele:

!	Beachtenswert, Besonderheit, Achtung, ...
?	Bedenklich, fraglich, unklar, ...
1, 2 , ...	Reihenfolge
Zus	Zusammenfassung
Def	Definition

Fragestellungen
- Welches sind die Absichten des Verfassers?
- Was sind die Kernaussagen, was sind Randbereiche?
- Was sind Meinungen, was sind Argumente?
- Welche Struktur liegt dem Text zugrunde?
- Kann das Gelesene mit den eigenen Vorkenntnissen in eine Beziehung gebracht werden?
- ...

3. Inhaltsauszug erstellen

Spezieller Inhaltsauszug:

Exzerpt
- Eigene Gliederung erstellen
- Fragestellung entwickeln, unter der der Inhaltsauszug erstellt werden soll
- Zusammentragen von Textauszügen, die im Zusammenhang mit der jeweiligen Fragestellung stehen
- Strukturen unter Umständen durch Grafiken verdeutlichen (z. B. Mind-Map, Flussdiagramm)
- Auszüge mit Seitenverweisen des Originaltextes versehen
- Stichwörter und knappe Formulierungen verwenden
- Möglichst eigene Formulierungen benutzen
- Zitate „sparsam" einsetzen (nur Kerngedanken)
- Wörtliche Übernahmen als Zitate kennzeichnen
- ...

Quellenangaben
Wörtliche Wiedergabe, Zitat:
Wörtliche Textübernahme.
Der übernommene Text wird durch Anführungszeichen („...") gekennzeichnet.
Folgende Angaben sind zum Zitat erforderlich:
- Autor (Zuname und Vorname), evtl. Herausgeber (durch Hrsg. kennzeichnen)
- Vollständiger Titel, Nummer der Auflage (nur dann, wenn es sich nicht um die erste Auflage handelt)
- Erscheinungsort (evtl. noch Verlagsangabe)
- Erscheinungsjahr
- Seitenangabe

Sinngemäße Wiedergabe:
Größere Zusammenhänge werden sinngemäß und verkürzt dargestellt.

Text wird mit eigenen Worten wiedergegeben.
Quellenangabe wie beim Zitat, vorangestellter Zusatz: vgl. (vergleiche)

Vorgehensweise
Stichwörter
Skizze
Plan
Bild

Formulierungen
Verknüpfungen
Reduktion

Grafische Gestaltung
Form und Inhalt

Prinzipien

- **Verständlichkeit** des Textes wird erreicht durch:
  - Einfachheit
  - Gliederung und Ordnung
  - Kürze und Prägnanz
  - Zusätzliche Stimulanz

Gliederung

- **Überschrift, Verfasser, Datum**
- **Einleitung**
  Übersicht und Information, Thema mit kurzen Sätzen skizzieren, Zweck und Ziel angeben, eventuell auf Handlungen hinweisen.
- **Hauptteil**
  Kernbereiche herausstellen, zielorientierte klare Aussage mit Veranschaulichungen (Visualisieren).
- **Schluss**
  Zusammenfassung und Vertiefung, Ausblick.
- **Anhang, Quellenangaben**

Gestaltung

- Kurze Absätze, Sätze und Wörter
- Leerräume
- Ausreichende Ränder
- Geeignete Schriftgröße (z. B.: 12 Punkt)
- Klare Formulierungen
- Überschriften und Gliederungspunkte
- Sachinformationen und persönliche Meinungen sorgfältig voneinander trennen.
- Bei Meinungsäußerungen sollte diese klar erkennbar sein, taktvolle Formulierungen verwenden, objektive Darstellungen.
- Endkontrolle nicht vergessen (Korrekturlesen), Grammatik und Rechtschreibung
- Nur notwendige Informationen angeben, Weitschweifigkeiten vermeiden.

Überprüfung durch Endkontrollfragen

- Entspricht der Aufbau meiner ursprünglichen Zielsetzung?
- Gibt es überflüssige oder weitschweifige Anteile?
- Habe ich die Bedürfnisse der Leser genügend berücksichtigt?
- Tritt meine in dem Text zum Ausdruck gebrachte Position deutlich hervor?
- Gibt es noch weitere Möglichkeiten der Veranschaulichung?
- W-Fragen gegebenenfalls beantworten:
  -Wer war wann beteiligt?
  -Was kann wen interessieren?
  -Wann ist es geschehen?
  -Wie soll vorgegangen werden?
  -Wozu dient das Ergebnis?
- Ist die Schrift lesbar?
  - Beim Lesen werden nicht Buchstaben, sondern Formen von Wörtern erfasst.
  - Serifen verleihen den Wörtern klare unterscheidbare Formen.

Protokolle

Verlaufsprotokoll **Ergebnisprotokoll**

- **Protokollkopf**
  - Anlass bzw. Überschrift
  - Datum, Beginn, Ende
  - Ort, Raum
  - Teilnehmerinnen und Teilnehmer, Leitung
  - Protokollantin, Protokollant
  - Tagesordnung
- **Protokolltext**
  - Verlauf (chronologisch) bzw. Ergebnis (Zusammenfassung, Ordnung nach Wichtigkeit, Übersichten, Tabellen usw.)
  - Anlagen
- **Protokollende**
  - Unterschrift des Protokollanten, der Protokollantin
  - Datum der Protokollerstellung
  - Unterschrift des Gegenzeichnenden (z. B. Leiter/in der Konferenz dokumentiert damit die sachliche Richtigkeit)

Schriftarten

- **Antiqua**
  Bezeichnung für alle Schriften, die sich von der alten römischen (lateinischen) Buchstabenschrift ableiten lassen.
- **Proportionalschrift**
  Eine Schrift, in der jeder Buchstabe die Breite einnimmt, die er optisch benötigt.
- **Nicht-Proportionalschrift**
  Eine Schrift, in der jeder Buchstabe (Letter) die gleiche Breite einnimmt, z. B. die Schrift Courier.

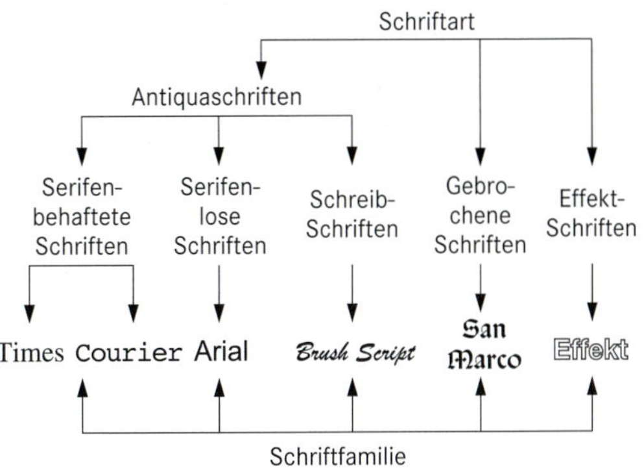

Schriftschnitte und Laufweite

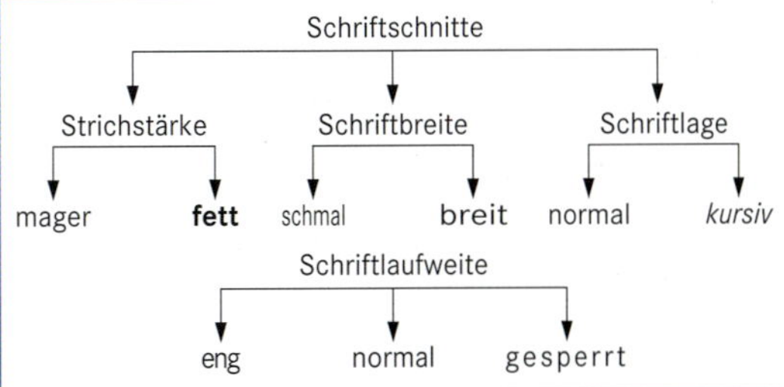

Grundregeln

Einfachheit durch Begrenzung der Elemente auf einer Seite:

- Gruppierung vornehmen, wenn mehr als fünf Elemente (z. B. Textblöcke, Bilder) vorhanden sind,
- nicht mehr als drei Schriftarten verwenden,
- Farben sparsam einsetzen.

Es gilt:
Weniger ist mehr!

Verbindungen zwischen den Elementen:

- Elemente gegeneinander ausrichten, auch wenn sie weit voneinander entfernt sind,
- Abstände zwischen zusammengehörigen Elementen geringer wählen als zwischen nicht zusammengehörigen Elementen,
- Abstände zwischen nicht zusammengehörigen Elementen weiter auseinander,
- Ausrichtung am Objekt.

Beispiel:

TECHNIK:
Tausend **E**infälle
Creatives **H**errichten
Nicht **i**mmer **k**lappt's

Es gilt:
Visuelle Verbindung zwischen den Elementen herstellen!

Einheitlichkeit durch Wiederholung der Elemente (Gestaltungsraster verwenden):

- Gleiche Ränder und gleiche Abstände (z. B. Überschrift und Text, Bildunterschrift und Text),
- gleiche Schriftarten,
- gleiche Umrandungen,
- einheitliche Farben,
- einheitliche Ausrichtung (z. B. linksbündig),
- wiederkehrende visuelle Anreize (z. B. Logos, Schmuckbuchstaben).

Beispiel:

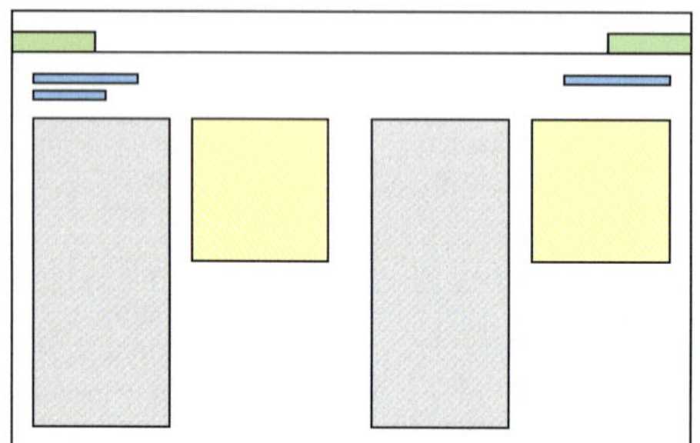

Es gilt:
Den „roten Faden" auf den Seiten herstellen!
Einheitlichkeit erzeugt Wiedererkennbarkeit!

Kontrast durch Hell-Dunkel-Unterschiede:

- Hervorhebungen (z. B. Fettdruck, andere Farbe, Änderung der Größe, Form, Lage oder Struktur, Rahmen),
- großzügig bemessene weiße, unbedruckte Flächen,
- dominierende visuelle Elemente.

Es gilt:
Aufmerksamkeit herstellen durch deutliche Unterschiede, aber sparsam!
Nur Wichtiges in Szene setzen.

Papiermaße, Seitenformat

Deutschland: **DIN A-Papierformat**
Die kleinere Seite des Bogens steht zur größeren Seite im Verhältnis 1 zu $\sqrt{2}$.

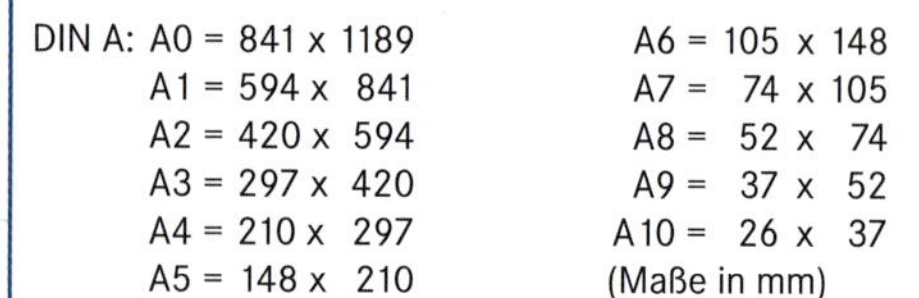

DIN A: A0 = 841 x 1189
A1 = 594 x 841
A2 = 420 x 594
A3 = 297 x 420
A4 = 210 x 297
A5 = 148 x 210
A6 = 105 x 148
A7 = 74 x 105
A8 = 52 x 74
A9 = 37 x 52
A10 = 26 x 37
(Maße in mm)

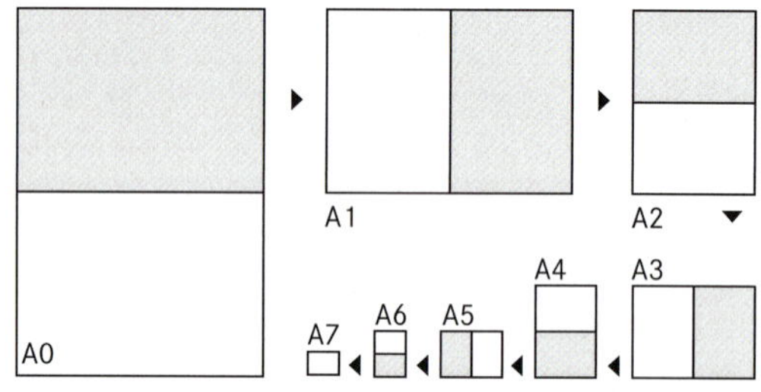

Neben dem gebräuchlichsten DIN-Format A gibt es z. B. noch die B- und C-Reihe.

Seitenaufbau, Satzspiegel

Der Satzspiegel ist die Festlegung der Nutzfläche auf dem gewählten Seitenformat, die mit Texten (Satz), Bildern usw. gefüllt wird.

Beispiel:

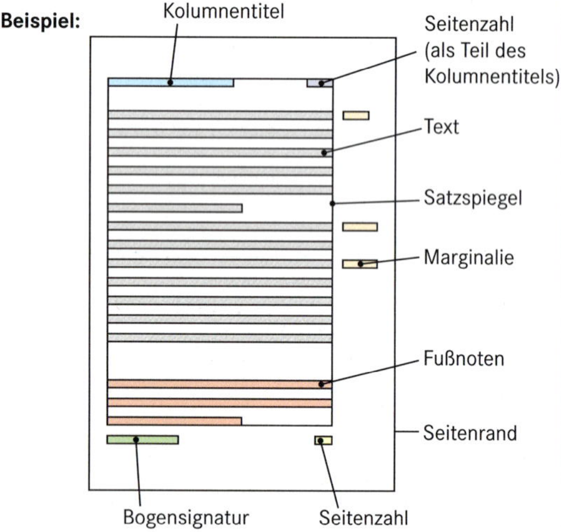

Schriftgröße

Einheit der Typographie (Schriften): **Punkt**
Pt: Pica-Punkt (auch pt)
Grundschrift: 8 bis 12 Punkt

Umrechnungstabelle:

mm	Zoll	Pt	Didot
1	0,3937	2,83464	2,65978
25,4	1	72	67,55867
0,35	0,01378	1	0,96096
0,38	0,01496	1,07712	1

Abhängigkeiten

Es bestehen wechselseitige Abhängigkeiten zwischen

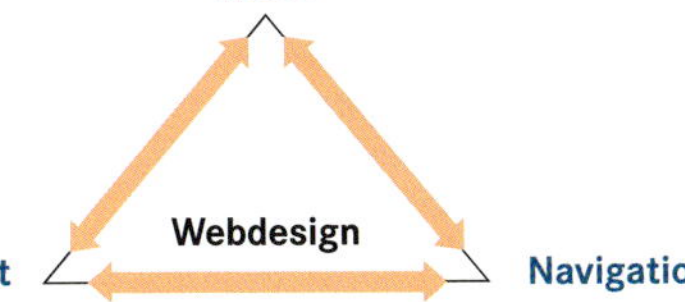

Bei Beachtung der wechselseitigen Abhängigkeiten entsteht eine benutzerfreundliche Website.

- **Inhalt**
  - **Was** wird dargestellt?
    Texte, Bilder Grafiken usw. der Website werden mit ihren Beziehungen (z. B. Rahmen, Hervorhebungen, Abgrenzungen, Tabellen) dargestellt (strukturierter Aufbau).
  - **Wie** und **womit** werden die Elemente dargestellt?
    Gestaltungselemente sind z. B. Farben, Banner, Buttons, Animationen
- **Navigation**
  - **Wie** und **wodurch** wird der Benutzer zu bestimmten Elementen geführt?
  - Zielsetzung ist es dabei, den Benutzer in leichter Form z. B. über hierarchische Links und Navigationslinks zur Beantwortung seiner Fragen zu führen: Wo befinde ich mich? Worum geht es? Wohin kann ich gehen? usw.
  - Der „Rote Faden" darf dabei nicht verloren gehen.
- **Benutzerfreundlichkeit (Web usability):**
  Merkmale:
  - **Einfachheit** (z. B. überschaubare Darstellungen, wiederkehrende Strukturen verwenden)
  - **Lesbarkeit** (z. B. Schriftgröße beachten, Farben sinnvoll einsetzen, Animationen sparsam einsetzen)
  - **Verfügbarkeit** (z. B. Inhalte zum Druck anbieten, Ladezeit von Zusatzinformationen beachten)

Probleme

Es besteht keine Kontrolle über das beim Abnehmer erscheinende Ergebnis. Deshalb sollte die Website so entwickelt werden, dass sie möglichst auf vielen Computerplattformen richtig und nicht verfälscht aufgebaut wird.

- **Farbdarstellung**
  Man kann nicht davon ausgehen, dass alle Benutzer über gleiche Farbpaletten verfügen. Deshalb sollten websichere Farben (216) verwendet werden.

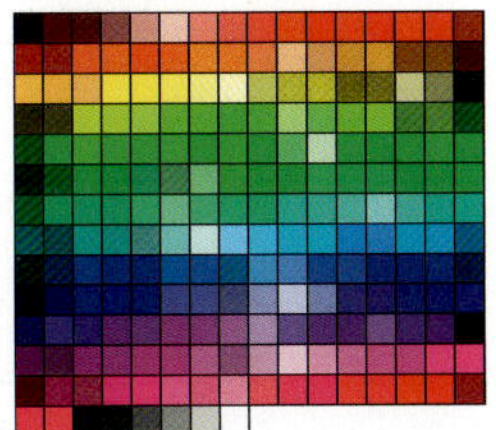

- **Webbrowser**
  Die Interpretation des Quelltextes von Websites sollten mit allen gängigen Browsern getestet werden (Internet Explorer, Opera, Firefox).
- **Monitore**
  Verschiedenartige Monitore (Abmessung, Auflösung) sind bei den Adressaten im Einsatz. Das Webdesign sollte deshalb so angelegt werden, dass die Website sich an jede Auflösung und Größe der Bildschirme bzw. der Browserfenster anpasst.

Gestaltungselemente

- **Instrumente**
  W3C-konforme Techniken wie CSS, HTML, XHTML, XML, Java, Java Script einsetzen.
  W3C: World Wide Web Consortium zur Standardisierung der WWW-Techniken
  CSS: Cascading Style Sheets steuern das Erscheinungsbild einer Webseite
- **Farben**
  - Unter **Farbraum** versteht man den theoretisch möglichen Farbumfang eines Gerätes oder einer Software. Für die Gestaltung von Websites hat sich der **sRGB**-Farbraum etabliert.

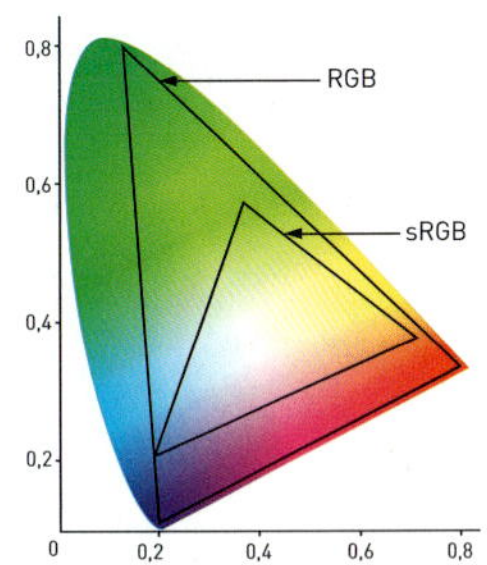

  - Es sollten nicht mehr als sechs verschiedene Farben verwendet werden.
  - Die physiologische Farbwirkung sollte beachtet werden. Farben werden unterschiedlich wahrgenommen und emotional bewertet.
  - Die Farbgestaltung sollte die Informationsaufnahme nur unterstützen.
- **Texte**
  Der Text sollte an mögliche Lesegewohnheiten der Adressaten angepasst sein:
  - Überschriften deutlich hervorheben (evtl. farblich)
  - Schlüsselwörter hervorheben (z. B. markiert, fett)
  - Text durch Zwischenüberschriften und Absätze gliedern
  - Einfache und verständliche Sprache verwenden (weniger ist häufig mehr)
  - Webschriften verwenden: Tahoma, Verdana, Arial, Helvetica
  - Unterstreichungen nur für Verlinkungen verwenden
- **Bilder**
  - Um die Ladezeit gering zu halten, sollte die Auflösung von Fotos 72 bis 104 dpi betragen. Größere Bildqualitäten können zum Download angeboten werden.
  - Dateiformate: .bmp, .tif, .tiff, .gif, .jpg.
  - Vektorgrafiken werden selten eingesetzt.
- **Rahmen**
  Sie werden als schmückendes Beiwerk eingesetzt, wie z. B. für Bilderrahmen, Trennlinien, Listenpunkte, Schmuckkanten. Diese Elemente können in html oder css erzeugt werden. Wichtig ist, dass alle grafischen Elemente aufeinander abgestimmt sind (auch farblich).
- **Banner**
  Sie besitzen einen hohen Wiedererkennungswert und können mit einem Logo versehen werden. Bei einem animierten Banner sollte dem Benutzer die Möglichkeit des Anhaltens gegeben werden (weniger ist mehr).
- **Button**
  Sie dienen als Navigationselemente und sind maßgeblich am Webdesign beteiligt. Mit einer entsprechenden Software können dynamische Buttons erzeugt werden.

Planvolle Arbeitsorganisation

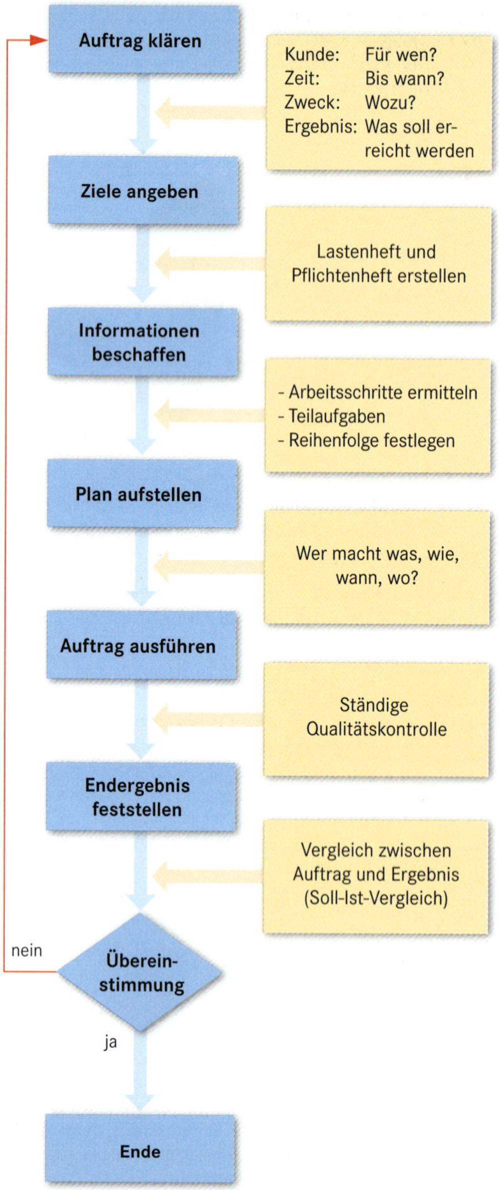

Auftrag klären	Kunde: Für wen? Zeit: Bis wann? Zweck: Wozu? Ergebnis: Was soll erreicht werden
Ziele angeben	Lastenheft und Pflichtenheft erstellen
Informationen beschaffen	- Arbeitsschritte ermitteln - Teilaufgaben - Reihenfolge festlegen
Plan aufstellen	Wer macht was, wie, wann, wo?
Auftrag ausführen	Ständige Qualitätskontrolle
Endergebnis feststellen	Vergleich zwischen Auftrag und Ergebnis (Soll-Ist-Vergleich)
Übereinstimmung	nein → Auftrag klären; ja → Ende
Ende	

- **Ziele ergonomischer[1] Arbeitsorganisation**
  - Arbeitsprozesse an menschliche Bedürfnisse anpassen
  - Individueller Gesundheitsschutz
  - Humane Arbeitsplatzgestaltung

- **Gefahren nichtergonomischer[1] Arbeitsorganisation**
  - Körperliche Beschwerden
  - Gefährdung des Sehvermögens, Hörvermögens, ...
  - Psychische Belastungen

[1] Ergonomie = Wissenschaft von der menschlichen Arbeit

Regeln

- **Vermeidung von psychischen Beanspruchungen**
  Abbau von
  - Monotonie
  - sinnlosen Wiederholungen
  - sinnentleerter Arbeit
  - hohem Arbeitstempo und Arbeitsverdichtung
  - Informationsüberflutung
  - sozialer Isolation
  - Lärmbelästigung

- **Vermeidung von einseitiger Arbeit**
  durch
  - Mischarbeit (abwechslungsreiche Arbeit) und
  - Pausen.

- **Arbeit soll**
  - ausführbar,
  - erträglich,
  - zumutbar und
  - persönlichkeitsfördernd sein.

- **Beachtung der Leistungskurve**

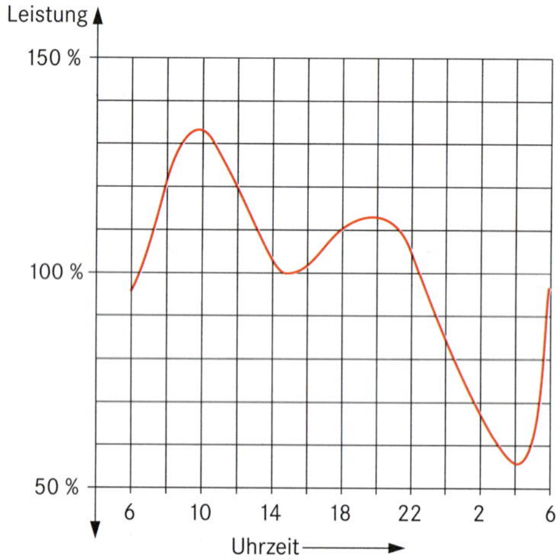

- **Aktivitätsplanung (60:40 Regel)**

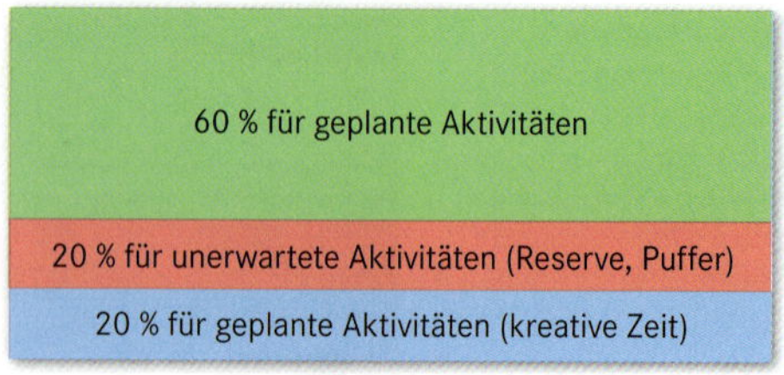

- **Bewertung der Aufgaben nach Wichtigkeit**
  - Äußerst wichtig
    → Ich tue es selbst und delegiere nicht!
  - Durchschnittlich wichtig
    → Ich versuche es fallweise zu delegieren!
  - Weniger wichtig, unwichtig
    → Ich delegiere, verkürze den Aufwand oder streiche das Vorhaben!

Aufgabe und Funktion

- Durch Zeitmanagement soll erreicht werden, dass anstehende Aufgaben innerhalb einer gewählten Zeitspanne erfolgreich und zufrieden stellend gelöst werden.
- Zeitmanagement wird angewendet
  - auf die eigene Person (**persönliches Zeitmanagement**) oder zur
  - Termin- und Kapazitätsplanung von Arbeitsabläufen (**Zeitwirtschaft**).

Strategien zum persönlichen Zeitmanagement

Strategie	Maßnahmen
Tagesplan verwenden	– Vorhaben nicht nur langfristig planen, sondern abends einen Arbeitsplan für den nächsten Tag aufstellen.
Arbeitsunterbrechungen vermeiden	– Arbeit delegieren – „Nein" sagen – Besprechungen gut vorbereiten – Klare Ziele festlegen
Ziele und Aufgaben definieren	– Was möchte ich erreichen? – Was möchte ich vermeiden? – Zeitbedarf abschätzen – Keine Zeit mit Nebensächlichkeiten vertrödeln.
Schriftlich planen	– Der Arbeitsplan zeigt auf einen Blick, was wann erledigt werden muss.
Persönliche Leistungskurve beachten	– Den Tag so planen, dass die wichtigen Aufgaben in den effektiven Tageszeiten erledigt werden, z. B. zwischen 8.00 und 12.00 Uhr.
Prioritäten setzen	– Nach Bedeutung und Dringlichkeit planen – Entscheiden, was zuerst erledigt werden muss. – Was kann warten? – Was kann delegiert werden?
Pufferzeiten einplanen	– Unverplante Zeitreserven über den Tag verteilen – Reserven für unvorhergesehene Aufgaben schaffen
Positiv denken	– Arbeitstag positiv beginnen – Sich selbst motivieren – Arbeitstag positiv beenden
Konsequent bleiben und die Zeit nutzen	– Regeln konsequent einhalten – Effektiv, erfolgreich und stressfrei arbeiten „Stress macht krank"

Wichtigkeits-Dringlichkeits-Prinzip

- Die zu erledigenden Aufgaben sollten den folgenden Kategorien zugeordnet werden:
  - **A1-Aufgaben**: Sofort und selbst erledigen
  - **A2-Aufgaben**: Unbedingt beenden
  - **B-Aufgaben**: Delegieren
  - **C-Aufgaben**: Unwichtig

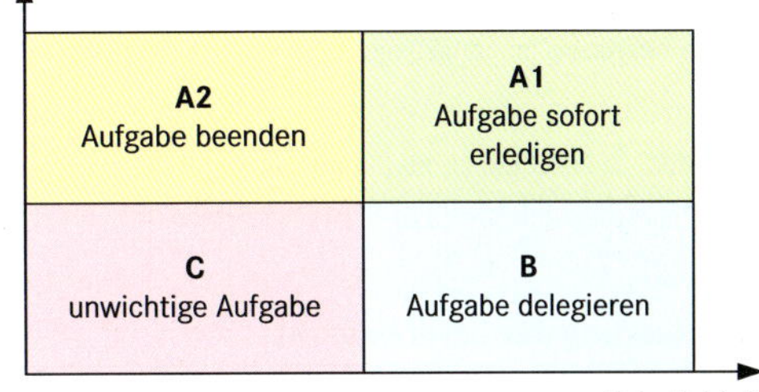

- Mit diesem Prinzip wird erreicht, dass für wichtigere Aufgaben bzw. Entspannungsphasen Freiräume entstehen.
- Hilfreich ist es, komplexe und umfangreiche Aufgaben in kleinere Teilaufgaben aufzuspalten.
- Eine Nebenwirkung bei Anwendung dieses Prinzips ist die Steigerung der Motivation (Erfolgserlebnis).

Sofort-Prinzip

- Aufgaben nicht unnötig hinauszögern, da sie sonst mehr Zeit verschlingen als alles andere.
- Alle Aufgaben sofort bearbeiten, die weniger als 5 Minuten beanspruchen.
- Aufgaben, die nicht sofort erledigt werden, sollten einen Bearbeitungs-/Fertigstellungstermin erhalten.

Zeitplanung

- Bei Konferenzen oder Besprechungen:
  - Eine verbindliche Tagesordnung erstellen.
  - Beginn und Ende für jeden Tagesordnungspunkt und die gesamte Besprechung verbindlich festlegen.
  - Ziel und Ansprechpartner für jeden Tagesordnungspunkt benennen.
  - Pünktlich beginnen (der pünktliche Teilnehmer wird belohnt, nicht der verspätete).
  - Ergebnisprotokoll mit Prioritäten, Terminen und Verantwortlichen erstellen.
- Beim Telefonieren:
  - Anrufe planen (Zeit, Ziel, Inhalte)
  - Kontakt- und Sperrzeiten definieren, zu denen man sicher bzw. nicht erreichbar ist.
  - Häufige wiederkehrende Störungen gezielt selbst einleiten, z. B. selbst zu gewünschter Zeit anrufen.
  - Störung abkürzen, Rückruf vereinbaren bzw. Rückruf erfolgt vorbereitet.
- Mit Zeitprotokoll
  Das Protokoll gibt Auskunft, wie viel Zeit für welche Aktivitäten eingesetzt wurde (Grundlage für Änderungen).

Lerntypen

- Sehtyp (**visuell**)
- Hörtyp (**auditiv**)
- Gesprächstyp (**verbal**)
- Fühltyp (**haptisch**)

Diese Lerntypen treten in der Regel nicht in reiner Form auf. Vorherrschend sind Mischformen. Je nach Lerntyp sind entsprechende Lehr- und Lernmethoden anzuwenden, damit das Lernergebnis im Langzeitgedächtnis verankert wird.

Ziel:
Erkennen, zu welchem Lerntyp man selbst gehört, und in diesem Rahmen die Lernfähigkeit verbessern.

Behaltensquote

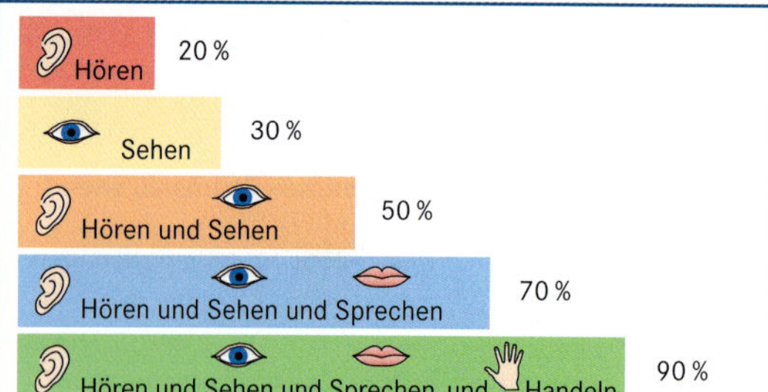

Kurzzeitgedächtnis:
Speicherung der Information ca. 30 bis 60 Sekunden lang.

Langzeitgedächtnis:
Lebenslange Speicherung.
Ziel von Lernprozessen: Gewünschte Informationen in das Langzeitgedächtnis transformieren.

Verbesserung der Lernfähigkeit

- Sich die eigenen **Lernmotive** verdeutlichen
- Entspannte und angemessene **Lern-/Arbeitsatmosphäre** herstellen.
- Lern- bzw. Arbeitsplatz den individuellen Bedürfnissen anpassen:
  - Schreibtisch, Arbeitsfläche für die Lernaufgabe herrichten
  - bequeme Sitzhaltung einnehmen
  - für ausreichende Beleuchtung sorgen
  - Materialien bereitlegen
  - Ablenkung vermeiden
- **Überblick** über die Aufgabe verschaffen
- **Zeitbedarf** abschätzen
- **Strukturen** des Lernstoffs herausarbeiten (Element, Beziehungen und Abhängigkeiten zwischen den Elementen)
- Informationen auf den **Kerngehalt** reduzieren
- **Merktechniken** und **Visualisierungen** während des Lernprozesses verwenden
- Ergebnis bzw. **Zusammenfassung** festhalten
- **Rückbesinnung** auf den Lernprozess und das Lernergebnis vornehmen
- **Beseitigung von Lernblockaden**
  Negative Einstellungen durch positive Lerneinstellungen ersetzen (entspannteres Lernen)

  Ich kann mich nicht konzentrieren.
  - Ich bin ruhig und ausgeglichen!

  Das habe ich noch nie gekonnt.
  - Was andere können, kann ich auch!

Text verarbeiten und behalten

- Gelesenes nachsprechen
- Text mit eigenen Worten wiedergeben
- Über Gelesenes nachdenken
- Unterstreichungen und Markierungen mit gleichbleibender Bedeutung verwenden
- Einfache und sich wiederholende Markierungen benutzen.
  Beispiele:
  !: wichtig, bedeutsam
  !!: sehr wichtig, sehr bedeutsam
  ?: bedenklich, fragwürdig
  ??: sehr bedenklich, sehr fragwürdig
- Text durch Grafiken und Bilder veranschaulichen (Visualisierungen vornehmen)
  Beispiele:
  Flussdiagramm, Mind-Map, Struktogramm, Tabelle, ...
- Theoretische Sachverhalte mit praktischen Möglichkeiten verbinden
- Sich den Text in Form von Bildern vorstellen, den Text gedanklich „ausmalen"
- Individuelle Merkhilfen erfinden (Eselsbrücken).
- Pausen einhalten. Damit erhöht sich der Lernwirkungsgrad und der Behalteneffekt
- Ablenkungen vermeiden (akustisch, optisch, ...)
- Je nach Lerntyp: Hintergrundmusik verwenden

Lernen mit der Projektmethode

Weitgehend selbstorganisiertes Lernen in Gruppen.
Ablauf:
1. Projektinitiative
2. Projektskizze (Absichten, Vorhaben)
3. Projektplan (Schritte, Zeitbedarf, Aufgabenverteilung: „Wer macht was bis wann")
4. Durchführung
5. Abschluss (Ergebnis, kritische Betrachtung des gesamten Projekts)

Lernen durch Rollenspiele

Probehandeln in simulierten Situationen.
Ablauf:
1. Einführung in die Rolle (Lehrkraft, Leiter, ...)
2. Erarbeitung des Rollenprofils
3. Darstellung der Rolle
4. Herausführen aus der Rolle (Lehrkraft, Leiter, ...)
5. Reflexion über die gespielte Rolle
6. Feedback durch Beobachter

Möglicher Ablauf

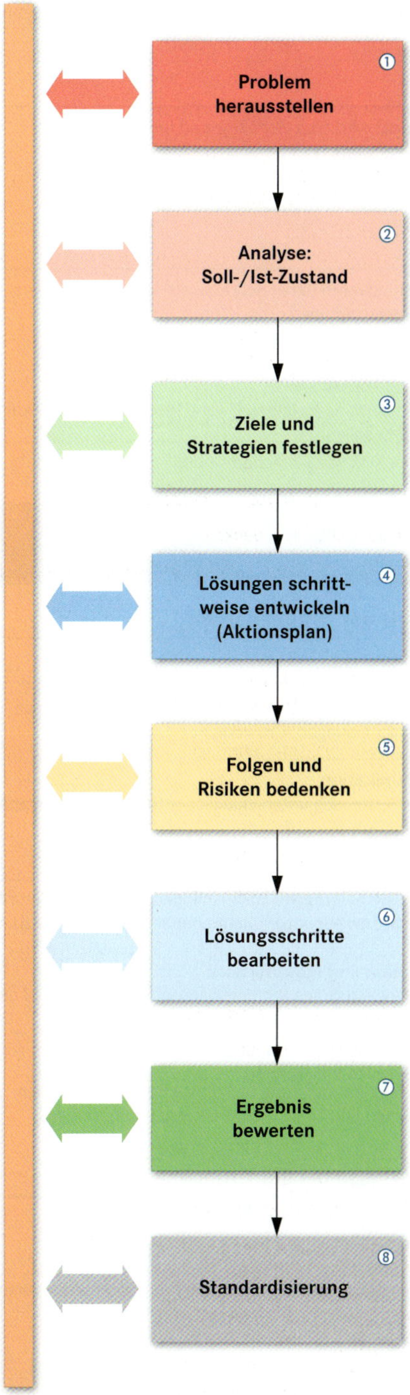

①	Problem herausstellen
②	Analyse: Soll-/Ist-Zustand
③	Ziele und Strategien festlegen
④	Lösungen schrittweise entwickeln (Aktionsplan)
⑤	Folgen und Risiken bedenken
⑥	Lösungsschritte bearbeiten
⑦	Ergebnis bewerten
⑧	Standardisierung

Erläuterungen

Voraussetzungen für den Erfolg:

- Geordnete (systematische) Ablaufschritte
- Reihenfolge einhalten, Schritte können jedoch übersprungen werden
- Wenn die einzelnen Schritte nicht erfolgreich durchlaufen werden können, müssen die davorliegenden Stufen mit veränderten Rahmenbedingungen bearbeitet werden (z. B. neue Ziele festlegen)

① Genaue Beobachtung der Sachverhalte;
Eingrenzung;
Präzise und eindeutige Beschreibung einzelner Elemente bzw. komplexer Problemfelder;
Richtung wird vorgegeben; ...

In einer guten Problemdefinition sind oft schon richtige Lösungsansätze vorhanden.

② Unterschied zwischen Soll und Ist dokumentieren:
Daten und Informationen sammeln, ordnen;
Ursachen erforschen;
Probleme von mehreren Seiten sehen;
Erfahrungen mit dem Problem festhalten;
Hypothesen formulieren; ...

③ Ergebnisziele und Prozessziele festlegen;
Ergebnisbereiche festlegen; ...

④ Lösungsansätze sammeln (intuitiv, systematisch, kreativ);
verschiedenartige Methoden anwenden (z. B. Brainstorming, Mind-Map);
Alternativen gezielt suchen;
Lösungsansätze gegenüberstellen und bewerten;
einen Lösungsweg festlegen;
Zeitvorstellungen angeben; ...

⑤ Verschiedenartige Folgen erörtern; z. B. ökologische, ökonomische;
Risiken wahrnehmen und bedenken (evtl. vorbeugende Maßnahmen einleiten); ...

⑥ Lösungsweg in Einzelschritte zerlegen;
Aktionsplan, Arbeitsplan erstellen;
Verantwortlichkeiten klären;
Mittel bereitstellen; ...

⑦ Ergebnis sichern, dokumentieren;
Vergleich mit Zielsetzung vornehmen;
eventuelle Abweichungen festhalten;
Korrekturen unter Umständen vornehmen; ...

⑧ Problemlösung auf andere ähnliche Fälle übertragen;
Bewährung feststellen oder Korrekturen einfügen; ...

Brainstorming
Brainstorming

Verfahren

(„Gedankenstürme")

- Alle Teilnehmerinnen und Teilnehmer äußern sich kurz und spontan zu einem Stichwort, Problem, Thema, ...
- Alles darf unkommentiert geäußert werden (alles ist erlaubt).
- Quantität hat Vorrang vor Qualität.
- Alle Ideen werden gesammelt und können später geordnet (strukturiert) und gewichtet werden.

Ziele

- Kreatives Suchen in kurzer Zeit, möglichst viele Ideen, Lösungen, Verfahren, ...
- Entdecken neuer oder unter Umständen origineller Lösungsansätze.
- Erreicht wird eine vielfältige und breite Beteiligung.
- Abwechslung in Bearbeitungsphasen, Motivation, Auflockerung, Entkrampfung.

Reihenfolge

1. Klare Themenstellung angeben.
2. Zeit festlegen (10 bis 15 Minuten).
3. Regeln festlegen.
   Beispiele:
   - Ideen vortragen,
   - spontan Ideen einbringen,
   - Ideen weitergeben und fortentwickeln.
4. Ideen notieren (einer schreibt, ein anderer moderiert).
5. Ideen auswerten.
   Beispiele:
   - Cluster bilden,
   - Ideen bewerten.
6. Brainstorming fortsetzen, wenn Ideen weiterentwickelt werden sollen.

Einzel- und Gruppenarbeit
Individual and Group Working

Kombination der Arbeitsformen

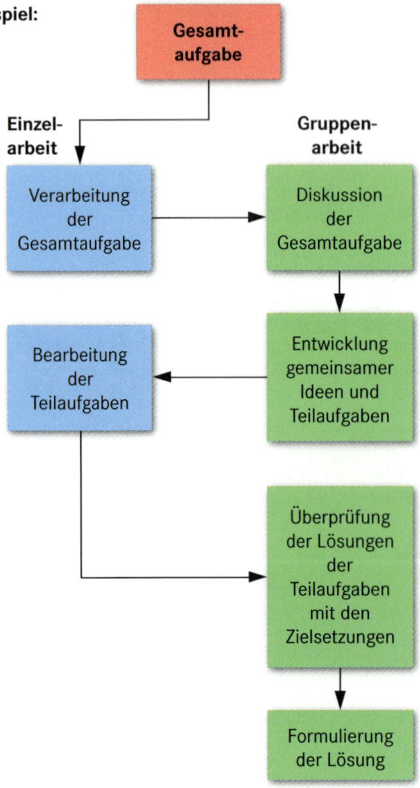

Vorteile der Gruppenarbeit

Synergieeffekt
Unterschiedliche Denkstile, Sichtweisen, Wissens- und Erfahrungshintergründe werden eingebracht. Risiko von Fehlentscheidungen wird vermindert.

Kommunikation
Aktiver Austausch unterschiedlicher Gedanken durch Sprache.

Lernen
Impulse für die Entwicklung des Einzelnen werden gegeben. Durch eine heterogene Zusammensetzung werden Vorurteile abgebaut sowie ein fachübergreifendes Arbeiten praktiziert.

Motivation und Identifikation
Durch gemeinsames Problemlösen wird ein Wir-Gefühl und Verständnis für einander entwickelt.

Qualität und Akzeptanz
Durch Mitverantwortung und aktive Beteiligung werden Schwächen und Fehler rasch erkannt und beseitigt.

Hindernisse bei der Gruppenarbeit

- Denken in Hierarchien und Abteilungen
- Konkurrenzdenken
- Mangelnde Risikobereitschaft
- Killerargumente (z. B. das haben wir schon so oft versucht, unsere Erfahrung hat gezeigt, ...)
- Mangelnde Sachlichkeit (Emotionen bestimmen unterschwellig das Handeln)
- Mängel in der Organisation, im Management
- Fehlende Zeit (besonders in der Anfangsphase)
- ...

Gruppenmerkmale

Eine Gruppe
- ist innerhalb eines Gesamtsystems verantwortlich für eine umfassende Aufgabe **(Gruppenziel)** mit unterschiedlichen Arbeitsinhalten,
- entwickelt ein Zusammengehörigkeitsgefühl, Gruppenmitglieder unterstützen sich **(Gruppenbewusstsein)**,
- entwickelt eigene und in der Gruppe akzeptierte **Normen** und **Wertvorstellungen,**
- tauscht kontinuierlich Informationen aus (**Interaktion** und **Kommunikation**),
- verfügt über einen von der Gruppe akzeptierten **Gruppenleiter**, der als gleichverantwortlich in der Gruppe agiert,
- verfügt über Mitglieder, die im Idealfall in der Lage sind, jeden einzelnen Arbeitsinhalt auszuführen **(Ersetzbarkeit)**,
- ist in ihrer Arbeitshaltung auf das Gesamtziel ausgerichtet **(Zielorientierung)**,
- besteht aus Mitgliedern, die sich ergänzen und stützen **(Toleranz und Akzeptanz),**
- arbeitet längerfristig zusammen **(Dauerhaftigkeit)**.

Gruppenbildung

1. **Forming (Formierungsphase)**
   Erste Orientierung hinsichtlich Aufgabe und Gruppenmitglieder. Aufgaben und Ziele werden umschrieben, geeignete Arbeitsmethoden festgelegt usw.
   Unpersönliche und gespannte Arbeitsatmosphäre.

2. **Storming (Konfliktphase)**
   Konflikte zwischen Gruppenmitgliedern (Polarisierung, Positionskämpfe, Konfrontationen, Vorurteile usw.) und Widerstände gegenüber Anforderungen treten auf.
   Pessimistische Grundhaltungen, zunächst mühseliges Vorankommen.

3. **Norming (Normierungsphase)**
   Wir-Gefühl wird entwickelt. Kommunikation führt zur Kooperation. Normen und Regeln werden aufgestellt.
   Rollen innerhalb der Gruppe werden definiert.
   Rückmeldungen (Feed-back) erfolgen.

4. **Performing (Verschmelzungsphase)**
   Konstruktive und zielgerichtete Arbeitsweise.
   Solidarisches und hilfsbereites Verhalten, kreative und flexible Arbeitshaltungen.

Gruppenarbeit

Der Erfolg der Arbeit in einer Gruppe hängt davon ab, wie gut die Gegensätze in der Gruppe ausgeglichen werden können (Gruppenkonsens, Harmonie).

Die verschiedenen Fähigkeiten und Möglichkeiten der Gruppenmitglieder (Ressourcen) sollten während der Arbeitsphasen optimal eingesetzt werden. Jedes Gruppenmitglied ist in gleicher Weise für den Gesamterfolg verantwortlich.

Die Arbeitsbedingungen (Rahmenbedingungen) müssen auf die Fähigkeiten und Bedürfnisse der Gruppenmitglieder abgestimmt sein.

Die Gruppe verbessert zunehmend ihre Leistung.

Die Gruppe ist für die Kontrolle der Teilergebnisse und des Endergebnisses selbst verantwortlich.

Bei der Arbeit in Gruppen muss **Ausgewogenheit** bestehen zwischen
- den individuellen Bedürfnissen und Fähigkeiten der einzelnen Gruppenmitglieder **(Ich)**
- den in der Gruppe entwickelten Normen, Vorstellungen **(Wir)** und
- dem zu erfüllenden Arbeitsauftrag **(Aufgabe)**

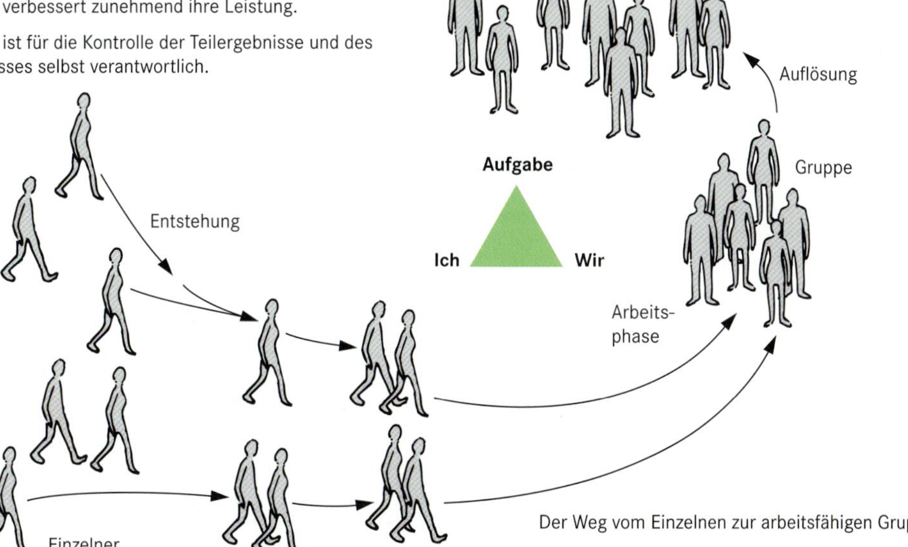

Der Weg vom Einzelnen zur arbeitsfähigen Gruppe

Vorteile

- Sprachaussagen werden anschaulicher und verständlicher
- Zusammenhänge werden deutlicher
- Kernaussagen treten deutlich hervor
- Redeanteil lässt sich verkürzen
- Struktur tritt hervor
- Bilder können komplexe Zusammenhänge auf „einen Blick" verdeutlichen

Visualisierungs-Regeln

- Zuhörer müssen alle Materialien gut sehen und Texte gut lesen können, evtl. Sitzordnung ändern. Materialien zielgerichtet einsetzen
- Wirkung der Materialien bedenken (Pausen zum Betrachten einplanen)
- Texte übersichtlich und gut lesbar gestalten (Größe, Form, Farbe, Druckbuchstaben). Weniger ist oft mehr!
- Innere Ordnung muss durch Überschriften und Textanordnung deutlich werden
- Dramaturgie durch geeignete Reihenfolge der Elemente herstellen
- Verknüpfung verbaler Aussagen mit bildhaften Darstellungen
- Blickkontakt während des Medieneinsatzes herstellen
- Wenn Medien nicht mehr benötigt werden, diese entfernen

Wirkung von Farben

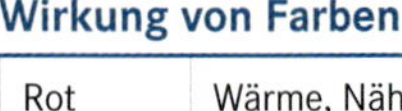

Rot	Wärme, Nähe, erregend	Braun	Gemütlich, vertraut
Blau	Kälte, Ferne	Grau	Leblos, langweilig
Grün	Gesundheit, beruhigend	Violett	Zweideutig, unsachlich
Gelb	Hell, leicht	Orange	Leuchtend
Schwarz	Distanz, hart, schwer, eng	Rosa	Zart, zerbrechlich
		Gold	Edel, gewichtig
Weiß	Licht, leicht, leer	Silber	Distanziert, kühl

Beispiel:

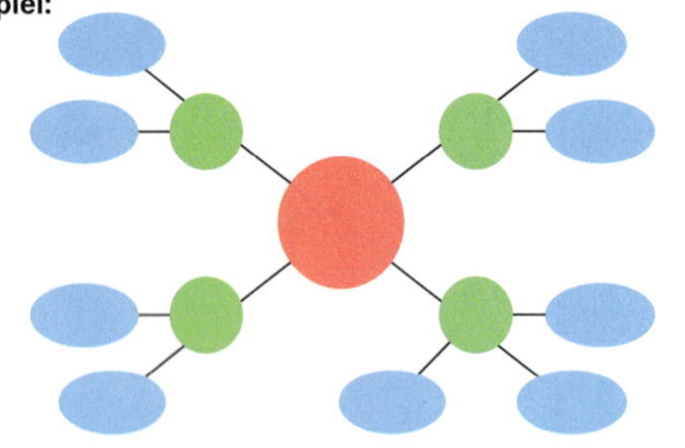

Möglichkeiten

Text: Unterstützung der Sprache durch Folien, Plakate, Karten.
Tabellen: „Ordnung" von Zahlen.
Bilder: Veranschaulichung komplexer Beziehungen, Assoziationen wecken.
Schaubilder: Strukturen und Abhängigkeiten.
Symbole: Reduzierung auf das „Wesentliche".

Anordnung und Gestaltung

Reihung

Themenstruktur wird deutlich.

Rhythmus

Erfassung von Zusammenhängen.

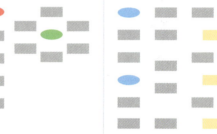

Betonung

Blick wird auf wichtige Aussagen gelenkt.

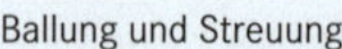

Ballung und Streuung

Bearbeitungsschwerpunkte treten hervor.

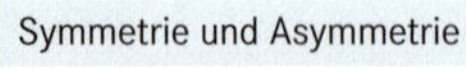

Symmetrie und Asymmetrie

Ähnlichkeiten und Unterschiede treten hervor.

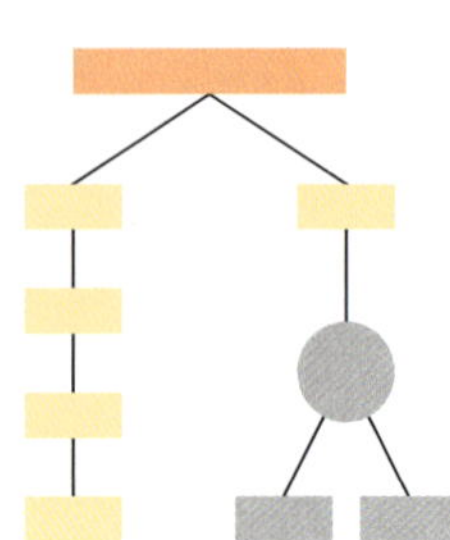

Dynamik

Offene Struktur

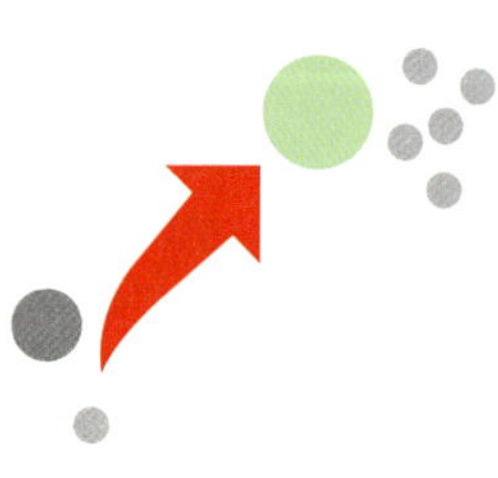

Vorbereitung

1. Ziel bzw. Absicht formulieren.
2. Ideen, Informationen und Materialien sammeln.
3. Geeigneter Materialien im Hinblick auf das Ziel auswählen.
4. Materialien sortieren z. B. nach Kernaussagen, Hintergrundinformationen.
5. Gewichtung vornehmen.
6. Geeignete Methoden und Medien für die Präsentation aus wählen und beachten.
7. Besonderheiten der Adressaten und des Raumes beachten.
8. Informationen wirkungsvoll aufbereiten.
9. Präsentationsmanuskript erstellen.

Durchführung

- **Aspekte der Kommunikation beachten**
  1. Sachinhalt
  2. Appell
  3. Beziehung
  4. Selbstoffenbarung
- „Roten Faden" einhalten.
- Zusammenspiel zwischen **verbalen Aussagen** und **Visualisierungen** einhalten.
- Dramaturgie und Dynamik durch **Sprache** erreichen und geeignete Medien verwenden.
- Funktion von **Sprechpausen**:
  Gelegenheit zum Atmen, eigene Gedanken neu ordnen, Denkpausen für Zuhörer, Aufmerksamkeit und Spannung
- **Haltung, Körpersprache**
  - Stand:
    Leicht geöffnete Füße auf gleicher Höhe, Gewicht gleich mäßig verlagern, nicht schaukeln oder wippen, mit Händen und Armen ruhig die Visualisierung unterstützen.
  - Sitzend:
    Aufrechte Haltung, Arme und Hände ruhig halten, nicht mit Gegenständen spielen
- Nicht zum Medium, sondern zu den Zuhörern sprechen (**Konzentration**).
- Medien nacheinander (z. B. durch Aufdecken) präsentieren (**Abfolge**).

Nachbereitung

- **Selbstreflexion**:
  - Ziele erreicht bzw. nicht erreicht
  - Tatsächlichen Ablauf mit geplantem Ablauf vergleichen
  - Abweichungen festhalten, Gründe erforschen
  - Wirksamkeit einschätzen
- **Rückmeldung durch Teilnehmerinnen und Teilnehmer**:
  - Anonyme Bewertung/Beurteilung vornehmen lassen (z. B. Punktabfrage, Kartenabfrage über einzelne Elemente und/oder Gesamtpräsentation)
  - Ergebnis der Bewertung/Beurteilung präsentieren, eventuell Rückfragen stellen
  - Veränderungsvorschläge herausarbeiten

Verwendung von Präsentationssoftware

- **Text**
  - Folie in Querformat einrichten
  - Folie nicht bis zum Rand beschriften
  - Textumfang begrenzen (nicht mehr als 8 Informationen)
  - Schriftgröße soll aus der Entfernung gut lesbar sein (z. B. Überschrift 36 pt ①, Teilüberschrift 28 pt ②, Text 20 pt ③)
  - Genügend großen Zeilenabstand (mindestens 1,5) verwenden
  - Geringe Anzahl von Schriftgrößen (3), Schriftarten, Schriftstilen (Fett ①, ②, Kursiv ③, ...) und Schriftfarben verwenden
  - Gliederungen (z. B. Punkte) einfügen
  - Grafiktext ④ für besondere Hinweise spärlich einsetzen

Überschrift ①

- **Teilüberschrift 1** ②

  Text Text Text Text Text Text
  Text Text Text Text Text Text
  ... ③

- **Teilüberschrift 1** ②

  Text Text Tex
  Text Text

④

- **Grafik**
  - Auf einer Folie wenige Formen von Zeichnungsobjekten (z. B. Kreis, Rechteck, Pfeil) einsetzen ⑤
  - Füllfarben und Rahmenfarben entsprechend ihrer Bedeutung einsetzen (z. B. ist Rot eine Signalfarbe ⑥)
  - Füllfarben nur mit geringer Sättigung (blasse Farben) einsetzen, wenn sich Texte in den Zeichnungsobjekten befinden
  - Fülleffekte sparsam einsetzen (Farbverlauf ⑦, Struktur, ...)
  - Räumlichkeit durch 3D-Ansicht verdeutlichen ⑧
  - Räumlichkeit durch Überlappungen andeuten ⑨
  - Objekte gruppieren, um sie gemeinsam zu bearbeiten
  - Farbe von Folienhintergründen mit den Farben der Objekte abstimmen (dunkle Hintergründe bei Projektion, helle Hintergründe für den Ausdruck)

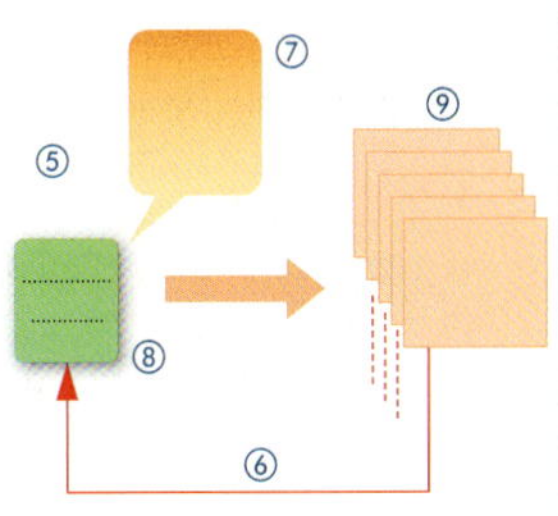

Diagramme
Charts

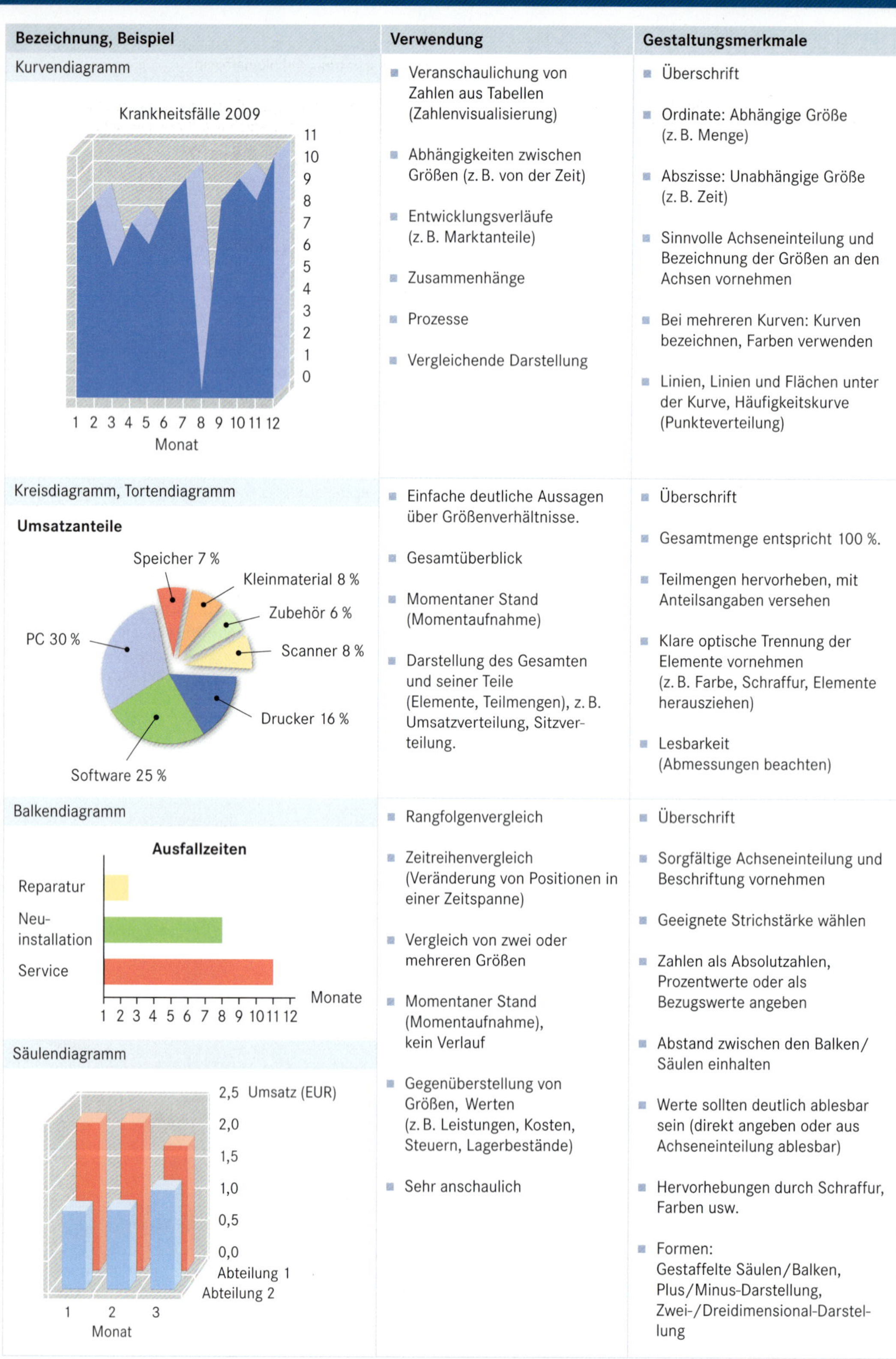

Bezeichnung, Beispiel	Verwendung	Gestaltungsmerkmale
Kurvendiagramm	▪ Veranschaulichung von Zahlen aus Tabellen (Zahlenvisualisierung) ▪ Abhängigkeiten zwischen Größen (z. B. von der Zeit) ▪ Entwicklungsverläufe (z. B. Marktanteile) ▪ Zusammenhänge ▪ Prozesse ▪ Vergleichende Darstellung	▪ Überschrift ▪ Ordinate: Abhängige Größe (z. B. Menge) ▪ Abszisse: Unabhängige Größe (z. B. Zeit) ▪ Sinnvolle Achseneinteilung und Bezeichnung der Größen an den Achsen vornehmen ▪ Bei mehreren Kurven: Kurven bezeichnen, Farben verwenden ▪ Linien, Linien und Flächen unter der Kurve, Häufigkeitskurve (Punkteverteilung)
Kreisdiagramm, Tortendiagramm	▪ Einfache deutliche Aussagen über Größenverhältnisse. ▪ Gesamtüberblick ▪ Momentaner Stand (Momentaufnahme) ▪ Darstellung des Gesamten und seiner Teile (Elemente, Teilmengen), z. B. Umsatzverteilung, Sitzverteilung.	▪ Überschrift ▪ Gesamtmenge entspricht 100 %. ▪ Teilmengen hervorheben, mit Anteilsangaben versehen ▪ Klare optische Trennung der Elemente vornehmen (z. B. Farbe, Schraffur, Elemente herausziehen) ▪ Lesbarkeit (Abmessungen beachten)
Balkendiagramm Säulendiagramm	▪ Rangfolgenvergleich ▪ Zeitreihenvergleich (Veränderung von Positionen in einer Zeitspanne) ▪ Vergleich von zwei oder mehreren Größen ▪ Momentaner Stand (Momentaufnahme), kein Verlauf ▪ Gegenüberstellung von Größen, Werten (z. B. Leistungen, Kosten, Steuern, Lagerbestände) ▪ Sehr anschaulich	▪ Überschrift ▪ Sorgfältige Achseneinteilung und Beschriftung vornehmen ▪ Geeignete Strichstärke wählen ▪ Zahlen als Absolutzahlen, Prozentwerte oder als Bezugswerte angeben ▪ Abstand zwischen den Balken/Säulen einhalten ▪ Werte sollten deutlich ablesbar sein (direkt angeben oder aus Achseneinteilung ablesbar) ▪ Hervorhebungen durch Schraffur, Farben usw. ▪ Formen: Gestaffelte Säulen/Balken, Plus/Minus-Darstellung, Zwei-/Dreidimensional-Darstellung

Flussdiagramm (Beispiel)

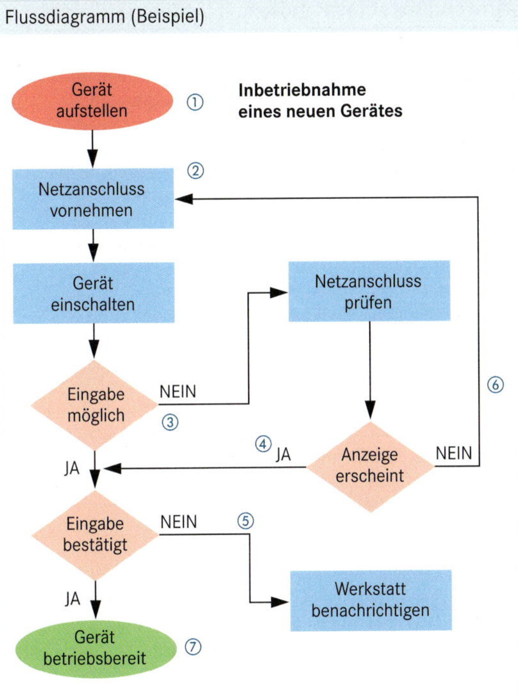

- Bildhafte Darstellung mit einheitlichen Symbolen von Prozessschritten, Verhaltensregeln
- Struktur eines Vorgangs, z. B.: Produktionsprozess, Materialfluss, Reparaturanleitung, Wareneingangskontrolle
- Symbole nach DIN 66001
- Beginn (Ausgangspunkt) mit **„Start"** (ovale Form ①)
- **Aktionsfelder, Prozessschritte** usw. (Rechtecke, Quadrate ②)
- **Entscheidungen, Alternativen** (Raute ③):
  JA, weiter in Flussrichtung ④
  NEIN, Abzweigung zu einem neuen Prozessschritt ⑤ oder Rückkopplung zu einem davor liegenden Prozessschritt
- **Flusslinien** ⑥ geben die Richtung an, Linie mit Pfeilspitze
- Abschluss (Lösung der Aufgabe) mit **„Ende"** (ovale Form ⑦)
- Vorzüge:
  Prozessablauf wird als „Ganzes" abgebildet.
  Optimaler Ablauf wird dargestellt.
  Vergleich mit tatsächlichem Ablauf ist möglich.
  Mögliche Störgrößen oder Störfälle werden sichtbar und können beachtet werden.

Organigramm / Aufbau-Diagramm

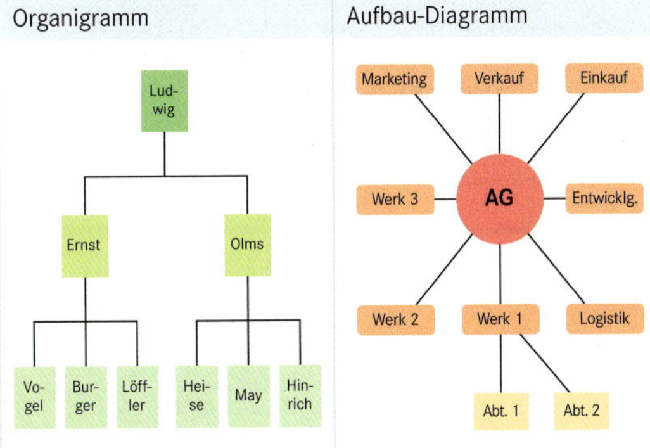

- Keine genormten Symbole, jedoch möglichst einfache und wiederkehrende Symbole verwenden (Rechtecke, Quadrate, Kreise, Linien, Pfeile)
- Struktur und Abhängigkeiten werden deutlich
- Abbildung von Organisationen und Hierarchien
- Beispiele:
  - Organisationsstruktur eines Betriebes,
  - Personal mit den jeweiligen Funktionen,
  - Funktionen und Aufgabenbereiche
- Linien verdeutlichen die Beziehungen bzw. Verknüpfungen

Ursache-Wirkung-Diagramm

(andere Bezeichnungen: Tannenbaum, Fischgräten, Ishikawa)

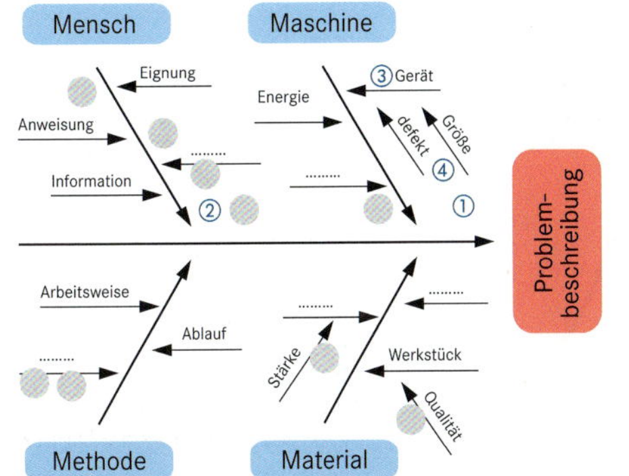

- Darstellung eines Prozesses mit seinen verschiedenen Einflussfaktoren
- Ziel: Herausarbeiten von Ursachen im Team und deren Beseitigung
- Schritte:
  1. Ursache-Wirkungspfeil weist auf das Problem hin ①
  2. Ursachen sammeln und Hauptursachen in Form von Ästen zum Ursachenpfeil hin zeichnen ②
  3. Mögliche Ursachen mit Verknüpfungen einzeichnen (Übersichtlichkeit darf nicht leiden) ③
  4. Ursachenbewertung und Gewichtung ④
  5. Problemlösung, Beseitigung von Mängeln bzw. Fehlern
- Die Entwicklung des Diagramms erfordert einen Moderator, der den Analyseprozess durch entsprechende Visualisierungen begleitet

Mind-Mapping

Merkmale

- Mind-Map (Mindmap): Gedankenlandkarte
- Eine bildhafte Darstellung von Gedankengängen (bildhafte Gedankenstütze)
- Eine grafische Struktur (Überblick) von Sachverhalten, Systemen, Ideen, Denkprozessen, ...
- Durch die Grafik ist vieles „auf einem Blick“ zu sehen, nichts geht „verloren“
- Mit einer Mind-Map werden Sprache und bildhaftes Denken miteinander verbunden
- Die Methode fördert die Kreativität
- Für die Erstellung ist ein geringer Materialaufwand erforderlich (großer Papierbogen, Stifte)
- Mind-Maps lassen sich in Einzel- oder in Gruppenarbeit entwickeln

Anwendung, Einsatzfelder

- Als Arbeitstechnik, Kreativitätsmethode
- Persönliche Notizen über Gespräche oder eigene Gedanken
- Wiederholung und Systematisierung von Lehrstoff (Stichwortzettel)
- Anwendbar am Anfang eines Strukturierungsprozesses (Vorbereitung, Ideensammlung)
- Anwendbar am Ende eines Strukturierungsprozesses (Nachbereitung)
- Grundlage für Projektplanung, Zeitplanung
- Gliederungshilfe (Analyse)
- Hilfe für Problemlösungen, Beurteilungen
- Dokumentation, Abbildung von Gesprächen
- Veranschaulichung von komplexen Sachverhalten, Texten, Gesprächsstrategien, ...

Regeln

- Mind-Maps sollten großflächig angelegt werden.
- Kurze Formulierungen, Begriffe, ... sind zu verwenden.
- Die Begriffe sind über die Äste ② ③ zu schreiben.
- Die Lesbarkeit ist durch eine große Schrift, Blockschrift, Druckschrift zu gewährleisten.
- Möglichst Substantive einsetzen.
- Zur Veranschaulichung ggf. Bilder, Zeichen (z. B. Pfeile) und Symbole (optische Reize) einsetzen (aber nicht überfrachten).
- Farbige Äste zur besseren Unterscheidung verwenden.
- Bei Bedarf können Nummerierungen an den Ästen vorgenommen werden.

Nachteile

- Durch die begrenzte Fläche können komplexe Themen nicht umfassend dargestellt werden.
- Eine Mind-Map ist das Ergebnis eines gruppendynamischen Prozesses, der durch Außenstehende nicht immer nachvollziehbar ist.

Elemente und Vorgehensweise

- Das Thema ① (Kernproblem, Schlüsselwort, ...) wird in die Mitte des Blattes platziert, eingekreist oder auf eine andere Weise (z. B. Wolke, Grafik, Symbol) hervorgehoben. Das Thema sollte möglichst genau formuliert sein.
- Die Hauptäste ② werden vom Thema ausgehend in Form von Linien oder Bögen in beliebiger Reihenfolge nach außen gezeichnet. Das Thema wird auf diese Weise untergliedert. Der Hauptast entspricht einem Hauptkapitel der Thematik.
- Von den Hauptästen werden durch Verzweigungen ③ weitere Differenzierungen vorgenommen. Jede Verzweigung entspricht einem Unterkapitel.
- In der Entwicklungsphase (Kreativphase) sollte man sich nicht lange damit beschäftigen, an welcher Stelle die Hauptäste platziert werden. Eine Umstellung kann später in einer Überarbeitungsphase erfolgen.

Beispiel

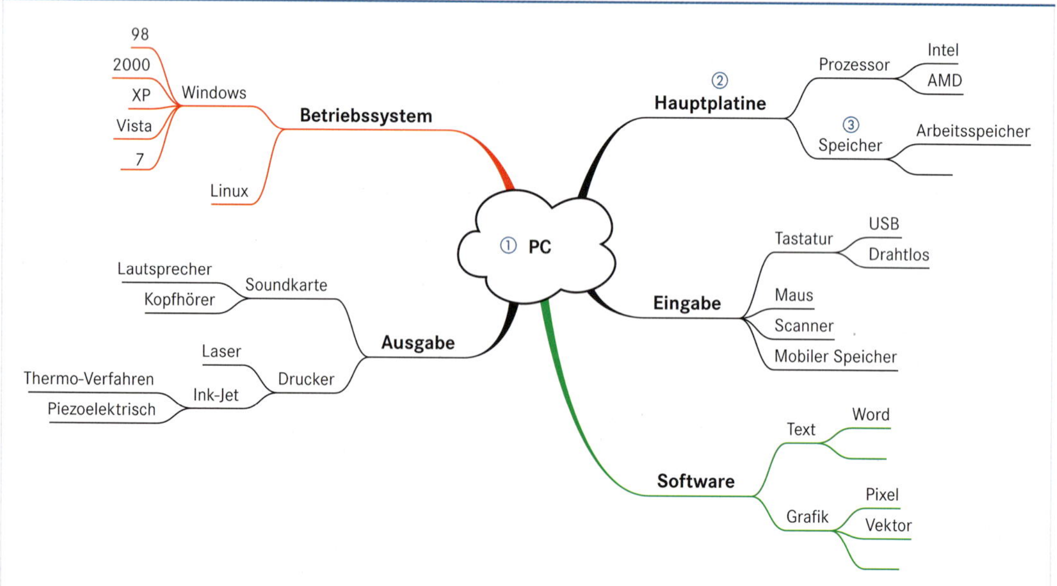

Ablauf einer Nachrichtenübertragung

- Die Nachricht geht vom Sender aus und ist in einer bestimmten Weise codiert.
- Auf dem Weg zum Empfänger können „Störungen“ die Nachricht verändern.
- Die Nachricht enthält sprachliche und nichtsprachliche Anteile.
- Der Empfänger decodiert die Nachricht entsprechend seiner Wahrnehmung (mit seinem eigenen „Vorrat“ an Decodiermöglichkeiten).
- Eine ungestörte Kommunikation kann nur dann stattfinden, wenn Sender und Empfänger den angewendeten Code aufeinander abstimmen.

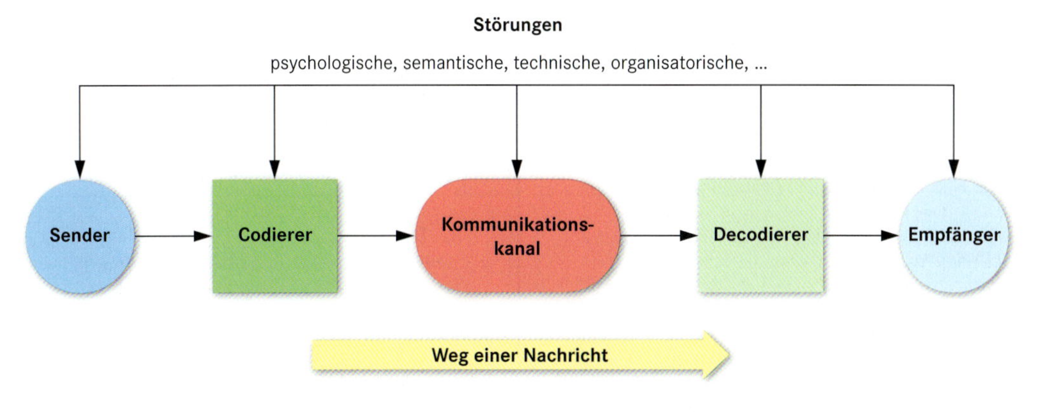

Vier Seiten einer Nachricht

Jede Nachricht kann grundsätzlich vom Empfänger auf vier verschiedenen Ebenen wahrgenommen (decodiert) werden, als:

- Sachinformation, Sachinhalt
- Beziehung
- Selbstoffenbarung
- Appell, Aufforderung

Je nach Absicht des Senders können die verschiedenen Aspekte unterschiedlich stark in Erscheinung treten (codiert sein).

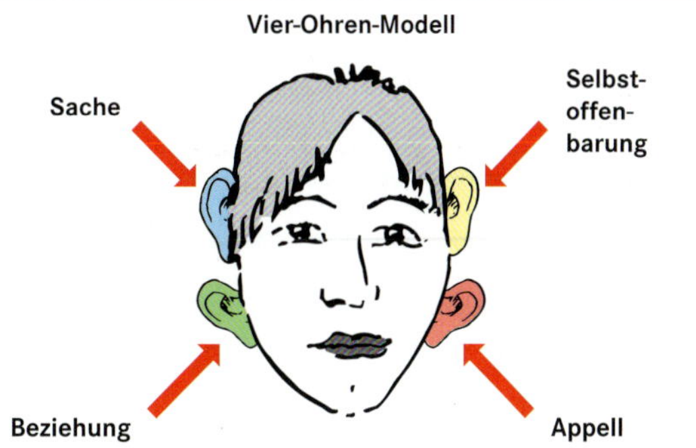

Gesprächs- und Wahrnehmungsregeln für die Kommunikation

Sender (Codierung)	Empfänger (Decodierung)
Betonung der Sachebene: Sachen, Fakten, Begriffe in den Mittelpunkt rücken, sachlichen Sprachstil verwenden	Wahrnehmung der Sachebene: Wie ist der Sachverhalt zu verstehen, was ist der Kerngehalt der Äußerungen?
Betonung der Beziehungsebene: Gefühle direkt benennen, Rückmeldung über Wahrnehmung geben	Wahrnehmung der Beziehungsebene: Welche Beziehungsebene kommt zum Ausdruck, wie wird mit mir umgegangen?
Betonung der Selbstoffenbarung: Etwas über sich selbst ausdrücken (Ich-Botschaft), eigene Meinung herausstellen	Wahrnehmung der Selbstoffenbarung: Was will mein Gesprächspartner über sich sagen, was ist mit ihm?
Betonung der Appellebene: Zu Handlungen auffordern, Lenkungen vornehmen	Wahrnehmung der Appellebene: Was wird von mir erwartet, was soll ich tun? Was ist der Grund für diese Mitteilung?

Merkmale

Die **Moderation** wird angewendet, um selbst organisiert und gemeinsam zielgerichtet Themen, Aufgaben, Probleme, ... in einer hierarchiefreien Atmosphäre zu bearbeiten.
Das Ziel ist dabei eine möglichst vielfältige, breite und effektive Beteiligung unter Berücksichtigung der Bedürfnisse und Interessen der Gruppenmitglieder.

Der **Moderator**, die **Moderatorin**

- ist nur methodischer Helfer (Katalysator, Leiter ohne Funktion eines Vorgesetzten),
- ist Prozess- bzw. Lern-Helfer (und erbringt eine Dienstleistung),
- „öffnet“ die Gruppe für das Thema,
- stellt eigene Meinungen und Ziele zurück,
- bewertet keine Meinungsäußerungen oder Verhaltensweisen,
- nimmt eine fragende Haltung ein (Aktivierung der Gruppe),
- hat Geduld und hört aufmerksam zu,
- stellt aktivierende Fragen und gibt Denkanstöße,
- verhindert Abschweifungen,
- fasst zusammen,
- visualisiert und akzentuiert,
- vergewissert sich, ob seine Visualisierungen mit den Beiträgen übereinstimmen,
- in der Regel mit einer weiteren Person zusammen,
- nimmt Rücksicht auf natürliche Bedürfnisse der Teilnehmerinnen und Teilnehmer (sinnvoller Wechsel von Arbeitsphasen und Pausen),
- hat den Raum angemessen vorbereitet (Sitzordnung, Material, ...).

Moderationsphasen

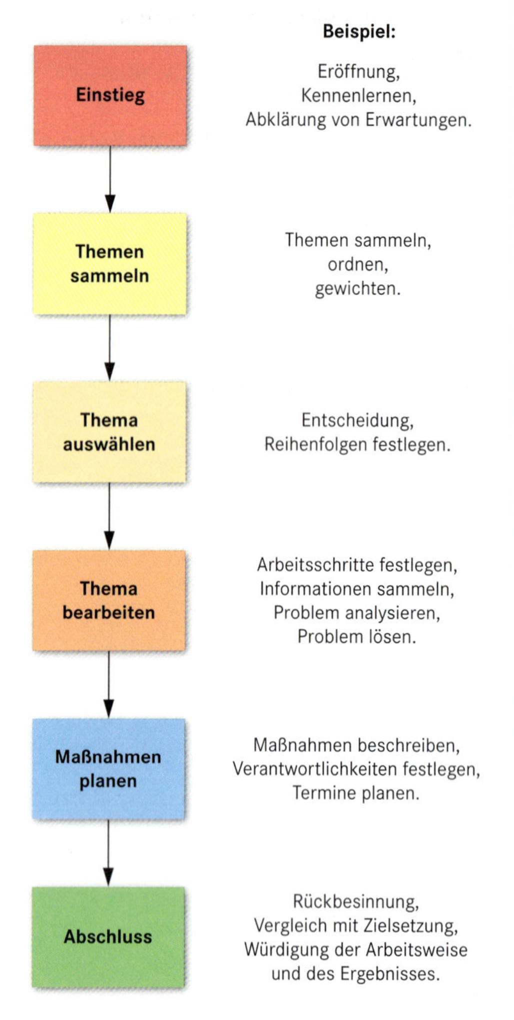

Medien und Methoden

- Visualisierungskarten (Rechtecke, Kreise, Ovale, ...), Nadeln, Klebestifte, Schere, große Papierbögen, Klebepunkte, Stifte in verschiedenen Ausführungen, ...
- Flip-Chart, Pinnwand
- Fragetechnik:
  Offene und geschlossene Fragen, Frage zurückgeben, Suggestivfrage, Gegenfrage, rhetorische Frage, ...
- Kennenlernen:
  Wir berichten über uns, „Steckbrief“, ...
- Erwartungen:
  Brainstorming, Kartenabfrage, was soll passieren - nicht passieren, ich erwarte, ...
- Sammlung:
  Themenspeicher, Ein-Punkt- oder Mehrpunkt-Frage, ...
- Problemanalyse:
  Ursache-Wirkungs-Diagramm, Gegenüberstellungen, Netzbilder, Matrix, Mind-Map, ...
- Bearbeitung:
  Ablaufplan, Maßnahmenkatalog (z. B. was, wer, wozu, wann), ...
- Abschluss:
  Reflexion, Stimmungsbarometer, Punktabfrage, Blitzlicht, ...
- Nachbereitung:
  Vergleich Soll-Ist, Konsequenzen, ...

Vorbereitung

- **Ziel**
  Für das Gespräch Zielvorstellungen entwickeln
- **Sicherheit**
  Innere Sicherheit durch gute Vorbereitung gewinnen
- **Natürlichkeit**
  Keine Rollen antrainieren, sich selbst darstellen
- **Geprächsstruktur**
  Sich in die Situation des Geprächspartners hineinversetzen
  Gliederung einhalten
- **Körperhaltung**
  Aufrecht, entspannt, nicht anlehnen bzw. aufstützen, ruhige Körperhaltung, sinnvolle Mimik und Gestik, Blickkontakt suchen, nicht fixieren
- **Sprache**
  Ruhig, akzentuiert, abwechslungsreich, dynamisch, nicht weitschweifig, zielorientiert
- **Zeit**
  Zeitplan einhalten

Gesprächsphasen

1. **Kontaktaufnahme**
   Offenes freundliches Klima schaffen, persönliche Begrüßung, ...
2. **Information**
   Gesprächsschwerpunkte und Vorgehensweise benennen, Wünsche des Gesprächspartners einbeziehen, ...
3. **Argumentation**
   Gedankenaustausch, Präzisierungen, Einwände, ...
4. **Beschluss**
   Ergebnis herausstellen; vergewissern, dass Gesprächspartner mit dem Ergebnis einverstanden ist, ...
5. **Abschluss, Ende**
   Positiver Ausklang, Dank, ...

Fördernde Reaktionen im Gespräch

- **Aktives aufmerksames und akzeptierendes Zuhören**
  Kein Schweigen, sondern engagiertes Zuhören
- **Paraphrasieren**
  Inhalt der Aussagen des Gesprächspartners wenn erforderlich mit eigenen Worten wiederholen, damit sichergestellt ist, dass der Sachverhalt richtig verstanden wurde
- **Mitteilung eigener Gefühle**
  Verhaltensweisen werden dadurch transparent und besser verstehbar
- **Wahrnehmungsprüfung**
  Rückmeldung an den Gesprächspartner zur Überprüfung der eigenen Wahrnehmung
- **Informationssuche**
  Gemeinsamkeit herstellen

Hemmende Reaktionen im Gespräch

- **Wechsel des Themas ohne Erklärung**
  Desinteresse am Thema bzw. am Gesprächspartner wird signalisiert
- **Beenden des Blickkontaktes**
  Optische „Beschäftigung" mit anderen Dingen
- **Interpretationen**
  Belehrungen führen zur Verunsicherung des Partners
- **Verneinen von Gefühlen**
  Verhalten wirkt „unecht", da jeder Gedankenaustausch von „Gefühlen" untermauert wird
- **Ratschläge und Überredung**
  Ein „Überstülpen" von „Rezepten" führt zu Abwehrreaktionen und Blockaden. Gefühl der Überlegenheit wird vermittelt

Elemente der Verständlichkeit

Einfachheit

Sachverhalt auf das Wesentliche reduzieren.

Prägnanz

Auf den Punkt kommen, ohne Umwege, zielgerichtet vorgehen.

Gliederung, Ordnung

Gedanken in eine bestimmte Ordnung bringen.

Stimulanz

Informationen für die Zuhörer anregend darlegen.

Ablauf	Erläuterungen
Vorbereitung	**Vorbereitung** ▪ Intensive Auseinandersetzung mit dem Gesprächsziel und dem möglichen Kunden ▪ Gesprächsstrategie entwickeln
Eröffnung	
Beginn	**Beginn** ▪ Kunden zur Kenntnis nehmen (Blickkontakt) ▪ Kontakt aufnehmen, ihn positiv ansprechen ▪ Beratung anbieten ▪ Fachkundige Erstinformationen
Bedarf	**Bedarf** ▪ Offene Fragen zum Bedarf stellen ▪ Offene Fragen zum Nutzen stellen ▪ Präzisierung der Wünsche vornehmen ▪ Keine peinlichen oder indiskreten Fragen stellen ▪ Fragen nach Preisvorstellungen noch vermeiden
Kaufmotive	**Kaufmotive** ▪ Aufmerksam zuhören, Verständnisfragen stellen ▪ Kaufmotive erforschen ▪ Kaufmotive rationaler und emotionaler Art unterscheiden ▪ Argumente kundenorientiert und motivationsfördernd einbringen
Beratung	
Warenpräsentation	**Warenpräsentation (evtl. Originiale oder Modelle)** ▪ Präsentation dem Auffassungsvermögen des Kunden anpassen ▪ Auswahl und Vergleich ermöglichen ▪ Unterstützende Materialien (Prospekte usw.) zur Veranschaulichung einsetzen ▪ Vielfältige Sinne ansprechen ▪ Beginn mit mittlerer Preisklasse
Argumentation	**Argumentation** ▪ Preis-Nutzen-Relation herausstellen ▪ Entscheidungshilfen vorbereiten ▪ Kenntnisse über Produkte gezielt einsetzen
Überwinden von Widerständen	**Überwinden von Widerständen** ▪ Argumente des Kunden wahrnehmen ▪ Argumentationsketten aufbauen (Behauptung mit Begründung) ▪ Qualitätsbestimmende Merkmale und Eigenschaften hervorheben ▪ Nutzungsargumente betonen ▪ Zusatzangebote, Serviceleistungen hervorheben
Abschluss	
Vorbereitung des Abschlusses	**Vorbereitung des Abschlusses** ▪ Einwände beachten und eventuell entkräften ▪ Dem Kunden die Entscheidung überlassen
Kaufabschluss	**Kaufabschluss** ▪ Zügige Abwicklung ▪ Kaufentscheidung positiv herausstellen ▪ Zufriedenheit artikulieren
Gesprächsende	**Gesprächsende** ▪ Dank aussprechen und Verabschiedung ▪ Wunsch für weitere Besuche zum Ausdruck bringen

Induktiv

1. Beginn: Konkretes Beispiel
2. Teilaussagen (Elemente des Ganzen)
3. Gesamtaussage

Vorteile

- Es entsteht „Spannung“, Zuhörer werden am Prozess beteiligt, der Ausgang ist zunächst offen.
- Konkrete Beispiele erhöhen die Anschaulichkeit.
- Bilder können gut die Gedankengänge verdeutlichen.

Nachteile

- Es ist mitunter schwierig, geeignete Beispiele zu finden.
- Beispiele enthalten mitunter nicht alle zu betrachtenden Aspekte.
- Auch aus Beispielen müssen Verallgemeinerungen abgeleitet werden.

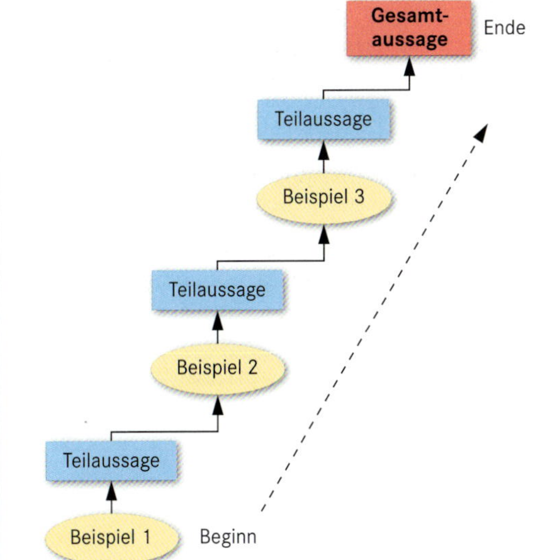

Deduktiv

1. Beginn: Hauptaussage
2. Teilaussagen (Thesen)
3. Begründung durch Beispiele und Argumente

Vorteile

- Information der Zuhörer zu Beginn
- Unproblematischere Zeitplanung als bei der induktiven Methode, da bei Bedarf einzelne Beispiele entfallen können

Nachteile

- Geringes „Spannungselement“ zu Beginn
- Gefahr der Überfrachtung mit vielen Details
- Verführung zur Abstraktion („Kopflastigkeit“, Lebensferne)

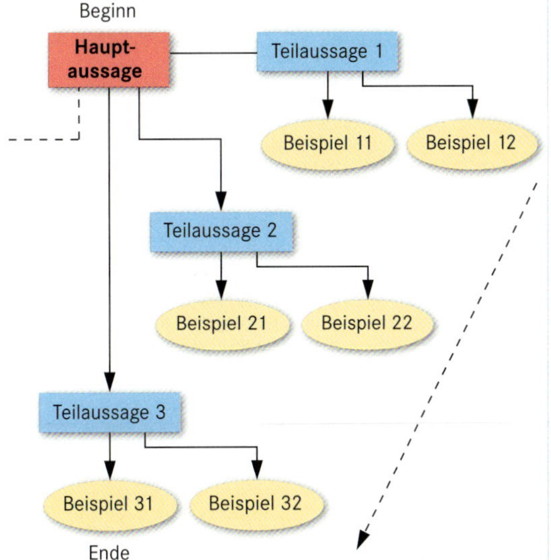

Regeln

- Pünktlichkeit, Zeiten einhalten
- Blickkontakt mit den Zuhörern aufnehmen und variieren
- Zuhörerinnen und Zuhörer mit Namen ansprechen
- Lautstärke, Sprechtempo und Dynamik der Situation anpassen
- Denkpausen einlegen
- Spannung aufbauen
- Offene Fragen verwenden
- Zur Beteiligung auffordern. Beiträge ernst nehmen
- Offene Mimik/Gestik
- Angemessene Kleidung
- Zugewandte Körperhaltung
- Sitzordnung der Zuhörer optimieren

Vergleiche und Metaphern

Anschaulichkeit lässt sich durch Vergleiche oder eine Metapher erzeugen.

Beispiel:
Herr Meier ist ein Fuchs;
Bedeutung: Er ist schlau wie ein Fuchs.

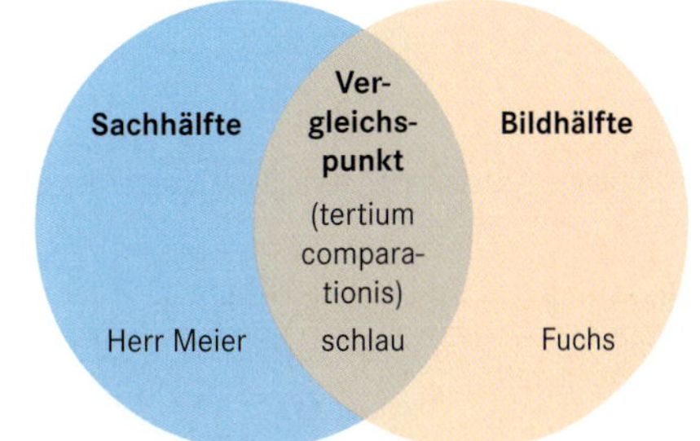

Konfliktursachen

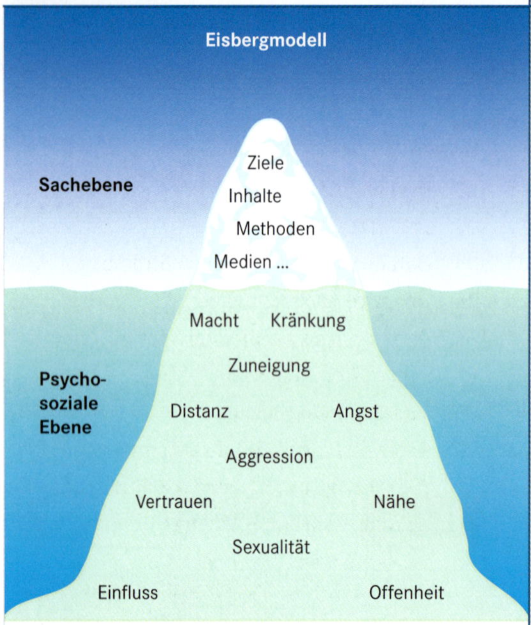

Eisbergmodell

Sachebene

Ziele
Inhalte
Methoden
Medien ...

Psychosoziale Ebene

Macht Kränkung
Zuneigung
Distanz Angst
Aggression
Vertrauen Nähe
Sexualität
Einfluss Offenheit

Zwischenmenschliche Beziehungen und Verhaltensweisen werden nicht nur durch die von außen zu erkennende **Sachebene** bestimmt.

Unterhalb dieser Ebene befindet sich die nicht erkennbare **psychosoziale Ebene**. In ihr sind Ängste, Vorurteile, Vertrauen usw. eingelagert. Diese beeinflussen in starkem Maße das Verhalten auf der Sachebene.

Wenn bei Gruppen- und Arbeitsprozessen diese psychosoziale Ebene wenig oder nicht beachtet wird, kann es zu Konflikten kommen.

Verhalten in Konfliktsituationen

Flucht
Konflikt wird verdrängt, ignoriert, ...
Lösung wird aufgeschoben.

Ergebnis:
Aggressives Verhalten gegenüber sich selbst und anderen.

Anpassung
Dominierende Personen bzw. Vorgaben und Regeln werden vollständig akzeptiert.
Eigene Wünsche und Bedürfnisse treten in den Hintergrund.

Ergebnis:
Orientierung an Leitfiguren, geringe Arbeitsmotivation und geringe Kreativität.

Kampf
Interessen werden massiv und mit verschiedensten Mitteln (direkte und indirekte) vertreten.
Konkurrenzkampf entsteht untereinander.

Ergebnis:
Sieger und Verlierer. Geringe Arbeitsmotivation.

Konsens
Konflikt wird analysiert. Unterschiedliche Positionen werden ausgesprochen und gemeinsam nach Lösungen gesucht.
Ziel ist ein für beide Seiten akzeptabler Kompromiss.

Ergebnis:
Gegenseitiges Verständnis und Akzeptanz, keine Sieger und keine Besiegten, Kooperation mit hoher Arbeitsmotivation.

Konfliktgespräch

Ziel: Konfliktlösung

1. **Konflikt benennen**
   Gründliche Analyse der jeweiligen Konfliktsituation.
2. **Problematisierung**
   Alle vorhandenen Ziele, Vorstellungen und Probleme benennen.
3. **Lösung**
   Gemeinsames Suchen nach Lösungen, Kompromiss finden.
4. **Vereinbarung**
   Ziele und Änderungen festhalten, „Vertrag" schließen, Vereinbarung treffen.

Fragen zur Konfliktanalyse

- Wie stellt sich der Konflikt dar (Konfliktbeschreibung aus verschiedenen Perspektiven)?
- Wer ist in welcher Weise am Konflikt beteiligt?
- Seit wann besteht der Konflikt?
- Welche Themen wurden bisher im Zusammenhang mit dem Konflikt besprochen?
- Welche Lösungsansätze wurden bisher verwendet?
- Welche Erwartungen könnten die Konfliktparteien besitzen?
- Welche Unterstützung könnten die Konfliktparteien von außerhalb erhalten?
- Welche Personen könnten im Konflikt vermitteln?
- Wie viel Zeit steht für die Lösung zur Verfügung?

Elektrotechnik

4

Mathematische und physikalische Grundlagen

76 Mathematische Zeichen und Begriffe
76 Winkelfunktionen
77 Zahlen und Zahlensysteme
78 Physikalische Größen und Einheiten
78 Griechisches Alphabet
79 Formelzeichen und Einheiten
80 Akustik
81 Optik

Elektrische Grundgrößen und Schaltungen

82 Größen und Formeln der Elektrotechnik
83 Spannung und Stromstärke
84 Messen elektrischer Grundgrößen
86 Schaltungen mit Widerständen
87 Elektrische und magnetische Felder

Signalumformung

88 Information und Kommunikation
89 Signale
90 Digitalisierung

Bauelemente

91 Kennzeichnung von Widerständen und Kondensatoren
92 Kondensatoren und Spulen
93 Halbleiterbauelemente
94 Operationsverstärker
95 Halbleiterdioden
95 Optoelektronische Bauelemente
96 Elektronische Verstärker
97 Elektrochemische Spannungsquellen
98 Leitungen zur Energieübertragung
99 Energienetze
100 Störungen über Energienetze
101 Funkentstörung

Schutz

102 Normen/Standards
103 DIN VDE 0100
104 Gefahren des elektrischen Stroms
105 Überstromschutzorgane
106 Schutz gegen gefährliche Körperströme
107 Fehlerstrom-Schutzeinrichtung
108 Überspannungsschutz
108 Erder, Erdungen, Schutzpotenzialausgleich
109 Zuordnung von Überstrom-Schutzorganen
111 Spannungsfall auf Leitungen
112 Sicherheitsbestimmungen für netzbetriebene elektronische Geräte
112 Reparatur und Änderung elektrischer Geräte
113 Bildzeichen der Elektrotechnik
114 Schaltzeichen der Elektrotechnik
117 EMV – Elektromagnetische Verträglichkeit
118 EMV-Normen

Mathematische Zeichen und Begriffe

Mathematical Signs and Terms

Allgemeine mathematische Zeichen

DIN 1302: 1999-08

▪ **Pragmatische Zeichen** (nicht mathematisch im engeren Sinne)

Zeichen	Verwendung	Sprechweise (Erläuterung)	Zeichen	Verwendung	Sprechweise (Erläuterung)
$\approx$	$x \approx y$	x ist ungefähr gleich y	$\triangleq$	$x \triangleq y$	x entspricht y
$\ll$	$x \ll y$	x ist klein gegen y	…	…	und so weiter bis; und so weiter (unbegrenzt); Punkt, Punkt, Punkt
$\gg$	$x \gg y$	x ist groß gegen y			

▪ **Allgemeine arithmetische Relationen und Verknüpfungen**

Zeichen	Verwendung	Sprechweise (Erläuterung)	Zeichen	Verwendung	Sprechweise (Erläuterung)
$=$	$x = y$	x gleich y	$+$	$x + y$	x plus y, Summe von x und y
$\neq$	$x \neq y$	x ungleich y	$-$	$x - y$	x minus y, Differenz von x und y
$<$	$x < y$	x kleiner als y	$\cdot$	$x \cdot y$ oder xy	x mal y, Produkt von x und y
$\leq$	$x \leq y$	x kleiner oder gleich y, x höchstens gleich y	– oder /	$\frac{x}{y}$ oder x/y	x geteilt durch y, Quotient von x und y
$>$	$x > y$	x größer als y	Σ	$\sum_{i=1}^{n} x_i$	Summe über x_i von i gleich 1 bis n
$\geq$	$x \geq y$	x größer oder gleich y, x mindestens gleich y	$\sim$	$f \sim g$	f ist proportional zu g

Zeichen und Begriffe der Mengenlehre

Zeichen	Verwendung	Sprechweise (Erläuterungen)	Zeichen	Verwendung	Sprechweise (Erläuterungen)
$\in$	$x \in M$	x ist Element von M	Ø oder { }		leere Menge
$\notin$	$x \notin M$ $x_1, \ldots x_n \in A$	x ist nicht Element von M $x_1, \ldots, x_n$ sind Elemente von A	$\cap$	$A \cap B$	**Schnittmenge**, A geschnitten mit B, Durchschnitt von A und B
{ | }	$\{x \mid \varphi(x)\}$	die Klasse (Menge) aller x mit $\varphi(x)$	$\cup$	$A \cup B$	**Vereinigungsmenge**, A vereinigt mit B, Vereinigung von A und B
{ ,… }	$\{x_1, \ldots, x_n\}$	die Menge mit den Elementen $x_1, \ldots, x_n$	$\setminus$	$A \setminus B$	Differenz, Komplement
$\subseteq$	$A \subseteq B$	A ist Teilmenge von B, A sub B			

Winkelfunktionen

Trigonometric Functions

Winkelfunktionen (rechtwinklige Dreiecke)

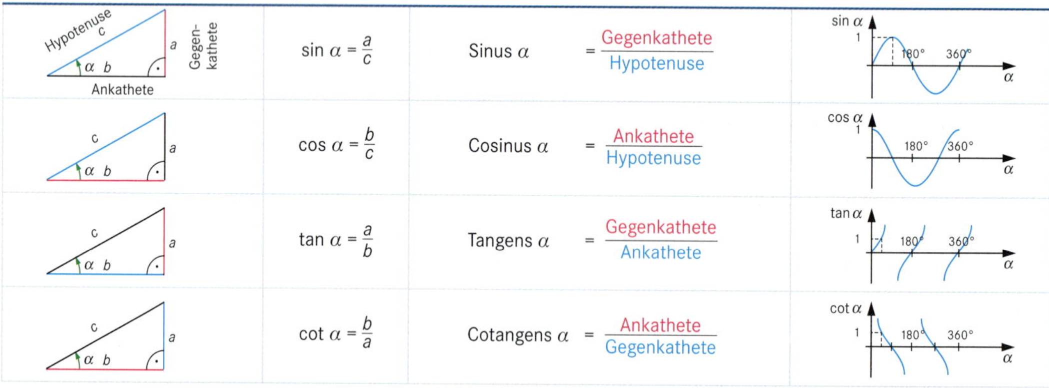

Hypotenuse c, Gegenkathete a, Ankathete b, α	$\sin\alpha = \frac{a}{c}$	Sinus α	$= \frac{\text{Gegenkathete}}{\text{Hypotenuse}}$
c, a, b, α	$\cos\alpha = \frac{b}{c}$	Cosinus α	$= \frac{\text{Ankathete}}{\text{Hypotenuse}}$
c, a, b, α	$\tan\alpha = \frac{a}{b}$	Tangens α	$= \frac{\text{Gegenkathete}}{\text{Ankathete}}$
c, a, b, α	$\cot\alpha = \frac{b}{a}$	Cotangens α	$= \frac{\text{Ankathete}}{\text{Gegenkathete}}$

Vorzeichen der Winkelfunktionen in den vier Quadranten

Quadrant	Winkel	sin	cos	tan	cot
I	0° … 90°	+	+	+	+
II	90° … 180°	+	–	–	–
III	180° … 270°	–	–	+	+
IV	270° … 360°	–	+	–	–

Dezimalzahlen-System

- Zeichenvorrat: 0, 1, 2, 3, 4, 5, 6, 7, 8, 9
- Mögliche unterschiedliche Zeichen pro Stelle: 10
- Basis 10 (B = 10)
- Kennzeichnung: Index 10 oder D (dezimal)

Stelle	4.	3.	2.	1.		1.	2.
Wertigkeit	10^3	10^2	10^1	10^0		10^{-1}	10^{-2}
	1000	100	10	1		1/10	1/100
Beispiel:	**5**	**0**	**3**	**2**	,	**1**	**2**
	$5 \cdot 10^3$ +	$0 \cdot 10^2$ +	$3 \cdot 10^1$ +	$2 \cdot 10^0$	+	$1 \cdot 10^{-1}$ +	$2 \cdot 10^{-2}$

Dualzahlen-System

- Zeichenvorrat: 0 und 1
- Mögliche unterschiedliche Zeichen pro Stelle: 2
- Basis 2 (B = 2)
- Kennzeichnung: Index 2 oder B (binär)

Stelle	4.	3.	2.	1.		1.	2.
Wertigkeit	2^3	2^2	2^1	2^0		2^{-1}	2^{-2}
	8	4	2	1		1/2	1/4
Beispiel:	**1**	**0**	**0**	**1**	,	**1**	**1**
	$1 \cdot 2^3$ +	$0 \cdot 2^2$ +	$0 \cdot 2^1$ +	$1 \cdot 2^0$	+	$1 \cdot 2^{-1}$ +	$1 \cdot 2^{-2}$

Hexadezimal-Zahlensystem (Sedezimal-System)

- Zeichenvorrat: 0, 1, 2, 3, 4, 5, 6, 7, 8, 9, A, B, C, D, E, F
- Mögliche unterschiedliche Zeichen pro Stelle: 16
- Basis 16 (B = 16)
- Kennzeichnung: Index 16 oder H (hexadezimal)

Stelle	4.	3.	2.	1.		1.	2.
Wertigkeit	16^3	16^2	16^1	16^0		16^{-1}	16^{-2}
	4096	256	16	1		1/16	1/256
Beispiel:	**1**	**3**	**F**	**C**	,	**5**	**A**
	$1 \cdot 16^3$ +	$3 \cdot 16^2$ +	$F \cdot 16^1$ +	$C \cdot 16^0$	+	$5 \cdot 16^{-1}$ +	$A \cdot 16^{-2}$

Vergleich zwischen Zahlensystemen

dual	dezimal	hexadezimal	dual	dezimal	hexadezimal
0	0	0	10000	16	10
1	1	1	10001	17	11
10	2	2	10010	18	12
11	3	3	10011	19	13
100	4	4	10100	20	14
101	5	5	10101	21	15
110	6	6	10110	22	16
111	7	7	10111	23	17
1000	8	8	11000	24	18
1001	9	9	11001	25	19
1010	10	A	11010	26	1A
1011	11	B	11011	27	1B
1100	12	C	11100	28	1C
1101	13	D	11101	29	1D
1110	14	E	11110	30	1E
1111	15	F	11111	31	1F

Komplementbildung

B-Komplement: Ergänzung der gegebenen Zahl zur ganzen Potenz der Basis des gewählten Zahlensystems.

(B-1)-Komplement: B-Komplement minus 1

Beispiele:

Basis	Zahl	B-Komplement	(B-1)-Komplement
		Zehnerkomplement	Neunerkomplement
B = 10	6	4	3
	73	27	26
		Zweierkomplement	Einerkomplement
B = 2	111	001	000
	101	011	010

Standard-Zahlenmengen

Zeichen	Definition	Sprechweise	Beispiele
ℕ oder **N**	Menge der **nichtnegativen ganzen Zahlen**. Menge der **natürlichen Zahlen**. ℕ enthält die Zahl 0.	Doppelstrich-N	0 1 2 3 4
ℤ oder **Z**	Menge der **ganzen Zahlen**	Doppelstrich-Z	-4 -3 -2 -1 0 1 2 3 4
ℚ oder **Q**	Menge der **rationalen Zahlen**	Doppelstrich-Q	-4 -3 -2 $-\frac{3}{2}$ -1 0 $\frac{1}{2}$ 1 $\frac{7}{4}$ 2 3 $\frac{19}{5}$ 4
ℝ oder **R**	Menge der **reellen Zahlen**	Doppelstrich-R	-4 -3 -2 $-\frac{3}{2}$ -1 $-\sqrt{\frac{1}{2}}$ 0 $\frac{1}{2}$ 1 $\sqrt{2}$ $\frac{7}{4}$ 2 e 3 π $\frac{19}{2}$ 4
ℂ oder **C**	Menge der **komplexen Zahlen**	Doppelstrich-C	

Römische Zahlen

I = 1	IV = 4	VII = 7	X = 10	XXX = 30	LX = 60	XC = 90	CC = 200	D = 500	DCCC = 800
II = 2	V = 5	VIII = 8	XI = 11	XL = 40	LXX = 70	C = 100	CCC = 300	DC = 600	CM = 900
III = 3	VI = 6	IX = 9	XX = 20	L = 50	LXXX = 80	CX = 110	CD = 400	DCC = 700	M = 1000

Physikalische Größen und Einheiten
Physical Quantities and Units of Measure

SI-Basiseinheiten[1)]

DIN 1301: 93-12

Größe	Formelzeichen	Einheitenname	Einheitenzeichen
Länge	l	Meter	m
Masse	m	Kilogramm	kg
Zeit	t	Sekunde	s
Elektrische Stromstärke	I	Ampere	A
Thermodynamische Temperatur	T	Kelvin	K
Stoffmenge	n	Mol	mol
Lichtstärke	I_v	Candela	cd

[1)] **S**ystème **I**nternational d'Unités (Internationales Einheitensystem)

Vorsätze und Vorsatzzeichen für dezimale Teile und Vielfache von Einheiten

DIN 1301: 93-12

Faktor	Vorsätze	Vorsatzzeichen	Faktor	Vorsätze	Vorsatzzeichen	Faktor	Vorsätze	Vorsatzzeichen
10^{-24}	Yocto	y	10^{-3}	Milli	m	10^{6}	Mega	M
10^{-21}	Zepto	z	10^{-2}	Zenti	c	10^{9}	Giga	G
10^{-18}	Atto	a	10^{-1}	Dezi	d	10^{12}	Tera	T
10^{-15}	Femto	f	10^{1}	Deka	da	10^{15}	Peta	P
10^{-12}	Piko	p	10^{2}	Hekto	h	10^{18}	Exa	E
10^{-9}	Nano	n	10^{3}	Kilo	k	10^{21}	Zetta	Z
10^{-6}	Mikro	µ				10^{24}	Yotta	Y

Schreibweise

DIN 1313: 78-04

Beispiel: Größenwert = Zahlenwert · Einheit

$l = \{l\} \cdot [l]$ Länge = Zahlenwert der Länge · Einheit der Länge

$l = 3 \cdot \mathrm{m}$

Physikalische Gleichungen

DIN 1313: 78-04

Größengleichungen	Einheitengleichungen	Zahlenwertgleichungen
z. B. $v = \frac{s}{t}$ $m = 8$ kg	z. B. 1 m = 100 cm 1 h = 3600 s 1 kWh = $3{,}6 \cdot 10^{6}$ Ws	z. B. $\{v\} = 3{,}6 \frac{\{s\}}{\{t\}}$ v in m/s s in m t in s
Zugeschnittene Größengleichung z. B. $\frac{v}{\mathrm{km/h}} = 3{,}6 \cdot \frac{s/\mathrm{m}}{t/\mathrm{s}}$		

Größen	Erklärungen	Beispiele
Skalare	Zur eindeutigen Festlegung genügt die Angabe des ▪ Zahlenwertes und der ▪ Einheit.	Masse, m Zeit, t Arbeit, W
Vektoren	Zur eindeutigen Festlegung sind erforderlich: ▪ Zahlenwert, ▪ Einheit, ▪ Richtung im Raum oder in der Ebene, ▪ Richtungssinn (Drehsinn) 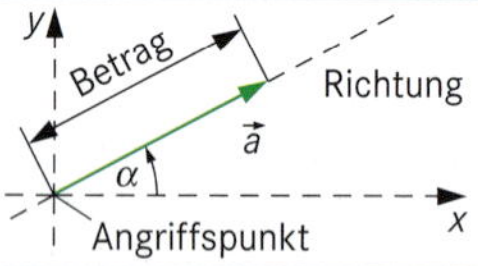 (Skizze: y, Betrag, Richtung, $\vec{a}$, α, Angriffspunkt, x)	Kraft $\vec{F}$, Geschwindigkeit $\vec{v}$, Elektrische Feldstärke $\vec{E}$

Griechisches Alphabet
Greek Alphabet

Α α	Alpha	Ι ι	Iota	Ρ ϱ	Rho
Β β	Beta	Κ $\varkappa$	Kappa	Σ σ	Sigma
Γ γ	Gamma	Λ λ	Lambda	Τ τ	Tau
Δ δ	Delta	Μ μ	My	Υ υ	Ypsilon
Ε ε	Epsilon	Ν ν	Ny	Φ φ	Phi
Ζ ζ	Zeta	Ξ ξ	Xi	Χ χ	Chi
Η η	Eta	Ο o	Omikron	Ψ ψ	Psi
Θ ϑ	Theta	Π π	Pi	Ω ω	Omega

Formelzeichen	Bedeutung	SI-Einheit	Einheitenname, Bemerkungen
Längen und ihre Potenzen, Winkel			
x, y, z	Kartesische Koordinaten	m	
$\alpha, \beta, \gamma,$ ϑ, φ	ebener Winkel, Drehwinkel (bei Drehbewegungen)	rad	Radiant, 1 rad = 1 m/m 1 Vollwinkel = 2 π rad Grad: 1° = (π/180 rad) Minute: 1′ = (1/60)° Sekunde: 1″ = (1/60)′
l	Länge	m	Meter, 1 int. Seemeile = 1852 m
b	Breite	m	
h	Höhe, Tiefe	m	
δ, d	Dicke, Schichtdicke	m	
r	Radius, Halbmesser, Abstand	m	
f	Durchbiegung, Durchhang	m	
d, D	Durchmesser	m	
s	Weglänge, Kurvenlänge	m	
A, S	Flächeninhalt, Fläche, Oberfläche	m^2	Quadratmeter, 1 a = 10^2 m^2 1 ha = 10^4 m^2
S, q	Querschnittsfläche, Querschnitt	m^2	
V	Volumen, Rauminhalt	m^3	Kubikmeter, 1 l (Liter) = 1 dm^3 = 1 L
Zeit und Raum			
t	Zeit, Zeitspanne, Dauer	s	Sekunde, min, h (Stunde), d (Tage)
T	Periodendauer, Schwingungsdauer	s	
τ, T	Zeitkonstante	s	
f, ν	Frequenz, Periodenfrequenz	Hz	Hertz, 1 Hz = 1 s^{-1}, $f = 1/T$
n, f_r	Umdrehungsfrequenz (Drehzahl)	s^{-1}	1 min^{-1} = (1/60) s^{-1}
λ	Wellenlänge	m	
v, u, w, c	Geschwindigkeit	m/s	1 km/h = 1/3,6 (m/s)
c	Ausbreitungsgeschwindigkeit einer Welle	m/s	
a	Beschleunigung	m/s^2	
g	örtliche Fallbeschleunigung	m/s^2	g_n = 9,80665 m/s^2 (Normalfallbeschl.)
Elektrotechnik			
Q	elektrische Ladung	C	Coulomb, 1 C = 1 A · s, 1 A · h = 3,6 kC
D	elektrische Flussdichte	C/m^2	
U	elektrische Spannung, Potenzialdifferenz	V	
E	elektrische Feldstärke	V/m	1 V/mm = 1 kV/m
C	elektrische Kapazität	F	Farad; 1 F = 1 C/V, $C = Q/U$
I	elektrische Stromstärke	A	Ampere
J	elektrische Stromdichte	A/m^2	1 A/mm^2 = 1 MA/m^2, $J = I/A$
Θ	magnetische Durchflutung (mag. Spannung)	A	
H	magnetische Feldstärke	A/m	1 A/mm = 1 kA/m
Φ	magnetischer Fluss	Wb	Weber, 1 Wb = 1 V · s
B	magnetische Flussdichte	T	Tesla, 1 T = 1 Wb/m^2, $B = \Phi/S$
L	Induktivität, Selbstinduktivität	H	Henry, 1 H = 1 Wb/A
R	elektr. Widerstand, Wirkwiderstand, Resistanz	Ω	Ohm, 1 Ω = 1 V/A
G	elektrischer Leitwert, Wirkleitwert	S	Siemens, 1 S = 1 Ω^{-1}, $G = 1/R$
ϱ	spezifischer elektrischer Widerstand	Ω · m	1 μΩ · cm = 10^{-8} Ω · m
$\gamma, \sigma, \varkappa$	elektrische Leitfähigkeit	S/m	$\gamma = 1/\varrho$
X	Blindwiderstand, Reaktanz	Ω	
B	Blindleitwert, Suszeptanz	S	$B = 1/X$
$Z, \|Z\|$	Scheinwiderstand, Betrag der Impedanz	Ω	$\underline{Z}$: Impedanz (komplexe Impedanz)
$Y, \|Y\|$	Scheinleitwert, Betrag der Admittanz	S	$\underline{Y}$: Admittanz (komplexe Admittanz)
W	Energie, Arbeit	J	
P, P_p	Wirkleistung	W	
Q, P_q	Blindleistung	W	Energietechnik: var (Var), 1 var = 1 W
S, P_s	Scheinleistung	W	Energietechnik: VA (Voltampere)
φ	Phasenverschiebungswinkel	rad	auch Winkel der Impedanz
λ	Leistungsfaktor	1	$\lambda = P/S$, Elektrotechnik: $\lambda = \cos\varphi$
d	Verlustfaktor	1	
k	Oberschwingungsgehalt, Klirrfaktor	1	
N	Windungszahl	1	

Schall

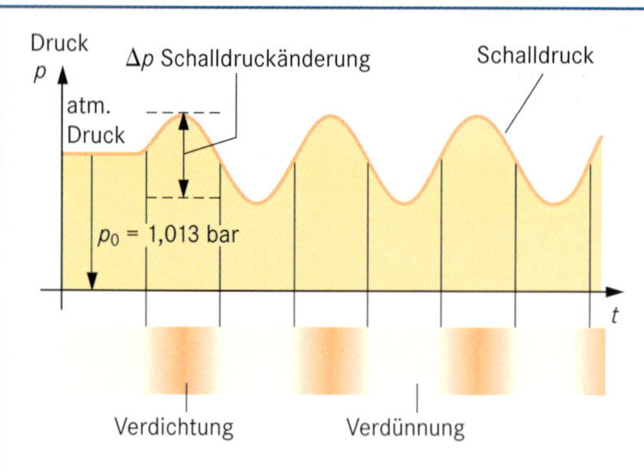

Lautstärken von Schallquellen

Schallquelle	Lautstärkepegel L_N in phon	Schalldruck p in µbar
Hörschwelle	0	$2 \cdot 10^{-4}$
Flüstern in 1 m Entfernung	30	$6{,}4 \cdot 10^{-3}$
mittlere Sprachwiedergabe	50	$6{,}4 \cdot 10^{-2}$
Verkehrslärm	70	$6{,}4 \cdot 10^{-1}$
Presslufthammer	90	6,4
startendes Flugzeug, 5 m Abstand	110	64
Schmerzschwelle	130	640

Schallgeschwindigkeit

$c = f \cdot \lambda$ $[c] = \frac{\text{m}}{\text{s}}$

c: Schallgeschwindigkeit
f: Frequenz
λ: Wellenlänge

Wellenarten

Longitudinalwellen (Längswellen)
Schwingungsrichtung der Teilchen ist identisch mit der Ausbreitungsrichtung des Schalls.

Transversalwellen (Querwellen)
Teilchen schwingen quer zur Ausbreitungsrichtung des Schalls.

Lautstärkepegel

Angabe: L_N in phon

Der Lautstärkepegel eines beliebigen Schalleindrucks beträgt z. B. x phon, wenn von einem gehörmäßig normalempfindenden Beobachter der Schall als gleich laut wahrgenommen wird wie ein Ton mit f = 1 kHz, dessen Schalldruckpegel x dB beträgt.

Lautheit

Angabe: N in sone

Die Lautheit ist der Stärke der Schallwahrnehmung normalhörender Beobachter proportional.

Schalldruckpegel L_p in Abhängigkeit von der Frequenz (Kurven gleicher Lautstärke, Sinustöne)

gehörmäßig normalempfindende Personen, Alter: 18–25 Jahre

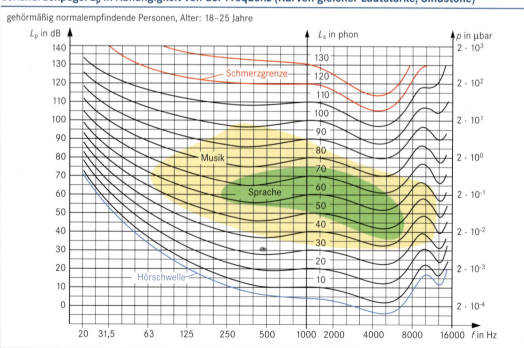

L_p in dB: 140, 130, 120, 110, 100, 90, 80, 70, 60, 50, 40, 30, 20, 10, 0
L_s in phon: 130, 120, 110, 100, 90, 80, 70, 60, 50, 40, 30, 20, 10
p in µbar: $2 \cdot 10^3$, $2 \cdot 10^2$, $2 \cdot 10^1$, $2 \cdot 10^0$, $2 \cdot 10^{-1}$, $2 \cdot 10^{-2}$, $2 \cdot 10^{-3}$, $2 \cdot 10^{-4}$
f in Hz: 20, 31,5, 63, 125, 250, 500, 1000, 2000, 4000, 8000, 16000
Schmerzgrenze
Musik
Sprache
Hörschwelle

Optische Strahlung

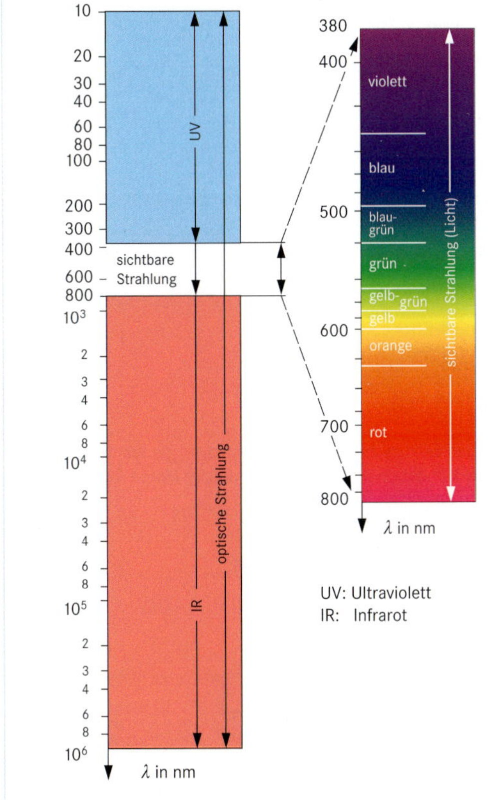

Relativer spektraler Helligkeitsempfindlichkeitsgrad (Augenempfindlichkeit)

Tagessehen: $V(\lambda)$
Helligkeitsadaption oberhalb von 10 lx, photooptischer Bereich, Zapfen-Sehen;
Strahlungsäquivalent: K_m = 683 lm/W

Nachtsehen: $V'(\lambda)$
Dunkeladaption unterhalb 0,1 lx, skoptischer Bereich, Stäbchen-Sehen;
Strahlungsäquivalent: K_m = 1699 lm/W

Die Kurven sind Mittelwerte, die an vielen Personen ermittelt wurden.

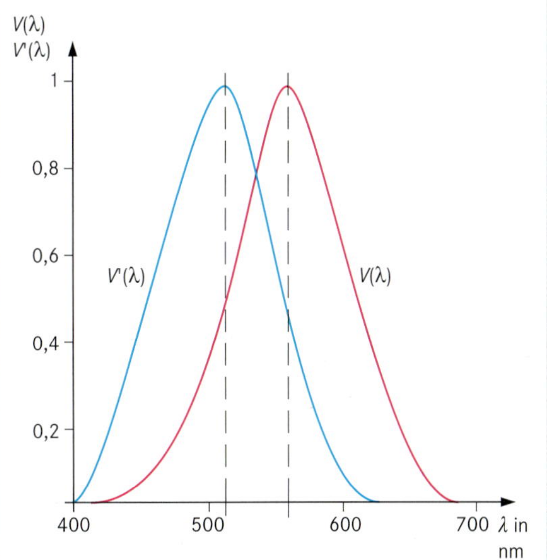

Wellenlängenbereiche der UV- und IR-Strahlung

Name	Kurzzeichen	Wellenlänge λ in nm	Frequenz f in THz	Energie Q_e in eV
Ultraviolettstrahlung (UV)	UV-C: VUV[1]	100 ... 200	3.000 ... 1.500	12,4 ... 6,2
	UV-C: FUV[2]	200 ... 280	1.500 ... 1.070	6,2 ... 4,4
	UV-B (Mittleres UV)	280 ... 315	1.070 ... 950	4,4 ... 3,9
	UV-A (Nahes UV)	315 ... 380	950 ... 790	3,9 ... 3,3
Sichtbare Strahlung, Licht	VIS	380 ... 780	790 ... 385	3,3 ... 1,6
Infrarot-Strahlung (IR)	NIR[3]: IR-A	780 ... 1400	385 ... 215	1,6 ... 0,9
	NIR[3]: IR-B	1.400 ... 3.000	215 ... 100	0,9 ... 0,4
	IR-C: MIR[4]	3.000 ... 50.000	100 ... 6	0,4 ... 0,025
	IR-C: FIR[5]	50.000 ... 1 · 10⁶	6 ... 0,3	0,025 ... 0,001

[1] Vakuum UV, [2] Fernes UV, [3] Nahes IR, [4] Mittleres IR, [5] Fernes IR

Strahlungsphysikalische (radiometrische) Größen (radiometric units)

- rein physikalische Betrachtungsweise
- Index e bedeutet: energetische
- Bereich von $10^1 \dots 10^6$ nm

Lichttechnische (fotometrische) Größen (photometric units)

- physiologische Bewertung durch das menschliche Auge
- Index v bedeutet: visuell
- Teilbereich der optischen Strahlung, 380 nm ... 780 nm

Größe	Darstellung	Größen und Formelzeichen	Einheit und Einheitenzeichen	Formel
Spannung	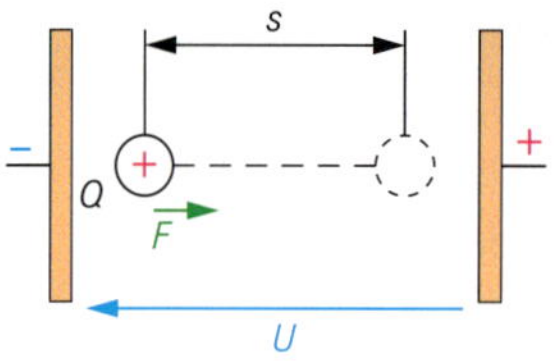 s, −, +, Q, F, U	Spannung U	Volt V	$U = \frac{W}{Q}$
		Ladung Q	Coulomb C Amperesekunde As	
		Arbeit W	Wattsekunde Ws, VAs	
	Die **elektrische Spannung** zwischen zwei Punkten eines elektrischen Feldes ist gleich dem Quotienten aus der verrichteten Verschiebungsarbeit und der bewegten Ladung.			
Stromstärke	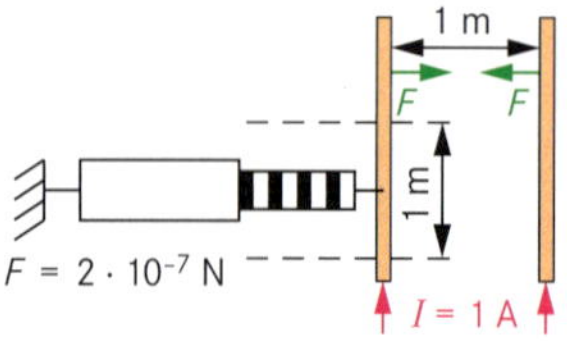 1 m, F, F, 1 m, $F = 2 \cdot 10^{-7}$ N, $I = 1$ A	Stromstärke I	Ampere A	$I = \frac{Q}{t}$
		Ladung Q	Coulomb C 1 C = 1 As	
		Zeit t	Sekunde s	
	Ein Ampere ist die Stärke eines zeitlich unveränderlichen elektrischen Stromes durch zwei geradlinige, parallele, unendlich lange Leiter, die einen Abstand von 1 m haben und zwischen denen im leeren Raum je 1 m Doppelleitung eine Kraft von $2 \cdot 10^{-7}$ N wirkt.			
Stromdichte	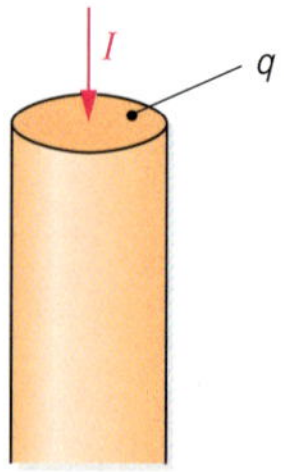 I, q	Stromdichte J	Ampere durch Quadratmeter $\frac{\text{A}}{\text{m}^2}$	$J = \frac{I}{q}$
		Querschnittsfläche q	Quadratmeter m^2 $1\ \text{m}^2 = 10^4\ \text{cm}^2$ $= 10^6\ \text{mm}^2$	
Stromstärke, Spannung, Widerstand und Leitwert	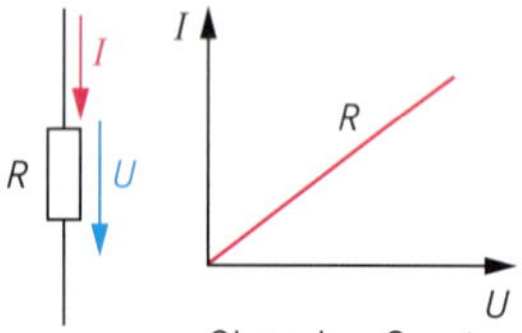 I, R, U; Ohmsches Gesetz	Widerstand R	Ohm Ω $1\ \Omega = 1\ \frac{\text{V}}{\text{A}}$	$I = \frac{U}{R}$
		Leitwert G	Siemens S $1\ \text{S} = 1\ \frac{\text{A}}{\text{V}}$	$G = \frac{1}{R}$ $I = G \cdot U$
Elektrische Arbeit	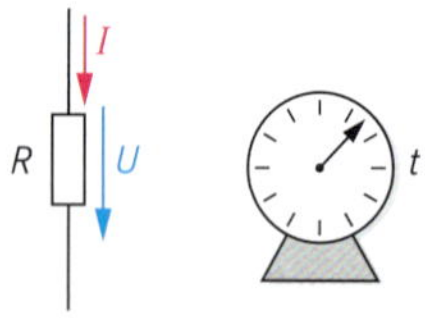 I, R, U, t	Elektrische Arbeit W	Wattsekunde Ws, VAs 1 kWh = $3{,}6 \cdot 10^6$ Ws 1 Nm = 1 Ws = 1 J	$W = U \cdot I \cdot t$ $W = P \cdot t$
Elektrische Leistung	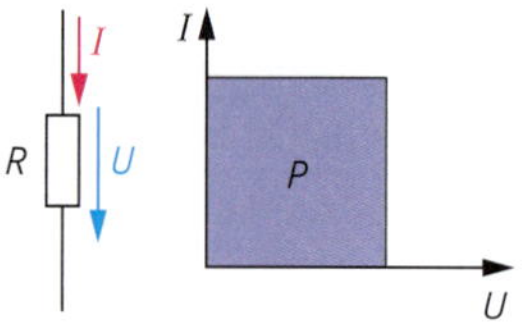 I, R, U, P	Elektrische Leistung P	Watt W, VA	$P = \frac{W}{t}$ $P = U \cdot I$ $P = I^2 \cdot R$ $P = \frac{U^2}{R}$

Sinusförmige Wechselspannung

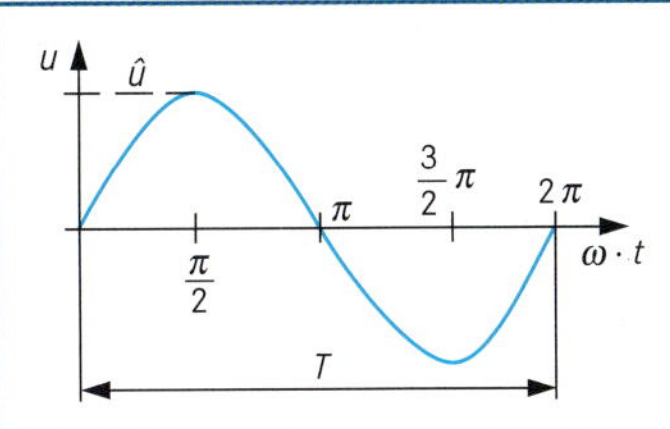

u, i: Momentanwerte (Augenblickswerte)	$u = \hat{u} \cdot \sin \omega \cdot t$	
$\hat{u}, \hat{\imath}$: Maximalwerte, Spitzenwerte		
f: Frequenz		
T: Periodendauer	$f = \frac{1}{T}$	$[f] = \text{Hz}$
ω: Kreisfrequenz	$\omega = 2\pi \cdot f$	$[\omega] = \frac{1}{\text{s}}$

Spitzen- und Effektivwerte

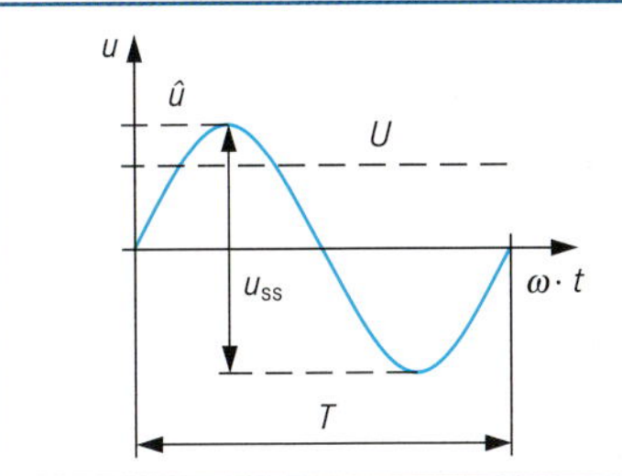

$\hat{u}, \hat{\imath}$: Maximalwerte, Spitzenwerte, Amplituden	$U = \frac{\hat{u}}{\sqrt{2}}$
U, I: Effektivwerte auch: U_{eff} und I_{eff}	$I = \frac{\hat{\imath}}{\sqrt{2}}$
u_{ss}, i_{ss}: Spitze-Spitze-Wert	$u_{ss} = 2 \cdot \hat{u}$
	$i_{ss} = 2 \cdot \hat{\imath}$

Symbole für Spannungen und Stromstärken

Grafisches Symbol	Kurzbezeichnung[3]	Benennung
——— [1] ═══ [2]	DC	Gleichspannung Gleichstrom
∼	AC	Wechselspannung Wechselstrom
═ ∼	UC	Gleich- und Wechselspannung oder Strom

Reihenfolge der Angaben
(nicht erforderliche Angaben können entfallen):

- Anzahl der Außenleiter
- übrige Leiter
- Spannungs- und Stromwert
- Frequenz (Zahlenwert und Einheit)
- Spannung oder Stromstärke (Zahlenwert und Einheit)

Beispiel: 1/N/PE ~ 230 V oder 1/N/PE AC 230 V

[1] Vorzugsweise in Schaltungen
[2] Vorzugsweise auf Betriebsmitteln und Einrichtungen
[3] Anwendung z. B. in Datenverarbeitung und Schrifttum

Wechselspannungen unter 120 V (für Betriebsmittel)

bevorzugt		6	12		24		42		60		110
ergänzend	5			15		36		48		100	

Gleichspannungen unter 750 V (für Betriebsmittel)

bevorzugt						6			12		24		36		48	60	72		96	110		220		440	
ergänzend	2,4	3	4	4,5	5		7,5	9		15		30		40				80			125		250		600

Drehstrom-Vierleiter- oder Dreileiternetz

230 V/400 V	277 V/480 V	400 V/690 V	1000 V

Einphasen-Dreileiternetz

120 V/240 V

Bemessungsstromstärken in A

1	1,25	1,6	2	2,5	3,15	4	5	6,3	8
10	12,5	16	20	25	31,5	40	50	63	80
100	125	160	200	250	315	400	500	630	800
1000	1250	1600	2000	2500	3150	4000	5000	6300	8000
10 000									

Es können, falls erforderlich, anstatt 1,6 A; 3,15 A; 6,3 A und 8 A auch die Werte 1,5 A; 3 A; 6 A und 7,5 A bzw. das 10-, 100- und 1000-fache dieser Werte vorgesehen werden.

Gleichspannung

Messschaltung

Oszilloskop

R U V

Form der Messspannung:

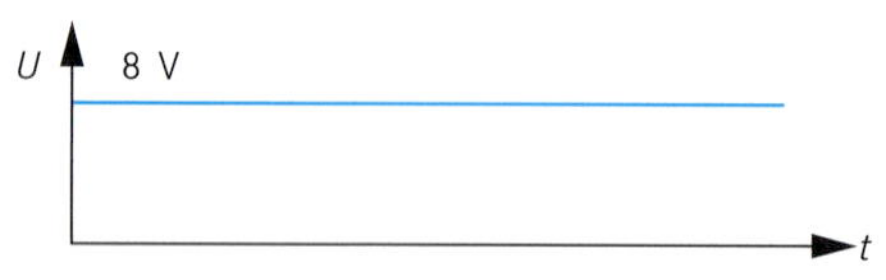

Messergebnisse:
Drehspulmessinstrument

Gleichspannungsbereich  $U = 8$ V

Oszilloskop:

Stellung DC
$A_Y = 2$ V/cm $U = 8$ V

Stellung AC
$A_Y = 2$ V/cm $U = 0$ V

Wechselspannung

Messschaltung

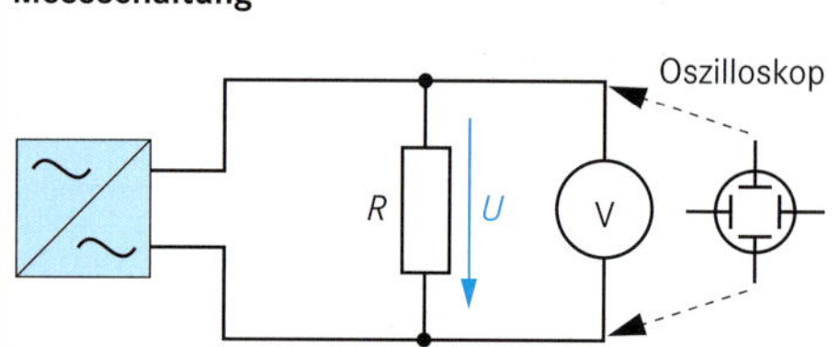

Form der Messspannung:

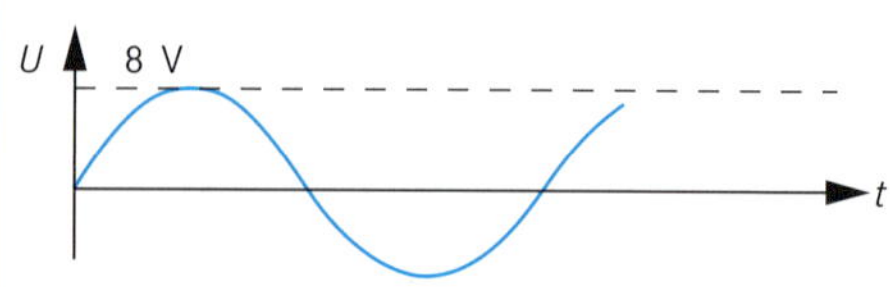

Messergebnisse:
Drehspulmessinstrument

Gleichspannungsbereich  $U = 0$ V

Wechselspannungsbereich  $U = 5{,}7$ V Effektivwert

Oszilloskop:

Stellung AC bzw. DC
$A_Y = 2$ V/cm $\hat{u} = 8$ V

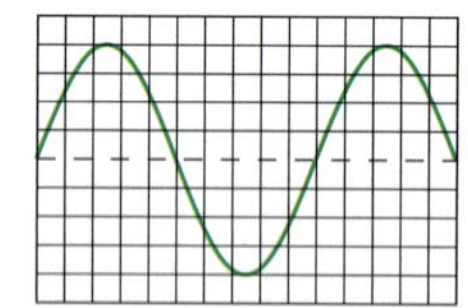

Stromstärke und Spannung

- Das Stromstärkemessgerät wird in Reihe direkt in den Stromkreis geschaltet.

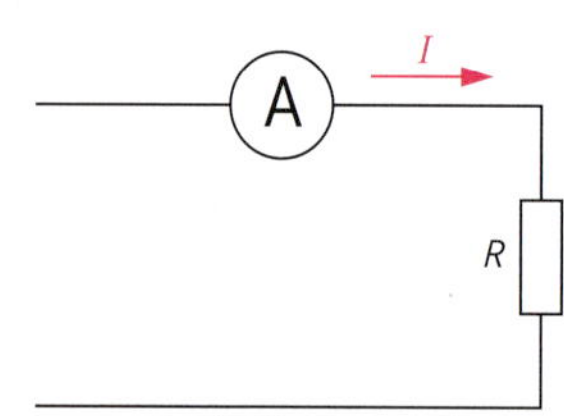

- Das Spannungsmessgerät wird parallel geschaltet.

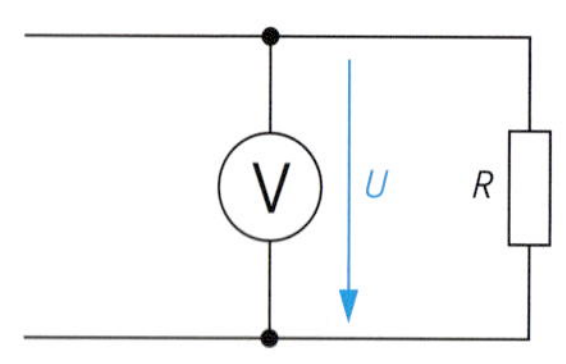

Leistung (Wirkleistung)

- Im Leistungsmessgerät werden Spannung und Stromstärke gleichzeitig gemessen, das Produkt gebildet und als Leistung angezeigt.
  Es sind drei bzw. vier Anschlüsse vorhanden.

Beispiel:
Messung einer Geräteleistung (z. B. Monitor) im Wechselstromkreis.

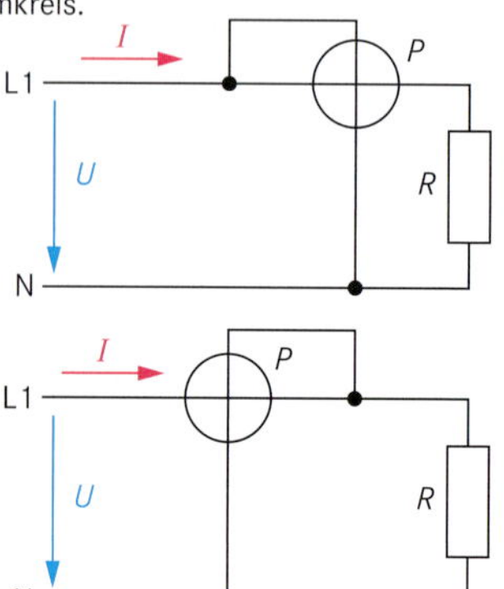

Oszilloskop

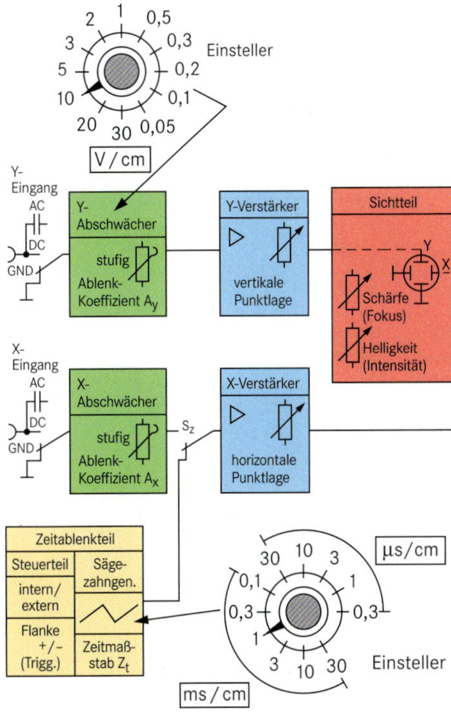

Widerstandsmessung

Widerstandsmessgerät nach dem **Strommessprinzip:**
Die Stromstärke durch einen Widerstand wird gemessen und als Widerstand angezeigt.

Widerstandsmessgerät

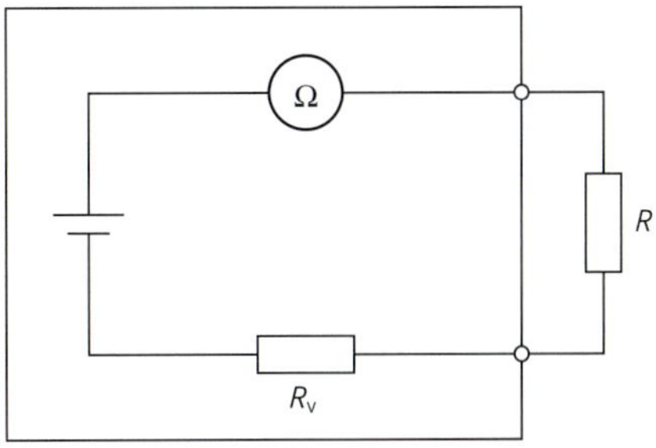

Skala eines Widerstandsmessgerätes:

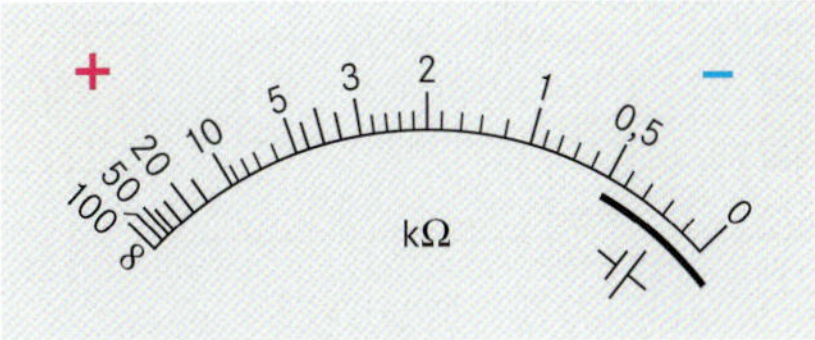

Messinstrumente und ihre Einsatzbereiche

Mess-instrument	Drehspulmessinstrument		Dreheisenmess-instrument	Elektro-dynamisches Messinstrument	Digital-Instrument mit/ohne Gleichrichter	Oszilloskop
	ohne Gleichrichter	mit Gleichrichter				
Sinnbilder	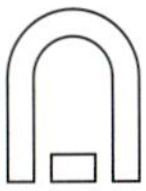	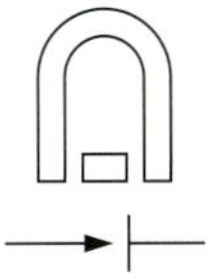	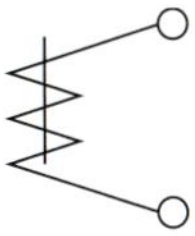	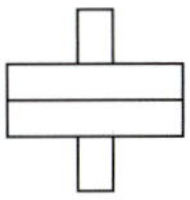		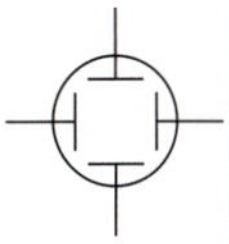
Art der Messgröße	Gleichstrom, Gleichspannung	sinusförmige Wechselspannung und Wechselstrom	Gleich-, Misch-, Wechselspannung und -ströme	Leistung	Gleichstrom und -spannung/ sinusförmiger Wechselstrom und -spannung	Gleich-, Misch- und Wechselspannung
Möglicher Einsatzbereich	1 µA bis 10 A 100 mV bis 1.000 V	0,1 mA bis 10 A 1 V bis 1.000 V	10 mA bis 100 A 1 V bis 1.000 V	250 mW bis 2,5 kW	100 mA bis 1 A 100 µV bis 1.000 V	2 mV bis 300 V
Frequenzbereich	0 Hz	25 Hz bis 20 kHz	10 Hz bis 100 Hz	10 Hz bis 1kHz	0 Hz bis 25 kHz	0 Hz bis 100 MHz
Anzeige	arithmetischer Mittelwert	Effektivwert bei Sinusform	Effektivwert	Wirkleistung	arithmetischer Mittelwert, Effektivwert (für Sinusform)	Zeitverlauf des Momentanwertes

Erstes Kirchhoffsches Gesetz

Knotenregel:
In jedem Knotenpunkt ist die Summe aller Ströme Null.

$$\Sigma I = 0$$

Beispiel:

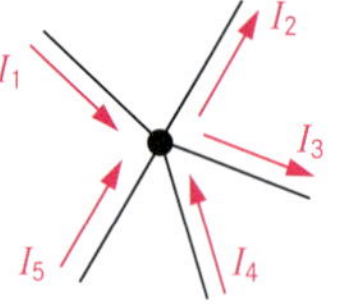

$$I_1 - I_2 - I_3 + I_4 + I_5 = 0$$

Zweites Kirchhoffsches Gesetz

Maschenregel:
Die Summe aller Teilspannungen entlang eines geschlossenen Weges (willkürlich gewählter Umlaufsinn) ist Null.

Beispiel: $\Sigma U = 0$

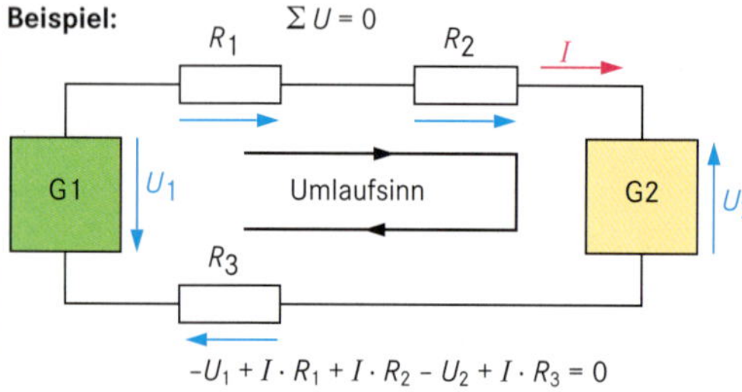

$$-U_1 + I \cdot R_1 + I \cdot R_2 - U_2 + I \cdot R_3 = 0$$

Spannungsteiler

unbelastet

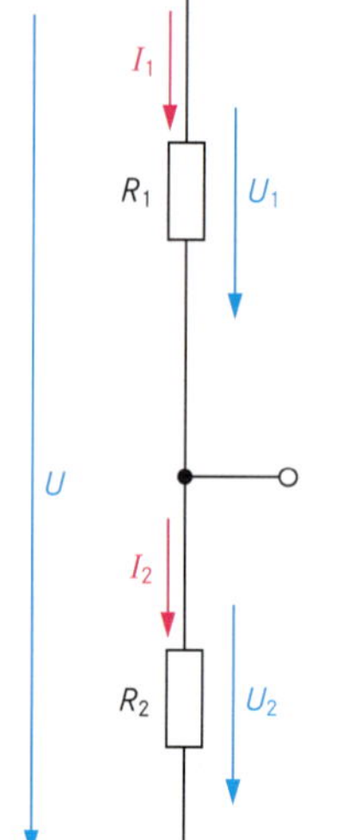

$$\frac{U_2}{U} = \frac{R_2}{R_1 + R_2}$$

belastet

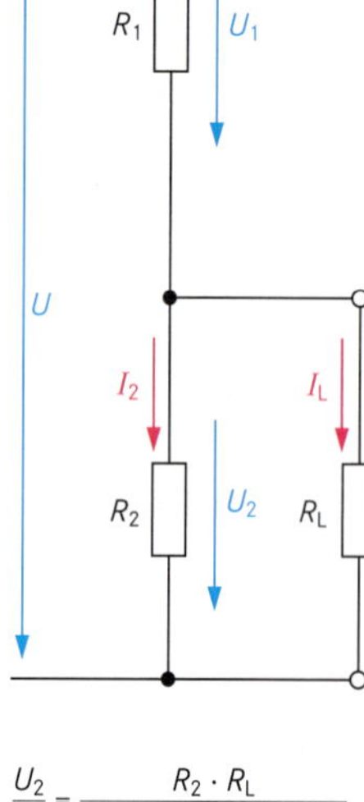

$$\frac{U_2}{U} = \frac{R_2 \cdot R_L}{R_1\,(R_2 + R_L) + R_2 \cdot R_L}$$

Reihenschaltung / Parallelschaltung

	Reihenschaltung	Parallelschaltung
Schaltung	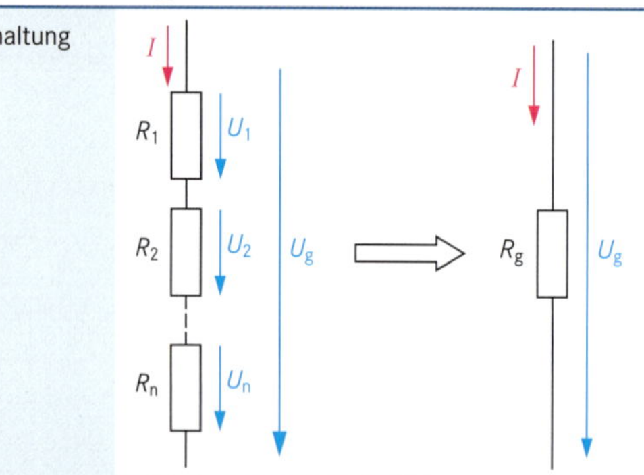 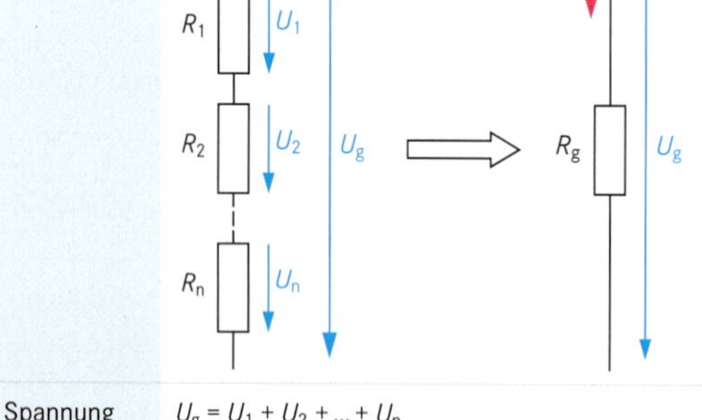 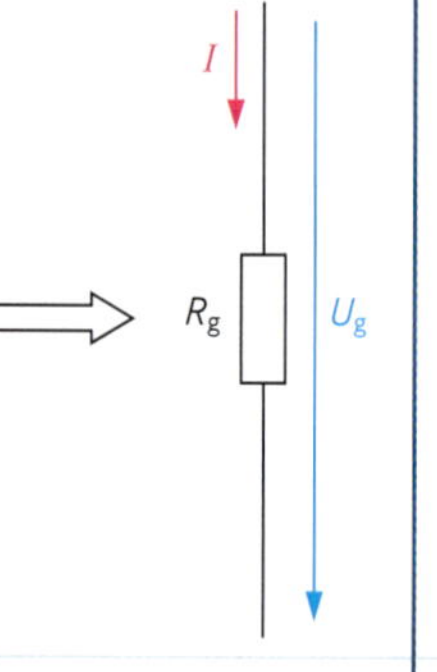	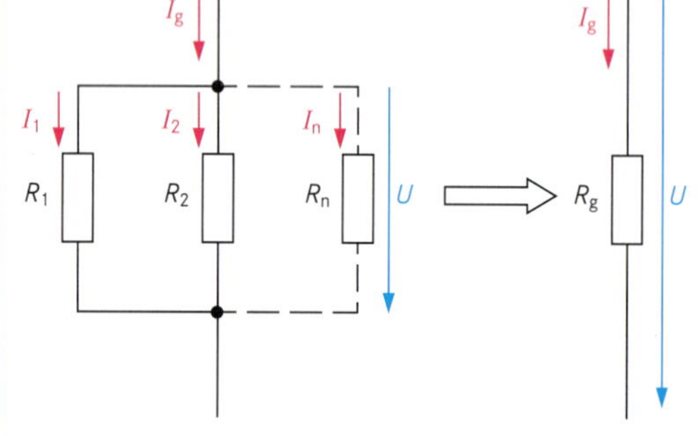
Spannung	$U_g = U_1 + U_2 + ... + U_n$	Alle Widerstände liegen an derselben Spannung U.
Stromstärke	Durch alle Widerstände fließt derselbe Strom I.	$I_g = I_1 + I_2 + ... + I_n$
Widerstände und Leitwerte	$R_g = R_1 + R_2 + ... + R_n$	$\frac{1}{R_g} = \frac{1}{R_1} + \frac{1}{R_2} + ... + \frac{1}{R_n}$ $G_g = G_1 + G_2 + ... + G_n$
Verhältnisse	$\frac{U_1}{U_2} = \frac{R_1}{R_2}$; $\frac{U_1}{U_n} = \frac{R_1}{R_n}$; $\frac{U_1}{U_g} = \frac{R_1}{R_g}$; ...	$\frac{I_1}{I_2} = \frac{R_2}{R_1}$; $\frac{I_1}{I_n} = \frac{R_n}{R_1}$; $\frac{I_1}{I_g} = \frac{R_g}{R_1}$; ...

Elektrisches Feld

- Ein elektrisches Feld ist ein Raum, in dem auf Ladungen Kräfte ausgeübt werden. Je nach Ladung kommt es zur Anziehung oder Abstoßung.
- Elektrische Felder sind immer dann vorhanden, wenn elektrische Spannungen herrschen.

Elektrische Feldstärke

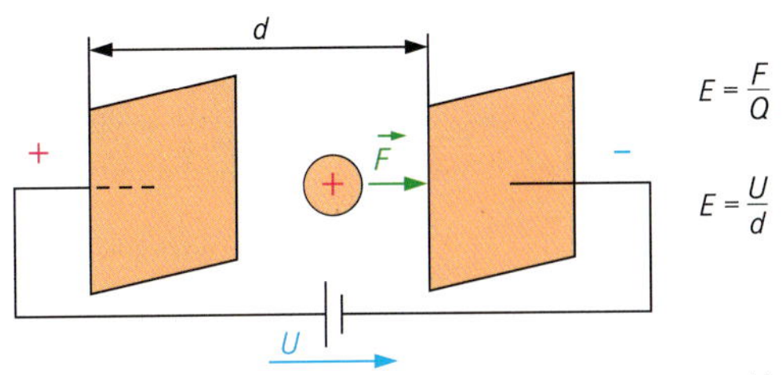

$$E = \frac{F}{Q}$$

$$E = \frac{U}{d}$$

E: Elektrische Feldstärke
F: Kraft auf die Ladung im Feld
Q: Ladung im Feld
U: Spannung zwischen den Platten
d: Abstand der Platten

$[E] = \frac{\text{N}}{\text{C}}$

1 C = 1 As

$[E] = \frac{\text{V}}{\text{m}}$

Formen elektrischer Felder

- Elektrische Felder lassen sich durch gedachte Linien (**Feldlinien**) darstellen.
- Feldlinien gehen definitionsmäßig von positiven zu negativen Ladungen.
- Wenn Feldlinien parallel verlaufen, nennt man das Feld **homogen** ①.
- Wenn Feldlinien nicht parallel verlaufen, nennt man das Feld **inhomogen**.

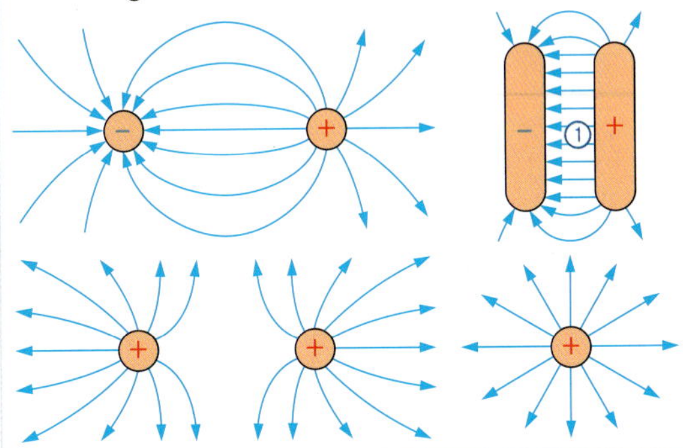

Abschirmung

- Elektrische Felder verursachen Ladungsverschiebungen (**Influenz**) in metallischen Leitern und damit für Störungen.
- Maßnahme: Abschirmung durch beliebige Metalle (Kupfer, Eisen, Aluminium ...). Der metallisch abgeschirmte bereich ist frei.
- Formen: Bleche, Gitter, Geflechte (z. B. Leitungen)

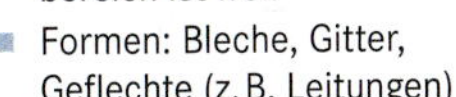

Magnetisches Feld

- Wenn ein elektrischer Leiter von Strom durchflossen wird, baut sich um den Leiter ein magnetisches Feld auf.
- Die Feldlinien sind geschlossen und verlaufen kreisförmig.
- Wenn sich das Magnetfeld ändert (Wechselstrom), werden in Leiter, die sich in diesem Magnetfeld befinden, Spannungen induziert.

Räumliches Magnetfeld einer Leiterschleife

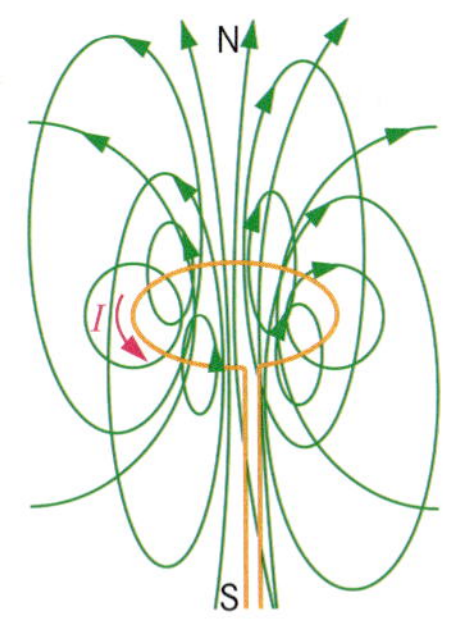

Feldlinienrichtung

Stromrichtung:
Technische Stromrichtung, vom Plus- zum Minuspol.

Leiter

Schraube mit Rechtsgewinde

entspricht Stromrichtung

entspricht Feldlinienrichtung

Magnetische Flussdichte (Induktion)

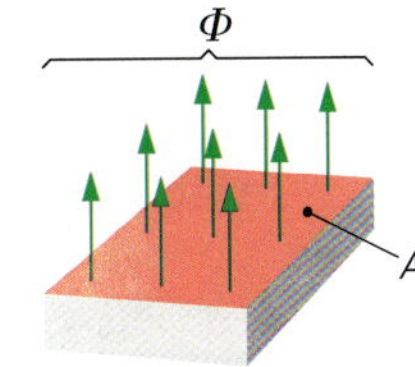

$$B = \frac{\Phi}{A}$$

$[\Phi]$ = Vs

1 Vs = 1 Wb (Weber)

$[B] = \frac{\text{Vs}}{\text{m}^2}$

$1\,\frac{\text{Vs}}{\text{m}^2}$ = 1 T (Tesla)

B: Magnetische Flussdichte
Φ: Magnetischer Fluss
A: Fläche

Induktionsspannung

In einem Leiter entsteht dann eine Spannung, wenn sich der Leiter in einem sich ändernden Magnetfeld befindet (der magnetische Fluss ändert sich in einer bestimmten Zeit).

Anwendung:
Spannungserzeugung bei Generatoren, Mikrofon, ...

Abschirmung

Magnetische Felder lassen sich durch Eisen abschirmen. In geschlossenen Eisenumhüllungen verlaufen die störenden magnetischen Feldlinien nur im Eisen. Eine Spannungsübertragung (Induktion) auf umgebende Leiter kann dann nicht mehr stattfinden.

Nachricht und Information

Unter einer Nachricht versteht man jede Art von Mitteilungen. Beispiele: Ampelsignal, gesprochener Text, Mitteilung auf einer Tonkassette, ...
In die Nachricht ist immer eine Information eingebettet. Es wird unterschieden:

Syntaktischer Aspekt[1] einer Nachricht:
Aufbau der Nachricht nach seinen formalen Regeln, Zeichen, Zeichenfolge usw.

Semantischer Aspekt[2] einer Nachricht:
Bedeutung der Nachricht für den Empfänger (z. B. das Rot der Ampel bedeutet: Stopp!)

[1] Syntax (gr., lat.): Lehre vom Satzbau, Satzlehre
[2] Semantik (gr.): Wortbedeutungslehre

Prinzip der Nachrichtenübertragung

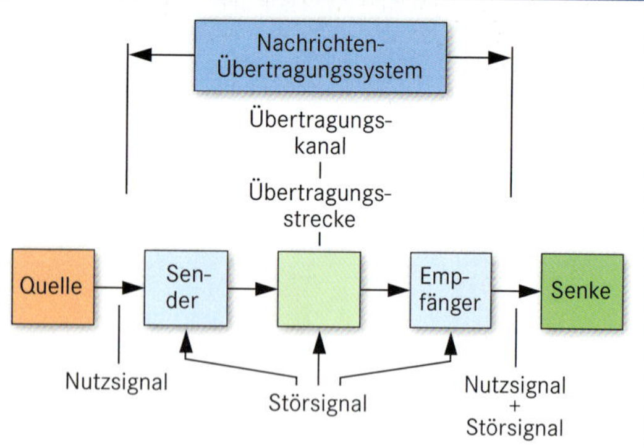

Informationsformen

Töne:
Sprache, Musik, Geräusche

Bilder:
Feste Bilder, bewegte Bilder (farbig, monochrom)

Text:
Alphanumerische Zeichen

Daten:
Elektrische oder optische Signale, die nicht direkt vom Menschen wahrgenommen werden können

Kommunikation

Einseitiger oder wechselseitiger Austausch zwischen Menschen, technischen Einrichtungen (Endeinrichtungen) oder zwischen Menschen und technischen Einrichtungen.

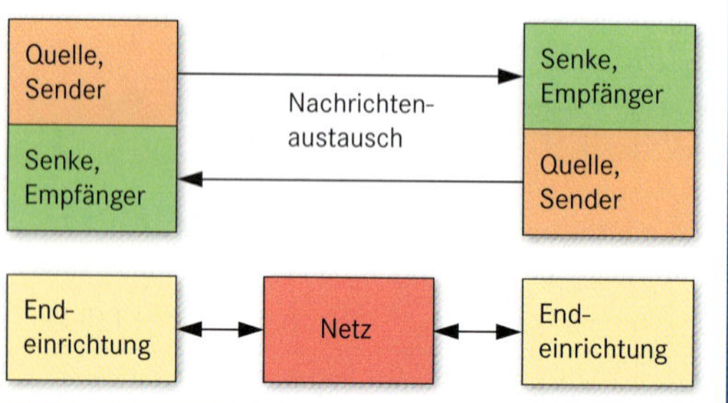

Informationsübertragung

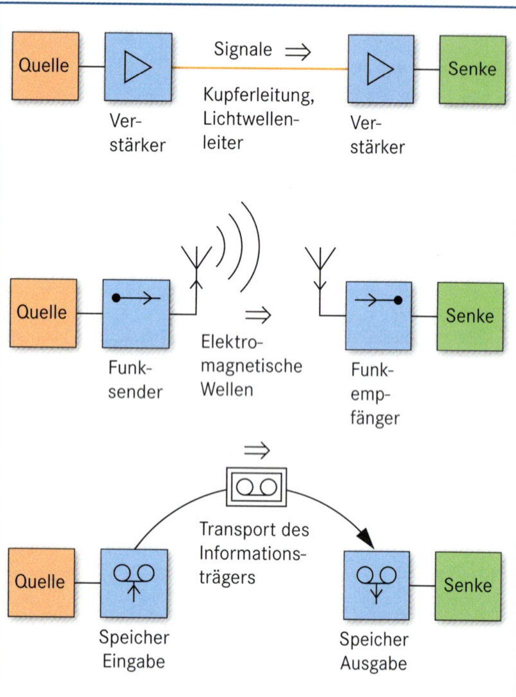

Betriebsarten der technischen Kommunikation

Duplex-Betrieb (Gegenbetrieb)
Beide Partner sind gleichberechtigt. Sie können gleichzeitig senden und empfangen (z. B. Telefon).

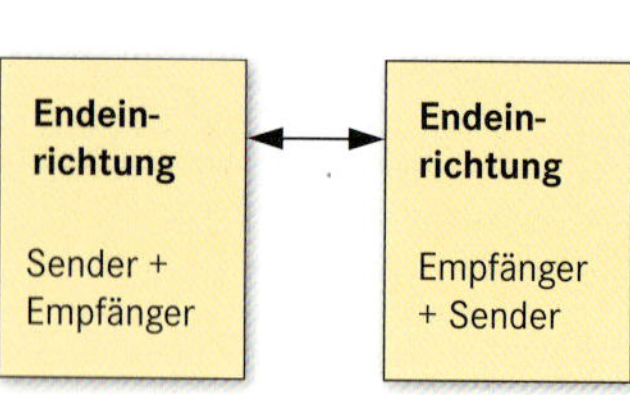

Halbduplex-Betrieb (Wechselbetrieb)
Die Kommunikationspartner können abwechselnd (alternierend) senden und empfangen.

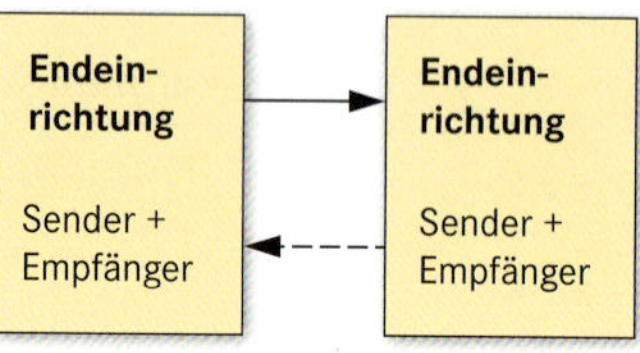

Simplex-Betrieb (Richtungsbetrieb)
Der Empfänger kann keine Signale zum Sender schicken (z. B. Verteilkommunikation bei Rundfunk-Sendungen).

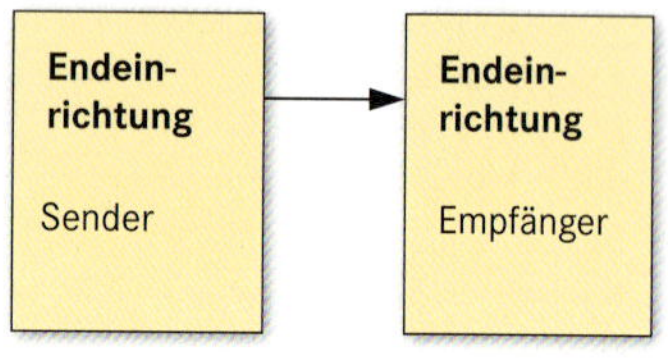

Analoges Signal

Das Signal kann jeden Wert zwischen dem negativen und positiven Maximalwert einnehmen (kontinuierlicher Werte- und Zeitbereich).

Beispiele: Sprache, Musik

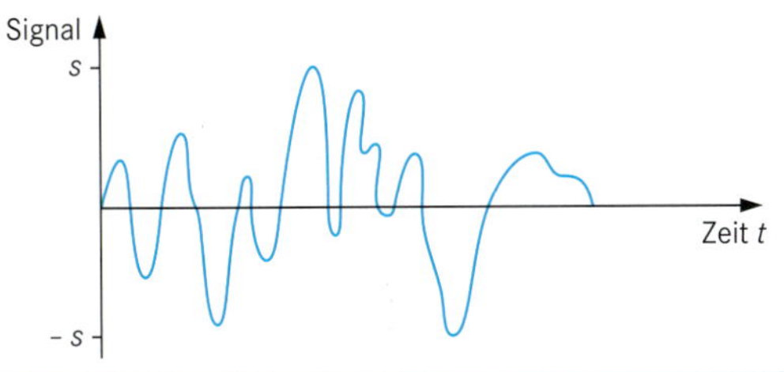

Digitales Signal

Das Signal kann nur bestimmte (diskrete) Werte annehmen (z. B. 0 und 1, binäres Signal). Die Werte sind nur in bestimmten Zeitabschnitten vorhanden.

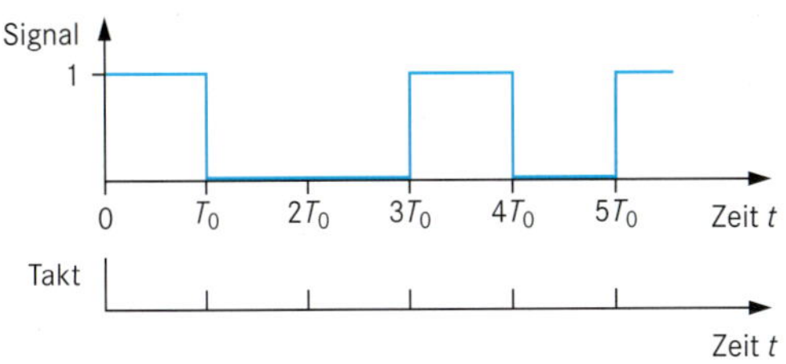

Rechtecksignale (Spannungen)

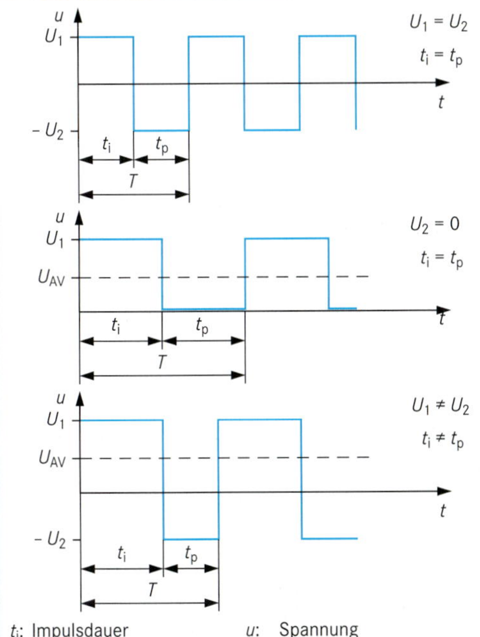

t_i: Impulsdauer
t_p: Pausendauer
T: Periodendauer
$T = t_i + t_p$
f: Frequenz

u: Spannung
U_{AV}: Mittelwert
$\hat{u}$: Maximalwert

Signaleinteilung

Wert \ Zeit	kontinuierlich	diskret
kontinuierlich	s und t sind kontinuierlich (Sprache, Musik)	s kontinuierlich t diskret (Takt T, Pulsamplitudenmodulation)
diskret	s diskret (binär dargestellt), t kontinuierlich (Pulsbreitenmodulation)	s diskret (binär dargestellt), t diskret (Pulscodemodulation)

Fourier-Analyse

Jede periodische Schwingung kann als Summe von Sinusschwingungen dargestellt werden.

Linienspektrum

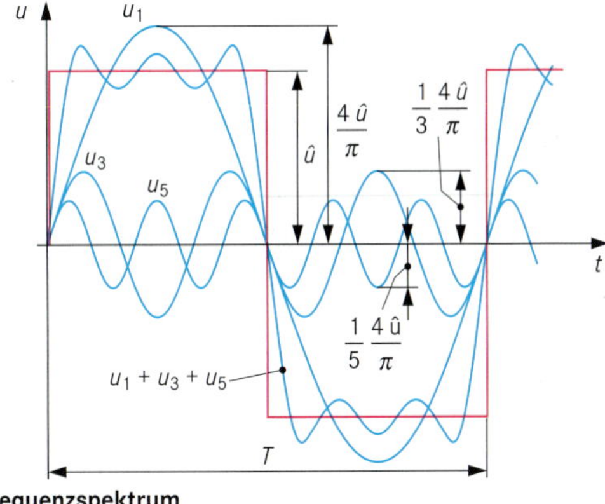

Frequenzspektrum

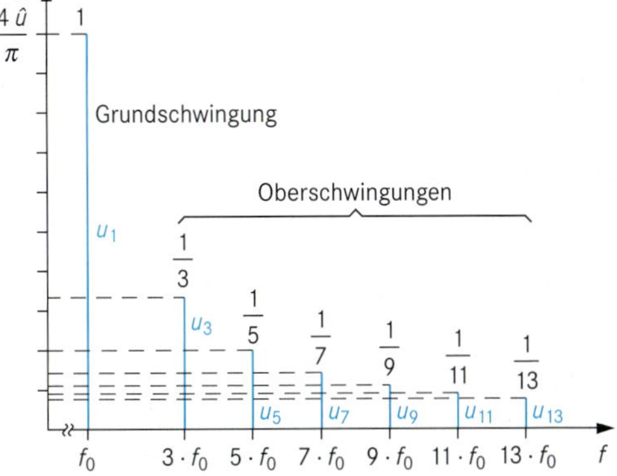

Digitalisierung

1. Die Quelle liefert ein analoges Signal ①.
2. Durch **Abtastung** werden in bestimmten Zeitabschnitten Spannungswerte entnommen ②.
3. Jeder Pulsamplitude wird in der **Quantisierungstufe** ③ ein bestimmter Wert zugeordnet. Wenn der Abtastwert zwischen den Stufen liegt, ergeben sich Fehler. Sie sind um so kleiner, je größer die Zahl der Quantisierungsstufen ist.
4. Jeder Stufe wird danach eine bestimmte Bitfolge zugeordnet (Codierung ④ durch ein Codewort). In diesem Fall sind es 3 Bit.

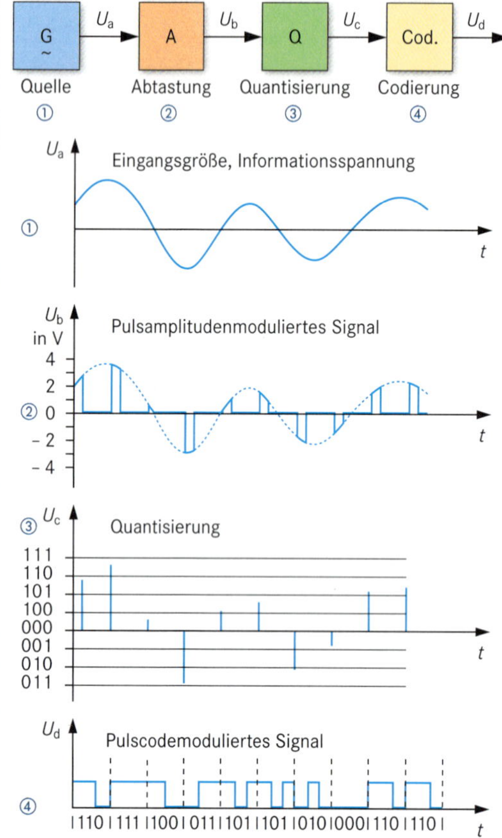

Umsetzer

Analog-Digital-Umsetzer

Beispiel:
Ein rampenförmiges Signal (analog) wird mit binären Signalen (0 und 1) in einen Signalfluss von 4 Bit (Dual-Code) umgesetzt.

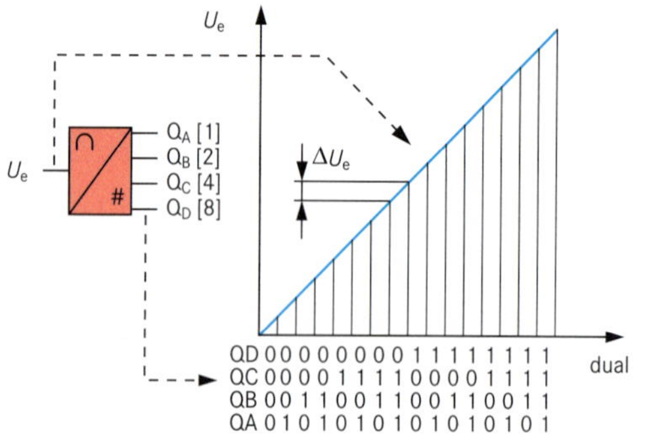

Digital-Analog-Umsetzer

Beispiel:
Eine 4 Bit Signalfolge (Dual-Code) wird in ein treppenförmiges Signal umgesetzt. Nach anschließender Glättung ist wieder ein analoges Signal vorhanden.

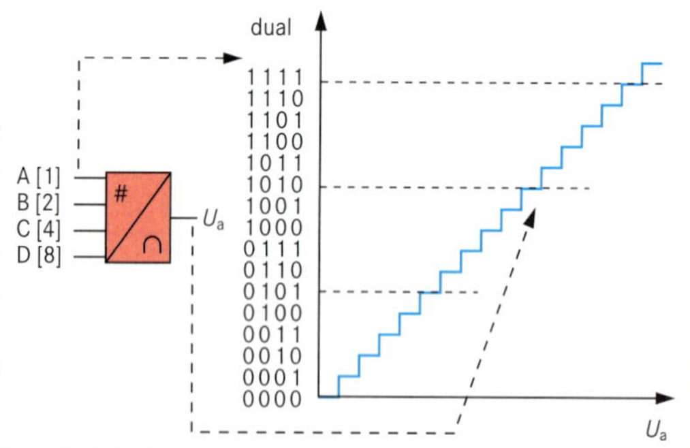

Bit und Byte

Bit: Binary Digi**t**, Binärziffer
Kleinste Informationeinheit der Computertechnik und anderer digital arbeitender Systeme.

Byte: Einheit von 8 Bit
z.B.: 01101011

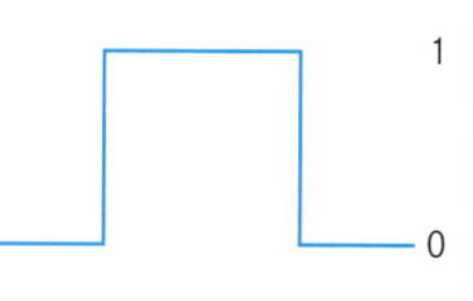

Kapazitätsangaben

- Das Byte (B) ist die Standardeinheit für die Angaben der Kapazitäten von
  - permanenten Speichermedien (z. B. Festplatte, CD, DVD, USB-Stick, Speicherkarten) und
  - flüchtigen Speichern (z. B. Arbeitsspeicher).
- Verwendet werden **Präfixe** (Vorsilben) zur Basis 10 und 2.
- Hersteller von permanenten Speichermedien verwenden zur Kapazitätskennzeichnung Dezimalpräfixe. Unterschiede entstehen, wenn z. B. im PC die Anzeige durch Binärpräfixe erfolgt.

Präfixe zur Basis 10 (Dezimalpräfixe)	
Symbol	Bedeutung
kB, Kilobyte	10^3 B = 1.000 B
MB, Megabyte	10^6 B = 1.000.000 B
GB, Gigabyte	10^9 B = 1.000.000.000 B
TB, Terabyte	10^{12} B = 1.000.000.000.000 B

Präfixe zur Basis 2 (Binärpräfixe)	
Symbol, Name	Bedeutung
KiB, Kibibyte	2^{10} B = 1.024 B
MiB, Mebibyte	2^{20} B = 1.048.576 B
GiB, Gibibyte	2^{30} B = 1.073.741.824 B
TiB, Tebibyte	2^{40} B = 1.099.511.627.776 B

Farbkennzeichnung von Widerständen

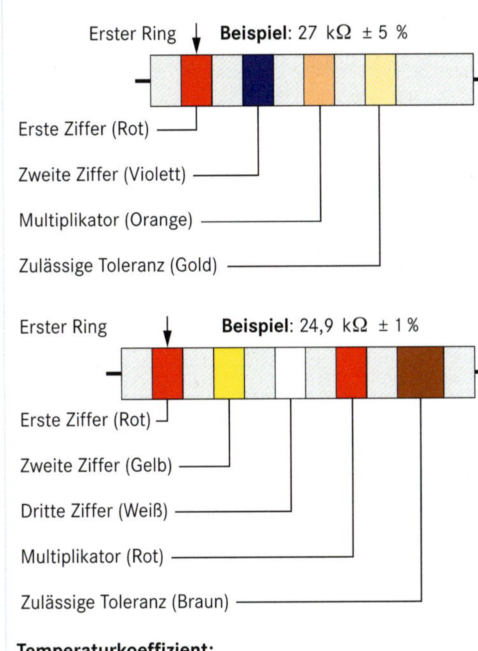

Temperaturkoeffizient:

- sechster und breiter Farbring, evtl. unterbrochen
- Schraubenlinie

Vorzugsreihen für Bemessungswerte bis ±5 % zulässige Abweichung DIN IEC 63: 1985-12

E3 (> ±20 %)	E6 (±20 %)	E12 (±10 %)	E24 (±5 %)
1,0	1,0	1,0	1,0
			1,1
		1,2	1,2
			1,3
2,2	1,5	1,5	1,5
			1,6
		1,8	1,8
			2,0
	2,2	2,2	2,2
			2,4
		2,7	2,7
			3,0
4,7	3,3	3,3	3,3
			3,6
		3,9	3,9
			4,3
	4,7	4,7	4,7
			5,1
		5,6	5,6
			6,2
	6,8	6,8	6,8
			7,5
		8,2	8,2
			9,1

Farbschlüssel

Kennfarbe	Widerstandswert in Ω: zählende Ziffern	Widerstandswert in Ω: Multiplikator	Zulässige relative Abweichung des Widerstandswertes	Temperatur-Koeffizient (10^{-6}/K)
silber	–	10^{-2}	±10 %	–
gold	–	10^{-1}	± 5 %	–
schwarz	0	10^{0}	–	±250
braun	1	10^{1}	± 1 %	±100
rot	2	10^{2}	± 2 %	± 50
orange	3	10^{3}	–	± 15
gelb	4	10^{4}	–	± 25
grün	5	10^{5}	± 0,5 %	± 20
blau	6	10^{6}	± 0,25 %	± 10
violett	7	10^{7}	± 0,1 %	± 5
grau	8	10^{8}	–	± 1
weiß	9	10^{9}	–	–
keine	–	–	± 20 %	–

Wertkennzeichnung durch Buchstaben DIN EN 60 062: 1994-10

Kennbuchstabe	Multiplikator		Beispiele
p	Pico	10^{-12}	3μ3 = 3,3 μF
n	Nano	10^{-9}	m33 = 330 μF
μ	Mikro	10^{-6}	33m = 33 000 μF
m	Milli	10^{-3}	R33 = 0,33 Ω
R, F		10^{0}	3R3 = 3,3 Ω
K	Kilo	10^{3}	33K = 33 kΩ
M	Mega	10^{6}	330K = 330 kΩ
G	Giga	10^{9}	M33 = 0,33 MΩ
T	Tera	10^{12}	3M3 = 3,3 MΩ

Buchstabenkennzeichnung der zulässigen Abweichungen

Symmetrische Abweichung in %	
zulässige Abweichung	Kennzeichen
± 0,1	B
± 0,25	C
± 0,5	D
± 1	F
± 2	G
± 5	J
±10	K
±20	M
±30	N
Unsymmetrische Abweichung in %	
+30 ... –10	Q
+50 ... –10	T
+50 ... –20	S
+80 ... –20	Z
Symmetrische Abweichung in absoluten Werten (Kapazitätswerte unter 10 pF)	
± 0,1	B
± 0,25	C
± 0,5	D
± 1	F

Kapazität des Kondensators

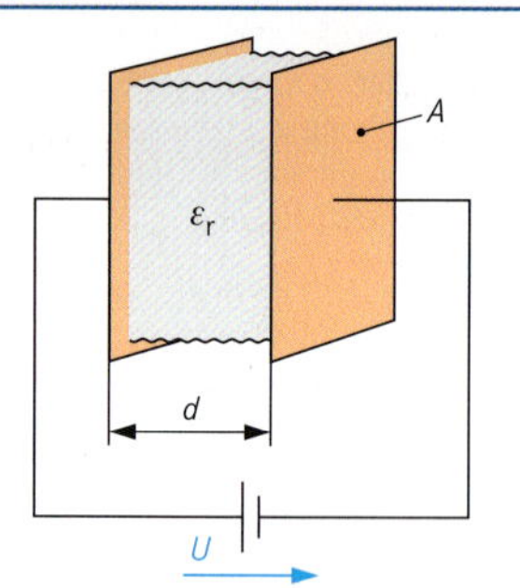

$$C = \frac{\varepsilon \cdot A}{d} \text{ (Farad)}$$

$$\varepsilon = \varepsilon_o \cdot \varepsilon_r \quad [\varepsilon_r] = 1$$

$$\varepsilon_o = 8{,}86 \cdot 10^{-12}\,\frac{\text{As}}{\text{Vm}}$$

$$[C] = \frac{\text{As}}{\text{V}}$$

$$1\,\frac{\text{As}}{\text{V}} = 1 \text{ F (Farad)}$$

C: Kapazität des Kondensators
Q: Ladung des Kondensators
U: Spannung zwischen den Kondensatorplatten
ε: Permittivität
ε_o: Elektrische Feldkonstante
ε_r: Permittivitätszahl
A: Plattenfläche
d: Plattenabstand

Induktivität der Spule

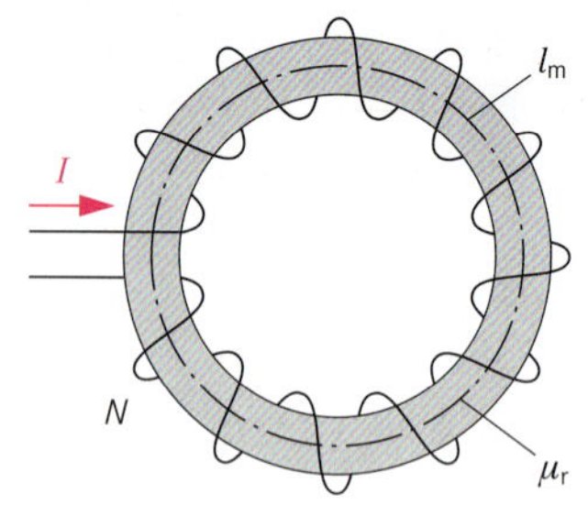

$$L = \frac{\mu \cdot N^2 \cdot A}{l_m}$$

$$[L] = \frac{\text{Vs}}{\text{A}}$$

$$1\,\frac{\text{Vs}}{\text{A}} = 1 \text{ H (Henry)}$$

$$\mu = \mu_o \cdot \mu_r$$

$$[\mu_1] = 1$$

L: Induktivität
N: Windungszahl
A: Fläche (Querschnitt) der Spule
μ_o: Magnetische Feldkonstante
μ_r: Permeabilitätszahl
μ: Permeabilität
l_m: Feldlinienlänge (mittlere)

Blindwiderstand X_C

Im Wechselstromkreis verhält sich der Kondensator wie ein Widerstand (Blindwiderstand). Zwischen Spannung und Stromstärke besteht eine Phasenverschiebung von 90°. Die Stromstärke eilt voraus.

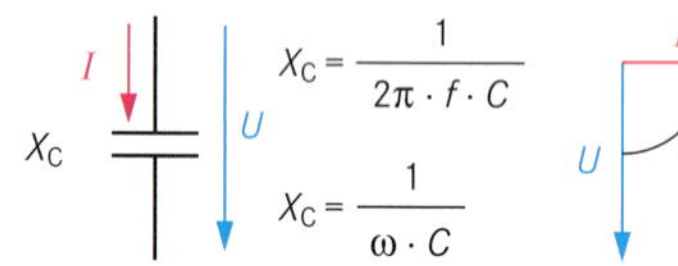

$$X_C = \frac{1}{2\pi \cdot f \cdot C}$$

$$X_C = \frac{1}{\omega \cdot C}$$

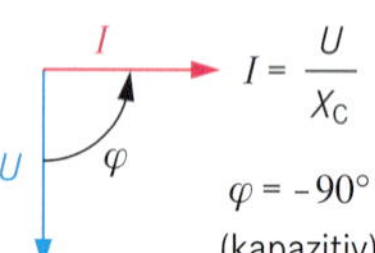

$$I = \frac{U}{X_C}$$

$$\varphi = -90°$$

(kapazitiv)

Blindwiderstand X_L

Im Wechselstromkreis verhält sich die ideale Spule wie ein Widerstand (Blindwiderstand). Zwischen Spannung und Stromstärke besteht eine Phasenverschiebung von 90°. Die Spannung eilt voraus.

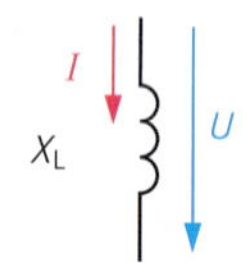

$$X_L = 2\pi \cdot f \cdot L$$

$$X_L = \omega \cdot L$$

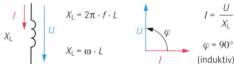

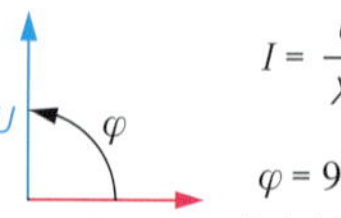

$$I = \frac{U}{X_L}$$

$$\varphi = 90°$$

(induktiv)

Bauformen von Kondensatoren

- **Papierkondensatoren**
  Elektroden aus Aluminiumfolie, Dielektrikum aus imprägniertem Papier
- **Kunststofffolien-Kondensatoren** ①
  Aufgedampftes Aluminium auf Kunststofffolien
- **Keramik-Kondensatoren** ②
  Metallplatte oder Metallschichten durch ein keramisches Dielektrikum getrennt
- **Aluminium-Elektrolyt-Kondensatoren**
  Elektroden aus Aluminiumfolie, Dielektrikum ist elektrolytisch erzeugtes Aluminiumoxid
- **Tantal-Elektrolyt-Kondensatoren** ③
  Elektroden aus Tantal, Oxidschichten als Dielektrikum

Beispiele:

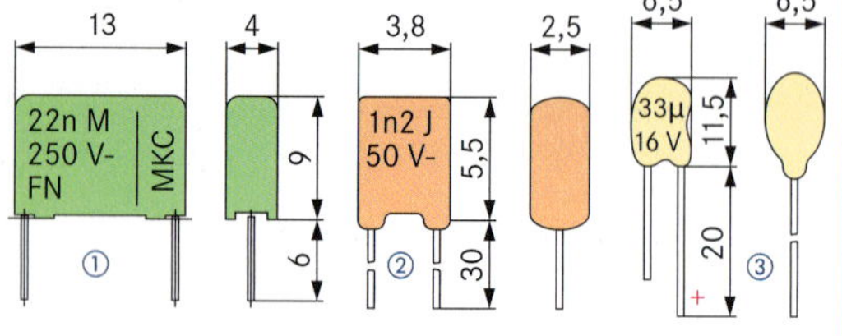

Bauformen von Spulen

Kerne aus
- Ferromagnetischen Kernmaterialien
- Oxidkeramischen Ferriten

Spulen mit
- Schalenkernen und Luftspalt
- Zylinderkernen, Rohrkernen, Gewindekernen
- E-, U-, EC-, CC-Kernen

Beispiel: Schalenkern Ø 18 x 11

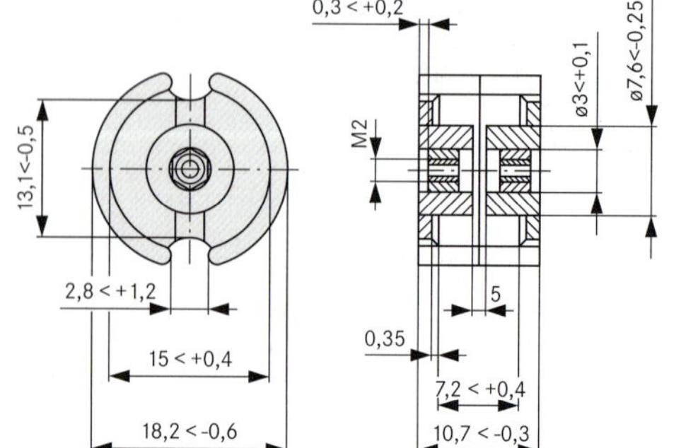

Kennzeichnungen

Beispiel: B C X 70

- Ausgangsmaterial — B
- Hauptfunktion — C
- X — Hinweis auf kommerziellen Einsatz (X, Y, Z)
- 70 — Registriernummer (2 oder 3 Ziffern)

1. Kennbuchstabe	Ausgangsmaterial	2. Kennbuchstabe	Bedeutung	2. Kennbuchstabe	Bedeutung
A	Germanium	A	Diode, allgemein	N	Optokoppler
B	Silizium	B	Kapazitätsdiode	P	z. B. Fotodiode, Fotoelement
C	z. B. Gallium-Arsenid (Energieabstand ≥ 1,3 eV)	C	NF-Transistor	Q	z. B. Leuchtdiode
		D	NF-Leistungstransistor	R	Thyristor
D	z. B. Indium-Antimonid (Energieabstand ≥ 0,6 eV)	E	Tunneldiode	S	Schalttransistor
		F	HF-Transistor	T	z. B. steuerbare Gleichrichter
		G	z. B. Oszillatordiode	U	Leistungsschalttransistor
R	Fotohalbleiter- und Hallgeneratoren-Ausgangsmaterial	H	Hall-Feldsonde	X	Vervielfacher-Diode
		K (M)	Hallgenerator	Y	Leistungsdiode
		L	HF-Leistungstransistor	Z	Z-Diode

Dioden

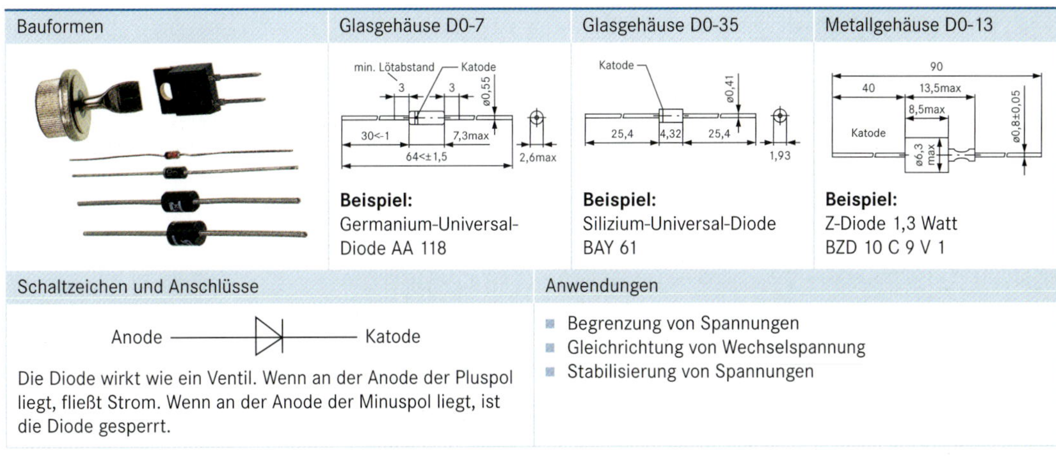

Bauformen	Glasgehäuse D0-7	Glasgehäuse D0-35	Metallgehäuse D0-13
	Beispiel: Germanium-Universal-Diode AA 118	**Beispiel:** Silizium-Universal-Diode BAY 61	**Beispiel:** Z-Diode 1,3 Watt BZD 10 C 9 V 1

Schaltzeichen und Anschlüsse	Anwendungen
Anode —▷|— Katode Die Diode wirkt wie ein Ventil. Wenn an der Anode der Pluspol liegt, fließt Strom. Wenn an der Anode der Minuspol liegt, ist die Diode gesperrt.	▪ Begrenzung von Spannungen ▪ Gleichrichtung von Wechselspannung ▪ Stabilisierung von Spannungen

Transistoren

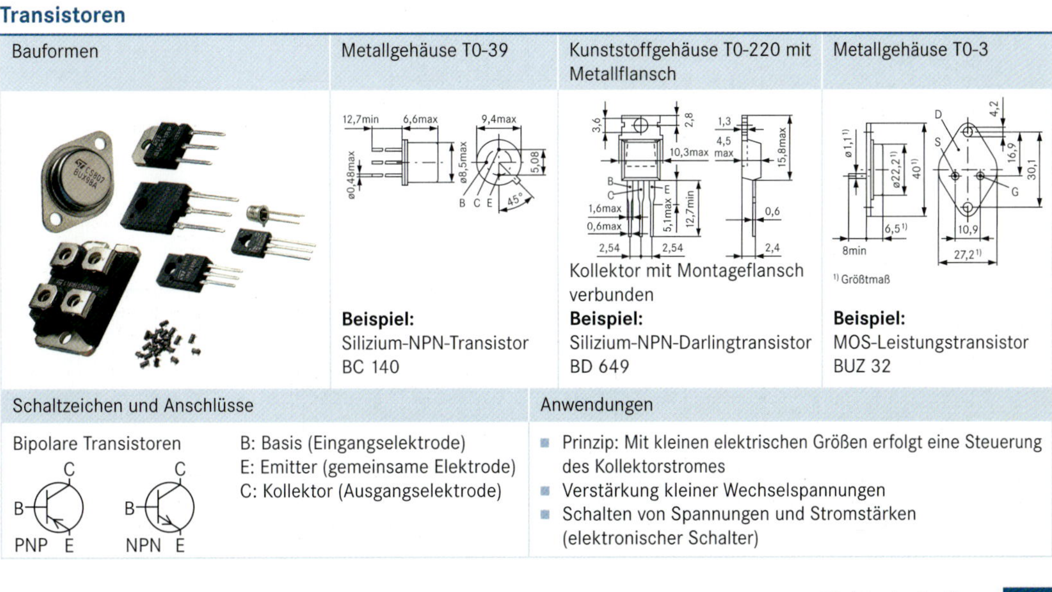

Bauformen	Metallgehäuse T0-39	Kunststoffgehäuse T0-220 mit Metallflansch	Metallgehäuse T0-3
	Beispiel: Silizium-NPN-Transistor BC 140	Kollektor mit Montageflansch verbunden **Beispiel:** Silizium-NPN-Darlingtransistor BD 649	[1] Größtmaß **Beispiel:** MOS-Leistungstransistor BUZ 32

Schaltzeichen und Anschlüsse	Anwendungen
Bipolare Transistoren (PNP, NPN) B: Basis (Eingangselektrode) E: Emitter (gemeinsame Elektrode) C: Kollektor (Ausgangselektrode)	▪ Prinzip: Mit kleinen elektrischen Größen erfolgt eine Steuerung des Kollektorstromes ▪ Verstärkung kleiner Wechselspannungen ▪ Schalten von Spannungen und Stromstärken (elektronischer Schalter)

Operationsverstärker
Operational Amplifier

Grundschaltung

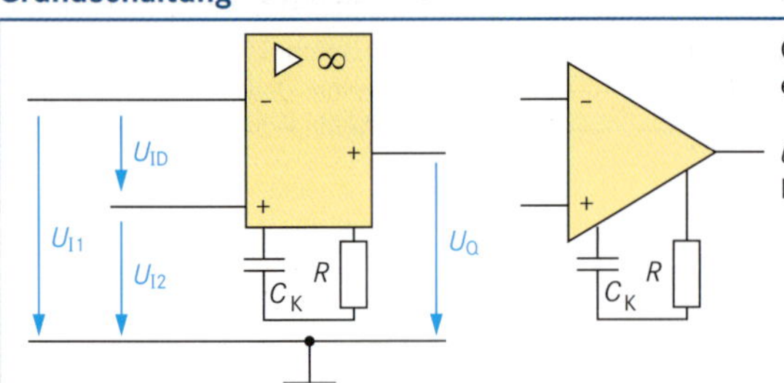

Operationsverstärker enthalten einen Differenzverstärker und einen nachgeschalteten, meist mehrstufigen Verstärker.

$U_{ID} = U_{I1} - U_{I2}$

Darstellung: einpolig, ohne Speisespannungsanschlüsse

−: Invertierender Eingang

+: Nichtinvertierender Eingang

C_K, R: Frequenzkompensation

U_{ID}: Differenz-Eingangsspannung

∞: Ideale Verstärkung

Übertragungskennlinie

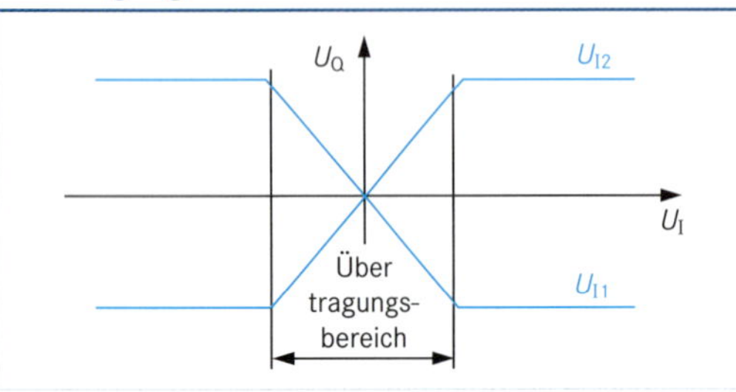

Frequenzverhalten

Infolge interner Phasendrehung bei hohen Frequenzen besteht Schwingneigung. Daher ist eine Reduzierung der Verstärkung um 20 dB/Dekade mit C_K und R notwendig (häufig bereits intern vorhanden).

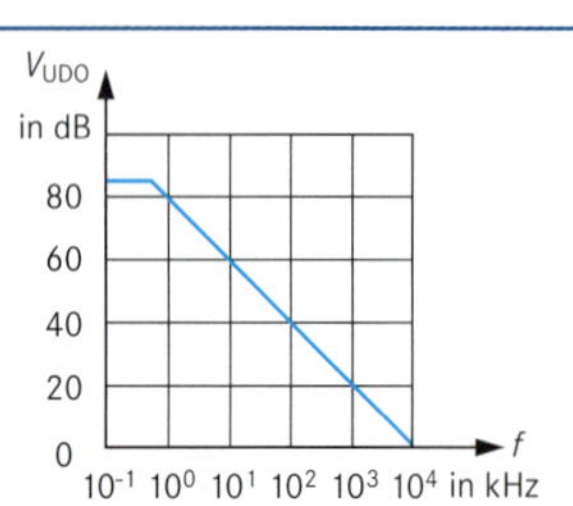

Invertierer

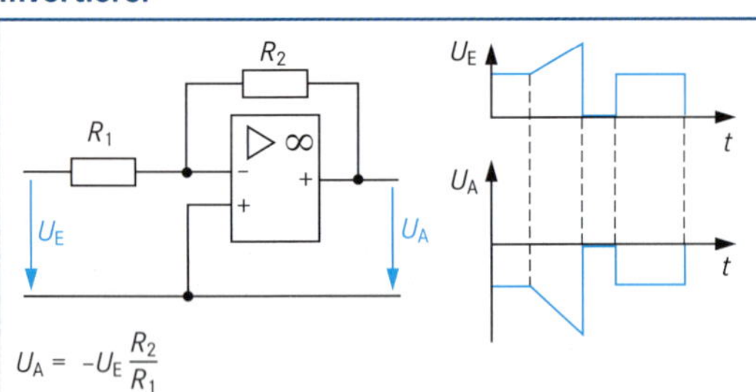

$$U_A = -U_E \frac{R_2}{R_1}$$

Nichtinvertierer

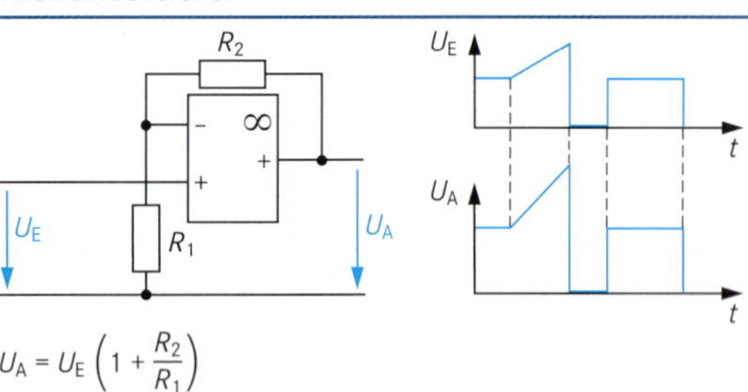

$$U_A = U_E \left(1 + \frac{R_2}{R_1}\right)$$

Differenzierer

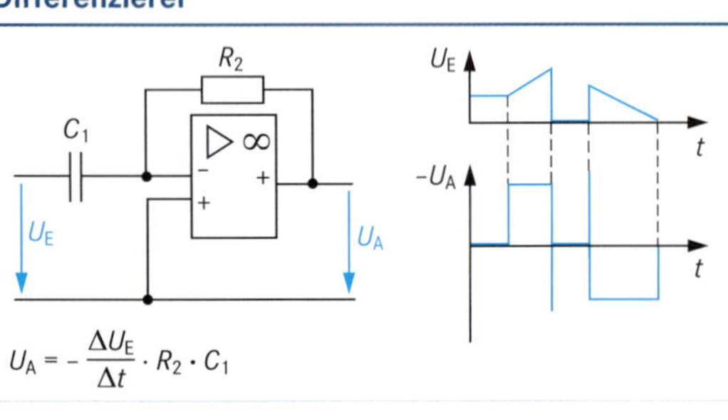

$$U_A = -\frac{\Delta U_E}{\Delta t} \cdot R_2 \cdot C_1$$

Integrierer

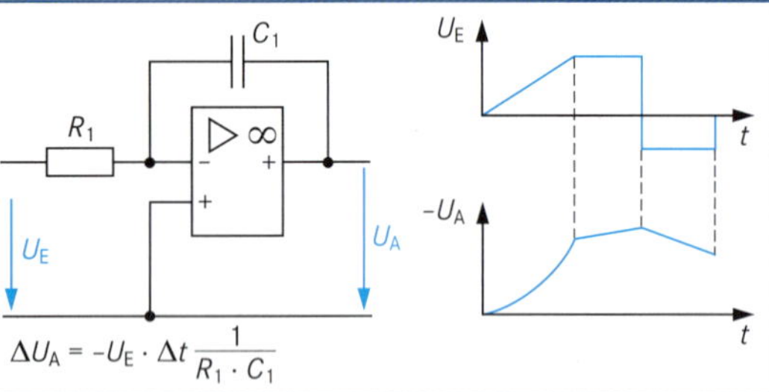

$$\Delta U_A = -U_E \cdot \Delta t \frac{1}{R_1 \cdot C_1}$$

Differenzverstärker

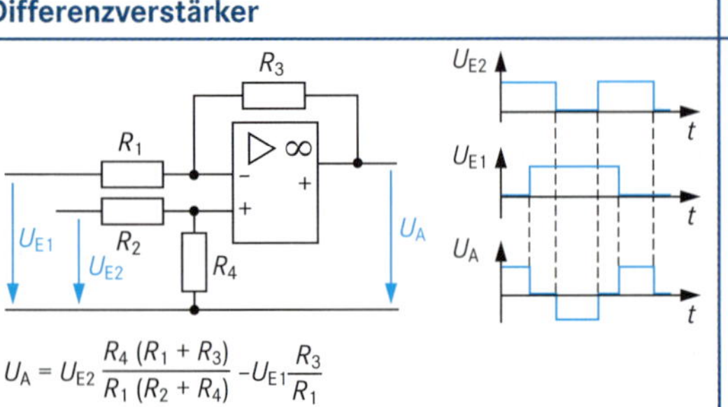

$$U_A = U_{E2} \frac{R_4 (R_1 + R_3)}{R_1 (R_2 + R_4)} - U_{E1} \frac{R_3}{R_1}$$

Summierer

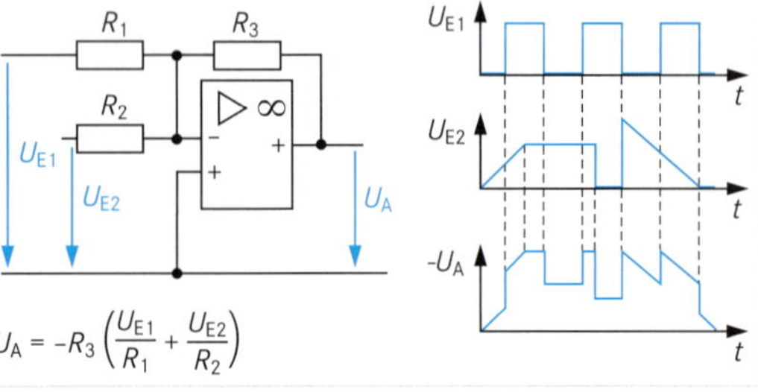

$$U_A = -R_3 \left(\frac{U_{E1}}{R_1} + \frac{U_{E2}}{R_2}\right)$$

Halbleiterdioden
Semiconductor Diodes

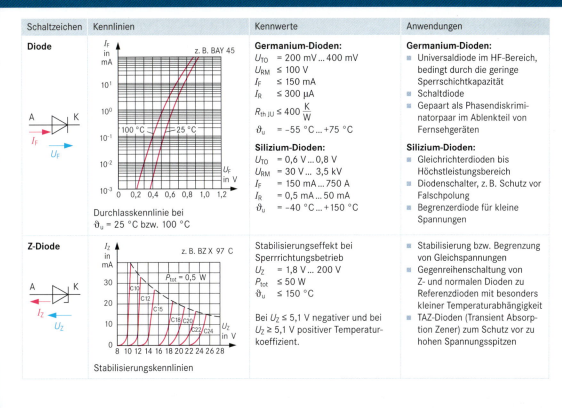

Schaltzeichen	Kennlinien	Kennwerte	Anwendungen
Diode	z. B. BAY 45 Durchlasskennlinie bei ϑ_u = 25 °C bzw. 100 °C	**Germanium-Dioden:** U_{TO} = 200 mV … 400 mV U_{RM} ≤ 100 V I_F ≤ 150 mA I_R ≤ 300 µA $R_{th\,JU} \leq 400\,\frac{K}{W}$ ϑ_u = –55 °C … +75 °C **Silizium-Dioden:** U_{TO} = 0,6 V … 0,8 V U_{RM} = 30 V … 3,5 kV I_F = 150 mA … 750 A I_R = 0,5 mA … 50 mA ϑ_u = –40 °C … +150 °C	**Germanium-Dioden:** ■ Universaldiode im HF-Bereich, bedingt durch die geringe Sperrschichtkapazität ■ Schaltdiode ■ Gepaart als Phasendiskriminatorpaar im Ablenkteil von Fernsehgeräten **Silizium-Dioden:** ■ Gleichrichterdioden bis Höchstleistungsbereich ■ Diodenschalter, z. B. Schutz vor Falschpolung ■ Begrenzerdiode für kleine Spannungen
Z-Diode	z. B. BZ X 97 C Stabilisierungskennlinien	Stabilisierungseffekt bei Sperrrichtungsbetrieb U_Z = 1,8 V … 200 V P_{tot} ≤ 50 W ϑ_u ≤ 150 °C Bei $U_Z \leq 5{,}1$ V negativer und bei $U_Z \geq 5{,}1$ V positiver Temperaturkoeffizient.	■ Stabilisierung bzw. Begrenzung von Gleichspannungen ■ Gegenreihenschaltung von Z- und normalen Dioden zu Referenzdioden mit besonders kleiner Temperaturabhängigkeit ■ TAZ-Dioden (Transient Absorption Zener) zum Schutz vor zu hohen Spannungsspitzen

Optoelektronische Bauelemente
Optoelectronic Components

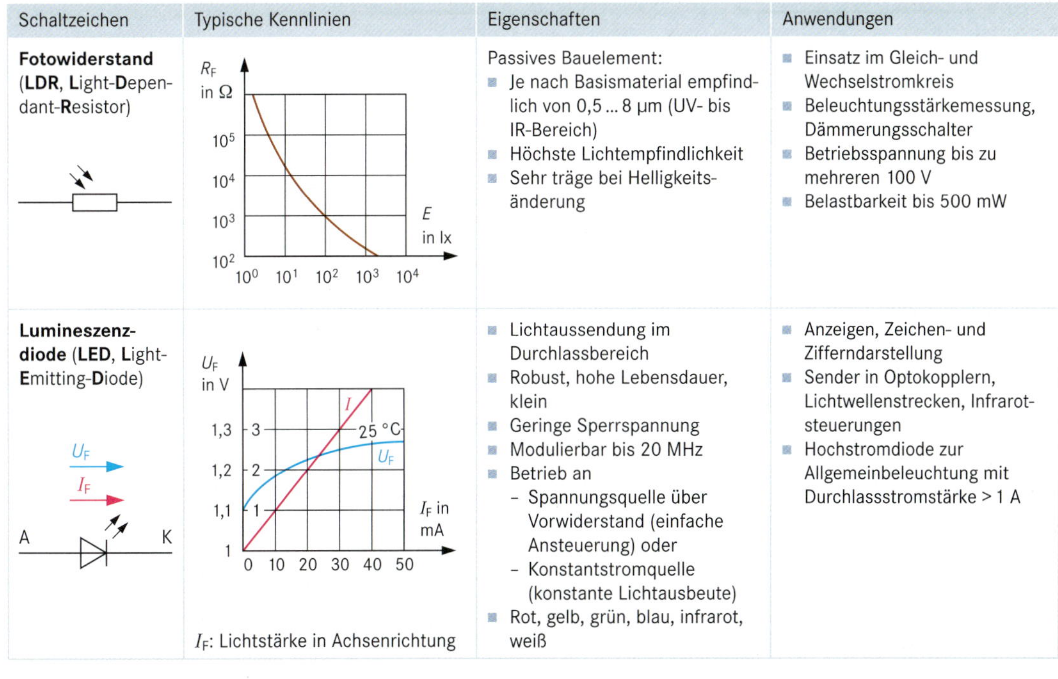

Schaltzeichen	Typische Kennlinien	Eigenschaften	Anwendungen
Fotowiderstand (**LDR**, **L**ight-**D**ependant-**R**esistor)		Passives Bauelement: ■ Je nach Basismaterial empfindlich von 0,5 … 8 µm (UV- bis IR-Bereich) ■ Höchste Lichtempfindlichkeit ■ Sehr träge bei Helligkeitsänderung	■ Einsatz im Gleich- und Wechselstromkreis ■ Beleuchtungsstärkemessung, Dämmerungsschalter ■ Betriebsspannung bis zu mehreren 100 V ■ Belastbarkeit bis 500 mW
Lumineszenzdiode (**LED**, **L**ight-**E**mitting-**D**iode)	I_F: Lichtstärke in Achsenrichtung	■ Lichtaussendung im Durchlassbereich ■ Robust, hohe Lebensdauer, klein ■ Geringe Sperrspannung ■ Modulierbar bis 20 MHz ■ Betrieb an – Spannungsquelle über Vorwiderstand (einfache Ansteuerung) oder – Konstantstromquelle (konstante Lichtausbeute) ■ Rot, gelb, grün, blau, infrarot, weiß	■ Anzeigen, Zeichen- und Zifferndarstellung ■ Sender in Optokopplern, Lichtwellenstrecken, Infrarotsteuerungen ■ Hochstromdiode zur Allgemeinbeleuchtung mit Durchlassstromstärke > 1 A

Verstärkungsprinzip

- Verstärker benötigen immer eine elektrische Energieversorgung ①.
- Verstärker haben Ein- und Ausgangsgrößen.
- Verstärker besitzen einen Eingangs- und einen Ausgangswiderstand ②.

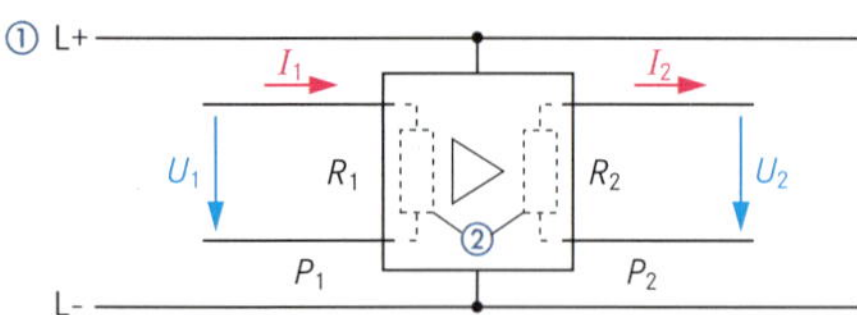

- Die Ausgangsgrößen sind größer als die Eingangsgrößen.
- Folgende Größen können verstärkt werden: Spannung, Stromstärke und Leistung.
- Die Verstärkung (**Verstärkungsfaktor *v***) ist das Verhältnis von Ausgangsgröße zu Eingangsgröße.
- Verstärker können mit einzelnen Transistoren (bipolare Transistoren, Feldeffekttransistoren) oder als integrierte Schaltungen mit vielen Transistoren (Operationsverstärker) aufgebaut sein.
- Für den Verstärker kann ein allgemeines Schaltzeichen angegeben werden.

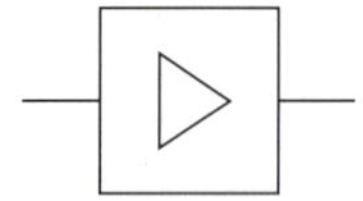

Bipolarer Transistor als Verstärker

- Eingangsgrößen sind I_B und U_{BE}.
- Ausgangsgrößen sind I_C und U_{CE}.

- Verstärkungswirkung: Mit kleinen Eingangsgrößen lassen sich die Ausgangsgrößen steuern.
- Stromverstärkung:

$$B = \frac{I_C}{I_B}$$

Beispielgrößen:

$I_B = 30\ \mu A$
$U_{BE} = 0{,}7\ V$

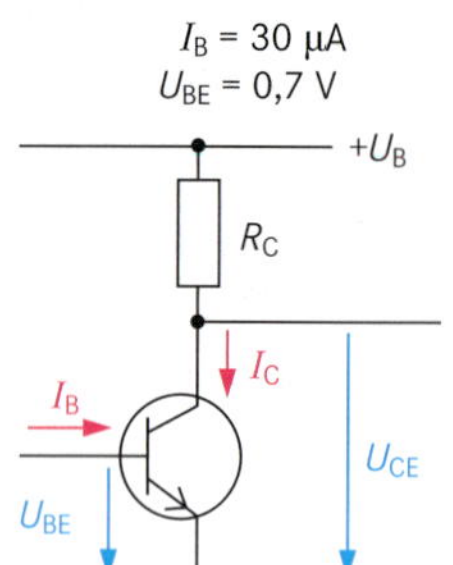

Vereinfachung:

- Die Schaltung kann wie eine Reihenschaltung aus zwei Widerständen aufgefasst werden.
- Der Transistor ist ein durch die Eingangsgrößen veränderbarer Widerstand.
- Die Betriebsspannung bleibt konstant. Daher ändert sich durch die Eingangsgrößen die Spannungsaufteilung.

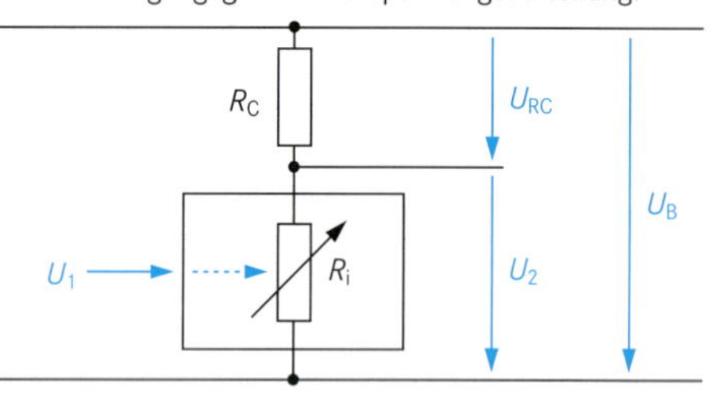

Feldeffekttransistoren (FET)

- Eingangselektrode: Gate (G)
- Ausgangselektrode: Drain (D)
- Gemeinsame Elektrode: Source (S)
- Das elektrostatische Feld zwischen Gate und Source steuert den Ausgangsstrom I_D.
- Es fließt kein Eingangsstrom (leistungslose Steuerung).
- Großer Eingangswiderstand, z. B.: 1 MΩ bis 20 MΩ
- Ausgangswiderstand: 1 kΩ bis 100 kΩ
- FET sind anwendbar für die Steuerung von großen und kleinen Leistungen bzw. Stromstärken (mA bis kA).
- MOS: Metal-Oxid-Semiconductor

Sperrschicht-Feldeffekttransistoren (PN-FET; JFET) **selbstleitend**	**Isolierschicht-Feldeffekttransistoren (JGFET)**, auch **MOS-FET**	
	selbstleitend (Verarmungstyp)	**selbstsperrend** (Anreicherungstyp)
N-Kanal (G, D, S); I_D, $-U_{GS}$; I_D, U_{GS}: 0V, 1V, -2V, -3V; U_{DS}	N-Kanal (G, D, S); I_D, $-U_{GS}$; I_D, U_{GS}: 2V, 1V, 0V, -1V; U_{DS}	N-Kanal (G, D, S); I_D, U_{GS}; I_D, U_{GS}: 4V, 3V, 2V, 1V; U_{DS}
P-Kanal (G); $-I_D$, U_{GS}; $-I_D$, U_{GS}: 0V, 1V, -2V, -3V; $-U_{DS}$	P-Kanal (G, D, S); $-I_D$, U_{GS}; $-I_D$, U_{GS}: -2V, -1V, 0V, 1V; $-U_{DS}$	P-Kanal (G, D, S); $-I_D$, $-U_{GS}$; $-I_D$, U_{GS}: -4V, -3V, -2V, -1V; $-U_{DS}$

Begriffe

- **Ampere-Stunden**
  Stromstärke x Zeit: Bemessungskapazität der Quelle in Ah bzw. mAh
- **Batterie**
  Zwei oder mehrere Zellen, die zusammengeschaltet sind,
  Reihenschaltung: Spannungserhöhung
  Parallelschaltung: Erhöhung der Stromstärke
- **Bemessungsspannung**
  Durchschnittliche Zellenspannung während der Entladung
- **Kapazität**
  Die elektrische Energie, die eine Zelle bzw. Batterie abgeben kann (in mAh oder Ah)
- **Leerlaufspannung**
  Spannung der Quelle ohne Belastung
- **Memory-Effekt (Speicher-Effekt)**
  Aufgrund wiederholter zu geringer Entladungen verringert sich die Kapazität bestimmter Akkumulatoren (z. B. Ni-Cd, nicht bei Li-Ionen Akkus).
- **Primärelement**
  Nicht aufladbare elektrochemische Spannungsquelle, Chemische Energie wird in elektrische Energie umgewandelt
- **Sekundärelement (Akkumulator)**
  Wieder aufladbare elektrochemische Spannungsquelle (elektrische Energie wird gespeichert)
- **Selbstentladung**
  Abnahme der Kapazität durch inneren Ladungsausgleich
- **Zyklenfestigkeit**
  Anzahl der Auf- und Entladezyklen einer Zelle bzw. Batterie bis zum Versagen

Kennbuchstaben nach IEC

Kurzzeichen	Bedeutung
A	Zink-Luft-Element (saurer Elektrolyt)
M, N	Quecksilberoxid-Element
L	Alkali-Mangan-Element
P	Zink-Luft-Element (KOH-Elektrolyt)
S	Silberoxid-Element

Alkali-Mangan-Rundzellen und -Batterien

U_n in V	IEC-Bez.	C_n in mAh	Maße (max.) in mm			
			d	*h*	*l*	*b*
Alkaline						
1,5	LR 1	800	12	30,2	-	-
1,5	LR 03	1.100	10,5	44,5	-	-
1,5	LR 6	2600	14,5	50,5	-	-
4,5	3 LR 12	6300	-	67	62	22
1,5	LR 14	7800	26,2	50	-	-
6	4 LR 61	605	-	9,2	48,5	35,6
1,5	LR 20	16.500	34,2	61,5	-	-
9	6 LR 61	550	-	48,5	26,5	17,5
1,5	LR 61	550	8,2	40,2	-	-
Foto						
1,5	LR 6	2.600	14,5	50,5	-	-
1,5	LR 03	1.100	10,5	44,5	-	-

Handelsbezeichnungen: Alkaline, extra longlife, FOTO
Schadstoffe: 0% Hg, 0% Cd

Entsorgung elektrochem. Spannungsquellen

- Keine Entsorgung über den Hausmüll
- Entsorgung über die dafür vorgesehenen Sammelbehälter
- Säuren, Laugen sowie Schwermetallverbindungen (z. B. Manganoxid) gefährden das Grundwasser

Primärelemente

Knopfzellen

Eigenschaft	Silberoxid/Zink	Quecksilberoxid/Zink	Lithium/Manganoxid
Spannung in V	1,55	1,35	3,0
Energiedichte in mWh/cm^3	450–700	500–800	400–800
Elektrolyt	Kalilauge	Kalilauge	org. Elektrolyt
Belastbarkeit	hoch	hoch	niedrig
Selbstentladung	ca. 5 %/Jahr	ca. 2 %/Jahr	< 1 %/Jahr
Umweltbelastung	gering, ca. 0,3 % Hg	hoch, ca. 30 % Hg	umweltverträglich
Anwendungen	Uhren, Taschenrechner, Fotoapparate	Hörgeräte, Messgeräte, Fotoapparate	elektron. Datenspeicher, Taschenrechner, Uhren

Gerätezellen und Gerätebatterien

Eigenschaft	Nickel-Cadmium (gasdicht)	Nickel-Metallhydrid	Lithium-Ionen
Spannung in V	1,2	1,2	3,6
Energie in mWh	840	1.200	1.800
Energiedichte in mWh/*l*	102	145	218
Kapazität in mAh	700	1.000	500
Zyklenfestigkeit	1.000	1.000	500–1.000
Selbstentladung	20 %/Monat	20 %/Monat	< 10 %/Monat
Schnelllade-Fähigkeit in min	10	60	120
Anwendungen	Fernsteuerungen, Mobiltelefone, Medizinische Geräte	Notebooks, Mobiltelefone, Spielzeug, Messgeräte, Haushaltsgeräte	Mobiltelefone, Videokameras, Notebooks, Elektrofahrzeuge

Kennfarben isolierter und blanker Leitungen

Leiterbezeichnung		Zeichen	Farbe
Wechselstrom	Außenleiter	L1; L2; L3	1)
	Neutralleiter	N	bl
Gleichstrom	positiv	L+	1)
	negativ	L–	1)
	Mittelleiter	M	bl

Leiterbezeichnung	Zeichen	Bildzeichen	Farbe
Schutzleiter	PE	⏚	grüngelb
PEN-Leiter (Neutralleiter mit Schutzfunktion)	PEN	⏚	grüngelb
Erde	E	⏚	1)

1) Farbe nicht festgelegt

Verwendungsbereiche von Leitungen

Art	Verlegebedingungen
PVC-Mantelleitung NYM	■ Im, unter oder auf Putz bzw. Beton, in trockenen, feuchten oder nassen Räumen ■ im Freien (nicht bei direkter Sonneneinstrahlung) ■ Verlegetemperatur: + 5 °C ... + 70 °C
Stegleitung NYIF	■ Im oder unter Putz, in trockenen Räumen ■ Verlegetemperatur: + 5 °C ... + 60 °C
PVC-Schlauchleitung H03VV-F	■ In trockenen Räumen ■ bei geringen mechanischen Beanspruchungen
Gummischlauchleitung (leichte Ausführung) H05RR-F	■ In trockenen Räumen ■ bei geringer mechanischer Beanspruchung für Hand- und Wärmegeräte

Isolierte Leitungen für feste Verlegung

Bezeichnung	Abbildung	Kurzzeichen	Aderzahl	Verwendung
PVC-Einzeladern		H05V-U/K H07V-U/K	1 1	Leitung für innere Verdrahtung von Geräten; geschützte Verlegung in und an Leuchten
Wärmebeständige PVC-Einzeladern		H05V2-K	1	Verbindungsleitung für Energieanlagen, Schaltschränke; bei höheren Temperaturen bis +105 °C
PVC-Mantelleitung		NYM	1 ... 7	Industrie- und Hausinstallationen im Innen- und Außenbereich; Schutz vor direkter Sonneneinstrahlung

Isolierte und flexible Leitungen

Bezeichnung	Abbildung	Kurzzeichen	Aderzahl	Verwendung
Spiralleitung		H05BQ-F	2, 3	Elektrowerkzeuge; Handlinggeräte; Unterhaltungselektronik
PVC-Schlauchleitung		H03VV-F	2 ... 7	Anschlussleitung bei geringer mechanischer Beanspruchung für Küchengeräte, Tisch- und Stehleuchten, TK-Anlagen usw.
PVC-Schlauchleitung (mittlere Ausführung)		H05VV-F	1 ... 7	Anschlussleitung bei mittlerer mechanischer Beanspruchung für Kühlschränke, Waschmaschinen u. a.; feste Verlegung in Möbeln, Stellwänden und Hohlräumen von Fertigbauteilen
Gummi-Schlauchleitung (leichte Ausführung)		H05RR-F H05RN-F	2 ... 5	Anschlussleitung bei geringer mechanischer Beanspruchung für Elektrogeräte in Haushalten und Büros; feste Verlegung in Möbeln, Stellwänden u. a.

Leiterkennzeichnung

L1, L2, L3	**Außenleiter**, sie verbinden die Energiequelle mit den Geräten, Anlagen usw.
N	**Neutralleiter**, er ist mit dem Mittel- oder Sternpunkt des Energienetzes verbunden.
PE	**Schutzleiter**, er verbindet die Körper und leitfähigen Teile mit der Haupterdungsklemme und Erde.
PEN	**PEN-Leiter**, er vereinigt die Neutral- und Schutzleiterfunktion in einem Leiter.

Buchstaben im Energienetz

1. Buchstabe	Beschreibung der Erdung beim Energieversorgungsunternehmen (EVU).
2. Buchstabe	Beschreibung der Erdung in der Anlage des Verbrauchers.
3. und 4. Buchstabe	Beschreibung der N- und PE-Leiterverlegung in der Anlage des Verbrauchers.

Erdungen im Energienetz

T	**T**erre (Erde) Direkte Erdung des Sternpunktes.
I	**I**solation (isoliert) Trennung aller aktiven Teile von der Erde; Sternpunkt ist isoliert (oder) über Impedanz mit der Erde verbunden.

Körpererdungen in elektrischen Anlagen

T	Direkte Erdung, unabhängig von vorhandener Erdung im Versorgungssystem
N	Die Körper sind direkt mit dem geerdeten Sternpunkt des Energienetzes verbunden.

Anordnung von Neutralleiter und Schutzleiter (TN-C-S-Netz)

S	**S**eparated (getrennt) PE-Leiter ist vom Neutralleiter getrennt.
C	**C**ombined (kombiniert) Kombinierte Neutralleiter- und Schutzleiterfunktion in einem Leiter (PE).

Energieverteilungssysteme

- **TN-System**
- **IT-System**
- **TT-System**

Beispiel für ein TN-C-S-System

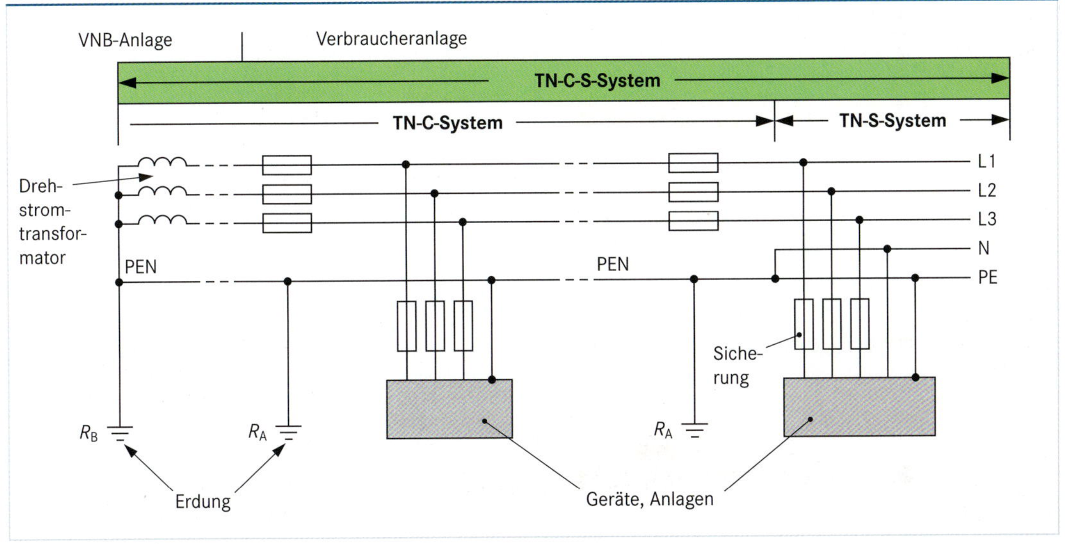

Oberschwingungen

- Nichtlineare Geräte (Energiesparlampen, Schaltnetzteile, Drucker, PCs, ...) verursachen Oberschwingungen, weil sie nicht kontinuierlich, sondern impulsartig Energie aus dem Netz beziehen.
- Die Oberschwingungen sind ganzzahlige Vielfache der Grundschwingung von 50 Hz.
- **Beispiel:**

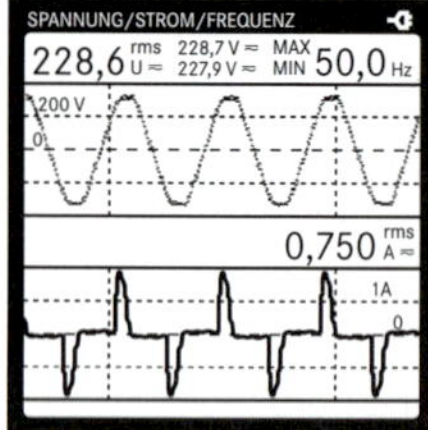

- Ein Maß für die Störung ist der Gesamtverzerrungsfaktor **THD** (**T**otal **H**armonic **D**istortion).
- Im N-Leiter addieren sich die Ströme der Oberschwingungen, so dass die Stromstärke im N-Leiter erheblich größer wird als die Stromstärken in den Außenleitern L1, L2 und L3.

Vorschriften für Energie-Netze

In den Vorschriften der DIN EN 6100-2-2, 2-4 sowie in der DIN EN 50160 sind einzuhaltende Grenzwerte für Oberschwingungen in öffentlichen und industriellen Netzen festgelegt. Folgende Klassen werden unterschieden:

Klasse 1: Netze mit sensiblen Geräten (Laborgeräte, ...)
Klasse 2: Öffentliche Netze
Klasse 3: Industrienetze

Grenzwerte von Oberschwingungen in Netzen

Ordnungszahl n			Frequenz in Hz	Klasse 1 (in % der Netzspannung)	Klasse 2 (in % der Netzspannung)	Klasse 3 (in % der Netzspannung)
5	ungeradzahlig	nicht durch 3 teilbar	250	3	6	8
7			350	3	5	7
11			550	3	3,5	5
13			650	3	3	4,5
17			750	2	2	4
19			850	1,5	1,5	4
23			1150	1,5	1,5	3,5
25			1250	1,5	1,5	3,5
3		durch 3 teilbar	150	3	5	6
9			450	1,5	1,5	2,5
15			750	0,3	0,3	2
21			1050	0,2	0,2	1,75
2	geradzahlig		100	2	2	3
4			200	1	1	1,5
6			300	0,5	0,5	1
8			400	0,5	0,5	1
10			500	0,5	0,5	1

Vorschriften für Geräte

- Oberschwingungsgrenzwerte für Geräte sind in der DIN EN 61000-3-2 festgelegt. Sie müssen von Herstellern durch entsprechende schaltungstechnische Maßnahmen eingehalten werden.
- Die Geräte werden in Klassen eingeteilt.

Geräteklassen

Klasse	Geräte
A	▪ Symmetrische dreiphasige Geräte ▪ Haushaltsgeräte (ausgenommen Geräte der Klasse D) ▪ Elektrowerkzeuge (ausgenommen Geräte der Klasse B) ▪ Beleuchtungseinsteller (Dimmer) für Glühlampen bis 1000 W ▪ Audio-Einrichtungen und ▪ Geräte, die nicht in eine der drei Klassen fallen
B	▪ Tragbare Elektrowerkzeuge
C	▪ Beleuchtungseinrichtungen einschließlich Beleuchtungsreglern ▪ ausgenommen Dimmer bis 1000 W
D	▪ Personal-Computer und Monitore ▪ Fernsehgeräte mit einer Eingangsleistung von 75 W bis 600 W

- Für Geräte der Klasse D sind die in der nachfolgenden Tabelle aufgeführten Grenzwerte einzuhalten.

Grenzwerte von Oberschwingungen für Geräte der Klasse D

Ordnungszahl der Oberschwingung n	Maximal zulässige Stromstärke der Oberschwingung pro Leistung in mA/W	Maximal zulässige Stromstärke der Oberschwingung in A
3	3,4	2,30
5	1,9	1,14
7	1,0	0,77
9	0,5	0,40
11	0,35	0,33
$11 \leq n \leq 39$	3,86/n	s. Klasse A

Ausgleichsströme im TN-C-System

- Bei vernetzten EDV-Geräten in TN-C-Systemen kann es zu Ausgleichsströmen über die Abschirmungen der Verbindungsleitungen kommen.
- Ein Spannungsunterschied ΔU entsteht auf dem für beide Systeme gemeinsamen PEN-Leiter.
- **Folgen:**
  - Induktive Einspeisung von Störimpulsen in die Datenleitung (Störungen, Datenverlust)
  - Brandgefahr
  - Zerstörung elektronischer Bauteile
- **Abhilfe:**
  Aufbau eines TN-S-Systems mit getrenntem PE-und N-Leiter. Für die Systeme gibt es nur einen zentralen Erdungspunkt.

Begriffe

DIN VDE 0875-3: 88-12

- Von den Störquellen gehen **leitungsgebundene** und **strahlungsgebundene** elektromagnetische Störungen aus.
- Das **Frequenzspektrum** kann diskret oder/und kontinuierlich sein (z. B. 0,15 MHz bis 1 GHz).
- Der **Funkstörgrad** ist eine frequenzabhängige Grenze für Funkstörungen.

0 funkstörfrei
N funkentstört (Normalstörgrad)
K funkentstört (Kleinststörgrad)
G grobentstört (Einsatz beschränkt)

Funkschutzzeichen mit Angabe des Störgrades.

Kondensatoren zur Entstörung

Prinzip:
Einbau möglichst nahe und parallel zur Quelle, **kleiner Widerstand** für die HF-Störungen.

X-Kondensatoren:
Beliebige Kapazitäten, sie liegen parallel zur Quelle, die Störspannung wird auf einen kleinen Wert verringert.
Bei Ausfall darf es beim Berühren des Gehäuses zu keinem elektrischen Schlag kommen.

Y-Kondensatoren:
Beliebige Kapazitäten, sie überbrücken die Betriebsisolierung in elektrischen Geräten. Es gelten deshalb für sie besondere Sicherheitsanforderungen.

Beispiel Wechselstrommotor:

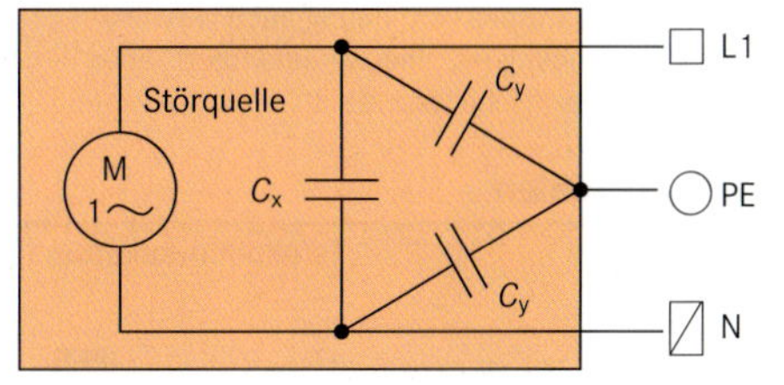

Leitungsgebundene Störungen

Störquelle

Störsenke

C_p

$U_{asy\,2}$

U_{sy}

R

$U_{asy\,1}$

Gleichtakt-Störstrom

Gegentakt-Störstrom

C_p: parasitäre Kapazität

Gegentaktstörung (symmetrische Störung, differenzial-mode):
Ausbreitung längs der angeschlossenen Leitung.
Der Strom fließt auf den beiden Anschlussleitungen hin und zurück (symmetrische Störspannung U_{sy}).

Gleichtaktstörung (asymmetrische Störung, common-mode):
Der Strom fließt auf den beiden Anschlussleitungen zur Störsenke hin und über die Erdleitung zurück (asymmetrische Störspannung U_{asy}).
Ursache: Parasitäre Kapazitäten und Masseverbindungen.

Parasitäre Kapazitäten:
Unvermeidbare Kapazitäten zum Gehäuse, anderen Bauteilen, Leitungen usw.

Entstördrosseln

Prinzip:
Sie werden in die stromführenden Leitungen eingefügt und wirken für die HF-Störungen wie ein zusätzlicher und **großer Widerstand.**
Bei stromkompensierten Ringkerndrosseln heben sich die Magnetfelder auf.

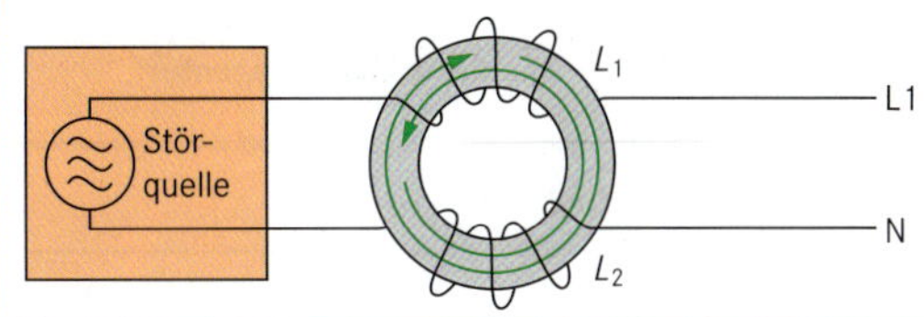

Filter

Entstöreigenschaften von Kondensatoren und Spulen werden gemeinsam genutzt.
Beispiel: Filter mit integriertem Gerätestecker (Bemessungsstromstärke 6 A).

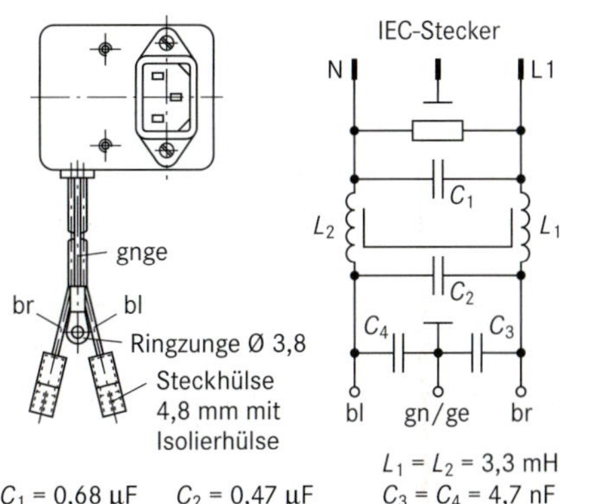

Definitionen

- **Norm** (engl.: **standard**) ist eine rechtlich anerkannte und veröffentlichte Regel zur Lösung eines Sachverhaltes.
- Sie ist durch ein **Normungsverfahren** verabschiedet und allgemeingültig.
- Normen werden von **unterschiedlichen Gremien** erarbeitet.
- Diese werden unterschieden nach
  - Internationalen Gremien,
  - Regionalen Gremien und
  - Nationalen Gremien.
- Behandelte Fachgebiete in den Gremien sind
  - **ein** spezifisches Fachgebiet (z. B.: ITU),
  - **verschiedene** Fachgebiete (z. B.: DIN).
- Der Begriff **Standard** wird häufig auch verwendet im Zusammenhang mit „Industriestandard" oder „Herstellerspezifischer Standard".
- **Industriestandards** beinhalten eine von vielen Anwendern und Herstellern erprobte Vorgehensweise bei der Lösung eines Problems, die sich als technisch nützlich und richtig erwiesen hat.
- **Industriestandards** durchlaufen kein nationales oder internationales Normungsverfahren.
- **Herstellerspezifische Standards** werden von einzelnen Anwendern eingesetzt und unterliegen der Pflege durch den jeweiligen Hersteller.
- **Empfehlungen** unterliegen keinerlei Verpflichtung und stellen somit die schwächste Form dar.
- Weiterhin gibt es sogenannte **Nutzervereinigungen**, die sich mit spezifischen Fachthemen beschäftigen (z. B.: ATM-Forum, Frame-Relay Forum).

Normungsgremien

	Telekommunikation	Elektrotechnik	Allgemein
International	ITU, IEEE	IEC, CISPR, IEEE	ISO, JTC … JTC
Europa	ETSI, ECMA, EBU	CENELEC, ITSTC	CEN
Deutschland	DKE, (Bundesnetzagentur)	VDI, VDE, DKE	DIN

Abkürzungen

CEN	Comité **E**uropéen de **N**ormalisation
CENELEC	Comité **E**uropéen des **N**ormalisation **Elec**trotechniques
CISPR	Comité **I**nternational **S**pécial des **P**ertubations **R**adioélectriques
DIN	**D**eutsches **I**nstitut für **N**ormung
DKE	**D**eutsche **K**ommission **E**lektrotechnik Elektronik Informationstechnik
EBU	**E**uropean **B**roadcasting **U**nion
ECMA	**E**uropean **C**omputer **M**anufacturers **A**ssociation
ETSI	**E**uropean **T**elecommunications **S**tandards **I**nstitute
IEC	**I**nternational **E**lectrotechnical **C**ommission
IEEE	**I**nstitute of **E**lectrical and **E**lectronics **E**ngineers
ISO	**I**nternational **S**tandards **O**rganisation
ITSTC	**I**nformation **T**echnology **St**eering **C**ommittee
ITU	**I**nternational **T**elecommunications **U**nion (früher CCITT)
JTC	**J**oint **T**echnical **C**ommittee
VDE	**V**erband **de**r **E**lektrotechnik Elektronik Informationstechnik e. V.
VDI	**V**erband **D**eutscher **I**ngenieure

Rechtscharakter technischer Normen

- Normen werden durch Einbeziehung in Rechts- oder Verwaltungsvorschriften verbindlich.
- Bei Einbindung in Lieferverträgen werden Normen ebenso rechtsverbindlich.
- Europäische Normen (EN) sind durch EU-Vertrag auch DIN-Normen.

Normenreihe des VDE

0	Allgemeines
1	Starkstromanlagen
2	Starkstromleitungen und Kabel
3	Isolierstoffe
4	Messung und Prüfen
5	Masch., Transformatoren
6	Installationsmaterial, Schaltgeräte, Hochspannungsgeräte
7	Verbrauchsgeräte
8	Fernmeldeanlagen und Rundfunkanlagen

- Die Bestimmungen der DIN VDE 0100 behandeln das „Errichten von Niederspannungsanlagen".
- Die Deutschen Normen der Reihe DIN VDE 0100 stehen im Zusammenhang mit den CENELEC. Es sind die Harmonisierungsdokumente der Reihe HD 384 ... und die internationalen Normen der Reihe IEC 60364-... (Electrical installations of buildings)

Normenübersicht

Gruppe 100	**Anwendungsbereich**
VDE 0100-100	Allgemeine Grundsätze, Bestimmungen allgemeiner Merkmale, Begriffe
Gruppe 200	**Begriffe**
VDE 0100-200	Begriffe
Gruppe 400	Schutzmaßnahmen
VDE 0100-410	Schutz gegen elektrischen Schlag
VDE 0100-420	Schutz gegen thermische Einflüsse
VDE 0100-430	Schutz bei Überstrom
VDE 0100-442	Schutz von Niederspannungsanlagen bei Erdschlüssen in Netzen mit höherer Spannung
VDE 0100-443	Schutz bei Überspannungen infolge atmosphärischer Einflüsse oder von Schaltvorgängen
VDE 0100-444	Schutz bei Störspannungen und elektromagnetischen Störgrößen
VDE 0100-450	Schutz gegen Unterspannung
VDE 0100-460	Trennen und Schalten
VDE 0100-482	Brandschutz bei besonderen Risiken oder Gefahren
Gruppe 500	**Auswahl und Errichtung elektrischer Betriebsmittel**
VDE 0100-510	Allgemeine Bestimmungen
VDE 0100-520	Kabel- und Leitungsanlagen
VDE 0100-530	Schalt- und Steuergeräte
VDE 0100-534	Überspannungs-Schutzeinrichtungen
VDE 0100-537	Geräte zum Trennen und Schalten
VDE 0100-540	Erdungsanlagen, Schutzleiter und Schutzpotenzialausgleichsleiter
VDE 0100-550	Steckvorrichtungen, Schalter und Installationsgeräte
VDE 0100-551	Niederspannungsstromerzeugungseinrichtungen
VDE 0100-557	Hilfsstromkreise
VDE 0100-559	Leuchten und Beleuchtungsanlagen
VDE 0100-560	Einrichtungen für Sicherheitszwecke
Gruppe 600	**Prüfungen**
VDE 0100-600	Prüfungen
Gruppe 700	**Anforderungen für Betriebsstätten, Räume und Anlagen besonderer Art**
VDE 0100-701	Räume mit Badewanne oder Dusche
VDE 0100-702	Becken von Schwimmbädern und anderen Becken
VDE 0100-703	Räume und Kabinen mit Saunaheizungen
VDE 0100-704	Baustellen
VDE 0100-705	Elektrische Anlagen von landwirtschaftlichen und gartenbaulichen Betriebsstätten
VDE 0100-706	Leitfähige Bereiche mit begrenzter Bewegungsfreiheit
VDE 0100-708	Caravanplätze, Campingplätze und ähnliche Bereiche
VDE 0100-709	Marinas und ähnliche Bereiche
VDE 0100-710	Medizinisch genutzte Bereiche
VDE 0100-711	Ausstellungen, Shows und Stände
VDE 0100-712	Solar-Photovoltaik (PV) Stromversorgungssysteme
VDE 0100-714	Beleuchtungsanlagen im Freien
VDE 0100-715	Kleinspannungsbeleuchtungsanlagen
VDE 0100-717	Ortsveränderliche oder transportable Baueinheiten
VDE 0100-718	Bauliche Anlagen für Menschenansammlungen
VDE 0100-721	Elektrische Anlagen von Caravans und Motorcaravans
VDE 0100-723	Unterrichtsräume mit Experimentiereinrichtungen
VDE 0100-724	Elektrische Anlagen in Möbeln und ähnlichen Einrichtungsgegenständen, z. B. Gardinenleisten, Dekorationsverkleidung
VDE 0100-729	Bedienungsgänge und Wartungsgänge
VDE 0100-731	Elektrische Betriebsstätten und abgeschlossene elektrische Betriebsstätten
VDE 0100-732	Hausanschlüsse in öffentlichen Kabelnetzen
VDE 0100-737	Feuchte und nasse Bereiche und Räume und Anlagen im Freien
VDE 0100-739	Zusätzlicher Schutz bei direktem Berühren in Wohnungen durch Schutzeinrichtungen mit $I_{\Delta n}$ = 30 mA in TN- und TT-Netzen
VDE 0100-740	Vorübergehend errichtete elektrische Anlagen für Aufbauten, Vergnügungseinrichtungen und Buden auf Kirmesplätzen, Vergnügungsparks und für Zirkusse
VDE 0100-753	Fußboden- und Decken-Flächenheizungen
VDE 0100-799	Lichtwerbeanlagen mit Leuchtröhren und/ oder LED

Stand der Auflistung: September 2011
Änderungen, Ergänzungen und Aktualität sind bei http:/www.beuth.de einzusehen.
Nicht angegeben sind Normenentwürfe und gegebenenfalls Beiblätter.

Wirkungen des elektrischen Stromes auf den menschlichen Körper

Physiologische Wirkungen

- Bei I_k < 0,5 mA ① wird ein **leichtes Kribbeln** wahrgenommen.
- Bei I_k > 1 mA ② kommt es zu **Muskelverkrampfungen**. Die Berührungsstelle kann mitunter nicht mehr losgelassen werden.
- Bei I_k etwa ab 50 mA kann **Herzkammerflimmern** ③ zum **Herzstillstand** ④ führen.
- Kurze Stromeinwirkungen („Wischer") können zu **Folgeschäden** (z. B. Sturz von der Leiter) führen.

Wärmewirkungen

- Verbrennungsmarken an der Stromeintrittstelle
- Gerinnung von Bluteiweiß
- Platzen von roten Blutkörperchen

Chemische Wirkungen

- Zersetzung der Zellflüssigkeit
- Vergiftung durch Zersetzungsprodukte

Stromstärkenbereiche bei Wechselstrom (50 Hz) und Gefährdungsbereiche

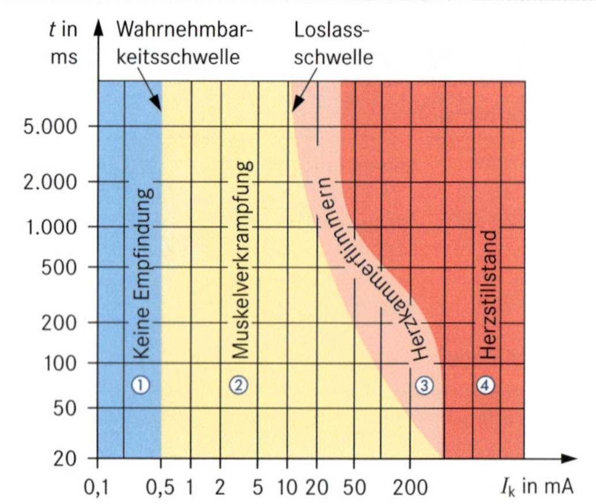

I_k: Stromstärke durch den menschlichen Körper

Weitere Einflussgrößen:
Einwirkungszeit, Körperbau, Hautbeschaffenheit (feucht, trocken), körperliche Verfassung.

Möglicher Weg des Stromes durch den Körper

Am Gerät sind keine Schutzmaßnahmen vorhanden.

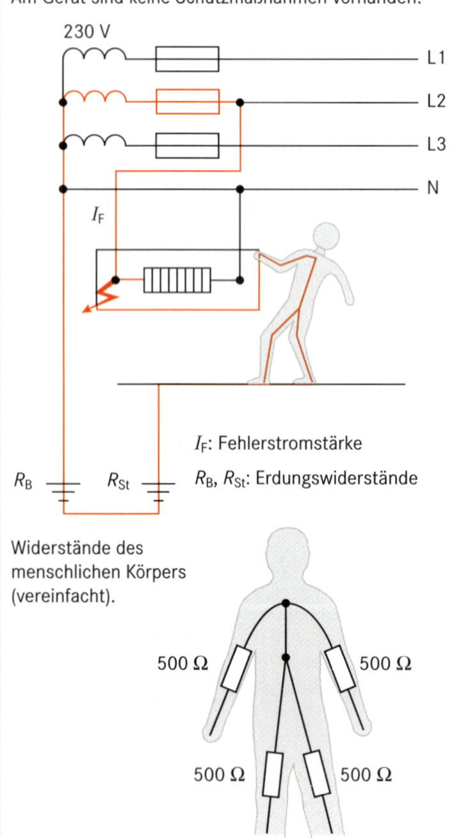

I_F: Fehlerstromstärke

R_B, R_{St}: Erdungswiderstände

Widerstände des menschlichen Körpers (vereinfacht).

Erst-Maßnahmen je nach Notfallsituation

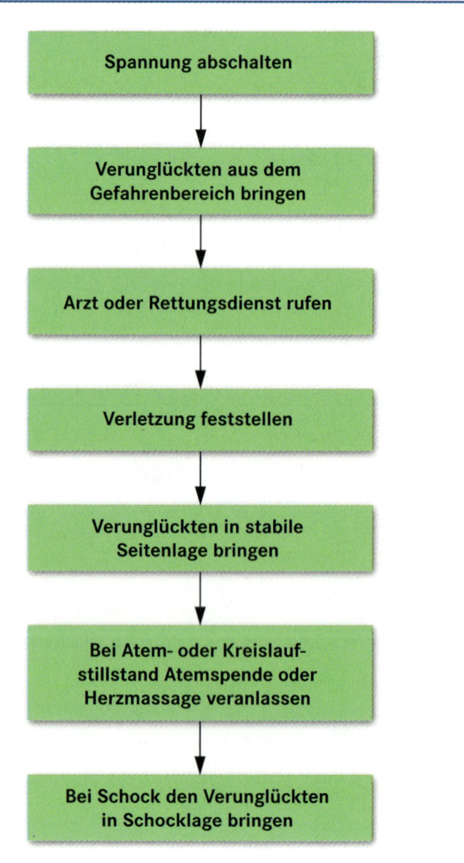

Schmelzsicherungen

Diazed-Sicherungssystem (D-System)

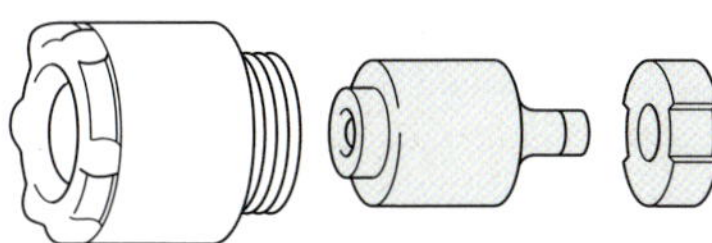

Neozed-Sicherungssystem (DO-System)

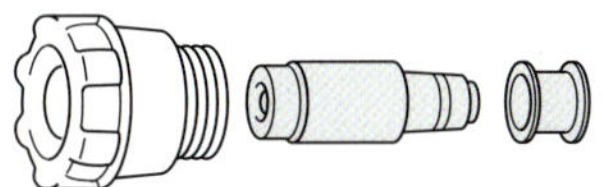

Kennzeichnung

Sicherung und Passeinsatz		Sockel Bemessungsstrom in A	Gewindegröße der Schraubkappe	
Bemessungsstrom in A	Kennfarbe		Diazed	Neozed
2	rosa	25	D II (E 27)	DO 1 (E 14)
4	braun			
6	grün			
10	rot			
16	grau			
20	blau			DO 2 (E 18)
25	gelb			
32/35/40	schwarz	63	D III (E 33)	
50	weiß			
62	kupfer			
80	silber	100	D IV (R ¼")	DO 3 (M 30 x 2)
100	rot			

Geräteschutzsicherung

Bauformen

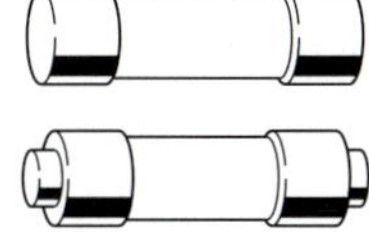

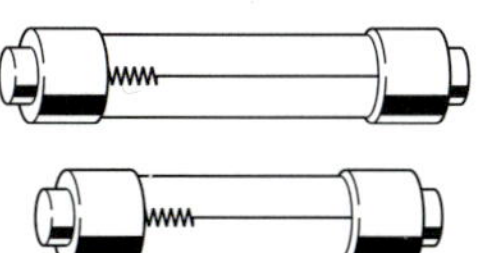

Kleinstsicherungseinsätze Ausschaltvermögen klein (flink)

Größe bis 10 mm x 10 mm

Bemessungsstrom: 2 mA bis 5 A
Bemessungsspannung: 125 V
Schmelzdauer bei:

I_n	1 x	2 x	2,75 x	4 x	10 x
t	4 h min.	5 s max.	300 ms max.	30 ms max.	4 ms max.

Bemessungsstrom: 50 mA bis 5 A
Bemessungsspannung: 250 V
Schmelzdauer bei:

I_n	2,1 x	2,75 x		4 x		10 x
t	0,5 h max.	10 ms min.	3 s max.	3 ms min.	300 ms max.	20 ms max.

Leitungsschutz-Schalter

Auslösecharakteristiken, Anwendungen

Z Verwendung für

- Überstromschutz von Leitungen
- Steuerstromkreise ohne Stromspitzen
- Messstromkreise mit Wandlern
- Halbleiterschutz

B und **C** Verwendung u. a. in Hausinstallationen

- direkte Zuordnung der LS-Schalter nach I_z der Leitungen möglich
- 2. Bedingung $I_2 = 1{,}45 \cdot I_z$ ist erfüllt

K Verwendung für

- Stromkreise mit hohen Stromspitzen durch Motoren, Transformatoren, Kondensatoren
- Vorteil: Elektromagnetischer Auslöser hält hohe Einschaltstromspitzen aus.

Auslösebedingungen

LS-Schalter laut DIN VDE 0100 T.430:

Bedingungen: 1. $I_b \leq I_n \leq I_z$ 2. $I_2 \leq 1{,}45 \cdot I_z$

Nach der 2. Bedingung ist I_2 der Strom, bei dem spätestens nach einer Stunde der LS-Schalter abschalten muss. Er darf maximal das 1,45-fache der maximalen Strombelastbarkeit der Leitung bzw. des Kabels betragen.

Auslöseverhalten

Typ	Überstromschutz – thermisch –	Zeit	Kurzschlussschutz – elektrom. –	Zeit
Z[1]	$1{,}05\,I_n - 1{,}2\,I_n$	< 2 h	$2\,I_n - 3\,I_n$	< 0,2 s
B[2]	$1{,}13\,I_n - 1{,}45\,I_n$	< 1 h	$3\,I_n - 5\,I_n$	< 0,1 s
C[2]	$1{,}13\,I_n - 1{,}45\,I_n$	< 1 h	$5\,I_n - 10\,I_n$	< 0,1 s
K[3]	$1{,}05\,I_n - 1{,}2\,I_n$	< 2 h	$8\,I_n - 12\,I_n$	< 0,2 s
K[4]	$1{,}05\,I_n - 1{,}5\,I_n$	< 2 min	$10\,I_n - 14\,I_n$	< 0,2 s

Gültig für Baureihen: [1] 0,5–63 A [3] 0,2–8 A
[2] 6–40 A [4] 10–63 A

Auslösekennlinien

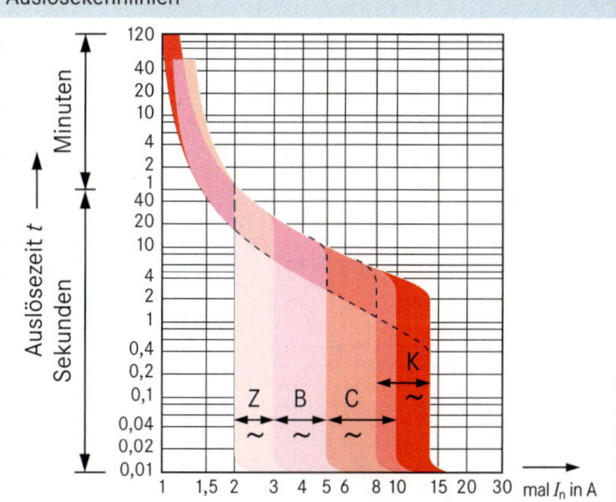

Basisschutz und Fehlerschutz

Sicherheitskleinspannung (SELV[1])

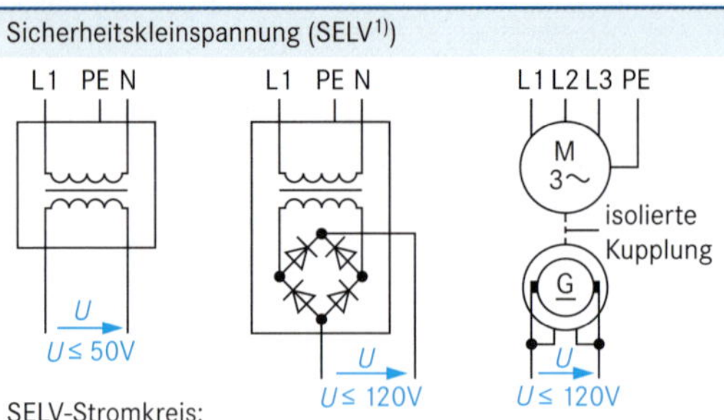

SELV-Stromkreis:
Keine Verbindung mit Erde, Schutzleiter oder aktiven Teilen anderer Stromkreise, sichere Trennung

[1] **S**afety **e**xtra-**l**ow **v**oltage

Funktionskleinspannung (PELV[2])

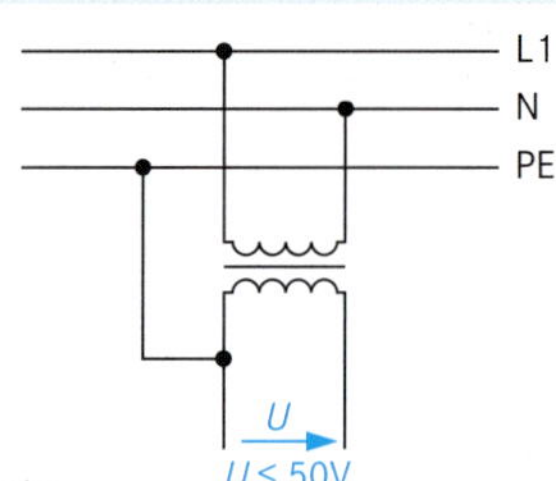

PELV-Stromkreis:
Erdung und Verbindung mit Schutzleiter anderer Stromkreise zulässig, sichere Trennung

[2] **P**rotective **e**xtra-**l**ow **v**oltage

Basisschutz

Isolierung aktiver Teile

Abdeckungen und Umhüllungen

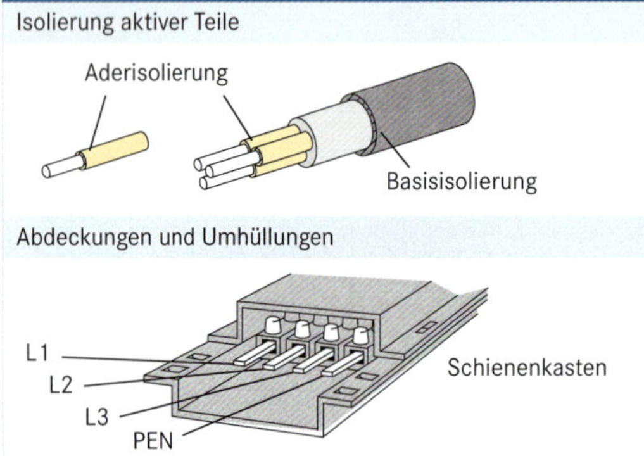

Hindernisse

z. B. Barrieren, Schranken

Anordnung außerhalb des Handbereichs

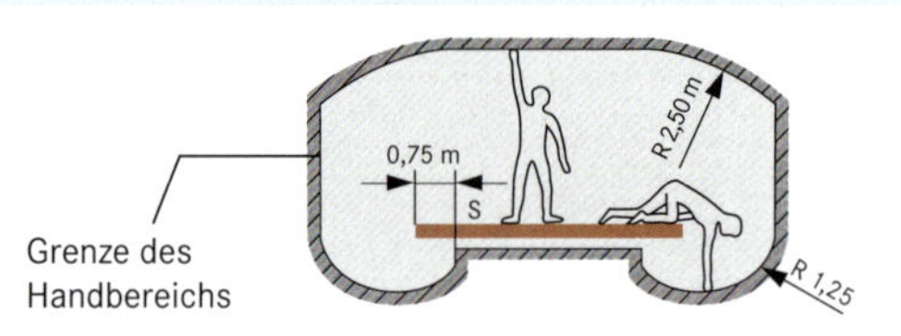

Zusätzlicher Schutz durch Fehlerstrom-Schutzeinrichtungen ($I_{\Delta n} \leq 30$ mA)

Fehlerschutz

Schutzpotenzialausgleich

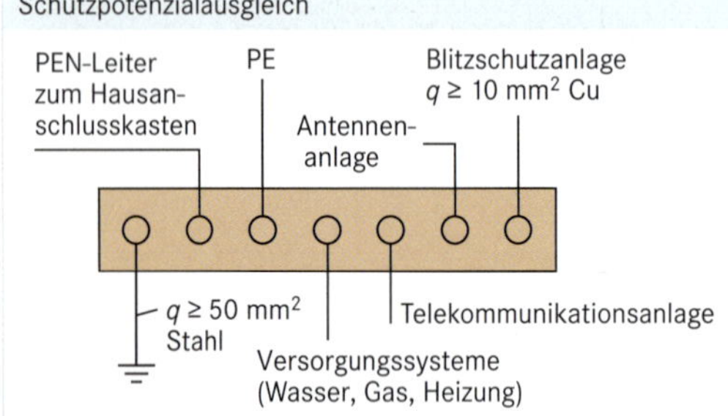

Doppelte oder verstärkte Isolierung

- Vollisolierung
- Isolierungsumkleidung
- Isolierauskleidung
- Zwischenisolierung

Nicht leitende Umgebung

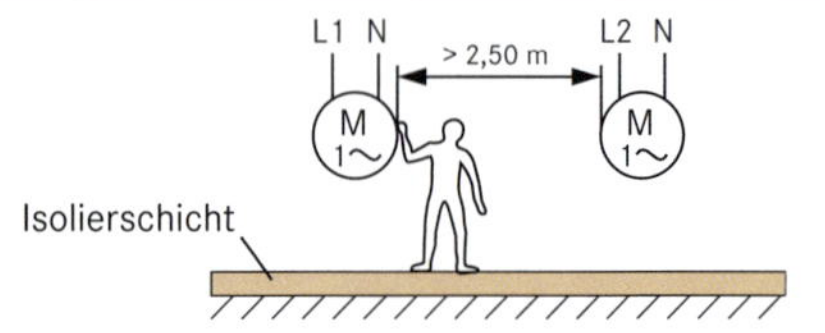

Schutztrennung

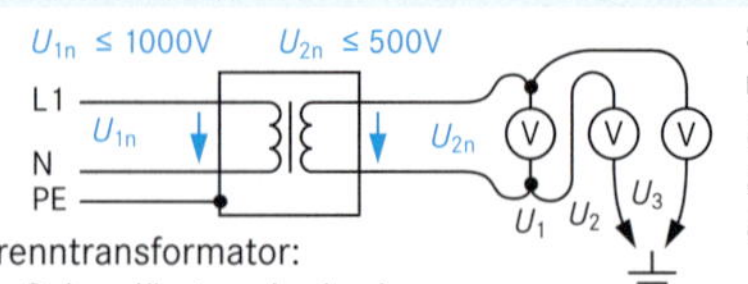

Trenntransformator:

- Sekundärstromkreis ohne Verbindung zu anderem Stromkreis oder Erde
- $l_{2max} \leq 500$ m; $U_{2n} \cdot l_2 \leq 100\,000$ Vm

Schutzmaßnahmen im TN-System

TN-C-S-System

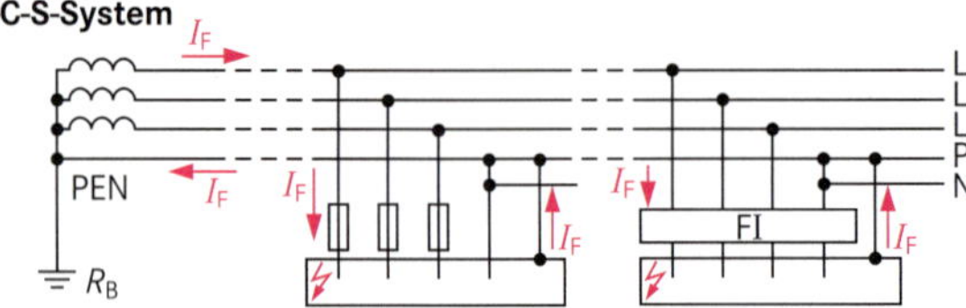

Schutzeinrichtungen:

- Schmelzsicherungen
- Leitungsschutzschalter
- RCDs

Prinzip: Fehlerstrom I_F wird zum Kurzschlussstrom und fließt über PE- und PEN-Leiter zur Spannungsquelle

Anwendung und Funktion

- Es handelt sich hierbei um eine Schutzeinrichtung, die bei Überschreiten eines bestimmten Fehlerstromes die Netzspannung allpolig abschaltet (RCD).
- Bezeichnung: **RCD** (**R**esidual **C**urrent protective **D**evice)
- RCDs schützen gegen das Bestehenbleiben einer Berührungsspannung. Die Abschaltung erfolgt innerhalb von 300 ms.
- RCDs sind kein Schutz gegen eine Überlastung des Energienetzes. Dafür werden Überstromschutzeinrichtungen verwendet (Leitungsschutz-schalter, Schmelzsicherungen).
- Fehlerfall:
  - In das Gerät fließt der Strom I ①. Wenn ein Körperschluss vorliegt, fließt ein Differenzstrom ΔI ② über den PE-Leiter.
  - Der Strom zum N-Leiter ist um ΔI kleiner.
  - Der RCD ③ überwacht den hinein und heraus fließenden Strom und schaltet bei einer Differenz (**Bemessungsdifferenzstromstärke**) ab.

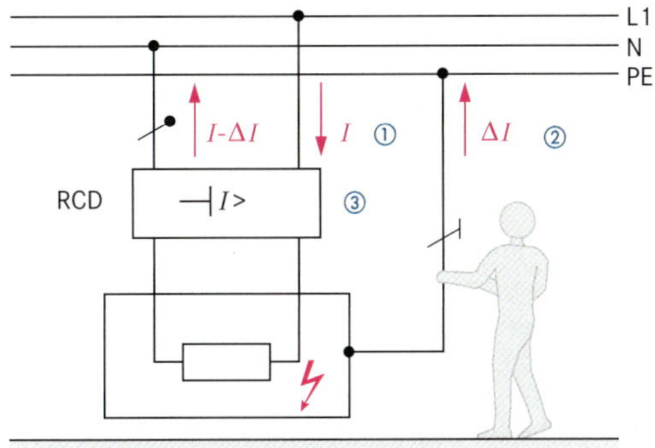

- Bemessungsstromstärke I in A:

16	25	40	63

- Bemessungsdifferenzstromstärke ΔI in mA:

10	30	100	300	500

- TEST und FI-Fehlerstromanzeige:
  Test-Taste halbjährlich drücken, RCD muss auslösen

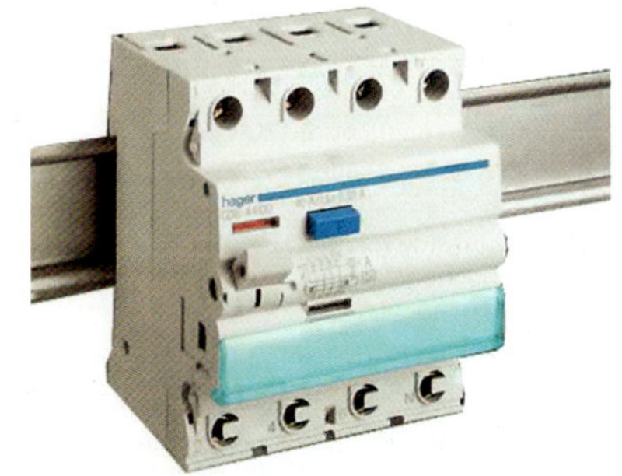

Fehlersuche beim Auslösen der RCD

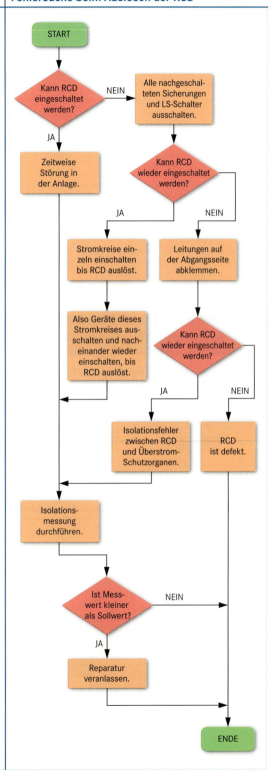

- START
- Kann RCD eingeschaltet werden?
  - JA → Zeitweise Störung in der Anlage. → Isolationsmessung durchführen.
  - NEIN → Alle nachgeschalteten Sicherungen und LS-Schalter ausschalten. → Kann RCD wieder eingeschaltet werden?
    - JA → Stromkreise einzeln einschalten bis RCD auslöst. → Also Geräte dieses Stromkreises ausschalten und nacheinander wieder einschalten, bis RCD auslöst. → Isolationsmessung durchführen.
    - NEIN → Leitungen auf der Abgangsseite abklemmen. → Kann RCD wieder eingeschaltet werden?
      - JA → Isolationsfehler zwischen RCD und Überstrom-Schutzorganen. → Isolationsmessung durchführen.
      - NEIN → RCD ist defekt. → ENDE
- Isolationsmessung durchführen. → Ist Messwert kleiner als Sollwert?
  - JA → Reparatur veranlassen. → ENDE
  - NEIN → ENDE
- ENDE

Störursachen

- Ferne Blitzeinschläge in Freileitungen mit Stoßspannungen > 10 kV, so dass die Spannungsfestigkeit von Geräten überschritten wird
- Elektromagnetische Störfelder durch atmosphärische Spannungsentladungen, die Übertragungsfelder in elektronischen Systemen verursachen
- Schalthandlungen in elektrischen Versorgungsnetzen und bei induktiven Verbrauchern, z. B. Motoren, Aufzügen
- Nahe Blitzeinschläge bis 1000 m, wobei starke Änderungen der magnetischen Feldstärke in Leiterschleifen, z. B. L1-N des Netzes zwischen Geräten und Gebäuden, hohe Induktionsspannungen hervorrufen
- Blitzeinschlag in Versorgungs- oder Datenkabel, wobei ein Teil des Blitzstromes kapazitiv oder galvanisch in die elektronische Anlage gekoppelt wird
- Höchste Gefährdung bei direktem Blitzeinschlag ins Gebäude oder im Nahbereich (< 1 km), Potenzialanhebung metallischer Gebäudeteile und Geräte gegen Erde; Durchschläge in geerdeten elektrischen Betriebsmitteln, Daten- und Informationssystemen

Maßnahmen gegen Überspannungen

Äußerer Blitzschutz:	**Innerer Blitzschutz:**
■ Blitzableiter ■ Erdungsanlage	■ Schutzpotenzialausgleich ■ Überspannungschutzgeräte

Überspannungsableiter

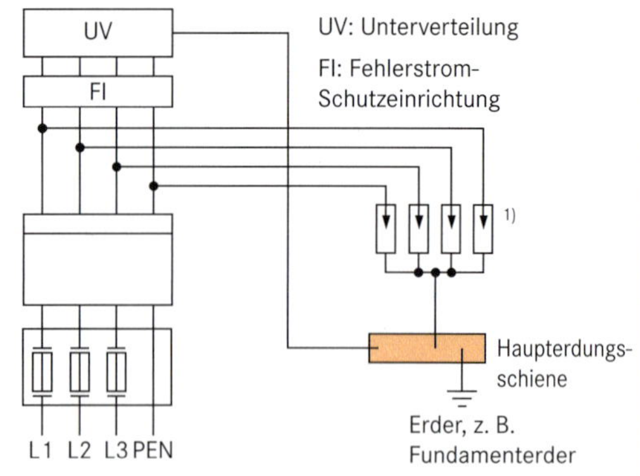

[1] mit Genehmigung des VNB auch vor dem Zähler

Erder, Erdungen, Schutzpotenzialausgleich
Earth Electrode, Earthing Arrangements, Protective Equipotential Bonding

Erdung und Schutzpotenzialausgleich für Antennen-Empfangsanlagen

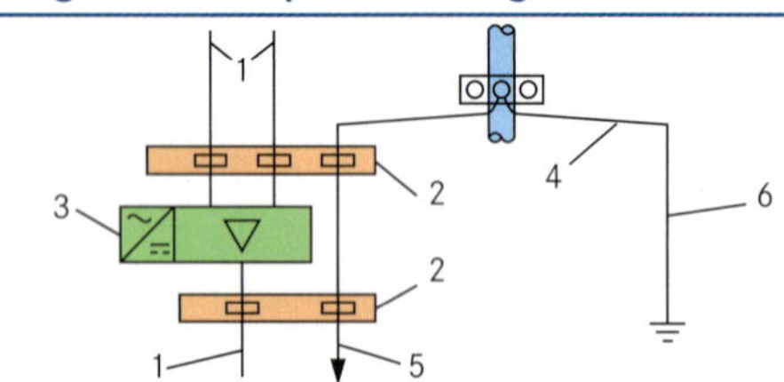

1 Koaxialkabel
2 Erdungsschienen
3 Verstärker mit Netzteil
4 Erdungsleitung vom Antennenstandrohr zu Erdungsschienen (Cu, $q \geq 4\ \text{mm}^2$)
5 Erdungsleitung zum Schutzpotenzialausgleich (PA) der Anlage
6 Erdungsleitung zum Erder (Cu, $q \geq 10\ \text{mm}^2$)

Erdung und Schutzpotenzialausgleich für BK-Empfangsanlagen

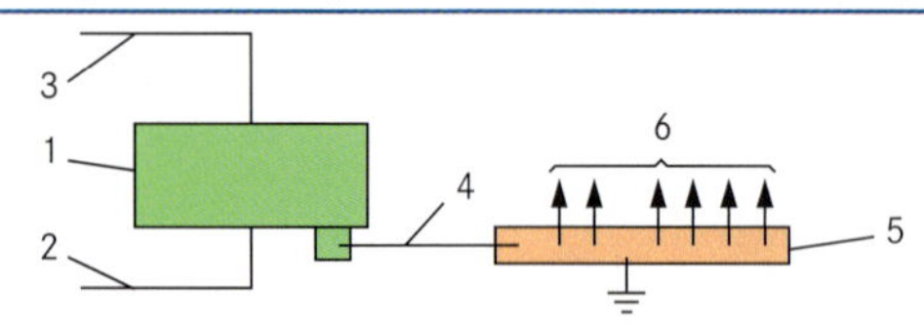

1 BK-Übergabepunkt
2 BK-Kabel
3 Koaxialkabel, doppelt geschirmt
4 Schutzpotenzialausgleichsleitung
5 Schutzpotenzialausgleich (PA)
6 Schutzpotenzialausgleichsleitung der Anlage

Funktionserdung einer Telekommunikationsanlage

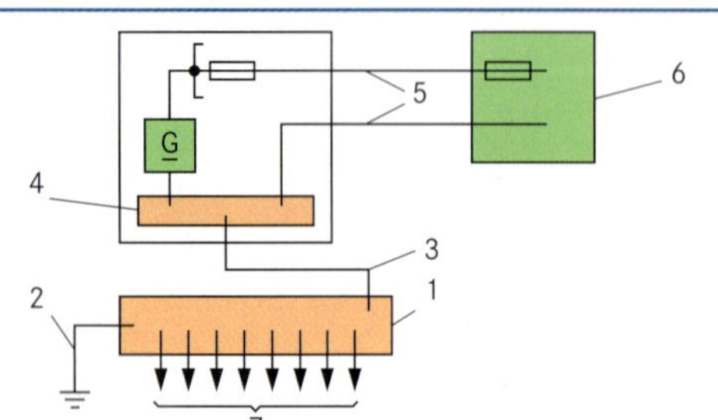

Betrieb bei:

a) Bemessungs-Gleichspannung ≤ 120 V oder
b) Bemessungs-Wechselspannung ≤ 50 V der Fernmelde-Stromversorgung

1 Schutzpotenzialausgleich der Verbraucheranlage
2 Erdungsleiter der Anlage
3 Funktionserdungsleiter FE
4 Erdungsschiene der Telekommunikations-Stromversorgung
5 Telekommunikations-Betriebsstromkreis
6 Telekommunikationseinrichtung
7 Schutzpotenzialausgleichsleitung der Anlage

Verlegearten und Strombelastbarkeit von Kabeln und Leitungen für feste Verlegung in Gebäuden

(Umgebungstemperatur 25 °C; zulässige Betriebstemperatur am Leiter 70 °C)

Referenz	A1	A2	B1	B2	C	E	F	G
Verlegeart	in wärmegedämmten Wänden im Elektro-Installationsrohr		im Elektro-Installationsrohr auf Wand		Verlegung auf und in Wand	Verlegung in Luft		
	Aderleitungen	Mehradrige Kabel und Mantelleitungen	Aderleitungen	Mehradrige Kabel und Mantelleitungen	Kabel und Mantelleitungen Abstand zur Wand: ≤ 0,3 · d	Mehradrige Kabel und Mantelleitungen Abstand zur Wand: ≥ 0,3 · d	Einadrige Kabel und Mantelleitung Abstand zur Wand: ≥ 1 · d	
							mit Berührung	mit Abstand d
Verlegung								
Leitungsbeispiel	H07V-U/-R/-K, H07V3-U/-R/-K,	NYM, NYMZ, NYMT, NYBUY, NYY, N05VV-U/-R	H07V-U/-R/-K, H07V3-U/-UR/-K	NYM, NYMZ, NYMT, NYBUY, NYY, N05VV-U/-R	NYM, NYMZ, NYMT, NYIF, NYIFY, NYBUY, NYDY, NYY, N05VV-U/-R		NYY	NYY blanke Leiter

Zulässige Strombelastbarkeit I_r[1)] der Leitung – Bemessungsstromstärke I_n der zugehörigen Überstrom-Schutzorgane in A

q_n in mm² (Cu)	A1 Aderzahl				A2 Aderzahl				B1 Aderzahl				B2 Aderzahl				C Aderzahl				E Aderzahl				F Aderzahl						G Aderzahl			
	2		3		2		3		2		3		2		3		2		3		2		3		2		3		3		3		3	
	I_r	I_n	I_r	I_n	I_r	I_n	I_r	I_n	I_z	I_n	I_r	I_n	I_r	I_n	I_r	I_n	I_r	I_n	I_r	I_n	I_r	I_n	I_r	I_n	I_r	I_n	I_r	I_n	I_r	I_n	I_r	I_n	I_r	I_n
1,5	16,5	16	14,5	13	16,5	16	14,0	13	18,5	16	16,5	16	17,5	16	16	16	21	20	18,5	16	23	20	19,5	20	–	–	–	–	–	–	–	–	–	–
2,5	21	20	19,0	16	19,5	16	18,5	16	25	25	22	20	24	20	21	20	29	25	25	25	32	32	27	25	–	–	–	–	–	–	–	–	–	–
4	28	25	25	25	27	25	24	20	34	32	30	25	32	32	29	25	38	32	34	32	42	40	36	35	–	–	–	–	–	–	–	–	–	–
4	–	–	–	–	–	–	–	–	–	–	–	–	–	–	–	–	–	–	35[2)]	35	–	–	–	–	–	–	–	–	–	–	–	–	–	–
6	36	35	33	32	34	32	31	25	43	40	38	35	40	40	36	35	49	40	43	40	54	50	46	40	–	–	–	–	–	–	–	–	–	–
10	49	40	45	40	46	40	41	40	60	50	53	50	55	50	49	40	67	63	60	50	74	63	64	63	–	–	–	–	–	–	–	–	–	–
10	–	–	–	–	–	–	–	–	–	–	–	–	–	–	50[2)]	50	–	–	63[2)]	63	–	–	–	–	–	–	–	–	–	–	–	–	–	–
16	65	63	59	50	60	50	55	50	81	80	72	63	73	63	66	63	90	80	81	80	100	100	85	80	–	–	–	–	–	–	–	–	–	–
25	85	80	77	63	80	80	72	63	107	100	94	80	95	80	85	80	119	100	102	100	126	125	107	100	139	125	121	100	117	100	155	125	138	125
35	105	100	94	80	98	80	88	80	133	125	117	100	118	100	105	100	146	125	126	125	157	125	134	125	172	160	152	125	145	125	192	160	172	160
50	126	125	114	100	117	100	105	100	160	160	142	125	141	125	125	125	178	160	153	125	191	160	162	160	208	200	184	160	177	160	232	200	209	200
70	160	160	144	125	147	125	133	125	204	200	181	160	178	160	158	125	226	200	195	160	246	200	208	200	266	250	239	200	229	200	298	250	269	250

1) Anstatt I_r wird I_Z gesetzt, wenn weitere Einflussfaktoren berücksichtigt werden. (Vgl. nächste Seite) 2) Gilt nicht für die Verlegung auf einer Holzwand

Einflussfaktoren

Die Bemessungsstromstärke I_Z eines Überstrom-Schutzorgans einer Leitung hängt neben der Verlegeart noch von folgenden **Faktoren** (f) ab:

- Erhöhte Umgebungstemperatur f_1
- Gehäufte Leitungsverlegung f_2
- Zahl der belasteten Adern f_3
- Auswirkung von Oberschwingungen f_4

Die Faktoren f_1 bis f_4 bis sind aus Tabellen der DIN VDE 0298-4: 03-08 zu entnehmen.

Berechnungsformel:

$I_z = f_1 \cdot f_2 \cdot f_3 \cdot f_4 \cdot I_r$

I_r: Bemessungsstromstärke ohne Berücksichtigung der Einflussfaktoren (ideale Bedingungen)

Ablaufschema

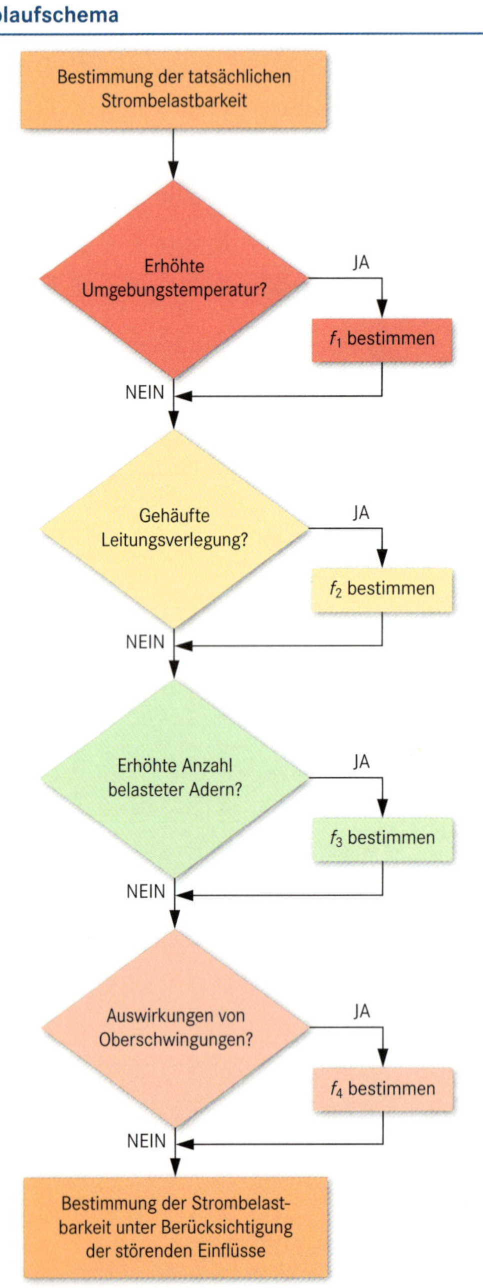

Werte der Einflussfaktoren

Erhöhte Umgebungstemperatur (Faktor f_1)

ϑ in °C	10	15	20	25	30	35
f_1	1,15	1,1	1,06	1,0	0,94	0,89
ϑ in °C	40	45	50	55	60	65
f_1	0,82	0,75	0,67	0,58	0,47	0,33

Gehäufte Leitungsverlegung (Faktor f_2)

Verlegung	Anzahl der mehradrigen Leitungen					
	1	2	3	4	6	9
gebündelt im Elektroinstallations-rohr/-kanal	1,0	0,8	0,7	0,65	0,57	0,5
Einlagig direkt auf der Wand oder dem Fußboden	1,0	0,85	0,79	0,75	0,72	0,7
in gelochter Kabelwanne	1,0	0,88	0,82	0,79	0,76	0,73
auf einer Kabelpritsche	1,0	0,87	0,82	0,8	0,79	0,78

Verlegung vieladrig belasteter Leitungen (Faktor f_3)

belastete Adern	2	3	5	7	10	14	19	24
f_3	1,0	1,0	0,75	0,65	0,55	0,5	0,45	0,4

Auswirkung von Oberschwingungen (Faktor f_4)

Wirkleistungsanteil der Geräte mit Oberschwingungen zur Gesamtwirkleistung in Prozent	0 % … 10 %	11 % … 22 %	23 % … 30 %	31 % … 34 %	35 % … 38 %	39 % … 41 %
f_4	1,00	0,86	0,70	0,67	0,61	0,56

Spannungsfall auf Leitungen
Voltage Drop on Cables

Prinzip

- Durch den Stromfluss und den Leitungswiderstand ist die Spannung am Verbraucher U_N stets geringer als an der Quelle U_0.
- Die Differenz ist der Spannungsfall ΔU. Er wird oft in % angegeben (Δu).

$$\varkappa_{Cu} = \frac{56 \cdot \text{m}}{\Omega \cdot \text{mm}^2}$$

$\varkappa$: Elektrische Leitfähigkeit

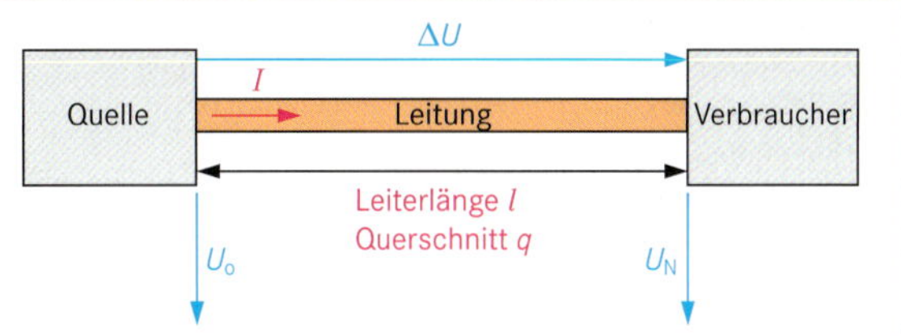

Berechnungsformel

Gleichstrom	Wechselstrom[1]	Drehstrom[2]	Spannungsfall in %
$\Delta U = \frac{2 \cdot l \cdot I}{\varkappa \cdot q}$	$\Delta U = \frac{2 \cdot l \cdot I \cdot \cos\varphi}{\varkappa \cdot q}$	$\Delta U = \frac{\sqrt{3} \cdot l \cdot I \cdot \cos\varphi}{\varkappa \cdot q}$	$\Delta u = \frac{\Delta U}{U_N} \cdot 100\ \%$

[1] 230 V, Spannung zwischen L1, L2, L3 und N
[2] 400 V, Spannung zwischen den Außenleitern L1, L2 und L3

$\cos\varphi$: Leistungsfaktor

Ermittlung des Leiterquerschnitts

I_b
← Verlegeart A, B, C ...
← Umgebungstemperatur
I_r
← Einflussfaktoren f_1 ...
I_z
Normquerschnitt q_n
$I_b < I_z$ — NEIN → Normquerschnitt q_n vergrößern (→ I_r)
JA
Normquerschnitt q_n
Spannungsfall ΔU
$\Delta U < \Delta U_{zul}$? — NEIN → Normquerschnitt q_n vergrößern
JA
Normquerschnitt q_n

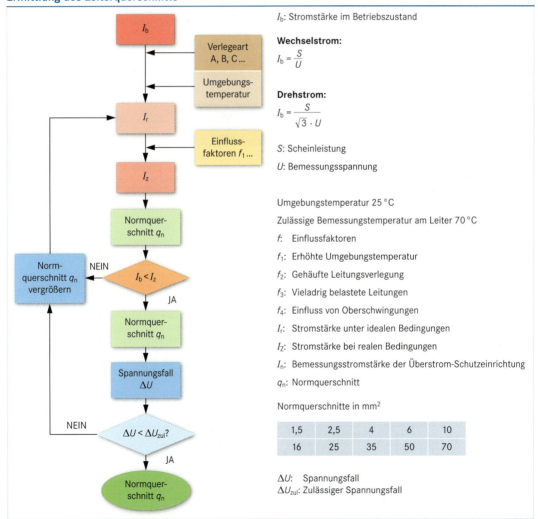

I_b: Stromstärke im Betriebszustand

Wechselstrom:

$$I_b = \frac{S}{U}$$

Drehstrom:

$$I_b = \frac{S}{\sqrt{3} \cdot U}$$

S: Scheinleistung

U: Bemessungsspannung

Umgebungstemperatur 25 °C

Zulässige Bemessungstemperatur am Leiter 70 °C

f: Einflussfaktoren

f_1: Erhöhte Umgebungstemperatur

f_2: Gehäufte Leitungsverlegung

f_3: Vieladrig belastete Leitungen

f_4: Einfluss von Oberschwingungen

I_r: Stromstärke unter idealen Bedingungen

I_z: Stromstärke bei realen Bedingungen

I_n: Bemessungsstromstärke der Überstrom-Schutzeinrichtung

q_n: Normquerschnitt

Normquerschnitte in mm²

1,5	2,5	4	6	10
16	25	35	50	70

ΔU: Spannungsfall
ΔU_{zul}: Zulässiger Spannungsfall

Sicherheitsbestimmungen für netzbetriebene elektronische Geräte
Safety Regulations for Mains Powered Electronic Devices

Begriffe

- **Betriebserdanschluss:** Anschlussstelle für solche Teile, deren Erdung aus anderen Gründen als aus Sicherheitsgründen erforderlich ist.
- **Kriechstrecke:** Kürzeste Entfernung zwischen leitfähigen Teilen auf der Oberfläche der Isolierung.
- **Luftstrecke:** Kürzeste Entfernung zwischen leitfähigen Teilen durch die Luft.
- **Netzanschlussteil** für batteriebetriebene Geräte: Stromversorgungsgerät, das anstelle von Batterien zur Energieversorgung dient.
- **Schutzleiteranschluss:** Anschlussstelle, an die zu erdende Teile aus Sicherheitsgründen angeschlossen werden.
- **Signal-Eingangswandler:** Gerät, das Energie eines nicht elektrischen Signals in elektrische Energie umwandelt (z. B. Mikrofon, Tonabnehmer).
- **Signal-Ausgangswandler:** Gerät, das Energie eines elektrischen Signals in eine andere Energie umwandelt (z. B. Lautsprecher, Bildröhre).
- **Stromversorgungsgerät:** Gerät mit Energieaufnahme aus dem Netz, das einen oder mehrere Verbraucher speist.

Anforderungen

Bau und Bemessung des Geräts: Gefahrloser Betrieb bei normaler Verwendung und bei Störung erforderlich.

Schutzfunktionen:
- Berührungsschutz
- Personenschutz gegen Auswirkungen zu hoher Temperaturen
- Personenschutz gegen Auswirkungen ionisierender Strahlung
- Personenschutz gegen Implosionswirkung
- Personenschutz gegen unzureichende Standsicherheit des Gerätes
- Schutz gegen Feuer
- Schutz gegen elektrischen Schlag durch Erdung (Schutzklasse I) oder durch Isolierungen (Schutzklasse II)

Prüfungen am Gerät:
- Reihenfolge laut DIN
- Normalbetrieb bei Umgebungstemperatur von 15 °C bis 35 °C, relativer Luftfeuchtigkeit von 45 % bis 75 % und Luftdruck von 860 mbar bis 1060 mbar
- Sinusförmige Spannungen und Ströme
- Verwendung von Messgeräten, die die zu messenden Werte nicht wesentlich beeinflussen

Reparatur und Änderung elektrischer Geräte
Repair and Modification of Electrical Devices

- Reparatur und Änderung fachgerecht ausführen
- Nach der Reparatur oder Änderung darf keine Gefahr für den Benutzer oder die Umgebung des Gerätes bestehen
- Nur die vom Hersteller vorgeschriebenen Ersatzteile einbauen
- Eingebaute Einzelteile, Bauelemente und Baugruppen müssen den Anforderungen an das Gerät und geltenden VDE-Vorschriften entsprechen
- Zur Sicherheit beitragende Teile des Gerätes dürfen nicht beschädigt werden

Prüfen reparierter und geänderter Geräte

1. Sichtprüfung
- Kontrollieren, ob Teile beschädigt oder ungeeignet sind und ob die Schutzklasse eingehalten wird.
- Sind Leitungen, Zugentlastung und Biegeschutzhülle ordnungsgemäß?

2. Kontrolle des Schutzleiters
- Anschluss und Verbindung durch Sicht- und Handprobe überprüfen.
- Messung des Widerstandes zwischen Gehäuse und dem Schutzkontakt des Netz- bzw. Gerätesteckers oder dem Schutzleiter am netzseitigen Ende der Anschlussleitung (Anschlussleitung dabei bewegen).

3. Isolationswiderstand messen
- Messung mit Geräten nach DIN VDE 0413 T.1.
- Schaltungen entsprechend den Schutzklassen verwenden.

4. Funktionsprüfung
- Kontrollieren, ob bestimmungsgemäßer Gebrauch des Gerätes möglich ist (Instandhaltungs- oder Instandsetzungsanleitungen benutzen).

5. Kontrolle der Aufschriften
- Aufschriften berichtigen oder ergänzen.

Schutzklassen elektrischer Betriebsmittel

Schutzklasse I	Schutzklasse II	Schutzklasse III
Schutzmaßnahme mit Schutzleiter Kennzeichen: ⏚	Doppelte Isolierung Kennzeichen: ⧈	Kleinspannung Kennzeichen: ◇III
Betriebsmittel mit Metallgehäuse	Betriebsmittel mit Kunststoffgehäuse	Betriebsmittel mit Bemessungsspannungen bis 25 V ~ bzw. 50 V ~ und bis 60 V – bzw. 120 V –
z. B. Elektromotor	z. B. TK- und FS-Geräte	z. B. Elektrische Handleuchten

Bildzeichen	Benennung	Bildzeichen	Benennung	Bildzeichen	Benennung
	Ein On		Lautsprecher		Achtung, allgemeine Gefahrenstelle
	Aus Off		Hörer, Hörkapsel		Akustisches Signal, Klingel
	Vorbereiten		Kopfhörer		Sirene
	Ein-/Ausstellend		Fernsprecher		Akustisches Signal, Hupe
	Ein-/Austastend		Handapparat auflegen, aufgelegt		Uhr, zeitlicher Ablauf
	Start, Ingangsetzung		Fernsprechverkehr, kontinental		Ventilator
	Stopp, Anhalten der Bewegung		Fernsehen		Schreiber
	Handbetätigung		Farbfernsehen		Drucker
	Helligkeit		Fernsehempfänger		Elektrische Maschine
	Kontrast		Farbfernsehkamera		Notruf, Feuerwehr
	Farbsättigung		Lichtenergie		Elektrorasierer
	Farbton		Strahlung, allgemein		Türöffner
	Stereophon		Mechanische Energie		Beleuchtung, Licht
	Ton (Schall)		Wärmeenergie		Sicherheitsbeleuchtung in Bereitstellung
	Sprache		Elektrische Energie		Aufnahme einer Information auf Informationsträger
	Magnettongerät		Gefährliche elektrische Spannung		Wiedergabe einer Information von Informationsträger
	Tonabnehmer		Fußschalter		Aufnahmesperre
	Mikrophon		Umschalteinrichtung		Löschen einer Information vom Informationsträger

Symbolelemente

Schaltzeichen	Benennung
	Betriebsmittel Gerät Funktionseinheit
	Hülle Gehäuse Röhrenkolben
	Begrenzungslinie Trennlinie
	Abschirmung

Arten von Strömen und Spannungen

Schaltzeichen	Benennung
	Gleichstrom
	wenn das obere Zeichen zu Verwechslungen führt
~ 50 Hz	Wechselstrom, 50 Hz
3N~	Dreiphasen-Vierleitersystem
	Wechselstrom
	Niedrige Frequenzen
	Mittlere Frequenzen
	Hohe Frequenzen
	Gleichgerichteter Strom mit Wechselstromanteil

Impulsformen

Schaltzeichen	Benennung
	Positiver Impuls
	Wechselstrom-Impuls
	Positive Schrittfunktion
	Negative Schrittfunktion
	Sägezahn

Veränderbarkeiten

Schaltzeichen	Benennung
	Veränderbarkeit durch äußeren Einfluss
	nicht linear
	Veränderbarkeit durch Eigenschaft des Gegenstandes
	Einstellbarkeit
5	5stufig
	Einstellbarkeit, stetig

Antriebsarten

Schaltzeichen	Benennung
	Handantrieb, allgemein
	Betätigung durch Ziehen
	Betätigung durch Drehen
	Betätigung durch Drücken
	Betätigung durch Kippen
	Betätigung durch Annähern
	Betätigung durch Berühren

Erde, Masse, Äquipotenzial

Schaltzeichen	Benennung
	Erde
	Schutzerde
	Masse Gehäuse

Steckdosen

Schaltzeichen	Benennung
3	Mehrfachsteckdose dargestellt als Dreifachsteckdose
	Schutzkontaktsteckdose
	Antennensteckdose
TP	Fernmeldesteckdose, allgemein TP : Telefon M : Mikrofon Lautsprecher FM : UKW-Rundfunk TV : Fernsehen TX : Telex

Verbinder

Schaltzeichen	Benennung
	Verbindung von Leitern
	Anschluss (z. B. Klemme), der Kreis darf ausgefüllt werden
11 12 13 14 15 16	Anschlussleiste, dargestellt mit Anschlussbezeichnungen
	Steckverbindung, 2 Buchsen durch einen Stecker verbunden
	Steckverbindung mit Adapter
	Abzweig von Leitern
	Doppelabzweig von Leitern
	Buchse, Pol einer Steckdose

Leiter

Schaltzeichen	Benennung
	Leiter, Gruppe von Leitern, Leitung, Kabel, Stromweg, Übertragungsweg (z. B. für Mikrowellen)
3	Einpolige Darstellung, drei Leiter, Anzahl der Leiter durch kleine Striche oder durch einen Strich mit einer Zahl angezeigt

Melder – Signaleinrichtungen

Schaltzeichen	Benennung
	Leuchte, allgemein Leuchtmelder, allgemein
	Horn, Hupe
	Wecker, Klingel
	Gong, Einschlagwecker
	Sirene

Widerstände	
	Widerstand, allgemein Dämpfungsglied, bevorzugte Form andere Form
Z	Scheinwiderstand
	Heizelement
	Widerstand, veränderbar, allgemein
U	Widerstand, spannungsabhängig, Varistor
U	Widerstand, gegensinnig, spannungsabhängig
	Widerstand, mit Schleifkontakt, Potenziometer
	Widerstand, einstellbar, mit Schleifkontakt

Kondensatoren	
	Kondensator, allgemein bevorzugte Form
	andere Form
+	Kondensator, gepolt, Elektrolyt-Kondensator
	Kondensator, veränderbar

Induktivitäten	
	Induktivität, Spule, Wicklung, Drossel
	bevorzugte Form
	andere Form
	Induktivität mit Magnetkern
	Transformator mit zwei Wicklungen Spannungswandler

Halbleiterdioden	
	Halbleiterdiode, allgemein
	Leuchtdiode, allgemein
	Kapazitätsdiode
	Z-Diode Esaki-Diode
	Breakdown-Diode, gegeneinander geschaltete Z-Dioden
	Tunneldiode
	Backward-Diode Unitunneldiode
	Zweirichtungsdiode, Disc

Thyristoren	
	Thyristordiode rückwärts sperrend
	Thyristordiode rückwärts leitend
	Zweirichtungs-Thyristordiode
	Thyristortriode, Thyristor
	Thyristortriode, rückwärts sperrend, Anode gesteuert (N-Gate)
	Thyristortriode, rückwärts sperrend, Katode gesteuert (P-Gate)
	Abschalt-Thyristortriode
	Abschalt-Thyristortriode, Anode gesteuert (N-Gate)
	Thyristortriode, rückwärts sperrend
	Thyristortriode, bidirektional, Triac
	Thyristortriode rückwärts leitend
	Thyristortriode, rückwärts leitend, Anode gesteuert (N-Gate)

Transistoren	
	PNP-Transistor
	NPN-Avalanche-Transistor
	Unijunction-Transistor mit Basis vom P-Typ
	NPN-Transistor mit zwei Basisanschlüssen
	PNIN-Transistor
	Sperrschicht-Feldeffekt-Transistor (JFET) mit N-Kanal
	Sperrschicht-Feldeffekt-Transistor (JFET) mit P-Kanal
	Isolierschicht-Feldeffekt-Transistor (IGFET), Anreicherungstyp
	Isolierschicht-Feldeffekt-Transistor (IGFET), Anreicherungstyp, Substratanschluss
	Isolierschicht-Feldeffekt-Transistor (IGFET), Substrat intern mit Source verbunden
	Isolierschicht-Feldeffekt-Transistor (IGFET), Verarmungstyp

Sensoren	
	Diode, lichtempfindlich, Fotodiode
	Widerstand, lichtempfindlich, Fotowiderstand
	Fotoelement Fotozelle
	Optokoppler, Leuchtdiode und Fototransistor
×	Hall-Generator
×	Widerstand, magnetfeldempfindlich

Verstärker	
	Verstärker, allgemein Form 1
	Form 2

Elektromagnetische Antriebe	
	Elektromechanischer Antrieb, Relaisspule Form 1
	Form 2
Schalter, Kontakte	
	Schließer, Schaltfunktion, allgemeine Schalter Form 1
	Form 2
	Öffner
	Wechsler mit Unterbrechung
	Zweiwegschließer mit Mittelstellung „Aus“
Schalter, Schaltgeräte – Beispiele	
	Tastschalter mit Schließer, handbetätigt
	Stellschalter mit Schließer, handbetätigt **(Ausschalter)**
	Stellschalter mit drei Schaltstellungen, Zweiwegschließer, handbetätigt **(Gruppenschalter)**
	Stellschalter mit zwei Betätigungsstücken, handbetätigt **(Serienschalter)**
	Stellschalter mit zwei Schaltstellungen, Umschaltglied, Wechsler, handbetätigt **(Wechselschalter)**
Fernsprecher	
	Fernsprecher, allgemein
Fernsprechgeräte	
	Hörer, allgemein
	Mikrofon, allgemein
	Lautsprecher, allgemein

Netzteile, Energiequellen	
	Gleichstromumrichter
	Gleichrichter
	Gleichrichter in Brückenschaltung
	Wechselrichter
	Wechselstromumrichter
	Primärzelle Primärelement Akkumulator
	Batterie von Primärelementen, Akkumulatorenbatterie
Generatoren	
G	Generator, allgemein
G 500 Hz	Sinusgenerator, 500 Hz
G	Pulsgenerator
Umsetzer	
#	Analog/Digital-Umsetzer
Messgeräte	
V	Spannungsmessgerät
A	Amperemeter Strommessgerät
W	Wattmeter, Leistungsmessgerät
Bus, Datenleitung	
	Bus, unidirektional, Signalflussrichtung von links nach rechts
	Bus, Signalfluss in beiden Richtungen

Filter	
	Hochpass
	Tiefpass
	Bandpass
	Bandsperre
Antennen	
	Antenne, allgemein
	Dipolantenne
	Parabol-Antenne
Kombinatorische Elemente	
≥ 1	ODER-Element, allgemein
&	UND-Element, allgemein
1	NICHT-Element, Inverter (in einem Schaltplan mit einheitlicher Logik-Vereinbarung)
=	Äquivalenz-Element, allgemein
Bistabile Elemente	
S R	RS-Flipflop
6 4 7 1D 1C C2 2D 10 11 9 8	D-Flipflop, einzustands-gesteuert, zweifach
1 12 4 13 1J C1 1K R 2 3	JK-Flipflop, einflanken-gesteuert

Elektromagnetische Umgebung

- Grundsatz: EMV ist die Fähigkeit einer elektrischen Einrichtung (Bauelement, Baugruppe, Gerät, System, Anlage), in einer vorgegebenen elektromagnetischen Umgebung in beabsichtigter Weise zu arbeiten, ohne die Umgebung durch elektromagnetische Wirkungen in unzulässiger Weise zu beeinträchtigen.
- Die **EM-Umgebung** eines Gerätes oder einer Einrichtung wird definiert durch alle am vorgesehenen Einsatzort auftretenden **elektromagnetischen Phänomene** (Erscheinungen) und die EMV-relevanten Randbedingungen (z. B. Luftfeuchtigkeit).
- Die Phänomene entstehen durch
  - **systemfremde** natürliche Störquellen (z. B. atmosphärische Entladungen),
  - **systemeigene** künstliche Störquellen (z. B. elektrische Maschinen).

Störquellen

- Blitzentladungen mit Direkt-, Nah- oder Ferneinschlägen,
- Elektrostatische Entladungen in Form von Gleit-, Büschel-, Funken- oder blitzähnlichen Entladungen
- Schalten von Sammelschienen mittels Kontakten
- Kurz-, Erd- und Doppelerdschlüsse
- Abschalten leerlaufender Hochspannungsleitungen, Prellvorgänge an mechanischen Kontakten
- Ein- und Ausschalten von Leuchtstofflampen
- Betrieb von Lichtbogenschmelzöfen
- Zuschalten leerlaufender Kabel
- Versorgungswechselspannung (50 Hz/60 Hz)
- Öffnen und Schließen von Kontakten (Funkenentladung)
- Abschaltvorgänge von Induktivitäten (Relaisspulen)
- Flankenwechsel auf Steuer- und Datenleitungen
- Lastwechsel auf Elektronik-Stromversorgungsleitungen
- Taktsignale (hoch- und niederfrequente)
- Reflexionserscheinungen auf Leitungen
- Magnetfelder von Speicherlaufwerken
- Nukleare Explosionen

Störgrößen

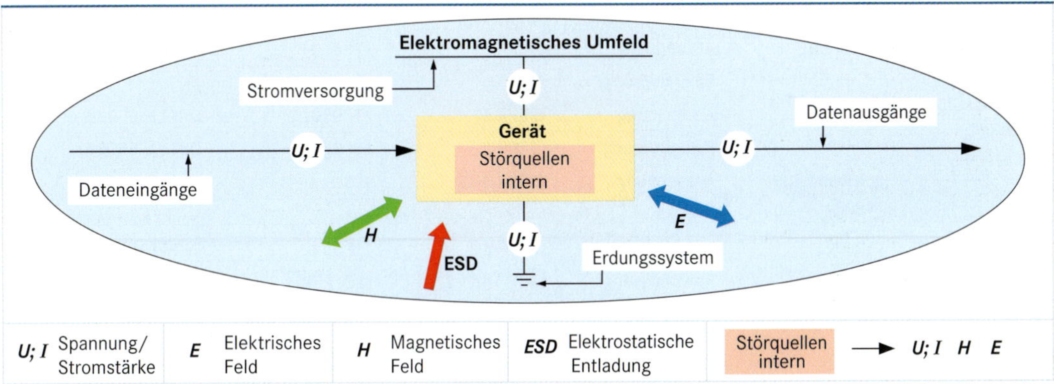

$U; I$	Spannung/ Stromstärke	E	Elektrisches Feld	H	Magnetisches Feld	*ESD*	Elektrostatische Entladung	Störquellen intern	→ $U; I$ H E

Umgebungsklassen

- Umgebungsbedingungen sind eingeteilt in **Umgebungsklassen**.
- Umgebungsklassen beschreiben die unterschiedlichen Anforderungen an die elektromagnetische Verträglichkeit **(EMV)** der eingesetzten Geräte und Systeme für bestimmte Einsatzorte.

Klasse 1 Gut geschützte Umgebung	**Klasse 2** Geschützte Umgebung	**Klasse 3** Industrielle Umgebung	**Klasse 4** Erhöhte Beanspruchung
▪ EMV-gerechtes Erdungs-, Verkabelungs- und Schirmungskonzept ▪ Unterbrechungsfreie Stromversorgung für einzelne Anlagenteile ▪ Gebrauch von Sendeeinrichtungen jeglicher Art untersagt	▪ Keine Leistungsschalter in der Umgebung ▪ Abgestimmtes Erdungskonzept ▪ Steuer- und Leistungskreise teilweise mit Störschutz und Überspannungseinrichtungen ▪ Keine Funksprechgeräte oder Sendeeinrichtungen	▪ Kein Überspannungsschutz in Steuer- und Leistungskreisen ▪ Erdungsanlage vorhanden ▪ Getrennte Kabel für Steuer-, Signal- und Datenleitungen ▪ Ungenügende Trennung der Versorgungs-, Steuer- und Kommunikationsleitungen	▪ Kein Überspannungsschutz ▪ Undefinierte Erdungsverhältnisse ▪ Steuer- und Signalleitungen in einem Kabel ▪ Funksprechgeräte uneingeschränkt möglich ▪ Elektroöfen, Schweißgeräte in der Nähe

Übersicht

			Welt	Europa	Deutschland
Fachgrundnormen (EMV-Umgebung eines Gerätes)	Störfestigkeit	Wohngebiet	IEC 61000-6-1	EN 61000-6-1	DIN EN 61000-6-1
		Industriegebiet	IEC 61000-6-2	EN 61000-6-2	DIN EN 61000-6-2
	Störaussendung	Wohngebiet	IEC 61000-6-3	EN 61000-6-3	DIN EN 61000-6-3
		Industriegebiet	IEC 61000-6-4	EN 61000-6-4	DIN EN 61000-6-4
Grundnormen (physikalische Phänomene und Messverfahren)	Grundlagen		IEC 61000-2-9	EN 61000-2-9	DIN EN 61000-2-9
	Messgeräte		CISPR 16-1	EN 55016-1	DIN EN 55016-1
	Messverfahren	Aussendung	CISPR 16-2	EN 55016-2	DIN EN 55016-2
		Beeinflussung	CISPR 16-2	EN 61000-4-1	DIN EN 61000-4-1
	Ober-Schwingungen		IEC 61000-3-2	EN 61000-3-2	DIN EN 61000-3-2
	Beeinflussungsgrößen z. B.	ESD	IEC 61000-4-2	EN 61000-4-2	DIN EN 61000-4-2
		EM-Felder	IEC 61000-4-10	EN 61000-4-10	DIN EN 61000-4-10
		Burst	IEC 61000-4-4	EN 61000-4-4	DIN EN 61000-4-4
		Surge	IEC 61000-4-5	EN 61000-4-5	DIN EN 61000-4-5
Produktnormen (Grenzwerte für Störaussendung und Störfestigkeit)	Radio und TV-Geräte	Aussendung	CISPR 13	EN 55013	DIN EN 55013
		Beeinflussung	CISPR 20	EN 55020	DIN EN 55020
	Leuchten	Aussendung	CISPR 15	EN 55015	DIN EN 55015
		Beeinflussung	CISPR 15	EN 55015	DIN EN 55015
	Hausgeräte	Aussendung	CISPR 14-1	EN 55014-1	DIN EN 55014-1
		Beeinflussung	CISPR 14-2	EN 55014-2	DIN EN 55014-2
	ISM-Geräte[1)]	Aussendung	CISPR 11	EN 55011	DIN EN 55011
		Beeinflussung	a)	a)	a)
	ITE-Geräte[2)]	Aussendung	CISPR 22	EN 55022	DIN EN 55022
		Beeinflussung	CISPR 22	EN 55022	DIN EN 55022
	Hochspannungsanlagen	Aussendung	CISPR 18-2	-	DIN VDE 0873
	Fahrzeuge	Aussendung	CISPR 12	EN 5512	DIN EN 55012
		Beeinflussung	ISO 11451-2	ISO 11451-2	ISO 11451-2

a) Geregelt in den Qualitäts- und Sicherheitsnormen der Produktfamilien.

[1)] **ISME:** **I**ndustrial, **S**cientific and **M**edical **E**quipment; Geräte zur Erzeugung von HF-Energie im Bereich Industrie, Wissenschaft und Medizin (ohne Telekom.)

[2)] **ITE:** **I**nformation **T**echnology **E**quipment; Informationstechnische Einrichtungen

ISO: **I**nternational **S**tandardization **O**rganisation; Internationale Normungsorganisation

CISPR: **C**omité **I**nternational **S**pécial des **P**ertubations **R**adioélectriques; Internationaler Sonderausschuss für Funkstörungen (in der IEC)

IEC: **I**nternational **E**lectrotechnical **C**ommission; Internationale Elektrotechnische Kommission

Begriffe

EMC	**E**lectro**m**agnetic **C**ompatibility: Elektromagnetische Verträglichkeit	**EMS**	**E**lectro**m**agnetic **S**usceptibility: Elektromagnetische Empfindlichkeit
EME	**E**lectro**m**agnetic **E**mission: Elektromagnetische Emission (Abstrahlung)	**ERP**	**E**arth **R**eference **P**lane: Erdpotenzialbezugsfläche
EMI	**E**lectro**m**agnetic **I**nterference: Elektromagnetische Störung	**ESD**	**E**lectro**st**atic **D**ischarge: Elektrostatische Entladung
EMP	**E**lectro**m**agnetic Im**p**ulse: Elektromagnetischer Impuls	**HBD**	**H**uman **B**ody **D**ischarge: Elektrostatische Körperentladung
EMR	**E**lectro**m**agnetic **R**adiation: Elektromagnetische Strahlung	**Burst**	Entladungsstoß
		Surge	Überspannungsstoß

Systemkomponenten

5

120 Digitale Logik
121 Logikfamilien
122 Vereinfachung mit K-V-Tafeln
123 Digitale Signalumsetzer
124 Digitale Funktionsbausteine
125 Rechnerarchitektur
126 Parallele Rechnerstrukturen
127 Mikroprozessor
128 Multi-Core Prozessor
129 RISC – Reduced Instruction Set Computer
130 DSP – Digitale Signalprozessoren
131 PC-Motherboard
132 Flüchtige Halbleiterspeicher und Speichermodule
133 DDR-RAM
134 Festplatten
135 Partitionieren von Festplatten
135 SATA – Serial ATA
136 SSD – Solid State Drive
137 Bandlaufwerke
138 Speicherkarten
139 CF Karte
139 SD Karte
140 Nichtflüchtige Speicher
140 ASIC
141 PC-Schnittstellen und -Anschlüsse
142 PCI – Peripheral Component Interconnect
143 cPCI – Compact PCI
144 PCIe – Peripheral Component Interconnect express
145 SCSI – Small Computer System Interface
146 SAS – Serial Attached SCSI
147 RAID – Redundant Array of Independent Disc
148 HDMI – High Definition Multimedia Interface
149 DisplayPort
150 Anschlüsse an IT-Geräten
151 Serielle und parallele Schnittstellen
152 ExpressCard
152 PCMCIA-Card
153 EIA 485 (RS 485)
154 I^2C-Bus
155 USB – Universal Serial Bus
156 IrDA – Infrared Data Association
157 IEEE 1394/Firewire/i-Link
158 UPnP – Universal Plug and Play
159 CD
160 CD-Aufzeichnungsstandards
160 Audio-CD
161 DVD
162 BD – Blu-ray Disc
163 Soundkarten
164 Audio-Systeme und -Formate
165 Mikrofone
165 Lautsprecher
166 Grafikkarten
167 Farbmodelle
168 Bild und Grafik
169 Farbmanagement
170 Bildbearbeitung
171 Fernkopierer
172 Videokonferenz
173 Audio-/Videocodierung
174 Datenreduktion
175 Verlustfreie Kompression
176 MPEG-Standards
177 H.264
177 Audiodatenreduktion, MP3
178 JPEG – Joint Photopraphics Expert Group
179 Datenreduktion bei bewegten Bildern
180 Streaming Media
181 HD Video-Aufzeichnung
182 Drucker
183 Scanner
184 Magnet-/Chip-Karten
185 Digitale Fotografie
186 Bildaufnehmer
187 Biometrische Authentifizierung
188 Display-Technologien
189 Flachbild-Anzeigen
190 Datenprojektoren (Beamer)
191 PC-Netzteilstecker
192 USV-Anlagen
193 Batterieanlagen
194 Umwelt- und Klimabedingungen

Verknüpfungsbausteine

Schaltzeichen	Schaltfunktion, Benennung	a	b	x
&	**UND-Verknüpfung** (Konjunktion) $x = a \wedge b$	0	0	0
		0	1	0
		1	0	0
	$x = a \cdot b$ (a und b)[1]	1	1	1
≥1	**ODER-Verknüpfung** (Disjunktion) $x = a \vee b$	0	0	0
		0	1	1
		1	0	1
	$x = a + b$ (a oder b)[1]	1	1	1
1	**NICHT** (Negation) $x = \overline{a}$	0	–	1
		1	–	0
		–	–	–
	$\neg$ a (nicht a)[1]	–	–	–
&	**NAND-Verknüpfung** $x = \overline{a \wedge b}$	0	0	1
		0	1	1
	$x = a \overline{\wedge} b$ (a nand b)[1]	1	0	1
		1	1	0
≥1	**NOR-Verknüpfung** $x = \overline{a \vee b}$	0	0	1
		0	1	0
	$x = a \overline{\vee} b$ (a nor b)[1]	1	0	0
		1	1	0
=1	**Exklusiv-ODER** (Antivalenz) $x = (a \wedge \overline{b}) \vee (\overline{a} \wedge b)$	0	0	0
		0	1	1
	$x = a \nleftrightarrow b$ (a xor b)[1]	1	0	1
		1	1	0
=	**Exklusiv-NOR** (Äquivalenz) $x = (a \wedge b) \vee (\overline{a} \wedge \overline{b})$	0	0	1
		0	1	0
	$x = a \leftrightarrow b$	1	0	0
	(a Doppelpfeil b)[1]	1	1	1
& (Eingang a negiert)	**Sperrgatter** (Inhibition)	0	0	0
		0	1	1
	$x = \overline{a} \wedge b$	1	0	0
		1	1	0
≥1 (Eingang a negiert)	**Subjunktion** (Implikation) $x = \overline{a} \vee b$	0	0	1
		0	1	1
		1	0	0
	$x = a \rightarrow b$ (a Pfeil b)[1]	1	1	1

[1] Benennung nach DIN 66000

Schaltalgebra

Konjunktion (UND-Funktion)	**Disjunktion** (ODER-Funktion)	**Negation** (NICHT-Funktion)
$x = a \wedge 0 = 0$	$x = a \vee 0 = a$	$x = \overline{a}$
$x = a \wedge 1 = a$	$x = a \vee 1 = 1$	$x = \overline{\overline{a}} = a$
$x = a \wedge a = a$	$x = a \vee a = a$	$x = \overline{\overline{\overline{a}}} = \overline{a}$
$x = a \wedge \overline{a} = 0$	$x = a \vee \overline{a} = 1$	

Rechenregeln

Vertauschungsregel (Kommutatives Gesetz)

$x = a \wedge b = b \wedge a$
$x = a \vee b = b \vee a$

Beispiel:

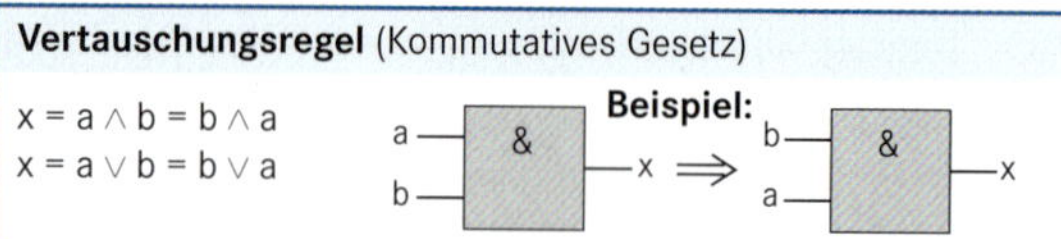

Verbindungsregel (Assoziatives Gesetz)

$x = a \wedge b \wedge c = a \wedge (b \wedge c) = b \wedge (a \wedge c) = c \wedge (a \wedge b)$
$x = a \vee b \vee c = a \vee (b \vee c) = b \vee (a \vee c) = c \vee (a \vee b)$

Beispiel:

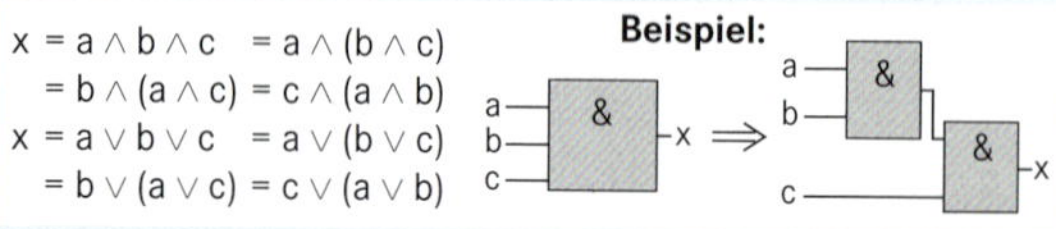

Verteilungsregel (Distributives Gesetz)

$x = a \wedge b \vee a \wedge c = a \wedge (b \vee c)$
UND-Funktion geht vor ODER-Funktion
$x = (a \vee b) \wedge (a \vee c) = a \vee (b \wedge c)$

Beispiel:

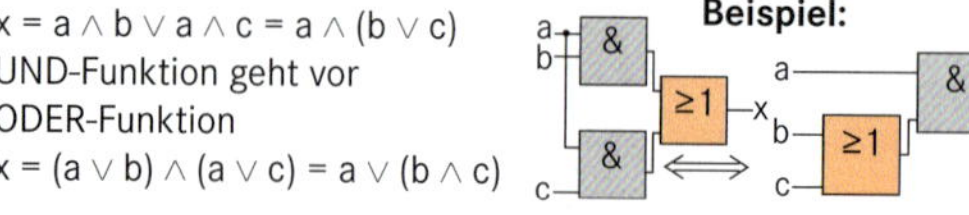

De Morgansches Gesetz

$x = a \wedge b = \overline{\overline{a} \vee \overline{b}}$ $x = a \vee b = \overline{\overline{a} \wedge \overline{b}}$

Beispiel:

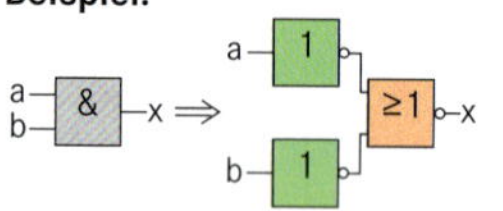

$x = \overline{a \wedge b} = \overline{a} \vee \overline{b}$

Beispiel:

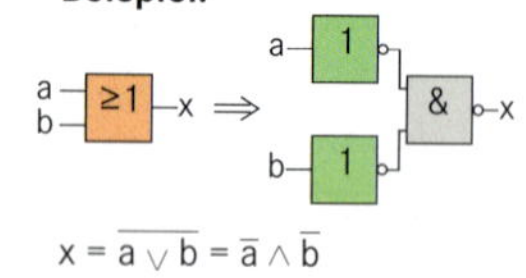

$x = \overline{a \vee b} = \overline{a} \wedge \overline{b}$

Vereinfachungen

Beispiel:

$x = a \wedge (a \vee b) = a$
$x = a \vee a \wedge b = a$

$x = a \wedge (\overline{a} \vee b) = a \wedge b$
$x = a \vee (\overline{a} \wedge b) = a \vee b$

$x = a \vee \overline{a} \wedge \overline{b} = a \vee \overline{b}$
$x = \overline{a} \vee a \wedge b = \overline{a} \vee b$
$x = \overline{a} \vee a \wedge \overline{b} = \overline{a} \vee \overline{b}$

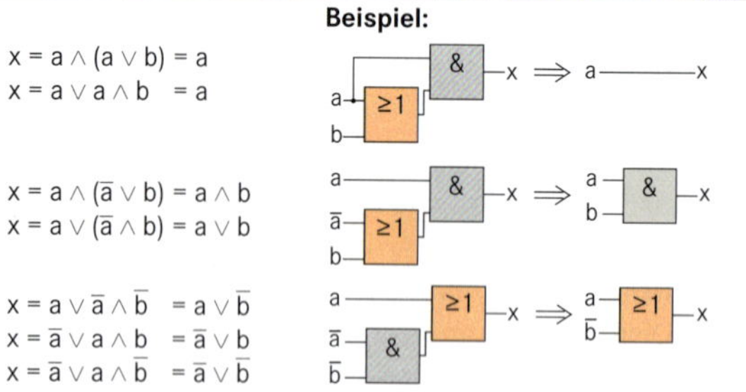

Ersetzen

UND durch ODER

ODER durch UND

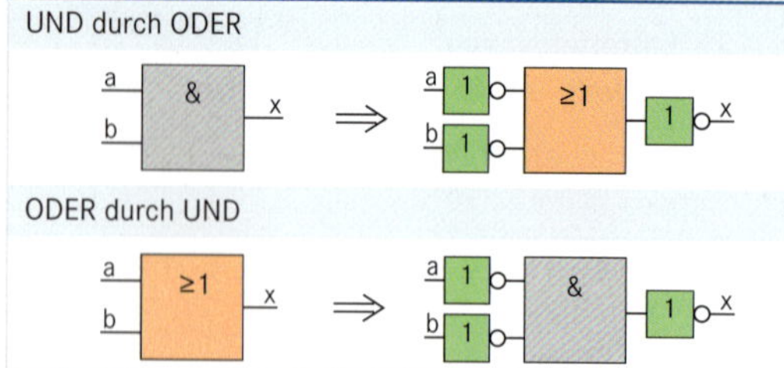

Ersetzen von Verknüpfungsgliedern
Man erhält gleichwertige Verknüpfungsglieder, wenn

1. alle UND durch ODER,
2. alle ODER durch UND ersetzt und
3. alle Anschlüsse gegenüber dem Ausgangszustand invertiert werden. (Ausnahme: NICHT-Glied)

Bezeichnungsschema[1)]

Beispiel: SN74LS244N	SN	74	LS				244		N	
	①	②	③	④	⑤	⑥	⑦	⑧	⑨	⑩

① **Kennzeichnung Standard (SN)**	
SN	Standard Vorzeichen
SNJ	Entspricht MIL-PRF-38535 (QML)
② **Temperaturbereich**	
54	Militärisch, 74 Kommerziell
④ **Spezielle Funktionen** (Beispiele)	
Leer	Keine speziellen Funktionen
C	Einstellbare Versorgungsspannung
D	Level-Shifting Diode (CBTD)
H	Bus Hold (ALVCH) Schaltung (CBTK)
S	Schottky Clamping Diode (CBTS)
⑤ **Bit-Breite** (Beispiele)	
Leer	Gates, MSI, and Octals
1G	Single Gate
2G	Dual Gate
8	Octal IEEE 1149.1 (JTAG)
16	Widebus (16-, 18- and 20-bit)
32	Widebus+ (32- and 36-bit)
⑥ **Optionen** (Beispiele)	
Leer	Keine Optionen
2	Serielle Dämpfungswiderstände am Ausgang
4	Pegelanpassung
25	25 Ω Leitungstreiber
⑦ **Funktion** (Beispiele)	
244	Nichtinvertierende Puffer/Treiber
374	D-Typ Flip-Flop
640	Invertierender Empfänger
⑧ **Ausgabestand** (Beispiele)	
Leer	Kein geänderter Ausgabestand
Buchstabe	A bis Z kennzeichnet Ausgabestand
⑨ **Gehäusebauform**	
N	Plastic-Dual-In-Line Package (PDIP)
⑩ **Verpackung**	

[1)] nach Texas Instruments

③ **Familie**	
Leer	Transistor-Transistor Logic (TTL)
ABT	**A**dvanced **B**iCMOS **T**echnology
ABTE/ETL	**A**dvanced **B**iCMOS **T**echnology/ **E**nhanced **T**ransceiver **L**ogic
AC/ACT	**A**dvanced **C**MOS Logic
AHC/AHCT	**A**dvanced **H**igh-Speed **C**MOS Logic
ALB	**A**dvanced **L**ow-Voltage **B**iCMOS
ALS	**A**dvanced **L**ow-Power **S**chottky Logic
ALVC	**A**dvanced **L**ow-**V**oltage **C**MOS Technology
ALVT	**A**dvanced **L**ow-**V**oltage BiCMOS **T**echnology
AS	**A**dvanced **S**chottky Logic
AUC	**A**dvanced **U**ltra-Low-Voltage **C**MOS Logic
AUP	**A**dvanced **U**ltra-Low-**P**ower CMOS Logic
AVC	**A**dvanced **V**ery Low-Voltage **C**MOS Logic
BCT	**B**i**C**MOS Bus-Interface **T**echnology
CB3Q	**C**ross**b**ar Bus-Switch 2.5 V/3.3 V Low-Voltage High-Bandwidth Technology Logic
CB3T	**C**ross**b**ar Bus-Switch 2.5 V/3.3 V Low-Voltage **T**ranslator Technology Logic
CBT	**C**ross**b**ar **T**echnology
CBT-C	**C**ross**b**ar 5-V Bus-Switch **T**echnology Logic with 0,2 V Undershoot Protection
CBTLV	**C**ross**b**ar **T**echnology **L**ow-**V**oltage Logic
F	**F** Logic
FB	**B**ackplane Transceiver Logic/**F**uturebus+
GTL	**G**unning **T**ransceiver **L**ogic
GTLP	**G**unning **T**ransceiver **L**ogic **P**lus
HC/HCT	**H**igh-Speed **C**MOS Logic
HSTL	**H**igh-**S**peed **T**ransceiver **L**ogic
LS	**L**ow-Power **S**chottky Logic
LV-A	**L**ow-**V**oltage CMOS Technology
LV-AT	**L**ow-**V**oltage CMOS Technology – **T**TL Comp
LVC	**L**ow-**V**oltage **C**MOS Technology
LVT	**L**ow-**V**oltage BiCMOS **T**echnology
PCA/PCF	I²C Inter-Integrated Circuit Applications
S	**S**chottky Logic
SSTL	**S**tub **S**eries-**T**erminated **L**ogic
SSTU	**S**tub **S**eries-**T**erminated **U**ltra-Low-Voltage Logic
TVC	**T**ranslation **V**oltage **C**lamp Logic
VME	**VERSAm**odule **E**urocard Bus Technology

Kenndaten einiger Logikfamilien

Technologie		AHC	AUC	CBT	F	LS	LVC	LVT
Betriebsspannung	in V	5	0,8 ... 2,5	5	5	5	2,0 ... 3,6	2,7 ... 3,3
Betriebsspannungsbereich	in V	4,5 ... 5,5	0,8 ... 2,7	4,0 ... 5,5	4,5 ... 5,5	4,75 ... 5,25	1,65 ... 3,6	2,7 ... 3,6
Temperaturbereich	in °C	−40 ... +85	−40 ... +85	−40 ... +85	0 ... +70	0 ... +70	−40 ... +85	−40 ... +85
U_{IH}	in V	2	[2)]	2	2	2	[2)]	2
U_{IL}	in V	0,8	0 ... 0,7	0,8	0,8	0,8	[2)]	0,8
I_{OH}	in mA	−8	−9[2)]	–	−1	−0,4	−24	−12
I_{OL}	in mA	8	9[2)]	–	20	8	24	12
t_{pd} (max.)	in ns	8,5	2,2[2)]	0,25	6	15	4,5	5,3

[2)] abhängig von der Betriebsspannung

Regeln

- Karnaugh-Veitch-Diagramme (K-V-Diagramme, K-V-Tafeln) sind grafische Verfahren zur Vereinfachung von Schaltfunktionen.
- Die Anzahl a der Felder in der K-V-Tafel ist abhängig von der Anzahl n der Eingangsvariablen: $a = 2^n$.
- Angeordnet werden die Eingangsvariablen in der Form, dass jeweils von Spalte zu Spalte und von Zeile zu Zeile nur eine Variable geändert wird.
- In die Felder werden die Werte aus der Wertetabelle eingetragen.
- Felder, die nicht belegt sind, können je nach gewählter Methode mit 0 oder 1 ergänzt werden.
- **Mintermmethode:** möglichst viele Felder, die eine 1 enthalten (Vollkonjunktionen) zu 2er-, 4er-, 8er- oder 16er-Blöcken zusammenfassen.
- Es dürfen nur die Vollkonjunktionen zusammengefasst werden, die mit einer Seite aneinanderstoßen (nicht mit Ecken).
- Variable innerhalb eines Blockes, die negiert und nicht negiert auftreten, entfallen.
- Die je Block verbleibenden Variablen werden UND-verknüpft.
- Diese UND-Verknüpfungen werden durch ODER-Verknüpfungen zusammengefasst und ergeben die Schaltfunktion in Disjunktiver Minimalform.
- **Maxtermmethode:** Vereinfachen zum Zusammenfassen und Reduzieren wie bei der Mintermmethode mit den Feldern, die eine 0 enthalten.
- Die Umwandlung in die konjunktive Minimalform erfolgt durch nochmalige Negation und Anwendung des de Morgan'schen Theorems.
- K-V-Tafeln werden nur für bis zu 5 Eingangsvariable aufgestellt.

Wertetabelle				**Funktionsgleichung**		**K-V-Tafel** (Minimierte Funktionsgleichung)	
Beispiel für 2 Variable				Vollkonjunktion	Volldisjunktion	Mintermmethode	Maxtermmethode
	a	b	x				
1	0	0	1	$x = \bar{a} \wedge \bar{b}$			
2	0	1	0		$\bar{x} = a \vee \bar{b}$		
3	1	0	1	$x = a \wedge \bar{b}$			
4	1	1	0		$\bar{x} = \bar{a} \vee \bar{b}$		

Mintermmethode:

	$\bar{a}$	a
$\bar{b}$	1	1
b	0	0

$x = \bar{b}$

Maxtermmethode:

	$\bar{a}$	a
$\bar{b}$	1	1
b	0	0

$\bar{x} = b$

Beispiel für 3 Variable

	a	b	c	x	Vollkonjunktion	Volldisjunktion
1	0	0	0	1	$x = \bar{a} \wedge \bar{b} \wedge \bar{c}$	
2	0	0	1	1	$x = \bar{a} \wedge \bar{b} \wedge c$	
3	0	1	0	1	$x = \bar{a} \wedge b \wedge \bar{c}$	
4	0	1	1	0		$\bar{x} = a \vee \bar{b} \vee \bar{c}$
5	1	0	0	1	$x = a \wedge \bar{b} \wedge \bar{c}$	
6	1	0	1	0		$\bar{x} = \bar{a} \vee b \vee \bar{c}$
7	1	1	0	0		$\bar{x} = \bar{a} \vee \bar{b} \vee c$
8	1	1	1	0		$\bar{x} = \bar{a} \vee \bar{b} \vee \bar{c}$

Mintermmethode:

	$\bar{a}$	$\bar{a}$	a	a
$\bar{b}$	1	1	0	1
b	1	0	0	0
	$\bar{c}$	c	c	$\bar{c}$

Disjunktive Minimalform

$x = (\bar{a} \wedge \bar{c}) \vee (\bar{b} \wedge \bar{c}) \vee (\bar{a} \wedge \bar{b})$

Maxtermmethode:

	$\bar{a}$	$\bar{a}$	a	a
$\bar{b}$	1	1	0	1
b	1	0	0	0
	$\bar{c}$	c	c	$\bar{c}$

Disjunktive Minimalform

$\bar{x} = (a \wedge c) \vee (b \wedge c) \vee (a \wedge b)$

Konjunktive Minimalform

$x = (\bar{a} \vee \bar{c}) \wedge (\bar{b} \vee \bar{c}) \wedge (\bar{a} \vee \bar{b})$

K-V-Tafel für 4 Variable

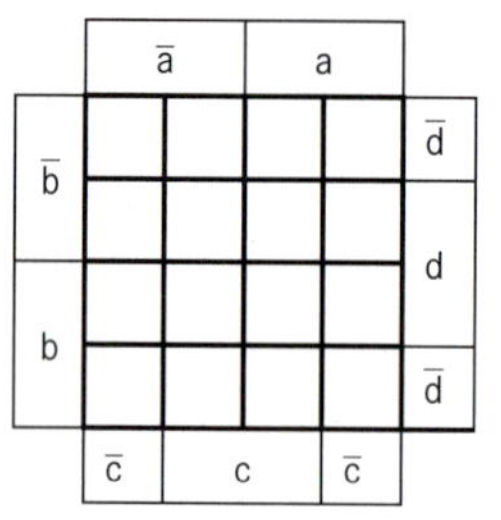

K-V-Tafel für 5 Variable

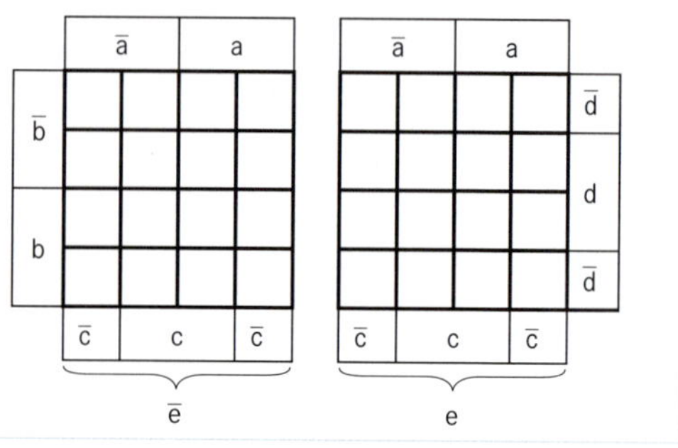

Schmitt-Trigger

- Digitale Schnittstellen, insbesondere Eingangsinterfaces, verlangen Signale mit bestimmten maximalen Anstiegs- bzw. Abfallzeiten.
- Zur Erfüllung dieser Forderung werden in der Regel Impulsformerstufen eingebaut.
- Diese Impulsformerstufen werden mit Schmitt-Trigger-Schaltungen realisiert und erzeugen aus langsam ansteigenden Eingangssignalen schlagartig umschaltende Signale.

Sechsfach invertierend (74LS 14)

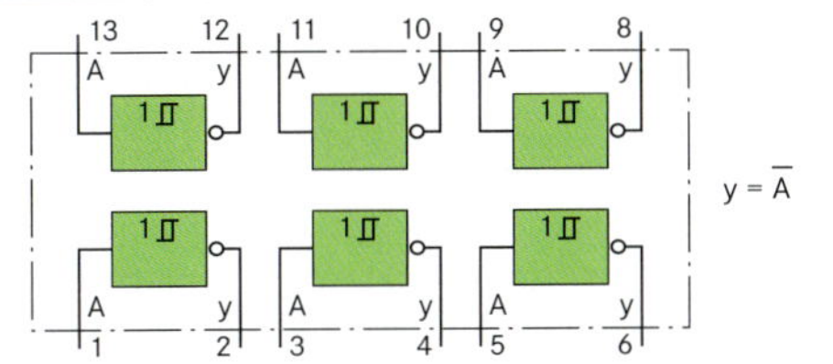

Schaltverhalten (Abhängigkeiten)

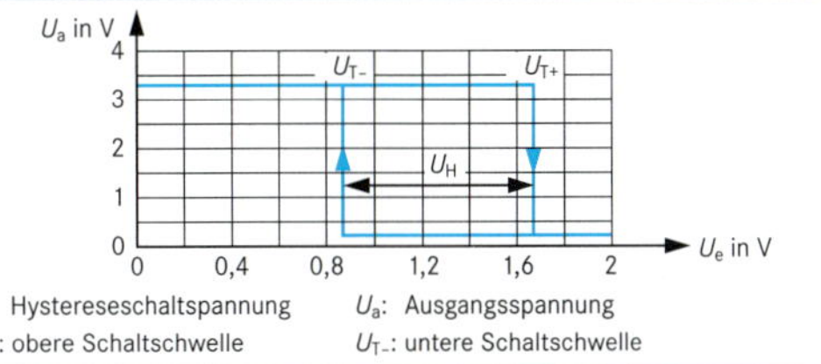

Analog-Digital-Umsetzer

- Analog-Digital Umsetzer setzen analoge Signale (die in der Regel gefiltert sind) in digitale Signale um.
- Sie arbeiten nach unterschiedlichen Umsetzungsverfahren.

Parallelverfahren

- Die Eingangsspannung wird **gleichzeitig** mit n festen Referenzspannungen verglichen.
- Das Ergebnis wird in einem Schritt ermittelt.

Wägeverfahren

- Eingangsspannung wird **nacheinander** mit n-Referenzspannungen verglichen.
- Anzahl der Referenzspannungen entspricht der Stellenzahl der dualen Ausgangszahl.

Zählverfahren

- Eingangsspannung wird mit einer Referenzspannung verglichen (kleinster Wert ≙ LSB).
- Dieser Wert wird so oft aufaddiert, bis Wert der Eingangsspannung erreicht ist.

Direkt-Umsetzer

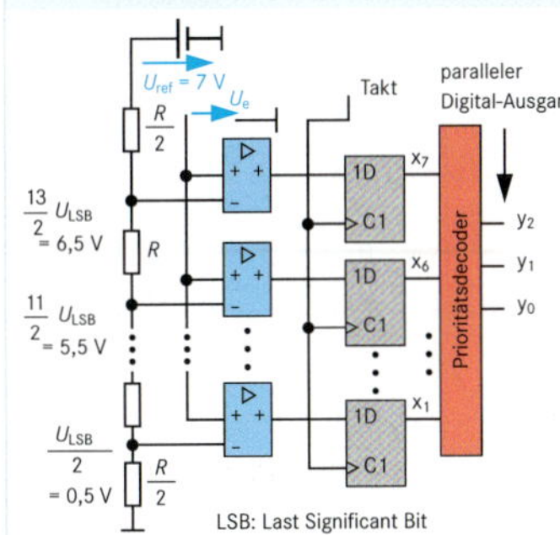

Stufenrampen-Umsetzer

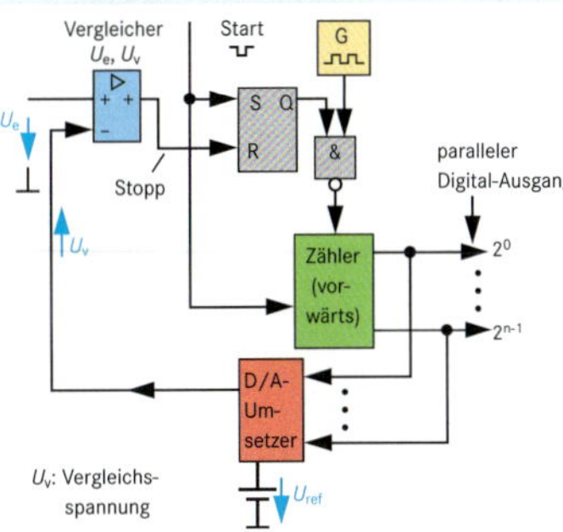

Dual-Slope-Umsetzer

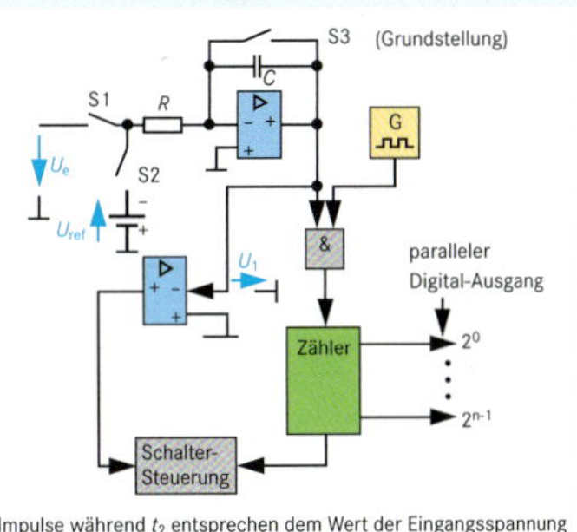

Digital-Analog-Umsetzer

- Digital-Analog Umsetzer setzen digitale Signale in analoge Signale um.
- Sie arbeiten nach unterschiedlichen Umsetzungsverfahren.

Direktes Verfahren

- Für jede umzusetzende digitale Zahl ist eine diesem Wert entsprechende Spannungsquelle erforderlich.
- Die Spannungsquellen werden einzeln, getrennt eingeschaltet.

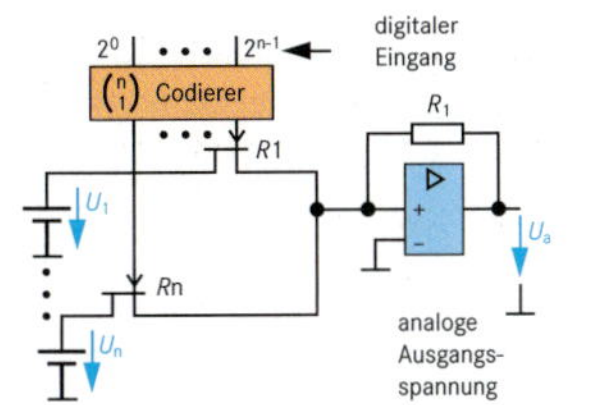

Paralleles Verfahren

- Jedem Digitaleingang ist eine unterschiedlich gewichtete Spannungs- oder Stromquelle zugeordnet.
- Sie werden entsprechend der anliegenden Dualzahl eingeschaltet und aufsummiert.

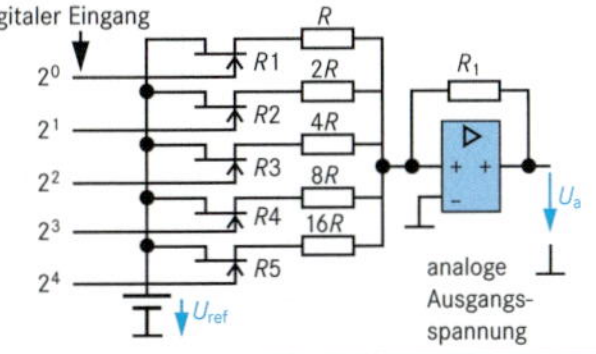

Sägezahnverfahren (Dual-Slope)

- Beim Sägezahnverfahren wird nur eine Referenzspannung benötigt.
- Digitalwert wird im Zähler auf Null gezählt. Benötigte Zeit ist proportional zum Digitalwert.

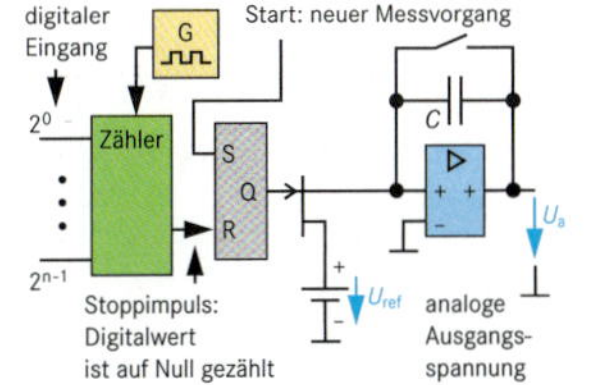

Kipp-Schaltungen

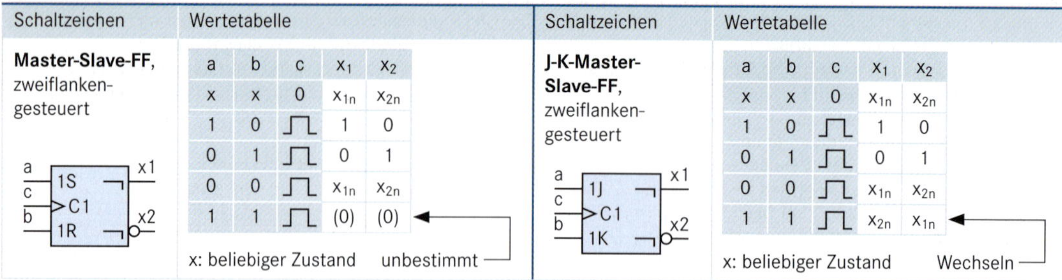

Schaltzeichen	Wertetabelle				
Master-Slave-FF, zweiflanken-gesteuert	a	b	c	x_1	x_2
	x	x	0	x_{1n}	x_{2n}
	1	0	⎍	1	0
	0	1	⎍	0	1
	0	0	⎍	x_{1n}	x_{2n}
	1	1	⎍	(0)	(0)

x: beliebiger Zustand — unbestimmt

Schaltzeichen	Wertetabelle				
J-K-Master-Slave-FF, zweiflanken-gesteuert	a	b	c	x_1	x_2
	x	x	0	x_{1n}	x_{2n}
	1	0	⎍	1	0
	0	1	⎍	0	1
	0	0	⎍	x_{1n}	x_{2n}
	1	1	⎍	x_{2n}	x_{1n}

x: beliebiger Zustand — Wechseln

Frequenzteiler

Teilerarten

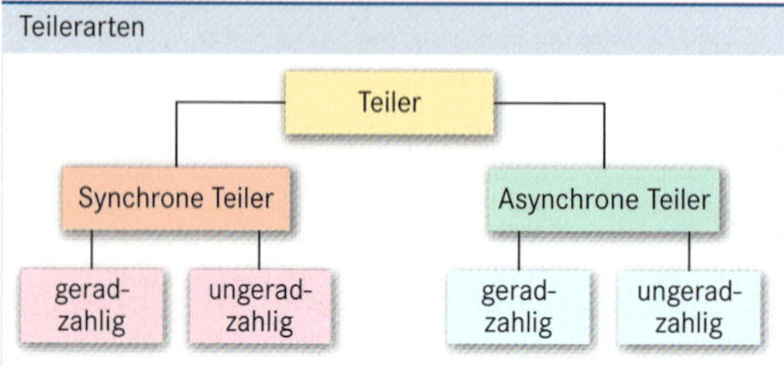

Asynchrone Teiler sind in der Zählfrequenz eingeschränkt (Aufsummierung der Schaltzeiten).

Synchrone Teiler: Jedes Flipflop wird vom Takt direkt angesteuert. Höchste Betriebsfrequenzen sind möglich.

Geradzahliger asynchroner Teiler

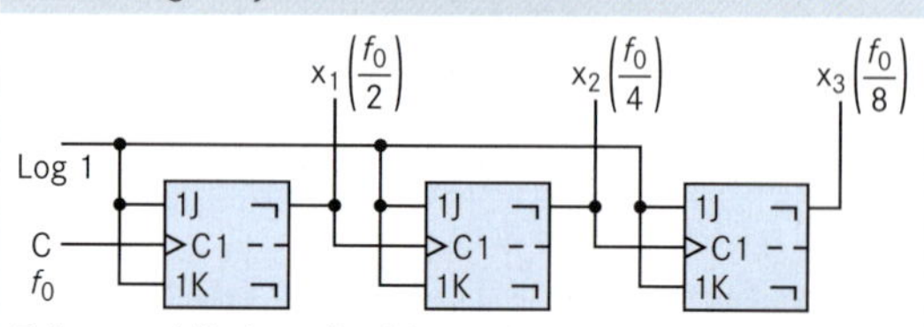

Teilungsverhältnis ergibt sich aus der Anzahl n der Flipflops.
$N = 2^n$

$$f_T = \frac{f_0}{2^n}$$

f_0: Eingangsfrequenz
f_T: geteilte Frequenz
n: Zahl der FF

Rechenschaltungen

Halbaddierer — 1-Bit-Volladdierer — 4-Bit-Volladdierer

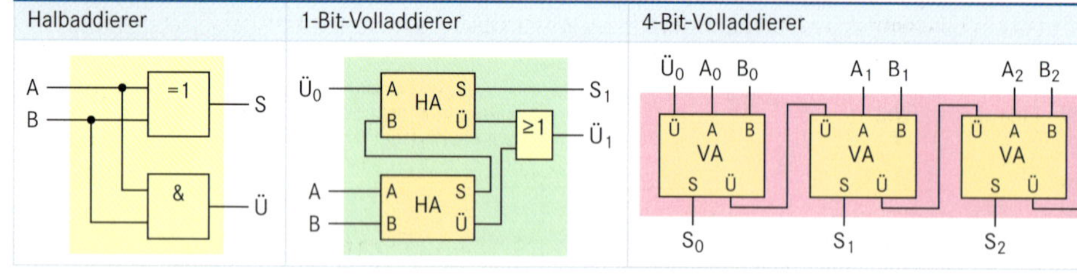

Multiplexer

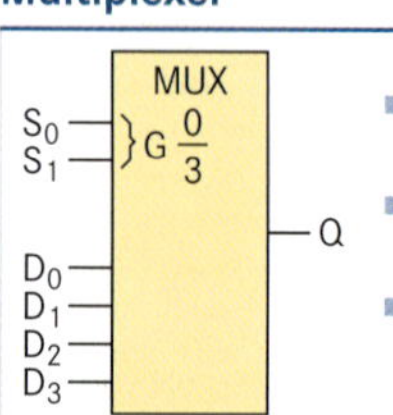

- S wählt binär codiert einen Eingang an.
- Je nach S wird Eingang $D_0 \dots D_3$ auf Ausgang Q geschaltet.
- Multiplexer sind für analoge und digitale Signale verfügbar.

Demultiplexer

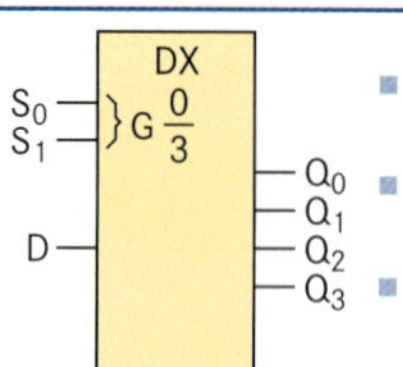

- S wählt binär codiert einen Ausgang an.
- Je nach S wird Eingang D auf Ausgang $Q_0 \dots Q_3$ geschaltet.
- Demultiplexer sind für analoge und digitale Signale verfügbar.

Binärzähler

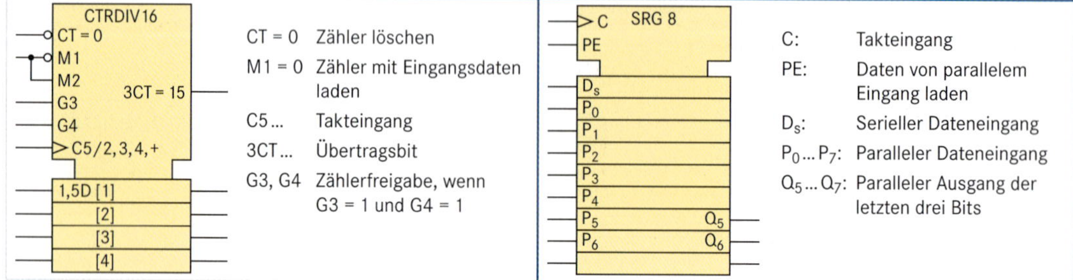

CT = 0	Zähler löschen
M1 = 0	Zähler mit Eingangsdaten laden
C5 …	Takteingang
3CT …	Übertragsbit
G3, G4	Zählerfreigabe, wenn G3 = 1 und G4 = 1

Schieberegister

C:	Takteingang
PE:	Daten von parallelem Eingang laden
D_s:	Serieller Dateneingang
$P_0 \dots P_7$:	Paralleler Dateneingang
$Q_5 \dots Q_7$:	Paralleler Ausgang der letzten drei Bits

Von-Neumann-Rechner

- 95 % aller Rechenanlagen arbeiten derzeit nach dem 1946 formulierten **Neumann-Prinzip**.
- Neumann unterscheidet folgende Anlagen-Komponenten:
  Zentralprozessor,
  Ein- und **Ausgabegeräte** für Daten und Befehle,
  Daten- und **Programmspeicher** und
  Bussystem zur internen Datenübertragung.
- Von-Neumann-Rechner zählt man auch zu den **SISD**-Rechnern (**S**ingle **I**nstruction, **S**ingle **D**ata). Diese Ein-Prozessor-Rechner arbeiten die Befehle grundsätzlich nacheinander (sequentiell) ab. Eine zusammenhängende Befehlsabfolge (Befehlseinheit) wird **Thread** genannt. Diese wird sequentiell verarbeitet. Rechenprozesse bauen sich aus Threads auf.
- Der **Zentralprozessor** (**CPU: c**entral **p**rocessing **u**nit) gliedert sich auf in ein **Leitwerk** und in ein **Rechenwerk**.
- Diese Rechnerstruktur ist an sich unabhängig von den zu bearbeitenden Problemen. Eine **Universalmaschine liegt** vor.
- Durch die im **Speicher** abgelegten **Befehlsfolgen** und die zu verarbeitenden **Informationen** werden unterschiedliche **Reaktionen** möglich.
- Der Neumann-Rechner ist **speicherprogrammierbar**.
- Der Speicherraum wird in einheitlich große **Zellen** zergliedert. Die Zellen sind eindeutig adressiert und können sowohl **Befehle** als auch zugeordnete **Daten** aufnehmen.
- Jeder Befehl besteht aus einer **Adresse** und einem **Operator**.
- Die einzelnen Befehle werden vom Leitwerk nacheinander (also in **serieller Abfolge**) aufgerufen.
- Die Anlagensteuerung wird vom Leitwerk organisiert.
- Alle Rechnerprozesse werden prinzipiell von der Leiteinheit überwacht. Ein **echter Parallelbetrieb** ist auf dieser Ebene nicht möglich.

Leistung des von-Neumann-Rechners

- Die Verarbeitungsgeschwindigkeit der **ALU** bestimmt die Leistungsfähigkeit des Prozessors und letztlich des Rechners.
- Das Arbeitsregister im Rechenwerk dient dazu, Operanden und Verknüpfungsergebnisse von Befehlen aufzunehmen.
- Bei leistungsfähigen Rechenwerken können auch mehrere Arbeitsregister vorliegen.

Modifikationen/Perspektiven

- Bei der **Harvard-Architektur** werden Daten- und Adressspeicher getrennt und mit unabhängigen Bussystemen organisiert.
- Bei **RISC-Architekturen** (**R**educed **I**nstruction **S**et **C**omputer) werden mehrere Befehle quasi gleichzeitig bearbeitet. Insofern wird eine Parallelverarbeitung ermöglicht.
- Bei **CISC-Architekturen** (**C**omplex **I**nstruction **S**et **C**omputer) werden komplexe Befehlsstrukturen verwendet.
- Durch die Verwendung von **Co-Prozessoren** werden Aufgaben zunehmend delegiert und quasi autonomisiert.
- Es werden Prozessoren mit mehreren Kernen (Multi-Core-Prozessoren; **Mehrprozessorkerne**) entwickelt:
  - **Doppelkernprozessoren** (Dual-Core-Prozessoren)
  - **Vier-Kern-Prozessoren** (Quad-Core-Prozessoren)
- Bei Großrechenanlagen treten gegenüber den SISD-Rechnern auch folgende Prinzipien auf: **SIMD** (**S**ingle **I**nstruction, **M**ultiple **D**ata), **MISD** (**M**ultiple **I**nstruction, **S**ingle **D**ata), **MIMD** (**M**ultiple **I**nstruction, **M**ultiple **D**ata). Durch die parallele Verarbeitung von Threads (**Hyper-Threading**) wird beschleunigte Verarbeitung ermöglicht.

Aufbau

- Das im Zentralspeicher vorliegende Programm steuert den Prozessor, der folgende Operationen ausführt:
  1. Verknüpfung von Daten aus dem Zentralspeicher,
  2. **Steuerung** des Programmablaufs unter Beachtung von **Programmverzweigungen, Schleifen** und **Sprüngen,**
  3. Datenführung im Rechner.
- Im Zentralprozessor sind zu unterscheiden:
  - Das **Rechenwerk** gestaltet die konkreten Rechenoperationen.
  - Im **Leitwerk** werden eingeleitet und überwacht:
    1. die Steuerung der Befehlsabfolge,
    2. die Entschlüsselung der Befehle und
    3. die konkrete Initiierung der Befehlsausführung.

Grundelemente des von-Neumann-Rechners

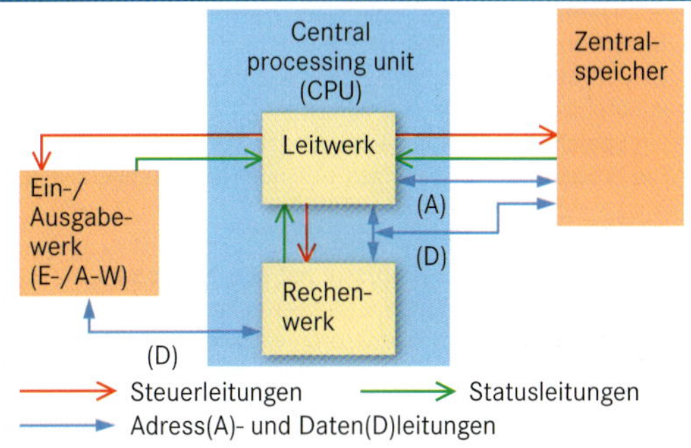

Die Datenleitungen übertragen die Daten in den verschiedenen Prozessorausprägungen seriell oder parallel.

Leitwerk

- Die **Ablaufsteuerung** ist der wichtigste Leitwerkteil.
- Sie kann als fest verdrahtetes Schaltwerk oder als ein mikroprogrammiertes Steuerwerk gestaltet sein.

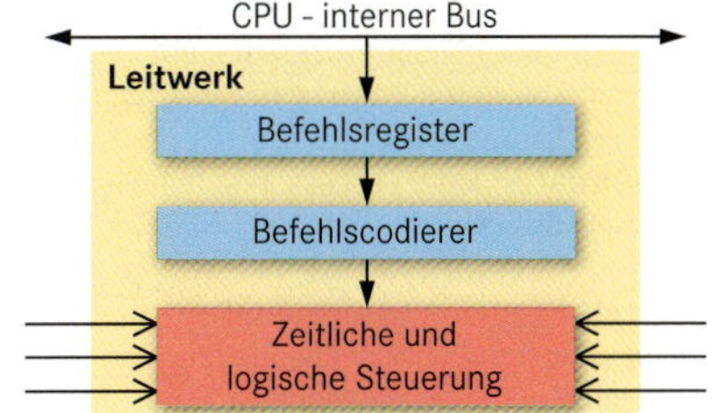

Rechenwerk (engl. core; Prozessorkern)

- Klassisch beinhaltet ein Rechenwerk nur eine ALU-Einheit.
- Es vollzieht alle arithmetischen und logischen Verknüpfungen.
- Zentral ist die **arithmetisch-logische Einheit (unit) (ALU)**. Typische ALU-Operationen sind:
  - logische und arithmetische Verknüpfungen
  - Rotations- und Schiebeoperationen
  - Register-Manipulationen und BIT-Veränderungen

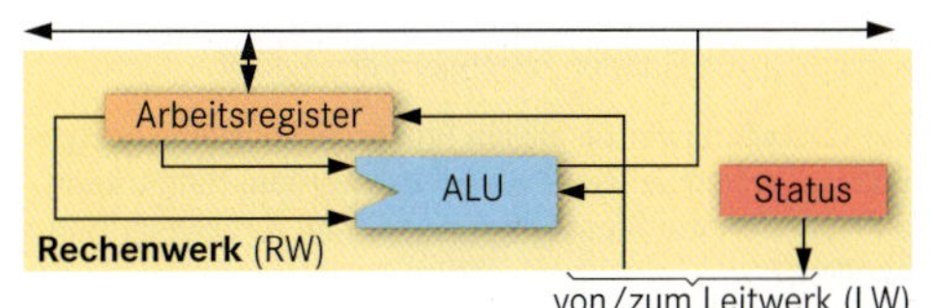

Grundaspekte paralleler Prozessorstrukturen

- Durch die direkte Zusammenschaltung einzelner Prozessoren kann eine leistungsfähige – **parallel** verarbeitende – Rechnerstruktur (**Großrechenanlage**) erreicht werden. Jeder Prozessor ist an sich autonom.
- Unterschieden werden **SIMD**- (**s**ingle **i**nstruction, **m**ultiple **d**ata) und **MIMD**- (**m**ultiple **i**nstruction, **m**ultiple **d**ata) Rechner.

  SIMD: Alle Prozessoren verarbeiten das gleiche Programm.
  MIMD: Jeder Prozessor bearbeitet sein individuelles Programm.

Vorteile/Nachteile paralleler Strukturen

+ Vorteilhaft ist, dass die Ressourcen besser genutzt werden können und schnellere Berechnungen bei komplexen Problemen möglich werden.
- Problematisch ist die Gefahr der gegenseitigen Blockierung von Prozessoren bzw. Rechnern.
- Eine zusätzliche Ablaufsteuerung wird benötigt.

Gesetz von Amdahl

Bestimmung der Einflüsse auf die Gesamtrechenzeit
S = $(\alpha + (1 - \alpha)/P)^{-1}$ (**S**: Speed-up)
α: sequentieller Phasenanteil im Algorithmus (in %)
P: Anzahl der Prozessoren (Parallelisierungsgrad)

Unterscheidungskriterien für Parallelrechner

A Speicherorganisation
- Jeder Prozessor (P) besitzt einen eigenen Speicher (M) (distributed memory).
- Ein Speicher wird gemeinsam genutzt (shared memory). Die Prozessoren verständigen sich über ein Datennetzwerk.

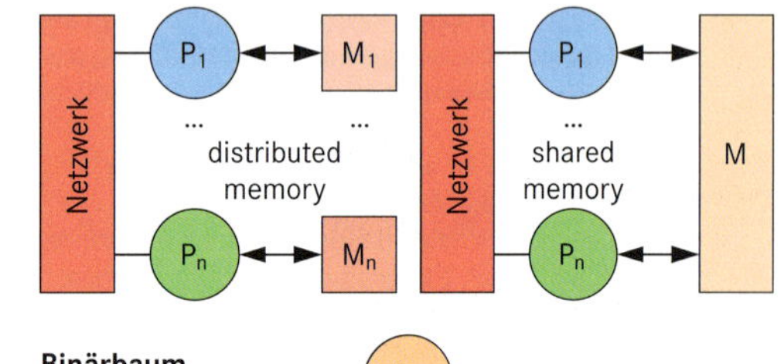

B Prozessortopologie
- **Ringtopologie:** Jeder Prozessor hat zwei Nachbarn.
- **Binärbaum:** Es gibt einen Ausgangsrechner (Wurzelknoten), der mit zwei weiteren Prozessoren verbunden ist. Diese und die weiteren stehen in Verbindung mit jeweils zwei gesonderten Prozessoren. Abgeschlossen wird dies mit einfachen „Blattrechnern". Ein Binärbaum hat 2p – 1 Prozessoren insgesamt und davon sind 2n–1 Blattrechner.
- **Gitterstruktur**
  - zweidimensionales Gitter: Im Inneren des Gitters ist jeder Prozessor mit vier Prozessoren (Nachbarn) verbunden. Die Randprozessoren haben nur drei oder zwei Nachbarn.
  - Torusstruktur: Es liegt ein zweidimensionales Gitter vor, bei dem auch die Randprozessoren mit je vier Prozessoren verbunden sind.
- **Hypercube (p-cube):** Jeder Prozessor steht in direkter Beziehung mit k weiteren Prozessoren (Nachbarn). Insgesamt liegen 2p Prozessoren vor.
- **Crossbar-Struktur:** Jeder Prozessor ist mit allen anderen Prozessoren verbunden.

Binärbaum

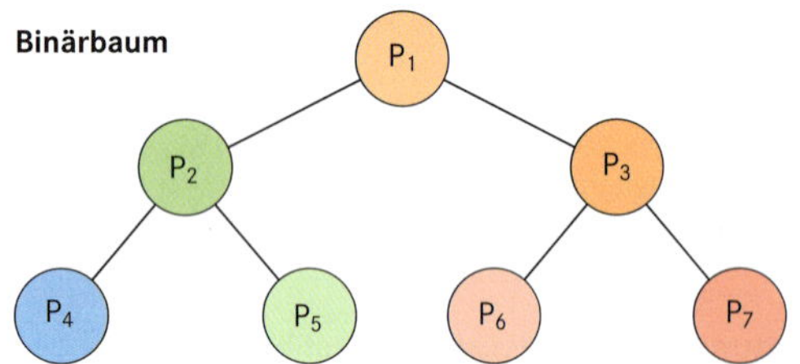

Beispiel: p = 3; $2^3 - 1 = 7$ (Prozessoren);
$2^{3-1} = 2^2 = 4$ (Blattrechner)

Hypercube (3-cube)

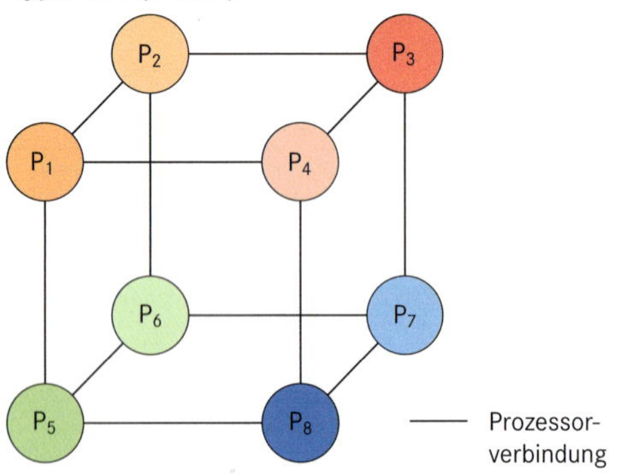

C Granularität
Damit wird erfasst, welcher Rechenumfang von jedem Prozessor quasi autonom bewältigt wird.
- **Feingranularität:** Die Prozessoren kommunizieren sehr häufig. Beispiel: System Maspar
- **Grobgranularität:** Jeder Prozessor bearbeitet seine Aufträge weitgehend selbstständig ab.

Architekturprinzip zum Beispiel bei:

IBM SP2, Cray Y-MP, System von PC-Clustern

Parallele Rechnerorganisation mit Einzelplatzrechnern

- Eine Parallelbearbeitung wird auch durch die Zusammenschaltung von Einzelplatzrechnern ermöglicht.
- Zur Gestaltung der parallelen Prozesse muss eine geeignete Betriebssystemsoftware verwendet werden. Hierzu kann auf vorgefertigte Steuerungsprogramme zurückgegriffen werden.
- **Programmbibliotheken – [Internet-Adresse]**
  - **LAM** (**L**ocal **A**rea **M**ulticomputer) – [www.mpi.nd.edu/lam]
  - **MPICH** (**MPI Ch**ameleon) – [www-unix.anl.gov/mpi/mpich]
  - **PVM** (**P**arallel **V**irtual **M**achine) – [www.epm.orni.gov/pvm/pvm-home.html]

Merkmale

- Mikroprozessoren bestehen aus einer Ansammlung von Logik-/Funktionseinheiten, die auf einem Halbleiterchip integriert und durch entsprechende Verbindungen zusammengeschaltet sind.
- Die Einteilung der Prozessoren erfolgt nach der verarbeitbaren Wortbreite in 4 Bit, 8 Bit, 16 Bit oder 32 Bit.
- Wesentliche Funktionseinheiten aller Prozessoren sind u. a.
  - die Arithmetik- und Logik-Einheit (**ALU**: **A**rithmetic and **L**ogic **U**nit),
  - der Befehlszähler und Befehlsdekoder (**PC**: **P**rogramm **C**ounter; **ID**: **I**nstruction **D**ecoder),
  - Registersätze (Register Sets).
- Das grundsätzliche Arbeitsprinzip bei der Programmbearbeitung läuft wie folgt ab:

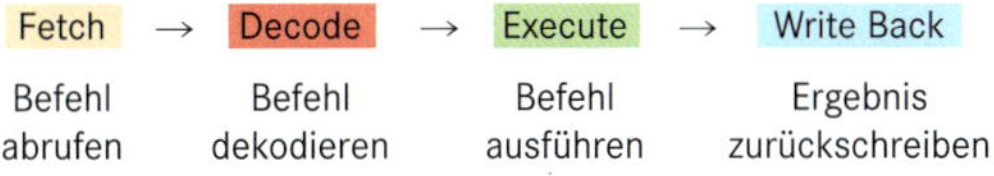

- Um die Verarbeitungsleistung der Prozessoren zu steigern, sind in aktuellen Prozessor-Architekturen verschiedene Maßnahmen realisiert, wie z. B.
  - **ILP** (**I**nstruction **L**evel **P**arallelism: paralle Befehlsverarbeitung),
  - **TLP** (**T**hread **L**evel **P**arallelism: parallele Aufgabenbearbeitung).
- Bei ILP werden mehrere Befehle in einer mehrstufigen Pipeline parallel verarbeitet.
- **Superskalare** Prozessoren verfügen über lange **Instruction Pipelines** und identische Ausführungseinheiten, die über einen Verteiler (**Scheduler**) mit den entsprechenden Teilaufgaben versorgt werden.
- Bei TLP (auch als **Multi-Threading** bezeichnet) werden die Ausführungseinheiten und die Speichereinheiten (Hauptspeicher, Cache-Speicher) auf die jeweiligen Threads (Aufgaben) aufgeteilt.
- Die wiederholte Bearbeitung von Datensätzen mit einem einzelnen Befehl (z. B. Summenbildung oder die Bearbeitung von Multi-Media-Daten) erfolgt über **Daten-Parallelisierung** (**Data Parallelismen**).
- Diese Art der Bearbeitung wird von Funktionseinheiten ausgeführt, die auf die Bearbeitung von **Vektoren** optimiert sind.
- Die Art der Behandlung von Daten wird generell bezeichnet als
  - **SISD** (**S**ingle **I**nstruction **S**ingle **D**ata: Ein Befehl, ein Datensatz),
  - **SIMD** (**S**ingle **I**nstruction **M**ultiple **D**ata: Ein Befehl, mehrere Datensätze).

Beispiel

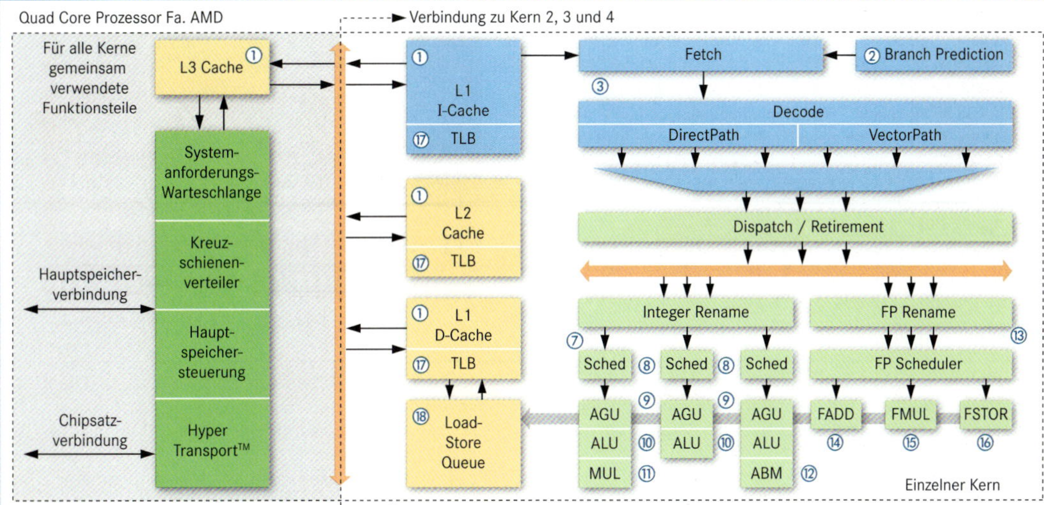

①	Cache	(schneller) Zwischenspeicher	⑩	**ALU** (**A**rithmetic **L**ogic **U**nit)	Arithmetik- und Logik-Einheit
②	Branch Prediction	Sprung-Vorhersage	⑪	**MUL** (**Mul**tiplication Unit)	Multiplikations-Einheit
③	Fetch-Decode Unit	Abruf-Dekodiereinheit	⑫	**ABM** (**A**dvanced **B**it **M**anipulation)	Verbesserte Bit-Bearbeitung
④	Direct Path	Direkter Pfad	⑬	**FPU** (**F**loating **P**oint **U**nit)	Fließkomma-Einheit
⑤	Vector Path	Vektor-Pfad	⑭	**FADD** (**F**loating **P**oint **Add** **U**nit)	Fließkomma-Additions-Einheit
⑥	Translation Lookaside Buffer	Adress-Übersetzungs-Puffer	⑮	**FMUL** (**F**loating Point **Mul**tiply Unit)	Fließkomma-Multiplikations-Einheit
⑦	Integer Unit	Festkomma-Einheit	⑯	**FSTOR** (**F**loating **P**oint **Stor**e **U**nit)	Fließkomma-Speichereinheit
⑧	Integer Scheduler	Festkomma-Verteiler	⑰	**TLB** (**T**ranslation **L**ookaside **B**uffer)	Adress-Übersetzungs-Puffer
⑨	**AGU** (**A**ddress **G**eneration **U**nit)	Adress-Erzeugungs-Einheit	⑱	Load Store Queue	Laden/Speichern-Warteschlange

Merkmale

- Multi-Core Prozessoren
  - beinhalten **mehrere Prozessorkerne** in einem Gehäuse,
  - ermöglichen die **parallele Verarbeitung** von Prozessen (threads),
  - erhöhen die Verarbeitungsleistung und
  - reduzieren den Energieverbrauch im Vergleich zu Einzelprozessoren.
- Weitere Bestandteile auf dem Multi-Core Chip sind u.a.
  - Cache-Speicher und
  - Hauptspeichercontroller.
- **Symmetrische** Multi-Core Prozessoren enthalten mehrere identische Kerne.
- **Asymmetrische** Multi-Core Prozessoren enthalten verschiedene Kerne, die u.a. unterschiedliche Funktionen (z.B. Grafikberechnung, Textverarbeitung) bearbeiten.
- In Desktop-, Laptop- und Serveranwendungen werden Prozessoren mit typisch 2 bis 4 Kernen eingesetzt.
- Für **spezielle Anwendungen** (z.B. Mobilfunk, Simulationsberechnungen) sind Multi-Core Prozessoren mit einer Vielzahl identischer Kerne (z.B. 100) verfügbar.
- Diese sind intern mit entsprechenden Bussystemen verbunden und können bedarfsweise zu **Clustern** zusammengefasst werden.
- Für die wirksame Ausnutzung ist eine
  - entsprechende Programmierung mit
  - entsprechender Compilerunterstützung

  erforderlich.
- Für den Anwendungsbereich **sicherheitsgerichteter** Systeme existieren Prozessoren, die neben der Multi-Core Architektur noch weitere Überwachungsfunktionen auf dem Chip enthalten.

Architekturen

Dual-Core	Quad-Core
Externer Memory Controller **Beispiel:** Intel	Integrierter Memory Controller **Beispiel:** AMD

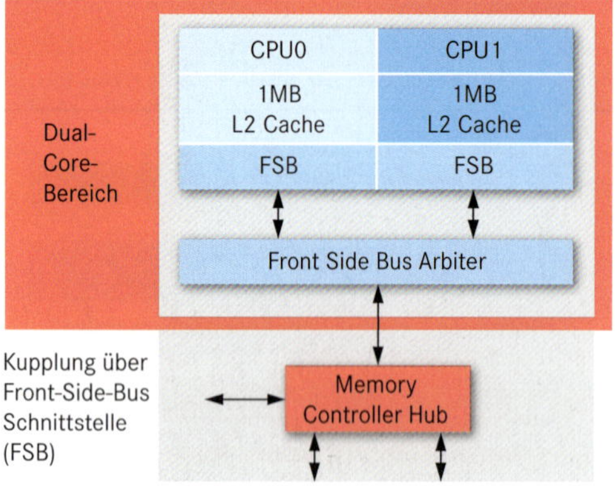

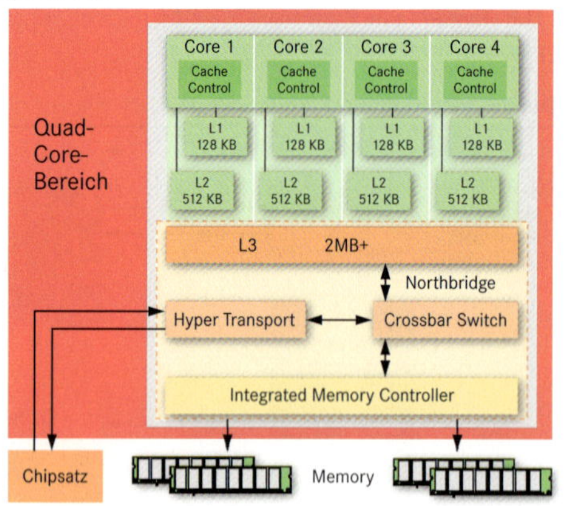

Funktionseinheiten

Die Architekturunterschiede liegen im Wesentlichen in der Anordnung bzw. in der Anzahl der Cache-Speicher und der Schnittstellen zum Hauptspeicher und zum Chipsatz auf dem Motherboard.

Quad-Core Merkmale:

- Zur Erhöhung der Verarbeitungsgeschwindigkeit ist z.B. im Quad Core ein zusätzlicher Cache (L3) integriert.
- **L1-Cache** ist unmittelbar am Rechenwerk angeordnet und kann somit sehr schnell Daten (Level 1 Data Cache) bzw. Befehle (Level 1 Instruction Cache) liefern. Falls L1 Cache Line aus dem L1 entfernt wird, wird sie im **L2-Cache** (Victim Cache) aufgefangen.
- L1- und L2-Caches operieren mit der Taktfrequenz der Kerne.
- **L3-Cache**
  - wird als Shared Cache für alle Kerne verwendet (puffert Daten aus L1 und L2),
  - wird von den Kernen nach dem Round-Robin-Verfahren verwendet,
  - organisiert zusammen mit dem Memory Controller die Kohärenz der Daten,
  - operiert mit der Taktfrequenz der Northbridge.
- **Memory Controller**
  - realisiert im Ganged Mode ein 128 Bit breites Speicherinterface,
  - im Unganged Mode stehen zweimal 64 Bit zur unabhängigen Adressierung von zwei Speicherbereichen zur Verfügung.
- **Crossbar Switch**
  - ist die zentrale Vermittlungsstelle zwischen Hypertransport-Interface, Memory Controller und L3 Cache,
  - wickelt die erforderliche Zusammenschaltung der Verbindungswege zwischen diesen ab.
- **Hypertransport**-Schnittstelle führt derzeit ein Port mit 16 Lanes zur Anbindung des Chipsatzes nach außen.

Merkmale

- Mikroprozessoren mit reduziertem Befehlssatz und vereinfachter interner Hardwareorganisation.
- Ausgelegt auf hohe Verarbeitungsleistung.
- Verfügen über einheitliches Befehlsformat.
- Alle Befehle sind gleich lang.
- Operationscode liegt immer an der gleichen Stelle.
- Wenige Adressierungsarten.
- Optimiert auf Lade- und Speicheroperationen.
- Arbeitet mit Befehls-Pipeline (Warteschlange).
- Großer physikalischer Adressraum (z. B. 4 GB bei MIPS R3000).
- Beinhalten keinen Mikrosequenzer.
- Befehle werden direkt decodiert.
- Verfügen intern über eine Vielzahl von Registern zur schnellen Zwischenspeicherung von Daten.
- Interne Struktur als **Harvard-Architektur** aufgebaut.
- Offene Systeme sind z. B. **MIPS** (**M**icroprocessor without **I**nterlocked **P**ipe **S**tages: Mikroprozessor ohne verriegelte Warteschlange) und **SPARC** (**Sc**alable **P**rocessor **Arc**hite**c**ture: Skalierbare Prozessorarchitektur).
- Eingesetzte Compiler arbeiten laufzeitoptimiert.
- Anwendungen u. a. in Workstation (Hochleistungsrechner), Servern oder Maschinensteuerungen (Roboter) als Embedded Controller (eingebettete Controller).

Blockschaltbild

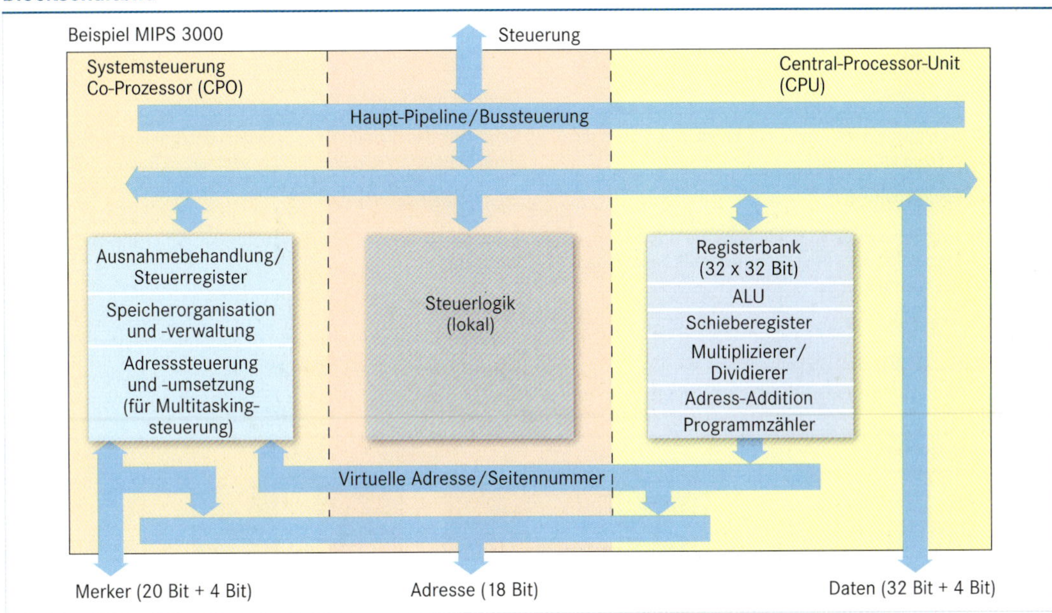

Befehls-Pipeline

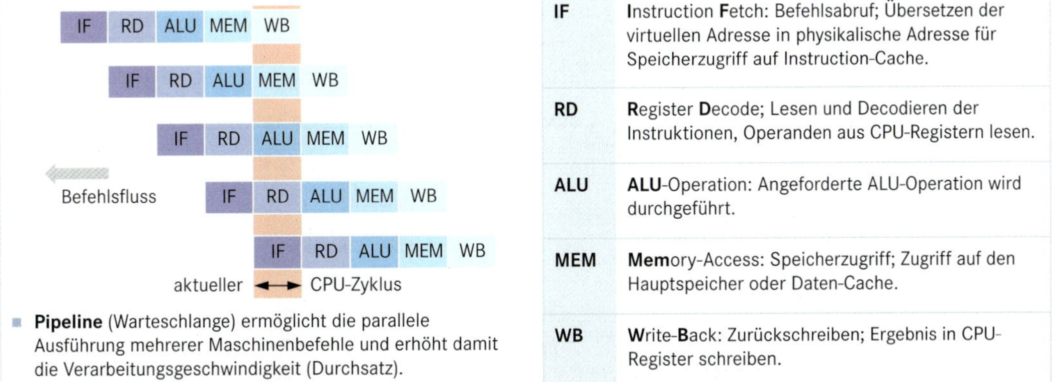

- **Pipeline** (Warteschlange) ermöglicht die parallele Ausführung mehrerer Maschinenbefehle und erhöht damit die Verarbeitungsgeschwindigkeit (Durchsatz).

IF	**I**nstruction **F**etch: Befehlsabruf; Übersetzen der virtuellen Adresse in physikalische Adresse für Speicherzugriff auf Instruction-Cache.
RD	**R**egister **D**ecode; Lesen und Decodieren der Instruktionen, Operanden aus CPU-Registern lesen.
ALU	**ALU**-Operation: Angeforderte ALU-Operation wird durchgeführt.
MEM	**Mem**ory-Access: Speicherzugriff; Zugriff auf den Hauptspeicher oder Daten-Cache.
WB	**W**rite-**B**ack: Zurückschreiben; Ergebnis in CPU-Register schreiben.

Merkmale

- Digitale Signalprozessoren werden zur digitalen Bearbeitung von analogen Signalen mit numerischen Methoden verwendet.
- Filtern unerwünschte Signalkomponenten aus einem Signalgemisch.
- Erzeugen gewünschte Wellenformen.
- Verändern Amplitudeneigenschaften.
- Ermitteln bestimmte Inhalte aus einem Signalgemisch.
- Arbeiten in Echtzeit.
- Verarbeiten die einzelnen Befehle des Befehlssatzes in einem Taktzyklus.
- Führen vollständige Multiplikation und Akkumulation in einem Taktzyklus durch.
- Sind intern in der Harvard-Architektur aufgebaut (getrennte Programm- und Datenspeicher)

Anwendungen

- Digitale Filtertechnik (Ersatz von analogen Filtern).
- Spracherkennung, Sprachsynthese.
- Bildübertragung, Bilddatenkompression.
- Robotersteuerung, Motorsteuerung.
- Digitale Vermittlungsanlagen.
- Freisprechtelefone, Funktelefon.
- Mustererkennung, Radartechnik.
- Spektralanalyse, Ultraschall-Geräte.

Anwendungsprinzip

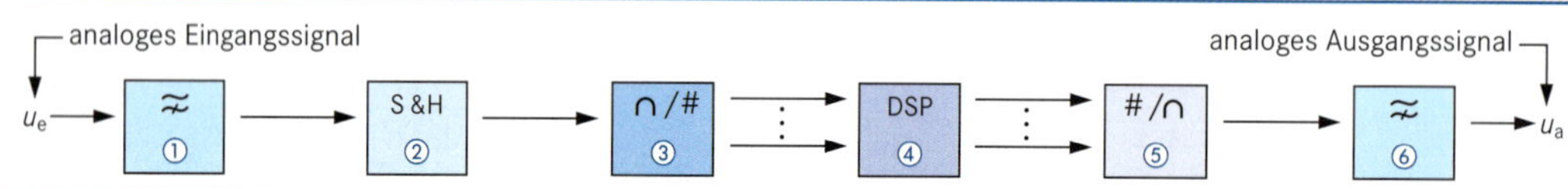

Tiefpassfilter ①

Begrenzt das Eingangssignal in seiner Bandbreite (filtert nicht gewünschte Signalanteile aus).

Sample & Hold-Schaltung ②

Tastet das Eingangssignal mit mindestens der doppelten Signalfrequenz ab (Nyquist Theorem) und stellt Amplitudenwert zur Digitalisierung bereit.

Analog-/Digital-Umsetzer ③

Setzt das analoge Signal in digitales Signal um.

Digitaler Signalprozessor ④

Verändert das digitale Eingangssignal entsprechend den Berechnungsformeln und den gespeicherten Daten.

Digital-/Analog-Umsetzer ⑤

Setzt die digitalen Ausgangssignale des DSP in analoge Werte um.

Ausgangsfilter ⑥

Filtert die bei der A/D-Umsetzung entstehenden hochfrequenten Signalanteile aus (Signalglättung).

Architektur

Beispiel: ADSP 2105

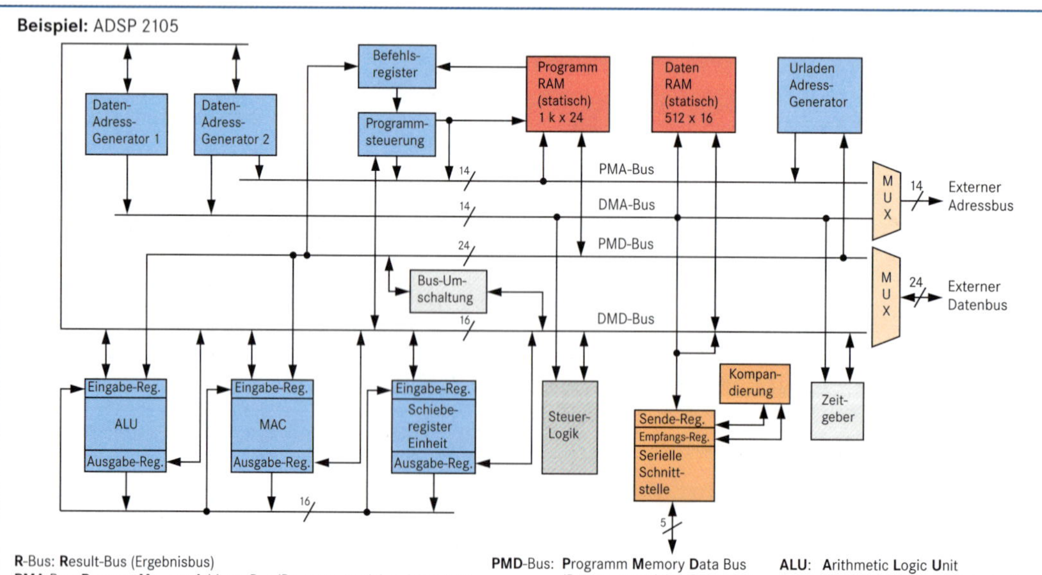

R-Bus: **R**esult-Bus (Ergebnisbus)
PMA-Bus: **P**rogram **M**emory **A**ddress-Bus (Programmspeicher Adressbus)
DMA-Bus: **D**ata **M**emory **A**ddress-Bus (Datenspeicher Adressbus)
PMD-Bus: **P**rogramm **M**emory **D**ata Bus (Programmspeicher Datenbus)
DMD-Bus: **D**ata **M**emory **D**ata Bus (Datenspeicher Datenbus)
ALU: **A**rithmetic **L**ogic **U**nit (Arithmetisch Logische Einheit)
MAC: **M**ultiplier/**Ac**cumulator (Multiplizierer/Akkumulator)

Aufbau

Beispiel: ASUS P5WDG2 WS

PCI: **P**eripheral **C**omponent **I**nterconnect

PCIX: **P**eripheral **C**omponent **I**nterconnect **Ex**press

LAN: **L**ocal **A**rea **N**etwork

IDE: **I**ntelligent **D**evice **E**lectronics

DDR: **D**ouble **D**ata **R**ate

ESATA: **E**xternal **S**erial **ATA**

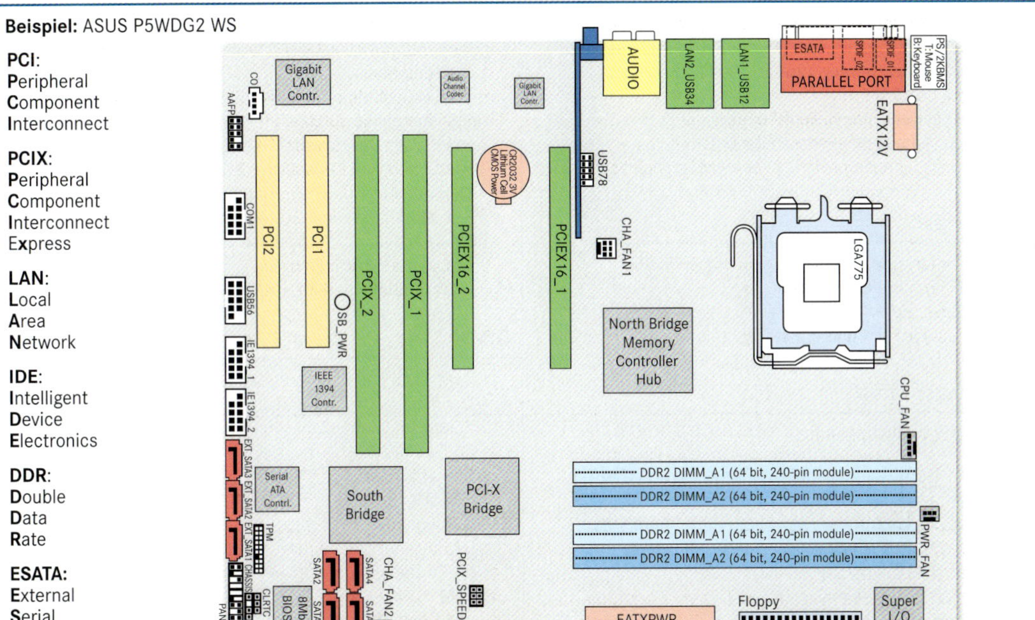

Rückseitige Anschlüsse

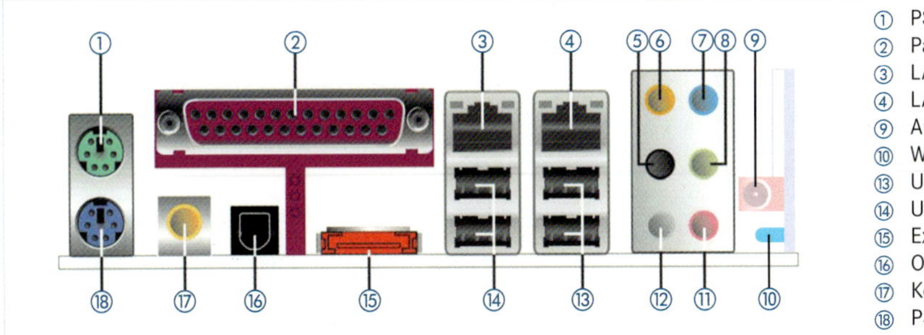

① PS/2-Mausanschluss
② Paralleler Anschluss, LPT
③ LAN 1 Anschluss
④ LAN 2 Anschluss
⑨ Antennen-Anschluss WLAN
⑩ WLAN LED-Anzeige
⑬ USB 2.0 Ports 3 und 4
⑭ USB 2.0 Ports 1 und 2
⑮ Externer SATA-Anschluss
⑯ Optischer S/PDIF-Ausgang
⑰ Koaxialer S/PDIF-Ausgang
⑱ PS/2 Tastaturanschluss

Audio-Konfiguration

Anschluss	Kopfhörer	4 Kanal	6 Kanal	8 Kanal
⑤	–	Hinterer Lautsprecher-Ausgang	Hinterer Lautsprecher-Ausgang	Hinterer Lautsprecher-Ausgang
⑥	–	–	Mitte/Subwoofer	Mitte/Subwoofer
⑦	Line In	Line In	Line In	Line In
⑧	Line Out	Vorderer Lautsprecherausgang	Hinterer Lautsprecher-Ausgang	Hinterer Lautsprecher-Ausgang
⑪	Mic In	Mic In	Mic In	Mic In
⑫	–	–	–	Seitenlautsprecher-Ausgang

S/PDIF

- **S/PDIF**: **S**ony/**P**hilips **D**igital **I**nter**f**ace (IEC 958 Type II) ist eine serielle Schnittstelle für die Übertragung digitaler Audio-Daten von z. B. CD oder DVD über Verstärker an TV.
- Wurde abgeleitet aus dem professionellen Audiobereich (AES/EBU: Audio Engineering Society/European Broadcasting Union) und findet Anwendung im Consumer-Bereich.
- Verwendet werden entweder Koaxialkabel mit 75 Ω (max. 10 m) oder Lichtwellenleiter (TOSLINK:Toshiba Link).
- Das Übertragungsformat hat keine festgelegte Datenrate und kann somit unterschiedliche Datenströme (z. B. DAT mit 48 kHz Abtastrate oder CD-Audio mit 44,1 kHz Abtastrate) übertragen.
- Datencodierung erfolgt mittels BMC (Biphase Marking Code) und ermöglicht somit die Taktrückgewinnung aus dem Datenstrom.
- Audio-Daten werden auf 32 Zeitschlitze (ein Bit pro Zeitschlitz) aufgeteilt und beinhalten neben den Daten auch Zustands- und Steuerinformationen (z. B. Präambel).

Begriffe

- **RAM: R**andom **A**ccess **M**emory
  Ein Speicher mit wahlfreiem Zugriff, der beliebig gelesen und beschrieben werden kann.
- **SRAM: S**tatic **RAM**
  - Bistabile Kippstufen in Form eines Flipflops pro Bit
  - Aufbau: 6-Transistor-Zelle in CMOS-Technologie
  - Der Speicherinhalt geht erst bei Abschaltung der Betriebsspannung verloren (flüchtiger Speicher).
- **DRAM: D**ynamic **RAM**
  Der Speicherinhalt muss nach kurzer Zeit wieder aufgefrischt werden (Refresh).
- **SDRAM: S**ynchronous **DRAM**
  - Der Speicher verfügt über einen Taktgeber, der mit dem Systemtakt synchronisiert ist (Taktfrequenzen z. B. 66 MHz, 100 MHz, 133 MHz).
  - Geringe Zugriffszeiten
  - Betriebsspannung 2,5 V
- **DDR-RAM: D**ouble **D**ata **R**ate **RAM (DDR-SDRAM)**
  - Daten werden auf der ansteigenden und abfallenden Flanke gelesen (doppelte Datenrate).
  - Betriebsspannung 1,8 V; 2,5 V
  - Varianten: DDR1 (Bezeichnung auch ohne Ziffer), DDR2, DDR3; 184 und 240 Kontakte
- **RDRAM: R**ambus **DRAM**
  - Speicher der Fa. Rambus mit hoher Datenrate, 10mal schneller als bei SDRAM.
  - Daten werden auf der ansteigenden und abfallenden Flanke gelesen.
  - Taktfrequenz bis 400 MHz
  - Betriebsspannung 2,5 V

Modulkennzeichnungen

- **Angaben**
  - Speicherkapazität (z. B. 256 MB, 512 MB, 1 GB, 2 GB, 4 GB)
  - Taktfrequenz (z. B. 100, 133, 400, 800 MHz)
  - Maximale Datenübertragungsrate (z. B. 1,6 GB/s)
- **Module mit SDRAM**
  Beispiele:
  - PC 100 (100 MHz Taktfrequenz)
  - PC 133 (133 MHz Taktfrequenz)
- **Module mit DDR-RAM**
  Beispiele:
  - PC 1600 (1600 MB/s max. Datenübertragungsrate)
  - PC 2100, PC 2700, PC 3200 oder höher
    Berechnung des Zahlenwertes für 2100:
    133 MHz Takt x 2 Flanken x 8 Byte = 2128

Beispiele für Kenndaten

	DDR-RAM	DDR2-RAM	DDR3-RAM
Chip	DDR-400	DDR2-800	DDR3-800
Modul	PC 3200	PC2 6400	PC3 6400
Taktfrequenz Speicher	200 MHz	200 MHz	100 MHz
I/O-Takt	200 MHz	400 MHz	400 MHz
Taktfrequenz Modul	400 MHz	800 MHz	800 MHz
Datenübertragungsrate pro Modul	3,2 GB/s	6,4 GB/s	6,4 GB/s

SIMM

- **SIMM: S**ingle **I**nline **M**emory **M**odule
  - Verbundene Kontakte auf beiden Seiten des Moduls
  - Seitliche Einbuchtung
  - 8 Bit Datenbusbreite: 30 Kontakte, in der Regel auf zwei Speicherbänke aufgeteilt (einreihig)
  - 32 Bit Datenbusbreite: 72 Kontakte
  - Bestückung mit **DRAM** bzw. **EDO-RAM** (**E**xtended **D**ata **O**utput **RAM**, erweiterte Datenausgabe)
- **PS/2 SIMM: P**ersonal **S**ystem/**2 SIMM**
  (IBM-Bezeichnung, PC-Nachfolger)
  - Kerbe in der Mitte (einreihig)
  - 32 Bit Datenbusbreite: 72 Kontakte

DIMM

- **DIMM: D**ual **I**nline **M**emory **M**odule
  - Doppelreihiger Speicherbaustein, Kontakte auf beiden Seiten sind unabhängig voneinander
  - 64 Bit Datenbusbreite: 168 Kontakte
  - Betriebsspannungen 3,3 V (Kerbe mittig), 5 V (Kerbe links)
- **SO-DIMM**: **S**mall **O**utline **DIMM**
  - Kleine kompakte Module, z. B. für Notebooks
  - 32 Bit Datenbusbreite: 72 Kontakte
  - 64 Bit Datenbusbreite: 144 Kontakte
- **DIMM** mit **SD-RAM** (PC 100, PC 133)
  - 168 Kontakte auf beiden Seiten der Platine
  - zwei Kerben

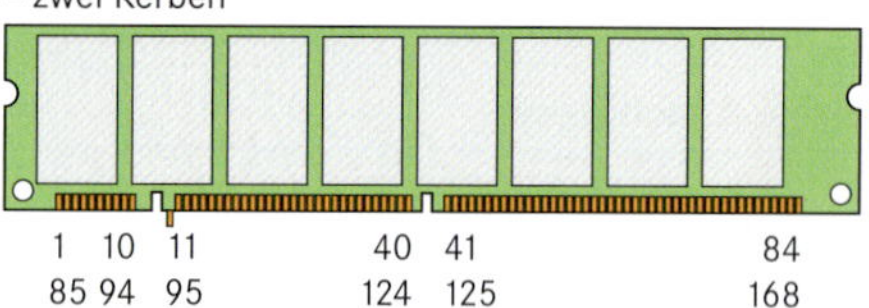

- **DIMM** mit **DDR-RAM** (PC 1600, PC 2100, ...)
  - 184 Kontakte auf beiden Seiten der Platine
  - eine Kerbe
  - Betriebsspannung 2,5 V bis 2,7 V

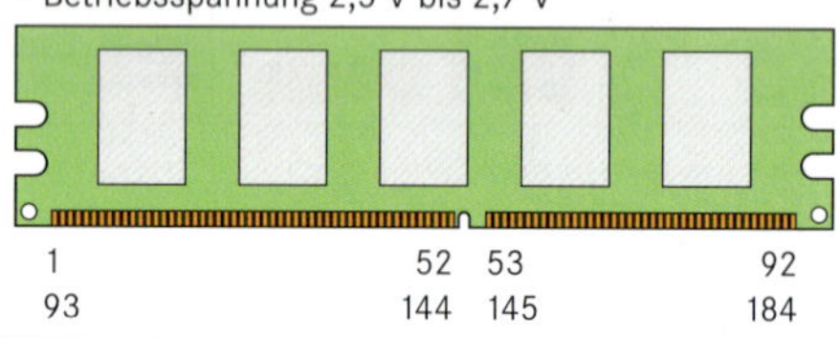

RIMM

- **RIMM: R**ambus **I**nline **M**emory **M**odule
  - 184 Kontakte auf beiden Seiten der Platine
  - 64 Bit Datenbusbreite, hohe Taktfrequenz bis 800 MHz
  - Betriebsspannung 2,5 V
- **RIMM** mit **RDRAM** (PC 800, PC 1600)

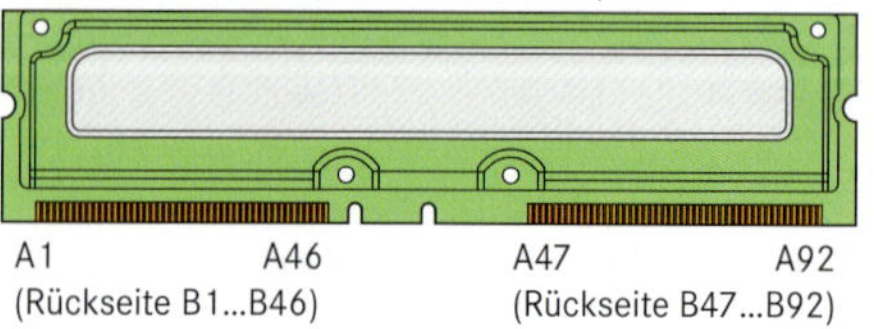

- **SO-RIMM: S**mall **O**utline **RIMM**
  - 160 Kontakte
  - Kleine kompakte Module mit geringem Platzbedarf, z. B. für Notebooks

SDRAM

Beispiel: PC133

- Chip-Kern (Memory Core), I/O-Buffer (im Speicherchip integrierter Zwischenspeicher) und der externe Speicherbus arbeiten mit gleicher Frequenz von 133 MHz.
- Nur bei aufsteigender Flanke werden Daten übertragen.

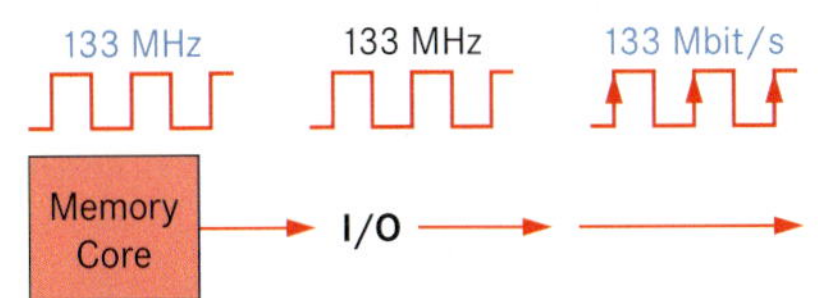

- Berechnung der Speicherbandbreite für PC133:
  → 1 Bit · 133 MHz · 64 Bit = 8.512 Mbit/s
  1 Byte besteht aus 8 Bit.
  → 8.512 Mbit/s · (1B/8bit) = 1.064 MB/s = 1 GB/s

DDR1 (DDR I, Double Data Rate)

Beispiel: PC3200

- Chip-Kern, I/O-Buffer und externer Speicherbus arbeiten mit gleicher Frequenz von 200 MHz.
- Bei steigender und fallender Flanke werden Daten übertragen.

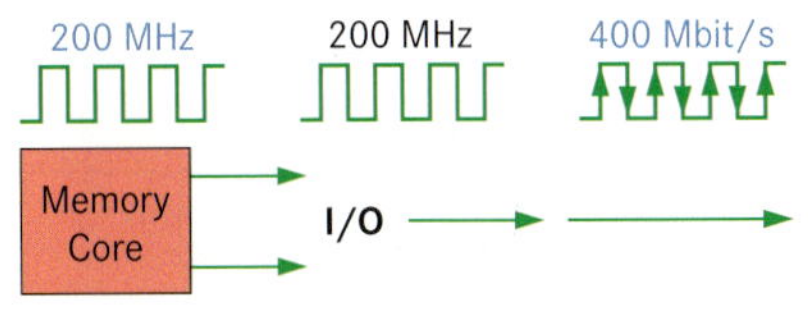

- Berechnung der Speicherbandbreite für DDR1-400:
  → 2 Bit · 200 MHz · 64 Bit = 25.600 Mbit/s
  → 3.200 MB/s (PC3200)
- Es werden Taktfrequenzen von 100 MHz, 133 MHz, 166 MHz und 200 MHz verwendet.
- Die Versorgungsspannung beträgt 2,5 V.

DDR2 (DDR II, Double Data Rate)

Beispiel: PC2-4200

- I/O-Buffer taktet mit doppelter Frequenz von 266 MHz.
- Bei steigender und fallender Flanke werden Daten übertragen.
- Die Schnittstelle zwischen Chip-Kern und I/O-Buffer ist auf vier Leitungen (Prefetch of 4) verbreitert.

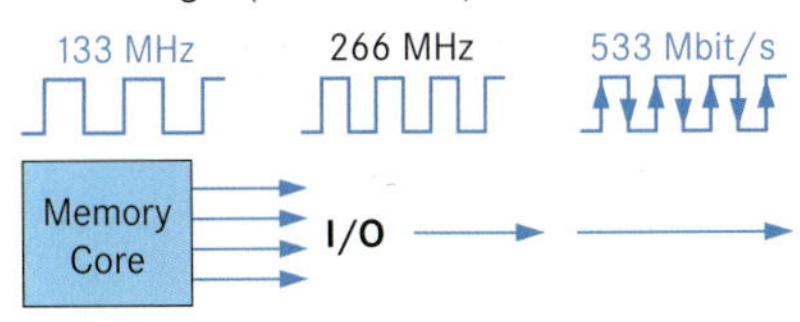

→ 2 Bit · 266 MHz · 64 Bit = 34.048 Mbit/s
→ 4.256 MB/s (PC4200)

- Taktfrequenzen 400 MHz, 533 MHz, 667 MHz
- Die Versorgungsspannung beträgt 1,8 V.
- Modulkontakte 200, 214, 240 und 244
- Geringere Leistung als bei DDR1 (247 mW gegenüber 527 mW).
- Die Chips sind um 50 % kleiner als bei DDR1.

DDR2-Varianten

Chip	DDR2-400	DDR2-533	DDR2-667	DDR2-800
Modul	PC2-3.200	PC2-4.200	PC2-5.300	PC2-6.400
Speichertakt	100 MHz	133 MHz	166 MHz	200 MHz
I/O-Takt	200 MHz	266 MHz	333 MHz	400 MHz
Effektiver Takt	400 MHz	533 MHz	667 MHz	800 MHz
Bandbreite pro Modul	3,2 GB/s	4,2 GB/s	5,3 GB/s	6,4 GB/s
Bandbreite Dual-Channel	6,4 GB/s	8,6 GB/s	10,6 GB/s	12,8 GB/s

Bus-Terminierung

- **DDR1**
  - Der Terminierungswiderstand befindet sich am Ende der Busleitung auf dem Motherboard.
  - Störungen durch Reflexionen werden erst dort abgefangen (Nachteil).

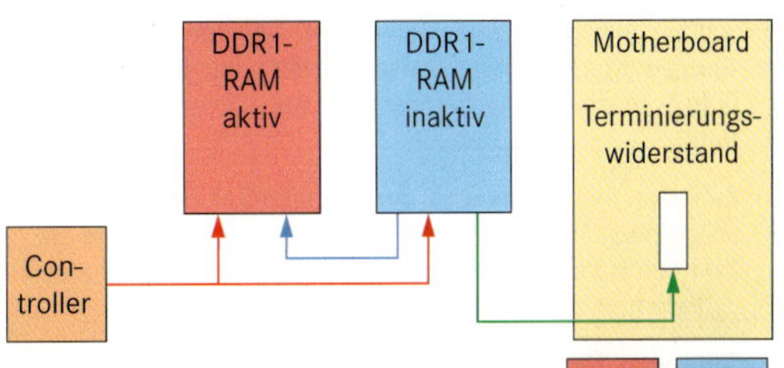

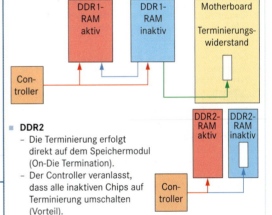

- **DDR2**
  - Die Terminierung erfolgt direkt auf dem Speichermodul (On-Die Termination).
  - Der Controller veranlasst, dass alle inaktiven Chips auf Terminierung umschalten (Vorteil).

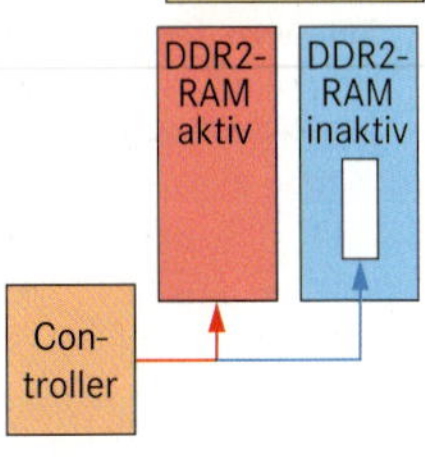

SPD (Serial Presence Detect)

- Standardisiertes Verfahren für die Erkennung der Speicherkonfiguration beim Booten eines PCs.
- Daten sind in einem EEPROM implementiert.
- Gespeicherte Daten:
  - Informationen über das Speichermodul
  - Speichergröße
  - Versorgungsspannung
  - Adressierung
  - Herstellerdaten, Codes und Teilenummern

DDR3

- Es handelt sich um eine Weiterentwicklung von DDR2.
- DDR3 arbeitet mit einem achtfachen Prefetch. Dadurch wird eine höhere Taktung des I/O-Puffers erreicht.

Aufbau

- Die Scheiben einer Festplatte sind über eine Zentralverankerung miteinander verbunden.
- Oberhalb und unterhalb jeder Scheibe befindet sich mindestens ein Arm mit einem Schreib- und Lesekopf.
- Der Arm kann an jeder beliebigen Stelle der Platte positioniert werden.

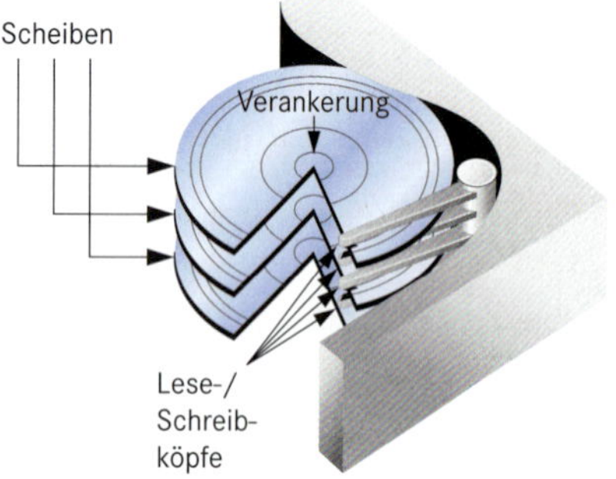

Physikalische Formatierung

Diese **Datenträgerorganisation** wird vom Hersteller durchgeführt.

Grundbausteine: Spuren, Sektoren und Zylinder.

- **Spuren:** Konzentrische Kreispfade auf jeder Scheibenseite; jede Spur erhält eine Nummer; die Spur 0 liegt am äußeren Rand.
- **Zylinder:** Der Spurensatz, der auf allen Seiten der Platten im gleichen Abstand von der Mitte angelegt wird, sind die Zylinder. Hardware und Software arbeiten häufig mit diesen Zylindern.
- **Sektoren:** Die Ausschnitte der Spuren werden als Sektoren bezeichnet. In ihnen kann eine bestimmte Datenmenge gespeichert werden.

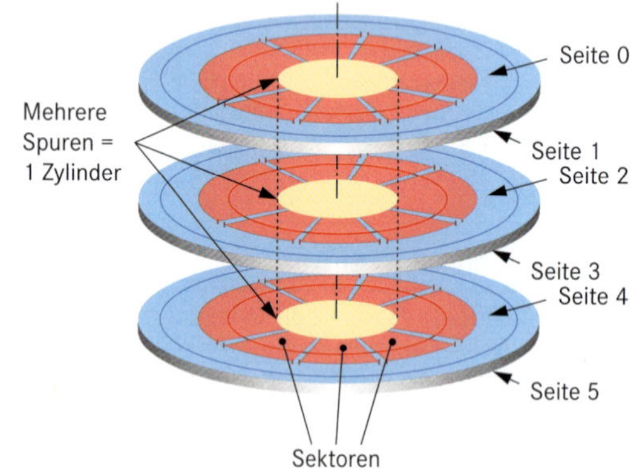

SMART

- **SMART: S**elf-**M**onitoring, **A**nalysis and **R**eporting **T**echnologie (Technologie zur Selbstüberwachung, Analyse und Statusmeldung)
- Die Festplatten protokollieren wichtige Systemwerte nach SMART. Die Auswertung kann mit entsprechender Software erfolgen.

Partitionen

Eine Festplatte kann in einzelne in sich zusammenhängende Bereiche (Partitionen) aufgeteilt werden.
Sie wirken wie separate Laufwerke und werden deshalb durch fortlaufende eigene Buchstaben gekennzeichnet.

Vorteile:

- Organisation der Dateien
- Schnellerer Datenzugriff
- Datensicherung durch Verlagerung
- Effizientere Nutzung der Festplattenkapazität

Primärpartitionen

Gespeichert sind:

- Betriebssystem
- Anwendungsprogramme, Dateien usw.

Der PC wird von einer Primärpartition (C) aus gebootet.
Auf der Festplatte können mehrere Primärpartitionen für verschiedene Betriebssysteme eingerichtet sein. Es kann allerdings nur eine aktiv sein.

Erweiterte Partitionen

Es handelt sich dabei um weitere physikalische Unterteilungen der Festplatte, für die eine logische Formatierung (logische Laufwerke) vorgenommen wird.

Logische Formatierung

Es handelt sich um die Einrichtung eines Dateisystems für Partitionen.

Aufgaben eines Dateisystems:

- Verwaltung der belegten und freien Speicher.
- Verwaltung der Verzeichnisse und Dateinamen.
- Festhalten, wo die unterschiedlichen Teile einer Datei auf der Festplatte gespeichert sind.

Dateisysteme:

- **FAT 16** (**F**ile **A**llocation **T**able: Dateizuordnungstabelle für DOS, Windows, NT, OS/2)
- **FAT 32** (für Win 95 ab OSR2, Win 98)
- **NTFS** (**N**ew **T**echnology **F**ile **S**ystem für NT, Win XP, Vista)
- **HPFS** (**H**igh **P**erformance **F**ile **S**ystem für OS/2)

Beispiel:

drei primäre Partitionen
DOS/Windows 95/98 (FAT) c:\ sofern aktiv
Windows XP (NTFS) c:\ sofern aktiv
OS/2 (HPFS) c:\ sofern aktiv
Logische Partition (FAT)
Logische Partition (FAT)
Boot-Programme der einzelnen Partitionen
eine erweiterte mit zwei logischen Partitionen

Partitionieren von Festplatten
Partitioning Hard Disks

Vorgang

- **Partitionieren** ist das Aufteilen eines Datenträgers (Festplatte) in einzelne, voneinander unabhängige Speicherbereiche.
- Die einzelnen Partitionen werden vom Betriebssystem wie **logische Laufwerke** behandelt, deren Verwaltung durch eigene **Dateisysteme** erfolgt.
- Ein Betriebssystem kann bis zu vier Partitionen verwalten ①: drei bootfähige Partitionen ② und eine **erweiterte Partition** ③.
- Die erweiterte Partition kann in nicht bootfähige logische Laufwerke ④ aufgeteilt werden.
- Jede primäre Partition und jedes logische Laufwerk können unabhängig voneinander formatiert werden und durch unterschiedliche Dateiformate (z. B. NTFS, FAT32) organisiert werden.
- Jede Partition erhält zur **Kennzeichnung** einen Buchstaben mit Doppelpunkt (C bis Z).
- Die Partitionierung kann durch Programme (z. B. bei DOS mit fdisk-Befehl) oder direkt über das Betriebssystem (Vista) erfolgen.

Beispiel

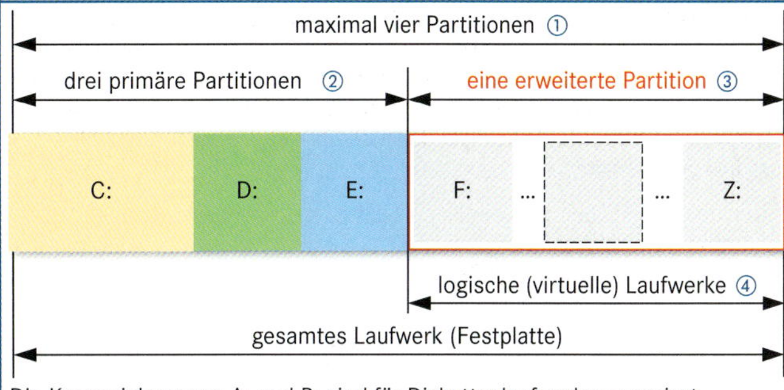

Die Kennzeichnungen A: und B: sind für Diskettenlaufwerke reserviert.

Gründe und Aufteilung

- Die Installation mehrerer Betriebssysteme ist möglich (z. B. Windows Vista, Windows 7 und Linux).
- In den einzelnen Partitionen können verschiedene Dateisysteme angelegt werden.
- Separate Partitionen können für die Speicherung bestimmter Daten (Texte, Bilder, ...) verwendet oder für Mitbenutzer reserviert werden.
- Datensicherheit wird durch Partitionierung erreicht. Wenn eine Partition Fehler aufweist, sind andere Partitionen nicht davon betroffen.
- Die Partition C: wird häufig für das Betriebssystem und die Programme verwendet.

SATA – Serial ATA

Merkmale

- **S**erial **A**dvanced **T**echnology **A**ttachment ist eine Weiterentwicklung (ab 2000) der parallelen ATA-Schnittstelle (parallel ATA, **PATA**) für Festplatten zu einer seriellen Schnittstelle.
- Vorteile gegenüber PATA:
  - vereinfachte Leitungsführung
  - Luftzirkulation im PC wird durch dünnere Leitungen weniger behindert
  - höhere Datentransferrate
  - Austausch von Datenträgern im laufenden Betrieb (Hot-Plug)
- Serial ATA ist nicht auf Festplatten beschränkt (auch z. B. für Bandlaufwerke, DVD-Laufwerke, DVD-Brenner).
- Es ist kein externer Taktgenerator zur Datensynchronisation erforderlich. Das Taktsignal wird aus dem Datensignal generiert.
- Versionen:
  - **Serial ATA 1.5 Gbit/s** (Serial ATA I bzw. 1), 150 MB/s
  - **Serial ATA 3.0 Gbit/s** (auch Serial ATA II bzw. 2), 300 MB/s, für Festplatten bis 3 TB; für externe Geräte: **eSATA** (**e**xternal **S**erial **ATA**), abgeschirmte Leitung bis 2 m, anderer Stecker
  - **Serial ATA 6.0 Gbit/s** (auch Serial ATA III bzw. 3), 600 MB/s
  - **mSATA** (**m**ini-**SATA**): Verkleinerter Anschluss, entspricht dem Mini-PCI-Express-Anschluss
  - **SATA Express 8 Gbit/s** und **16 Gbit/s** (in der Entwicklung)

Datenleitung und Steckverbinder

- 8 mm breit (1/4"), flexibel, 7 Adern, max. 6 m lang
- Punkt-zu-Punkt-Verbindung
- Terminierung nicht erforderlich
- Signalspannung 250 mV (LVDS: Low Voltage Differential Signaling), +250 mV und −250 mV
- **Beispiel:**

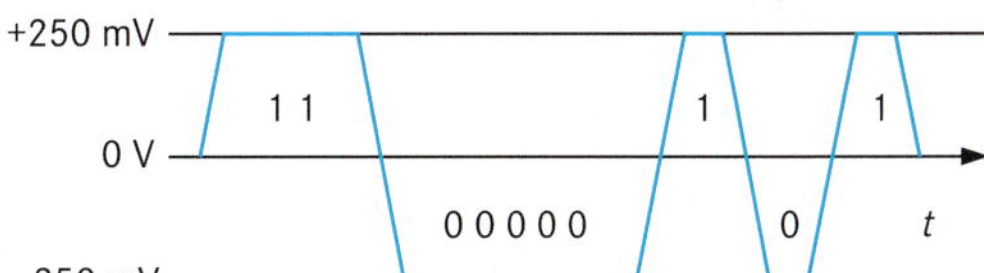

- Übertragungsfenster: 666 ps, Zeitspanne von ansteigender bis abfallender Flanke
- Steckverbinder: (Spannungsversorgung)
  - 15 Pins
  - 3 Spannungen: 3,3 V; 5 V; 12 V
  - Stecker für 2 1/2-Zoll-Notebook- und für 3 1/2-Zoll-Festplatte
  - 5 1/4"-Laufwerke

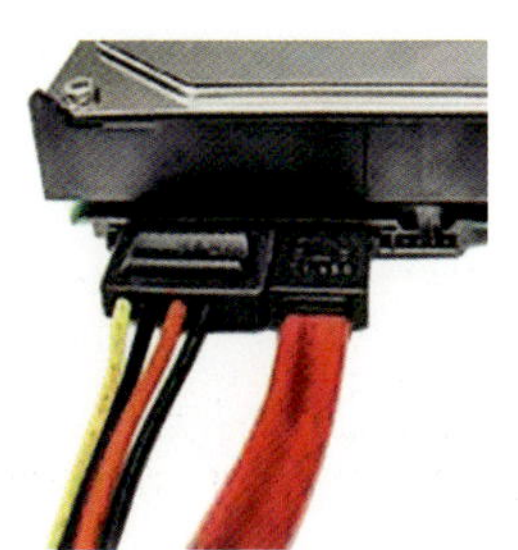

Merkmale

- **SSDs** (**S**olid **S**tate **D**isk) sind Speichermedien, die nur aus Halbleiterchips aufgebaut sind. Sie lassen sich wie Festplatten datenmäßig ansprechen.
- Vorteile gegenüber herkömmlichen Laufwerken: Mechanisch robust, kurze Zugriffszeiten, keine Geräusche
- Nachteile gegenüber herkömmlichen Laufwerken: Erheblich höherer Preis bei gleicher Kapazität.
- Aufgebaut sind die Speicherzellen in NAND-Technik (**NAND-Flash**).
- Die Speicherung der Bits erfolgt, indem man Ladungen in einer isolierten Zone eines Halbleiterbausteins (Flash-FET deponiert (Flash = Blitz).
- Ein integrierter Controller sorgt dafür, dass Daten gespeichert, gelesen und z. B. an den SATA-Anschluss (SATA 2 mit 3 Gbit/s oder SATA 3 mit 6 Gbit/s) weitergegeben werden.
- Lesevorgänge sind unbegrenzt möglich. Die erreichbaren Schreibzyklen liegen zwischen 100.000 und 5 Millionen. Um die Lebensdauer zu erhöhen, werden durch einen Controller im Speichermedium die Schreibvorgänge gleichmäßig auf alle Speicherzellen verteilt. Dazu wird mit der Speichersteuerung die Speicherhäufigkeit aller Blöcke überwacht. Fehlerhafte Blöcke werden ausgeblendet.
- Wenn eine herkömmliche Festplatte (**HDD**) mit einer SSD kombiniert ist, handelt es sich um eine **Hybridfestplatte** (**HHD**: **H**ybrid **H**ard **D**rive).

Vergleich mit einer Festplatte (1,0" bis 3,5")

		MLC SSD	HDD
Kapazität in GB		≤ 600	≤ 3000
Datentransferrate in MB/s	Lesen	bis 500	bis 150
	Schreiben	≤ 440	≤ 150
Zugriffszeit in ms (mittlere)	Lesen	ca. 0,2	ca. 3,5
	Schreiben	ca. 0,4	ca. 3,5
Leistung in W	Ruhe	0,1 ... 1,3	≥ 4
	bei Zugriff	0,5 ... 5,8	≥ 6

Speicherchiparten

- **SLC**-Chips (**S**ingle **L**evel **C**ell) speichern 1 Bit pro Speicherzelle.
- **MLC**-Chips (**M**ulti **L**evel **C**ell) speichern 2 Bit pro Speicherzelle.
  - Verwendung hauptsächlich ab 64 GB
  - Beim Lesen sind sie langsamer und beim Schreiben schneller als SLC-Chips.
- **Asynchrone Speicherchips**: Daten werden bei der aufsteigenden Flanke des Taktsignals übertragen.
- **Synchrone Speicherchips**: Daten werden bei der auf- und absteigenden Flanke des Taktsignals übertragen (wie beim DDR-RAM).

Speicherorganisation

- Mehrere Speicherzellen werden zu einer **Page** zusammengefasst, die Kapazitäten von 4 kB oder 8 kB besitzen. Pages lassen sich einzeln beschreiben, können aber nicht einzeln gelöscht werden.
- Pages werden in **Blocks** zusammengefasst, die gelöscht werden können. Beispiele:
  - 128 Pages mit 4 kB ergeben einen Block von 512 kB.
  - 256 Pages mit 8 kB ergeben einen Block von 2 MB.
- Schritte zur Datenspeicherung (**Read-Modify-Write-Zyklus**):
  1. Daten des Blocks werden ausgelesen und noch benötigte Daten werden in einem Speicher (Cache) abgelegt.
  2. Daten im Block werden gelöscht.
  3. Neue bzw. gespeicherte Daten werden im gelöschten Block abgelegt.

Speicherbereinigung

- Da die Schnelligkeit der Datenspeicherung abhängig von der Anzahl der freien Pages ist, wird bei SSDs die **Garbage Collection** (wörtlich: „Müllabfuhr“, automatische Speicherbereinigung oder Freispeichersammlung) eingesetzt.
- Prinzip Garbage Collection:
  - Der Controller sammelt Daten aus nur teilweise beschriebenen Blocks.
  - Diese werden anschließend zu wenigen vollen Blocks zusammengefasst.
  - Die jetzt frei gewordenen Blocks werden gelöscht und können bei Bedarf sofort beschrieben werden.

Abnutzungsausgleich

- Die Lebensdauer einer SSD erhöht sich, wenn die Schreibzugriffe gleichmäßig verteilt werden. Deshalb wird ein Abnutzungsausgleich (**Wear Leveling**) hergestellt. Dazu führt die SSD eine interne Statistik darüber, welche Blocks wie oft beschrieben wurden.
- **Dynamic Wear Leveling**: Verteilung der Daten, die sich im Moment ändern oder geschrieben werden.
- **Static Wear Leveling**: Bei Leerlauf Verteilung abgelegter Daten auf verschiedene Blocks.

Funktion und Aufbau

- Bandlaufwerke sind Geräte zur Speicherung, Sicherung und Archivierung von mittleren bis großen Datenmengen auf externen Kassetten (Cartridges), die Magnetbänder enthalten. Bandlaufwerke sind als externe Geräte oder Einbaugeräte verfügbar.
- Die Laufwerke bestehen aus einem Antrieb für zwei Spulen und verfügen über einen Schreib-/Lesekopf sowie einen Löschkopf.
- Die Daten werden seriell geschrieben bzw. gelesen.
- Die Speicherkapazität hängt ab von der Bandlänge und dem verwendeten Standard. Sie reicht von ca. 120 MB bis zu einigen TB.
- Vorteile gegenüber anderen Speichermethoden:
  - Hohe Speicherkapazität
  - Geringe Kosten
  - Lange Lebensdauer
  - Schnelle Übertragung großer Datenmengen.
  - Geringer Platzbedarf für die Lagerung der Bänder.
  - Bänder können wieder verwendet werden.
- Texkomprimierung etwa 2,5 : 1

LTO-5 Laufwerk

Schreibverfahren

- Start-Stopp-Verfahren
  - Zum Schreiben wird das Band zunächst auf eine Mindestgeschwindigkeit beschleunigt (Startphase).
  - Nach dem Schreiben des Datenblocks wird das Band wieder gestoppt.
  - Zwischen den Datenblöcken entstehen „leere" Bereiche (Klüfte, Interblock-Gaps)
- Streaming-Verfahren
  - Das Band wird kontinuierlich beschrieben.
  - Das Streaming-Verfahren ist schneller als das Start-Stopp-Verfahren und bandschonender.

Standards

Die Kapazitätsangaben gelten für unkomprimierte Daten.

- **AIT** (**A**dvanced **I**ntelligent **T**ape)
  AIT-1 (35 GB; max. 10,4 MB/s) ... AIT-3 (100 GB, max. 31,2 MB/s), SAIT-1 (500 GB; max. 78 MB/s)
- **DAT** (**D**igital **A**udio **T**ape)
  DDS (**D**igital **D**ata **S**torage)
  DDS-3/DAT-24 (12 GB; 2,2 MB/s) ... DDS-5/DAT-72 (36 GB; max. 6 MB/s)
- **Travan**
  TR-1 (0,4 GB; max. 0,125 MB/s) ... TR-6 (20 GB; max. 4 MB/s)
- **DLT** (**D**igital **L**inear **T**ape)
  DLT 4000 (20 GB; 3 MB/s); DLT 7000 (35 GB; 29 MB/s)
- **SDLT** (**S**uper **D**igital **L**inear **T**ape)
  SDLT-1/SDLT 320 (160 GB; 32 MB/s); SDLT-2/SDLT 600 (300 GB; 72 MB/s)
- **LTO** (**L**inear **T**ape **O**pen)
  Ultrium 2 (200 GB; 80 MB/s) ... Ultrium 6 (3200 GB; 540 MB/s)

Lineare Aufzeichnung

- Das Magnetband (mit Eisenoxid) wird in Vorwärts- und Rückwärtsrichtung auf mehreren nebeneinander liegenden Spuren beschrieben.
- Die aufgezeichneten Daten werden gelesen und mit den zwischengespeicherten Daten verglichen.
- Neben den eigentlichen Daten werden auch Daten- und Servicespuren (z. B. für die Kopfnachführung) auf dem Band gespeichert.
- Bandbreite: 6 mm (QIC), 8 mm (Travan), 13 mm (DLT)
- Beispiel für Standards: DLT, QIC, Travan
- Vorteil: Hohe Geschwindigkeit (z. B. DLT 7000 ca. 4 m/s, vier Spuren werden gleichzeitig gelesen)
- Geringere Zugbelastung des Bandes und dünnes Bandmaterial als bei der Schrägspuraufzeichnung.

Kopf bei linearen Systemen

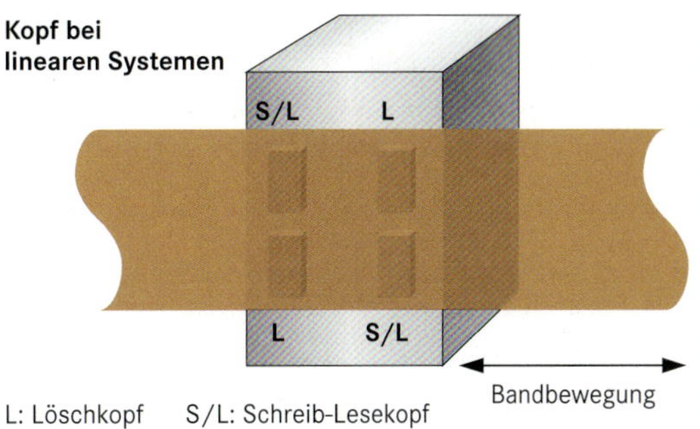

L: Löschkopf S/L: Schreib-Lesekopf

Schrägspuraufzeichnung (Helical Scan)

- Das Magnetband (mit Eisenoxid) bewegt sich langsam an den Schreib- und Leseköpfen der schräg angebrachten Kopftrommel vorbei.
- Die aufgezeichneten Daten werden nach dem Schreiben gelesen und mit den zwischengespeicherten Daten verglichen.
- Bei Fehlern werden sie beim nächsten Durchgang noch einmal geschrieben. Durch die diagonale Spur wird erreicht, dass die Spur etwa achtmal so lang ist wie die Breite des Bandes.
- Bandbreite: 4 mm, 8 mm, 19 mm
- Beispiele für Standards: DAT, DDS, AIT
- Vorteil: Dicht aneinander liegende Spuren sind verantwortlich für eine hohe Kapazität.
- Nachteile: Aufwendige Mechanik, da das Band straff gespannt sein muss, Suchvorgänge sind langsam (Abhilfe: Partitionierung des Bandes)

Kopftrommel bei Schrägspur-Systemen

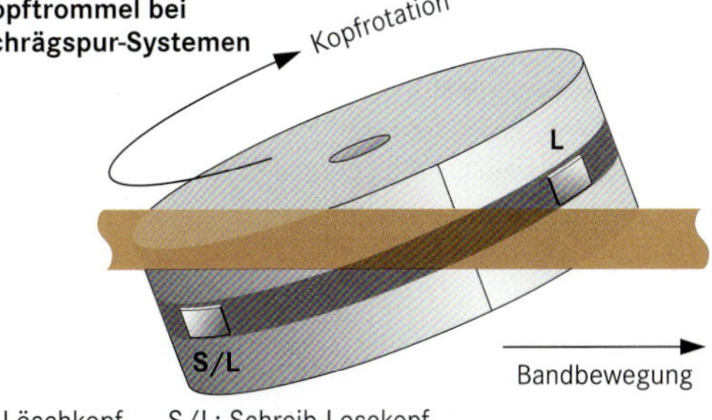

L: Löschkopf S/L: Schreib-Lesekopf

Merkmale und Anwendungen

- Nichtflüchtige Wechselspeicher (Flash-Speicherung)
- Kompatibel zu PC und Laptop (ggf. Kartenlesegerät)
- Vorwiegend eingesetzt in Kleingeräten: Digitalkamera, Videokamera, MP3-Player
- Es werden unterschieden:
  - Speicherkarten mit integriertem Controller (CF-, MMC- und SD-Karten)
  - Speicherkarten ohne Controller (SM-Karten)

Flash-Speicherung

- Die Bytes können einzeln adressiert und gelesen werden.
- Das Schreiben und Löschen kann nur blockweise erfolgen.
- Ein Überschreiben einzelner Daten ist nicht möglich. Bei jeder Änderung muss der Block komplett gelöscht werden. Zugriffszeit ca. 100 ns.
- Lebensdauer ca. 100.000 Schreib- und Löschzyklen.
- Hohe Widerstandsfähigkeit, geringe Energieaufnahme.

Die Speicherung erfolgt über das Floating-Gate ① des Flash-FETs. Es isoliert das Gate von der Source-Drain-Strecke. Wenn das Floating Gate geladen ist, ist der Stromfluss zwischen Drain und Source abgeschnürt (0-Zustand). Beim Programmieren wandern Elektronen zum Gate (Tunneleffekt; Blitz = Flash), es fließt Strom (0-Zustand).

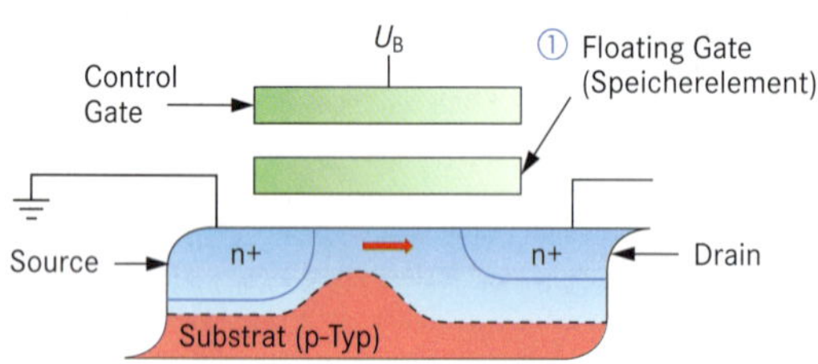

Arten

- CompactFlash (**CF**)
  - Typ I, Typ II, CFast Typ I und II
- Memory Stick (**MS**)
  - Memory Stick Select, Memory Stick PRO, Memory Stick PRO Duo, Memory Stick PRO-HG Duo, Memory Stick XC Duo, Memory Stick XC-HG Duo, Memory Stick Duo, Memory Stick Micro, Memory Stick HG Micro, Memory Stick XC Micro, Memory Stick XC-HG Micro
- MultiMediaCard (**MMC**)
  - MMCplus, MMCmobile, MMmicro, MMC DV
- Reduced Size MultiMedia Card (**RS-MMC**)
- Secure Digital Memory Card (**SD**)
  - SDHC, SDXC, miniSD, miniSDHC, microSD, microSDHC, microSDXC
- SmartMedia (**SM**)
- xD-Picture Card (**xD**)
  - xD Typ M, xD Typ M+, xD Typ H

Vergleich von Abmessungen

CompactFlash

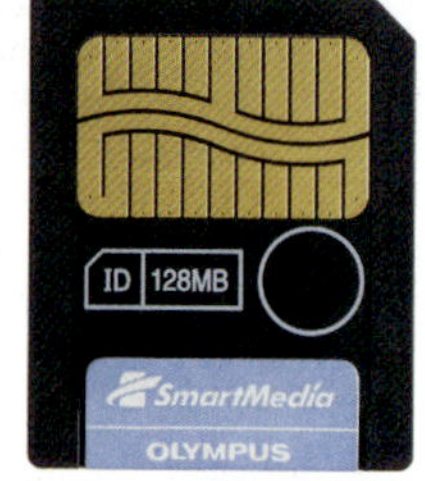

SmartMedia

MultiMediaCard

microSD

SD Card

Memory Stick Pro

xD-Picture Card

Microdrive

- Magnetische Speicherung auf einer Miniaturfestplatte mit 3.600 Umdrehungen pro min
- Abmessungen in mm: 42,8 x 36,4 x 5
- Kapazität: 340, 512, 1.024, 2.200 MB
- Datenrate: max. 4,2 MB/s

Memory Stick

- Eigener Standard von Sony, Sticks werden auch von SanDisk und Lexar produziert
- Speicherkarte für Mobiltelefone, Digitalkameras, MP3-Player, PlayStation, Vaio-Notebooks, PDAs, Videokameras
- Flash Speicherung, Integrierter Controller
- Speicherkapazität 4 bis 128 GB
- Anschlüsse 10
- Abmessungen B x H x T in mm und Betriebsspannungen
  - Memory Stick: 21,5 x 50,0 x 2,8; 3,3 V
  - Memory Stick PRO: 21,5 x 50,0 x 2,8; 2,7 V - 3,6 V
  - Memory Stick PRO Duo: 20,0 x 31,0 x 1,6; 2,7 V - 3,6 V
  - Memory Stick Duo: 31,0 x 20,0 x 1,6
  - Memory Stick Micro: 12,5 x 15,0 x 1,2; 3,3 V
- Maximale Datenraten
  - Schreiben 14,4 Mbit/s
  - Lesen 19,6 Mbit/s
- Einige Sticks sind mit dem MagicGate-Kopierschutz ausgestattet.

CF Karte
CF Card

Merkmale

- **CF: C**ompact **F**lash (CompactFlash)
- Neben dem Flash-**Speicher** befindet sich auf dem Chip ein Controller, der den Speicher verwaltet und die Schnittstelle realisiert.
- **Typ I**: 42,8 mm x 36,4 mm x 3,3 mm (Typ I Karten funktionieren auch im Typ II Slot)
- **Typ II**: 42,8 mm x 36,4 mm x 5 mm
- Anwendungen: Digitale Fotoapparate (professionelle Spiegelreflexkameras), PCs, Netzwerkkomponenten, PDAs (Personal Digital Assistants)
- Der Anschluss (50-polig, geschützte Kontakte) ist kompatibel mit der PATA Schnittstelle, Varianten bauen darauf auf.
- Angabe der **Datenübertragungsraten**
  - Standardkarten besitzen häufig keine Angaben. Sie beträgt dann etwa 10 MB/s. Bezeichnungsvarianten sind: Pro, Ultra, Extreme, Highspeed
  - Direkte Angabe in MB/s
  - Vielfaches bezogen auf die Lesegeschwindigkeit von CD-ROM-Laufwerken (1x ca. 150 kB/s), z. B. 80x bedeutet: 12 MB/s
- **Dateisystem** beliebig (FAT16/32 empfohlen)
- **Lesezugriff** < 1 ms
- **Schreibzugriff** 10 ms bis 35 ms
- Betriebsspannungen (CF I und CF II) 3,3 V ± 5 % oder 5 V ± 10 %, Stromstärke im Ruhezustand 0,5 mA bis 1 mA
- **Kapazität**: 2 MB bis 128 GB

Standards

Standard	Pins	Kapazität (max.) in GB	Datenübertragungsrate in MB/s	Schnittstelle
CF+, CompactFlash 2.0	50	128	16,6	PATA
CF+, CompactFlash 3.0	50	128	66	PATA
CF+, Compact Flash 4.0	50	128	133	PATA
CompactFlash 5.0, 6.0	50	128	167	SATA
CFast Typ I, Typ II	24	2048	300	SATA

Kartenadapter

Beispiel: SATA

SD Karte
SD Card

Merkmale

- **SD: S**ecure **D**igital (Memory Card); sichere digitale Speicherkarte
- Auf Basis der älteren MMC-Karte (MultiMediaCard) entwickelt
- Flash Speicherung, integrierter Controller
- Standardspeicherkarte für Mobiltelefone, Digitalkameras, MP3-Player, mobile Navigationsgeräte, ...
- Bezeichnungen für Kartenformate:
  - **SD** für Standardformate
  - **SDHC** (**SD H**igh **C**apacity), SD 2.0
  - **SDXC** (**SD** e**X**tended **C**apacity), SD 3.0
  - Für kleinere Speicherkarten folgende Vorsilben: **mini**...; **micro** (Adapter für SD-Kartenformate)

Datenübertragungsraten, Leistungsklassen

- Die Zahl im rechts offenen Kreis (Speed-Klasse) kennzeichnet die folgenden Schreibgeschwindigkeiten (mindestens):

CLASS 2	16 Mbit/s (2 MB/s)
CLASS 4	32 Mbit/s (4 MB/s)
CLASS 6	48 Mbit/s (6 MB/s)
CLASS 10	80 Mbit/s (10 MB/s)

- **Schreibschutz**: Der Schieber an der Kartenseite ist kein mechanischer Schalter. Die Einstellung wird von der Gerätesoftware ausgewertet.

Kartenformate

	SD	SDHC	miniSD	miniSDHC	microSD	microSDHC
Merkmale	24; 2,1; 32	24; 2,1; 32	20; 1,4; 21,5	20; 1,4; 21,5	11; 1,0; 15	11; 1,0; 15
	Abmessungen in mm		Abmessungen in mm		Abmessungen in mm	
Masse	ca. 2 g		ca. 1 g		ca. 0,5 g	
Pins	9-polig		11 Pins		8 Pins	
Spannung	2,7 V–3,6 V		2,7 V–3,6 V		2,7 V–3,6 V	
Schreibschutzschalter	ja		nein		nein	
Kopierschutz	CPRM[1]		CPRM[1]		CPRM[1]	
Kompatibilität	–		ja mit Adapter		ja mit Adapter	
Dateisystem	FAT16/32	FAT32	FAT16/32	FAT32	FAT16/32	FAT32
Kapazität	bis 2 GB	4 GB bis 32 GB	bis 2 GB	4 GB bis 32 GB	bis 2 GB	4 GB bis 32 GB

[1] **CPRM: C**ontent **P**rotection for **R**ecordable **M**edia

Nichtflüchtige Speicher
Non-Volatile Memory

EEPROM

- **E**lectrically **E**rasable **P**rogrammable **R**ead **O**nly **M**emory: elektrisch lösch- und programmierbare Nur-Lese-Speicher.
- Aufbau ähnlich der EPROM-Speicherzelle.
- Dünnere Oxydschicht zwischen schwebendem Gate und Auswahlgate.
- Elektronen können durch äußere elektrische Spannung in beide Richtungen verschoben werden.
- Nachteile: geringe Anzahl von Schreibvorgängen ($\leq 10^3 \ldots 10^4$); lange Schreib- und Löschzeiten für die Datenbytes.
- Speicherinhalte bleiben nach Spannungsabschaltung erhalten.

NVRAM/FRAM

- **N**on **V**olatile **R**andom **A**ccess **M**emory: RAM mit unverlierbaren Daten.
- Bestehen aus SRAM-Zellen und angekoppelten EEPROM-Zellen.
- Solange Betriebsspannung vorhanden, wird RAM-Bereich aktiv.
- Bei Spannungsausfall werden Daten des RAM-Bereichs in EEPROM-Bereich automatisch übertragen.
- Nach Spannungsrückkehr werden Daten zurückgeschrieben.
- **FRAM** (**F**erroelectric **RAM**) bieten kürzere Schreibzeiten, geringeren Energiebedarf, höhere Anzahl an Schreib-/Lesezyklen als EEPROM. Anwendung z. B. in Smart Cards (Mobiltelefonen).

Flash EEPROM

- Speicherzellen sind ähnlich aufgebaut wie bei EEPROM.
- Oxydschichtdicke für schwebendes Gate ca. 120 nm.
- Ladungsträger zwischen schwebendem Gate und Substrat durch elektrische Spannung in beiden Richtungen verschiebbar.
- Löschen des Speicherinhaltes nur gesamt durch Löschimpuls möglich.
- Betriebsarten für die Bausteine werden über Kommandoregister gesteuert.
- Speicherinhalte bleiben nach Spannungsabschaltung erhalten.

ROM/PROM

- **R**ead **O**nly **M**emory: Nur-Lese-Speicher.
- **P**rogrammable **R**ead **O**nly **M**emory: programmierbarer Nur-Lese-Speicher.
- Informationen sind remanent gespeichert.
- **ROM:** Programmierung erfolgt beim Halbleiterhersteller durch Einbringen von leitenden Verbindungen zwischen Zeile und Spalte in der Speichermatrix.
- Anwendung von ROMs nur bei großen Stückzahlen günstig.
- **PROM:** Programmierung erfolgt beim Anwender durch Aufschmelzen der programmierbaren Verbindung zwischen Zeile und Spalte in der Speichermatrix.

ASIC – Anwendungsspezifische ICs
ASIC – Application Specific Integrated Circuits

Kundenspezifisch	Standardzellen	Gate Array	PLD
▪ ICs werden speziell für einen Kunden von einem Halbleiterhersteller angefertigt. ▪ Grundlage sind Logikpläne, die die Schaltfunktionen beschreiben. ▪ Funktionen werden als Transistorschaltungen auf Halbleiterkristall realisiert.	▪ Schaltfunktionen werden nicht auf Transistorebene entworfen. ▪ Halbleiterhersteller bieten Bausteinbibliotheken zur Umsetzung der Logikfunktionen. ▪ Bibliotheken enthalten z. B. Gatter, Schieberegister und Zähler als Makrozellen.	▪ Gatter-Felder sind vorgefertigte Schaltungen (Gatter). ▪ Kundenspezifische Schaltungen werden durch Aufbringen von Metallisierungsverbindungen realisiert. ▪ Neben Digitalschaltungen sind auch Analog-Arrays realisierbar.	▪ **P**rogrammable **L**ogic **D**evice: programmierbare Logikeinheiten. ▪ **PLA: P**rogrammable **L**ogic **A**rray. ▪ **PAL: P**rogrammable **A**rray **L**ogic. ▪ **FPLA: F**ield **P**rogrammable **L**ogic **A**rray. ▪ **EPLD: E**rasable **P**rogrammable **L**ogic **D**evice.
Silizium- Grundmaterial	Ein-/Ausgabe-Treiber Logikschaltungen	Ein-/Ausgabe-Treiber Gatterschaltungen	

Chipsatz Intel 975x

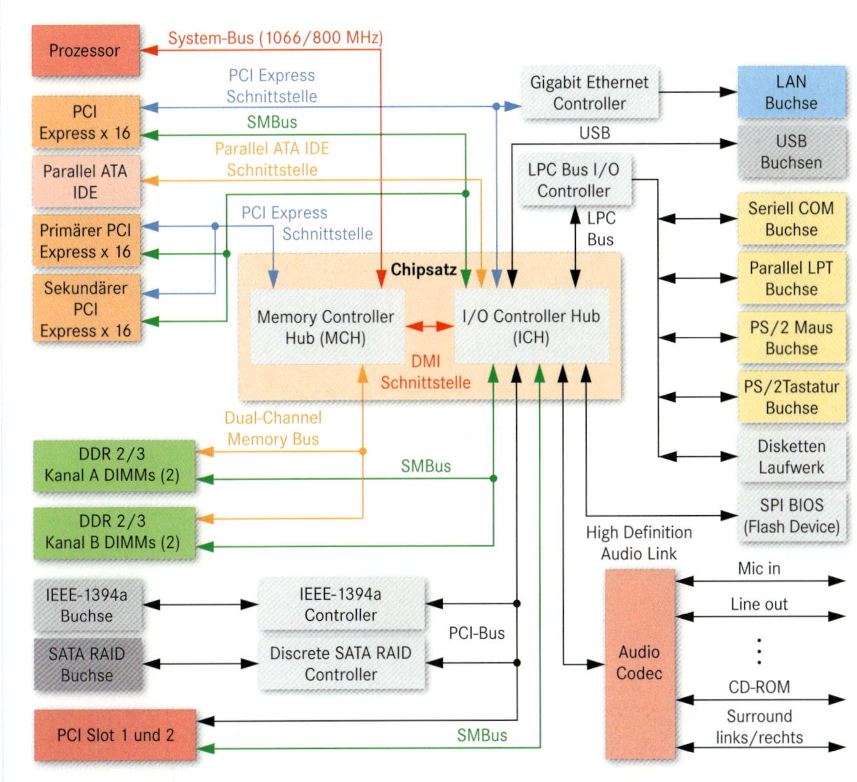

DMI:
Desktop **M**anagement **I**nterface (Schnittstelle)

LPC:
Legacy **P**ort **C**ontroller, entspricht dem seriellen ISA-Bus mit geringerer Leitungszahl, „alte“ PC-Schnittstellen

PCI:
Peripheral **C**omponent **I**nterconnect, für die interne Erweiterung durch Steckkarten

SMBus:
System **M**anagement **Bus**, Steuerbus, der dem I²C-Bus entspricht

Systembus:
verbindet Zentralspeichereinheit mit Hauptspeicher und Cache (Datenbus, Steuerbus, Adressbus)

Erläuterungen

- **AT: A**dvanced **T**echnology; fortschrittliche Technologie, Bezeichnung für PCs mit 80286 Prozessor oder höher
- **ATA: AT-A**ttachment; Synonym für IDE
- **BIOS: B**asic **I**nput **O**utput **S**ystem; Basis-Eingangs-Ausgangs-System, im BIOS werden wichtige Einstellungen für den PC in einem wieder beschreibbaren Speicher (EEPROM, meist als Flash-Speicher, 64 oder 128 Byte) auf der Hauptplatine abgelegt.
- **Chipsatz:** Er dient der Unterstützung der CPU bei der Steuerung und dem Datentransfer der einzelnen Komponenten des Mainboards und der peripheren Geräte. Er besteht hauptsächlich aus den Komponenten MCH und ICH.
- **Codec: Co**der und **Dec**oder; Einrichtung, Verfahren oder Programm, mit denen Daten oder Signale digital codiert und decodiert werden können
- **COM: Com**munication; serielle Schnittstelle zum Anschluss von Peripheriegeräten mit geringem Datentransfer (z. B. Maus, Tastatur, Modem)
- **DDR-RAM: D**ouble **D**ata **R**ate **RAM**; Arbeitsspeicher, dessen Daten bei der ansteigenden und abfallenden Flanke gelesen werden (doppelte Datenrate)
- **DIMM: D**ual **I**nline **M**emory **M**odul; Speichermodul mit 64 Bit breitem Datenbus
- **EIDE: E**nhanced **IDE**-Schnittstelle; erweiterte IDE-Schnittstelle, andere Bezeichnungen Fast-ATA, ATA-2
- **IEEE-1394a: I**nstitute of **E**lectrical and **E**lectronics **E**ngineers; serielle Schnittstelle zur Kopplung peripherer Geräte (z. B externe Festplatten, Videogeräte) an einen Rechner oder zur Kopplung von Geräten untereinander
- **ICH: I**/O **C**ontroller **H**ub; früher als Southbridge bezeichnet
- **IDE: I**ntegrated **D**evice **E**lectronics; Schnittstelle für Geräte mit integriertem Controller, andere Bezeichnungen ATA, AT-Bus
- **LPT: L**ine **P**rin**t**er; parallele Schnittstelle zum Anschluss von Peripheriegeräten, z. B. Scanner, Drucker
- **MCH: M**emory **C**ontroller **H**ubs; früher als Northbridge bezeichnet
- **PCI Express (PCIe);** Schnittstelle für Peripheriegeräte an die CPU, höhere Datenrate als PCI
- **PS/2: P**ersonal **S**ystem/**2**; serielle Schnittstelle für Tastatur und Maus
- **RAID: R**edundant **A**rray **I**ndependent **D**isc; redundante Anordnung von unabhängigen Festplatten (virtueller Massenspeicher)
- **USB: U**niversal **S**erial **B**us; serieller Bus-Anschluss zum vereinfachten Anschalten von Peripheriegeräten (Geräte während des Betriebs einsteckbar), bis zu 127 Geräte

Merkmale

- Der **PCI**-Bus ist ein **paralles taktsynchrones Bussystem** auf dem Motherboard zur Verbindung von Peripheriekomponenten (z. B. SCSI, LAN) untereinander und mit der CPU.
- Ist unabhängig vom CPU-Typ.
- Überträgt Adressen und Daten im **Zeitmultiplex** (32 Bit oder 64 Bit).
- Mit zusätzlichen Steuersignalen (C/BE) wird zwischen Kommando und Bytefreigaben unterschieden.
- Devices (Geräte) am Bus werden unterschieden in **Initiator** und **Target**, wobei der Initiator die Aktionen steuert und verwaltet.
- Geräte verfügen über einen **Konfigurationsspeicher**, der die spezifischen Anforderungen des Gerätes beschreibt (z. B. Adressbereich).
- Realisiert u. a.
  - Autokonfiguration (Interruptbelegung, Geräte-Erkennung),
  - Multi-Master-Fähigkeiten.
- Wird allgemein unterschieden in **PCI Conventional** und **PCI-X**.
- Verschiedene Versionen sind funktional kompatibel; spezifische Ausprägungen der Steckverbinder sind zu berücksichtigen.

Versionen

Typ	I/O Spannung in V	64 Bit		32 Bit		Fehler-korrek-tur
		Steck-plätze	MByte/s	Steck-plätze	MByte/s	
PCI 33	5/3,3	4	266	4	133	P
PCI 66	3,3	2	533	2	266	P
PCI-X 66	3,3	4	533	4	266	P/ECC
PCI-X 133	3,3	2	800	2	400	P/ECC
PCI-X 133	3,3	1	1066	1	533	P/ECC
PCI-X 266	1,5	1	2133	1	1066	ECC
PCI-X 533	1,5	1	4266	1	2133	ECC

PCI Conventional PCI-X (Mode 1) PCI-X (Mode 2)

P: Parity ECC: Error Correction Code

Baugruppen Codierungen

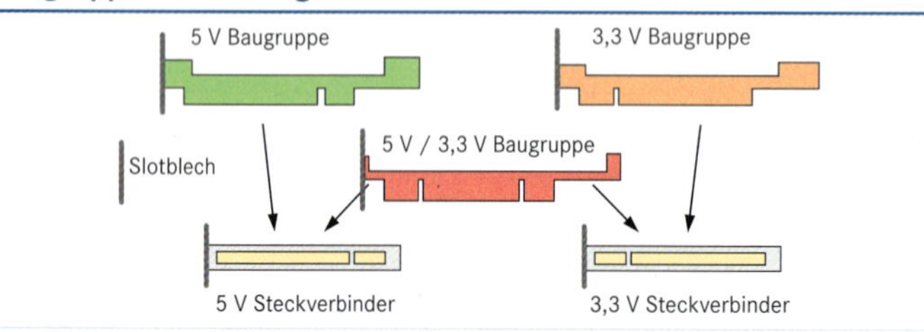

Signale

Name	Funktion
AD[....]	Adresse/Daten
C/BE(...)#	Bus - Kommando/Bytefreigabe
INT (A...D)#	Interruptleitung (Kanal A, B, C, D)
PAR	Parität für AD und C/BE
CLK/RST	Takt/Reset
Frame#	Zyklus Rahmen
IRDY#/TRDY#	Initiator bereit/Target bereit
STOP#	Unterbrechung
LOCK#	Sperre
IDSEL	Initialisierung
DEVSEL#	Geräteauswahl
REQ#	Anforderung

Name	Funktion
GNT#	Freigabe (Bus-)
PERR# SERR#	Paritätsfehler Systemfehler
PRSNT#	Anwesenheit
M66EN	66 MHz Freigabe
PME#	Stromversorgungsereignis
SMBCLK	SMBus Takt
SMBDAT	SMBus Daten
Txx	Test-Signale
REQ64#	Anforderung 64 Bit Transfer
ACK64#	Bestätigung 64 bit

Steckverbinder 32 Bit/3,3 V

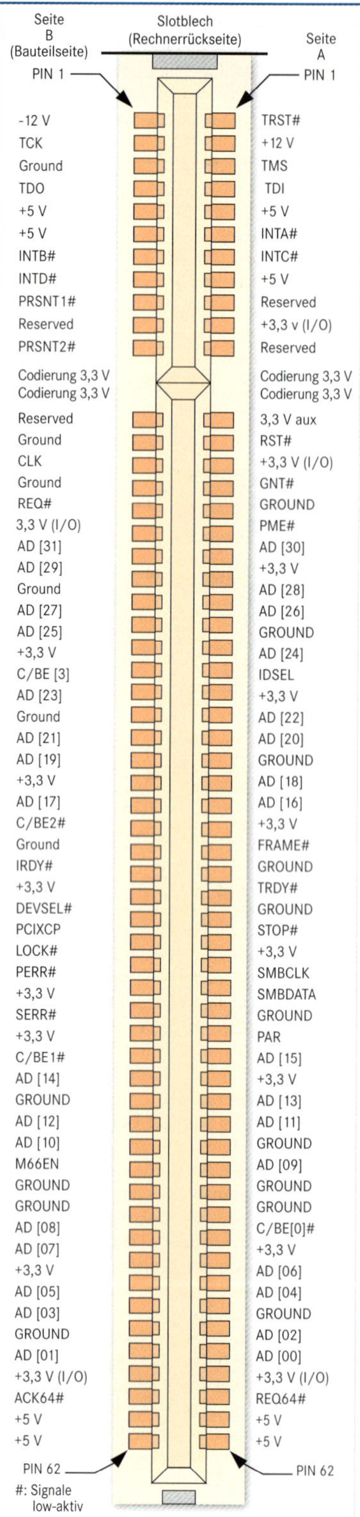

Merkmale

- Ist ein industrielles Rechnersystem und standardisiert von der **PICMG** (**P**CI **I**ndustrial **C**omputer **M**anufacturers **G**roup; in Europe: PICMG Europe)
- Besteht aus
  - passivem Rückwandbus (backplane),
  - PCI-Bus und
  - 19" Aufbautechnik.
- Besonderes Kennzeichen sind die hochpoligen Steckverbinder in 2 mm Stiftabstand (metrische Steckverbinder), wobei die Messerleisten in der Rückwandleiterplatte und die Federleisten auf den Baugruppen angeordnet sind.
- Die Steckverbinder sind in verschiedenen Typen (A, B, AB) verfügbar.
- Als Baugruppenformat werden das
  - einfache Europaformat (3U; 100 mm x 160 mm) und das
  - doppelte Europaformat (6U; 230 mm x 160 mm)

  verwendet.
- Die Anzahl der Steckverbinder ist abhängig von der Art der Baugruppe.
- Die CPU-Baugruppe enthält mindestens die Steckverbinder J1 und J2.
- Peripheriebaugruppen (z. B. I/O-Baugruppen) können auch nur mit dem Steckverbinder J1 ausgerüstet sein.
- Externe Signale (z. B. USB- oder Ethenetanschluss) werden über die Frontplatten herausgeführt.
- Über die Rückseite der Backplane könne zusätzliche Baugruppen angesteckt werden.
- Pro Rückwandbus-Einheit sind bis zu 8 PCI Einbauplätze realisierbar (über Brückenbaugruppen erweiterbar).
- **CompactPCI Serial** verwendet **serielle** Kommunikationsverbindungen (u. a. PCIe; SATA, USB, Ethernet) zwischen dem CPU-Board und den Peripheriebaugruppen.

Baugruppenformate

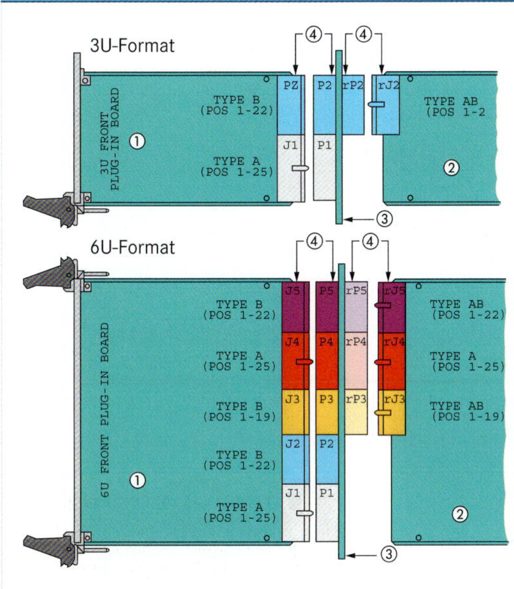

① Flachbaugruppe frontseitig
② Flachbaugruppe rückseitig
③ Backplane
④ Steckverbinder

Steckverbinderaufbau

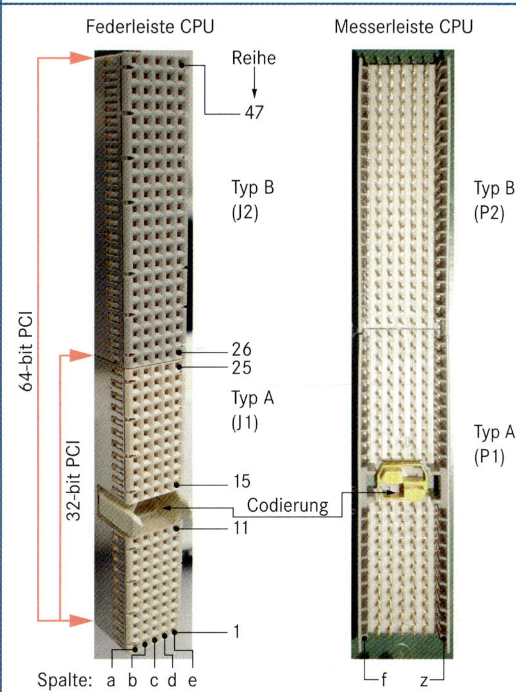

Aufbaubeispiel

CPU mit Backplane und rückseitiger Baugruppe

19" Gehäuse

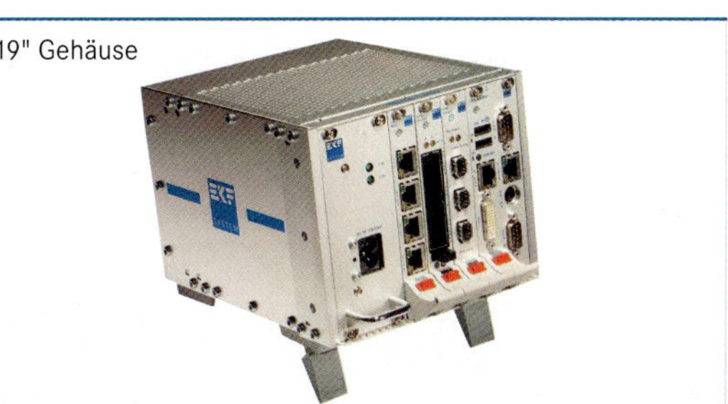

Merkmale

- **PCIe**
  - dient zur Anbindung von Peripherie-Einheiten an die CPU.
  - ist der Ersatz des bisherigen PCI-Busses.
- Die Datenübertragung erfolgt im Gegensatz zum PCI in serieller Form über sogenannte **Lanes** (unidirektionale Leitungspaare), wobei jeweils ein Paar zum Senden und das andere Paar zum Empfangen dient (Punkt zu Punkt).
- Die Anzahl der Lanes ist skalierbar mit x1, x2, x4, x8, x12, x16 und x32.
- Die Datenübertragung erfolgt in Paketen.
- Version 1.0 realisiert pro Lane 2,5 Gigatransfer pro Sekunde und Richtung.
- Version 2.0 realisiert pro Lane 5 Gigatransfer pro Sekunde und Richtung.
- Beide Versionen verwenden 8 Bit/10 Bit Codierung.
- Version 3.0 realisiert pro Lane 8 Gigatransfer pro Sekunde und Richtung bei 8 Bit Codierung.

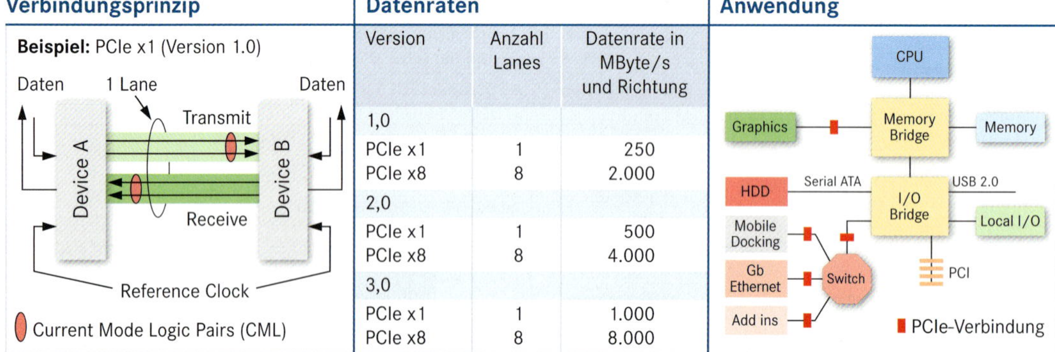

Datenraten

Version	Anzahl Lanes	Datenrate in MByte/s und Richtung
1,0		
PCIe x1	1	250
PCIe x8	8	2.000
2,0		
PCIe x1	1	500
PCIe x8	8	4.000
3,0		
PCIe x1	1	1.000
PCIe x8	8	8.000

Steckverbinderbelegung PCIe 1x

Pin #	Side B Name	Side B Description	Side A Name	Side A Description
1	+12 V	12 V power	PRSNT1#	Hot plug presence detect
2	+12V	12 V power	+12V	12 V power
3	RSVD	Reserved	+12V	12 V power
4	GND	Ground	GND	Ground
5	SMCLK	SMBus (System Management Bus) clock	JTAG2	TCK (Test Clock), clock input for JTAG interface
6	SMDAT		JTAG3	TDI (Test Data Input)
7	GND	Ground	JTAG4	TDO (Test Data Output)
8	+3,3 V	3,3 V power	JTAG5	TMS (Test Mode Select)
9	JTAG1	TRSAT# (Test Reset) resets the JTAG interface	+3,3 V	3,3 V power
10	3,3 Vaux	3,3 V auxiliary power	+3,3 V	3,3 V power
11	WAKE#	Signal for link reactivation	PWRGD	Power good
		Mechanical Key		
12	RSVD	Reserved	GND	Ground
13	GND	Ground	REFCLK+	Reference clock (differential pair)
14	HSOp(0)	Transmitter differential pair, Lane 0	REFCLK–	
15	HSOn(0)		GND	Ground
16	GND	Ground	HSIp(0)	Receiver differential pair, Lane 0
17	PRSNT2#	Hot plug presence detect	HSIn(0)	
18	GND	Ground	GND	Ground
		End of the x1 Connector		

Mechanischer Aufbau

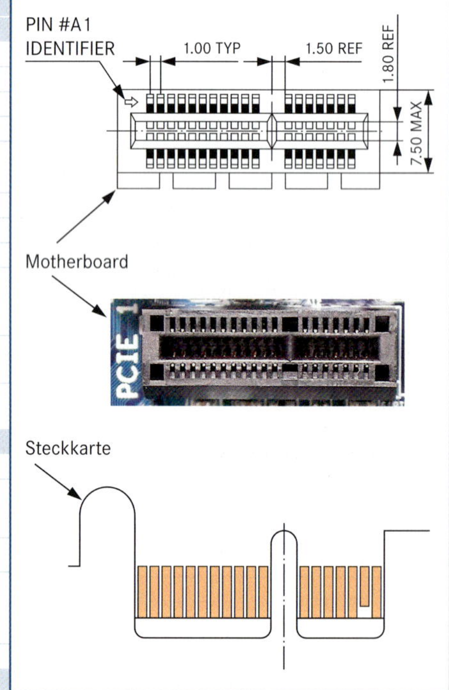

Steckverbinder PCIe x16

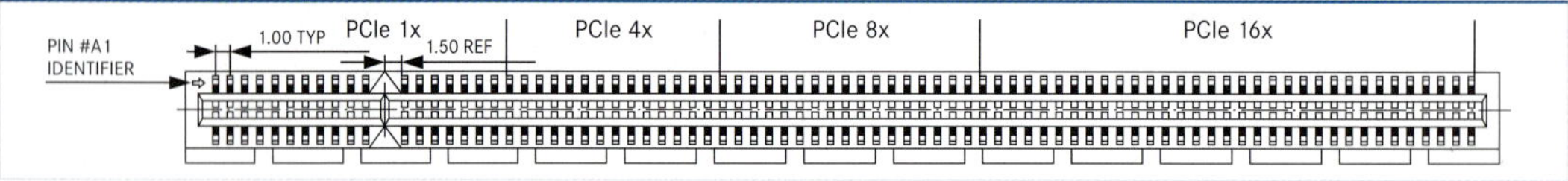

Merkmale

- SCSI (Sprechweise: skassi) ist ein geräteunabhängiger **paralleler Peripheriebus** (8 Bit oder 16 Bit breit).
- Dient zum Anschluss verschiedenartiger Peripheriegeräte (Festplatten, Scanner, Drucker) an Rechnersysteme (PC, Server).
- Bis zu 16 externe Geräte (SCSI-Devices) sind an ein Bussystem anschließbar.
- Geräte können **Initiatoren** und/oder **Targets** sein.
- Initiator veranlasst die Aktionen.
- Target führt die Aktionen aus.
- Anschluss an Rechner erfolgt über **Host-Adapter** (z. B. PC-Einsteckkarte).
- Adresseinstellung der Teilnehmer erfolgt mit Schaltern, Brücken oder softwaremäßig.
- Jede Adresse darf nur einmal vorkommen.
- **Höchste Priorität** (1) hat in allen Versionen die Ident-Adressse (ID) 7 (in der Regel der Host).
- Terminierung beachten

- Über die Entwicklungszeit entstanden mehrere Versionen (SCSI 1, SCSI 2, SCSI 3) mit unterschiedlichen Übertragungsgeschwindigkeiten, Kabellängen und Steckverbindern.

Version	Busgeschwindigkeit in MByte/s	Busbreite in Bit	Peripheriegeräte
SCSI-2	10	8	Scanner, CD-ROM
Ultra	20	8	Tape, DVD-drives
Ultra Wide	40	16	HDD
Ultra2	80	16	HDD
Ultra160	160	16	HDD
Ultra320	320	16	HDD

- Eine Weiterentwicklung von SCSI zu höheren Übertragungsraten ist nur mit einer seriellen Kopplung erreichbar (**SAS**: **S**erial **A**ttached **S**CSI).

Standard-Übersicht

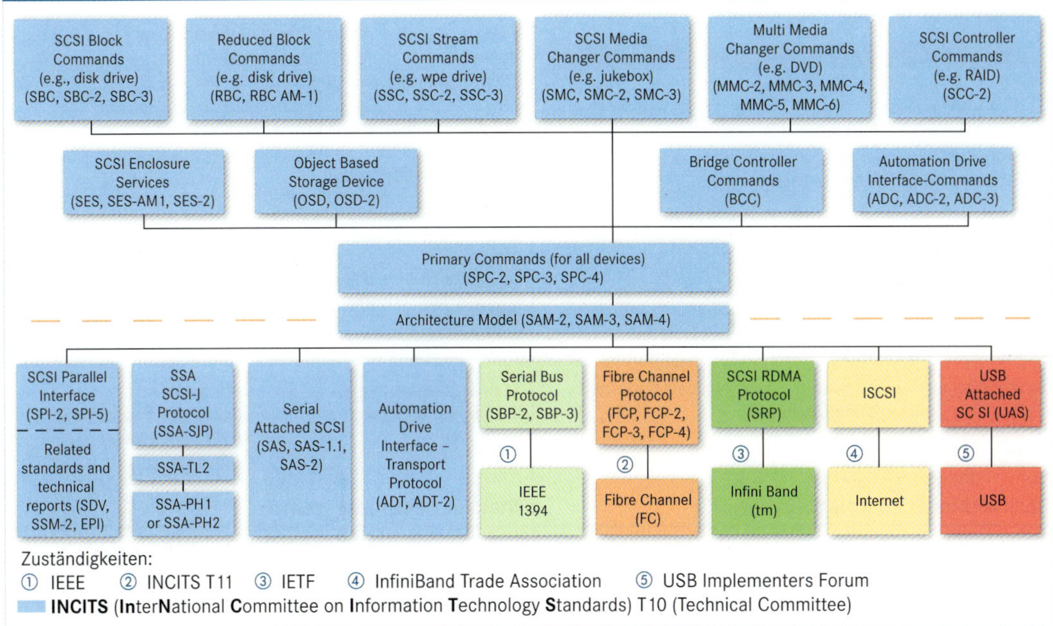

Anschaltung

Externe Schnittstelle

Interne Schnittstelle

Parallelbus

DVD-Drive CD-Drive HDD

HBA
(**H**ost **B**us **A**dapter)

Steckverbinder

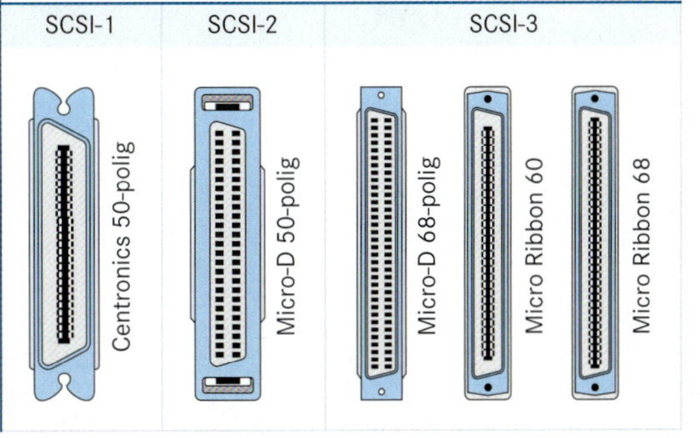

Merkmale

- SAS ist die Weiterentwicklung von SCSI.
- Verwendet ein **serielles Buskonzept** mit Punkt-zu-Punkt-Verbindungen.
- Pro Verbindung werden
  - zwei Aderpaare mit **LVDS** (Low Voltage Differential Signal),
  - im Vollduplex-Betrieb mit bis zu 6 Gbit/s pro Richtung (Receive und Transmit) verwendet.
- SAS-Laufwerke sind standardmäßig mit zwei getrennten Controllern über zwei Steckverbinder ausgerüstet und vermeiden somit den „**single point of failure**“ (Ausfall aufgrund eines einzelnen Fehlers).
- Über Expander lassen sich 128 Geräte ansteuern
- Insgesamt können in einem System 16384 Geräte (128 Expander x 128 Geräte/Expander) betrieben werden.
- Geräte werden mit **WWN** (**W**orld **W**ide **N**ame) adressiert.
- Stecker und Kabelspezifikationen sind abgestimmt auf den Einsatz in Backplanes und ermöglichen den Einsatz in 1 U Servern, Blade-Servern und JBOD Speicherarrays (**JBOD: J**ust a **B**unch **o**f **D**isks).
- Auf der Protokollebene gibt es drei verschiedene Protokollvarianten:
  - **SSP** (**S**erial **S**CSI **P**rotocol) überträgt Steuerkommandos und Daten (SAS-Betrieb),
  - **SMP** (**S**erial **M**anagement **P**rotocol) dient der Steuerung der Expander,
  - **STP** (**S**ATA **T**unnelling **P**rotocol) ermöglicht den Betrieb von SATA-HDDs an SAS-Controllern.
- Ein Mischbetrieb von SATA- und SAS-HDDs ist an SAS-Controllern somit möglich (umgekehrt nicht!).

Standard-Übersicht

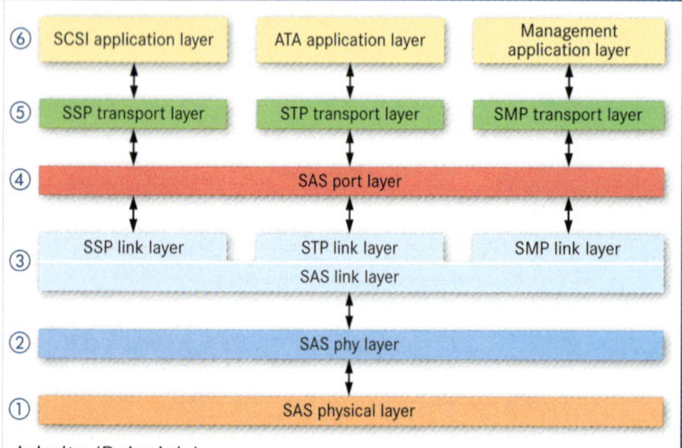

Inhalte (Beispiele)
① Steckverbinder, Kabel, elektrische Eigenschaften von Sender und Empfänger
② 8b/10b-Codierung, Bitreihenfolge, Rücksetzabläufe
③ CRC-Bildung, Adressrahmen, Erkennungsablauf
④ Port-Ebene (Verbindungsebene zwischen verschiedenen Transport- und Verbindungsebenen)
⑤ Rahmendefinition für SSP, STP und SMP
⑥ SCSI Protokolldienste, Betriebsartenparameter

Datenrahmen

4 Bytes	24 Bytes	Variable Länge	4 Bytes	4 Bytes
SOF	Header	Information Unit	CRC	EOF

SOF: Start of Frame (Rahmenanfang)
Header: Kopf (Daten-Vorspann)
Information Unit: Nutzdaten
CRC: Cyclic Redundancy Check (Prüfsumme)
EOF: End of Frame (Rahmenende)

Verbindungsprinzip

Beispiel: Narrow Link (schmale Verbindung)

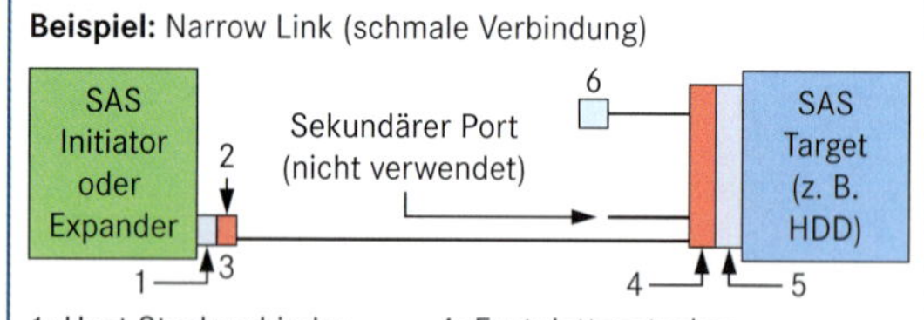

1: Host Steckverbinder
2: Host-Kabel Stecker
3: Primärer Port
4: Festplattenstecker
5: Festplattensteckverbinder
6: Stecker für Stromversorgung i.O. Anzeige (LED)

Steckverbinder Festplatte intern

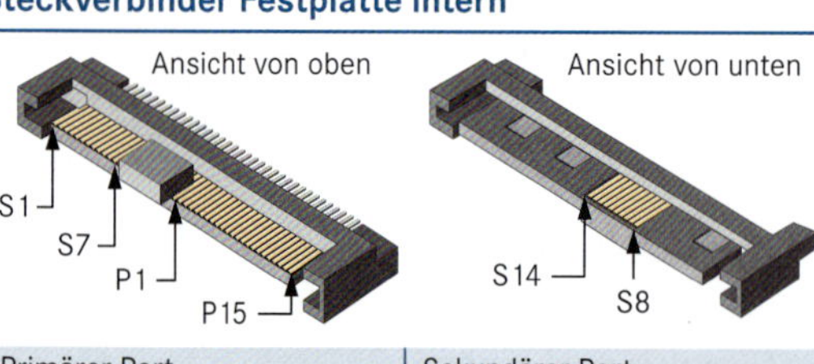

Primärer Port		Sekundärer Port	
PIN	Bezeichnung	PIN	Bezeichnung
S 1	Signal Ground	S 8	Signal Ground
S 2	RP +	S 9	RS +
S 3	RP -	S 10	RS -
S 4	Signal Ground	S 11	Signal Ground
S 5	TP -	S 12	TS +
S 6	TP +	S 13	TS -
S 7	Signal Ground	S 14	Signal Ground

RP: Receive Primary TP: Transmit Primary

Stecker Festplatte intern

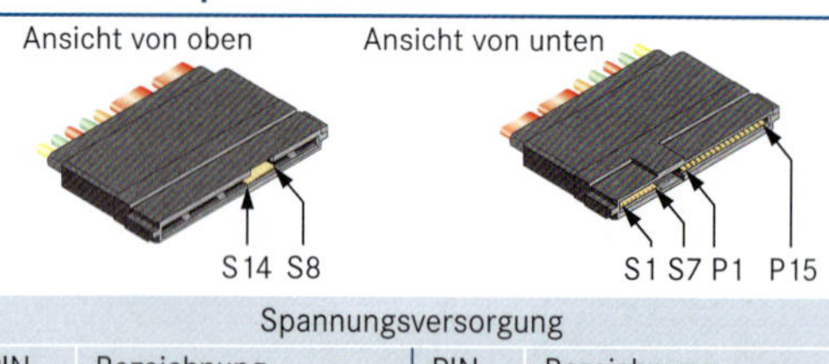

Spannungsversorgung			
PIN	Bezeichnung	PIN	Bezeichnung
P 1	3,3 V	P 9	5 V
P 2	3,3 V	P 10	Ground
P 3	3,3 V	P 11	Ready LED
P 4	Ground	P 12	Ground
P 5	Ground	P 13	12 V Precharge
P 6	Ground	P 14	12 V
P 7	5 V Precharge	P 15	12 V
P 8	5 V		

RS: Receive Secondary TS: Transmitt: Secondary

Merkmale

- **RAID**
  Redundante Anordnung von unabhängigen Festplatten (virtueller Massenspeicher).
- **Fehlertolerante** (fault tolerant) und **redundante** Speicherung von Daten in Serversystemen.
- Erhöht die Systemleistung.
- Raid-Controller erzeugt und speichert 'online' **Redundanzdaten** zu den Anwenderdaten.
- Anwenderdaten stehen auch nach Ausfall einzelner Festplatten unbeschädigt zur Verfügung.
- Prinzip beruht auf **Datenverteilung in Blöcken** über mehrere Festplatten (striping) und Paritätserzeugung und Paritätsprüfung.
- **Raid-Level** definieren verschiedene Implementierungen (Raid 0 bis Raid 5).
- Realisierung in der Regel mit Hardwarekomponenten (Disk-Array-Controllern).
- Softwarelösungen erzeugen Redundanzen per Programm (geringer Systemdurchsatz).
- Verbindungen zum Rechner erfolgt mit getrennten oder gemeinsamen Festplattencontrollern (z. B. SCSI-Controller).
- **Levelbezeichnung** sagt nichts über Qualität der Datensicherheit bzw. Leistungsfähigkeit des Systems.
- Firmenspezifische Erweiterungen sind am Markt vorhanden.

RAID-Level 0

- Daten werden in Blöcke aufgeteilt und auf die vorhandenen Festplatten verteilt.
- Keine Paritätserzeugung.
- Bei Ausfall einer Festplatte müssen die Daten von einem Backup-Medium zurückgelesen werden.
- Anwendung bei hohen Geschwindigkeitsanforderungen.
- Bietet geringsten Schutz gegen Ausfall.

Disk Array Controller

DATA 1	DATA 2	DATA 3	DATA 4	DATA 5
Block 0	Block 1	Block 2	Block 3	Block 4
Block 5	Block 6	Block 7	Block 8	Block 9
Block 10	Block 11	Block 12	Block 13	Block 14
Block 15	Block 16	Block 17	Block 18	Block 19

RAID-Level 1

- Jeder primären Festplatte ist eine **Spiegelplatte** (Mirror) zugeordnet.
- Inhalte der primären Festplatte und der Spiegelplatte sind identisch.
- Der Spiegelvorgang ist unsichtbar für den Anwender.
- Raid-Level 1 kann in Kombination mit Level 0 auf mehrere Festplatten angewendet werden.

Disk Array Controller

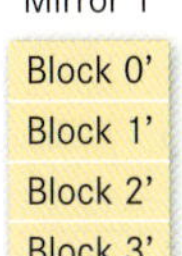
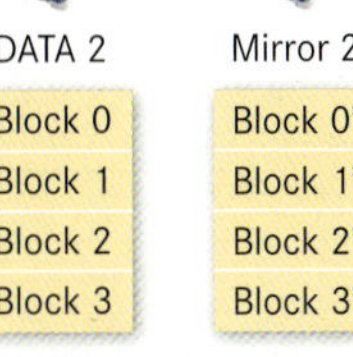

DATA 1	Mirror 1	DATA 2	Mirror 2
Block 0	Block 0'	Block 0	Block 0'
Block 1	Block 1'	Block 1	Block 1'
Block 2	Block 2'	Block 2	Block 2'
Block 3	Block 3'	Block 3	Block 3'

RAID-Level 5

- Verwendet **Datenblöcke** und **Paritätsbildung**.
- Anwenderdaten und Paritätsdaten sind auf allen Festplatten gleich verteilt.
- Unabhängige und/oder parallele Schreib-/Leseoperationen werden unterstützt.
- Bietet ausreichend Geschwindigkeit und ausreichenden Datenschutz.

Disk Array Controller

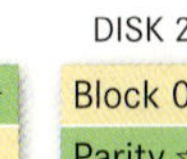

DISK 1	DISK 2	DISK 3	DISK 4	DISK 5
Parity ☆	Block 0	Block 1	Block 2	Block 3
Block 4	Parity ☆	Block 5	Block 6	Block 7
Block 8	Block 9	Parity ☆	Block 10	Block 11
Block 12	Block 13	Block 14	Parity ☆	Block 15
Block 16	Block 17	Block 18	Block 19	Parity ☆

Merkmale

- HDMI ist eine digital arbeitende Schnittstelle für die Übertragung multimedialer Daten (Video, Audio und Steuersignale der Unterhaltungselektronik, home entertainment).
- Durch HDMI wird eine bisherige komplexe Leitungsverbindung zwischen Geräten vereinfacht.
- HDMI ist abwärtskompatibel zu **DVI-D** (**D**igital **V**isual **I**nterface).
- Es ist keine Analog-Digital- oder Digital-Analog-Wandlung erforderlich.
- Bei der Übertragung erfolgt keine Datenkompression.
- In HDMI ist der Kopierschutz **HDCP** implementiert (**H**igh-Bandwidth **D**igital **C**ontent **P**rotection).
- Die Übertragung erfolgt mit großer Bandbreite (HDMI 1.2):
  - Audioübertragung bis 192 kHz mit 24 Bit auf bis zu 8 Kanälen und Videoübertragung bis 165 MHz
  - Dadurch lassen sich HDTV-Signale (Auflösung bis 1080 p) übertragen.
- Die Datenrate beträgt bis zu 8 GB/s (HDMI 1.4). Dadurch treten keine übertragungsbedingten Artefakte bei schnellen Bewegungsabläufen und komplexen Bildinhalten auf.
- Eine Fernbedienungsfunktion ist integriert. Unterstützt werden die Protokolle **CEC** (**C**onsumer **E**lectronics **C**ontrol) und **AV.link**. Damit lassen sich mehrere durch HDMI-Kabel verbundene Geräte nur über eine Fernbedienung steuern.

HDMI-Spezifikationen

Spezifikation	1.2	1.3	1.4
Stecker	A, B	A, C	A, C, Micro HDMI
Maximale Bildformate	1080p/60 Hz	1440p/60 Hz	2160p/100 Hz
Farbraum	24 Bit RGB, 36 Bit YUV		
		Deep Color 30, 36 und 48 Bit RGB/YUV, xvYCC-Farbraum (IEC 61966-2-4)	
			sYCC601, Adobe RGB, Adobe YCC601
Tonformate	8 PCM, Dolby Digital, DTS, MPEG, DVD-Audio, SACD		
		Dolby Digital Plus, TrueHD und dts-HD	
Maximale Datenrate	A: 3,96 GBit/s (165 MHz x 8 Bit x 3) B: 7,92 GBit/s (165 MHz x 8 Bit x 6)	A + C: 8,16 GBit/s (340 MHz x 8 Bit x 3)	A + C: 8,16 GBit/s (340 MHz x 8 Bit x 3)

Stecker, Buchsen und Leitungen

- HDMI 1.1 und 1.2 Steckertypen A und B
- HDMI 1.3 mit zusätzlichem kleinen Stecker Typ C (Mini HDMI) für kompakte Geräte
- Stecker A und C ermöglichen eine single-link Verbindung, bei der drei TMDS-Leitungspaare zur Verfügung stehen.
- Stecker B ermöglicht eine dual-link Verbindung mit sechs TMDS-Signalleitungspaaren (doppelte Datenrate als Stecker A und C).
- Leitungslänge bis 15 m
- Kategorie-1-Leitung bis 74,25 MHz
- Kategorie-2-Leitung bis 340 MHz

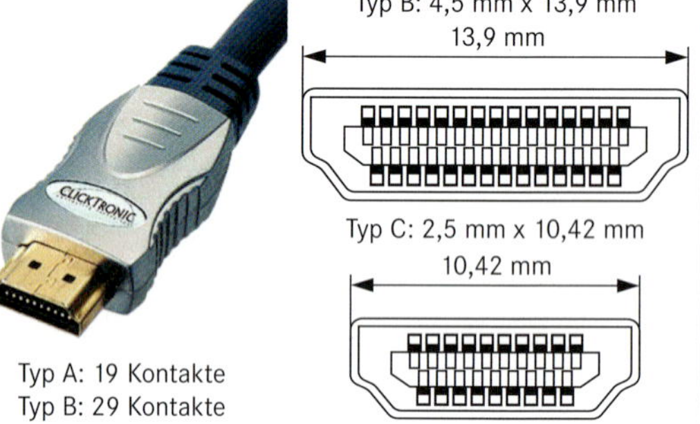

Typ A: 19 Kontakte
Typ B: 29 Kontakte

Datenübertragung

- **TMDS** (**T**ransition-**M**inimized **D**ifferential **S**ignaling) ist ein Standard für die Übertragung von unkomprimierten Multimediadaten von einer Quelle (source) zu einem Gerät (Senke, sik) in Kanälen (TMDS Channel 0, 1, 2), Datenrate max. 1,65 Gbit/s.
- **TMDS Clock**: Taktfrequenz mit 1/10 der Datenrate (max. 165 MHz)
- Über **HPD** (**Ho**t **P**lug **De**tect) wird beim Erkennen eines Hot-Plugging ein entsprechendes Steuersignal übertragen.

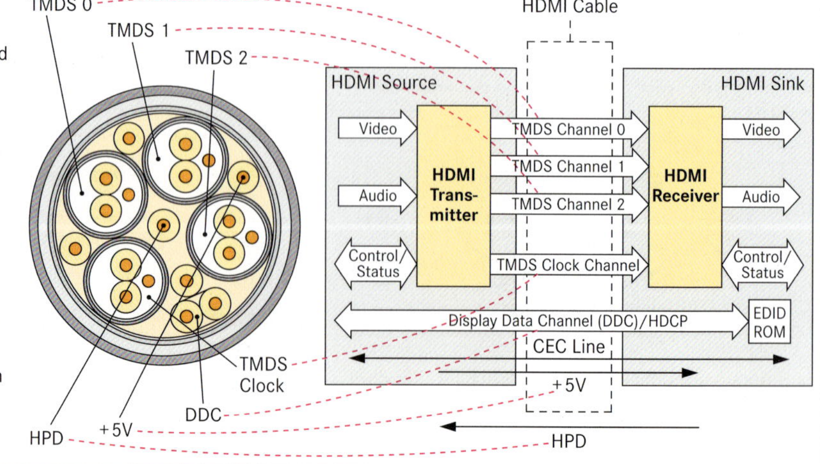

Kenndaten

- Universeller digitaler Verbindungsstandard für die Übertragung von Bild- und Tonsignalen des **VESA**-Gremiums (**V**ideo **E**lectronics **S**tandards **A**ssociation, April 2007).
- Anwendung: Verbindung von Bildschirmen und Fernsehgeräten mit PC, DVD, ... zur Übertragung hoher Datenraten.
- Gedacht als Ersatz für VGA und DVI, mit vergleichbaren Funktionen wie HDMI.
- Die Verschlüsselung erfolgt wie bei HDMI und DVI mittels **HDCP** 1.3 (**H**igh Bandwidth **D**igital **C**ontent **P**rotection) und **DPCP** (**D**isplay**P**ort **C**ontent **P**rotection).
- Die Datenübertragung erfolgt seriell, (skalierbare Punkt-zu-Punkt-Verbindung), die sich an die Eigenschaften des Übertragungskanals anpassen kann.
- Bei Verbindung zwischen Sender (z. B. Grafikkarte) und Empfänger (Display) erfolgt eine Synchronisation (ohne Taktleitung), bei der sich Signalpegel zwischen 200 mV und 600 mV einstellen.
- Mit dem DisplayPort-Anschluss können für die Übertragung 1, 2 oder 4 Kanäle (Bahnen, Leitungspaar) eingerichtet werden.
- **Video-Signal**: Die maximale Auflösung wird durch die verfügbare Bandbreite (Leitungslänge) begrenzt.

Kanäle	Leitungslängen	
	bis 2 m	bis 15 m
1	1280 x 1024 [1]	1024 x 768 [1]
2	1920 x 1200	1280 x 1024
4	2560 x 1600	1920 x 1200

[1] Pixel x Pixel

- **Datenraten** (maximal)
  1,62 Gbit/s; 2,7 Gbit/s oder 5,4 Gbit/s pro Kanal
  Beispiel:
  Mit 4 Kanälen mit jeweils 2,7 Gbit/s erreicht man bis zu 10,8 Gbit/s (max. 2 m Leitungslänge). Diese Datenrate reicht aus für ein WQXGA-Display mit 2560 x 1600 Pixeln und 30 Bit Farbtiefe pro Pixel.
- **Audio-Signal**
  1 bis 8 Kanäle, 16 oder 24-Bit-PCM, 32 bis 192 kHz Abtastrate, maximale Datenrate 49152 kbit/s
- **Zusatzkanal**
  - Verwendung zur bidirektionalen Datenkommunikation
  - **DDC** (**D**isplay **D**ata **C**hannel) für die Übertragung der Monitor-Daten
  - Übertragung der Daten von Webcams, Mikrofon, Lautsprecher
  - Datenraten: 1 Mbit/s bis 720 Mbit/s
- Die Steckverbindung ist im Vergleich zu VGA und DVI kompakter und verriegelbar.

- Ausgänge an Grafikkarte

Pinbelegung

Pin	Bezeichnung	Pin	Bezeichnung
1	ML_Lane 0 (p)	11	GND
2	GND	12	ML_Lane 3 (n)
3	ML_Lane 0 (n)	13	Config 1 [1]
4	ML_Lane 1 (p)	14	Config 2 [1]
5	GND	15	AUX CH (p) [2]
6	ML_Lane 1 (n)	16	GND
7	ML_Lane 2 (p)	17	AUX CH (n) [2]
8	GND	18	Hot-Plug [3]
9	ML_Lane 2 (n)	19	Zurück
10	ML_Lane 3 (p)	20	DP_PWR [4]

- Lane: Spur, Bahn, Straße
- ML: Main Link (Hauptverbindung)
- p: positive
- n: negative

[1] kann direkt geerdet sein
[2] Zusatzkanal (AUX: Auxiliary-Wege: Hilfswege)
[3] Hot-Plug-Erkennung (Komponenten können während des Betriebs ausgetauscht werden)
[4] Anschluss 3,3 V 500 mA

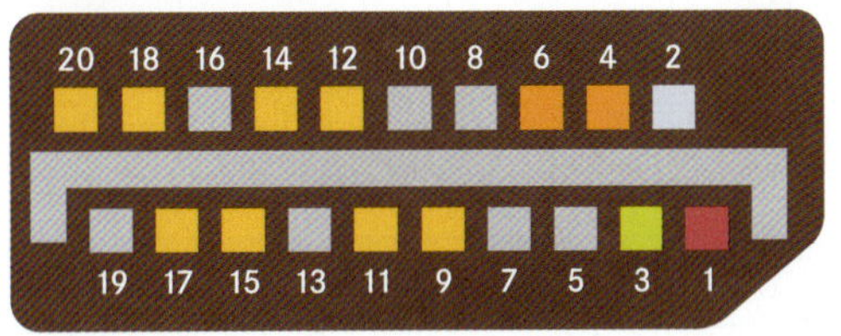

Adapter

- Die DisplayPort-Schnittstelle ist elektrisch kompatibel zu VGA- und DVI-Schnittstellen.
- In der Regel reicht zum Anschluss von Geräten mit VGA-, DVI- oder HDMI-Schnittstellen ein einfacher (fast) passiver Adapter.
- Befindet sich auf dem Weg zum Endgerät ein Adapter, erkennt die Grafikkarte eine andere Schnittstelle. Intern erzeugt die Grafikkarte dann ein Signal im richtigen Format und schickt es an den DisplayPort-Ausgang. Der Adapter sorgt dafür, dass die Signale zu den richtigen Kontakten geleitet werden.

Mini-DisplayPort

- Einführung vor allem für Notebooks
- Stecker und Buchsen sind kleiner
- Elektrische Kompatibilität zum „normalen" DisplayPort

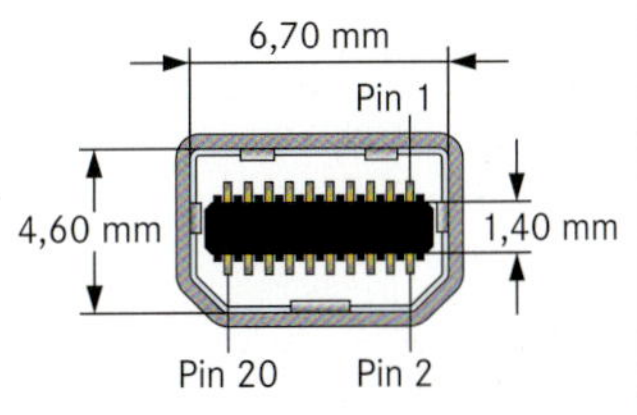

Serielle Schnittstelle (RS-232)

Steckverbinder 25-polig

PC-Anschluss (DTE) — Endgerät (DCE)

Stift	Signal	Stift	Signal
1	PG	13	SCTS
2	TxD	14	STxD
3	RxD	15	TxC
4	RTS	16	SRxD
5	CTS	17	RxC
6	DSR	18	NC
7	SG	19	SRTS
8	DCD	20	DTR
9	Test	21	SQ
10	Test	22	RI
11	NC	23	CH/CI
12	SCD	24	XTC
		25	NC

Steckverbinder 9-polig

PC-Anschluss (DTE) — Endgerät (DCE)

Stift	Signal
1	DCD
2	RxD
3	TxD
4	DTR
5	GND
6	DSR
7	RTS
8	CTS
9	Test

DTE: **D**ata **T**erminal **E**quipment (Datenendeinrichtung)
DCE: **D**ata **C**ommunication **E**quipment (Datenübertragungseinrichtung)

Verbindungsleitungen

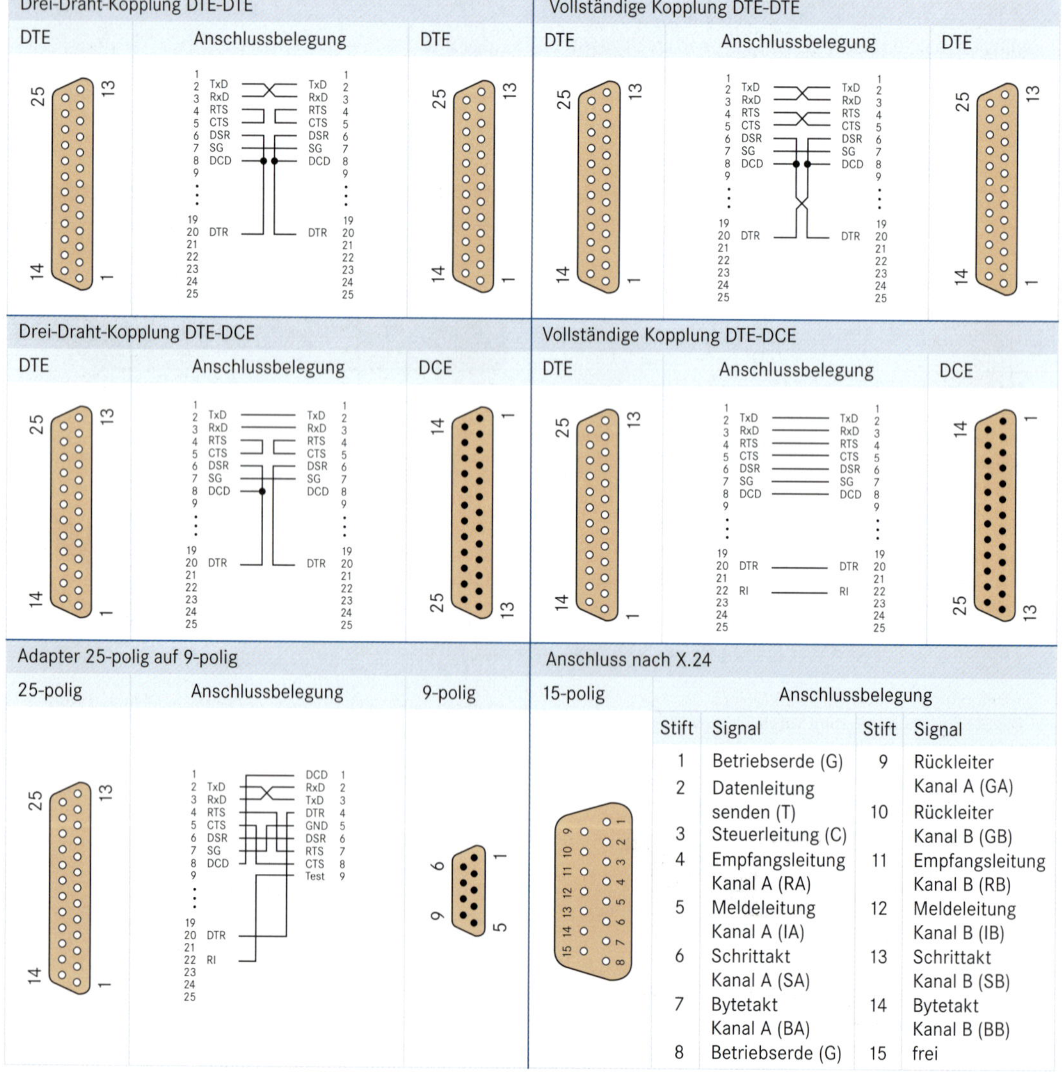

Anschluss nach X.24 — 15-polig — Anschlussbelegung

Stift	Signal	Stift	Signal
1	Betriebserde (G)	9	Rückleiter Kanal A (GA)
2	Datenleitung senden (T)	10	Rückleiter Kanal B (GB)
3	Steuerleitung (C)		
4	Empfangsleitung Kanal A (RA)	11	Empfangsleitung Kanal B (RB)
5	Meldeleitung Kanal A (IA)	12	Meldeleitung Kanal B (IB)
6	Schrittakt Kanal A (SA)	13	Schrittakt Kanal B (SB)
7	Bytetakt Kanal A (BA)	14	Bytetakt Kanal B (BB)
8	Betriebserde (G)	15	frei

Definition

- Eine Schnittstelle ist festgelegt durch die
  - physikalischen Eigenschaften des Übertragungsmediums (Leitung, Funkstrecke),
  - Signale, die auf der Übertragungsstrecke ausgetauscht werden können,
  - Bedeutung der Signale (Semantik) und
  - Verbindungssysteme (Steckverbindungen).
- Die Kommunikation zwischen den **D**aten**e**nd**e**inrichtungen (**DEE**) erfolgt nach festgelegten Regeln (Protokollen):
  - **unidirektional** (nur in eine Richtung) oder
  - **bidirektional** (in zwei Richtungen).
- Unterschiede:

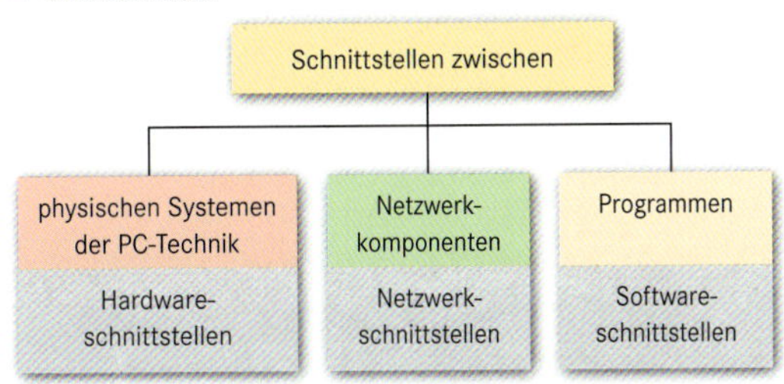

- Die Übertragung der Daten zwischen den Endeinrichtungen kann **seriell** (nacheinander) oder **parallel** erfolgen.
- Serieller Datenstrom

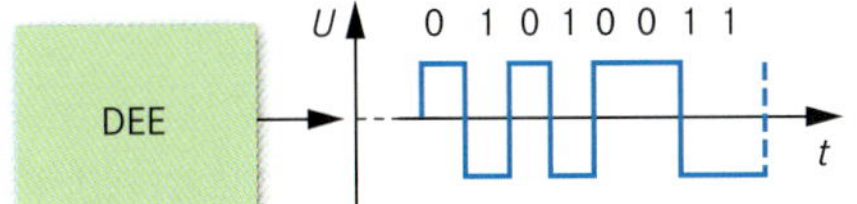

- Paralleler Datenstrom

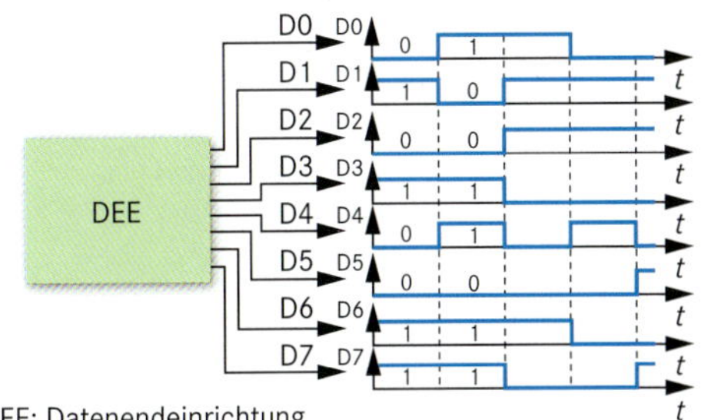

DEE: Datenendeinrichtung

V.24, RS-232

- Serielle Schnittstelle

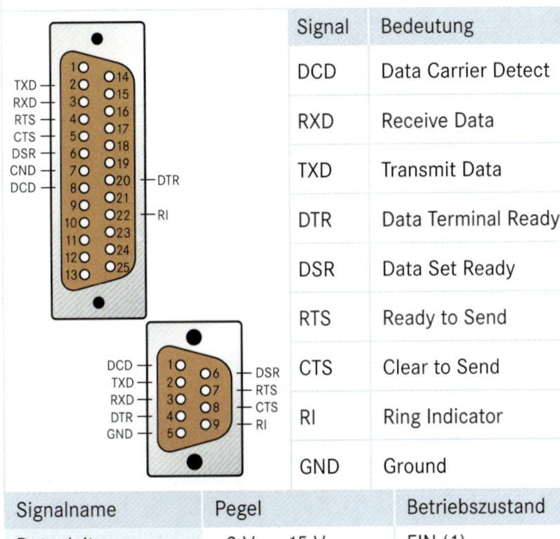

Signal	Bedeutung
DCD	Data Carrier Detect
RXD	Receive Data
TXD	Transmit Data
DTR	Data Terminal Ready
DSR	Data Set Ready
RTS	Ready to Send
CTS	Clear to Send
RI	Ring Indicator
GND	Ground

Signalname	Pegel	Betriebszustand
Datenleitung	-3 V ... -15 V +3 V ... +15 V	EIN (1) AUS (0)
Steuer- bzw. Meldeleitung	-3 V ... -15 V +3 V ... +15 V	AUS EIN

- Asynchroner Zeichenrahmen

Beispiel:

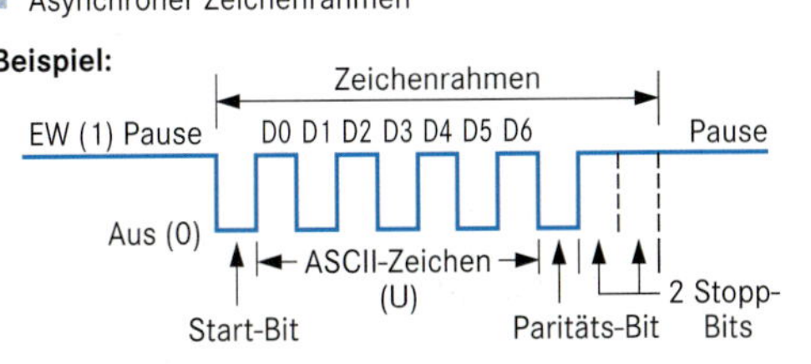

IEEE 1284

- Parallele Schnittstelle (Druckerschnittstelle)
- Steckverbindungen (Buchsenleiste)

PC-Anschluss Drucker-Anschluss (Centronics)

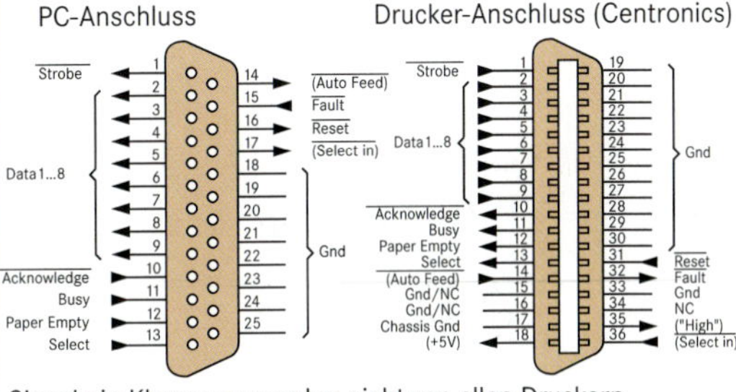

Signale in Klammern werden nicht von allen Druckern ausgewertet. Pfeile geben die Signalrichtung an.

- Signale und ihre Bedeutungen:

Signal	Bedeutung, Funktion
Strobe	Datenübergabe; Daten müssen bei 0-Signal gültig sein
Data 1...8	Datensignale 1...8
Acknow-ledge	Quittungssignal; Drucker empfangsbereit bei 0-Signal
Busy	Wartesignal: Drucker nicht empfangsbereit bei 1-Signal
Paper Empty	Meldung vom Drucker: Papier zu Ende
Select	Drucker ist online
(Auto feed)	automatischer Zeilenvorschub nach Zeilenende: Ein/Aus
Fault	Fehlermeldung
Reset	Drucker rücksetzen, initialisieren
Gnd	Ground: 0 V
NC	Not connected: nicht angeschlossen
(High)	+5 V, vom Drucker geliefert
(Select in)	Drucker auswählen

- ExpressCard ist
  - Nachfolger für die bisher verwendete PC-Card,
  - dient zur modularen Erweiterung von Desktop- und Notebook-PCs.
- Verwendet zwei Formfaktoren (Maße kleiner als bei PC-Card).
- Kartendicke beträgt 5 mm
- Die Schnittstelle unterstützt
  - USB 2.0-Schnittstelle
  - eine PCI-Express Schnittstelle (single PCI-Express lane, x1, mit 2,5 Gbit/s je Richtung)
- **SMB** (**S**ide Band **M**anagement – **B**us) dient zur Steuerung getrennter Funktionen.
- Karten können im laufenden Betrieb gewechselt werden (hot-plug-fähig).
- Steckerverbindung besteht aus 26 Anschlüssen im Raster von 1 mm.
- Der elektrische Leistungsbedarf ist spezifiziert auf
  - 2,1 W für ExpressCard/54-Modul,
  - 1,6 W für ExpressCard/34-Modul.

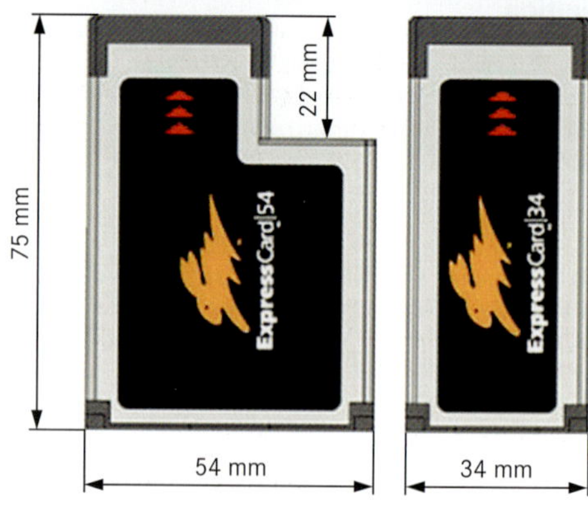

- ExpressCard/34-Module können in Steckplätze für ExpressCard/54-Module gesteckt werden.
- Einbauplätze sind nicht kompatibel zu PC-Card.

Steckplatz

Signal	Bedeutung
USBD+ USBD–	Differenzielle USB-Datenleitungen
SMB-DATA	Side Band Management – Bus Daten
SMB-CLK	Side Band Management – Bus Takt
PERn0 PERp0	Differenzielle PCI-Express Datenleitung (zum Host)
PETn0 PETp0	Differenzielle PCI-Express Datenleitung (zum Host)
WAKE#	Wecksignal von ExpressCard an PCI-Express Bus
PERST#	PCI-Express System-Reset
CPUSB#	USB-Erkennung

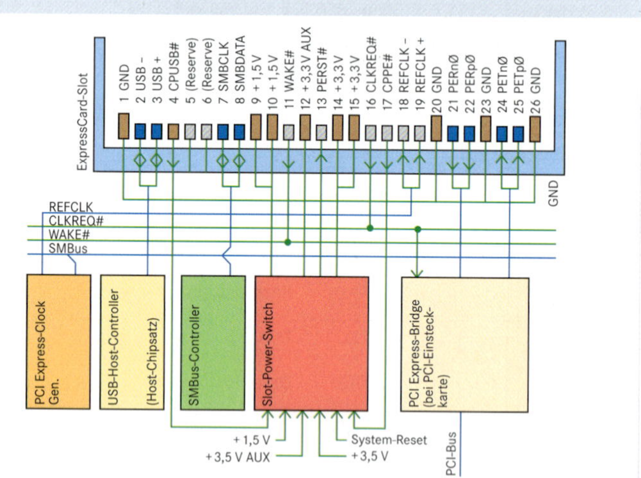

PCMCIA-Card

- PCMCIA: Personal Computer Memory Card International Association ist die Herstellervereinigung für scheckkartengroße PC-Erweiterungskarten
- Aktuelle Bezeichnung: PC-Card
- Verfügbar z. B. als Speicher-, E/A-, ISDN-, MODEM- oder Festplattenkarte
- Karten mit Versionsstand größer 2.x sind identisch mit dem **JEIDA**-Standard (**J**apanese **E**lectronic **I**ndustry **D**evelopment **A**ssociation).
- Version mit 32 Bit verwendet den gleichen Stecker (68 Pin) und wird als Cardbus-Interface bezeichnet.

Abmessungen

Version	Typ	Länge in mm	Breite in mm	Höhe in mm	
				Anschluss	Körper
1	–	85,6	54,0	3,3	3,3
2	I	85,6	54,0	3,3	3,3
2	II	85,6	54,0	3,3	5,0
2	III	85,6	54,0	3,3	10,5

Anschlüsse

Ansicht auf Steckverbinder der Karte

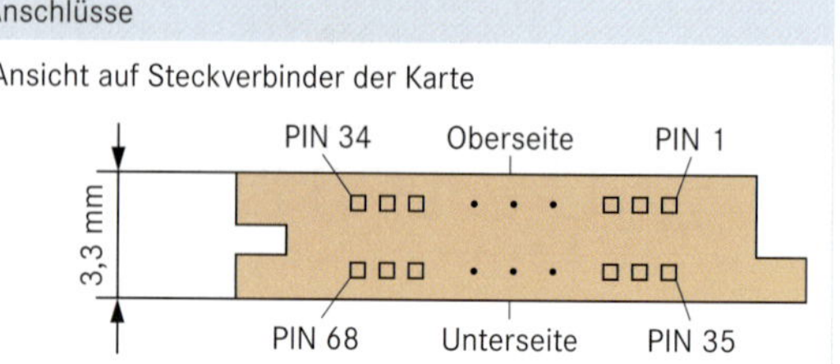

Merkmale

- Der Standard TIA-EIA-485 (alte Bezeichnung: RS-485) definiert die **elektrischen Eigenschaften** einer Datenübertragungsschnittstelle (Sender, Empfänger, Leitung), die
  - leitungsgebunden,
  - digital (ohne Modulation) und
  - seriell

  arbeitet.
- Übertragungssignal: **differenzielles Signal** (invertiertes und nicht invertiertes Datensignal) über ein verdrilltes, geschirmtes **Aderpaar**.
- Die Signalamplitude beträgt +/- 200 mV bezogen auf die halbe Betriebsspannung.
- **Punkt-zu-Punkt**- und **Multipunktverbindungen** ist realisierbar.
- Multipunktverbindungen: mehrere Teilnehmer an die gemeinsame Verbindungsleitung angeschlossen.
- Halbduplexkommunikation erfordert ein Aderpaar.
- Vollduplexkommunikation benötigt zwei Aderpaare.
- Die Anzahl der gemeinsam an einem Verbindungskabel betreibbaren Transceiver (Transmitter/Receiver) ist abhängig von dem Eingangswiderstand (**Unit Load**) der einzelnen Transceiver.

Aufbaurichtlinie

- Bei Transceivern mit z. B. 1/8 Unit Load sind bis zu 256 Transceiver an einem Bus betreibbar.
- Die max. **Leitungslänge** ist auf 1200 m (max. 90 kbit/s) festgelegt.
- Als max. **Datenrate** sind 10 Mbit/s spezifiziert (Leitungslänge von max. 12 m)
- Der Aufbau des Verbindungsnetzes ist als Liniennetz vorzunehmen (kurze Stichleitungen zulässig).
- Als **Verbindungsleitung** ist eine verdrillte Bauform mit 120 Ω Leitungswellenwiderstand anzuwenden.
- Die Verbindungsleitung ist an beiden Enden mindestens mit je einem **passiven Abschlusswiderstand** (120 Ω) zu versehen, um Signalreflexionen zu vermeiden.
- Bei räumlich ausgedehnten Netzen sind die entsprechenden **Potenzialunterschiede** und **Spannungsfälle** zu berücksichtigen.
- Angewendet werden u. a. die Trennung über Optokoppler oder zusätzliche Masseverbindungen zum Potenzialausgleich (zusätzliche Ausgleichsverbindung).
- Repeater werden zur Reichweitenverlängerung eingesetzt.
- Der Standard spezifiziert **keine Festlegung** für die Art des Datenaustausches (Übertragungsprotokolle) und auch keine Belegung der Verbindungsstecker.
- Diese Informationen sind, sofern erforderlich, aus den einschlägigen Dokumenten zu entnehmen.

Halbduplex-Bus

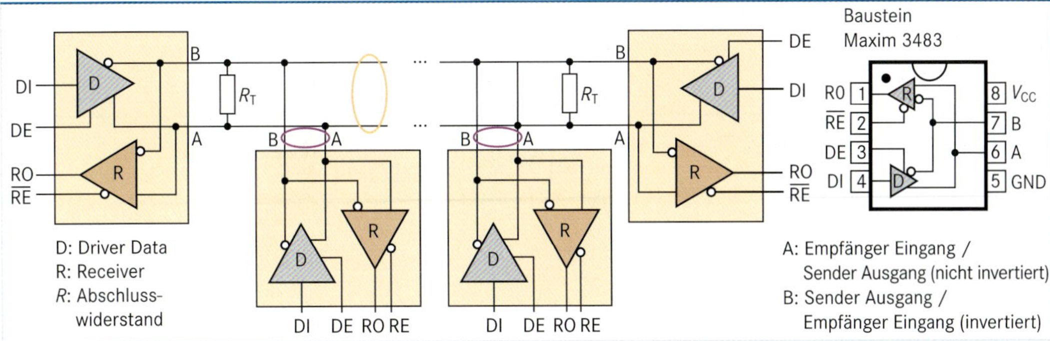

Vollduplex-Bus

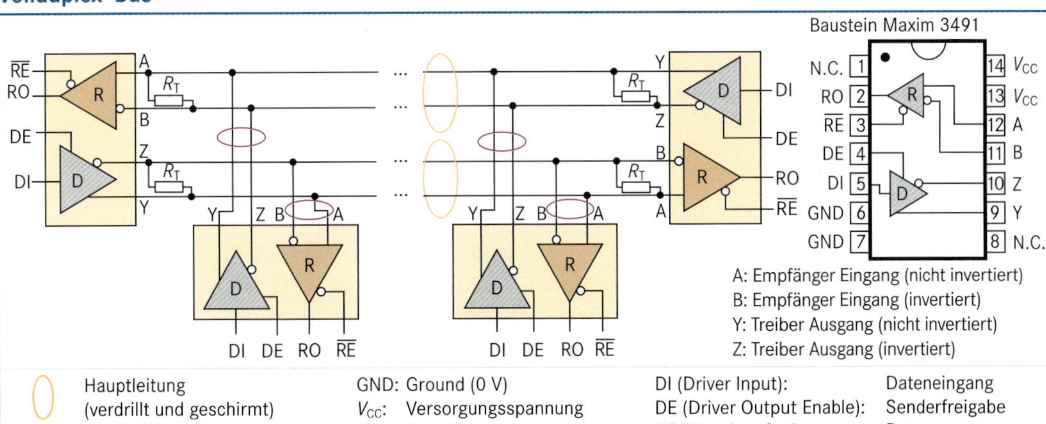

Hauptleitung (verdrillt und geschirmt)
Stichleitung (verdrillt und geschirmt)

GND: Ground (0 V)
V_{CC}: Versorgungsspannung
R_T: Abschlusswiderstand

DI (Driver Input):	Dateneingang
DE (Driver Output Enable):	Senderfreigabe
RO (Receiver Out):	Datenausgang
RE/Receiver Output Enable:	Empfangsfreigabe

Merkmale

- **I²C** - Bus (**I squared C**; auch Inter IC-Bus) ist ein einfaches serielles
  - byteorientiertes,
  - taktgesteuertes,
  - halbduplex

  Bussystem zur Verbindung von integrierten Schaltkreisen über kürzere Entfernungen.
- Der Master (z. B. Mikrocontroller) steuert die gesamte Kommunikation über Start-Bedingung (S), Stopp-Bedingung (P) und Takterzeugung.
- Kann auch als **Multi-Master-System** aufgebaut werden.
- Basiert auf einer Zweidrahtleitung als Übertragungsmedium mit den beiden Verbindungsleitungen
  - **SDA** (**S**erial **Da**ta Line: serielle Datenleitung) und
  - **SCL** (**S**erial **Cl**ock Line: serielle Taktleitung).
- SDA- und SCL-Ausgänge aller Schaltkreise sind als **open drain**-Ausgänge ausgeführt und werden über zentrale **pull-up**-Widerstände (wired AND: verdrahtete UND-Schaltung) gespeist.
- Die Steuerung der **Datenrichtung** (Master-Slave oder Slave-Master) erfolgt über das Richtungsbit R/W (Read/ Write, vom Master erzeugt), wobei 0: schreiben in den Slave und 1: lesen vom Slave bedeutet.
- Die **Quittierung** des empfangenen Bytes erfolgt durch Ansteuerung von SDA durch den Slave zum Zeitpunkt des neunten Taktimpulses (0: positiv; 1: negativ).
- Arbeitet mit 7 Bit- und 10 Bit- Adressierung.
- Kann bei 7 Bit-Adressierung bis zu 121 Teilnehmer in einem Bussystem ansprechen.
- **Übertragungsraten** sind spezifiziert mit bis zu 100 kbit/s (Standard Mode), 400 kbit/s (Fast Mode), 1 Mbit/s (Fast Mode Plus) oder 3,4 Mbit/s (High-Speed Mode).

Anschaltung

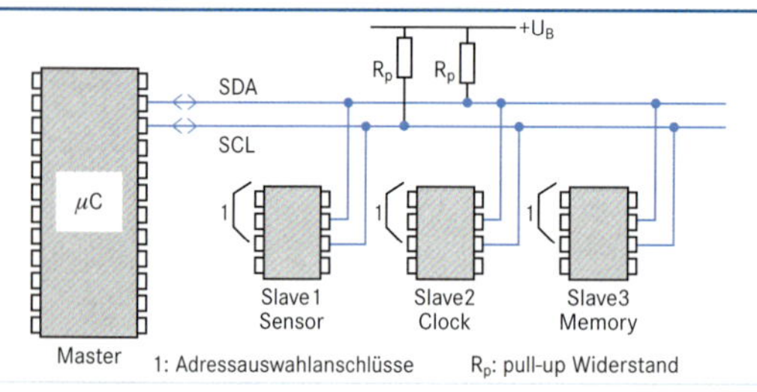

Innenschaltung

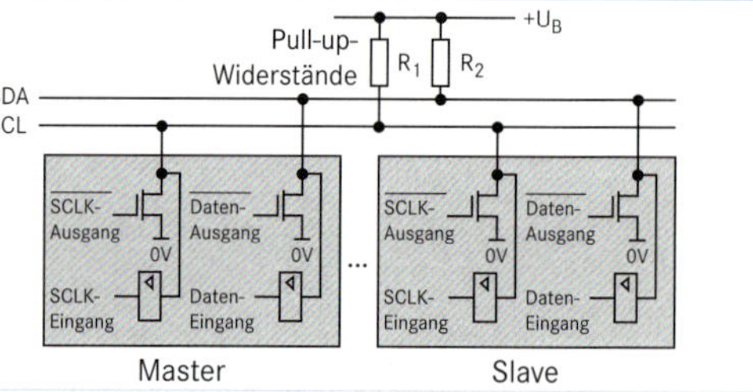

Rahmenformat

Beispiel: Datenausgabe (1 Byte) an Slave

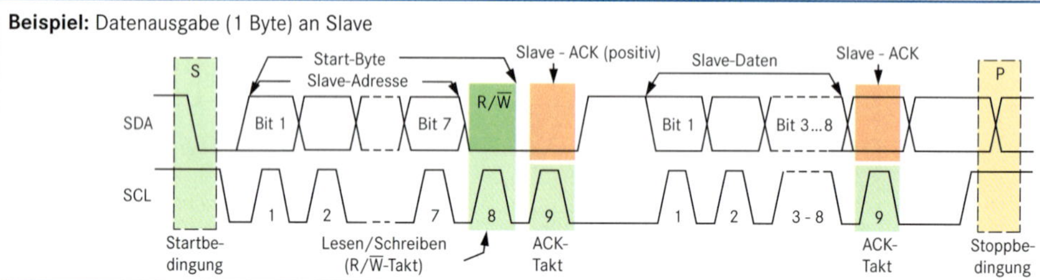

Adressaufbau/Subadressen

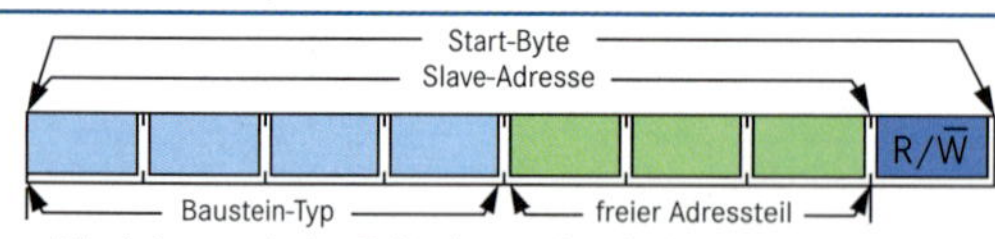

- Die **Adresse** jedes Teilnehmers ist einzigartig und besteht aus 7 Bit oder aus 10 Bit.
- Aus dem gesamten Adressbereich sind **8 Adressen** für **spezielle Funktionen** vergeben.
  Die übrigen Adressen sind frei verwendbar.
- Die verfügbaren Slaves werden bei der Herstellung in Typen eingeteilt (z. B. Sensoren, D/A-Wandler) und mit einer Hardwaregrundadresse bei der Herstellung belegt. Hierzu gibt es **Typ-Adresslisten**. Die übrigen 3 Bit aus der Adresse werden in der jeweiligen Schaltung über entsprechende Anschlüsse am Chip programmiert.
  Dadurch besteht die Möglichkeit, maximal 8 gleichartige Chip-Typen an einem Bus zu betreiben.

Reservierte Adressen

Slave-Adresse	R/W̄ BIT	Bedeutung
0000 000	0	Rundruf-Adresse
0000 000	1	Start-Byte
0000 001	X	CBUS-Adresse
0000 010	X	Reserviert für verschiedene Busformate
0000 011	X	Reserv. für zukünftige Anwendung
0000 1XX	X	HS-Betrieb Master Codierung
1111 1XX	X	Reserv. für zukünftige Anwendung
1111 0XX	X	10-Bit Slave-Adressierung

Merkmale

USB 2.0	USB 3.0
■ Ist ein serieller Bus zur Anschaltung von Peripheriegeräten (z. B. Drucker) an den PC. ■ Ist ausgelegt als kaskadierte Sterntopologie mit bis zu 127 Geräten (Functions, inkl. Hub). ■ Übertragungsrate: brutto ca. 60 MByte/s ■ Stromversorgung für Endgeräte wird im Kabel mitgeführt	■ Ist die Erweiterung (SuperSpeed) von USB 2.0 ■ Verwendet einen doppelten seriellen Bus ■ Übertragungsrate: brutto ca. 500 MByte/s ■ Unterstützt Betriebsarten für die Energieeinsparung bei den Endgeräten ■ Stecker sind nur zum Teil kompatibel zu USB 2.0

Topologie

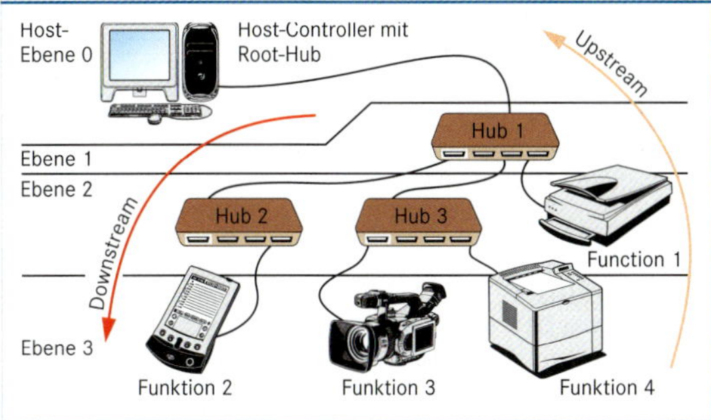

Stecker und Buchsen

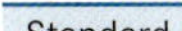

Standard

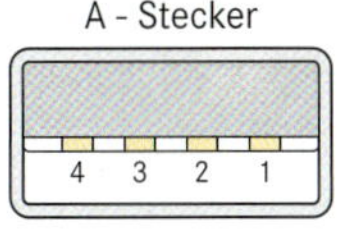

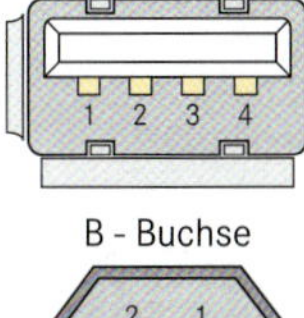

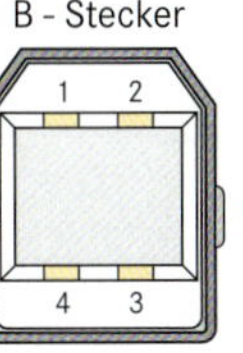

PIN Belegung
1 + V_{CC}
2 D –
3 D +
4 Gnd

Mini

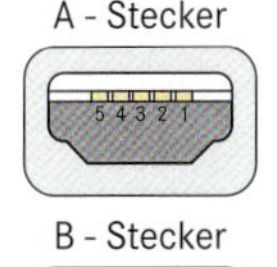

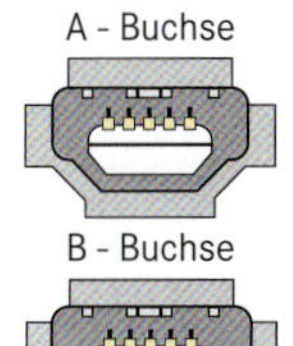

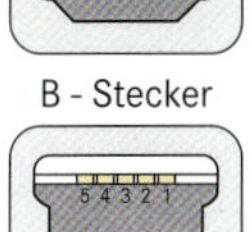

Micro

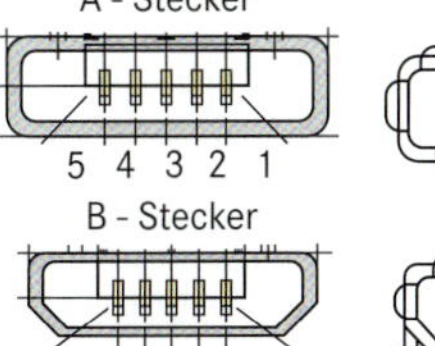

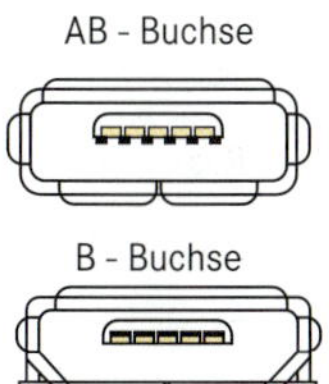

PIN-Belegung (Mini und Micro)

Pin	Typ A	Typ B
1	Vcc	
2	D –	
3	D +	
4	Gnd	n.c.
5	Gnd	

Kabelaufbau

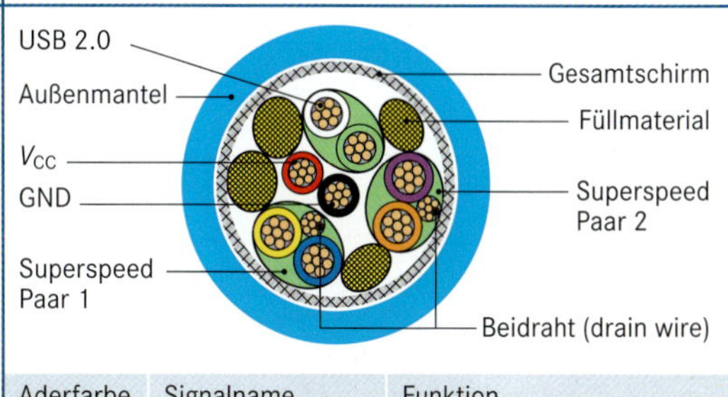

Aderfarbe	Signalname	Funktion
Rot	PWR	Stromversorgung ext. Geräte
Schwarz	GND_PWRrt	Stromversorgung Rückleiter
Weiß	UTP_D–	USB 2.0., negativ[1]
Grün	UTP_D+	USB 2.0., positiv[1]
Blau	SDP1–	Paar 1, negativ[2]
Gelb	SDP1+	Paar 1, positiv[2]
Purpur	SDP2–	Paar 2, negativ[2]
Orange	SDP2+	Paar 2, positiv[2]

[1] ungeschirmt [2] geschirmt

Stecker und Buchsen

Standard

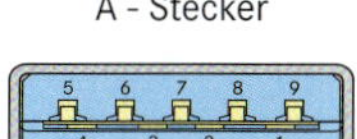

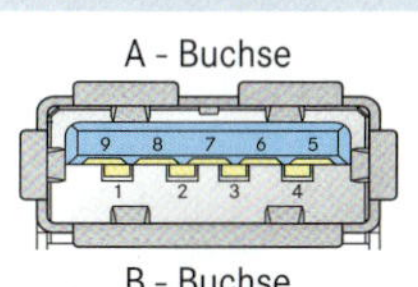

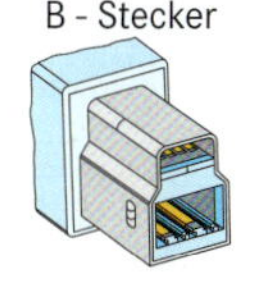

B - Buchse
5 9
2 1
3 4

Pin-Nr.	Signalname	Funktion
1	UBUS	Stromversorgung
2 3	D– D+	USB 2.0 differenziell
4	Gnd	Stromversorgungsmasse
5 6	StdA_SSRX– StdA_SSRX+	Vom Gerät zum Host
7	GND_DRAIN	Rückleitung für Signaladern
8 9	StdA_SSTX- StdA_SSTX+	Vom Gerät zum Host
Shell	Shield	Schirmung

Merkmale

- **IrDA** – Vereinigung für Datenübertragung auf infraroter Basis definiert Standards (IrDA 1.0 und 1.1) für **serielle Datenübertragung** mittels **infrarotem Licht** in Sichtverbindung zwischen Sender und Empfänger.
- **Übertragungsraten** können (bei PC-interner Schnittstelle) im BIOS eingestellt werden.
- **Übertragungsstrecke** beträgt standardmäßig 1 m; größere Entfernungen sind möglich (abhängig von eingesetzten optischen Sendern und Empfängern).
- **Übertragungsart** ist halbduplex; Punkt-zu-Punkt und Punkt-zu Mehrpunkt.
- Grundstandard enhält Spezifikationen für Verbindungszugriff (Link Access Protocol: IrLAP), Verbindungssteuerung (Link Management Protocol: IrLMP) und Physical Interface.
- **Anwenderprotokolle** bieten spezifische Ausführungen für unterschiedliche Anwendungen.
- Durch spezielle Kodierung des optischen Signals wird eine energiesparende und gegenüber optischen Beeinflussungen (Tageslicht, Reflexionen) zuverlässige Übertragung erreicht.
- Preiswerte **kabellose Kopplung** u. a. zwischen PCs, Notebooks, PDAs, Kamera, Drucker, Mobile usw.

Protokoll-Stack

Application | IrTran | IrMC | IrPM | IrLAN
IrComm | IrOBEX
IAS | TinyTP | SMP (für IrSimple)[1)]
IrLMP | IrLMP (für IrSimple)[1)]
IrLAP | IrLAP (für IrSimple)[1)]
SIR | MIR | FIR | VFIR
IrPHY

Erläuterungen

IrPHY	**IrDA Phy**sical Layer definiert die physikalischen Übertragungseigenschaften (z. B. Strahlungsstärke, Abstrahlwinkel, Datenrate).
IrLAP	**IrDA L**ink **A**ccess **P**rotocol definiert die Übertragungsrate und Datengröße.
IrLMP	**IrDA L**ink **M**anagment **P**rotocol regelt u. a. den Datenaustausch für mehrere paralell laufende Anwendungen.
Tiny TP	**IrDa T**ransport **P**rotocol verwaltet u. a. die Puffer für jede logische Verbindung.
IrCOMM	**Infrared Comm**unication Protocol emuliert u. a. die RS 232 Schnittstellenfunktion.
IrOBEX	**Infrared Obj**ect **Ex**change Protocol vereinheitlicht die Eigenschaften von Objekten zur Übertragung zwischen unterschiedlichen Geräten.
IrTran-P	**Infrared Tran**sfer **P**rotocol-Picture steuert die Übertragung von Bildern; verwendet UPF (Universal Picture Format).
IrMC	**Infrared M**obile **C**ommunication (mobile Kommunikationsgeräte) definiert die Objekt-Austauscheigenschaften bei mobilen Geräten (z. B. PDA)
IrFM	**Infrared F**inancial **M**essaging steuert elektronische Bezahlverfahren.
IrLAN	**Infrared LAN** definiert LAN-Verbindungen über IrDA.

[1)] **IrSimple:** regelt effiziente Übertragung großer Datenmengen (z. B. Bilddateien). Erfordert die unter [1)] genannten Ergänzungen: **SMP** (**S**equence **M**anagement **P**rotocol), **Ir LMP** und **IrLAP** (**für IrSimple**). Damit werden hohe Übertragungsraten und vereinfachter Aufbau und Abbau der Verbindung erreicht (z. B. 1 MByte JPEG über VFIR mit IrSimple in 0,6 s).

Übertragungsraten

Bezeichnung		
SIR (**S**low)	kbit/s	2,4; 9,6; 19,2; 38,4; 57,6; 115,2
MIR (**M**edium)	kbit/s	576; 1152
FIR (**F**ast)	Mbit/s	4
VFIR (**V**ery **F**ast)	Mbit/s	16
UFIR (**U**ltra **F**ast)	Mbit/s	100 (in Entwicklung)

Optische Parameter

Abstrahlwinkel

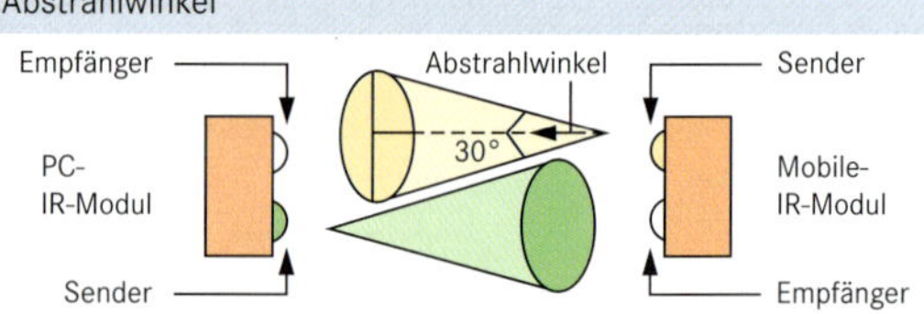

Leistungsparameter

Übertragungsrate in kbit/s	Betriebsart	Sendeleistung in mW/sr	Empfangsempfindlichkeit in μW/cm²
< 115,2	Standard	40	4
	Low Power	3,6	9
> 115,2	Standard	100	10
	Low Power	9	22,5

Modulationsarten

SIR und **MIR** (< 115,2 kbit/s) verwenden RZI
Daten „0“: Lichtimpuls; Daten „1“: Kein Lichtimpuls

SIR sendet Lichtimpuls mit 3/16 T (Impulsdauer)

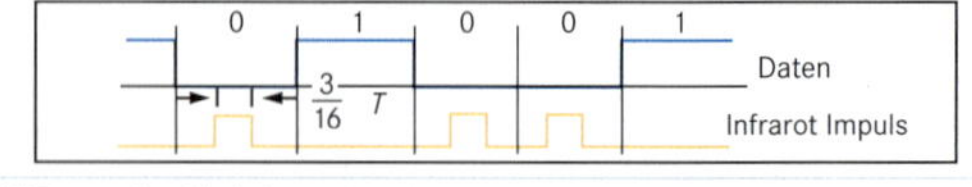

MIR sendet Lichtimpuls mit 1/4 T (Impulsdauer)

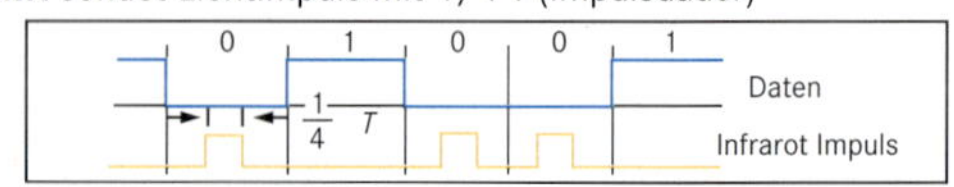

FIR verwendet **4 PPM** (**P**ulse **P**osition **M**odulation).
Jeweils 2 Datenbit werden einer bestimmten Pulsposition im Übertragungsraster zugeordnet.

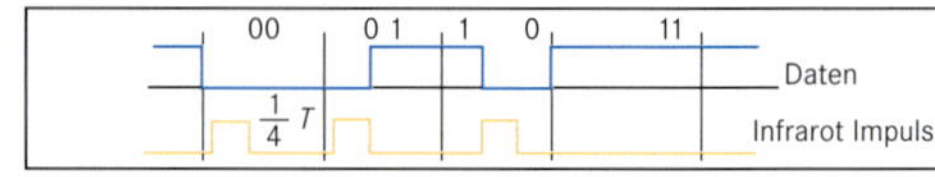

Merkmale

- IEEE 1394 definiert eine **serielle Schnittstelle** zur Kopplung peripherer Geräte (z. B externe Festplatten, Videogeräte) an einen Rechner oder zur Kopplung von Geräten untereinander.
- Verwendete Produktnamen sind FireWire (Apple), i.Link (Sony) und mLAN (Yamaha).
- Standard besteht aus mehreren Teilen: IEEE 1394a, IEEE 1394b und IEEE 1394c.
- Allgemeine Bezeichnungen sind FireWire 400 und FireWire 800.
- Basiert auf einer **seriellen Punkt-zu-Punkt**-Datenübertragung (peer to peer) zwischen benachbarten Geräten bzw. über mehrere Geräte hinweg zum Zielgerät.
- Erfordert keinen Host im System (Gegensatz: USB).
- Jedes Gerät kann die Masterfunktion übernehmen.
- Adressierung der Geräte in einem Bus durch 6 Bit; die einzelnen Busstränge werden über zusätzliche 10 Bit adressiert.
- Pro Bussystem sind 63 Geräte (Knoten) adressierbar.
- Geräte werden in Reihe (**Daisy Chain**) geschaltet.
- Bei Verwendung von Kupferverbindungskabeln können max. 17 Geräte (16 Kabelsegemente, je 4,5 m) in eine Reihe geschaltet werden (72 m Gesamtlänge).
- Durch Verwendung von Hubs (oder Mehrport-Geräten) können **Baumtopologien** aufgebaut werden.
- Max. sind 1023 Bussegmente über **Brücken** zusammen schaltbar.
- Realisiert Funktionen, wie z. B.:
  - **plug and play** (keine Adresseinstellung, keine Terminierung eforderlich),
  - **automatische Buskonfiguration** bei Hinzufügen oder Entfernen eines Gerätes,
  - **asynchroner** Datentransfer (zwischen zwei direkt adressierten Geräten, mit variablen Übertragungsintervallen und Handshake-Verfahren),
  - **isochroner** Datentransfer (feste, garantierte Übertragungsintervalle für jede teilnehmende Verbindung, ohne Wiederholung bei Datenverlust; 80 % der Bandbreite für einen oder mehrere isochrone Kanäle verfügbar),
  - bis zu 45 W elektrische Leistung bei Verwendung des 6- und 9-poligen Kabels übertragbar (**bus power**).
- **Übertragungsgeschwindigkeiten** (IEEE 1394a): **S 100** (98,304 Mbit/s), **S 200** (196,608 Mbit/s), und **S 400** (393,216 Mbit/s), bidirektional und halbduplex.
- IEEE 1394b ist abwärtskompatibel zu 1394a über bilinguale Verbindung; realisiert zusätzlich die Übertragungsgeschwindigkeit **S 800** mit 9-poliger Beta-Verbindung, bidirektional und vollduplex.
- IEEE 1394c realisiert Verbindungen mit S 800 (786,432 Mb/s) über Cat. 5e UTP.

Topologie

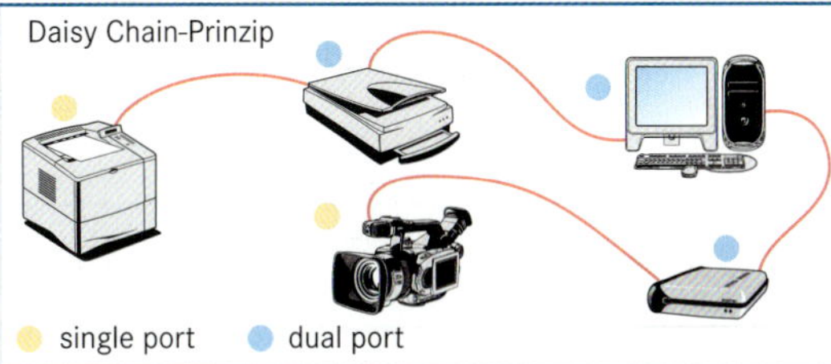

Übertragungszyklus

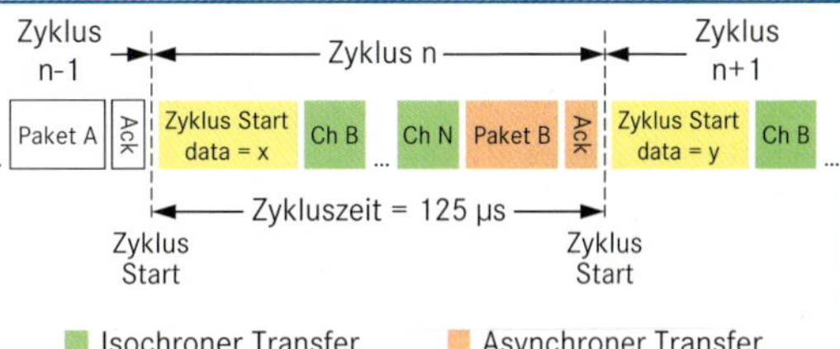

Verbindungskabel 6-polig

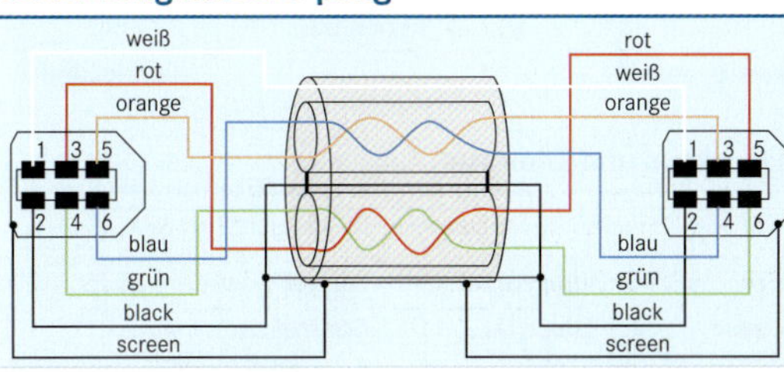

Übertragungsrichtung (DS-mode)

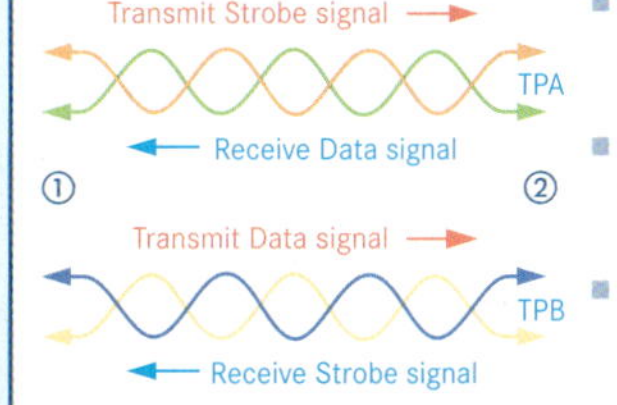

- Im DS-Mode werden Daten- und Strobesignale übertragen.
- Übertragung von ① nach ②: Strobe auf TPA und Daten auf TPB.
- Übertragung von ② nach ①: Strobe auf TPB und Daten auf TBA.

PIN-Nr. (Typ) (4-pin)	(6-pin)	(9-pin)	Bezeichnung	Funktion	Aderfarbe
–	1	8	Power	max. 30 V DC ohne Last	white
	2	6	Ground	Ground potential innerer Schirm	black
1	3	1	TPB –	Twisted Pair B	orange
2	4	2	TPB +	Twisted Pair B	blue
3	5	3	TPA –	Twisted Pair A	red
4	6	4	TPA +	Twisted Pair A	green
		6/9	A/B shield		
–	–	7	n.c.		
			Gehäuse	Äußerer Schirm	

Geräteschnittstellen

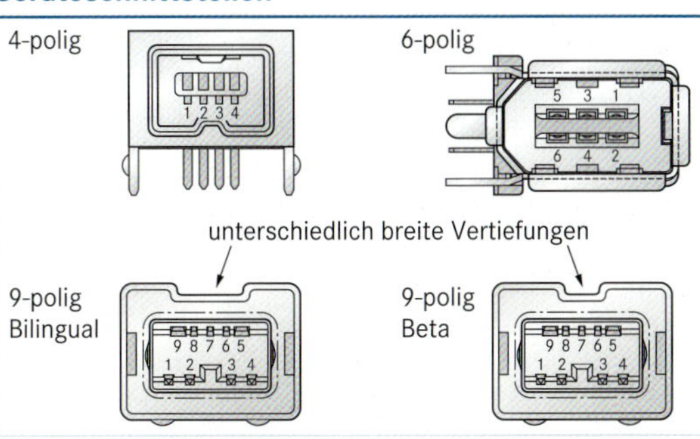

UPnP - Universal Plug and Play

Merkmale

- Der Begriff „Universal Plug and Play“ wird in Verbindung mit einem Netz verwendet, in dem verschiedene Geräte (z. B. PC, Stereoanlage, Fernsehgerät, Videorecorder, Haussteuerungsgeräte) über ein IP-basiertes Netz miteinander verbunden sind und kommunizieren können. Die Ansteuerung der Geräte kann mit oder ohne zentrale Kontrolle erfolgen. Nach der Netzinstallation können Geräte eingesteckt (plug), entfernt und benutzt (play) werden.
- Für die Vernetzung ist Ethernet nicht festgelegt. Es sind Verbindungen über Funk, FireWire, USB oder serielle Verbindungen möglich.
- Geräte (Devices) sind in diesem System lediglich „Behälter“ für Dienste, die abgerufen werden können. Dienste können z. B. sein das Drucken von Informationen, Einlesen von Bildern, Ausgeben von Dateien sowie Ein- und Ausschalten von Beleuchtungen.
- In dem Netz sind mindestend vorhanden
  - Control Point,
  - Media-Server und
  - Mediarenderer.
- Ein **Control Point** ① kann z. B. ein PC oder ein Handheld sein. Der Control Point bietet keine Dienste an, sondern fordert diese ab bzw. löst sie aus.
  Beispiel: Es wird ein Gerät aufgefordert, sich zu melden.
- **Media-Server** ② sind Geräte, die Medien bereitstellen können (z. B. CD-/DVD-Player, Digitalkamera, Receiver).
- **Mediarenderer** ③ sind Wiedergabegeräte, die über keinen eigenen Speicher verfügen.
  Beispiele: Audio Player, Monitor, Fernsehgerät, HiFi-Anlage, Lautsprecher, Uhrenradio, Drucker
- Mischformen sind möglich, z. B. kann ein Handheld als Control Point und Renderer arbeiten.

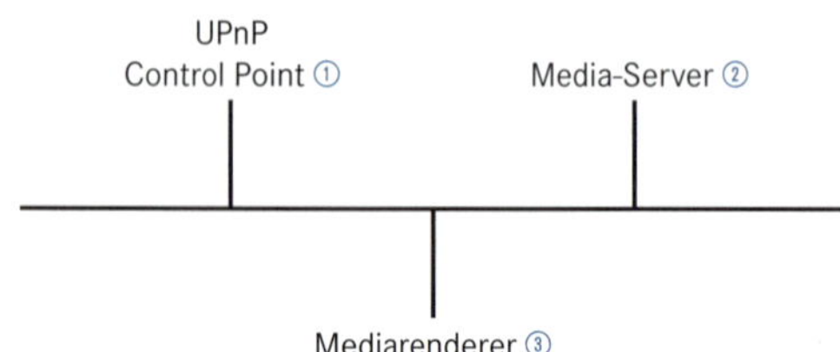

Kommunikationsprozess

- **Adresszuweisung** (Addressing)
  Die Adresszuweisung für Geräte und Control Points erfolgt über **DHCP** (**D**ynamic **H**ost **C**onfiguration **P**rotocol), sobald diese an das Netz angeschlossen sind.
- **Lokalisierung** (Discovery)
  Die Meldung der Existenz eines Gerätes erfolgt durch Senden der IP-Adresse an den Control Point. Mit **SSDP**-Nachrichten präsentiert sich jedes Gerät mit seinen Diensten regelmäßig. Dadurch ist gewährleistet, dass alle Geräte über die Möglichkeiten der Dienste im Netz informiert sind. Eine übergreifende Nutzung ist möglich.
- **Beschreibung** (Description)
  Wenn ein Kontakt zwischen dem Control Point und einem Gerät hergestellt wurde, erfolgt ein Datenaustausch über ihre Geräte- (device description) und Dienstebeschreibungen (service description) im XML-Format. Für jeden Service werden Kommandos und Aktionen sowie Datentypen und -bereiche definiert.
- **Steuerung** (Control)
  Über SOAP (beruht auf HTTP) erfolgt die Steuerung der Geräte durch den Control Point.
- **Ereignismeldung** (Eventing)
  Zustandsänderungen werden dem Control Point mit GENA gemeldet, z. B. Gerät wird gerade genutzt und steht somit nicht zur Verfügung.
- **Präsentation** (Presentation)
  Es handelt sich hierbei um die Webseite des gewählten Gerätes. Sie kann unter Umständen interaktiv sein.
- Beispiel für einen Kommunikationsablauf:

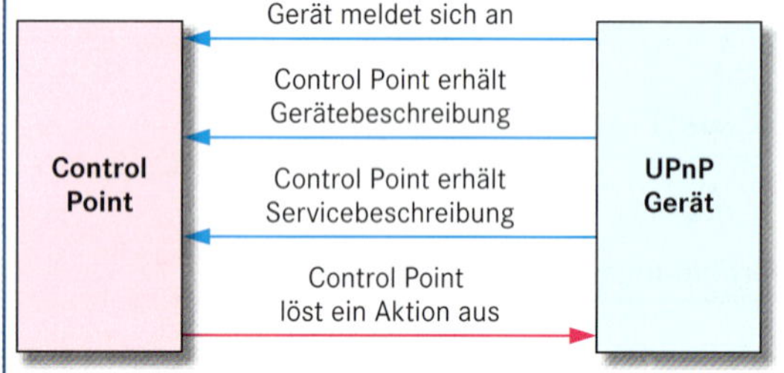

Protokolle

- **IP**: **I**nternet **P**rotocol
- **TCP**: **T**ransmission **C**ontrol **P**rotocol
- **UDP** (**U**ser **D**atagram **P**rotocol): Verbindungsloses Transportprotokoll
- **HTTP** (**H**ypertext **T**ransfer **P**rotocol): Anwendungsprotokoll (Darstellung von Webseiten)
- **HTTPU**: Erweiterung von HTTP
- **HTTPMU**: Variante von HTTPU, nutzt IP-Multicast
- **GENA** (**G**eneral **E**vent **N**otification **A**rchitecture): Information über den gegenseitigen Status
- **SOAP** (**S**imple **O**bject **A**ccess **P**rotocol): Datenaustauschprotokoll
- **SSDP** (**S**imple **S**ervive **D**iscovery **P**rotocol): Protokoll zum Suchen von UPnP-Geräten

Protokollstruktur und Dienste

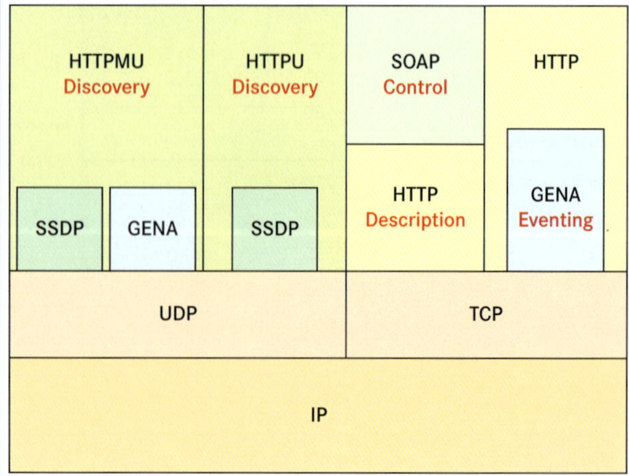

Arten

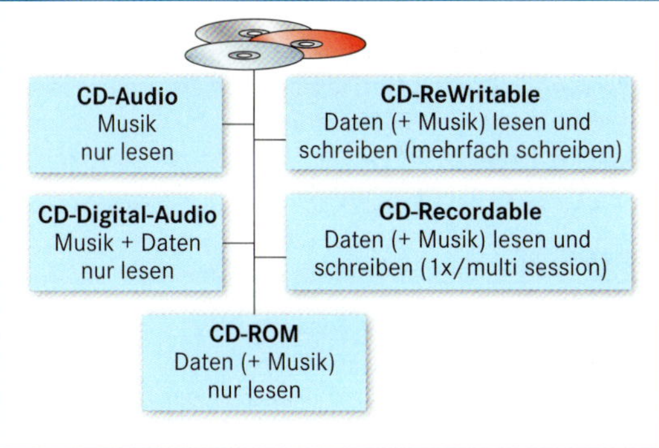

Leseverfahren

- **Konstante Übertragungsrate**
  CLV: Constant **L**inear **V**elocity
  Die Daten auf der CD sind in einer Spirale mit gleich bleibender Dichte angeordnet. Der Laser tastet zu jedem Zeitpunkt gleiche Strecken ab. Die Rotationsgeschwindigkeit muss demzufolge angepasst werden (Audio-CD).
  Single-Speed:
  - Innenbereich ca. 500 1/min
  - Außenbereich ca. 200 1/min
- **Konstante Umdrehungsgeschwindigkeit**
  CAV: Constant **A**ngular **V**elocity
  Die Übertragungsrate ist nicht konstant.
  Sie hängt vom Ort des Lasers auf der Scheibe ab.
- **Partial CAV**
  Kombination aus CLV und CAV

Übertragungsrate

Die Übertragungsrate wird zur Kennzeichnung von Laufwerken benutzt (x-Faktor, Klasse).
4x bedeutet: 4 mal so große Übertragungsrate wie ein Single-Speed-Laufwerk, 4 x 150 kB/s = 600 kB/s.

Bezeichnungen und Daten

Klasse	Bezeichnung	Übertragungsrate in kB/s	Zugriffszeit in ms
1x	Single-Speed	150	600
2x	Double-Speed	300	300
3x	Triple-Speed	450	200
4x	Quad-Speed	600	150
6x	Six-Speed	900	150
8x	Eight-Speed	1200	100
10x	Ten-Speed	1500	100
12x	Twelve-Speed[1]	1800	70–90
16x	[1]	1900	70–90
24x	[1]	2.000–3.000	60–85
32x	[1]	2.500–3.600	50–85
...	...	...	...

[1] (CLV/CAV)

Tracks und Sessions

- Ein **Track** ist ein physikalischer Abschnitt auf der CD, in dem bestimmte Daten gespeichert sind (geschlossene Datenspur). Sie sind erforderlich, um verschiedene Datentypen voneinander zu trennen.
  Beispiele:
  - Audio-CD: Jedes Stück befindet sich in einem separaten Track.
  - CD-ROM: Alle Daten befinden sich in einem Track.
  - Mixed-Mode-CD: Track für Computer-Daten gefolgt vom Track für Musik-Daten usw.
- Eine **Session** ist wie ein Track ein physikalischer Abschnitt auf der CD, allerdings sind in ihr in der Regel mehrere Tracks enthalten.
  Der Anfang (Vorspann) wird durch ein **Lead-in** gekennzeichnet. Das Ende durch ein **Lead-out**. Beide werden erst beim Schließen der Session geschrieben.
  Auf einer CD können mehrere Sessions geschrieben werden (**Multisessions**).
  - Lead-in für jede Session: 120 s
    Lücke zwischen zwei Tracks: 2 s bei gleichem Modus, sonst 3 s
  - Lead-out der ersten Session: 90 s, danach 30 s
- CDs die in einer Session geschrieben werden, werden als **Singlesession-CD** bezeichnet.

Schreibmethoden

- Bei **Track-at-Once** werden alle Tracks einzeln geschrieben. Der Schreibvorgang wird nach jedem Track unterbrochen. Er kann sofort oder später wieder fortgesetzt werden. Zwischen den Tracks sind also einleitende und abschließende Blöcke (ohne Daten) vorhanden (Run-in, Run-out). Bei „Live-CDs" sind diese Pausen mitunter unerwünscht.
- Bei **Disc-at-Once** werden alle Tracks, einschließlich der Zwischenräume, ohne Unterbrechung geschrieben (wichtig bei Audio-CDs). Die Disc wird automatisch finalisiert, so dass keine weiteren Tracks hinzugefügt werden können.
- Bei **On-the-Fly** werden die Daten direkt von der Quelle auf eine CD-R übertragen, ohne dass sie vorher zwischengespeichert werden. Es wird kein Image angelegt. Dieses ist nur dann sinnvoll, wenn gewährleistet ist, dass der Schreibspeicher ständig gefüllt ist und somit die Gefahr eines Buffer Underruns nicht besteht.

CDs Brennen

- **CD-R:** Beschreibbare CD. Die eingeprägte Spur enthält Zeitinformationen, die den Strahl des Schreiblasers führt. In der organischen Farbschicht wird durch den Laser (ca. 40 mW) die Struktur verändert (kristallin und amorph). Dadurch werden Pits und Lands eingeprägt.
- Eine CD-R ist wärmeempfindlicher als eine gepresste CD. Zum exakten Brennen ist ein kontinuierlicher Datenfluss erforderlich. Deshalb sollten im Hintergrund laufende Programme beendet werden.
- Zum Brennen von CDs wird eine spezielle Software benötigt, die mitunter im Betriebssystem eingebunden ist.
- **CD-RW:** Mehrfach beschreibbare CD.
  Vor dem Neuschreiben muss die gesamte Schicht zunächst in einen einheitlichen Zustand gebracht werden (Löschvorgang).

Red Book[1)]

Audio-CD, CD-Audio, CD-DA (**D**igital-**A**udio)
- 2.352 Byte als Nutzdaten/Sektor
- 882 Zusatzbyte (784 zur Fehlererkennung, 98 Kontroll-Bytes)
- Kapazität: 74 Minuten Musik, max. 98 Titel

CD-DA mit Grafik
- Grafikdaten werden in den Kontrollbytes transportiert.

Yellow Book[1)]

CD-ROM
- Enthält Spezifikationen der CD-DA
- Zusätzlich:
  - Fehlererkennung (EDC)
  - Fehlerkorrektur (ECC)
- Aufzeichnungsstandard ISO 9660
- Mode 1: Computerdaten mit 682 MB Kapazität
- Mode 2: Audio- und Grafikdaten mit 778 MB Kapazität

Blue Book[1)]

CD-Extra, CD-Plus, CD-V
- Audio und Daten
- Kombination aus Red- und Yellow-Book

Orange Book[1)]

CD-MO (**M**agneto **O**ptical)
- Datenträger, die mehrfach beschrieben werden können.

CD-R (**R**ecordable)
- Optisch beschreibbarer Datenträger

CD-RW (**R**ead **W**rite)
- Mehrfach beschreibbare CD-Medien

Beige Book[1)]

Photo-CD
- Aufzeichnung und Wiedergabe von Bildern

Green Book[1)]

CD-I (**C**omputer **D**isk **I**nteraktiv)
- Computerdaten
- Musik und Bilder
- 650 MB (72 min Video oder 19 h Ton)

White Book[1)]

Video-CD (MPEG-Standard)
- Video in VHS-Qualität
- Kapazität: 75 min Video

[1)] Die technischen Spezifikationen (Standards) werden als „farbige" Bücher bezeichnet.

Audio-CD

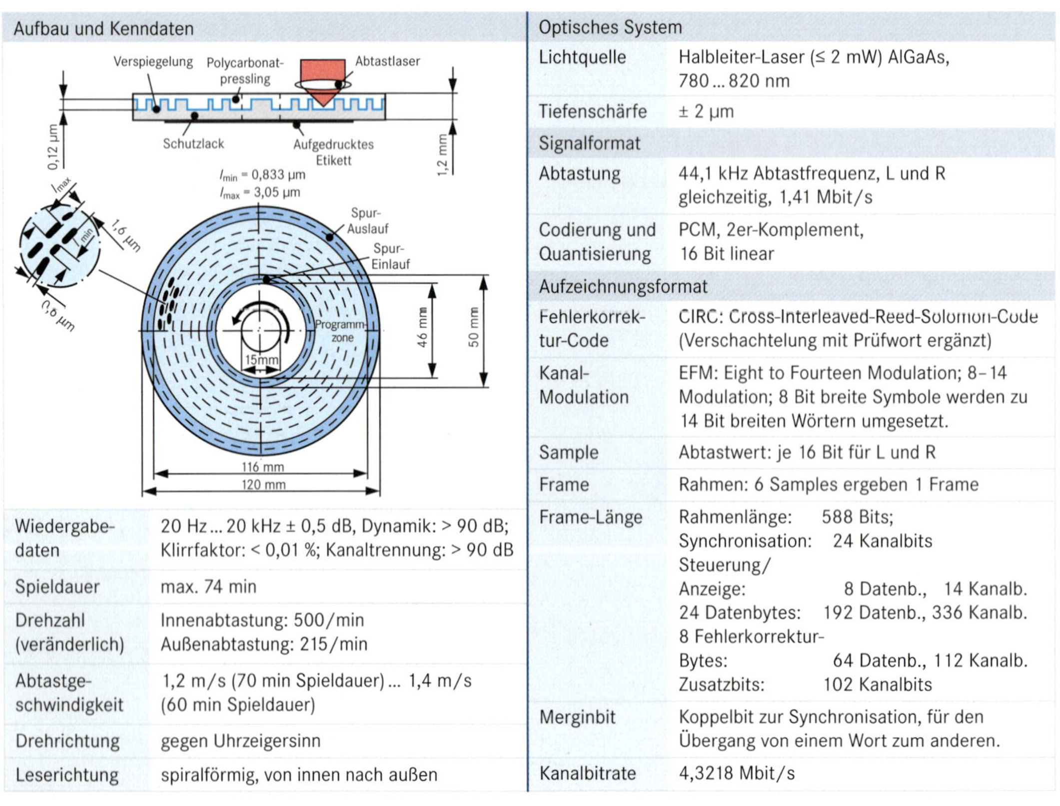

Aufbau und Kenndaten	
Wiedergabe-daten	20 Hz ... 20 kHz ± 0,5 dB, Dynamik: > 90 dB; Klirrfaktor: < 0,01 %; Kanaltrennung: > 90 dB
Spieldauer	max. 74 min
Drehzahl (veränderlich)	Innenabtastung: 500/min Außenabtastung: 215/min
Abtastge-schwindigkeit	1,2 m/s (70 min Spieldauer) ... 1,4 m/s (60 min Spieldauer)
Drehrichtung	gegen Uhrzeigersinn
Leserichtung	spiralförmig, von innen nach außen

Optisches System	
Lichtquelle	Halbleiter-Laser (≤ 2 mW) AlGaAs, 780 ... 820 nm
Tiefenschärfe	± 2 µm
Signalformat	
Abtastung	44,1 kHz Abtastfrequenz, L und R gleichzeitig, 1,41 Mbit/s
Codierung und Quantisierung	PCM, 2er-Komplement, 16 Bit linear
Aufzeichnungsformat	
Fehlerkorrek-tur-Code	CIRC: Cross-Interleaved-Reed-Solomon-Code (Verschachtelung mit Prüfwort ergänzt)
Kanal-Modulation	EFM: Eight to Fourteen Modulation; 8-14 Modulation; 8 Bit breite Symbole werden zu 14 Bit breiten Wörtern umgesetzt.
Sample	Abtastwert: je 16 Bit für L und R
Frame	Rahmen: 6 Samples ergeben 1 Frame
Frame-Länge	Rahmenlänge: 588 Bits; Synchronisation: 24 Kanalbits Steuerung/Anzeige: 8 Datenb., 14 Kanalb. 24 Datenbytes: 192 Datenb., 336 Kanalb. 8 Fehlerkorrektur-Bytes: 64 Datenb., 112 Kanalb. Zusatzbits: 102 Kanalbits
Merginbit	Koppelbit zur Synchronisation, für den Übergang von einem Wort zum anderen.
Kanalbitrate	4,3218 Mbit/s

Vergleich DVD mit CD

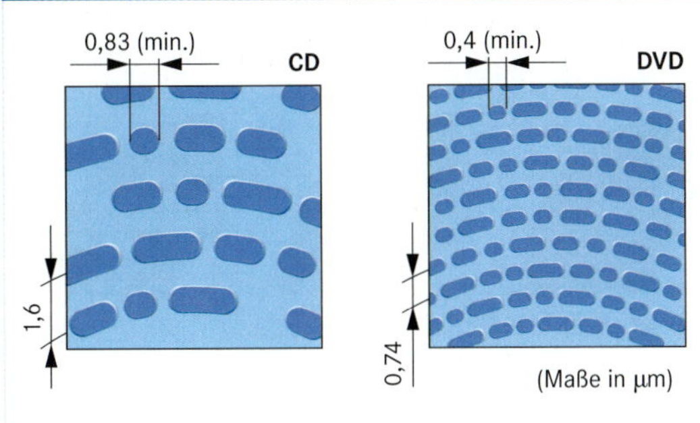

Kenndaten

Durchmesser	120 mm (wie CD)
Dicke	1,2 mm (wie CD)
Spurweite	0,74 µm
Laser	635 nm, 650 nm (Rot)
Kapazität (Daten)	4,7 GB; 8,5 GB; 9,4 GB und 17 GB
Fehlerkorrektur	RS-PC (Reed Solomon Product Code)
Datentransferrate	1 bis 10 MB/s (Mittelwert für Audio/Video) MPEG-2
Bildkompression Dateisystem	Micro UDF (M-UDF) und/oder ISO 9660

DVD-5, einseitig und einschichtig (4,7 GB)

- Eine Aufzeichnungsebene
- Ca. 2,2 Stunden Videoaufzeichnung möglich

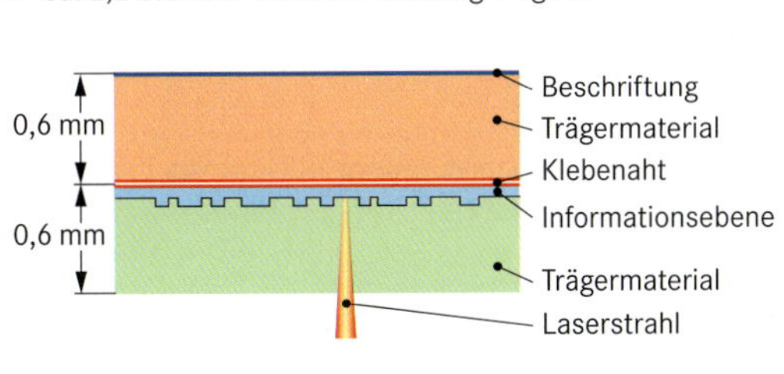

DVD-9, einseitig und zweischichtig (8,5 GB)

- Zwei Aufzeichnungsebenen
- Ca. 4,4 Stunden Videoaufzeichnung möglich

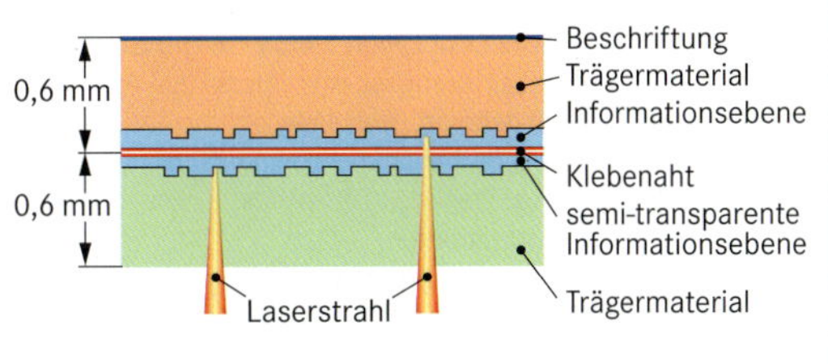

DVD-10, beidseitig und einschichtig (9,4 GB)

- Im Prinzip zwei zusammengeklebte einschichtige DVDs,
- Etwa 4 Stunden Videoaufzeichnung möglich

DVD-18, beidseitig und zweischichtig (17 GB)

- Im Prinzip zwei zusammengeklebte zweischichtige DVDs,
- Etwa 8 Stunden Videoaufzeichnung möglich.

Schreibformate

Format	DVD-R	DVD-RAM	DVD-RW	DVD+RW
Einführungsjahr	1997	1998	2000	2001
beschreibbar	einmal	100.000 Mal	1000 Mal	1000 Mal
Kapazität in GB/Seite	4,7	4,7 bzw. 9,4	4,7	4,7
Reflexionsgrad in %	45 bis 85	15 bis 35	18 bis 30	10 bis 20
Aufzeichnungsmethode	Wobbled groove[1]	Wobbled groove[1] and land[2]	Wobbled groove[1]	High-frequency wobbled groove[1]
Speicherverfahren	Organic Dye[5]	Phase Change[6]	Phase Change[6]	Phase Change[6]
Formatierung	CLV[3]	Zoned CLV	CLV	CLV oder CAV[4]
Laser Wellenlänge schreiben	635 bzw. 650 nm	650 nm	650 nm	650 nm
Laser Wellenlänge lesen	650 nm	650 nm	650 nm	650 nm

[1] „Wackelnde" Vertiefungen
[2] Land: Erhöhung
[3] **CLV: C**onstant **L**inear **V**elocity
Die Drehzahl des Mediums variiert, die Transferrate der Daten bleibt deshalb konstant.
[4] **CAV: C**onstant **A**ngular **V**elocity
Die Drehzahl des Mediums bleibt konstant, die Transferrate der Daten wird von innen nach außen größer.
[5] Die Aufzeichnungsschicht besteht aus organischem Farbstoff (Organic Dye), der sich bei der Erhitzung durch den Schreib-Laserstrahl verfärbt, so dass von diesen Stellen der Laserstrahl beim Lesen weniger stark reflektiert wird (Pits). Die Leistung des Lasers beträgt 6 bis 12 mW.
[6] Phasen-Wechsel: Der Laserstrahl erhitzt Zonen der Aufzeichnungsschicht (ca. 200 °C), die Metallatome ordnen sich kristallin an, der Refexionsgrad erhöht sich, der Zustand bleibt bei Abkühlung erhalten.
Beim Löschen erhitzt man die Aufzeichnungsschicht auf 500 bis 700 °C, nach der Abkühlung befindet sich das Metall wieder im amorphen Zustand (Ausgangszustand).

Merkmale

- Der Name ist eine verkürzte Fassung: Blauer Strahl (Blu-ray), blau-violetter Laser
- Blu-ray Discs sind Nachfolger für die DVD mit erhöhter Speicherkapazität zur Aufnahme von Videos auch im HDTV-Format (1920 x 1080 Pixel).
- Die Aufnahme im HDTV-Format ist in Echtzeit möglich.
- BDs sind nicht kompatibel zu CDs und DVDs
- Durchmesser wie bei CD und DVD 12 cm bzw. 8 cm
- Im Vergleich zur DVD ist der Abstand des Lasers zum Datenträger verkleinert worden.
- Die Schutzschicht ist im Vergleich zur DVD dünner (0,1 mm), deshalb sind BDs empfindlicher gegen Schmutz.
- Varianten:
  - BD-ROM, nur lesbar
  - BD-R, nur beschreibbar
  - BD-RE, wieder beschreibbar
- Es sind einseitige bzw. doppelseitige, ein- und zweischichtige Discs möglich.
- Kapazitäten:
  - Eine Schicht (SL: Single Layer) bis 27 GB (25,1 GiB)
  - Zwei Schichten (DL: Dual Layer) bis 54 GB (50 GiB)
- Im Rahmen der Spezifizierung ist eine Interaktive Anwendungsschicht (BD-J) definiert. Beispiele:
  - Interaktiver Film (z. B. Wahl eines von mehreren Handlungssträngen oder Wahl des Filmendes) Einblendungen, Spiele, Zusatzinformationen
- Regionalcodes wie bei der DVD (A/1, B/2 und C/3) werden verwendet. Der Code wird nicht vom Laufwerk oder Betriebssystem überprüft, sondern er ist in einer Datei der Abspielsoftware enthalten.
- Es werden die Abspielgeräte-Profile 1.0, 1.1, 2.0, 3.0 und 5.0 unterschieden. In das Profil 1.0 lassen sich die meisten Standgeräte einordnen, Profil 5.0 unterstützt stereoskopische 3D-Inhalte.
- Videocodecs: AVC, H.264 (MPEG-4), MPEG-2, VC-1 (WMV3)
- Audiocodecs:
  DTS, DTS-HD Master Audio, DTS-HD HighRes, Dolby TrueHD lineares PCM, Dolby Digital (AC-3)

Schutz

- Verwendet wird als **Kopierschutz AACS** (**A**dvanced **A**ccess **C**ontent **S**ystem)
- Verwaltung der Übertragung von Inhalten auf andere Geräte (s. Abbildung).

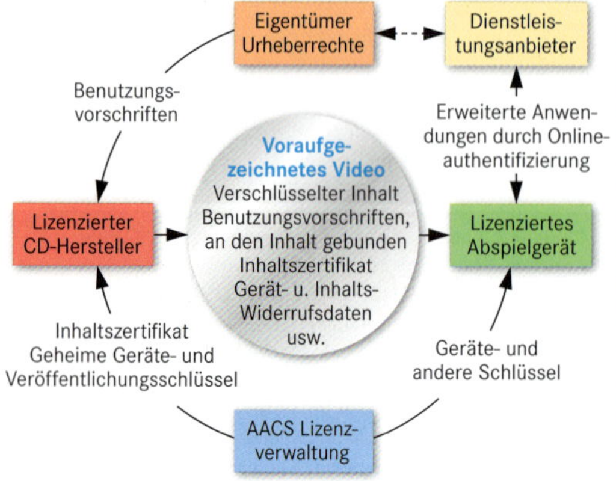

Vergleich

CD	DVD	Blu-ray Disc
Abstände der Pits in µm		
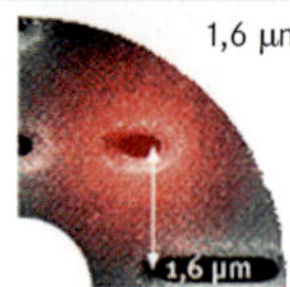 1,6 µm	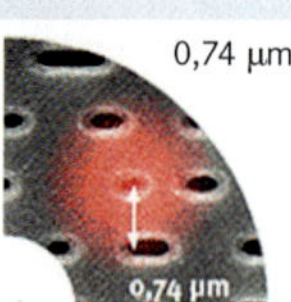 0,74 µm	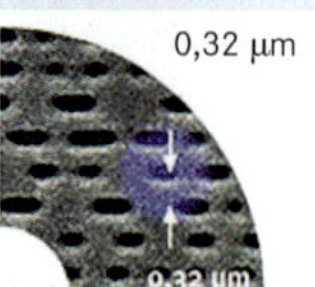 0,32 µm
Speicherkapazität in GB, SL: Single Layer, DL: Double Layer		
0,68–0,8	SL: 4,7; DL: 8,5	SL: 25; DL: 50
Wellenlänge des Lasers, Laserspot-Durchmesser		
780 nm, Infrarot 2,1 µm	650 nm, Rot 1,3 µm	405 nm, Violett 0,6 µm
Datentransferrate in Mbit/s		
Mode 1: 1,2288 Mode 2: 0,6112	11,08	36–54
Video-Codec		
MPEG-1 (VCD) MPEG-2 (SVCD)	MPEG-1 (VCD) MPEG-2 (SVCD)	MPEG-1 (VCD) MPEG-2 (SVCD) VC-1, H.264
Spurweite in µm		
1,6	0,74	0,32
Numerische Apertur		
0,45	0,6	0,85
Schutzschicht in mm		
0,6	0,6	SL: 0,1; DL: 0,075

Aufzeichnung

- Die Angabe „1x“ entspricht einer Datenrate von 36 Mbit/s (viermal schneller als bei einer DVD).
- Die Tabellenwerte beziehen sich auf den **CLV**-Modus (**C**onstant **L**inear **V**elocity: Die Drehzahl des Mediums variiert, die Datentransferrate bleibt dadurch konstant).

Geschwindigkeit	Datenrate		Schreibdauer in min
	in Mbit/s	in MB/s	Single Layer
1x	36	4,5	90
2x	72	9	45
4x	144	18	22,5
6x	216	27	15
8x	288	36	11,25
12x	432	54	7,5

- Datenstrom bei Blu-ray-Video:
  - Die Datenübertragungsrate ist auf 53,95 Mbit/s begrenzt.
  - Videostream: 40 Mbit/s
  - Tonstream: 13,95 Mbit/s

Funktion

- **Ein-/Ausgabe und Bearbeitung akustischer Signale**
  - Umformen (Sampling) der analogen Signale (Sprache, Musik oder Geräusche aus verschiedenen Quellen) in digitale Signale durch Pulse Code Modulation PCM.
  - Bearbeiten der Signale durch Software: Verändern, Teile löschen bzw. kopieren, Klangdateien zusammenfügen/hinzufügen, mischen, speichern usw.
  - Umformen der digitalen Signale in analoge Signale (Digital-Analog-Umsetzung) und Wiedergabe
- **Erzeugung (Synthese) von akustischen Signalen**
  - FM-Synthesizer:
    Elektronische Musik wird mit Hilfe interner Tongeneratoren erzeugt (Frequenzmodulation FM).
  - Wavetable-Synthese:
    Proben von Originalklängen einzelner Instrumente sind gespeichert. Die Erzeugung erfolgt mit Software-Synthesizern.
- **Digitale Signalprozessoren** (DSP) übernehmen die Aufgaben auf der Soundkarte. Sie entlasten den Prozessor des Computersystems bei der Bearbeitung der großen Sound-Dateien. Er übernimmt auch die Datenreduktion und Komprimierung. Die Daten (z. B. WAV, MP3) werden vom Arbeitsspeicher auf die Festplatte geschrieben.

Einbaumöglichkeiten bzw. Orte im PC

- **Steckkarten:**
  - Ältere PCs: ISA-Bus
  - PCI- bzw. PCI-Express
  - PCMCIA, ExpressCard
- **Schnittstellen:**
  - USB
  - FireWire (professioneller Bereich)
- **Motherboard:**
  - Integrierte Chips (kostengünstig, geringere Qualität, für einfache Aufgaben)

Anschlüsse

- **Analog**
  - Stecker/Buchse: Klinke, Cinch
  - Farben der Buchsen:

	Blau	Line-in für Aufnahmen (Stereo)
	Rosa	Mic-in, Mikrofoneingang (Mono)
	Orange	Center speaker, subwoofer-Center und Tiefbass-Lautsprecher-Ausgang
	Grün	Line-out, Kopfhörer- oder (Front-) Lautsprecher-Ausgang (Stereo)
	Schwarz	Rear speakers, Rücklautsprecher-Ausgang (Stereo)
	Silber	Side speakers, Seitenlautsprecher-Ausgang (Stereo)

- **Digital**
  - Übertragungsformat: S/P-DIF-Format (Sony/Philips Digital Interface), verkürzt: SPDIF-Format
    Typ I: Professional mode, für professionellen Einsatz
    Typ II: Consumer mode, für heimische Endverbraucher
  - Steckverbinder für Koaxialkabel (Cinch)
  - Optischer 3,5 mm Klinkenstecker
  - Optische Steckverbinder (TOSLINK-Anschluss)

Qualitätsmerkmale

- **Auflösung beim Digitalisieren:**
  8, 16, 24 Bit
- **Abtastrate (Samplingrate):**
  22; 44 (CD-Qualität); 96 oder 192 kHz
- **Weitere Qualitätsmerkmale:**
  Anzahl der Kanäle, Rauschverhalten, Frequenzgang, Abschirmung gegen Störsignale, Beschleunigerchip zur Entlastung der CPU

Gameport/MIDI-Schnittstelle

- Bei gegenwärtigen Soundkarten wird in der Regel auf diese Anschlüsse verzichtet, da entsprechende Geräte über die USB Schnittstelle angeschlossen werden.
- **Gameport** (Joystick)
  - Anschluss von Steuergeräten (Joystick, Gamepad, ...)
  - Analoge Datenübertragung
- **MIDI: Musical Instrument Data Interface**
  - Schnittstelle, über die elektronische Musikinstrumente angeschlossen werden können. Mit dem PC können die Klangdaten koordiniert werden.
  - Digitale Datenübertragung

Standards für die Soundausgabe

- **EAX** (**E**nvironmental **A**udio **E**xtension)
  Umgebungsgeräusche in Computerspielen werden mit EAX so real wie möglich wiedergegeben. Beispiel: Der Ton einer bestimmten Quelle wird nur einmal erzeugt und je nach Wiedergabe in bestimmten Räumen entsprechend modifiziert.
- **DTS-ES** (**D**igital **T**heater **S**ystems)
  Beispiel: Mit dem Tonformat DTS-ES Discrete 6.1 können alle 6.1 Kanäle einschließlich Subwoofer unabhängig aufgenommen und entsprechend frei gestaltet werden.
- **ASIO** (**A**udio **S**tream **I**nput/**O**utput)
  Es handelt sich hierbei um ein mehrkanalfähiges Audio-Transferprotokoll, mit dem man auf die Multichannel-Fähigkeiten vieler Sound- und Recordingkarten (professionelle Soundkarten) zugreifen kann.
  ASIO 2.10 unterstützt 64-Bit-Systeme und DSD (Direct Stream Digital).

Steckkartenbeispiel

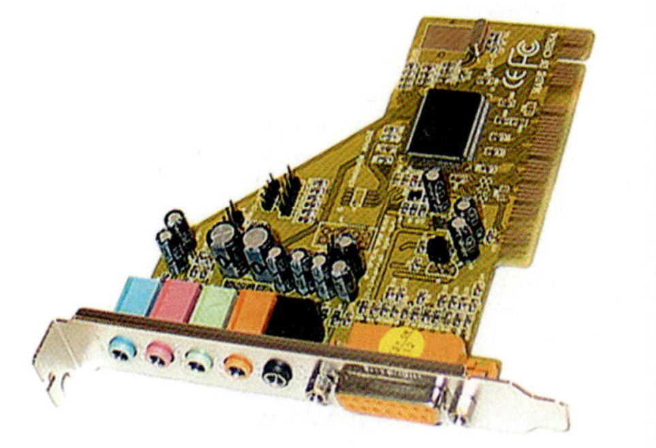

Kennzeichnungsprinzip für Audio-Systeme

Ziffer Punkt Ziffer
Beispiel: 5.1
5 Lautsprecher (Fullrange Kanäle)
1 Tieftöner (Subwoofer)

Lautsprecherpositionierung beim 5.1 System

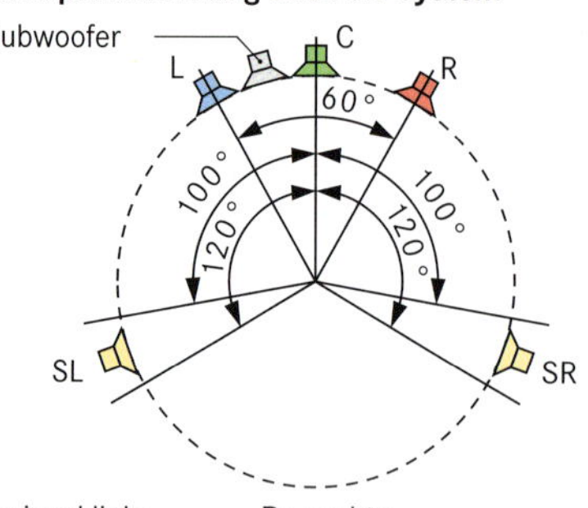

L: Stereosignal links
R: rechts
SR: Surround rechts
SL: Surround rechts
C: Zentrum, Sprachkanal
S: Hintergrund- und Nebengeräusche (Surround)

Tonformate

Symbole auf DVD-Hülle	Bedeutung
Mono 1.0	Das Schallereignis wird über einen Tonkanal wiedergegeben. Es entsteht kein räumlicher Klangeindruck.
Stereo 2.0	Das Schallereignis wird über zwei Tonkanäle wiedergegeben (links und rechts). Es entsteht ein räumlicher Klangeindruck.
Dolby Surround 3.0	Dem Stereosignal wird ein Surround-Signal verschlüsselt zugefügt. Es entsteht ein verbesserter räumlicher Klangeindruck durch einen hinteren Lautsprecher.
Dolby Pro Logic 4.0	Arbeitet wie Dolby Surround 3.0 mit zusätzlichem verschlüsselten Signal, das nach Entschlüsselung über einen weiteren Lautsprecher (Center) wiedergegeben wird.
Dolby Pro Logic II 5.1	Dem Stereo-Signal sind weitere verschlüsselte Signale zugefügt. Fünf Lautsprecher und ein Subwoofer können versorgt werden. Es entsteht ein realistischer Raumklang.
Dolby Digital 5.1, DTS 5.1	Sechs voneinander getrennte digitale Signale führen zu einem optimalen Raumklang. Mit dem 6. Kanal kann ein Subwoofer betrieben werden.
Dolby Digital Surround EX, DTS-ES 6.1	Arbeitet wie Dolby Digital 5.1, den beiden hinteren Tonkanälen wird ein weiteres Signal für besondere Effekte verschlüsselt zugefügt und über einen Effekt-Center-Lautsprecher (hinten in der Mitte) wiedergegeben.

Audio-Formate

MIDI

- **M**usical **I**nstruments **D**igital **I**nterface, seit 1983
- Im engeren Sinne kein Audio-Format, da es keine Audiodaten/Klangdaten enthält, sondern ist ein Textformat, welches Steuerdaten für Midigeräte enthält.
- Midigeräte werden über den Joystick Port der Soundkarte angeschlossen.
- Kleine Datenmengen
- Serielles Datenprotokoll: 31250 bit/s
- Serielle Datenübertragung, langsam und sicher
- 16 Kanäle
- Qualität ist von den Ausgabegeräten abhängig

AIFF

- **A**udio **I**nterchange **F**ile **F**ormat
- Von Apple 1988 entwickelt, von anderen Herstellern übernommen
- Format besitzt Chunkstruktur (Chunk: Happen, Brocken) wie Wave- und AVI-Formate.
- Daten können komprimiert werden. Größe hängt vom verwendeten Algorithmus ab. Informationen darüber werden in einem zusätzlichen Chunk gespeichert.
- Datenrate unkomprimiert 960 kbit/min
- Radioqualität (annähernd)

Wave

- Anfang 1980 von Microsoft und IBM entwickelt
- Standardformat für Window PCs
- Wave-Dateien enthalten digital codierte Analogsignale, z. B. Auflösung 16 Bit bei 44,1 kHz Samplingrate, Stereo
- Wave-Dateien sind sehr groß, in Chunks strukturiert
- Datenrate 10 MB/min

Real Audio

- Von RealNetworks 1995 als ein hochkomprimiertes Audio-Format für das Internet entwickelt
- Datei wird in kleine Pakete zerlegt und separat verschickt, in Echtzeit vom Server abspielbar (Streaming Audio)
- Geeignet für Internetradio
- Qualität hängt von der Bandbreite ab. Wenn die Bandbreite unter ein Minimum fällt, werden Datenpakete weggelassen.

VQF

- Von Yamaha 1995 entwickelt, Bezeichnung auch SoundVQ oder TwinVQ
- Aufgrund von Ähnlichkeiten der Elemente in Musikstücken lässt sich diesen „Grundbausteinen“ ein Index zuweisen, der einem Eintrag in einer Bitmustertabelle (mehrdimensional) entspricht. Der Decoder kann mit der gleichen Tabelle und dem jeweiligen Index die Originalbitstruktur zusammensetzen.
- Dateigröße 25 bis 35 % kleiner als bei MP3
- Maximale Abtastrate 96 kbit/s

AAC

- **A**dvanced **A**udio **C**oding
- Erweiterung zu MPEG 2 und Teil von MPEG 4
- Im Vergleich zu MP3 gleiche Qualität bei halber Dateigröße
- Bei 64 kbit/s (ISDN) Stereoübertragung möglich

MP3

Mikrofone
Microphones

Kenngrößen

Übertragungsfaktor *T*

$T = \frac{U}{p}$ $\quad f = 1\ \text{kHz}$

U: Ausgangsspannung in mV
p: Schalldruck in Pa

Übertragungsmaß *G*

$G = 20 \cdot \lg \frac{T}{T_0}\ \text{dB}$ $\quad f = 1\ \text{kHz}$

T in V/Pa $\quad T_0 = 1\ \text{V/Pa}$

Schaltungen von Tauchspulmikrofonen

symmetrisch

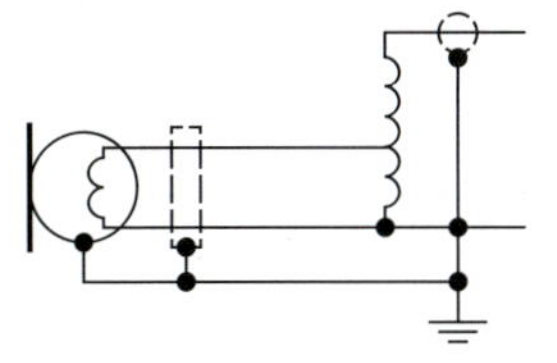

Studiobetrieb, auch bei längeren Leitungen störungsfreie Übertragung.

unsymmetrisch

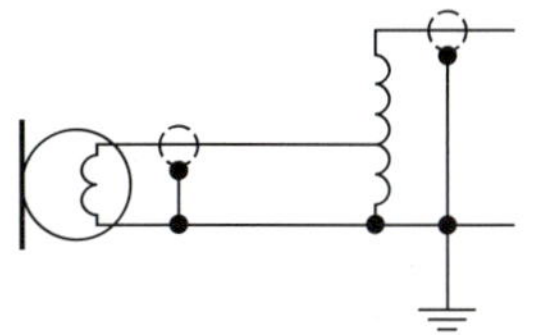

Nur bei nicht allzu großen Leiterlängen (< 5 m) störungsfrei, wird im Konsumelektronik-Bereich häufig verwendet.

Arten

Typ	Eingangsgrößen	Übertragungsfaktor T in mV/Pa (z. B.)	Frequenzgang	Klirrfaktor in %	Anwendungen, Besonderheiten
Tauchspul-Mikrofon	200 Ω	2	50 Hz ... 14 kHz	1	Tonaufzeichnung, Tonübertragung
Kristall-Mikrofon	1 MΩ...5 MΩ $C_e \approx 1\ \text{nF}$	1	30 Hz ... 10 kHz	1 ... 2	Tonaufzeichnung und -übertragung
Kondensator-Mikrofon	50 MΩ (ohne Verstärkung) $C_e \approx 100\ \text{pF}$	10	20 Hz ... 20 kHz	0,1	hochwertige Aufzeichnung und Übertragung, Hilfsspannung erforderlich

Lautsprecher
Loudspeakers

Kenngrößen

Nennscheinwiderstand Z_n
Der Scheinwiderstand darf bei keiner Frequenz innerhalb des Übertragungsbereichs mehr als 20 % unter dem angegebenen Nennscheinwiderstand liegen.

Grundresonanzfrequenz f_{res}
niedrigste Eigenfrequenz

Übertragungsfaktor *T*

$T = \frac{p}{U}$ $\quad$ in $\frac{\text{Pa}}{\text{V}}$ $\quad$ Bezugsabstand: 1 m

p: Schalldruck
U: Klemmenspannung des Lautsprechers

Übertragungsmaß *G*

$G = 20 \cdot \lg \frac{T}{T_0}\ \text{dB}$ $\quad T_0 = 1\ \text{Pa/V}$
Bezugsabstand: 1 m

Übertragungsbereich
$f_u \dots f_o$ (Abfall 10 dB vom Mittelwert)

Nennbelastbarkeit
maximale Leistung im Dauerbetrieb

Impulsbelastbarkeit
maximale Leistung bei getasteten Sinustönen

Arten

- Dynamische Lautsprecher (Tauchspul-Lautsprecher, Bändchen-Lautsprecher)
- Elektrostatische Lautsprecher (Kondensator-Lautsprecher)
- Piezoelektrische Lautsprecher (Kristall-Lautsprecher)

Weiche mit 6 dB Spannungsfall pro Oktave

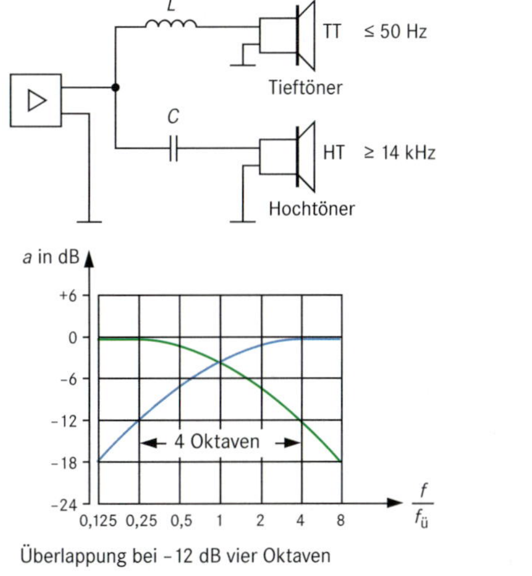

Überlappung bei – 12 dB vier Oktaven

Aufbau und Arbeitsweise

- Grundsätzliche Funktion: Steuerung der Bildschirmanzeige
- Die Eingangsdaten gelangen über eine Schnittstelle (① PCI, PCIe, AGP, ...) und einen **Grafikspeicher** mit großer Kapazität (256 MB und größer) in den **Grafikprozessor** ② (**GPU**: **G**raphic **P**rocessing **U**nit).
- Im Grafikprozessor erfolgt die Berechnung der Daten für die Bildschirmausgabe. Aufgrund der großen Rechenleistung in der GPU sind gegebenenfalls Kühlmaßnahmen erforderlich.
- Der Grafikspeicher dient auch zur Ablage der in der GPU verarbeiteten Daten.
- Die Ausgabeeinheit ③ liefert das jeweils gewünschte Signal über entsprechende Steckverbindungen (VGA, DVI, ...).
- Wenn die Grafikkarte einen VGA-Ausgang besitzt, erfolgt im **RAMDAC** (**RAM**-**D**igital-**A**nalog-**C**onverter) eine Umwandlung in ein analoges Ausgangssignal.

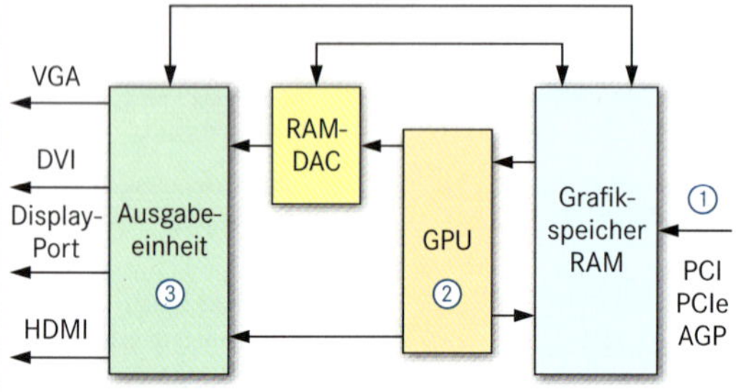

VGA-Anschluss

- Analoge Video-Datenübertragung
- **VGA: V**ideo **G**raphics **A**rray
- **DDC: D**isplay **D**ata **C**hannel (Anzeigedatenkanal)
  Die Signale dienen der Identifikation des angeschlossenen Monitor-Typs (z. B. Farbe, VGA, SVGA).
- Farben: Maximal 16 Farben
- Auflösung: Maximal 25 Zeilen x 80 Zeichen, 640 x 480 Pixel.

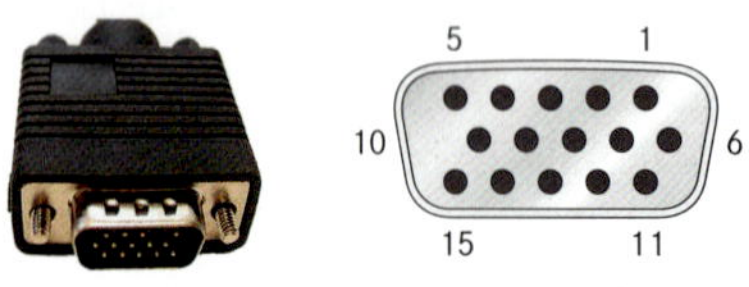

Pin	Signal, Funktion
1	Rot-Signal analog
2	Grün-Signal analog oder analoges Monochrom-Signal
3	Blau-Signal analog
4	Monitor Identifikations-Bit 2, Masse
5	Digitale Masse für DDC
6	Rot-Masse
7	Grün-Masse
8	Blau-Masse
9	Nicht belegt, DDC 1 (+5 V)
10	Synchronisations-Masse
11	Monitor Identifikations-Bit 0
12	Monitor Identifikations-Bit 1, DDC 1-Signal
13	Horizontale Synchronisation
14	Vertikale Synchronisation
15	Monitor Identifikations-Bit 3, DDC 1-Signal

DVI-Anschluss

- Schnittstelle zur Übertragung der digitalen Daten der Grafikkarte z. B. an ein TFT-Display.
- **DVI: D**igital **V**isual **I**nterface
- Pinbelegung:
  - 1...24 digitale Signale
  - C1...C4 analoge Signale
- **DVI-I** (DVI-Integrated):
  Digitale und analoge Übertragung
- **DVI-D:**
  Rein digitale Übertragung (nur Pin 1 bis 24, ohne C1 bis C5)
- **DVI-A:**
  Rein analoge Übertragung (C1 bis C5)

DVI

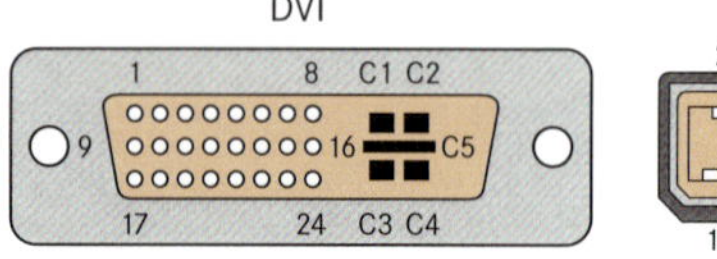

Mini-DVI

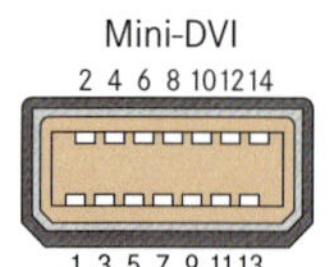

Computergrafikstandards und Bildschirmgröße

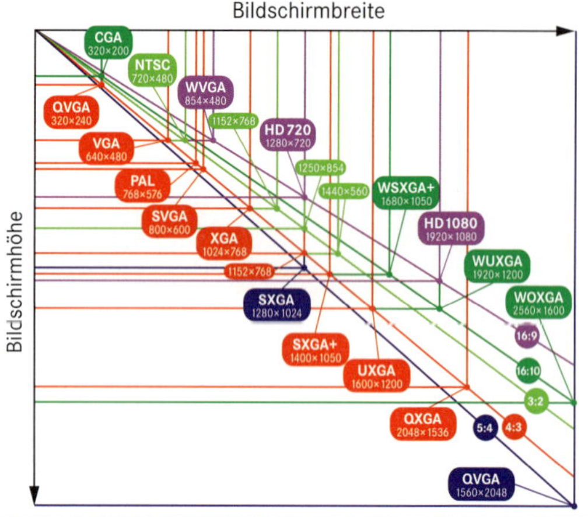

Q:	**Q**uarter	**VGA:**	**V**ideo **G**raphics **A**rray
S:	**S**uper	**XGA:**	E**x**tended **G**raphics **A**rray
U:	**U**ltra	**CGA:**	**C**olour **G**raphics **A**dapter
W:	**W**ide	**HD:**	**H**igh **D**efinition Television
PAL:	**P**hase **A**lternating **L**ine	**NTSC:**	**N**ational **T**elevision **S**ystem **C**ommittee

Pinbelegung VGA 9polig (VGA-DSUB)

Pin	Funktion	Pin	Funktion
1	Masse	8	Horizontale Synchronisation
2	2. Rot	9	Vertikale Synchronisation
3	Rot		
4	Grün		
5	Blau		
6	2. Grün		
7	2. Blau		

5 1
9 6

RGB

Funktion von Farbmodellen:
Beschreibung einzelner Farben durch Zahlenwerte.

Anwendung von RGB:
Farbdarstellung auf Displays, Farbmonitoren (aktiv lichterzeugende Medien)

RGB:

- **Additives** Farbmodell
- Primärfarben (Grundfarben)
  - **R**ot 610 nm (R);
  - **G**rün 535 nm (G) und
  - **B**lau 470 nm (B)
- Die Primärfarben ergeben zusammen Weiß.
  0,3 R + 0,59 G + 0,11 B = 1
- Weitere Farben lassen sich aus Mischung der drei Primärfarben erzeugen.

- Der Farbraum des RGB-Modells lässt sich in Form eines Würfels mit der Kantenlänge 1 darstellen.
- Vorteil: Alle Farben lassen sich durch Vektoren mit ihren Komponenten darstellen.

Beispiele:

Schwarz	(0, 0, 0);	Magenta	(1, 0, 1);
Blau	(0, 0, 1);	Weiß	(1, 1, 1);
Gelb	(1, 1, 0);	Grün	(0, 1, 0);
Rot	(1, 0, 0);	Cyan	(0, 1, 1);

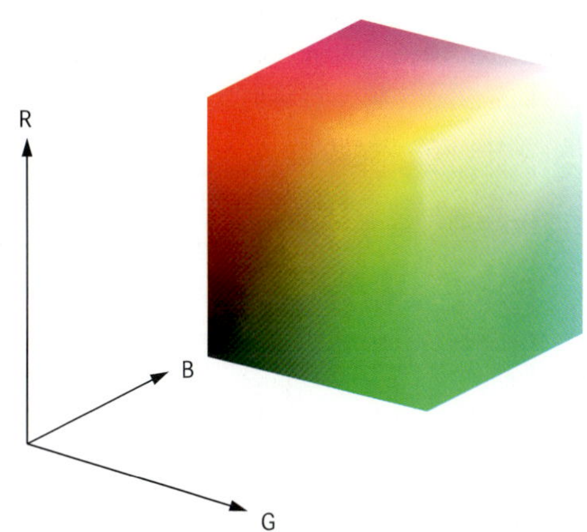

CYM

Anwendung:
Malerei und Farbausgabe durch Drucker (reflektierende Medien).

CYM:

- **Subtraktives** Farbmodell
- Grundfarben
  - **C**yan (C),
  - **Y**ellow (Y) und
  - **M**agenta (M)
- Alle Grundfarben zusammen ergeben Schwarz.

CMYK

- Neben den Grundfarben Cyan, Magenta und Yellow wird für den Farbdruck Schwarz eingesetzt (**Vierfarbendruck**).
- Bedeutung von „K“: key plate („Schlüsselplatte“, die schwarz druckende Platte)

Vorteile:

- Schwarz lässt sich klarer darstellen.
- Druckpapier würde durch das Auftragen der drei Farben zu stark durchnässt werden.

YUV

Verwendung beim PAL-Fernsehen.

Y: Leuchtdichtesignal, Helligkeitssignal (Luminanz)
U: Reduziertes Farbdifferenzsignal (R–Y)
V: Reduziertes Farbdifferenzsignal (B–Y)

Zusammenhang mit dem RGB-Farbsystem:

$$Y = 0{,}299\,R + 0{,}587\,G + 0{,}114\,B$$
$$U = -0{,}169\,R - 0{,}0331\,G - 0{,}5\,B$$
$$V = 0{,}5\,R - 0{,}419\,G - 0{,}081\,B$$

Variante: **YCbCr (YC_BC_R)**

Y: Leuchtdichtesignal, Helligkeitssignal
Cb: Blaue Chrominanzkomponente
Cr: Rote Chrominanzkomponente

Zusammenhang mit dem RGB-Farbsystem:

$$Y = 0{,}299\,R + 0{,}587\,G + 0{,}114\,B$$
$$Cr = 0{,}60\,R - 0{,}28\,G - 0{,}32\,B$$
$$Cb = 0{,}21\,R - 0{,}52\,G + 0{,}31\,B$$

YIQ

Verwendung beim NTSC-Fernsehen.

Y: Leuchtdichtesignal, Helligkeitssignal
I, Q: Reduzierte Farbdifferenzsignale

Bildarten

Schwarzweißbild	Graustufen- oder Halbtonbild	Farbbild
	Information neu pro Bildpunkt	
▪ 1 Bit → $2^1 = 2$ 2 verschiedene Werte, Schwarz oder Weiß	▪ 4 Bit → $2^4 = 16$ 16 verschiedene Werte möglich ▪ 8 Bit → $2^8 = 256$ 256 verschiedene Werte möglich	▪ 8 Bit für jeweils Rot, Grün und Blau 24 Bit → $2^{24} = 16.777.216$ 16,78 Millionen verschiedene Werte möglich (Truecolor)

Farbtiefe (Farbumfang Image Depth)

$C = 2^D$

C: Anzahl der verschiedenen Farben (bzw. Graustufen)

D: Farbtiefe in Bit/Pixel

Farbinformationen

- **Farbton** (Hue)
  Wellenlänge des Lichtes
- **Helligkeit** (Brightness)
  Wie nah an Schwarz (0 %), wie nah an Weiß (100 %)
- **Farbsättigung** (Chroma)
  Leuchtkraft der Farbe, Weißanteil

Beispiele für Farbtiefen

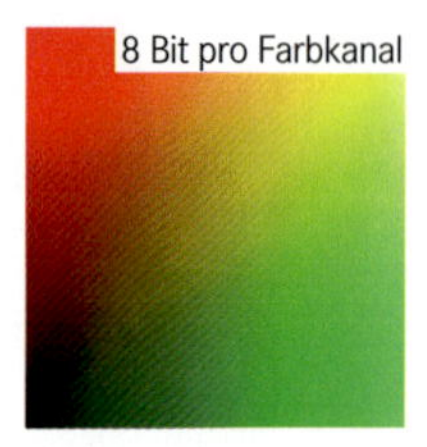

Auflösung und Bildpunkte

Auflösung:
Zwei Zahlen, die die Anzahl der darstellbaren Bildpunkte in horizontaler und vertikaler Richtung angeben.

Auflösung	Bildpunkte	Dateigröße im RGB in MB
320 x 240	76.800	0,225
640 x 480	307.200	0,900
800 x 600	480,000	1,37
1.280 x 1.024	1.310.720	3,67
1.528 x 1.146	1.751.088	5,01
1.600 x 1.200	1.920.000	5,49
2.048 x 2.048	4.194.304	12,29
3.060 x 2.036	6.230.160	17,85
6.144 x 6.144	37.748.736	110,00

Vektor-Grafiken

- Bei Vektor-Grafiken werden geometrische Formen (z. B. Kreise, Rechtecke) gespeichert. Ein Rechteck besitzt z. B. einen Ursprungspunkt und eine Ausdehnung in Form von Längen- und Breitenangaben.
- Vektor-Grafiken können ohne Qualitätsverlust frei gedreht und vergrößert werden (Skalierbarkeit).

Anwendung: Konstruktionsbereich (CAD)
Beispiele für Dateiendungen:
.ai: **A**dobe **I**llustrator
.cdr: **C**orel **Dr**aw
.eps: **E**ncapsulated **P**ost**s**cript

Rastergrafik, Pixelgrafik

- Bilder in Pixel-Formaten werden als Bitmaps bezeichnet.
- Die Speicherung erfolgt wie bei einem Mosaik. Jedes Pixel (Bildpunkt) wird mit Informationen über Lage (x-y-Achsen) und Farbe gespeichert.
- Pixel-Grafiken verlieren beim **Skalieren** (Vergrößern) stark an Qualität, da die Pixel vergrößert werden. Stufungen sind erkennbar.

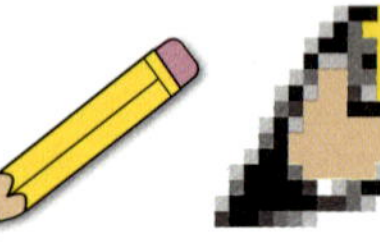

- Anwendung:
  Wiedergabe von Fotos und Grafiken mit feinen Farbabstufungen
- Beispiele für Dateiendungen:

.bmp	**B**it**m**a**p**	.pdf	**P**ortabel **D**ocument **F**ormat
.cpt	**C**orel **P**hoto-**P**ain**t**	.pgm	**P**ortable **G**ray**m**ap
.dds	**D**irect **D**raw **S**urface	.png	**P**ortable **N**etwork **G**raphics
.fif	**F**ractal **I**mage **F**ormat	.ppm	**P**ortable **P**ix**m**ap
.gif	**G**raphics **I**nterchange **F**ormat	.psd	**P**hoto**s**hop **D**ocument
.jpeg	**J**oint **P**hotographic **E**xperts **G**roup	.raw	RAW Graphics Format (Rohdatenformat)
.pcx	**P**i**c**ture E**x**change	.tif	**T**agged **I**mage **F**ile Format

Kalibrieren und Profilieren

- Wenn in einer Produktionskette in Geräten Farben verarbeitet bzw. dargestellt werden (z. B. mit Scanner, Monitor, Drucker), treten Farbfehler auf, die sich fortpflanzen. Ziel des Farbmanagements ist es, diese Fehler zu korrigieren.
- **Kalibrieren** bedeutet, dass bestimmte Werte bei einem Gerät eingestellt werden.
- **Profilieren** bedeutet, dass die Eigenschaften eines Gerätes gemessen und als Profil gespeichert werden.
- Mit einem **Profil** (in Form eines Datensatzes) wird der Farbraum eines Gerätes für seine Farbeingabe bzw. Farbausgabe beschrieben.
- Genormte Profile wurden von dem 1993 gegründeten **ICC** (**I**nternational **C**olor **C**onsortium) erstellt. Bei dem ICC handelt sich um einen Zusammenschluss zahlreicher Hersteller von Grafik-, Bildbearbeitungs- und Layoutprogrammen, mit dem Ziel, Farbmanagementsysteme zu vereinheitlichen.
- Folgende **Profilklassen** werden unterschieden:
  - **Monitor** (mntr): Anzeigegeräte, z. B. Monitor (LCD, CRT)
  - **Eingabe** (scnr): Eingabegeräte, z. B. Scanner, Digitalkameras
  - **Ausgabe** (prtr): Ausgabegeräte, z. B. Tintenstrahldrucker, Laserdrucker, Druckmaschinen
- Je nach Aufbau werden zwei Arten von ICC-Profilen unterschieden:
  - **Matrix-Profile** (ca. 1 kByte) enthalten 3 x 3-Matritzen und Kurvendefinitionen. Sie sind für die Beschreibung von Standard-Farbräumen und Ausgabegeräten (z. B. Monitore) geeignet.
  - **LUT-Profile** (**L**ook-**U**p-**T**able, Tabellen zum Nachschlagen, größer 1 MByte) enthalten Daten über konkrete Ausgabegeräte (z. B. Drucker).

Scanner-Profilierung

- Für die Scanner-Profilierung wir kein zusätzliches Messgerät benötigt.
- Zum Vermessen wird eine genormte Vorlage (**Target**) benötigt. Die Vorlagen werden als **IT8-Targets** bezeichnet. Sie dienen zum Kalibrieren von Scannern, Digitalkameras, Monitoren und Druckern.
- Für die Scanner-Profilierung werden Durchsicht-Targets (IT8.7/1) bzw. Aufsicht-Targets (IT8.7/2) verwendet.
- Ein IT8-Target enthält 24 Graufelder sowie 264 Farbfelder in 22 Spalten.
- Profilierungsablauf:
  - Das IT8-Target wird mit der entsprechenden Software gescannt ①. Dadurch erhält der PC Daten über die Farben.
  - Im PC sind Referenzdaten ② von der Software (Referenztabelle) über die Farben gespeichert.
  - Aus dem folgenden Vergleich wird das ICC-Profil des Scanners ③ berechnet.

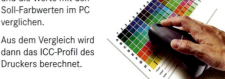

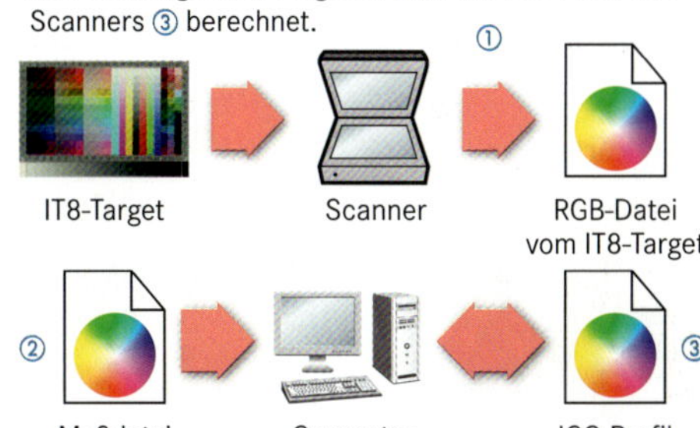

Monitor-Kalibrierung und -Profilierung

- Kalibrierungsvorbereitung durch Rücksetzung in den Hersteller-Zustand: Luminanzwert, Farbtemperatur (6500 K), Gammakorrektur (Übertragungsfunktion für eine Eingangs- in eine Ausgangsgröße als Potenzfunktion mit einem Exponenten, beim Monitor üblich 2,2)
- Messung mit einem **Kolorimeter** (Absorptions- oder Spektralfotometer)
  - Mit Hilfe einer Profilierungssoftware werden charakteristische Farben auf dem Bildschirm dargestellt (Soll-Werte).
  - Das Messgerät (z. B. über USB-Anschluss mit PC verbunden) wird vor dem Bildschirm befestigt und die Farben werden vermessen (Ist-Werte).
  - Aus dem Vergleich zwischen Soll- und Ist-Werten wird im PC das ICC-Profil berechnet und gespeichert.

Drucker-Profilierung

- Die Profilierung des Druckers entspricht der Profilierung des Monitors.
- Mit einer Profilierungssoftware werden Testfarben ausgedruckt.
- Danach wird der Testausdruck mit einem Spektralfotometer vermessen (s. Abbildung) und die Werte mit den Soll-Farbwerten im PC verglichen.
- Aus dem Vergleich wird dann das ICC-Profil des Druckers berechnet.

Zusätzliche Einflussfaktoren

- Zusätzliche Einflussfaktoren bestimmen das ICC-Profil. Aus diesem Grunde muss für jede Situation ein eigenes Profil erstellt werden.
- Weitere Einflüsse
  - Monitor: Lichtbedingungen (Tageslicht, Fremdlicht)
  - Scanner: Unterschiedliche Film- und Papiersorten
  - Drucker: Verwendetes Druckerpapier, verwendete Tinte

Tonwert

Jedem Farbkanal eines Pixels (R, G, B) ist ein bestimmter Helligkeitswert zugeordnet. Er wird als **Tonwert** bezeichnet. Bei einer 8 Bit Auflösung (Farbtiefe) ergeben sich im RGB-Modus 256 Abstufungen.

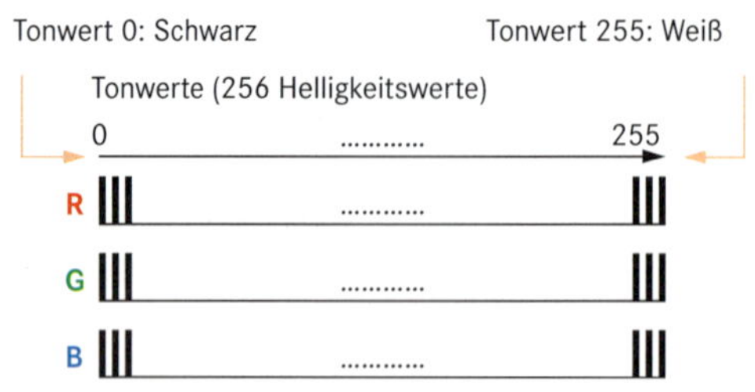

Die Anzahl der möglichen Farben berechnet sich wie folgt:

$256_R \times 256_G \times 256_B = 16.777.216_{RGB}$

In der Darstellung sind vereinfachend gleiche Höhen (Häufigkeiten) dargestellt.

Die Verteilung der Tonwerte eines Bildes sowie die vorkommende Häufigkeit werden in einem **Histogramm** grafisch dargestellt. Je öfter ein bestimmter Tonwert im Bild vorkommt (Häufigkeit), desto höher ist die Anzeige.

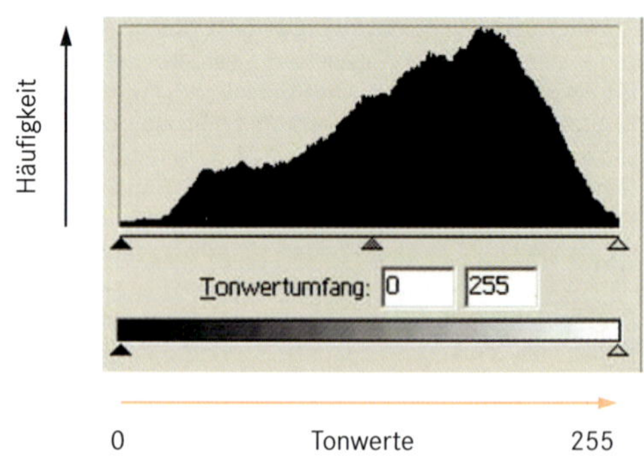

Tonwertkorrektur

Ohne Korrektur

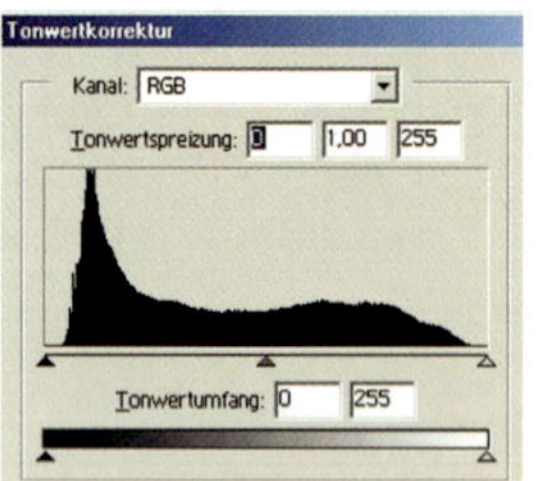

Bildbeurteilung:
Das Bild ist insgesamt recht dunkel. Es überwiegen Pixel im dunklen Bereich. Der Tonwertbereich ist nicht voll ausgeschöpft.

Automatische Tonwertkorrektur

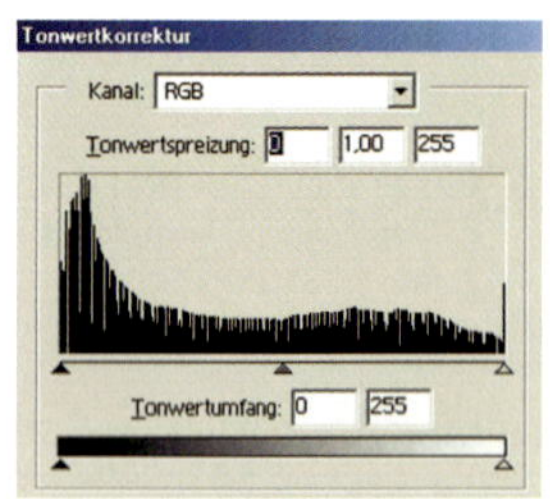

Ergebnis:

- Tonwertumfang von 0 bis 255 ist ausgeschöpft
- Durch die Spreizung entstehen im Tonwertumfang Lücken („Kammstruktur“)

Korrektur mit Tonwertspreizung

Neue Verteilung der Häufigkeit der Tonwerte

Ergebnis:

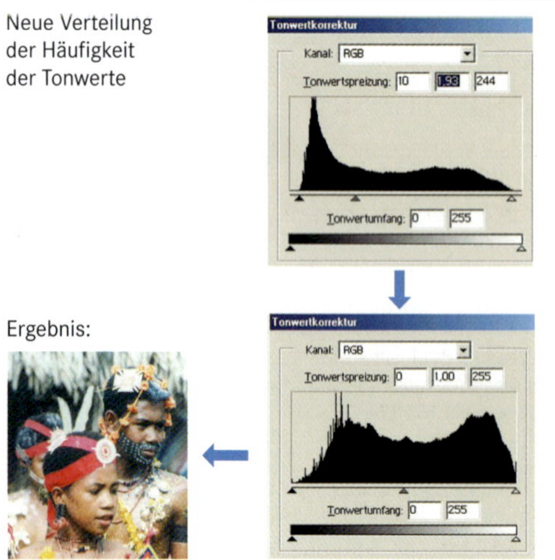

Korrektur durch Verändern der Gradation

Gradationskurve (Gammawert)
Durch Verändern der Kurve werden Helligkeitswerte verändert.

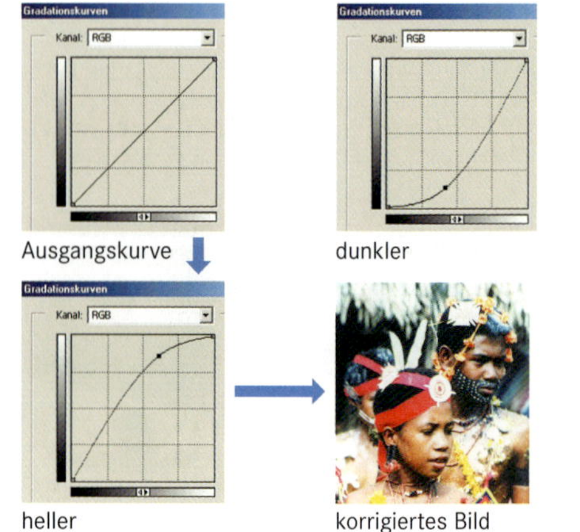

Gruppen

- **Gruppe 1 und 2**
  Heute keine Bedeutung mehr, technisch veraltet.
- **Gruppe 3**
  Standardfaxgerät mit dem, die Vorlage als Schwarz-Weiß-Bild in Form digitaler Daten über das analoge TK-Netz übertragen wird.
  Anschlusssteckdose: TAE mit N-Codierung
- **Gruppe 4**
  Digitales Faxgerät, die Vorlage wird als Graustufenbild in Form digitaler Daten über das ISDN-Netz übertragen.
  Anschlussdose: IAE oder UAE

Senden

- Text bzw. Bild wird zeilenweise abgetastet (Scanvorgang) und in einzelne schwarze bzw. weiße Pixel zerlegt ①.
- Auflösungsbeispiel:
  Horizontal:
  8 Pixel/mm (200 dpi)
  Vertikal:
  Normalauflösung 3,85 Zeilen/mm (100 dpi),
  Feinauflösung 7,7 Zeilen/mm (200 dpi)
  Superfeinauflösung 15,4 Zeilen/mm
  dpi: dots **p**er **i**nch (Bildpunkte pro Zoll)
- Zeichenfolge wird codiert.
- Modulation in Tonfrequenzsignale innerhalb der analogen Bandbreite von 3,1 kHz ②.
  Modem: Modulator + **Dem**odulator

Empfangen

- Tonfrequente Signale werden im Modem demoduliert ②.
- Digitale Signale werden decodiert.
- Der Drucker gibt den Text bzw. das Bild in Form von schwarzen und weißen Pixeln wieder ③.

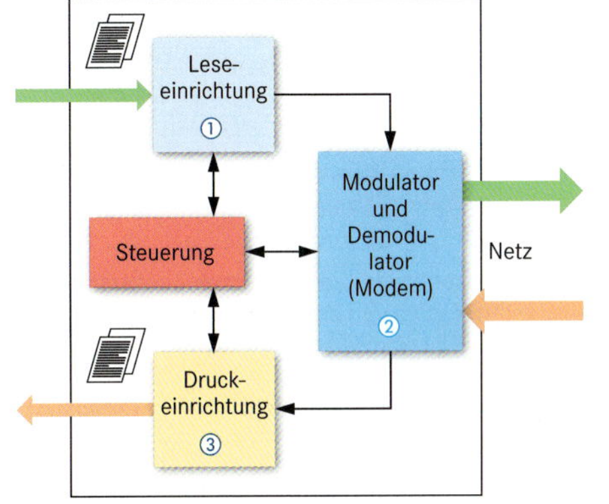

Kennung des Fernkopierers (im Ausdruck):
Beispiel: + 49 4141 935762

Weitere zusätzliche Angaben z. B. über den Anschlussinhaber können angefügt werden.

Kommunikationsvorgang beim Fernkopieren

1. Verbindungsaufbau
- Sendegerät meldet sich mit 2,1 kHz Rufsignal
- Empfangsgerät meldet sich mit 1,1 kHz Signal

2. Informationsaustausch
- Telefaxnummer des Absenders
- Rufnummer des Empfängeranschlusses
- Übertragungsparameter:
  Übertragungsgeschwindigkeit
  (z. B. Einigung auf 9600 bit/s), Codierung usw.
- Herstellerspezifische Funktionen

3. Kontrolle und Übertragung
- Verbindungskontrolle, Synchronisation
- Fehlerbehandlung
- Datenübertragung

4. Seitenende bzw. Fortsetzung der Übertragung
- Übertragung beendet – Bestätigung, bzw. Seite folgt noch (Mehrseitensignal)
- Ende der Übertragung

5. Ende der Verbindung
- Absender sendet Meldung zur Trennung
- Empfänger schließt sich der Trennung an

Übertragungsstandards

ITU/TS	Modulation	Bitrate
V.27ter[1]	**PSK** Phasen-umtastung	4 Phasenänderungen: 2400 bit/s 8 Phasenänderungen: 4800 bit/s
V.29	**QAM** Quadratur-Amplituden-modulation	2 Amplitudenstufen: 7200 bit/s 4 Amplitudenstufen: 9600 bit/s

[1] ter bedeutet 3. Version dieser Empfehlung (ter: französisch „die Dritte“)

Datenkompression

- **Modified Huffman Codierung (MHC)**
  Codiert wird nicht jedes einzelne Pixel, sondern in jeder Zeile (eindimensionales Verfahren), wie viele weiße und schwarze Pixel an welcher Stelle vorkommen (Lauflängen-Codierung).
- **Modified Read Code (MRC)**
  Für eine begrenzte Zahl von Zeilen werden nur die Änderungen codiert, die sich aus der vorangegangenen Zeile ergeben (zweidimensionales Verfahren).
- **Modified Modified Read (MMR)**
  Ab der zweiten Zeile werden nur die Unterschiede zur vorangegangenen Zeile übertragen.

Merkmale

- **Videokonferenzsysteme** werden zur Multimedia-Kommunikation zwischen räumlich entfernten (global verteilten) Teilnehmern eingesetzt.
- **Anwendungsbereiche** sind u. a.
  - Aus- und Weiterbildung von Firmenmitarbeitern (remote education, distant learning),
  - online Dokumentenbearbeitung (document sharing),
  - Fernüberwachung bzw. -steuerung von Anlagen, Systemen und Gebäuden (remote control).
- Systeme bieten die Möglichkeit zur **Video-, Audio-** und **Dokumentenübertragung** über unterschiedliche Übertragungsnetze.
- Die Kommunikation in Netzen zwischen Endgeräten und Teilnehmern werden geregelt durch
  - **Gateways** (Netzkoppler),
  - **Gatekeeper** (Netzverwalter),
  - **Multipoint Control Units** (**MCU**; Vielfachverbindungs-steuerungs-Einheit).
- **Gateways** realisieren die durchgängigen Verbindungen von Endgeräten, die nach den unterschiedlichen H.32X-Standards arbeiten.
- **Gatekeeper** verwalten die Kommunikationsbeziehungen der Teilnehmer (z. B. Adressierung, Bandbreitenverwaltung, Abrechnung).
- **MCUs** regeln bei verteilten Teilnehmern die Punkt- zu Mehrpunktverbindungen; können als zentrales System in einem Netz oder verteilt in den Endgeräten vorhanden sein.
- **Desktop-Systeme** (Arbeitsplatzsysteme) werden in PCs installiert und bestehen aus
  - Schnittstellenbaugruppe mit PCI-Anschluss und Anschlussmöglichkeiten für die Endgeräte, wie Videokamera, Lautsprecher, Eingabemikrofon,
  - Anwendungssoftware (Kommunikationsprotokolle).
- Die **Standards** sind von der ITU festgelegt und werden nach der Art des eingesetzten Übertragungsweges unterschieden (z. B. H.323 für Internetübertragung).

Standards

Bezeichnung	H.324	H.323	H.322	H.321	H.320
Übertragungsnetz	Analoge Verbindungen	LAN ohne QoS	LAN mit QoS	Breitband ISDN/ATM	ISDN
Video	H.261	H.261	H.261	H.261	H.261
Audio	H.263 G.723.1	G.711 G.722 G.723.1 G.728 G.729	G.711 G.722 G.723.1 G.728	G.711 G.728	G.711 G.722 G.723.1 G.728 G.729
Dokumente	T.120	T.120	T.120	T.120	T.120
Multiplexing	H.223	H.225	H.221	H.221	H.221
Verbindungs-kontrolle	H.245	H.225 H.245	H.223 H.242	H.230 H.242 Q.2931	H.230 H.242
Multipoint	H.231 H.243	H.323	H.231 H.243	H.231 H.243	H.231 H.243
Verschlüsselung	H.233 H.234	H.233 H.234	H.233 H.234	H.233 H.234	H.233 H.234
Verbindungs-kontrolle	V.34	IP	I.400 IP	I.400 I.363 I.361	I.400

Qo**S**: **Q**uality **o**f **S**ervice **IP**: **I**nternet **P**rotocol

Desktop System

WEB Kamera

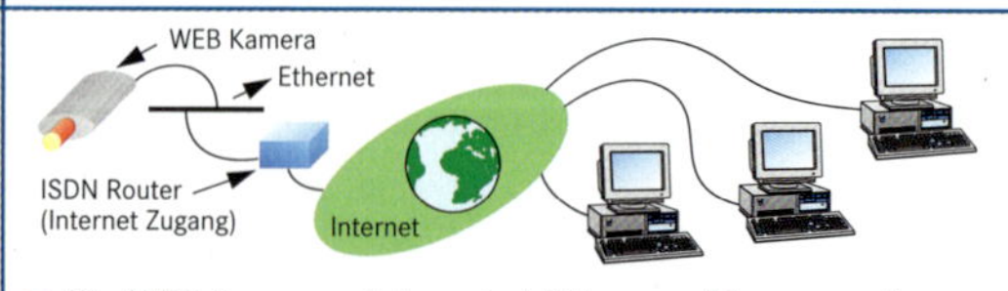

- Die WEB Kamera wird an ein LAN angeschlossen und ermöglicht damit die Bildübertragung über das Internet mit TCP/IP.
- Empfänger kann über Standard-Browser die aufgenommenen Bilder auf seinem PC darstellen.
- Aktualisierung eines JPEG-Bildes dauert ca. 0,7 s.

Merkmale

- **Audiovisuelle Kommunikation** bietet die Möglichkeit, jederzeit an jedem Ort die gewünschten Informationen abzurufen.
- Die hierzu erforderliche Übertragung und Speicherung von digitalen Daten erfordert aus Kostengründen leistungsfähige **Kompressionsverfahren**.
- Grundlage der Kompression ist die **Entfernung redundanter** und **irrelevanter** Informationen aus den Datenströmen.
- **Redundanz** entsteht durch den Zusammenhang und die Vorhersagbarkeit von Daten.
- Redundante Informationen können entfernt werden, ohne dass Informationen verloren gehen.
- **Irrelevante** Informationen liegen beim Betrachter oder Zuhörer unterhalb der Wahrnehmungsschwelle.
- Werden irrelevante Informationen entfernt, sind die ursprünglichen Informationen nicht mehr verlustfrei herstellbar.

Einteilung

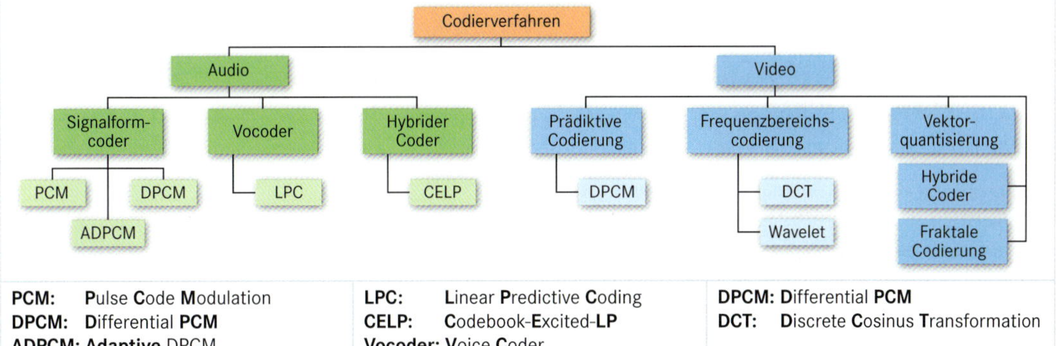

PCM: Pulse Code Modulation
DPCM: Differential **PCM**
ADPCM: Adaptive DPCM

LPC: Linear Predictive Coding
CELP: Codebook-Excited-**LP**
Vocoder: Voice Coder

DPCM: Differential **PCM**
DCT: Discrete Cosinus Transformation

Audiostandards

Bezeichnung	Anwendung	Resultierende Übertragungsrate in kbit/s	Abtastfrequenz/Quantisierung
MPEG-1	CD	32 ... 448	32; 44,1; 48 kHz bis zu 24 Bit
MPEG-2	DAB; digit. Fernsehen	ab 32	16; 22,05; 24; 32; 44,1; 48 kHz bis zu 24 Bit
MPEG-4	Multimedia	ab 2	–
G 711	ISDN, Videotelefon	64	8 kHz, nicht linear 8 Bit
G 722	Videokonferenzen	64	16 kHz, linear 14 Bit
G 723.1	Videotelefon über PSTN	6,3 oder 5,3	8 kHz, linear 16 Bit
G 728	Videokonferenzen	16	8 kHz, 10 Bit
G 729	Videokonferenzen	8	8 kHz, linear 16 Bit

Videostandards

Bezeichnung	Anwendung	Verfahren	Typisches Bildformat	Eingangs-Bitrate (Mbit/s)	Ausgangs-Bitrate (kbit/s)	Datenkompression
Motion JPEG	Multimedia Video	DCT-basierend	QCIF CIF	2,5 ... 30,4	1150 ... 40 000	4 ... 100
H. 261	Bildtelefon über ISDN	Hybrid DCT block-basierend	CIF 352 x 288 10 Hz 4 : 2 : 0	12,2	n x 64	bis 200
H. 263	Bildtelefon	Hybrid DCT block-basierend	QCIF 176 x 144 8,33 Hz 4 : 2 : 0	2,5	8 ... 20	125 ... 313
MPEG-1	Video CD	Hybrid DCT block-basierend	CIF 352 x 288 25 Hz 4 : 2 : 0	30,4	1150	26
MPEG-2	TV und HDTV	Hybrid DCT block-basierend	CCIR 601 25 Hz 4 : 2 : 2	166	4.000 ... 9.000	18 ... 42
MPEG 4	Multimedia Studioanwendung	Hybrid DCT block-basierend	QCIF CCIR 601	2,5 ... 66	10 ... 1.000	ca. 300

JPEG: Joint Photographic Experts Group
MPEG: Moving Picture Experts Group

CIF: Common Intermediate Format
QCIF: Quarter **CIF**

Datenreduktion und Datenkompression

Ziel: Verringerung der zu speichernden oder zu übertragenden Daten ohne wahrnehmbaren Qualitätsverlust.
Reduktion und Kompression werden häufig synonym verwendet.

Unterschiede:

- **Kompression** bedeutet eine „Verdichtung" der Daten (gepackte Daten). Die ursprünglichen Daten können ohne Verluste wiederhergestellt werden (verlustfreie Kompression).
- **Reduktion** bedeutet, dass unwichtige oder nicht wahrnehmbare Daten entfernt werden. Die ursprünglichen Daten können nicht wiederhergestellt werden (eingeplante Verluste, verlustbehaftete Kompression).

Kompressionsrate bzw. Reduktionsrate: Verhältnis von Eingangsdaten zu Ausgangsdaten (z. B.: 12 : 1)

Kompressionsfaktor bzw. Reduktionsfaktor: Verhältnis von Ausgangsdaten zu Eingangsdaten (z. B.: 1 : 12)

Erforderliche Datenraten für Medien

Medium	Annahmen	Datenrate
Text	▪ 1 Seite mit 80 Zeichen/Zeile ▪ 64 Zeilen/Seite ▪ 1 Byte/Zeichen	80 x 64 x 1 x 8 = **41 kbit/Seite**
Audio	CD-Qualität: ▪ Abtastrate 44,1 kHz ▪ 16 Bit/Abtastwert	44,1 x 1000 x 16 x 2 = **1,4 Mbit/s**
Standbild	▪ 512 x 512 Pixel/Bild ▪ 24 Bit/Pixel	512 x 512 x 24 = **6,29 Mbit/Bild**
Video	Vollbild: ▪ 1.024 x 1.024 Pixel/Bild ▪ 24 Bit/Pixel ▪ 30 Bilder/s	1.024 x 1.024 x 24 x 30 = **755 Mbit/s**

Folgerung:
Besonders bei Bildern und Videosequenzen muss die Datenrate erheblich verringert werden, um die Daten mit einem vertretbaren Aufwand speichern bzw. übertragen zu können.

Anwendung der Psycho-Akustik für die Audiodatenreduktion

Ruhehörschwelle:
Das menschliche Ohr kann nur Töne oberhalb einer bestimmten Schwelle wahrnehmen (①, oberhalb der Kennlinie).

- **Frequenzabhängige Lautstärkeempfindung:**
  Bei unterschiedlichen Frequenzen besitzt das Ohr eine unterschiedliche Lautstärkeempfindung (②, nichtlinearer Kurvenverlauf).
- **Mithörschwelle:**
  Bei lauten Tönen werden die frequenzmäßig in der „Nähe" liegenden leisen Töne vom Ohr nicht wahrgenommen. Die Hörschwelle wird angehoben (③ Maskierung).
- **Verdeckungseffekt:**
  Leise Töne werden durch zeitlich voreilende oder nacheilende laute Töne „verdeckt" und damit vom Ohr nicht wahrgenommen ④.
- **Redundanz-Reduktion:**
  Mehrfach vorhandende Teile oder Informationen werden nicht übertragen.
- **Irrelevanz-Reduktion:**
  Nicht wahrnehmbare Teile oder Informationen werden nicht übertragen.

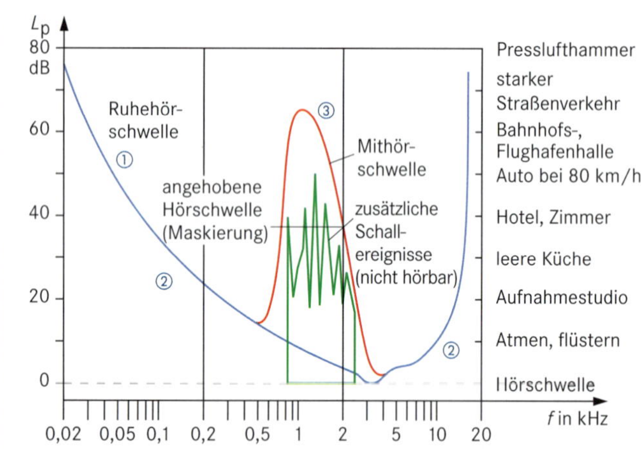

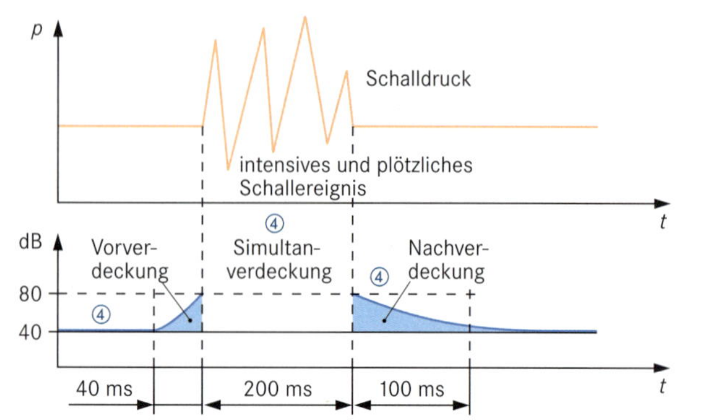

Prinzip

Bei der verlustfreien Datenkompression (**Lossless Compression**) wird durch die Codierung der ursprüngliche Informationsgehalt nicht verändert. Es werden keine Informationen aus dem Datenbestand entfernt. Die vorliegenden Daten werden in ein „dichteres" Ordnungssystem überführt (**Entropiecodierung, Entropy Coding**).

Lauflängencodierung

RLE: **R**un **L**ength **E**ncoding
Prinzip:
Mehrfachsymbole werden durch ein Symbol und die Angabe eines Zählers ersetzt.

Beispiele:

- YYYYYY → 6Y
- 0000000111111111100000 → 709150
  Die Zähler werden binär codiert.
- Übertragung auf Bildelemente: Große Flächen mit gleicher Farbe werden nicht pixelweise übertragen, sondern lediglich Anfangswert und Pixelanzahl.

LZW-Codierung

LZW: **L**empel-**Z**iv-**W**elch
(Abraham Lempel, Jakob Ziv, Terry Welch)
Prinzip:

- Die vorliegenden Daten werden in Abschnitte zerlegt und dann in einer Tabelle eingetragen.
- Beim wiederholten Auftreten desselben Abschnittes wird nur der Tabellenverweis geschrieben, ohne dass eine neue Tabellenzeile eingetragen wird.
- Die Codetabelle wird im Laufe der Zeit immer länger, bis eine obere Grenze erreicht ist.
- Anwendung: Geeignet für jede Form von digitalen Daten (Text und Bild), z. B. GIF-, TIFF-, PostScript-Format.

Muster ersetzen (Pattern Substitution)

Prinzip:
Die im Datenstrom wiederkehrenden Muster werden durch neue Zeichen ersetzt.

Beispiel:
ABCDEABCEEABCEE

1. Muster: ABC ersetzen durch das Zeichen „1"
   → 1DE1EE1EE
2. Muster: ABCEE ersetzen durch das Zeichen „1"
   → ABCDE11

Arithmetische Codierung

Prinzip:

- Die Zeichen werden durch Häufigkeitsintervalle codiert.
- Die Zeichenfolgen werden durch bedingte (geschachtelte) Häufigkeitsintervalle codiert.

Das Verfahren ist patentiert und darf nicht ohne Lizensierung verwendet werden.
Der Code nähert sich bei sehr langen Nachrichten einer optimalen Codierung an.

Huffman-Codierung

Prinzip:
Den Zeichen eines Datenstroms werden Codewörter verschiedener Länge zugewiesen. Am häufigsten vorkommende Zeichen erhalten das kürzeste und die am seltensten vorkommenden das längste Codewort.

Beispiel: Textcodierung des Wortes Kernenergie

Buchstabe	Häufigkeit	Codewort
E	4	0
R	2	10
N	2	110
K	1	1110
G	1	11110
I	1	11111

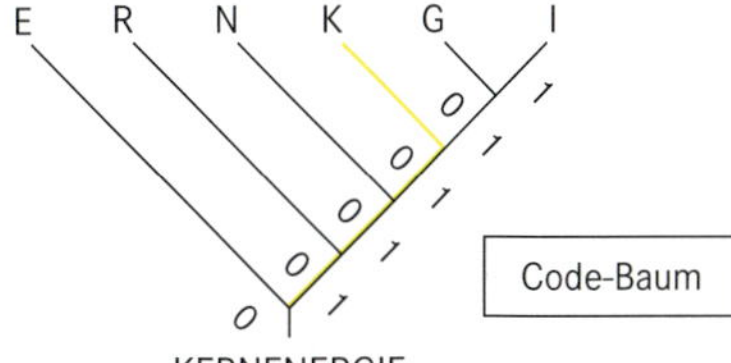

Codierung:

1110	0	10	110	0	110	0	10	11110	11111	0
K	E	R	N	E	N	E	R	G	I	E

- **Statische Codierung:** Gleiche Tabellen für Codierer und Decodierer werden verwendet.
- **Dynamische Codierung:** Relative Häufigkeit der vorliegenden Daten wird festgestellt und danach der Code festgelegt.
- **Adaptive Codierung:** Zunächst wird von festen Codes aus Tabellen ausgegangen, danach erfolgt eine dynamische Anpassung.

Anwendung (modifizierte Huffman-Codierung):
Übertragung von Faxdaten (Schwarz-Weiß) über das TK-Netz. Von der CCITT sind folgende Verfahren festgelegt:

- **Group 3, G31D (1-dimensional):**
  Das Bild besteht aus einer Folge schwarzer und weißer Pixel mit unterschiedlichen Längen (runs). Der Code wird aus festen Wertetabellen (statistische Erhebungen über Häufigkeiten) entnommen.
  Jede Zeile wird dabei unabhängig von der anderen betrachtet (1-dimensionale Betrachtung).
- **Group 3, G32D (2-dimensional):**
  Aufeinanderfolgende Zeilen ähneln sich (2-dimensionale Betrachtung), so dass prinzipiell nur Unterschiede übertragen werden müssen. Die Anzahl der gemeinsam betrachteten Zeilen werden durch den K-Faktor angegeben. Bei z. B. K = 4 werden drei aufeinanderfolgende Zeilen 2-dimensional codiert, die 4. Zeile dann 1-dimensional.
- **Group 4, G42D (2-dimensional):**
  Der K-Faktor wird auf unendlich gesetzt. Die Codierung wird dadurch komplexer und die Rechenleistung steigt.

Möglichkeiten der Datenreduktion

- Nebeneinanderliegende Bildpunkte sind mitunter in Farbe und Helligkeit ähnlich. Es können Pixelblöcke mit Mittelwerten gebildet werden.
- Gröbere Bildstrukturen werden besser erkannt als feinere. Bei der Bildanalyse kann deshalb eine obere Grenze festgelegt werden.
- Helligkeitsunterschiede werden intensiver wahrgenommen als Farbunterschiede. Die Farbauflösung kann deshalb geringer sein als die Hell-Dunkel-Auflösung.
- Aufeinanderfolgende Bilder (Video) sind häufig ähnlich. Es müssen lediglich Änderungen übertragen werden.
- Informationen in der Mitte eines Bildes werden stärker wahrgenommen als am Rand. Deshalb ist eine verminderte Bildqualität am Rand zulässig.
- Strukturen von bewegten Objekten werden weniger gut wahrgenommen, als wenn sich das Objekt in Ruhe befindet. Deshalb kann die Übertragungsqualität von bewegten Bildern geringer sein als die von Standbildern.
- In Ruhe bleibende Bildteile (z. B. Hintergrund) müssen nicht ständig, sondern nur einmal übertragen werden.

MPEG-1 (ISO/ICE 11172)

- **MPEG:**
  Motion **P**icture **E**xpert **G**roup (auch Moving Pictures Experts Group);
- Expertengruppe, die Vorschläge für die Datenreduktion erarbeitet (MPEG-Standards).
- Einzelstandards für
  Video (Videocodierung und Reduktion),
  Audio (Reduktion mit psychoakustischem Modell),
  System (Synchronisation und Multiplexing).
- MPEG-1 wird auch allein für Audiodaten verwendet.
- Datenraten von 1 Mbit/s ... 1,5 Mbit/s
- Innerhalb des Standards werden drei Schichten (**Layer**) unterschieden.

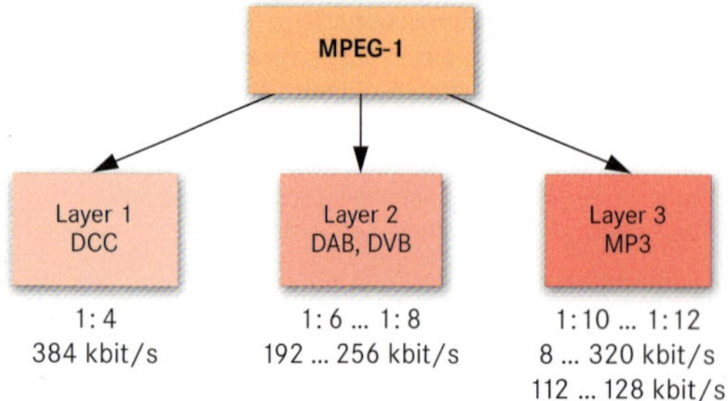

DCC: **D**igital **C**ompact **C**assette (Digitale Tonaufzeichnung),
DAB: **D**igital **A**udio **B**roadcasting (Digitale Übertragung von Audiodaten,Verfahren: MUSICAM)
DVB: **D**igital **V**ideo **B**roadcasting (Digitale Übertragung von Video-Daten)
MP3: Digitale Übertragung von Audiodaten über das Internet mit hoher Datenreduktion (1:12)

MPEG-2 (ISO/IEC 13818)

MPEG-2 ist eine Weiterentwicklung des MPEG-1 Standards und baut auf ihn auf. Die erreichbare Bildqualität erfüllt die Anforderungen gängiger FS-Normen (PAL, NTSC, HDTV).

Unterschiede zu MPEG-1:

- Die Bewegungsanalyse erfolgt halbbildbezogen und nicht bildbezogen. Das Zeilensprungverfahren kann also verarbeitet werden.
- 8 x 8 Pixel werden zu Makroblöcken zusammengefasst.
- Auflösung der Helligkeits- und Farbinformationen: 4 : 2 : 2 und 4 : 4 : 4.
- Maximale Bildgröße: 16383 x 16383 Pixel.
- Skalierbarkeit (scalability), der Endnutzer kann entscheiden, welche Teile der Übertragung er empfangen möchte (Zeit- und Qualitäts-Scalability).

Unterschiedliche Qualitätsebenen durch Levels:

Level	Bildgröße in Pixel x Pixel	Übertragungsraten		Anwendung
		M Pixel/s	Daten in Mbit/s	
Low	352 x 288	3	4	Konsum-elektronik
Main	720 x 480	10	15	Studio TV
High 1440	1440 x 1152	47	60	Konsumelek-tronik, HDTV
High	1920 x 1080	63	80	Filmproduktion

- **Hauptanwendungen von MPEG-2:**
  - Digitale Video-, Übertragungs- und Fernsehtechnik bei Datenraten von 1,5 Mbit/s bis 15 Mbit/s
  - Codieren von Kinofilmen auf DVD, DVD-ROM
  - Digitales Fernsehen
- **Qualitätsebenen der Audiodaten:**
  - Verbesserte Tonqualität bei erweiterten Abtastfrequenzen (16; 22,05; 24 kHz) und niedrigen Datenraten (64 kbit/s pro Kanal)
  - 5 + 1 Tonkanäle (3 Front- und 2 Surroundkanäle)
  - Ein optionaler „Low Frequency Enhancement“-Kanal (unterhalb 120 Hz)
  - 7 Sprachkanäle für Dialoge bzw. mehrsprachige Kommentare

MPEG-4 (ISO/IEC 14496)

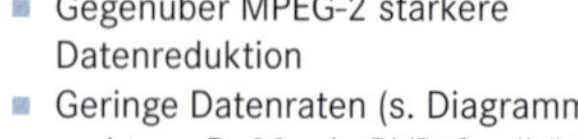

- Gegenüber MPEG-2 stärkere Datenreduktion
- Geringe Datenraten (s. Diagramm rechts, z. B. 90 min DVD-Qualität)
- Gute Videoqualität bereits bei Datenraten von 10 kbit/s ... 1 Mbit/s
- Anwendungsbeispiele: DVB-S2, Videoübertragungen zu mobilen Fahrzeugen und über das Internet, Handyempfang
- Audioanwendung z. B. **AAC** (**A**dvanced **A**udio **C**oding)

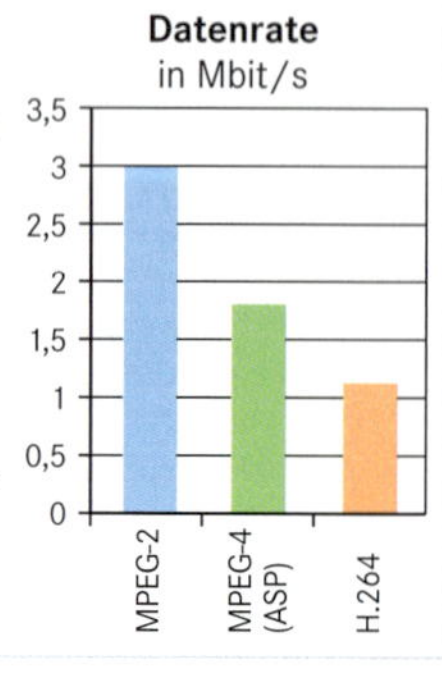

Merkmale

- H.264 ist der Standard eines blockbasierten Videokompressionsverfahrens (2003) mit unterschiedlichen Profilen (z. B. Main und High Profil) und eine Weiterentwicklung von MPEG-4 mit hoher Codiereffizienz und höherer Komplexität. Das HD-Video-Format mit bis zu 1920 x 1080 Pixel wird unterstützt.
- Bei Datenraten von 1 Mbit/s wird bereits DVD-Qualität erreicht. Artefakte bei bewegten Szenen treten kaum auf.
- Bezeichnungen bei ITU-T: H.264 und bei ISO/IEC: MPEG-4/ **AVC** (**A**dvanced **V**ideo **C**oding)

Codierung

- Codierung (Entropiecodierung):
  - **CAVLC: C**ontext **A**daptive **V**ariable **L**ength **C**oding (Huffman)
  - **CABAC: C**ontext **A**daptive **B**inary **A**rithmetic **C**oding (arithmetische Codierung)
- Makroblöcke (16 x 16 Pixel) können in Unterblöcke von bis zu 4 x 4 Pixel unterteilt werden. Für jeden Block lassen sich Bewegungsvektoren speichern, so dass komplexe Bewegungen besser kompensiert werden können. Die Bewegungskompensation ist auf ¼ Pixel genau.

16 x 16	16 x 8	8 x 16	8 x 8
0	0 / 1	0 1	0 1 / 2 3
8 x8	**6 x 4**	**4 x 8**	**4 x 4**
0	0 / 1	0 1	0 1 / 2 3

Bilder und Bildfolgen

- Darstellungen mit unterschiedlichen Makroblöcken

- Wie bei MPEG werden I-, P- und B-Frames verwendet.
- P- und B-Frames können auf beliebig viele vorhergehende Frames als Referenz zurückgreifen (Long-Term Prediction).

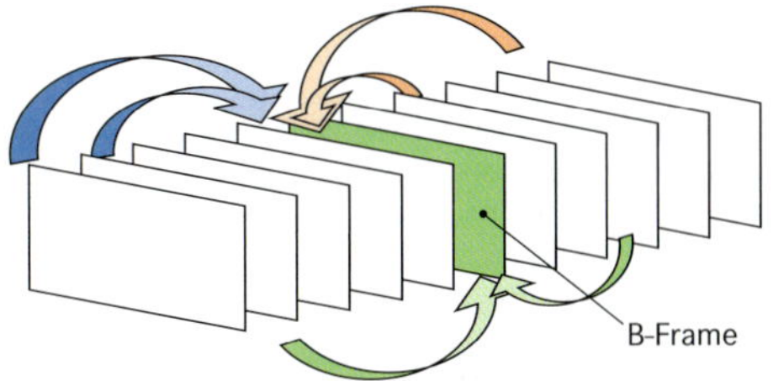

- Makroblöcke innerhalb eines Frames bzw. Slices können in freier Reihenfolge angegeben werden (Flexible Macroblock Ordering).
- Deblocking-Filter (gegen Block-Artefakte) ist integriert.

Audiodatenreduktion, MP3
Audio Data Reduction, MP3

Prinzip und Anwendungen

- Bei MP3 (MPEG-1 Layer III) handelt es sich um ein Verfahren zur Audiodatenreduktion mit guter Wiedergabequalität.
- Kompressionsfaktoren 1 : 10 bis 1 : 12 bei Datenraten von 64 kbit/s ... 192 kbit/s
- Anwendungen:
  - Kostengünstige Verbreitung von Audiodaten über das Internet.
  - Wiedergabe in kleinen robusten Geräten (MP3-Player), ohne mechanisch bewegliche Teile.

Frequenzband

- Das nichtlineare Hörverhalten des menschlichen Ohres wird besonders berücksichtigt, indem man die Subbänder mit zunehmender Frequenz breiter macht (im Gegensatz zu MUSICAM bei DAB).
- MUSICAM

- MP3

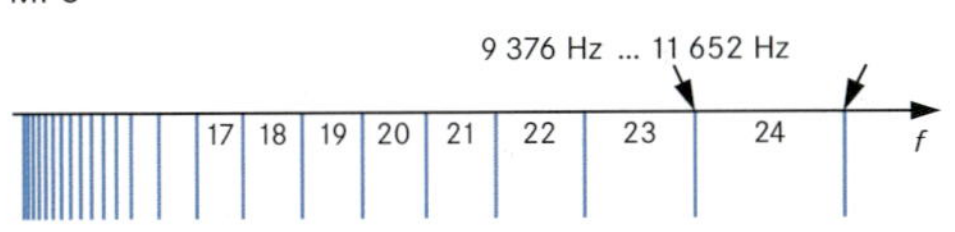

Reduktionsprinzipien

- **Transformation**
  Durch die Anwendung von **MIDCT** (**M**odifizierte **d**iskrete **C**osinus-**T**ransformation) wird der Aliasing Effekt weitgehend verhindert.
- **Blocklängen**
  Niedrige Frequenzen: Lange Blöcke mit 36 Samples.
  Hohe Frequenzen: Kurze Blocklängen mit 12 Samples.
- **Quantisierung**
  Mit der angewendeten nichtlinearen Quantisierung erreicht man eine bessere Anpassung an das nichtlineare Verhalten des Ohres.
- **Bit-Reservoire**
  Durch unterschiedliche Samples unterscheiden sich die Datenbreiten in den einzelnen Frames. Es besteht die Möglichkeit, zusätzliche Daten einzubinden, die beim Decodieren verwendet werden können (z. B. Liedtext).
- **Reduktion der Stereo-Information**
  Ab einer bestimmten Frequenz kann das Ohr Unterschiede zwischen beiden Kanälen nicht mehr wahrnehmen.
- **Intensity Stereo Coding**
  Im oberen Frequenzbereich werden nicht Links- und Rechts-Signale, sondern nur das Summensignal (L+R) übertragen.
- **MS Stereo Coding (Middle Side)**
  Aufteilung der Stereo-Informationen in:
  - Middle-Channel (Summe L+R)
  - Side-Channel (L-R)
    Die Daten des Side-Channels enthalten erheblich weniger Informationen als der Middle-Channel.

Merkmale

- **JPEG:** Vereinigte Gruppe von Fotografen
  - Datenreduktionsverfahren für digitalisierte Einzelbilder
- Maximale Bildformate:
  16.384 x 16.384 Pixel
- Das Ausgangsbild besteht aus kleinen Bildelementen (Pixeln).
- Die Farbinformation jedes Pixels im RGB-Farbraum wird in den YC_RC_B-Farbraum umgerechnet.
- Bei JPEG wird ein reduziertes Farbsystem verwendet:
  YC_RC_B ①
  Y: Helligkeitskomponente
  C_R: Rote Chrominanzkomponente
  C_B: Blaue Chrominanzkomponente
  Jede Komponente kann unabhängig voneinander reduziert werden.
- Farbinformationen werden mit geringerer Auflösung übertragen (Unterabtastung, Subsampling).
  Beispiel: $Y:C_R:C_B$ = 4 : 2 : 2
- Ausgangsbild wird in Blöcken zu 8 x 8 Pixel zusammengefasst ②, Beispiel: Blockbildung beim 625-Zeilen-Fernsehbild (4 : 3).

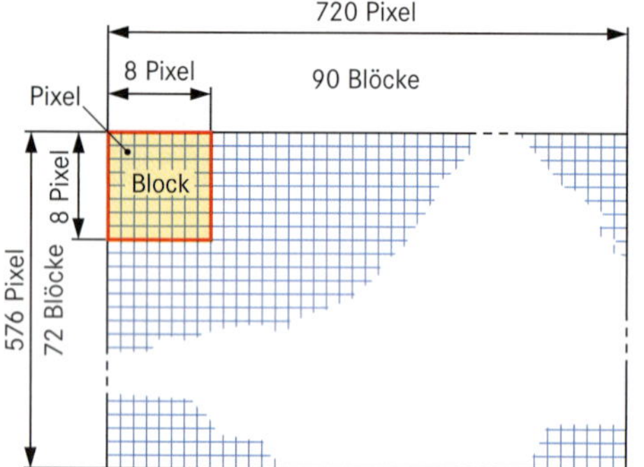

- Verwandlung der Helligkeits- und Farbinformationen in einen digitalen Datenstrom durch Diskrete Cosinus-Transformation (**DCT: D**iscrete **C**osine **T**ransformation).
  Prinzip:
  Örtlich verteilte Bildinformationen werden in den Frequenzbereich transformiert (**Ortsfrequenzen** werden ermittelt).
- DCT-Koeffizienten werden reduziert und quantisiert. In jedem Block werden alle 64 Koeffizienten durch Quantisierungskonstanten (in Tabellen festgelegte Werte, Gewichtung) und die Ergebnisse dann als Zahl gerundet.
- Der **DC-Koeffizient** gibt die tiefste Frequenz an (Gleichanteil, 0 Hz), die **AC-Koeffizienten** stellen höhere Frequenzen dar.
- Anschließend erfolgt eine Zick-Zack-Abtastung (ZigZag Scan), vom DC-Koeffizienten bis zum höchsten AC-Koeffizienten (DCT-Koeffizienten werden frequenzmäßig geordnet).

Prinzip der Datenreduktion bei JPEG

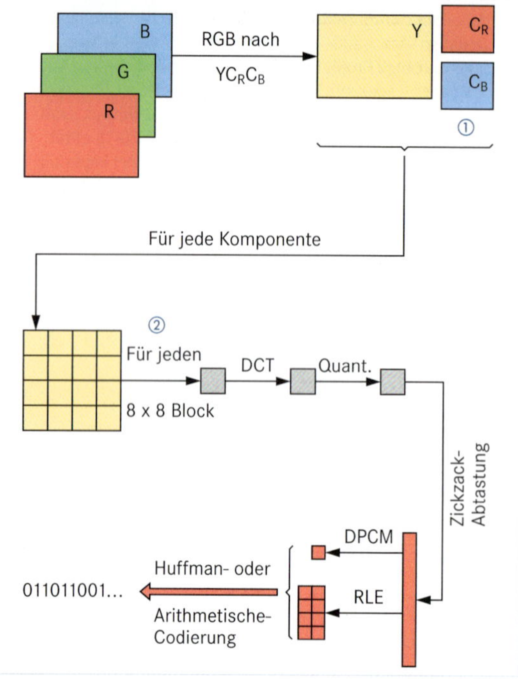

Verlustfreie Kompression

- Wenn die Informationen benachbarter Blöcke ähnlich sind, werden nur die Differenzen der DC-Koeffizienten codiert. Sie werden als AC-Anteile behandelt (**DPCM: D**ifferential **P**ulse **C**ode **M**odulation).
- Bei den AC-Koeffizienten wird die Lauflängencodierung (**RLE**) angewendet (gleiche Daten werden zusammengefasst und nur die Anzahl übertragen).
- Häufig vorkommende Informationen erhalten ein kurzes und selten vorkommende Informationen ein langes Codewort (**Huffman-Codierung**).

Zick-Zack-Abtastung

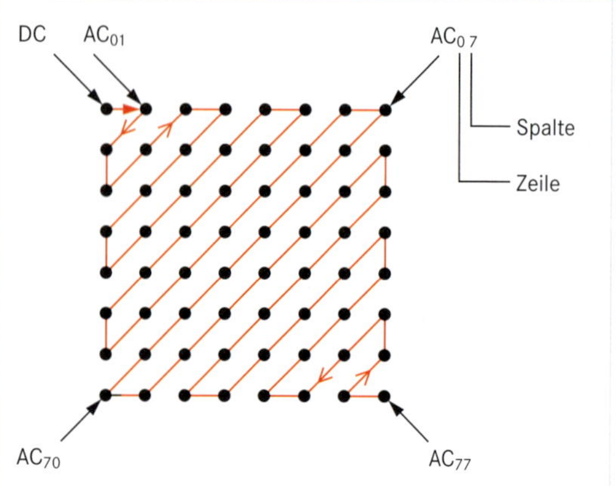

Möglichkeiten

- **Ähnlichkeit bei aufeinanderfolgenden Bildern**
  Bildfolgen unterscheiden sich häufig nur geringfügig, so dass oft nur die Unterschiede zwischen den Bildern übertragen werden müssen.
- **Ähnlichkeit benachbarter Bildpunkte**
  In vielen Flächen ändern sich Helligkeits- und Farbinformationen nicht oder nur geringfügig, so dass nicht jedes Pixel übertragen werden muss.
- **Ähnlichkeit der Grauwerte bei nachfolgenden Bildern**
  Bei technisch „guten" Aufnahmen ändern sich die Grauwerte (Helligkeit) zwischen den einzelnen Bildern nur geringfügig, so dass nicht für jedes Bild der Helligkeitsumfang übertragen werden muss.
- **Strukturen**
  Gröbere Strukturen werden besser erkannt als feinere, so dass Letztere nur bis zu einem Grenzwert übertragen werden müssen.
- **Diagonale Strukturen**
  Senkrechte und waagerechte Strukturen werden besser wahrgenommen als diagonale. Sie können deshalb reduziert übertragen werden.
- **Farb- und Helligkeitswahrnehmung**
  Helligkeitsunterschiede werden intensiver als Farbänderungen wahrgenommen, so dass eine geringere Farbaufösung gewählt werden kann.
- **Mittenwahrnehmung**
  Informationen in der Mitte eines Bildes werden intensiver wahrgenommen als Randinformationen. Eine Qualitätsverringerung am Rand ist deshalb zulässig.
- **Bewegte Objekte**
  Strukturen bewegter Objekte werden weniger gut wahrgenommen als ruhende Objekte. Die Informationen von bewegten Bildelementen können deshalb reduziert werden.

Datenreduktion bei MPEG

Prinzip:
Es werden nicht die vollständigen Informationen jedes Einzelbildes übertragen.

Es genügt oft, ein Ausgangsbild vollständig und nachfolgend nur die Differenzen zwischen dem Ausgangsbild und nachfolgenden Bildern zu übertragen.

Die vollständige Bildinformation jedes Einzelbildes lässt sich dann aus den vorliegenden Daten im Empfänger rekonstruieren ①②.
Es werden I-, P- und B-Bildtypen unterschieden.

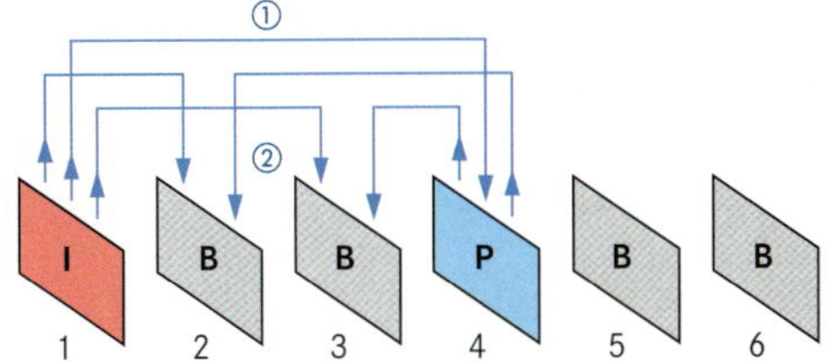

Bildtypen

I-Bild (Intra Picture)
- Es enthält die vollständigen Bildinformationen.
- Es dient als Referenzbild für die nachfolgenden Differenzbilder.
- I-Bilder sind Zugriffspunkte für den Videoschnitt und sie dienen als Orientierungspunkte für den Zugriff auf bestimmten Szenen.
- Typischerweise ist jedes fünfzehnte Bild ein I-Bild.
- Die Reduktion entspricht dem JPEG-Standard.

P-Bild (Predicted Picture)
- P-Bilder nehmen Bezug auf das vorhergehende I-Bild.
- Im P-Bild sind lediglich die inhaltliche und örtliche Differenz (Bewegungsvektor) enthalten.
- Die Differenz erhält man durch Einteilung des Bildes in gröbere Blöcke (Makroblöcke, 16 x 16 Pixel ⑤).
- Für die Farbinformation dieses Differenzbildes wird nur jedes 4. Pixel verwendet (Subsampling, 4 : 1 : 1).

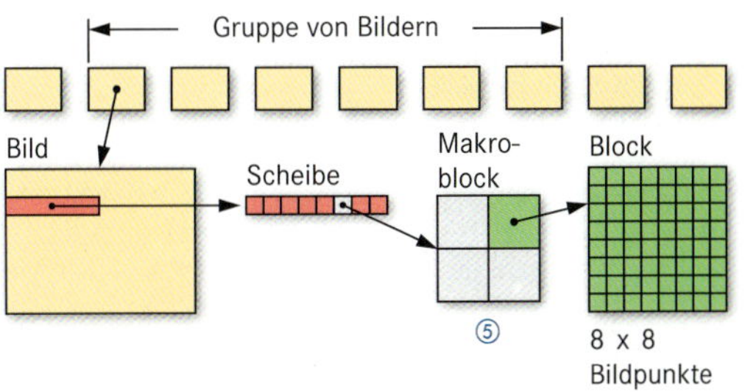

- Die Differenz zum vorangegangenen I-Bild ② wird gewonnen, indem der Makroblock im Zielbild ① solange verschoben wird, bis größtmögliche Übereinstimmung besteht.
- Die Differenz ③ wird dann wie beim I-Bild codiert ④.

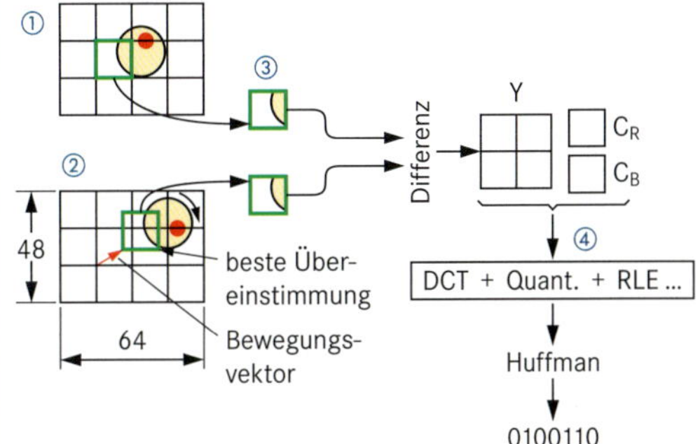

B-Bild (Bidirectional Picture)
- Für das B-Bild wird das P-Bild (Makroblöcke des P-Bildes) verwendet.
- Weil ein Differenzbild verwendet wird, ist die Datenmenge am geringsten.
- Zur Rekonstruktion des Ursprungsbildes wird auf die Daten des vorangegangenen I-Bildes und des nachfolgenden P-Bildes zurückgegriffen.

Arbeitsweise

- Streaming Media ist der Oberbegriff für Streaming Audio und Streaming Video.
- Der Begriff wird verwendet bei der Übertragung von Audio- und Videodaten (z. B. Web-TV, Webradio) über ein Datennetz (Internet).
- Beim Streaming wird für den Nutzer auf dessen Anforderung eine Punkt-zu-Punkt Verbindung zwischen dem Medienserver und dem PC des Nutzers hergestellt.
- Die Aufgabe des Encoders (Umsetzer, Konverter, Wandler) auf der Quellenseite ist es, die Daten in eine über das Netzwerk versendbare Form zu transformieren.

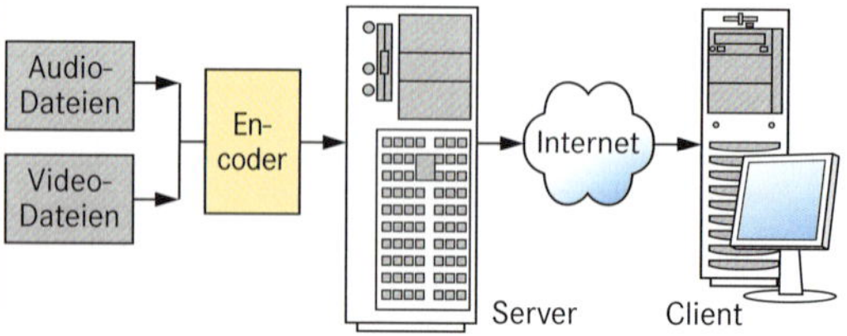

- Zwei Arten werden unterschieden:
  - **On-Demand**: Die auf einem Server liegenden Dateien werden wiedergegeben.
  - **Live-Streaming**: Live-Aufnahmen werden direkt in das Netzwerk eingespeist.
- Da die Daten aus Audio- und Videoquellen in der Regel groß sind, entfällt eine Direktübertragung. Die Daten werden in **Datenpakete** zerlegt und einzeln übertragen. Während der Ladezeit können Daten betrachtet bzw. angehört werden.

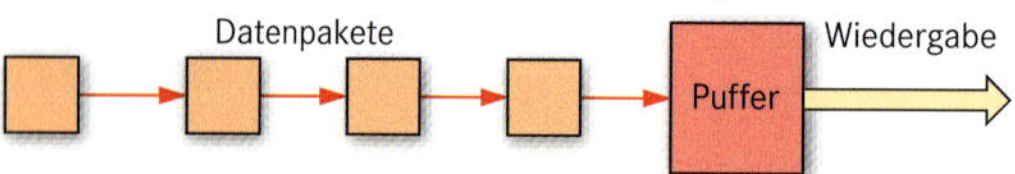

- Für einen ungestörten Empfang muss eine ausreichende Datenübertragungsrate zur Verfügung stehen. Sie muss größer sein als die für das Streaming verwendete Datenübertragungsrate.
- Um unterschiedliche Laufzeiten der Datenpakete auszugleichen, werden im Medienplayer Puffer (Datenspeicher) verwendet. Die Wiedergabe erfolgt deshalb um 2 bis 6 Sekunden verzögert.

Protokolle

- **RSVP** (**R**esource **R**eservation **P**rotocol)
  - Mit diesem Protokoll werden die erforderlichen Netzressourcen für den Datenstrom reserviert.
  - Es erlaubt Empfängern, Dienstanforderungen festzulegen. Die Reservierung erfolgt vom Empfänger, von Router zu Router bis zum Sender.
- **RTP** (**R**ealtime **T**ransport **P**rotocol)
  - Mit diesem Protokoll wird der Datentransport organisiert.
  - Beispiele: Zwischenpufferung, Erkennung der Reihenfolge der Datenpakete, Korrektur
  - RTP wird in der Regel mit dem UDP-Protokoll betrieben.
- **RTSP** (**R**ealtime **S**treaming **P**rotocol)
  - Kontrolle des Netzwerks für den Einsatz bei Entertainment- und Kommunikationssystemen
- **SMIL** (**S**ynchronized **M**ultimedia **I**ntegration **L**anguage)
  - Diese Programmiersprache dient der Stream-Beschreibung und der Formatierung.
  - SMIL basiert auf XML und ermöglicht eine einfache, textgesteuerte Synchronisation von Multimedia-Anwendungen.

Wiedergabe

- Die Wiedergabe kann erfolgen durch:
  - **Plugins** (herunterladbar und im Browser integriert)
  - **Wiedergabeprogramme** (als **Player** bezeichnet, z. B. von Quick Time, Adobe Flash, Real Media oder Windows Media)

Quick Time

Adobe Flash

Windows Media

- **Quick Time**
  - Entwickelt von Apple für Mac OS und Windows
  - Anwendungen von Quick Time sind z. B. Player, Broadcast und Streaming Server.
  - Es ist mit Quick Time möglich, einen kompletten Produktionsprozess durchzuführen (Capturing, Import, Synchronisation ... Wiedergabe).
  - Dateiendungen: .mov oder .qt
  - Unterstützte Videodateiformate: MPEG-1, -2, -4, Microsoft AVI und WMV, Shockwave Flash, DV, DVC, ...
  - Unterstützte Audiocodecs und Formate: MP3, AAC, WAV, MIDI, ...
  - Quicktime Pro ist eine kostenpflichtige Erweiterung
- **Adobe Flash**
  - Entwickelt von Adobe, früher Macromedia Flash
  - Es handelt sich um eine Plattform zur Programmierung und Darstellung multimedialer, interaktiver und animierter Inhalte.
  - Der Adobe Flash Player dient der Wiedergabe in Webseiten eingebetteten SWF-Dateien (**SWF**: **S**mall **W**eb **F**ormat, Dateiendung .swf)
  - Vorteil gegenüber anderen Playern: Interaktion
- **Windows Media**
  - Entwickelt von Microsoft
  - Windows Media Player ist ein Programm zum Abspielen von Audio- und Videodateien sowie zum Brennen von Audio-CDs
  - Durch Herunterladen weiterer Codecs können Sendungen nicht unterstützter Formate abgespielt werden.
  - Verwaltung der Medienarchive möglich
  - Synchronisation tragbarer Geräte (z. B. MP3-Player, PDAs)
  - Empfang von Sendungen des Internetradios
  - Schnittstelle zum Kauf von Musik und Videos
  - Dateiendungen: .wmv, .wma

Kommunikationsarten

- **Unicast**:
  Ein oder mehrere Sender schicken Datenpakete an einen Empfänger.
- **Broadcast**:
  Ein Sender schickt Datenpakete an mehrere Empfänger.
- **Concast**:
  Viele Sender schicken Daten an einen Empfänger.
- **Multipeer**:
  Viele Sender schicken Daten an viele Empfänger (z. B. Konferenz).

Aufzeichnung ohne Band

- **AVCHD** (**A**dvanced **V**ideo **C**odec **H**igh **D**efinition, fortgeschrittener Video Codec hoher Auflösung) ist ein bandloses Verfahren zur Video-Aufzeichnung in HD-Qualität.
- Datenträger sind DVDs (8 cm Durchmesser), SD/SDHC/SDXC-Speicherkarten, Memory Sticks, Festplatten, Flash-Medien (SSD).
- Versionen: AVCD 1.0 (2006) und 2.0 (2011)
- AVCHD Lite (2009) entspricht dem AVCHD-Standard, beschränkt die Aufzeichnung auf 720 Zeilen (720p).
- AVCHD unterstützt die Standard Definition (AVCHD-SD) sowie die High Definition (AVCHD 1060i).
- Der Codec basiert auf MPEG-4 (ISO/IEC 14496-10, **AVC**: **A**dvanced **V**ideo **C**oding), technisch identisch zu H.264, ITU-T.
- Die Videosignale werden im MPEG-4 Standard aufgezeichnet und dann in einen MPEG-2-Transport-Datenstrom übertragen. Das Abspielen erfolgt z. B. mit 6, 9, 14, 18 oder 24 Mbit/s (zuzüglich Ton und Metadaten).
- Technische Daten (Version 2.0):

Name	AVCHD-Progressive	AVCHD 3D (stereoskopisch)
Framegröße in Pixel x Pixel	1440 x 1080 1920 x 1080	1280 x 720 1920 x 1080
Bildfrequenz	60 p, 50p [1]	60p, 50p, 24p, 25i, 30i [2]
Frame-Seitenverhältnis	16:9	
Video-kompression	MPEG-4 AVC/H.264	
Abtastfrequenz Luminanz	111,4 MHz 148,5 MHz	74,25 MHz
Chroma-Sampling-Format	4:2:0	
Quantisierung	8 Bit (Luminanz und Chrominanz)	
System-Datenrate	bis 28 Mbit/s	
Dateiendung	.MTS (am Camcorder), .M2TS (nach Import mit dem PC)	
Audio (Dolby Digital)		
AC-3 Kompression	Dolby Digital (AC-3)	
AC-3-Kanal Modus	1 - 5.1 Kanäle	
AC-3 Datenrate	64 ... 640 kbit/s	
Audio (PCM)		
PCM linear	PCM unkomprimiert	
PCM-Kanal Modus	1 - 7.1 Kanäle	
PCM Datenrate	2 Kanäle: 1,5 Mbit/s	

Aufzeichnung mit Band

- **HDV** (**HD**-**V**ideo: High Definition Video) ist ein Verfahren zur Video-Aufzeichnung in HD-Qualität auf Magnetbänder.
- Datenträger sind in der Regel Magnetbänder im Kassettenformat **DV** (**D**igital **V**ideo) oder **miniDV**.
- Mit einer miniDV sind 60 Minuten Aufnahme möglich. Die Kapazität beträgt dabei ca. 13 GB.
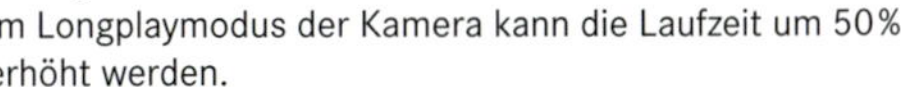
Im Longplaymodus der Kamera kann die Laufzeit um 50 % erhöht werden.
- An der Rückseite der Kassette kann mit einem Schieber die Kassette gegen unbeabsichtigtes Beschreiben gesichert werden.
- Der Codec basiert auf MPEG-2 Teil 2, H.262. Die komprimierten Audio- und Videodaten werden in einen MPEG-2-Transportstrom gemultiplext
- Technische Daten:

Name	HDTV 720p [1]	HDV 1080i [2]
Frame-Seitenverhältnis	16:9	
Framegröße in Pixel x Pixel	1280 x 720	1440 x 1080
Videosignal	720p/60, 720p/30, 720p/24, 720p/50, 720p/25	1080i/30, 1080i/25, optional: 1080p/30, 1080p/24, 1080p/25
Abtastfrequenz Luminanz	74,25 MHz	55,6875 MHz
Chroma-Sampling-Format	4:2:0	
Quantisierung	8 Bit (Luminanz und Chrominanz)	
Video-Datenrate	~ 18,3 Mbit/s	~ 25 Mbit/s
Schnittstelle	IEEE 1394, iLink	
Dateiendung	.M2t	
Audio		
Audio Kompression	MPEG-1 Audio Layer II, PCM	MPEG-1 Audio Layer II
Audio Sampling-frequenz	48 kHz	
Audio Quantisierung	16 Bit	
Audio Datenrate	Pro Kanal: 192 kbit/s bzw. 96 kbit/s	

[1] **p**: **p**rogressive (Vollbildaufbau)
[2] **i**: **i**nterlaced (Halbbildaufbau)

Tintenstrahldrucker

Thermo-Verfahren

- Druckdüsen mit Heizelementen
- Temperatur ca. 300 °C
- Dampfblase entsteht
- Tinte wird herausgespritzt (ca. 80 ms)
- Geschwindigkeit ca. 15 m/s
- Schussfrequenz bis 18 kHz

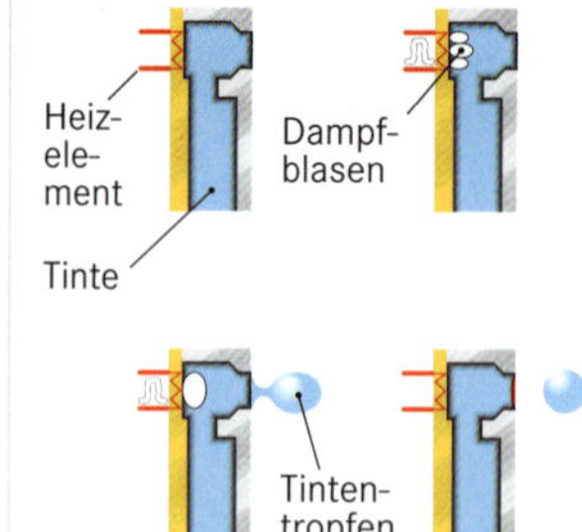

Druckdüse in Kartusche integriert

Piezoelektrisches Verfahren

- Druckdüse mit Piezo-Element
- Elektr. Spannung verformt das Element
- Zunächst Sog, dann Druck
- Tinte wird herausgedrückt
- Tropfengröße kann durch Spannung gesteuert werden

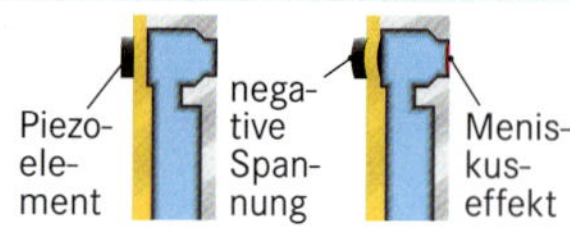

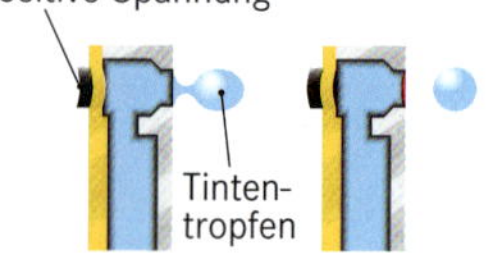

Druckdüsen befinden sich nicht in der Kartusche, sondern im Gerät

Druckvorgang

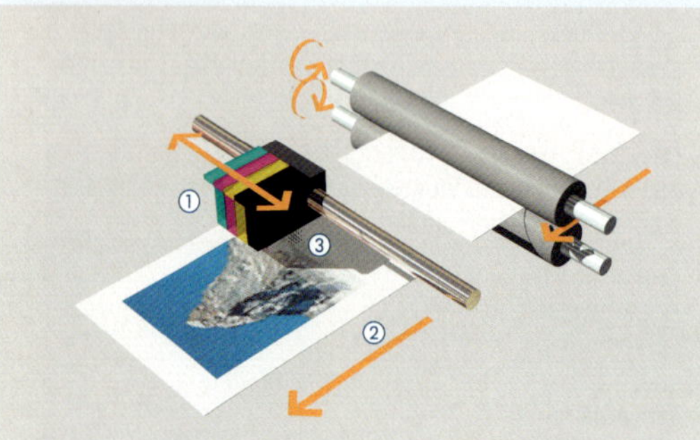

- Druckkopf bewegt sich zeilenweise über das Papier ①.
- Das Papier wird schrittweise in Längsrichtung durch den Drucker gezogen ②.
- Alle Druckfarben werden gleichzeitig auf das Papier gesprüht ③.
- Mehrere Druckpunkte bilden einen Rasterpunkt.
  Beispiel: Grüner Rasterpunkt besteht aus mehreren dicht nebeneinander oder übereinander gedruckten gelb- und cyanfarbigen Druckpunkten.

Druckauflösung (Auflösung):
Angabe in Druckpunkte pro Zoll (**dpi: D**ots **p**er **I**nch)
1 Zoll (Inch) = 2,54 cm

Beeinflussung der Druckqualität

- Erweiterung der vier Farben (CYMK) um weitere Farben (z. B. helles Cyan und helles Magenta) zur besseren Darstellung von Hauttönen.
- Für hochwertige Drucke sollte beschichtetes Papier verwendet werden, damit die Farbtropfen nicht zu tief eindringen.
- Das tiefe Eindringen der Tinte in das Papier kann durch vorheriges Aufbringen einer farblosen Flüssigkeit verringert werden.
- Größere farbige Flächen werden mit wenigen, aber größeren Tropfen schneller bedruckt.
- Die Tinte wird in mehreren Durchgängen aufgetragen.
  Ein Verlaufen der Tinte wird verringert.
- Pigmentierte Tinte verringert das zu tiefe Eindringen in das Papier.
- Für helle Farben (Farben mit geringer Sättigung) entstehen zwischen den Farbpunkten große störende weiße Flächen. Kleinere Druckpunkte verringern diese Störungen.
- Um das Verlaufen der Tinte aufgrund der Faserstruktur des Papiers zu verringern, wird schnelltrocknende Tinte eingesetzt.
- Neben diesen Hardwarelösungen werden von Herstellern verschiedene Softwarelösungen zur Steuerung der Druckpunkte eingesetzt.

Farblaserdrucker

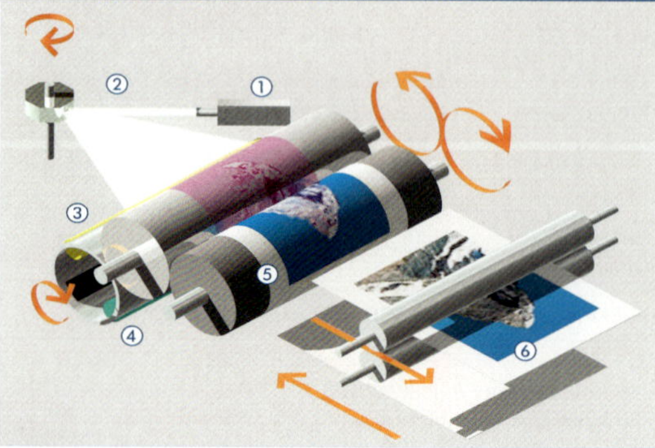

- Unbedrucktes Papier wird kontinuierlich zugeführt.
- Licht aus dem Laser ① gelangt über einen rotierenden Spiegel ② auf die lichtempfindliche Trommel ③.
- Die Trommel ist elektrostatisch aufgeladen.
- Sie dreht sich an der Tonerkartusche ④ vorbei.
  Der Toner gelangt durch elektrostatische Anziehungskräfte über die Belichtungstrommel auf das Papier ⑤.
- Für den Vierfarbendruck sind vier Durchläufe erforderlich.
- Am Ende wird das fertig bedruckte Papier ausgegeben ⑥.

Handscanner	Einzugscanner	Flachbettscanner	Trommelscanner	Dia- und Negativscanner
▪ Vorlage wird manuell abgefahren. ▪ Es entstehen Scanstreifen von einigen cm Breite. ▪ Problem: Passgenaues Zusammenfügen der Streifen (Software).	▪ Die Vorlage wird an den fest platzierten Sensoren entlang bewegt. ▪ Problem: Vorlagen dürfen eine bestimmte Dicke nicht überschreiten.	▪ Die Sensoren werden an der Vorlage entlang geführt. ▪ Die Qualität des Scanners hängt von der Auflösung und der genauen Führung der Sensoren ab.	▪ Die Vorlage befindet sich außerhalb einer rotierenden Trommel und wird von einer Lichtquelle abgetastet. ▪ Problem: Vorlagen dürfen eine bestimmte Dicke nicht überschreiten.	▪ Die durchscheinende Vorlage wird vom Licht abgetastet, das dann auf die Sensoren fällt. ▪ Aufgrund der kleinen Vorlage ist eine hohe Auflösung erforderlich.

Arbeitsweise des Flachbettscanners

- Licht wird von der Aufsichtsvorlage reflektiert.
- Dieses gelangt dann über Spiegel ① und Linsen ② auf die lichtempfindlichen und zeilenmäßig angeordneten Sensoren ③ (CCD-Zellen, **CCD: C**harge **C**oupled **D**evice).
- Vor den Sensoren befinden sich Farbfilter für rotes, grünes und blaues Licht.
- Helligkeitsinformationen werden in den Sensoren in unterschiedlich große elektrische Ladungen umgewandelt, als Spannungen verstärkt und mit Hilfe von Analog-Digital-Umsetzern in einen Datenstrom umgeformt.

Arbeitsweise des Trommelscanners

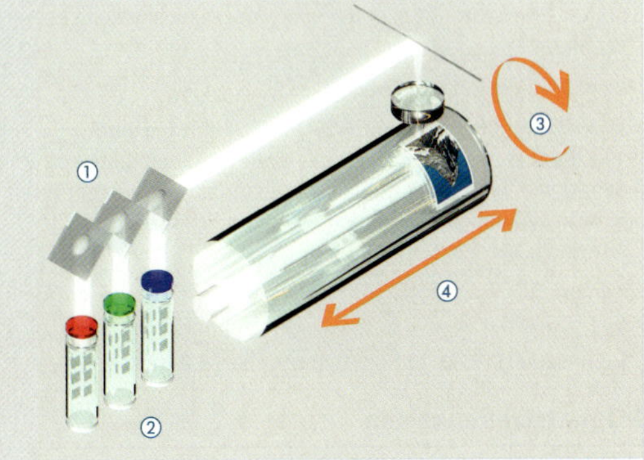

- Das von der Vorlage reflektierte oder durchgelassene Licht (je nach Vorlage) gelangt über Spiegel ① an die Photomultiplier ② (Sekundärelektronenvervielfacher).
- Durch Rot-, Grün- und Blaufilter erhält man die Farbinformationen der einzelnen Pixel.
- Die Trommel ③ rotiert, so dass die Vorlage zeilenweise abgetastet wird.
- Zusätzlich erfolgt nach jeder Zeile eine Bewegung der Trommel in Längsrichtung ④.
- Die Auflösung hängt von der Anzahl der Schritte bei der Trommelbewegung ab.

Auflösung beim Flachbettscanner

Optische Auflösung
Sie hängt von der Anzahl der CCD-Elemente ab.
Einheit: Pixel pro Zoll: **ppi** (**p**ixel **p**er **i**nch)
Punkte pro Zoll: **dpi** (**d**ots **p**er **i**nch)
Beispiel: 600 ppi
→ auf einer Länge von 1 Zoll (2,54 cm) werden 600 Pixel erfasst.

Interpolierte Auflösung
Pixel werden durch Software berechnet. Ihre Zahl ist größer als die optische Auflösung und kann zu fehlerhaften Ergebnissen führen.

Beispiel:

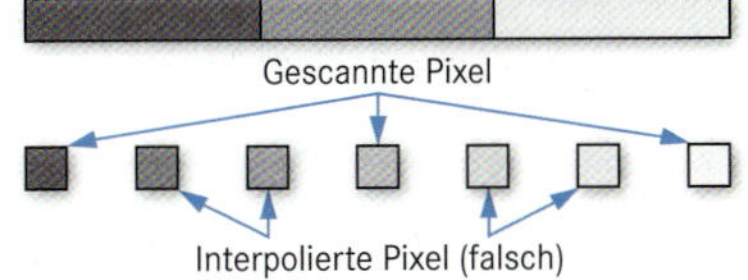

Schnittstelle

Je nach PC- und Scannerausführung:
Parallele Schnittstelle, USB- oder SCSI-Schnittstelle.

Zwischen dem Scanner als Hardware und den Anwendungsprogrammen ist oft ein **TWAIN**-Treiber in Form einer Software-Schnittstelle erforderlich.

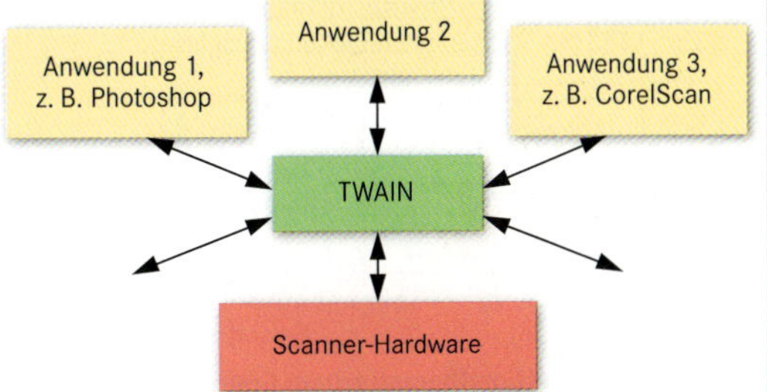

Kartengrößen

Kartenformate

ID 000, ID 00, ID 1 (Maße 3 / 3)

Kartenmaße

Kartenformat	Breite in mm	Höhe in mm	Dicke[1] in mm
ID 000	25	15	0,76
ID 00	66	33	0,76
ID 1	85,6	53,98	0,76
ID 2	105	74	0,76
ID 3	125	88	0,76

[1] Für Karten ohne Prägung und ohne magnetische Aufzeichnung dürfen andere Dickenwerte festgelegt werden.

Hochgeprägte Karten

Die geprägten Schriftzeichen sind für die Datenübertragung (durch Druckvorrichtung oder visuelles/maschinelles Lesen) bestimmt.

Identifikationsnummernzeile

Zeile für Schriftzeichen nach ISO 7811-1 mit maximal 19 Schriftzeichen-Positionen mit einer Nominaldichte von 7 Schriftzeichen je 25,4 mm. Die Zahl der benutzten geprägten Schriftzeichenpositionen hängt von den Erfordernissen der Anwender ab.

Namen- und Adressfeld

Vier Zeilen mit je 27 Schriftzeichen nach ISO 7811-1 mit einer Nominaldichte von 10 Schriftzeichen je 25,4 mm.

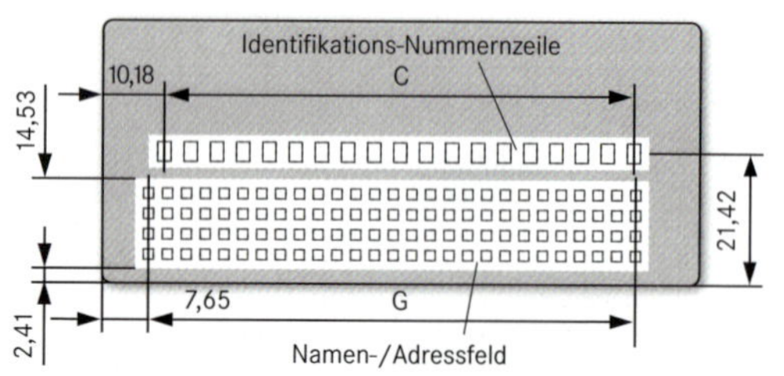

Größte kumulierte Grenzabweichung zwischen den Mittellinien des ersten und des letzten Schriftzeichens jeder Zeile +0,08 mm (Grenzabweichung von C und G).

Magnetstreifenkarten

Lage des Magnetstreifens

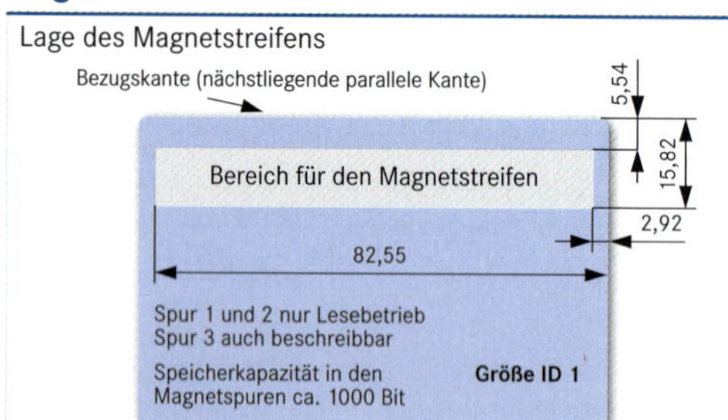

Lage der Spuren 1, 2 und 3

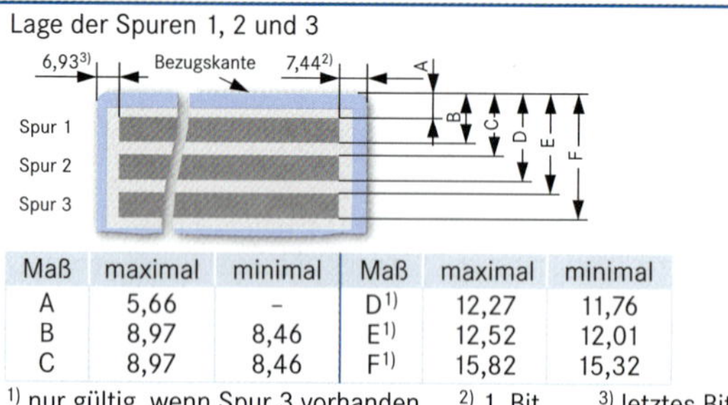

Maß	maximal	minimal	Maß	maximal	minimal
A	5,66	–	D[1]	12,27	11,76
B	8,97	8,46	E[1]	12,52	12,01
C	8,97	8,46	F[1]	15,82	15,32

[1] nur gültig, wenn Spur 3 vorhanden [2] 1. Bit [3] letztes Bit

Chipkarten

- **Speicherchipkarten**
  Ohne Sicherheitslogik, z. B. Krankenversicherungskarte (meist EEPROM)
- **Intelligente Speicherchipkarten**
  mit festverdrahteter Sicherheitslogik, z. B. Telefonkarte
- **Prozessorchipkarte**
  Intelligente Chipkarte (smartcard) mit Mikroprozessor, RAM, ROM, EEPROM und seriellem Ein- und Ausgabeport.

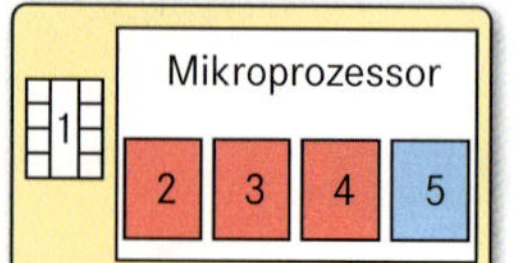

Prozessorchipkarte
1 Kontaktfelder des Chip
2 RAM
3 ROM
4 EEPROM
5 Serielle Ein-/Ausgabe-Schnittstelle

- **Cryptokarte mit mathematischem Coprozessor**

Kontaktbehaftete Karte

Kontaktbelegung	Kontakt	Signalname	Funktion
C1 C5 / C2 C6 / C3 C7 / C4 C8	C1	V_{CC}	Versorgungsspannung
	C2	RST	Reseteingang
	C3	CLK	Takteingang
	C4	RFU	Reserviert
	C5	GND	Masse
	C6	V_{PP}	Programmierspannung
	C7	I/O	Ein-/Ausgang, seriell
	C8	RFU	Reserviert

Kontaktlose Karte

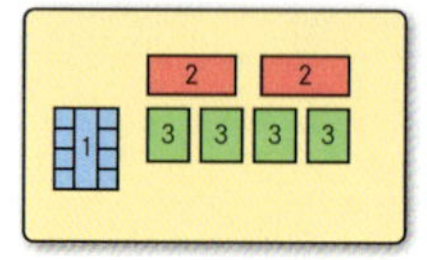

Energieübertragung meist induktiv, Datenübertragung induktiv oder kapazitiv
1 Interne Anschlüsse des Chip
2 Koppelspulen in der Chipkarte
3 Kapazitive Koppelflächen in der Chipkarte

Unterschiede zwischen Film- und Digitaltechnik

Merkmal	Filmtechnik	Digitaltechnik
Bild	Zufällig verteilte lichtempfindliche Chemikalien	Lichtempfindliche Zellen, die in Gitterstrukturen angeordnet sind (Pixel)
Bildqualität	Hängt ab von der Filmempfindlichkeit, dem Licht, dem chemischen Prozess	Hängt ab von der Sensorqualität, der Farbinterpolation, der Kompression
Speicherung	Chemisch, Veränderung durch Alterung	Kurzzeitig im Arbeitsspeicher (RAM), dauerhaft auf Festplatte, CD, ...

Aufnahme-Sensoren

Ein Sensor für alle drei Farben bzw. drei Sensoren, je einer für R, G und B (3 CCD).

Die Aufnahme-Chips der Digitalkameras sind deutlich kleiner als das Kleinbildformat (24 x 36 mm).
Die Größenangabe erfolgt durch Angabe der Formatdiagonalen in Zoll (1 Zoll = 25,4 mm).

Bezeichnung	Länge *a* in mm	Breite *b* in mm	Diagonale *c* in mm
1/1"	9,6	12,8	16,0
2/3"	6,6	8,8	11,0
1/1,8"	5,1	6,8	8,5
1/2"	4,8	6,4	8,0
1/3"	3,6	4,8	6,0
1/4"	2,4	3,2	4,0

Auflösungsvermögen

Das Auflösungsvermögen wird durch die Anzahl der Bildpunkte (in Megapixel) festgelegt. Je mehr Pixel, desto mehr Informationen hat das Bild. Berechnung: Pixelzahl (der Breite) x Pixelzahl (der Höhe)

Bildschärfe

Sie ist die Fähigkeit zur Auflösung feinster Details.
Die Grenze der Bildschärfe ist abhängig vom Aufnahmeformat und der beabsichtigten Endvergrößerung.

Beispiel:
Eine DIN A4 Vorlage mit einem Betrachtungsabstand von 25 cm (deutliche Sehweite). Die Grenzauflösung des Auges beträgt dann maximal sechs Linienpaare pro mm (6 Lp/mm).

Ein Linienpaar besteht aus einer schwarzen und weißen Linie. Testgitter werden zur Beurteilung der Bildschärfe verwendet.

Die Bildschärfe hängt außerdem vom Kontrast der von der Anwendung abhängigen höchsten Linienpaarzahl ab (möglichst hoher Kontrast angestrebt).

Abhängigkeiten der Qualität digitaler Bildaufzeichnungen

Auflösungsvermögen | Objektiv | Bilddatenreduktion

Sensortypen

Mosaiksensoren

- Die Sensoren sind in einem Gitter oder Mosaik angeordnet.
- Ein Farbfilter lässt nur jeweils Licht einer Wellenlänge zu dem darunter befindlichen Pixel passieren.
- Jedes Pixel zeichnet demzufolge nur eine Farbe auf (Rot, Grün oder Blau).
- Das insgesamt einfallende Licht wird aufgeteilt in 25 % Rot und Blau sowie 50 % Grün.
- Da jedes Pixel nur $^1/_3$ der Farbinformationen erhält, müssen die fehlenden Farbinformationen durch Berechnungen über die Farben benachbarter Pixel interpoliert werden.
- Störungen durch Artefakte (Regenbogenmuster) treten auf, die sich durch Interferenzen zwischen der regelmäßigen Mosaikstruktur des Sensors und Bildmusters ergeben können.

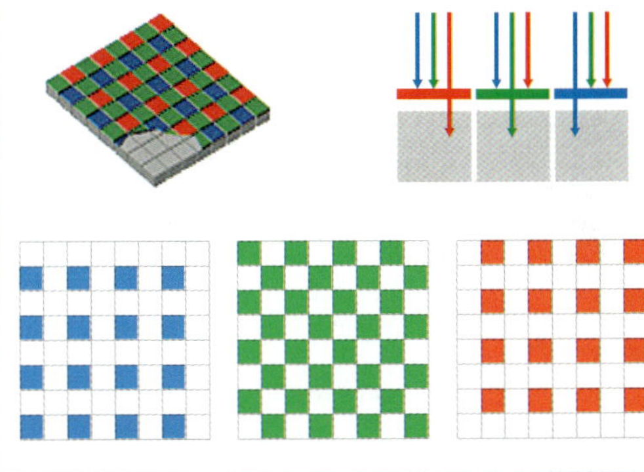

Vollfarben Bildsensor, Foveon X3

- Anwendungsprinzip: Die Eindringtiefe von Licht in Silizium ist von der Wellenlänge des Lichts abhängig.
- Jedes Pixel besteht aus drei übereinander liegenden Schichten.
- Die jeweilige Schicht ist für Rot, Blau bzw. Grün empfindlich (das Licht der jeweiligen Wellenlänge wird absorbiert).
- Da 100 % der Lichtinformation genutzt werden, entfallen aufwändige Berechnungsvorgänge.
- Die Sensorfläche wird fast vollständig genutzt.
- Störungen wie beim Mosaiksensor treten nicht auf.

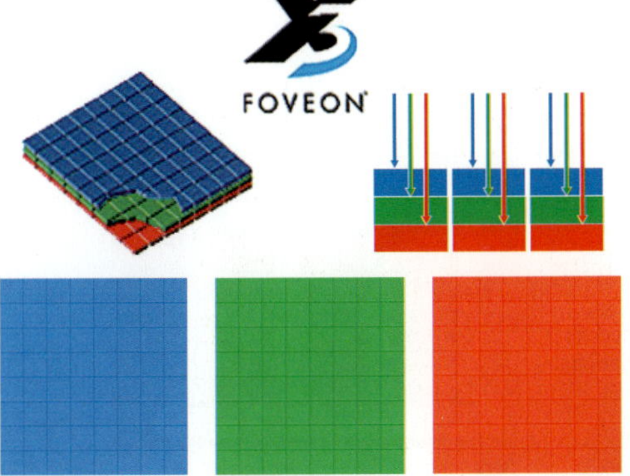

Bildaufnahmeröhren

Bildwandler

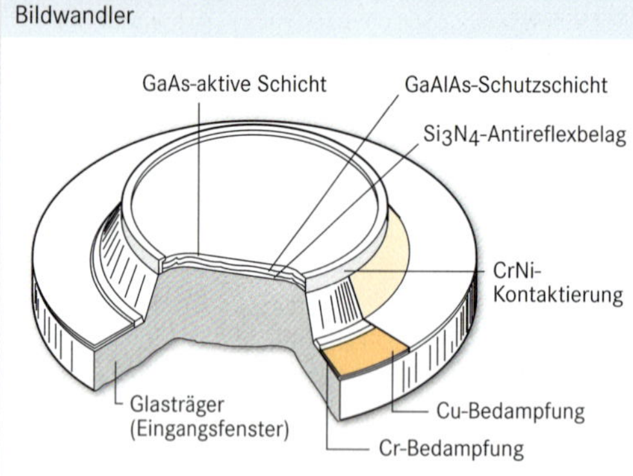

- Nehmen für das menschliche Auge primär nicht sichtbare Bildinformationen auf.
- Photonen der Objektstrahlung werden in Elektronen umgesetzt (äußerer lichtelektrischer Fotoeffekt), verstärkt und auf Leuchtschirm sichtbar als Bild wiedergegeben.
- **Bildwandler** besteht aus Fotokatode, elektronenoptischem Wandler und Leuchtschirm.
- **Fotokatode** besteht aus unterschiedlichen Materialien (z. B. Gallium-Arsenid, mit hoher Infrarotempfindlichkeit).

Kameraröhren

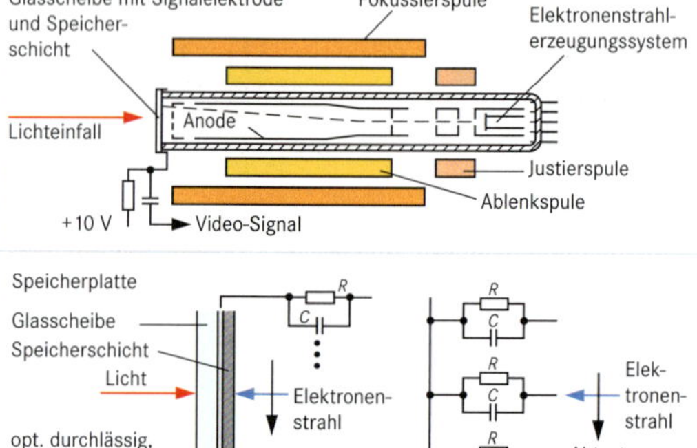

- **Vidikon** (vide, lat. = sehe, Ikon, griech. = Bild) arbeitet mit innerem Fotoeffekt.
- Halbleiterschicht am Röhreneingang (Antimonsulfid) ändert Widerstand durch äußere Belichtung (Photoneneinfall).
- Über Elektronenstrahl erfolgt zeilenweises Abtasten der Speicherschicht.
- Aufladeimpuls des Elektronenstrahls wird kapazitiv ausgekoppelt und stellt Videoinformation dar.
- Röhre bei hohen Beleuchtungsniveaus einsetzbar.
- **Plumbicon** hat Wandlerschicht aus fotoleitendem Bleioxid.
- Einsatz bei Farbfernsehtechnik, da hohe Empfindlichkeit und niedriger Dunkelstrom.

Halbleiter-Bildaufnehmer

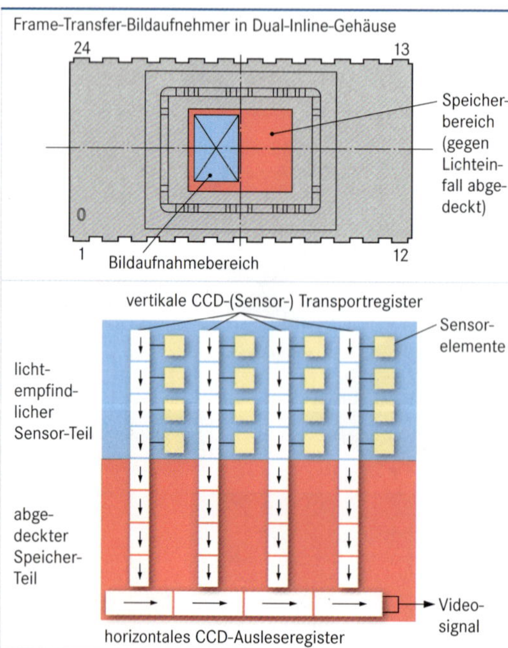

- Sensorelemente bestehen aus MOS-Kondensatoren oder pn-Dioden aus Silizium.
- Das Prinzip der Ladungsspeicherung wird verwendet.
- Signalstrom ist linear abhängig von Beleuchtungsstärke.
- **Zeilensensoren:** Aufgeladene Sperrschichtkapazitäten der Dioden werden durch Belichtung entladen, anschließend Speicherkapazitäten bildpunktweise über MOS-Transistoren wieder aufgeladen.
  Ladestrom erzeugt am Arbeitswiderstand das Videosignal. Ladungstransport kann auch über analoge CCD-Transportregister (Charged Coupled Device: Ladungsgekoppelte Einheiten) erfolgen.
- **Interline-Transfer-Bildaufnehmer:** beinhaltet Bildaufnehmer und Speicherbereich auf der optisch wirksamen Fläche. Sensoren spaltenförmig angeordnet. Anzahl entspricht der aufzulösenden Zeilenzahl. Vertikale CCD-Transportregister lesen Informationen aus und transportieren sie über horizontale Ausleseregister zum Verstärker.
- **Frame-Transfer-Bildaufnehmer** Bildbereich und Speicherbereich voneinander getrennt.
- **x-y-adressierte Bildaufnehmer:** matrixförmige Anordnung der Fotoelemente.

Merkmale

- Biometrische Authentifizierung (Erkennung) dient
  - zur Überprüfung der behaupteten mit der tatsächlichen **Identität,**
  - Einhaltung der **Vertraulichkeit,**
  - Realisierung der **Integrität.**
- Grundsätzlich verwenden biometrische Verfahren für die Erkennung **menschlicher** (körperliche) **Merkmale** mit den Eigenschaften wie
  - Universalität,
  - Einzigartigkeit,
  - Dauerhaftigkeit und
  - Erfassbarkeit und Messbarkeit.
- Die spezifischen Merkmale sind einer einzigen Person zugeordnet.
- Vorteile gegenüber anderen Erkennungsverfahren:
  - Kein Verlust der Eigenschaften (Gegensatz z. B.: Chipkarten),
  - keine Erinnerung notwendig (Gegensatz: Geheimzahl),
  - keine Geheimhaltung erforderlich.
- Wird verwendet für
  - Durchführung elektronischer Transaktionen,
  - Zutrittskontrolle zu Gebäuden/Räumen,
  - Überwachung der Verweildauer in Gebäuden,
  - Zugriffsüberwachung auf Daten,
  - Überprüfung von Berechtigungen.
- Die Betriebsarten werden unterschieden nach **Verifikation** und **Identifikation.**
- Die Verifikation
  - beinhaltet die Bestätigung der Identität der Person, für die sie sich ausgibt,
  - führt einen Abgleich der präsentierten Daten mit einem zuvor abgelegten Datensatz durch (1:1-Vergleich).
- Bei der Identifikation
  - wird ermittelt, um welche Person es sich handelt,
  - werden die aktuellen Benutzerdaten mit allen gespeicherten Daten der anderen Benutzer verglichen (1: n-Vergleich).
- Die Sicherheit biometrischer Systeme basiert im Wesentlichen auf
  - dem Schutz der Referenzdaten (personenbezogene Daten) und
  - dem Vergleichsverfahren.
- Wesentliche Kriterien dabei sind:
  - Merkmale und Person müssen tatsächlich zusammen gehören,
  - Unverfälschtheit der Daten beim Einlesen und bei der Anwendung muss gewährleistet sein,
  - biometrische Daten dürfen nicht abgehört und mit oder ohne Hilfe des Nutzers einfach reproduziert werden.

Einteilung

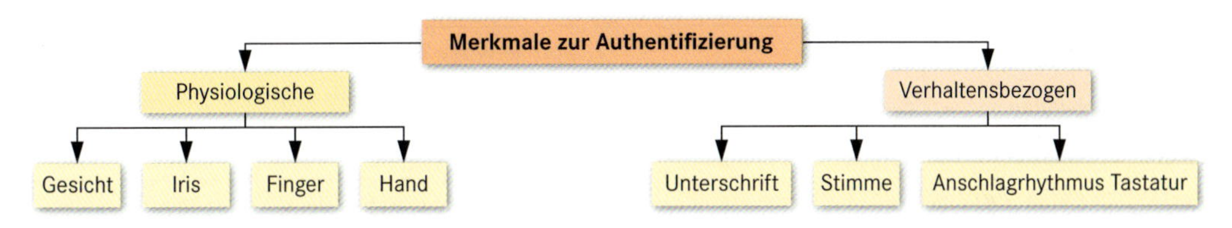

Iriserkennung

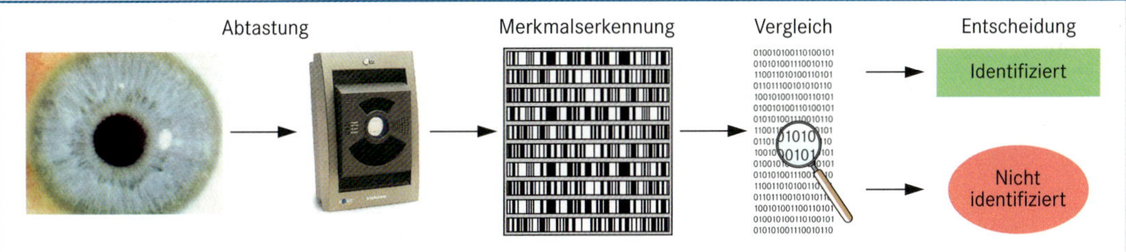

Fingerabdruckerkennung

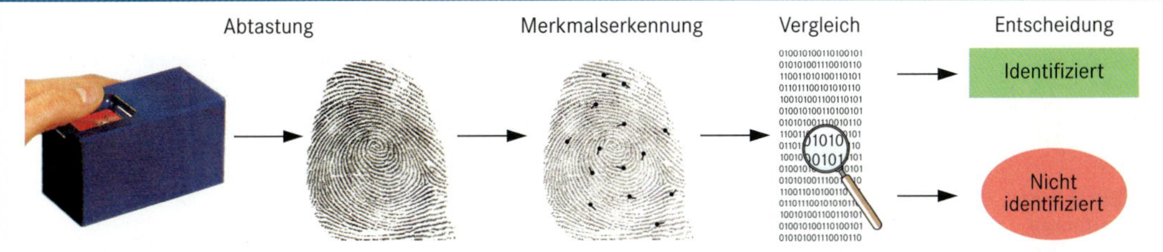

Einteilung

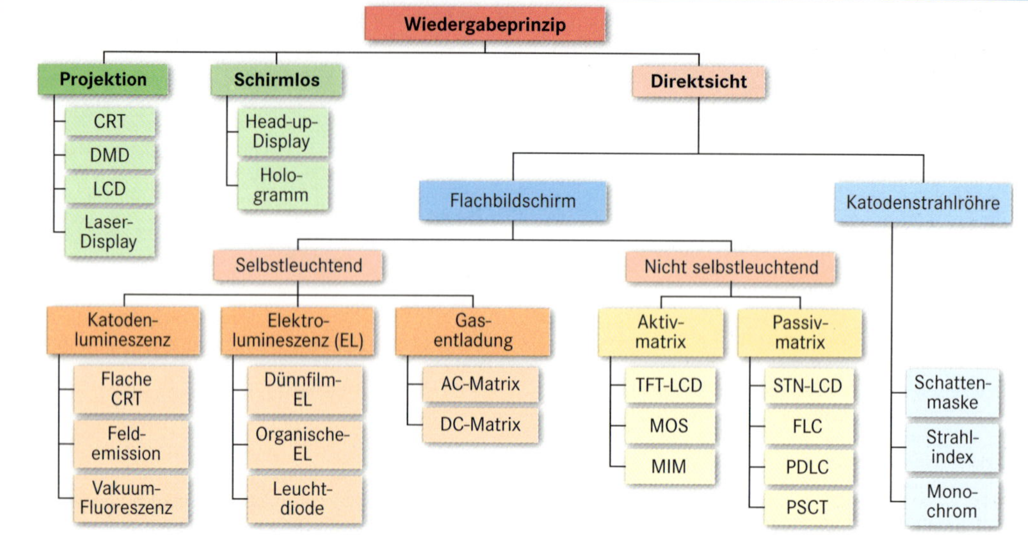

CRT: **C**athode **R**ay **T**ube (Kathodenstrahlröhre)
DMD: **D**ense **M**icromirror **D**isplay (Mikrospiegel)
LCD: **L**iquid **C**rystal **D**isplay (Flüssigkristall)
FLC: **F**erro **L**iquid **C**rystal (Ferroelektrisch)
MOS: **M**etall **O**xide **S**emiconductor (Metall-Oxid)
MIM: **M**etal **I**solator **M**etal (Metall Isolator Metall)
PDLC: **P**olymer **D**ispersed **L**iquid **C**rystal (Polymer dispergierter Flüssigkristall)
PSCT: **P**olymer **S**tabilized **C**holesteric **T**extured (Polymer stabilisierte cholestrische Textur)
STN: **S**uper **T**wisted **N**ematic (Super gedreht)
TFT: **T**hin **F**ilm **T**ransistor (Dünnschicht-Transistor)

LCD (Liquid Crystal Display)

- Flüssigkristall-Anzeigen
  - basieren auf organischen Komponenten mit stäbchenhaften **Molekülen** und benötigen externe Lichtquellen,
  - wirken nach dem **Durchlicht**- oder **Reflexionsverfahren** oder einer Kombination aus beidem,
  - bilden im Temperaturbereich von −20 °C bis +85 °C **Kristallstäbchen**, die verschiebbar sind.
- Durch Anlegen elektrischer Spannungen wird die Ausrichtung der Moleküle beeinflusst.
- **Normal-White Zelle** ist ohne Spannung weiß.
- **Normal-Black Zelle** ist ohne Spannung dunkel.
- **Passiv-Matrix**-Displays beeinflussen auch Nachbarzellen (geringer Kontrast).
- **Aktiv-Matrix**-Displays sind in jeder Zelle mit einem Dünnschichttransistor als Schalter ausgerüstet und werden als **TFT-Displays** (Thin-Film-Transistor) bezeichnet.

Leuchtverfahren

Lichtquelle
Lichtquelle
LCD
LCD
LCD
Licht-quelle
Spiegel zur Reflexion des einfallenden Lichts
halb-durch-lässiger Spiegel
Licht-quelle

Durchlicht-verfahren | **Reflexions-verfahren** | **Durchlicht/ Reflexionsverfahren**

Funktion

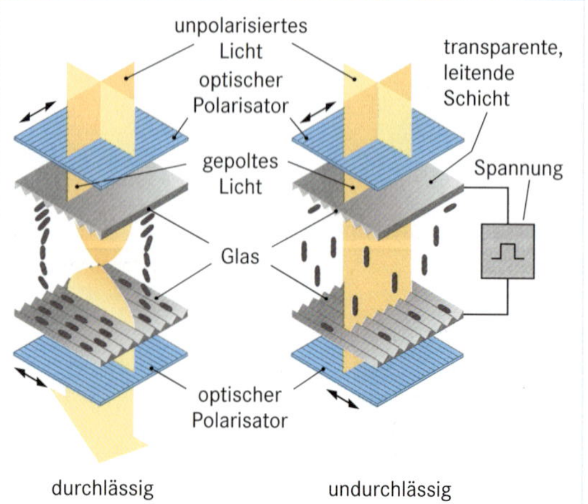

TFT-LCD

Funktion

- **T**FT-LCD (**T**hin-**F**ilm-**T**ransistor LCD)
  - bestehen aus LC-Zellen mit einem integrierten **Dünnschicht-Transistor** pro Farbe in jeder Zelle und werden deshalb als **Aktiv-Matrix-Displays** bezeichnet,
  - sind in der Bauform wesentlich dünner als Passiv-Displays.
- Die Transistoren steuern den Grad der Molekülablenkung und somit die Helligkeit der einzelnen Farben.
- Die **Refresh-Rate** liegt annähernd bei der von Bildröhren.
- Defekte Pixel sind entweder dauernd leuchtend bei schwarzem Hintergrund oder dunkel bei weißem Hintergrund.

Aufbau

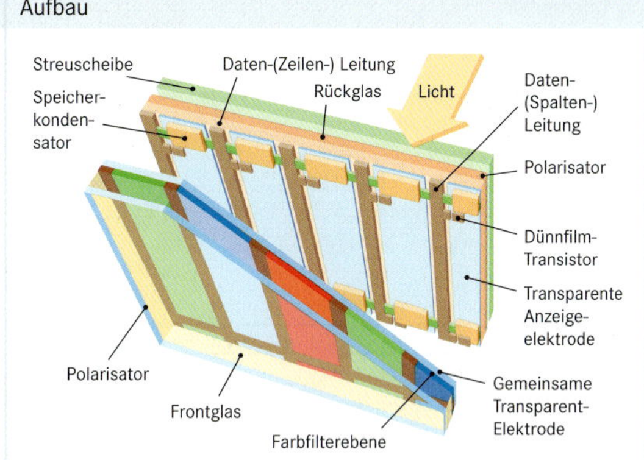

PLD

Funktion

- **P**lasma-**D**isplays (**PLD**)
  - sind selbstleuchtend,
  - beinhalten eine Mischung aus Edelgasen (Argon, Neon) zur **Plasmaerzeugung**,
  - verwenden Phosphor (rot, grün, blau) als Leuchtmittel,
  - werden über eine x/y-Matrix angesteuert,
  - erzeugen durch **Stoßionisation** frei bewegliche Ionen und Elektronen.
- Gebundene Elektronen im Plasma werden durch die freien Elektronen auf höheres Energieniveau angehoben und erzeugen bei Rückfall auf normales Niveau **Ultraviolett-Strahlung**, die den Phosphor zum Leuchten anregt.
- Die Steuerung der Helligkeit erfolgt durch zeitabhängige Anschaltung der Zellen (Pulsdauermodulation).

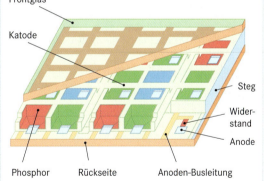

Zellen-Aufbau

Ansteuerelektrode (transparent)
sichtbares Licht
Frontglas
Dielektrische Schicht
MgO-Schicht
Oberflächen-entladung
Trennsteg
Entladungs-zelle
Adress-elektrode
Rückwandglas
Phosphor

Display-Aufbau

Frontglas
Katode
Steg
Wider-stand
Anode
Phosphor
Rückseite
Anoden-Busleitung

OLED

Funktion

- **O**rganic-**L**ight **E**mitting **D**iode (**OLED**) verwenden als Leuchtschicht organische Leuchtstoffe, in denen die positiven und negativen Ladungsträger beim Zusammentreffen sichtbares Licht erzeugen.
- OLED
  - sind selbstleuchtend (Elektrolumineszenz),
  - erfordern wenig Energie,
  - bieten hohe Kontrastverhältnisse,
  - sind als Passiv- und Aktiv-Matrix Displays eingesetzt (Mobiltelefone, Leuchtsymbole).

Zellen-Aufbau

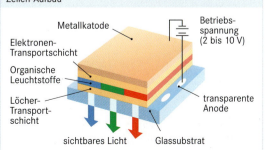

Metallkatode
Betriebs-spannung (2 bis 10 V)
Elektronen-Transportschicht
Organische Leuchtstoffe
Löcher-Transport-schicht
transparente Anode
sichtbares Licht
Glassubstrat

Anschlüsse (Beispiel)

- **Computer**
  15-polig D-Sub (RGB), DVI
- **Monitor**
  15-polig D-Sub (RGB), DVI
- **Maus/serielle Schnittstelle**
  9-polig D-Sub (RS232C), USB
- **Video** (PAL, SECAM, NTSC, HDTV)
  Video in, Audio in (Stereo), Audio out (Stereo), Cinch, Composite (S-VHS), Cinch/Miniklinke, Cinch

Auflösung

VGA: 640 x 480 (Video Graphics Array)
SVGA: 800 x 600 (Super VGA)
XGA: 1024 x 768 (Extended Graphics Array)
SXGA: 1280 x 1024 (Super XGA)
UXGA: 1600 x 1200 (Ultra XGA)
HDTV: 1920 x 1080 (High Definition Television)
QXGA: 2048 x 1536 (Quad XGA)

Ausleuchtung

Vergleich der Helligkeit: Die Helligkeit in der Projektionsmitte wird mit der Helligkeit am Rand verglichen. Je größer der Wert in %, desto gleichmäßiger ist die Ausleuchtung.

Gute Werte > 80 %

Kontrastverhältnis

Es handelt sich um ein Verhältniszahl, die aussagt, wie viel mal heller das projizierte Weiß gegenüber Schwarz ist. Je größer die Zahl, desto besser der Kontrast. Messung erfolgt mit einem Schachbrettmuster.

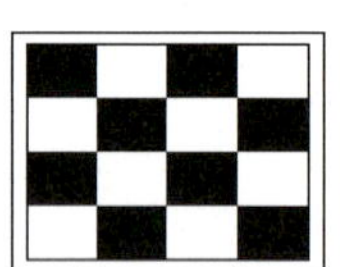

Gute Werte: 300:1, 400:1

Helligkeit

Die Angabe erfolgt durch den Lichtstrom in Lumen. Das Messverfahren ist durch ANSI festgelegt:
(**ANSI: A**merican **N**ational **S**tandards **I**nstitute)
Optimale Helligkeiten:

- Kleine Räume (ca. 2 m Bildbreite):
  ... 1400 Lumen (ANSI)
- Mittlere Räume (ca. 3 m Bildbreite):
  1400 ... 2000 Lumen (ANSI)
- Große bzw. sehr helle Räume (> 3 m Bildbreite):
  2000 Lumen (ANSI)

Keystone-Korrektur (Keystone-Shift)

Bei einer Aufwärtsprojektion treten Trapezverzerrungen auf (Keystone-Effekt).
Maßnahmen:

- Optische Korrektur (mechanische Einstellung)
- Digitale Korrektur: Durch die Umrechnung des Bildschirminhaltes kann sich die Bildschärfe und der Kontrast verringern (Auflösungsverlust).

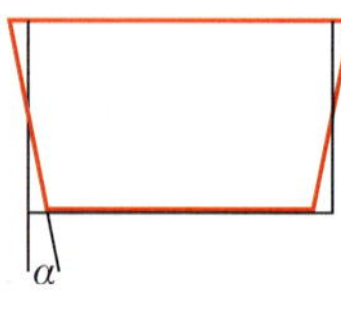

z. B.: $\alpha = 0 \dots 12°$

LCD-Projektoren (transmissive)

LCD: Liquid **C**rystal **D**isplay

- Licht der Lichtquelle ① wird mit dichroitischen (selektiv lichtdurchlässig) Spiegeln ② in die Grundfarben Rot, Grün und Blau zerlegt.
- Für jede Grundfarbe (3 Panel) ist ein transmissives (lichtdurchlässiges) Polysilizium-LCD-Panel ③ (Psi-LCD) vorhanden (Diagonale: 0,7; 0,9; 1,3 oder 1,8 Zoll). Es entstehen einfarbige Teilbilder.
- Ein Prisma ④ mischt die Einzelbilder zu einem vollfarbigen Bild zusammen (additive Farbmischung), das durch ein Objektiv auf die Leinwand projiziert wird.

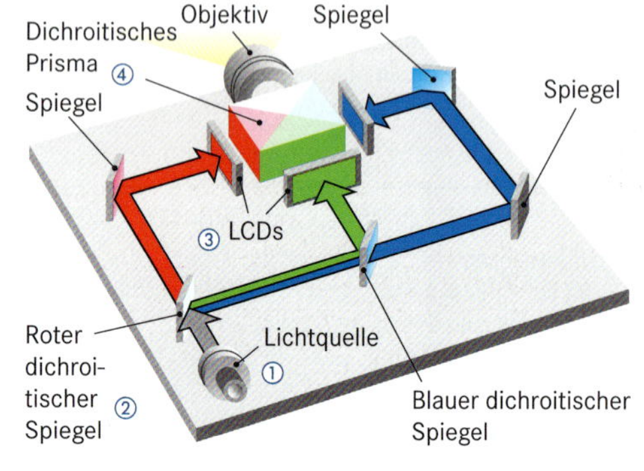

DLP-Projektoren

DLP: Digital **L**ight **P**rocessing

- Das Licht der Projektionslampe ① wird durch ein rotierendes Farbrad ② (3600 1/min, mindestens drei Farbsegmente für Rot, Grün und Blau; RGB) zerlegt. Es entstehen in schneller Folge rote, grüne und blaue Einzelbilder.
- Die Einzelbilder treffen auf den **DMD**-Chip (**D**igital **M**icromirror **D**evice, z. B. 15 x 13 mm). Auf der Chipoberfläche sind bis zu 2,4 Millionen beweglich gelagerte und einzeln angesteuerte Mikrospiegel ③ angebracht (16 µm, 14 µm, 12 µm).
- Die Speicherzellen (ähnlich SRAM) kippen über elektrostatische Anziehung die beweglichen Spiegel, so dass ein Bildpunkt hell oder dunkel projiziert werden kann. Die Spiegel können um etwa ±10° bis ±12° gekippt werden (20 µs).
- Die SRAM-Zellen werden zeilen- und spaltenweise mit einem Byte pro Pixel angesteuert (256 Helligkeitsabstufungen, 16,7 Millionen Farben).
- Durch die schnelle Folge der Einzelbilder entsteht für den Betrachter ein vollfarbiges Gesamtbild.

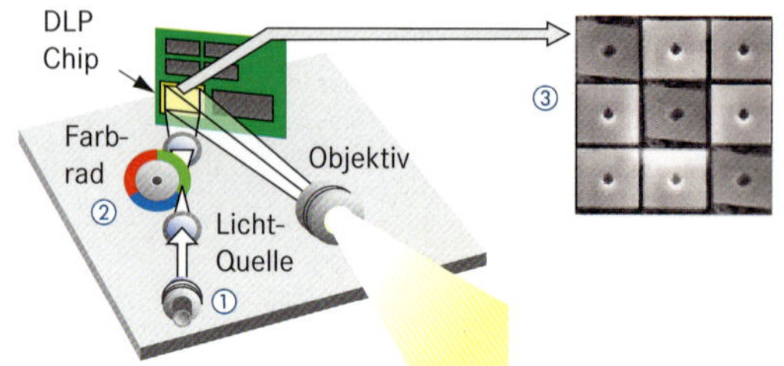

ATX-Format und ATX-Standards

- **ATX: A**dvanced **T**echnologie E**x**tended (Formfaktor)
- Es handelt sich um eine Norm für Gehäuse, Netzteile, Hauptplatinen und Steckkarten.
- Der ATX-Formfaktor wurde 1996 als Nachfolger für den AT-Formfaktor (Advanced Technology) eingeführt. Motherboardabmessungen: 305 mm x 244 mm (12" x 9,6")
- Im ATX-Standard verfügen die Netzteile mindestens über folgende Stecker:
  - ATX 1.0: 20-Pin-Stecker und FDPC-Stecker
  - ATX 1.3: 20-Pin-Stecker, FDPC-Stecker und APC-stecker
  - ATX EPS: 24-Pin-Stecker, FDPC-Stecker und EPS-Stecker
  - ATX 2.0: 24-Pin-Stecker, FDPC-Stecker und PCI-Express-Stecker
  - ATX 2.2: 24-Pin-Stecker, FDPC-Stecker und PCI-Express-Stecker
- Ab ATX 2.0 sind zusätzlich SATA-Stecker vorhanden
- Die in den Abbildungen verwendeten Farben sind die gängigen Farben der Leitungen. Abweichungen sind möglich.
- Der 20-Pin-Stecker passt auch in die 24-Pin-Buchse (ggf. Adapter). Bei einem hohen Energieverbrauch ist eine stabile Funktion jedoch nicht gewährleistet.
- Der 24-Pin-Stecker passt auch in die 20-Pin-Buchse, wenn genügend Platz auf dem Motherboard vorhanden ist.

Netzteil

- Leistung *P* in Watt (W):
  Dabei muss beachtet werden, dass die Gesamtstromstärke auf verschiedene Leitungen bzw. Geräte/Erweiterungskarten (z. B. Grafikkarte) verteilt wird.
- Eingangsgrößen AC:
  Wechselspannungsbereich *U* in Volt (V) und Frequenz *f* der Wechselspannung in Hertz (Hz)
- Ausgangsgrößen DC:
  Gleichspannung *U* in Volt (V), Polarität (+ oder -) gegenüber einem gemeinsamen Bezugspunkt (Masse), maximale Stromstärke *I* in Ampere (A)

ATX-Stecker für das Motherboard

- **20 Pin** (Blick von unten auf den Stecker)

		Pin	Pin		
	+3,3 V	1	11	+3,3 V/Sensor	③
	+3,3 V	2	12	-12 V	
	Masse	3	13	Masse	
	+5 V	4	14	PS_ON	④
	Masse	5	15	Masse	
	+5 V	6	16	Masse	
	Masse	7	17	Masse	
①	PWR_OK	8	18	-5 V	
②	+5 V SB	9	19	+5 V	
	+12 V	10	20	+5 V	

① Power OK (Indikationssignal + 5 V und + 3,3 V stabil)
② 5 V DC, Spannung für Standby
③ Sensor-Anschluss für verschiedene Funktionen
④ Power Supply On, Netzteil wird eingeschaltet, wenn eine Verbindung mit Masse hergestellt wird (Steuereingang)
⑤ Reserve, meist unbelegt

- **24 Pin**

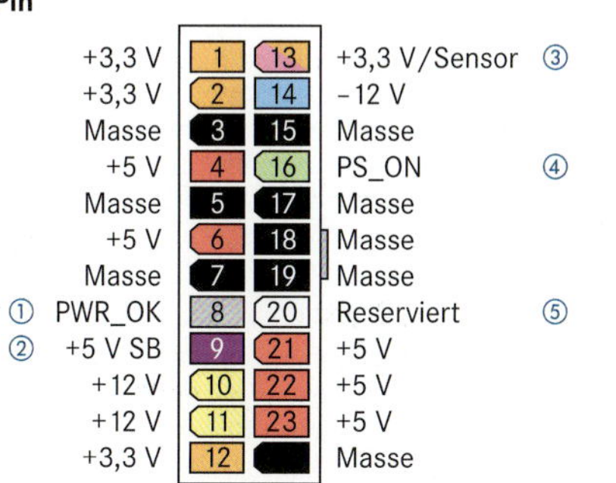

Stecker für die Spannungsversorgung von Peripheriegeräten des Motherboards

Stecker	Belegung
FDPC: Floppy **D**isk **P**ower **C**onnector Spannungsversorgung für Peripheriegeräte, 3,5"-Geräte, z. B. Diskettenlaufwerk	1: +5 V, 2: Masse, 3: Masse, 4: +12 V
PPC: Power **P**eripheral **C**onnector (Molex-Stecker) Spannungsversorgung für Peripheriegeräte, 5,25"-Geräte, z. B. Festplatte, CD-ROM, DVD-Laufwerk	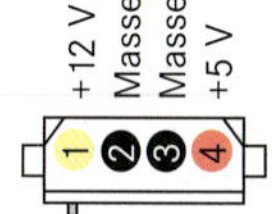 1: +12 V, 2: Masse, 3: Masse, 4: +5 V
APC: Auxilary **P**ower **C**onnector, Aux Power Stecker für Hilfsspannungsversorgung (Pentium 4) Entlastung des Steckers für das Motherboard	1: Masse, 2: Masse, 3: Masse, 4: +3,3 V, 5: +3,3 V, 6: +5 V
12 V Power Zusätzliche Spannungsversorgung für Prozessoren ab 60 W	Masse 1, 3 +12 V Masse 2, 4 +12 V
PCI-Express 12 V Spannungsversorgung für Erweiterungskarten PCI-Express	+12 V 1, 4 Masse +12 V 2, 5 Masse +12 V 3, 6 Masse
EPS Power: Extended **P**ower **S**upply Erweiterte 12 V Spannungsversorgung für Multiprozessor-Motherboards	Masse 1, 5 +12 V Masse 2, 6 +12 V Masse 3, 7 +12 V Masse 4, 8 +12 V
SATA Stecker Spannungsversorgung für Serial-ATA-Geräte (z. B. Festplatte)	1: +3,3 V, 2: +3,3 V, 3: +3,3 V, 4: Masse, 5: Masse, 6: Masse, 7: +5 V, 8: +5 V, 9: +5 V, 10: Masse, 11: Masse, 12: Masse, 13: +12 V, 14: +12 V, 15: +12 V

Merkmale

- Einrichtungen für die Telekommunikation oder für Rechnernetze müssen hochverfügbar sein.
- Der direkte Betrieb der Systeme oder Anlagen aus den öffentlichen Energienetzen, die eine Verfügbarkeit von 99 % bis 99,5 % erreichen, ist nicht möglich.
- Eingesetzt werden deshalb **unterbrechungsfreie Stromversorgungsanlagen** (IEC 62040-3).
- Unterbrechungsfreie Stromversorgungen werden aus dem öffentlichen Energienetz oder/und aus Netzersatzanlagen gespeist.
- Aufgaben von USV-Anlagen sind
  - **Umsetzen** der Spannungsart bzw. Spannungshöhe auf die erforderlichen Werte,
  - **Speichern** elektrischer Energie zur Überbrückung von Netzlücken bzw. -ausfällen,
  - **Regeln** der Speisespannungen unabhängig vom Über- oder Unterschreiten der Primärversorgung,
  - **Ausfiltern** von Überspannungen (z. B. Blitzschlag),
  - **Energieverteilung** an die nachgeschalteten Verbraucher.

Bezeichnungsschema

Beeinflussung Ausgangsspannung durch Eingangsspannung ①	① – ② ③ – ④ ⑤ ⑥	Änderung der Betriebsart ④ Linearer Lastsprung ⑤ Nicht linearer Lastsprung ⑥
	Normal o. Umgehung ②, Batteriebetrieb ③	
VFI: Voltage and Frequency Independent (Spannungs- und Frequenzunabhängig) **VI:** Voltage Independent (Spannungsunabhängig) **VFD:** Voltage and Frequency Dependent (Spannungs- und Frequenzabhängig)	**S:** Ausgangsspannung sinusförmig; Verzerrungsform D < 0,08 bei linearer und nichtlinearer Belastung **X:** Ausgangsspannung sinusförmig bei nichtlinearer Belastung; Verzerrungsfaktor D > 0,08 bei Überlastung **Y:** Ausgangsspannung nicht sinusförmig	**1:** unterbrechungsfrei **2:** Spannungsunterbrechung < 1 ms **3:** Spannungsunterbrechung < 10 ms **4:** Eigenschaften vom Hersteller definiert

VFD-Prinzip

bisherige Bezeichnung: Off-line USV

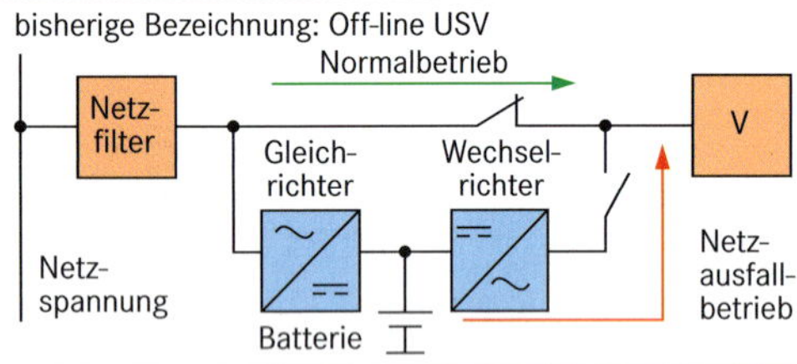

Wirkprinzip:
Normalbetrieb: Der Verbraucher (V) wird direkt aus dem Netz versorgt; die Batterie wird kontinuierlich über den Ladegleichrichter geladen. Bei Netzausfall erfolgt die Umschaltung auf den Batteriekreis über den Wechselrichter ('Backup'-Kreis).

VFI-Prinzip

bisherige Bezeichnung: On-line USV

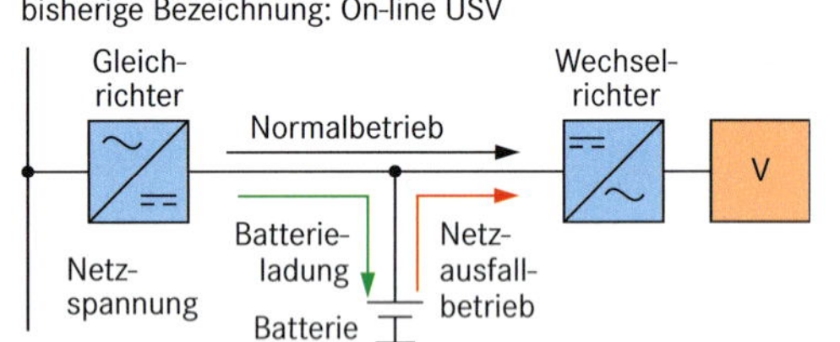

Wirkprinzip:
Normalbetrieb: Gleichgerichtete Netzwechselspannung versorgt Batterie und Wechselrichter der Gleichspannung versorgt Verbraucher (V).
Bei Netzausfall erfolgt lückenloser Übergang auf die Speisung aus der Batterie.

VI-Prinzip

bisherige Bezeichnung: Line-Interactive USV

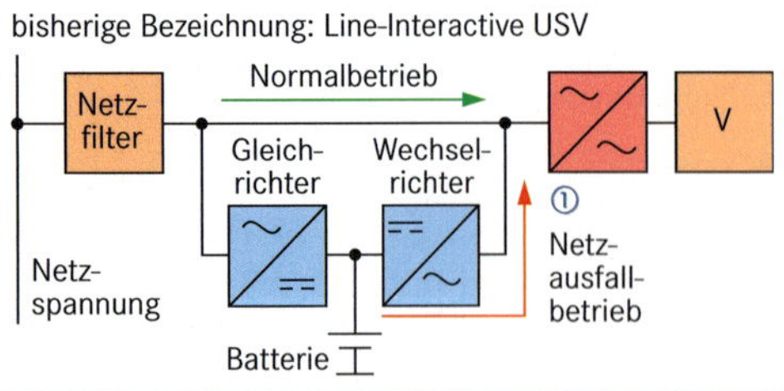

Wirkprinzip:
Normalbetrieb: Netzspannung wird über Wechselrichter ①, der die Netzschwankungen ausregelt, direkt an Verbraucher (V) geleitet; Batterie wird parallel geladen. Batteriekreis wird nur bei Totalausfall des Netzes zugeschaltet (insgesamt hoher Wirkungsgrad).

Anwendung

Telekommunikationsanlage

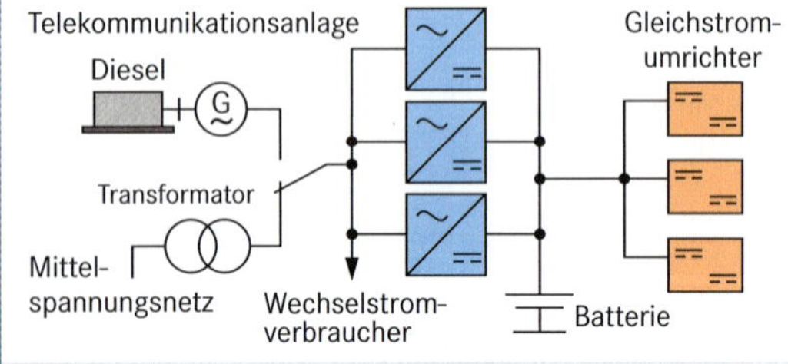

Aufbau:
Energieversorgung erfolgt aus öffentlichem Energienetz und rotierendem Umformer (Netzersatzanlage).
Netzgleichrichter sind zur Erhöhung der Verfügbarkeit mehrfach ausgeführt. Verbraucher, Gleichrichtergeräte und Batterien sind parallel an die Gleichstromsammelschiene angeschlossen.

Merkmale

- Stationäre Batterien und Batterieanlagen dienen zur **Energiespeicherung** und werden eingesetzt in
  - Telekommunikationsanlagen,
  - Kraftwerksanlagen,
  - Sicherheitsbeleuchtungen und Alarmsystemen,
  - unterbrechungsfreien Stromversorgungen,
  - ortsfesten Dieselstartanlagen,
  - photovoltaischen Anlagen.
- Die verwendeten Batterien können wieder aufgeladen werden und werden deshalb als Batterien mit **sekundären Zellen** bezeichnet.
- Die Zellen werden nach Bauart unterschieden in
  - **geschlossene Zelle** (mit Gehäusedeckel und Öffnung im Deckel zur Gasentweichung),
  - **verschlossene Zelle** (vollständig verschlossen, mit Überdruckventil zur Gasentweichung bei zu hohem Innendruck; Elektrolyt kann nicht nachgefüllt werden),
  - **gasdichte Zelle** (verschlossene Zelle, die im Betrieb weder Gas noch Elektrolyt freisetzt; überdimensionierte negative Elektrode; keine H_2 Entwicklung; kein Nachfüllen des Elektrolyten möglich; Zelle wird während der gesamten Lebensdauer im verschlossenen Zustand betrieben).
- Bei Batterien oder Batterieanlagen entstehen **Gefahren** durch
  - elektrischen Strom,
  - austretende Gase und
  - Elektrolytenflüssigkeiten.
- Zur **Vermeidung dieser Gefahren** sind Batterieanlagen mit entsprechenden Schutzmaßnahmen auszurüsten.

Schutzmaßnahmen

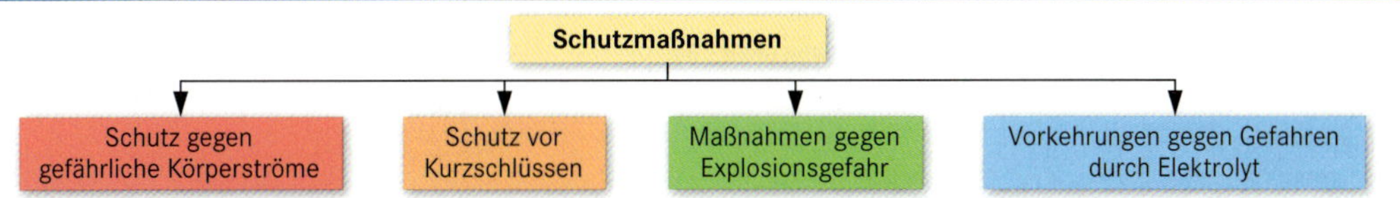

Direktes Berühren

- Schutz gegen **direktes Berühren aktiver Teile** ist durch folgende **Schutzmaßnahmen** realisierbar:
  - Isolierung aktiver Teile
  - Abdecken oder Umhüllen aktiver Teile
  - Einbau von Hindernissen
  - Einhalten von Schutzabstand
- Schutz durch Abdeckung oder Umhüllung muss nach Schutzart IEC 60529 P2X ausgeführt sein.
- Schutz durch **Hindernisse** oder durch **Abstand** ist z. B. bei Batterien mit DC 60 V bis 120 V zwischen den Polen bzw. gegen Erde die Unterbringung in **elektrischen Betriebsstätten**, bei höheren Spannungen die Unterbringung in **abgeschlossenen, elektrischen Betriebsstätten**.
- Batterien mit **Bemessungsspannungen bis zu DC 60 V** erfordern keinen Schutz gegen direktes Berühren, sofern die gesamte Anlage den Bedingungen für **SELV** (**S**afety **E**xtra **L**ow **V**oltage) und **PELV** (**P**rotective **E**xtra **L**ow **V**oltage) entspricht.

Indirektes Berühren

- **Schutz bei indirektem Berühren** (IEC 60364-4-41) kann wie folgt realisiert werden:
  - Automatische Abschaltung
  - Verwenden von Geräten der Schutzklasse II oder gleichwertiger Isolierung
  - Nichtleitende Räume (in besonderen Anwendungsgebieten)
  - Örtlicher, erdfreier Potenzialausgleich
  - Schutztrennung
- **Dauernd zulässige Berührungsspannung** ist festgelegt auf DC 120V (Grenzwert, IEC 60449).
- **Batteriegestelle oder -schränke** aus Metall müssen an den Schutzleiter angeschlossen oder gegen die Batterie und den Aufstellungsort isoliert sein.
- **Kriechstrecken** und **Sicherheitsabstände** sind nach IEC 60664, **Hochspannungsprüfung** mit AC 4000 V, 50 HZ, 1 Minute auszuführen.

Explosionsgefahr

- Während der Ladung, Erhaltungsladung und bei Überladung treten Gase aus allen Zellen aus.
- **Explosive Mischung** entsteht, wenn die Wasserstoffkonzentration mehr als 4 % Wasserstoff in der Luft übersteigt.
- **Batterieräume** und **Schränke** sind durch natürliche oder technische **Lüftung** unter dem oben genannten Grenzwert zu halten.

Elektrolyt

- **Bleibatterien:** Wässrige Lösung aus **Schwefelsäure**.
- **NiCd-Batterien:** Wässrige Lösung aus **Kaliumhydroxid.**
- Gefahr: **Starke Verätzungen** auf der Haut und in den Augen
- Schutz: Schutzbrille (Schutzschild), Schutzhandschuhe, Schürze zum Schutz der Haut.
- **Ausgetretener Elektrolyt** ist umgehend mit saugfähigen Materialien (neutralisierend) aufzunehmen.

Kurzschluss

- **Kurzschluss:** Gespeicherte Energie wird freigesetzt und kann zum Schmelzen von Metallen, zu Funkenbildung, zu Explosionen oder zum Verdampfen des Elektrolyten führen.
- Der **Isolationswiderstand** zwischen dem Batteriekreis und anderen leitfähigen örtlichen Teilen muss größer als 100 Ohm/V der Batteriespannung sein (Leckstrom < 10mA).

Wartungsarbeiten

- Bei **Arbeiten in der Anlage** darf nur isoliertes Werkzeug verwendet werden.
- Für **ungefährliche Wartungsarbeiten** sind Batterieanlagen wie folgt auszurüsten:
  - **Abdeckungen** für die Batteriepole
  - **Mindestabstand** von 1,5 m zwischen berührbaren, aktiven Leitern der Batterien, die ein Potenzial von mehr als DC 1 500 V führen
  - **Vorrichtung zur Auftrennung** von Zellengruppen

Merkmale

- Der Einsatz elektrotechnischer und elektronischer Geräte erfolgt weltweit in unterschiedlichen Umgebungsbedingungen.
- **Umgebungsbedingungen** sind in diesem Zusammenhang u. a. klimatische Bedingungen (z. B. Temperatur, Luftfeuchte usw.), aber auch die Arten des Einsatzes, (z. B. ortsfester oder ortsveränderlicher Einsatz) einer Einrichtung.
- Im Rahmen der Planung für die Errichtung einer Anlage ist deshalb eine genaue Kenntnis der zu erwartenden Umgebungsbedingungen erforderlich und zu berücksichtigen.
- Gegebenenfalls sind spezielle Maßnahmen zu treffen, wie z. B. die Errichtung einer Klimaanlage, um den zuverlässigen Betrieb der Gesamtanlage zu garantieren.
- Umgebungsbedingungen sind über einen längeren Zeitraum in den Regionen der Welt ermittelt worden und z. B. in der DIN IEC 60721 bzw. in der CENELEC HD 478xxx nach verschiedenen Kriterien (s. u.) klassifiziert.

Einteilung

IEC 60721 **Klassifizierung von Umweltbedingungen** (classification of environmental conditions)	IEC 60721 - 1	Vorzugswerte für Einflussgrößen (invironmental parameters and their severties)
	IEC 60721 - 2 - 1	Temperatur und Luftfeuchte (temperature and humidity)
	IEC 60721 - 2 - 2	Niederschlag und Wind (precipitation and wind)
	IEC 60721 - 2 - 3	Luftdruck (air pressure)
	IEC 60721 - 2 - 4	Sonnenstrahlung (solar radiation)
	IEC 60721 - 2 - 5	Staub, Sand, Salz (dust, sand, salt mist)
	IEC 60721 - 2 - 6	Seismische Einflüsse (earthquake, vibration and shock)
	IEC 60721 - 2 - 7	Fauna und Flora (fauna and flora)
	IEC 60721 - 3 - 0	Klassen von Einflussgrößen; Einführung (classification of groups of environmental parameters and their severities); introduction
	IEC 60721 - 3 - 1	Langzeitlagerung (storage)
	IEC 60721 - 3 - 3	Ortsfester Einsatz, wettergeschützt (stationary use at weatherprotected locations)
	IEC 60721 - 3 - 4	Ortsfester Einsatz, nicht wettergeschützt (stationary use at non-weatherprotected locations)
	IEC 60721 - 3 - 6	Einsatz auf Schiffen (ship environment)
	IEC 60721 - 3 - 7	Ortsveränderlicher Einsatz (portable and non-stationary use)
	IEC 60721 - 3 - 9	Mikroklimate innerhalb von Erzeugnissen (microclimates inside products)

Technoklimate

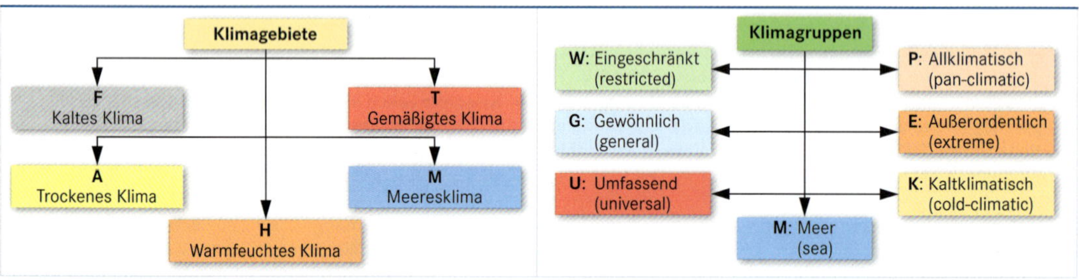

Einteilung

- Die **Klimagebiete** werden nach **mittleren Extremtemperaturen** unterteilt
  - bei **Landklimaten** der mittlere Jahrestiefstwert der Lufttemperatur t_n und
  - bei den **Meeresklimaten** der Normalwert des Jahresmittels der Meeresoberflächen-Wassertemperatur t_a an der unteren Grenze des jeweiligen Meeresklimas.
- **Bezeichnungsbeispiele:**
  - H_5: Ausgeglichenes warmfeuchtes Klima.
  - A_{-55}: Winterextremes trockenes Klima.

Zuordnung	t_n in °C	Klassierende Eigenschaft
Landklimate	-85	winterexzessiv
	-55	winterextrem
	-40	winterkalt
	-25	winterrauh
	-15	winterkühl
	5	ausgeglichen
Zuordnung	**t_a in °C**	**Klassierende Eigenschaft**
Meeresklimate	-2	kalt
	5	gemäßigt
	18	warm

Software

196 Softwaregrundlagen
198 Softwareentwicklung
199 Programmiersprachen
200 Software Engineering
204 Vorgehensmodelle in Entwicklungsprojekten
205 Programmtest
206 Softwarequalität
207 Softwaretest
208 Programmbeschreibungen
209 Programmablaufplan, Struktogramm
210 Formate
211 Softwarebegriffe
212 Programmierfehler
213 Algorithmus
214 Sortieralgorithmus
214 Mathematische Software
215 Kontrollstrukturen
216 Datentypen und -strukturen
217 Objektorientierter Ansatz
218 Klassenbeschreibungen
218 UML
221 BASIC – VB – VBA
222 Fortran
222 ADA
223 C
225 C++
226 C-Bibliotheken
226 C#
227 Java
229 Perl
229 Simulationen
230 Datenbankübersicht
231 Datenbankarchitektur
232 Relationale Datenbanken
233 Datenbanksprachen
234 SQL
235 Relationale Datenbankerstellung
237 Office-Software
238 Maple
239 Web-Technologien
240 HTML
241 CMS
241 Schnittstellen
242 XML
242 JavaScript
244 PHP
245 Logik
247 Benutzungsschnittstelle
247 Komplexe Anwendungssysteme
248 Kooperationssysteme
249 PostScript (PS) und PDF
250 BIOS – Basic Input-Output System
251 UEFI – Unified Extensible Firmware Interface
252 Betriebssysteme
253 Betriebssystemprozesse
254 Virtualisierung
255 UNIX
256 MS-DOS
256 LINUX
257 MS Windows
257 Softwaregeneratoren
258 Registry
259 ActiveX
259 DirectX
260 Bedienprozesse
262 Information
263 Informationstheorie
264 Agile Methoden
265 Scrum
266 Anforderungsmanagement

Einteilungen

- Es wird zwischen **Soft-** und **Hardware** unterschieden. Mit Hardware werden die materiellen Geräte, mit Software werden die immaterielle Ware bzw. Systembestandteile bezeichnet.
- Oftmals wird unter Software ein Programm verstanden.
- Die Steuerung der informationstechnischen Geräte und die Verarbeitung der Daten erfolgt durch spezifische Software.
- Programmiersprachen gehören zur systemnahen Software.

Programmierspracheneinteilung

1	Hardwarebezogene Programmiersprachen
2	Maschinennahe Programmiersprachen
3	Höhere Sprachen

- Assemblersprachen sind maschinennahe Sprachen.

Softwareunterscheidungen

Systemsoftware vs. Anwendungssoftware	**Public Domain** freie, kostenlose, ungeschützt Software
Standardsoftware vs. Individualsoftware	Kostenpflichtige Software-Lizenz
Systemgebundene Software vs. Plattformunabhängige Software	**Freeware** geschützt, aber kostenfrei
	Shareware Software – bezahlbar nach einer Testphase

vs.: versus (gegen)

Programmiersprachenbeziehungen

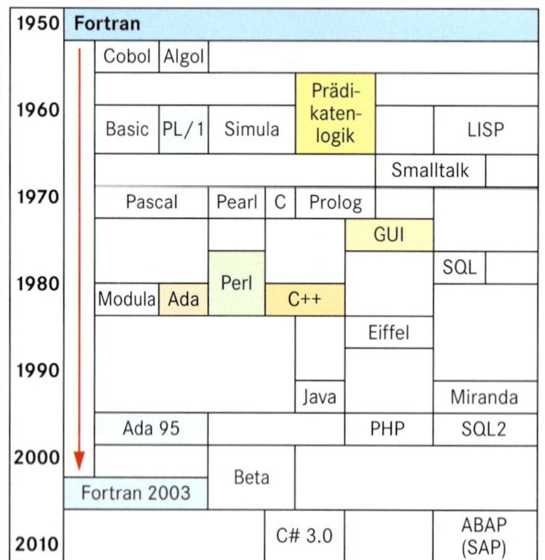

GUI: **G**raphic **U**ser **I**nterface [Graphische Schnittstelle (Maus)]

Prädikatenlogik: Vertiefte Erfassung von logischen Strukturen (Sätze); bedeutsam für KI-Sprachen und -Modelle (Lisp, Prolog, ...)

Programmierspracheneinteilungen

- **Variante A** (Fünf Generationen werden unterschieden)
  1. Maschinensprachen
  2. Assemblersprachen
  3. Problemorientierte Sprachen (Ada, C, Fortran, PL/1, ...)
  4. Nichtprozedurale Sprachen (Delphi, SQL, ...)
  5. Künstliche Intelligenz Sprachen (Lisp, Prolog, ...)

  Hierbei werden 1 und 2 zu den **systemabhängigen** und 3, 4 und 5 zu den **systemunabhängigen Sprachen** gezählt.
- **Variante B**

  Imperative (befehlsorientierte) **Sprachen**
  - Prozedurale Konzeption (Ada, FORTRAN, PASCAL, C, PL/1)
  - Funktionale Orientierung (Lisp)

  Deklarative (aussageorientierte) **Sprachen**
  - Logische Programmierung (Prolog)
  - Objektorientierung (C++, Java, Smalltalk)

Qualität

Kriterien von Programmiersprachen (nach DIN ISO 9126)

Kriterium	Inhalt
Änderbarkeit	Aufwand für Anpassungen und Korrekturen
Benutzbarkeit	Benutzungsaufwand – besonders auch aus der Sicht individueller Gruppen
Effizienz	Leistungsniveau der Software in Relation zum Umfang der eingesetzten Betriebsmittel
Funktionalität	Funktionen müssen mit festgelegten Eigenschaften vorliegen. Definierte Anforderungen müssen von den Funktionen erfüllt werden
Übertragbarkeit	Einsetzbarkeit der Software bei unterschiedlichen Bedingungen/Umgebungen
Zuverlässigkeit	Über einen definierten Zeitraum muss die Software ihre Leistung konstant erbringen können

Programmiersprachen-Entwicklung

- Ziele bei der derzeitigen Entwicklung professioneller Sprachen: Die Programmiersprache soll

1	**lernfähig** in komplexen Umgebungen (Prozessstrukturen; Internet; Netze) sein
2	**fehlertolerant** und **stabil funktionsfähig** sein
3	eine lange „**Gebrauchs-Halbwertszeit**“ besitzen

- Aktuelle PS-Entwicklungen

- Einsatz von Entwicklungsumgebungen (zum Beispiel Eclipse) und von Software-Generatoren
- Integrale Programmierung (Windows-Programmierung)
- Cloud-Programmierung
- Plattform unabhängiger Programmgestaltungen
- Agenten-Programmierung
- Offene Quellcodegestaltung
- Metaprogrammierung
- Externe Programmierung
- Interface-Programmierung
- Refactoring
- Unit-Testen

Programmiersprachengestaltung

- **Ähnlichkeit:** Vergleichbare Programmierstukturen (-konzepte) sollen einen ähnlichen Aufbau besitzen.
- **Eindeutigkeit:** Die Programmelemente sollen eindeutig und klar erkennbar sein. Ebenfalls sollten Fehler eindeutig identifizierbar sein.
- **Einfachkeit:** Möglichst wenige Konzepte und Strukturen sollen zum Einsatz kommen.
- **Lesbarkeit:** Syntax muss möglichst leicht lesbar sein (geringer Schulungsaufwand).
- **Orthogonalität:** Grundfunktionen sollen schnittstellenfrei sein.
- **Reichhaltigkeit:** Der Umfang der Sprache sollte eine möglichst einfache Problemabbildung ermöglichen.

Programmiersprachenbewertung

Bewertungsaspekte	
- **Lesbarkeit** der Syntax - **Fehlererkennung** im Programm	- Programmwartung - Erweiterbarkeit - Erlernbarkeit
- Ablaufgeschwindigkeit - Realzeitprozesse - Speicherverwaltung - Hardware-Nähe - Hardwareaufwand	- Graf. Benutzeroberflächen - Vererbung/Polymorphie - Software-Bibliotheken - Umfang der Klassenbibliotheken

Einsatzbereiche der Programmiersprachen

- **Abfragesprachen** (DB): SQL, QBE
- **Dokumente**: TeX, LaTeX, HTML
- **Echtzeitprogrammierung**: PEARL
- **Grafik (Oberflächen)**: Smalltalk
- **Industrieroboter**: IRL, ARLA, SRCL, VAL II, AML
- **Internet/Web**: HTML, Java
- **Künstliche Intelligenz**: Lisp, Prolog, LOGO
- **Lernbereich**: Basic, Delphi, Pascal, VBasic
- **Netzprogrammierung**: Perl (z.T. C, Pascal)
- **Simulationssoftware**: Simula 67
- **Systemprogrammierung**: C
- **Technik-Wissenschaft**: Fortran, C/C++, Java
- **Universell**: Ada, Algol, C++, Java, Pascal, PL/1
- **BWL**: Cobol

IT-Test-Begriffe/Abkürzungen

- **Benchmark-Tests** (Benchmark: Lösungsprogramm) Verfahren zur Ermittlung der Leistungsfähigkeit von IT-Systemen, z. B. über die Ermittlung von Primzahlen (Referenzdaten).
- Ermittelt werden die Leistungen von Hardware-Systemen und Software-Systemen (Compilern, Interpretern, Software-Rechenprogrammen, ...)
- Die Leistungsfähigkeit im Benchmark-Test wird als **IPS** (oder **MIPS**) oder über **FLOPS** ermittelt.
  - **FLOPS**: **Fl**oating Point **O**perations **P**er **S**econd [Gleitkommaoperationen (Additionen oder Multiplikationen) pro Sekunde]; (10^{15} Floating Point Instructions per Second: 1 Peta-FLOPS)
  - **IPS**: (Programm-)**I**nstruktionen **p**ro **S**ekunde (engl.: Instructions per Second)
  - **MIPS**: **M**illionen (Programm-)**I**nstruktionen **p**ro **S**ekunde (engl.: Mega Instructions per Second) (1 MIPS: eine Million Maschinenbefehle in der Sekunde)

Entwicklungswerkzeuge

- Für die Programmgestaltung werden grafische Bedienoberflächen, Softwaregeneratoren und integrierte Entwicklungsumgebungen (**IDE**: **I**ntegrated **D**evelopment **E**nvironment) eingesetzt. Vorgefertigte (Teil-)Programme werden genutzt.
- Auch werden **Testgeräte, speziell** Debugger verwendet. **Debugger**: Werkzeug zur Softwarefehlerbeseitigung (von **bug**: (Software-)Fehler (engl.: Küchenschabe, Laus)).

Turing-Maschine

- Folgende Bestandteile gehören zur Maschine:
  - ein Speicherband (beliebiger Länge)
  - ein Lese- und Schreibkopf
  - eine Steuerung für die Köpfe
  - feste Regeln für die Schreib- und Leseprozesse
- Das Speicherband soll zellenartig eingeteilt sein.
- Die Maschine schreibt die Informationen bitweise auf das Speicherband. So kann sie diese wieder ab- und auslesen.
- Eine Steuerung leitet die Schreib- und Leseprozesse:

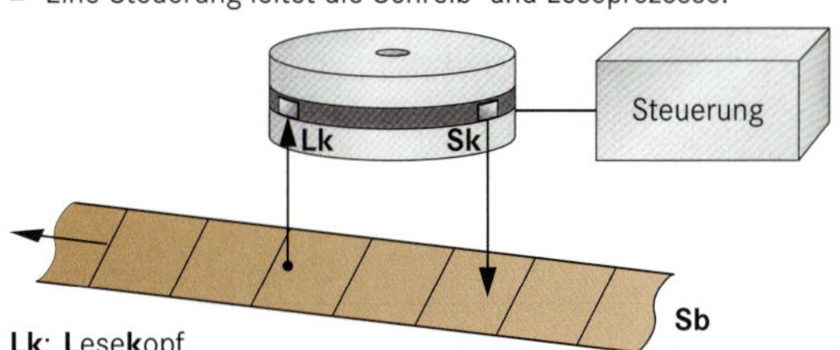

Lk: **L**ese**k**opf
Sk: **S**peicher**k**opf
Sb: **S**peicher**b**and mit Speicherzellen
(Das Band wird am Kopf vorbei bewegt.)

- Die Steuerung wird durch feste Regeln geführt.
- Der interne Zustand der Maschine steht in enger Beziehung zu den Kopfbewegungen. Informationen werden verrechnet.
- Der Rechenprozess drückt sich in den Kopfbewegungen – nachvollziehbar – aus. Rechnen ist als Zustandsänderung zu verstehen.
- Kognitive Prozesse können nach diesem Modell geordnet in interne Rechenprozesse umgesetzt werden.

These von Church

- Jede in ein Rechenprogramm umsetzbare Problemlösung kann nach Church durch die Turingmaschine aufgelöst werden: Die Klasse der intuitiv berechenbaren Funktionen entspricht der Klasse der Turing-berechenbaren Funktionen. Intuitiv berechenbare Funktionen sind register-berechenbare Funktionen.
- Und die Turingmaschine stellt das Grundmodell jeder klassisch gestaltbaren Rechenmaschine dar.

Problem und Automat

- Programmiersprachen sind **formale Sprachen** zur Erstellung von Software. Unterschieden werden zum Beispiel:
  - reguläre Sprachen
  - kontextfreie Sprachen
  - Typ-1, Typ-0-Sprachen

  Die Problemlösungsstruktur kann mit Automatenmodellen erfasst werden. Hierfür werden Grammatiken bestimmt. Prinzipiell wird elementar unterschieden zwischen den Sprachen: Turing/LOOP/WHILE/GOTO

Algorithmische Informationstheorie

- Bei der klassischen Problemlösung wird der Schwierigkeitsgrad des Problems nach der zu verwendenden mathematischen Funktion eingeteilt:
  - Lösung mit Polynomfunktionen
  - Lösung mit exponentiellen Funktionen ($e^x = \exp(x)$)
  - Lösung mit Fakultätsfunktionen (n!)
- Die Zuordnung von Problemlösungen zu entsprechenden mathematischen Funktionen wird näher von der Komplexitätstheorie untersucht (Komplexitätsproblematik).
- Bedeutsam sind Algorithmen unter Verwendung von **Polynomfunktionen**. Diese effizienten Algorithmen können vom Rechner zeitlich angemessen gelöst wwerden.
- **Polynomfunktionen**:
  Funktion auf der Basis von Polynomen p(x):
  p(x) $:= a_n \cdot x^n + \dots a_1 \cdot x^1 + a_0 \cdot x^0$ ($a_n \dots a_1 \in \mathbb{R}$; $x^0 = 1$ für $x \neq 0$)
- Problemlösungen unter Verwendung von exponentiellen Funktionen (e^x) und/oder Fakultätsfunktionen gelten als unzugänglich (bzw. hart). (Fakultät von $n = n! = 1 \cdot \dots \cdot n$; mit $0! = 1$)
- Die moderne Mathematik hat erkannt, dass es nicht entscheidbare Probleme gibt. Diese können nicht durch einen Algorithmus in endlicher Zeit exakt und vollständig gelöst werden.

P und NP

Unterschieden werden die Problemklassen **P** und **NP**.

- **P**: Polynome Laufzeit der Problemlösungsalgorithmen (es liegt eine deterministische Rechenzeitbeschränkung vor)
- **NP**: Klasse der probleme mit Lösungen in nichtdeterministischer polynominaler Zeit
- Allgemein gilt: $P \subset NP$; die Umkehrung ist unklar.

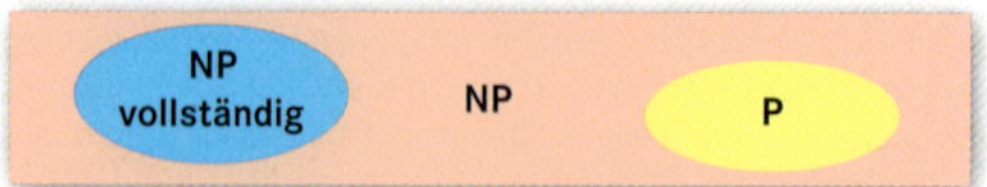

- Das **P-NP-Problem** gehört als eines der großen aus dem Bereich der Informatik zu den Milleniums-Problemen (nach Clay M. Institut, USA).

Elementare Programmiersprachen

- Jede Sprache besteht aus **Symbolfiguren** (z. B. Wörtern).
- Die Symbolmenge wird als **Alphabet** bezeichnet.
- Die Symbolfolgen dürfen unter Beachtung von Regeln (**Syntax**) verbunden werden.

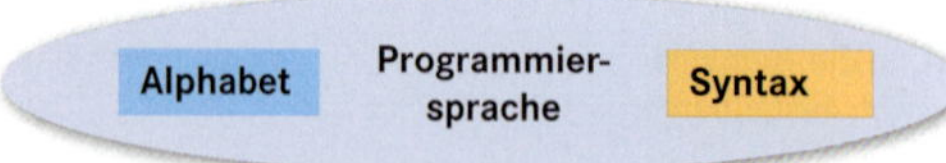

- In jeder Programmiersprache werden **Schlüsselzeichen** und -**wörter** verwendet, mit denen spezielle Aufgaben einhergehen und die nicht beliebig genutzt werden dürfen.
- **Programme**: Eine Lösungsidee für ein Problem kann mittels einer Programmiersprache in eine Anweisungsabfolge überführt werden. Diese Anweisungsabfolge wird auch kurz **Programm** genannt.
- Die Turing-Maschine ist eine Modellkonzeption zu einer (Register-)Maschine, mit der registerberechenbare Funktionen bewältigt werden können und die tatsächlich hard- bzw. softwaretechnisch realisiert werden kann.

Programmerstellung

- Ausgehend von der Problemlösungsidee wird ein geeignetes **Algorithmenkonzept** bestimmt. Diese wird in eine regelorientierte Struktur überführt. Dazu wird ein Bitcode erzeugt, der in eine maschinenlesbare Form überführt wird. Die Übersetzung wird von einem **Übersetzer** (**Compiler** bzw. **Interpreter**) vorgenommen.
- **Abfolge: Problem**
  Algorithmus
  Programm
  Allgemein wird angenommen, dass entscheidbare Probleme mit Blick auf die Maschinenkonzeption von Turing durch „do-while" - Befehlsstrukturen auflösbar sind.
- Im Detail werden u. a.
  - **Ablauf-**,
  - **Berechnungs-**,
  - **Verarbeitungs-** und
  - **Sortierstrukturen** ausgewählt.
- Gestaltung von Programmeinheiten zur **Datenein-** und **-ausgabe**.
- **Variablentypen** werden festgelegt. Den Variablen werden z. B. Namen zugeordnet und Initialisierungen erfolgen.
- Verarbeitungsanweisungen, Kontrollstrukturen und Bedingungen für Schleifenstrukturen werden bestimmt.
- Während der Programmgestaltung werden Tests vorgenommen.

Programmeinheiten

- Es werden von Herstellern vorgefertigte Programmeinheiten (**Routinen**) den Nutzern zur Verfügung gestellt. Diese sind zum Teil in der Entwicklungsumgebung integriert und können z. B. über „Schlüsselwörter" aktiviert werden. Beispiel: Der Befehl >CLS< („clear screen") verursacht eine „Bildschirmsäuberung". Der Bildschirm wird vollständig mit Leerzeichen überschrieben.
- Vorgefertigte Routinen werden zu **Bibliotheken** zusammengefasst. Sie werden zum Teil kostenlos zur Verfügung gestellt. Der Anwender kann die einzelnen Routinen an seine Fragestellung anpassen.
- Problemstellungen werden zu kleineren Problemeinheiten zusammengebunden. Hierfür werden Lösungen erstellt, die in Form von **Modulen** eingesetzt werden können.
- Durch die strikte Trennung von Funktionen und Inhalten (Daten) konnten allgemeine Problemlösungen gefunden werden. Die strikte Modularisierung der Probleme und Lösungen führt zu einer lokalen Verknüpfung von Daten und Methoden im Rahmen der objektorientierten Programmierung.

Entwicklungsprobleme

Bei vielen Softwareentwicklungen treten aufgrund von unrealistischen Vorgaben/Einschätzungen Zeitverzögerungen auf, z. B.:

Unklare Anforderungsvorgaben und kontinuierliche Veränderung der Wünsche/Ziele/Anforderungsprofile	Überschätzung der technischen Möglichkeiten und personellen Ressourcen beim Löser
Perfektionszwang bei Anwendern, Auftraggebern und Lösern.	Überschätzung der kognitiven Qualifikationen beim Löser und Anwender
Unrealistische Termin- und Kostenvorgaben	Unpassende bzw. ungeeignete Lösungskonzepte für die Erstellung von Funktionen, Eigenschaften, Bedienoberflächen
Defizitäre Dritt- und Fremdprodukte	

Name	Anwendung/Eigenschaften
Ada benannt nach Ada Byron	■ leichtes Programmieren durch klare Ausdrücke ■ gute Fehlererkennung ■ assemblernahe Programmierung ■ andere Programmiersprachen lassen sich leicht einbinden ■ echte Realtime-Sprache
Algol **Algo**rithmic-**L**anguage DIN 66 026	■ algorithmische Formelsprache ■ strukturiertes Programmieren möglich ■ Ursprache für neuere Programmiersprachen ■ keine Realtime-Sprache
Basic **B**eginners **A**ll **P**urpose **S**ymbolic **I**nstruction **C**ode DIN 66 284	■ leicht erlernbar ■ problemorientierte Sprache ■ Einsatz im technisch-wissenschaftlichen Bereich ■ vielfältige Abwandlungen verfügbar (GW-Basic, Turbo-Basic, ...) ■ bedingtes Realtime-Verhalten
C entwickelt aus Basic **C**ombined Programming Language	■ maschinennahe Programmierung ■ kompakter Code ■ Einsatz u. a. für Programmiersprachenentwicklung ■ Syntax sehr kompakt ■ strukturiertes Programmieren möglich ■ andere Programmiersprachen können eingebunden werden
C++	■ objektorientierte Variante von C
Cobol **Co**mmon **B**usiness **O**riented **L**anguage	■ problemorientierte Programmiersprache für kaufmännischen und administrativen Bereich ■ Programmcode ist lesbar wie englischer Text ■ entwickelt von der Mathematikerin Grace Murray Hopper ■ Cobol 85 ist standardisiert durch ANSI (ANSI-Cobol)
Fortran **For**mula **Tran**slation DIN 66 027	■ geeignet für Programmierung mathematischer Formeln ■ keine leistungsfähigen Sprachelemente für Ein-/Ausgaben ■ Buchstaben oder Zahlenfolgen nur umständlich programmierbar ■ strukturiertes Programmieren kaum möglich ■ Realtime-Verhalten bedingt ■ große Programmbibliotheken
JAVA	■ baut auf C++ auf ■ kleiner, portabler und leichter anwendbar als C++ ■ plattformneutral ■ Programme werden in Bytecode compiliert

Name	Anwendung/Eigenschaften
Lisp **List P**rocessing	■ listenverarbeitende Sprache (Listen: Aufzählung von Zahlen oder Zeichenfolgen) ■ nicht prozedural (keine Aneinanderreihung von Befehlen) ■ Programmaufbau besteht aus Funktionen ■ Anwendung in der künstlichen Intelligenz
Modula Modulare Sprache	■ Anwendung in der Prozesstechnik, Text-, Datei-Verarbeitung ■ maschinennahe Programmierung ■ Syntax ähnlich Pascal ■ Ablaufgeschwindigkeit ähnlich C-Programmen ■ für PCs verfügbar
Pascal benannt nach Blaise Pascal (1623 - 1662)	■ ursprünglich als Universalsprache gedacht ■ gute Strukturierung möglich ■ leichte Dokumentation ■ wenige Grundbefehle ■ mit Turbo-Pascal annähernd Realtime-Programmierung
Pearl **P**rocess and **E**xperiment **A**utomation **R**ealtime **L**anguage DIN 66 253	■ problemorientiert ■ rechnerunabhängig ■ Realtime Programmierung ■ Anwendung in Prozesssteuerung ■ Syntax ähnlich wie Pascal ■ unterstützt echtes paralleles Multitasking auf Multipozessor-Anlagen
PL/1 **P**rogramming **L**anguage No. **1**	■ problemorientierte Programmiersprache entwickelt von IBM ■ Anwendung auf Großrechnern ■ geeignet für technisch-wissenschaftliche und kaufmännische Anwendungen ■ enthält Elemente von Fortran und Cobol ■ weiterentwickelt zu PL/M
Prolog **Pro**gramming in **Log**ic	■ nichtalgorithmisch ■ anstelle von Prozeduren stehen Funktionen, die „wahr" oder „falsch" sein können ■ Anwendung bei der objektorientierten Programmierung
Simula **Simu**lation **La**nguage	■ erste objektorientierte Programmiersprache ■ einsetzbar für komplexe Anwendungen und zur Durchführung von Simulationen ■ entwickelt in Norwegen in den 60er Jahren
SMALLTALK	■ objektorientierte Programmiersprache ■ entwickelt von der Firma Rank Xerox (1970) ■ durch objektorientierte Entwicklungsumgebung (Editor, Compiler usw.) sehr benutzerfreundlich

Definition

- Software Engineering („Technik") ist ein Teilgebiet der Informatik.
- Sie wird definiert als ein systematischer, disziplinierter und bewertbarer Vorgang zur
  - Entwicklung,
  - Betrieb und
  - Pflege (Wartung)

  von Software.
- Sie umfasst eine Reihe von Tätigkeiten und Aufgaben, die über die reine Codierung eines Programmes hinausgehen.
- Verlangt, wie jede andere technische Disziplin, u. a. die Einhaltung festgelegter Standards und das Verständnis über den Anwendungs- und Einsatzbereich der zu erstellenden Software.
- Software Engineering beinhaltet eine Reihe von sogenannten Wissensbereichen. Diese beschreiben bzw. definieren die jeweiligen Aktivitäten (Vorgänge) bzw. die erforderlichen Kenntnisse, die, je nach zu lösender Aufgabenstellung, entsprechend detailliert abgearbeitet werden müssen.
- Die systematische Vorgehensweise im Bereich Software-Engineering ist eine wesentliche Voraussetzung für eine erfolgreiche Produktentwicklung.

Inhalte

Wissensbereiche (knowledge areas) [1)]

Anforderungen (requirements)

Themen	
Ermittlung Analyse Spezifikation Validierung	Beschreibung von funktionalen und nicht-funktionalen Eigenschaften des zu entwickelnden Systems (Lastenheft) Aufteilung der Funktionen auf Hard- und Softwarekomponenten. Anforderungen müssen widerspruchsfrei, konsistent und nachverfolgbar sein.

Konfigurationsmanagement (configuration management)

Themen	
Konfigurations-Kontrolle Audit	KM (CM) legt die Vorgehensweisen/Verfahren für die Entwicklung des Softwaresystems fest (z. B. V-Modell, Wasserfall-Modell) Beinhaltet die Konfigurationsüberwachung, Versionierung (Releaseplanung), Freigabe und Auslieferung.

Entwurf (design)

Themen	
SW-Struktur SW-Architektur Strategien Methoden	Der Entwurf beinhaltet die Festlegung der Systemarchitektur (Aufteilung der Funktionen auf Hardware und Softwarekomponenten). Die Softwarearchitektur beinhaltet die Beschreibung des sichtbaren Systemverhaltens nach außen und zwischen den Komponenten innerhalb des Systems.

Entwicklungsmanagement (engineering management)

Themen	
Projekt-Planung Projekt-Einführung Review	EM beinhaltet planen, steuern und überwachen der Durchführung der Entwicklungstätigkeiten. Definiert beteiligte Abteilungen/Personen und ordnet diesen Rollen im Entwicklungsprozess zu. Realisiert das Ressourcemanagement. Identifiziert Risiken im Prozess und definiert Maßnahmen zur Risikominderung.

Implementierung (construction)

Themen	
Modelle Programmier-sprachen Methoden	Mit der Implementierung wird die eigentliche Codierung eines Softwaresystems bezeichnet. Anwendung finden hier die unterschiedlichen Programmiersprachen und Methoden: ▪ Activity Charts (Aktivitäts-Diagramme) ▪ Endliche Automaten ▪ optimiert für automatischen Test

Entwicklungsprozess (engineering process)

Themen	
Prozess - Definition - Einführung - Anpassung - Messungen	Planung und Einführung (Umsetzung) des Entwicklungsprozesses. Durchführung des Ressourcen-, Risiko-, Änderungsmanagements (change request) und Qualitäts-Managements. Durchführung der Prozessüberwachung, Prozesssteuerung und Berichterstattung.

Testen (testing)

Themen	
Ziele Techniken Prozess Messungen	Mit dem Testen soll die Sicherstellung der Korrektheit, Vollständigkeit und Qualität der erstellten Software erreicht werden. Die Art des Testens ist abhängig von der Art der gewählten Implementierung und kann z. B. auf formaler oder funktionaler Ebene erfolgen. Grundlage sind Testspezifikationen.

Entwicklungs-Tools und -Methoden

Themen	
Tools für - Design - Implementierung, - Methoden	Anwendungsbereiche/Leistungsmerkmale - SE-Tools für z. B. Anforderungsmodellierung und -nachverfolgung, Implementierung, Engineering Prozess usw.) - Methoden, wie z. B. Heuristische-(Objektorientiert, Datenorientiert), Formale-Methoden (Spezifikationssprachen, ...)

Wartung/Pflege (maintenance)

Themen	
Wartungs-Prozess Wartungs-Techniken	Wartung/Pflege ist der Teil des Lebenszyklus eines Systems nach seiner Auslieferung. Dabei ist ggf. die Korrektur von Fehlern, die Ergänzung von Funktionen oder die Umstellung auf eine andere Systemplattform erforderlich.

Qualität (quality)

Themen	
Management Verifikation Validierung Review Audit	Anwendung von - Qualitätsmodellen (Anwendungsbereiche), - Verifikations-Methoden/Techniken, - Validierungs-Methoden/Techniken, - Review- u. Audit (Organsiation u. Durchführung) Qualitätskriterien der spezifischen Applikation

Verwandte Disziplinen (related disciplines)

Computertechnk, Informatik, Informationstechnik, Mathematik, Systemengineering, Projektmanagement, Qualitätsmanagement, Softwareergonomie

[1)] Siehe: SWEBOK (Guide to the Software Engineering Body of Knowledge)

Hintergrund

- Generell erfasst der Mensch nur **Teilaspekte** der Realität, die sich für ihn über Objekte und deren Beziehungen und vermittelnden Prozesse untereinander ausdrückt.
- Einzelne Objekte werden im Rahmen von Erkenntnismodellen zu **Objektmengen** vereinigt und mit maschinell erfassbaren Strukturen und Verfahren näher beschrieben, so dass Problemlösungen automatisiert werden können.

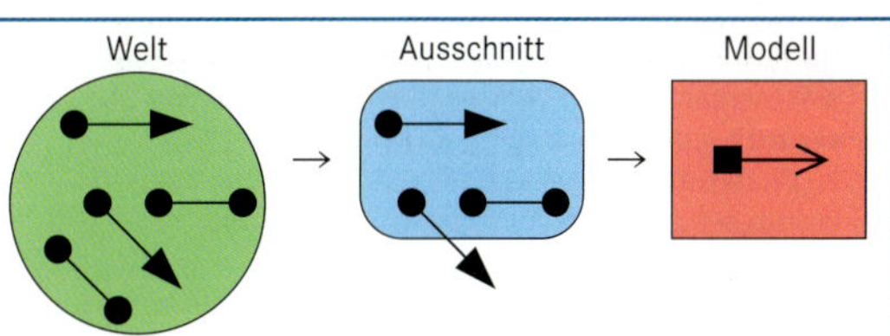

- Die Problemerfassung und -lösung hängt von der gewählten Lösungsbasis ab.
- Die methodischen Konzeptionen und technischen Werkzeuge ermöglichen verschiedenartige Lösungsperspektiven.
- Darüber hinaus müssen gerade bei komplexen Vorhaben Probleme aus den Bereichen der **Kommunikations- und Arbeitslehre** berücksichtigt werden. Angefangen von der Mehrdeutigkeit menschlicher Äußerungen bis zu uneffektiven Organisationsformen bestehen vielfältige Bereiche, die aufgrund ihrer Störbarkeit Entwicklungen beeinträchtigen können.

- Es existieren verschiedene Ebenen der Logik:
  - Bekannt sind **aussagen-** und **prädikatenlogische Kalküle**, mit denen Sprach- und Wissensstrukturen formalisiert werden können. Unter Verwendung prädikatenlogischer Konzeptionen zur Wissensrepräsentation entstand seit Mitte der 70er Jahre die KI (Künstliche Intelligenz)-orientierte Programmiersprache PROLOG (Programming in Logic).
  - Die Theorie der unscharfen Mengen führte zu **Fuzzy-Logik**, auf deren Basis leistungsfähige und schnelle Algorithmen zur Erfassung ungenauer und vager Aspekte erstellt werden können.

- Die systematische **Software-Entwicklung** unter ingenieurwissenschaftlichen Gesichtspunkten wurde aus folgenden Gründen notwendig:
  - Zunehmende Komplexität der Software-Produkte
  - Gestiegene Erwartungen an die Leistungsfähigkeit und Zuverlässigkeit der Programme

- Softwareprojekte ab etwa 100.000 Zeilen Quellcode werden als große Projekte bezeichnet:
  - Die Erfahrung zeigt, dass bei neu erstellter Software etwa 4 Fehler auf 1.000 Zeilen gefunden werden.
  - Die Wartungskosten machen etwa 70 % aus.
    Die Kosten der Programmkodierung nur 5 %.

Qualitätsebenen und -sichten

- Zur **inneren Ebene** gehören besonders die Aspekte Wartbarkeit und Systemdokumentation.
- Zur **äußeren Ebene** gehören die Aspekte Korrektheit, Robustheit, Zuverlässigkeit, Effizienz, Dokumentation für den Benutzer.

- Qualitätsaspekte aus **Sicht des Auftraggebers:** Effizienz, Zuverlässigkeit, Korrektheit, Wartbarkeit
- Qualitätsaspekte aus **Sicht des Benutzers:** Benutzerfreundlichkeit, Robustheit, Korrektheit, Zuverlässigkeit, Effizienz eines Programms
- Qualitätsaspekte aus **Sicht des Betreuers:** Wartbarkeit, Korrektheit, Zuverlässigkeit

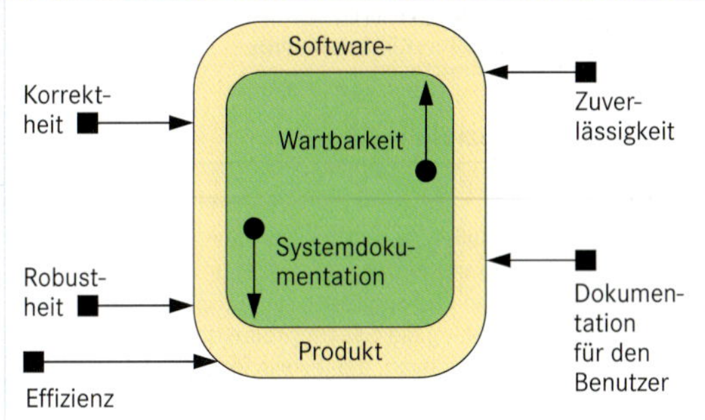

Prozessmodelle

Klassisches Phasenmodell (Wasserfallmodell)

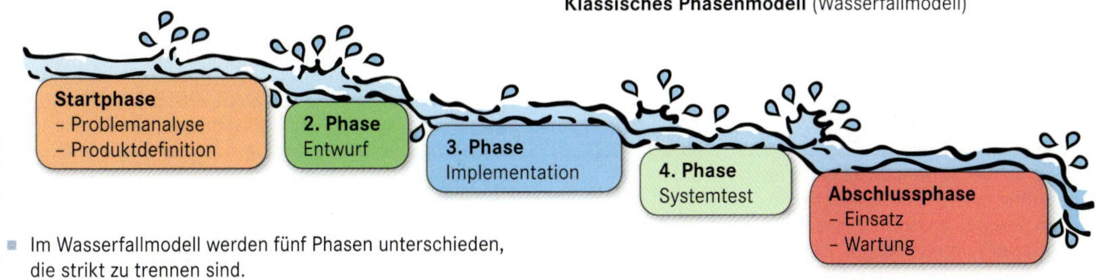

- Im Wasserfallmodell werden fünf Phasen unterschieden, die strikt zu trennen sind.

- In einigen Modellen werden sechs Phasen unterschieden:

1 Projektvorbereitung	4 Codierung
2 Spezifikation	5 Test/Inbetriebnahme
3 Entwurf	6 Nutzung/Wartung

- Seit 1975 sind Phasenkonzepte in der Softwareentwicklung zum Teil auch gesetzlich geregelt. Dies ist für die Festlegung der Lastenhefte von großer Bedeutung.

Grundelemente

- Das klassische Phasenmodell („Wasserfallmodell“) wurde einer umfassenden **Kritik unterzogen, verfeinert** und **ergänzt**.
  Im Phasenmodell wurde die Phase „Erstellung eines Prototyps“ zwischen den Phasen „Problemanalyse ...“ und „Entwurf“ eingefügt.
  Zur Beschreibung des Software-Entwicklungsprozesses wurden
  - **transformatorische Modelle** und
  - **evolutionäre Modelle** formuliert.
- Eine umfassende Prozessbeschreibung wird mit dem **Spiralmodell** nach Boehm ermöglicht.
  - Zunehmend wird die Entwicklung komplexer: durchläuft aber immer wieder gleichartige Entwicklungs-„phasen“.
    Das klassische Phasenmodell, aber z. B. auch das evolutionäre Softwareentwicklungsmodell können als Sonderfälle des Spiralmodells verstanden werden.

Spiralmodell

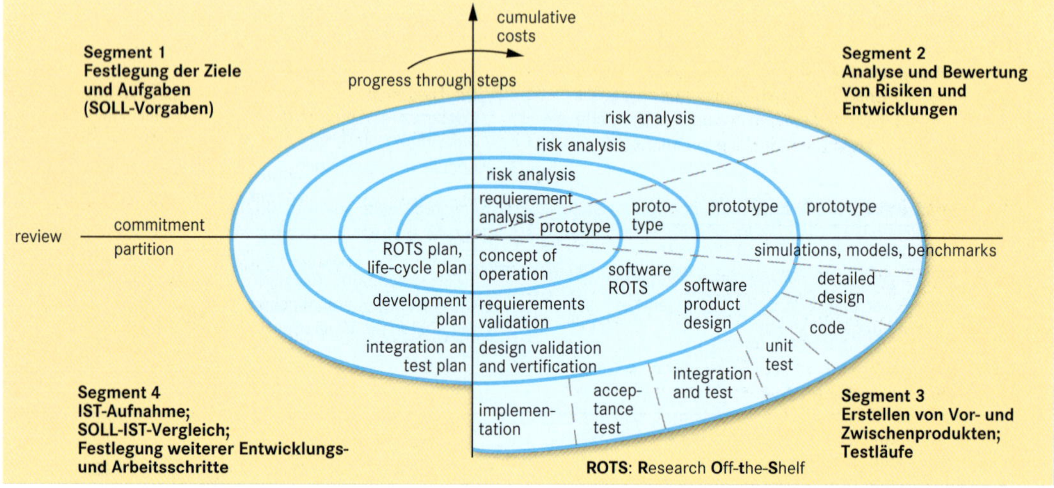

Optimierungsprinzipien

Komplexitätsreduktion

Bei der Problemformulierung und der Erstellung von Lösungen ist zu beachten, dass der einzelne Mensch nur eine **begrenzte Komplexität** erfassen und auflösen kann. Es ist ratsam, bei der Software-Entwicklung die Gesamtproduktion in überschaubare Teilprobleme zu zerlegen, die jeweils für sich entwickelt und auch getestet werden können.

Weiterverwendung entwickelter Software

- Analytische Ergebnisse und Softwareprodukte, die bereits entwickelt wurden oder aber als Marktprodukte erworben werden können, sollen so weit wie möglich verwendet werden.
- Sollten keine geeigneten Produkte vorliegen, ist zu prüfen, ob durch Anpassung und Weiterentwicklung vorhandener Software sinnvolle Ergebnisse zu erzielen sind.

Arbeitsprozessorganisation

- Die Notwendigkeit besteht, effektive **Arbeitsteilungen** vorzunehmen. Hierzu müssen die Aufgaben
  - in einzelne,
  - überblickbare,
  - in sich geschlossene und
  - (subjektiv) sinnvolle Teilaufgaben zerlegt werden.
- Die einzelnen **Arbeitsprozesse** müssen
  - in ihrer inneren Entwicklungslogik,
  - im Bezug zu anderen Tätigkeiten,
  - in ihren Voraussetzungen und Bedingungen im Zeitablauf und
  - im notwendigen Aufwand deutlich bestimmt werden.
- Die **Verantwortlichkeiten** müssen verbindlich und konfliktreduzierend festgelegt werden. **Termine** müssen realistisch festgelegt werden.

Dokumentation

- Auf allen Entwicklungsebenen und zu allen Zeitpunkten müssen die Problemstellungen und Lösungsansätze nachvollziehbar festgehalten werden.
- Die **Dokumentation** muss jederzeit allen Beteiligten zugänglich sein. Im Programm selbst müssen strukturelle Überlegungen und Vereinbarungen ausgewiesen werden.
- Vielfältige textliche und grafische Methoden und Mittel stehen zur Optimierung der Programmieraufgaben zur Verfügung. Zur Darstellung der Programmstrukturen können folgende Verdeutlichungsmittel verwendet werden:
  - Datenflusspläne
  - Petri-Netze
  - Struktogramme
  - Syntaxgraphen
  - V-Graphen
  - Datenstrukturdiagramme
  - Entscheidungstabellen
  - Interaktionsdiagramme
  - Programmablaufpläne

Evolutionäres Software Engineering

Hintergründe:

- Die Gestaltungsidee des Wasserfallmodells ist vollständig. Es ist in normaler Hinsicht sinnvoll einsetzbar. Im Rahmen der Softwareentwicklung ermöglicht es den „Blick von außen" auf das Projekt.
- Problematisch ist das Wasserfallmodell da, wo speziell die internen Entwicklungsaspekte erfasst werden sollen. Insofern versperrt es die Prozessbeobachtung, den „inneren Blick".
- Zur Erfassung der Entwicklungsmöglichkeiten wurde das Wasserfallmodell unter Beachtung von Detailaspekten erweitert. Neben dem Spiralmodell ist hierbei das evolutionäre Entwicklungsmodell hervorzuheben.
- Im modernen Projektmanagement werden in ergänzender Art - in Abhängigkeit von der Betrachtungsperspektive - verschiedene Modelle quasi zugleich eingesetzt.
- Im Rahmen der Modelle liegen jeweils veränderte Erwartungen und Anforderungen an die beteiligten Mitarbeiter vor. So müssen bei evolutionären Entwicklungen die leitungsebene vielfältige Aspekte ergänzend erfassen und managen.

Grundidee der Evolutionären Modelle

- Grundgedanke beim evolutionären Modell ist, das SW-Produkt vom Ansatz her stufenweise zu entwickeln. Jede Version (X) als Prototyp für die weitere Version (X + 1) zu verstehen.
- Jede Version durchläuft einen vollständigen Entwicklungszyklus im Sinne des Wasserfallmodells.
- Das Modell ist bedeutsam gerade für komplexe Entwicklungen, die dann auftreten, wenn der Auftraggeber seine Vorstellungen im Verlauf modifizieren wird bzw. muss.
- Unterschieden werden:
  - Evolutionäre Modelle mit partieller Analyse
  - Evolutionäre Modelle mit vollständiger Analyse
- Beim Modell mit vollständiger Analyse werden alle Daten bereits in der ersten Analysephase ermittelt. Diese Daten sollen stabil bleiben. Insofern werden die fachlichen Anforderungen in ihrer Gesamtheit in der ersten Analysphase erfasst.
- Beim Modell mit partieller Analyse entwickeln sich die Grunddaten im Verlaufsprozess.

Evolutionäre Modellstruktur

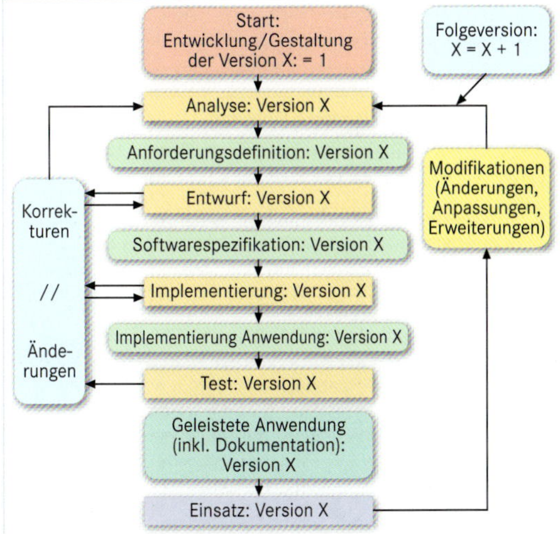

Softwareprojekte

Besondere Vertragsbedingungen:

- Der Gesetzgeber hat **b**esondere **V**ertrags**b**edingungen (**BVB**) für den Umgang mit EDV-Anlagen und DV-Programmen seit den 1970er Jahren erlassen.
- Veröffentlichung im **Bundesanzeiger** (**BAZ**).

EDV-Anlagen/DV-Programme

- **Miete** (BAZ 23; vom 2.2.1973)
- **Kauf** und **Wartung** (jeweils BAZ 135; vom 25.7.1974)
- **Erstellung** (BAZ 13a; vom 21.1.1986)
- **Pflege** (BAZ 139/79; vom 21.12.1979)
- **Planung** (BAZ 227a; vom 6.12.1988)
- **Überlassung** (BAZ 26/77; vom 19.11.1977)

Projektbegriffe

Vom Gesetzgeber definierte Begriffe für Softwareprojekte (BVB)		
Ausfallzeit	Einführung der Programme	Instandhaltung
Ausweichanlage		Instandsetzung
Betriebsbereitschaft	Fachliches Feinkonzept	Mängelbeseitigung
DV-Anlage		Programm
DV-Geräte	Grobkonzept	Vorbereitende Arbeiten
DV-technisches Feinkonzept	Grundsoftware	
		Wartung

Klassifikationen

- **Phasenkonzept** (nach BVB)
  Im Bundesanzeiger werden bei einem Projekt drei Verfahrensabschnitte/-phasen unterschieden:
  1. **Planung** 2. **Realisierung** 3. **Einführung**
- Der erste Abschnitt gehört zur **Planung von DV-gestützten Verfahren**. Der zweite (und wenn vorhanden auch der dritte) Abschnitt gehört zur **BVB-Erstellung**.

Kenngrößen für die Bestimmung von Projektgrößen:

- **APM**: **A**nzahl der am **P**rojekt beteiligten **M**itarbeiter
- **SAPM**: **S**umme der **A**rbeitsjahre der **P**rojekt**m**itarbeiter
- **GKP**: **G**esamt**k**osten des **P**rojekts

Projektumfang	**APM** (Anzahl)	**SAPM** (Jahre)	**GKP** (Mio. €)
sehr kleines Projekt	1 - 2	bis 0,5	unter 0,1
kleines Projekt	bis 5	bis 2	bis ca. 0,4
mittleres Projekt	5 - 50	2 - 50	bis ca. 10
großes Projekt	50 - 200	500	bis ca. 100
sehr großes Projekt	über 200	über 500	über 100

- Besonderheiten im Softwareverlauf ergeben sich, wenn aus rechtlichen Gründen ein **Datenschutzbeauftragter** bei Abstimmungen, Festlegungen und Kontrollen beteiligt wird.
- Die Überprüfung des Projektprodukts kann auf seine 1. **Korrektheit**, 2. **Vollständigkeit**, 3. **Robustheit**, 4. **Einwandfreiheit** und 5. **Effektivität** im Allgemeinen nur eingeschränkt und vorläufig erbracht werden.
- Die Erfahrung zeigt, dass Softwareprodukte erst durch umfangreiche **Praxistests** (⇒ **β-Versionen** usw.) optimiert werden können.

Grundanforderungen

- Vorgehensmodelle beschreiben definierte Prozesse und dienen somit u. a.
  - zur Veranschaulichung der Abläufe,
  - Festlegung der Arbeitsweise,
  - Definition von Aufgaben und Teilaufgaben,
  - Festlegung von Schnittstellen,
  - Beschreibung von Rollen und Zuordnungen in Software-Entwicklungsprojekten.
- Abhängig vom Projektumfang und den Kundenanforderungen können entsprechende Vorgehensmodelle eingesetzt werden, wie z. B.
  - Qualitätsmodell des **SEI** (**S**oftware **E**ngineering **I**nstitute),
  - Rational Unified Process,
  - V-Modell XT (weiterentwickeltes V-Modell 97),
  - Extreme Programming.
- Hauptziel in allen Modellen ist es,
  - eine hohe Produktivität und
  - eine ausgezeichnete Qualität bei der Erstellung und Pflege der Produktsoftware zu erreichen.

V-Modell XT

- Das **V-Modell XT** (**V**: Vorgehensmodell) ist für alle IT-Projekte des Bundes einzusetzen und beschreibt u. a. Projekttypen:
  - Systementwicklungsprojekt eines Auftraggebers,
  - Systementwicklungsprojekt eines Auftragnehmers,
  - Einführung und Pflege eines organisationsspezifischen Vorgehensmodells.
- Bei Anwendung des V-Modells XT in Projekten werden
  - Projektrisiken minimiert,
  - Entwicklungsergebnisse qualitativ verbessert,
  - Gesamtkosten über den gesamten Systemlebenszyklus transparent und beherschbar,
  - Kommunikation für alle Beteiligten verbessert.

Einfachste Variante

Beispiel: Inkrementelle Systementwicklung

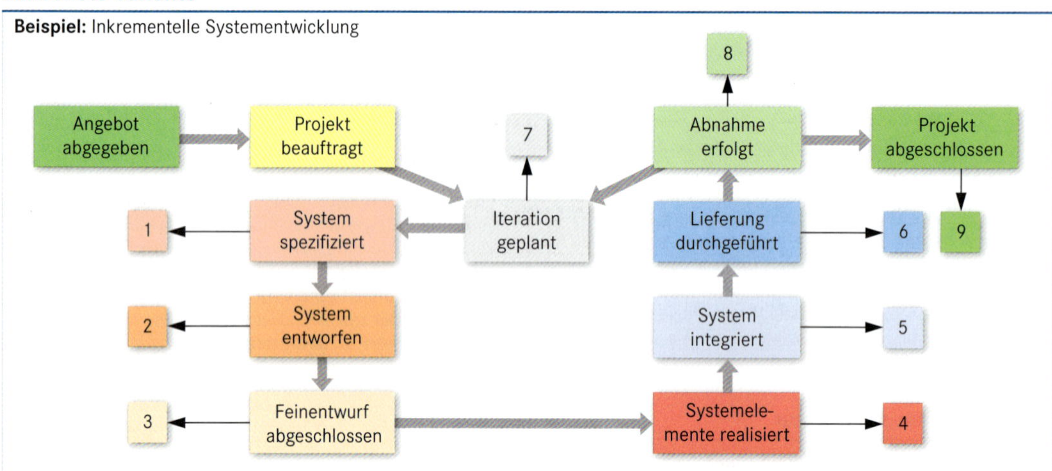

Dokumente (Beispiele)

1	▪ Gesamtsystemspezifikation ▪ Gefährdungs- und Systemsicherheitsanalyse ▪ Prüfspezifikation Systemelement
2	▪ Systemspezifikation ▪ Prüfspezifikation Systemelement ▪ Implementierungs-, Integrations- und Prüfkonzepte
3	▪ Software-/Hardware-Architektur ▪ Software-/Hardware-Spezifikation ▪ Prüfspezifikation Systemelement
4	▪ Software-/Hardware-Einheiten ▪ Externe Software-/Hardware-Module ▪ Prüfprotokoll Systemelement
5	▪ System/Segmente/Externe Einheiten ▪ Logistische Unterstützungsdokumente ▪ Prüfprotokoll Systemelement
6	▪ Prüfprotokoll Dokument ▪ Prüfprotokoll Systemelemente
7	▪ Projekt-/QS-Handbuch
8	▪ Abnahmeerklärung des Auftraggebers
9	▪ Projektabschlussbericht

Programmtest
Program Test

Merkmale

- Der Programmtest hat die Aufgabe, Fehlerwirkungen in der Software gezielt und systematisch aufzudecken.
- Er dient zum Nachweis der Korrektheit eines Programmes im Sinne der **Validation** und **Verifikation**.
- Die Validierung ist eine Prüfung auf Übereinstimmung von spezifischer Anforderung und implementierter Funktionalität.
- Die Verifikation ist ein formaler Beweis der Korrektheit eines Programmes mit mathematischen Hilfsmitteln.
- Die Basis für Programmtests sind alle Dokumente, aus denen Anforderungen ersichtlich werden, die an das Testobjekt gestellt werden. Hierzu gehören auch die Dokumente, die zur Erstellung der Testfälle verwendet wurden.
- Ein **Testfall** beinhaltet folgende Vorgaben:
  - Notwendige Vorbedingungen für die Ausführung des Testfalls
  - die Menge der Eingabewerte und die Menge der erwarteten Sollwerte
  - die Prüfanweisung, wie Eingaben an das Testobjekt übergeben und Sollwerte abzulesen sind
  - die erwarteten Nachbedingungen
- Das **Testkonzept** beschreibt
  - den Umfang
  - die Vorgehensweise
  - die erforderlichen Ressourcen und
  - die Zeitplanung

  der vorgesehenen Tests (z. B. Inhalt nach IEEE 829)
- Programmtests werden mit verschiedenen Methoden (Verfahren) durchgeführt.

Testverfahren

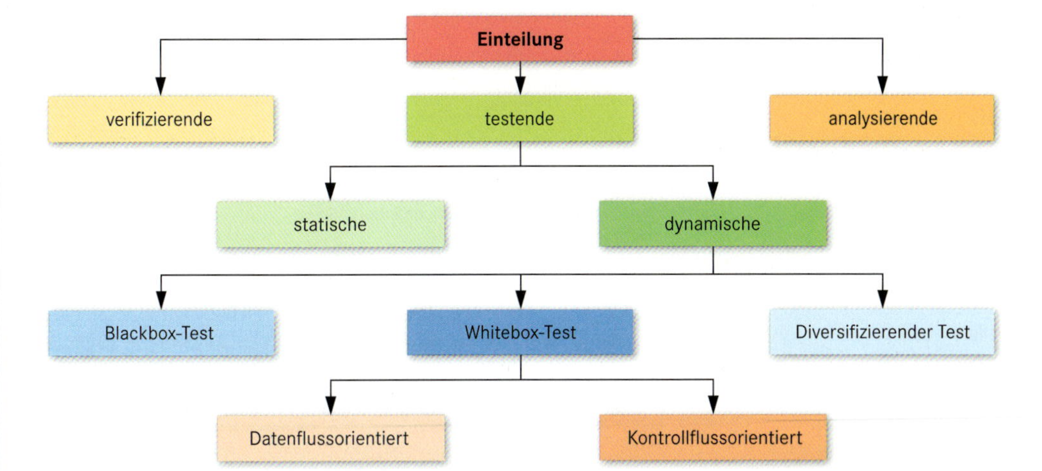

Verifizierende

- Stellen die Korrektheit des Programms sicher
- Werden unterschieden nach der eigentlichen Verifikation (s. o.) und der symbolischen Ausführung (Quellprogramm wird mit symbolischen Eingabewerten durch einen Interpreter getestet)

Analysierende

- Dienen zur Vermessung bzw. Darstellung von Systemkomponenten (z. B. Bindungsart)
- Verwenden **Metriken** zur Darstellung der Eigenschaften, wie z. B.
  - der strukturellen Komplexität
  - der Programmlänge
  - Anzahl der Kommentare

Statische

- Programmkomponenten werden anhand des Quellcodes getestet (Analyse auf Papier)
- Verwendet Methoden wie **Inspection, Review** und **Walkthrough** (Präsentation des Dokuments vor einer Gutachtergruppe)

Testende

- Sollen Fehler im Programm aufdecken
- Werden unterschieden nach dynamischen und statischen Testverfahren

Dynamische

- Übersetzte, ausführbare Programme werden mit konkreten Eingabewerten versehen und in einer realitätsnahen Umgebung getestet

Blackbox-Test

- Wird auch als funktionaler Test bezeichnet
- Testfälle werden aus der Spezifikation der Komponente abgeleitet (z. B. Test spezieller Werte)

Whitebox-Test

- Leitet die Testfälle aus dem Kontroll- oder Datenfluss ab. Verwendet z. B. **Anweisungs-, Zweig-** und **Datenkontext-überdeckung**.

Diversifizierender Test

- Vergleicht Ergebnisse verschiedener Programmversionen (z. B. **Mutationstest, Back-to-Back-Test**)

Softwarequalität
Software Quality

Merkmale

- In technischen und kommerziellen Softwaresystemen spielt die Qualität der Software eine entscheidende Rolle für den Erfolg von Produkten oder Unternehmen.
- **Qualität** ist definiert als:
  Die Beschaffenheit einer Einheit bezüglich ihrer Eignung, festgelegte und abgeleitete Erfordernisse zu erfüllen.
- Die Qualität einer Software wird durch eine Reihe von **Eigenschaften** bestimmt.
- Hersteller und Benutzer haben unterschiedliche Anforderungen an die Software.
- Einzelne Eigenschaften können in negativer Wechselwirkung zu anderen stehen.
- Die zu erreichende Qualität in einer Software ist in einer **Qualitätszielbestimmung** festzulegen.

Qualitätseigenschaften

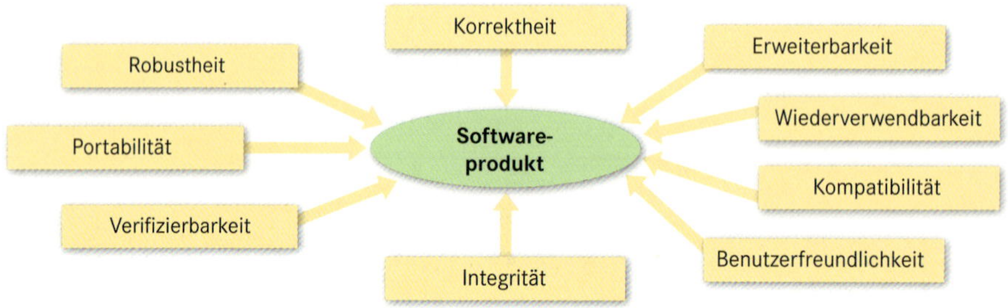

Korrektheit
Robustheit
Portabilität
Verifizierbarkeit
Integrität
Software-produkt
Erweiterbarkeit
Wiederverwendbarkeit
Kompatibilität
Benutzerfreundlichkeit

Korrektheit	Erweiterbarkeit
Übereinstimmung von Realisierung und Anforderung (exakte Erfüllung der Anforderungen).	Einfachheit der Anpassungsfähigkeit von Software an Spezifikationsänderungen.
Robustheit	**Wiederverwendbarkeit**
Verhalten gegen außergewöhnliche Bedingungen wie z. B. gegenüber Fehlprogrammierung, Fehlbedienung, Fehlerbehandlung.	Eigenschaft der Software, ganz oder teilweise für neue Anwendungen wieder verwendbar zu sein.
Portabilität	**Kompatibilität**
Einsetzbarkeit erstellter Software auf anderen Zielsystemen (andere Hard- und Software).	Einfachheit, mit der Software mit anderer Software verbunden werden kann.
Verifizierbarkeit	**Benutzerfreundlichkeit**
Aufwand, mit dem Abnahmeprozeduren während der Validations- und Betriebsphase durchgeführt werden können.	Einfachheit, mit der die Benutzung von Softwaresystemen (z. B. Bedienung, Art der Dateneingabe, Auswerten von Ergebnissen, Wiederaufsetzen nach Benutzerfehlern) erlernt werden kann.
Integrität	
Schutz der verschiedenen Komponenten gegen unberechtigten Zugriff und Veränderung.	

Software-Messung

- Software-Messung wird verwendet, um definierte **Eigenschaften** von Programmen zu **quantifizieren**.
- Software-Maße **(Metriken)** werden u. a. angewendet in den Bereichen
  - Qualitätskontrolle
  - Komplexitätskontrolle
  - Aufwands-, Kosten- und Zeitabschätzung
  - Definition/Kontrolle der Einhaltung von Standards
  - Vergleich und Beurteilung von Produkten
  - Kontrolle des Software-Entwicklungsprozesses
- Die **Darstellung** von Messwerten erfolgt in der Regel in grafischer Form, z. B. in Linien-, Balken- oder Flächendiagrammen. Eine übersichtliche Darstellung der Werte unterschiedlicher Maße bietet das **KIVIAT**-Diagramm.

Maßtypen werden u. a. unterschieden in
- **Produktmaße** (Eigenschaften des Programms)
- **Prozessmaße** (Eigenschaften des Entwicklungsprozesses)
- **Projektmaße** (Projektsteuerung)

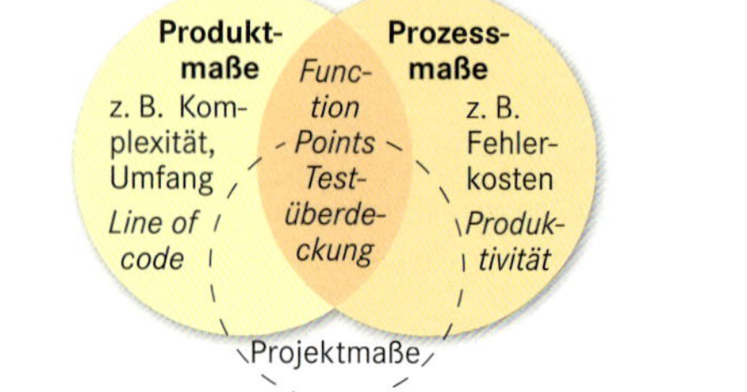

Merkmale

- Wird angewendet zur Feststellung
  - der Eigenschaften bzw.
  - der Unterschiede zwischen **tatsächlichem** und **erforderlichem** (geforderten) Zustand einer Software.
- Ist
  - Bestandteil der Qualitätssicherung und
  - der Umfang ist abhängig von jeweiligen Projekt.
- Beinhaltet die Prozessschritte
  - Testplanung,
  - Testvorbereitung,
  - Testfallspezifikation,
  - Testfalldurchführung,
  - Testauswertung und
  - Testabschluss.
- Kann verschiedene **Testarten** (z.B. Lasttest) beinhalten.

Grundsatz: Das Testen von Software kann lediglich das **Vorhandensein** von Fehlern nachweisen, nicht deren **Abwesenheit** (nach E. W. Dijkstra).

Prozessschritte

- Sind u.a. abhängig vom Entwicklungsmodell.
- Die Testphasen ❶ werden für jede Teststufe ❷ durchgeführt.
- Nach Abschluss des Komponententests 1 erfolgt der Integrationstest auf Subsystemebene.
- Nach Abschluss des Integrationstests 2 erfolgt der Systemtest.

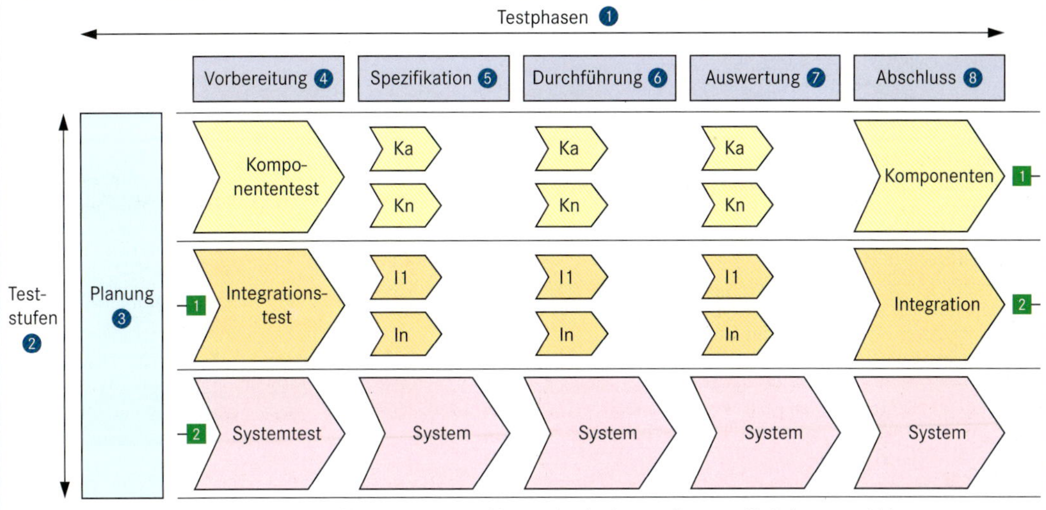

Ka ... Kn: Komponententest für Komponente a bis n I1 ... In: Integrationstest für Subsystem 1 bis n

Planung ❸
- Testorganisation (z.B. Terminplan, erforderliche Resourcen, Personal)
- Teststrategie (z.B. Testumfang, Testabdeckung),
- Testziele (für alle Teststufen; Kriterien für Testbeginn, Testende oder Testabbruch)
- Testarten (z.B. statischer oder dynamischer Test)
- Testdaten (z.B. zulässige und unzulässige Eingabe- bzw. Ausgabewerte)
- Testumgebung (z.B. Simulator oder Zielsystem)
- Hilfsmittel und Werkzeuge (z.B. Messgeräte, Datengenerator)
- Dokumentation (u.a. Art, Inhalte)
- Metriken (z.B. Fehlerraten)

Vorbereitung ❹
- Dokumente der Testbasis bereitstellen
- Werkzeuge konfigurieren
- Testumgebung(en) aufbauen und einrichten (Systeme, Daten)
- Testobjekte in die Testumgebung integrieren
- Test- bzw. Eingabedaten projektieren/konfigurieren

Spezifikation ❺
- Spezifische Testfälle festlegen (Testfallfindung, Testfalloptimierung
- Exakte Testfallbeschreibung (was ist zu testen unter welchen Vorbedingungen)
- Abhängigkeiten zu anderen Testfällen festlegen
- Testreihenfolge, Soll-Ergebnis für Testerfüllung festlegen

Durchführung ❻
- Durchzuführende Testläufe auswählen und ausführen
- Testdaten, Testergebnisse und Umgebungsdaten dokumentieren und archivieren

Auswertung ❼
- Testergebnisse (je Testfall): Vergleich der Ist-Ergebnisse mit den Soll-Ergebnissen
- Entscheidung: Testergebnis in Ordnung oder fehlerhaft
- Wenn fehlerhaft: Fehlerklassifizierung, Fehlerbeschreibung, Weitergabe an Fehlermanagement (Testfall offen, muss nach Softwarekorrektur wiederholt werden)

Abschluss ❽
- Testdaten archivieren (Teststatistik)
- Entscheidungen über nicht erreichte Soll-Ergebnisse treffen

Sinnbilder (für (reale) Datenfluss- und Programmablaufpläne)

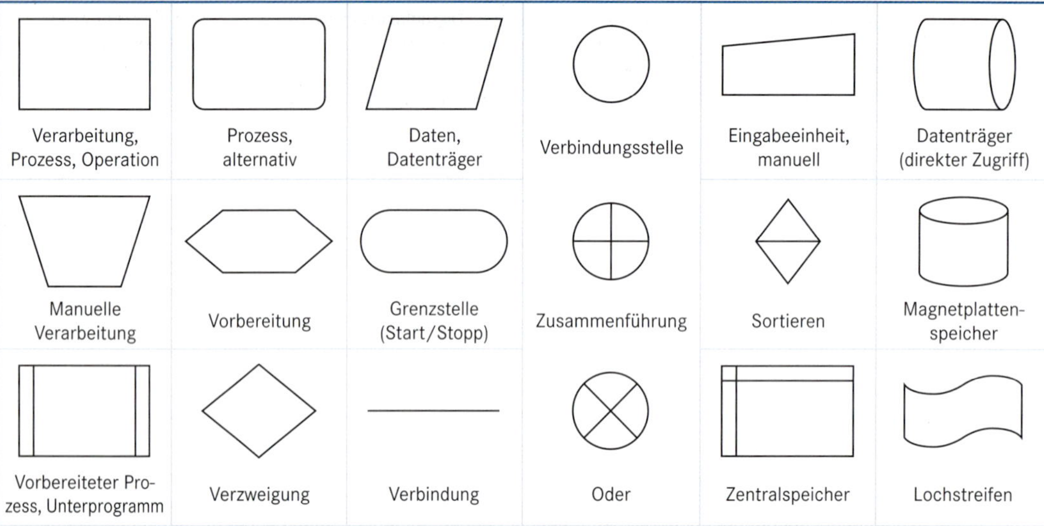

Regeln zur Erstellung von Plänen

- Pfeile geben die Flussrichtung an.
- Zwischen Sinnbildern dürfen mehrere Verbindungen verlaufen.
- Kreuzungen von Verbindungslinien vermeiden.
- Hintereinander gezeichnete Sinnbilder gleicher Art bilden eine Einheit mehrerer gleichartiger Datenträger. ①
- Sinnbilder können miteinander verknüpft werden, z. B. zu einer Ausgabeeinheit. ②
- Innenbeschriftungen sollen weitere Abläufe erkennen lassen und eindeutig zuordnen.
- Bezeichnung erfolgt oben links des Sinnbildes.
- Durch einen Querstrich oben im Sinnbild wird auf eine detaillierte Darstellung derselben Dokumentation hingewiesen, z. B. schrittweise Verfeinerung eines Programmablaufs. ③
- Mit zusätzlichen senkrechten Linien in den Sinnbildern „Daten" und „Verarbeitung" wird auf eine Dokumentation an anderer Stelle hingewiesen.

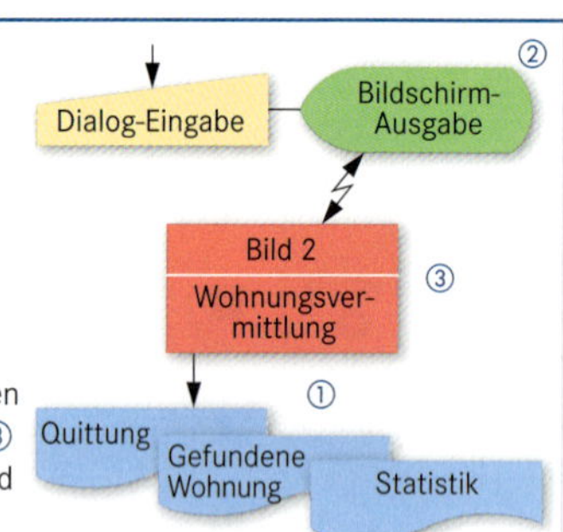

Pseudocode

Merkmale

- Pseudocode: **Code** zur Erfassung der Programmierstruktur und zur Beschreibung von Anweisungen.
- Die Pseudocode-Beschreibung stellt oftmals den Zwischenschritt vom Struktogramm bzw. Programmablaufplan zum Quellcode dar.
- Der Pseudocode ist nicht verbindlich geregelt bzw. definiert. „Pseudocode-Standards" wurden von verschiedenen Institutionen definiert.
- Keine Sprachelemente aus bekannten Programmiersprachen verwenden: Diese strenge Forderung kann nur bedingt eingehalten werden. Eindeutige und verständliche Beschreibungen wählen.

Typische Sprachelemente

- Deklarationen – ***INIT***
  - Vereinbarung einer Variablen (zahl-Z1) als Integer-Wert: ***INIT***: zahl-Z1: Integer
  - Deklaration und vorgängige Wertbelegung der Variablen zahl-Z1: ***INIT***: zahl-Z1 = 1;
- **Eingabe/Ausgaben:** (xxx: Ziel der Ein-/ Ausgabe; yyy: Inhalt der Ein-/Ausgabe)
  - Eingabe – E: E(xxx): yyy
  - Eingabe (E) über die Tastatur (T) – E(T): yyy
  - Ausgabe – A: A(xxx): yyy
  - Bildschirmausgabe (B): A(B): yyy
  - Textausgabe (Text: yyy): A(B): „yyy"
  - Ausgabe eines Variablenwerts auf dem Bildschirm: A(B): yyy
- Bedingte Anweisungen/Schleifen

```
solange BEDINGUNG
    führe aus ANWEISUNG falls BEDINGUNG
        dann ANWEISUNG
```

- Orientiert an PASCAL existiert hierzu z. B. folgende Pseudocode-Darstellung:

```
while BEDINGUNG
   do read WERT
      if BEDINGUNG
       then ANWEISUNG A
      endif
      ANWEISUNG B
   enddo
   write WERT
```

Übersicht

Programmablaufplan nach DIN 66 001	Nassi-Shneidermann Struktogramm DIN 66 261

Verarbeitung (allgemein, Strukturblock, Elementarblock)

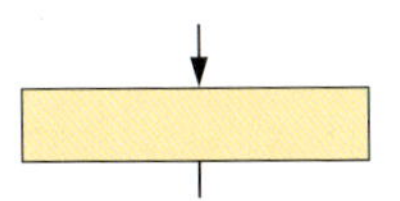

- Aufgabenkurzbeschreibungen
- Unterprogrammnamen
- Anweisungen, Programmiersprachenbefehle

Reihenfolge (Sequenz)

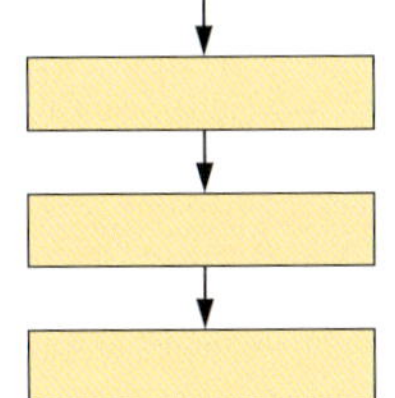

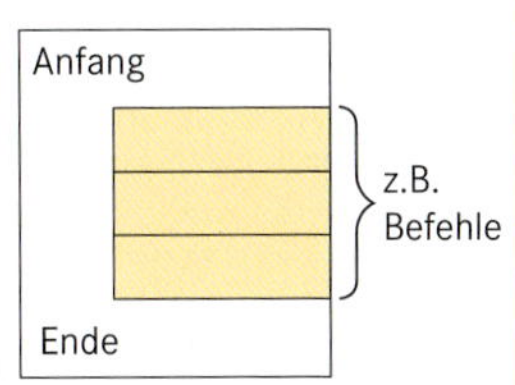

- Aneinanderreihung von mehreren Anweisungen oder Befehlen
- Aufzählung mehrerer nacheinander zu bearbeitender Aufgaben

Bedingte Verzweigung

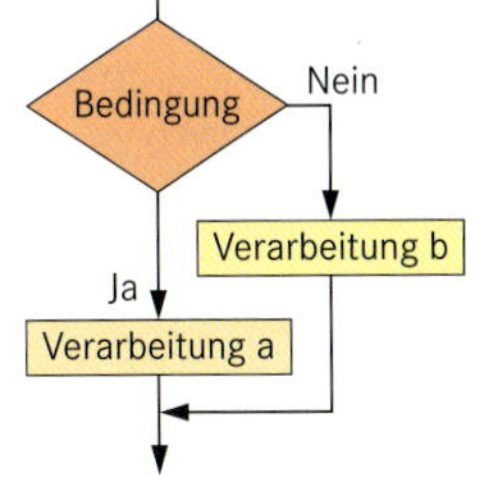

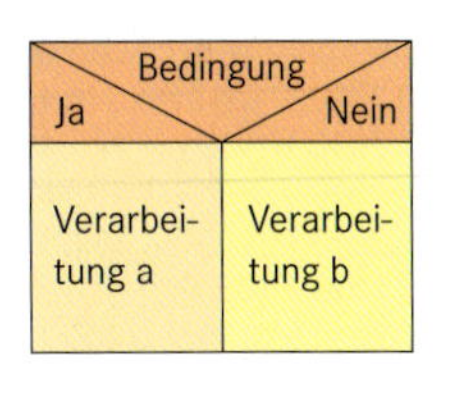

- Auswahl von einer Verarbeitung aus zwei möglichen, aufgrund einer logischen Entscheidung.
- Ist die Abfrage mit Ja beantwortet, dann Verarbeitung a, andernfalls Verarbeitung b. Diese Verzweigung wird auch als IF (wenn Bedingung erfüllt) THEN (dann Verarbeitung a) ELSE (sonst Verarbeitung b) Abfrage bezeichnet.

Fallabfrage, Fallunterscheidung

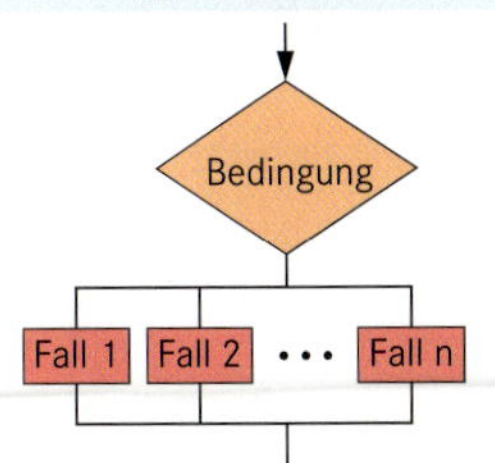

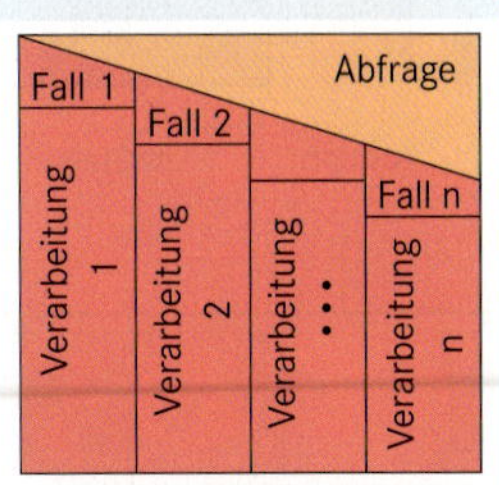

- Auswahl einer Möglichkeit aus mehreren Vorgaben (engl. Case-Block)

Wiederholung (kopfgesteuerte Schleife)

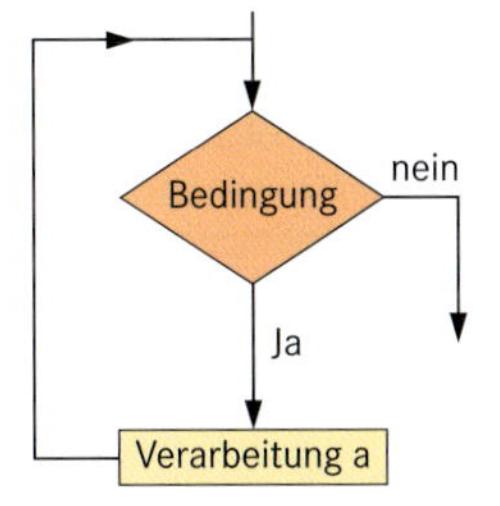

Wiederhole, solange Bedingung gültig

Verarbeitung a

- Schleifendurchläufe
  Abfrage der Bedingung erfolgt vor der Durchführung der Verarbeitung a. Ist die Bedingung bei der ersten Abfrage schon **nicht** erfüllt, erfolgt **keine** Durchführung der Verarbeitung a (engl. WHILE-Schleife).

Wiederholung (fußgesteuerte Schleife)

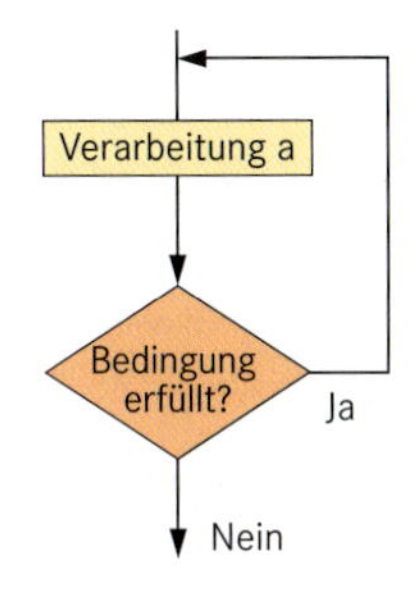

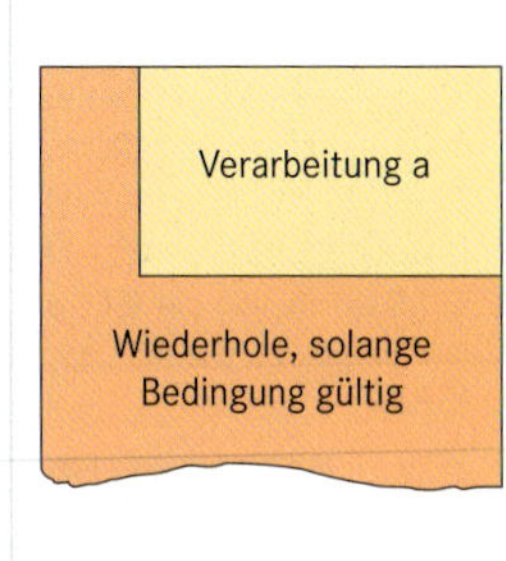

- Schleifendurchläufe
  Abfrage der Bedingung nach dem Durchlauf der Verarbeitung a (engl. REPEAT- oder UNTIL-Schleife).

Schleife mit Unterbrechung

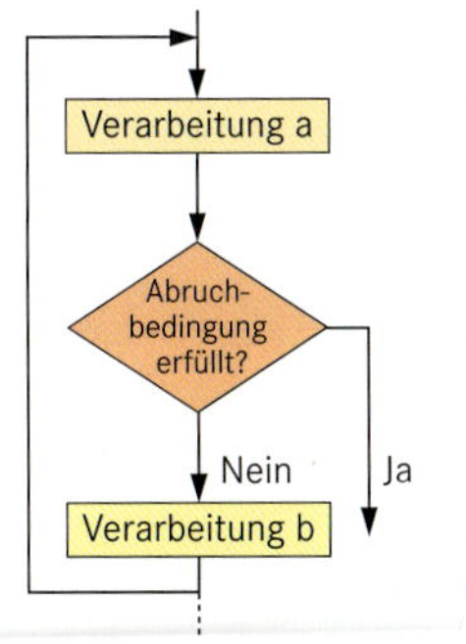

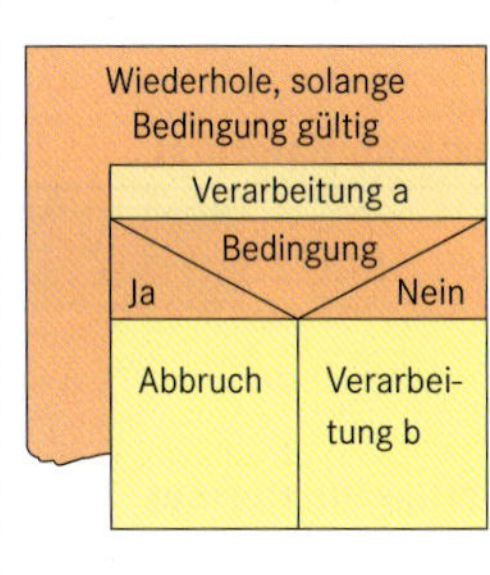

- Schleifendurchläufe
  Die Bedingung (Abbruch-Bedingung) wird während der Verarbeitung abgeprüft (engl. CYCLE-Schleife).

Standards

- Für die Darstellung von gebrochen rationalen Zahlen gibt es zwei zu unterscheidende Vorgaben:
  - die **Gleitkommadarstellung** (floating point)
  - die **Festkommadarstellung** (fixed point)

Festkommazahlen

- Bei Festkommazahlen werden m Stellen für den Nachkommabereich und n Stellen für den ganzzahligen Bereich festgelegt. Außerdem wird noch eine Stelle für das Komma reserviert.
- Rechentechnisch ist das Festkommaformat dann sinnvoll, wenn vorab bekannt ist, in welcher Größenordnung die Zahlen in den einzelnen Rechnungen auftreten können.
- Die größte darstellbare Zahl hat den Wert $\mathbf{2^n - 2^{-m}}$
- Der kleinste darstellbare Wert lautet: $\mathbf{2^{-m}}$
- Der absolute Wandlungsfehler (von einer gebrochenen Dezimalzahl in eine Dualzahl) beträgt maximal: $\mathbf{2^{-m}}$

Gleitkommazahlen

- Die Verwendung der **Gleitkommadarstellung** vergrößert den von den Rechnern zu bewältigenden Zahlenraum.
- Für jede Zahl werden ein Vorzeichen, die **Mantisse** (lat. mantissa: Zugabe) und ein **Exponent** angegeben.

Charakteristik

- Beim Exponenten kann auf eine Vorzeichenangabe verzichtet werden, wenn zum vorliegenden Exponenten ein konstanter Wert E^0 addiert wird, so dass der modifizierte Exponentialwert immer größer/gleich Null ist. Dieser Wert wird auch als Charakteristik C bezeichnet.
- Charakteristik (C) = E^0 + Exponent (E)
- 1985 wurde von der IEEE ein Standard für Gleitkommazahlen festgelegt. Die IEEE spricht auch von Gleitpunktzahlen (GPZ).

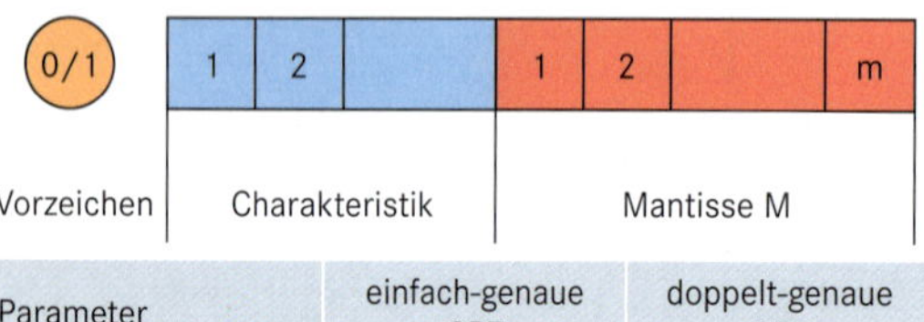

Parameter	einfach-genaue GPZ	doppelt-genaue GPZ
Bits der Mantisse	24	53
Bits des Exponenten	8	11
Größe von E^0	127	1023

Zweierkomplementbildung

- Prozessoren führen rechentechnisch quasi nur Additionen aus. Negative Zahlen werden als **Zweierkomplement** des Betrags einer Zahl Z gebildet. Dieses Zweierkomplement (Z**) wird addiert. Durch das Wegfallen der höchsten Ziffernstelle ergibt sich als Ergebnis die ursprüngliche Differenz.
- Rechenprozessgestaltung für die Subtraktion im B-Raum: (B: Zahlenbasis; Z: betrachtete Zahl (k-stellig))
  Das (B - 1) - Komplement (Z*) von Z ergibt sich, in dem man jede Zahlziffer von der reduzierten Basis (B - 1) subtrahiert.
  I: Bildung des (B - 1) - Komplements zur Zahl Z
  II: Stellenweise Inversion der Einzelzahlen: (B - 1) - Z'
  III: Addition von 1 auf die niedrigste Zahlstelle Z'
- Rechenprozessgestaltung für die Subtraktion im Dualraum: (Z*: Einerkomplement; Z**: Zweierkomplement)
  I: Bildung der Dualzahl für den Betrag einer Dezimalzahl
  II: Stellenweise Inversion der Dualzahl (0 ⇒ 1 und 1 ⇒ 0): Z'
  III: Addition von 1 auf die niedrigste Bitstelle: Z**
  (Z** = B* - Z + 1)
- Da die Multiplikation auf die Addition und die Division auf die Multiplikation und Subtraktion zurück geführt werden, können all diese Rechenprozesse über die Addition gestaltet werden. Alle höheren Rechenoperationen basieren auf den Grundrechenarten. Insofern wird durch die Zweierkomplementbildung im Dualraum eine einfache Rechenprozessgestaltung realisiert.

Konkrete Rechengestaltungen

- Zweierkomplementbildung im Dezimalraum
  1. Überführung der positiven Dualzahl in ihr Einerkomplement: (z.B.: $Z = -1642|_{10} \Rightarrow 9999 - 1642 = 8357|_{10} = Z^*$)
  2. Vom Einer- zum Zweierkomplement: (z.B.: $Z^* = 8357|_{10} \Rightarrow 8357 + 1 = 8357|_{10} = Z^{**}$)
- Überführung der Subtraktion von Z zur Addition von Z**:
  a) 2010 - 1642 = 2010 + (+ 10000 - 10000) - 1642
  b) 2010 + (9999 + 1) - 10000 - 1642
  c) 2010 + 999 + 1 - 1642 - 10000
  d) 2010 + (9999 - 1642) + 1 - 10000
  e) 2010 + (8357) + 1 - 10000 = 2010 + (8537 + 1) - 10000
  f) 2010 + (8358) - 10000 = 10368 - 10000 = 368 (Ergebnis)
- Überführung der Subtraktion zur Addition von Zahlen im Dualraum:
  a) Bildung der Dualzahl $|Z| = 114{,}3125|_{10} = 0111\,0010{,}0101|_2$
  b) 1-er Komplement: $Z^* = 1000\,1101{,}1010|_2$
  c) 2-er Komplement: $Z^{**} = 1000\,1101{,}1011|_2$
- Stellenweise Inversion im Dualraum: 0 ⇒ 1; 1 ⇒ 0

Festkommaformat

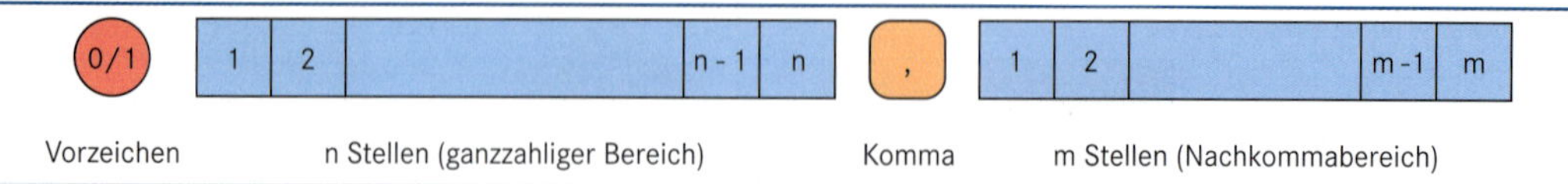

Gleitkommaformat

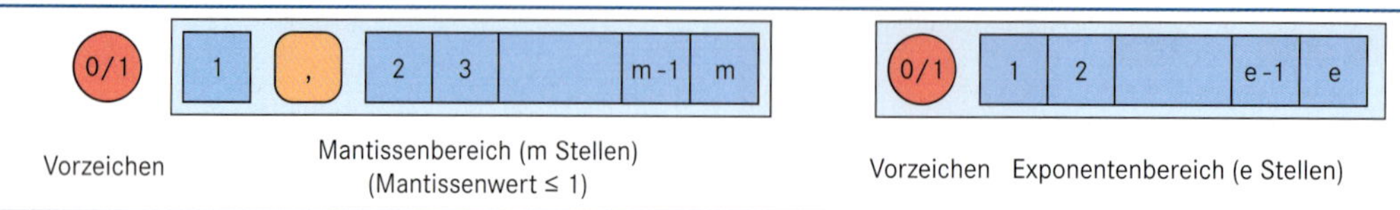

Einsatzprinzipien/Gestaltungselemente

- **Applet:** dynamische Programmiereinheiten (kleine Anwendung)
- **Applikation:** Anwendung
- **Batch:** Stapel (sequentielle Verarbeitung Abarbeitung von Aufträgen, Daten, Programmen)
- **call-by-reference:** die Adresse eines Arguments wird übergeben. Es wird dann auf den zugehörigen Speicherwert zugriffen. Im Prozess kann dieser Wert verändert werden.
- **call-by-value:** Eine Kopie des aufgerufenen Argumentwerts wird übergeben. Der Originalwert bleibt unverändert.
- **Dekrement:** vermindern (Abzählen um eins)
- **Destruktor:** Zerstörer
- **Dialekt:** Entwicklungsversion einer Programmsprachen mit spezifischen Entwicklungen
- **DIE:** **I**ntegrated **D**evelopment **E**nviroment - Entwicklungsumgebung
- **EOF:** **E**nd **o**f **F**ile
- **EOL:** **E**nd **o**f **L**ine (Zeile)
- **FCFS:** **F**irst **C**ome **F**irst **S**erved (Wer zuerst kommt, wird zuerst bedient)
- **FIFO:** **F**irst **I**n - **F**irst **O**ut (Abarbeitungsabfolge)
- **Freeware:** quasi kostenlose Software, die aber geschützt ist.
- **GNU:** herstellerunabhängiges BS
- **GUI:** Graphical User Interface (visuelle (Prog.-S) Oberfläche)
- **Hypertask:** Abarbeitung von endlich vielen Prozessen in endlicher Zeit
- **Inkrement:** Zuwachs (Hochzählen um eins)
- **Instanz:** Prozess in einem Rechner
- **Interface:** Schnittstelle
- **Konstruktor:** Erzeuger
- **LIFO:** **L**ast **I**n - **F**irst **O**ut (Kellerspeicher: Stack-Speicher) Das zuletzt eingegangene „Element" wird zuerst bearbeitet.
- **Modul:** abgegrenzte Programmeinheit (Funktion, Prozedur, ...)
- **Multithreading:** parallele Bewältigung von Einzelanwendungen in einem Programm
- **Multitasking:** parallele Bearbeitung von mehreren Programmeinheiten in einem System
- **Patch:** ungeplante, aber notwendige Softwareanweisungen
- **Pipeline/Pipeling:** gleichzeitige Verarbeitung mehrerer Befehle
- **Public Domain:** freie, kostenlose, ungeschützte Software
- **Portabilität:** Übertragbarkeit von Software auf Systeme
- **Packet Sniffer:** Analyse-Programme zum Beispiel auf Routern für den Datenverkehr im Netz
- **Scheduling:** Aufteilung von Rechenzeit zu Prozessen (schedule: Tabelle)
- **Shareware:** Software - bezahlbar erst nach einer Testphase
- **SJF:** **S**hortest **J**ob **F**irst
- **Stack:** temporärer Speicherbereich
- **Supertask:** Abarbeitung von endlich vielen Prozessen in endlicher Zeit
- **Task:** Systemauftrag/Software-Prozess
- **Thread:** Faden (Teil eines Prozesses)
- **Variable, lokale:** Variable gültig nur in einem Unterprogramm
- **Variable, globale:** Variable ist gültig im gesamten Programm
- **Virtualität (Cyberwelt; Cyberspace; virtuelle Realität):** Nachbildung (Simulation) von Realitätsaspekten durch Rechner.

Fehler und Testen

- **Bug:** (Software-)Fehler (engl.: Wanze bzw. Käfer)
- **Deadlock:** Prozessverklemmung
- **Debugger:** Werkzeug zur Sortwarefehlerbeseitigung
- **Endlosschleife:** Programmschleife ohne Abschluss (Abbruch)
- **Shortcut:** Tastenkombination, mit der bei Anwendungssoftware Aktionen ausgelöst werden können: z. B.: <Strg>+<Alt>+<Entf>

Objektorientierte Systementwicklungen

- **Ableitung:** Schrittweise Wortbildung aus Zeichen und -symbolen im Sinne der verwendeten Grammatik. Ausgehend vom Startsymbol wird bei jedem Schritt eine Produktion angewendet.
- **Ableitungsbaum:** Strukturierte Darstellung von Ableitungen S: Startsymbol (Baumwurzel); Innere Knoten: Nicht-Terminale Äußere Knoten (Blätter): Terminale; Elternknoten: Produktionsknoten; Kindknoten: Produktionsrumpf
- **Aggregation** (die hat-Beziehung): Spezielle Assoziation zwischen Klassen („Teilmengenbeziehung"); UML-Darstellung: Raute; Bennenung: „hat", „ist Teil von", „besteht aus"
- **Allomorphie:** Objekte, die zu mehreren Klassen gehören
- **Assoziation** (die kennt-Beziehung): Beschreibung von Klassenbeziehungen. Gerichtete und ungerichtete Assoziationen werden unterschieden (Strecke oder Pfeil). Die objektorientierte Darstellung arbeitet mit Pfeilen; die klassische Datendarstellung favorisiert ungerichtete (bidirektionale) Beziehungen.
- **Baum:** Besteht aus Knoten und Kanten. Ein Pfad im Baum besteht aus n + 1 Knoten (n: Pfadlänge des Pfades).
  - Knoten ohne nachfolgende Knoten sind Blätter (Ecken).
  - Baumhöhe: längster Baumpfad ausgehend von der Wurzel.
  - Knotentiefe bezeichnet die Pfadlänge vom Startknoten (Wurzel) zu diesem Knoten.
- **Beziehung:** Bezeichnet die Beziehung zwischen Knoten bzw. im ER-Diagramm zwischen Klassen. Kardinalität (1:1, 1:n, n:m) und Optionalität (kann, muss) beschreiben die Beziehung.
- **ER-Welt** (**E**ntity-**R**elationship-Welt): Ausschnittweise Abbildung und Darstellung der realen Welt
  - ER-Modell (ERM): Entity-Relationship-Modell
  - Entities (Objekttypen) - Darstellung durch Rechtecke
  - Entities-Attribute - Darstellung durch Ovale
  - Entities-Beziehungen (relationship) - Rautendarstellung
- **Fachkonzept:** Zusammenfassende Darstellung eines Anwendungssystems aus fachlicher Sicht.
- **Generalisierung:** Beziehung zwischen einer allgemeinen Klasse (Basisklasse) und der abgeleiteten Klasse.
- **Grammatik:** Inhalte einer Grammatik (G):
  - Menge von Terminalen T (auch Buchstaben; Symbole)
  - Menge von Nicht-Terminalen (Variablen)
  - Startsymbol S aus der Menge der variablen Produktionen P
- **Join:** Neuartige Relationsverbindung (von R_1 und R_2 zu R_1 R_2)
- **Kardinalität:** Beziehungsgrad zwischen zwei Objekttypen in einer relationalen Datenbank
- **Klasse:** Beschreibt die Objektmethoden und Eigenschaften (Attribute). UML-Darstellung: Rechtecke
- **Klassendiagramm:** Klassendarstellung und ihrer Beziehungen (Assoziation, Aggregation, Generalisierung, Vererbung)
- **Multiplizität:** Verfeinerte Darstellung von Assoziationen
- **Nicht-Terminal:** Variablen einer Grammatik
- **Objekt:** Konkrete Realisierung einer Klasse
- **Objektorientierte Analyse:** Fachkonzeptentwicklungsphase
- **Objektorientierter Entwurf:** Prozessphase zur Entwicklung der Softwarearchitektur zur Umsetzung des Fachkonzepts (zzgl. Entwicklung einer Benutzungsoberfläche und Realisierung einer konsistenten und stabilen Datenhaltung)
- **Optionalität:** „kann"-Beziehung im ER-Diagramm
- **Produktion:** Entwicklung innerhalb einer Grammatik
- **Relation:** Attribute und Tupeln konkreter Attributwerte (Tabelle)
- **Relationenmodell:** Darstellung der Relationen (Name, Attribute) der Inhalte eines Entity-Relationship-Modells (Objekttypen und Beziehungen); ein relationales Datenbanksystem basiert auf einer entsprechenden Datenmodellierung
- **Relationenalgebra:** Beschreibung zugelassener Operationen
- **Vererbung:** „ist-Beziehung": Eigenschaften werden vererbt.

Programmierfehler
Programming Mistakes

Fehler/Fehlerfreiheit

- Ziel technischer Realisierungen ist es an sich, fehlerfreie Abläufe zu gestalten.
- Fehlerursachen können psychologisch, soziologisch, technisch systematisch erfasst werden.
- Im modernen Verständnis werden **fehlertolerante** Systeme und Abläufe konzipiert. Dies gilt für soziale Prozesse (Strafprozessgestaltung, Notenermittlung, Geschäftsprozesse ...) ebenso wie für technische Realisierungen.
- Tippfehler, Unkonzentriertheit und Denkfehler verursachen die meisten Programmierfehler.
- Sinnvoll ist es, übersichtliche Programmeinheiten (Module) zu gestalten.

Bug

- In der Informationstechnik spricht man oftmals bei Fehlern von einem bug.
- bug: (engl.) Wanze bzw. Käfer
- Als Ursache für Funktionsfehler beim Computer Mark II wurden im Jahr 1947 Wanzen gefunden, die zwischen den Kontakte der Röhren und der Relais Kurzschlüsse erzeugten.
- Fehlersuche wird auch als debugging bezeichnet.
- Typische Fehlerraten (Fehleranzahl auf 10 000 Zeilen Quellcode):
  - Standard-SW (250) - Relevante SW (25) - Medizin-SW (2) - Rüstung/Raumfahrt (< 1)

Fehlerart	Erläuterung/Hintergrund	Mögliche Lösung/Reaktion
Konzeptfehler	■ Unklare Anforderungsvorstellungen: Missverständnisse zwischen dem Auftraggeber und dem Entwickler. ■ Unzutreffende bzw. widersprüchliche Problemvorstellung.	■ Das Problem muss genauer durchdrungen werden. ■ Eventuell muss der Kunde seine Vorstellungen präzisieren.
Entwurfs- bzw. Designfehler	■ Für die Problemlösungsidee wird in eine unzureichende Programmierkonzeption entwickelt. ■ Das Softwaredesign ist unzureichend.	■ Der Bezug zwischen der Problemlösungsidee und der Konzeption muss präzisiert werden. ■ Der materielle Fachbezug ist zu klären.
Programmierfehler		
logischer Fehler	■ Denkfehler, Fehlschluss ■ Ablauffehler (Algorithmusfehler)	■ Präzisierung des Problem- und Lösungsverständnisses
Syntaxfehler	■ Die grammatikalischen Regeln der jeweiligen Sprache werden nicht beachtet. Dies hat zur Folge, dass das Programm nicht kompiliert werden kann. Oder aber es wird durch die Kompilierung ein Produkt erstellt, das anderes erwirkt als an sich gewünscht. Interpreter brechen die Programmausführung an den Fehlstellen ab. ■ Oftmals liegen Missverständnisse oder Tippfehler vor.	■ Syntaxüberprüfung: - Datentypwahl/Kenndaten - Klammersetzung und -auswahl (Klammertyp) - Kommata/Semikolon - Schleifenbenennungen - Schreibweisen (Schlüsselwörter/Variablen ...) - Schlüsselwörterauswahl - Typzuweisungen/Typumwandlungen - Zuweisungen, Vereinbarungen ■ Pausen einlegen; eventuell eine andere Arbeit erledigen: danach neu analysieren.
■ **Ablauffehler** (fehlerhafte Übergabewerte, unzureichende Berechungen, fehlende Vereinbarungen) ■ **Datenfehler** (Datenübergabefehler) ■ **Rundungsfehler**	■ **Implementierungsfehler** ■ **Überlauffehler** (Cache)/Pufferüberlauf (Stack Overflow)	■ **Aufruffehler** (Funktionen, Objekte, Prozeduren) ■ **Laufzeitfehler** (→ zur Erfassung Testtools einsetzen) ■ **Verfahrensfehler**
Betriebsumgebung	■ (technisch/naturwissenschaftlich) Erschütterungen, Felder, Feuchtigkeit, Strahlung, Temperatur, Wasser ■ (betrieblich-sozial, körperlich-psychologisch) Alkohol, Erschöpfung, Müdigkeit, Stress, „Stimmung“ (Mobbing)	■ Diese Fehlerursachen treten in „besonderen“ Gefahrenlagen (Raumfahrt, Kraftwerke ...) auf und müssen bei der Gerätekonzeption berücksichtigt werden. ■ Belastungssymptome frühzeitig erkennen und lokalisieren. Geeignete Gegenmaßnahmen (Strategien) entwickeln. ■ Eigene Fehlerverursachungen systematisch erkunden und analysieren: Erfassung des individuellen Arbeitsprozesses (**PSP** – **P**ersönlicher **S**oftware**p**rozess)
Bedienkonzeptfehler	■ Das Programm arbeitet korrekt – Jedoch entspricht es den Kundenerwartungen und -wünschen nicht.	■ Klärung der Kundenvorstellungen. ■ Präzisierung der Produkterläuterungen und der Bedienungsanleitung.
Testfehler	■ Es wurden Fehler festgestellt, obwohl das Programm fehlerfrei ist. ■ Das Programm arbeitet fehlerfrei, obwohl es fehlerhaft ist.	■ Testprozesse bereits in der Entwicklungsphase der Software bedenken. ■ Testuntersuchungen systematisieren ■ Tests von „Dritten“ vornehmen lassen. ■ Kundentests gestalten.

Grundlagen

- **Nach DIN 44300:** Vorschrift, nach der Ergebnisse systematisch ausgehend von Eingabedaten erzeugt (umgewandelt) werden können.
- Gesucht werden **Verfahrensabläufe**, mit denen Probleme

- eindeutig **- erfolgreich** **- nachvollziehbar**

in endlich vielen Schritten aufgelöst werden können.
- Im klassischen Verständnis besteht ein **Programm** im Kern aus einem **Algorithmus** kombiniert mit **Datenstrukturen**.

Darstellung von Algorithmen/Ablaufstrukturen

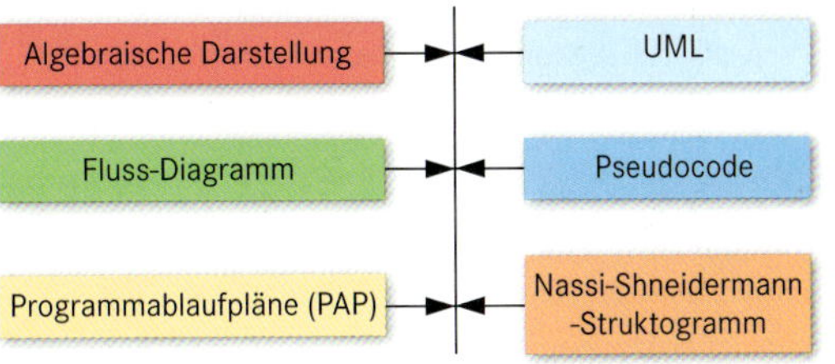

Elementare Beispiele

- **Alltägliche Lebenswelt**
  - Kochrezepte (Frühstückseier; Kuchen; ...)
  - Reparaturen/Gestaltungen (Fahrradreifen; .../ Schrankaufbau)
  - Geldabhebung bei einem Geldautomaten
  - Reinigung (Körper/Kleidung)/Medizinische Behandlungen
  - Telefonnutzung (Grundgebühr/Einzelkosten/Flatrate)
- **Mathematik**
  - **Bogenmaßbestimmung:** x (rad) = x (Grad) · 2 · π/360 mit x (rad): x in Bogenmaß und x (Grad): x in Grad
  - **Euklidischer Algorithmus:** Bestimmung des größten gemeinsamen Teilers (ggT) zweier Zahlen.
  - **Gaußscher Algorithmus:** Lösung von linearen Gleichungssystemen
  - **p-q-Formel:** Auflösung von quadratischen Funktionen
- **Technik**
  - Hausbau/Flugzeugsteuerung/Ampelsteuerung
  - Verfahrensabläufe in der chemischen Industrie
  - Aufbau von Systemen (Telefonanlagen; Rechnervernetzung)
- **Ökonomie/Zinsrechnung** (bei einmaliger Einzahlung)
  - Einfache Verzinsung: $K_t = K_0 \cdot (1 + t \cdot i)$
  - Verzinsung mit Zinseszins: $K_t = K_0 \cdot (1 + i)^t$

i: Zinssatz (Zinsen – engl.: interest); $i = p/100$
K: Kapital; K_0: Anfangskapital
K_t: Endkapital (Kapital am Ende des Jahres t)
p: Prozentwert; t: Zeit (Laufzeit (in Jahren)

Algorithmen-Einteilungen

Die konkrete Problemlösungsstruktur eines Programms wird im Algorithmus erfasst.

Basis-Algorithmen
(für Grundberechnungen/elementare Anwendungen/ ...)
- Anweisungen und Zuweisungen
- elementare Beziehungen (+/-/*/:/√/log/sin/ ...)
- Einfache Zählverfahren (Schleifenstrukturen)

Grundlegende Algorithmen
(für Datenbankanalysen/techn.-wissens. Berechnungen/ ...)
- Suchalgorithmen
- Sortieralgorithmen
- Iterative/Rekursive Algorithmen

IT-Anwendungsalgorithmen
(für Simulationen/Sicherheit/Wegesuche/Filter ...)
- Zufallsalgorithmen
- Routingalgorithmen

Komplexe Algorithmen
(für Mustererkennung/adaptive Verfahren (Lernen/ ...) ...)
- Transformationsalgorithmen
- Genetische Algorithmen
- Evolutionäre Algorithmen

Anforderungen an einen Algorithmus

Determinismus
Bei gleichen Eingabewerten und unter gleichen Rand- bzw. Anfangswerten des Programms muss jeweils das gleiche Resultat erzielt werden. (Bei veränderten (äußeren) Rahmenbedingungen kann die Programmausführung – in gewollter Art – variieren.)

Korrektheit
Ein Algorithmus soll (muss) zum richtigen (wahren) Ergebnis führen. Die Korrektheit muss überprüfbar sein. (Ein elementares Problem, da Programme im Allgemeinen nur falsifiziert und nicht im strengen Sinne verifiziert werden können. – Auch bleibt das Problem, wie der Test in seiner Korrektheit getestet werden kann.)

falsifizieren: widerlegen
verifizieren: Wahrheit nachweisen

Endlichkeit/Zielgerichtetheit
Nach einer endlichen Anzahl von Schritten muss der Lösungsalgorithmus
- vollständig beschrieben und
- technisch (maschinell; mechanisch; informationstechnisch) umsetzbar sein.

Der Beschreibungscode muss begrenzt (endlich) und die Ausführungszeit muss endlich sein.
Komplexität von Algorithmen: Untersucht wird, ob Problemstellungen überhaupt lösbar sind. Und es wird analysiert, ob in endlicher Zeit die Lösungen ermittelt werden können.

Eindeutigkeit
Jeder Befehl muss zu einem eindeutigen Ergebnis führen.

Universalität
Algorithmus ist jederzeit auf alle möglichen (definierten) Daten anwendbar.

Sortieralgorithmus
Sorting Algorithm

Suchalgorithmen

- Das Ziel ist, in einem gegebenen Datenbestand entsprechend dem Suchkriterium Daten zu identifizieren.
- Liegt nur ein Kriterium vor, dann spricht man auch von einem Primärschlüssel, der den Suchvorgang leitet.
- Unterschieden werden binäre und sequentielle Suchprozesse:
  - binäre Suche: ein linear sortierter Datenbestand liegt vor
  - sequentielle Suche: Verarbeitung beliebiger Datenbestände
- Algorithmuskern für eine sequentielle Suche ($n \in \mathbb{N}$)

```
ANFANG
  position = 1;
    while (position < n + 1) UND
          (daten[position] ≠ suchkriterium) do
          position = position + 1
    end-while
    if (position = n +1) then fund = false;
  else fund = true
  end-if
ENDE
```

- Die Qualität der Suchalgorithmen ist von hoher Bedeutung für die Leistungsfähigkeit von WWW-Suchmaschinen.

Zufallsalgorithmen

- **Zufallsabläufe** (random; rand; srand) können unter Verwendung von Algorithmen im Rechner simuliert werden.
- Die Abläufe sind rechentechnisch exakt definiert und laufen auch deterministisch nach dem Start ab. Durch die Aufnahme von „zufälligen" Rand- bzw. Anfangsbedingungen (Zeit; Tastendruck; Temperatur; ...) können undeterminierte, aber doch exakt rechentechnisch erzeugte Funktionen kreiert werden.
- Elementare Realisierungen von Quasi-Zufallswerten
  - **Quadratmittenverfahren** (Neumann 1946):
  - **„Zahlabschneidungen"** (x_{n+1} = frac $(a \cdot x_n)$) (frac ordnet einer Zahl ihre Nachkommastellen zu)
  - **modulo-Rechnung** ($x_{n+1} = a \cdot x_n + b$ (mod b)) (modulo: Restwert einer Division)
  - **Nichtlineare Funktionen** (iterative Berechnung): $X_{t+1} = X_t + r \cdot X_t \cdot (1 - X_t)$
- Echte Zufallsrealisierungen sind zum Beispiel durch die Nutzung von radioaktiven Quellen (Zerfallsprozesse) möglich.

Sortierverfahren

- Das Ziel dieser Verfahren ist es, eine Ordnung innerhalb der Elemente eines Datenbestands zu ermitteln.
- Im einfachsten Fall wird das Element e_1 identfiziert und abgespeichert. Danach e_2; usw.: $e_1 \geq e_2 \geq e_3 \geq ... \geq e_n$.
- Durch geschickte Vergleichs- und Tauschoperationen kann der Sortieraufwand reduziert werden.
- Unterschieden wird, ob bei der Sortierung ein Element ausgewählt und gesondert abgespeichert oder aber ob zwei Elemente im gleichen Speicherraum ausgetauscht werden.
- **Bekannte Sortierverfahren**
  - **Insertionsort:** Sortieren durch Einfügen
  - **Selectionsort:** Sortieren durch Auswählen
  - **Bubblesort** (warndernde Blase): Sortieren durch Austauschen
  - **Quicksort:** Sortieren durch Zerlegen
  - **Heapsort:** binäres Sortierverfahren

  Diese Suchverfahren werden zum Teil kombiniert und verfeinert: Zum Beispiel: – Bottom-Up-Heapsort
- Algorithmuskern für Insertionsort ($n \in \mathbb{N}$)

```
ANFANG
   for i = 2 to n do
         element = feld[i]
         feld[0] = feld [i]
         k = i
         while (element < feld[k - 1]) do
                feld[k] = feld[k - 1]
                k = k - 1
         end-while
         feld[k] = feld[0]
   end-for
ENDE
```

- Sortierkomplexität
  Die mittlere Anzahl der Vergleichsoperationen bei den Sortiervorgängen wird angegeben. Rechts steht die ungünstigste Vergleichsanzahl. Nicht alle Verfahren sind vollständig analysiert. (ldn = $\log_2$ (n);n $\in \mathbb{N}$)

Verfahren	Mittlere Anzahl	Ungünstige Anzahl
Insertionsort	$n \cdot (n - 1)/4$	$(n \cdot (n - 1))/4$
Selectionsort	$n \cdot (n - 1)/2$	$(n \cdot (n - 1))/2$
Bubblesort	$n \cdot (n - 1)/2$	$n \cdot (n - 1)/2$
Quicksort	1,4 (ldn) (n + 1) – 2,8 · n	$(0{,}5 \cdot n^2 - 0{,}5 \cdot n)$

Mathematische Software
Mathematical Software

Bibliotheksname	Routinen für	Routinen für folgende Bereiche	
NAG (**N**umerical **A**lgorithms **G**roup)	Ada, FORTRAN, Pascal	Komplexe Arithmetik; Reihen; Differenzialgleichungen; Integralgleichungen; Matrizen; Orthogonalisierung; Lineare Algebra; Statistik; Zeitreihenanalysen und Operationsforschung	
Aachener Bibliothek	APL, MODULA 2, C, PL/1	Lösungsverfahren für nichtlineare Gleichungen und für Systeme linearer und nichtlinearer Gleichungen; Matrizen; Numerische Differentiation und Quadratur; Differenzialgleichungen	
IMSL (**I**nternational **M**athematical and **S**tatistical **L**ibrary)	FORTRAN	für allgemeine mathematische und statistische Problemstellungen	Lineare Systeme; Differenzialgleichungen; Eigenwerte; Regression Korrelation; Cluster; Probleme; Zeitreihenanalyse; Verteilungen
		für spezielle Funktionen	Gamma-Fkt.; Bessel-Fkt.; Kelvin-Fkt.; eliptische Integrale

Mathematische Anwendungsprogramme: Derive; Mathematica; Maple; SAS (Statistical Analysis System)
Technische Anwendungsprogramme: PSpice zur Simulation elektronischer Schaltungen; **EAGLE** zur Schaltplan-Erstellungen (CAD)

Merkmale

Mit Kontrollstrukturen wird der Ablauf eines Programms geregelt. Somit wird die Abfolge einzelner Anweisungen in Abhängigkeit von Bedingungen und Entscheidungen bestimmt.

- **Abfolge**
  Einzelne Aktivitätsanweisungen werden nacheinander (schrittweise) abgearbeitet.

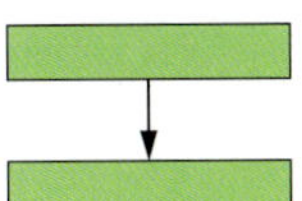

- **Verzweigung/Fallunterscheidung**
  In Abhängigkeit von Bedingungen erfolgt der Programmablauf gesondert.

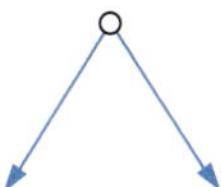

- **Schleife:** Unterschieden werden kopf- und fußgesteuerte Schleifen.
  - **Kopfgesteuerte Schleife**
    Vor Beginn der Schleife erfolgt die erste Bedingungsüberprüfung. Eventuell wird die Schleife gar nicht durchlaufen.

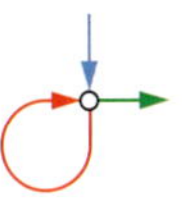

  - **Fußgesteuerte Schleife**
    Die Schleife wird wenigstens einmal durchlaufen. Erst am Ende des Schleifendurchlaufs erfolgt eine Bedingungsüberprüfung.

- **Sprünge**
  Bedingte und unbedingte Sprünge werden in Programmen eingesetzt (→ Schlüsselwort: z. B. GOTO)

  Ein Sprung erfolgt
  - zu Zeilennummern
  - zu Sprungmarkierungen bzw.
  - um eine relative Anzahl von Programmzeilen

  Ein guter Programmierstil sieht vor, dass Sprünge in Programmen zu vermeiden sind.

Kopfgesteuerte Schleife

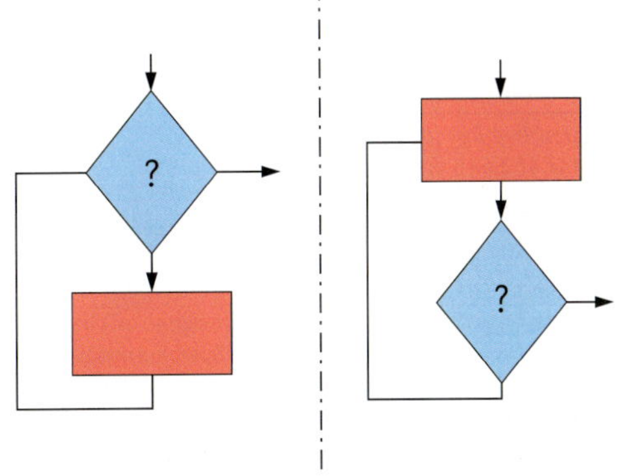

- **Rekursion**
  Im Programmablauf wird innerhalb einer Prozedur (Funktion) diese Prozedur (Funktion) selbst aufgerufen.

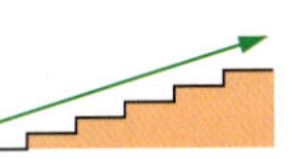

Beispiel A (Fakultätsberechnung)
$n! = n \cdot (n-1)!$

(Hinweis: $n \in \mathbb{N}$; z. B.: $6! = 1 \cdot 2 \cdot 3 \cdot 4 \cdot 5 \cdot 6 = 720$)

Beispiel B (Summe der Quadrate der Zahlen von 1 bis **n**):

```
prozedur qs-name (variable: n (typ));
    einstieg
        wenn (bedingungsüberprüfung zu n (n > 0)) dann
                Rückgabe (n · n + qs-name (n – 1));
        oder
                rückgabe 0;
        abschluss-von-wenn;
    ausstieg qs-name
```

mit $n \in \mathbb{N}$

- **Iteration**
  Eine Prozedur wird nacheinander neu aufgerufen, wobei an die Prozedur die bisher errechneten Werte übergeben werden.

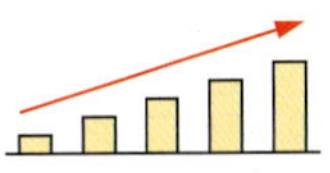

Beispiel C (Summe der Quadrate der Zahlen von 1 bis **n**):

```
prozedur qs-name (variable: n (typ));
    einstieg
        qs-name = 0;
        solange(bedingungsüberprüfung zu n (n > 0)) mache
                qs-name: = qs-name + (n · n);
                n: = n – 1;
        abschluss-von-solange;
    ausstieg qs-name
```

mit $n \in \mathbb{N}$

Beispiele nach **Fibonacci/Ackermann**

- **Fibonacci (F)**

```
F(n) = F(n – 1) + F(n – 2) für n > 2
Berechnungskomplexität: O(K^n)
```

- **Ackermann-Funktion (ack)** (vereinfachte Darstellung)

```
ack(0, m) = m + 1
ack(n + 1, 0) = ack(n, 1)
ack(n + 1, m + 1) = ack(n, ack(n + 1, m))
```

Merkmale

- Unterschieden werden **numerische, alphabetische** und **alphanumerische** Daten.
- Weitere Unterscheidungen:
  - formatierte/unformatierte Daten
  - sprachliche/bildliche/textliche (textuale)/Video-Daten
  - Basis- bzw. Stammdaten/Prozessdaten
  - Eingabe-/Ausgabedaten
  - Datumstypen (z. B.: tt.mm.jj oder jjjj-mm-tt)
  - Zeitangaben
- Datentypen können explizit vereinbart werden. Teilweise nehmen die Programmiersprachen automatisch Typzuweisungen bei Variablen (implizite Vereinbarungen) vor.
- Bei der Verarbeitung von Daten unterschiedlichen Typs ist es teilweise notwendig, Typanpassungen explizit vorzunehmen. Hierzu kann es notwendig sein, Zusatzvariable einzufügen.

integer (int)

- Ganzzahlige Zahlfolge (Werte liegt zwischen - 2.147.483.648 und 2.147.483.647); Speicherbedarf: 32 Bit
- Bei Integer-Werten, die zwischen -32.768 und 32.767 liegen, spricht man von **short int** (kurzen Integer-Werten); Speicherbedarf: 16 Bit
- Bei vorzeichenlosen Integer-Werten (unsigned int) liegen die Werte zwischen 0 bis 4.294.967.295; Speicherbedarf: 32 Bit
- Zum Teil können auch große (lange) Integer-Werte vereinbart werden: Bezeichnung long (z. B. in Java): die Werte liegen zwischen -2^{63} bis $+ 2^{63} - 1$ Speicherbedarf: 64 Bit

real; float

- Rationale Zahlen: Gleitkomma- (auch Gleitpunkt-) und Floatingpoint-Zahlen.
- Mit diesen Zahlen können rationale – und somit genähert – reelle Zahlen dargestellt werden.
- Unterschieden werden:
  - einfach genaue Zahlen (float: Speicherbedarf 32 Bit)
  - doppelt genaue Zahlen (double: Speicherbedarf: 64 Bit)
  - lange Zahlen (long double – Speicherbedarf: 80 Bit)

char (Character-Typ-Anweisung)

- Datentyp- für alpha-numerische-Zeichen.
- Speicherplatzbedarf: Üblicherweise 8 Bit.
- Char-Vereinbarungen für den Unicode nehmen dagegen – z. B. unter Java – 16 Bit Speicherplatz ein.

string (Zeichenfolge)

Ein String besteht aus einer Reihe von char-Werten.

Boolean

Dieser Datentyp nimmt nur den Wert „true" („1") bzw. „false" („0") ein. Speicherplatzbedarf: 1 Bit.

array (Felder) – (auch: Listen, Matrizen/Matrix)

- Ein Feld besteht aus einer Abfolge von Daten des gleichen Datentyps. Unterschieden werden
  - 1, 2 und mehrdimensionaler Felder
- Durch Indexangaben können die einzelnen Feldelemente identifiziert werden.

Record-Typ (Verbund-, z. T. auch Struktur-Typ (struct))

Aufbau wie beim array, jedoch können die Objekte von verschiedenen Datentypen sein

Zeiger (pointer)

- Ein Zeiger verweist auf die Adresse einer Variable, d. h. er beinhaltet als Wert die Speicheradresse von Objekten.
- Über Zeiger ist es problemlos möglich, auf die einzelnen Elemente eines Feldes zugreifen zu können.
- Definitionsmöglichkeiten für Zeiger am Beispiel der PS C:

  (1) `typ* zeiger_a;`

  (2) `typ *zeiger_a;`

  Über `zeiger_a` kann nun die Adresse angezeigt werden. `*zeiger_a` würde dagegen den Wert, auf den der Zeiger weist, angeben.

Strukturen

- Mit Strukturen kann der Anwender eigene Typen von Variablen unter Rückgriff auf vorab definierte „primitive" Datentypen festlegen.
- Für die Festlegung von Strukturen existieren Schlüsselwörter.

  Beispiel in C:

```
struct Eigene-Struktur {
        int POS;
        char NAME[17]; };
```

Klassen und Objekte

- **Klasse** – Typ eines Objektes
  - Objekte werden über eine Klassenbeschreibung definiert.
  - Mit einer Klasse wird bestimmt, wie sich ein Objekt gegenüber seiner Umwelt verhält.
  - Dies drückt sich in den Reaktionsweisen von Objekten auf ausgewählte und zugelassene Botschaften aus.
  - Über eine Klasse wird der innere Zustand des Objekts bestimmt. Damit gehen die Festlegungen einher, in welcher Art Botschaften im Objekt verarbeitet werden.
  - Klassen werden über Methoden und Instanzenvariablen festgelegt. Die Instanzenvariablen bestimmen den inneren Objektzustand.
  - Eine Klasse kann im Rahmen der Testvorgänge vollständig für sich allein geprüft werden.
  - **Beispiele für Klassendefinition**

Java
```
public class ClassName {
        // Definition von Datenfeldern
        // Definition von Konstruktoren
        // Definition von Methoden }
```

C++
```
class KlassenName {
public: ... // öffentliche Daten und Funktionen
private: ... //private Daten und Funktionen };
```

- **Objekte** - Gekapselte Datenstruktur
  - Objekte können Zahlen, Texte, Felder, aber auch Prozesse und Rollen sein.
  - Objekte besitzen einen inneren Zustand, der nicht beliebig beeinflusst werden kann.
  - Durch die Aufnahme von äußeren Informationen (Botschaften) kann der innere Zustand modifiziert werden.
  - Die inneren Objektzustände sind nach außen unsichtbar.
  - Das Objekt selbst ist eine eindeutige Instanz einer Klasse.

Grundsätze

- Ziel dieses Ansatzes ist es, Programmkerne zu gestalten, die
  - Realitätsaspekte einheitlich darstellen und
  - zu überschaubaren Programmieranforderungen führen.
- Datenobjekte und die erlaubten Datenoperationen werden als Einheit gesehen. Dies hat zur Folge, dass die informationstechnischen Beschreibungskonzepte für die objektorientierte Beschreibung erweitert werden müssen.
- Prinzipiell müssen die statischen und dynamischen Struktur- und Beziehungsaspekte gesondert erfasst werden.
- Die Begriffe der Objektorientierung werden in vielen objektorientierten Programmiersprachen verwendet. Im Detail verbinden sich jeweils auch verschiedene Nuancen mit diesen Begriffen.

Begriffe

- **Objekte und Klassen:**
  - Objekte (object) sind reale Ausprägungen (auch: Instanzen (instance) von Klassen (class)), die vom Anwender selbst definiert werden können.
  - Bei einer Klasse werden Daten (Datenelemente) und Funktionen (Methoden) festgelegt.
  - Durch einen Zugriff auf eine Methode wird üblicherweise eine zugehörige Funktion aktiviert.
  - Der äußere Zugriff ist nur auf die unter „public" deklarierten Elemente möglich. Die als „privat" deklarierten Elemente sind vor äußeren Zugriffen geschützt.

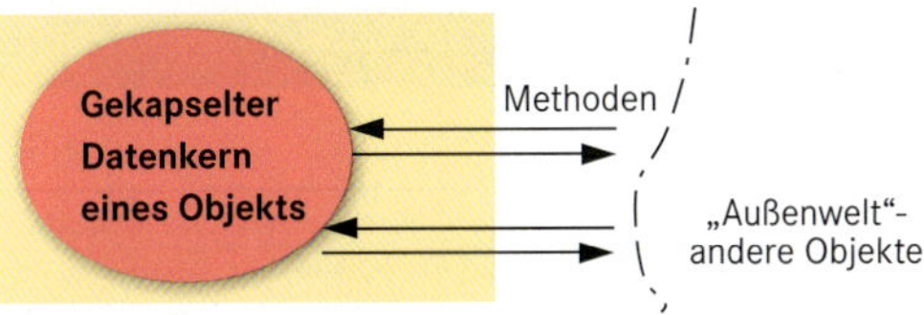

- **Botschaft:** Nachricht bzw. Daten an ein Objekt, die dort um Verarbeitung „bitten".
  - Botschaften werden an Objekte verschickt.
  - An den Sender der Botschaft wird ein Resultat (Botschaft) über die Objektveränderungen geschickt.
  - Jedes Muster, das in einem Objekt durch eine Botschaft ausgelöst werden kann, muss über eine Methode definiert werden.
  - Botschaften können geschachtelt und mit Parametern bestückt sein. Botschaften sind Objektaufträge.
- **Kapselung:** Im Objekt werden Daten, die an das Objekt geführt werden, nach „autonomer" Kontrolle selbstständig verarbeitet. Es erfolgt eine strikte Abgrenzung gegenüber anderen Objekten.
- **Methode:** Mit einer Methode wird die Reaktion der Instanzen (der inneren Objektzustände) auf Botschaften festgelegt (→ klassenspezifische Operation).
- **Protokoll:** Mit einem Protokoll wird beschrieben, wie Botschaften auf Objekte „stoßen" können.
- **Vererbung:**
  - Eine Hierarchie von Klassen wird dadurch gebildet, dass eine „nachrangige" Klasse, die das Ergebnis einer Ableitung aus ihrer Bezugs- bzw. Basisklasse ist, die Methoden der Basisklasse automatisch auch für sich übernimmt.
  - Eine Klasse kann sich auch auf mehrere vorab definierte Klassen beziehen. In diesem Fall liegt eine multiple Vererbung vor.
- **Polymorphie:** Die Wirkung von Botschaften (Funktionsaufrufe) bestimmt sich von der Situation des konkreten Objekts.

Objektorientierte Softwareentwicklung

- Im Kern werden vier Projektaspekte spiralförmig (siehe Software Engineering) durchlaufen.
  1. **Analysephase:** Ausgehend von den konkreten Geschäftsprozessen werden die Softwareerwartungen bestimmt.
  2. **Design- und Modellphase**
     Erarbeitung einer objektorientierten Lösungskonzeption
  3. **Realisierungsphase:** Codierung und Testen
  4. **Einsatzphase:** Schulung, Installation, Erprobung
- Bei den einzelnen Phasen werden unterschieden:
  - Auftretende Aktivitäten (z. B. Abstraktionen und Konzeptbildungen in der Analysephase)
  - Aktivitätsgegenstände (z. B. Module)
  - Wissensbasis - Ergebnisse
- Verschiedene **Objektmodelle** existieren:
  - **COM** **C**omponent **O**bject **M**odel (von Microsoft)
  - **ODP** **O**pen **D**istributed **P**rocessing – ISO-Rahmen zur Standardisierung innerhalb der objektorientierten IT-Welt
  - **OMA** **O**bject **M**anagement **A**rchitecture
  - **OMG** **O**bject **M**anagement **G**roup
  - **TINA** **T**echnical **I**nformation **N**etwork **A**rchitecture Consortiums
  - **USCM** **U**niversal **S**ervice **C**omponent **M**odel
- Bedeutsam sind die Modelle von **Booch** und **Rumbaugh**.

Rumbaugh- und Booch-Modelle

- Nach **Rumbaugh** werden drei Detailmodelle für die Realitätserfassung in fünf Schritten benötigt:
  1 ein **Objektmodell**
  1.1 Klassen und Objektidentifikation
  1.2 Datenbestimmung
  1.3 Aggregationsbestimmung (Objektbeziehungen)
  1.4 Festlegung der Attribute für die Objekte und Beziehungen
  1.5 Bestimmung von Vererbungshierarchien
  1.6 Anfragezugriffe auf Objekte werden bestimmt
  - Die Abfolge unter 1 bis 6 wird mehrfach durchlaufen. -
  1.7 Abschließend erfolgt eine modulartige Zusammenfassung der Klassen.
  2 ein Modell zur Erfassung der **dynamischen Beziehungen**
  2.1 Erfassung der relevanten Interaktionen und Folgen
  2.2 Ereignisidentifikation und -abfolge
  2.3 Bestimmung von Zustandsdiagrammen (der Objekte)
  2.4 Zuordnung Ereignis-Objekt
  3 ein **Funktionalitätsmodell**
  3.1 Bestimmung der Eingabe- und Ausgabedaten (Typ etc.)
  3.2 Erfassung der funktionalen Beziehungen (und Abhängigkeiten) über Flussdiagramme
  3.3 Festlegung und Beschreibung der Verarbeitungsfunktionen
  4 Einschränkungen, Begrenzungen, Rahmen, Bedingungen werden erfasst bzw. definiert
  5 Ausarbeitung und Festlegung von Regeln zur Optimierung
- Nach **Booch** soll gemäß einem Vorgehensmodell ein System in einzelnen Schritten – quasi abschnittsweise (inkrementelles Vorgehen) – entwickelt werden. Dabei sind **iterative Verfahrensweisen** zu bestimmen bzw. zu identifizieren:
  - Klassen und Strukturen
  - Verhalten zwischen Klassen/zwischen Objekten
  - Klassen- Objektbeziehungen
  - Gestaltung (Codierung) der Klassen und Objekte

  Verwendet werden zur Modellierung:
  - Klassen- und Objektdiagramme
  - Interaktionsdiagramme
  - Moduldiagramme
  - Prozessdiagramme

Klassenbeschreibungen
Classes Description

- Klassen fassen Datenattribute und -operationen zusammen. Generell werden in der objektorientierten Programmierung Daten und Funktionen verkapselt.
- Funktionen beziehen sich dann auf eine konkrete Klasse bzw. ein konkretes Objekt.
- Diese Funktionen (→ Methoden) können von außen in ihrer Funktionalität nicht aufgebrochen werden.
- Es werden u. a. Klassennotationen von **Booch** und **Rumbaugh** verwendet.

Klassennotation nach Booch

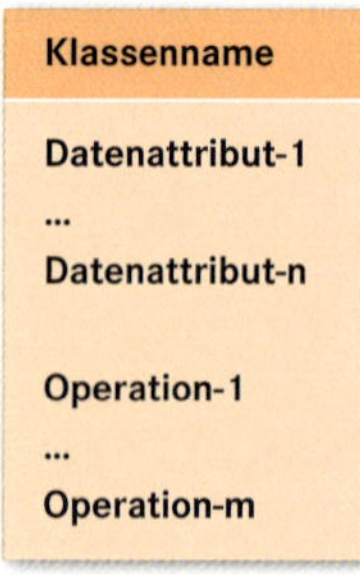

Klassennotation nach Rumbaugh

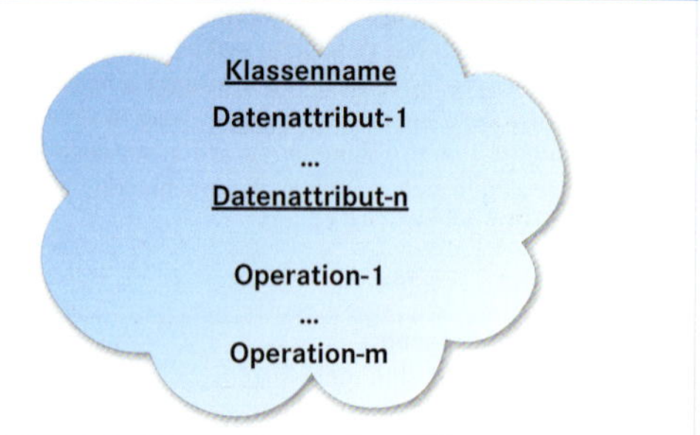

Realitätsdatenmodelle

Die Begriffe der objektorientierten Realitätsbeschreibung und die der Beschreibung der Realität über Tabellen können in einem ersten Schritt naiv zugeordnet werden.

UML

Begriff/Verwendung

- **UML** steht für **U**nified **M**odeling **L**anguage
- UML ist
  - eine graphische Notationsweise zur Darstellung objektorientierter Software-Entwicklungsschritte,
  - eine Modellierungssprache,
  - keine eigenständige Modellierungsmethode,
  - keine Programmiersprache (im engeren Sinne).
- Die UML-Techniken werden in Verbindung mit Projekmethoden zu objektorientierten Entwicklungsmethoden verbunden. Von besonderer Bedeutung sind (→ Software Engineering):
  - das Evolutionäre Entwicklungsmodell,
  - das Modell der inkrementellen Entwicklung,
  - das Konzept „Extreme Programmierung",
  - das Spiralmodell,
  - das V-Modell,
  - das Wasserfallmodell,
  - der Objektory Process,
  - RUP (Rational Unified Process) und
  - SEPP/OT.

  Durch die UML allein erfolgt keine ausreichende Strukturierung des Programmentwicklungsprozesses.
- **OCL: O**bject **C**onstraint **L**anguage
  Formale Sprache – durch die den UML-Modellen inhaltliche Ergänzungen beigefügt werden können.

Standardisierungen

- Die UML wurde von der Object Management Group (OMG) standardisiert: siehe **www.omg.org**
- Zur Beschreibung von vielfältigen Aspekten existieren in der UML verschiedene Diagramme.

Klasse

Klasse

Klasse
Attribut

Klasse
Operation()

Objekt

Objekt: Klasse
Attribut1 = Wert1 Attribut2 = Wert2

Klasse
- privateAttribute # protectedAttribute ~ protectedAttribute (im Paket) + publicAttribute Attribut: Typ Attribut: Typ = Anfangswert
- privateOperation() # protectedOperation() ~ protectedOperation (im Paket) + publicOperation() Operation (in Par1: Typ1 = Wert, out Par2: Typ2): Ergebnistyp

Vererbungen

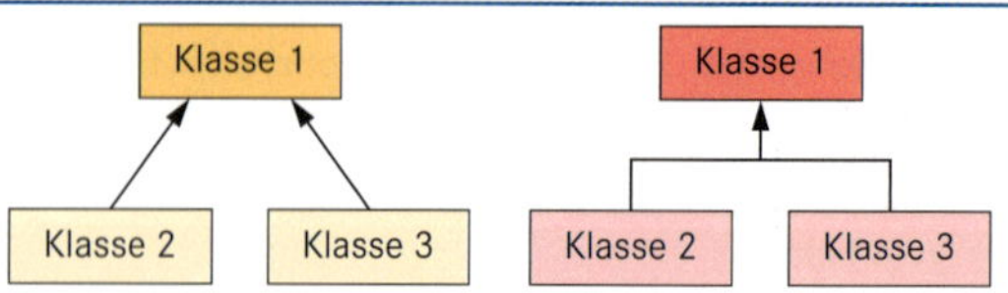

Mehrfachvererbung

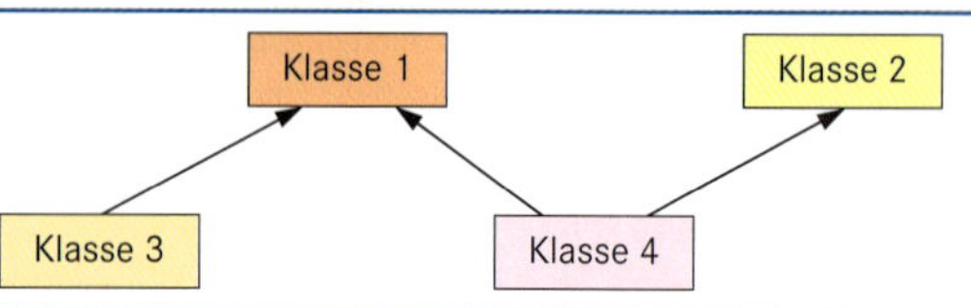

Elementare Begriffe

- **Attribut:** Datenelemente, die individuell zu einem Objekt gehören
- **Klasse:** allgemeine Struktur (allgemeiner Plan; auch Baubeschreibung). Einer Klasse sind Attribute und Operationen (Methoden) zugeordnet.
- **Objekt:** konkrete Ausprägung einer Klasse
- **Operation/Methode:** konkrete Verhaltensweisen (Anweisungen) bezüglich einer Klasse
- **Vererbung:** Beziehung zwischen Klassen
- **Zusicherung:** Operationsvoraussetzungen

Assoziations-Darstellung

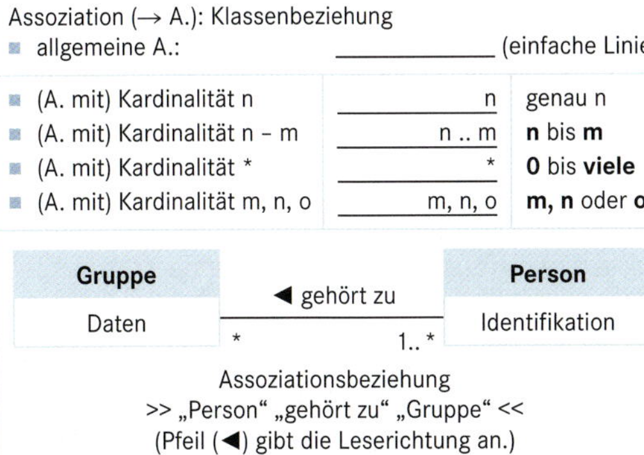

Assoziation (→ A.): Klassenbeziehung

- allgemeine A.: ____________ (einfache Linie)

(A. mit) Kardinalität n	____ n	genau n
(A. mit) Kardinalität n – m	____ n .. m	**n** bis **m**
(A. mit) Kardinalität *	____ *	**0** bis **viele**
(A. mit) Kardinalität m, n, o	____ m, n, o	**m, n** oder **o**

Assoziationsbeziehung
>> „Person“ „gehört zu“ „Gruppe“ <<
(Pfeil (◀) gibt die Leserichtung an.)

Analyseansichten

- Ausgehend von der Problemanalyse müssen die Zustände und Aktivitäten dargestellt werden.
- Die folgenden Sichten mit Inhalten und zugeordneten UML-Diagrammen werden unterschieden:

Logische Sicht
- funktionale Analyseergebnisse
- Klassenmodell

UML
- Klassendiagramme
- Paketdiagramme

Szenarien

UML
- Aktivitätsdiagramm
- Use-Case-Diagramm

Implementierungssicht
- Subsysteme
- Schnittstellen

UML
- Komponenten-diagramm

Ablaufsicht
- Prozesse
- Nebenläufigkeit
- Synchronisation

UML
- Kommunikations-diagramm
- Sequenzdiagramme
- Zustandsdiagramme

Physische Sicht
- Netzwerke (Server, ...)
- Zielhardware

UML
- Deploymentdiagramme (Verteilungsdiagramme)

Diagramme

Strukturdiagramme	Verhaltensdiagramme
Klassendiagramm	Aktivitätsdiagramm
Objektdiagramm	Interaktionsübersichtsdiagramm
Komponentendiagramm	Anwendungsfalldiagramm
Paketdiagramm	Kommunikationsdiagramm
Verteilungsdiagramm	Interaktionsdiagramm
Kompositionsstruktur-diagramm	Sequenzdiagramm
	Timmingdiagramm
	Zustandsdiagramm

Schnittstelle

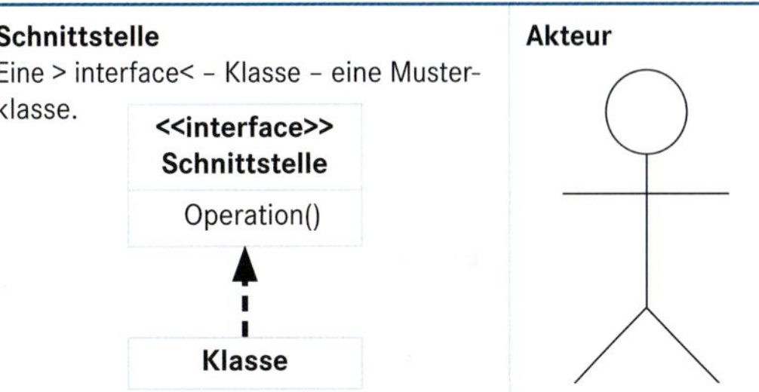

Schnittstelle
Eine > interface< – Klasse – eine Musterklasse.

Modellierungsansatz

Anwendungsfalldiagramme (use case diagrams)
Systemerwartungen (Anforderungen) aus der Sicht des Anwenders (hierbei Erfassung der realen Geschäftsprozesse).

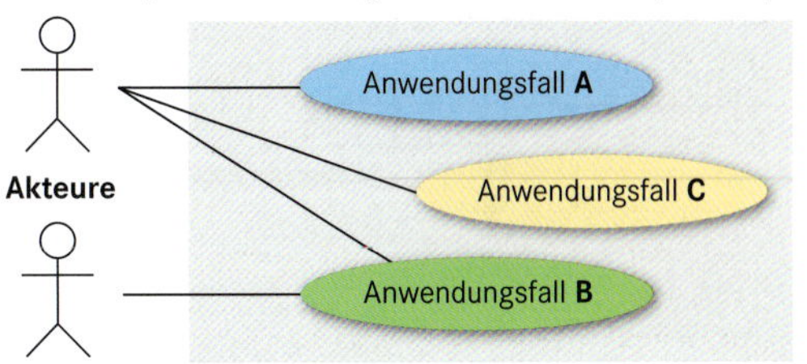

Gerüst der Softwareentwicklung: zur statischen Struktur

Klassendiagramm (class diagram) (auch Klassenstrukturdiagr.)
- Klassen und zugehörige Objekte werden bestimmt.
- Objektattribute werden definiert.
- Methoden (Objektoperationen) bestimmen die Möglichkeiten der Objektkommunikation.
- Klassenbeziehungen werden definiert.
- Die Objektbeziehungsaspekte Vererbung, Assoziation und Aggregation werden dargestellt.
- Die Informationskapselung der einzelnen Objekte wird erfasst.

UML und Geschäftsprozesse

- Reale Geschäftsprozesse können im Rahmen der Geschäftsprozessmodellierung (GPM) erfasst werden.
- Im Mittelpunkt der GPM stehen Aktivitätsanalysen, nicht Zustandsdarstellungen.
- GPM in Verbindung mit der UML wird zur übersichtlichen objektorientierten Darstellung komplexer Abläufe genutzt.

Darstellung der dynamischen Strukturbeziehungen mit Verhaltensdiagrammen (behaviour diagrams)

Zustandsdiagramme (statechart diagrams)
(Endliche, hierarchische) Automatendiagramme, die das vollständige Systemverhalten darstellen. (Mathematisch präzise abbildbar.) Zustände sind Klassen eindeutig zugeordnet.

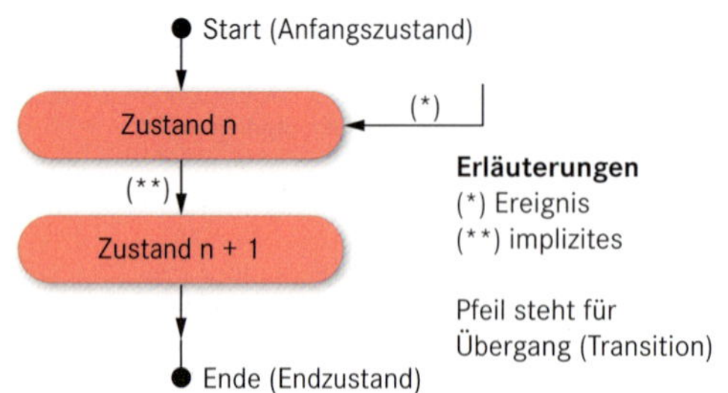

Aktivitätsdiagramme (activity diagrams)
Darstellung von **Workflow** und **Multithreading** – Zustandsübergänge ausgelöst durch Aktionsabschlüsse innerhalb einzelner Zustände. Die „innere" Ablauflogik wird dargestellt. Eine Ereignisreaktion ist nicht vorgesehen.

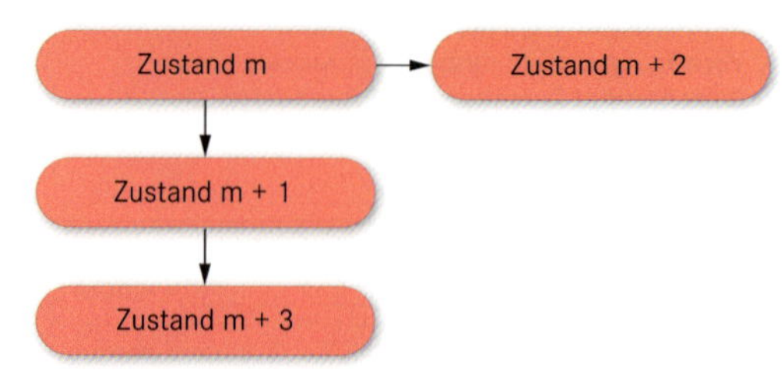

Sequenzendiagramme (sequence diagrams)
Darstellung der Interaktionsmöglichkeiten zwischen den Objekten – die zeitlichen Abläufe werden erfasst.
[Bei den Zusammenspieldiagrammen (Kollaborationsdiagrammen) wird der zeitliche Aspekt nicht berücksichtigt.]

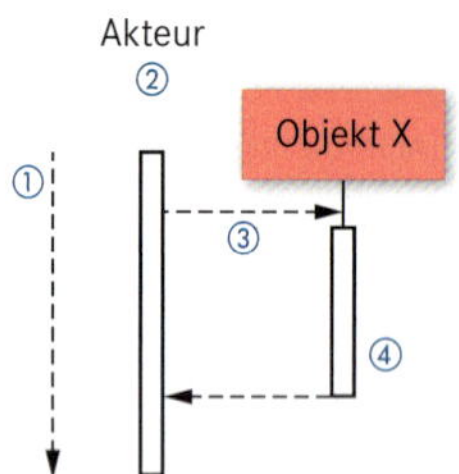

①: Zeitachse
②: Aufrufendes Objekt (hier: Akteur)
③: Botschaft (**Nachricht**) von Akteur an ObjektX
[Information vom objektA zum objektB: *nachricht*()]
④: Botschaft aktiviert Abarbeitung der Methode (Operation)
[Rückmeldung vom objektB zum objektA: *antwort*]

Kollaborationsdiagramme (collaborations diagrams)
(Diagramme der Zusammenarbeit)
Darstellung der Objektwechselwirkungen – der zeitliche Aspekt wird bei dieser Darstellung nur nachrangig dargestellt.
Dabei werden die Objektbeziehungen durch Verbindungslinien erfasst.

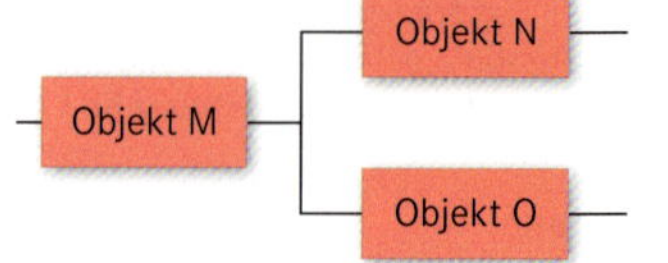

Implementierungsphase

- Im Rahmen der Beschreibung der Implementierung werden Komponenten- und Verteilungsdiagramme verwendet.
- **Komponentendiagramm** – component diagram Komponente: reale Quell-Code-Datei, die sich auf Klassen bzw. Objekte bezieht.
- **Verteilungsdiagramm** – deployment diagram Darstellung der physischen Systemzuordnung (z. B. Zuordnung der Software zu Systemkomponenten)

Letztlich muss die mit den UML-Diagrammen dargestellte Struktur in einen maschinenlesbaren Code überführt werden.

Geschäftsprozessanalyse – UML – Programm

Gemäß RUP werden folgende iterativ abzuarbeitende Analyseaspekte beachtet:

- Abstraktes Geschäftsprozessmodell
- Konkrete Geschäftsprozessgegebenheiten
- Anforderungsanalyse
- Design
- Implementierung
- Test
- Installation
- Konfigurations- und Änderungsmanagement
- Projektmanagement
- Projektumfeld

Im Entwicklungsprozess werden folgende Phasen beachtet:

1. Konzeption
2. Konstruktion
3. Ausarbeitung
4. Inbetriebnahme

Programmentwicklung

- Ausgehend von den Klassendiagrammen werden sogenannte Programmskelette erzeugt.
- Hierzu werden CASE-Instrumente (CASE: Computer Aided Software-Engineering) verwendet. Diese werden kommerziell bzw. auch als Open-Source-Software angeboten.
- Die Entwicklungsumgebung Eclipse ist unter http://eclipse.org zu beziehen.

Grundaspekte

- **BASIC** ist die Abkürzung für **B**eginners **A**ll-Purpose **S**ymbolic Instruction (Symbolischer Allzweck-Befehlscode für Anfänger (der Programmierung)).
- **VB** - **V**isual **B**asic: Objektorientierte Erweiterung zu BASIC mit grafischer Oberfläche.
- **VBA** - **V**isual **B**asic for **A**pplication: Vollwertige Sprache unter Nutzung von BASIC-Begriffen und -Konstrukten und MS-Makros.
- BASIC: Basisbefehle zur Eingabe und Ausgabe: INPUT (Eingabe); PRINT („Bildschirm-Ausdruck")

Elementare Strukturen

Zweiseitige Auswahl

```
if Bedingung then
     Anweisung11
     Anweisung12
     ...
else
     Anweisung21
     Anweisung22
     ...
end if
```

Fallauswahl

```
select case Selektor
case Auswahlwert-1
          Auswahlblock-1
case Auswahlwert-2
          Auswahlblock-2
          ...
case
          else Auswahlblock-n
end select
```

Wiederholungen

- **kopfgesteuerte**

```
do while / until
      Bedingung
            Anweisungsblock
loop
```

- **fußgesteuerte**

```
do
      Anweisungsblock
loop while / until
      Bedingung
```

Prozedurdefinition

```
sub Prozedurname()
        Deklarationsblock
        Anweisungsblock
end sub
```

Prozeduraufruf

```
sub QuellRoutine()
        Anweisungsblock
        Prozedurmane
end sub
```

Beispielprogramm unter BASIC

- **Problemstellung**: Ermittlung der Summe der ersten **n** ungeraden Zahlen von 1 bis ... (Es gilt hierbei: $n \in \mathbb{N}$)
- **Quellcode**

```
(1)   Start:
(2)   INPUT; N
(3)   S = 0
(4)   Z = 0
(5)   DO WHILE Z < N
(6)         Z = Z + 1
(7)         S = S + (2 · Z - 1)
(8)   LOOP
(9)   GUZ = 2 · N - 1
(10)  PRINT "Anzahl der ungeraden Zahlen: "; N
(11)  PRINT "Größte ungerade Zahl: "; GUZ
(12)  PRINT "Summe der ungeraden Zahlen: "; S
```

- **Erläuterung zum Quellcode**

(1)	Starten des Programms.
(2)	Einlesen des Wertes N.
(3-4)	Initialisierung von S und Z - jeweils mit dem Wert Null [0].
(5)	Start einer kopfgesteuerten Schleife: Überprüfung der Ablaufbedingung: Ist Z kleiner N? Bei "JA" zu Position (6), ansonsten zu Position (9).
(6-7)	Anweisungen in der Schleife - (6): Z wird um den Wert Eins [1] erhöht. - (7): S wird gebildet: Summe des bisherigen S-Werts mit dem aktuellen Wert [`2 · Z - 1`]
(8)	Rücksprung zum Schleifenanfang [`DO WHILE ...`]
(9)	Schleife wurde verlassen; Berechnung von GUZ
(10ff)	Ausgabeteil

VB-Merkmale

- Aufruf unter MS-WORD: **Extras/Makro/Visual Basic-Editor** bzw.: **<ALT>** + **<F11>**
- Ein- und Ausgabe erfolgt mit Fenstern (Ereignisse).
- Die Arbeitsoberfläche der Programme ist grafikorientiert.
- Übersichtlicher Programmaufbau mit Modulen und Objekten.
- Mehrere Programme können parallel ablaufen.
- „**Projekt**" bezeichnet einsetzbare Anwendungen.
  Zu einem Projekt gehören 1. die Projektdatei (*.VBP) und 2. weitere Dateien (min.eine).

s (VB)

- Nach dem Starten von VB erscheint eine Bedienoberfläche auf dem Bildschirm mit dem Titel ***Projekt1*** (⇒ Titelleiste).
- Im **Formular-Designer-Fenster** (mittlere freie Arbeitsfläche, auch Formfenster genannt) erscheint ein leeres Formular mit dem Titel ***Form1***.
- Auf der linken Seite befindet sich eine **Werkzeugleiste**.
- Rechts liegt unter anderem das **Eigenschaftsfenster**.
- Zugriff auf die einzelnen VB-Fensterelemente:

Fenster	Ein-/Ausblenden: jeweils ANSICHT
Projektfenster	PROJEKTEXPLORER
Eigenschaftsfenster	EIGENSCHAFTSFENSTER (bzw. <F4>)
Formular	FORMULAR-LAYOUT-FENSTER
Werkzeugleiste	WERKZEUG-SAMMLUNG

Syntaxfestlegungen

- Variablendeklaration:
  `Dim Variabel As` Datentyp, `Variable2 As` Datentyp, ...
- Deklaration einer Konstanten:
  `Const` Konstante1 [Kürzel] = Ausdruck1,
  Konstante2 [Kürzel] = Ausdruck2, ...
- Objektvariablendeklarartion:
  `Dim NeuObject As Objekttyp`
- Zuweisung: `Variable = Ausdruck`
- Funktionszuweisungen: `Ziel = Funktionsname [$]` (Argument1, Argument2, ...)
  (Mit $-Zeichen: Ergebnis als `Character`, sonst als `Variant`)
- Prozedur: `Prozedurname Argument1, Argument2, ...`

Vorgehensweise bei der Programmerstellung (VB)

1. Erstellen einer Bedienoberfläche (Fenster anlegen).
2. Auf dem Formular werden ausgehend von der Werkzeugleiste einzelne Steuerelemente in die aktuelle Form eingebunden, z.B.: Befehlsschaltflächen, Textfelder, Bezeichnungsfelder usw.; **Steuerelemente** anpassen und ausrichten.
3. Festlegung der **Eigenschaften** (⇒ Eigenschaftsfenster) - Objektbenennungen und Modifikation von Einstellungen.
4. Mit dem **Code-Editor** (Schaltfläche Code anzeigen) wird der Quell-Code programmiert.
5. Erstellen und speichern einer ausführbaren **exe-Datei**.

VBA (**V**isual **B**asic for **A**pplications)

- VBA-Programme greifen auf MS-Office-Software zu.
- Einbindung von **COM** (**C**omponent **O**bject **M**odel)-Programmen in VBA-Software. COM: Software-Objekt-Modell von MS.
- Einbindung von nicht-COM-Software über SendKeys-Methode.
- **SendKeys**: Durch die Sendung von Tastaturkürzeln wird das gewünschte Programm eingebunden.
- Programmaufrufmöglichkeit in VBA: appID = ...
- Aktivierung über: sendKeys typ [makro-inhalt]

Basisvereinbarungen

- Im Programmkopf kann (und sollte!) „`program`" und ein Programmname stehen.
- Das Programm wird mit der Anweisung „end" (auch: „`end program`" oder „`end program` name") abgeschlossen.

Spalte 1:	C oder * oder !	→ Kommentarzeile folgt
Spalten 1-5, 7-72:	!	→ Kommentaranfang
Spalten 1-5:	Ziffer(n)	→ Bezugsnummer
Spalte 6:	weder 0 noch Leerzeichen	→ Fortsetzungszeile
Spalten 7-72:	Fortran-Anweisung	
Spalten 7-72:	Ein Semikolon trennt Anweisungen	
Spalten 73-80:	(Optionale) Identifikationsangaben, sie sind für den Computer ohne Bedeutung	

Spaltennummer (Quellentextzeile)

1 5 6 7 72 73 80

a | b | c | d

Bereich	Anfangszeile	Fortsetzungszeile
a	Marke oder blank	blank
b	blank oder 0	Zeichen (ohne 0 oder blank)
c	– Anweisung –	
d	– Identifikation (optional) –	

Unterprogramme

- SUBROUTINE `name [(Parameter...)]`
- FUNCTION `name [Parameter...`
- BLOCK `DATA [name]`

Datentypen

Integer: ganzer Wert	**DOUBLE PRECISION**: (doppelt genaue reelle Zahl; Exponent wird mit D angezeigt)
REAL: reelle Zahl (kein Komma)	
COMPLEX: komplexe Zahlen, bestehen aus einem Paar ganzer oder reeller Zahlen (real, imag)	**LOGICAL**: logische Konstanten `-.TRUE.` | `.FALSE.`

Für Felder müssen DIMENSION-, COMMON- oder Typanweisungen vereinbart werden.

Programmablaufsteuerung

Spannungsanweisungen: GO TO	Pause: `PAUSE [n]`
`Continue`-Anweisung	Stop: `STOP [n]`
Rücksprung: `RETURN [n]`	

IF-Anweisungen

- `IF` (arithmetischer oder logischer Ausdruck) `Anweisung`
- `IF` (ogischer Ausdruck) `THEN`
- `ELSE IF` (logischer Ausdruck) `THEN`

DO-Schleifen: `DO_variable = E1, E2 [, E3]`

Datenobjekte

- Konstanten
- Skalare
- Strukturen
- Variable
- Felder

Ein-/Ausgabe-Dateistatus

- Sequentieller Zugriff: `READ/WRITE`
- Datenübertragung: `PRINT/...`
- Direkter Zugriff auf externe Dateien: `OPEN (...,FILE..)`
- `Close ([UNIT = ...)`

Ada

- Eine prozedurale, objektorientierte Sprache, die bei zeitkritischen Systemen verwendet wird.
- Modulare Strukturierungselemente sind:
  - Funktionen und Prozeduren als Unterprogramme
  - Pakete, Generische Einheiten und Prozesse.
- Komplexe – auch parallel ablaufende – Prozesse werden durch den Austausch von Botschaften gestaltet.
- Kein gesondertes Hauptprogramm wird vereinbart.
- Schlüsselwörter werden fettgedruckt und kleingeschrieben.
- Keine Unterscheidung zwischen Groß- und Kleinschreibung.
- (Daten-)Typen müssen exakt vereinbart werden.
- Bei Feldern können offene Grenzen definiert werden.
- Verbundtypen können als **`record`** vereinbart werden.
- Keine Zeiger (pointer): Zugriffe erfolgen über **`access`**.
- Sprachelemente werden über Bibliotheken zugänglich gemacht: Sie werden vor einer Prozedur eingebunden mit **`with`**.

Datentypen

- Standard (`INTEGER, BOOLEAN, LOAT, CHARACTER, STRING`)
- `TEXT_IO` (`GET` (String-Eingabe), `PUT` (String-Ausgabe))
- Prozesstypen und Private Typen
- Zugriffstypen (ähnlich den üblichen „Zeigertypen")
- Zusammengesetzte Typen: Reihungstypen und Verbundtypen
- Skalare Typen (diskrete Typen und reelle Typen)
  - Diskrete Typen (lineare Anordnung der Elemente): Aufzählungstypen (z. B.: `BOOLEAN, CHARACTER`) Ganzzahlige (`INTEGER, SHORT_INTEGER, LONG_INTEGER`)
  - Reelle Typen: 1. Gleitkommazahlen 2. Gleitkommazahlen (`FLOAT, SHORT_FLOAT, LONG_FLOAT`)

Anweisungen (Steuerungen)

- `for` <Variable> `in` <Bereich> `loop` <Anweisungen> `end loop;`
- `while` <Bedingung> `loop` <Anweisungen> `end loop;`
- `if` <Anweisung> `then` <Anweisungen>
  `elsif` <bedingung> `then` <Anweisungen>
  `elsif` ... `else` <Anweisungen> `end if;`
- `procedure` <name> <Parameter> `is` <Vereinbarungen>
  `begin` <Anweisungen> `end` <name>;
- `case` <Ausdruck> `is`
  `when` <Wertebereich> =>
  <Anweisungen>
  ...
  `when others` =>
  <Anweisungen> `end case`
- `Block: declare`
  <(lokale) Vereinbarungen>
  `Begin` <Anweisungsteil>
  `end;`
- `loop` <Anweisungen>
  `end loop;`

Pakete

- Mit Paketen werden Typen, Prozeduren, Objekte einheitlich verbunden: Sie werden **eingekapselt.**
- **Abstrakten Datentypen (ADT)**: Zusammenfassung von Objekttypen mit entsprechenden Operationen.
- Prozeduredetails können bei Pakten im privaten Teil (**private**) versteckt werden.

Generische Programmelemente

- **Generische Prozedur** (auch: Programmschablone)
  - Sie legt Operationen usw. allgemein gültig fest
  - Einsetzbar für unterschiedliche Typen

Grundaspekte

- C wurde Anfang der 1970er Jahre von Dennis Ritchie an den Bell Laboratories entwickelt.
- Die Entwicklung des Betriebssystems UNIX ist untrennbar mit der C-Sprache und C-Gestaltung verbunden.
- C ist betriebssystemunabhängig und umfangsarm.
- Der gültige Standard für C wurde 1989 von der **ANSI** (**A**merican **N**ational **S**tandards **I**nsitute: **„ANSI – C"**) festgelegt.

Ein-/Ausgabe

- Für die Ein- und Ausgabe von Daten greift C bei den grundlegenden Formen auf die Definitionsdatei **`stdio.h`** zu. Im Programm wird die Anweisung **`#include<stdio.h>`** eingefügt.
- Mit <*Dateiname*> können Standarddateien und mit **`#include`** „*Dateiname*" benutzerdefinierte Dateien dem Programm zur Verfügung gestellt werden.
- Formatierte Ein- und Ausgaben mit **`printf`** und **`scanf`**
- **`putchar`** – Ausgabe eines Zeichens auf dem Bildschirm
- **`put`** – Ausgabe einer Zeichenfolge auf dem Bildschirm
- **`getchar`** – Einlesung eines Zeichens über die Tastatur
- **`gets`** – Einlesung einer Zeichenfolge

`\n` – Zeilenvorschub; `\b` – Backspace
`\t` – Horizontal-Tabulator; `\v` – Vertikal-Tabulator

`eof` – end of file; `eol` – end of line

Vordefinierte Datentypen

[in Klammern: Kennbuchstabe]

- Integer-Typ (`int`) [d / l / u / x / X]
  - mit und ohne Vorzeichen (signed/unsigned)
  - Unterscheidungen: short, long int, signed long int
  - Beziehungen: short int ≤ int ≤ long int
- Character-Typ (`char`) [c]
- Aufzählungstyp (`enum`)
- Fließkommatyp (`float`) [f / e / E]
  - float (einfach-genau)
  - double (mindestens so genau wie float) – long double
- Zusammengesetzte Typen
  - Zeigertypen (&: Adressoperator: `&variable` – benennt die Hauptspeicheradresse der Variable)
  - Feldtypen, Strukturtyp (`struct`), Bitfelder
  - Vereinigungstyp (`union`), Funktionstypen
- Leerer Typ (`void`)

Typ	Speicherplatz (in Byte)	Vorzeichen
unsigned char	1	nein
(signed) char	1	ja
unsigned short (int)	2	nein
(signed) short (int)	2	ja
unsigned int (16-Bit)	2	nein
(signed) int	2	ja
unsigned int (32-Bit)	4	nein
(signed) int	4	ja
unsigned long (int)	4	nein

Programmentwicklung

1. Ein **Lösungsalgorithmus** wird gefunden.
2. **Quellcodegestaltung:** C-Quellcodedatei ***xxx.c***
3. **Compilierungsprozess** (mit einem Präprozessor und C-Compiler) Erzeugt wird eine Datei ***xxx.obj.***
4. **Linkprozess:** Bibliotheken werden eingebunden

(1) Algorithmus

(2) Quellcode-Einstellung (mittels Editor)

Vorrangig: menschliches Tun

(3) Übersetzung der Quelldatei mittels Präprozessor und C-Conpiler → Ergebnis: Quelldatei: ****.obj

(4) Erzeugt wird ein lauffähiges Programm: → Ergebnis: Datei: ****.exe (eine exe-Datei)

Vorrangig: maschinelles Tun

Programmaufruf: Programmausführung

Benutzerdefinierte Datentypen

- **Konstanten**
  - `const` typ bezeichner = wert;
    Beispiel: `const double exp = 2.718281828459;`
    [const-Definitionen sind in C-Programmen vorrangig zu nutzen (→ Typsicherheit)]
  - `#define` <Name> <zeichenfolge>
    Beispiele: `#define pi 3.14159265358979323846`
    `#define EURO 1.95583`
    Definitionsende mit `#define` ohne Semikolon.
- **Strukturtyp:** `struct {...};`
  Daten verschiedenerer Typen werden im Verbund erfasst:
  Beispiel:
  ```
  struct Teilnehmer       {
         int POS;
         char NAME [21];
         char VORNAME [15];
         float GEHALT;    };
  ```
  Aufruf erfolgt (z. B.) über:
  Teilnehmer person_1 = {1, „Einstein", „Albert", 10.5}
- **Aufzählungstyp:** `enum` (enumeration)
  Beispiele:
  `enum bool {false, true};`
  `enum` NOTEN {EINS = 1, ZWEI, DREI, VIER, FÜNF, SECHS};
  (ZWEI erhält nun den Wert 2 etc.
  Ohne die Angabe EINS = 1 hätte EINS den Wert 0 usw.)

Programmbeispiel

```
# include <stdio.h>              /* Vereinbarung der Standardbibliothek stdio.h */
void main(void)                  /* Das Hauptprogramm wird mit main bezeichnet. */
{   int i, y;                    /* Geöffnete Schleife: Programmanfang und Vereinbarung der Variablen. */
    i = 1;                       /* Zuweisung eines festen Werts an i */
  scanf(„%i", &y);               /* Wert für y wird eingelesen. */
  printf(„i = %i\n", i); }       /* Ausdruck des Wertes zu i und Ende des Programms. */
```

Strukturen

- **Schleifen**

while
```
while (ausdruck)
anweisung
```

do-while
```
do anweisung
while (ausdruck);
```

for
```
for (ausdruck-1;...; ausdruck-n) anweisung
```

- **Auswahlanweisungen**

if
```
if (ausdruck)
anweisung
```

if-else
```
if (ausdruck)
    anweisung_1
else
    anweisung_2
```

switch
```
switch (ausdruck)
{ case konstante_1:
        anweisung_1
  case konstante_2:
        anweisung_2
  ...
  default: Anweisung }
```

else if
```
if (ausdruck_1)
    anweisung_1
else if (ausdruck_2)
    anweisung_2
...
else
    anweisung
```

- **Sprunganweisungen**

break
```
break;
```
Die innerste umgebende Schleife einer Anweisung wird verlassen.

goto
```
goto Marke
```
Sprung zu vorgegebenen Position (Marke). Möglichst zu vermeiden.

continue
```
continue;
```
Ein aktueller Schleifendurchlauf wird abgebrochen.

return
```
return ausdruck;
```
Rückkehr von einer Funktion zur aufrufenden Stelle.

Standardbibliotheken (Header-Vereinbarungen)

- `<assert.h>`: Fehlerdiagnose
- `<ctype.h>`: Test- und Umwandlungsfunktionen für Zeichen (Characterbehandlung)
- `<errno.h>`: Funktionen zur Fehlerbehandlung
- `<float.h>`: Grenzwerte der Fließkommadarstellung
- `<limits.h>`: Grenzwerte für Ganzzahltypen
- `<locale.h>`: Funktionen für lokale Besonderheiten
- `<math.h>`: Mathematische Funktionen (double)
- `<setjmp.h>`: Nichtlokale Sprünge über Funktionen
- `<signal.h>`: Signalbehandlung
- `<stdarg.h>`: Funktionen mit variablen Listen
- `<stddef.h>`: Allgemeine Typdefinitionen und Makros
- `<stdio.h>`: Ein-/Ausgabe- und Dateioperationen
- `<stdlib.h>`: Hilfefunktionen
- `<string.h>`: Zeichenfolge
- `<time.h>`: Zeitbestimmungsfunktionen

Dateiverwaltungsbefehle

- **Dateistruktur:** `FILE`
- **Dateizeiger:** `FILE` **datei_zeiger*
- **Dateiöffnung:** `datei_zeiger = fopen` (*Name der Datei, Zugriffsmodus*)
- **Dateischließung:** *int* `fclose` (*FILE *datei_zeiger*)
- **Abfrage Dateiende:** *int* `feof` (*FILE *datei_zeiger*)

Lesen aus einer Datei
- zeichenweise: *int* `fgetc` (*FILE *datei_zeiger*);
- zeilenweise:
  *char * fgets* (*char *string, int n, FILE *datei_zeiger*);
- satzweise: `fscanf` (datei_zeiger, steuerstring, & variable_1, ..., &variable_n);

Schreiben in eine Datei
- zeichenweise: *int* `fputc` (*int c, FILE datei_zeiger*)
- zeilenweise: *int* `fputs` (*char *string, FILE *datei_zeiger*)
- satzweise: `fprintf` (datei_zeiger, steuerstring, & variable_1, ..., &variable_n)

Zugriffsmodus

„r" – (read) Lesen aus einer Textdatei
„w" – (write) Schreiben einer Textdatei
„a" – (append) Anlegen einer Datei bzw. an eine bereits vorhandene anfügen
„r+" – Lesen und Schreiben einer bereits vorhandenen Datei
„w+" – Schreiben und Lesen einer neuen Datei

Typkonvertierungen

`atof`:	Text in Float	`atoi`:	Text in Integer
`atol`:	Text in Long	`strtod`:	String in Double
`strtol`:	String in Long		
`strtoul`:	String in Unsigned Long		
`tolower`:	in Kleinschreibung (ohne Umlaute)		
`toupper`:	in Großschreibung (ohne Umlaute)		

Dynamische Speicherplatzreservierung

Speicherplatzanforderung erfolgt während des Programmablaufs (Dynamische Vereinbarung während der Laufzeit)

Adressen	Name	Aufgabe/Funktion
hohe ↑	**Heap**	– dynamische Speicherplätze
	Stack	– lokale Funktionsvariablen – aktuelle Parameter – Rücksprungadressen
	Daten	– globale Variablen – lokale static-Variablen
niedrige ↓	Programm	– dynamische Speicherplätze

z. B.: Stack: Speicherraumumfang in C ca. 2048 Bytes

Reservierung von Heap-Speicherplatz erfolgt über
- **malloc:** Speicher einer vorgegebenen Größe werden reserviert (void * `malloc` (unsigned int size))
- **calloc:** Speicher für Felder werden reserviert (inkl. Initialisierung) (void* `calloc` (unsigned int n, unsigned int size))
- **realloc:** existierende Speicherbereiche werden erweitert
- **free:** Speicherraum wird wieder freigegeben (void `free` (void *block))

Die Möglichkeit zur dynamischen Vereinbarung gilt auch für Felder und Zeichenketten.

- C++ existiert seit etwa 1983
- Gegenüber C liegt in C++ eine strenge Typenkontrolle vor
- Mit C++ sollen sehr große Softwareprojekte realisiert werden
- In C++ können Objekte gebildet werden

Grundstrukturen

Speicherbedarf der Ganzzahl-Variablentypen		
Typ	Bits	Zahlbereich
`char`	8	-128 bis 127
`int; short`	16	-32768 bis 32767
`long`	32	-2147483648 bis 2147483647
Genauigkeit der Fließkommazahlen		
Typ	Bits	Wertebereich
`float`	32	3.4*(10**-38) bis 3.4*(10**38)
`double`	64	1.7*(10**-308) bis 1.7*(10**308)
`long double`	80	3.4*(10**-4932) bis 1.1*(10**4932)

Escape-Sequenzen	
- `'\n'`	new line (neue Zeile)
- `'\r'`	carriage return (Wagenrücklauf)
- `'\\'`	Backslash
- `'\f'`	formfeed (neue Seite)
- `'\b'`	backspace (Leerfläche)
- `'\t'`	horizontaler Tabulator
- `'\v'`	vertikaler Tabulator
- `'\''`	Apostroph
- `'\"'`	Anführungszeichen
- `'\a`	Alarm

iostreams

Header	Name und Verwendung
<iostream.h>	ostream → Ausgabe istream → Eingabe iostream → Ein-/Ausgabe
<fstream.h>	ofstream → Datei-Ausgabe ifstream → Datei-Eingabe fstream → Datei-Ein-/Ausgabe
<strstream.h>	ostrstream → Speicher-Ausgabe istrstream → Speicher-Eingabe strstream → Speicher-Ein-/Ausgabe

Standardbefehle

Bezug	Bedeutung	// Bezeichnung
istream	Standardeingabe:	**cin**
ostream	Standardausgabe:	**cout**
ostream	Standard-Fehlerausgabe:	**cerr**
ostream	Log-Ausgabe:	**clog**

- Als Einleseoperator wird >> verwendet:
  `cin >> abc`
- Zur Ausgabe wird Einfügeoperator << verwendet:
  `out << def`

Nicht-objektorientierte Erweiterungen in C++ gegenüber C

- // Kommentareinleitung, geht bis zum Zeilenende
- Deklarationen können zwischen Anweisungen stehen
- Variablen können über Referenzen angesprochen werden: Hierzu wird das Zeichen & hinter den Typ bzw. vor den Namen gesetzt
- bool logischer Datentyp
- Typkonversionen (Casts) sind möglich
- :: Scope-Operator; ermöglicht den Zugriff auf gleichnamige globale Größen innerhalb von Blöcken

Operatoren **new** und **delete**:

- Mit `zeiger = new typ` wird eine dynam. Variable erzeugt und Speicherraum zur Verfügung gestellt
- Mit `delete zeiger` wird der Speicherraum wieder freigegeben

Objektorientierte Erweiterungen in C++ gegenüber C

Klassen

Eine Klasse ist eine vom Benutzer definierte Struktur: Gleichartige Objekte werden so beschrieben.

- **`class:`** Schlüsselwort, dient zur Definition einer Klasse.
- **`private:`** Alle Anweisungen hinter private können nur innerhalb der Klasse angesprochen werden.
- **`public:`** Die Anweisungen können von überall angesprochen werden.
- **`protected:`** Die Elementarfunktionen der Klasse und abgeleitete Klassen (→ Vererbung) können auf diese Abschnitte zugreifen.
- Die Reihenfolge ist vertauschbar.
- Mit **`struct`** kann die Vereinbarung auch bestimmt werden. (Achtung: Standardgemäß beginnt eine `class` mit `private` Angaben; bei `struct` liegt als Voreinstellung `public` vor.)

Beispiel einer Klassendefinition

```
class name
 {
 private:
   //klasseninterne Komponenten
 public:
   //allgemein zugängliche Komponenten
 protected:
   //geschützte Abschnitte
 };
```

Vererbung

- Eine neu gebildete Klasse kann Deklarationen einer bereits existierenden Klasse übernehmen.
- Die Bezugsklasse wird **Basisklasse** genannt.
- Die neu gebildete Klasse wird als **abgeleitete Klasse** bezeichnet.
- Syntax: `call X: public Y, public Z,...`

Standardfunktionen

Funktion	Beispiel	Header	Hinweis
abs	`int abs(int i)`	stdlib.h	Absoluter Wert von i wird bestimmt
calloc	`void *calloc(size_t nitems, size_t elsize)`	stdlib.h	Zuweisung von Speicherplatz
clock	`clock_t clock (void)`	time.h	Abgelaufene Prozessorzeit
div	`div_t div (int num, int denom)`	stdlib.h	Division num/denom erfolgt
erf	`(typ) erfc (typ x)`	math.h	Wert der Fehlerfunktion von x
exp	`(typ) exp ((typ) x)`	math.h	Exponentialfunktion
fclose	`Int fclose(FILE *stream)`	stdio.h	Schließt eine Datei
fflush	`int fflush (FILE *stream)`	stdio.h	Puffer wird in Datei gespeichert
floor	`double floor (double x)`	math.h	Positive Zahlen werden abgerundet Negative werden aufgerundet
fmax	`double fmax (double x, double y)` `float fmaxf (float x, float y)`	math.h	Der größere Wert wird zurückgegeben
fmod	`float fmodf (float a, float b)`	math.h	Rückgabe vom Divisionrest a/b (→ a – n · b)
fopen	`FILE *fopen(char *filename, char *access)`	stdio.h	Dateiöffnung im Modus access
fprintf	`int fprint(FILE *stream, char *format, ...)`	stdio.h	Ausgabe in Datei
fputs	`int fputs(char *string, FILE *stream)`	stdio.h	String wird in stream-Datei geschrieben
free	`void free(void *block)`	stdlib.h	Gibt Speicherplatz frei
log	`double log (double x); float logf (float x); long flot logl (long double x)`	math.h	logarithmus naturalis (x muss größer Null sein)
malloc	`void *malloc(size_t size)`	stdlib.h	Speicherplatzreservierung
mktime	`time_t mkxtime (struct tmx *tp)`	time.h	Zeitstruktur wird in Ganzzahl umgewandelt
modf	`double modf(double x, double *ip); float modff(float x, float *ip); long double modfl(long double x, long double *ip)`	math.h	Zerlegung von x in ganzzahligen Anteil und einen Dezimalanteil. Dezimalanteil wird gespeichert unter der Adresse, auf die ip verweist
pow	`float powf(float a, float b)`	math.h	Potenzberechnung (a^b)
qsort	`void squort (void base, size_t n, size_t size, int (cmp)(const void *, const void *))`	stdlib.h	Sortierfunktion – bezogen auf Arrayelemente
remove	`int remove (const char *` *filename*`)`	stdio.h	*filename(Datei)* wird gelöscht
rename	`int rename (const char *`*oldname*`, const char *`*newname*`)`	stdio.h	Datei *oldname* wird in *newname* umgenannt
sin	`double sin (double x); float sinf (float x); long double sinl(long double x)`	math.h	Sinusberechnung mit x in Bogenmaß
sqrt	`double sqrt (double x); float sqrtf(float x); long double sqrtl(long double x)`	math.h	Berechnet die Quadratwurzel
srand	`void srand (unsigned int seed)`	stdlib.h	Zufallzahlenabfolge wird über seed geleitet
strlen	`size_t strlen (const char *string)`	string.h	Bestimmung der Anzahl eines String
tgamma	`double tgamme (double x);...`	math.h	Verallgemeinerte Fakultät (Gammafunktion G)
time	`time-t time (time-t *ip)`	time.h	Liefert die aktuelle Kalenderzeit

C#

- C# wird gesprochen „C Sharp“.
- Von Microsoft im Jahr 2000 entwickelte Programmiersprache in Anlehnung an C/C++ und Java für die .NET-Technologie.
- Sie ist eine objektorientierte Programmiersprache.
- Anweisung und Schlüsselwörter von C# entsprechen den von C++.
- C# besteht vollständig aus Klassen; alle Typen (inkl. Konstanten) werden mit Klassen beschrieben.
- C# nutzt keine C-Bibliotheken.
- Es gibt keine Header-Angaben.
- Der Compiler verarbeitet die Anweisungen direkt.
- Zeichenketten sind Objekte von string-Typ.
- Es gibt keine festen Links.
- Das Ende einer Anweisung wird mit einem ; angegeben.
- C# ist case-sensitiv: Es wird strikt zwischen Groß- und Kleinschreibung unterschieden.
- Bei Arrays werden die Klammerangaben [...] an die Typangabe angehängt, z. B.:
  `int [ ] nummer; nummer = new int [9]`
- **System. Console** ist eine Klasse, über die Dateneingaben und -ausgaben möglich werden, z. B.:
  `System.Console.Writeline („\n" + „5 + 2=" + (5+ 2));`
- Die Hauptfunktion (**main**) tritt genau einmal auf.
- Innerhalb von Funktionen kann der goto-Befehl verwendet werden. Das Ziel von goto wird mit einem Label bestimmt.

Merkmale

- Es ist eine objektorientierte, plattformunabhängige Sprache, die von **SUN** entwickelt wurde. Die Syntax orientiert sich an der von C++; auf Zeiger und Mehrfachvererbungen wurde verzichtet.
- Die Programmcompilierung erfolgt für einen virtuellen Maschinenprozessor, der unabhängig vom realen Mikroprozessor arbeitet. Mit der Universalität von Javaprogrammen gehen aber verlängerte Laufzeiten einher.
- Java setzt den **Unicode 1.1.5** (ISO - 16-Bit-Zeichensatz) ein.
- **JDK** (**J**ava **D**evelopment **K**it) ist eine Entwicklungsumgebung.
- **`javac`** aktiviert den Java-Compiler. Er erzeugt einen Java-Bytecode. Er wird von **`java`** interpretativ verarbeitet.
- **`java`** aktiviert die virtuelle Maschine **JVM** (**J**ava **V**irtual **M**achine). Dies ist der Java-Interpreter. Unter einer virtuellen Maschine ist hierbei eine quasi nur gedachte Maschine zu verstehen.

Programmerstellung (Java-Prinzip)

1. Quelltext wird mit einem **Editor** geschrieben. Speicherung mit der Endung `.java`
   → Ergebnis: Quellmodul
2. Quellmodul wird mit dem **Compiler** (**`javac`**) compiliert: der Java-Bytecode wird so erzeugt.
   - Erzeugt wird so eine Class-Datei (Endung: `.class`)
   - Diese class-Datei enthält einen Byte Code, der auf der **V**irtuellen **M**aschine (**JVM**) zum Einsatz kommt.
3. Die virtuelle Maschine (**`java`**) interpretiert den Code.

- Durch die Verarbeitung des Bytecode kann der Interpreter eine größere Geschwindigkeit erzielen. Die Universalität in der Verwendung bleibt zugleich gewahrt.
- Unterschieden werden Applets und Applikationen.
  - **Applet:** Java-Programm, eingebettet in eine HTML-Seite. Es kann über das WWW aktiviert werden.
  - **Applikationen:** eigenständiges Java-Programm; es ist zum Beispiel unabhängig von einem WWW-Browser.
- Mittels **RMI** (**R**emote **M**ethod **I**nvocation) werden verteilte (netzweite) Anwendungen realisierbar.
- **J2EE** (**J**ava **2** **E**nterprise **E**dition) ermöglicht:
  - Webserver-Anwendungen und
  - Datenbankanbindungen.
  - Auch wird ein Transaktionsmanagement realisierbar.
- **Java im Internet**
  Der Java-Compiler (javac) und der java-Interpreter (java) werden kostenlos im Internet angeboten (siehe Suchmaschine).

Basiselemente

- **Operationen**
  - arithmetische [++ -- + - * / %]
  - Vorzeichen [+ -] - Typumwandl. [(typ)]
  - Vergleichsop. [== != < <= > >=]
  - logische [! & ^ | && |<]
  - Bitoperationen [~ & ^ |]
- **Operatoren**
  - instanceof (→ *Objekt instanceof gesuchteKlasse*) Prüfung, ob ein Objekt zu einer Klasse gehört.
  - ? Konditional-Operator (→ *bool ? a1 : a2*) Bedingungsabhängig wird ein Objektwert zugeordnet.
- **Kommentare**
  // alle Zeichen in der Zeile werden ignoriert
  /* *alle eingeklammerten Zeichen werden ignoriert* */
  /** *Hinweise mittels* java-doc *zwecks Online-Dokumentation* */

Primitive Datentypen

- Vordefinierte Typen, die keine Methoden besitzen.

Name	Bit(s)	Ergebnisbereich
boolean	1	true or false
char	16	von \u0000 bis \uFFFF
byte	8	von -128 bis +127 (Ganzzahl)
short	16	-32768 bis +32767 (Ganzzahl)
int	32	von -2**31 bis +[2**31] - 1 (Ganzzahl mit Vorzeichen)
long	64	von -2**63 bis [+2**63] - 1 (Ganzzahl mit Vorzeichen)
float	32	von ± 1.40239846 E -45 bis ± 3.40282347 E +38; (Fließkommazahl)
double	64	von ± 4.940656458412465 E -324 bis ± 1.797693138462315750 E +308 (Fließkommazahl)

Kontrollstrukturen

Block	**{ Anweisung 1; ... }**
Entscheidungsanweisung	**if - else** - Anweisungen
geschachtelte if-Anweisung	**switch**-Anweisung
Abweisende Schleife	**while**
Nicht-abweisende Schleife	**do-while**
Zählschleife	**for**

Logische Operationen

- && - und
- || - oder
- ! - nicht (Negation)

Postfix-Notation

- i++ => i = i + 1
- i– => i = i - 1

Präfix-Notation

- ++1 => i = i + 1
- --1 => i = i - 1

Schlüsselwörter

abstract / boolean / break / byte / case / char / class / const / continue / default / do / double / else / float / for / goto / if / implements / import / instanceof / int / interface / long / new / pachage / private / protected / public / return / static / switch / synchronized / this / throw / throws / transient / try / void / volatile / while

Namensbezeichner

Für Klassen, Objekte, Methoden gilt:

- Erstes Zeichen ist ein Buchstabe oder $ oder _
- Groß- und Kleinschreibung werden unterschieden
- Nach dem ersten Zeichen folgen beliebige Buchstaben/Zahlen
- Typischerweise ist der erste Buchstabe ein großer.

Beispiel für eine Programmklasse

```
class Name
    { public static void main (String [ ] args)
        {...
        }
    }
```

Aufbau einer Methode

```
Zugriffsrecht Ergebnistyp
        Methodenname (Parameterliste)
        {...;
         return Ergebniswert;
        }
```

Zugriffsrechte auf Klassenkomponenten

Kernvereinbarungen innerhalb der bzw. zur Objektorientierung	
`public`	▪ öffentliche Komponenten ▪ Zugriff aus allen Klassen möglich
`protec-ted`	▪ teilweise geöffnete Klassen ▪ Zugriff nur aus abgeleiteten Klassen und aus Klassen im gleichen Package
`private`	▪ private Komponente ▪ Zugriff nur innerhalb der Klasse
`default-Zustand`	▪ Zugriff nur innerhalb des Packages (abgeleitete Klassen haben kein Zugriff)

Abstrakte Klassen

- **Abstrakte Klassen** sind Klassen ohne eigene Objekte
  Quellcode:
  ```
  abstract class NameKlasse{
    }
  ```
- Diese Klassen können abstrakte und konkrete Methoden beinhalten.
- Von dieser Klasse können direkt keine Objekte gebildet werden. Jedoch können Klassen abgeleitet werden aus der abstrakten Klasse. Hierzu können Objekte gebildet werden.
- Objektbildung: Instantiierung einer Klasse (engl.: instantiated)
- Klassenhierarchisierungen sind in JAVA möglich. In diesem Fall liegen Ableitungen zwischen Klassen vor. Dies ist die Voraussetzung für die Polymorphie. Ein Objekt kann eine Zusammenfassung von Objekten verschiedenen Klassen sein, die zueinander in einer eindeutigen Ableitungsbeziehung stehen.

Vererbungen

- Klassen können aus Klassen abgeleitet werden.
  - Erblasser-Klasse (Erb-Lasser): Vater-Klasse
  - Abgeleitete Klasse (Erb-Nehmer): Kinder-Klasse
- Das Erbe kann erweitert werden. Es kann nicht beseitigt werden.
- Herstellung einer Vererbung:
  ```
  class Erb-NehmerKlasse extends Erb-LasserKlasse
  {
  }
  ```

Ableitungsbeziehung

(→ steht für „ist ein ...")

1: Kindklasse → Elternklasse
2: Subklasse → Superklasse
3: Abgeleitete Klasse → Basisklasse

Konkret kann dabei eine Superklasse auch wieder die Subklasse einer übergeordneten Superklasse sein.

Interface

- Dies ist eine abstrakte Klasse ohne Datenkern.
  Quellcode: `interface Name{ }`
- Weiterhin werden die Methoden nur als Prototyp bestimmt.
  Quellcode: `void schnittstelleXYZ();`

Datenkern und Methoden

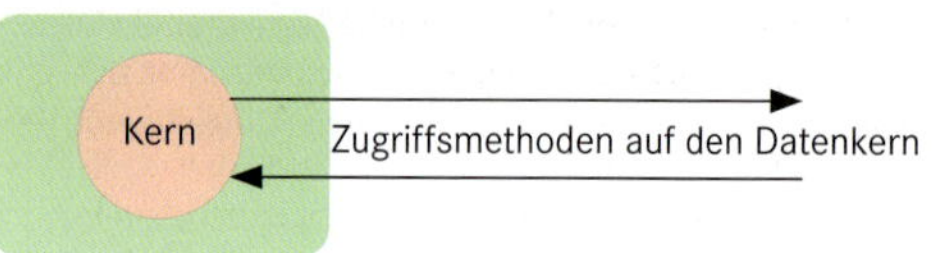

- Der Datenkern von Objekten ist geschützt.
- Der Anwender kann Daten aus dem Kern in Erfahrung bringen.
- Die Methoden beziehen sich jeweils zwingend auf die Klasse, zu der sie programmiert wurden.
- Die Klassen sind Paketen zugeordnet.

Programmierbeispiel für einen Datenkern

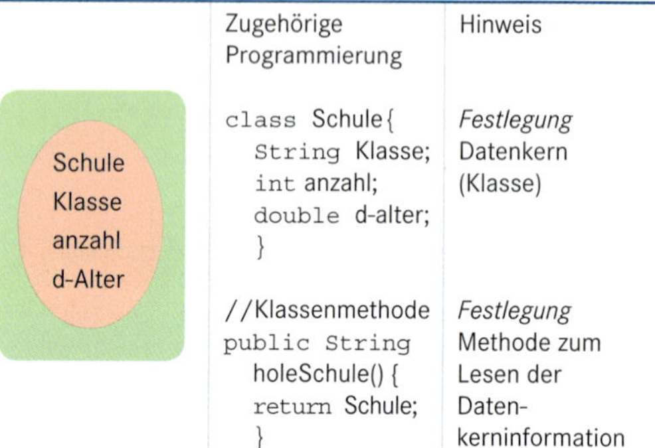

Zugehörige Programmierung	Hinweis
`class Schule{ String Klasse; int anzahl; double d-alter; }`	*Festlegung* Datenkern (Klasse)
`//Klassenmethode public String holeSchule() { return Schule; }`	*Festlegung* Methode zum Lesen der Datenkerninformation

Java-Packages (java.xxxx.xxx ...)

.applet (Klassen für Applets und ihren Kontext)
.awt (graphische Oberflächen)
.awt.dnd (Drag- und Drop-Klassen)
.awt.geom (geometrische Objekte)
.awt.image (Bildbearbeitung)
.awt.print (Druckaufgaben)
.io (Ein-/Ausgabe)
.lang (Fundamentalklassen)
.math (Arithmetiklassen)
.net (Netzwerkklassen)
.security (Sicherheitsklassen)
.sql (Datenbankzugriff)
.text (Textzugriff)
.sound (Audioklassen)

- Die Einbindung der Klassen und der zugehörigen Methoden erfolgt über eine Importierung zu Beginn des Quellcodes des Programms. Zum Beispiel: `import java.lang.XYZ;`

Java im Web (WWW)

- Programmspeicherung
  (Hinweis: Applet ist die Bezugsklasse; bezug über extends)
  ```
  import (Java-Packages); ...
  public class Name extends Applets {....}
  ```
- Einbindung in HTML-Code
  ```
  <APPLET CODE="Name.class"
          WIDTH="..."
          HEIGHT="...">
  </APPLET>
  ```

- **Perl** (**P**ractical **E**xtraction and **R**eport **L**anguage) ist eine plattformunabhängige Skript-Sprache (Erstversion 1987).
- Für viele Probleme gibt es unter Perl mehrere, voneinander unabhängige Lösungsansätze. - Perl-Motto: TIMTOWTDI („There Is More Than One Way To Do It“: Viele Wege führen zum Ziel.)
- Im Ablauf wird Perl interpretiert: Es ist aber keine reine Interpretersprache. Als Interpreter wird Parrot - eine virtuelle Maschine auf der Basis der Registertechnik - eingesetzt.
- Sie ist bedeutsam für die **Netzprogrammierung** und im Bereich der Bioinformatik. Sie eignet sich gut für den **Client-Server-Datenaustausch** und den Zugriff auf E-Mail- und Web-Seiten-Server im Netz. Sie kann große Datenmengen bewältigen. Perl ist modular konzipiert. Es existieren viele Programmbibliotheken.
- Es werden Strukturen aus den Bereichen der funktionalen, imperativen, objektorientierten und strukturierten Programmierung realisiert. Sie hat den Ruf, eine Hacker-Sprache zu sein.

Variablen

- Variablen werden durch ein Sigil (Präfix vor dem Namen) gekennzeichnet (nachfolgend in Klammern):
  - Skalare ($): `$scalar` (Skalare: typlose Variablen)
  - Vektoren/Arrays (@): `@array` - Hashes (%): `%hash`
  - Funktionen (&): `&function` - Typeglobs (*): `*all`
  - Variable zum „Zwischenspeichern“: `$_`

Beispiel:

```
(1) GutenTag_A.pl
(2) #! /usr/bin/perl -w
(3) print "Hallo und guten Tag \n!";
```

zu (1): Programmname (Endung bei Perl .pl);
zu (2): -w: Warnhinweise
zu (3): ein `print`-Befehl (Ausgabe von „Hallo und guten Tag!“)

Strukturbefehle

- Ende einer Befehlszeile mit einem Semikolon (`;`)
- **Zeilenumbruch** (Vorschub) über `\n`
- **logische Operatoren**: `||`, `&&`, `or`, `and`
- **Strukturbefehle/Ablaufbefehle**
  - **`goto`** [label]: Sprungbefehl (zu einer Schleife)
  - **`last:`** Befehl zum sofortigen Verlassen einer Schleife
  - **`next:`** Sprung zur nächsten Iteration
  - **`redo:`** Sprung zum continue-Block
  - **`unless:`** (Gegenteil zu if)
- **Kontrollstrukturen**
  Sie entsprechen im Kern den Vorgaben aus den C-, Java- und JavaScript-„Welten“.
  - `if (<Bedingung>)… / elsif… / else…`
  - `unless (<Bedingung>)… else…`
    (steht für: `if(!(<Bedingung>))`)
  - `<Bedingung> ? <Anweisung A>: <Anweisung B>;`
  - `<Ausdruck A> || <Ausdruck B>;`
  - `<Ausdruck A> && <Ausdruck B>;`
  - `?:`
- **Schleifen** (`- while… - until… - for…`)
  - `[label:] while (<Bedingung>) {<Anweisungen>} [continue {<Anweisungen>}]`
  - `[label:] until (<Bedingung>) {<Anweisungen>} [continue {<Anweisungen>}]`
  - `[label:] for ([<Startanweisung>]; [<Bedingung>]; [<Updateanweisung>]) {<Anweisungen>} [continue {<Anweisungen>}]`
  - `[label:] for[each] [[my] $element] (<Liste>) {<Anweisungen>} [continue {<Anweisungen>}]`

Simulationen
Simulations

Zur Erfassung und Beschreibung der **Realität** nutzt der Mensch verschiedene Quellen:

- „Naive“ Erfassung von Daten der Welt mittels der Sinne und der Sensoren (**„Phänomen“**).
- Erzählungen und Überlieferungen: **Geschichten**.
- Auslegung von Texten und Dokumenten (**Bibliothek**)
- Klärung von Realitätsaspekten über Experimente
- Erfassung von Realitätsbeziehungen und -entwicklungen (Prozesse und Prognosen) durch mathematisch-informationstechnische **Simulationen** („Rechnermodelle“).

- **Definition der Simulation**
  Nach VDI (Richtlinie 3633): „Nachbildung eines Systems mit seinen dynamischen Prozessen in einem experimentierfähigen Modell“.
- Mit Simulationen können Erkenntnisse für Bereiche gewonnen werden
  - die aus **ethischen** Gründen nicht untersucht werden können (z. B. Krankheiten),
  - die **theoretisch** nicht geschlossen erfasst werden können (Physik/Ökonomie/Soziologie),
  - die **experimentell** nur unter unverhältnismäßigen Aufwand (Rechnernetze) bzw. prinzipiell gar nicht (Astrophysik) erfasst werden können.

Erkenntniszugänge/Welterschließung

Sinnesdaten, Sensorwelt: **Phänomen**	Erzählung, Überlieferung: **Geschichten**
Bericht, Buch, Hermeneutik: **Bibliothek**	Messwerte, Experiment: **Labor**
Modellbau: **Modellierungen**	Rechnermodelle: **Simulationen**

Simulationsarten

- Abbildungsbeziehungen
  Reale Welt ——— (Abbildung) ———► **Modell**
  Diskrete Gegebenheiten — diskrete Strukturen
  Diskrete Gegebenheiten — stetige Strukturen
  Stetige Gegebenheiten — diskrete Strukturen
  Stetige Gegebenheiten — stetige Strukturen
- Weitere Einteilungen: Ereignis-, prozess- und transaktionsorientierte, zeitgesteuerte und zellulare Simulationen.
- Für Prognosen werden mit Differenzialbeziehungen und diskreten Strukturen (Automatentheorien) Gleichungssysteme bestimmt, mit denen (kausale) Abläufe nachgebildet werden können. Bedeutsam sind Simulationen besonders bei stochastischen Gegebenheiten. Hierfür werden gute Zufallsfunktionen für die Nachbildung benötigt.

Datenverarbeitung auf der Basis von Dateisystemen

- Eine Datei ist eine explizit benannte Ansammlung von Sätzen eines oder mehrerer Satztypen.
- Ein **Dateisystem** ist ein Softwarepaket, das den Zugriff auf einzelne Sätze in einer Datei organisiert, wenn das Anwendungsprogramm die entsprechenden Parameter liefert.
- Das Dateisystem kennzeichnet die „traditionelle Datenverarbeitung", dass jeder Anwendungsprogrammierer die Dateien definiert, die er für seine Anwendung braucht.
- Übliche Dateisysteme unterstützen nur den Zugriff über den Schlüssel eines Satzes, wobei der **Schlüssel** eine von vornherein festgelegte Kombination von Feldern ist, deren Werte den Satz identifizieren.
- Typisch für die konventionelle Datenverarbeitung auf der Basis von Dateisystemen ist es, dass die Dateien in aller Regel **für eine Anwendung** oder für **eng zusammenhängende Anwendungen** entworfen werden.

Traditionelle Datenverwaltung

- **Zur Redundanz:** Da die Daten nur für bestimmte Anwendungen entworfen werden, werden dieselben Daten in verschiedenen Dateien auftreten. Eine hohe Redundanz führt zu einem hohen Bedarf an Speicherplatz und zu wesentlich erhöhten Materialbereitstellungs- und Verarbeitungskosten.
- **Zur Inflexibilität:** Es ist sehr kompliziert, neue Datenanwendungen mit bereits erfassten Daten zu realisieren.
- **Zur Inkonsistenz:** Die Konsistenz (Einheitlichkeit) der Daten kann nur schwer gewährleistet werden. Durch Veränderungen von Dateien können in den einzelnen Dateien unterschiedliche (widersprüchliche) Aktualisierungen entstehen.
- **Daten-Programm-Abhängigkeit:** Dateiveränderungen machen Modifikationen an den darauf basierenden Programmen notwendig. Programmdeklarationen müssen angepasst und eventuell ganze Programmteile neu entwickelt werden.

Datenverarbeitungssysteme

- Die Daten werden als ein eigenständiges Betriebsmittel verstanden.
- Die Daten werden einmal definiert und für alle **Benutzer** zentral verwaltet.
- Die gesamte Kontrolle der Datenbank liegt beim **Datenbankmanagementsystem (DBMS)**.
- Datenbank und Datenbanksoftware bilden zusammen das **Datenbanksystem (DBS)**.
- Das **DBMS** ist ein Programm (Software), das die Beziehung zwischen den Benutzern und einer Datenbank organisiert.
- Die Beziehung zwischen der Datenbank und dem **DBMS** wird vom jeweiligen Betriebssystem des Rechners gestaltet. Durch das **DBMS** wird eine Trennung von Programm und Daten realisiert.
- Das **DBMS** übergibt dem Anwendungsprogramm nur noch die benötigten Datenelemente.

Datenbanksysteme

- **Vereinheitlichung:** Es gibt eine einheitliche Basis für alle Anwendungen.
- **Redundanz** wird reduziert; wo Redundanz nützlich ist, wird sie vom DBMS kontrolliert.
- Das Datenbanksystem kann nach dem Auftreten von Fehlern zentral **eine korrekte Datenbank** wieder erstellen.
- Die **Anwendungsprogrammierung vereinfacht** sich, da der Programmierer nicht die spezielle Organisation auf den Speichern kennen muss.
- Wegen des Wegfalls der Redundanz-Problematik **entfallen** alle **Konsistenzprobleme** der traditionellen Dateiorganisationen.
- Die **Abhängigkeit** zwischen Programmen und Daten wird **vermindert**.
- Die Datenauswertung wird flexibilisiert.
- Das Datenbanksystem kann **zentral** die Korrektheit von Daten **überprüfen**.

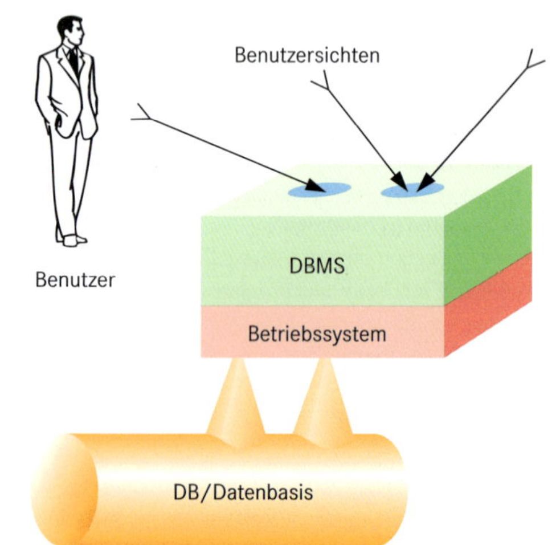

Architektur

- Drei Datenebenen werden unterschieden:
  - **Logische Gesamtsicht**
  - **Interne Sicht:** Die Datenorganisation der Daten auf den Speichern.
  - **Externe Sichten:** Die Sichten einzelner Benutzergruppen.
- Die Datenweltmodelle werden mit Datenbeschreibungssprachen in einer für das Datenbankmanagementsystem verständlichen Form beschrieben; diese Beschreibung heißt **Schema**.
- Jede Ebene der Daten modelliert die Daten auf einem anderen Abstraktionsniveau.

Drei-Schicht-Architektur

Unterschieden werden
- verschiedene externe Schemata,
- ein konzeptionelles Schema (logische Gesamtsicht) und ein internes Schema.

Konzeptionelles Modell

- Es erfasst die logische Gesamtsicht auf die Datenbank.
  - Alle Daten der Datenbank werden erfasst.
  - Die wesentlichen Beziehungen zwischen den Daten und den Bedingungen, die für die Daten gelten, werden beschrieben (**Integritätsbedingungen**).
  - Die erlaubten Datenoperationen werden festgelegt. Wird zum Beispiel in der Datenbank eine Verkaufsoperation gebucht, dann muss zugleich eine Veränderung im Lager erfolgen. Komplexe Buchungsschritte werden somit vereinbart.

Vorteile des konzeptionellen Systems

- Das konzeptionelle Modell stellt einen stabilen Bezugspunkt für alle Anwendungen dar.
- Alle wesentlichen Datenaspekte werden einheitlich gespeichert.
- Die Daten werden zentral kontrolliert.
- Die Datenunabhängigkeit der Anwendungsprogramme wird über das konzeptionelle Modell ermöglicht.

Datenbankmanagementsysteme

- Verbreitet sind Datenbankmanagementsysteme vom Typ
  - **hierarchisch**
  - **netzwerkorientiert**
  - **relational**

  Diese Systeme bieten generische Operationen (wie z. B.: speichern, lesen, löschen, modifizieren) an.
- Das relationale DBMS ist zur Zeit das wichtigste System.

(Regelung)
Wünsche einzelner Benutzer
Zentrale Steuerung, Organisation und Überwachung
DBMS
Zugriff
Parallele Benutzersichten
(Organisation über externe Schemata)
Konzeptionelles Schema
Logische Gesamtansicht
Systemanpassung
Internes Datenschema
Interne Systemansichten
Physikalische Realisierung der Datenbank

Datenmodellübersicht

- **Hierarchisches Modell:** Jedes Datenobjekt hat genau einen Vorgänger – eine Ausnahme bildet die oberste Ebene.
- **Netzwerkmodell:** Ein Datenobjekt hat wenigstens einen Vorgänger.
- **Relationales Modell:** Die Datengrößen stehen in Beziehungen zueinander, die in Tabellen dargestellt werden können.

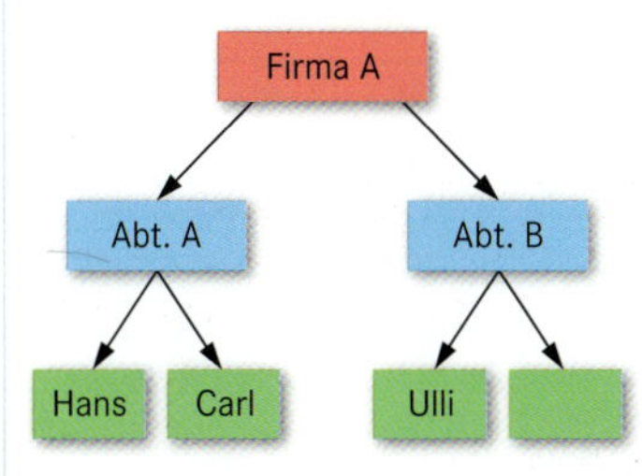

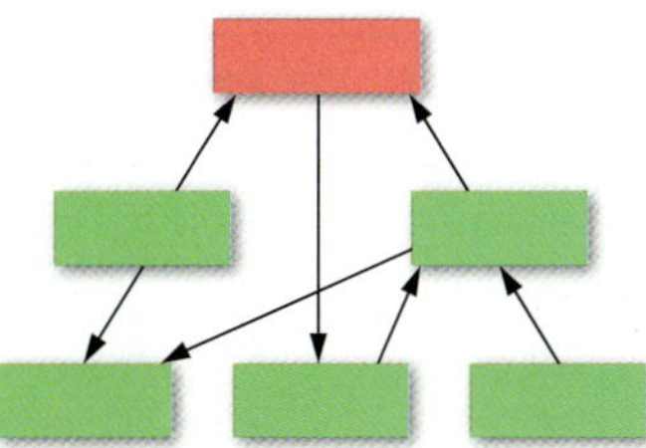

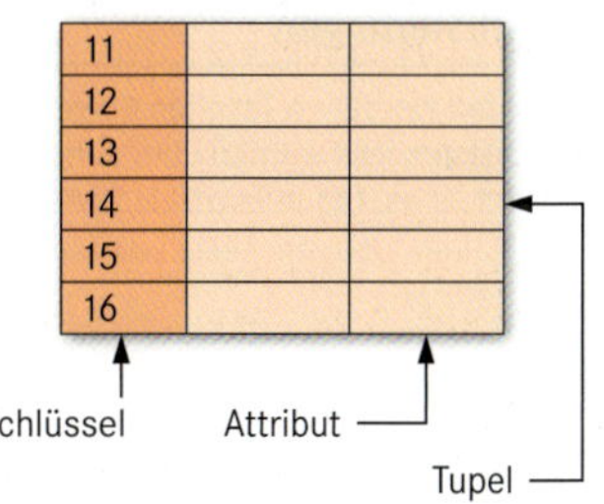

Merkmale

- Entwickelt wurde das Konzept von E.F. Codd 1970.
- Es ermöglicht eine übersichtliche, tabellarische Informationsdarstellung. Insofern können die Datenbeziehungen über eine zweidimensionale Tabelle dargestellt werden. Es basiert auf einem mengenorientiertem Zugriffsverfahren.
- Die Daten und deren Beziehung können grafisch über das Entity-Relationship-Modell dargestellt werden.

Vorgehensweise

- Die Daten und Beziehungen, die in Entity-Relationship-Diagrammen erfasst sind, können auf das relationale Datenmodell übertragen werden.
- Für die einzelnen Beziehungen werden Tabellen angelegt.
- Über einen Normalisierungsprozess können die Daten fehlerfrei und redundanzfrei erfasst und gespeichert werden.

Begriffe

- **Atomarität:** Ein atomares Attribut besteht nur aus einer einfachen Wertgröße: Mengen, Listen, Vektoren, Relationen sind nicht erlaubt.
- **Attribut:** Es beschreibt eine Eigenschaft. In einer Tabelle wird es als Spalte dargestellt.
- **Tupel:** Zusammenfassung verschiedener Attribute in einer Tabelle als Zeile dargestellt.
- **Relation:** Eine Sammlung von Tupeln, die tabellarisch dargestellt werden können.
- **Primärschlüssel:** Herausgehobenes Attribut in einer Tabelle. Alle Tupel unter dem Schlüssel müssen sich unterscheiden. In einer Tabelle kommt jeder Wert des Primärschlüssels nur einmal vor. Über diesen Primärschlüssel ist eine eindeutige Zuordnung einer Entität möglich.
- **Fremdschlüssel:** Ein Schlüssel (in einer Tabelle), der in einer anderen Tabelle ein Primärschlüssel ist.

Beispieltabelle

Relationsname → („IT-Auszubildender...“)

- In der Tabelle liegen fünf **Tupel** vor.
- Jedes Tupel enthält vier **Attribute**.

IT-Auszubildender in einer Klasse			
Personal-Nr.	Name	Alter	Betrieb
7.899	Meier	26	UBZ
7.900	Scheuch	22	BBU
7.901	Maier	19	BZU
7.902	Adlus	22	ZUZ
7.903	Meyer	38	UZZ

→ Bezeichnung der einzelnen Attribute (Spalten in der Tabelle)

- Über das Attribut „Personal-Nr.“ wird der Datensatz eindeutig beschrieben (**Primärschlüssel**).

Relationsbeziehungen (Beziehungstypen)

Durch einen Beziehungstyp werden die Elemente der verschiedenen Datenmengen einander zugeordnet.

- **1:1-Beziehung** z.B.: Jede Ausbildungsklasse (A-Klasse) besitzt genau eine Benennung. Das Schlüsselfeld der ersten Tabelle („1“-Tabelle) wird in die zweite Tabelle („n“-Tabelle) eingefügt.
- **1:n-Beziehung** z.B.: In einer A-Klasse sind n Schüler. Jeder Schüler ist nur in einer A-Klasse.
- **m:n-Beziehung** z.B.: Jeder Schüler bearbeitet m Projekte; an jedem Projekt arbeiten n Schüler mit. In diesem Fall muss eine zusätzliche Entitätsmenge eingefügt werden, durch die eindeutige Beziehungen festgelegt werden können. Aus der m:n-Beziehung wird eine 1:m/n:1-Beziehung. Für die zusätzliche Entitätsmenge wird eine gesonderte Tabelle im Datenbankentwurf angelegt, die die Primärschlüssel der „m“- und der „n“-Tabellen übernimmt.

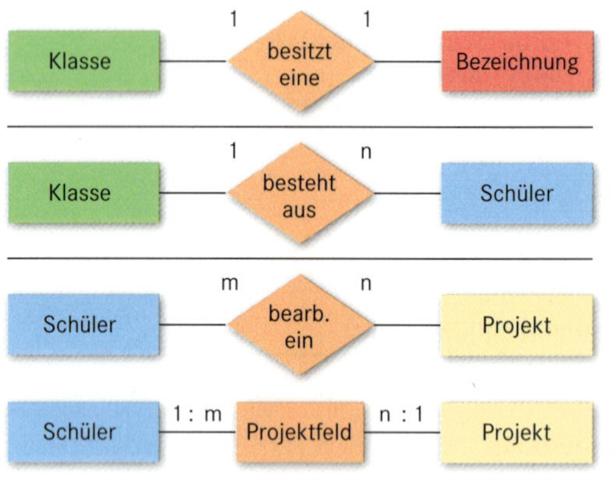

Normalisierungen

Die Daten werden in Tabellen eingetragen. Durch den Normalisierungsprozess werden übersichtliche Relationen ermittelt. Das Ziel ist es, redundanzfreie Datenbeziehungen zu finden/zu gestalten. Üblicherweise werden drei Normalisierungen durchgeführt:

- **Erste Normalform:** Ein Datenfeld in einer Tabelle darf nur einen Wert beinhalten. Es treten nur noch atomare Attribute auf. Mehrfachzuweisungen sind nicht erlaubt.
- **Zweite Normalform:** Die Tabelle, die bereits in der ersten Normalform sein muss, wird thematisch aufgeteilt und so gestaltet, dass jedes Attribut vollständig abhängig wird vom Primärschlüssel.
- **Dritte Normalform:** Die Tabelle muss bereits in der zweiten Normalform sein. Es dürfen keine transitiven Abhängigkeiten vorliegen; d.h., abhängig sollen alle Datenfelder nur direkt vom Schlüssel sein.

Es gibt insgesamt sechs Normalisierungsstufen.

Grundelemente

- Die Daten der Datenbank beziehen sich auf **Objekte** der Welt, die physikalisch oder gedanklich eindeutig identifiziert werden können.
- Die Objektbeziehungen der **Realwelt** müssen in eine programmiertechnisch abbildbare **Modellwelt** transformiert werden.
- Bei den Datenbanksprachen werden prinzipiell drei **Aufgabenbereiche** voneinander abgegrenzt:
  1. **DDL** (**D**ata **D**efinition **L**anguage: Datendefinitionssprache) – dient zur abstrakten Beschreibung der verschiedenen Bereiche und Ebenen in einer Datenbank.
  2. **DML** (**D**ata **M**anipulation **L**anguage: Datenmanipulationssprache) – mit ihr werden Eingriffsoperationen auf die Datenbank beschrieben: z. B. zur Änderung, Findung und Löschung von Daten.
  3. **DCL** (**D**ata **C**ontrol **L**anguage: Datenkontrollsprache) – mit ihr wird die innere Situation der Daten (Konsistenz; Integrität) erfasst.

Von den verschiedenen Datenbanksprachen müssen diese drei Aspekte bewältigt werden.

- Von großer Bedeutung ist das **Entity-Relationship-Modell** (ERM) für die konzeptionelle Ebene im Datenbankmanagemententwurf. Hierbei werden im Wesentlichen die logischen Zusammenhänge erfasst.
- Die ERM-Notation wurde 1976 von P. Chen entwickelt.
- Objekte der Realwelt, die voneinander zu unterscheiden sind, werden **Entities** genannt.
- Die einzelnen Entities sind Ausprägungen eines Entity-Typs (Entity-Sets).
- Ein Entity-Typ wird durch **Attribute** näher gekennzeichnet, die auch sehr abstrakte Aspekte erfassen können. Die identifizierenden Attribute, die einzeln oder aber auch in eine Menge gefügt sein können, mit denen ein Entity-Typ erfasst wird, werden **Schlüssel** genannt.
- Entity-Typen und die zugehörigen Attribute verändern sich nicht in der Zeit.
- Ein Entity-Typ wird üblicherweise durch ein **Rechteck**, ein Attribut durch einen **Kreis bzw. ein Oval** symbolisiert.
- Der Inhalt eines Entity-Typs ist zeitlich veränderlich.

Symbolik

Entity-Typ

Attribut

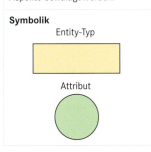

Beispiel: Entity-Diagramm über Auszubildende einer IT-Klasse

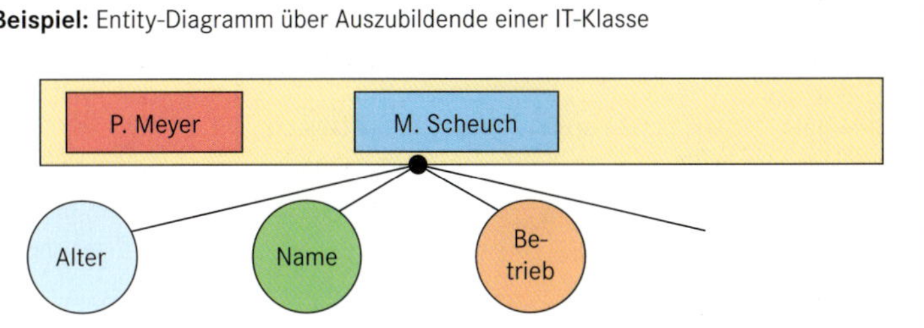

Relationale Abfragesprachen

- Bekannte relationale Abfragesprachen für die Gestaltung von Datenbanken sind:
  - **Structured Query Language (SQL)**
  - **Query by Example (QBE)**
- Mit SQL können Daten definiert und mittels SQL-Abfragen Dateninformationen unter Vorgabe von definierten Sichten erfasst werden.
- SQL ist eine eigenständige Programmiersprache.
- SQL kann verbunden mit Hochsprachen verwendet werden. Hierzu wird SQL in eine Wirtssprache eingebettet.
- Weitverbreitete DBMS für Datenbanksysteme mit der Abfragesprache SQL sind z. B.:
  – DB2 – ORACLE – SQL/DS – SYBASE
- Mit QBL steht eine grafisch orientierte Sprache zur Verfügung, die eine dialogorientierte Datenbankgestaltung und -verwaltung am Bildschirm ermöglicht.

Sprachenerweiterungen

- Es existieren objektorientierte SQL-Erweiterungen: **O_2SQL** als objektorientierte SQL-Version für das O_2 Datenbanksystem. Für dieses System steht auch O_2C als Sprache zur Verfügung.
- **OPAL:** Eine wichtige, an Smalltalk angelehnte objektorientierte Datenbanksprache, die eine für das GemStone System entwickelte Datendefinitions- und Datenmanipulationssprache ist.

Entwicklungen/Ausblick

- Entwickelt werden deduktive Datenbanken unter Verwendung der Programmiersprache PROLOG.
- **Objektorientierte Datenbanken** werden entwickelt, um die Grundüberlegungen der objektorientierten Programmierung zu verwenden. Auch sollen die Modellansätze aus dem Bereich der Künstliche-Intelligenz-Forschung zur Wissensrepräsentation eingesetzt werden, um die interne Organisation der Informationsbeziehungen zu gestalten. Mit diesen Ansätzen soll die Trennung von Daten und (externen) Funktionsbeziehungen durch eine integrative Darstellung und Verarbeitung aufgehoben werden.
- Bei den objektorientierten Datenbankansätzen werden die Daten verkapselt. Von außen ist somit die interne Datenstruktur nicht erkennbar. Neue semantisch orientierte Datenmodelle werden im Rahmen der automatischen Wissensverarbeitung ausgearbeitet.
- Derzeit werden verteilte Datenbanksysteme entwickelt, die auch in offenen Systemstrukturen unter Verwendung objektorientierter Konzeptionen eingesetzt werden können. Zum Beispiel wird so das gesamte Internetsystem als Datenbank verstanden.

Basis

- SQL: Standard Query Language (ursprünglich: Structured Query Language).
- Gesprochen: „S – Q – L" bzw. auch: „Sequel".
- Bedeutende Abfragesprache für relationale Datenbanken. Wurde von IBM entwickelt. Es existieren verschiedene Dialekte.
- In den Datentabellen müssen die einzelnen Zeilen durch eindeutige Angaben (Leitgrößen) identifizierbar werden. Die Leitgröße wird Schlüssel genannt. Es gibt Primär- und Fremdschlüssel (auch: Bezugs bzw. Sekundärschlüssel). Bei der Festlegung der Datentabellen müssen die Coddschen Regeln beachtet werden.

Datentypen

- **Ganzzahlen**
  TINYINT – 8 Bit
  SMALLINT – 16 Bit
  MEDIUMINT – 24 Bit
  INT – 32 Bit
  BIGINT – 64 Bit
- **Fließkommazahlen**
  FLOAT – 4 Byte
  DOUBLE – 8 Byte (auch REAL statt DOUBLE)
- **Festkommazahl**
  DECIMAL – beliebige Stellenzahl: werden als String gespeichert
- **Binärdaten (Basis: BLOB-Format – Binary Large OBject)**
  TINYLOB – bis zu 255 BYTE
  BLOB – bis zu 65.535 Byte
  MEDIUMLOB – bis zu 16,7 Mio. Byte
  LONGBLOB – bis zu 4 Mrd. Byte
- **Aufzählungstypen**
  ENUM – Zeichenketten (maximal 65535)
  SET – Zeichenketten (maximal 255)
- **Textdatentypen**
  CHAR(n) – Zeichenkette mit n Zeichen
  (n ≤ 255; Speicherlänge ist fest bestimmt)
  VARCHAR(n) – Zeichenkette mit veränderbarer Länge
  (n ≤ 255)
  TINYTEXT steht für VARCHAR(255)
  TEXT – Text mit bis zu 65.535 Zeichen (Länge variabel)
  MEDIUMTEXT – Text mit bis zu 16,7 Mio. Zeichen
  LONGTEXT – Text mit über 4 Mrd. Zeichen
- **Datumsangaben/Uhrzeitangaben**
  DATE – Datum jjjj-mm-tt (von 1000-01-01 bis 9999-12-31)
  DATETIME – Datum mit Uhrzeitangabe
  TIME – Zeitangabe gemäß hh:mm:ss (z. B.: 23:47:39)
  TIMESTAMP – trennungslose Angabe von:
  Jahr/Monat/Tag/Stunden/Minuten/Sekunden
  z. B.: 20090317181047
  17. März 2009, 18 Uhr 10 Minuten 47 Sekunden
  YEAR – Jahreszahl (von 1900 bis 2155)

Feldoptionen

- **BINARY** – Umwandlung von Textdatentypen in Binärtypen
- **UNSIGNED** – Absehen vom Vorzeichen (inkl. Transformation in den positiven Wertbereich: Verschiebung)
- **ZEROFILL** – Leere Felder erhalten den Wert Null
- **NULL/NOT NULL** – Festlegung, ob Felder leer sein dürfen.
- **DEFAULT** – Standardwertvorgabe (Vorbelegung)
- **AUTO_INCREMENT** – Spaltenwerte erhalten automatisch fortlaufende Integer-Werte
- **PRIMARY KEY** – In jeder Tabelle wird genau ein Feld als Primärschlüssel bestimmt.

Schlüsselwörter/Funktionen

ABS(zahl) - Absolut	commit - übergeben
concat - verketten	copy - kopieren
help - Hilfe; TABLE - Tabelle	Value - Wert
SET - Setzen (Festlegen)	SQR(zahl) - Quadratwurzel
EXP(zahl) - Exponentalfunktion	LOG() - Natürlicher Logarithmus
RANDOMIZE() ; RND() - Zufallszahl	

Trigonometrische Funktionen

ATN(zahl) – Arkustangens	COS(bogenmaßangabe) – Cosinus
SIN(bogenmaßangabe) – Sinus	TAN(bogenmaßangabe) – Tangens

Vergleichsoperatoren

<= kleiner/gleich	< kleiner als
= gleich	<> ungleich
>= größer gleich	> größer als
! nicht (Negation)	

Basisbefehle

- Anlegen einer Datenbank: `CREATE DATABASE schuldaten`
- Löschen einer Datenbank: `DROP DATABASE schuldaten`
- Schließen einer Datenbank: `CLOSE DATABASE schuldaten`
- Dateneingabe: `INSERT INTO schuldaten VALUES(42,'AGS','SB','BG',137)`
- Detail-Dateneingabe: `INSERT INTO schuldaten (schulnr) VALUES(1076)`

Abfragen

- Grundstruktur einer Abfrage

```
SELECT A1, ..., An
FROM R1, ..., Rn
WHERE Prädikat (R1 , ..., Rn)
```

- `Select Queries` – Auswahlabfragen
  Tabellenfelder werden – auch kriteriengeleitet – geliefert
- `Insert Queries` – Einfügeabfragen
  Neue Datensätze werden in Tabellen eingefügt
- `Update Queries` – Änderungsabfragen
  Felderwerte werden regelorientiert modifiziert
- `Delete Queries` – Löschabfragen
  Datensatzentfernung – gemäß festgelegter Kriterien

Beziehungen

Beziehungsarten zwischen Tabellen

Art der Beziehung	Notation
Eins-zu-Eins-Beziehung	1 : 1
Eins-zu-Mehrfach-Beziehung	1 : m
Mehrfach-zu-Mehrfach-Beziehung	m : m
Eins-zu-Eins-bedingt-Beziehung	1 : 1c
Eins-zu-Mehrfach-bedingt-Beziehung	1 : mc

JOINS

- Verknüpfungen zwischen Tabellen werden gestiftet.
- `EQUIL-JOIN`: Gleichheitsverknüpfung
- `INNER JOIN`: Beziehung zwischen Primärschlüssel der einen Tabelle und dem Fremdschlüssel der anderen, bei 1:n
- Beispiel: `SELECT ... FROM ... INNER JOIN ...`

Befehl	Erklärung	Beispiel mit Erläuterung
ALTER TABLE...	Ändern von Tabellen ...	`ALTER TABLE... ADD` (Einfügen neuer Spalten) `ALTER TABLE... MODIFY` (Neuer Datentyp einer Spalte) `ALTER TABLE... DROP` (xyz) [Löschen der Spalte (xyz) in der Tabelle ...]
CLOSE...	Schließen von ...	`CLOSE TABLE...` (Schließen einer Tabelle ...) `CLOSE DATABASE...` (Schließen einer Datenbank ...)
CREATE...	Erzeugen (Anlegen) ...	`CREATE DATABASE ...` (Anlegen einer Datenbank ...) `CREATE TABLE...` (Anlegen einer Tabelle ...)
DELETE...	Löschen	`DELETE FROM...` (Löschen aller Tabellendaten) `DELETE FROM... WHERE` (Bedingtes Löschen)
DROP...	Löschen (von Datenbankobjekten)	`DROP DATABASE...` (Löschen einer Datenbank ...) `DROP TABLE...` (Löschen einer Tabelle ...)
GROUP BY...	Gruppierung von Zeilen	`GROUP BY xyz, abc` (Gruppierung nach xyz und abc)
INSERT...	Einfügen (neuer Tupel)	`INSERT INTO... SELECT` (Übergabe aus anderen Tabellen) `INSERT INTO... VALUES` (...) (Zeilenweise Eingabe von Werten in Tabellen)
LIKE...	Zeichenkettenvergleich	`WHERE ... LIKE „..."`
MAX...	Größter Spaltenwert	`SELECT MAX(...) FROM ...`
MIN...	Kleinster Spaltenwert	`SELECT MIN(...) FROM ...`
ORDER BY...	Sortieren von Daten	`ORDER BY... ASC` (Aufsteigende Sortierung) `ORDER BY... DESC` (Absteigende Sortierung)
RENAME...	Umbenennung von Tabellen	`RENAME TABLE abc TO xyz` (Umbenennung von abc zu xyz) `RENAME COLUMNE...` (Umbenennung einer Spalte)
SELECT...	Auswahl (Abfrage aus)	`SELECT... FROM...` (Ausgabe aller Tabellendaten)
SHOW...	Anzeigen	`SHOW DATABASE` (Anzeigen der Datenbanken)
SUM...	Summenbildung einer Spalte	`SELECT SUM(...) FROM ...`
START...	Öffnen	`START DATBASE...` (Öffnen einer Datenbank ...)
STOP...	Schließen ...	`STOP DATABASE...` (Schließen einer Datenbank ...)
UPDATE...	Ändern ...	`UPDATE - SET` (Bedingungsabhängige Datenänderung)
WHERE...	Suchbeschränkung	`SELECT... FROM... WHERE... LIKE...`

Relationale Datenbankerstellung
Relational Database Design

Entwicklungsziele und -phasen

- Ziel ist es, die Daten auf überschaubare Tabellen zu verteilen.
- Im Sinne der konzeptuellen Ebene soll die Datenbank stabil für die Anwendungen sein. Die Daten sollen mit ihren Beziehungen konzeptionell vollständig und widerspruchsfrei erfasst werden.
- Zu gewährleisten ist, dass der (externe) Nutzer nur die für ihn relevanten Daten einsehen kann.
- **Begriffsentsprechungen**:

ER-Begriffe	Objektorientierte SW-Welt
Entität	Klasse
Beziehung	Beziehung
Datensatz	Objekt
Merkmale	Objektvariablen

Entwicklungsphasen

1. **Planungsebene**:
1.1 Auffinden der Informationen; Analyse der Daten im Sinne des Lastenhefts (Anforderungsanalyse).
1.2 Erstellung des ER-Modells (**ER**: **E**ntity-**R**elationship - Entitäten, Beziehungen, Attribute, Schlüssel, ...) Prüfung, Modifikation und Erweiterung des ER-Modells
1.3 Einsatz bestehender Tabellen und Datenbanken
2. **Umsetzungsphase** (ER-Modell in Tabellen):
2.1 Konkrete Ausgestaltung eines ER-Modells als relationale Datenbank - Erzeugung der zugehörigen konkreten Tabellen
2.2 Überprüfungen: Konsistenz- und Integritätsprüfung unter Beachtung der Normalform-Vorgaben - 1. NF... 3. NF - Referentielle Integrität - Analyse der Konsistenzen
2.3 Realisierung eines relationalen DBMS (RDBMS)
3. **Test- u. Optimierungsphase** - Zugriffsverhalten der Nutzer

Symbole

- Entität
- Beziehungen

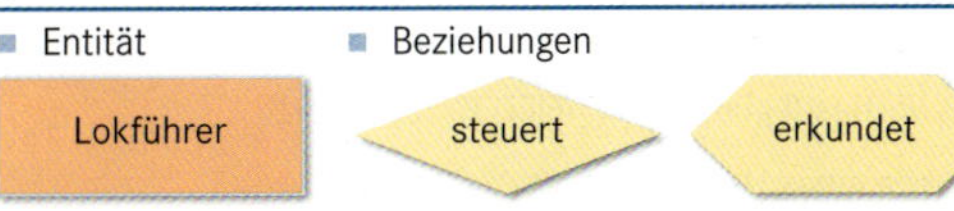

ID-Angabe

- Merkmale mit **ID_** ... Angabe ID: Eindeutiger Schlüssel

ID-Kunde
Nachname
Vorname

Relationserfassung

- R ist die Relation einer Menge von Tupeln (A_i). R (A_1, A_2, ..., A_n) sei eine Menge von n-Tupeln. Jedes Tupel steht für ein atomares Attribut. Die Relationen verkörpern die **Informationen**.
- Eine Relationsbeschreibung erfolgt unter Beachtung der Attribute (= Tabellenspalten):

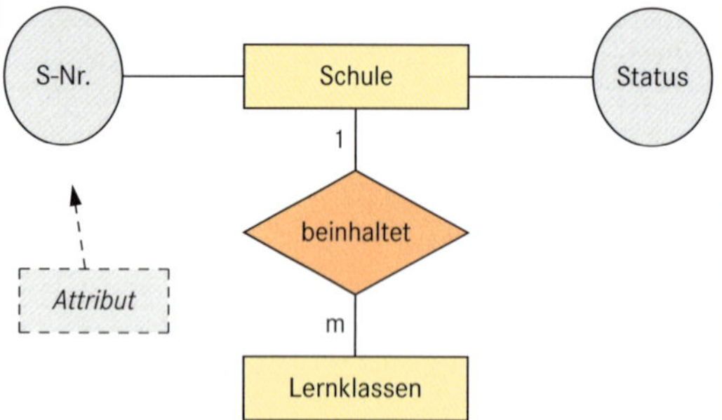

- Prinzipiell sind Entities und Relationen über Relationen zu erfassende Einheiten. Sowohl interne als auch externe Tabellenbeziehungen können mit Relationen erfasst werden.
- Begriffsentsprechungen:

ER-Begriffe	Objektorientierte SW-Welt
Entität	Klasse
Beziehung	Beziehung
Datensatz	Objekt
Merkmale	Objektvariablen

Beziehungsdarstellungen

- Mehrfachbeziehung

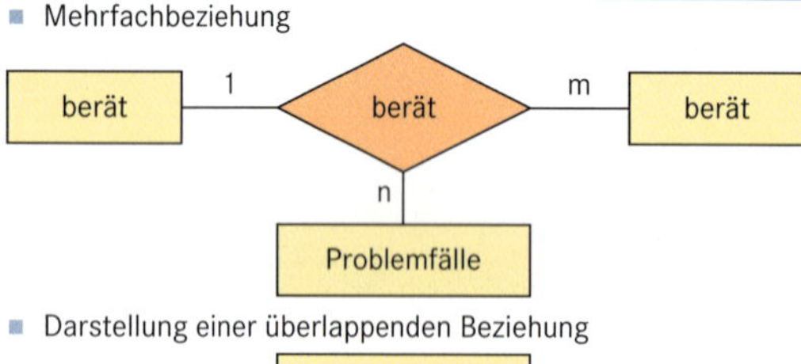

- Darstellung einer überlappenden Beziehung

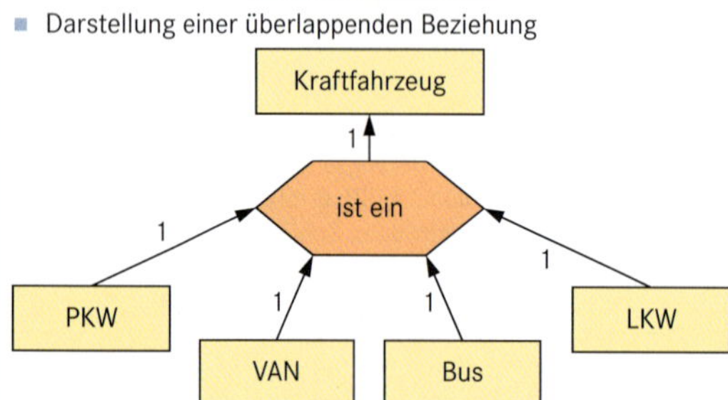

- Die Merkmale (Attribute) werden mit der Entität verknüpft.

Schlüssel

- Für jede Tabelle wird zumindest ein Bezugsschlüssel (`PRIMARY KEY`; auch: Hauptschlüssel bzw. Schlüssel) ermittelt. Über ihn ergibt sich eine eindeutige Datenzuschreibung und Identifizierung (in einer Bezugstabelle).
- Die Tabellen werden mit Schlüsseln in Beziehung gesetzt. Die Schlüssel ordnen die Beziehungen.
- Fremdschlüssel werden zum Teil aus der Kombination von Einzelschlüsseln fremder Tabellen gebildet.

Tabellenerstellung

- Tabellen zur Darstellung der Daten werden gebildet – z. B.

ID_Autor	Name	Geburtsort	Geburtsjahr
1	Kant	Königsberg	1724
2	Shannon	Petoskey	1916

ID_Buch	Titel	Jahr
1	Kritik der reinen Vernunft	1781
2	Kritik der Urteilskraft	1790
3	A Mathematical Theory of Communication	1948

Bei einem Buch ist zum Beispiel auch die ISBN eindeutig, quasi als ID_Buch vergeben. Über die **ID_...** kann eine Tabelle zügig durchsucht werden. Ansonsten müssten alle Tabellenzeilen in ihrer Gesamtheit aufwändig analysiert werden.

- Eine m:n-Beziehung wird durch die Einschaltung einer Verbindungstabelle ausdifferenziert. Insofern wird hier für die m:n-Beziehung („schreibt") eine Tabelle erstellt:

ID_Autor	ID_Buch
1	1
1	2
2	3

Tabellenerstellung

- Die DB-Konstruktion erfolgt gemäß der Relationsalgebra. Unterschieden werden hierbei folgende Grundoperationen:
  1. Vereinigung (von Tupelmengen)
  2. Bildung der Mengendifferenz zweier Tupel R und S: R-S
  3. Kartesisches Produkt: Bildung der Verbindung aller möglichen Verknüpfungstupel zweier Relationen R und S
  4. Tabellenmodifikationen: Spalten- und Zeilenentfernung bzw. -zufügung
  5. Selektion aller Tupel unter Beachtung der Bedingungen
  6. Einfügen von Verbundoperationen (join)
- Es sind die Daten- und die Relationskonsistenzen und die referentielle Integrität zu überprüfen.
- Konkret erfolgt die Tabellenkontrolle durch die schrittweise Beachtung der Anforderungen im Rahmen der Normalisierungen.
- Es gilt (1. NF) ⊂ (2. NF) ⊂ (3. NF) ⊂ ...
  Betrachtet werden die Mengen der funktionalen Abhängigkeiten: **Fd**-Menge (Fd: **f**unctional **d**ependencies).
  1. NF: Die Merkmale besitzen atomare (elementare) Werte
  2. NF: Über den Primärschlüssel werden in der Tabelle alle Attribute eindeutig erfasst.
  3. NF: Es existieren keine transitiven Abhängigkeiten. D.h. Attribute, die nicht zum Primärbereich gehören, sind nicht voneinander abhängig. Vertieft wird innerhalb der 3. NF die **B**oyce-**C**odd-**N**ormal**f**orm (**BCNF**) bestimmt. Sie hat zum Ziel, dass die Beziehungen zwischen den Attributen der Schlüssel bestimmt werden.
- Beziehungen sind als Entitäten – über gesonderte Tabellen – zu erfassen, wenn Merkmale eigene Objekte bezeichnen.

SQL-Tabellenoperationen

Mit SELECT (Merkmal(e)) FROM (Tabelle) WHERE (Prädikat); wird die Tabelle selektiert.

Festlegung der Benutzer: CREATE USER name;

Passwortfestlegung: IDENTIFIED BY 'passwort';

Löschen eines Nutzers: DROP USER name;

WYSIWYG-Applikationen

Grundideen von Microsoft

1. Alle Programme beziehen sich auf einen gemeinsamen Softwarekern. Die Anwendungsprogramme sind untereinander eng verbunden: Sie werden integral vom Betriebssystem erfasst und gesteuert.
2. Die Bildschirmdarstellung von Texten und Bildern orientiert sich an der WYSIWYG-Idee:
   WYSIWYG steht für: „**W**hat **Y**ou **S**ee **I**s **W**hat **Y**ou **G**et“:
   In Abhängigkeit vom Zusammenspiel der Software mit den Treibern der Drucker können jedoch (geringfügige) Unterschiede zwischen der Bildschirmdarstellung und einem Ausdruck auftreten.

- Die Office-Software gehört zur Anwendungssoftware.
- Es wird auch von „**Applikationen**“ (nach (engl.) Application) gesprochen.
- Diese Programme werden speziell im geschäftlichen und privaten Bürobereich eingesetzt.
- Vielfältige Aufgaben können damit bewältigt werden, wie z. B.:
  - Texterstellung, -verarbeitung und Drucken von Texten (integriert können auch Bilder, Zeichnungen und Fotos bearbeitet werden)
  - Bildbearbeitung
  - Erstellung von Bildschirmpräsentationen
  - Verarbeitung von Zahlen u. Daten (Kalkulationsprogramme)
  - Gestaltung von Datenbanken
  - Organisation von Terminen, Adressen usw.
- Zur Bewältigung dieser Aufgaben werden Standardprogramme angeboten, die oftmals Sonderfunktionen besitzen. Diese Programme werden zum Teil kostenfrei angeboten.
- Kommerzielle Programme und Programmpakete können als Anwenderprogramme erworben werden.
  Hierzu zählen auch Virensuchprogramme, Browser, ...

Office-Paket von Microsoft

- Von großer Bedeutung ist das Office-Softwarepaket von Microsoft mit den Einzelprogrammen:
  - **Access** (Datenbankprogramm)
  - **Document Imaging** (Bildverwaltung, ...)
  - **Excel** (Kalkulationsprogramm)
  - **Infopath** (dynamische Formulare)
  - **Outlook** (Organisator)
  - **Power-Point** (Präsentationserstellung)
  - **Word** (Textverarbeitung)

  Von herausgehobener Bedeutung sind:
  Excel, **Power-Point**, **Outlook** und **Word**
  Mit den Programmen gehen Ergänzungsprogramme einher, z. B.:
  - Basic, QBasic bzw. VisualBasic-Programme
  - Druckprogramme
  - Grafikprogramme
  - Rechtschreibprogramme
  - Suchprogramme
- Einige Anwendungsprogramme sind bei Microsoft Teil der Betriebssystemsoftware (MS XP, MS Vista, ...), wie z. B.:
  - Browserprogramme
  - Netzwerkeinrichtungsprogramme
  - Rechtschreibhilfen
  - Sicherungsprogramme
  - Spielprogramme
  - Suchhilfen
  - Taschenrechner
  - Texteditoren
  - Zeichenprogramme
  - Zeileneingabekonsolen

Norm-Dokumente

- Für die Texterstellung speziell im Internet haben Skriptsprachen eine große Bedeutung. Hierbei ist besonders HTML zu nennen. Zur „HTML-Welt“ gehören auch die Sprachen bzw. Gestaltungsinstrumente:
  DHTML, PHP, JavaScript und Typo3
- Große Bedeutung hat der Adobe Reader für pdf-Dokumente.
- Ein besonders leistungsfähiges Texterstellungsprogramm liegt mit TeX vor. In einer reduzierten Version existiert es als LaTeX.
- Mit HTML, TeX und LaTeX liegen nicht-kommerzielle, an offiziellen Dokumentenstandards orientierte Applikationen vor, deren Quellcode einsehbar ist.

TeX (T_EX)

- T_EX wurde von Donald E. Knuth entwickelt.
- Gesprochen: „Tech“. Gebräuchliche Schreibweisen: TeX, **τεχ**
- Leistungsfähiges Textgestaltungssystem, mit dem umfangreiche (Bücher) und wissenschaftliche Texte in professioneller Qualität erstellt werden können.
- TeX verarbeitet Layoutinformationen über einzelen Befehle.
- LaTeX (gesprochen „Lah-tech“) wurde von Leslie Lamport entwickelt. Es basiert auf TeX.
- TeX und LaTeX sind keine WYSIWYG-Programme. Es sind Formatierungsprogramme.

Leistungsmerkmale von TeX/LaTeX

Vorteile	Nachteile
- Möglichkeit zur Verarbeitung komplexer Strukturen und Zeichen (mathematische Symbole und Formeln, Tabellen, ...) - professionelle Layouts	- Größerer bedarf an Speicherplatz - Rechenkapazitäten (Rechenzeit) - aufwändigere Einarbeitungszeit (Lernbedarf)

TeX-Realisierung

Basisstruktur	
(1)	\documentstyle[options]{style}
(2)	\begin{document}
(3)	\end{document}

Erläuterung:
Zu (1): Erster Befehl im LaTeX-File:
Optionale Angaben werden in den eckigen Klammern festgehalten. Document Styles werden in den geschweiften Klammern angegeben.
Zu (2): Anfang eines Schriftstücks
Zu (3): Abschluss vom Schriftstücke – Ende eines Textes

Beispielprogramm

\documentsstyle[artikel} \begin[document} Hallo! Dies ist nur ein einfacher Satz. \end{document}	Dies ist eines der einfachsten LaTeX-Files mit dem Ausdruck: *Hallo! Dies ist nur ein einfacher Satz.*

Gestaltungsinstrumente

In TeX (und LaTeX) existieren vielfältige vorgegebene Befehle, die individuelle Gestaltungen ermöglichen, z. B.: Dokumentarten, Mathematische Symbole, Textteile, Schriftgrößen/Schriftarten und Überschriften.

Grundlagen

- Darstellungen bei Maple
  1. Text (üblich: **schwarze** Schriftfarbe)
  2. Maple-Input (üblich: **rote** Schriftfarbe)
  3. Maple-Output (üblich: **blaue** Schriftfarbe)
- Programmerstellung unter Maple-Worksheet
- Befehlsabschluss durch eine Semikolon-Eingabe (`;`)
- Variablenzuweisung durch `:=`
- Prozentoperator `%` verweist auf die letzte, `%%` verweist auf die vorletzte und `%%%` auf die drittletzte Berechnung.
- Alle Objekte sind über einen Typ zumindest einer Klasse zugeordnet. Die Zuordnung ist widerspruchsfrei.
- Ermittlung des jeweiligen Objekttyps über: `> whattype(obj);`
- `whattype` gehört dabei zum Typ `type`
- Allgemeine Eingabestruktur: $obj_0(obj_1,\ obj_2,\ \ldots\ obj_n);$
- obj_0 ist zumeist ein Operator oder eine Funktion
- Symbole werden in Maple festgelegt
- Unterschieden wird zwischen Groß- und Kleinschreibung
- Befehlshinweise unter `?befehle` (z. B. `?mod`).
- `?Name xyz` erkundet, ob `xyz` als Name (Symbol) vorliegt.

Ausdrücke

Maple verarbeitet bzw. nutzt:

- Algebraische Ausdrücke: `> := x^5 + 7 * x^3 - 7`
- Folgen (Erzeugung einer Folge): `> seq(f(i), 1 = 1..n);`
- Listen (Erzeugung): `> Ln := [ a, b, c, d, e, f ];`
- Strukturen, Vektoren und Matrizen; Befehl zur Erzeugung: `table` und `array`
- Funktionen und Operatoren (λ-Funktionen)
- Ableitungen (Differenzialoperator): D
- Term-Ableitung: `abl:=diff( f(x), x );`
- Funktionaloperator map

Programmbeispiel

- Elementare Abfrage: `> irem( n, m ) ;`
- Berechnungsstruktur:

```
> # Ermittlung von Würfeldaten:
  x := rand(1 .. 6):
  a = x();
```

Programmstrukturen

- Summierungsbefehl: `sum(f(n),n = a..b);` Beispiel: Summe der ersten 100 Quadratzahlen: `sum(n^2,n=1..100);`
- `if bedingung then anwl else anw3 fi`
- `elif bed i then anw i fi`
- `do … anw … cd`
- for-Schleifen: `for i from n to m by di do`
- while-Schleifen: `for ind while bed`
- Prozedurvereinbarung:

```
proc(args)
    local …
    options …
    anw
end;
```

Elementare Operatoren

Addition	+	Kleiner bzw. größer	< , >
Subtraktion	−	Kleiner-gleich	<=
Division	/	Größer-gleich	>=
Multiplikation	*	Ungleich	<>
Exponentiation	^		

Zahlenarten

Art		Hinweis	Eingabe
Ganze Zahl	`integer`	Länge ist beliebig	nnnnn
Rationale zahl	`fraction`	Bruch zweier ganzer Zahlen	pppp/qqqq
Gleitpunktzahl	`float`	Gleitpunktzahlen	nnn.mmm

- `integer` und `fraction` bilden zusammen rational
- Komplexe Zahlen werden mit der Einheit `I` gebildet.
- `I` gehört zum Type `radnum`
- Weitere fest vorgegebene Zahlen:
  Catalan = 0.91596559417721901505 (Catalan-Konstante)
  E = 2.7182818284590452354 (Eulersche Zahl)
  gamma = 0.57721566490153286061 (Euler-Konstante)
  infinity => Unendlich
  Pi = 3.1415926535897932 … (Kreiszahl mit 10.000 Stellen)
- Die Ziffernanzahl wird bestimmt über: `> Digits := m;`
- Zahlkonvertierungen über: `convert(ausdr, form, opt)`

Funktionen

- Elementare Funktionen: `abs, and, or, exp, log, ln, sin, cos, sinh, cosh, arcsin, sqrt, ...`
- Spezielle Funktionen:
  Besselfunktionen: BesselK, BesselJ, BesselY über `Bessel..(v, z)`
  Gammafunktion: `GAMMA(x)`
  Integralexponentialfunktion `Ei(x)`
  Fresnelsche Funktionen und Orthogonale Polynome (Hermitesche, Laguerre, Legendre, Jacobi, Tschebyscheff)

Sonderfunktionen	
`numer(Bruch)`	Zähler eines Bruchs
`denom(Bruch)`	Nenner eines Bruchs
`isprime(n)`	Überprüfung, ob n prim ist
`nextprime(n)`	Bestimmt die kleinste Primzahl oberhalb n
`solve`	Lösung von Gleichungen / Ungleichungen
`fsolve`	Näherungsweise Lösung einer Gleichung
`lhs`	bestimmt die linke Gleichungsseite
`rhs`	Bestimmt die rechte Gleichungsseite
`subs`	Ersetzungsfunktion für: Variable / Term …
`simplify`	Termvereinfachung
`evalf`	Zahlberechnung genähert
`combine`	Kombinierte Zusammenfassung
`ifactor`	Primzahlfaktorisierung
`normal`	Normalisierung eines Terms
`expand`	Termvergrößerung
`factor`	Termfaktorisierung

Matrizen, Integrale, DGLs

- Matrizen können eingegeben und detailliert verarbeitet werden.
- Auch können Eigenwerte und Eigenvektoren bestimmt werden.
- Unbestimmte und bestimmte Integrale, Mehrfachintegrale und Differenzialgleichungen können aufgelöst werden: `> int( f(x) …);`

Grafik unter Maple

- Es können 2D- und 3D-Darstellungen erzeugt werden.
- Graphische Darstellung über `> plot`
- 2D-Syntax: `> plot(funct, hb, vb, options);`
- 3D-Syntax: `> plot3d(funct, x = a..b, y = c..d);`

Grundidee

- Mit dem Schlagwort „Web 2.0“ wird ein Netzzugang bezeichnet, bei dem u. a. folgende Aspekte bedeutsam sind:
  - Aktive Inhalte (Aktivität des Einzelnen)
  - Interaktivität zwischen gleichberechtigten Partnern
  - Kontrolle der individuellen Daten und Sphären
  - Transparenz der Übertragungen
  - Individuelle Softwaregestaltungen (von unten)
  - Simulation von (virtuellen) Spiel- und Lebenswelten
- In technischer Hinsicht um die kreative Kombination bekannter Technologien (Ajax, RSS, DHTML, XML), um neuartige Verständigungs- und Nutzerräume zu ermöglichen, wie:
  - Bildsharing Portale bzw. Anwendungen
  - Newsfeeds
  - Permalinks
  - Videosharing Portale bzw. Anwendungen
  - Weblogs (digitales Online Tagebuch; Blogger: Weblog-Autor)
  - Wikis

  Die zugehörigen Techniken gehören zum **semantischen Web**.
- Zum Teil werden dafür entsprechende graphische Steuerungs-elemente) entwickelt, wie zum Beispiel **Widgets**:
  - Dashboard bei Mac OS X
  - Gadgets bei MS Vista
- Im Jahr 2006 wurde von Tim Berners-Lee und anderen der Begriff „Web-Wissenschaft“ geprägt. Es geht hierbei um die Entwicklung einer eigenständigen **Computer-Web-Wissenschaft**:
  - Kreative Gestaltung und Modellierung von Sprachen,
  - Algorithmen und Konzepten,
  - (gleichzeitige) Beachtung von Rechts- und Sicherheitsfragen.

long tail

- Untersuchungen – unter anderem von Chris Andersen aus dem Jahr 2004 – zeigen, dass über das Internet Produkt stark individualisiert – mit Gewinn – angeboten werden können.

X-Achse (Abszisse): Produktreihenfolge nach der erzielten Verkaufsanzahl geordnet
Y-Achse (Ordinate): Verkaufsanzahl

Y X

- Die Kundenbeziehungen werden komplexer und virtueller.
- Dies hat zur Folge, dass im Sinne der Gleichberechtigung vielfältige Kundenzugänge geebnet werden können.

Kompetenzentwicklung und Lernen

- **Soziales Lernen** und die individuelle **Kompetenzentwicklung** gewinnen über netzorganisierte Beziehungsräume eine herausgehobene, zum Teil sogar neuartige Bedeutung. Die Technik wird als Teil der sozialen Welt interpretiert. Die kommunikative Vernetzung der Individuen wird besonders betont. In Folge wird die **Kompetenzentwicklung** der Lernenden und die Bedeutung des Vertrauens in die Netz-Begegnungen thematisiert.
- Unter **Kompetenz** wird eine grundlegende Fähigkeit des Menschen zum effektiven Handeln und Problemlösen verstanden. Die Herausbildung dieser Fähigkeit übersteigt die bloße Wissens-, Informations- und Kenntnisvermittlung. Es werden im Rahmen der Kompetenzentwicklung persönliche, soziale, methodische und fachliche Aspekte unterschieden.
- Über die Kompetenzentwicklung sollen die **Selbstlernfähigkeiten** der Individuen gestärkt werden.

Technologien

Ajax (**A**synchronous **J**ava**S**cript und **X**ML)

- Diese Technik ermöglicht das sukzessive Nachladen und die Aktualisierung veränderter Datenanteile von Webseiten. Der Ladeprozess greift auf im Cache-Inhalte zurück, die unverändert geblieben sind. Dieser Prozess wird zeitlich und nach Bedarf gesteuert. Er verläuft im Hintergrund quasi automatisch. Der Nutzer hat somit jederzeit die aktuelle Seite zur Verfügung.
- Die Basis für die interaktiven Prozesse wird durch JavaScript bzw. DHTML gegeben. Optional sind die XML Anteile.

RSS (seit 2002: **R**eally **S**imple **S**yndication)

- Mit RSS können Daten aus verschiedenen Kontexten abonniert werden. Es wird vorrangig von News-Seiten im Internet genutzt.
- RSS liefert eine Überschrift und verweist auf einen Bezugslink. Es ist quasi ein Nachrichtenticker der auf Web-Seiten zugreift.
- Diese Datenzuführung wird auch als RSS-Feed bezeichnet (Feed: (engl.) zuführen, versorgen).
- Über RSS kann der Empfänger eine Nachrichtenzuführung autonom aktivieren.
- RSS kann für vielfältige Aufgaben und Dienste eingesetzt werden, wie zum Beispiel: Informationssuche, Realisierung von Foren.

DHTML (**D**ynamic **HTML**)

- Ergänzung zu HTML.
- Möglichkeit zur Gestaltung von dynamischen Webseiten

CSS (**C**ascading **S**tyle **S**heets)

- Mit CSS werden fürs Web die HTML-Formatvorlagen designtechnisch beschrieben.
- Style Sheets bestimmen folgende Aspekte:
  - Farben
  - Schriftarten
  - Rahmengestaltung (Ränder, Schatten)
  - Form
  - Größe
- Tabellen werden weiterhin mit HTML beschrieben.

SSI (**S**erver **S**ide **I**ncludes)

- Dateiendungen: `.shtm` bzw. `.shtml`
- Shtml – Server parsed HTML
- Im HTML-Code werden Includes vereinbart:
  `<! -- #angabe-Includes -->`
- Es können externe Dateien eingebunden werden.
- Mit SSI können Module als Vorlagen gestaltet werden.

FTP (**F**ile **T**ransfer **P**rotocol)

- Bezug: RFC 172, RFC 959.
- Besonders geeignet für den Zugang zur Website; aber auch zum Abruf von E-Mail-Daten (zusammen mit POP3).
- Möglichkeit zur zeilenorientierten Klartexteingabe; es existiert auch ein graphisch orientiertes FTP-Programm.
- Kommandozeileneingabe: `Ftp>` ... `xyz` ...
- **Elementare Befehle** (orientiert an UNIX und Basic):

`pwd`	**p**rint **w**orking **d**irectory	Arbeitsverzeichnis
`cd`	**c**hange **d**irectory	Verzeichniswechsel
`ls`	list - Inhaltsangabe zum Verzeichnis	
`help`	Anzeigen aller Befehle	
`put`	Hochladen einer Datei	
`quit`	Beenden einer Programms bzw. einer Sitzung	

Merkmale

- **HTML** (**H**ypertext **M**arkup **L**anguage) ist ein **SGML** (**S**tandard **G**eneralized **M**arkup **L**anguage) Derivat (nach ISO 8879). Informationen zu HTML-Spezifikationen unter http: //www.w3.org/TR
- Darstellung der HTML-Dokumente mit einem WWW-**Browser** (browse – blättern). Die Darstellung ist abhängig vom Browser.
- **DHTML** (**D**ynamic **HTML**) ermöglicht die Modifikation des Aussehens eines HTML-Dokuments im Betrieb.
- Im HTML-Code werden
  - **Inhalte** und
  - **Steuerinformationen** (**Tag** – Schildchen) festgelegt.
- **Strukturelemente** werden von HTML bestimmt, z. B.:
  - Texttitel – Gliederung
  - Listen – Hervorhebungen

Verweise (Hyperlinks)

- Bezugs-Verweis: `<A HREF = „[Ziel]"> text </A>`
- Verweise können zu anderen Web-Adressen und Dateien und zu entfernten Seiten in der gleichen Datei führen.
- Verweisaufbau ist einheitlich (a: anchor [Anker]; href: hyper reference [Hyper-Referenz]): <A ...> </A>

Tabellen, Listen und Formatierungen

Stichwort	Ordnungsbefehl
Dokumentstruktur	
Kommentar	<!--...--< bzw. <!-- ... ... //-->
Identifikation	<HTML> </HTML>
Kopfteil	<HEAD> </HEAD>
Dokumentinhalt	<BODY> </BODY>
Textfarbe	<BODY TEXT= >
Hintergrundfarbe	<BODY BGCOLOR= >
Basis-URL	<BASE HREF= >
Objektvernetzung	<LINK >
Blockformat des Dokuments	
Urheber	<ADRESS> </ADRESS>
Zeilenumbruch	
Zentrierung	<CENTER> </CENTER>
Schriftgröße	<FONT SIZE= >
Art der Schrift	<FONT FACE= >
Linie	<HR>
Textspalten	<MULTICOL> </MULTICOL>
Absatz	<P> </P>

Tabellen, Listen und Formatierungen

Stichwort	Ordnungsbefehl
Tabelle	
<TR>: Einleitung einer Tabellenzeile (tr – table row) <TH>: Kopfzeile (fett gedruckt; th – table header) <TD>: Allg. Tabellenzeile (td – table data)	
Rahmen	<TABLE> </TABLE>
Dicke der Linien	<TABLE BORDER= >
Breite	<TABLE WIDHT=... >
Höhe	<TABLE HEIGHT=...>
Listenelemente	
Blockzählung	<DIR> </DIR>
Menüliste	<MENU> </MENU>
Nummerierung	<OL> ... </OL>
Art der „Nr."	<OL TYPE=...>
Innere Zählung	<UL> ... </UL>
Schriftformatierungen	
Betonung	<EM> ... </EM>
Hervorhebung	<SAMP> </SAMP>
Fett/Kursiv	<B>... </B> / <I> ... </I>

Einbindungen

Stichwort	Ordnungsbefehl
Frames	
Fenster	<FRAMESET ...> <FRAMESET...>
Segmentteilung	<FRAMESET rows= „..., ... ">
	<FRAMESET cols= „..., ... ">
Formulare Sie ermöglichen eine Dokument-Interaktion.	
Definition	<FORM> ... </FORM>
Eingabe	<INPUT>
Typ der Eingabe	<INPUT TYPE=...>
Auswahlliste	<SELECT ...> ... </SELECT>
Auswahllist	<SELECT MULTIPLE>
Bilder, Videos	
Grafik	<IMG SRC=...>
Video	<IMG DYNSRC=...>
SOUND	<SOUND SRC=...>
Objekte	<EMBED>
JAVA	<APPLET> ... </APPLET>
Musik	<BGSOUND SRC=...>

Umlaute

ä, Ä, ü, Ü	ä, Ä, ü, Ü	ö, Ö, ß	ö, Ö, szlig

Beispiel – Quellcode

```
<html>
<!--HTML-Beispielprogramm-->
  <head>
    <title> Beispiel - HTML! </title>
  </head>
    <body>
    Guten Tag! Dies ist der Inhalt des Programms.
  </body>
</html>
```

Erläuterung zum Beispiel

- Beginn des HTML-Programms
- Kommentartext
- Kopf des HTML-Programms beginnt
- Dieser Titel (>Beispiel - HTML!<) erscheint im Browser
- Ende vom Kopf
- Der Textteil (das Textdokument) beginnt
- Inhalt, der ausgedruckt wird
- Ende vom Textdokument
- Ende vom HTML-Programm

Hintergrund und Grundidee

- **CMS** – **C**ontent **M**anagement **S**ystem; Inhaltsverwaltungssystem. Auch: Redakteurssysteme bzw. Redaktionssystem
- Die CMS-Konzeption ist bedeutsam für die Gestaltung und den Einsatz von Webseiten, Blogs und Weblogs.
- Gemäß CMS werden Content, Struktur und Design einer Webseite getrennt behandelt.
- Content: Behälter und Gestaltung; Medieninhalt von Web-Seiten.
- Content-Charakteristika: Kommunikationsabsicht; Publikums- und Kontextbezug; urheberrechtlicher Schutz; Speicherort
- Kern der Gestaltung ist die Idee einer Aufgabentrennung:
  - Autoren: sie beschreiben die Inhalte (Content)
  - Redakteure: Sichten die Qualität der Beiträge
  - Layouter: gestalten das Design
- Software, zur Unterstützung für die Herstellung und den Betrieb von Websites geeignet ist, wird **Web-CMS** (**WCMS**) bzw. auch **Weblog-Software** genannt. Es existieren verschiedene Unterstützungssysteme (Weblog-SW), wie Drupal, Joomla, OpenCms, Typo3, WordPress, ...
- **Content-Prozess**: Erstellung – Prüfung und Überarbeitung – Explizite Freigabe (!) – Veröffentlichung – Archivierung (!)
- Es existieren vielfältige CMS-Ausgestaltungen.

Charakteristika/Leistungsmerkmale eines Web-CMS

- **Webseitengestaltung** ohne Kenntnisse einer Script-Sprache (HTML, DHTML, ...) – relativ leicht zu erlernen
- **Trennung von Inhalt und Form** (Speicherung der Inhalte in einer Datenbank)
- (Automatische) Generierung von **Navigations-Elementen** (Hyperlinks ...)
- Externspeicherung der Inhalte (Datenbank)
- **Management** von: Dokumenten, Layout, Links
- Konsistente Designplanung und -gestaltung: eindeutige **Design-Gestaltung** (Corporate Design (visuelle Identität)) als Teil einer Corporate Identity (CI; (Unternehmensidentität))
- Explizite **Zuweisungen** von Nutzerrollen und Rechten
- **Dynamische Inhalte** (Aktivierung über integrierte Module)
- Zeitliche Steuerung (der Veröffentlichung von Inhalten etc.): Content-Life-Cycle-Management
- **Dezentralisierte Wartung**

Schnittstellen
Interfaces

Grundidee

- Schnittstelle: Verbindung zwischen an sich getrennten Systemen
- **interface:** Technische Schnittstelle
- **API:** **A**nwendungs-**P**rogrammier-**I**nterface
- **Technische Übertragungsrealisierung**
  parallele und serielle Schnittstellen
- **Funktions-, geräte- bzw. nutzerspezifische Schnittstellen**
  - Benutzerschnittstelle
  - Druckerschnittstelle
  - Hardwareschnittstelle
  - Programmierschnittstelle
  - Speicherschnittstelle
  - Softwareschnittstelle
  - Übertragungsschnittstelle
- **Schnittstellengeräte**
  - Tastatur – Maus – Bildschirm
  - Drucker – Netzwerkkarte – Modem – Proxy

Barrierefreier Zugriff

- Ein barrierefreier Zugriff wird gerade für technikfernen, behinderten und älteren Mitmenschen verlangt.
- **Gesetzliche Vorgaben**
  GG (Grundgesetz), Artikel 3, Absatz 3
  BGG (Behindertengleichstellungsgesetz)
  BGG, § 7: „Benachteiligungsverbot"
  BGG, § 11: „Barrierefreie Informationstechnik"

JCR-Schnittstelle

- **JCR**: **J**ava **C**ontent **R**epository
- Universelle Datenschnittstelle: entwickelt von der Sun Java Community (im Jahr 2003)
- als **API** im Jahr 2009: **JSR** (**J**ava **S**pecification **R**equest) 283
- Die JCR-API vermittelt zwischen dem konkreten Speicherraum und seiner Architektur (Datenbank, File-System, DMS, ...) und den (Web orientierten) Anwendungen.
- Unterstützt wird die JCR-API bei Web-Anwendungen durch:
  - **CMIS**: Content Management Interoperability Services
  - **WebDAV**: **Web**-based **D**istributed **A**uthoring and **V**ersioning

Benutzerschnittstelle nach IFIP

- **IFIP**: **I**nternational **F**ederation for **I**nformation **P**rocessing
- Gemäß IFIG müssen vier zentrale Schnittstellen im komplexen Umfeld von Nutzer, Rechner, Anwendung, Arbeitsumfeld betrachtet werden:
  - Organisationsschnittstelle
  - Funktionsschnittstelle
  - Dialogschnittstelle
  - Ein-/Ausgabeschnittstelle
- **Dialogschnittstelle:** Sie regelt die Mensch-Computer-Interaktion im engeren Sinne.
- **Funktionsschnittstelle:** Sie bestimmt die anwendungsspezifischen Funktionalitäten.

IFIP-Schnittstellenmodell

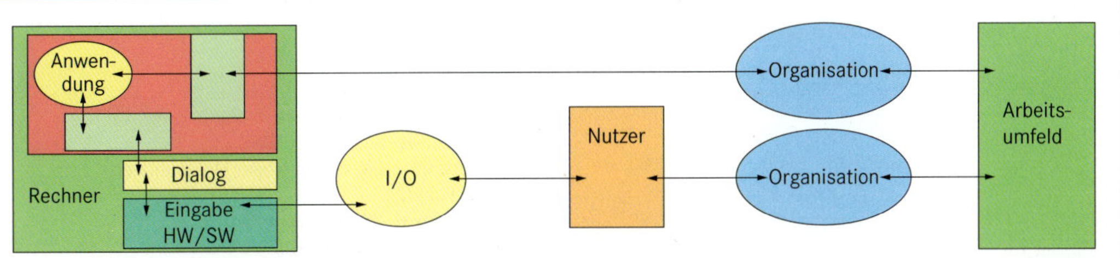

XML

Merkmale

- **XML:** e**X**tensible **M**arkup **L**anguage – erweiterbare Auszeichnungssprache.
- XML ist eine Abfolge von SGML (Standard Generalized Markup Language) – und entstand 1998.
- XML nutzt ca. 20 % der SGML-Befehle.
- Im Gegensatz zu HTML kann XML **beliebig viele Tags** nutzen. (Tag: Formatierungsbefehl)
- **Tags** müssen geschlossen werden.
- Prinzipiell kann XML andere Auszeichnungssprachen – zum Teil unter Verwendung einer Dokumentationstyp-Definition – „erfinden“: so z. B. **XHTML**. Hierbei wird HTML zur XML-Anwendung. Insofern ist XML eine **Meta-Sprache**.
- Eine Dokumentstyp-Definition (**DTD: D**ocument **T**ype **D**efinition) begrenzt dabei die nutzbare Tags-Vielfalt.
- XML unterscheidet zwischen Groß- und Kleinschreibung.
- Ein **wohlgeformtes XML-Dokument** ist grammatikalisch einwandfrei: dies kann im Rahmen einer Basisüberprüfung von einem Parser erkannt werden.
- XML verwendet den **Unicode**.
- HTML-Dokumente können in XHTML-Dokumente (automatisch) umgewandelt werden.
- **Kommentare:** <! -- ... -->
- Nur mittels einer **API** (**A**pplication **P**rogramming **I**nterface – Anwendungsschnittstelle) kann aus einer Anwendungen heraus ein XML-Dokument aktiviert werden.
- Aufbau eines **Elements**
  <(öffnender) Tag> - <Inhalt> – <(schließender) Tag>
- **Element-Deklaration**
  <!ELEMENT *Name-des-Elements* (Inhaltsmodell)>
- **Inhaltsmodelle**
  EMPTY – leeres Element
  #PCDATA – parsed Character (nur Zeichentext)
- Aufbau eines **Attributs:** Attributname = *Attributwert*
- **Attribute-Deklaration**
  Ein Attribut bezieht sich auf ein bestehendes Element.
  <!ATTLIST *Element-Name Attribut1*, ... >
- **Attribut-Standardwerte**
  1. #IMPLIED (optional)
  2. #REQUIRED (verpflichtend)
  3. #FIXED *Wert* (fester Wert)
  4. „*Wert*“ (direkte Wertzuweisung)
- **Entity-Referenzen:** Darstellung von Zeichen im Text, die an sich eine Meta-Bedeutung (Steuerfunktion) besitzen:
  < - lt; > - > & - & " - " ' - &apos

JavaScript

Merkmale

- Eine eigenständige, von HTML unabhängige Programmiersprache, die von Netscape mit Blick auf HTML-Dokumente entwickelt wurde: Eine Scriptsprache.
- Mit ihr können in HTML-Programmen dynamische Elemente eingebunden werden. (Hierzu können zum Beispiel auch die Sprachen VHScript und JScript verwendet werden.)
- JavaScript-Programme können auch als eigenständige xxx.js-Dateien Verwendung finden.
- Keine echte objektorientierte Sprache: Klassen können nicht bestimmt werden; Vererbungen sind nicht möglich.
- Es gibt vordefinierte Objekte (vom jeweiligen Browser). Und es können eigene Objekte definiert werden.

Basiselemente

- Einleitung eines JavaScript-Teils im HTML-Code:
  <SCRIPT LANGUAGE=„JavaScript"> bzw.
  <SCRIPT TYPE=„text/javascript">
- Abschluss: </SCRIPT>
- Im HTML-Dokument wird ein JavaScript-Teil als HTML-Kommentar deklariert: <!-- ... //-->

Anweisungen

- Wert = WERT;
- **(z. B.:)** Quadrat(x) = X · X;
- if(wert < WERT-A) Wert = WERT-B;

- Es können bedingte Anweisungen mit if-else-Strukturen realisiert werden.
- Fallunterscheidungen können gestaltet werden mit:
  switch (...) {case „...": ... break;}.

```
if(zahl > WERT)
{zahl = ...;
        anweisung;}
```

```
while(i <= WERT)
{SUMME(i);
i = i + 1;}
```

Neben while-Schleifen existieren auch noch:

for- Schleifen

```
for (i = ; i <= ...; i++)
    {...;}
```

do-while-Schleifen:

```
do {...;}
```

- Kommentare innerhalb von JavaScript: /* ...*/

Beispiel (mit Kommentar)

`<HTML><HEAD><TITLE> Bspl. f. JavaScript</TITLE>`	HTML-Dokument, HTML-Kopf, Titel
`<script language=„JavaScript">`	Festlegung der Scriptsprache
`<!--`	Beginn HTML-Kommentar
`function Quadratzahl(ZAHL)`	Definition einer Funktion
`{`	Funktionsanweisungen stehen in Klammern: (...)
`var ERGEBNIS=ZAHL*ZAHL;`	Defintion der Variablen ERGEBNIS
`alert("Die Quadratzahl ist " + ERGEBNIS);`	Ausgabe des Ergebnisses in einem Meldefenster
`}`	Ende der Funktion
`//-->`	Abschluss des HTML-Kommentars
`</script></HEAD></HTML>`	Skriptende, Kopfende, Ende HTML-Dokument

Objekte

- Vielfältige Objekte sind in JavaScript vordefiniert.
- Zu einem Objekt gehören spezifische Eigenschaften und (eventuell) streng zugehörige Methoden.
- Methoden sind den Objekten zugeordnete Funktionen, mit denen spezifische Aktionen vorgenommen werden.
- Die Objektbeziehungen sind zum Teil hierarchisch geordnet.
- Das höchste Objekt – im Sinne der Hierachie – ist **window** (ein Fenster-Objekt). **document** ist das erste nachrangige Objekt. Insofern ist das Objekt **document** ein Inhalt im Objekt **window**.
- Durch die Definition einer Funktion `function ... {...; ...;}` kann ein neues, individuelles Objekt bestimmt werden. Die Funktionsparameter, die beim Aufruf übergeben werden, entsprechen den Objekteigenschaften.
- Durch den Aufruf der Funktion verbunden mit dem Schlüsselwort **new** wird eine Objektinstanz im Programm bestimmt.
- Zu jedem Objekt gehören spezifische Eigenschaften und Methoden (Unterobjekte sind festgelegt).
- **CSS** (**C**ascading **S**tyle-**S**heets) ist eine HTML-Ergänzungssprache für detailliertere Formatierungen.
- Das Frame-Fenster ist eine Variante des Window-Fensters.

Objekthierarchie	
1	window (Anzeigefenster)
2	array (Feld (Ketten/Vektor) von gleichartigen Variablen)
3	boolean (Logische Werte (Ja/Nein – true/false))
4	date (Zeitangabe und Datum)
5	function (Funktion)
6	math (Mathematische Berechnungen)
7	navigator (Informationen zum Browser)
8	number (numerische Werte)
9	reg exp (reguläre Ausdrücke)
10	screen (Informationen zum Anwender-Bildschirm)
11	string (Zeichenketten)

Dialogboxen/Eingabefelder

- `function dialog () {alert („...");} ...` => `alert` erzeugt ein **Dialogfenster** (OK-Knopf und Ausrufezeichen)
- `function dialog () {var Eingabe; Eingabe = confirm („..."); if (Eingabe == true) {...;}} ...` => `confirm` erzeugt ein Fenster mit **zwei Schaltern**
- `function dialog() { var Eingabe; Eingabe =` **`prompt`** `(„...");` `if (...) {...;} else {...} } ...` → `prompt` erzeugt ein Fenster mit einem **Eingabefeld**
- `function fenster() {var fen; fen=window.open („", „Fenster", „width =..., height= ...") :}` → ein Fenster wird über `window.open` erzeugt.

Operatoren

Elementare (der C-Welt) entnommene Operatoren sind:

- i++: i = i + 1 → Inkrement (→ aufwärts zählen)
- i--: i = i - 1 → Dekrement (→ abwärts zählen)

Zuweisung	Programmieroperation	Mathe. Operation
+=	n+ = 10	n = n + 10
-=	n- = 10	n = n - 10
*=	n* = 10	n = n * 10
/=	n/ = 10	n = n / 10
%=	n % = 10	n = n % 10
∧=	n∧ = 10	n = n ∧10

Objekt `window`

Eigenschaften	
closed	geschlossenes Fenster
defaultStatus	Normalanzeige in der Statusanzeige
innerHeight	Höhe des Anzeigenbereichs
innerWidth	Breite des Anzeigenbereichs
locationbar	URL-Adresszeile
menubar	Menüleiste
name	Fenstername
outerHeight	Höhe des gesamten Fensters
outerWidth	Breite des gesamten Fensters
pageXOffset	Fensterstartposition von links
pageYOffset	Fensterstartposition von oben
personalbar	Zeile für Lieblingsadressen
scrollbars	Scroll-Leisten
statusbar	Statuszeile
status	Inhalt der Statuszeile
toolbar	Werkzeugleiste

Methoden	
alert ()	Dialogfenster mit Informationen
back ()	Zurück in History (history.back() – zurück zu bereits besuchten URL-Adressen)
blur ()	Fenster verlassen
captureEvents ()	Überwachung von Ereignissen
clearIntervall ()	Abbrechen der zeitlichen Anweisungsfolge
close ()	Schließen des Fensters
confirm ()	Dialogfenster zum Bestätigen
find ()	Suche von Text
focus ()	Aktivierung eines Fensters
forward ()	Vorwärts in History – history.forward()
home ()	Zur Startseite
open ()	Öffnen eines neuen Fensters
print ()	drucken
prompt ()	Dialogfenster für Werteingabe
releaseEvents ()	Ereignisabschluss
scrollBy ()	Scrollen um Pixel-Anzahl
scrollTo ()	Scrollen zur Position
stop ()	Abbruch

Unterobjekte

- document
- history
- event
- location

Objekt `document`

charset	verwendeter Zeichensatz
defaultVharset	normaler Zeichensatz
referrer	letzte besuchte Seite
title	Dateititel

Methoden	
captureEvents()	Überwachung der Ereignisse
close()	schließen
getSelection()	selektierter Text
handleEvents()	Ereignisse verarbeiten
open()	Dokument öffnen
releaseEvents()	Abschließen der Ereignisse
write()	Schreiben ins Dokumentfenster
writeln()	zeilenweise schreiben

Unterobjekte

- all
- anchors
- applets
- forms
- images
- layers
- links

Merkmale

- **PHP** steht heutzutage für (**P**ersonal) **H**ypertext **P**reprocessor; ursprünglich für **P**ersonal **H**ome **P**ages.
- Es ist eine Skriptsprache, die stark von den Programmiersprachen C, Java und Perl beeinflusst ist.
- PHP-Skripte werden nicht vom Browser, sondern vom (Web-) Server interpretiert und umgesetzt.
- Bevorzugt wird der Apache-Webserver verwendet.
- PHP kann als **C**ommon **G**ateway **I**nterface (**CGI**)-Programm oder – vorrangig – als Modul unter Apache installiert werden.
- Codezeilen von PHP werden direkt in den HTML-Code geschrieben. Für den Aufruf existieren vier Möglichkeiten:
  1: <? . . . ?>
  2: <?php . . . ?>
  3: <SCRIPT LANGUAGE = „PHP"> . . . >/SCRIPT>
  4: <% . . . . %>
- Code-Darstellung auf dem Bildschirm über den Befehl echo (echo „Dies wird geschrieben.")
- PHP ist case-sensitiv: insofern ist auf Groß- und Kleinschreibung bei den Variablen zu achten.

Sprachelemente

- Mehrzeiliger Kommentar: /* . . . . . */
- Einzeiliger Kommentar: // . . .
- Variablen: $xxx ; mit Zuweisungen über: =
- Felder: $xxx[i]
- Anweisungsende: ;

Datentypen in PHP

- Boolean – Wahrheitswert (0/1; TRUE/FALSE)
- Integer – Ganzzahl (–2147483648 bis + 2147483647)
- Double – doppeltgenaue Gleitpunktzahl ($-1{,}7 \cdot 10^{-308}$ bis $-1{,}7 \cdot 10^{-308}$)
- String – Textvariable (mit alphanumerischen Zeichen) (Vereinbarungsbeispiel: $stringA = „Hallo Welt";)
- Array-Felder (können unterschiedliche Datentypen enthalten.)
  Vereinbarungsbeispiel: $feld[0] = 26: Die Adressierung beginnt mit der Nummer Null ([0]).
- Object – konkrete Ausprägung einer Klasse
  class ZEUGNISFOLIE ... ;
  $Zeugnis-Müller = new ZEUGNISFOLIE

Basis-Operationen

Addition	+	Subtraktion	–	Multiplikation	*
Division	/	Reste	%	Stringverknüpfung	.

Kontrollstrukturen

- if-Struktur mit Bedingung

```
if (Bedingung) {Befehle;}
  else {Befehle;}
```

- while-Schleife:

```
while (Ausdruck) Befehl
```

- switch-Befehl:

```
switch (Ausdruck) {
  case 0: Befehl
  ...
  case n: Befehl
  default: Befehl
  }
```

- Schleifen:

```
for (Ausdruck-A [, ...];
   Ausdruck-B [, ...])
Befehl
```

```
do Befehl
   while (Ausdruck)
```

www-Kommunikation von php

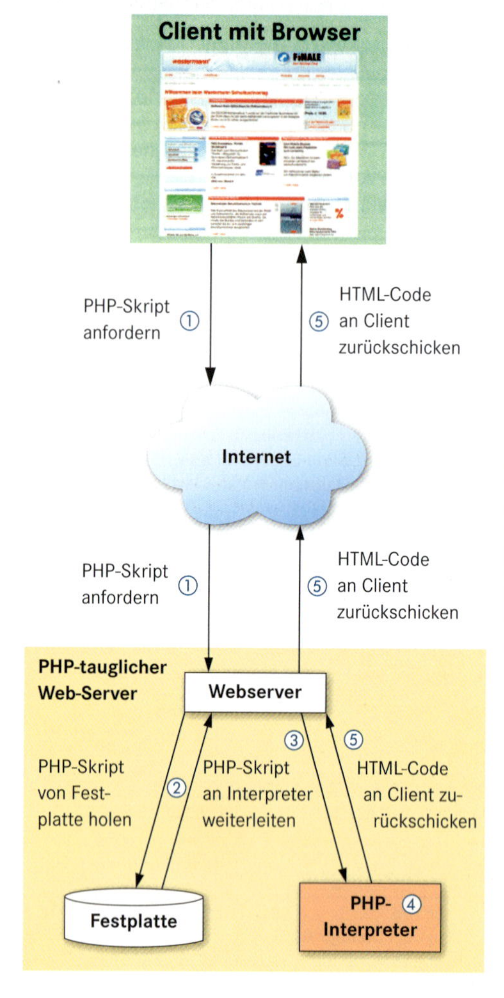

① ... ⑤ : Ablaufreihenfolge

Bearbeiten von (Server-)Dateien

- Dateiöffnung: fopen
- Dateispeicherung: $datei

```
$datei = fopen („Datei", „Parameter")
```

- Schließen der Datei: fclose ($datei)
- Auslesen einer Datei (auf dem Browser): readfile
- Schreiben in die Datei: fwrite
- **Parameter**
  - r ausschließlich lesen (vom Dateianfang her)
  - r+ lesen und schreiben
  - w ausschließlich schreiben
  - a ausschließlich schreiben (vom Dateiende her)

- Formulardatei: formular.htm
- Funktionen: function name ($parameter, ...)
- Datumsfunktion: getdate ()
- Konfigurationsanzeige: phpinfo ()

Begriff und Einteilungen

- Logik: von logos (griech.) - Wort, Vernunft, auch: Lehre vom folgerichtigen Denken bzw. auch vom vernünftigen Reden
- Sprache, Semantik, Grammatik, Denken und psychologischer Akt, ebenso Wort, Gedanke und Idee werden unterschieden
- Innerhalb der Logik als wissenschaftlicher Disziplin existieren:
  1. Formale Logik: es geht um logische Gesetze
  2. Methodologie: es geht um den systematischen Gebrauch der Gesetze
  3. Philosophie der Logik: es geht um das Wesen der Logik

  Die mathematische Logik gehört zur formalen Logik.
- Unterschieden werden:

aristotelische Logik (Logik der Zweiwertigkeit)	materiale Logik
	mehrwertige Logik
Aussagenlogik	modale Logik
dialektische Logik	Prädikatenlogik
formale Logik	transzendentale Logik

- Durch die Formalisierung der Schlussformen ist es möglich, die Beweisformen so zu automatisieren, dass sie von Maschinen (Computern) ausgeführt werden können.
- **Urteilslehre:** In ihr werden Urteilsformen im Detail analysiert.
- **Syllogismen:** Hierunter werden Schlussweisen verstanden, die allgemein gültig sind.
- Innerhalb der mathematischen Logik werden verschiedene Logikkonzepte eingesetzt. Bedeutsam sind hierbei speziell die **Aussagenlogik** und die **Prädikatenlogik**:
  - **Aussagenlogik:** untersucht die Verbindung von Aussagen.
  - **Prädikatenlogik:** Hierbei werden die Aussagen in ihrer Tiefenstruktur näher aufgelöst und analysiert.

Symbol der Mengenlehre bzw. der mathematischen Logik

Allquantor („für alle") ∀	Individuenvariablen (Subjektvariablen) x, y, ...
Alternative („oder") ∨, +	
Äquivalenz („genau dann, wenn") ↔, ⇔, ≡	Konjunktion („und") ∧, &, ·
Aussagenvariablen p, q, ...	Leermenge (Menge ohne Element) {}, Ø
Differenz von Mengen \	Negation („nicht") ¬, ~
Disjunktion („entweder-oder") ⊕	Partikularisator; Existenzquantor („es gibt (ein)") ∃
Durchschnitt von Mengen ∩	Peirce-Funktion ↓
Elementbeziehung (zu einer Menge) ∈	Sheffer-Funktion /
	Relationsvariable R
keine Elementbeziehung (zu einer Menge) ∉	Teilmenge/Inklusion ⊆
(Grundmodalität) „möglich" ◊	echte Teilmenge/echte Inklusion ⊂
(Grundmodalität) „notwendig" □	keine Teilmenge ⊄
Identität =	umgekehrte Mengenbeziehung /umgekehrte Inklusion ⊇, ⊃
Implikation („wenn - so") →, ⇒, ⊃	Vereinigung von Mengen ∪

Grundaussagen der Logik

- Identitätssatz: `A ist A`
- Satz vom Widerspruch: `A ist nicht nicht-A`
- Satz vom ausgeschlossenen Dritten: `A ist entweder B oder nicht-B`
- bedingtes Urteil: `wenn A ein B, so ist C ein D`

Symbole der Urteilslehre

(k. S.: kategorischen Syllogismus)

- **S: S**ubjekt eines Urteils; Unterbegriff eines k.S.
- **P: P**rädikat eines Urteils; Oberbegriff eines k.S.
- **M: M**ittelbegriff eines k.S.

Elementare Schlussfiguren

- erste Figur des einfachen kategorischen Syllogismus

M – P	Alle Blumen sind Pflanzen
S – M	Alle Rosen sind Blumen
S – P	Alle Rosen sind Pflanzen

- Weitere Figuren des einfachen kategorischen Syllogismus

zweite Form d. kS	dritte Form d. kS	vierte Form d. kS
P – M S – M	M – P M – S	P – M M – S
S – P	S – P	S – P

- Für jede Schlussfigur können verschiedene Modi unter Variation der folgenden Ausdrücke bestimmt werden:

`S a P`: Alle S sind P	`S e P`: Alle S sind nicht P
`S i P`: Einige S sind P	`S o P`: Einige S sind nicht P

- Insgesamt können 256 (4 · 64) Modi für die vier Schlussweisen bestimmt werden. Davon sind 15 unbedingt und 9 weitere unter bestimmten Bedingungen gültig.

Schlüsse

Ausgehend von akzeptierten Voraussetzungen (Prämissen) können Schlüsse (Konklusionen) gezogen werden.

- deduktiver Schluss: Schluss mit strenger Gültigkeit
- induktiver Schluss: Verallgemeinerung von Sachverhalten (hypothetischer Schluss)
- abduktiver Schluss: Plausible Ursachen für Gegebenes werden bestimmt
- probabilistischer Schluss: Schlüssen auf Folgerungen mit gewissen Wahrscheinlichkeiten.

Schlusssätze

- Kategorische Sätze:
  - universell bejahend **(A)** => Alle S sind P.
  - universell verneinend **(E)** => Kein P ist S.
  - partkulär bejahend **(I)** => Einige S sind P.
  - partikulär verneinend **(O)** => Einige S sind nicht P.

  Verschiedene Schlüsse gelten unmittelbar. Ihre Beziehungen zueinander können im logischen Quadrat verdeutlicht werden.
- Auf der Basis von kategorischen Sätzen können die Schlüsse
  - der Konversion - der Kontraposition - der Kontradiktion
  - der Opposition - der Subalternation

  gezogen werden.

Logisches Quadrat

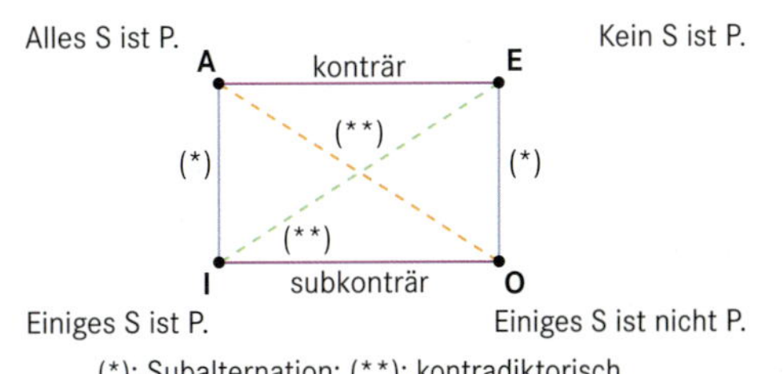

(*): Subalternation; (**): kontradiktorisch

Aussagenlogik

- Die Aussagenlogik untersucht den Wahrheitswert von Aussagenverbindungen. Die Zusammenhänge werden mit **Wahrheitsfunktionen** und **-tabellen** (Wahrheitstafeln) dargestellt.
- Klassische Junktoren in der Aussagenlogik
  "nicht A" => $\sim A = \neg A$
  "A und B" => $(A \wedge B)$
  "A oder B" => $(A \vee B)$
  "Wenn A, dann B" => $(A > B)$
  "A genau dann, wenn B" => $(A <=> B)$
- **Grundgesetze in der Aussagenlogik**
  Assoziativgesetze:
  $(A \wedge B) \wedge C = A \wedge (B \wedge C)$
  $(A \vee B) \vee C = A \vee (B \vee C)$
  Kommutativgesetze:
  $A \wedge B = B \wedge A$; $A \vee B = B \vee A$
  Distributivgesetze:
  $(A \vee B) \wedge C = (A \wedge C) \vee (B \wedge C)$
  $(A \wedge B) \vee C = (A \vee C) \wedge (B \vee C)$
  Absorptionsgesetze:
  $A \wedge (A \vee B) = A$; $A \vee (A \wedge B) = A$
  Idempotenzgesetze: $A \wedge A = A$; $A \vee A = A$
  Gesetz vom ausgeschlossenen Dritten:
  $A \wedge \neg A = \text{Falsch}$; $A \vee \neg A = \text{Wahr}$
  Regeln von De Morgan:
  $\neg(A \wedge B) = \neg A \vee \neg B$; $\neg(A \vee B) = \neg A \wedge \neg B$
  Doppelte Negation: $A = \neg(\neg A) = \neg\neg A$
- Digitale Schaltungen können aussagenlogische Funktionen nachbilden. Mit **NAND-** und **NOR-Funktion** können jeweils alle möglichen Wahrheitsfunktionen vollständig dargestellt werden.

Quantorenlogik/Prädikatenlogik

- Mit den Mitteln der Quantorenlogik kann die innere Struktur genauer als mit den Mitteln der Aussagenlogik beschrieben werden.
- Quantoren der Quantorenlogik
  "für alle" => $\forall$; "es gibt ein" => $\exists$
- Quantorenbeziehungen
  $\forall x\ P(x) = \neg \exists x \neg P(x)$
  $\exists x\ P(x) = \neg \forall x \neg P(x)$
- **Tautologien** und **Implikationen** in der Prädikatenlogik
  $\forall x \forall y\ P(x,y) = \forall y \forall x\ P(x,y)$
  $\exists x \exists y\ P(x,y) = \exists y \exists x\ P(x,y)$
  $\forall x\ P(x) \wedge \forall x\ Q(x) = \forall x\ (P(x) \wedge Q(x))$
  $\exists x\ P(x) \vee \exists x\ Q(x) = \exists x\ (P(x) \vee Q(x))$
  $\forall x\ P(x) \vee \forall x\ Q(x) => \forall x\ (P(x) \vee Q(x))$
  $\exists x\ (P(x) \wedge Q(x)) => \exists x\ (P(x) \wedge Q(x))$
  $\forall x\ (P(x) => Q(x)) => (\forall x\ P(x) => \forall x\ Q(x))$
  $\forall x\ (P(x) <=> Q(x)) => (\forall x\ P(x) <=> \forall x\ Q(x))$
  $\exists x \forall y\ P(x,y) => \forall y \exists x\ P(x,y)$

Mehrwertige Logik

In diesem Logikkonzept werden mehrwertige Wahrheitsstrukturen angenommen und entsprechende formale Beschreibungssysteme entworfen. Diese Konzepte werden auch als nichtklassische Logikkonzepte bezeichnet.

Temporale Logik

Ein geordneter zeitlicher Relationsrahmen in der Modallogik führt zur Temporalen Logik. Die Relationsfolge R (siehe modale Logik) wird als zeitliche Abfolge interpretiert.

Logik und Programmierung (PROLOG)

- Auf der Basis der Prädikatenlogik sind Logik-Programme entwickelt worden, mit denen es möglich ist, aus vorgegebenen Sachlagen Schlüsse (Konsequenzen) durch (intelligente) Automaten folgern zu lassen.
- Logik-Programme bestehen hierbei aus einer endlichen Anzahl von Programmklauseln.
  - **Klause:** Menge von disjunktiv verknüpften Literalen
  - **Literale:** Unnegierte und negierte atomare Formeln
  - **atomare Formeln:** einfache prädikative Ausdrücke in der Prädikatenlogik
  - **Menge von Klausen:** Konjunktiv verknüpfte Literalen-Mengen
  - **Horn-Klausen:** Klausen, bei denen z. B. nur eine Literale in der zugehörigen Literalen-Menge eine nicht negierte atomare Formel ist: $\{ \alpha \wedge \neg\beta_1 \wedge \neg\beta_2 \wedge \ldots \wedge \neg\beta_n \}$
- Die logische Programmiersprache PROLOG (→ Programming in Logic) basiert darauf, prädikatenlogische Ausdrücke unter Verwendung von Horn-Clauseln darzustellen, die automatentechnisch selbstständig verarbeitet werden können.

Modallogik

- Von besonderer Bedeutung für die Informatik ist die Modallogik.
- Die Aussagenumstände bestimmen die Möglichkeit bzw. Notwendigkeit des Wahrheitswertes einer Aussage.
  - α steht für: „α gilt notwendig“
  - α steht für: „α gilt möglicherweise“
- In der Modallogik können Rahmen (W,R) bestimmt werden.
- R gibt dabei eine Erreichbarkeitsrelation auf die Referenzpunkte (Elemente) in W an.

Fuzzy-Logik

- Begriff: fuzzy: (engl.; gesprochen „fassi“) fusselig (→ unscharf)
- Mit der Fuzzy-Logik werden nicht genau begrenzte (→ unscharfe), allgemein vage und auch ungesicherte Sachverhalte einer exakten Beschreibung zugänglich gemacht.
- Auch „ungenaue“ sprachliche Ausdrücke (→ „niedrig“, „gering“, „oftmals“, „viel“, „hoch“, „im Mittel“) werden innerhalb des Konzepts der Fuzzy-Logik mathematisch beschreibbar.
- Basis der Fuzzy-Logik ist die Theorie der unscharfen Mengen.
- Jedem Element einer Menge (also jeder Aussage), wird ein gradueller Wahrheitswert zugeordnet, der im Intervall [0, 1] liegt.
- Die klassische zweiwertige Logik ist als Sonderfall dieser Zuordnungsbeziehung zu verstehen.

Zugehörigkeitsfunktionen zur Fuzzy-Logik

- Mit unterschiedlichen Funktionen können die (jeweils exakten) Werte der Variablen (Abnutzungsgrad, Alter, Druck, Helligkeit, Qualität, Verspätung, ...) einem Werteintervall (Wertemenge) zugeordnet und als unscharfer Wert bestimmt werden.
- Die Zugehörigkeitsfunktionen können individuell – z. T. abschnittsweise – definiert werden. Bekannte Funktionen sind: Trapezfunktionen; Glockenfunktionen

Regeln und Fuzzy-Inferenz

- Es existieren Verknüpfungsregeln für Fuzzy-Mengen (Mengenregeln: Schnitt- und Vereinigungsmengen von Fuzzy-Mengen) und Rechenregeln für fuzzywertige Relationen und Funktionen.
- Innerhalb der Fuzzy-Inferenz werden Schlussformen eingesetzt, die nicht mit klassischen Logik-Kalküle darstellbar sind.

Benutzungsschnittstelle
Graphical User Interface

Merkmale

- Graphische Benutzungsschnittstellen (z.T. auch Benutzeroberflächen) eignen sich für die Gestaltung von anwenderfreundlichen Programmieroberflächen
- Über die GUI wird eine ereignisgesteuerte Benutzerinteraktion – unter anderem durch die Verwendung einer Maus – ermöglicht.
- GUI - Systeme existieren u. a. von Microsoft („**Windows**"), von IBM („**Presentation Manager**") und „**Motif**" im Unix-Bereich.
- Bedeutsam für die Gestaltung von Oberflächen sind besonders **Fenster, Menüs** und **Dialogfelder**.

Fenster

- **Fenstertechniken**
  - **SDI**-Fenster (single document interface) und **MDI**-Fenster (**m**ultiple **d**ocument **i**nterface) werden unterschieden.
  - Im Rahmen der **SDI-Technik** kann nur eine Datei (oder eine Datenbank), im Rahmen der **MDI-Technik** können mehrere Dateien zugleich geöffnet sein.
- **Typische Fensterelemente**
  - Titelbalken
  - Symbolleisten
  - Statusleiste
  - Fenster
  - Menübalken
  - Rollbalken (vertikal und horizontal)
  - Arbeitsfenster
  - Knöpfe für Bildgröße/Beenden/Minimierung
- **Übliche Fenstertypen**
  - **Anwendungsfenster:** Zentrales Primärfenster
  - **Primärfenster:** für die Primärdialoge des Benutzers
  - **Sekundärfenster:** geeignet für sekundäre Benutzerdialoge
  - **Dialogboxen** (Dialogfenster; „aktives Fenster"): Basale Fenster; geeignet zur Aufnahme von Daten etc.
  - **Mitteilungsfenster** („passives Fenster"): Statusmitteilungen werden gegeben Dialogfelder

Dialoganforderungen

- Die Dialoggestaltung wird durch die **ISO 9241-10** beschrieben.
- Gemäß der Norm sollen gebrauchstaugliche und konsistente Benutzerschnittstellen gestaltet werden, um eine höhere Produktivität zu erzielen.
- Ermittlung der Gebrauchstauglichkeit nach **ISO 9241-11** über die
  - **Effektivität:** Genauigkeit und Vollständigkeit der Ergebnisse
  - **Effizienz:** benötigter Aufwand zur Zielerreichung
  - **Zufriedenheit:** Nutzungsakzeptanz und Beeinträchtigungsfreiheit
- Dialoganforderungen gemäß **ISO 9241-10**:
  - **Angemessenheit** gegenüber der Aufgabe: Effektive und effiziente Unterstützung des Benutzers bei der Aufgabenbewältigung
  - **Dialogverständlichkeit/Lernförderung:** Die Dialoggestaltung soll den Systemumgang verständlich machen.
  - **Erwartungshorizont** (Erwartungskonformität): Die Dialoge sollen in sich eindeutig und konsistent sein. Sie sollen verständlich sein und den Anforderungen entsprechen. Sie sollen den üblichen Erwartungen der Benutzer (Kenntnisund Erfahrungshintergrund) entsprechen.
  - **Fehlertoleranz** und **Korrekturfähigkeit**: Fehler bei der Eingabe und Steuerung sollen die Systemstabilität nicht beeinträchtigen. Auch soll ein Laie Korrekturen leichtgängig vornehmen können.
  - **Individualisierbarkeit:** In Abhängigkeit von den Anforderungen und Aufgaben und den individuellen Konfigurationsbedürfnissen und Vorlieben sollen die Dialoge angepasst werden können.
  - **Selbsterklärung** (Selbstbeschreibungsfähigkeit): Jeder Dialog soll aus sich heraus verständlich sein. Rückmeldungen sollen sich die Dialogschritte erklären.
  - **Steuerbarkeit:** Der Benutzer soll die Dialogabfolge starten und die Geschwindigkeit und Richtung steuern können.

Komplexe Anwendungssysteme
Complex Systems of Application

Merkmale

- Durch die Nutzung intelligenter Techniken, speziell von **Such-**, **Verarbeitungs-** und **Aufbereitungsalgorithmen** sollen in der IT-Welt automatisiert **Daten, Informationen** und Strukturen zuverlässig erfasst werden.
- Dies betrifft die automatisiert organisierbaren Bereiche:
  - Suchmaschinen (lycos, rrzn, google, ...),
  - Datenarchive,
  - Kataloge,
- Zur Realisierung werden Methoden aus vielfältigen Informatikbereichen (Algorithmen, Graphen, Logik, KI, ...) eingesetzt.

Begriffe

- **Expertensystem** (gebräuchliche Abkürzung: **XS**) System mit einer Wissensbasis und einer Schlussfolgerungskonzeption zur automatischen Lösung von Problemen.
- **Inferenz** (engl. to infer – schließen): Schlussfolgerungsformen auf der Basis unterschiedlicher logischer Konzepte.
- **Shells** (auch: **leere Expertensysteme**) Reine Wissenserwerbs- und -verarbeitungssysteme.
- **XS-Werkzeuge** (auch: **XS-tools/Toolkits**) Programmiersprachenkonzeptionen, mit denen Expertensysteme (konstruktiv) entwickelt werden.

Forschungs-/Anwendungsfelder

Forschungsbereiche		Anwendungen	
Software	Hardware	Software Engineering (Sprachen/Strukturen)	Mustererkennung
Simulationen Klimamodelle	Sensorik		Fertigung (Roboter)
Expertensystem	Roboter	**Sprachsysteme** Übersetzung, Ansagen, Auskunft (Abfragen)	Multimedia (Bildverarbeitung)
Neuronale Netze	Grammatik		Medizin/Meteorologie/... (Geräte/Analyse)
Logische Systeme	Kognitive Strukturen		
	Sprachverarbeitung	Meteorologie (Wetter)	
	Lernkonzepte	Wirtschaft	

Merkmale

- Unter Verwendung von informationstechnischen Systemen soll die (virtuelle - unternehmensweite) **Kommunikation** ermöglicht, erleichtert bzw. verbessert werden, um so das - Informieren - Koordinieren - Kollaborieren - Kooperieren zwischen Menschen zu ermöglichen.
- Bezüglich der **K**ommunikation, **K**oordination und **K**ooperation in Gruppen spricht man vom **3K-Modell**.
- **Kenntnisbereiche:** Neben den technischen Realisierungs- und theoretischen Beschreibungsmöglichkeiten sind Kenntnisse aus folgenden Bereichen relevant:
  - Arbeitswissenschaften
  - Soziologie
  - Ergonomie
  - Design
  - Lern- und Arbeitspsychologie
  - Kognitionswissenschaften

Systemabkürzungen

- **CSCL: C**omputer **S**upported **C**ooperative/**C**ollaboratives Learning - Computerunterstütztes Lernen
- **CSCW: C**omputer **S**upported **C**ooperative **W**ork - Computerunterstütztes kooperatives Arbeiten (Gruppenarbeit)
- **HCI: H**uman **C**omputer **I**nteraction - Endbenutzergerechte Gestaltung interaktiver Systeme (Individualsystem)
- **MIS: M**anagement **I**nformation **S**ystems - EDV gestützte Informationsverarbeitung (System zur Organisationsunterstützung)
- **SIS: S**ocial **I**nformation **S**ystems - Gemeinschaftsunterstützende System

Konkrete Systeme

- Nachrichtensysteme: Information Lens, Imail
- Mehrbenutzereditoren (M)
  - asynchrone M.: Quilt
  - synchrone M.: CoWord, CoPowerPoint, DistEdit, Grove, Iris
- Elektronische Sitzungsräume: DOLPHIN
- Rechnergesteuerte Konferenzen: Cognoter, Video, Link, MMConf, Rapport
- Intelligente Agenten: LIZA
- Koordinierungssysteme: DOMINIO, ECF (Electronic-Circulation- Folder) System, COORDINATOR

Gestaltungsprinzipien

- Relevant für die Gestaltung von kooperierenden Gruppenprozessen ist, den Anwendern zeitlich möglichst gleiche (identische) Prozesskonzeptionen/Produktvorstellungen zugänglich zu machen.
- Hierzu sind die „WYSIWIS"-Ideen bedeutsam:
  - **WYSIWIS:** what you see is what I see
  - **WYSIWYG:** what you see is what you get
  - **WHSIWIMS:** what you see is what I may see
  - **WYSIWNIS:** what you see is not what I see
- **Netiquette (Network Etiquette):** Verständigungsregeln für die Internet-Kommunikation:
  - Den Kommunikationspartner als Mensch sehen und achten.
  - Texte sorgfältig erstellen und präzise berichten.
  - **Rechtsregeln** beachten (bezüglich Beleidigung, üble Nachrede und Verleumdung siehe §§ 185ff, StGB).
  - **Betreff-Zeile** sinnvoll nutzen.

Kommunikationsmöglichkeiten

Unterschieden wird: **asynchrone** und **synchrone** Kommunikation:

- asynchrone
  E-Mail-Kommunikation
- synchrone
  - Textbasierte Konferenzsysteme: IMS, IRC, Talk
  - Audiokonferenzsysteme
  - Videokonferenzsysteme

CSCW-Klassifikation nach Zeit und Raum (Ort)		
Zeit\Ort →	getrennt	gleich
getrennt	Meeting - gemeinsam	Pinwand; schw. Brett
gleich	Tele-/Videokonferenz	E-Mail

Zuordnungen der Dienste im 3K-Modell

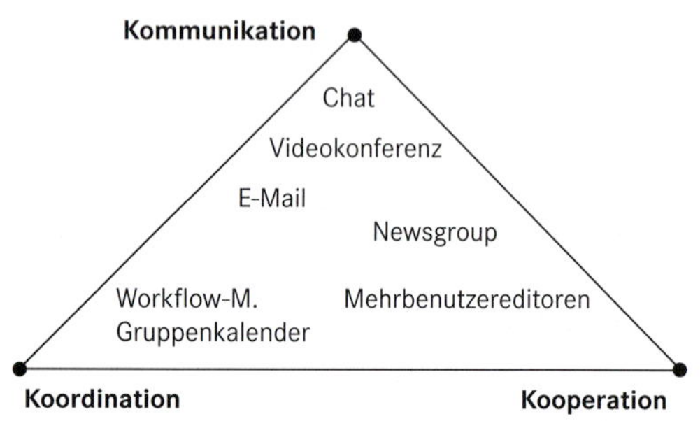

Die Systemgruppen können entsprechend zugeordnet werden.

Workflow-Systeme

- **Workflow** - auch Geschäftsvorgang, -prozess, Prozesskette
- Unterschieden werden bei den Geschäftsprozessen
  - starre Abläufe (Produktionsworkflow)
  - ad-hoc Abläufe
  - semistrukturierte bzw. semiflexible Abläufe
- Beim Management von Workflow-Prozessen müssen folgende Aspekte erfasst bzw. bewältigt werden:
  1. Modellierung (Ist-Erfassung/Soll-Konzept)
  2. Spezifikation
  3. Simulation
  4. Ausführung
  5. Steuerung
- Modellierungserfassung mit:
  - Fluss- und UML-Diagrammen
  - Use-Case-/Interaktionsdiagramme
  - Prozess-Algebren
  - Petri-Netze
- Im Rahmen der Gruppenarbeit werden erfolgreich virtuelle Realitäten **kreiert und eingesetzt**.

Verständigungssysteme (Unterstützungsbereich(e))

- Bulletin-Board-Systeme (K, I)
- E-Mail (K, WM)
- Mehrbenutzereditoren/ Planungssysteme (WC)
- Verteilte Hypertextsysteme (I, WC)
- Videokonferenzsysteme (K)
- Elektronische Sitzungsräume (WC)
- Datenbanken (I, WM)
- Workflow-Management-Systeme (WM)

Unterstützungsbereich(e))
K: Kommunikationsunterstützungssystem
I: Gemeinsame **I**nformationsräume; **WC: W**orkgroup **C**omputing
WM: Workflow **M**anagementsysteme

Merkmale von PostScript

- Geräteunabhängige und stackorientierte Programmiersprache zur **Seitenbeschreibung** (Versionen 1 bis 3).
- 1983 von Adobe Systems entwickelt.
- Grundlegende Sprache für computer-unterstütztes Publishing und die digitale Drucktechnik.
- Mit PostScript ist eine Ausgabe von
  - Text,
  - geometrischen Figuren und
  - gerasterten Bildern möglich.
- Eine PostScript-Datei liefert eine **geräteunabhängige** Schnittstelle für die Ausgabe der Dateien auf Drucker, Kopierer, Bildschirm, Belichtungs- oder Publishing-Geräten (Vorstufe für den Druck).
- Eine PostScript-Datei besteht aus ASCII-Text.
- Da Ausgabegeräte in der Regel rasterorientiert arbeiten, muss die programmierte Seite in das Bildpunkte umgewandelt werden. Dazu ist ein **PS-Interpreter** (**RIP: R**aster **I**mage **P**rocessor) erforderlich. Er führt PS-Anweisungen aus und erzeugt die jeweilige Ausgabe.
- PS-Interpreter analysieren die Anweisungen und wandeln diese in eine Sprache um, die das Ausgabegerät versteht. Er ist gewissermaßen das Betriebssystem des Ausgabegerätes und analysiert die PS-Datei zeilenweise. Vom Ausgabegerät hängt es ab, ob der Interpreter Rasterformate (z. B. TIFF, GIF) oder objektorientierte Grafikformate (z. B. WMF, PICT) erzeugt.
- Grundlage für die Struktur einer Seite in PostScript ist ein kartesisches Koordinatensystem, in mathematische Objekte eingefügt werden. Der Ursprung ist in der Regel die linke untere Blattecke. Das Koordinatensystem besitzt für den Programmierer keine Begrenzungen. Erst bei der Ausgabe wird dieses Benutzerkoordinatensystem in ein gerätespezifisches Koordinatensystem umgerechnet. Folgende Manipulationen des Koordinatensystems sind möglich:
  - Translation
  - Rotation
  - Skalierung (Streckung, Stauchung)
- Schriften werden als PostScript-Informationen dargestellt. Der Umriss wird durch Linien- und Kurvensegmente geometrisch beschrieben. Dadurch wird die Schrift in der Ausgabe beliebig skalierbar.

PostScript-Interpreter

- **Hardware-RIP**
  PS-Controller befindet sich auf einer Platine im Drucker mit Speicher und ROM.
- **Software-RIP**
  Interpretation wird durch Software im Rechner geleistet, z. B. mit Ghostscript.

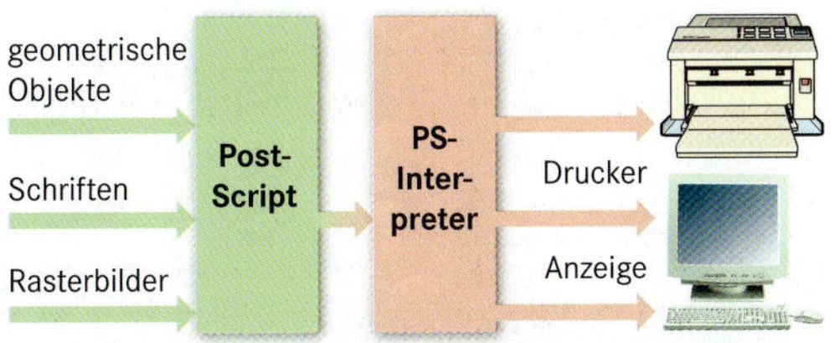

Erzeugung von PS-Dateien

- **Quelltext erstellen**
  Lesbare Anweisungen, die den Aufbau der auszugebenden Seite beschreibt (Prolog, Strukturkommentar, Autor, Titel, Seitenzahl, PS-Version und Skript zur Seitenbeschreibung).
- **Systemtreiber**
  Verwendet werden hierbei Treiber, die im Betriebssystem verankert sind. Über standardisierte und aktualisierbare Schnittstellen (Windows GDI, Mac QuickDraw) aktiviert die Anwendungssoftware den Systemtreiber und erstellt ausgabefähige Seiten.
- **Anwendungsprogramm**
  PS-Treiber werden durch das Anwendungsprogramm (z. B. Adobe Illustrator, Photoshop) zur Verfügung gestellt. Dadurch ist das Verfahren unabhängig vom Betriebssystem.
- **PS-Konverter (Filter)**
  Das Eingangsformat wird durch Filter in PostScript übersetzt. Man unterscheidet Text- und Grafikkonverter. Das Ergebnis ist häufig eine **EPS**-Datei (Encapsulated PostScript).

Das Ergebnis in allen Fällen ist eine **geräteunabhängige** PS-Datei.

PDF

- **P**ortable **D**ocument **F**ormat
- Offenes Dateiformat zum Austausch elektronischer Dokumente. Schriftarten, Bilder, Grafiken und Layout jedes Ausgangsdokuments bleiben unverändert, unabhängig von der Anwendung und der Plattform (z. B. MacOS, Windows), die zur Erstellung verwendet wurde. Zum Öffnen der Datei ist ein „Leseprogramm" erforderlich, z. B. Adobe Acrobat.
- PDF ist keine Programmiersprache. Es sind keine Kontrollstrukturen wie z. B. Schleifen oder Abfragen vorhanden.
- PDF baut auf PostScript auf, verwendet jedoch nur einen eingeschränkten Befehlssatz.
- Die Dateien sind kleiner (komprimiert) als PS-Dateien und lassen sich dadurch einfacher auswerten.
- Die Verwendung von hierarchisch geordneten Lesezeichen ist möglich (Hypertext Funktionaltät).
- Vorschaugrafiken einzelner Seiten können erstellt werden.
- PDF-Dokumente können mit speziellen Zugriffsrechten und digitalen Signaturen versehen werden.
- Die mit Tags versehenen Dateien enthalten Informationen zum Inhalt und der Struktur eines Dokuments. Sie können abgerufen und dargestellt werden.
- Dokumentenerstellung: Beliebiges Dokument → Speicherung als PostScript-Datei → Interpretation der Datei z. B. durch Acrobat Distiller (ein Post-Script RIP) und Speicherung als PDF-Datei.

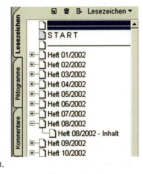

Einstellungen

- **BIOS: B**asic **I**nput **O**utput **S**ystem (Basis-Eingangs-Ausgangs-System)
- Im BIOS werden wichtige Einstellungen für den PC in einem wieder beschreibbaren Speicher (EEPROM, meist als Flash-Speicher, 64 oder 128 Byte) ① auf der Hauptplatine abgelegt. Der Speicher wird permanent durch einen Akku oder eine Batterie ② mit Spannung versorgt. Der Speicher ist oft mit der Echtzeituhr des Systems kombiniert.
- Nach dem Einschalten wird das Programm unmittelbar ausgeführt. Der Start des Betriebssystems wird eingeleitet.
- BIOS-Einstellungen können über das BIOS-Setup vorgenommen werden.
- Das BIOS-Setup kann kurz nach dem Start durch eine bestimmte Tastenkombination aufgerufen werden, z. B.
  - „Press F1 to enter SETUP" oder
  - „Press DEL (deutsch: Entf) to enter SETUP" (vom Hersteller abhängig)
- Es gibt verschiedene BIOS-Hersteller, z. B.: AMI, ATI, Award Software, Phoenix Technologies
- Es empfiehlt sich aus Sicherheitsgründen, die bestehenden Einstellungen vor der Änderung zu notieren oder auszudrucken (Taste „Druck" oder „Print").
- Beispiel BIOS-Hauptmenü (Hersteller Award):

```
CMOS Setup Utility - Copyright (C) 1984-2001 Award Software

▸ Standard CMOS Features  ③      Load Fail-Safe Defaults
▸ Advanced BIOS Features         Load Optimized Defaults  ④
▸ Advanced Chipset Features      Set Supervisor Password
▸ Integratet Peripherals         Set User Password
▸ Power Management Setup         Save & Exit Setup
▸ PaP/PCI Configurations         Exit Without Saving

Esc: Qiut                        ↑ ↓ • •   : Select Item
F18: Save & Exit Setup  ⑤

Time, Date, Hard Disk Type...
```

- Es sind Menüeinträge ③ mit Untermenüs vorhanden, bei denen der ausgewählte Eintrag farblich hervorgehoben wird. Der Menüpunkt wird durch „Enter" gewählt.
- Allgemeine Steuerungsfunktionen ④ (z. B. Speichern der Einstellungen, Verlassen der BIOS-Einstellungen)
- Informationen zur Navigation innerhalb des Menüs ⑤, Bewegung um jeweils einen Schritt nach oben, unten, rechts und links
- Sicherheitsabfragen werden durch die Tasten „Y" oder „N" und anschließend durch „Enter" durchgeführt.
  Achtung: Es wird die englische Tastaturbelegung verwendet, „Y" und „Z" sind vertauscht.

```
SAVE to CMOS an EXIT (Y/N)? Y
```

- Mit „ESC" kann man das Menü bzw. jeden Dialog im BIOS verlassen.

Menüs und ihre Bedeutung (Auswahl)

Award	AMI	Bedeutung
Standard CMOS Features	Standard CMOS Setup	Einstellungen für Datum und Uhrzeit; Parameter für Laufwerke und Grafikkarte
Advanced BIOS Features	Advanced CMOS Setup	Besondere BIOS-Einstellungen: Bootreihenfolge, Cache- und Prozessoreinstellungen, Tastatur, Speicher
Advanced Chipset Features	Advanced Chipset Setup	Einstellungen für den Chipsatz: Speicherzyklus, AGP und PCI-Optionen, Onboardkomponenten
Integrated Peripherals	Peripheral Setup	Kommunikationssteuerung mit angeschlossenen Geräten: Festplatten, Parallelport usw.
Power Management Setup	Power Management Setup	Einstellungen der Stromsparfunktionen im PC
PnP/PCI Configuration	PCI/Plug and Play Setup	Verteilung der Systemressourcen für Erweiterungskarten (IRQ, DMA)

Wichtige Steuerungsfunktionen ④

Award	AMI	Bedeutung
Load Fail-Safe Defaults	Autoconfig. with Fail-Safe Settings	BIOS-Einstellungen werden auf Standardeinstellung zurückgesetzt
Load Optimized Defaults	Autoconfig. with optimal Settings	BIOS-Einstellungen werden auf Optimal-Einstellungen zurückgesetzt
Set Supervisor Password	Change Supervisor Password	Passwort für den Zugang zum BIOS-Setup wird festgelegt (Supervisor)
Set User Password	Change User Password	Passwort für den Zugang zum BIOS-Setup wird festgelegt (User)
Save & Exit Setup	Save Settings and Exit	Verlassen des BIOS-Setup, Speichern der Änderungen

CMOS-Speicher mit Spannungsquelle

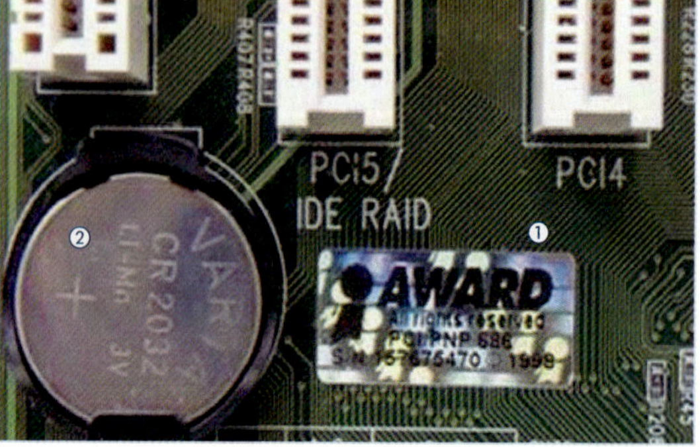

Prinzip und Funktion

- Es handelt sich bei UEFI um eine „Vereinheitlichte erweiterbare Firmware Schnittstelle".
- Die Schnittstelle liegt zwischen der Firmware, den einzelnen PC-Komponenten und dem Betriebssystem.
- Vorgänger: **EFI** (**E**xtensible **F**irmware **I**nterface)

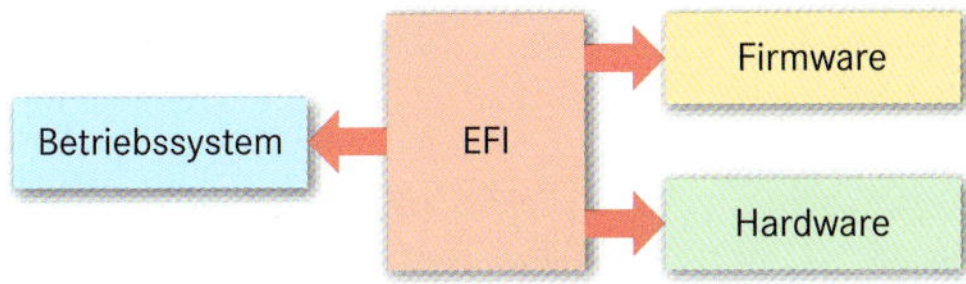

- Die **Firmware** (engl. firm = fest) ist eine Software, die in der Hardware funktional fest eingebettet ist (meist in einem nicht flüchtigen Speicher, Flash-Speicher).
- UEFI wird das traditionelle BIOS ersetzen. Auf den Windows-8-PCs wird UEFI bereits vorhanden sein. Für die Installation auf älteren PCs wird Windows 8 auch weiterhin das herkömmliche BIOS unterstützen.
- UEFI wird unterstützt von Linux, diversen Unix-Versionen, Windows Vista (SP1) und Windows 7 in den 64-Bit-Versionen.
- Gründe für eine BIOS-Ablösung:
  - Die Bedienung des Setup-Screens entspricht nicht mehr den zeitgemäßen Anforderungen (Bedienoberfläche, Einstellmöglichkeiten).
  - Größe der Boot-Festplatte < 2 TB
  - Lange Boot-Zeiten

Bedienoberfläche

- Der Unterbau von UEFI ist standardisiert. Die Hersteller (Asus, Gigabyte, MSI, AS Rock ...) verwenden aber unterschiedlich höher auflösende grafische Oberflächen zur leichten Bedienung mit der Maus. Textbasierte Darstellungen sind ebenfalls möglich.
- Angeboten werden auf der Bedienoberfläche aber auch wichtige Informationen.
  Beispiele: Prozessor, Speicher, Temperatur, Lüfterdrehzahl
- Die Auswahl des Boot-Laufwerks kann in der Regel per Drag and Drop erfolgen.

Textbasierte Bedienoberfläche (Beispiel)

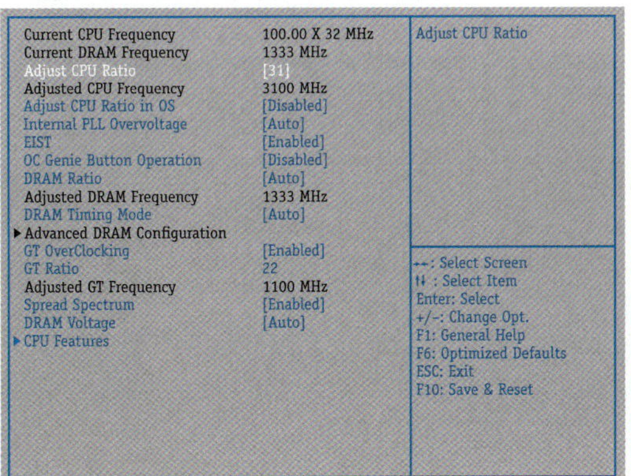

Techniken und Möglichkeiten

- Übergreifende Prinzipien:
  - Einfach veränder- und erweiterbar
  - Weniger Zeit zum Booten (angestrebt < 8 s)
- Mit dem integrierten Netzwerktreiber lässt sich über UEFI bereits der Netzwerkanschluss nutzen (z. B. Fernwartung).
- Grundfunktionen der Grafikkarte (**GOP**: **G**raphic **O**utput **P**rotocol) stehen beim PC-Start bereits zur Verfügung (höhere Auflösung).
- Es besteht durch Emulation Kompatibilität zu einem vorhandenen BIOS.
- Über eine Shell können EFI-Applikationen (.efi) aufgerufen werden.
- Treiber können integriert sein, so dass sie nicht vom Betriebssystem geladen werden müssen.
- Anstatt auf dem Betriebssystem können Netzwerk- und Speicherverwaltung auf der Firmware laufen.
- Installierte Betriebssysteme können problemlos ausgewählt werden (Boot-Loader nicht erforderlich).
- Boot-Möglichkeiten von Festplatten > 2 TB sind durch **GPT** (**GUID** **P**artition **T**able, GUID: Globally Unique Identifier) möglich.
- Eine Beschränkung auf vier primäre Partitionen pro Festplatte entfällt.

Grafische Bedienoberflächen (Beispiele)

① BIOS-Einstellungen ② Restart (PC startet neu)
③ Save CMOS (Änderungen im BIOS werden gespeichert)

① Sprachwahl ② Systeminfos ③ Systemleistung
④ Boot-Priorität

Aufgaben

- Ein Betriebssystem
  - steuert und überwacht die Prozessabläufe im System
  - verwaltet die technischen Komponenten eines Rechners
  - regelt den Einsatz von Anwendungen und Programmen
  - verwaltet die Daten und managt die Speicherzugänge
  - gestaltet den Zugriff auf das System (Eingaben/Datenzuflüsse)
  - leitet die Datenausgabe auf periphere Geräte und Komponenten
- Hierzu nutzt ein Betriebssystem vielfältige unterstützende Geräte (Prozessoren) und Treiber.
- **Elementare Systemkriterien**
  - Nur ein Nutzer: **s**ingle **u**ser system
  - Nur ein Auftragsbearbeitung im System: **s**ingle **t**asking system
  - Mehrere Nutzer parallel: **m**ulti **u**ser system
  - Mehrere Aufträge parallel im System: **m**ulti **t**asking system

Dateisysteme

- **FAT 16** (**F**ile **A**llocation **T**able mit 16 Bit; oftmals FAT): Verzeichnis der Speichereinheiten
- **FAT 32:** Partitionen bis zu 2 TByte sind möglich.
- **VFAT** (**V**irtual **F**ile **A**llocation **T**able): Im Gegensatz zu FAT16 werden lange Dateinamen ermöglicht.
- **NTFS** (**N**ew **T**echnology **F**ile **S**ystem von MS (Windows))
- **HPFS** (**H**igh **P**erformance **F**ile **S**ystem): Partitionen bis 2 TByte

Einteilungen

Einsatzebenen: Echtzeitbetriebssysteme, Embedded Systems, Handheld Systems, Mainframes, Minicomputer, PC-Systeme, PDA, Server, Smartphone-Systeme, Tablets, Workstation

Systeme	Beispiel(e)
Großrechner-BS	OSD BS 2000/OSD (Siemens Fujitsu)
Netbooks	Chrome OS (Goolge)
PC-Systeme	Unix, Linux, MS Win: XP, Vista, 7, 8
Smartphone-BS, PDA, (Tablets)	Android, Apple iOS, BlackBerry (10)
Workstation, Server	FreeBSD, HP-UX, JVM (Java Virtual Machine), Mac OS X, Open Solaris, Server 2008 Banyan Vines, VMS-DEC

Betriebsarten

Systemkategorien	Beispiele
Abwicklung (Prozesse)	Stapelverarbeitung/Dialogverarbeitung
Benutzerzugang	Offener/Geschlossener Betrieb
Programmanzahl	Einprogramm-/Mehrprogrammbetrieb
Prozessoranzahl	Einprozessor-/Mehrprozessorbetrieb
Taskanzahl	Singletasking/Multitasking
Verteilung (Räumlich)	Lokaler Betrieb/Verteilte Struktur/ Fernverarbeitung
Programmnutzung	Teilnehmerbetrieb/Teilhaberbetrieb

Betriebsprobleme beim PC

Phänomen	(mögliche) Ursache(n)	(mögliche) Reaktion(en)
▪ Bildschirm bleibt schwarz ▪ Keine Aktivitäten ▪ Keine Geräusche	▪ Die Energieversorgung ist ausgeschaltet ▪ Netzstecker ist nicht eingesteckt ▪ Netzversorgungskabel ist beschädigt	▪ Energieversorgung zu Verfügung stellen ▪ Netzverbindung stabil (wackelfrei) einschalten ▪ Gerätehauptschalter betätigen (Rechnerrückseite)
▪ Bildschirm bleibt schwarz ▪ Gerätegeräusche liegen vor	▪ Energieversorgung zum Bildschirm ist fehlerhaft (eventuell direkt am PC) ▪ Datenverbindung zum Bildschirm ist fehlerhaft	▪ Kabelverbindungen überprüfen (Wackelkontakt)
▪ Bildschirm bleibt schwarz	▪ eventuell befindet sich der PC im Standby-Modus	▪ Maus bewegen ▪ Tastatur betätigen ▪ „Sleep"-, „Freen"-, Standby"-Taste betätigen
▪ Rechner fährt nicht hoch	▪ Maus- und Tastaturanschlüsse sind nicht bzw. fehlerhaft angeschlossen	▪ Maus- und Tastatur anschließen (eventuell die Anschlüsse von Maus und Tastatur austauschen)
	▪ Ausfall der Festplatte	▪ Austausch der Festplatte (=> Fachhändler)
	▪ Befindet sich im Stand-by-modus	▪ Aktivierung der Maus bzw. einer Taste
▪ Akustische Fehlersignale	▪ Konfigurationsproblem interner Komponenten	▪ beachte Fehlermeldeangaben des BIOS-Herstellers
▪ Bildschirmausgabe: „non system disk or disk error"	▪ Es wird kein Betriebssystem gefunden	▪ Datenträger aus dem zuerst angesprochenen Laufwerk entfernen und auf **ENTER** drücken ▪ Bootreihenfolge ändern (BIOS: BOOT SEQUENCE) ▪ Es liegt gar kein BS vor ▪ Festplatte ist beschädigt
▪ Maus kann nicht bewegt werden	▪ Verbindung zwischen Maus und PC ist unterbrochen bzw. (noch) nicht aktiviert	▪ Maus anschließen ▪ Maustreiber installieren ▪ die Einbindung der Maus abwarten (!)
▪ Bildschirm: „Check sum" bzw. „Parity error"	▪ Arbeitsspeicher (RAM) ist nicht korrekt einsetzbar	▪ RAM ist fehlerhaft eingesteckt ▪ verkehrte Speicherbausteinparität/-bank-belegung
▪ Bildschirm: „No ROM-Basic"	▪ es konnte kein BIOS aktiviert werden	▪ Überprüfung des BIOS-Chip
▪ Bildschirmmeldung „Hdd-/fdd controller failure"	Controller der Festplatte (hdd) oder des Laufwerks (fdd) ist fehlerhaft	▪ Gerätefehler ▪ Verkabelungsfehler ▪ Anmeldefehler im BIOS

HW-SW-Grundbeziehung

HW: Hardware (1, 2, 3); SW: Software (5, 6, 7, 8)

Bereich	Nr.	Inhalt/Aufgabe
SW	8	Anwendungen (Office, ...) (Benutzermodus)
	7	Schnittstelle (System-Anwendungen [**JVM; CLR**])
	6	Betriebssystemnahe SW (Compiler, Interpreter, ...)
	5	(eigentliches) Betriebssystem (**BS**)
HW/SW	4	Schnittstelle (HW-SW) (**vBM; VM**-*Monitor*)
HW	3	Maschinenorganisation (M,-sprache) [Firmware]
	2	Mikroarchitektur
	1	Geräte (Physikalische Ebene)

- Mit **Kernel** (engl.; Obstkern) wird das prozessornahe Computerkernprogramm bezeichnet. Bei jeder Anwendung läuft es mit.
- Zum **Kernel** gehören die Aufgaben unter 5 und 6 (Kernelmodus). Er kann einheitlich oder auch schichtorientiert gestaltet sein.
- Arbeitet das Betriebssystem insgesamt als integrierter und geschlossener Kern, dann spricht man von einem monolithischen Kernel. Alle Teilprogramme beziehen sich auf diese Einheit.
- Durch die Auslagerung von Betriebssystemaufgaben kann eine Kernelreduktion auf einen Microkernel erzielt werden.
- Auf der HW-SW-Schnittstellenschicht (4) können virtuelle Organisationseinheiten (virtuelle Infrastruktur) realisiert werden.
  vBM: virtuelle **B**asis**m**aschine
  VM-Monitor: Virtuelle **M**aschine - **Monitor**
  Durch die virtuellen Maschinen können verschiedene Betriebssysteme parallel auf einer Maschine zum Einsatz kommen.
- Die Firmware kann sowohl hard- als auch softwareorientiert aufgebaut sein. Sie ist fest implementiert und gehört zur HW-Ebene.
- Auf der oberen Schnittstellenebene (7) können virtuelle Maschinen verwendet werden. Diese gehören dann nicht mehr zum Kernel des Betriebssystems (**BS**).
  JVM: Java **V**irtual **M**aschine; **CLR: C**ommon **L**anguage **R**untime
- Virtuelle Maschinen können auch als Schnittstelle zu einem Server- Netz (auch Internet) agieren. Parallel können dann verschiedene Kernel und von daher auch unterschiedliche BS für verteilte Aufgaben betrieben werden.
- Anwenderprogramme aktivieren das BS über Systemaufrufe. Der Programmablauf wird als **Prozess** bzw. **Task** (Aufgabe) gestaltet. Zum Prozess-Kontext gehören jeweils vielfältige Zustandsinformationen.
- Das gleichzeitige Bewältigen von verschiedenen Prozessen wird als **Multitasking** bezeichnet. Im Detail werden unterschieden:
  - Kooperatives Multitasking (Steuerung über Interrupts)
  - Präemptives Multitasking (Steuerung über den Systemkern unter Verwendung von Warteschlangen)
- Prozesse können in selbstständige Teilabläufe (**Threads**) aufgegliedert werden.
- Unter **Thread** [θɪɛd] (engl.: Faden (auch Strang)) werden schmale Prozessaktivitäten verstanden. Sie werden in einem einheitlichen Datenkontext aktiviert. So erfolgt eine dynamische, effiziente und ressourcensparende Verarbeitung von Programmanforderungen. Ein Thread ist letztlich immer ein Teilprozess.
- **Hyper-Threading Technology (HTT)** wird auf Intelprozessoren eingesetzt. So können Prozesse parallel ablaufen.

Kommunikationsprozesse

Polling

- Eine zyklische Abfrage von Geräten und Prozessen.
- Dazu kann ein Poll von einer Abfragestation zur anderen geordnet weitergereicht werden. Die Meldungen erfolgen an die Zentraleinheit.
- Der Pollabruf kann aber auch - nach einem geordneten Schema - direkt von der Zentrale an die einzelnen zugeordneten Einheiten geleitet werden. Eine Einheit kann dann Informationen übertragen, wenn ihr ein Poll vorliegt.

Interrupt (**IRQ: I**nterrupt **Req**uest)

- Bei diesem Verfahren wird die Zentraleinheit über Meldungen aktiviert. Diese werden von den Einheiten selbstständig verschickt.
- Unterschieden werden zum Beispiel:
  - Hardware-Interrupts und Software-Interrupts (Traps)
  - Synchrone (Systemcalls etc.) und asynchrone Interrupts. Asynchrone Interrupts gehen auf nicht vorhersehbare Ereignisse zurück.
- Interrupts provozieren eine Kernelreaktion.
- Interrupts sind gemäß ihrer Relevanz gewichtet. Hierzu werden Prioritäten bestimmt (**IRQL** (**I**nterrupt-**Req**uest-**L**evels)).
- Für die einzelnen Interrupts stehen Software-Routinen zur Bearbeitung zur Verfügung: **ISP** (**I**nterrupt **S**ervice **R**outine)
- Unterdrückte Interrupts sind maskierte Interrupts. Hierfür existiert ein **I**nterrupt **M**ask **R**egister (**IMR:** Maskenregister zur Kennzeichnung von Interrupts)
- Ein Interrupt-Controller erfasst Hardware-Interrupts. Dieser veranlasst ein **IRQ** (**I**nterrupt-**Req**uest (Anforderung)) an die CPU.
- Nach jedem Befehlszyklus überprüft die CPU, ob eine Interrupt-Anforderung existiert.
- Die Identifizierung von Interrupts erfolgt über eine **IDT**-Tabelle (**I**nterrupt-**D**ispatcher-**T**abelle). Sie erfasst ie **ISP**-Reaktionen gemäß der IRQL.
- Standard-IRQ-Belegung (Auswahl)

1	Tastatur	3; 4	serielle Schnittstellen
8	Uhr	6	Diskettenlaufwerk
12	Maus	7	parallele Schnitstelle

Scheduling

- Mit Scheduling [sch edju:l] (engl.: Tabelle, Fahrplan) wird der zeitliche Befehlsablauf beschrieben.
- Eine optimale CPU-Auslastung soll erreicht werden.
- Zentral werden unterschieden:
  - preemptives Scheduling: Prozesse dürfen unterbrochen werden;
  - non-preemptives Scheduling: Prozesse müssen vollständig abgearbeitet werden.
- Die konkreten Zielsetzungen und Bewältigungsweisen beim Scheduling sind vom Betriebssystemkonzept abhängig. Unterschieden werden hierbei folgenden Systemkonzeptionen:
  - Batch-Systeme - Dialog-Systeme - Realtime-Systeme
- Beachtet werden die Aspekte:
  - Antwortzeiten, Durchlaufzeit, Fairness, Wartezeit, CPU-Auslastung, Durchsatz, Vorhersehbarkeit

Virtualisierung
Virtualization

Merkmale

- Mit der **Virtualisierungstechnologie** (von lat. virtus: Tüchtigkeit, Kraft) ist die gleichzeitige Ausführung von zwei oder mehreren Betriebssystemen (VM: virtuelle Maschinen) auf einer Rechnerhardware (Host) möglich.
- Wesentliches Ziel dieser Technologie ist die Steigerung bzw. optimale Auslastung der vorhandenen Rechnerhardware.
- Bei der Virtualisierung gibt es die beiden grundsätzlichen Konzepte
  - **Hosted Virtualisierung** („Gastgeber“) und
  - **Bare-Metal Virtualisierung** („nacktes System“).
- Bei der Hosted Virtualisierung werden die virtuellen Maschinen auf die vorhandene Rechnerhardware und das vorhandene Host Betriebssystem aufgesetzt.
- Bei der Bare-Metal Virtualisierung werden die virtuellen Maschinen direkt auf der Systemhardware ohne Host-Betriebssystem aufgesetzt.
- Für beide Realisierungen ist eine Steuerungssoftware zur Verwaltung der Ressourcen für die jeweiligen virtuellen Maschinen erforderlich.
- Diese Software wird mit **VMM** (**V**irtual **M**achine **M**onitor: virtueller Maschinenüberwacher) oder auch mit **Hypervisor** (Überwacher) bezeichnet.
- Angewendet wird die Virtualisierung zum Beispiel im Bereich
  - Parallellaufender Applikationen (Datenbanken),
  - Softwareentwicklung (Entwicklungs- und Zielsystem auf einer Maschine),
  - Nutzen von Multicore-Prozessoren und
  - Sicheres Surfen im Internet.
- Vorteile der Virtualisierung sind unter anderem
  - Bessere Ausnutzung der leistungsfähigen Hardware durch die Zusammenlegung verteilter Systeme auf wenige konzentrierte Systeme (Servereinsparung) mit Energieeinsparung und Stellflächenreduzierung),
  - Optimierung von Softwareentwicklungen und -tests durch gleichzeitigen Betrieb mehrerer (unterschiedlicher) Betriebssysteme auf einem Rechner ohne zusätzlich zu erstellende Testumgebung.
- Höhere Sicherheit durch Abschottung der VMs untereinander und gegen ein Host-System.
- Nachteile der Virtualisierung sind zum Beispiel
  - Leistungsfähigkeit der virtuellen Maschine,
  - Umfangreiche Kenntnisse bei der Umsetzung eines Virtualisierungskonzeptes erforderlich.

Standardarchitektur

Appli-kation 1 … Appli-kation n

Hostbetriebssystem

Hardware

- In der Standradarchitektur erfolgt die Steuerung der Hardware und der Applikationen durch das eingesetzte Betriebssystem.
- Das Betriebssystem hat dabei Zugriff auf alle Ressourcen.

Hosted Virtualisierung

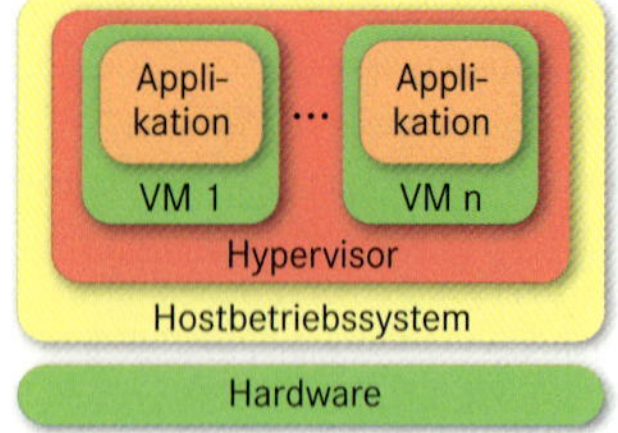

- Das Host Betriebssystem
  - bildet die Grundlage auf dem der Hypervisor und die VM-Betriebssysteme installiert werden und
  - behält die Kontrolle über alle angeschlossenen Geräte.
- Der Hypervisor läuft oberhalb des Host-Betriebssystems.
- Beispiele für Desktopanwendungen: VMWare-View, Microsoft Virtual PC.

Bare-Metal Virtualisierung

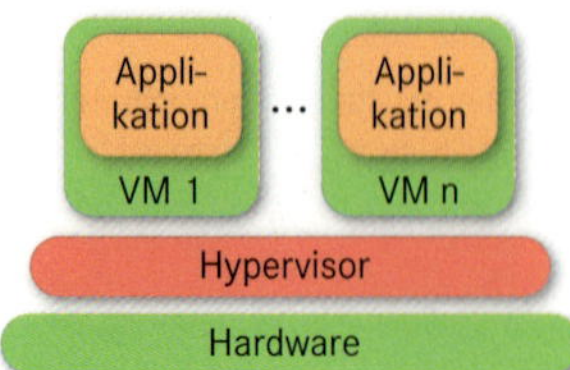

- Der Hypervisor
  - arbeitet als Hardwarecontroller und Überwacher der VM-Betriebssysteme und
  - bildet (emuliert) für jede VM die erforderlichen CPU-Eigenschaften nach (Nachteil: u. a. hoher Zeitbedarf)
- **Beispiel:** VMWare ESX

Paravirtualisierung

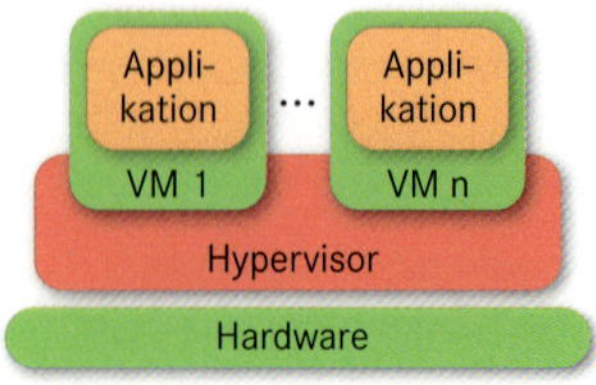

- Bei der Paravirtualisierung ist der Kern des VM-Betriebssystems spezifisch an den Hypervisor angepasst.
- Durch die direkte Kommunikation zwischen Hypervisor und VM-Betriebssystem wird eine hohe Verarbeitungsgeschwindigkeit erreicht.
- **Beispiel:** Microsoft Hyper-V, Citrix XenServer

UNIX-Konzept

- Im UNIX-Konzept erfolgt der Zugriff der Nutzer über gesonderte Shells von der Anwendungsebene auf den Kernel des Betriebssystems über ein einheitliches Interface.

Anwendungen	▲	Benutzersicht
System Call Interface	│	Schnittstelle zum Kernelmodus
Kernelprogramme und Hardware	▼	Betriebssystemebene

Charakteristika

- Das UNIX-Betriebssystem ist aus verschiedenen„Programmschichten" aufgebaut.
  1. Schicht: hardwarenahe Schicht, der sog. **Kernel**
  2. Schicht: Shell
  3. Schicht: Anwendungsprogramme
- Die erste Schicht wird vom Prozessortyp bestimmt. Sie umfasst etwa 10 % des gesamten Programmcodes: Hiervon sind nur 10 % herstellervariant.
- Entwickelt von AT&T (1969; Tompson und Ritchie). 1973 einheitlich neu in C erstellt (von Ritchie).
- Prägende Unix-Entwicklungen [Startup-Skripten]
  1. **BSD** (Berkeley Software Distribution - Version 4.4-1990 **[*/etc/rc***]**
  2. **System V.4.2** (Stand 1993; von AT&T entwickelt) **[*/etc/inittab*]**
- Befehl zur Erfassung der verwendeten Unix-Version: `uname -a`
- Im UNIX-Konzept erfolgt der Zugriff der Nutzer über gesonderte Shells von der Anwendungsebene auf den Kernel des Betriebssystems über ein einheitliches Interface.

Anwendungen	Benutzersicht
System Call Interfase	Schnittstelle zum Kernelmodus
Kernelprogramme u. Hardware	Betriebssystemebene

- Betriebsmerkmale von UNIX auf der Anwenderebene: Multithreading, Multitasking, Multiuser
- Betriebsmerkmale von UNIX auf der technischen Ebene: Daemonen-Konzept, Virtuelle Speichertechnik, IP-Netzwerkfähigkeit
- Es ist ein echtes Timesharing-System: D.h. verschiedenen Programmen wird (nacheinander) in etwa die gleiche Rechenzeit eingeräumt, so dass die Programme quasi parallel arbeiten.

Allgemeiner Installationsablauf

Unterschieden werden: Update-Installation und Neuinstallation

1. **Einschalten** des Rechners
2. Interne (automatische) **Überprüfung** der Hardware-Komponenten
3. CD-ROM wird aktiviert
   (Alternative: Installation im Netz über Server)
   System nimmt den Zustand **SASH (S**tand **A**lone **Sh**ell**)** ein.
   Das **Betriebssystem wird geladen**
   (**Installationsbefehl** (eventuell ***install***) eingegeben.)
4. **Installation erfolgt dialoggesteuert** (menügesteuert)
   - Auswahl von: Dialogsprache, Bildschirm- und Tastaturtyp
   - Basisinformationen und aktuelle Mitteilungen (Readme) können eingesehen werden
   - Daten auf Festplatte können gesichert werden
   - Formatierung und Partitionierung der Festplatten erfolgen
   - Eingaben zu: Rechnername (IP-Adresse), Passwort, Landessprache, Zeitzone, Plattenpartition usw.
5. **Neustart** (**Überprüfung** der angezeigten Abläufe und Daten)
6. **Vervollkommnung** der Konfiguration (Anwendungen, Drucker, ...)

Benutzersicht

- Groß- und Kleinschreibung werden unterschieden.
- Bei den benutzern gibt es drei Benutzerklassen (Kl: Klasse): Kl 1: u = login user; Kl 2: g = group; Kl 3: o = others
- **Anmeldung**
  1. Eingabe des Benutzernamens: **`login:`** Benutzername
  2. Eingabe des Passwortes: **`password:`** Passwort
- **Abmeldung** (Verlassen des Systems)
  1. Möglichkeit: Eingabe des Befehls **`$ exit`**
  2. Möglichkeit: Gleichzeitiges betätigen der Tasten CRTL (bzw. Strg) und d: ***<CRTL D>; <Strg D>***

Timesharing in UNIX

Die Struktur der Dateien ist unter UNIX hierarchisch aufgebaut (root: Wurzel). Ein Aufbau mit typischen Dateien:

root directory

dev etc sbin home mnt tmp usr var

home: oasys s4ux

usr: bin lib ucb

... usw. ...

bin: Dienstprogramme; **dev**: Geräteeinträge; **etc**: Systemverwaltungsprogramme; **home**: Benutzer Directories; **lib**: Systembibliotheken; **mnt**: leeres Verzeichnis; **sbin**: Systemverwaltung; **tmp**: temporäre Dateien; **usr**: user-Verzeichnis; **var**: variable Systemdateien

Zugriffsrechte unter UNIX

- Das Kommando ***/s -/*** zeigt die File-Informationen im Detail an.
- Aufbau der Darstellung auf den Befehl ***/s -/***:

(1)	(2)	(3)	(4)	(5)

(1): Filetyp (Dateityp); (2): Zugriff für den Besitzer; (3): Zugriff für die Gruppe; (4): Zugriff für den Rest; (5): (Besitzer/Gruppe/Speicherdatum/Name)

- Bei den Zugriffsrechten können jeweils - in dieser Abfolge - die Buchstaben **r**, **w** und **x** eingetragen sein. (r: read; w: write; x: execute); Ein steht für fehlende (Teil-)Rechte

MS-DOS

Strukturaufbau

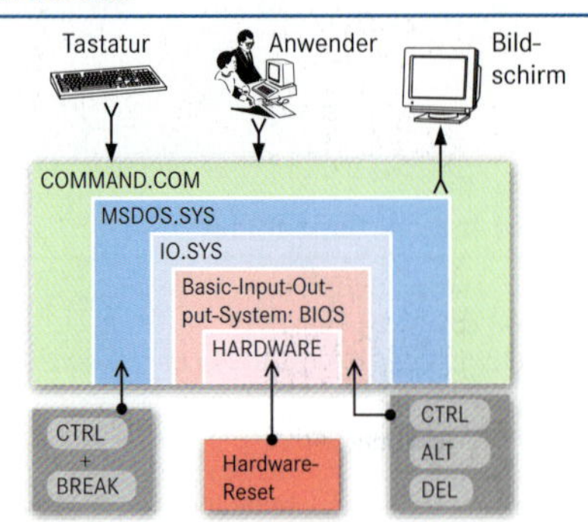

Dateien

- **Unveränderbare Dateien:**
  - IO.SYS
  - MSDOS.SYS
  - COMMAND.COM
- **Veränderbare Dateien** (durch den Anwender):
  - AUTOEXEC.BAT
  - CONFIG.SYS
  - **COMMAND.COM** ist in MS-DOS das Kernstück. (Auch: Befehlsinterpreter, Befehlsprozessor, Benutzer schnittstelle)
    Sie enthält in Maschinensprache den Code der internen Befehle. Alle Befehle werden von ihr analysiert.

Befehlsvergleich MS-DOS/UNIX

MS-DOS	Vorgang	UNIX
`DIR .. (directory);` speziell: `DIR/R, DIR/W, DIR/A, DIR/O, DIR/S, DIR/B, DIR/L`	Auflistung von Dateien und Verzeichnissen	`ls`
`CD name`	Auswahl eines Verzeichnisses	`cd name`
`CD .. (CDDIR)`	Wechsel des Verzeichnisses	`cd ..`
`CD \`	Rückgang ins Wurzelverzeichnis	`cd /`
`MD (MKDIR) name`	Anlegen eines Verzeichnisses	`mkdir name`
`DEL name`	Löschung einer Datei	`rm name`
`Copy alt neu`	Kopieren einer Datei	`cp alt neu`
`MD name`	Anlegen von Verzeichnissen	`mkdir name`
`RD (RMDIR) name`	Entfernen (Löschung!) eines Verzeichnisses	`rmdir name`
`PRINT name`	Drucken einer Datei	`Lp name`

Linux

Hintergrund

- Linux ist ein Mehrbenutzer-Multitasking-Betriebssystem.
- Linux orientiert sich vergleichbar UNIX am Kernel-Konzept.
- Der Quellcode ist vollständig einsehbar.

Prozesse

- Alle Rechnerbearbeitungsprogramme sind Prozesse.
- Die parallel laufenden Prozesse können durch den Befehl ***ps*(Process Status)** dargestellt werden. Einzelinformationen werden tabellarisch dargestellt: (PID) (TTY) (STAT) (TIME) (COMMAND) – (Inhalte einer ***ps ax*** Abfrage)
- **TTY**: Angabe des Ausgabegerätes (Tty) des Prozesses
- **PID**: Process Identification
- **STAT**: Prozessstatus wird angegeben:
  - R "runnable": Ein laufender Prozess
  - S "sleeping": Ein schlafender Prozess
  - D "dead": Prozess schläft und kann nicht gestört werden
  - T "stopped or traced": Ein gestoppter Prozess bzw. ein vom Debugger verfolgter Prozess.
  - Z "zombie": Ein verloren gegangener Prozess

Shell

- Bezeichnung für den primären Befehlsinterpreter.
- Es ermöglicht den Zugriff auf das Betriebssystem.
- Verschiedene Shells (z. B.: bash, ksh, tcsh, zsh) existieren.

Befehle

- `man` – (manual) Beschreibung von Befehlen (Hilfe)
- `ps (-help)` (Process Status) – Prozessinformationen
- `alias` – Festlegung von Befehlsnamen
- `exit` – Verlassen der Shell
- `ls` – Angabe des Dateinamens u. zugehöriger Informationen
- `cd` – Aktuelles Verzeichnis wird gewechselt
- `pwd` – (print working directory) Aktuelles Verz. anzeigen
- `mv` – Umbenennung/Verschiebung von Dateien
- `mkdir` – Datenverzeichnis anlegen
- `rmdir` – Löschen von leeren Verzeichnissen
- `rm -r` – Löschung von Verzeichnissen mit Dateien
- `cat` – Ausgabe eines Dateiinhalts
- `less` – Angeben des Dateiinhalts (nacheinander)
- `cp` – Kopieren von Dateien
- `find` – Suche nach Dateien mit bestimmten Eigenschaften
- `grep` – Suche nach (Text-)Mustern in Dateien
- `head` – Dateianfang wird dargestellt
- `tail` – Dateiabschluss wird dargestellt
- `fsck` – Überprüfung (und Reparatur) von Dateisystemen

Befehle zur Systemadministration

- `group` – Angabe des Zugriffs auf Gruppen
- `passwd` – Passwortänderungen
- `chown` – Besitzer einer Datei können gewechselt werden
- `chmod` – Veränderung der Datei- bzw. Verzeichniszugriffsrechte
- `finger` – Benutzerinformationen werden angezeigt

MS Windows

MS Windows-Konzept

- Vielfältige Anwendungen sind integrierbar ins Windows-System.
- Der Ablauf erfolgt weitgehend im Windows-Kernelsystem.
- Die Verbindung zwischen der Rechnerhardware und dem Kernelsystem erfolgt über die **HAL** (**H**ardware **A**bstraktion **L**ayer). So wird eine vollständige Hardwareabkapselung erreicht.
- Kernelleistung wird den Diensten über Ntdll.dll zur Verfügung gestellt.

Grundeinteilungen

- Vielfältige Microsoft Windows Versionen werden derzeit nebeneinander auf dem PC-Markt eingesetzt. Unterstützt werden aktuell u. a. Windows Vista, 7 und 8.
- Die Hardwarevoraussetzungen von MS Windows 8 entsprechen denen von Win 7.
- Anforderungen für den betrieb Windows 7:
  - Prozessor: 1 GHz (32 Bit/64 Bit)
  - Arbeitsspeicher: bei 32 Bit: RAM - 1 Bit; bei 64 Bit: RAM - 2 GB
  - Grafikkarte: z. B. DirectX-9
  - Grafikspeicher: 128 MB (mit Blick auf Aero Glass)
  - Festplatte: bei 32 Bit - 16 Bit; bei 64 Bit - 20 GB
- Versionen von Win 8:
  a. Windows 8 (reduzierte Basisversion)
  b. Windows 8 Pro (erweiterte Basisversion)
  c. Windows 8 Enterprise (Firmerversion)
  d. Windows RT (ARM-Prozessor-Version)

Systemwiederherstellung

- Unterschieden werden: Installationsprüfpunkte, Programmprüfpunkte, Update-Prüfpunkte, zeitabhängige Prüfpunkte
- Manuelle Prüfpunkte/Aktivierung der Wiederherstellung unter: Start/Alle Programme/Zubehör Systemprogramme/Systemwiederherstellung
- Abgesicherten Modus aktivieren: BIOS-Test → Windows-Start: Taste F8 aktivieren

Leistungsaspekte (von Win 7)

Win 7 Versionen	Leistungsaspekte										
	(1)	(2)	(3)	(4)	(5)	(6)	(7)	(8)	(9)	(10)	(11)
Starter	X	-	-	-	-	-	-	-	-	-	-
Home Basic	X	X	X	-	-	-	-	-	-	-	-
Home Premium	X	X	X	X	X	X	X	X	-	-	-
Professional	X	X	X	X	X	X	X	X	X	X	-
Ultimate	X	X	X	X	X	X	X	X	X	X	X
Enterprise	X	X	X	X	X	X	X	X	X	X	X

(1): 32 Bit-Betrieb (2): 64 Bit-Betrieb (3): Multi-Touch
(4): Grafikmodus AeroGlass (5): Media Player
(6): HDTV (7): Brenner DVDs (8): mehrere Monitore
(9): XP-Modus möglich (sofern der Prozessor VM unterstützt)
(10): Arbeitsspeicher bis 192 GB
(11): Festplattenverschlüsselung - BitLocker

- Unter Win 7 kann ein zusätzliches Betriebssystem als virtuelles eingerichtet werden. Die Einrichtung erfolgt unter MS Virtual PC.
- Eine Online-Unterstützung für die BS wird von MS angeboten. Sie betrifft die Aktualisierung von Treibern und Sicherheitsaspekten.
- Generell können verschiedene Personen bei diesen BS einen PC mit spezifisch bestimmten Benutzerkonten nutzen.
- Übergeordnete Rechte besitzt dann nur der Administrator.
- Vielfältige Systemdetails können individuell konfiguriert werden (z.B. die Maus, der Bildschirm, Soundeinstellungen).
- Im Ruhezustand schaltet sich der PC in den Standby-Modus (Stromsparmodus): der aktuelle Zustand wird gespeichert.
- Im abgesicherten Modus kann, z. B. bei Funktionsproblemen, ein früherer (funktionsfähiger) Zustand reaktiviert werden.

Task-Manager

- Mit **Strg + Alt + Ent** (zugleich) zu aktivieren
- Er zeigt unter anderem die aktuellen Prozesszustände (>Systemleistung<) an.
- Unter >Datei< kann (speziell im Störungsfall) ein neuer Task akiviert werden. Hierzu explorer< unter >Öffnen< eingeben.

Softwaregeneratoren
Software Generators

Ansatz

- Im Rahmen der professionellen und industriellen Codeentwicklung sind sie ein bedeutsames Entwicklungsinstrument.
- Softwaregeneratoren werden
  a) zur Analyse von Datenbeziehungen und
  b) zur Strukturierung von Informationen verwendet.
- Ein Softwaregenerator überführt eine Problemlösungsstruktur in eine höhere (abstraktere) oder tiefere (feinere; reichhaltigere) Struktur.
- Sie können z. B. zu gegebenen Formallösungen in Form von Struktogrammen Quellcodeanteile automatisch generieren.
- Auch können sie einen Quellcode strukturell darstellen.
- Es besteht die Möglichkeit, direkte Übersetzungen von einer Quellcodesprache in eine andere Sprache vorzunehmen.
- Ein Softwaregenerator kann durch Softwaregestaltungen realisiert werden.

Aufbau

- Folgende Teilgeräte bilden einen Softwaregenerator:

1. **Scanner**: Zuständig für die lexikalische Analyse von Zeichen. Er liest Bitfolgen und kombiniert diese zu Wörtern und Zeichen.
2. **Parser**: Zuständig für eine syntaktische Analyse von Symbolfolgen (Grammatik). Er übernimmt vom Scanner die Symbole und kombiniert sie zu Sätzen.
3. **Compiler**: Er nimmt die semantische Satzanalyse vor.
4. **Codegenerator**: Zuständig für die Umsetzung der Lösung in einen Quellcode.

- Bei der Generierung arbeiten Scanner, Parser, Compiler und Codegenerator komplex zusammen. Es liegt kein eindimensionaler Produktionsprozess vor.
- **Beispiel**: EasyCODE ist ein Instrument zur Analyse und zum Design von Quellcodes. Es unterstützt die Code-Erstellungen in vielfältigen Sprachen.

Aufbau und Struktur

- Bei der Registry (Windows Registrierungsdatenbank) handelt es sich um eine Datenbank, in der wichtige Informationen über das Betriebssystem und die installierten Programme gespeichert sind.
- Die Einträge sind in einer Baumstruktur angeordnet und werden als **Schlüssel** (**keys**) bezeichnet. Sie stammen von **fünf Hauptschlüsseln** ab.
- In der Registry können die Schlüssel und ihre Werte angelegt, bearbeitet und gelöscht werden. Teile können exportiert und importiert werden.
  Vorsicht bei Änderungen:
  Gefahren durch Instabilität des Systems, Sicherheitskopien
- Neben direkten Änderungen können Programme verwendet werden, mit denen sich bestimmte Einstellungen bearbeiten lassen (z. B. Gratis-Tool von Microsoft: Tweak UI). Vor Änderungen sollte die ursprüngliche Registry gesichert werden.
- Ein Schutz vor ungewollten Änderungen durch Benutzer erreicht man durch die Funktion „Berechtigungen".

Registry-Editor

- Er wird standardmäßig zur Bearbeitung von Registry-Einträgen verwendet und wird über die Eingabe von **regedit** unter Start/Ausführen geöffnet.

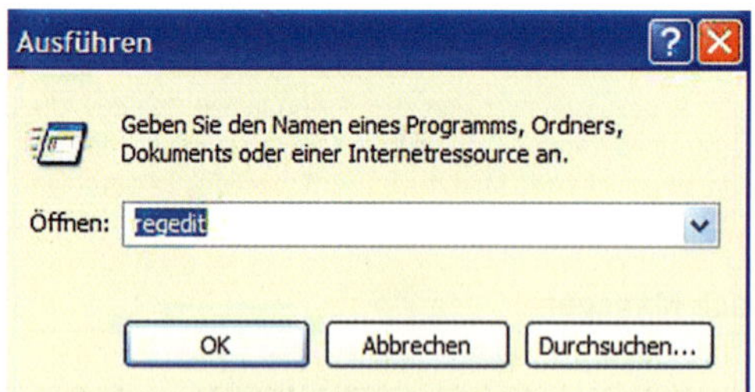

- Ein Schlüssel kann geöffnet werden, inden man auf das Minuszeichen klickt ① ②.

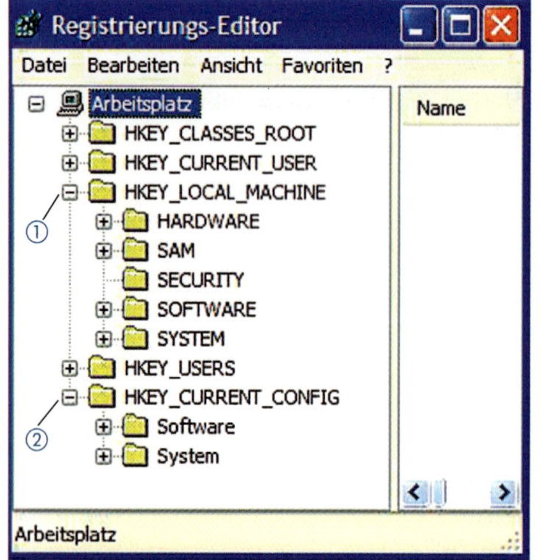

Fünf Schlüsseldateien

Name	Abkürzung
HKEY_CLASSES_ROOT	HKCR

- In dieser „Wurzel" sind alle Verknüpfungen von Dateitypen mit Anwendungen enthalten.
- Zusammengeführt sind HKEY_LOCAL_MACHINE\Software\Classes und HKEY_CURRENT_USER\Software\Classes.
- Jeder Dateityp verfügt über einen Unterschlüssel.
- In der Regel sind hier keine Änderungen erforderlich, da sich diese Einstellungen einfacher über den Explorer vornehmen lassen.

HKEY_CURRENT_USER	HKCU

- Es sind hier die benutzerspezifischen Konfigurationsdaten für aktuell angemeldete Benutzer gespeichert.
- Es handelt sich um einen Teil von HKEY_USERS.
- Der Unterschlüssel „Software" enthält benutzerbezogene Anwendungseinstellungen.
- Für jeden Softwarehersteller wird ein eigener Unterschlüssel angelegt (z. B. Microsoft).

HKEY_LOCAL_MACHINE	HKML

- Enthalten sind alle computerspezifischen Einstellungen (komplette Hardware- und Softwarekonfiguration, einschließlich der peripheren Geräte).

HKEY_USERS	HKU

- Enthalten sind die benutzerspezifische Konfigurationsdaten der Benutzer (Benutzerprofil), die sich im System angemeldet haben, z. B. die Liste der installierten Software.

HKEY_CURRENT_CONFIG	HKCC

- Gespeichert sind hier die Informationen über das jeweilige Hardwareprofil, mit dem der PC gestartet wurde.

- Die Daten werden in mehreren Dateien (Hives) in einem speziellen Datenbank-Format gespeichert.
  Beispiele:
  - HKEY_LOCAL_MACHINE bei Windows XP in den Verzeichnissen „%windir%\System32\Config"
  - HKEY_CURRENT_USER ist im Benutzerprofilverzeichnis gespeichert
- Da die Unversehrtheit dieser Dateien wesentlich für ein funktionierendes System ist, wird bei Windows automatisch eine Sicherheitskopie angelegt.

Registry Einträge finden

- Einträge können vom Typ her als Zeichenkette (REG_SZ ③), Binärwert (REG_BINARY) oder DWORD (REG_DWORD ④) vorkommen.
- Einträge können mit einem Doppelklick oder über das Untermenü (Rechtsklick) über „Ändern" angepasst werden.
- Beispiel für einen Suchvorgang zum Internetexplorer.
  Einstellung:
  Arbeitsplatz\HKEY_LOCAL_MACHINE\Software\Microsoft\InternetExplorer\Setup\7.0
  Ergebnis:

Name	Typ		Wert
(Standard)	REG_SZ	③	(Wert nicht gesetzt)
IE6UpdatesHidden	REG_DWORD	④	0x00000001 (1)

Merkmale

- Es handelt sich um eine Technologie, über die Softwarekomponenten miteinander in Netzwerkumgebung interagieren können (Softwarekomponenten für aktive Inhalte).
- ActiveX-Komponenten sind unabhängig einsetzbar von der Sprache, in der die Komponenten erstellt wurden.
- ActiveX ist eine Entwicklung von Microsoft und als solche im Internet Explorer implementiert.
- Die Verwaltung und Konfiguration erfolgt über den Internet Explorer (Add-Ons).
- WWW-Seiten können mit ActiveX um eine Vielzahl von multimedialen Effekten, unterschiedliche Layouts und ausführbare Applikationen geladen und erweitert werden.

ActiveX-Techniken im Internet

- **ActiveX-Steuerelemente**
  Komponenten oder Objekte, die in eine Webseite oder eine andere Anwendung eingefügt werden können.
- **ActiveX-Dokumente**
  Dateien, die nicht als HTML-Dateien gespeichert sind (z. B. Excel-, Word-Dateien), können mit Webbrowser geöffnet werden.
- **ActiveX-Scripting**
  Unterstützung von gängigen Skriptsprachen (einschließlich Visual Basic Script, JavaScript)

Gefahren

- ActiveX-Komponenten unterliegen keinerlei Einschränkungen bezüglich der Systemfunktionalität. Deshalb besteht ein hohes Sicherheitsrisiko.
- Bei Einsatz besteht die Gefahr, dass sicherheitsrelevante Daten ausgelesen, gelöscht oder manipuliert werden. Der Rechner kann umkonfiguriert, ein Virus oder ein Trojaner installiert werden.
- Lösung: ActiveX-Komponenten bei Bedarf aktivieren bzw. deaktivieren.

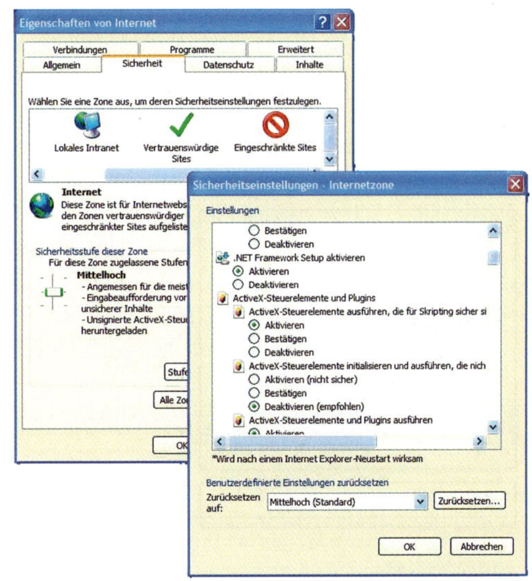

DirectX

Merkmale

- DirectX ist eine multimediale Schnittstelle.
- Sie besteht aus einer Sammlung von **DLL**s (**D**ynamic **L**ink **L**ibraries) zur Erweiterung des Betriebssystems.
- Es erfolgt ein Zugriff auf die Hardware, ohne die Programme von der Hardware abhängig zu machen.
- Folgende Programmiersprachen werden unterstützt:
  - MS Visual C und C++
  - MS Visual Basic
  - Borland Delphi
  - Smalltalk MT
  - Java
- **DirectX-Foundation**
  Sie stellt den Hardware Abstraction Layer (HAL) zur Verfügung, der die Anwendung mit der Hardware verbindet.

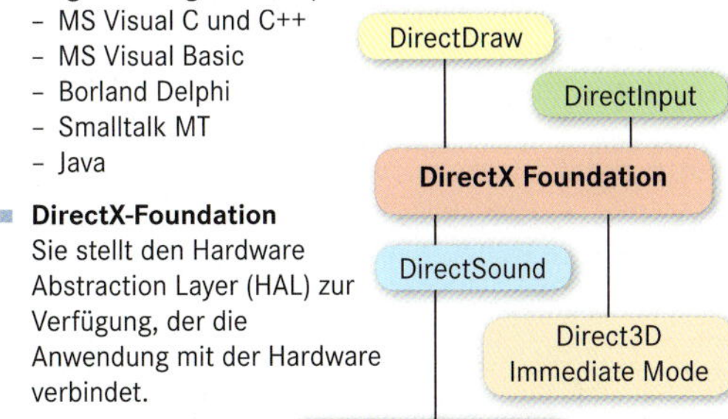

Komponenten (ab Version 8.1)

- **DirectX Graphics**
  Grafikprogrammierung, Direct2D, Direct3D (3D-Grafik)
- **DirectSound**
  Wiedergabe und Aufnahme von Soundeffekten
- **DirectMusic**
  Wiedergabe von Musik (MIDI-Musik)
- **DirectInput**
  Unterstützung von Eingabegeräten wie z. B. Tastatur, Maus, Joystick
- **DirectPlay**
  Kommunikation von Multiplayerspielen untereinander
- **DirectShow**
  Verarbeitung von Video- und Audio-Dateien (AVI, MPEG, MP3)
- **DirectSetup**
  Automatische Überprüfung programmierter Installationsroutinen
- **DirectX Media Objects**
  Veränderung von Audio- und Video-Strömen
- **XInput**
  Xbox-360-Controller unter Windows

Merkmale

Informationstechnische Prozesse werden **unter Verwendung von**	**Anwendungsbereiche der Prozessuntersuchungen:**
- stochastischen und - graphentheoretischen Methoden. ▪ **nachgebildet**, ▪ **im Rechner simuliert,** ▪ in ihrer **Leistungsfähigkeit charakterisiert**	▪ Datenübertragungs- und -verarbeitungsprozesse - in Einzelrechnern und - zwischen verschiedenen Einzelgeräten, ▪ Client-Server-Beziehung und ▪ Verkehrs- und Bedienprozesse in öffentlichen Netzen.

Stochastische Grundbegriffe

Ergebnis	Möglicher, aber nicht sicherer Ausgang eines Prozesses.
Ereignis	Zusammenfassung von Ergebnissen. Es können sichere, zufällige (mögliche) und unmögliche Ereignisse unterschieden werden.
Gegenereignis	Für die Beziehung zwischen einem Ereignis (E) und seinem Gegenereignis (G) gilt: P (E) = 1 – P (G)
Zufallsvariable	Symbol zur eindeutigen Erfassung von Merkmalen eines Zufallsexperiments, dem eine reelle Zahl zugeordnet wird.
Erwartungswert	Mittelwert einer Zufallsvariablen X mit der üblichen Symbolik: E (X).
Häufigkeit	Maß für das Auftreten eines Ereignisses. Unterschieden werden absolute und relative Häufigkeit. Tritt ein Ereignis (bei einem Experiment/Geschehen) mit n Versuchen H-mal auf, dann ist H die absolute Häufigkeit des Ereignisses. Die relative Häufigkeit h ist h = H/n.
Wahrscheinlichkeit	Symbol P: Geht die Anzahl der Versuche n gegen einen unbegrenzt hohen Wert und konvergiert h gegen einen festen Wert, dann wird P = h = H/n als Wahrscheinlichkeit des entsprechenden Ereignisses aufgefasst.
Berechnung von E (X)	$E(X) = x_1P(x_1) + x_2P(x_2) + \ldots + x_nP(x_n)$

Urnenmodelle

▪ Zufallsprozessabläufe können mit Urnenmodelldarstellungen erfasst werden.

Urne mit drei Elementen:
○ (drei Stück)
☆ (vier Stück)
□ (zwei Stück)

Baumdiagrammdarstellungen

▪ Ein- und mehrstufige Zufallsexperimente können anschaulich dargestellt werden.

Baumdiagrammdarstellung für ein einstufiges Zufallsexperiment:

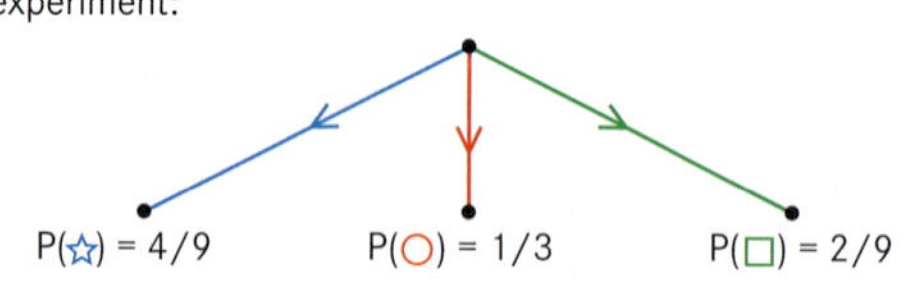

Anwendungsbeispiele

▪ Rechnerprozesse können durch die Analyse der Warte- und Bediengegebenheiten erfasst werden.
▪ Vorgaben für die Modellbildung:
- Warteplätze (Zugriffsseite auf den Rechner).
- Ankunftsrate (λ) (Die **Ankunftsrate** λ ist gleich dem **Erwartungswert** der Anzahl der Anforderungen in einer vorgegebenen Zeiteinheit).
- Rechnerbedien- und Verweilzeiten (Enderate μ gibt die erfüllten (erfolgreich abgegebenen) Anforderungen an).

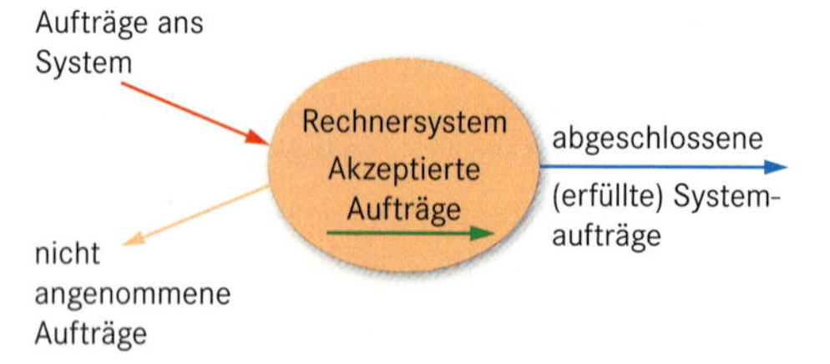

▪ Beschreibung von „von Neumann-Prozessoren“:
- Beschreibung des Zusammenspiels von Leit- und **Rechenwerk.**
- Auftragsanteile (1 – ü) werden vom Leitwerk nicht ans Rechenwerk, sondern an andere Steuerwerke gegeben.

Struktur eines Zentralprozessors

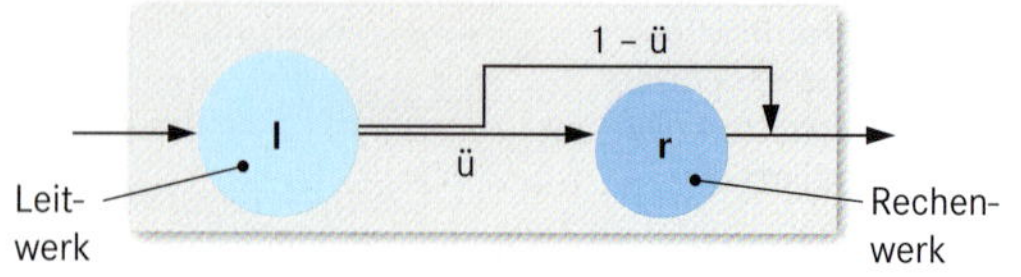

l: Erwartungswert der Bedienrate im Leitwerk
r: Erwartungswert der Bedienrate im Rechenwerk

Zustandsbeschreibungen

- **Zustandsübergangsdiagramme** bilden Systemzustände ab. Erfasst werden:
  - Zustandssituationen zu bestimmten Zeitmomenten
  - Informationen zu möglichen Übergangsprozessen (Übergangswahrscheinlichkeiten der Zustände)

- **Zustandsdiagramme** können mit
  - Zustandstabellen und -matrizen und
  - mit mathematischen Gleichungen (Funktions- und Automatengleichungen)

  dargestellt werden.

Zustandsübergangsdiagramm

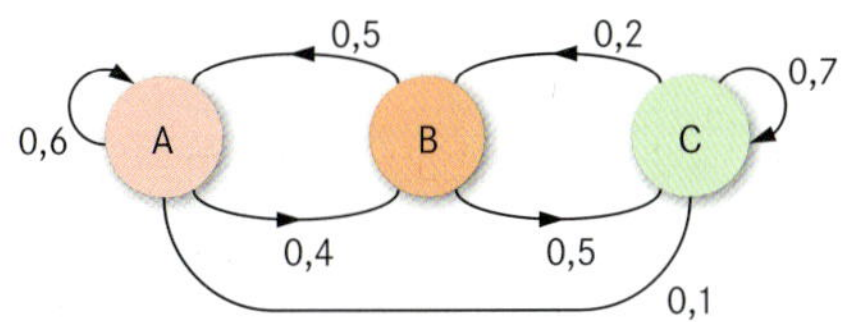

Übergangsmatrix

$$Ü = \begin{vmatrix} Ü_{AA} & Ü_{AB} & Ü_{AC} \\ Ü_{BA} & Ü_{BB} & Ü_{BC} \\ Ü_{CA} & Ü_{CB} & Ü_{CC} \end{vmatrix} = \begin{vmatrix} 0,6 & 0,4 & 0 \\ 0,5 & 0 & 0,5 \\ 0,1 & 0,2 & 0,7 \end{vmatrix}$$

$Ü_{XY}$: Übergangswert vom Zustand X zum Zustand Y

Bedienmodelle

- Ein **einfaches Bedienmodell** ist das System M/M/1:
  - Der erste Buchstabe steht für die Ankunftssituation,
  - der zweite symbolisiert die Bearbeitungssituation,
  - die dritte Angabe nennt die Zahl der Bedieneinheiten.
- Der Buchstabe M drückt aus, dass **Markoff'sche** Prozessbedingungen vorliegen.
  - Hierbei ist nur der aktuelle Systemzustand (mit den zugehörigen Übergangswahrscheinlichkeiten) von Bedeutung.
  - Die Systemverweildauer in einem Zustand beeinflusst nicht die Übergangswahrscheinlichkeiten (= gedächtnislosen Verteilungen).
- Der Buchstabe G drückt beliebige (engl. general) Verteilzeiten aus.

- Warte- und Verlustsysteme werden unterschieden.
  - Bei einem **Wartesystem** existiert ein unbegrenzter Speicherraum zur Aufnahme von Anforderungen.
  - In einem **Verlustsystem** ist der Warteraum begrenzt: Anforderungen können ganz abgewiesen, eventuell verloren gehen.
- **Symbolik**

  p: Auslastungsrate der Bedieneinheit
  V_w: Auftragsverlustwahrscheinlichkeit
  D: Durchsatz von Aufträgen
  $E(k)$: Erwartungswert für die Anzahl der Systemanforderungen
  $E(l)$: Erwartungswert für die Zahl der wartenden Aufträge im System

Systembeispiele

- **Einfache Systeme** bestehen aus
  - einem Warteraum, in dem ankommende Systemanfragen zwischengespeichert werden können und
  - einer Bedieneinheit zur Abarbeitung der einzelnen Anfragen.

System mit einem Warteraum für ankommende Anfragen und einer Verarbeitungseinheit

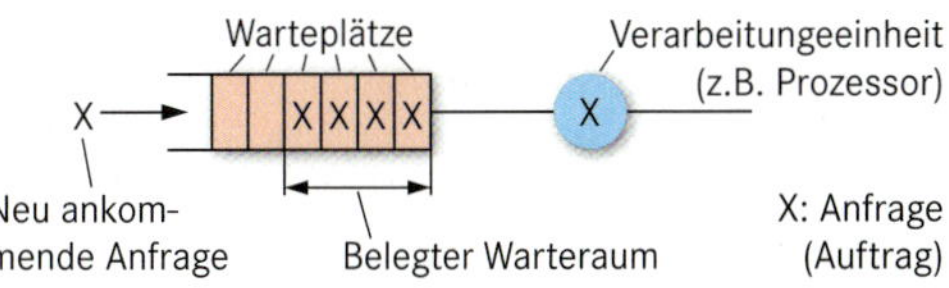

- **Komplexe Systeme** bestehen aus
  - mehreren Bedieneinheiten/Warteräumen.
- Im abgebildeten System liegen
  - drei unabhängige Warteräume und
  - zwei unabhängige Bedieneinheiten vor.

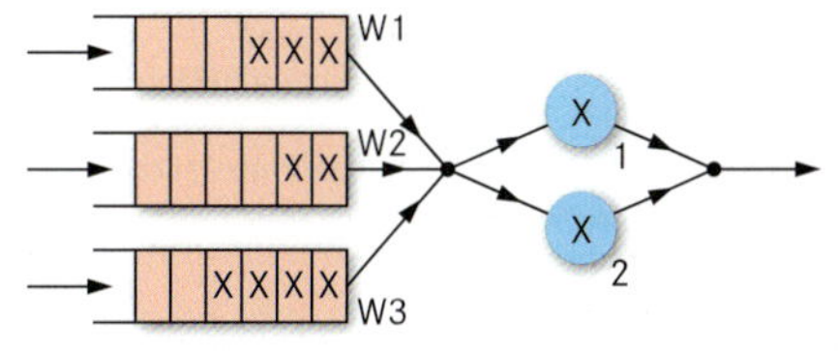

- Beim **M/M/1-Wartesystem** liegen unendlich viele Warteplätze ($S = \infty$) vor.
  - Ankunftsrate: λ
  - Bedienrate: μ
- Im System befinden sich (L + 1) Aufträge (L im Wartebereich und bei Vollauslastung).
- Es gilt: ($p = \lambda/\mu$): - $E(k) = p/(1-p)$
  - $E(l) = p^2/(1-p)$
  - $V_w = 0$ und - $D = \lambda$

M/M/1-Wartesystem

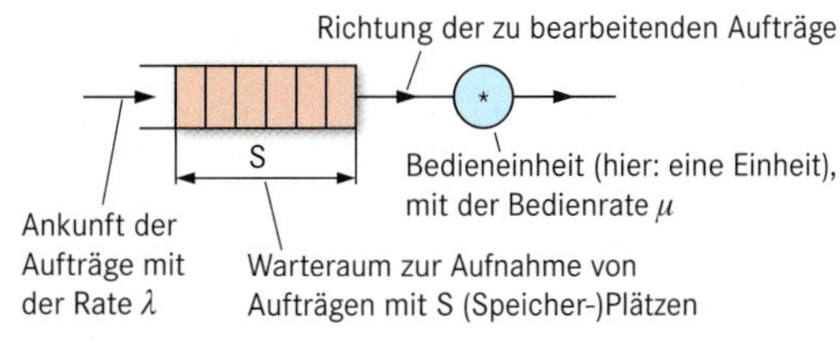

Informationszuordnungen

- Bei der Realitätsbeschreibung unterscheidet der Mensch verschiedene Grundkategorien, wie zum Beispiel: Abbild, Bewusstsein, Figur, Form, Idee, Inhalt, Materie, Verstand und auch Energie, Entropie, Information.
- Große Bedeutung haben heutzutage die Begriffe Daten – Information – Wissen.
- Im Übertragungsprozess sind fünf Ebenen zu unterscheiden:

1. Statistik: **Signal**
2. Sytax: **Code**
3. Semantik: **Bedeutung**
4. Pragmatik: **Handlung**
5. Apobetik: **Zielorientierung/Wertzielorientierung**

- Eine präzise Zusammenstelung erfasst sieben Schichten, die drei Ebenen zugeordnet werden:

Blau: Erkenntnisebene
Grün: Ebene der Pragmatik/Ethik
Rot: Ebene der Ökonomie/Verwertung/Verwaltung-Recht

	Ebene
Zeichen	Blau
+ Beachtung der Syntax	Blau
Daten	Blau
+ Beachtung der Bedeutungslehre	Blau
Informationen	Blau
+ Beachtung begrifflicher Vernetzungen und Kontexte	Blau
Wissen	Blau
+ Beachtung der Anwenderbezüge	Grün
Handeln (zielorientierte Tätigkeit)	Grün
+ Beachtung der (technisch-ethischen) Korrektheit	Grün
(individuelle) Kompetenz	Grün
+ Beachtung von Einmaligkeit und Besonderheit	Rot
Ökonomischer Wert/Wettbewerbsfähigkeit	Rot

- Die **D**eutsche **G**esellschaft für **I**nformantions- und Daten**q**ualität (**DGIQ**) hat zur Beschreibung der Informationsqualität **Beurteilungskriterien** bestimmt.

Bf	**Informationsqualitätskriterien** (gemäß DGIQ)
Z	Angemessener Umfang (appropriate amount of data)
Z	Aktualität (timeliness)
I	Ansehen (hohes Ansehen; Wertschätzung) (reputation)
S	Bearbeitbarkeit (ease of manipulation)
D	Eindeutige Auslegbarkeit (Interpretationsfähigkeit/ Klarheit) (interpretability)
D	Einheitliche Darstellung (consistent representation)
I	Fehlerfreiheit (free of error)
I	Glaubwürdigkeit (believability)
I	Objektivität (objectivity)
Z	Relevanz (relevancy)
D	Übersichtlichkeit (concise representation)
D	Verständlichkeit (understandability)
Z	Vollständigkeit (completeness)
Z	Wertschöpfung (value-added)
S	Zugänglichkeit (accessibility)

Bf (**B**eschreibungs**f**acetten):
D: Darstellungsbezogene Aspekte; **I**: Inhärente Aspekte
S: Systemunterstützende Aspekte; **Z**: Zweckabhängige Aspekte

- In vergleichbaren Modellen werden zum Teil noch erfasst:
  - Integrität - Richtigkeit - Systemzugang - Vollständigkeit
  - Widerspruchsfreiheit - Zugangssicherheit - Zusatznutzen

Wissenspyramide

- Im Rahmen einer Wissenspyramide werden betrachtet: Daten-, Informations- und Wissensmanagement:

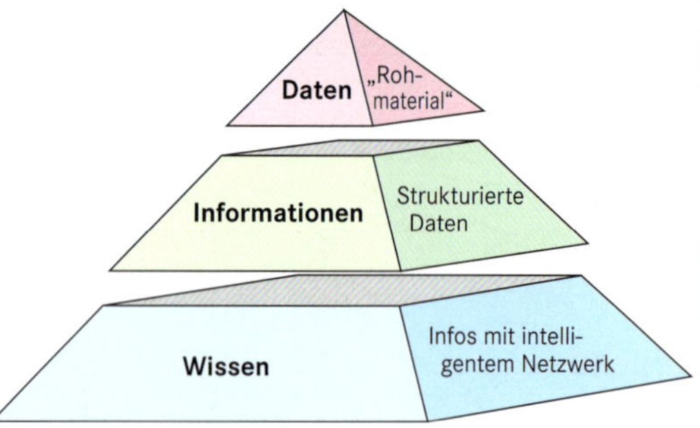

Technische Information

- Nach Claude Elwood Shannon (1916 – 2001) kann eine Information da auftreten, wo zufällige Geschehnisse vorliegen. Mit vollständig festgelegten Signalfolgen geht keine Information einher. Über die Wahrscheinlichkeit eines Ereignisses als Ausdruck seiner Zufälligkeit findet Shannon ein Informationsmaß.
- Die Entropie wird nach Shannon zum Maß der Information:

Entropie = Information

Übertragungsgegebenheiten

- Unter Übertragungen sind allgemein Übertragungen in der Zeit und/oder örtlich gemeint. Dies gilt für:
  - Übertragung von einem System zu einem anderen
  - Übertragung (z. B. über Busse) in einem System
  - „Übertragung" von einem Zeitmoment zum anderen (z. B. Datenerhalt in der Zeit auf einem Speichermedium)
- Im einfachsten Fall können die Übertragungsgegebenheiten über ein symmetrisches Binärkanal-Modell dargestellt werden.
  X_A: gesendete Information A der Quelle usw.
  Y_A: Empfang der Information A in der Sinke.
- Nachrichtenverfälschungen können beim Übergang auftreten.
- p: Wahrscheinlichkeit für die Verfälschung der Information

Modell des symmetrischen Binärkanals

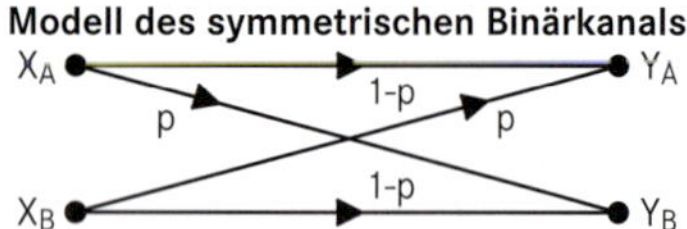

- Bedingte Wahrscheinlichkeit: $P(A\,|\,B) = [P\,(A \cap B)]/P\,(B)$

Informationsgehalt

- Informationsgehalt eines Symbols: $I(x) = -\log_2(P(x)) = -\mathrm{ld}(P(x))$
  P(x): Wahrscheinlichkeit für das Auftreten des Symbols x (logarithmus dualis: $\log_2(x) = \mathrm{ld}(x)$)
  Interpretation: Je seltener x auftritt (– d. h. P (x) ist klein –), um so größer ist der Informationsgehalt.
- Bzgl. ld(x) gilt: $\mathrm{ld}(x) = \log_2(x) = (1/\ln(2)) \cdot \ln(x)$
- Bei statistisch unabhängigen Symbolen (x; y) gilt: $P(x \cdot y) = P(x) \cdot P(y) \rightarrow \mathbf{I}(x \cdot y) = \mathbf{I}(x) \cdot \mathbf{I}(y)$
- **Erwartungswert** ($\boldsymbol{E}\{...\}$) von I(x):
  $\mathbf{H} = \boldsymbol{E}\{\mathrm{I}(x)\} = P(x) \cdot \mathbf{I}(x) = -P(x) \cdot \mathrm{ld}(P(x))$
- **H:** Symbolentropie (einer Signalquelle); [**H**] = bit/Symbol
- **H** gibt den mittleren Informationsgehalt der Quellsymbole an.

Informationsbestimmungen in der IT-Technik

„Kanal"-betrachtungen

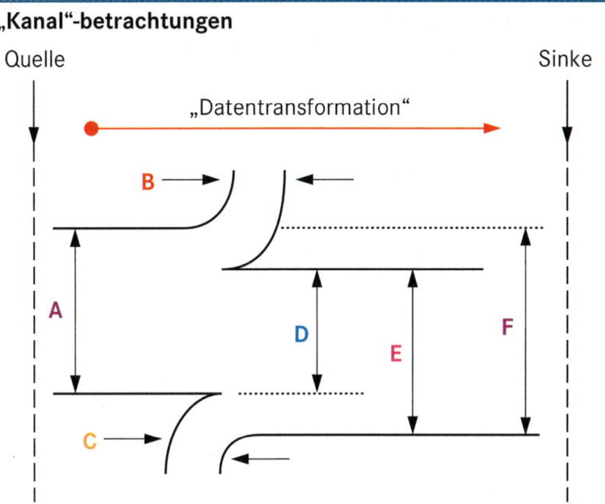

Entropien (Informationen)

- A = **H** (X): **Kanaleingangsentropie**
- B = **H** (X | Y): **Rückschlussentropie** – (Äquivokation); „Verluste"
- C = **H** (Y | X): **Irrelevanz** (Streuentropie) – „Rauschen"
- D = **H** (X; Y): **Synentropie** (Mittlerer Transinformationsgehalt)
- E = **H** (Y): **Kanalausgangsentropie**
- F = **H** (X, Y): **Gesamt-Verbundentropie**

- Für Signalfolgen gilt (**Erwartungswert** – ($E\{...\}$):
  $\mathbf{H_x} = E\{\mathbf{I}\,(x)\} = P\,(x_1) \cdot \mathbf{I}\,(x_1) + P\,(x_2) \cdot \mathbf{I}\,(x_2) + ... + P\,(x_n) \cdot \mathbf{I}(x_n)$
  $\mathbf{H_x} = -[P\,(x_1) \cdot \mathrm{ld}\,(P\,(x_1)) + P\,(x_2) \cdot \mathrm{ld}\,(P\,(x_2)) + ... + P\,(x_n) \cdot \mathrm{ld}\,(P\,(x_n)\,]$

Sätze von Shannon/Informationsgrenzen

- Es liegen zwei in Reihe geschaltete Kanäle K_1 und K_2 vor.
  Es gilt: $H(X; Z) = H(X; Y) - H((X; Y)/Z)$
  $\Rightarrow$ (*) $H(X; Z) \leq H(X; Y)$

K_1: erster Kanal; K_2: zweiter Kanal
X: erstes Eingangssignal; Z: zweites Ausgangssignal
Y: erstes und zweites Ausgangssignal

- Es gilt weiterhin: $H(Y; Z/X) = H(Z/X) - H(Z/XY)$
  und $H(X; Z) \leq H(Y; Z)$
- Shannon-Funktion (Entropie von Binärquellen)
  $H_b(p) = p \cdot \mathrm{ld}p - (1 - p) \cdot \mathrm{ld}(1 - p)$

- Diese Beziehung (*) ist als der
  Hauptsatz der Datenverarbeitung
  bekannt.
  Die im ersten Kanal als Äquivokation (H(X/Y)) verloren gegangene Information kann durch die Verarbeitung im zweiten Kanal nicht zurück gewonnen werden.
  Dieser Informationsteil ist unwiederbringlich verloren.

- Verloren gegangene Quellinformation kann nur dann rekonstruiert werden, wenn durch geeignete Codierungen Fehlerkorrekturen möglich werden.
- Durch die Quellcodierung wird die Redundanz minimiert. Über die Kanalcodierung werden Redundanzen systematisch zugeführt, um Fehlererkennungen und -korrekturen zu ermöglichen.

Elementare Kanaldiagramme

	Eingang / Ausgang	Erläuterungen
A.)		Der Kanal ist rauschfrei und verlustfrei.
B.)		Der Kanal ist verlustfrei, aber rauschbehaftet.
C.)		Der Kanal ist rauschfrei, aber verlustbehaftet.
D.)		Der Kanal ist rauschbehaftet und verlustbehaftet.

Maßeinheiten:
Informationsgehalt $\mathbf{I}(ai) = \log_r(P(a_i))$

- $r = 2$: $\mathbf{I}\,(a_i) = \log_r\,(P\,(a_i)) = \mathrm{ld}\,(P\,(a_i))$; $[\mathbf{I}\,(a_i)]$ = **bit**
- $r = e$: $\mathbf{I}\,(a_i) = \log_e\,(P\,(a_i)) = \ln\,(P\,(a_i))$; $[\mathbf{I}\,(a_i)]$ = **nat**
- $r = 10$: $\mathbf{I}\,(a_i) = \log_r\,(P\,(a_i)) = \lg\,(P\,(a_i))$; $[\mathbf{I}\,(a_i)]$ = **Hartley**

Wissensmanagement

Wissensbeschreibung in der Informationstechnik:

- Schlüsse von Repräsentationen zur Welt (bzw. von einer Repräsentation zu einer anderen Repräsentation*) erfolgen unter Beachtung unterschiedlicher Schlussweisen.

Wissensoperation	Status
Abduktion	A unvollständig
Analogie	A zu B unvollständig A* zu B* bekannt
Deduktion	A vollständig bekannt; B gesucht
Induktion	A im Regelteil unvollständig
Planen	A ist ressourcensensitiv
Probalistik	A unsicher; probabilistische Informationen nutzbar
Vagheit	A und B unpräzise

Schlussweisen (Inferenzformen)

Welt	Semantik (Wissen-A)	Kausalfolge	Semantik (Wissen-B)
(Schnittstelle)	SEMANTIK		SEMANTIK
Repräsentation	Wissen-A*	Logische Folge	Wissen B*

Merkmale

- Basis ist das **Agile Manifesto** (Agile Manifest: Grundsatzerklärung)
- Agile Methoden (agil: flink, schnell) beinhalten als Grundansatz die **schnelle Entwicklung** von Software.
- Realisiert wird dieses durch
  - **wiederholte Zyklen** (iterativ: schrittweise wiederholend) in
  - **kurzen Zeitabständen** (inkrementel: aufeinander aufbauend).
- **Ziel** ist die **frühzeitige Bereitstellung** von funktionsfähigen Teilen der Software für den Anwender (Kunden).
- Diese wird dann in der Regel in weiteren Zyklen vervollständigt und optimiert.
- **Vorteil**: Entwickler und Anwender können gemachte Erfahrungen und neue oder geänderte Anforderungen im neuen Zyklus berücksichtigen.
- Bei **konventionellen Verfahren** (z. B. Wasserfallmodel) erfolgt die Bearbeitung des folgenden Schritts erst nach vollständiger Abarbeitung des vorangegangenen Schritts (z. B. Softwaretest erst am Ende aller Entwicklungen).

Wertigkeiten im Agilen Manifest	
Höher	Niedriger
Individuen und Interaktionen	Prozesse und Werkzeuge
Funktionierende Software	Umfassende Dokumentation
Zusammenarbeit mit dem Kunden	Vertragsverhandlungen
Reagieren auf Veränderung	Befolgen eines Plans

Hinweis: Die Inhalte beider Themenblöcke sind vorhanden, werden aber nach höherer und niedrigerer Wichtigkeit kategorisiert und bearbeitet.

- Prinzipien sind z. B.
  - Funktionierende Software ist das wichtigste Fortschrittsmaß
  - Errichte Projekte rund um motivierte Individuen

Methodenbeispiele

- ActiF
- Adaptive Software Development (ASD)
- Agile Enterprise
- Agile Model Driven Development (AMDD)
- Behavior Driven Development (BDD)
- Crystal
- Design Driven Development (D3)
- Dynamic System Development Method (DSDM)
- Eclipse Way Process
- Evolutionary Process For Integrating Cots-Based-Systems (EPIC)
- Evolutionary Project Management & Product Development (EVO)
- Extreme Programming (XP)
- Feature Driven Development (FDD)
- Iconix
- Internet-Speed Development
- Lean Software Development
- Microsoft Solutions Framework For Agile Software Development
- Mobile-D
- Rapid Application Development (RAD)
- Rational Unified Process (RUP)
- Scrum
- Test Driven Development
- Agile Unified Process (AUP)
- Essential Unified Process (EssUP)
- Open Unified Process (OpenUP)

Funktionsumfang

Der Funktionsumfang der Methoden ist unterschiedlich:

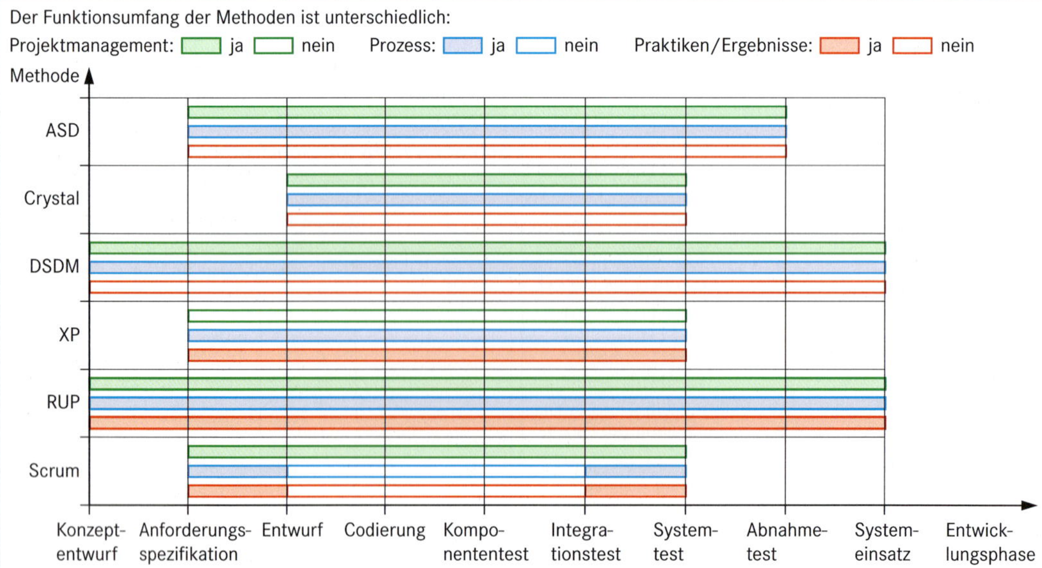

Merkmale

- Gehört zu den agilen Methoden
- Oberstes Ziel ist die Lieferbarkeit von funktionierender Software innerhalb kurzer Zeiträume
- Schreibt keine spezifische Entwicklungsmethode vor
- Anforderungen sind im Product Backlog (‚Auftragsbestand') festgehalten
- Entwicklung erfolgt in Schritten, z. B. (monatlichen) Sprints (Spurt, Kurzstreckenlauf)
- Teams sind selbstorganisierend mit begrenzter Anzahl an Teammitgliedern
- Verzichtet auf vollständige Durchplanung des Projekts am Anfang

Prozessdarstellung

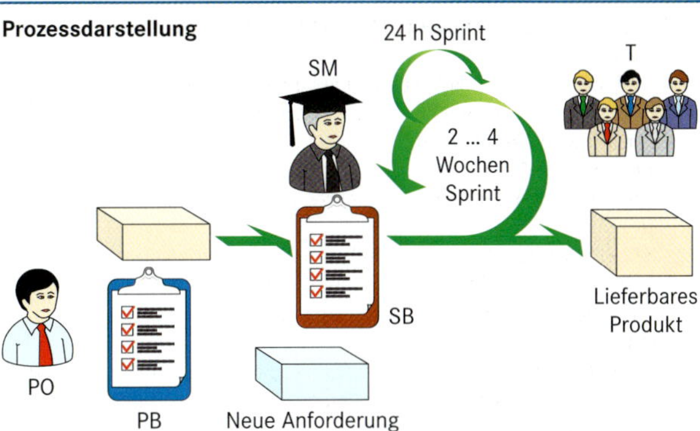

Rollen	Meetings	Artefakte
Product Owner (PO) - Definiert Produkt-Features (Merkmale, Eigenschaften, Funktionen) - Bestimmt Auslieferungsdatum und Inhalt - Ist verantwortlich für das finanzielle Ergebnis des Projekts (ROI) - Priorisiert Features abhängig vom Marktwert - Passt Features und Prioritäten nach Bedarf für jeden *Sprint* an - Akzeptiert oder weist Arbeitsergebnisse zurück	**Sprint Planning** - Alle Teammitglieder; max. 0,5 Tage - Input: Product Backlog, letzter Zuwachs; Geschäfts- und Technolgiebedingungen - Output: Sprint Ziel, Sprint Backlog - PO präsentiert Sprint – Ziel und höchstpriore Product Backlog-Einträge - T schätzt Einträge und Budget ab - T wählt Einträge entsprechend der Prioritäten für den anstehenden Sprint aus	**Product Backlog** (PB) - Liste aller gewünschten Projektarbeiten - Einträge sollen wertvoll für Benutzer des Produktes oder Kunden sein - Vom PO priorisiert - Zu Beginn jedes Sprints neu priorisiert **Sprint Goal** - Zusammenfassung in einem Satz - Gemeinsam akzeptiert vom T und PO
Scrum Master (SM) - Repräsentiert das Management gegenüber dem Projekt - Verantwortlich für die Einhaltung von Scrum-Werten und -Techniken - Beseitigt Hindernisse - Stellt sicher, dass das Team vollständig funktional und produktiv ist - Unterstützt die enge Zusammenarbeit zwischen allen Rollen und Funktionen - Schützt das Team vor äußeren Störungen	**Daily Scrum** - Täglich; max. 15 Minuten lang; stehend (Stand-up); alle sind eingeladen; reden dürfen nur Teammitglieder, der SM und der PO (falls gefragt) - Jeder Teilnehmer beantwortet die drei Fragen: – Was hast Du gestern getan? – Was wirst Du heute tun? – Was steht Dir im Weg? - Ist kein Statusbericht an den SM; dient nicht zur Problemlösung - Persönliche Verpflichtung in Anwesenheit der Kollegen!	**Sprint Backlog** (SB) - Liste von Aufgaben für jede ausgewählte Anforderung des Product Backlogs - Inhaber: T; Status und Abschätzungen täglich - Änderung nur durch T **Blocks List** - Behinderungen, ausstehende Entscheidungen - Inhaber: SM; täglich aktualisiert **Product Burndown Chart** - Visualisiert Gesamtfortschritt und Team-Geschwindigkeit; aktualisiert nach jedem Sprint
Team (T) - Typisch: 5 (+/– 2) Personen - Funktionsübergreifend (z. B. Qualitätssicherung, Programmierer) - Vollzeitmitglieder (Ausnahme z. B. Systemadministratoren) - Selbstorganisierend - Teammitglieder sind gleichberechtigt (z. B. keine Titel) - Mitgliedschaft kann sich nur zwischen Sprints verändern	**Sprint Review** - Vollständiges T präsentiert (formlos) was während des letzten Sprints erreicht wurde, z. B. Demonstration der neuen Features - Informell; keine Folien - Max. zwei Stunden zur Vorbereitung	**Sprint Burndown Chart** - Visualisiert Sprint-Fortschritt; dient zur Ermittlung von Problemen; täglich aktualisiert **Definition of Done** (DoD) - Liste zutreffender Qualitätskriterien für alle Anforderungen; gemeinsam akzeptiert durch T und PO
Stakeholder - Beobachten und empfehlen	**Sprint Retrospektive** - Regelmäßige Überprüfung: Was funktioniert gut und was nicht	**Product Increment** **Information Radiators**
Product **O**wner (PO): ‚Produkteigentümer' **S**crum **M**aster (SM): Scrum ‚Meister'	Stakeholder: Geschäftsinteressent Retrospektive: Rückblick	Backlog: Rückstand Burndown: ‚Abarbeitung'

Definition

Anforderungen sind **Bedingungen** oder **Fähigkeiten**, die ein System erfüllen oder besitzen muss, um einen Vertrag, eine Norm oder eine Spezifikation zu erfüllen. [1]

- Anforderungen werden gestellt u. a.
  - vom Auftraggeber
  - vom Projektleiter
  - von Projektmitarbeitern
  - von der Geschäftsführung
- Sie werden eingeteilt in
  - **Funktionale Anforderungen**,
  - **Qualitätsanforderungen** und
  - **Randbedingungen**.
- Qualitätsanforderungen und Randbedingungen werden auch als **nichtfunktionale Anforderungen** bezeichnet.

- Anforderungen
  - werden zu Beginn eines Projektes festgelegt (Anforderungsermittlung, -erhebung)
  - sind die Grundlage für die Projektkalkulation (Kosten, Termin, Laufzeit)
  - können sich im Projektverlauf durch innere oder äußere Einflüsse ändern
  - müssen vom Projektteam ganzheitlich verstanden werden
  - sind im Projektteam zu kommunizieren und abzustimmen
  - sind in geeigneter Form zu dokumentieren und zu verwalten
  - beinhalten auch die Vorgaben für den Test des Systems bzw. der Komponenten

[1] nach IEEE Std 610.12

Einteilung

Arten

Funktionale Anforderungen	Qualitätsanforderungen	Randbedingungen
Was soll das System können? - **Basisfunktionen** (muss sein, unverzichtbar) - **Zusatzfunktionen** (soll sein, unter Umständen verzichtbar) - **Wunschfunktionen** (kann sein, muss aber nicht) - Funktionsaufteilung (Hardware/Software) - Einsatzbedingungen (z. B. Umwelt) - Energiebedarf - ...	**Wie** sollen die Funktionen ausgelegt sein? - Zuverlässigkeit - Wartbarkeit - Wiederverwendbarkeit - Portierbarkeit - Leistung - Sicherheit - Flexibilität - Anwendbarkeit - ...	**Welche** Randbedingungen sind zu berücksichtigen? - Termin - Kosten - Mitarbeiter - Kundenintegration - Infrastruktur - Make or Buy - Marktentwicklung - Technologie-Entwicklung - ...

Tätigkeiten und Methoden

Ermitteln [2]	Prüfen/Abstimmen [3]	Verwalten [4]	Dokumentieren [5]
Anforderungsquellen festlegen, auswerten Anforderungen analysieren und klassifizieren	Gesammelte Anforderungen prüfen, abgleichen und gemeinsames Verständnis entwickeln	Anforderungen aktualisieren, kommunizieren und verteilen	Dokumentationsform, Dokumentenarten, -struktur, -archivierung festlegen
- Projektspezifikation - Vorgängerprodukte - Wettbewerbsanalyse - Erfahrungsträger - Machbarkeitsstudien - Kundenanforderungen - Modelle	- Vollständigkeit - Korrektheit - Konsistenz - Realisierbarkeit - Verifizierbarkeit - Testbarkeit - Notwendigkeit	- Eindeutige Identifikationen - Änderungseinträge - Quellenangabe - Stabilitätskriterien - Prioritätsfestlegung	- Prosaform - Tabellen - Use-Case Diagramme - Aktivitätsdiagramme - Zustandsdiagramme - Funktionsablaufpläne
Methoden - Befragungstechniken - Dokumentenauswertung - Brainstorming - Analogietechnik - Feldbeobachtung	**Methoden** - Stellungnahme - Inspektion - Checklisten - Prototypen - Walkthrough	**Methoden** - Einsatz von CARE-Werkzeugen (Computer Aided Requirement Engineering)	**Methoden** - Anwendung von Referenzstrukturen (z.B. IEEE 830) - Aufbau eines Glossars

[2] Anforderungsermittlung: Requirements elicitation
[3] Anforderungsprüfung (-abgleich): Requirements review
[4] Anforderungsverwaltung: Requirements management
[5] Anforderungsdokumentation: Requirements documentation

Kommunikationsnetze

7

268 OSI-Referenzmodell
269 Netze
270 LAN - Local Area Network
271 Ethernet-Bezeichnungen
272 Ethernet
274 Gigabit-Ethernet
275 10 Gigabit-Ethernet
276 Power over Ethernet
277 Netzwerkkomponenten
278 Server
278 ICMP
279 Blade-Server
280 Speichersysteme
281 FC - Fibre Channel
282 Kommunikationskabelanlagen
283 Strukturierte Verkabelung
284 Übertragungsstrecken-Klassifikation
285 Datenkabelaufbau
286 Nachrichtenkabel (Kupfer)
287 Prüfen installierter Verkabelung
288 Netzwerkverkabelung
289 Signalcodierung für Basisbandübertragung
290 Messen in Datennetzen
291 LWL - Lichtwellenleiter
292 Grobes Wellenlängenmultiplex
293 Wellenlängenmultiplex
294 Laserschutz in LWLKS
295 Optische Messtechnik
296 Drahtlose Netzwerk-Technologien
297 WLAN - Wireless Lan
298 WLAN-Einsatz
299 WLAN-Sicherheit
300 WLAN Begriffe
301 Antennensysteme
302 WiMAX - Worldwide Interoperability for Microwave Acces
303 WUSB - Wireless USB
304 ZigBee
305 Bluetooth
306 RFID - Radio Frequency Identification
307 RFC - Request for Comments
308 Netzzugriffsverfahren
309 Schichtenmodelle/Protokollfamilien
310 Protokolle
311 Netzprotokolle
313 Protokoll-Diameter
314 Netzkommunikation
315 HTTP - Hypertext Transfer Protocol
316 VLAN - Virtual LAN
317 VPN - Virtuelles privates Netzwerk
318 Internet Telefonie
319 Netzwerk-Adressen
320 Netzwerktools
320 Graphenbeschreibungen
321 Netze und Graphen
322 Netzbeschreibungen
322 Routing
324 ITU (CCITT) Empfehlungen
326 Anschluss analoger Telekommunikationsgeräte
327 ISDN-Dienste und -Anschlüsse
328 Anschluss von ISDN-Geräten
329 DSL-Techniken
330 ADSL-Anschlüsse
331 VDSL - Very High Speed Digital Subscribber Line
332 DECT - Digital European Cordless Telecommunication
333 ATM - Asynchronous Transfer Mode
334 SDH - Synchrone digitale Hierarchie
335 Frame Relay
336 FDDI - Fibre Distributed Data Interface
337 GSM - Global System for Mobile Communication
338 UMTS - Universal Mobile Telecommunications System
340 LTE - Long Term Evolution
341 Cloud Computing
342 WAP - Wireless Application Protocol
343 GPRS - General Packet Radio Service
344 Bündelfunk-TETRA
345 Richtfunk
346 Digital-TV
347 IPTV - Internet Protocol Television
348 Multimedianetze
349 Empfang über Satelliten
350 Satelliten für Direktempfang
351 GPS - Global Positioning System
352 Elektromagnetische Wellen
353 Frequenz- und Wellenlängenbereiche
354 Frequenzbänder
355 Dämpfung, Übertragung, Pegel
356 Kabel für Telekommunikations- und Informationsverarbeitung
357 Koaxiales HF-Kabel für Innenverlegung
358 AM - Amplitudenmodulation
358 FM - Frequenzmodulation
359 PCM - Pulscodemodulation
360 Digitale Modulationsverfahren
362 Zeitmultiplex, TDM
362 Frequenzmultiplex, FDM

Prinzip

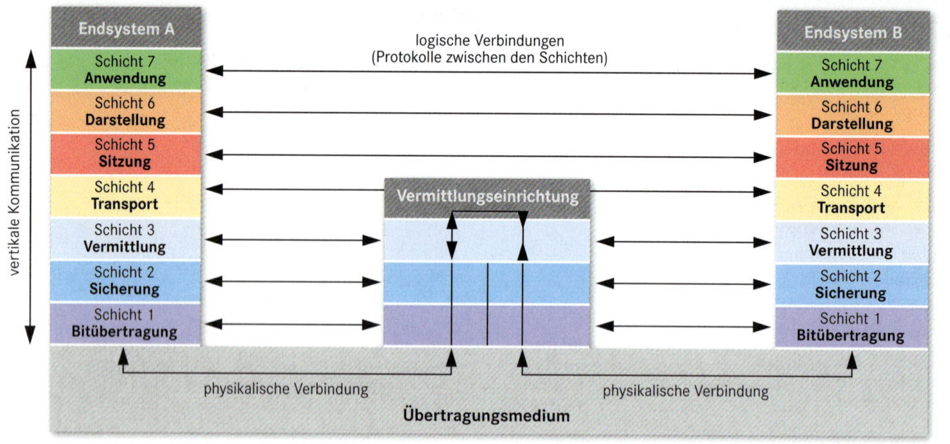

Erläuterungen

- OSI-7 Schichtenmodell ist Referenzmodell für herstellerunabhängige Kommunikationssysteme.
- Jede Schicht bietet der darüberliegenden Schicht definierte Dienste an und realisiert seinerseits die Dienste für die darunterliegende Schicht.
- Schichteneinteilung erfolgt mit definierten Schnittstellen.
- Einzelne Schichten können ohne große Gesamtsystemänderungen ausgetauscht und angepasst werden.
- Schichten 1...4 sind die transportorientierten Schichten (physikalischer Datentransport bis zu den physikalischen Endpunkten der Systeme).
- Schichten 5 ... 7 sind anwendungsorientierte Schichten (Handhabung der Schnittstellen).
- Übertragungsmedium (Verbindungskabel) ist nicht im OSI-Modell festgelegt.

Bitübertragungsschicht	
Schicht 1 **(Physical)**	- Zuständig für den physikalischen Transport der digitalen Informationen. - Spezifiziert Schnittstellen (mechanisch, elektrisch, optisch, Funk) und deren Übertragungseigenschaften und Funktionen zum Übertragungsmedium.
Datensicherungsschicht	
Schicht 2 **(Link)**	- Zuständig für den unverfälschten Datentransport über einen einzelnen Übermittlungsabschnitt. - Flusssteuerung überwacht die vollständige und richtige Übertragung der Daten von der darunter liegenden Schicht.
Vermittlungsschicht	
Schicht 3 **(Network)**	- Zuständig für die Überbrückung geografischer Entfernungen zwischen den Endsystemen durch Einbeziehung von Vermittlungssystemen. - Steuert die zeitlich und logisch getrennte Kommunikation zwischen verschiedenen Endsystemen.
Transportschicht	
Schicht 4 **(Transport)**	- Zuständig für die Erweiterung von Verbindungen zwischen Endsystemen zu Teilnehmerverbindungen. - Bildet die Verbindungsschicht zu den anwendungsorientierten Schichten.
Sitzungsschicht	
Schicht 5 **(Session)**	- Zuständig für den geordneten Ablauf des Dialoges zwischen den Endsystemen. - Festlegen und verwalten der Berechtigungsmarken für die Kommunikation.
Darstellungsschicht	
Schicht 6 **(Presentation)**	- Zuständig für den gemeinsamen Zeichensatz und die gemeinsame Syntax. - Umwandeln der lokalen Syntax in die für den Transport festgelegte Syntax und umgekehrt.
Anwendungsschicht	
Schicht 7 **(Application)**	- Zuständig für die Steuerung der untergeordneten Schichten. - Übernimmt die Anpassung an die jeweilige Anwendung. - Stellt dem Anwenderprogramm die Verbindung zur Außenwelt zur Verfügung.

Klassifikationen

- **Netztopologie**
  - Stern- oder Baumstruktur
  - Ring- oder Maschenstruktur
- **Übertragungstechnik**
  - analoge Netze
  - digitale Netze
- **Vermittlungstechnik**
  - Festgeschaltete Leitungen
  - Leitungsvermittelte Netze
  - Paketvermittelte Netze
- **Übertragungsweisen**
  - serielle
  - parallele
  - asynchrone
  - synchrone
- **Übertragungsmedium**
  - Kupferkabelnetze
  - Koaxialnetze
  - Funknetz
  - Glasfasernetze
- **Übertragungsbandbreite**
  - Schmalbandnetze
  - Breitbandnetze
- **Kommunikationsrichtung**
  - Einwegkommunikation (Simplex)
  - alternative Zweiwegkommunikation (Halbduplex)
  - simultane Zweiwegkommunikation (Vollduplex)
- **Diensteintegration**
  - Dienstspezifische Netze (z. B. Telexnetz)
  - Diensteintegrierende Netze (z. B. ISDN, IBDN)

Einteilungen

- **CAN** (**C**ontroller **A**rea **N**etwork bzw. **C**ar **A**rea **N**etwork, da Herkunft aus der Kfz-Industrie): Ausdehnung bis ca. 1 m. Insofern wird der PC als Netz verstanden.
- **PAN** (**P**ersonal **A**rea **N**etwork): Netze im Heimbereich
- **LAN** (**L**ocal **A**rea **N**etwork): Netze im Office- und Firmenbereich. Sie erstrecken sich über einen Verbindungsraum von wenigen Kilometern.
- **MAN** (**M**etropolitan **A**rea **N**etwork): Sie besitzen Ausdehnungen von bis zu 100 km.
- **WAN** (**W**ide **A**rea **N**etwork): Sie überspannen ganze Länder und ermöglichen weltweite Übertragungen.
- **Terminalnetze** (Terminals an Rechenanlagen)
- **Mehrpunktnetze** bzw. Netze mit Multiplex- oder Konzentrationsverbindungen

Gebräuchliche LANs

- **Sternförmige Vernetzung** zur Verbindung von
  - Arbeitsplatz-PCs mit Switch über Twisted Pair-Kupferkabel,
  - Switch mit Server über Twisted Pair-Kupferkabel oder Lichtwellenleiter und
  - Switch untereinander zur Verbindung von Netzwerksegmenten mit Lichtwellenleiter.
- **Ringförmige Vernetzung** zur Verbindung von Rechnersystemen mit ausfallsicherer und deterministischer Datenübertragung

Netzstrukturen

Stern

- Punkt-zu-Punkt-Verbindung der DEEn zur Zentrale
- Daten werden über Zentrale weitergeleitet

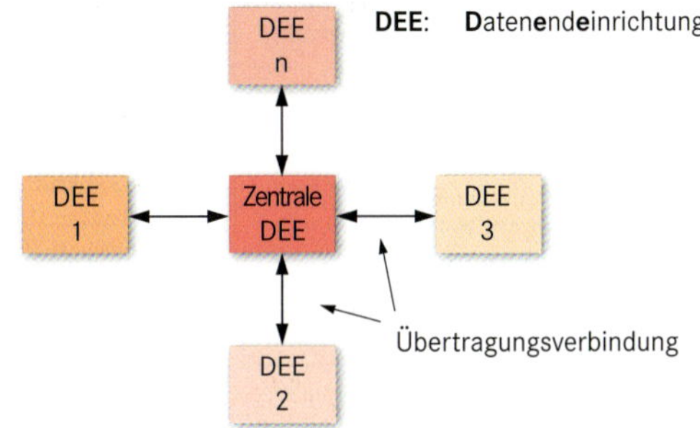

Bus

- DEEn elektrisch parallel an ein Kabel angeschlossen
- Daten werden direkt zwischen den jeweiligen DEEn ausgetauscht

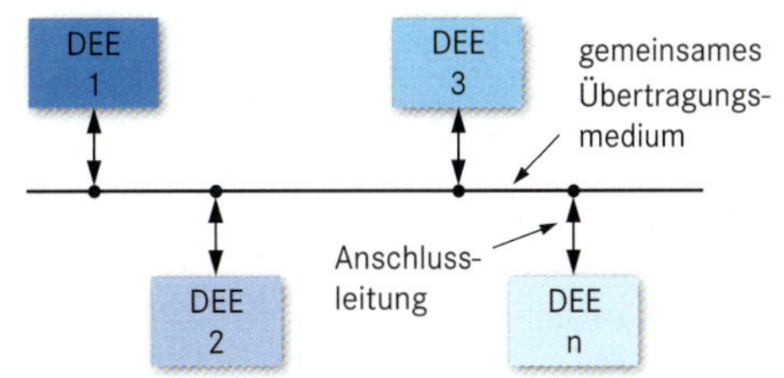

Ring

- Ringförmige Verbindung der Stationen untereinander
- Daten werden von DEE zu DEE weitergeleitet

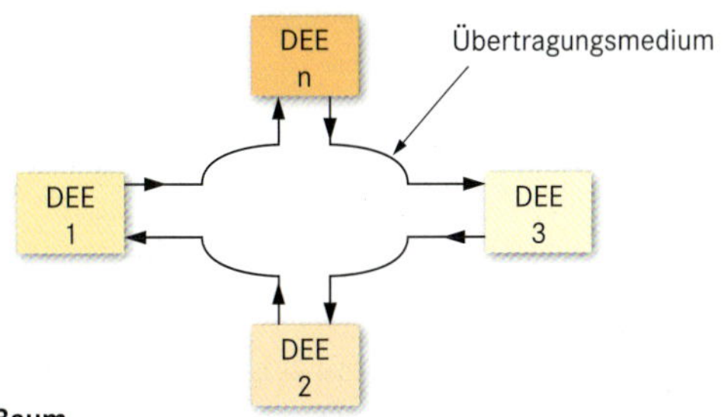

Baum

- Struktur ähnlich dem Bus, der um Abzweige erweitert wurde
- Daten werden direkt zwischen den jeweiligen Datenendeinrichtungen ausgetauscht

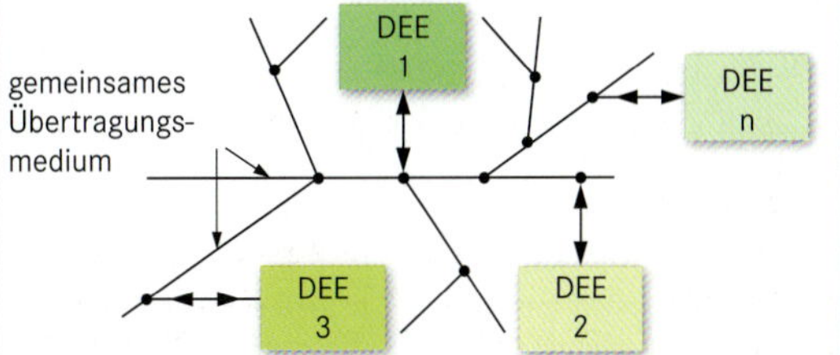

Lokale Netze	Möglichkeiten	Standard
■ Sind räumlich abgegrenzt ■ Werden von einem Betreiber verwaltet und organisiert ■ Ermöglichen einen direkten Datenaustausch zwischen den Teilnehmern des Netzes ■ Übertragungsmedien sind Kupferleitungen, Lichtwellenleiter oder Funkwellen. Sie bieten unterschiedliche Übertragungsgeschwindigkeiten und Reichweiten	■ Zentrale Datenhaltung auf großen Massenspeichern ■ Elektronischer Datenaustausch zwischen den einzelnen Stationen untereinander bzw. mit der Zentralstation ■ Gemeinsame Nutzung von Programmen, Geräten und Kommunikationsschnittstellen zu externen Datenübertragungseinrichtungen	■ Standardisiert nach IEEE 802 (Institute of Electrical and Electronic Engineers) in verschiedenen Normenreihen (z. B. IEEE 802.3, IEEE 802.16) ■ Unterschieden anhand der Zugriffsverfahren auf das Übertragungsmedium (z. B. CSMA/CD: Carriers Sense Multiple Access/Collision Detection: Trägerkennung mit Mehrfachzugriff/Kollisionserkennung)

IEEE 802.3

- Bei lokalen, leitungsgebundenen Netzen ist Ethernet die bevorzugt eingesetzte Technologie.
- Gründe dafür sind u.a.
  - stabile und verfügbare Standards,
  - große Produktvielfalt,
  - hohe Konfigurationsflexibilität,
  - große Marktakzeptanz und
  - niedrige Produktkosten.

OSI-Referenzmodell[1]		**IEEE-Standard**		
Schicht	Funktion	Schicht	Funktion	Standardisiert durch
3	Vermittlungsschicht (Network-Layer) (Packet)	**3 (HILI)**	Netzwerkverwaltung Netz-/Netz-Verwaltung (Higher-Layer-Interface)	IEEE 802.1
2	Sicherungsschicht (Data-Link-Layer) (Frame)	**2b (LLC)**	Logische Verknüpfungssteuerung (Logical-Link-Control)	IEEE 802.2
		2a (MAC)	Mediumszugriff-Steuerung (Medium-Access-Control)	IEEE 802.3
1	Bitübertragungsschicht (Bitstrom) (Physical-Layer)	**1 (Phy)**	Elektronischer und mechanischer Aufbau (Physical-Layer)	Ethernet siehe 802.3 Varianten

IEEE 802.3 Varianten

10 Mb/s	1000 Mb/s (1 Gb/s)	40 Gb/s
10BASE[1] -5, -2, -T, -F, -FL, -FB, -FP	100BASE[1] -X, -SX, -LX, -CX, -T, -KX	40GBASE[1] -KR4, -CR4, -SR4, -LR4, -FR
100 Mb/s	**10 Gb/s**	**100 Gb/s**
1000BASE[1] -T2, -T4, -TX, -FX, -SX	10GBASE[1] -SR, -LR, -ER, -SW, -LW, -EW, -LX4, -CX4, -T, -LRM, -KX4, -KR	100GBASE[1] -CR10, -SR10, -LR4, -ER4

[1] Erläuterungen siehe unter Ethernet-Bezeichnungen

IEEE 802.xxx

IEEE 802.5	IEEE 802.11	IEEE 802.15	IEEE 802.16
Token Ring	Wireless LAN	Wireless Personal Area Network (WPAN)	Broadband Wireless Access

IEEE 802.17	IEEE 802.18	IEEE 802.19	IEEE 802.20	IEEE 802.21	IEEE 802.22	IEEE 802.23
Resilient Packet Ring Access Protocol	LAN/MAN Radio Regulatory	Wireless Coexistance Technical Advisory Group	Mobile Broadband Wireless Access	Media Independent Handover Services	Wireless Regional Networks (WRANs)	Emergency Services

[1] OSI; Open System Interconnection: Referenzmodell für allgemeine herstellerunabhängige Kommunikationsstruktur 1983 von der ISO (International Standard Organisation) festgelegt.

Merkmale

- Die Standards beinhalten eine Reihe von Festlegungen für z. B.
  - Datenübertragungsraten (z. B. 100 Mbit/s),
  - logische Schnittstellen und Funktionen,
  - Hardwarekomponenten (z. B. Steckverbindungen, Kupferleitungen, Lichtwellenleiter)
  - Signalcodierung (Basisband, keine Modulation)
- Die Varianten werden durch die Kapitelangabe aus den Standarddokumenten gekennzeichnet (z. B. IEEE 802.3 Clause 40).
- Die Bezeichnungsversion mit Buchstaben (z. B. IEEE 802.3ab) wurde abgeschafft.
- Das **CSMA/CD**-Verfahren (**C**arrier **S**ense **M**ultiple **A**ccess/**C**ollision **D**etection: Trägererkennung mit Mehrfachzugriff/Kollisionserkennung) ist lediglich bei Übertragungsmedien, die von mehreren Teilnehmern genutzt werden, erforderlich (shared medium).
- Aktuelle Realisierungen von Ethernet verwenden Punkt-zu-Punkt Verbindungen im Vollduplex zwischen den Teilnehmern (somit kein CSMA/CD erforderlich).
- Die Originalversionen der Ethernet Standards sind unter http://standards.ieee.org/about/get/802/802.3.html kostenlos abrufbar.
- Das nachfolgend gezeigte Schema wird überwiegend zur Einteilung bzw. Unterscheidung verwendet.

Bezeichnungsschema

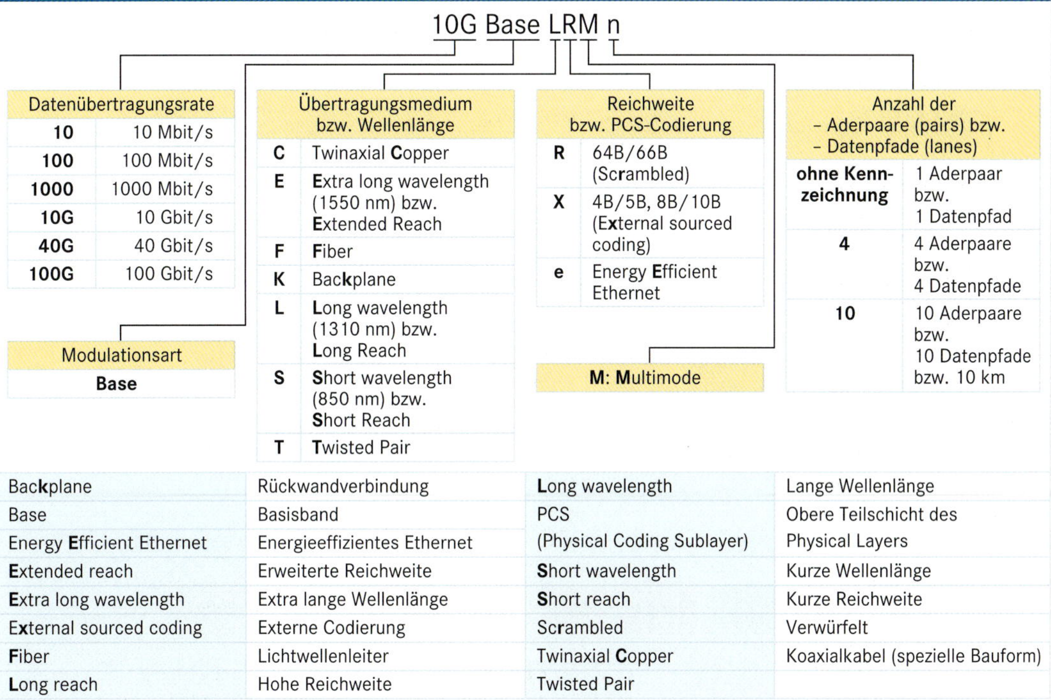

Bac**k**plane	Rückwandverbindung	**L**ong wavelength	Lange Wellenlänge
Base	Basisband	PCS (Physical Coding Sublayer)	Obere Teilschicht des Physical Layers
Energy **E**fficient Ethernet	Energieeffizientes Ethernet	**S**hort wavelength	Kurze Wellenlänge
Extended reach	Erweiterte Reichweite	**S**hort reach	Kurze Reichweite
Extra long wavelength	Extra lange Wellenlänge	Sc**r**ambled	Verwürfelt
E**x**ternal sourced coding	Externe Codierung	Twinaxial **C**opper	Koaxialkabel (spezielle Bauform)
Fiber	Lichtwellenleiter	**T**wisted Pair	
Long reach	Hohe Reichweite		

Beispiele

Bezeichnung	Merkmale	Bezeichnung	Merkmale
10Base-T IEEE 802.3i (Clause 14)	10 Mbit/s; 2 Aderpaare (twisted pair; Cat. 3 oder höher); Vollduplex; max. 100 m	1000Base-SX IEEE 802.3z (Clause 38)	1000 Mbit/s; 2 LWL Multimode; Vollduplex; 1 Wellenlänge (850 nm); 200 m bis 500 m
10Base-FL IEEE 802.3j (Clause 15)	10 Mbit/s; 2 LWL Multimode; 1 Wellenlänge (850 nm); max. 2000 m	1000Base-T IEEE 802.3ab (Clause 40)	1000 Mbit/s; 4 Aderpaare (twisted pair; Cat. 6_a); Vollduplex; je Aderpaar 250 Mbit/s pro Richtung; 100 m
100Base-TX IEEE 802.3u (Clause 24)	100 Mbit/s; 2 Aderpaare (twisted pair; Cat. 5 oder höher); Vollduplex; max. 100 m	10GBase-T IEEE 802.3an (Clause 55)	10 Gbit/s; 4 Aderpaare (twisted pair); Vollduplex; je Aderpaar 2,5 Gbit/s pro Richtung; 100 m
100Base-FX IEEE 802.3u (Clause 24)	100 Mbit/s; 2 LWL Multimode; 1 Wellenlänge; 1310 nm; bei Vollduplex max. 400 m	40GBase-LR4 IEEE 802.3ba (Clause 87)	40 Gbit/s; 2 LWL Singlemode; Vollduplex; 4 Wellenlängen (WDM) je 10 Gbit/s pro Richtung; 10 km
1000Base-CX IEEE 802.3z (Clause 39)	1000 Mbit/s; 2 Adern, gemeinsamer Rückleiter (Twinaxialkabel); Vollduplex; max. 25 m	100GBase-ER4 IEEE 802.3ba (Clause 88)	100 Gbit/s; 2 LWL Singlemode; Vollduplex; 4 Wellenlängen (WDM) je 25 Gbit/s pro Richtung; 40 km

Merkmale

- Ist die Bezeichnung für eine **serielle** Datenübertragung zwischen mehreren Teilnehmern, die an einem gemeinsam genutzten Medium über Netzwerkkarten angeschlossen sind.
- Die Datenübertragung erfolgt dabei in **Rahmenformat** (Frames).
- Die Zuteilung der Sendeerlaubnis wird durch **CSMA/CD** (**C**arrier **S**ense **M**ultiple **A**ccess/**C**ollision **D**etection: Trägererkennung mit Mehrfachzugriff/Kollisionserkennung) gesteuert.
- Ist verfügbar in verschiedenen Übertragungsgeschwindigkeiten (10 Mbit/s, 100 Mbit/s, 1000 Mbit/s und 10 Gbit/s).
- 10 Mbit Ethernet überträgt die Daten auf dem physikalischen Medium im **Basisband** als Manchester-Kodierung.
- Die existierenden **Rahmenformate** stammen aus der Entwicklungsgeschichte und werden bezeichnet als
  - IEEE 802.3 (Ethernet 802.2),
  - IEEE 802.3 SNAP (Ethernet SNAP),
  - Ethernet Version II (Ethernet II),
  - IEEE 802.3 RAWS (Novell Proprietary).
- Jeder zu übertragende Rahmen beginnt mit einer **Präambel** (Rahmeneinleitung) und dient zur Synchronisation der angeschlossenen asynchron betriebenen Netzwerkbaugruppen.

Rahmenformate

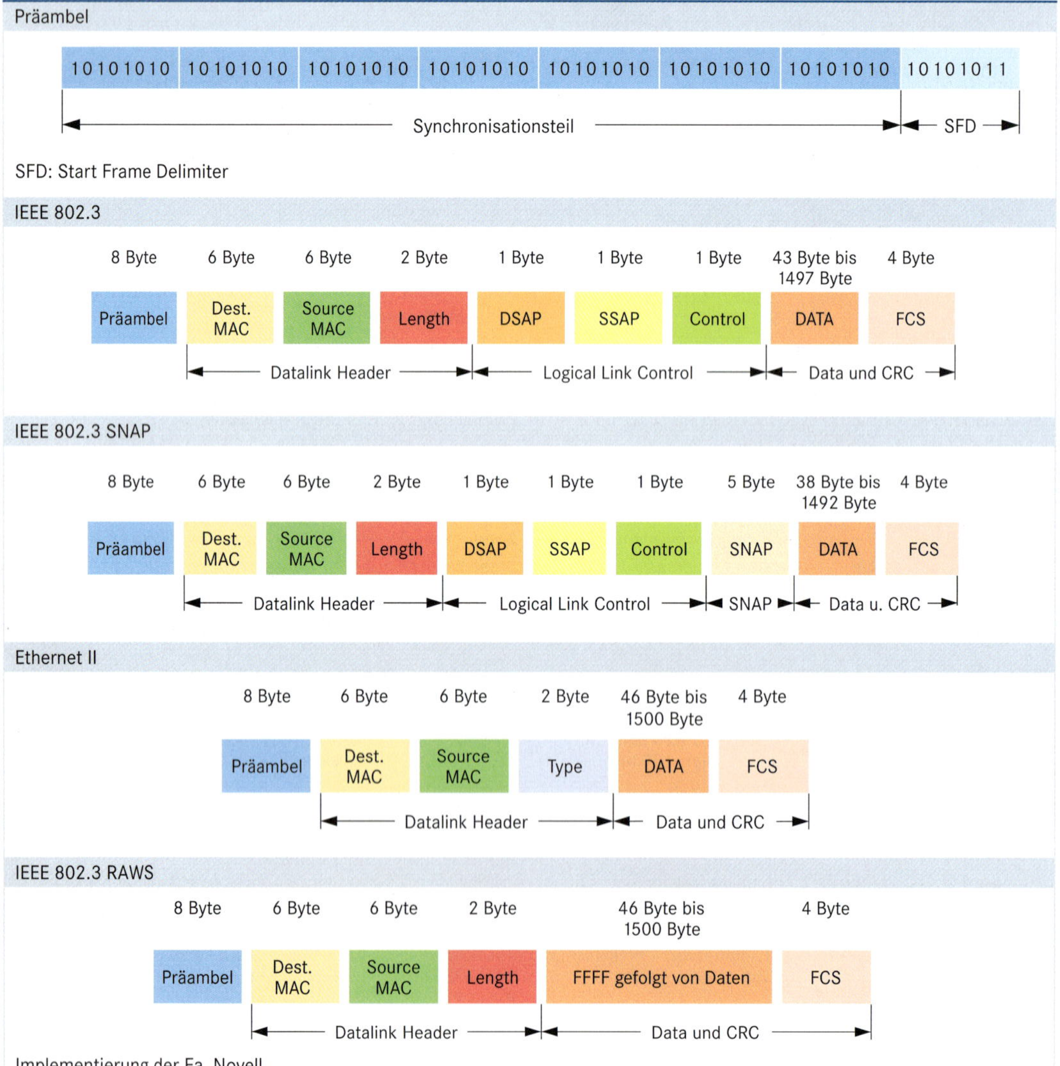

Rahmendefinitionen

- **Destination MAC** (**D**estination **M**edium **A**ccess **C**ontrol: Zieladresse)
  - definiert die Zieladresse (Netzwerkkarte), zu der die Daten gesendet werden sollen
  - beinhaltet in den ersten drei Byte die Kennzeichnung des **Kartenherstellers**, wobei niederwertigste Bit des ersten Bytes nachfolgendes definiert:
    Bit = 0 bedeutet Adresse für **individuelle** Zielstation,
    Bit = 1 bedeutet Adresse für **logische Gruppe** von Zielstationen und das **zweite Bit** zur Unterscheidung zwischen lokaler und globaler Adresse verwendet wird
  - definiert mit den folgenden drei Byte den Typ der Netzwerkkarte
  - Sonderfall: alle 48 Bit = 1 bedeutet **Broadcasting** (Rundsendung) an alle Stationen

- **Source MAC** (**S**ource **M**edium **A**ccess **C**ontrol: Absender-Adresse)
  - beinhaltet die Absender-Adresse mit drei Byte als feste Kennung für den Kartenhersteller

- **Length** (Länge)
  - dient zur Angabe der Anzahl von Byte im Logical Link Control (LLC) Feld

  Hinweis: Ethernetrahmen dürfen nicht kürzer als 64 Byte bzw. länger als 1518 Byte sein.

- **DSAP** (**D**estination **S**ervice **A**ccess **P**oint: Dienstzugangspunkt)
  - entspricht einem Zeiger auf dem Pufferspeicher im empfangenden Netzwerkadapter zur Ablage der Daten

- **SSAP** (**S**ource **S**ervice **A**ccess **P**oint: Dienstausgangspunkt)
  - definiert die Quelle des sendenden Prozesses

- **Control Byte** (Kontroll-Byte)
  - spezifiziert den Type des LCC-Rahmens

- **Data** (Daten)
  - beinhaltet die Daten (Header und Daten) der höher liegenden Protokollschichten von z. B. TCP/IP oder IPX/SPX

- **FCS** (**F**rame **C**heck **S**equence: Rahmenprüfbits)
  - dient zur Sicherung der übertragenen Bits gegen Verfälschung mittels **CRC-Verfahren** (**C**yclic **R**edundancy **C**heck)
  - verwendet Generatorplynom $G(x) = x^{32} + x^{26} + x^{23} + x^{22} + x^{16} + x^{12} + x^{11} + x^{10} + x^{8} + x^{7} + x^{5} + x^{4} + x^{2} + x + 1$

- **SNAP**
  - beinhaltet auf den ersten drei Byte die Herstellerkennung (wie in der Absender-Adresse), die normalerweise auf null gesetzt ist
  - die folgenden zwei Byte beinhalten eine Kennung zum Ethertyp, um die Anwärtskompatibilität zu Ethernet II zu erhalten

- **Type** (Typenfeld)
  - kennzeichnet den Typ des darüber liegenden Protokolls
  - Werte sind grundsätzlich größer als 05DC (Hex) bzw. 1500 Dez. zur Kennzeichnung, ob der nachfolgende Rahmen ein Ethernet II-Rahmen oder z. B. ein 802.3 Rahmen ist

- **Novell-Daten-Rahmen**
  - beginnen in den Anwender-Daten mit einem IPX-Protokollkopf
  - diese beinhalten in den ersten beiden Bytes optional eine Prüfsumme (FFFF)
  - zeigen damit an, dass die Prüfsumme nicht verwendet wird
  - damit unterscheiden die Netzwerkkarten zwischen Novell-Rahmen und anderen Rahmen

Ethernet Parameter

Parameter	Bezeichnung Formel	Einheit	100Base-TX	100Base-FX	1000Base-SX
Übertragungsrate	u	bit/s	100 000 000		1 000 000 000
Lichtgeschwindigkeit	c	m/s	299 792 458		
Ausbreitungskoeffizient	n		0,75	0,68	0,68
Maximale Segmentlänge	l_{max}	m	100	450	550
Maximale Signallaufzeit	$t_{max} = l_{max}/n \cdot c$	µs	0,445	2,207	2,698
Dauer eines Bits	$t_{bit} = 1/u$	µs/bit	0,01	0,01	0,001
Länge eines Bits	$l_{bit} = n \cdot c \cdot t_{bit}$	m/bit	2,248	2,038	0,203
Anzahl Bits pro Segment	$b_{Segment} = l_{max}/l_{bit}$		44,48	220,80	2709,35
Dauer von 64 Bytes	$t_{64Byte} = t_{bit} \cdot 8 \cdot 64$	µs	5,12	5,12	0,51

Grundlagen

- Gigabit Ethernet ist eine Erweiterung des 10 Mbit/ 100 Mbit-Ethernet Standards auf eine Übertragungsrate von 1 Gbit/s
- IEEE-Spezifikation beinhaltet die unteren beiden Schichten des OSI-Modells
- Übertragungsmedien sind Lichtwellenleiter und Kupferkabel
- Arbeitet bei **Kupferkabel** im Halb- und im Vollduplexbetrieb
- Rahmenformat wie bei 10 Mbit/100 Mbit-Ethernet (64 Byte Rahmengröße automatisch auf 512 Byte verlängert)
- **Cat. 5 (Category)** Übertragung verwendet 4B/5B Leitungscodierung
- Verwendet 4 Aderpaare [pro Aderpaar 125 Mbit Symbolrate, 5-stufige Pegelcodierung (PAM 5) mit 2 Bit pro Symbol]
- Bei **Einsatz auf Cat. 5 (Category)** ist die Leistungsfähigkeit der Verkabelung zu berücksichtigen:
  - **FEXT** (**F**ar-**E**nd Cross **T**alk: Fernübersprechen)
  - **Return Loss** (Rücklaufverluste)
  - **NEXT** (**N**ear-**E**nd Cross **T**alk: Nahübersprechen)
  - **Attenuation** (Dämpfung)
- **Delay** (Laufzeitverzögerung)
- Anwendungsbereiche sind z. B.:
  - Kopplung von Switches
  - Verbindung von Switch mit Servern

Übertragungsmedien

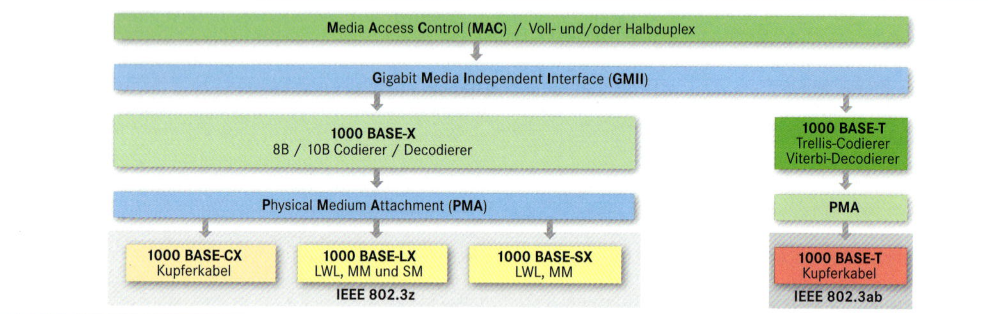

Medien-Spezifikationen

Transceiver-Typ	Medien-Typ	Bandbreiten-Längen-Produkt in MHz x km	Zulässige Länge in m	Typische Anwendung
1000BASE-CX	Kupferkabel, 150 Ω, symmetrisch, geschirmt	–	25	Verkabelungsschrank
1000BASE-LX (1300 nm)	LWL MM 62,5 µm LWL MM 50 µm LWL MM 50 µm LWL SM 10 µm	500 400 500 –	2 bis 550 2 bis 550 2 bis 550 2 bis 5000	Horizontale Verkabelung Kurzes Backbone Kurzes Backbone Gelände Backbone
1000BASE-SX (850 nm)	LWL MM 62,5 µm LWL MM 62,5 µm LWL MM 50 µm LWL MM 50 µm	160 200 400 500	2 bis 220 2 bis 274 2 bis 500 2 bis 550	Horizontale Verkabelung Horizontale Verkabelung Kurzes Backbone Kurzes Backbone
1000BASE-T	Cat. 5 Kupferkabel	–	100	Horizontale Verkabelung

MM: **M**ulti-**M**ode Faser **SM**: **S**ingle-**M**ode Faser (Mono-Mode)

Anwendung

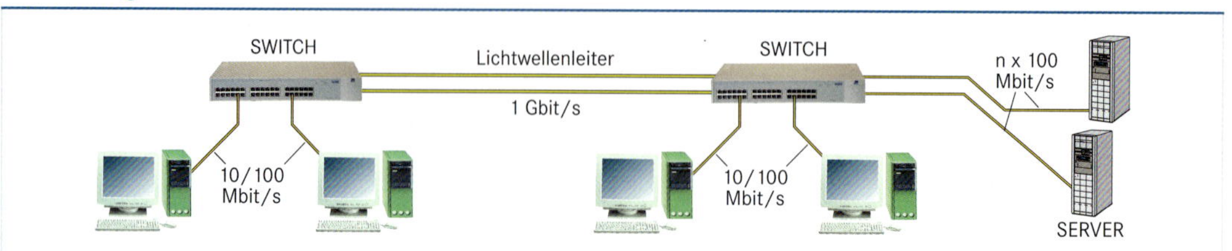

Merkmale

- 10 Gbit Ethernet ist die Erweiterung der Ethernet-Technologie auf eine Übertragungsrate von 10 Gbit/s
- Standard ist spezifiziert in IEEE 802.3 ae und 802.3 an
- Arbeitet nur im **Vollduplex-Betrieb** als **Punkt-zu-Punkt Verbindung** (ohne Kollisionen)
- Verwendet als **Übertragungsmedium**
  - **LWL** (Single- und Multi-Mode mit Wellenlängen 850 nm, 1310 nm, 1550 nm).
  - **Kupferkabel** (4 Paare, Twisted Pair, 55 m über Klasse E/CAT. 6 und 100 m über Klasse F/CAT. 7
- Kupferkabel **Übertragungsparameter** (pro Aderpaar):
  - 2,5 Gbit/s bei 833 Mega-Symbolen/s (1,25 ns Symboldauer)
  - 3 bit Nutzdaten pro Symbol
- Verwendet **16-stufige Pulsamplitudenmodulation** als Leitungscodierung
- Amplitudenwerte liegen zwischen +1V und -1V
- Amplitudenabstand zwischen zwei benachbarten Signalen beträgt 0,13 V
- **Bitfehlerrate** spezifiziert auf max. 1 x 10^{-12} pro Sekunde über alle unterstützten Klassen und Entfernungen

Architektur

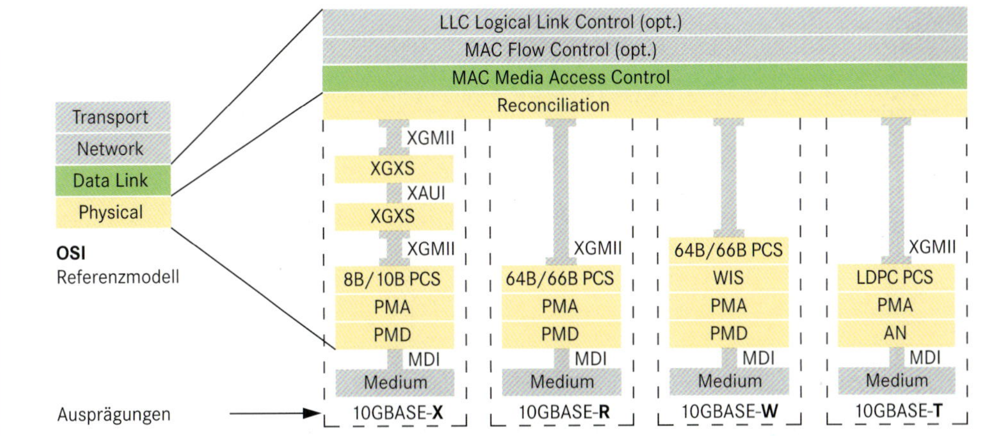

AN: Auto Negotiation
LDPC: Low Density Parity Check
MDI: Medium Dependet Interface
PMA: Physical Medium Attached
PCS: Physical Coding Sublayer
PMD: Physical Medium Dependant
WIS: WAN Interface Sublayer
XAUI: X Attachment Unit Interface
XGMII: X Medium Independant Interface
XGXS: XGMII EXtender Sublayer

X entspricht der römischen 10

Bezeichnungsschema

Bezeichnung	Wellenlänge in nm	Codierung	Typ	Multi-Mode Fibre	Single-Mode Fibre
10GBASE-S R	850	64b/66b	seriell	65 (300) m	nicht unterstützt
10GBASE-S W	850	64b/66b	SONET/SDH	65 (300) m	nicht unterstützt
10GBASE-L X 4	1310	8b/10b	WWDM	300 m	10 km
10GBASE-L R	1310	64b/66b	seriell	nicht unterstützt	10 km
10GBASE-L W	1310	64b/66b	SONET/SDH	nicht unterstützt	10 km
10GBASE-E R	1550	64b/66b	seriell	nicht unterstützt	40 km
10GBASE-E E	1550	64b/66b	SONET/SDH	nicht unterstützt	40 km
10GBASE-T	–	64b/65b	–	–	–

Wellenlängen-Multiplex: 1 → serielle Übertragung;
n → Anzahl der Wellenlängen (4 für WWDM)

Codierung: X → LAN 8B/10B; R → LAN 64B/66B Blockcodierung; W → WAN

Wellenlänge: S(hort) → 850 nm; L(ong) → 1310 nm; E(xtra long) → 1550 nm

T: Kupferkabel (4 Paare, Twisted Pair)

Merkmale

- Power over Ethernet (Leistung über Ethernet)
  - ist standardisiert nach IEEE 802.3at (Poe+; ersetzt IEEE 802.3af)
  - versorgt Ethernet-Geräte (z. B. IP-Telefon) gleichzeitig mit elektrischer Energie und Daten über das Kupfer-Netzwerkkabel
  - unterscheidet Endgeräte nach Typ 1 und Typ 2
- Leistung für Endgeräte (PD: Powered Device): Typ 1 max. 13 W, Typ 2 max. 25,5 W
- Die Energie für alle versorgten Geräte wird von dem **PSE** (**P**ower **S**ourcing **E**quipment) bis zu einer maximalen Leistung pro Anschluss bereitgestellt.
- Netzanschlüsse für Endgeräte entfallen.

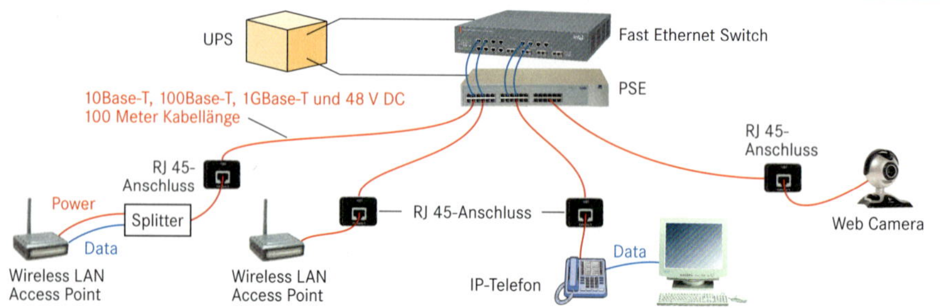

Übertragungsprinzip

Energie und Daten über getrennte Adern

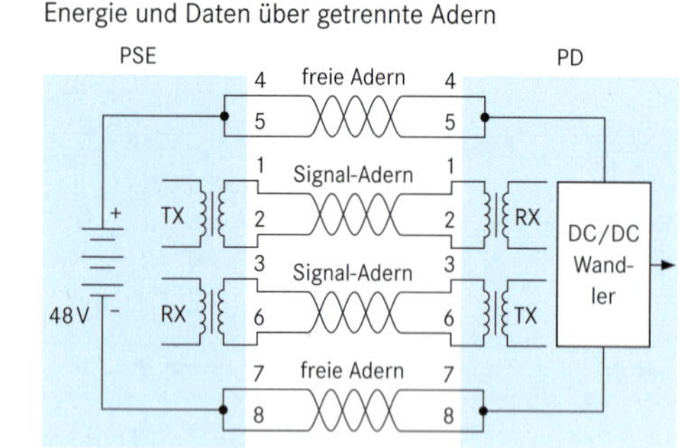

Energie und Daten über gemeinsame Adern

PSE
PD
freie Adern
Signal-Adern
Signal-Adern
freie Adern
+/- TX
+/- RX
RX
TX
48 V
DC/DC Wandler

PSE: **P**ower **S**ourcing **E**quipment – Leistungsquelle

PD: **P**owered **D**evice – Versorgtes Gerät

Geräteklassen

Klasse	Erkennungsstrom in mA	PD-Leistung (maximal in W)	PSE-Leistung (minimal in W)	Klassenbeschreibung
0	0 bis 4	12,95	15,4	Unbekannt, PD entspricht nicht der Klassifikation
1	9 bis 12	3,84	4,0	PD mit niedriger Leistung
2	17 bis 20	6,49	7,0	PD mit mittlerer Leistung
3	26 bis 30	12,95	15,4	PD mit hoher Leistung
4	36 bis 44	25,5	30,0	Typ 2 Geräte

Verbindungsaufbau PSE-PD

PSE Spannungsbereich in V	PD Spannungsbereich in V	Zustand	Funktion
0 bis 2,8	–	Ruhe	PSE liefert Leistung
2,8 bis 10	2,7 bis 10,1	Erkennung	PSE testet PD auf 25 kΩ Widerstand
15,5 bis 20,5	14,5 bis 20,5	Klassifikation	PSE erhöht Spannung und misst PD Stromaufnahme
30 bis 44	30 bis 42	Start	PSE schaltet Leistung
44 bis 57	36 bis 57	Dauerversorgung	PSE schaltet auf Dauerversorgung

Repeater

- Ein Repeater verbindet verschiedene Netze mit vollkommen gleichartigen Zugriffsweisen und Protokollen.
- Er reduziert Signalverzerrungen und -dämpfungen.
- Es wird auch als **Aufholverstärker** bezeichnet.
- Moderne Repeater verbinden auch unterschiedliche Medien.

Hub (engl. Nabe)

- Im engeren Sinne ein Sternkoppler bzw. Sternverteiler (auch Kabelkonzentrator).
- Ein Hub ist quasi die Verbindung eines Konzentrators mit einem Repeater. Es sind Multiport-Repeater.
- Hubs haben die Repeater in vielen Bereichen verdrängt.

Bridge (engl. Brücke)

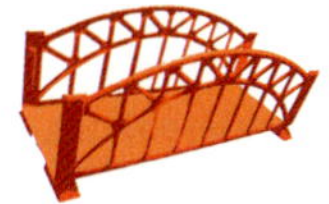

- Verbindet Netze auf den Teilschichten MAC oder LLC der OSI-Schicht 2 (→ MAC-Level-Bridge)
- Die Netze können eine unterschiedliche Topologie besitzen.

Router (engl. „ruter"; us-engl. „rauter")

- Analysiert selbstständig das Netz (Transparenz).
- Sucht geeignete Wege im Netz auf der Basis routbarer Protokolle. Erstellt Wegetabellen (Routingtabellen).
- Vermittelt zielgerichtet Datenpakete.
- **Bridging Router – BRouter**: Router mit integrierter Bridge.

Gateway

- Es realisiert einen umfassenden Netzübergang und die komplette Anpassung von an sich getrennten Netzwelten.
- Es nimmt folgende Über- und Umsetzungen zwischen den verschiedenen Netzen vor:
  1. Adressübersetzungen
  2. Übersetzung der Datenübertragungsgeschwindigkeiten
  3. Protokollanpassungen (Konvertierung bzw. Umschreibung)
- Es ist eine intelligente Schnittstelle, die besonders Funktionsaufgaben der Schichten 3 bis 7 übernehmen kann.
- Es ermöglicht hohe Sicherheitsstandards.

Switch (engl. Schalter)

- Ein Switch ist quasi eine Bridge mit mehreren Zugängen für Rechner, aber auch für Netze.
- Ein paralleler Datenaustausch zwischen den verschiedenen Switch-Zugängen ist möglich.
- Ein Switch ermöglicht eine Punkt-zu-Punkt-Geräte-Verbindung.
  Ein Switch ist oftmals ein Hardware-Produkt.
- Typen
  - Layer 1-Switches: Es erfolgt keine Adressauswahl (Hub-System)
  - Layer 2-Switches/Layer 2/3-Switches: Die Zieladressen der Datenpakete werden über Adresstabellen automatisch ermittelt. Die Adressinformation werden den im Datenpaket festgehaltenen MAC-Adressen entnommen
  - Layer 3-Switches arbeiten auf der Schicht 3 – es verarbeitet (auch) IP-Adressen
- **Leistungsdaten:**
  - **Durchleitrate** (Forwarding Rate): Pakete/s
  - **Filterrate** (Filter Rate): Bearbeitete Paketanzahl/s
  - **Adressanzahl:** Verwaltete (MAC-)Adressen
  - **Backplanedurchsatz:** Transportkapazität auf den Vermittlungsbussen
- **Funktionsprinzipien:**
  - **Store-and-Forward:** Ein Datenpaket wird komplett über ein Port eingelesen; erst dann wird die Adresse verarbeitet. Ein sehr sicheres Verfahren. Es erfolgt eine vollständige Fehlerüberprüfung. Fehlerhafte Pakete werden selbstständig verworfen.
  - **Cut-Through:** Die Auswertung der Adresse erfolgt bereits nach dem Einlesen des Steuerkopfs der Datenpakete. Parallel dazu werden die Nutzinformationen aufgenommen. So wird die Latenzzeit reduziert. Datenkollisionen sind möglich.
  - **Fragment-Free:** Die Datenweitergabe erfolgt bereits nach der Aufnahme der ersten 72 Bytes.

  Ein modernes Switch realisiert alle drei Prinzipien zeitgleich (**adaptives Switching**, auch **Error-Free-Cut-Through**). Es wird situationsabhängig das optimalste Verfahren ausgewählt.
- Netzausdehnung von bis zu 150 km wird versorgt/betreut.
- Üblicherweise haben Switches 4 bis 32 Ports.

Charakteristika

Kriterium/Gerät	Repeater/Hub	Switch/Bridge	Layer3-Switch/Router	Gateway
Aufgabe	(einfache) Signalverstärkung (bzw./inkl. Signalgenerierung)	MAC-Adressierung: Datenpakete werden zwischengespeichert	Verarbeitung der IPAdressen (IP-Adressierung; Routing)	Komplexe Anpassung (zum Beispiel an verschiedene Protokolle)
OSI/ISO-Layer	Physical	Data Link	Network	
OSI-Schicht	1	2	3	((1), 2, 3)–4, 5, 6, 7
Store-and-Forward	Bits	Frames	Messages	
Datenraten – unterschiedliche	nein	ja	ja	ja
Datentransport	Bits	Pakete	Pakete	
Durchsatz	hoch	mittel	geringer	
Datenfilterung	nein	ja	ja	ja
Medien – unterschiedliche	ja	z. T. ja	ja	ja
Medienanpassung	(nein)/ja	nein	ja	ja
Protokolle – unterschiedliche	ja	ja	z. T. ja	ja
Protokollanpassungen	nein	z. T. ja/nein	ja/nein	ja
Zugriffsverfahren – verschiedene	nein	ja	ja	ja
Flusskontrolle	nein	nein	ja	ja
Entfernung	begrenzt	beliebig	beliebig	ja

Merkmale

- Server: Dienst-Erbringer
- Clients beziehen sich auf Server (Client: Kunde)
- Server können auf einem lokal orientierten Gerät installiert sein.
- Server können im Rahmen offener Systemstrukturen auch als verteilte Systeme realisiert werden. In diesem Sinne können Dienste verteilt angeboten werden. Einzelne Rechner können in komplexen und offenen Strukturen einerseits als Client operieren und zugleich Serverteilleistungsfunktionen (Teildienste) offerieren.

Einteilungen

- **SQL-Server**: Arbeitet als relationales Datenbank-Management-System innerhalb von verteilten Netzstrukturen.
- **Exchange Server**: Gemeinsame Verwaltung von E-Mails, Formularen, Groupware-Anwendungen und Terminsystemen.
- **SMTP-Server** (**S**imple **M**ail **T**ransport **P**rotocol-Server): Server zum Versenden von E-Mails. (Versandrichtung nur vom Client zum Server. Rücktransport nur über SMTP-Clients.)
- **SNA-Server**: Arbeitet als Gateway im Hinblick auf IBM-Mainframes und Mini-Computer.
- **Systems Management Server**: Verwaltet den Zugriff auf ein Gesamtsystem.
- **Proxy Server**: (Proxy – Stellvertreter-„Software": quasi „an Stelle von".) Ermöglicht den Einzelrechnern einen Internetzugang und steht zwischen Client und Netz. Einfachste Firewall-Funktionen werden zugleich realisiert. Unterschieden werden: -http, -FTP-, -SMTP- und Telnet-Proxies.

Weiterhin werden unterschieden:

- **Server**: DHCP-Server, DNS-Server, POP3-Server, Webserver, Streaming Server und Terminal Server
- **Serverdienste**: Backup-Dienste, Dateidienste, Druckdienste, Kommunikationsdienste und Webdienste

Domänen

- Eine technisch-organisatorische (logische) Einheit von Rechnern (Nutzern), die im Netz gemeinsam verwaltet und sicherheitstechnisch organisiert werden. Es gibt einzelne Domänen und komplexe Domänenstrukturen. Es charakterisiert Microsofts NT-Selbstverständnis.
- Eine Domäne besteht aus einem **PDC** und eventuell mehreren **BDCs**.
- **PDC: P**rimary **D**omain **C**ontroller – erster Domänen-Rechner: zuständig für die (primäre) Benutzerkontenverwaltung. Zu jeder Domäne gehört nur ein PDC.
- **BDC: B**ackup **D**omain **C**ontroller – Sicherungs-Domänen-Rechner: zuständig für alle Ressourcen und Kopien.
- Es gibt autonome Server, die ohne PDC- oder BDC-Zuordnung operieren.

Domänenkonzepte

- **Single Domain Model**: Geeignet für Netze mittlerer Größe (max. 15.000 Nutzer); zentrale Verwaltung der Rechte.
- **Single Master Domain Model**: Geeignet für große Netze.
- **Complete Trust Model**: Geeignet für Netze, die ohne gesonderte Zentrale existieren; jede Domaine operiert im Netz autonom – allerdings vertrauen sich die Domainen gegenseitig.
- **Multiple Master Domain Model**: Geeignet für große Netze mit denzentralen Zentren.

Apache-Server (Apache-http-Server)

- Web-Server (Bereitstellung von Webseiten)
- Erfüllt die Spezifikationen der RFC 2616 zu http/1.1
- Marktanteil bei etwa 70 % – Open-Source-Produkt
- Unterstützt vielfältige Laufzeitmodelle (**MPM: M**ulti-**P**rocessing-**M**odule); Prozesse gemäß Standard-UNIX-MPM (prefork)/Threads (worker)
- **Adressen:** http://modules.apache.org http://www.apachefriends.org/de/xampp.html

ICMP
Internet Control Message Protocol

- **ICMP: I**nternet **C**ontrol **M**essage **P**rotocol
- Es gehört zur TCP/IP-Protokollfamilie.
- Es gestaltet folgende Aufgaben (mit) unter IPv4:
  - **Diagnose von Verbindungen**
  - **Überlastvermeidung** bei Routern durch Flusskontrolle,
  - Verwaltung von **Routing-Tabellen**.
- **ICMPv4:** ICMP in der Verwendung unter IPv4
- **ICMPv6:** ICMP in der Verwendung unter IPv6
- Neben der Erfassung und Übertragung von
  - **Diagnoseinformationen** und
  - **Fehlermeldungen** dient das ICMPv6 auch dazu, die **automatische Konfiguration** von **Adressen** zu unterstützen.

ICMPv4 – Angaben

Type	Inhalt der Nachricht
0	Echo Reply Message: Echo-Antwort
3	Destination Unreachable Message
4	Source Quench Message: Drosselung der Senderate
5	Redirect Message: Route ändern
8	Echo Request Message: Echo-Anforderung
9	Router Advertisement Message: Router-Bekanntmachung
10	Router Solicitation Message: Suche nach einem Router
11	Time Exceede Message: Lebenszeit des IP-Pakets ist überschritten
12	Parameter Problem Message: Parameterfehler im IP-Paket
13	Time Stamp Request Message: Uhrzeitangabe-Anforderung
14	Time Stamp Reply Message: Uhrzeitangabe-Antwort
15	Information Request Message: Informationsanforderung
16	Information Reply Message: Antwort auf Informationsanfrage
17	Address Mask Request: Abfrage der Subnetz-Maske
18	Adress Mask Response: Antwort auf Abfrage der Subnetmaske

Merkmale

- Blade-Server (sinngemäß: Blatt-Server) sind Server, die aus mehreren eigenständigen Server-Modulen aufgebaut sind.

- Jedes Server-Modul entspricht dabei einem vollständigen PC mit
  - einer oder mehreren CPUs
  - Festplatte(n)
  - Arbeitsspeichern

  auf **einer** Flachbaugruppe.

- Die Höhe der Flachbaugruppe wird in Units (1 U = 1,75 inch) angegeben und definiert damit auch die Bezeichnung des Servers (z. B. 7 U).

- Die Blade-Server werden in einem Baugruppenträger (Chassis) eingesteckt und sind über einen oder mehrere rückseitige Platter miteinander verbunden.

- Die Verbindungen zur Außenwelt (z. B. Firmen-Netzwerk) können über entsprechende Netzwerk-Switche, die ebenfalls in das Chassis gesteckt werden, erfolgen.

- Diese Aufbauform bietet Vorteile
  - durch Reduzierung des Bauvolumens
  - keinen zusätzlichen Verdrahtungsaufwand, da alle Verbindungen für die Module bereits im Chassis enthalten sind
  - einfachen Austausch der Module gegen Nachfolge-Systeme (Investitionssicherheit)

- Das Management für die Module wird von eigenen Management-Modulen im Chassis übernommen.

- Die Funktionen der einzelnen Server-Blades werden vom Anwender durch entsprechende Konfigurationen festgelegt und können z. B. sein
  - Web-Server
  - Mail-Server
  - Datei-Server
  - Backup-Server

- Zur Erhöhung der Systemverfügbarkeit besteht die Möglichkeit, die vorhandenen Stromversorgungen ebenfalls zu verdoppeln.

Server-Blade

① Prozessoren (bis max. 4)
② Festplatten
③ Anschaltung für Rückwandbus (z. B. Fibre Channel oder Gbit-Ethernet)
④ Arbeitsspeicher

Portzuordnung

Beispiel:
Pro Server-Blade zwei LAN-Kanäle:
Jeweils ein Kanal verbunden mit entsprechendem Ethernet-Switch-Blade.

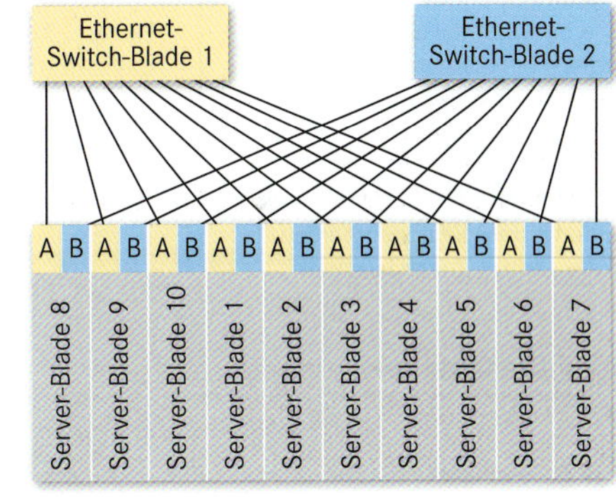

7-U Rack

Frontseite

① ... ⑩ Server-Blade Einbauplätze

Rückseite

① Up-Link LAN Anschlüsse
② Fibre Channel oder Ethernet Switch Blade

Definitionen

- Storage-Systems sind Speicher-Einrichtungen, die als Massenspeicher große Datenmengen zuverlässig und mit hohen Geschwindigkeiten speichern.
- Grundsätzlich werden Storage-Systeme nach Art der technischen Realisierung unterschieden in
  - **DAS** (**D**irect **A**ttached **S**torage: direkt zugeordneter Speicher)
  - **NAS** (**N**etwork **A**ttached **S**torage: Netzwerk zugeodnete Speicher)
  - **SAN** (**S**torage **A**ttached **N**etwork: zugeordnetes Speicher-Netzwerk)
- Kombinationen aus NAS und SAN nutzen die Vorteile beider Systeme und bauen auf IP-Kommunikation auf wie z. B. Internet **SCSI** (**iSCSI**) oder **I**nternet **F**ibre **C**hannel **P**rotocol (**iFCP**).

DAS

Application

File System

Disk Storage

Standalone Computer

- Ist die herkömmliche Art, die Speichereinrichtungen direkt mit den Applikationsservern zu verbinden
- Ist geeignet für blockweise Datenspeicherung
- Nachteilig sind die hohen Kosten und die geringe Zuverlässigkeit

NAS

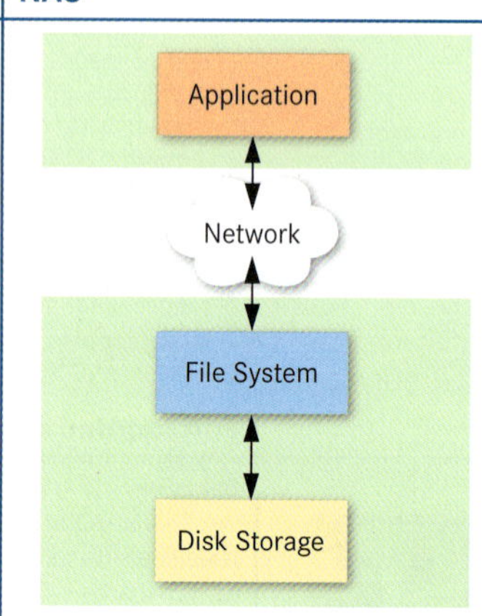

- Direkter Anschluss der Speicher an das lokale Datennetzwerk
- Arbeitet wie ein Server in einer Client-Server-Architektur
- Der Datenzugriff erfolgt mittels Internet-Protokoll
- Gut geeignet für File-Sharing-Betrieb

SAN

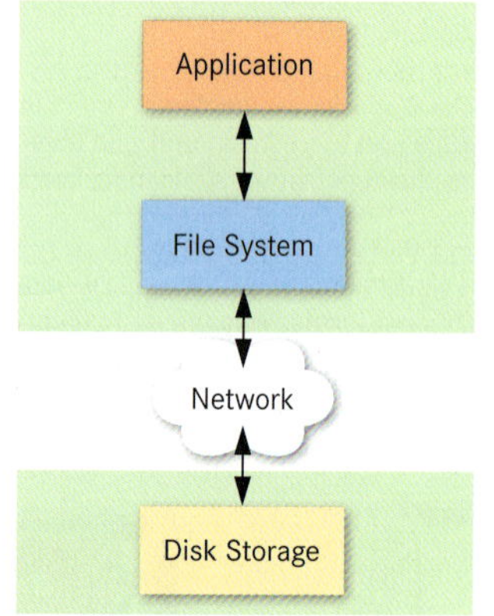

- Bindet die Speicher hinter den Servern über ein separates Hochgeschindigkeits-Netz ein
- Basiert in der Regel auf Fibre-Channel-Technik
- Bietet Vorteile bei blockweisem Zugriff auf große Datenvolumina

SAN mit Fibre Channel

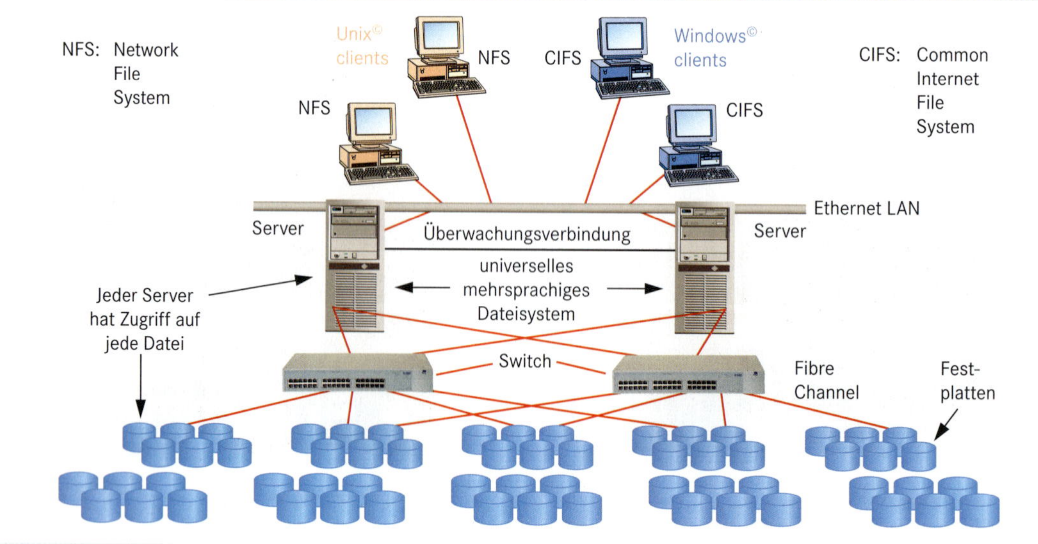

Merkmale

- **FC** (Faserkanal) ist ein Hochgeschwindigkeitsübertragungskanal mit Übertragungsraten von 133 Mbit/s, 266 Mbit/s, 531 Mbit/s und 1,062 Gbit/s
- Übertragungsmedium sowohl Kupfer (STP) als auch LWL
- Kupferübertragung erfordert zwei Aderpaare, eines zum Senden, eines zum Empfangen, deshalb ‚full duplex' möglich
- Übertragungsentfernungen:
  - Kupfer maximal 47 m zwischen zwei Knoten
  - LWL (9 µm single mode bzw. 50/60 µm multimode) maximal 10 km
- Mischung der Medien ist möglich

Topologien

- Topologien können sein:
  - Punkt-zu-Punkt-Verbindung
  - **Arbitrated Loop** (gesteuerter Ring)
  - **Fabric-Switching** (Fibre Channel Switching)
- Punkt-zu-Punkt-Verbindungen verlangen gleiche Datenraten bei den Teilnehmern
- Bei Switching Ports können unterschiedliche Datenraten gefahren werden
- Übertragung ist protokollunabhängig

Dienste

- Dienste werden in Klassen eingeteilt:
  - **Service Class 1** (Dienstklasse)
    Punkt-zu-Punkt-Verbindung mit Standleitung.
    Anwendung bei Kopplung von Servern mit Massenspeichern
  - **Service Class 2** (Dienstklasse 2)
    Verbindungslose Übertragung, gesteuert über Rahmenaufbau, mit Rückmeldung.
    Anwendung in gemischten Systemen mit Netzwerken und Massenspeichern
  - **Service Class 3** (Dienstklasse 3)
    Ähnlich wie Klasse 2; Anwendung für ‚one to many' (einer für viele); keine Rückmeldung über versendete Daten; keine Datenwiederholung
  - **Service Class 4** (Dienstklasse 4)
    Verbindungsgesteuerter Dienst mit garantierter Bandbreite und garantiertem Zeitverhalten; isochrone Datenübertragung für realtime Video und Daten

Anwendung

Übertragung großer Datenmengen wie z. B. bei Bilddaten, 3-D Rendering, CAD-Daten, Video-Erstellung, Massenspeicherkopplung mit Netzwerken

Topologie

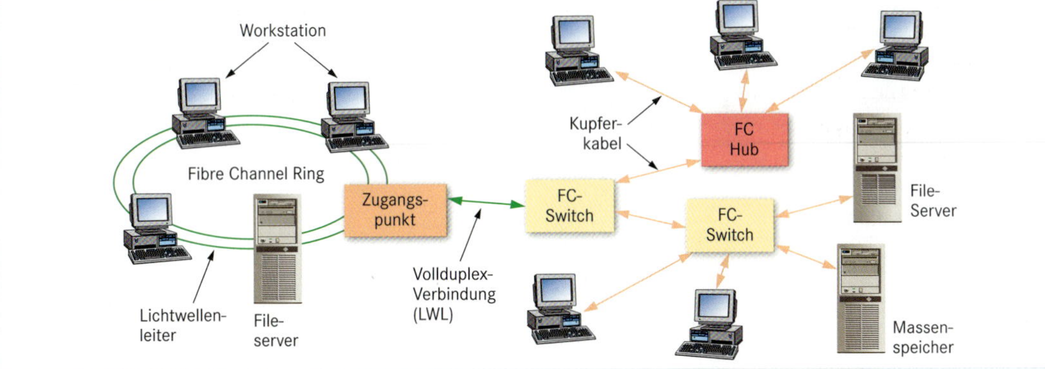

Kommunikationsstruktur

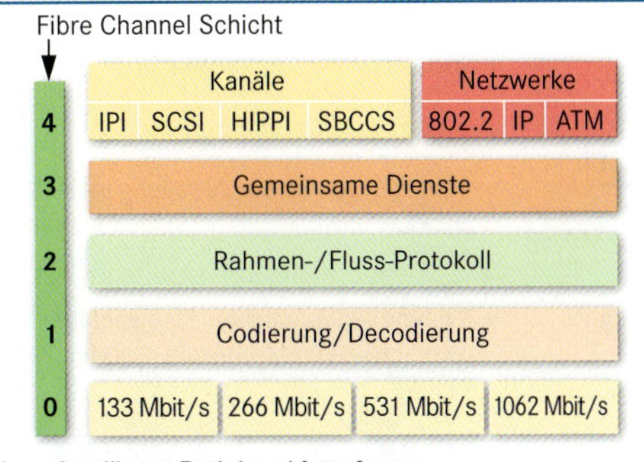

IPI: **I**ntelligent **P**eripheral **I**nterface
HIPPI: **Hi**gh **P**erformance **P**arallel **I**nterface

Rahmenstruktur

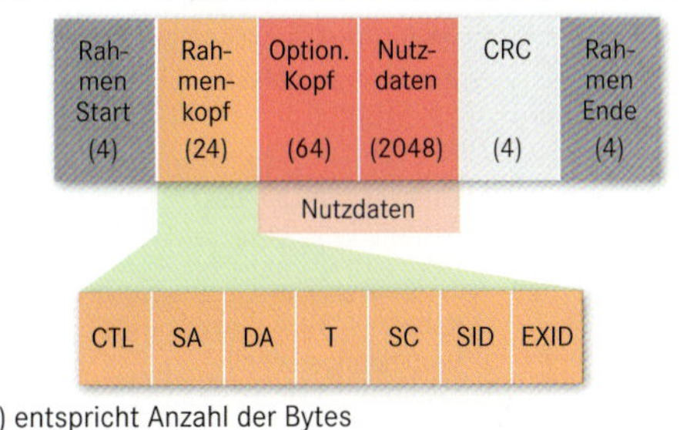

(n) entspricht Anzahl der Bytes

SA: **S**ource **A**ddress
DA: **D**estination **A**ddress
T: **T**ype
SC: **S**equence **C**ounter
SID: **S**equence **Id**entifier
EXID: **Ex**change **Id**entifier

Merkmale

- Kommunikationskabelanlagen sind der Hauptbestandteil in der Kommunikationstechnik und stellen einen hohen Investitionsaufwand dar.
- Sie werden zu einem bestimmten Zeitpunkt errichtet und sollen dann über längere Zeiträume für die unterschiedlichsten Dienste genutzt werden (anwendungsneutrale Verkabelung).
- Kabelanlagen sind deshalb sehr sorgfältig zu planen, zu errichten, zu betreiben und zu überwachen.
- Grundlagen für die Gestaltung einer Kabelanlage sind u. a.
  - zu übertragende Datenvolumina
  - gefordertes Zeitverhalten
  - Anzahl der Kommunikationsteilnehmer
  - Verfügbarkeitsanforderungen
  - Sicherheitsanforderungen
  - Einsatzbereiche (Umweltbedingungen)
  - Schnittstellen zu anderen Kommunkationsnetzen

Strukturierte Verkabelung

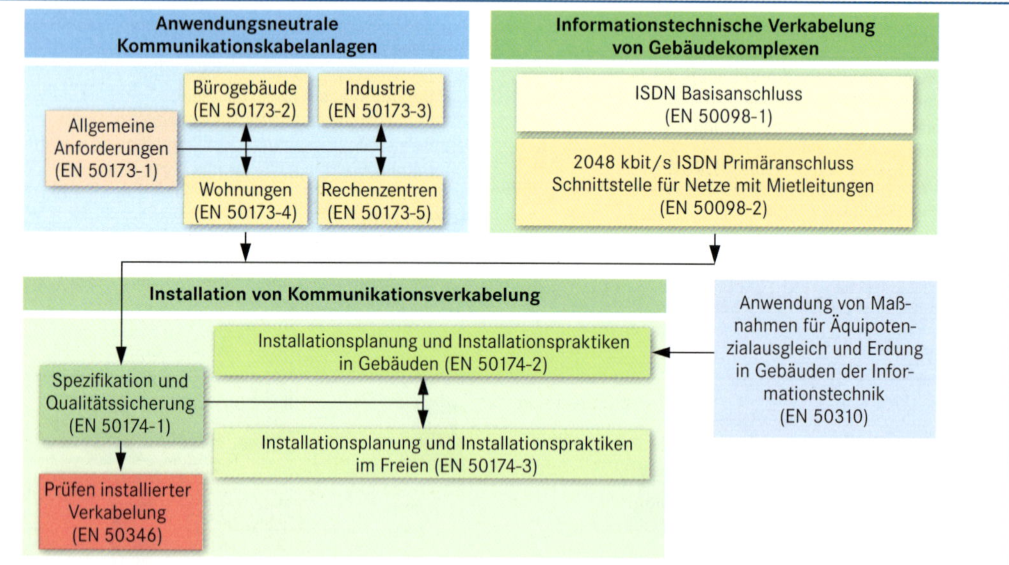

Anwendungsbereiche

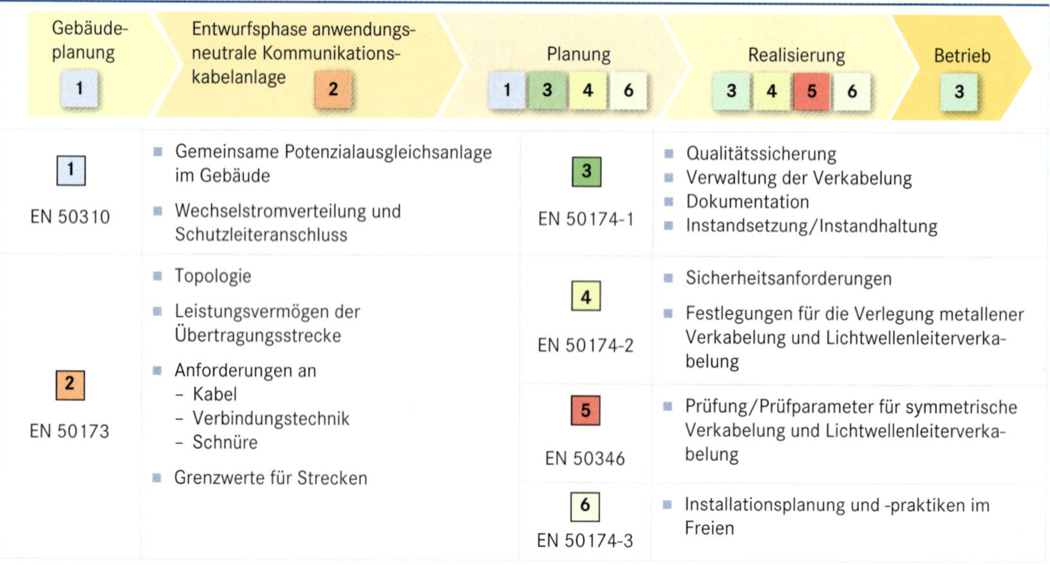

1 EN 50310	Gemeinsame Potenzialausgleichsanlage im Gebäude Wechselstromverteilung und Schutzleiteranschluss	3 EN 50174-1	Qualitätssicherung Verwaltung der Verkabelung Dokumentation Instandsetzung/Instandhaltung
2 EN 50173	Topologie Leistungsvermögen der Übertragungsstrecke Anforderungen an - Kabel - Verbindungstechnik - Schnüre Grenzwerte für Strecken	4 EN 50174-2	Sicherheitsanforderungen Festlegungen für die Verlegung metallener Verkabelung und Lichtwellenleiterverkabelung
		5 EN 50346	Prüfung/Prüfparameter für symmetrische Verkabelung und Lichtwellenleiterverkabelung
		6 EN 50174-3	Installationsplanung und -praktiken im Freien

Grundlagen

- Anwendungsneutrales **Verkabelungssystem** dient zur Vereinheitlichung des Aufbaues von Kabelnetzwerken für die **Integration unterschiedlicher Dienste** (z. B. Sprache, Daten)
- Kategorie: Definiert die Anforderungen an die eingesetzten Komponenten (z. B. Datenkabel, Steckverbinder)
- Klasse: Definiert die Leistungsmerkmale der gesamten Übertragungsstrecke.
- Verkabelungsstruktur wird eingeteilt in:
  - **Tertiären Bereich** (Stockwerk, horizontal) mit Einteilung in **Übertragungsstrecke** und **Installationsstrecke** (permanent link)
  - **Sekundären** Bereich (Stockwerksverbindung, vertikal)
  - **Primären** Bereich (Gebäudeverbindung)
- Eingesetzt werden Kupferkabel mit einem Nenn-Wellenwiderstand von 100 Ω und einem Gleichstrom-Schleifenwiderstand von z. B. 25 Ω (Klasse E) oder Lichtwellenleiter (Mehrmoden oder Einmoden) für 850 nm, 1300 nm, 1310 nm und 1550 nm Wellenlänge
- Steckverbindungen: Bis Cat.6 RJ45
  Für Cat.7/7a GG45 oder TERA
- Jeder Arbeitsplatz soll mind. zwei Informationstechnische Anschlüsse erhalten (Anschluss 1: Kupfer, symmetrisch, Category 5, s. u.; Anschluss 2: wie zuvor oder LWL)
- **Tertiäre** Verkabelung mit Kupferkabel oder LWL
- **Sekundäre** Verkabelung mit Kupfer oder LWL
- **Primäre** Verkabelung erfolgt mit LWL
- **Parameter** für Übertragungs- und Installationsstrecken sind abhängig von der Verkabelungsklasse und spezifisch festgelegt
- Höhere Klasse unterstützt jeweils niedrigere Klassen
- Installationsverfahren zur Berücksichtigung der Elektromagnetischen Verträglichkeit, Erdung und Potenzialausgleich sind in EN 50174 und EN 50310 festgelegt

Übertragungsstrecken-Klassifikation

Kupfer-Verkabelung

Category (Cenelec/ ISO)	Class (Cenelec/ ISO)	Frequenzbereich in MHz	Netz-Anwendung
-	A	0,1	Analoge Sprache
Cat. 3	B	1	Digitales Telefon
Cat. 4	C	16	Einfache Datendienste
Cat. 5	D	100	100Base-T 1000Base-T
Cat. 6	E	250	100Base-T 1000Base-T
Cat. 6A	EA	500	10GBase-T
Cat. 7	F	600	10GBase-T Breitband Kabel-TV
Cat. 7A	FA	1000	10GBase-T >10GBase-T

A: Augmented (verstärkt)

Lichtwellenleiter-Verkabelung

Unterscheidung nach Streckenlänge

Bezeichnung	LWL-Typ	Länge in m (min).
OF-25	Plastikfaser	25
OF-50	Plastikfaser	50
OF-100	Plastikfaser/kunststoffbeschichtete Quarzglasfaser	100
OF-200	Plastikfaser/kunststoffbeschichtete Quarzglasfaser	200
OF-300	Quarzglasfaser	300
OF-500	Quarzglasfaser	500
OF-2000	Quarzglasfaser	2000
OF-5000	Quarzglasfaser	5000
OF-10000	Quarzglasfaser	10000

- Faser-Kategorien sind entsprechend dem jeweiligen Dämpfungskoeffizienten festgelegt, z. B.:
  - Mehrmoden-LWL in OM 1–3 (3,5 dB/km bzw. 1,5 dB/km)
  - Einmoden-LWL in OS 1 (1 dB/km) und OS 2 (0,4 dB/km)

Verkabelungsstruktur

Prinzip

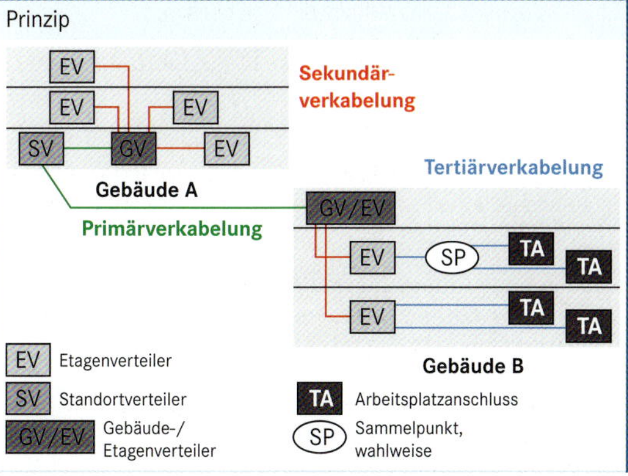

Symmetrische Tertiärverkabelung

Anwendung: Kupferkabel mit Etagenverteiler

Übertragungsstrecke (Channel) max. 100 m

Festverlegtes Tertiärkabel min. 15 m/max. 90 m

1) min: 2 m max: 5 m

EV

V EE | V TA | V | V | V ASG

Geräteanschlusskabel | Rangierleitung/Rangierpaar | Geräteverbindungsleitung

V: Verbindung (Stecker/Buchse)
EE: Endgerät Arbeitsplatz
TA: Arbeitsplatzanschluss
EV: Etagenverteiler
ASG: Gerät im Etagenverteiler

Grundlagen

- Übertragungsstrecken bzw. Abschnitte einer Übertragungsstrecke können unter unterschiedlichen Umgebungsbedingungen betrieben werden.
- Zur Abdeckung der unterschiedlichen Anforderungen werden Übertragungsstrecken klassifiziert (eingeteilt) unter Berücksichtigung von Anforderungen aus den Bereichen
  - **M** (mechanisch)
  - **I** (Eindringen)
  - **C** (klimatisch und chemisch)
  - **E** (elektromagnetisch)
- Jeder Anforderungsbereich ist in drei Klassen eingeteilt (1, 2, 3), wobei die Klasse 1 die freundlichste und Klasse 3 die schärfste Umgebung spezifiziert.
- Eine höhere Klasse deckt die niedrigere Klasse ab.
- Als Umgebung wird die direkte Umgebung der Verkabelung und der eingesetzten Komponenten betrachtet.
- Die Umgebung kann durch jede beliebige Kombination der MICE-Klassen definiert werden.

Klassifikation an Standorten (auszugsweise sind jeweils nur die Klassen 1 und 2 dargestellt)

Mechanisch	M_1	M_2
Schocken (Einzelstöße)/Dauerschocken*		
Spitzenbeschleunigung	40 ms^{-2}	100 ms^{-2}
Auslenkungsamplitude (2 Hz bis 9 Hz)	1,5 mm	7,0 mm
Beschleunigungsamplitude (9 Hz bis 500 Hz)	5 ms^{-2}	20 ms^{-2}
Druck	45 N über 25 mm (linear) min.	1100 N über 150 mm (linear) min.
Stoß	1 J	10 J
Eindringen	I_1	I_2
Eindringen von Teilchen (größter Durchmesser)	12,5 mm	0,05 mm
Untertauchen	keine	Zeitweilig aussetzender Flüssigkeitsstrahl ≤ 12,5 l/min, ≥ 6,3 mm Strahl ≥ 2,5 m Abstand
Klimatisch	C_1	C_2
Umgebungstemperatur	-10°C bis +60°C	-25°C bis +70°C
Temperaturänderungsgeschwindigkeit	0,1°C je Minute	1,0°C je Minute
Feuchte	5 % bis 85 % (nicht-kondensierend)	5 % bis 95 % (kondensierend)
Sonnenstrahlung	700 Wm^{-2}	1120 Wm^{-2}
Natriumchlorid (Salz/Meerwasser) (ppm)	0	< 0,3
Öl (ppm)	0	< 5,0
Natriumstearat (Seife)	keine	5 % wässerig, nicht-gelierend
Waschmittel	keine	in Beratung
Leitfähige Werkstoffe in Lösung	keine	zeitweise (Kondensation)
Gasförmige Verschmutzung Verunreinigungen (cm^3m^{-3} = ppm)	Mittelwert/Spitzenwert	Mittelwert/Spitzenwert
Schwefelwasserstoff	< 0,003/< 0,01	< 0,05/< 0,5
Schwefeldioxid	< 0,01/< 0,03	< 0,1/< 0,3
Schwefeltrioxid	< 0,01/< 0,03	< 0,1/< 0,3
Chlornässe (> 50 % Feuchte)	< 0,0005/< 0,001	< 0,005/< 0,03
Chlortrockenheit (< 50 % Feuchte)	< 0,002/< 0,01	< 0,02/< 0,1
Chlorwasserstoff	–/< 0,06	< 0,06/< 0,3
Fluorwasserstoff	< 0,001/< 0,005	< 0,01/< 0,05
Ammoniak	< 1/< 5	< 10/< 50
Stickoxide	< 0,05/< 0,1	< 0,5/< 1
Ozon	< 0,002/< 0,005	< 0,025/< 0,05
Elektromagnetisch	E_1	E_2
Entladung statischer Elektrizität – Kontakt (0,667 µC)	4 kV	4 kV
Entladung statischer Elektrizität – Luft (0,132 µC)	8 kV	8 kV
Abgestrahlte Hochfrequenz, amplitudenmoduliert	3 V/m bei (80 bis 1000) mHz 3 V/m bei (1400 bis 2000) MHz 1 V/m bei (2000 bis 2700) MHz	3 V/m bei (80 bis 1000) mHz 3 V/m bei (1400 bis 2000) MHz 1 V/m bei (2000 bis 2700) MHz
Leitungsgeführte Hochfrequenz	3 V bei 150 kHz bis 80 MHz	3 V bei 150 kHz bis 80 MHz
Schnelle elektrische Transiente/Burst	AC 500 V	AC 1000 V
AC 1000 V Stoßspannung (transiente, Erdpotenzialunterschied) – Signalleitung/Erde	500 V	1000 V
Magnetfeld (50/60 Hz)	1 Am^{-1}	3 Am^{-1}
Magnetfeld (60 Hz bis 20000 Hz)	in Beratung	in Beratung

* Die Wiederholungen des Schockens, dem die Übertragungsstrecke ausgesetzt ist, muss berücksichtigt werden.

U/UTP Cat.5

U: **U**nshielded (ungeschirmt)
UTP: **U**nshielded **T**wisted **P**air (ungeschirmtes Aderpaar)

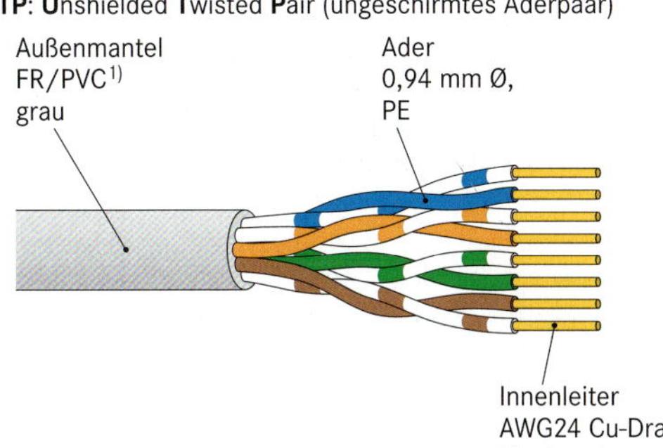

PE: **P**oly**e**thylen
AWG: **A**merican **W**ire **G**auge

F/UTP Cat.5/Cat.5e

F: **F**oiled (Gesamtschirm Folie)
UTP: **U**nshielded **T**wisted **P**air (ungeschirmtes Aderpaar)

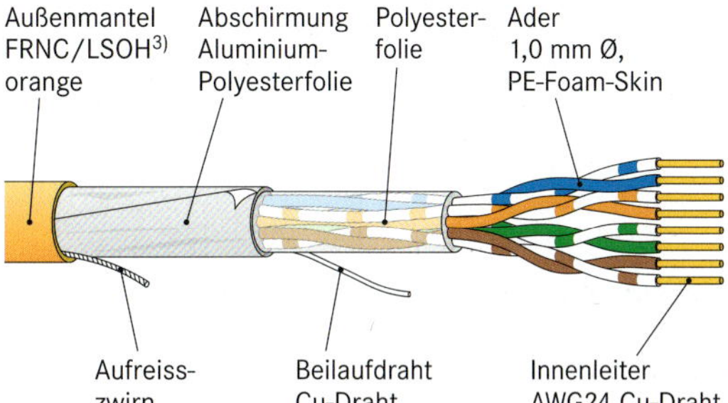

AWG: **A**merican **W**ire **G**auge

U/FTP Cat.6

U: **U**nshielded (ungeschirmt)
FTP: **F**oiled **T**wisted **P**air (Folienschirm je Aderpaar)

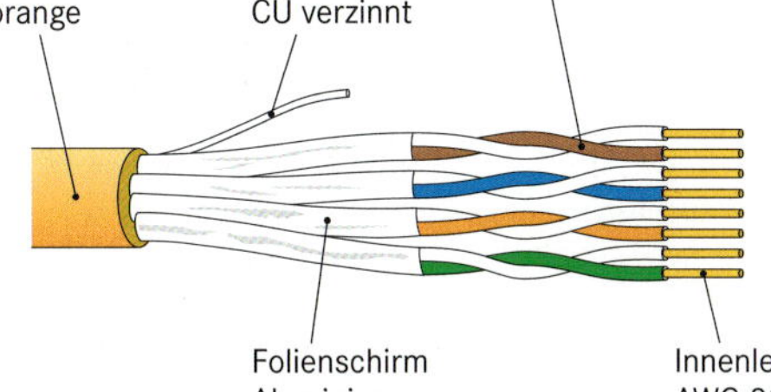

AWG: American Wire Gauge

S/FTP Cat.7_A

S: **S**hielded (Gesamtschirm Schirmgeflecht)
FTP: **F**oiled **T**wisted **P**air (Folienschirm je Aderpaar)

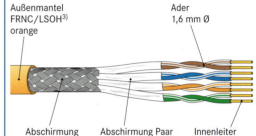

Außenmantel
FRNC/LSOH[3)]
orange

Ader
1,6 mm Ø

Abschirmung
Cu-Geflecht
verzinnt

Abschirmung Paar
Aluminium
PETP[2)]-Folie

Innenleiter
AWG22 Cu-Draht
blank

AWG: American Wire Gauge

[1)] **FR**/PVC: **F**lame **R**etardant/Polyvinylchlorid (flammwidrig/Polyvinylchlorid)
[2)] **PETP**: **P**oly**e**thylen**te**re**p**hthalat
[3)] **FRNC**/LSOH: **F**lame **R**etardant **N**on **C**orrosive/Low Smoke Zero Halogen (flammwidrig, nicht korrosiv/raucharm, halogenfrei)

Anschlussbelegung

RJ 45	EIA/TIA 568A	EIA/TIA 568B
PIN 1 · · · 8	Paar-Nr. 3 2 1 4 / 1 2 3 4 5 6 7 8	Paar-Nr. 2 3 1 4 / 1 2 3 4 5 6 7 8

EIA/TIA: Electr.-/Telecomm. Ind. Association

GG 45

- Datenraten ab 10 Gbit/s erfordern geschirmte Steckverbinder (Cat. 7)
- Verfügbar sind TERA, GG 45 und EC 7
- GG 45 Buchse ist kompatibel zu RJ 45 Stecker

GG 45
Stecker

GG 45
Buchse

Kontaktbelegung Endgerät

Dienst	Steckeranschluss-Nr.			
	1 und 2	3 und 6	4 und 5	7 und 8
Analoges Telefon	n	T/R	n	n
ISDN, Token Ring	n	T	R	n
10Base-T (802.3)	T	R	n	n
100Base-TX (802.u)	T	R	n	n
FDDI 100 Mbit/s (TP)	T	O	O	R
ATM User Device	T	O	O	R
ATM Network Equipm.	R	O	O	T
1000Base-T 10GBase-T 40GBase-T	B	B	B	B

T: Transmit; R: Receive; B: Bidirectional; O: Optional
n: nicht verwendet

Übertragungseigenschaften

Niedrige Frequenzen	Hohe Frequenzen
▪ Die Übertragungseigenschaften sind bestimmt durch - **Leiterwiderstand,** - **Isolationswiderstand** und - **Betriebskapazität**. ▪ Der Leiterwiderstand ist abhängig von - dem Leiterquerschnitt, - der Leiterlänge und - der Qualität des Kupfers. ▪ Der Isolationswiderstand - wird bestimmt durch den verwendeten Isolierstoff und - wird kleiner bei zunehmender Länge. ▪ Die Betriebskapazität - ergibt sich aus den Kapazitäten der Einzeladern untereinander und gegen den Kabelschirm und - steigt linear mit der Kabellänge (längenabhängig).	Bei hohen Frequenzen sind zu berücksichtigen: ▪ **Wellenwiderstand** (setzt sich u.a. zusammen aus Kapazitäts- und Induktivitätsbelegen der Leitung; ist unabhängig von der Leitungslänge) ▪ **Leitungsdämpfung** (abhängig von Leiterwiderstand und Betriebskapazität; nimmt linear mit der Leitungslänge zu) ▪ **Nebensprechen** (gegenseitige Beeinflussung benachbarter Adernpaare durch Induktionsspannungen; abhängig von der Frequenz; unabhängig von der Leitungslänge) ▪ **Übersprechdämpfung** (**ACR: A**ttenuation **C**ross **R**atio; Verhältnis des Nutzsignalpegels am Empfängereingang zum Störpegel) ▪ **Erdunsymmetrie** (verursacht durch mechanische Unsymmetrien im Kabel oder unterschiedliche Wirkwiderstände)

Beeinflussungen und Gefährdungen

- Nachrichtenkabel werden beeinflusst durch Energieanlagen, Blitzeinschlag, Feuchtigkeit und Brände.
- **Gefährdende elektrische Beeinflussungen** in unsymmetrischen Kreisen von Kabeln (Leiter gegen Erde) werden hervorgerufen durch **Langzeiteinflüsse** (z. B. dauernde Betriebsströme von Bahnanlagen) und/oder **Kurzzeiteinflüsse** (z. B. Erdkurzschlüsse in Energieanlagen).
- **Störende elektrische Beeinflussungen** treten in symmetrischen Kreisen (Leiter gegen Leiter) des Nachrichtenkabels auf.
- Grundlage für **gefährdende** und **störende** Beeinflussung sind **induktive Kopplungen** bei Parallelführung von Energiekabeln oder galvanische Kopplung (gleiche Leitungsabschnitte).
- **Kapazitive Kopplungen** sind für geschirmte Nachrichtenkabel unkritisch, für Fernmeldefreileitungen jedoch möglich (DIN VDE 0228-1).
- **Fremd-** und **Geräuschspannungen** sind **niederfrequente Störungen**.
- **Fremdspannungen** bestehen aus einem Frequenzgemisch mit Oberschwingungen und Grundschwingungen. Es handelt sich um die **effektive Spannungssumme** aus allen Amplituden. Gestört werden hauptsächlich **Signalkreise**.
- Bei **Geräuschspannungen** werden alle Frequenzanteile entsprechend der Empfindlichkeit des menschlichen Ohres im Zusammenhang mit der Übertragungscharakteristik des Fernhörers betrachtet (Bezugsfrequenz ist 800 Hz).
- **Hochfrequente Störungen** entstehen durch Sendeanlagen oder Schaltvorgänge (z. B. Thyristorschalter).
- Für Kabelanlagen sind **Grenzwerte für die zulässigen Beeinflussungsspannungen** zum Schutz von Personen und entsprechende Schutzmaßnahmen festgelegt.

Beeinflussungsspannungen

Gefährdende Spannungen nach	DIN VDE 0228	ITU K.21
Langzeitbeeinflussung von Nachrichtenkreisen ohne Abschluss durch Trennübertrager	65 V	60 V
Langzeitbeeinflussung von Nachrichtenkreisen mit Abschluss durch Trennübertrager	250 V	150 V
Kurzzeitbeeinflussung (max. 0,5 s) von Nachrichtenkreisen mit spannungssicheren Abschlusskreisen	300 V (öffentl. Netze)/500 V	430 V
Bewertete Störspannung		
Fernsprechkreise des öffentlichen Verkehrs	0,5 mV	0,5 mV
Fernsprechkreise des nichtöffentlichen Verkehrs	2,5 mV	2,5 mV

Brandverhalten

Aspekt	Deutsche Norm	Internationale Norm
Einaderbrennprüfung	DIN EN 60332	IEC 60332
Einkabelbrennprüfung	DIN EN 60332	IEC 60332
Mehrkabelbrennprüfung	DIN EN 60332	IEC 60332
Korrosivität	DIN EN 50267	IEC 60754
Halogenfreiheit von Materialien	DIN EN 50267	IEC 69754
Rauchgasdichte	DIN EN 50268	IEC 61034
Toxizität	DIN 53436	IEC 60695-7
Isolationserhalt	DIN VDE 0472-814	IEC 60331

Prüfen installierter Verkabelung
Testing of Installed Cabling

Grundlagen

- Das Prüfen informationstechnischer Verkabelungen (Kupfer- und LWL) an Standorten dient zur Feststellung des übertragungstechnischen Leistungsvermögens der Installation.
- Prüfverfahren sind u.a. definiert in DIN EN 61935 und werden verwendet für die
  - **Abnahmemessung** nach vereinbarten Grenzwerten
  - Überprüfung einer vorhandenen Installation auf Unterstützung einer bestimmten Netzanwendung
  - **Fehlersuche** im Störungsfall
- Diese Prüfverfahren sind **nicht** für konfektionierte Kabelgarnituren oder Komponenten geeignet.
- In DIN EN 50346 sind u. a. festgelegt:
  - Prüfparameter
  - Prüfverfahren
  - Prüfsystem
  - Prüfgeräte
  - Kalibrierung
  - Interpretation der Prüfergebnisse
  - Dokumentation
- Die zu prüfende Verkabelung kann sein: eine
  - **Übertragungsstrecke** oder
  - **Verkabelungsstrecke**
- Prüfungen auf Übertragungsstrecken dienen zur Fehlersuche, auf Verkabelungsstrecken zur Überprüfung des Leistungsvermögens.

Bezugsebenen

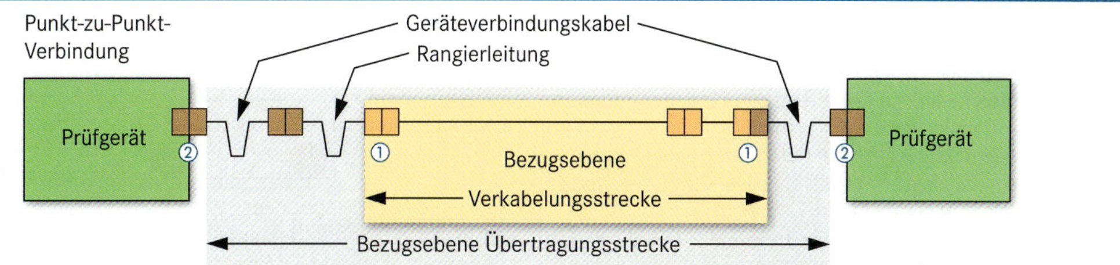

① Leistungsvermögen der **Verkabelungsstrecke beinhaltet** die Verbindungen an den Anschlusspunkten.

② Leistungsvermögen der **Übertragungsstrecke beinhaltet nicht** die Verbindungseinrichtungen an der Übertragungs- und Endeinrichtung.

Prüfparameter für symmetrische Kupferverkabelung

- Verdrahtungsplan
- Länge
- Laufzeit
- Laufzeitunterschied
- Dämpfung (Einfügedämpfung)
- Dämpfungsabweichung
- Nahnebensprechdämpfung (NEXT, zwischen Paaren und leistungssummiert)
- Ausgangsseitige Fernnebensprechdämpfung (ELFEXT, zwischen Paaren und leistungssummiert)
- Dämpfungs-Nahnebensprechdämpfungs-Verhältnis (ACR, zwischen Paaren und leistungssummiert)
- Rückflussdämpfung
- Erdunsymmetriedämpfung am nahen Ende (LCL)
- Kopplungsdämpfung
- Gleichstrom-Schleifenwiderstand
- Widerstandsunterschied

Prüfparameter für Lichtwellenleiter-Verkabelung

- Laufzeit
- Länge
- Abstand zwischen Komponenten
- Dämpfung
- Rückflussdämpfung

Prüfverfahren für LWL

Schritt 1:
Optische Leistung wird als **Bezugsleistungs**messung (P_1) aufgezeichnet.

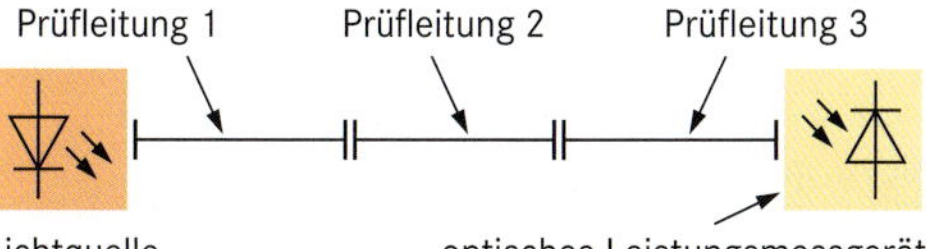

Schritt 2:
Optische Leistung wird als **Prüfleistungs**messung (P_2) aufgezeichnet.

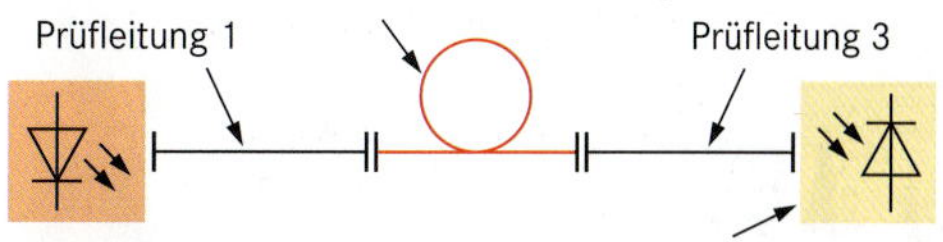

Schritt 3: Berechnung der Dämpfung mit $\boldsymbol{L = P_1 - P_2}$ (in dB)

Kabeleinteilung

- Daten-Kabelarten
  - Kupferdatenkabel
  - Lichtwellenleiterdatenkabel

Verlegung

In Gebäuden | Im Freien | In der Erde

- Offene Verlegung, wenn Beschädigungen ausgeschlossen
- Direkt Unterputz, im Rohr Unterputz, auf Kabeltragsystemen, in Elektroinstallationskanälen
- Kupferdatenkabel:
  EMV-Beeinflussung berücksichtigen (Mindestabstände z.B. zu Hochleistungslampen, Hochfrequenzinduktionsheizungen, Funksendeanlagen)

Verlegeanforderungen

- **Kabellagerung**
  - Kabel bis zum Einbau in Originalverpackung belassen
  - An geschütztem Ort lagern (Schutz gegen mechanische und klimatische Einflüsse)
- **Kabelauslegung**
  - **Verlegevorgaben** der Hersteller beachten
  - Kabel nicht über Trommelrand abziehen
  - **Biegeradien** einhalten (während des Einziehens mindestens 8 x Kabelaußendurchmesser)
  - **Keinen Druck** auf die Kabel durch Befestigungsmaterial ausüben (Kabelbinder, Kabelschnellverleger; veränderte Übertragungseigenschaften)
  - **Kabeleinzug** immer mit Ziehstrumpf
  - Offene Kabelenden mit Isolierband zwischen Einziehwerkzeug und Kabelmantel bandagieren
  - Nur **zugelassene Schmiermittel** einsetzen
  - **Trennungsabstände** bei Kupferdatenkabeln zu Energiekabeln einhalten
  - **Kabelschirme** mindestens im Etagenverteilerschrank an die Erdung anschließen
  - Bei lokaler Montage von Steckverbindern gleichartige Belegung der Stecker und Buchsen einhalten (z.B. TIA 568 A)
  - **Kabelenden** beschriften
  - **Abnahmemessungen** zur Qualitätssicherung durchführen (DIN EN 50346)
  - Bei **LWL-Fasern**:
    Vorsichtsmaßnahmen für die Bearbeitung, Entsorgung von Reststücken und gegebenenfalls gegen Laserstrahlung einhalten

Beispiel:
Kabelführung in Etagenverteilerschrank

Bei Parallelführung von Datenleitungen (Kupfer) und Energieleitungen berechnet nach

$$A = S \cdot P$$

A: Mindesttrennanforderung in mm
S: Mindesttrennabstand in mm
P: Faktor der Stromversorgungsverkabelung

Beispiel:

Mit Lagefixierung der Leitungen

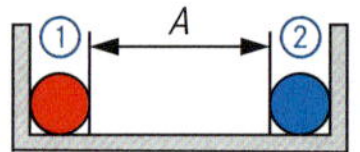

① Stromversorgungsleitung
② Datenleitung

Mindesttrennabstand *S*

Trenn-klasse/ Daten-kabel-kategorie	Trennung ohne elektro-magne-tische Barrieren	Für informationstechnische Verkabelung oder Stromversorgungsverkabelung verwendete Kabelkanäle		
		Offener metallener Kabelkanal	Lochblech-Kabelkanal	Massiver metallener Kabelkanal
a [1)]	300 mm	225 mm	150 mm	0 mm
b/5, 6, 6_E [2)]	100 mm	75 mm	50 mm	0 mm
c/5, 6, 6_E [3)]	50 mm	38 mm	25 mm	0 mm
d/7, 7_E [3)]	10 mm	8 mm	5 mm	0 mm

[1)] z.B. Koaxialkabel
[2)] Ungeschirmte Datenkabel
[3)] Geschirmte Datenkabel

Faktor *P* (für einphasigen Stromkreis 20 A, 230 V)

Anzahl einphasige Stromkreise	Faktor *P*
1 bis 3	0,2
4 bis 6	0,4
7 bis 9	0,6
10 bis 12	0,8
13 bis 15	1,0
16 bis 30	2
31 bis 45	3
46 bis 60	4
61 bis 75	5
> 75	6

- Dreiphasige Leitungen als 3 einphasige Leitungen
- Stromstärke > 20 A: Vielfache von 20 A rechnen
- Geringere Wechsel- oder Gleichspannung nach Bemessungsstromstärke (z.B. 30 V DC mit 100 A: 5 · 20 A ergibt *P* = 0,4)

Anwendung

- Digitale Signale werden bei der Übertragung im Basisband nicht moduliert.
- Signale werden als rechteckförmige Impulse auf den Leitungen übertragen.
- Es wird eine hohe Bandbreite oberhalb 0 Hz auf den Leitungen (Übertragungswegen) benötigt.
- Bei galvanischer Kopplung zwischen Sender und Empfänger dürfen die Signale Gleichstromanteile beinhalten.
- Bei galvanischer Trennung zwischen Sender und Empfänger (Übertragerkopplung), wird Gleichstromfreiheit der Signale durch spezielle Codierung der Signale erreicht.
- Taktinformationen können in der Signalcodierung enthalten sein und werden auf der Empfängerseite zurückgewonnen.

NRZ-Code (Non Return to Zero)

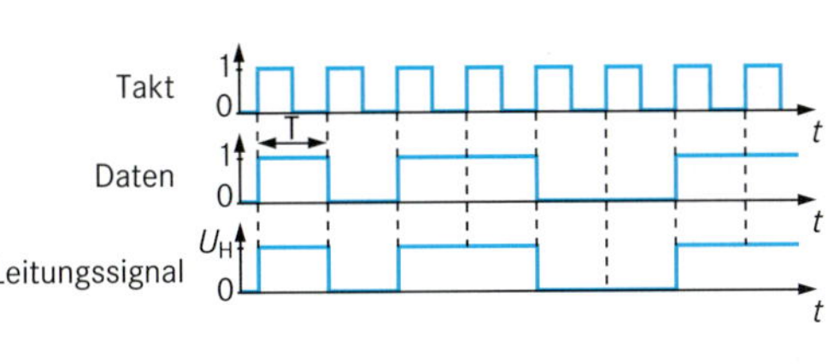

log. 0 ≙ 0-Signal

log. 1 ≙ $+U_H$-Signal

- Leitungssignal nicht gleichstromfrei
- Keine Taktrückgewinnung auf der Empfängerseite

RZ-Code (Return to Zero)

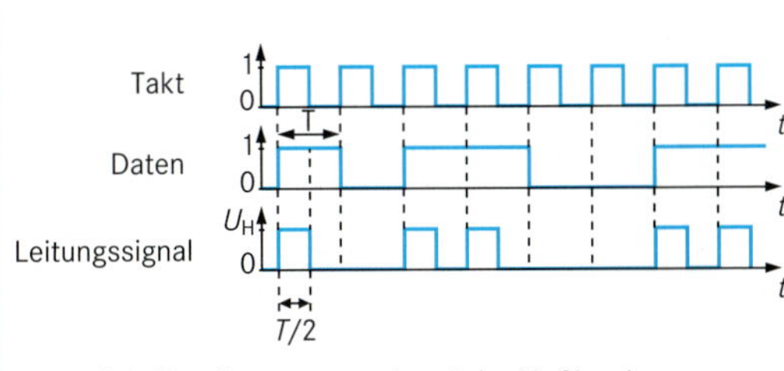

log. 0 ≙ 0-Signal

log. 1 ≙ $+U_H$-Signal während $T/2$

- Leitungssignal nicht gleichstromfrei
- Taktinformation nur bei 1-Signalen mitübertragen

AMI (Alternate Mark Inversion), Bipolar-Verfahren

Tastverhältnis 1:1

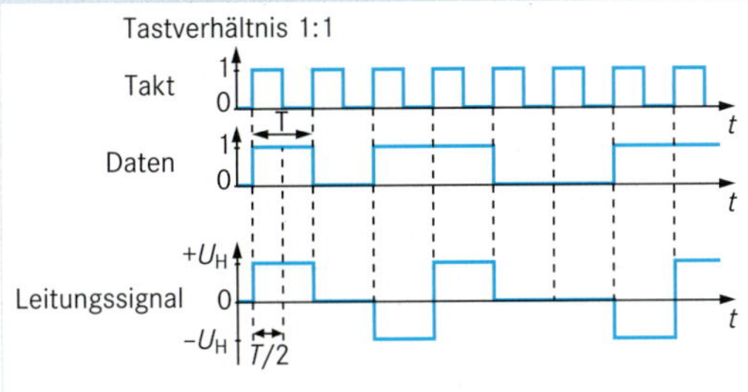

log. 0 ≙ 0-Signal

log. 1 ≙ alternierend $+U_H$-Signal und $-U_H$-Signal

- Signal ist gleichstromfrei
- Taktinformation nur in 1-Signal

Tastverhältnis 1:2

Takt, Daten, Leitungssignal

log. 0 ≙ 0-Signal

log. 1 ≙ alternierend $+U_H$-Signal und $-U_H$-Signal bei $T/2$

- Signal ist gleichstromfrei
- Taktinformation nur in 1-Signal

Manchester-Code

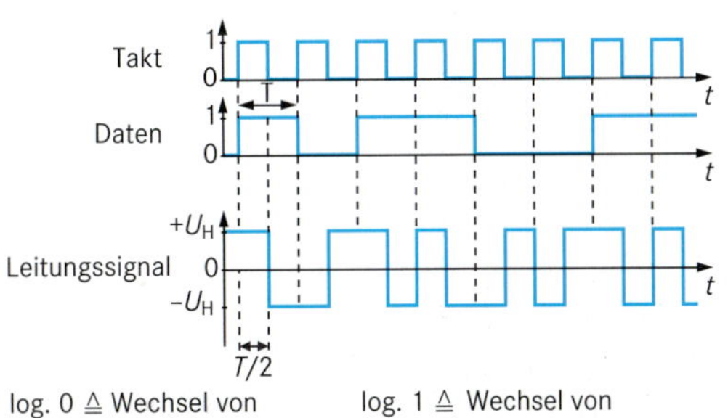

log. 0 ≙ Wechsel von $-U_H$-Signal nach $+U_H$-Signal bei $T/2$

log. 1 ≙ Wechsel von $+U_H$-Signal nach $-U_H$-Signal bei $T/2$

- Signal ist gleichstromfrei und selbsttaktend

Differenzial-Manchester-Code

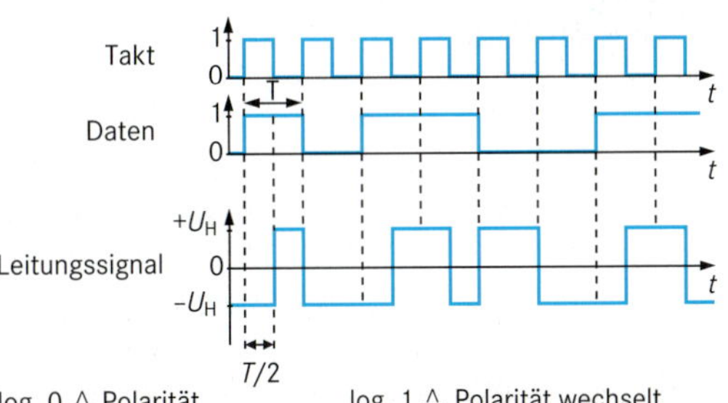

log. 0 ≙ Polarität wechselt am Schrittanfang

log. 1 ≙ Polarität wechselt nicht am Schrittanfang

- Signal ist gleichstromfrei und selbsttaktend

Messprinzip

- Die Messanordnung besteht aus dem Messgerät ① (Senden, Empfangen, Auswerten) und der Remote-Einheit ②.
- Die Messergebnisse werden mit Normwerten verglichen und als erfüllt (pass) oder nicht erfüllt (fail) gekennzeichnet.
- **Channel Link:** Messung der Übertragungsstrecke ohne Steckverbinder
- **Permanent Link:** Messung der Übertragungsstrecke mit Steckverbinder auf beiden Seiten

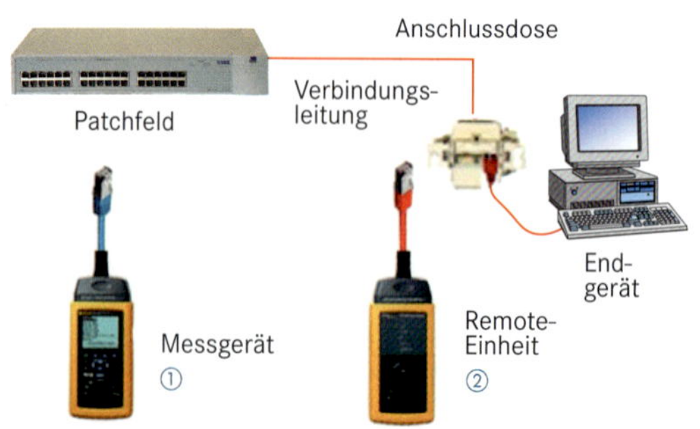

Dämpfung

- **Leitungsdämpfung**
  - Logarithmisches Maß in dB
  - Abhängigkeit von Länge, Frequenz, Wirkwiderstand, induktivem und kapazitivem Belag der Leitung
- **Rückflussdämpfung** (return loss)
  - Leitung wird mit einem Widerstand abgeschlossen

Die Dämpfung der Übertragungsstrecke ändert sich z. B. durch Klemmen oder Anschlüsse in Dosen; Signale werden teilweise reflektiert.

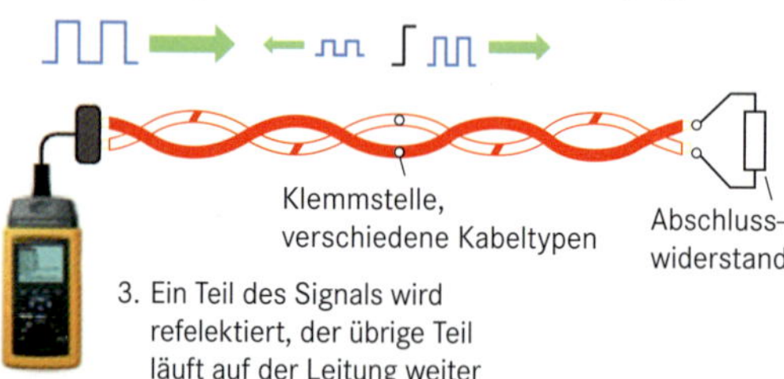

Laufzeit und Länge

- Offener Ausgang
- Über die Signallaufzeit wird die Länge der einzelnen Adernpaare ermittelt und angezeigt.

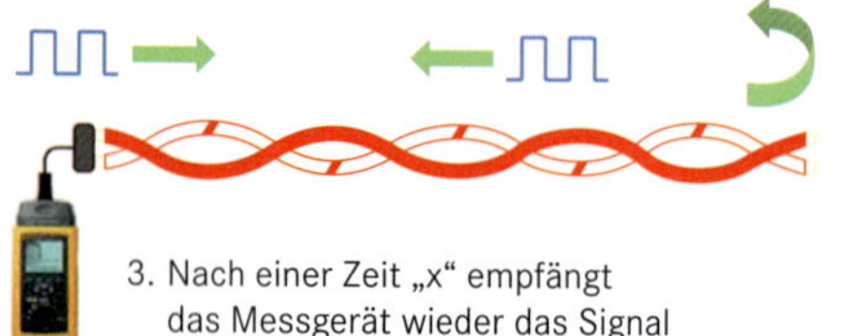

1. Das Messgerät sendet ein Signal auf die Leitung.
2. Das Signal wird am Kabelende reflektiert
3. Nach einer Zeit „x" empfängt das Messgerät wieder das Signal

Nebensprechen

- **Nebensprechen** (crosstalk)
  - Das sendende Signal (Leitung 1) induziert eine Spannung in die Leitungspaare 2, 3 und 4.
  - Durch die Kabeldämpfung wird das Nebensprechen mit zunehmender Leitungslänge geringer.

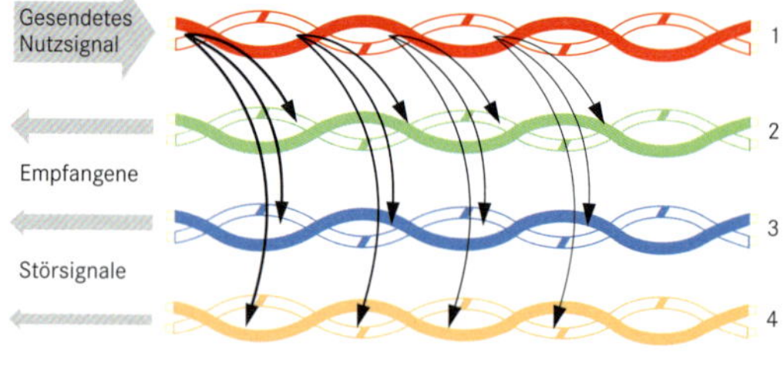

- **Nahes Nebensprechen** (NEXT, near end crosstalk)
  - NEXT entsteht zwischen anliegenden Leitungspaaren, z. B. Leitungspaar 1 und 2,
  - ist frequenzunabhängig und verursacht die häufigsten Fehler in Datennetzen.
- **Fernes Nebensprechen** (FEXT, far end crosstalk)
  - wird am fernen Ende gemessen und entspricht dem Nahen Nebensprechen (NEXT).

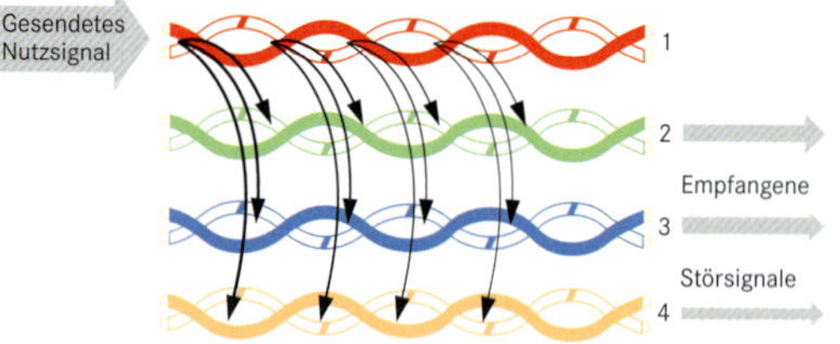

- **Längenabhängiges Nebensprechen am fernen Ende** (ELFEXT, equal level far end crosstalk)
  - Den ELFEXT-Wert erhält man, wenn man die Differenz zwischen FEXT und Dämpfung bildet.
  - Der ELFEXT-Wert ist längenunabhängig und kann mit verschieden langen Leitungen verglichen werden.

Rausch-Signal-Abstand

- **ACR:** attenuation to crosstalk ratio
- Differenz aus dem NEXT-Wert ① und der Dämpfung (ACR = NEXT – Dämpfung)
- Abstand zwischen Nutzsignal und Störsignal
- Je größer der ACR-Wert, desto besser kann das Nutzsignal erkannt werden.
- Der ACR-Wert ist ein Maßstab für die Qualität der gesamten Verbindung.

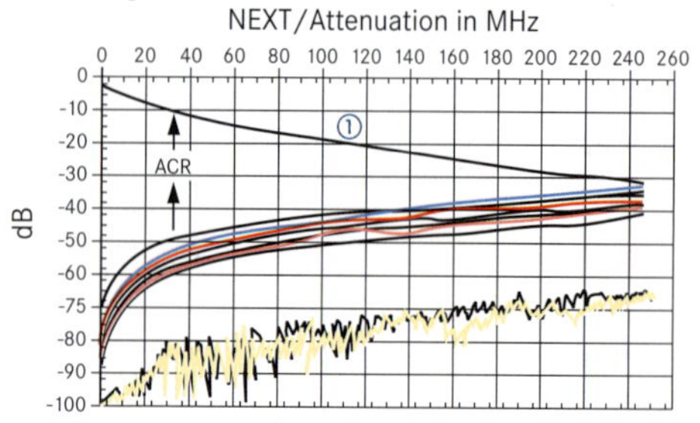

Mehrmoden-Stufenfaser

- **Stufenindex-Profil**

Typische Werte:
n_M = 1,517 (Mantel)
n_K = 1,527 (Kern)
d_k = 100 µm, 200 µm, 400 µm
d_M = 200 µm, 300 µm, 500 µm

n: Brechzahl

- **Modenausbreitung Multimode**
  - Große Laufzeitunterschiede der Lichtstrahlen
  - Starke Impulsverbreiterung
  - **Bandbreite-Reichweite-Produkt**: $B \cdot l > 100$ MHz · km

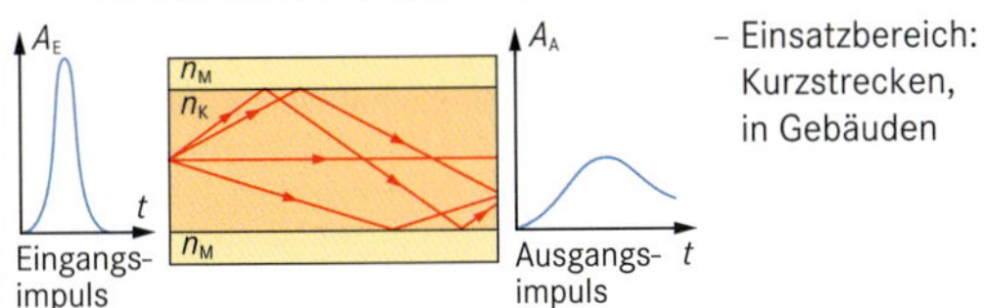

- Einsatzbereich: Kurzstrecken, in Gebäuden

Mehrmoden-Gradientenfaser

- **Gradientenindex-Profil**

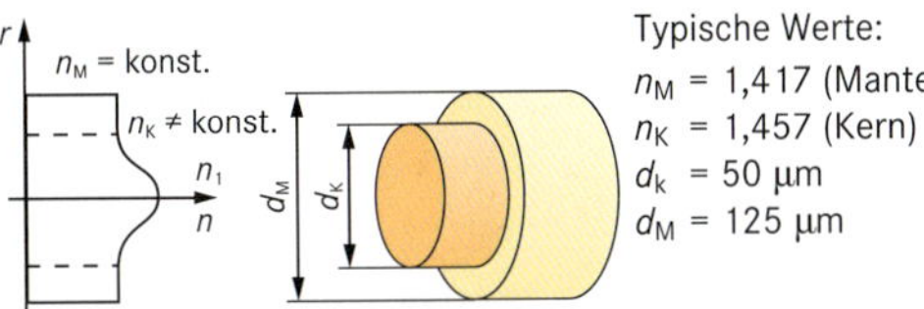

Typische Werte:
n_M = 1,417 (Mantel)
n_K = 1,457 (Kern)
d_k = 50 µm
d_M = 125 µm

- **Modenausbreitung Multimode**
  - Große Laufzeitunterschiede der Lichtstrahlen
  - Geringe Impulsverbreiterung, $B \cdot l > 1$ GHz · km

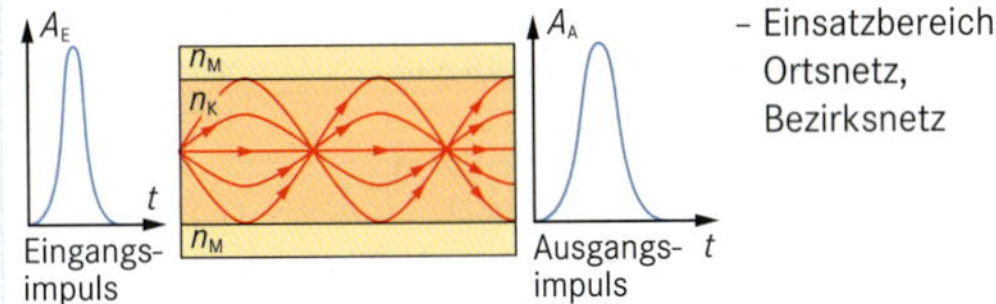

- Einsatzbereich: Ortsnetz, Bezirksnetz

Einmoden-Stufenfaser

- **Stufenindex-Profil**

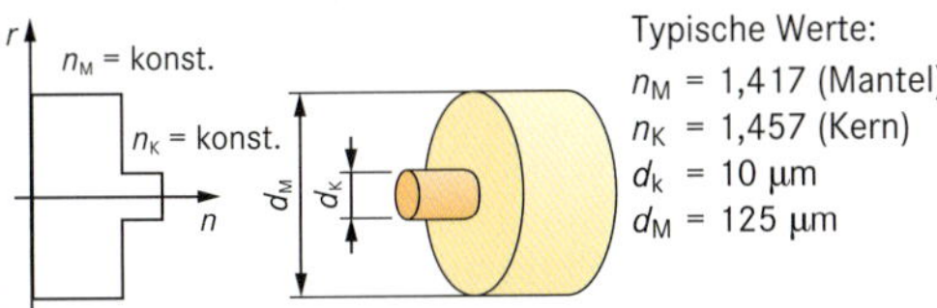

Typische Werte:
n_M = 1,417 (Mantel)
n_K = 1,457 (Kern)
d_k = 10 µm
d_M = 125 µm

- **Modenausbreitung Singlemode**
  - Keine Laufzeitunterschiede, da nur eine Ausbreitungsrichtung
  - Formtreue Impulsübertragung $B \cdot l > 10$ GHz · km

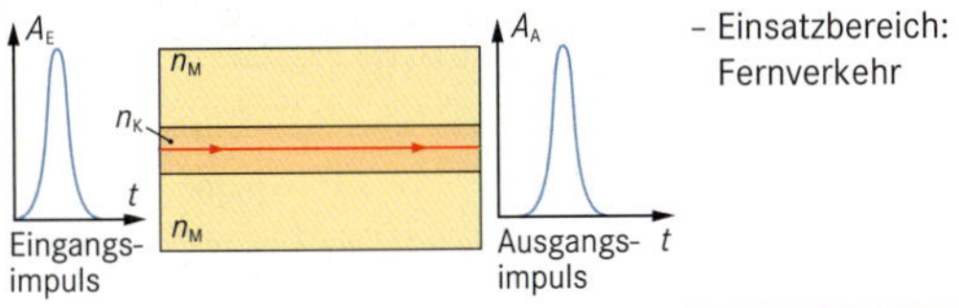

- Einsatzbereich: Fernverkehr

Dämpfung

- Dämpfung wird hervorgerufen durch:
  Abstrahlende Moden, Abstrahlung durch Krümmung, Absorption, Streuung, Leckmoden
- **Optische Fenster**:
  Wellenlängenbereiche mit geringer Dampfung bei 850 nm, 1300 nm und 1550 nm.

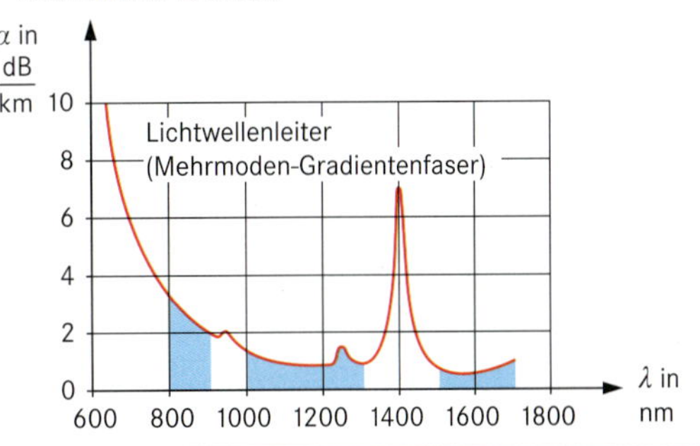

Steckverbinder

- **Grundsätzlicher Aufbau**:
  - Der zylinderförmige Steckerhals (**Ferul**) aus Silbermetall, Hartmetall oder Keramik (auch Kombinationen verschiedener Materialien) enthält in einer zentrischen Bohrung die meist eingeklebte Faser.
  - Ein schlupffreier, aber nicht klemmender Sitz zwischen Steckerhals und Kupplung wird durch eine geschlitzte Kupplungshülse gewährleistet.
- Befestigungsarten:
  - Gewinde, Bajonettverschluss, Schnappvorrichtung
  - Beispiel **ST** (**S**ingle **T**erminator): Faser wird durch Drücken und Verdrehen des Bajonettverschlusses mit der Kupplung verrastet (in der Regel Drehverhinderung).
- **Einfügeverluste** entstehen durch Radialer Versatz, Winkelfehler, Lücken
- **Beispiele**:

Simplex (eine einzige Faser)

FC	ST	SC	DIN	FSMA

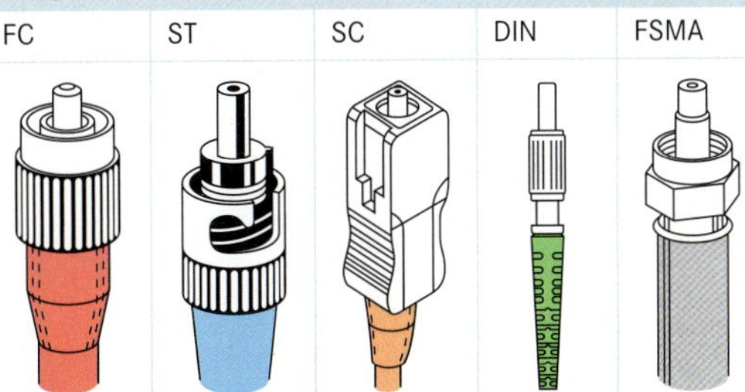

Duplex (zwei Fasern für Sender und Empfänger)

Escon	SC Duplex	FDDI Duplex

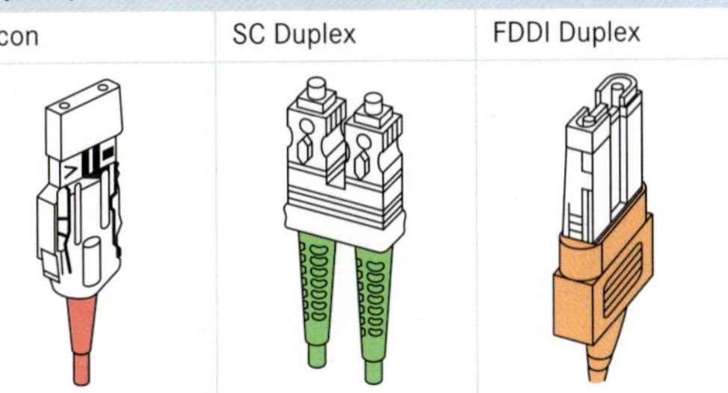

Grobes Wellenlängenmultiplex
Coarse Wavelength Division Multiplex

Merkmale

- **CWDM** (**C**oarse **W**avelength Division **M**ultiplex: grobes Wellenlängen-Multiplex) ist ein Wellenlängen-Multiplexverfahren mit einem breiteren Bandspektrum als z. B. **DWDM** (**D**ense **W**avelength **D**ivision **M**ultiplex: dichtes Wellenlängenmultiplex).
- Wird eingesetzt in **Zugangsnetzen** wie z. B. in Metro-Netzen und Kurzstrecken-Übertragungsnetzen.
- Ist abgestimmt auf die Verwendung der bestehenden Faser-Infrastrukturen.
- Verwendet die Wellenlängenbereiche im
  - **O**-Band (**O**riginal-Band)
  - **E**-Band (**E**xtended Band)
  - **S**-Band (**S**hort Band)
  - **L**-Band (**L**ong Band)
  - **C**-Band (**C**onventional Band)
- Ist spezifiziert nach ITU G.694.2 und verwendet 18 Wellenlängen mit einem Kanalabstand von 20 nm.
- Bei Lichtwellenleitern, die nach ITU G.652 spezifiziert sind, wird das E-Band nicht verwendet.
- Lichtwellenleiter, die nach ITU G.652.C spezifiziert sind, weisen keine erhöhte Dämpfung durch eingeschlossene Wassermoleküle auf und verwenden deshalb auch das E-Band.
- Als **Sendedioden** werden direkt modulierte CWDM Laser-Dioden eingesetzt, die
  - mit Bitraten bis zu 2,5 Gbit/s arbeiten und
  - bis zu 80 km Entfernung überbrücken.
- Die eingesetzten **Empfänger** verwenden **Avalanche Photodiodes Detectors (APD)** oder Agnostic PIN-Dioden.
- Die jeweiligen Wellenlängen werden mittels optischer Filter aus dem Spektrum gefiltert.
- Aufgebaut sind die optischen Filter in **TFF** Technologie (**T**hin **F**ilm **F**ilter: Dünnschichtfilter in diskreter Form oder als integrierte Multiplexer bzw. Demultiplexer).

WDM-Gegenüberstellung

	Coarse WDM (mit WWDM)	**WDM**	**DWDM** (mit ultra dense WDM)
Kanalabstand	in der Regel 20 nm	1310 nm und 1550 nm	≤ 1,6 nm
Verwendetes Band	O, E, S, C und L	O und C	C und L
Kosten pro Kanal	gering	gering	hoch
Anzahl der Kanäle	18 Kanäle	2 Kanäle	Hunderte von Kanälen
Anwendung	Short-haul, Metro[1]	PON[2]	Long-haul[3]

[1] Kurzstrecken [2] Passive Optical Network [3] Langstrecken

Wellenlängenbänder

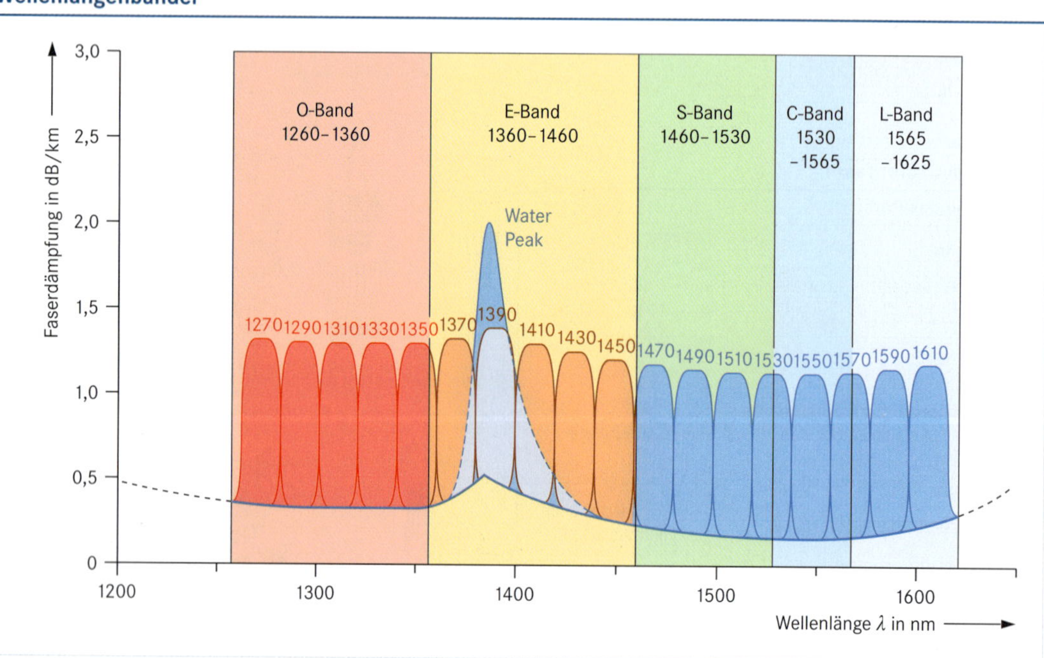

Grundlagen

- Verfahren zur Erhöhung der Datenübertragungsrate auf Lichtwellenleitern
- Verwendet die Verfahren **WDM** und **DWDM**

WDM

WDM:
Wavelength **D**ivision **M**ultiplex (Wellenlängenmultiplex)

- Übertragung erfolgt in unterschiedlichen optischen Fenstern (1310 nm und 1550 nm)
- Wellenlängen werden mit optischen Filtern zusammengefügt, auf einer Faser übertragen und am Empfänger durch optische Filter wieder in ursprüngliche Wellenlängen zerlegt
- Wird auch als **Breitband WDM** bezeichnet, da pro Wellenlänge nur ein Kanal übertragen wird

Prinzip

ohne WDM

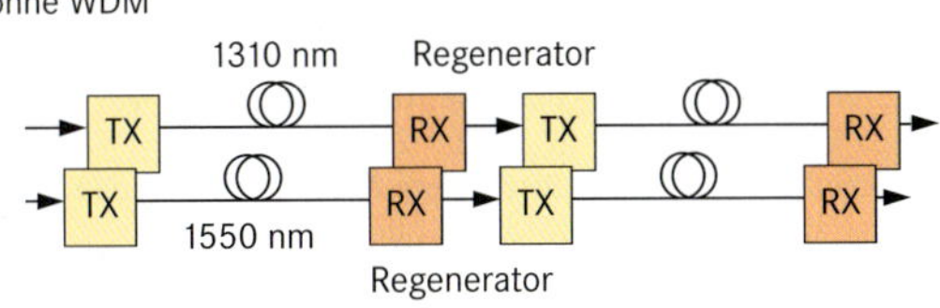

mit WDM

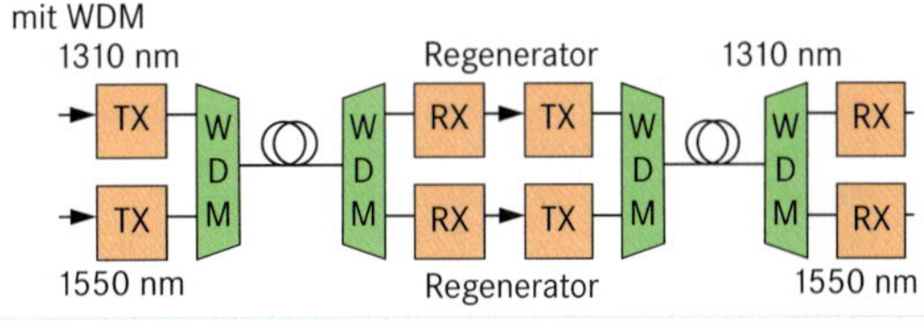

DWDM

DWDM:
Dense **W**avelength **D**ivision **M**ultiplex (Schmalband Wellenlängenmultiplex)

- Mehrkanalübertragung auf geringfügig unterschiedlichen Wellenlängen
- Wellenlängen liegen im dritten optischen Fenster (1530 nm bis 1565 nm)
- Verwendet **optische Verstärker** mit erbiumdotierter Glasfaser und Pumplaser
- Nutzsignale lassen sich somit um 20 dB bis 30 dB verstärken
- Übertragungsstrecken sind, je nach überbrückbarer Entfernung, in **Kategorien** eingeteilt (**L, V, U**)
- Standardisiert von ITU in G.692 mit 4 und 8 Nutzkanälen bei Bitraten bis zum STM-16 Standard. Geplant sind 16 und 32 Kanalsysteme (STM-64) und bidirektionale Übertragung
- Nutzkanäle liegen im 100 GHz Raster
- Bietet die Möglichkeit, vorhandene LWL-Strecken kostengünstig auf höhere Übertragungsleistung aufzurüsten

Prinzip

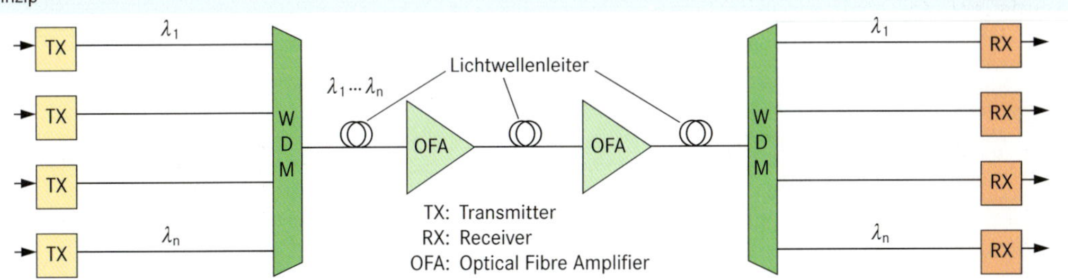

Kategorien Übertragungsstrecken

			Teilstrecke	Dämpfung
L	**L**ong Haul	L: TX — RX	~ 80 km	22 dB
		3L: TX — OFA — OFA — RX		3 x 22 dB
V	**V**ery Long Haul	V: TX — RX	~ 120 km	33 dB
		3V: TX — OFA — OFA — RX		3 x 33 dB
U	**U**ltra Long Haul	U: TX — RX	~ 160 km	44 dB

Laserschutz in LWLKS
Laser Protection in Fibre Optic Communication Systems

Merkmale

- **L**icht**w**ellen**l**eiter **K**ommunikations**s**ysteme (LWLKS) sind Bestandteile heutiger Datenübertragungssysteme.
- Sie werden eingesetzt im Nah- und Weitverkehrsbereich sowie im LAN-Bereich (**FTTH: F**ibre **T**o **T**he **H**ome, **FTTD: F**ibre **T**o **T**he **D**esk, Ethernet usw.).
- Bestandteile sind u. a. Sendeelemente auf Basis von LED (Light Emitting Diode), Laserdioden (**L**ight **A**mplification by **S**timulated **E**mission of **R**adiation), optische Verstärker und Pumplaser.
- Wesentliche Eigenschaft dieser Komponenten ist die Erzeugung von energiereichen und schmalbandigen optischen Strahlungen im sichtbaren und unsichtbaren-Wellenlängenbereich, die über Lichtwellenleiter (Kunststofffaser oder Glasfaser) übertragen werden.
- Diese optische Strahlung (zugänglich z. B. am Kabelende stellt primär eine Gefahrenquelle für das menschliche Auge und die menschliche Haut dar.
- Der Grund dafür ist Fokussierung des kohärenten (gleichförmigen) Lichtstrahls durch die Augenlinse auf die Netzhaut.
- Die Höhe der Gefährdung ist u. a. abhängig von der Wellenlänge, dem Betrachtungsabstand zur Austrittsquelle, der Betrachtungsdauer, der Strahlungsleistung

Definitionen

- Zum Schutz gegen diese Gefährdung sind Maßnahmen zu treffen, die die Bereiche Betrieb, Wartung, Instandhaltung, Entwicklung und Herstellung abdecken.
- **MZB** (**M**aximal **z**ulässige **B**estrahlung) definiert den Grenzwert von Laserstrahlung (400 nm bis 1400 nm), dem Personen ausgesetzt werden dürfen, ohne schädliche Folgen zu erleiden.
- **GZB** (**G**renzwerte **z**ugänglicher **B**estrahlung) ist der Maximalwert zugänglicher Strahlung, der innerhalb einer bestimmten Klasse zugelassen ist (abgeleitet aus MZB).
- Grundsätzlich sind sämtliche Systeme auf Basis optischer Übertragungstechnik zu bewerten und zu klassifizieren.
- Für Lasersysteme sind deshalb Laserklassen festgelegt.
- **Zusätzlich** sind für LWLKS **Gefährdungsgrade** definiert.
- Standorte mit **uneingeschränktem Zugang** müssen den Gefährdungsgrad 1, 1M, 2 oder 2M haben.
- Standorte mit **eingeschränktem Zugang** müssen den Gefährdungsgrad 1, 1M, 2, 2M oder 3R haben.
- Standorte mit **kontrolliertem Zugang** müssen den Gefährdungsgrad 1, 1M, 2, 2M, 3R oder 3B haben.
- Die erforderlichen Schutzmaßnahmen ergeben sich aus dem Gefährdungsgrad und einer kategorisierten Zugänglichkeit des jeweiligen Standortes.
- Folgende Schutzmaßnahmen (in der Rangfolge) sind einzuhalten
  - technische (z. B. Abschirmung)
  - organisatorische (z. B. Betriebsanweisung)
  - persönliche (z. B. Schutzbrillen)

Laser-Klassifizierung

Steigende Gefährdung ↓

Laser-Klasse	Wellenlänge in nm	Potenzielle Gefahren	**G**renzwerte **z**ulässiger **B**estrahlung (**GZB**)
1	alle	Augensicher (auch bei längerer Bestrahlung)	40 µW im blauen Spektralbereich 40 µW im roten Spektralbereich
		Gekapselte Laser höherer Leistung	Kein Strahlaustritt
1M	302,5 ... 4000	Augensicher für das freie Auge (Augenschaden möglich bei Betrachtung mit Lupen)	wie Klasse 1 (Messblende für das freie Auge)
2	400 ... 700	Augensicher innerhalb 0,25 s (Lidschlussreflex) (auch bei Betrachtung mit Lupen)	max. 1 mW
2M	400 ... 700	Augensicher innerhalb 0,25 s (Lidschlussreflex)	wie Klasse 2; max. 1 mW auf Netzhaut
3R	400 ... 700	Praktisch keine Gefahr bei kurzzeitiger unabsichtlicher Bestrahlung	5-facher Wert von Klasse 2 im sichtbaren Bereich
	302,5 ... 1 x 10^6	Gefahr bei unsachgemäßer Verwendung	5-facher Wert von Klasse 1 außerhalb des sichtbaren Bereichs
3B	200 ... 1 x 10^6	Gefahr für Augen durch direkten Strahl und spiegelnde Reflexionen; geringfügige Hautverletzungen nahe der Leistungsobergrenze	< 500 mW
4	alle	Gefahr für Augen durch direkten und diffus reflektierten Strahl; Gefahr für Haut; Brandgefahr	nach oben hin offen

Kennzeichnung

Zugänglicher Gefährdungsgrad	Standort: uneingeschränkt	Standort: eingeschränkt	Standort: kontrolliert
1	-	-	-
1M	-	X	-
2	X	X	X
2M	X	X	X
3R	nicht zulässig	X	X
3B	nicht zulässig	nicht zulässig	X
4		nicht vorgesehen	

Beispiel

Laser Klasse 2

Standort uneingeschränkt oder eingeschränkt oder kontrolliert

allg. Gefahrensymbol

LASERSTRAHLUNG
NICHT IN DEN STRAHL BLICKEN
LASER KLASSE 2
NACH EN 60825-1;2001
P ≤ 1 mW; λ= 632,8 nm

Hinweisschild (zusätzlich)

Anwendungsbereiche

- Analog zur elektrischen Messtechnik gibt es für die optische Messtechnik eine Reihe von Geräten für die unterschiedlichen Messaufgaben.
- Die Anwendung der Geräte erfolgt u. a.
  - an optischen Bauelementen und
  - Lichtwellenleiter-Übertragungsstrecken

Sicherheitshinweis

Grundsätzlich sollten die Test- und Messanschlüsse der Geräte niemals direkt mit dem Auge betrachtet werden, da durch die austretende Strahlungsleistung irreparable Schäden am Auge entstehen können.

Funktion / Gerät	Optische Leistung	Lichtquellen-Wellenlänge	Leistungsverlust	Optische Erkennung	Anpassungsdämpfung	Lichtwellenleiteruntersuchung
Leistungsmesser	✓		✓		✓	✓
Dämpfungsmesser	✓		✓	✓	✓	✓
Spektrumanalysator	✓	✓	✓		✓	
Wellenlängenmultiplex-Tester	✓	✓	✓			
Optisches Rückstreumessgerät	✓		✓	✓	✓	✓

Optisches Rückstreumessgerät

- Optische Rückstreumessgeräte (**O**ptical **T**ime **D**omain **R**eflectometer [**OTDR**]) messen die Reflexionen eines in den Lichtwellenleiter eingekoppelten Impulses.
- Reflexionen im Lichtwellenleiter entstehen u. a. durch
  - Steckverbinder
  - mechanische Spleiße
  - Faserbeschädigungen (Anriss)
  - Faserende
- Nicht reflektierende Zustände entstehen zum Beispiel beim
  - Schmelzspleißen
  - unzulässigen Biegungen der Faser
- Die auf dem Messgerät dargestellte Kurve zeigt sowohl die Reflexionsstellen als auch die nicht reflektierenden Ereignisse in Abhängigkeit von der jeweiligen örtlichen Lage (Entfernung von der Messstelle).
- Die ermittelte Dämpfung gibt die Gesamtdämpfung der Übertragungsstrecke wieder (keine absolute Leistungsmessung).
- Als Messimpulse werden optische Impulse mit unterschiedlichen Impulsbreiten verwendet.
- Kurze Impulse (5 ns bis 1 µs)
  - ergeben bessere Entfernungsauflösung, allerdings mit höherem Rauschen
  - dienen zur Verlustmessung an Spleißen oder Steckverbindern in der mittelbaren Nähe
- Lange Impulse (100 ns bis 10 µs)
  - ergeben geringere Auflösung
  - dienen zur Erkennung von Unterbrechungen

Messkurve

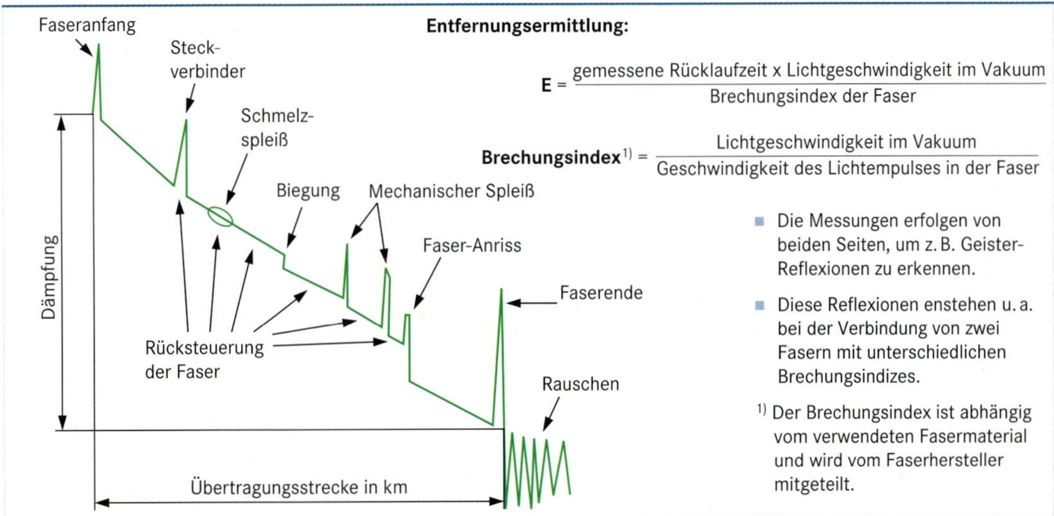

Entfernungsermittlung:

$$\mathbf{E} = \frac{\text{gemessene Rücklaufzeit x Lichtgeschwindigkeit im Vakuum}}{\text{Brechungsindex der Faser}}$$

$$\textbf{Brechungsindex}^{1)} = \frac{\text{Lichtgeschwindigkeit im Vakuum}}{\text{Geschwindigkeit des Lichtempulses in der Faser}}$$

- Die Messungen erfolgen von beiden Seiten, um z. B. Geister-Reflexionen zu erkennen.
- Diese Reflexionen enstehen u. a. bei der Verbindung von zwei Fasern mit unterschiedlichen Brechungsindizes.

1) Der Brechungsindex ist abhängig vom verwendeten Fasermaterial und wird vom Faserhersteller mitgeteilt.

Merkmale

- Drahtlose Netzwerk-Technologien basieren für die Datenübertragung auf der Anwendung von Funktechniken und verwenden somit die Luft als Übertragungskanal.
- Damit besteht die Möglichkeit, bisher nicht erschlossene Regionen ohne die Verlegung von Kabeln (Kupfer, LWL) kostengünstig zu vernetzen.

Einteilung

- Die unterschiedlichen Technologien bieten spezifische Leistungsmerkmale und werden, wie die drahtgebundenen Netzwerke, in folgende Segmente eingeteilt:
  - **PAN** (**P**ersonal **A**rea **N**etwork)
  - **LAN** (**L**ocal **A**rea **N**etwork)
  - **MAN** (**M**etropolitan **A**rea **N**etwork)
  - **WAN** (**W**ide **A**rea **N**etwork)
- Die segmentspezifischen Leistungsmerkmale unterscheiden sich in
  - erforderliche Bandbreite
  - Übertragungsentfernungen
  - Funkleistung
  - angebotene Dienste
  - Netzbetreiber

Standards

- Standardisiert werden die Technologien durch
  - **IEEE** (**I**nstitute of **E**lectrical and **E**lectronics **E**ngineers)
  - **ETSI** (**E**uropean **T**elecommunications **S**tandards **I**nstitute)
  - **3GPP** (Third-**G**eneration **P**artnership **P**roject)
- IEEE- und ETSI-Standards sind
  - interoperabel
  - konzentrieren sich hauptsächlich auf paketbasierende Netzwerke
- 3GPP-Standards konzentrieren sich auf zellulare Netzwerke mobiler Systeme der 3. Generation.
- Zwischen den Segmenten gibt es Überlappungen, die aus der jeweiligen Implementierung resultieren.

Anwendungen

- PAN: Vernetzung von lokalen Rechnern, Rechnerperipherie, Digital Video usw.
- WiFi: Überbrückung der letzten Meile als Alternative zu DSL
- WiMAX: Überbrückung der letzten Meile mit optimierter Service-Qualität

Leistungsmerkmale

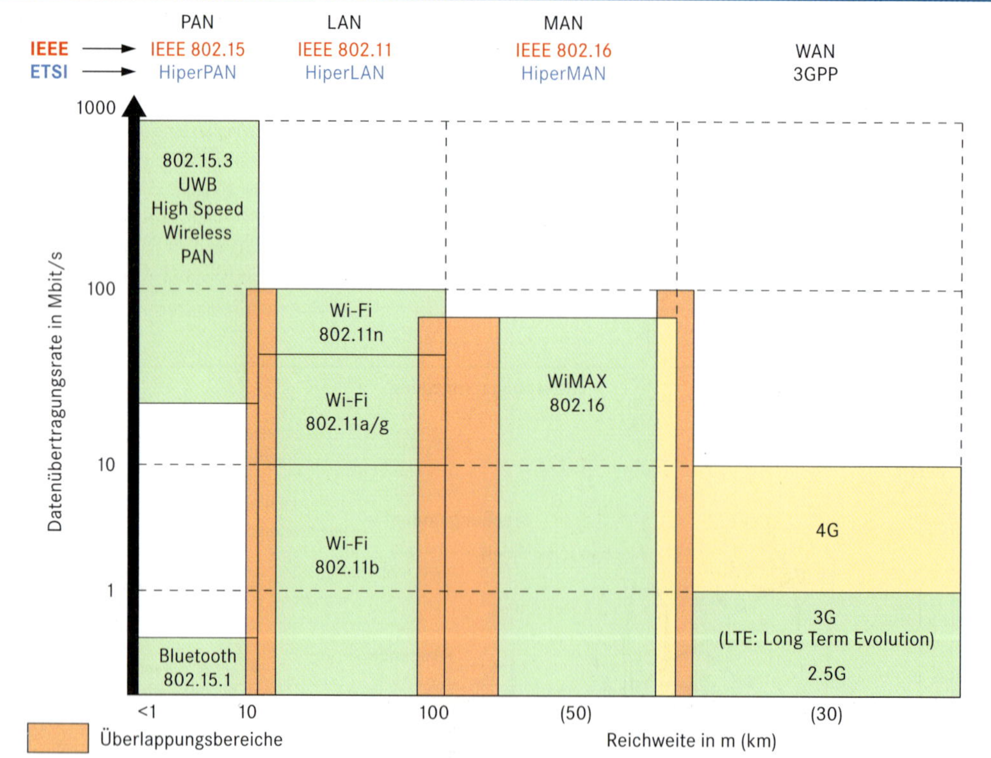

UWB: **U**ltra-**W**ide **B**and (Ultra Breitband)
PAN: **P**ersonal **A**rea **N**etwork
Wi-Fi: **Wi**reless **Fi**delity (Allgemeiner Begriff für drahtlose Netzwerke, wie 802.11b, 802.11a usw.)
WiMAX: **W**orldwide **I**nteroperability for **M**icrowave **A**ccess (Weltweite Interoperabilität für Netzzugang auf Mikrowellen-Basis)
IEEE: **I**nstitute of **E**lectrical and **E**lectronics **E**ngineers

Merkmale

- **WLAN** (**W**ireless **LAN**: drahtlose LAN) sind lokale Netzwerke, die auf Funkbasis arbeiten.
- Endgeräte werden mit Funkeinrichtungen ausgerüstet.
- Der Zugang zu ortsfesten LAN erfolgt über Zugangspunkte (**Access Point**, AP).
- Wireless LAN sind spezifiziert nach **IEEE 802.11**, dem **DECT**-Standard oder nach **HIPER** LAN (**Hi**gh **Per**formance LAN) oder **WPAN** (**W**ireless **P**ersonal **A**rea **N**etwork: drahtloses persönliches Netzwerk).
- WLAN-Funktionen sind auf OSI-Schicht 1 und 2 geregelt.
- Gegen **externe Störungen** sind Maßnahmen im Funkkanal und in den Kommunikationsprotokollen realisiert.
- Die **Reichweiten** dieser Netzwerke sind durch HF-Leistungsbeschränkungen begrenzt.
- Bedingt durch die Übertragung der Daten über eine Luftschnittstelle sind besondere **Schutzmaßnahmen** gegen Abhören (z. B. hochwertige Verschlüsselung) vorzusehen.
- **Vorteile** von WLAN-Einrichtungen sind u. a.
  - weltweite Standardisierung
  - lizenzfreier Betrieb
  - große Flexibilität (anpassbar z. B. an Baulichkeiten)
  - einfache Administration in den Endgeräten

IEEE 802.11

- In WLAN nach IEEE 802.11 sind eine Reihe von Einzelspezifikationen enthalten, die unterschiedliche Anforderungen abdecken.
- Als Grundlage sind folgende Architekturelemente spezifiziert:
  - **BSS** (**B**asic **S**ervice **S**et: Basis-Dienstelement) ist das grundlegende Architekturelement
  - **STA** (**Sta**tion: Station) ist das Mitglied eines BSS
  - **IBSS** (**I**ndependent **BSS**: unabhängiges BSS) ist ein BSS, in dem die Kommunikation der STA direkt untereinander erfolgt
  - **DS** (**D**istribution **S**ystem: Verteilungssystem) ist das Element zur Verbindung mehrerer BSS untereinander oder der Zugang zum Festnetz
  - **AP** (**A**ccess **P**oint: Zugangspunkt) ist der Zugang zum DS; nutzt das Wireless Medium (WM) und das Distributed System Medium (DSM)
  - **ESS** (**E**xtended **S**ervice **S**et: erweiterte Dienstelemente) ist die Zusammenschaltung mehrerer BSS über DS
  - **Portal** realisiert den Übergang zu einem anderen LAN
- Grundsätzlich wird bei IEEE 802.11 das CSMA/CA-Verfahren angewendet (Kollisionsvermeidung).

IEEE 802.11 Standards

Standard	Inhalt	Standard	Inhalt
802.11	1 Mbit/s und 2Mbit/s im 2,4 GHz Band	802.11k	System Management
802.11a	54 Mbit/s im 5 GHz Band	802.11m	Maintainance von 802.11 Version 2003 zu Version 2007
802.11b	11 Mbit/s im 2,4 GHz Band	802.11n	Reichweiten- und Durchsatzerhöhung bis 600 Mbit/s im 2,4 GHz und 5 GHz Band
802.11c	Wireless Bridging	802.11p	Drahtloser Zugang für Fahrzeugeinsatz
802.11d	Regionsspezifische Anpassungen	802.11r	Schneller Zellenwechsel
802.11e	Quality of Service und Streaming-Erweiterung für IEEE 802.11a/g/h	802.11s	Erweiterte Dienste vermaschte Netze
802.11g	54 Mbit/s im 2,4 GHz Band	802.11t	Leistungsvorhersage, Testmethoden
802.11h	54 Mbit/s im 5 GHz Band mit Frequency Selection (DFS) und Transmit Power Control (TPC)	802.11u	Vernetzung mit nicht 802 Netzwerken
		802.11v	Netzwerk-Management
802.11i	Authentifizierung und Verschlüsselung für IEEE 802.11a/g/h	802.11w	Geschützte Managementrahmen
		802.11z	Erweiterung für Direktverbindungsaufbau

Buchstaben: l, o, q und x sind nicht verwendet, um Verwechselungen zu vermeiden

Betriebsarten

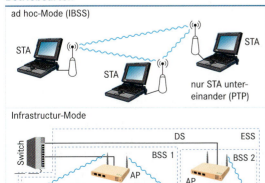

ad hoc-Mode (IBSS)

STA
STA
STA
nur STA untereinander (PTP)

Infrastructur-Mode

DS
ESS
Switch
BSS 1
BSS 2
AP
AP

Typische Daten (Europa)

Bezeichnung	802.11a/h	802.11b	802.11g	802.11n
Frequenzbereich in GHz lt. Bundesnetzagentur	5,150 5,725	2,40 2,4835	2,40 2,4835	2,40 2,4835 5,150 5,725
Datenrate brutto (Mbit/s)	54	11	54	bis 600
Codierung	OFDM	DSSS CCK	OFDM CCK DSSS	OFDM CCK DSSS
Kanäle (max.) (in Europa)	19	13	13	13[1] 19[2]
ohne Überlappung	19	3	3	13[1] 19[2]

[1] im 2,4 GHz-Bereich [2] im 5 GHz-Bereich
OFDM (Orthogonal Frequency Division Multiplex)
CCK (Complementary Code Keying)
DSSS (Direct Sequence Spread Spectrum)

Grundlagen

- Die **Einrichtung** (Anwendung) von WLAN-Technik erfordert eine **detaillierte Planung** u. a. in der Bereichen
  - der einzusetzenden WLAN-Technik,
  - des Aufbaus und
  - des Betriebes.
- Die einzusetzende **WLAN-Technik** wird bestimmt durch
  - Leistungsanforderungen und
  - Verfügbarkeit der Systemtechnik (Stabilität des Standards).
- Der **Aufbau** (Architektur) eines WLANs ist in hohem Maße abhängig von
  - betrieblichen Anforderungen und
  - örtlichen Gegebenheiten
- Beim **WLAN-Betrieb** sind neben den funktionalen Aspekten die Anforderungen an die systemtechnische Sicherheit (z. B. Manipulation von außen und innen) zu berücksichtigen.
- Hierzu gehören neben den **technischen Maßnahmen** auch die entsprechenden **organisatorischen Maßnahmen** in Form von Anwendungs- und Sicherheitsrichtlinien (Security Policy), die jedem Anwender bekannt sein müssen und eingehalten werden müssen.

Ablauf

1. Klärung

Anforderungen spezifizieren
- Welche Anwendungen sollen betrieben werden, wie viele Anwender (Anwendergruppen) sind zu berücksichtigen
- Welche Zugriffs- bzw. Durchsatzzeiten sind erforderlich
- Welche rechtlichen Grundlagen sind zu berücksichtigen
- Welche Sicherheitsmaßnahmen sind erforderlich
- Zukünftige Änderungen (Erweiterungen/Rückbauten) festlegen
- ...

2. Standortbesichtigung

Objektbesichtigung durchführen
- Gebäudestruktur (Wand- und Deckenaufbau) ermitteln
- Einrichtungen (Mobiliar) feststellen
- Raumgrößen und auszuleuchtende Flächen erfassen
- vorhandene Funknetze ermitteln
- Verkabelungswege und Aufstellmöglichkeiten der Access Points ermitteln
- Umweltbedingungen (Temperatur, Staub, Feuchte, ...) ermitteln
- Stromversorgung klären
- ...

3. Planen

Planung/Projektierung durchführen
- Funkausleuchtung berechnen, simulieren, modellieren
- WLAN-Standards auswählen und festlegen
- Ortsfeste Verkabelung planen
- Aufstellorte der APs festlegen
- Stromversorgung (Spannungen, Leistungsbedarf) ermitteln
- Schutzmaßnahmen (Zugangsschutz, Bitzschutz, ...) festlegen
- Baustellenbelieferung und Montageablauf festlegen
- ...

4. Beschaffen

Beschaffung organisieren
- Ausschreibung für zu liefernde Geräte, Materialien, Bauleistungen, erstellen und herausgeben
- Angebote einholen und auswerten
- Lieferanten beauftragen
- Materialien auf Baustelle ausliefern und sachgerecht lagern
- ...

5. Realisieren

Montage/Einrichtung/ Inbetriebsetzung durchführen
- Technik installieren
- Schutzmaßnahmen einbauen
- Systeme einrichten
- Abnahmemessung realisieren (Funkausleuchtung, Datendurchsatz, ...)
- Redundanzmaßnahmen überprüfen
- ...

6. Betreiben

Betrieb/Überwachung/Wartung
- Aktive Überwachung (Monitoring) des Systems auf Funktionstüchtigkeit
- Störfallerkennung und Behebung
- Sabotageerkennung betreiben
- Zyklische Wartungsmaßnahmen (Sicherheitsüberprüfung) durchführen
- Umbauten, Rückbauten vorbereiten
- ...

Funkausleuchtung

- Ein wesentlicher Aspekt bei der Einrichtung eines WLANs ist die **Funkausleuchtung** innerhalb bzw. außerhalb von Gebäuden.
- Die Funkwellen des WLANs können durch lokale Gegebenheiten in der Ausbreitung gestört werden.
- **Störfaktoren** sind u. a.
  - Abschattung durch Wände oder Büroschränke
  - Reflexion durch große Metallteile
  - erhöhte Dämpfung durch Wände und Decken
- Insgesamt kommt es durch diese Eigenschaften zu **Ausbreitungsverzögerungen** und **Mehrwegausbreitung** der ausgesendeten Funksignale.
- Eine sorgfältige Auswahl der einzusetzenden **Antennen** und der **Aufstellstandorte** der Access Points ist daher erforderlich.
- Die **Antennenarten** unterscheiden sich durch die Abstrahlcharakteristik (Antennengewinn).

Beispiel: Büroraum

Abstrahlungscharakterisitk

Antenne

Horizontal

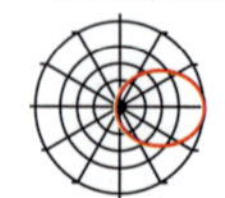

Vertikal

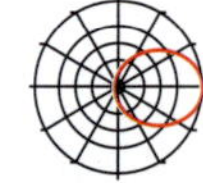

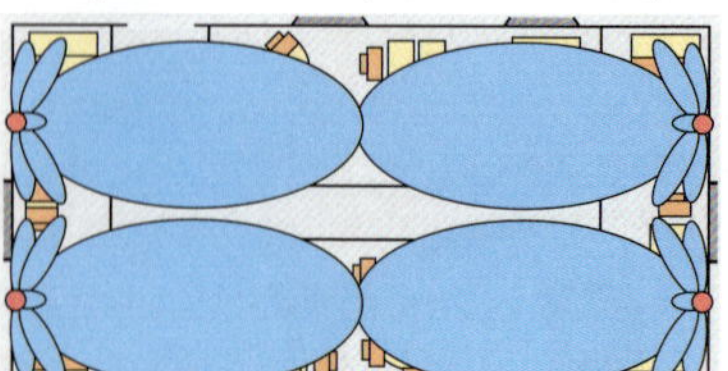

● Antennenstandorte

Grundlagen

- WLANs auf Basis IEEE 802.11 sind mit geringem Aufwand schnell aufzubauen und bieten eine große Flexibilität in der Konfigurierbarkeit.
- **Nachteilig** ist allerdings die **Angreifbarkeit** der Systeme, da die Übertragung der Daten über die Luftschnittstelle erfolgt.
- Diese Schnittstelle wird als **shared medium** (geteiltes Medium) verwendet und ist somit jedem Angreifer zugänglich.
- **Angriffe** bzw. Beeinflussungen auf diese Systeme sind mit relativ **einfachen Mitteln** realisierbar und ermöglichen Manipulationen in unterschiedlichster Art und Weise.
- Die erforderlichen **Schutzmaßnahmen** werden anhand der möglichen Gefährdungen ermittelt und sind auf **unterschiedlichen Ebenen** zu realisieren.

Gefährdungen

Gefährdungen

Höhere Gewalt
- Ausfall oder Störung eines Funknetzes
- Ausfall oder Störung in der Stromversorgung
- Witterungsbedingte Störungen

Vorsätzliche Handlungen
- Vertraulichkeitsverlust schützenswerter Informationen
- Auswertung von Verbindungsdaten der drahtlosen Kommunikation
- Angriffe auf WLAN-Komponenten
- Abhören der WLAN-Kommunikation

Organisatorische Mängel
- Fehlende oder unzureichende Regelungen
- Unzureichende Kenntnis über Regelungen
- Unzureichende Kontrolle der IT-Sicherheitsmaßnahmen
- Fehlende oder unzureichende Planung des WLAN-Einsatzes
- Unzureichende Regelungen zum WLAN-Einsatz
- Ungeeignete Auswahl von WLAN-Authentifikationsverfahren

Menschliche Fehlhandlung
- Nichtbeachtung von IT-Sicherheitsmaßnahmen
- Fehlerhafte Administration des IT-Systems
- Konfigurations- und Bedienungsfehler
- Ungeeigneter Umgang mit Passwörtern
- Fehlerhafte Konfiguration der WLAN Infrastruktur

Technisches Versagen
- Unkontrollierte Ausbreitung der Funkwellen
- Unzuverlässige oder fehlende WLAN-Sicherheitsmechanismen

Schutzmaßnahmen

- Die **Absicherung** von WLANs
  - ist **gesetzlich erforderlich** (verhindern von Missbrauch durch Unbekannte)
  - kann unter Anwendung verschiedener Maßnahmen realisiert werden und ist abhängig u. a. von der Größe des Netzwerkes
- Grundlegende Maßnahmen für ein **SOHO**-WLAN (**S**mall **O**ffice **H**ome **O**ffice) sind
  - WLAN-Geräte nur **kabelgebunden konfigurieren**
  - **Benutzername** und **Passwort** für das WEB-Interface am AP (Router) **ändern**
  - **starke Passwörter** verwenden (max. Länge nutzen, Buchstaben und Symbole verwenden)
  - aktuelle Firmware des Geräteherstellers installieren
  - **Zugriffskontrollliste** (ACL) aktivieren und nur eingetragene MAC-Adressen vom AP zulassen (MAC-Filter)
  - **leistungsfähige Verschlüsselung** (WPA: Wi-Fi protected Access oder WPA2) aktivieren; falls nur WEP von den Geräten unterstützt wird, dann mit 128 Bit Schlüssellänge verwenden
  - **SSID ändern** in unverfänglichen Namen (z. B. WLAN), damit keine Rückschlüsse auf Anwender oder Einsatzort möglich sind und die Aussendung abschalten
  - **Fernkonfiguration** im AP **abschalten**
  - WLAN-**Reichweite begrenzen** durch Einstellung der Sendeleistung (überprüfen mit frei verfügbaren Programmen wie z. B. NetStumble)
  - **Schlüssel** zur Verschlüsselung **regelmäßig ändern**
  - Firewall einrichten
  - Backup der Einstellungen auf externem Medium speichern (z. B. Memory Stick)
  - **LOG-Dateien** regelmäßig auf unbekannte MAC-Adressen **überprüfen,** um Zugriffe durch Fremde zu erkennen

Sicherheitsmechanismen

- Die **grundsätzlichen Sicherheitsmechanismen**, die in Form von Verfahren und Kommunikationsprotokollen angewendet werden, dienen zur Sicherstellung der
  - **Vertraulichkeit** (confidentiality)
  - **Integrität** (integrity) und
  - **Authentizität** (authenticity)

  der Daten im WLAN
- **Vertraulichkeit:** Informationen (Daten) nur für Berechtigte zugänglich machen,
- **Integrität:** Datensicherheit (Schutz vor Verlust) und Fälschungssicherheit (Schutz vor vorsätzlicher Veränderung),
- **Authentizität:** Sichere Zuordnung einer Information zum Absender
- Zur Anwendung kommen dafür
  - **WEP** (**W**ired **E**quivalent **P**rivacy)
  - **WPA** oder WPA2 (**Wi-Fi P**rotected **A**ccess) und/oder
  - IEEE 802.11 i
- **WEP** ist in der Anfangsphase der WLAN-Technik angewendet worden; bietet allerdings keinen hinreichenden Schutz und wird somit als **ungenügend** eingestuft.
- **WPA** ist ein Standard
  - der von der Wi-Fi Alliance veröffentlicht wurde
  - wird unterschieden in WPA-Personal (kleines WLAN im Bereich SOHO) und WPA-Enterprise (größere WLAN im Unternehmensbereich)
- **WPA** für SOHO-Anwendungen verwendet für die
  - Verschlüsselung: **TKIP** (**T**emporal **K**EY **I**ntegrity **P**rotocol)
  - Integritätsprüfung: **Michael** (MIC: Message Integrity Check)
  - Authentisierung: **PSK** (**P**re-**s**hared **K**eys)
- Bei größeren Netzen erfolgt die Authentisierung und das Schlüsselmanagement mit **IEEE 802.1x.**
- **WPA2** ist **nicht abwärtskompatibel** zu den vorhandenen Verfahren; verwendet **CCMP** (**C**ounter mode with **C**BC-**MAC P**rotocol) [CBC-MAC: Cipher Block Chaining Message Authentication Code].

AES (**A**dvanced **E**ncryption **S**tandard: Erweiterter Verschlüsselungsstandard)	Symmetrisches Verschlüsselungsverfahren mit einer variablen Schlüssellänge von 128, 192 oder 256 Bit. AES bietet ein sehr hohes Maß an Sicherheit.
Authentication (Authentisierung: Beglaubigung)	Prüfen der Identität (Echtheit) eines Benutzers oder eines Gerätes. Zweck ist in der Regel die anschließende Autorisierung (Zuweisung von Rechten) für Zugriffe im WLAN. Ohne Authentisierung ist i. A. keine sinnvolle Autorisierung möglich.
Beacon („Leuchtfeuer“)	Von einem Access Point zyklisch übertragenes Paket. Enthält Daten für die Übertragungsparameter und dient den Clients u. a. als Information zur Parametereinstellung.
CBC (**C**ipher **B**lock **C**haining Mode: Blockchiffre mit Blockverkettung)	Betriebsart, in der Blockchiffrierungsalgorithmen arbeiten; vor dem Verschlüsseln eines Klartextblocks wird dieser erst mit dem im letzten Schritt erzeugten Geheimtextblock per XOR (exklusive Oder) verknüpft.
CCM (**C**ounter with **CBC**-**M**AC [CBC-MAC = Cipher Block Chaining with Message Authentication Code])	Ist eine generische Methode für die Verschlüsselung und Authentisierung von Daten. Ist für die Verwendung einer 128-Bit-Blockchiffrierung (z. B. AES) spezifiziert.
Certificate (Zertifikat, Urkunde)	Von einer Certificate Authority beglaubigter öffentlicher Schlüssel, der einer Person oder einem Objekt zugeordnet ist.
DoS (**D**enial **o**f **S**ervice: Dienstblockade)	Ein Angriff vom Typ Denial of Service hat zum Ziel, die Arbeitsfähigkeit des angegriffenen Objektes möglichst stark zu reduzieren (z. B. systematische Überlastung eines Netzknotens durch unsinnigen Verkehr [„Dummy Traffic“]).
EAP (**E**xtensible **A**uthentication **P**rotocol: Erweiterbares Authentifizierungsprotokoll)	Allgemeines Authentifizierungs-Protokoll, das unterschiedliche Authentisierungsverfahren (z.B. Username/Passwort) unterstützt (z. B. RFC 3748).
EAPOL (**E**xtensible **A**uthentication **P**rotocol **o**ver **L**AN: erweiterbares Authentifizierungsprotokoll über LAN)	Anwendung von EAP über LAN-Verbindungen. Kernprotokoll des IEEE 802.1X-Standards.
EAP-TLS (**EAP**-**T**ransport-**L**ayer **S**ecurity: EAP-Transport-Layer-Sicherheit)	EAP-Methode, die Zertifikate zur gegenseitigen Authentisierung benutzt.
Hotspot („heißer Fleck“)	Öffentlicher Internet-Zugang über ein WLAN.
IDS (**I**ntrusion **D**etection **S**ystem: Eindring-Erkennungssystem)	Überwachungssystem, um unerwünschte Zugriffe, Inhalte und Angriffe zu erkennen. Sobald das IDS einen Verstoß gegen die vereinbarten Regeln erkennt, erfolgen z. B. eine Protokollierung und eine Meldung an den Administrator.
Man in the Middle („Mann in der Mitte“)	Ein Angreifer, der sich zwischen zwei Kommunikationspartnern positioniert. Täuscht beiden Parteien vor, der jeweils erwartete eigentliche Partner zu sein. Kann den Dialog zwischen den beiden Parteien belauschen oder auch verfälschen. Ziel ist oft die Ermittlung von Passwörtern.
MIC (**M**essage **I**ntegrity **C**heck: Nachrichten Unversehrtheitsüberprüfung)	Kryptografischer Integritätsschutzmechanismus.
Michael	Name des MIC, der bei WPA und TKIP Verwendung findet.
Nonce (for the nonce: einstweilen, für dieses eine Mal)	Zufallszahl (Zahlen u./o. Buchstaben), die spontan gewählt wird und nach einmaliger Verwendung verworfen wird. Wird u. a. eingesetzt zur Abwehr von „man in the middle-Attacken“.
PSK (**P**re-**S**hared-**K**ey: Vorab vereinbarter bzw. verteilter Schlüssel)	Schlüssel, der bis zur Verteilung eines neuen PSK für jede Verbindung verwendet wird.
PKI (**P**ublic **K**ey **I**nfrastructure: Öffentliche Schlüssel-Infrastruktur)	System zum Erstellen, Verteilen und Prüfen von digitalen Zertifikaten.
RADIUS (**R**emote **A**uthentication **D**ial-**I**n **U**ser **S**ervice: Fern-Authentisierungs-Einwahl-Anwender-Dienst)	Authentisierungs- und Überwachungsprotokoll auf Anwendungsebene für Authentisierung, Integritätsschutz und Accounting im Bereich Netzzugang (AAA: protocol für Authentication, Authorization and Accounting).
RSN (**R**obust **S**ecurity **N**etwork: Robustes, sicheres Netz)	WLAN, das ausschließlich eine durch die in IEEE 802.11i spezifizierten Sicherheitsmechanismen geschützte Kommunikation erlaubt.
Supplicant (Antragsteller)	Komponente eines Gerätes (Clients), die sich über IEEE 802.1x an einem Port authentifiziert.
Spoofing (Vortäuschung; Verschleierung)	Untergrabung von Authentisierungs- und Identifikationsverfahren durch Methoden, die auf der Verwendung vertrauenswürdiger Adressen oder Hostnamen beruhen.
TKIP (**T**emporal **K**ey **I**ntegrity **P**rotocol: Temporäres Schlüssel-Integritätsprotokoll)	Im Standard IEEE 802.11i spezifiziertes Protokoll zur Verschlüsselung und zum Integritätsschutz in WLAN; abwärtskompatibel zu WEP.
Wi-Fi Alliance (Wi-Fi-Vereinigung)	Markenname einer Hersteller-Vereinigung, die u. a. Sicherheits-Standards veröffentlicht und durch Zertifizierung die Kompatibilität der Geräte verschiedener Hersteller bescheinigt.

Grundlagen

- Bei drahtlosen Kommunikationssystemen gehen die Forderungen in Richtung höherer Datenraten mit entsprechend hoher Dienstgüte (Quality of Service).
- Die vorhandenen Frequenzspektren sind deshalb so effizient wie möglich auszunutzen.
- Freiheitsgrade für die Effizienzsteigerung liegen in den Bereichen
  - Zeit (**TDMA: T**ime **D**ivision **M**ultiple **A**ccess)
  - Frequenz (**FDMA: F**requency **D**ivision **M**ultiple **A**ccess)
  - Code (**CDMA: C**ode **D**ivision **M**ultiple **A**ccess)
  - Raum (**SDMA: S**pace **D**ivision **M**ultiple **A**ccess)
- TDMA, FDMA und CDMA werden in bestehenden Systemen z. T. auch in Kombination entsprechend eingesetzt.
- SDMA verwendet den Freiheitsgrad Raum (Space) und wird realisiert durch die Anwendung mehrerer Antennen, sowohl auf der Sende- als auch der Empfangsseite.
- Es wird dabei der Effekt des Mehrwegeempfangs des ausgestrahlten Signals zur Erhöhung der Empfangsleistung ausgenutzt.
- Gesendet wird gleichzeitig auf derselben Frequenz.
- Je nach Anzahl der Übertragungskanäle (Antennen) werden die Systeme bezeichnet als
  - **SISO** (**S**ingle **I**nput **S**ingle **O**utput)
  - **SIMO** (**S**ingle **I**nput **M**ultiple **O**utput)
  - **MISO** (**M**ultiple **I**nput **S**ingle **O**utput)
  - **MIMO** (**M**ultiple **I**nput **M**ultiple **O**utput)
- Die Bezeichnungen Input bzw. Output beziehen sich dabei immer auf den Übertragungskanal.

Übersicht

SISO

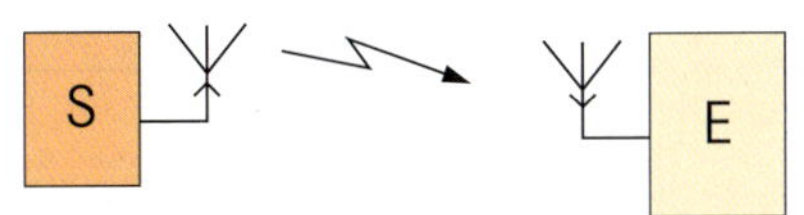

Eine Sendeantenne. **Eine** Empfangsantenne.

- Einfachster Fall
- Nachteile:
  - geringer Datendurchsatz
  - störanfällige Datenübertragung
  - geringe Reichweite (Abdeckung)
- Vorteile:
  - geringer Hardwareaufwand
  - einfache Codierung bzw. Decodierung

S: Sender E: Empfänger

MISO

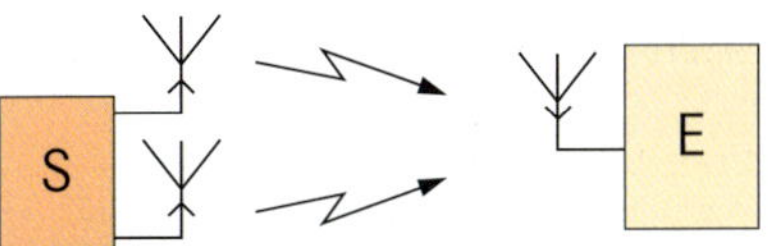

Mehrere Sendeantennen. **Eine** Empfangsantenne.

- Unterschiedliche Sendeverfahren
  - **Sendediversität:** Gleiches Signal über räumlich nah angeordnete Sendeantennen
  - **Space Time Block Coding:** Im ersten Schritt gleichzeitig zwei unterschiedliche Datenblöcke, im zweiten Schritt identische Datenblöcke konjugiert komplex über vertauschte Antennen
- Nachteil: Keine Erhöhung der Übertragungsrate
- Vorteil: Verbesserte Zuverlässigkeit und höherer Abdeckungsgrad

SIMO

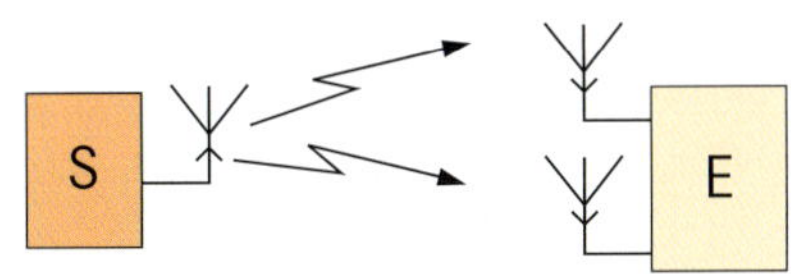

Eine Sendeantenne. **Mehrere** Empfangsantennen.

- Möglichkeiten der Signalauswertung:
  - **Switched Diversity:** Nur das stärkste Empfangssignal wird ausgewertet; übrige Signale werden ignoriert
  - **MCR** (**M**aximum **R**atio **C**ombining) wertet Sie Summe aller Signale aus
- Nachteil: Keine Erhöhung der Datenübertragungsrate, da nur eine Sendeantenne
- Vorteile
  - geringere Störanfälligkeit
  - höhere Reichweite, da alle empfangenen Signalanteile ausgewertet werden

MIMO

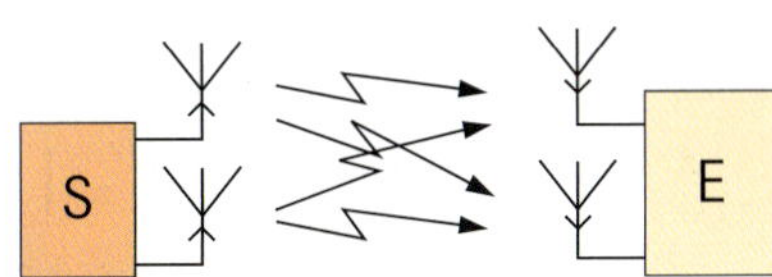

Zwei oder **mehr** Sendeantennen.
Zwei oder **mehr** Empfangsantennen.

- Nachteile
  - erhöhter Aufwand an Sende- und Empfangsantennen
  - umfangreiche Sende- und Empfangselektronik mit entsprechendem Leistungsbedarf erforderlich
- Vorteile:
  - höhere Datenübertragungsrate
  - höhere Reichweite
  - hoher Abdeckungsgrad
  - geringe Störanfälligkeit
- Anwendung z. B. in WLAN (IEEE 802.11n)

Theoretische Kanalkapazität

$C_{SISO} = f_G \cdot \log_2 (1 + S/N)$

$C_{MIMO} = M \cdot f_G \cdot \log_2 (1 + S/N)$

f_G: Grenzfrequenz

M: Anzahl der symmetrischen Sende- und Empfangsantennen Kombination (z. B. 2 S x 2 E ergibt $M = 2$)

S/N Verhältnis Nutzsignal (**S**: Signal) zu Störsignal (**N**: Noise)

C: Kanalkapazität

Merkmale

- **WiMAX** (**W**orldwide **I**nteroperability for **M**icrowave **A**ccess: Weltweite Interoperabilität für Netzzugang auf Mikrowellen-Basis) ist der Vermarktungsname (WiMAX-Forum) für den Standard IEEE 802.16
- Dieser Standard definiert eine Technologie
  - für eine Funktechnik (Radio interface)
  - mit einem drahtlosen Breitband-Zugang zur Anbindung von Endkunden.
- Die Anschlüsse sind vorgesehen für
  - stationären Betrieb (fixed)
  - portablen Betrieb (mobile)
  - wandernden Betrieb (roaming)
- Betrieb ist dabei möglich
  - ohne Sichtverbindung (**N**on **L**ine **of** **S**ight)
  - mit Sichtverbindung (**L**ine **of** **S**ight) zur Basisstation
- Verwendete Frequenzbereiche liegen zwischen 2 GHz und 68 GHz
- Reichweiten bis zu 50 Kilometer
- Wird als Alternative zu DSL und Leitungsmodems eingesetzt
- Der Physical-Layer beinhaltet mehrere Sub-Standards, um eine leichte Anpassung an die jeweiligen landesspezifischen Vorgaben und Einschränkungen für die Nutzung von Frequenzbändern zu ermöglichen
- WiMAX 2.0 ist eine Erweiterung mit höherem Datendurchsatz (300 Mbit/s downlink, 135 Mbit/s uplink) unter Verwendung der MIMO-Technologie und einer Kanalbandbreite von 20 MHz
- Wird bevorzugt in Ländern und Regionen eingesetzt, in denen keine drahtgebundene Infrastruktur vorhanden ist bzw. aufgebaut wird

Standard-Übersicht

Frequenzband in GHz	10 ... 66	2 ... 11	2 ... 6
Anwendung	Rücktransportverbindung (Backhaul)	Drahtloses DSL Rücktransportverbindung	Mobiles Internet
Kanalanforderungen	Sichtverbindung	Keine Sichtverbindung	Keine Sichtverbindung
Bitrate in Mbit/s	32 ... 134	bis zu 75	bis zu 15
Modulationsprinzip	QPSK, 16 und 64 QAM	OFDM 256 Unterträger QPSK, 16 und 64 QAM	Skalierbares OFDM
Kanal-Bandbreite in MHz	20, 25, 28	1,5 u 20 (wählbar)	802.16a mit Unterkanälen
Zellradius (typ.) in km	1,6 ... 4,8	6,4 ... 9,6 (max. 48, abhängig von Masthöhe und Sendeleistung)	1,6 ... 4,8

Netzaufbau

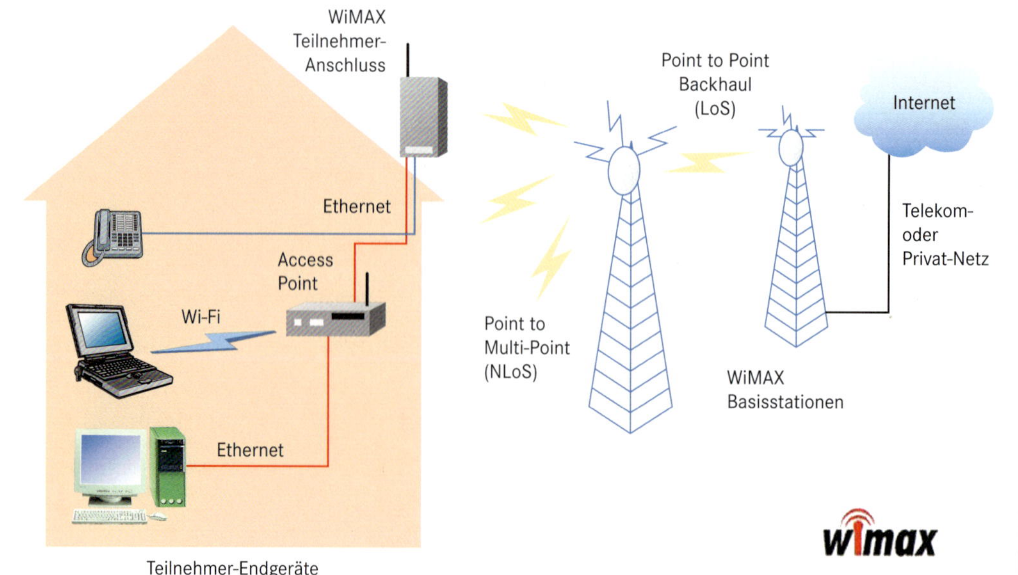

Merkmale

- **W**ireless **USB** (**WUSB**)
  - ist die drahtlose Version von USB (Universal Serial Bus)
  - arbeitet auf Funkbasis
  - verwendet den Polling-Betrieb auf TDMA-Basis
- Analog zu USB werden die Verbindungen zwischen dem Host und den Teilnehmern (max. 127) grundsätzlich vom Host gesteuert.
- Basis für die Funktechnik ist die **UWB**-Technologie (**U**ltra **W**ide **B**and: Ultra Breitband).
- UWB verwendet OFDM (Orthogonal Frequency Division Multiplex).
- Bedingt durch die von den Regulierungsbehörden zugelassenen Sendeleistungen in den vorgegebenen Frequenzbereichen sind bei kurzen Entfernungen sehr hohe Datenraten übertragbar (z. B. 480 Mbit/s bei 3 m Distanz).
- Durch diese Begrenzung wird die Beeinflussung anderer Funktechniken (z. B. drahtlose Telefone, Bluetooth, IEEE 802.11) verhindert.
- Die verwendeten Frequenzbänder liegen im GHz-Bereich.
- Die Bandbreiten der jeweiligen Kanäle liegen bei 528 MHz.
- Die begrenzte Reichweite ermöglicht auch eine einfache Wiederverwendbarkeit der Frequenzen durch benachbarte Systeme.
- Die bei Funkanwendungen erforderliche Sicherheit (z. B. gegen Abhören) wird u.a. erreicht durch
  - Authentifizierung der Teilnehmer
  - Verschlüsselung der Kommunikation
- Wesentlicher Vorteil von WUSB ist die Kommunikation z. B. zwischen PC und Multimedia-Geräten ohne die bisher erforderlichen Verbindungskabel mit den unterschiedlichsten Steckeinrichtungen.

Spektrale Leistungsdichte

900 MHz Cordless Phones
GPS
802.11b 802.11g HomeRF Bluetooth
802.11a HiperLAN1/2
–41 dBm/MHz
Ultra-Wideband
Spektrale Leistungsdichte in dBm/MHz
1 2 3 4 5 6 7 8 9 10
Frequenz in GHz

Kommunikations-Architektur

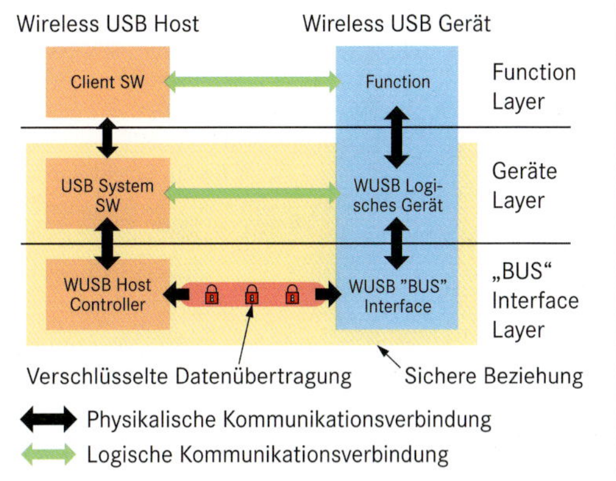

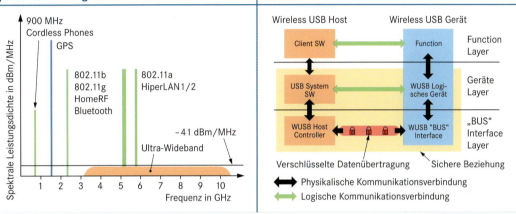

Frequenzbandeinteilung

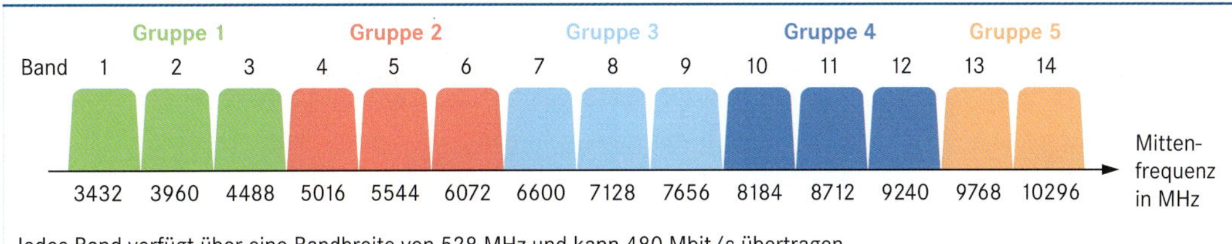

Jedes Band verfügt über eine Bandbreite von 528 MHz und kann 480 Mbit/s übertragen.

Bus-Protokoll

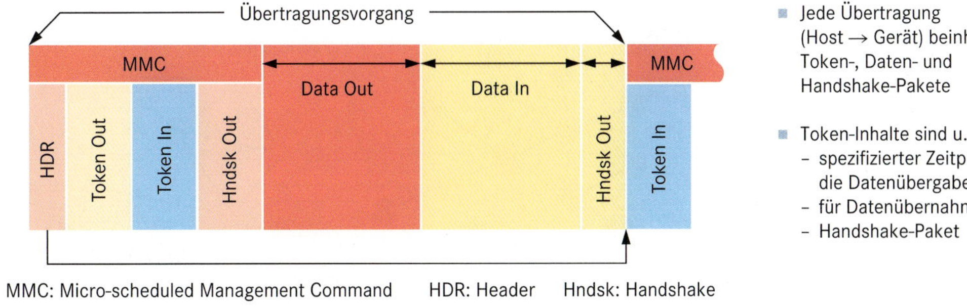

MMC: Micro-scheduled Management Command HDR: Header Hndsk: Handshake

- Jede Übertragung (Host → Gerät) beinhaltet Token-, Daten- und Handshake-Pakete
- Token-Inhalte sind u. a.
  - spezifizierter Zeitpunkt für die Datenübergabe
  - für Datenübernahme
  - Handshake-Paket

Grundlagen

- ZigBee ist ein offener Funkstandard
  - auf der Basis von IEEE 802.15.4
  - wird dem Bereich der WPAN (Wireless Personal Area Network: drahtloses persönliches Netzwerk) zugeordnet
- Systemdesign ist ausgelegt auf minimalen Energieverbrauch und einfache Implementierung

Anwendungsbereiche

- Anwendungen liegen z. B. im Bereich
  - Heim- und Gebäudeautomatisierung
  - drahtlose Patientenüberwachung
  - Sensor-/Aktornetzwerke in der Industrie-Automatisierung
  - Steuerung von Unterhaltungselektronik und Computerperipherie

Kenndaten

Frequenzbereiche in MHz (Ländern)	915 (Amerika)	868 (Europa)	2400 (Weltweit)
Datenraten in kbit/s	40	20	250
Kanäle	10	1	26
Reichweite in m	typ. 30 (5 bis 500, abhängig von Umgebung)		

Geräteklassen	**F**ull **F**unction **D**evice (**FFD**)/ **R**educed **F**unction **D**evice (**RFD**)
Netzzugriff	CSMA/CA
Adressierung	64 bit bzw. 16 bit
Kodierung Luftschnittstelle	Direct Sequence Spread Spectrum (DSSS)

Protokollstruktur

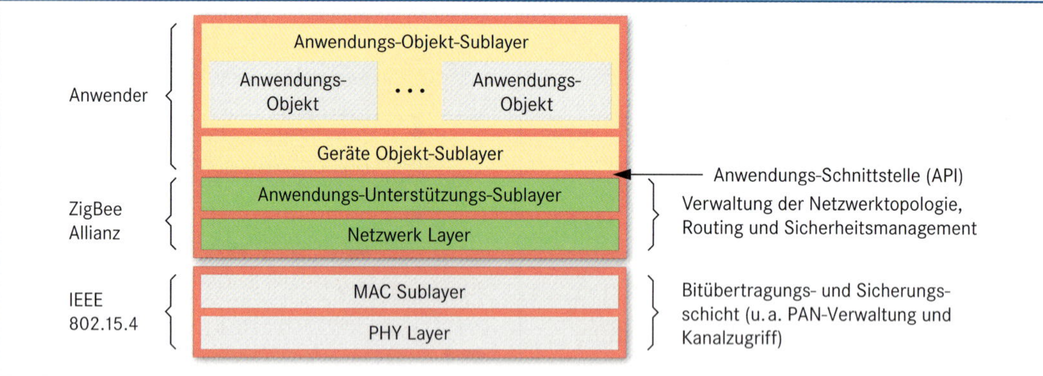

MAC Rahmenformat

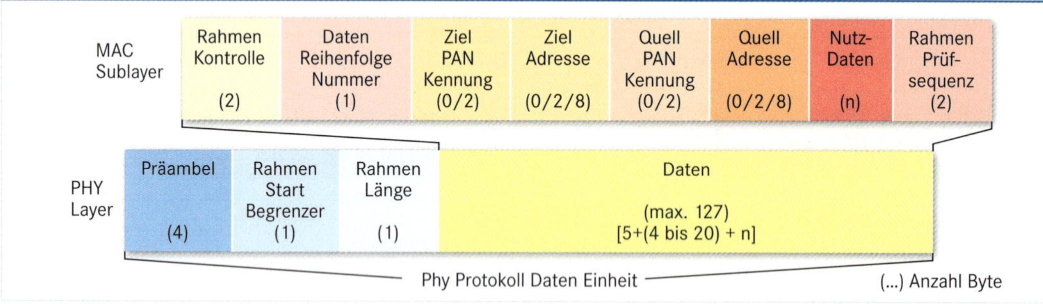

Netztopologien

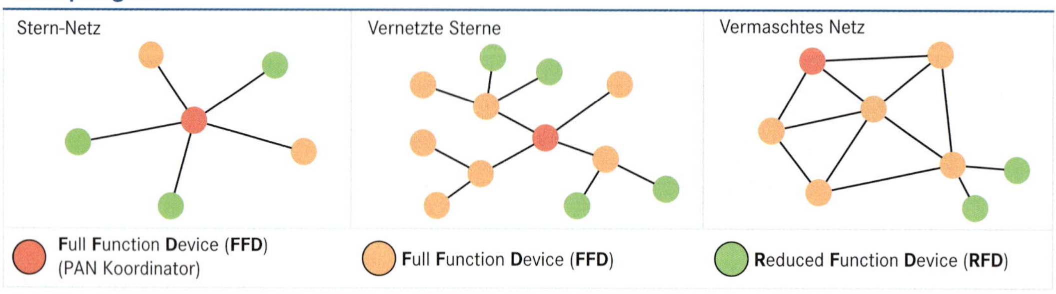

Merkmale

- **Drahtlose** Kommunikationsverbindung für **Kurzstrecken** auf Funkbasis
- Arbeitet im Bereich von 2,402 GHz bis 2,480 GHz (2,4 GHz **ISM-Band**)
- Frequenzband ist unterteilt in **79 Kanäle** mit je 1 MHz Abstand
- Übertragung erfolgt durch **Frequenzsprungverfahren** (**FHSS: F**requency **H**opping **S**pread **S**pectrum)
- Insgesamt werden 79 **HOPS** (Sprünge) mit einer maximalen **Hopping-Frequenz** von 1600 Hz realisiert
- **Hopping-Sequenz** wird über die Geräteadresse des Masters ausgewählt
- Kommunikation zwischen Master und Slave erfolgt im **T**ime **D**ivision **D**uplex (**TDD**)
- Sendeleistung ist in drei Klassen eingeteilt
  - **Klasse 1:** 100 mW (20 dBm); automatische Sendeleistungsanpassung ist erforderlich
  - **Klasse 2:** 2,5 mW (4 dBm) und
  - **Klasse 3:** 1 mW (0 dBm)
- Reichweite 10 cm bis 10 m (100 m)
- Pro **Pico-Netz** werden 8 aktive Geräte (1 Master und 7 Slaves) unterstützt (zusätzlich noch bis zu 255 passive Slaves möglich)
- Pro System sind maximal 10 Pico-Netze möglich (**Scatter**-Netz)

Datenübertragungsarten

- Punkt zu Punkt (**SCO: S**ynchronous **C**onnection **O**riented)
- Punkt zu Multipunkt (**ACL: A**synchronous **C**onnection**l**ess)
- SCO dient der synchronen Sprachübertragung mit symmetrischen Datenraten (64 kbit/s)
- Sprachcodierung erfolgt mittels **C**ontinuous **V**ariable **S**lope **D**elta Verfahren (**CVSD**);
- ACL-Übertragung ist asynchron und verbindungsunabhängig
- Datenpakete können dabei auch 3 oder 5 Zeitschlitze beanspruchen (ohne Frequenzwechsel)
- Symmetrie der Datenraten wird vom Master festgelegt:
  - asymmetrisch: max. 721 kbit/s vorwärts und 57,6 kbit/s rückwärts
  - symmetrisch: 432,6 kbit/s in beiden Richtungen
- Maximal **7 Datenkanäle** und **3 Sprachkanäle** pro Pico-Netz

Schutzmaßnahmen

- Schutz gegen **Übertragungsstörungen** durch
  - **FEC**-Codierung (**F**orward **E**rror **C**orrection: Vorwärts-Fehlerkorrektur) und
  - **ARQ** (**A**utomatic **R**etransmission **Q**uery: Wiederholungs-anforderung)
- Header jedes Paketes grundsätzlich mit FEC geschützt
- Datenschutz für die Übertragung auf physikalischer Schicht durch **Authentifizierung** und **Verschlüsselung**
- Verschlüsselung erfolgt mit **Stream-Cipher**-Verfahren über Schlüssellängen von 40 Bit oder 60 Bit
- Jedes Bluetooth-Gerät verfügt über eine eindeutige **Geräte-Adresse** mit **48 Bit** (ähnlich MAC-Adresse bei LAN-Netzwerken):
  - **LAP** (**L**ower **A**ddress **P**art) 24 Bit
  - **UAP** (**U**pper **A**ddress **P**art) 8 Bit
  - **NAP** (**N**on Significant **A**ddress **P**art) 16 Bit
- **Profile** definieren die gemeinsame Basis für Geräte mit identischen Diensten und ermöglichen damit die Interoperabilität zwischen den Geräten
- Die **Leistungsaufnahme** der Geräte wird über Betriebsarten (Active, Sniff, Park, Hold) gesteuert

Netzstruktur

Slave
Master
Slave
Slave
A und B
Pico-Netz A
Slave
Master
Slave
Pico-Netz B

Time Division Duplex

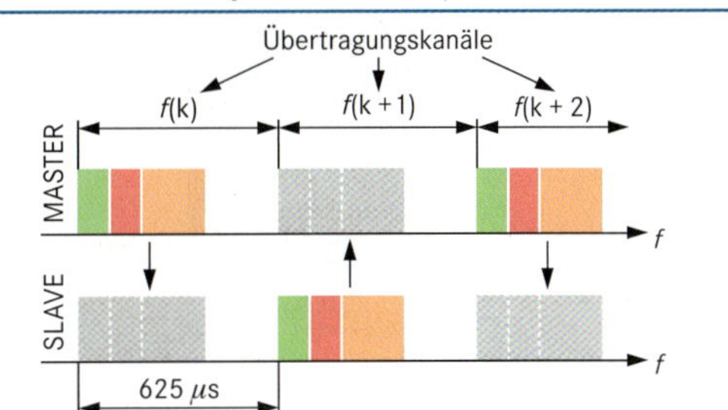

Rahmenformat

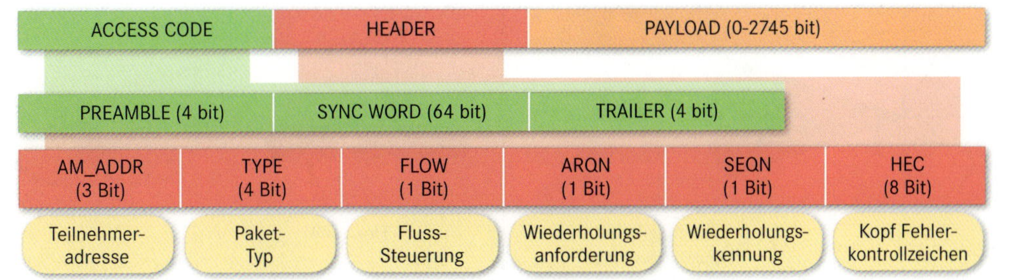

Merkmale

- **R**adio **F**requency **I**dentification (funkbasierte Erkennung) gehört zu den kontaktlosen Erkennungssystemen.
- Besteht aus passiven oder aktiven Transpondern (transceive und respond) und Lesegeräten.
- Der Datenaustausch erfolgt über magnetische bzw. elektrische Felder.
- Die Transponder beinhalten dabei codierte Daten von Personen oder Gegenständen, die von den Lesestellen kontaktlos empfangen und ausgewertet werden.

Transponderarten

- **Passive Transponder** [auch als Tag (Anhänger)] bezeichnet
  - bestehen aus einem Siliziumchip
  - einer integrierten Antenne
  - entnehmen die Energie zum Senden aus dem HF-Feld des Lesegerätes
- Bauformen passiver Tags sind u.a.
  - Plastikkarten
  - Münzformen
  - Glasröhrchen
  - Armbänder
- Der Aktivierungsbereich bei passiven Transpondern ist auf kurze Entfernungen zwischen Lesegerät und Transponder begrenzt
- Aktive Transponder
  - beinhalten eine zusätzliche Energiequelle (Batterie), die nach entsprechender Betriebszeit ausgetauscht werden muss
  - bieten größere Reichweiten als passive Transponder
  - beinhalten zusätzliche elektronische Schaltungsteile
  - sind in der Regel mechanisch größer aufgebaut
- Transponder können fest codiert oder wiederbeschreibbar sein
- Arbeitsfrequenzen liegen im Bereich von 100 kHz bis ca. 30 MHz
- Niederfrequente Systeme bieten eine wesentlich geringere Dämpfung als hochfrequente Systeme
- Die Luftschnittstelle wird gegen mögliche Übertragungsstörungen geschützt durch
  - Prüfsummenverfahren oder
  - Mehrfachübertragungen.
- Der zulässige Schreib-Leseabstand zwischen Transponder und Lesegerät ergibt sich aus
  - der verwendeten Frequenz
  - der Geschwindigkeit des Transponders
  - der Aufenthaltsdauer im Ansprechbereich
- Transponder sind im Allgemeinen unempfindlich unter anderem gegen
  - Staub
  - Feuchtigkeit
  - Gase
- Glas- oder Kunststofftransponder sind darüber hinaus
  - vollkommen staub- und wasserdicht
  - werden als Implantate eingesetzt
- Anwendung finden RFID-Systeme u. a. bei
  - Zugangskontrolle
  - Warenverfolgung
  - Dokumentenkennzeichnung
  - Mautstellen (z. B. Skilifte)
  - Personen-Nahverkehr

Systemaufbau

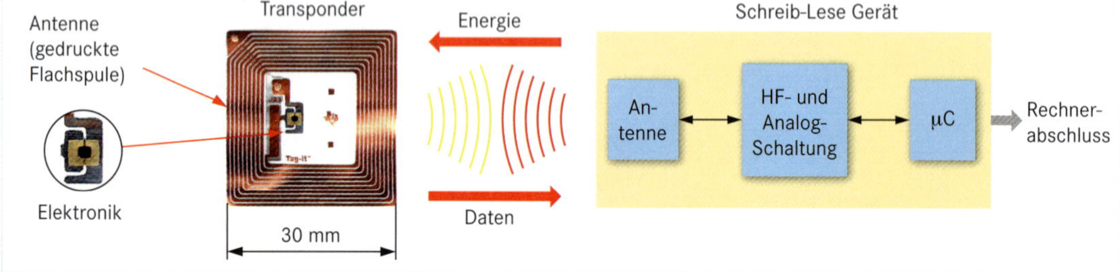

Richtdiagramm

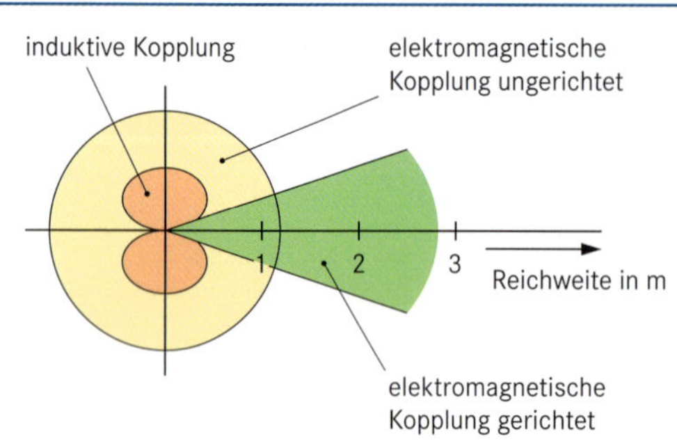

Beispiele

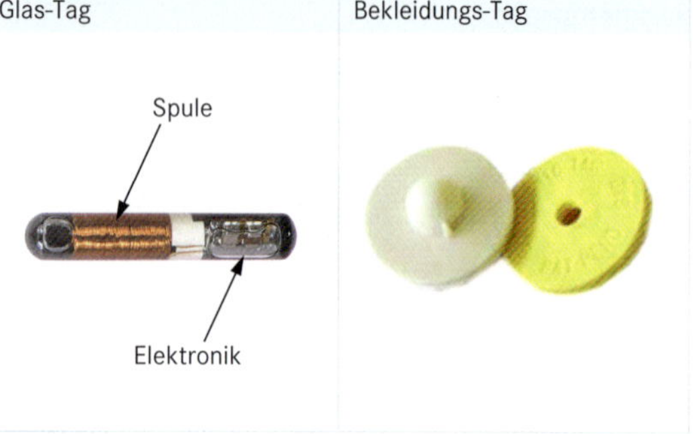

Grundlagen

- RFC-Dokumente werden erstellt von
  - Spezialisten und
  - Arbeitsgruppen

  auf freiwilliger Basis in Form einer Empfehlung (**Internet Drafts**), die im Internet zur Diskussion veröffentlicht wird.
- Nach Abschluss der Diskussion werden diese Dokumente durch offizielle Bekanntgabe im Internet zur Umsetzung in Hard- und/oder Software freigegeben.
- Die offiziellen Spezifikationsdokumente für die **Internet Protocol Suite** werden
  - durch **IETF** (**I**nternet **E**ngineering **T**ask **F**orce) und
  - **IESG** (**I**nternet **E**ngineering **S**teering **G**roup) als standard tracks RFCs veröffentlicht
- **R**equest **f**or **C**omments („Bitte um Stellungnahme") beschreiben
  - sämtliche Internetprotokolle
  - Standards
  - Verfahren
  - Algorithmen
  - Regeln und
  - Strategien

  der Kommunikationstechnik in Netzwerken
- Die Herausgabe und Verwaltung der RFCs erfolgt vom RFC Editor.
  (http://www.rfc-editor.org/)

Beispiele

RFC-Nr.	Kurzform	Bezeichnung
3700	-	Internet Official Protocol Standards
791	PV4	Internet Protocol , Version 4
792	ICMP	Internet Control Message Protocol
919	-	Broadcasting Internet Datagrams
950	-	Internet Standard Subnetting Procedure
1112	IGMP	Host extensions for IP multicasting
768	UDP	User Datagram Protocol
793	TCP	Transmission Control Protocol
854	TELNET	Telnet Protocol Specification
855	TELNET	Telnet Option Specifications
959	FTP	File Transfer Protocol
821	SMTP	Simple Mail Transfer Protocol
1034	DOMAIN	Domain names – concepts and facilities
1035	DOMAIN	Domain names – implementation and specification
1155	SMI	Structure and identification of management information for TCP/IP-based internets
1001	NETBIOS	Protocol standard for a NetBIOS service on a TCP/UDP transport
862	ECHO	Echo Protocol
866	USERS	Active users
867	DAYTIME	Daytime Protocol
856	TOPT-BIN	Telnet Binary Transmission
857	TOPT-ECHO	Telnet Echo Option
1350	TFTP	The TFTP Protocol (Revision 2)

RFC-Nr.	Kurzform	Bezeichnung
1006	TP-TCP	ISO Transport services on top of the TCP: Version 3
1390	IP-FDDI	Transmission of IP and ARP over FDDI Networks
826	ARP	Ethernet Address Resolution Protocol
907	IP-WB	Host Access Protocol specification
894	IP-E	Standard for the transmission of IP datagrams over Ethernet networks
895	IP-EE	Standard for the transmission of IP datagrams over experimental Ethernet networks
1055	IP-SLIP	Nonstandard for transmission of IP datagrams over serial lines: SLIP
1088	IP-NETBIOS	Standard for the transmission of IP datagrams over NetBIOS networks
1132	IP-IPX	Standard for the transmission of 802.2 packets over IPX networks
1661	PPP	The Point-to-Point Protocol (PPP)
1662	PPP-HDLC	PPP in HDLC-like Framing
1209	IP-SMDS	Transmission of IP datagrams over the SMDS Service
1939	POP3	Post Office Protocol – Version 3
2328	OSPF2	OSPF Version 2
2460	IPv6	Internet Protocol, Version 6
2865	RADIUS	Remote Authentication Dial In User Service
3853	SIP S/MIME	AES Requirement for the Session Initiation Protocol (SIP)

Zugriffsformen

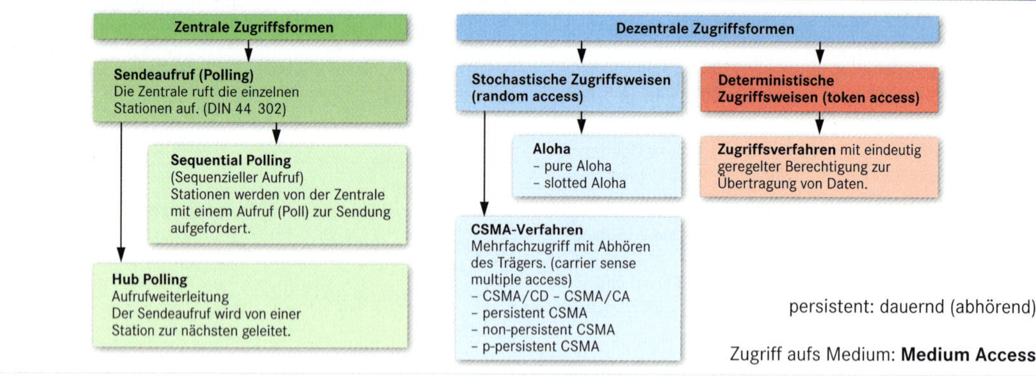

persistent: dauernd (abhörend)

Zugriff aufs Medium: **Medium Access**

CSMA-Verfahren

Prinzipien

- Grundsätzlich wird ein Sendezugriff dezentral von den einzelnen Stationen selbst eingeleitet.
- Vor dem Senden wird das Übertragungsmedium abgehört („listen before talk“).
- Kollisionen können auftreten, wenn zeitgleich verschiedene Stationen mit einer Nachrichtenübermittlung beginnen.
- Datenkollisionen können auch auftreten, wenn eine Station mit einer Übertragung beginnt und – zum Beispiel auf Grund einer größeren Entfernung einer anderen sendenden Station – ohne ihre Kenntnis eine andere Station bereits sendet.

Übertragungsverhalten

- **Nonpersistent:** ein nichtbeharrendes-Verhalten. Bei einer vorliegenden Datenübertragung auf dem Medium zieht sich eine sendewillige Station für eine zufällig bestimmte Zeit zurück und beginnt erst dann wieder zu prüfen, ob das Medium für eine Übertragung frei ist. (Durchsatzrate max. 90 %)
- **Persistent:** das beharrende Verhalten. Das Übertragungsmedium wird kontinuierlich abgehört. Sobald das Medium frei ist, wird eine Übertragung aufgenommen. (Durchsatz max. 55 %.)
- **P-persistent:** ein beharrendes, mit einer bestimmten Wahrscheinlichkeit sendendes Verhalten. Das Medium wird kontinuierlich bei einem Sendewunsch überwacht. Bei einem freien Medium wird mit der Wahrscheinlichkeit p eine Übertragung aufgenommen. (Durchsatzrate max. 92 % bei p = 0,01.)

Datenkollisionserkennung unter CSMA/CD

- Ein Sender benötigt eine Kollisionsmeldung, die ihm vor Abschluss seiner Datensendung vorliegen muss. Die Datenpaketmindestlänge muss mindestens dem doppelten Stationsabstand entsprechen.
- **Berechnung:**

1. Bestimmung der Signalübertragungsgeschwindigkeit: Es gilt: $c = c_0/n$; mit c_0 = 300.000 km/s und dem Brechungsindex n des Materials (Koaxial: $c = c_0 \cdot 0{,}77$; Twisted-Pair: $c = c_0 \cdot 0{,}6$)
2. Ermittlung der maximalen Stationsentfernung (l)
3. Mindestübertragungszeit: $t = 2 \cdot l/c$
4. Bestimmung der minimalen Paketlänge (P_L) unter Beachtung der Übertragungsrate und einer Toleranz von 30 %.

Varianten

- **CSMA/CD** (**C**arrier **S**ense **M**ultiple **A**ccess (**with**) **C**ollision **D**etection): Bei einer **Datenkollision** wird von der Station, die die Störung erkennt, ein Störsignal (ein **jam**) gesendet. Zugleich bricht diese Station ihre eigene Datenübertragung ab.

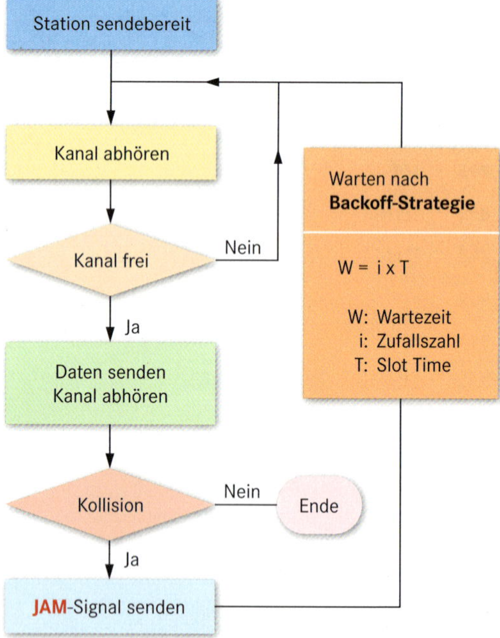

- **CSMA/CA** (**C**arrier **S**ense **M**ultiple **A**ccess (with) **C**ollision **A**voidance): Ein Übertragungswunsch wird anderen Stationen mit einem „**R**eady-**t**o-**S**end“-Signal (**RTS**) mitgeteilt. Ein RTS-Signaleingang führt zum Aufschub eines eigenen Sendewunsches. Angerufene Stationen senden ein „**C**lear-**t**o-**S**end“-Signal (CTS). Dies führt zur Reservierung einer Verbindung. Mit einem Quittungssignal (acknowledgement; **ACK**-Signal) wird das Datenübertragungsende den anderen Stationen mitgeteilt.

ISO - OSI (ISO-Modell)	SNA	TCP/IP	TCP/IP-Protokollstruktur				DEC NET	IEEE Local Area Network (Referenzmodell)
Anwendungsschicht	End User (SMB: Server Message Block)	Process/ Application Layer	File Transfer [FTP - File Transfer Protocol] [HTTP WWW - Hyper-Text Transfer Protocol]	E-Mail [SMTP - Simple Mail Transfer Protocol]	Terminal Emulation [TELNET Protocol]	Network Management [Simple Network Management Protocol]	Application	Höhere Protokolle
Darstellungsschicht	Presentation Services							
Kommunikationssteuerungs (sitzungs)-schicht	Data Flow Control						Session Control	
Transportschicht	Transmission Control	Host-to-Host Layer	[TCP - Transmission Control Protocol]		[UDP - User Datagram Protocol]		End-to-End Communication	
Vermittlungsschicht	Path Control	Internet Layer	Address Resolution	[IP - Internet Protocol]	Internet Control Message Protocol		Routing	
Sicherungsschicht	Data Link Control	Network Access or Local Network Layer	Ethernet, IEEE 802, Arcnet, X.25 [SNAP: Sub-Network-Access Protocol] [ISL: Inter-Switch Link] [IEEE 802.4 (Token Bus); IEEE 802.5 (Token Ring); FDDI (Fiber Distributed Data Interface)] [IEEE 802.3/Ethernet (CSMA/CD)] [BPDU: Bridge Spanning Tree Protocol] [Ethernet DIX V2]				Data Link Control	2d - Bridging 2c - Secure Data Exchange 2b - Logical Link Control (LLC) (Verbindungssteuerungsschicht) 2a - Media Access Control (MAC) (Medienzugriffsschicht)
Bitübertragungsschicht	Physical						Physical	Physical Layer

Schicht „Null“: Physikalische Beschreibungsebene – z. B. Kupfer-, Koaxial-, Glasfaserkabel (Ethernet 50 Ohm Coax; 10 BASE-T/-F/5/2; 100 BASE-T/-F)

Abkürzungen: [Protokollbezeichnungen werden oben in rechteckigen Klammern aufgeführt.]

ISO: International Standardization Organisation
SNA: Systems Network Architecture (IBM-Architec.)
TCP: Transmission Control Protocol
OSI: Open System Interconnection
DEC NET: Digital Equipment Corporation
IP: Internet Protocol

Protokollgestaltungen

- Bei den Protokollzuordnungen und -gestaltungen werden auch
  - **Funktionsprinzipien** (Peer-to-Peer; Client-Server; (Terminal)),
  - **Übertragungsprinzipien** (Punkt-zu-Punkt; Punkt-zu-Mehrpunkt) und
  - **sendetechnische Aspekte wie**

    a): Kanalvermittlung (Durchschalteverbindung);
    b): Speichervermittlung (Sendungsvermittlung: Paketverfahren/Datagrammtechnik))

  der Datenvermittlung beachtet.

- Im Kern wird das OSI-Modell bei der **logischen** Strukturierung beachtet. Auf Grund seiner strukturellen Komplexität wird es bei den konkreten technischen Gestaltungen jedoch nicht im Detail realisiert.

- Bei Lokalen Netzen (LAN) und im Bereich der ATM-Technik bzw. der **zellorientierten** Übertragung erfolgt abweichend vom 7-Schichten-Modell der ISO eine Orientierung an einem **3-Schichten-Modell**.
  Hierbei werden unterschieden:
  1. Schicht: Bitübertragungsschicht
  2. Schicht: Zellvermittlungsschicht
  3. Schicht: Anwendungsschicht

- Der logische Strukturierungsgedanke (Module) des OSI-Modells ist weiterhin bedeutsam.

Protokoll-Aufbau bzgl. OSI (ISO-Modell)

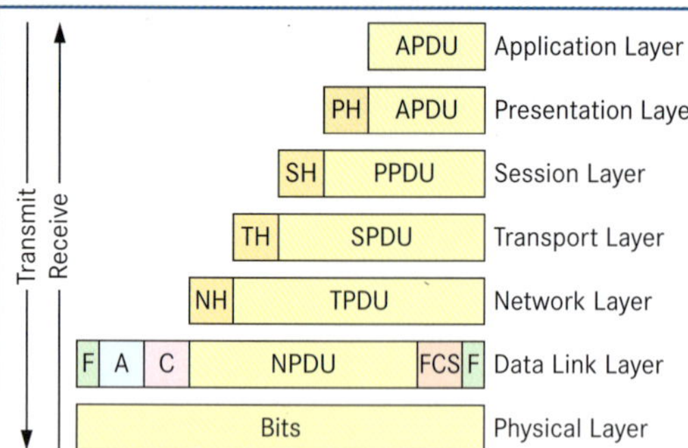

H (**H**eader): Kopffeld;
PDU (**P**rotocol **D**ata **U**nit): Informationsfelder

Übliches (vereinfachtes) Netz-Referenzmodell

- Bei der Beschreibung der Netzgegebenheiten wird zumeist auf ein vereinfachtes Modell zurück gegriffen.
- Die Anwendungsschichten werden hierbei zu einer Schicht zusammen gefasst. Dies vereinfacht besonders die Sicherheitsbetrachtungen.
- Dieser Modellzugang ist besonders für die Beschreibung von Server-Firewall-Proxy-Beziehungen bedeutsam.

Nr.	Bezeichnung	Übertragungsleitidee
5	Applikationen	Organisation: Ende zu Ende
4	Transport	
3	Netzwerk	Organisation: Vermittlung über Zwischenstationen
2	Datenverbindungen	
1	Physikalische	

Schicht	Protokolle	OSI-Aufgaben
1 Bitübertragung	▪ ISO 802.3 (CSMA/CD) ▪ ISO 802.4 (Token Ring) ▪ ISO 802.5 (Token Ring) ▪ ISO 802.6 (DQDB) ▪ X.21/X.21bis (Leitungsvermittlung) ▪ V.24 (Modem-Interface) ▪ I.430 (Bitübertragung) ▪ Modem: V.21, V.22, V.26, V.32, V.42 ▪ MAC-CDPD (Medium Access Control – Cellular Digital Packet Data)	▪ Übertragungsmedien werden aktiviert und deaktiviert. ▪ Die Nachricht wird als Folge von Bits übertragen. ▪ Mit geeigneten Leitungscodes werden effektive Übertragungen ermöglicht und die Energieversorgung für die Datenübertragung wird zur Verfügung gestellt, auch die Notversorgung. ▪ Bei Fernübertragungen wird die Bitsynchronisation zwischen benachbarten Systemen organisiert.
2 Sicherung	▪ SNAP (Sub-Network Access Protocol) ▪ ISO 8802.2; Ethernet DIX V2 ▪ IEEE 802.3 (CSMA/CD); IEEE 802.4 (Token Bus) ▪ IEEE 802.5 (Token Ring) ▪ FDDI (Fiber Distributed Data Interface) ▪ MLP – X.25 (Multi-Link-Protocol) ▪ MAC (FDDI) (Medium Access Protocol) ▪ X.212/222; T.71; I.440 (Sicherung); HDLC ▪ MNLP (Mobile Network Location Protocol) ▪ Frame Relay; PPP (Point-to-point) ▪ SSCOP (Service-Specific Connection-Oriented Prot.)	▪ Die zur Verfügung gestellten Daten von den Diensten der Schicht 1 (wortweise Multiplexbildung) werden strukturiert und der Datenfluss wird kontrolliert. Außerdem wird von ihr die Datensicherung bei der Übertragung auf Teilstrecken durchgeführt. ▪ Zur Strukturierung der Datensätze werden Synchronisationszeichenfolgen eingeführt. – Beim Protokoll X.25 wird z. B. die Zeichenfolge 01111110 verwendet. – Bei der PCM 30-Technik wird die Zeichenfolge 0011011 eingesetzt.
3 Vermittlung	▪ ISO 8880/8473/9542/10589/8208/8881 ▪ X.25 (Paketvermittlung) ▪ X.213; T.30; I.450 ▪ X.75 (Packet Switched Signaling between Public Networks) ▪ DDP (Datagram Delivery Protocol) ▪ IP (Internet Protocol) ▪ IPX (Internet Packet Exchange) ▪ SNA XID (Exchange ID – IBM Protocol)	▪ Routen und Ersatzrouten werden bestimmt: Verbindungen zum Datenaustausch werden über die gesicherten Teilstrecken aufgebaut. Feste Datenübertragungswege können geschaltet werden. Denkbar sind virtuelle Verbindungswege für die Paketvermittlung (alle Pakete nehmen den gleichen Weg) oder für das Datagramm-Verfahren (jedes Paket nimmt seinen Weg). ▪ Netzverbindungen werden verwaltet und überwacht.
4 Transport	▪ TCP (Transport Control Protocol) (RFC 793) ▪ T.70 ▪ UDP (User Datagram Protocol) (RFC 768) ▪ X.214/224 ▪ ISO 8072/3 ▪ NSP (Network Services Protocol) ▪ ISO TP (Transport Protocol) ▪ SNA RH (Request/Response Header – IBM Prot.)	– Authentifizierungen, – Codierungen, – Datenverschlüsselungen – Flussendkontrollen zwischen Endsystemen, – Ende-zu-Ende-Sicherungen (inkl. Auf- und Abbau der Ende-zu-Ende-Verbindungen), – Kanalaufteilungen (Multiplexing) und – Datensegmentierung
5 Kommunikation	▪ ISO 8326/7 ▪ X.215/225, T.62 ▪ SNA FMD (Function Management Data – IBM Prot.)	– Verwaltung von Sitzungen (Senderechtvergabe) – Dialogsynchronisation – Sitzungsorganisation
6 Darstellung	▪ ISO 8822/3/4/5 ▪ X.216/226 ▪ T.50/51/61	▪ Sie stellt die Informationen der Schicht 7 einheitlich dar. Hierbei werden lokale und neutrale Datendarstellungen angeglichen.
7 Anwendungen	▪ ISO 9579 (Remote Database Access) ▪ ISO 10026 (Distributed Transaction Processing) ▪ ISO 8571 (FTAM); ISO 8831/2 (JTAM); ISO 9040 ▪ X.400 (Message Handling); TTX (Teletex); ▪ IBMNM (IBM Network Management) ▪ SMB (Server Message Block – IBM Protocol)	▪ Sie ist der Ausgangspunkt (Quelle) und das Ziel (Senke/Sinke) der Informationsübertragung (File Transfer). Die Kommunikationsbeteiligten werden zum Beispiel identifiziert.

Die Schichten 1 bis 4 sind **transportorientierte Schichten**. Die Schichten 5 bis 7 sind **anwendungsorientierte Schichten**.

X.25

- Netzzugangsprotokoll für paketorientierte Datenübermittlung, entsprechend dem Schicht 3 Protokoll im OSI-Referenzmodell.
- Die Pakete werden stoßweise über eine einheitliche Route (virtuelle Verbindung) im Netz geführt.
- Die Transportreihenfolge der Pakete muss eingehalten werden (⟶ Paketvermittlungsverfahren).
- Ein Datagramm-Transport wird nicht unterstützt.

TCP – Transmission Control Protocol

- Es ist im OSI-Modell auf der vierten Schicht (Transport-Schicht) angesiedelt. Über TCP werden **verbindungsorientierte Datenübertragungen** ermöglicht. Es ist dem Internet Protokoll (IP) überlagert.
- Es zergliedert die zu übermittelnde Datei in kleine Datenpakete, die dann nummeriert als IP-Pakete im Netz transportiert werden.
- Beim Empfänger der Datenpakete setzt TCP die IP-Pakete in richtiger Reihenfolge wieder zusammen.

UDP – User Datagram Protocol

- Wie TCP jedoch verbindungslos und ohne Quittierung.

IP – Internet Protocol

- Es gehört zur dritten Schicht des OSI-Modells.
- Die einzelnen Daten werden mit einem Adresskopf versehen.
- Es ermöglicht eine **verbindungslose Datenübertragung**. Die IP-Pakete werden als **Datagramme** bezeichnet. Die Transportreihenfolge der einzelnen Datagramme ist beliebig.
- Jeder Rechner im Internet besitzt eine unverwechselbare IP-Adresse, der einem Host-Namen entspricht.
- Unterschieden werden besonders IPv4 und IPv6.
- IPv5 wird für Forschungs- u. miltärische Aufgaben eingesetzt.

IEEE 802.4 Format (Token-Bus)

≥ 1 Byte	1	1	*	*	≥ 0 Bytes	4	1
(1)	(2)	(3)	(4)	(5)	(6)	(7)	(8)

(Längenangaben in Bytes; *: 2 bzw. 6 Bytes)
(1): Vorspann im Protokoll (Preamble)
(2): SD: Start Delimiter
(3): FC: Frame Control
(4): Zieladresse (DA: Destination Address)
(5): Quelladresse (SA: Source Address)
(6): Informationsdaten
(7): 32-Bit-Prüfsequenz (CS: Frame Check Sequence: CRC 32)
(8): End Delimiter

SNMP – Simple Network Management Protocol

- Liegt oberhalb der Schicht 4: In dieser Hinsicht vergleichbar zu: ftp, telnet, SMTP, WWW
- Es wird zur Überwachung von Netzwerkaktivitäten eingesetzt.

Protokollzusammenspiel

Im Übertragungsprozess werden die einzelnen Protokolle auf den tieferen OSI-Schichten als Nutzdaten aufgenommen und transportiert.

Protokollaufbau

X.25-Protokoll
(Zugeordnet der Schicht 3 im OSI-Modell. Es ermöglicht eine Datenpaketvermittlung.)

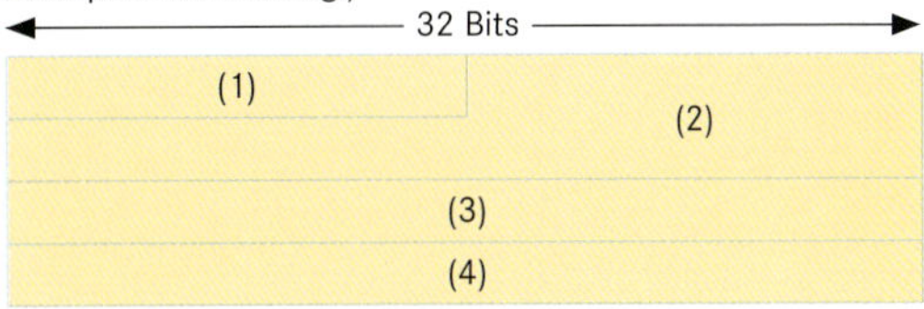

(1): Formatangabe (GFI: General Format Identifier)
(2): Adresse der (virtuellen) Verbindung (LCI: Logical Channel Identifier)
(3): Meldungstyp (packet type)
(4): Meldungsinhalt (Remainder)

TCP-Protokoll

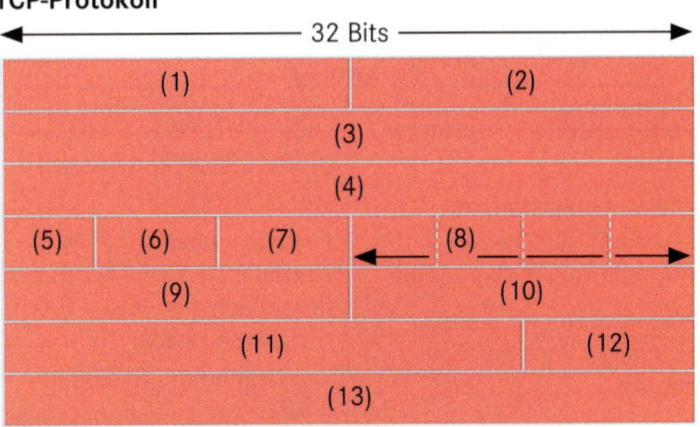

(1): Quellport; (2): Zielport; (3): Sequenznummer
(4): Bestätigungsnummer; (5): Offset;
(6): Reservierter Raum (6 Bits); (7): Flags
(8): Fenster (16 Bits); (9): Prüfsumme
(10): Dringlichkeitsangabe;
(11): Ergänzende Informationen (Optionen);
(12): Füllbits; (13): Eigentlicher Informationsbereich

IP-Protokoll – Version v4 (Adressenumfang 32 Bits)

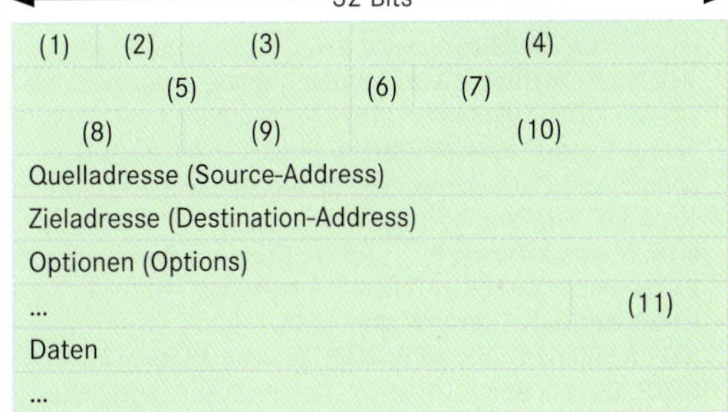

(1): Versionsnummer im IP-System
(2): Kopfgröße (-länge) (IHL: Internet Header Length)
(3): Dienstart (Priorität und spezifische Anforderungen)
(4): Datagramm-Länge (Gesamtgröße des Datagramms in Bytes)
(5): Kennung (Identification)
(6): Steuerungsinformationen für die Fragmentierung (Flags)
(7): Positionsinformation für Fragmente im Datagramm (Fragment-Offset)
(8): Lebensdauer des Datagramms im Netz (Time-to-Live)
(9): Protokollangaben für die Transportschicht (Protocol)
(10): Prüfsumme für den IP-Protokollkopf (Header-Checksum)
(11): Füll-Bits (Padding)

IPv6

- Der Adressumfang beträgt 128 Bit.
- $2^{128} = (2^4)^{32} = 16^{32} = 3{,}4 \cdot 10^{38}$ Adressen
- Die Einteilung in Netzklassen kann abgebaut werden.
- Die Verwendung von DHCP wird reduziert.
- IPsec wird integriert in IPv6.

	0	4	8	12	16	24	Bits 31
1	Version	Traffic Class			Flow Label		
2	Payload Length				Next Header		Hop Limit
3	Source Address						
4	Source Address						
5	Source Address						
6	Source Address						
7	Destination Address						
8	Destination Address						
9	Destination Address						
10	Destination Address						

Version: 4 Bits – Angabe zur Version	traffic class (Verkehrsklasse): 8 Bits – Priorität des Paktes (Dringlichkeit)
flow label (Flussangabe; Flusskontrolle: 20 Bits – Angaben zu den Datentypen	Payload – Length (Länge der Nutzlats): 16 Bits – Nutzdatenlänge nach dem IPv6 – Header (Extension Header)
next header (nh): 8 Bits – Headertyp nach der Zieladresse	hop limit (hl) (Sprunglimit): 8 Bits – Angabe der maximalen „Sprünge“ im Netz. Basiswert 254: jeder Systemabschnitt reduziert den Wert um 1. Bei Null erfolgt die Datagramm-Vernichtung. hl kann individuell eingestellt werden.
Source Address (Quelladresse): 128 Bit (ermöglicht in etwa 340 Sextilionen = 3,4 · 1038 Adressen)	
Destination Address (Zieladresse): 128 Bits	
Extension Header: Erweiterungs-Header – Aufruf über **nh**	

NGN-Protokolle (**N**ext **G**eneration **N**etworks Protocols)

- Im Rahmen der NGN-Technik, durch die in einheitlicher Art vielfältige Netzfunktionen und Übertragungsarten gestaltet werden sollen, werden neuartige Protokolle auf der Basis bereits existierender eingesetzt. Hierbei sollen auch Telephonie- und TV-Übertragungen integriert ermöglicht werden.
- Typische NGN-Protokolle (**P.**: Protocol):
  NTP: **N**etwork **T**iming **P.** **RSVP**: **R**esource **R**eservation **P.**
  PSTN: **P**ublic **S**witched **T**elephone **N**etwork
  RTCP: **R**ealtime **T**ransport **C**ontrol **P.**
  RTP: **R**ealtime **T**ransport **P.** **SAP**: **S**ession **A**nnouncement **P.**
  SCTP: **S**tream **C**ontrol **T**ransmission **P**rotocol – verbindungsorientiertes Transportprotokoll: Verbindung von TCP mit UDP. Der Header der SCTP-Meldung besteht aus 3 x 32 Bit. Dazu treten Informationen (Chunk Meldungen) zur transportierten Information. So können z.B. Payload-Daten übertragen werden.

8 Bit	8 Bit	8 Bit	8 Bit
Source Port Number		Destination Port Number	
Verification Tag			
Checksum (vergleichbar TCP)			
Chunk Type	Chunk Flags	Chunk Length	

SDP: **S**ession **D**escription **P**rotocol; **SIP**: **S**ession **I**nitiation **P.**

ARP – Address Resolution Protocol

- Es dient dazu, die zu einer IP-Adresse gehörende MAC-Adress zu bestimmen.
- **Protokoll-Aufbau** (ARP-Header):

Zeilen	Bitbreite 1	2	3	4	5	6	7	8
1	Hardware Type							
2								
3	Protocol Type							
4								
5	Hardware Length							
6	Software Length							
7	Option Code							
8								
9	Hardware Source Address							
10								
...								
14								
15	Software Source Address							
...								
18								
19	Hardware Destination Address							
...								
24								
25	Software Destination Address							
...								
28								

- **Hardware Type**; Umfang: 2 Bytes
  Angabe des Netzwerktyps:

1	Ethernet 10 Mps
2	Experimental Ethernet
3	Amateur-Radio AX.25
4	Proteon PROnet Token-Ring
5	CHAOSnet
6	IEEE 802.x LANs
7	ARCnet

- **Protocol Type**; Umfang: 2 Bytes
  Protokoll-Kennung unter Verwendung der EtherType-IDs
- **Hardware Length**; Umfang: 1 Byte
  Angabe zur Länge der MAC-Adresse (Hardware-Adresse)
- **Software Length**; Umfang: 1 Byte
  Angabe zur Länge der IP-Adresse (Software-Adresse)
- **Options Code**; Umfang: 2 Bytes
  ARP-Funktionskennzeichnung:

0	ARP Request
1	ARP Reply
2	RARP Request
3	RARP Reply

- **Hardware Source Address**; Umfang: 6 Bytes
  Es wird die MAC-Adresse des Senderechners angegeben.
- **Software Source Address**; Umfang: 4 Bytes
  Es wird die IP-Adresse des Senderechners angegeben.
- **Hardware Destination Address**; Umfang: 6 Bytes
  Es wird die MAC-Adresse des Empfangsrechners angegeben.
- **Software Destination Address**; Umfang: 4 Bytes
  Es wird die IP-Adresse des Empfangsrechners angegeben.

Hintergründe und Grundlagen

- Bezeichnung **Diameter**: Kunstwort, Diameter (engl.) bezeichnet den Durchmesser. Somit ist Diameter größer (und somit besser) als Radius (RADIUS-Protokoll: Remote Authentication Dial-In User Service - RFC 2058).
- Diameter ist ein **AAA**-Protokoll. Die AAA-Definitionen finden sich in RFC 3539.
- Es basiert auf dem **RADIUS**-Protokoll.
- Diameter nutzt TCP und SCTP (und IP) zum sicheren Transport und für die Verschlüsselung TLS und IPSec.
- Diameter ist in RFC 3588 definiert.
- Es ist - in Erweiterung zum RADIUS - für mobile Zugriffe auf IP-Netze geeignet.
- Protokolleinbettung:

IP	TCP/SCTP	DH	AVP 1	AVP 2	...

  IP: IP-Protokoll; TCP: TCP-Protokoll
  DH: Diameter Header; AVP: Attribute Value Pair
- Zu Diameter gehören eine Sicherheitsergänzungen (CMS) und Dienste-Anwendungen, wie zum Beispiel: Credit-Control, EAP, MIPv4, NAS, ...
- Diameter wird im IP Multimedia Subsystem eingesetzt.
- Es ermöglicht die Peer-to-Peer-Kommunikation und das Roaming.

Begriffe und Abkürzungen

- **AAA**: **A**uthentication, **A**uthorization, **A**ccounting (Triple-A-System)
- **AVP:** **A**ttribute **V**alue **P**air - 32 Bitraum zur Darstellung von 256 Attributen.
- **CMS:** **C**ryptographic **M**essage **S**yntax
- **Credit-Control:** Dienstnutzung über Prepaid Guthaben
- **Dial-in-Zugang:** Zugriff auf ein Netz von außen
- **EAP** (**E**xtensible **A**uthentication **P**rotocol): WLAN-Authentifizierungsprotokoll gemäß RFC 4072
- **MIPv4** (**M**obile **IPv4** Anwendungen): Ermöglicht die Netzmobilität gemäß RFC 4004
- **NAS:** **N**etwork **A**ccess **S**erver
- **RADIUS:** **R**emote **A**uthentication **D**ial-**i**n **U**ser **S**ervice (Standard fürs Internet: RFC 2058 (1997) bis RFC 2865 (2000)) Radius nutzt zum Transport das unsichere **UDP**.
- **RAS:** **R**emote **A**ccess **S**ervices - ermöglicht den Zugriff auf ein Firmennetz (Intranet) aus dem mobilen Internet heraus
- **SCTP:** **S**tream **C**ontrol **T**ransmission **P**rotocol (verbindungsorientiertes Transportprotokoll)
- **TLP:** **T**ransport **L**ayer **S**ecurithy
- **UDP:** **U**ser **D**atagram **P**rotocol (unsichere TCP Alternative, da quittierungslos)

Protokollaufbau

Header

1 — 8	9 — 16	17 — 24	25 — 32
Version	Message Length		
Command F.	Command Code		
Application- Identifier			
Hop-by-Hop- Identifier			
End-to-End- Identifier			
AVPs...			

Aufbau der AVPs

1 — 8	9 — 16	17 — 24	25 — 32
AVP Code			
Flags-AVP	AVP Length		
Vendor-ID (optional)			
Daten ...			

- Im AVP Code (32 Bit) wird angegeben, welcher Bedeutungsinhalt im Datenbereich dargestellt wird.
- Die AVP-Dateninhalte sind im Detail vorbestimmt. Die RADIUS-Mitteilungen werden vollständig berücksichtigt.
- **AVPs**

Code	Name	Code	Name
257	Host IP-Adresse	281	Error Message
258	Auth-Application ID	283	Destination Realm
263	Session ID	291	Authorization Lifetime
273	Disconnect Cause	292	Redirect Host

Architekturprinzipien

A: Client und Server kommunizieren direkt miteinander.
B: Die Kommunikation zwischen Client und Server wird über ein **DRLA** (**D**iameter-**Rel**ay-**A**genten) ermöglicht.
C: Wie unter B erfolgt die Kommunikation über ein DRLA. Der DRLA greift dabei auf ein zugeordnetes **DRDA** (**D**iameter- **R**edirect-**A**genten) zurück.
D: Die Kommunikation wird vermittelt durch einen **TLA** (**Tra**nslation-**A**genten).

AAA

Beim Zugriff auf einen Dienst bzw. auf eine Ressource müssen in geordneter Abfolge die Zugangsberechtigung und die erlaubten Details geklärt werden:

1. Klärungsebene:
Authentication (Authentifikation):
Erfassung des Benutzers
Wer?

2. Klärungsebene:
Authorization (Autorisierung):
Festlegung der erlaubten Handlungen
Erlaubt?

3. Klärungsebene:
Accounting (Abrechnung):
Erfassung der Dienste und Ressourcen
Nutzung?

Diameter-Nachrichten

Command Code	Abkürzung	Information
257	CER	Capabilities Exchange Request
257	CEA	Capabilities Exchange Request
258	RAR	Re-Auth Request
258	RAA	Re-Auth Answer
268	AAR	AA-Request
268	AAA	AA-Answer
271	ACR	Accounting Request
271	ACA	Accounting Request
274	ASR	Abort Session Request
274	ASA	Abort Session Answer
275	STR	Session Termination Request
275	STA	Session Termination Answer
282	DPA	Disconnect Peer Answer

Port

- Mit der IP-Adresse wird ein PC als Netz-Einheit erkannt. Eine präzise Identifikation (zum Dienst usw.) wird über diese erreicht. Über die Protnummern kann ein Verständigungsprozess ablaufen.
- Auch bei einer Server-Client-Kommunikation, die vom **RPC**-Protokoll (**R**emote **P**rocedure **C**all) organisiert wird, werden RPC-Dienste über Portnummern näher erfasst.
- Die Port-Nummer wird als 16-Bit große Zahl bestimmt.

Portnummer	Dienst/Hinweis
0 - 511	Well know services (ftp; telnet; ...)
0 - 1023	trusted ports: systemnahe Serverprozesse
512 - 767	Berkley-services (UNIX-Services)
768 - 1023	dynamische privilegierte Client-Anwendungen
1024 - 32767	dynamische unprivilegierte Client-Anwendung.

Port-Nr.	Dienst	Port-Nr.	Dienst	Port-Nr.	Dienst
0	`ip`	20	`ftp (data)`	79	`finger`
1	`icmp`	21	`ftp (control)`	109	`pop2`
6	`tcp`	23	`telnet`	110	`pop3`
80	`http`	25	`smtp`	513	`login`

Socket

- Bezeichnung und Konzeption gehen auf das BS BSD Unix (Berkeley Software Distribution) von 1976/77 zurück. Im Rahmen des Socket-Konzepts wird eine freie Zuordnung zu beliebigen Netzzielen ermöglicht.
- Eine IP-Adresse verbunden mit einer Port-Nummer wird als Socket bezeichnet. Allgemein versteht man hierunter eine Angabe, die aus den IP- und Port-Nummern der miteinander kommunizierenden Rechner und der Angabe des Übertragungsprotokolls besteht. So kann von der IP-Schicht über die TCP-Schicht ein eindeutiger Zugang zum „oberhalb" von TCP (bzw. UDP) liegenden (Verarbeitungs-)Protokoll gefunden werden.
- Bedeutsam ist das Socket-Konzept für die programmiertechnische Gestaltung der Schnittstellen für Kommunikationsprozesse in verteilten Systemen bei TCP/UDP - IP. Die damit einhergehende „hardwarenähe" steht in Spannung zu den favorisierten Objekt-Beziehungen der objektorientierten Programmierung.
- Mit der Erstellung eines Sockets [allgemein: `socket()`] bzgl. TCP: `socket(AF_INET, OCK_STREAM, 0)` und bzgl. UDP: `socket(AF_INET, SOCK_DRAM, 0` wird im Kommunikationsprozess ein Bezugspunkt erzeugt.
- Geöffnet wird ein Socket über einen `open`-Befehl. Mit einem `close`-Befehl muss es auch wieder geschlossen werden.
- In der Server-Client-Kommunikation erfolgt auf der Seite des Servers die Übertragung über die „Stationen" `socket()`, `bind()`, `listen()`, `accept()`. Die Client-Seite kann über `socket()`, `connect()` einen Verbindungsaufbau vornehmen. Mit `read()` und `write()` wird der Server-Client-Datenaustausch gestaltet.
- **Netzverbindungsbefehle**:

`socket`	Kommunikationsendpunkt wird angefordert
`bind`	Festlegung von Portnummern
`listen`	Verbindungsanzahl (Pufferzahl) wird bestimmt
`accept`	Bereitschaft zum Empfangen wird signalisiert
`connect`	Anforderung einer Verbindung
`send`	Senden von Daten
`recv`	Warten auf eine Antwort
`close`	Auflösen einer Verbindung

DNS – Domain Name Service

- Die Einführung des Dienstes erfolgte 1984. Unter Verwendung von Tabellen werden IP-Adressen den zugehörigen logischen Namen (Host-Name) zuordnet. DNS arbeitet weltweit.
- Eine IP-Adresse besteht prinzipiell aus dem konkreten lokalen Anteil (Rechner-Adresse) und der Subnetz-Adresse.
- Die Adressvergabe wird von der **IANA** organisiert und überwacht.
- **IANA**: **I**nternet **A**ssigned **N**umbers **A**uthority (USA)
- Die Vergabe wird zum Teil regionalisiert - an die **RIR**s.
- **RIR**: **R**egional **I**nternet **R**egistries.
- Adressvergabe in Europa: durch die RIPE NCC (Amsterdam).
- Der DNS-Namensraum ist von hierarchischer Struktur. Ausgehend von einer Wurzel (Root) werden mit den einzelnen Baumverzweigungen separierte Räume (Domain) erreicht, denen weitere Unterräume zugeordnet sind. Den einzelnen Knoten im Baum sind Name-Server zugeordnet.

Top Level Domain (TLD) - Einteilungen

- Länderspezifische Zuordnungen (**ccTLDs** - **C**ountry **C**ode **TLDs**) - auch Geographische Domänen (z. B. Deutschland: .de; Polen: .pl)
- Generische TLDs (gTDLs; auch Organisatorische Domänen) Beschränkte (A) und unbeschränkte (B) gTDLs:
  (A) Firmen – .com; ...; .net; .info; .org; ...
  (B) Regierungsorganisationen: .gov
  Bildungseinrichtungen: .edu; usw.

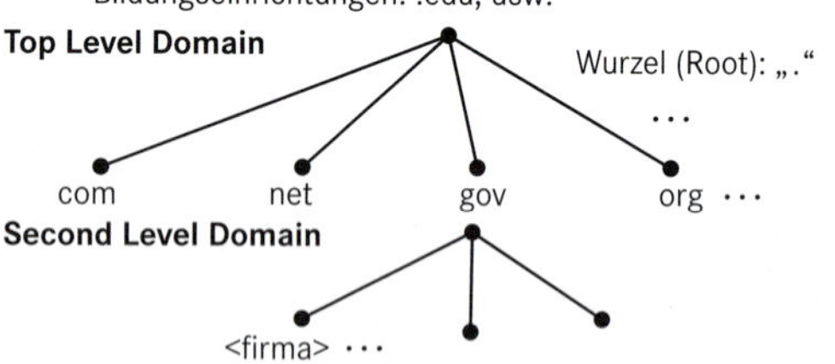

Basisspezifikationen: RFC 882; RFC 883
und später RFC 1034, RFC 1035

DHCP – Dynamic Host Configuration Protocol

- **DHCP** („dynamisches Protokoll für die Konfiguration des Computers") wurde 1993 entwickelt.
- Ein DHCP-Server kann in dynamischer Art IP-Adressen automatisch an Clients vergeben. Es ist ein Netzwerkdienst (Daemon) und gehört zur Gruppe der Internet-Protokolle.
- DHCP bezieht sich dabei direkt auf das IP-Protokoll.
- Nutzer erhalten eine identifizierenden IP-Adresse. Nach der Nutzung kann sie anderen Rechnern zugeordnet werden.
- Client und Server müssen sich auf das gleiche Subnetz beziehen, da die Initialisierungskommunikation über **Rundsendungen** (**broadcast**) erfolgt. Sollte die Nachricht über die Grenzen eines Subnetzes hinaus gehen, dann muss in den jeweiligen Routern der einzelnen Subnetze geeignete Agenten (**DHCP-Relay-Agenten**) installiert werden. Router selbst geben Broadcasts über das Subnetz hinaus nicht weiter.
- Quellport-Nummer: Port 68; Zielport-Nummer: Port 67
- Vergabevorgang (Prozesse: Client →; Server ←)
  1. DHCP - discover - Nachricht →:
  2. DHCP - offer - Nachricht ←:
  3. DHCP - request - Nachricht →:
  4. DHCP - acknowledge - Nachricht ←:
- Bezugs-RFCs: 1531, 1533, 1534, 1541, 2131

- Das WWW wird grundsätzlich von einer **Client-Server-Struktur** geprägt. Die Clients fordern über WWW-Verbindungen Server-Dienste ein.
- Die Verbindung zwischen lokal definierten Netzbereichen und dem WWW kann über **Proxy-Server** gestaltet werden.
- Ein Proxy-Server arbeitet für den Client als Server, für einen WWW-Server als Client. Mit dem Proxy-Server kann eine **Firewall** gestaltet werden.
- Ein Proxy-Server kann Informationen, die oftmals im Netz abgerufen werden, zwischenspeichern (im cache). Insofern ist eine vereinfachte und kostengünstige Datenübermittlung möglich.

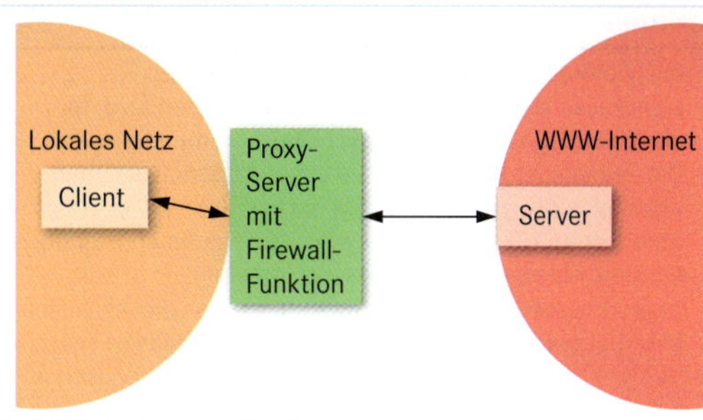

- Nach dem OSI-Modell kann jede Schicht nur mit den direkt benachbarten Schichten über **Primärmeldungen** (**Primitives**) kommunizieren.
- Die Kommunikation wird in einer Schicht jeweils von einer Instanz (aktive Schichteinheit) gestaltet. Zur Datenübertragung muss eine Datenverbindung aufgebaut werden.
- Hierzu wird ein Datenübertragungswunsch z. B. von einem Client-Rechner an einen Proxy-Server gesendet.
- Grundsätzlich unterscheidet man folgende Phasen:
  ① Verbindungsaufbau
  ② Verbindung (Datenaustauschphase)
  ③ Abbau der Verbindung

Übertragungsfolge

Folgende **Primärmeldungen** werden ausgetauscht:

Verbindungsaufbau ①
A: Verbindungswunsch (Connect Request)
B: Anzeige des Verbindungswunsches (Connect Indication)
C: Verbindungsannahme (Connect Response)
D: Bestätigung des Verbindungsaufbaus (Connect Confirm)

Datenaustauschphase (Verbindungsphase) ②
A: Datenübertragungswunsch (Data Request)
B: Anzeige des Datenpakets (Data Indication)
C: Annahme des Datenpakets (Data Response)
D: Bestätigung der Datenübermittlung (Data Confirm)

Verbindungsabbau ③
A: Verbindungsabbauwunsch (Disconnect Request)
B: Anzeige des Abbauwunsches (Disconnect Indication)
C: Annahme des Wunsches zum Abbau (Disconnect Response)
D: Bestätigung des Verbindungsabbaus (Disconnect Confirm)

HTTP – Hypertext Transport Protocol

Grundlagen

- **HTTP** steht für **H**ypertext **T**ransport **P**rotocol.
- Es ist neben ftp ein zentrales Übertragungsverfahren in Netzen.
- Wird im Internet keine Protokollangabe vor der Adresse gegeben (**www**.westermann ...), dann wird automatisch das HTTP-Protokoll (**http:// www**.westermann ...) eingesetzt.
- HTTP unterstützt die das WWW prinzipiell prägende Client-Server-Struktur.
- Das HTTP überträgt alle vorhandenen Datenformen im Netz.
- Es ist der Port-Nummer 80 im Rahmen des Socket-Konzeptes zugeordnet (TCP-Port und UDP-Port).
- HTTP ist ein zustandsloses und persistentes Verfahren.
- SHTTP ist eine Variante von HTTP, die Verschlüsselungen ermöglicht: SHTTP – Secure HTTP.

Die HTTP-Protokoll-Informationen werden als ASCII-Text übertragen.

In den übertragenen HTTP-Protokoll-Informationen wird nach der Angabe zur HTTP-Version eine Status-Code-Angabe gegeben.

Status-Mitteilungen unter HTTP

1XX – eine nur informative Nachricht (Informational)	
100 – Continue	101 – Switching Protocols
2XX (Sucessfull)	
200 – OK 201 – Created 202 – Accepted	203 – Non-Authoritive Information 204 – No Content 205 – Reset Content
3XX – Die Client-Anfrage geht an eine andere URL (Redirection)	
300 – Multiple Choices 301 – Moved Permanently	305 – Use Proxy
4XX – Es liegt ein Clientfehler vor (Client Error)	
400 – Bad Request 401 – Unauthorized 403 – Forbidden 404 – URL not found 405 – Method Not Allowed 406 – Not Acceptable 407 – Proxy Authentification Required 408 – Request Timeout	409 – Conflict 410 – Gone 411 – Length Required 412 – Precondition Failed 413 – Method Not Allowed 414 – Request Entity Too Long 415 – Requets-URI Too Long 408 – Unsupported Media Type
5XX – Es liegt ein Servicefehler vor (Server Error)	
500 – Internal Server Error 501 – Not Implemented 502 – Bad Gateway	503 – Service Unavailable 504 – Gateway Timeout 505 – HTTP Version not supported

Merkmale

- Mit **VLAN**s (**V**irtual **LAN**: virtuelles LAN) werden physikalische Netzwerke in **logische Gruppen** (z. B. für eine Projektteam und ein Entwicklungsteam) eingeteilt.
- Die Teilnehmer jeder logischen Gruppe können sich dabei räumlich an beliebigen Orten befinden.
- Somit ist es z. B. möglich an einem Unternehmensstandort einzelne Mitarbeiter verschiedener Abteilungen in ein zugeordnetes VLAN zu integrieren, ohne das die jeweiligen Mitarbeiter ihren bisherigen Arbeitspalatz wechseln müssen.
- VLANs sind nicht auf einen geografischen oder physischen LAN-Standort begrenzt und können somit auch weltweit (über Internet) aufgebaut werden.
- Das jeweilige VLAN bildet dabei eine **Broadcast-Domäne**, die sich über mehrere Switche ausdehnen kann.
- Eine wesentliche Komponente beim Aufbau eines VLANs sind die eingesetzten Switche, die verwaltet (gemanaged) werden können.
- Die Zuordnung zu einem bestimmten VLAN kann wahlweise erfolgen durch
  - **portbasierte** Zuordnung an einem Switch (statische Zuordnung),
  - MAC-Adressen-Zuordnung (dynamische Zuordnung) oder auf der Protokollebene.
- Bei der portbasierten Zuordnung werden am Switch die Endgeräteanschlüsse fest dem jeweiligen VLAN zugeordnet (konfiguriert).
- In VLAN Netzwerken mit mehreren Switchen erfolgt die Übertragung der Datenpakete zwischen den Switchen mit einer Kennzeichnung für das jeweilige VLAN (**802.1Q TAG** ①).
- Diese Kennung wird im absendenden Switch in den Datenrahmen eingefügt und im empfangenden Switch wieder entfernt.
- Zur Übertragung über das Internet wird eine zusätzliche Kennung (**Outer TAG, auch QinQ** ②) zur Erweiterung des Adressraumes für VLANs eingefügt.
- Vorteile von VLANs sind u. a.
  - ein geringer administrativer Aufwand bei Umzug oder Änderung von Endgeräten,
  - ein reduzierter Bandbreitenbedarf in den einzelnen VLANs,
  - eine erhöhte Sicherheit durch isolierte Bereiche und
  - eine vereinfachte Fehlersuche bzw. -behebung.

Netzarchitektur

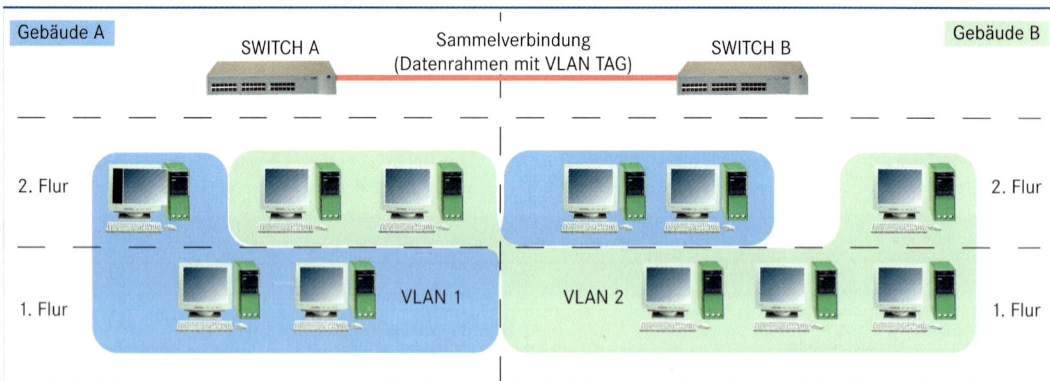

Rahmenformate

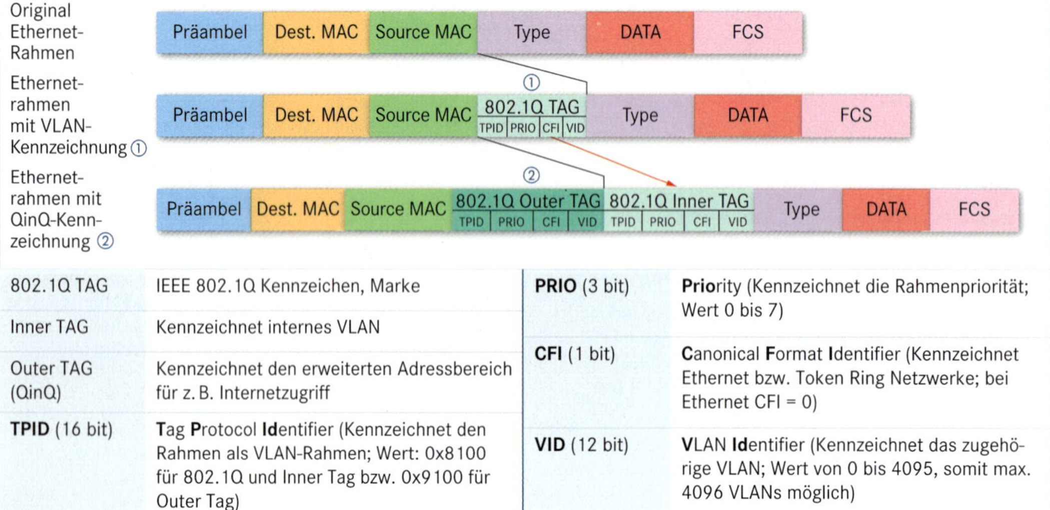

802.1Q TAG	IEEE 802.1Q Kennzeichen, Marke	**PRIO** (3 bit)	**Prio**rity (Kennzeichnet die Rahmenpriorität; Wert 0 bis 7)
Inner TAG	Kennzeichnet internes VLAN		
Outer TAG (QinQ)	Kennzeichnet den erweiterten Adressbereich für z. B. Internetzugriff	**CFI** (1 bit)	**C**anonical **F**ormat **I**dentifier (Kennzeichnet Ethernet bzw. Token Ring Netzwerke; bei Ethernet CFI = 0)
TPID (16 bit)	**T**ag **P**rotocol **Id**entifier (Kennzeichnet den Rahmen als VLAN-Rahmen; Wert: 0x8100 für 802.1Q und Inner Tag bzw. 0x9100 für Outer Tag)	**VID** (12 bit)	**V**LAN **Id**entifier (Kennzeichnet das zugehörige VLAN; Wert von 0 bis 4095, somit max. 4096 VLANs möglich)

Merkmale

- **VPN**
  - ist ein **geschlossenes** logisches Netzwerk zur **sicheren** Datenübertragung über öffentlich zugängliche Übertragungsnetzwerke (z. B. Internet), bei denen die Verbindungen durch einen öffentlichen **ISP** (**I**nternet **S**ervice **P**rovider) bereitgestellt werden
  - erzeugt zur Übertragung im Internet einen sogenannten **Tunnel** (Tunneling)
- Grundprinzip des Tunneling ist das Verpacken (encapsulation) von Anwendungspaketen in die Datenpakete des Transportprotokolls.
- Angewendete **Sicherheitsmechanismen** wie Identifikation, Authentifikation und Verschlüsselung der Daten verhindern den Zugang durch Unbefugte.
- **Vorteile** gegenüber echten privaten Netzen (z. B. Corporate Network) sind
  - höhere Flexibilität (u. a. eigene Adressierung)
  - niedrigere Kosten für die Übertragung

Anwendungen

- **Einsatzfelder** von VPN sind
  - **Remotezugriff** auf Unternehmensdaten über das öffentliche Internet durch Außendienstmitarbeiter oder Heimarbeiter
  - Verbindung von Netzwerken (Zweigstelle mit Unternehmenszentrale)
  - Verbinden von Computern über ein **Intranet** (firmeneigenes Netzwerk) zum Aufbau geschlossener Benutzergruppen

Protokolle

- Protokolle zur Implementierung eines VPN sind z. B.
  - **PPTP**
    (**P**oint-to-**P**oint **T**unnelling **P**rotocol: Punkt-zu-Punkt-Tunnel Protokoll)
  - **L2TP**
    (**L**ayer **2** **T**unneling **P**rotocol: Ebene 2 Tunnel Protokoll)
  - **IPSec**
    (**IP Sec**urity Protocol: Internet Sicherheits Protokoll)
- **PPTP**
  - Transport von IP, IPX oder Net BEUI über IP-Netzwerke
  - arbeitet auf Schicht 2 des OSI-Modells und nur über IP-Netzwerke
  - packt die Datenpakete in Rahmen des PPP (Point-to-Point Protokoll)
- **L2TP**
  - Transport von IP, IPX oder NetBEUI über beliebige Medien wie z. B. X25, Frame Relay, ATM (Punkt-zu-Punkt Datagramm Übertragung) oder IP-Netzwerke
  - arbeitet auf Schicht 2 des OSI-Modells
  - packt die Datenpakete in Rahmen des PPP
- **IPSec**
  - Transport von IP-Daten über ein IP-Netzwerk
  - arbeitet auf Schicht 3 des OSI-Modells
  - verwendet Transport- oder Tunnelmodus
  - Protokolle sind **AH** (**A**uthentication **H**eader: Authentifikations-Kopf) und/oder **ESP** (**E**ncapsulated **S**ecurity **P**ayload: verschlüsselter Kopf und Anhang)
  - kann auch als normales Transportprotokoll verwendet werden (nur Nutzlast verschlüsselt, Header bleibt original erhalten, ergibt geringere Bandbreitenbelastung)

Heimarbeiter-Anbindung

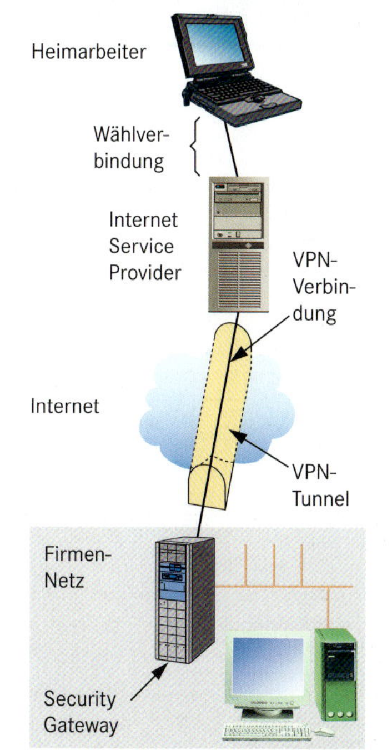

Protokoll-Struktur

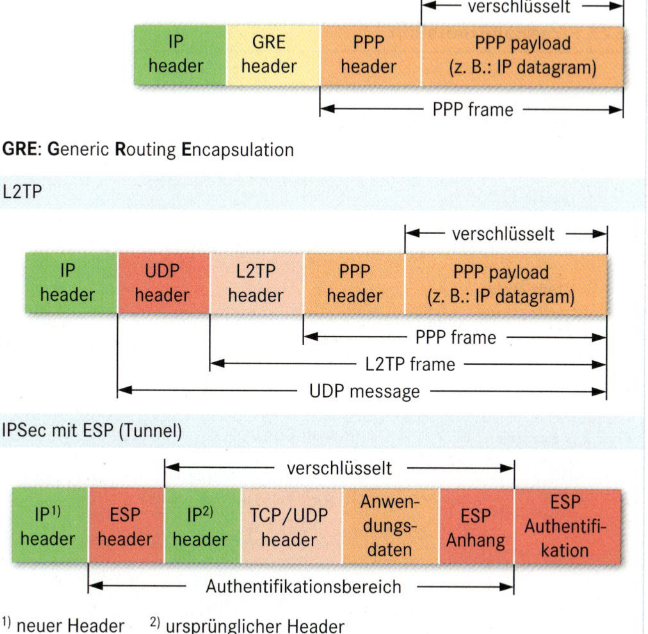

GRE: **G**eneric **R**outing **E**ncapsulation

[1] neuer Header [2] ursprünglicher Header

Merkmale

- **VoIP** (**V**oice **o**ver **IP**: Sprache über IP) ist die Bezeichnung für Sprachübertragung über IP-Netzwerke (Internet, Intranet, LAN); wird auch als **IP-Telefonie** bezeichnet.
- Anwendung zwischen
  - PC zu Telefon (und umgekehrt)
  - Telefon zu Telefon
- Im Gegensatz zu ISDN wird die codierte Sprache in Daten-Paketen über das Netz übertragen.

Standards

- Wesentliche Standards:
  - ITU-T (International Telecommunication Union)
  - IETF (Internet Engineering Task Force)
- ITU-T normiert die Standards nach **H.323** (Packet Based Multimedia Communication Systems: Paket basierende Multimedia-Kommunikation)
- H.323 ist die Zusammenfassung einer Reihe von Standards und definiert die technischen Voraussetzungen für
  - die Komponenten (z. B.: Terminal)
  - Verarbeitung von Sprache, Daten und Video
  - Verbindungsmanagement
  - Internetworking verschiedener Netze
- Die Architektur von H.323 beinhaltet
  - **Terminal** (z. B. IP-Telefon)
  - **Gateway** (Verbindung von paketorientiertem Netz mit leitungsvermitteltem Netz)
  - **Gatekeeper** (Terminal Registrierung, Verbindungsaufbau und -abbau, Zugriffskontrolle)
  - **M**ultipoint **C**ontrol **U**nit (**MCU**) (Aushandlung der Terminaleigenschaften und Steuerung von Multimedia-Konferenzen)
- **SIP** (**S**ession **I**nitiation **P**rotocol: Sitzungs-Initiierungs Protokoll) ist von der IETF entwickeltes Signalisierungsprotokoll auf OSI Schicht 5 bis 7
- SIP dient zum Aufbau, zur Veränderung und Abbau von Sitzungen mit einem oder mehreren Teilnehmern und kann sowohl TCP als auch UDP verwenden.
- SIP ist einfacher strukturiert und schneller als H.323

H.323 Architektur

H.323-Terminal
H.323-Terminal
H.323-Terminal
LAN
H.323-Gatekeeper
H.323-Gateway
H.323-MCU
GSTN
QoS LAN
N-ISDN
B-ISDN
H.324-Terminal
H.322-Terminal
H.320-Terminal
H.321-Terminal

Anwendung

Beispiel:

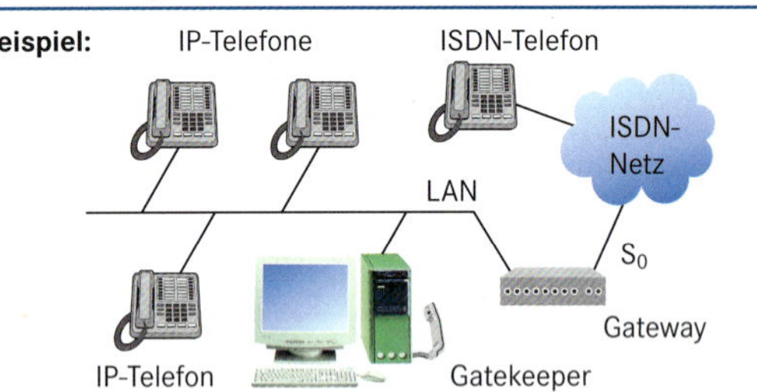

H.323 Protokoll-Übersicht

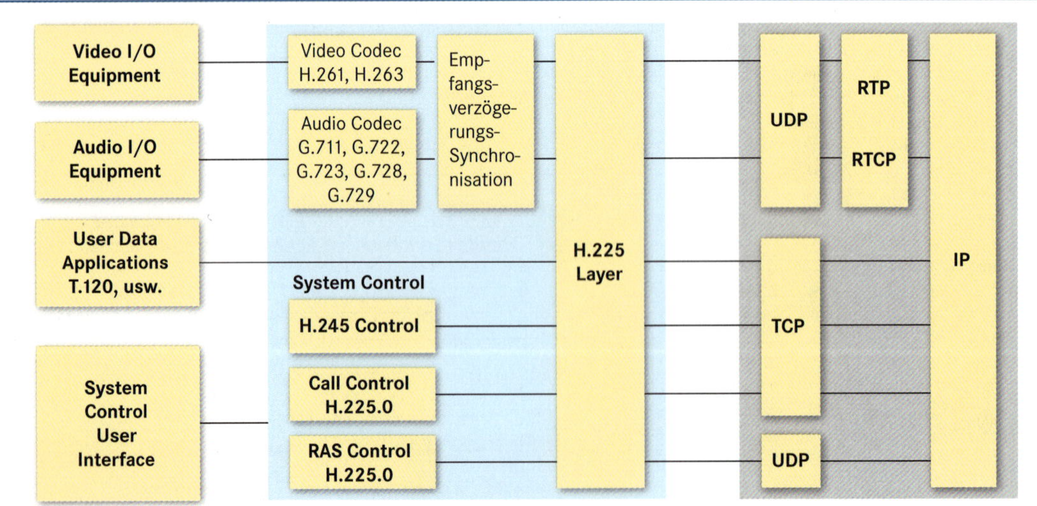

UDP: **U**ser **D**atagram **P**rotocol
RTP: **R**eal **T**ime **P**rotocol
RTCP: **R**eal **T**ime **C**ontrol **P**rotocol
TCP: **T**ransport **C**ontrol **P**rotocol
IP: **I**nternet **P**rotocol
RAS: **R**emote **A**ccess **S**ervice

MAC-IP-Adressen

MAC-Adressen – **MAC**: **M**edia **A**ccess **C**ontrol

- Diese Adresse wird der Netzwerkkarte des Rechners in Form einer 48 Bit großen Zahl zugeordnet.
- Adressaufbau: Die ersten 24 Bit kennzeichnen den Hersteller und die letzten 24 Bit die konkrete Karte. Bezogen auf eine Herstellernummer können 16.777.216 Rechner unterschieden werden.

IP-Adressen

- Den Netzwerkkarten kann auch eine (logische) IP-Adresse zugeordnet werden. Die IP-Adresse verweist auf eine MAC-Adresse.
- Eine IP-Adresse ist im Rahmen der IPv4-Konzeption 32 Bit (4 Bytes) lang. Im Rahmen der IPv6-Konzeption besteht eine IPAdresse aus 128 Bit. (IPv5 wird unter anderem für experimentelle Untersuchungen verwendet.)
- Die 32 Bit unter IPv4 werden in vier 8-Bit-Blöcke aufgeteilt. Acht Bit werden üblicherweise als Dezimalzahlen genannt. Insofern geht mit jedem Block eine Zahl von 0 bis 255 einher. Zum Bspl.: 10001101.10000101.00000101.10010001 ® 141.133.5.145
- Mit der IP-Adresse wird ein konkretes Teilnetz (Subnetz) und die Rechnernummer in dem jeweiligen Netz angegeben. Die Kennzeichnung erfolgt über eine zugeordnete Subnet-Mask. Sie beschreibt, welche Anteile der IP-Adresse ein Bezugsnetz (Subnet) und welche (nachgeordneten) Nummernanteile eine konkrete Netzkarte benennen.
- Üblicherweise werden fünf Netzklassen unterschieden. Im LAN-Bereich werden die Klassen A, B und C eingesetzt. Seit 1993 können die Netzmasken auch variabel gestaltet werden. Dies wird speziell bei WAN genutzt.

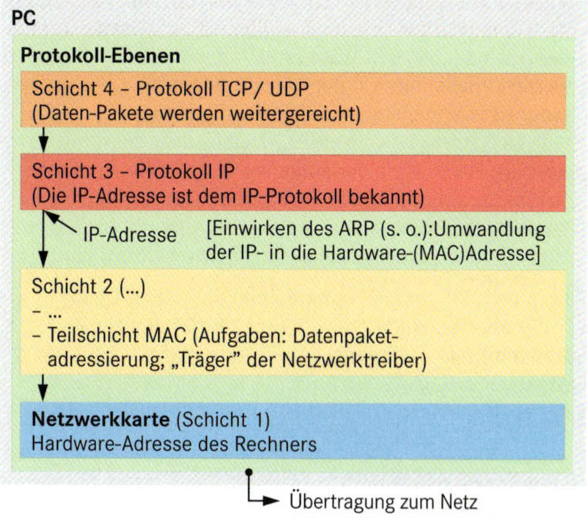

PC

Protokoll-Ebenen

Schicht 4 – Protokoll TCP/ UDP
(Daten-Pakete werden weitergereicht)

Schicht 3 – Protokoll IP
(Die IP-Adresse ist dem IP-Protokoll bekannt)

IP-Adresse [Einwirken des ARP (s. o.):Umwandlung der IP- in die Hardware-(MAC)Adresse]

Schicht 2 (...)
– ...
– Teilschicht MAC (Aufgaben: Datenpaket-adressierung; „Träger" der Netzwerktreiber)

Netzwerkkarte (Schicht 1)
Hardware-Adresse des Rechners

Übertragung zum Netz

- Die IP-Adressen müssen eindeutig vergeben werden. Dies wird zentral durch eine Vergabebehörde geregelt.
- Den IP-Adressen werden nun im öffentlichen Netz leicht lesund merkbare (alphanumerische) Bezeichnungen zugeordnet.
- Die Zuordnung eines Namen zu einer Hardwareadresse im Netzbetrieb über **DNS**-Server vorgenommen. (**DNS: D**omain **N**ame **S**ervice.)
- Die (aktuellen) RFC-Bezüge lauten: 1918, 2544, 3171, 3232, 3330, 3927, 5735

IP-Adressenaufbau unter IPv4

Die 32 Bit werden in 4 Bytes aufgeteilt. Ein Byte repräsentiert eine natürliche Zahl im Bereich von 0 bis 255. Üblich ist folgende Nummerierung:

Bit 1 bis 8	Bit 9 bis 16	Bit 17 bis 24	Bit 25 bis 32
Byte 1	Byte 2	Byte 3	Byte 4

Unterschieden werden folgende Klassen:

- **Klasse A (Class A):** Der Wert des ersten Byte muss kleiner $128_{|10}$ sein. D. h., das erste Bit muss eine 0 sein. Insgesamt gibt es max. 128 Netze (praktisch nur 125) dieser Größe. Zur Kennzeichnung der Rechner stehen 24 Bit zur Verfügung: D. h., es können 16.777.216 Rechner maximal in einem Netz der Klasse A unterschieden werden.
- **Klasse B (Class B):** Das erste Byte beginnt mit einer 10. D.h., es gilt: $128_{|10} \leq$ Byte $1 \leq 191_{|10}$ Das Netzwerk wird durch die ersten beiden Bytes erfasst. Es gibt 16.384 Netzwerke. In jedem Netz können max. 65.536 Rechner (praktisch 65.534) unterschieden werden.
- **Klasse C (Class C):** Startbits im ersten Byte: 110
  D.h., es gilt: $192_{|10} \leq$ Byte $1 \leq 223_{|10}$
  Das Netzwerk wird durch die ersten drei Bytes erfasst. Es gibt max. 2.097.152 Netze. Jedem Netz können max. 256 Rechner (Knoten) (praktisch 254) zugeordnet werden.
  (Die Nummern 0 und 255 werden nicht individuell vergeben.)

Spezielle Adressen

- xxx.xxx.xxx.255: Nachricht geht an alle Knoten im Netz (→ Broadcast).
- xxx.xxx.xxx.0: Das Netz wird direkt adressiert (→ Loopback-Adresse).
- 192.168.xxx.xxx: Diese Adresse wird nicht im Netz geroutet (Adresse der Klasse C).

Subnetze

- Mit Subnetz-Masken kann ein Netz in einzelne Segmente aufgeteilt werden. Die einzelnen Subnetze bleiben autonom.
- Subnetz-Maske für ein Netz der Klasse A:
  Ein Byte wird mit acht Einsen belegt:
  $11111111_{|2} = 255_{|10}$
  (→ Ein Byte wird mit dem Wert 255 maskiert.)
- Subnetz-Maske für ein Netz der
  Klasse B: 255.255 ...
  Klasse C: 255.255.255 ...
- Der Wert der Maskierbytes bestimmt sich aus der Differenz von 256 und der Anzahl der Knoten im zu betrachtenden Segment: Bytewert = 256 – Knotenzahl im Segment

Subnetze variabler Länge

- Es können Subnetze variabler Länge durch eine Bitverschiebung vereinbart werden: Subnetzmaske variabler Länge (**VLSM** – **V**ariable **L**ength **S**ubnet **M**ask). So kann der Adressraum um ein (oder zwei) Bit erweitert werden.
- Es kann sich das Problem ergeben, dass verschiedene Rechner mit einer Adresse versehen werden. Mittels spezieller Routing-Protokolle, die das VLSM unterstützen, kann dies bewältigt werden.

Subnetz-Präfix

Hinter einer IP-Adresse wird (nach einem Schrägstrich) die Anzahl der Bits der Subnetzmaske notiert. Xxx.xxx.xxx.xxx/24 kennzeichnet z. B. ein Subnetz der Klasse C.

Netzwerktools
Network Tools

Tools

- **finger:** Ermittlung einer E-Mail-Adresse, die auf Fremdrechnern eingesetzt wird. Für die Suche von Adressen etc. können auch die Dienste **X.500, netfind** und **whois** eingesetzt werden. (Bedeutsam in der Unix-/Linuxwelt)
- **ipconfig:** Darstellung einer Netzkonfiguration
- **NBSTAT:** Anzeige von NetBIOS-Namen inkl. der IP-Adresse
- **netstat:** Darstellung der aktuellen TCP/IP-Verbindungen
- **nslookup:** Ermittlung der IP-Adressen fremder Rechner
- **traceroute:** Darstellung des Wegs einzelner IP-Pakete im Netz (Befehl: tracert ...; Bspl: tracert www.westermann.de)

ping: Überprüft, ob ein Fremdrechner überhaupt Daten empfangen kann.
Befehlseingabe: C:\>ping
Syntax:
ping [-t] [-a] [-n Anzahl] [-l Größe] [-f] [-i Gültigkeitsdauer] [-v Diensttyp] [-r Anzahl] [-s Anzahl] [-j Hotliste] [-k Hotliste] [-w Zeitlimit] Zielname
Optionen:
-t Sendet fortlaufend ping-Signale zum angegebenen Ziel (Host)
-a Löst Adressen in Hostnamen auf
-n Anzahl zu sendender Echoanforderungen (Anzahl)
-l Pufferlänge senden (Länge)
-i Gültigkeitsdauer (TTL: Time To Live)

telnet

- Mit telnet ist es möglich, auf fremden Rechnern zu arbeiten. Quasi wird mit telnet eine terminalähnliche Arbeitsweise auf einem Fremdrechner ermöglicht.
- Es ist direkt oberhalb von TCP angesiedelt.
- Es ermöglicht einen Halbduplex-Betrieb.

telnet-Steuerungskommandos

Name	ASCII	Beschreibung
EOF	236	Dateiende
SUSP	237	Halte den laufenden Prozess an
ABORT	238	Abbrechen des Prozesses
EOR	239	Zeilenende
SE	240	Ende der Unterverhandlungsparameter
NOP	241	Keine Operation
DM	242	Datenteil eines SYNCH-Signals
BRK	243	Pause
AO	245	Unterbreche die Ausgabe
AYT	246	Bist Du da? (Are You These?)-Lebenszeichen
EC	247	Lösche Zeichen
EL	248	Lösche Zeile
GA	249	Zeichen für „Gehe Weiter“

Graphenbeschreibungen
Graphs Descriptions

Grundlagen

- Rechnernetze können mit Graphen erfasst werden.
- Auch können Programmierfragen (Suchprozesse; Gestaltung von parallelen Programmabläufen etc.) mit Graphenbeschreibungen erfasst werden.
- Im OSI-Modell werden die mit der Gestaltung der Vermittlungswege einhergehenden Fragen von der dritten Schicht (Vermittlungsschicht) organisiert. Die Auswahl von vollständigen Routen im Gesamtnetz gehört neben detaillierten Flussregelungs- und Effektivierungsaspekten zu den Grundproblemen in Rechnernetzen.
- Euler konnte 1737 unter Verwendung graphentheoretischer Überlegungen das „Königsberger“ Brückenproblem lösen. Es ist nicht möglich, unter Verwendung jeder Brücke – nur und genau einmal – zum Startpunkt zurückzu- kommen.

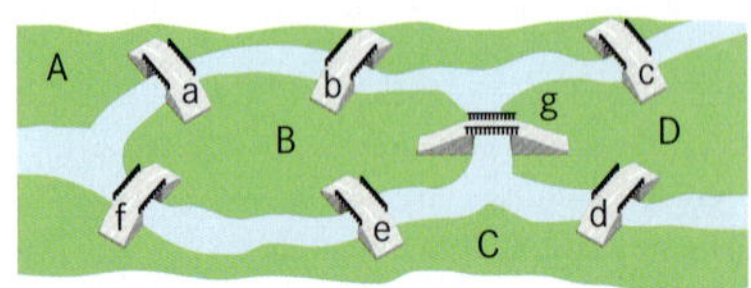

- In einem Datennetz werden Rechner durch Ecken bzw. Knoten symbolisiert. Eine Kante verbindet Knoten in einem Netz; sie gibt die Datenverbindung an.

Netzfestlegungen

- In einem Netz werden
  - ① **Knoten bzw. Ecken (E)** (auch vertices (V); nodes) und
  - ② **Kanten (K)** (auch: edges (E)) und - **Verbindungen (v)** (auch: Inzidenzen (I)) unterschieden.
- Mit Tripeln werden Graphen dargestellt. Zu einem Tripel gehören die Eckenmengen, die Menge der Kanten und die Menge der Verbindungen.
- Üblicherweise werden Graphen (G) formal über folgende Tripel dargestellt: G = (Ecken, Kanten, Verbindung) Abgekürzt: G = (E, K, v) (bzw. auch: G = (V, E, I))
- Werden zwei Knoten mit mindestens zwei Kanten verbunden, dann nennt man diese auch Parallelkanten.
- Sind die verbundenen Knoten identisch, dann spricht man bzgl. der Kante auch von einer **Schleife** bzw. **Schlinge („loop“)**: ③ **Pseudographen** enthalten Schleifen und parallele Kanten. Pseudographen ohne Schleifen sind **Multigraphen**. Multigraphen nur mit einfachen Kanten, also ohne parallele Kanten, sind einfache bzw. schlichte **Graphen (G)**.
- Unterschieden werden **gerichtete** ④ und **ungerichtete** ⑤ **Kanten**. Bei **gerichteten Graphen** sind alle Kanten gerichtet.
- Bei geschlossenen Kantenzügen bzw. -folgen in einem Netz sind der Anfangs- und Endknoten identisch.
- Bei einem Kreis liegt ein geschlossener Kantenzug vor, bei dem jeder Knoten nur einmal auftritt.

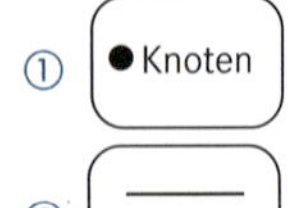

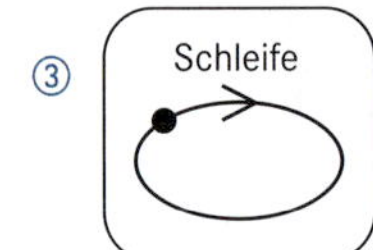

Gerichteter Graph

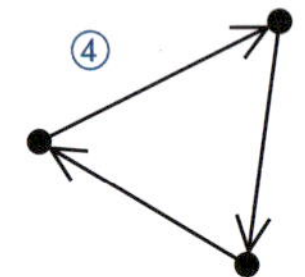

Ungerichteter Graph

Netze und Graphen
Networks and Graphs

Adjazenzmatrix (Adjazenmatrizen)

- Mit der Verbindungsmatrix A werden die einzelnen Knotenverbindungen im Netz A erfasst. Diese Matrix wird auch als **Adjazenzmatrix** bezeichnet, da sie die Verbindung von adjazenten Knoten (adjazent: benachbart) erfasst.
- Zugehörig zu den Spalten der Matrix werden die Anfangspunkte der Verbindungen und entsprechend in den Zeilen die Endpunkte festgelegt. Die Netzverbindungen werden dann in der Matrix abgetragen. (Die Matrix ist **symmetrisch**.)

Beispiel: Netz A

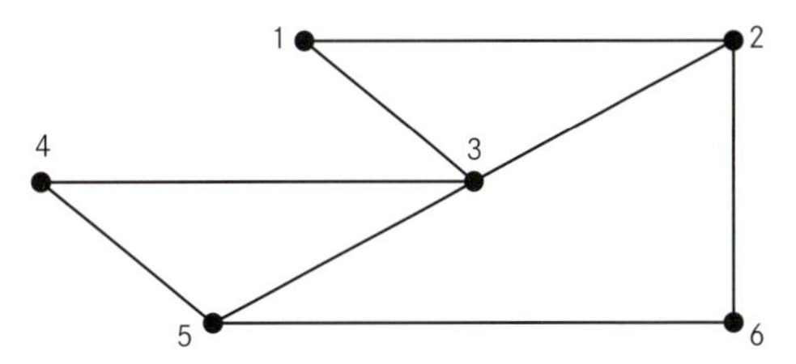

Gerüst

- Ein **Gerüst** eines Graphen besteht aus allen Ecken eines Netzes und der minimalen Anzahl aller Kanten, so dass jede im Netz eingebundene Ecke erfasst ist.
- Bei einem Gerüst liegen keine Kreise, keine Schleifen und auch keine Parallelitäten vor. Keine Ecke ist isoliert. Ein Gerüst spannt einen Graph vollständig auf. Alle im Graph vorhandenen Ecken können über Verbindungen (Kanten) erreicht werden.
- Ein Gerüst ist ein den Graphen aufspannender Baum. Es ist ein zusammenhängender **Wald**.
- Die Anzahl der Kanten (K) in einem Gerüst ist gleich der Anzahl der Ecken (E) minus eins: $|K| = |E| - 1$.
- In einem vollständigen Graphen mit n Knoten liegen nach Cayley $n^{(n-2)}$ Gerüste vor.
- Netzverbindungen können durch einfache Schnitte (Auflösung von Verbindungen (Kanten)) so in Teilgraphen zerlegt werden, dass in übersichtlicher Art die Komplexität des Gesamtgebildes erfasst werden kann.

Verbindungserfassung für das Netz A

Erfassung der Verbindungen mit einer Verbindungsmatrix A

(Zielknoten)

$$A = \begin{vmatrix} 0 & 1 & 1 & 0 & 0 & 0 \\ 1 & 0 & 1 & 0 & 0 & 1 \\ 1 & 1 & 0 & 1 & 1 & 0 \\ 0 & 0 & 1 & 0 & 1 & 0 \\ 0 & 0 & 1 & 1 & 0 & 1 \\ 0 & 1 & 0 & 0 & 1 & 0 \end{vmatrix} \text{ (Startknoten)}$$

Startknoten (Quelle): Nummer der Zeile der Matrix A

Zielknoten (Senke): Nummer der Spalte der Matrix A

Rechnernetze

- Die mit Graphen abgebildeten Rechnernetze können mit Matrizen algebraisch erfasst und programmiertechnisch unter Beachtung von zusätzlichen Bewertungsgrößen
  - Übertragungsdauer
  - Auslastungsgrad
  - Verbindungs- bzw. Vermittlungskosten
  - Ausfall- und Blockierungswahrscheinlichkeit
  - Verfälschungssicherheit
  - Abhörgrad usw. dargestellt werden
- Auf Basis der Festlegungen werden die Übertragungsvorgänge in Netzen auch rechentechnisch simuliert.

  So können auch unter Beachtung von ökonomischen Vorgaben geeignete Netzstrukturen entwickelt werden.

Reale Rechnervernetzung

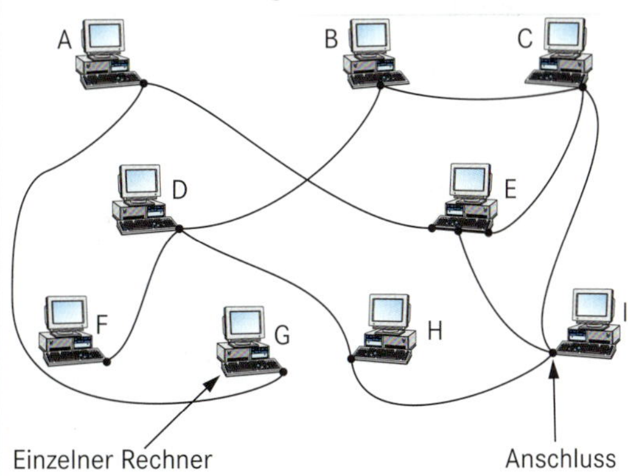

Zugehöriges Graphenmodell

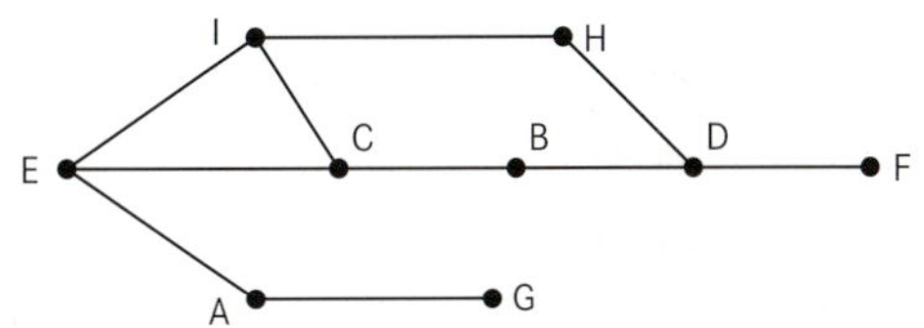

Gerüst zum Graphenmodell

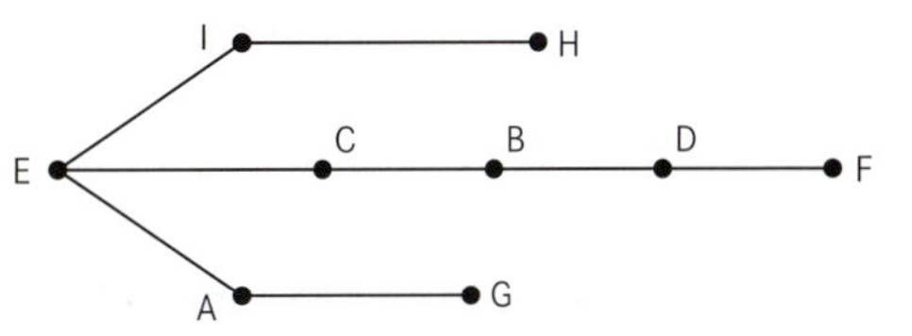

Ungerichtete Graphen

K_4

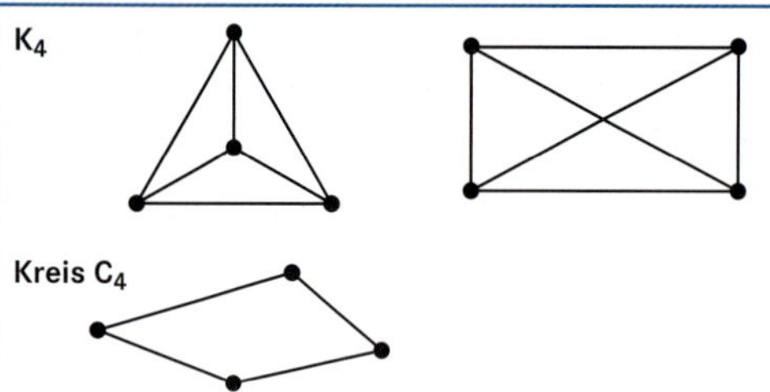

Kreis C_4

Bitpartiter Graph

Petersen-Graph

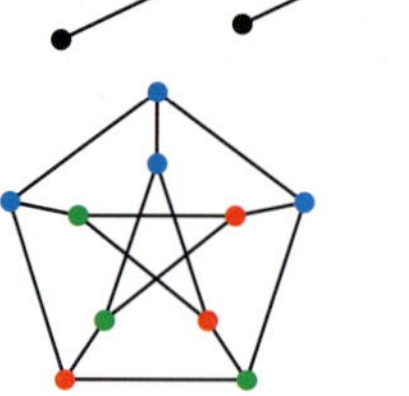

Funktionsbeziehungen für Graphen

- In einem Graphen mit **n** Knoten, **m** Kanten und der Vorgabe, dass der Graph in **k** eigenständige Komponenten zerfällt, gilt:
  - **Rang** des Graphen: **r(M) = n – k**
  - Anzahl der Sehnen (jene Kanten, die nicht zum Gerüst des Graphen gehören): **m(M) = m – n + k**
- Mit **dist(u,v)** wird die Anzahl der zwischen den Knoten u und v liegenden Kanten bezeichnet (auch **dist uv**).
- Grad eines Knotens (auch **deg**): Anzahl der mit dem Knoten verbundenen (indizierten) Kanten
  - Isolierte Knoten (n): deg(n) = 0
  - Δ(G): Höchste Gradzahl eines Knoten im Graphen (G); Maximalgrad
  - δ(G): Geringste Gradzahl eines Knoten im Graphen (G); Minimalgrad

Planarität eines Graphen

- Ein in der Ebene IR^2 vollständig darstellbarer Graph, bei dem sich die Kanten nicht überschneiden, wird **planar** genannt.
- Für einen solchen Graphen gilt: $k \leq 3n-6$
- **Eulersche Polyederformel**
  Für einen zusammenhängenden, planaren Graphen gilt: $n - m + r = 2$ (r: Einzelne Graphengebiete)
- **Nichtplanare Graphen**

Graph K_5 Graph $K_{3,3}$

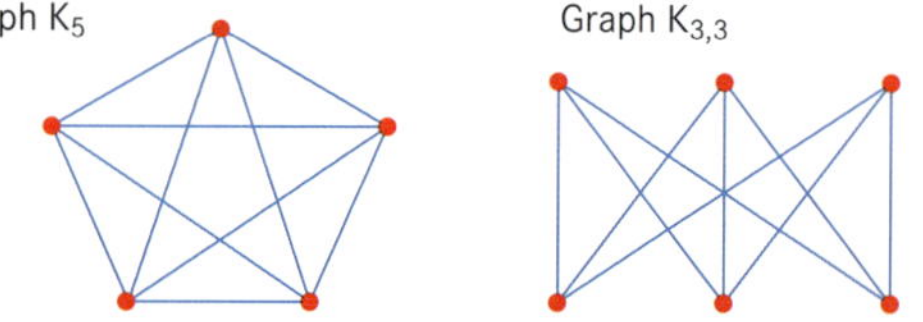

Routing

Ziel

- Mit Routing-Verfahren sollen in Netzen
  - kostengünstige, - schnelle, - stabile und - sichere Datenübertragungsstrecken ermittelt werden.

Algorithmus nach Dijkstra
((1930–2002) – niederländischer Informatiker)

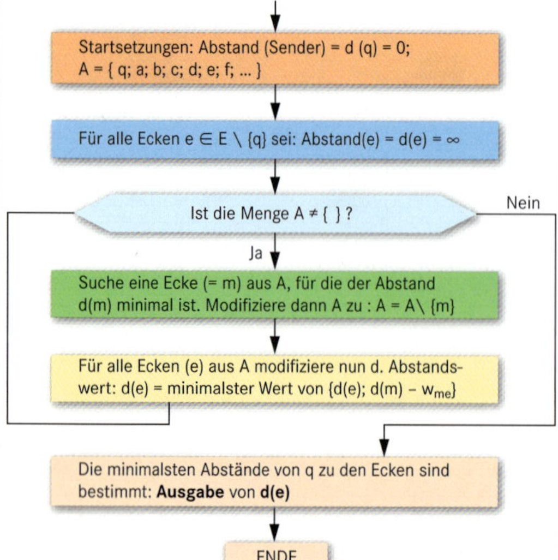

Allgemeine Verfahrensanforderungen

- Möglichst **einfache** Algorithmen und Realisierungen nutzen
- Gleichberechtigte Akzeptanz der angeschlossenen Rechner (**Fairness**)
- Verfahrens**korrektheit** (Ziele sollen erreicht werden)
- **Robustes** Verfahren, das jeweils situationsabhängig optimiert wird (→ **selbstadaptives** Verfahren)
- **Optimale** Realisierungen unter Beachtung der gewichteten Leitgrößen wie zum Beispiel: a) Auslastung b) Ausnutzung c) Kosten d) Sicherheit e) (Paket-)Verzögerungszeiten f) Laufzeitschwankungen g) Verlustraten
  e)–g) sind bedeutsam für VoIP und Echtzeitverständigungen im Internet (Kooperationsbeziehungen und Multimedia)
- **Stabiles** Verfahren (Verfahrensgleichheit bei gleichen Bedingungen und Vorgaben)
- Topologieunabhängigkeit

Vorgaben zum Dijkstra-Algorithmus

- Alle Kanten sollen eine „Länge" [=: w] (einen Wert) größer/gleich Null besitzen: $w \geq 0$. (w_{ij} ist hierbei die Länge der Kante zwischen den Ecken i und j.)
- Zu Beginn soll die Menge A aus allen Eckpunkten eines Netzwerkes bestehen. A = E = {q; a; b; c; d; e; f; ...}
- Der sendende Rechner (Quelle) ist q (q:Quelle).
- Die minimalsten Wege von q zu allen anderen Ecken (real: Rechnern) im Netzwerk sollen bestimmt werden.
- Der Abstand wird als **d** (**d**istance) für eine Ecke bezogen auf die betrachtete Quelle q bestimmt.

Merkmal: Mit dem Dijkstra-Algorithmus wird der vollständige Verbindungsweg im Netz von der Quelle zur Sinke erfasst.

Routingkonzepte

- Unterschieden werden das zentrale und das verteilte Routing.
  - Beim **zentralen Routing** wird ein Weg vorab vollständig festgelegt und zum Beispiel in MAC-Tabellen festgehalten.
  - Beim **verteilten Routing** wird die zu übertragende Information von einer Vermittlungsstation an die nächste weitergereicht. Die jeweils nächste Station wird lokal ermittelt (Suchalgorithmen).
- Unterschieden werden **dynamisches** u. **statisches** Routing:
  - Beim **statischen Routing** wird für die - auch virtuelle - Datenübertragung nur einmal ein Weg festgelegt.
  - Beim **dynamischen Routing** wird der Übertragungsweg in Abhängigkeit von den lokalen Gegebenheiten im Übertragungsprozess immer wieder neu bestimmt.
- Im Rahmen des Datagrammverkehrs werden verschiedene Paketwege individuell bestimmt.
- **MPLS** (**M**ulti **P**rotocol **L**abel **S**witching - RFC 3031, 3036) ermöglicht es, für eine Zieladresse verschiedene Verbindungswege im Netz alternativ zu bestimmen.

Routingprotokolle im Internet

- **RIP** - **R**outing **I**nformation **P**rotocol
  Ein einfaches Protokoll, das zum Betriebssystem Unix gehört. Auswahlkriterium für einen Verbindungsweg im Netz ist die Anzahl der benötigten Vermittlungsrouter („Hops": Übergänge von einem Router zum folgenden) von der Quelle zur Senke. Maximal sind 16 Sprünge erlaubt.
- **OSPF** - **O**pen **S**hortest **P**ath **F**irst
  Dieses Protokoll basiert auf dem **Dijkstra-Algorithmus.** Es gilt üblicherweise als RIP-Nachfolgeprotokoll. Es wird zum dynamischen Routing eingesetzt. Es können bessere Übertragungsraten im Netz erreicht werden.

Routingtabellen

- Die ermittelten Netzdaten werden tabelliert erfasst und den anderen Servern zur Verfügung gestellt.
- Beispiel: Einzelne Vermittlungsrechner: A, B, C, D, E

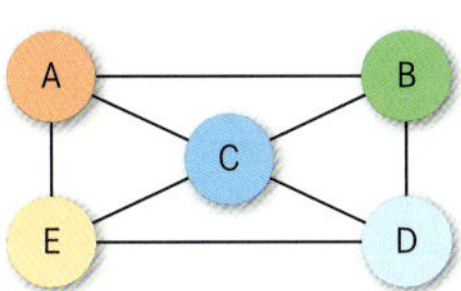

Verbindungswege
(inkl. Weglänge (in LE)):
AB: 5; AC: 19; AE: 14;
CB: 17; CD: 3; CE: 2;
ED: 14; BD: 26

Entwicklungsschritt (in Längeneinheiten (LE))

1: AB-5 / 2: AC-19 / 3: AE-14

1.1: ABC-22 / 1.2: **ABD-31** / **1.3:** ACB-36

2.2: **ACD-22** / **2.3:** ACE-21

3.1: AEC-16 / **3.2: AED-28**

1.1.1: **ABCD-25** / 1.2.1: ABCE-24

2.1.1: **ACBD-62** / 2.3.1: **ACED-35**

3.1.1: AECD-19 / **3.2.1:** AECB-33

1.2.1.1: ABCED-38 / 3.2.1.1: AECBD-59

- **Ergebnisse**:
  Kürzester Weg:
  Weg 3.1.1-AECD mit nur **19 LE**
  Kürzester Weg mit den geringsten Zwischenstationen:
  Weg 2.2-ACD (nur eine Vermittlungsstation) mit **22 LE**)
- Unter Beachtung von Gewichtungsfaktoren können vielfältige Aspekte (Kosten, Längen, Blockierungswahrscheinlichkeiten ...) über eine konstruierte Gütefunktion verrechnet werden. So kann ein optimaler Weg bestimmt werden.

Einsatzbereiche

Name	BGP	RIP	IGRP	EIGRP	OSPF
Einsatz	Netzwerke beliebiger Größe	Kleinere Netzwerke mit geringer Dynamik	Reine Cisco Netzwerke in beliebiger Größe		Netzwerke beliebiger Größe
Protokolltyp	EGP	IGP			
Metriken	Keine Metriken, wählt gemäß Netzwerkregeln	Hop-Count	Verzögerung, Bandbreite, Verfügbarkeit und Last		Knoten, Last
Routingalgorithmen	Entfernungsvektoralgorithmus von Bellman-Ford			**D**iffusing **U**pdate **Al**gorith (**DUAL**)	Dijkstra-Algorithmus
Stärken	▪ Schleifenerkennung	▪ Einfache Konfiguration ▪ Leichte Nutzung ▪ RIPv2 unterstützt VLSM	▪ Einfache Konfiguration ▪ Exakte Routenbestimmung	▪ Kleine Update-Pakete ▪ Sehr schnelle Konvergenz ▪ Exakte Routenbestimmung ▪ Unterstützt VLSM	▪ Kleine Update-Pakete ▪ Sehr gut geeignet für große Netzwerke ▪ Bandbreitenerkennung einer Verbindung ▪ Unterstützt VLSM
Schwächen	▪ Keine Lastverteilung ▪ Keine direkte Bandbreitenerkennung	▪ Hop-Count auf 15 begrenzt ▪ RIPv1, kein VLSM ▪ keine Bandbreitenerkennung ▪ Netzwerklast bei Update der Routingtabellen möglich	▪ Kein Internet-Standard ▪ Nur Cisco-Geräte sind möglich ▪ VLSM wird nicht unterstützt	▪ kein Internet-Standard ▪ Nur Cisco-Geräte sind möglich	▪ Komplexe Konfigurationen ▪ Schwierige Administration

Routing-Protokolle

BGP: Border Gateway Protocol
DVMRP: Distance Vector Multicast Routing P.
EGP: Exterior Gateway Protocol
E-IGRP: Cisco Enhanced IGRP
GRE: Generic Routing Encapsulation
HSRP: Hot Stand-by Routing Protocol
IGMP: Internet Group Management Protocol
IGP: Internet Gateway Protocol
IGRP: Internet Gateway Routing P.
IPinIP: IP within IP
NHRP: Next Hop Routing Protocol
MOSPF: Multicast OSPF
PIM-DM: Protocol Independent Multicast Dense Mode
PIM-SM: Protocol Independent Multicast Sparse Mode
RIP(ng): (TCP/IP) Routing Information P.
RSRB: Remote Source Route Bridging P.
RSVP: Resource Reservation Protocol
VRRP: Virtual Router Redundancy Protocol

Grundlagen

- **ITU** (**I**nternational **T**elecommunication **U**nion) wurde 1865 als International Telegraph Union gegründet
- Ist Teil der **Vereinten Nationen**
- Weltweit zuständig für die Entwicklung der Telekommunikation
- Organisiert die Verwendung der **Frequenzspektren** im terrestrischen-, Raum- und geostationären Satelliten Bereich
- Tätigkeitsbereiche liegen u. a.
  - bei der **Entwicklung** und dem **Einsatz** effizienter Telekommunikationseinrichtungen
  - bei der Unterstützung von **Entwicklungsländern** bei der Einführung und dem Betrieb von Telekommunikationseinrichtungen
- ITU beinhaltet u. a.
  - ITU-**T**: **T**elecommunication Standardization Sector
  - ITU-**R**: **R**adiocommunication Sector
- ITU erarbeitet **Empfehlungen**, die in Serien zusammengefasst sind
- Empfehlungen sind keine **Dienstvorschriften**, werden aber in der Regel dort berücksichtigt

ITU-T

Serie	Inhalt	Serie	Inhalt
A	Organisation der Arbeit der CCITT	**M**	Unterhaltung von Fernsprechleitungen und Trägerfrequenzsystemen
B	Ausdrucksmittel (Definitionen, Vokabular, Symbole, Klassifizierung)	**N**	Unterhaltung von Ton- und Fernsehübertragungswegen
C	Statistiken	**O**	Eigenschaften von Messgeräten
D	Vermietung internationaler Fernmeldewege	**P**	Fernsprechübertragungsgüte, Teilnehmereinrichtungen und Fernsprechortsnetze
E	Fernsprechbetrieb, Tarife	**Q**	Fernsprech-Zeichengabe, Fernsprechvermittlung
F	Telegrafenbetrieb, Tarife	**R**	Telegrafenkanäle
G	Fernsprechübertragung über drahtgebundene Verbindungen, Satelliten- und Funkverbindungen	**S**	Apparate der alphabetischen Telegrafie
H	Einsatz von Leitungen für Telegrafie (einschließlich Bildtelegrafie)	**T**	Faksimileapparate und Telematikprotokolle
I	Diensteintegrierende Netze (ISDN)	**U**	Telegrafievermittlung
J	Ton- und Fernsehübertragung	**V**	Datenübertragung über das Fernsprechnetz
K	Schutz gegen Störungen	**X**	Datenübertragung über öffentliche Datenübermittlungsnetze
L	Schutz gegen Korrosion	**Z**	Programmiersprachen für rechnergesteuerte Vermittlungen

V-Serie (Datenübertragung über das Telefonnetz)

V.1 ... V.7	Grundlagen und allgemeine Festlegungen	**V.50 ... V.57**	Übertragungsqualität und Unterhaltung
V.10 ... V.32	Schnittstellen und Modems im Fernsprechband	**V.100**	Verknüpfung von öffentlichen Daten- und Telefonnetzen
V.35 ... V.37	Breitbandmodems	**V.110**	Unterstützung von Datenendeinrichtungen mit V-Schnittstellen durch ein ISDN
V.40 ... V.41	Fehlersicherung		
Beispiele einzelner Empfehlungen			
V.1	Äquivalenz zwischen den Binärzeichen 0 und 1 und den Kennzuständen eines Zwei-Zustands-Codes	**V.22**	Duplex-Modem mit 1200 bit/s zur Benutzung im öffentlichen Telefonwählnetz und auf festgeschalteten Zweidrahtleitungen
V.2	Leistungspegel für Datenübertragung über Fernsprechleitungen	**V.24**	Liste der Definitionen der Schnittstellenleitungen zwischen Datenend- und Datenübertragungseinrichtungen
V.5	Normierung der Übertragungsgeschwindigkeit für synchrone Datenübertragung über das öffentliche Telefonwählnetz	**V.90**	Digitales und analoges Modem-Paar zur Anwendung im öffentlichen Telefonnetz. Übertragungsraten bis zu 56 kbit/s in Empfangs- und 33,6 kbit/s in Senderichtung
V.15	Anwendung von akustischer Kopplung für die Datenübertragung		
V.21	Modem mit 300 bit/s zur Benutzung im öffentlichen Telefonwählnetz	**V.92**	Erweiterung der V.90 Empfehlung mit bis zu 48 kbit/s in Senderichtung und „Modem on hold“ Funktion

ITU-T

Empfehlungen der X-Serie (Datenübermittlungsnetze)			
X.1... X.4	Dienste und Leistungsmerkmale in Datennetzen	**X.200... X.229**	OSI-Modell, Dienste und Protokolle
X.20... X.32	Schnittstellen in Datennetzen	**X.300... X.330**	Zusammenarbeit von verschiedenen Netzen
X.40... X.87	Übertragung, Kennzeichengabe und Vermittlung in Datennetzen	**X.400... X.430**	Nachrichten Behandlungs-Systeme
X.92... X.141	Netzaspekte in Datennetzen		

Beispiele einzelner Empfehlungen			
X.1	Internationale Klassen für Benutzer in öffentlichen Datennetzen	**X.21**	Schnittstelle zwischen Datenendeinrichtung und Datenübertragungseinrichtung für Synchronverfahren zur Anwendung in öffentlichen Datennetzen
X.2	Internationale- und Leistungsmerkmale für Benutzer in öffentlichen und ISDN-basierenden Netzen	**X.21 bis**	Betrieb von Datenendeinrichtungen, die für den Anschluß an synchrone Modems der V.-Serie konzipiert sind in öffentlichen Datennetzen
X.4	Allgemeine Struktur von Signalen, die nach dem internationalen Alphabet Nr. 5 codiert sind und zur Übertragung in öffentlichen Datennetzen verwendet wird (entspricht im wesentlichen der Empfehlung V.4)	**X.25**	Schnittstelle zwischen Datenendeinrichtung und Datenübertragungseinrichtung für Endeinrichtungen, die im Paketmodus in öffentlichen Netzen arbeiten. (Hier werden u. a. die Eigenschaften der DEE/DÜE-Schnittstelle, die Zugriffsprozeduren und der Paketierungs-Modus beschrieben.)
X.20	Schnittstelle zwischen Datenendeinrichtung (DEE) und Datenübertragungseinrichtung (DÜE) für Start-Stop-Verfahren in öffentlichen Datennetzen		

Beispiele der I-Serie (ISDN)			
I.112	Verzeichnis der Begriffe des ISDN	I.254	Zusätzliche Dienste mit mehreren Teilnehmern
I.120	Diensteintegrierte digitale Netze	I.310	ISDN; funktionelle Netzprinzipien
I.121	Breitbandaspekte für ISDN	I.320	ISDN Protokoll-Referenzmodell
I.150	Asynchrone Übertragungsform im B-ISDN; Funktionsbeschreibung	I.324	ISDN Netz-Architektur
I.210	Grundsätze der durch ein ISDN unterstützten Telekommunikationsdienste und Mittel zu deren Beschreibung	I.327	Funktions-Architektur des B-ISDN
I.211	Diensteaspekte des B-ISDN	I.330	ISDN Nummern- und Adressierungs-Prinzipien
I.230	Definition der Kategorien von Träger-Diensten	I.340	ISDN Verbindungsarten
I.240	Definition der Tele-Dienste	I.361	Spezifikation der ATM-Schicht des B-ISDN
I.241	Von einem ISDN unterstützte Tele-Dienste	I.375	Netzwerkfähigkeiten für Multimedia-Dienste
I.250	Definition zusätzlicher Dienste	I.380	Internet Protokoll Datenübertragungs-Dienst
I.251.2	ISDN Mehrfachrufnummer	I.420	Basis-Nutzer-Netz-Schnittstelle
I.251.7	Identifizierung böswilliger Anrufe		

ITU-R Serien

BO	Broadcasting-satellite service (sound and television)	RA	Radioastronomy
BR	Sound and television recording	S	Fixed-satellite service
BS	Broadcasting service (sound)	SA	Space applications and meteorology
BT	Broadcasting service (television)	SF	Frequency sharing between the fixed-satellite service and the fixed service
F	Fixed service	SM	Spectrum management
IS	Interservice sharing and compatibility	SNG	Satellite news gathering
M	Mobile, radiodetermination, amateur and related satellite service	TF	Time signals and frequency standards emissions
P	Radiowave propagation	V	Vocabulary and related subjects

TAE

TAE:
Steckdose zum Anschluss analoger Endgeräte an das **TK**-Netz (**Te**le**k**ommunikations-Netz).
Es dürfen nur zugelassene Geräte angeschlossen werden (**B**undesamt für **Z**ulassung in der **T**elekommunikation, **BZT**).

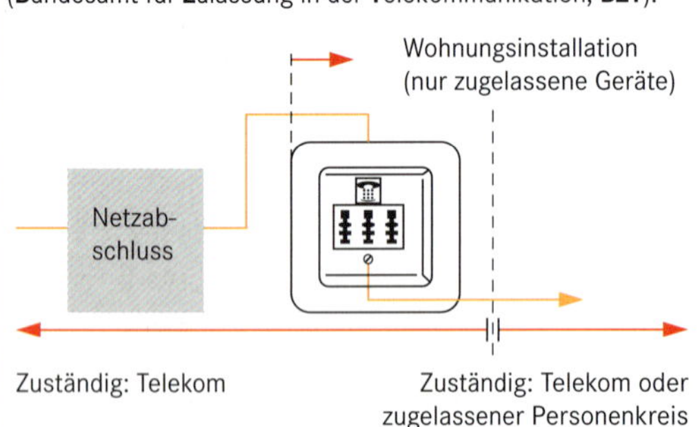

TAE 3 x 6 NFN

Mechanische Codierung:

- **N: N**icht-Fernsprechbetrieb, z. B. Anrufbeantworter, Fax, Modem
- **F: F**ernsprechbetrieb, z. B. Telefon, TK-Anlage

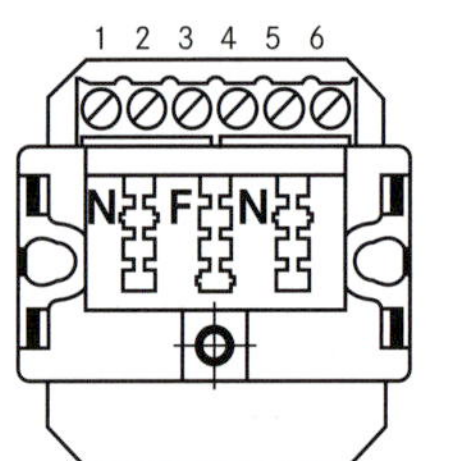

Innenschaltung der TAE 3 x 6 NFN

Durch die Stecker werden in der Dose Schalter betätigt (Schaltbuchsen), die den Signalfluss unterbrechen.

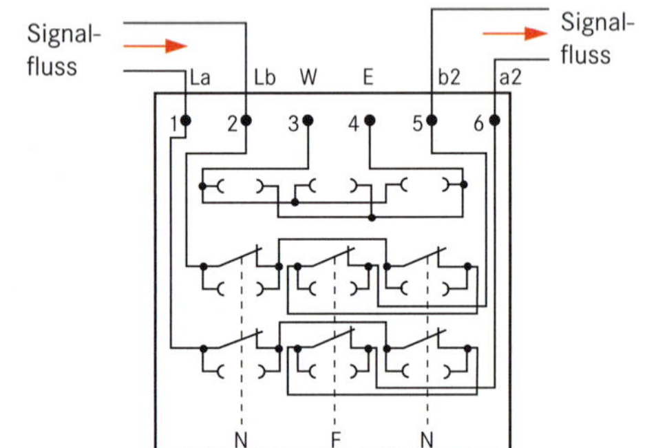

Kontakte der TAE-Stecker

Kontakt	Bedeutung der Anschlüsse	Farbe
1	La, a-Ader, Signalleitung	ws ... weiß
2	Lb, b-Ader, Signalleitung	br ... braun
3	W, Wecker	(gn) ... grün
4	E, Erde, Nebenstelle	ge ... gelb
5	b2, b-Ader, Weiterführung	(br) ... braun
6	a-Ader, Weiterführung	gn ... grün

TAE-Stecker

F-Codierung

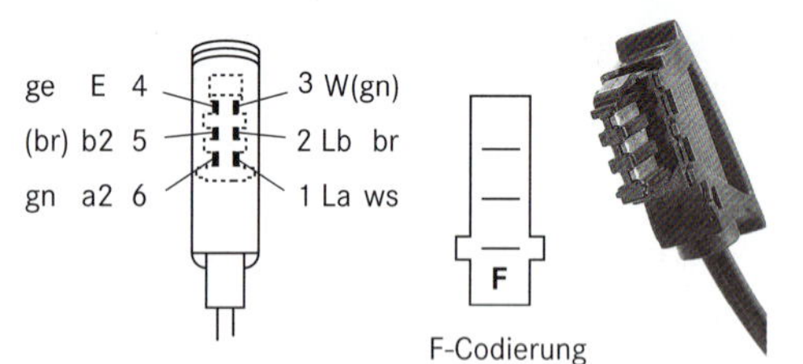

F-Codierung

N-Codierung

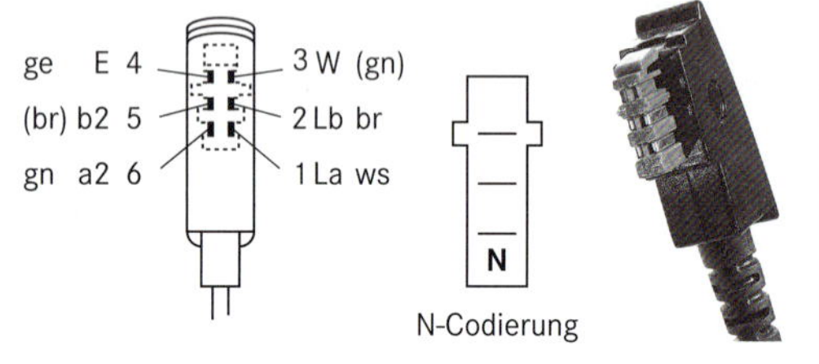

N-Codierung

Western-Steckverbindung

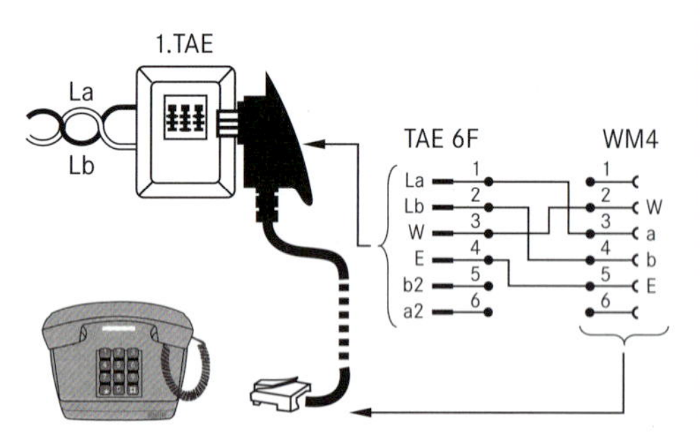

Telefonkabel (Sternvierer)

Ringcodierung bei einem Sternvierer (Farbe: Rot)
1. Paar: 1a, a-Ader, ohne Ring
1b, b-Ader, ein Ring
2. Paar: 2a, a-Ader, zwei Ringe mit großen Intervallen
2b, b-Ader, zwei Ringen mit kleinen Intervallen

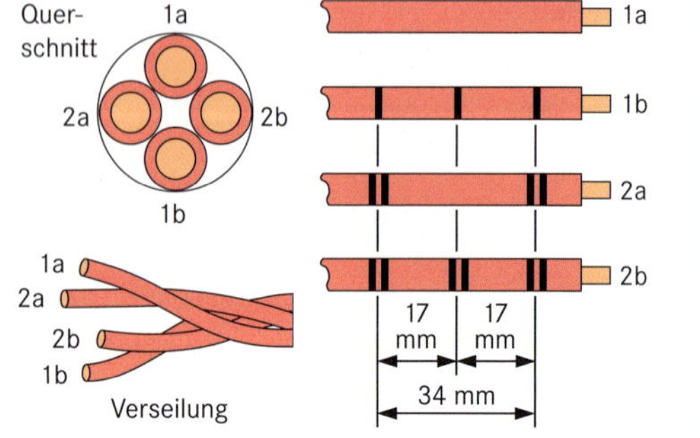

ISDN-Anschlussarten

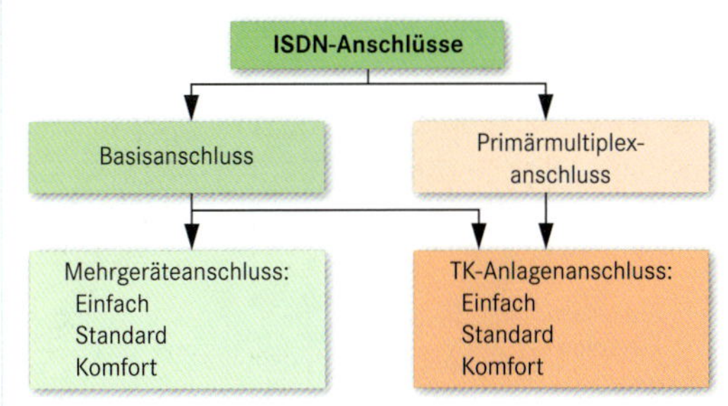

Schnittstelle für Basisanschluss

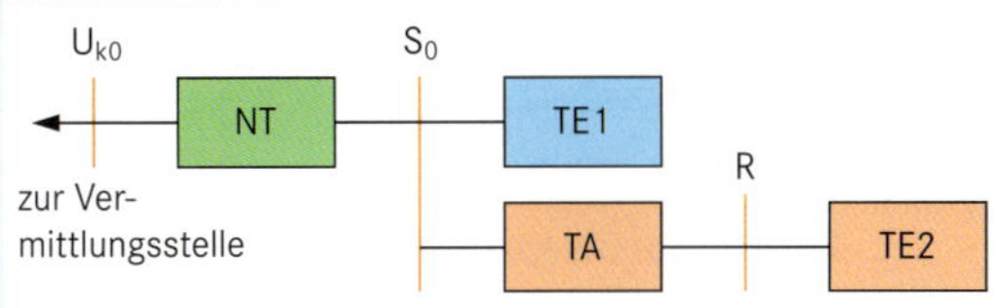

NT: Netzabschluss (Network Terminator)
TE1: ISDN-Endgerät
TA: Endgeräteanpassung (Terminaladapter)
TE2: Nicht-ISDN-Endgerät (z. B. analoges Telefon)
R, S, U: Schnittstellen

Basisanschluss (BaAs)

NTBA: Network **T**ermination for ISDN **B**asic **A**ccess (Netzabschlussgerät für den ISDN-Basisanschluss)

- U_{k0}: Netzseitige ISDN-Schnittstelle
- S_0: Kundenseitige ISDN-Schnittstelle
- B1, B2: Nutzkanäle mit jeweils 64 kbit/s
- D: Steuer- und Zeichengabekanal mit 16 kbit/s (DSS1-Protokoll)

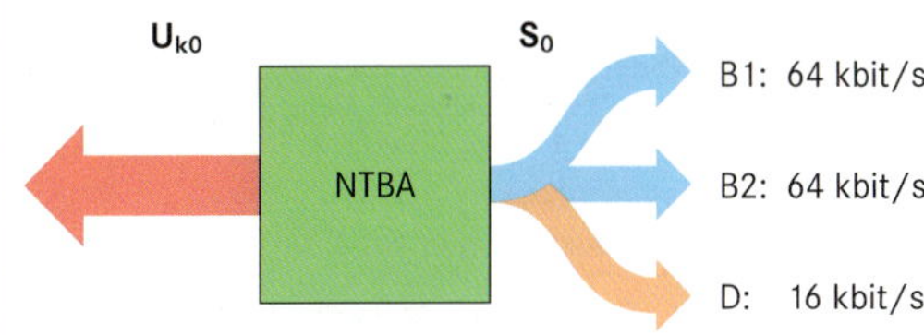

Primärmultiplexanschluss

NTPMA: Network **T**ermination for ISDN-**P**rimary Rate **A**ccess

- U_{2M}: Netzseitige ISDN-Schnittstelle
- S_{2M}: Kundenseitige ISDN-Schnittstelle
- Synchronisationskanal mit 64 kbit/s
- B1 bis B15: Nutzkanäle mit jeweils 64 kbit/s
- B16 bis B30: Nutzkanäle mit jeweils 64 kbit/s
- D-Kanal: 64 kbit/s (DSS1-Protokoll)

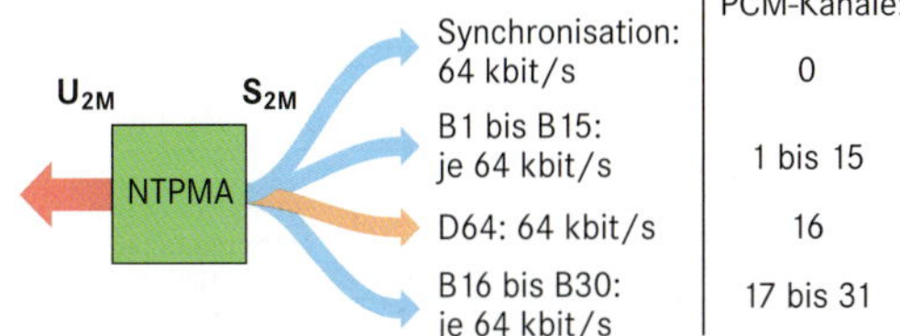

Mehrgeräteanschluss

- Bis zu zwölf Anschlusssteckdosen (IAE) können installiert werden.
- Acht ISDN-Endgeräte oder eine TK-Anlage können gleichzeitig eingesteckt/angeschlossen sein (maximal vier Telefone).
- Drei Rufnummern (**Mehrfachnummern, MSN: M**ultiple **S**ubscriber **N**umber) stehen zur Verfügung. Sieben weitere können beantragt werden.
- Entfernung vom NTBA zur letzten Dose: Bis 180 m

Beispiel:

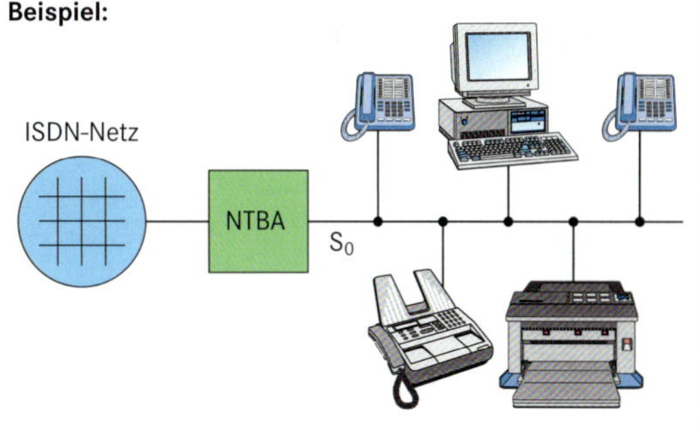

Anlagenanschluss

- Anschluss einer TK-Anlage:
  - Eine Durchwahl zu jedem Teilnehmer der Nebenstelle ist möglich.
  - Entfernung vom NTBA zur letzten Dose: 1 km
  - Keine Einschränkung der Zahl der anzuschließenden Telefone
  - Kostenlose interne Gespräche
  - Mehrere Basiskanäle sind möglich

Beispiel:

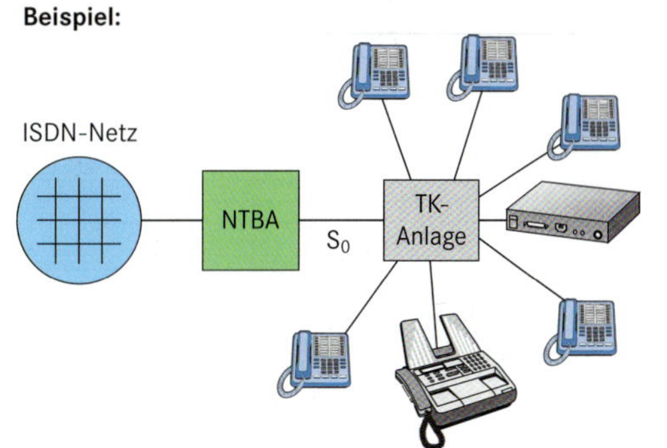

Anschluss analoger Endgeräte

Analoge Endgeräte können über a/b-Terminal-Adapter angeschlossen werden. In TK-Anlagen sind a/b-Adapter mitunter integriert.

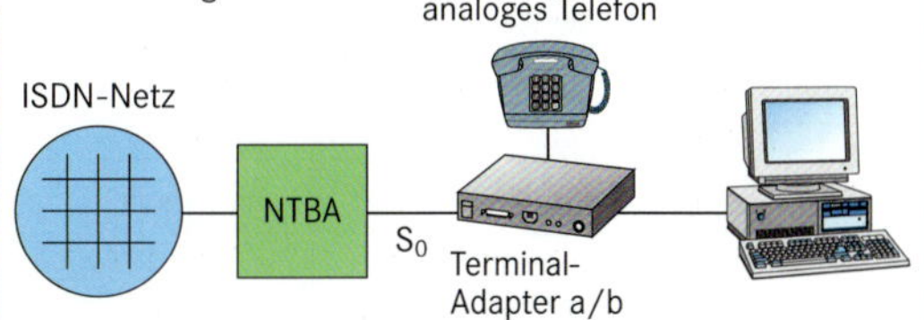

NTBA

NTBA: **N**etwork **T**ermination for ISDN **B**asic **A**ccess (Netzabschlussgerät für den ISDN-Basisanschluss)
Mit ihm erfolgt die Umsetzung der 2-Draht-Leitung in eine hausinterne 4-Draht-Leitung (S_0-Schnittstelle).

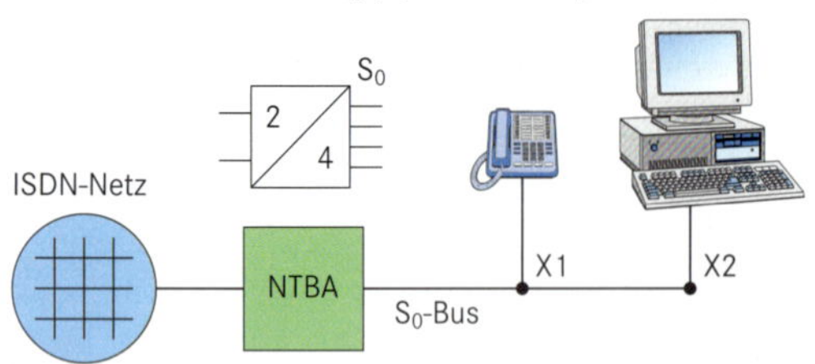

ISDN Anschlusseinheit IAE

Beispiel: IAE 8 (4) (8-polig, 4 Buchsenkanäle)

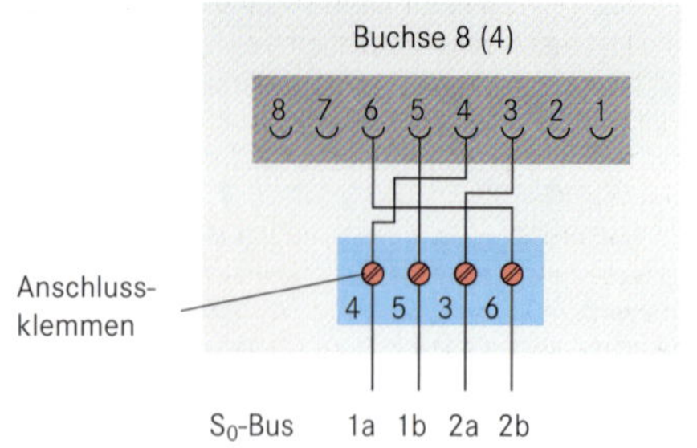

S_0-Bus

- Für die Leitungsverlegung vom NTBA muss die Busstruktur eingehalten werden (s. Abb.).
- Leitungen:
  - 1a und 1b (Sendeleitungen)
  - 2a und 2b (Empfangsleitungen)
- Die Anschlussdosen werden mit **IAE** (**I**SDN-**A**nschluss**e**inheiten) bezeichnet.
- Zwölf IAEs sind möglich, acht ISDN-Endgeräte können gleichzeitig angeschlossen sein, zwei können gleichzeitig betrieben werden.
- Die Leitung in der letzten IAE muss mit zwei Widerständen von 100 +/-5 % abgeschlossen werden.
- Die Anschlussleitung für ein Gerät darf 10 m nicht überschreiten.
- Die Gesamtlänge des Busses darf 180 m nicht überschreiten (hängt vom Leitungstyp ab).

Bus-Strukturen

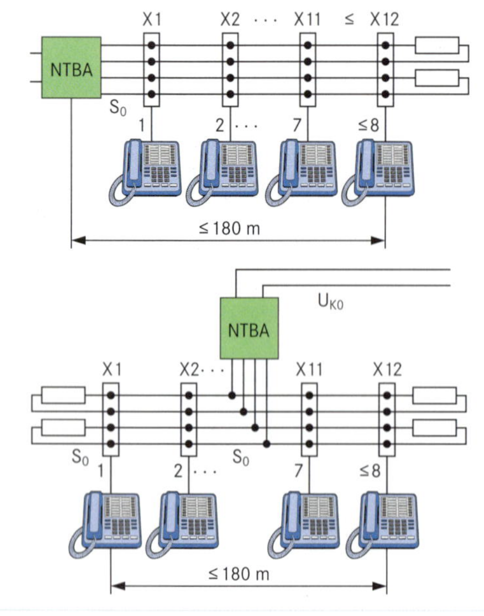

Universal-Anschlusseinheit UAE

UAE: **U**niversal **A**nschluss**e**inheit

Beispiel: UAE 8 (4)
(8-polig, 4 Buchsenkontakte)

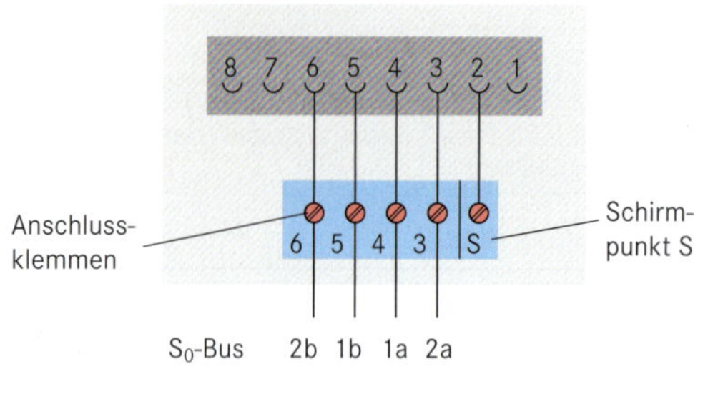

Western-Steckverbinder

- Sie wurden von der US-Telefongesellschaft Western Bell entwickelt.
- Die Steckerform entspricht einem 8-poligen Stecker, wie sie für ISDN-Geräte zum Anschluss an die IAE bzw. UAE verwendet werden.
- Andere Bezeichnung: RJ-45.
- Verwendet werden auch Stecker mit 4 (IAE-Stecker) oder 6 Kontakten.
- Vierpolige Stecker werden auch für Telefonhörer verwendet.

Belegung der Buchsenkontakte

Klemmen-Nummer	4	5	3	6
ISDN-Anschluss	1a	1b	2a	2b
Analoger Anschluss	a	b	E	W

Buchse **Stecker**

Buchsen-Formen

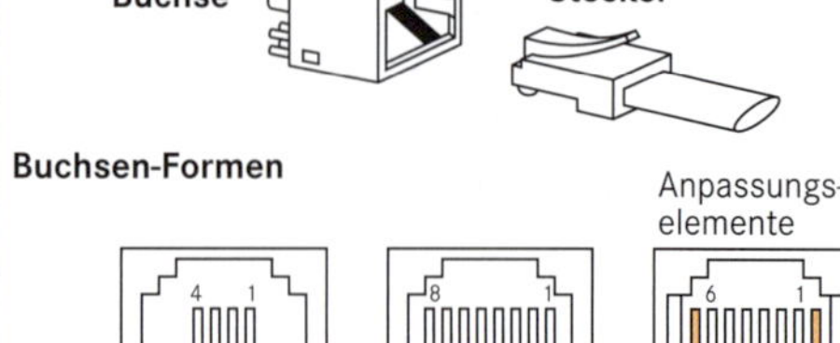

Merkmale

- **DSL**
- Übertragungstechnik zur Erhöhung des Datendurchsatzes auf Teilnehmeranschlussleitungen im Ortsnetz
- Verwendet die vorhandene Teilnehmer-Kupferleitung mit der gesamten verfügbaren Leitungsbandbreite
- Übertragenes Signal ist nicht digital, sondern definiertes analoges Signal
- Signalcodierung/-decodierung erfolgt durch entsprechende Endgeräte beim Teilnehmer und in der Vermittlungsstelle
- Angewendete **Leitungscodes** sind
  - **2B1Q** (**2** **B**inary **1** **Q**uaternary), 4B3T und TCPAM
  - **PAM** (**P**ulse-**A**mplitude **M**odulation)
  - **CAP** (**C**arrierless **AM**/**PM**: Trägerloses AM/PM)
  - **QAM** (**Q**uadrature **A**mplitude **M**odulation)
  - **DMT** (**D**iscrete **M**ulti **T**one: Einzelne Vielfach-Träger)
- Filter übernehmen die Aufteilung des Frequenzspektrums in Sprach- und Datenband
- Übertragungsrichtungen werden bezeichnet mit
  - **Upstream** (aufwärts): Teilnehmer zur Vermittlungsstelle
  - **Downstream** (abwärts): Vermittlungsstelle zum Teilnehmer
- **DSL Varianten** werden durch vorangestellten Buchstaben gekennzeichnet: z. B. **A**DSL: **A**symmetric DSL (asymmetrisches DSL)
- Anwendung bei **Video on Demand** (Video auf Anforderung), interaktive Multimedia Dienste, **SOHO** (**S**mall **O**ffice - **H**ome **O**ffice: Kleines Büro - Heimbüro)

Frequenzbandaufteilung

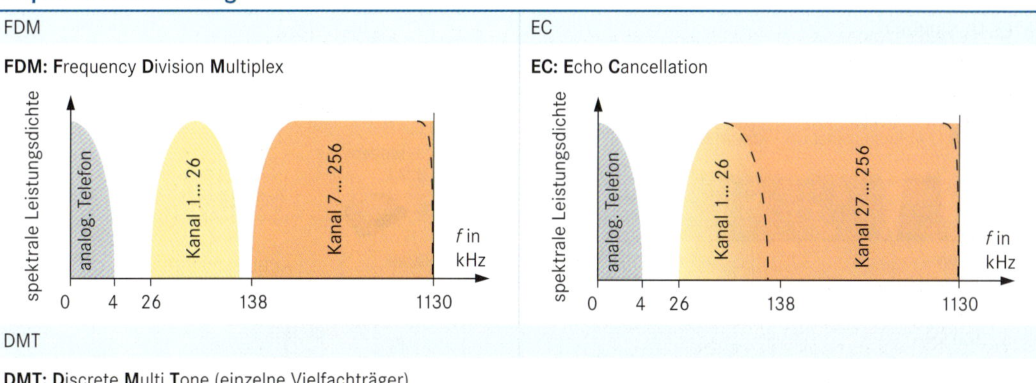

DMT

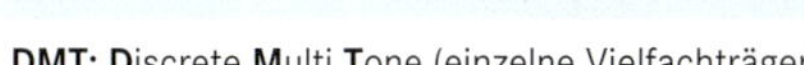

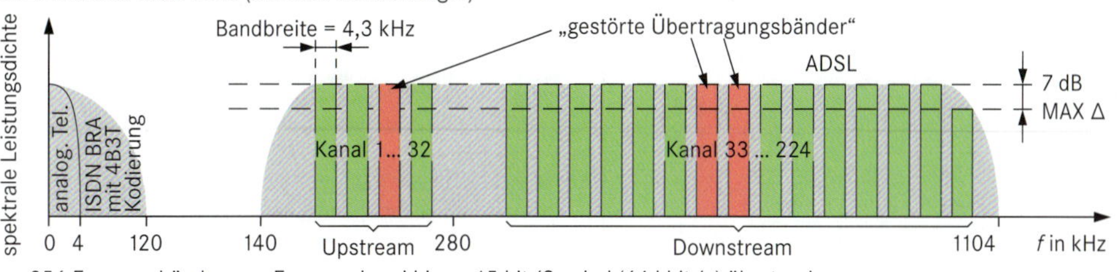

ca. 256 Frequenzbänder, pro Frequenzband bis zu 15 bit/Symbol (64 kbit/s) übertragbar.

Varianten

Variante Standard	Bezeichnung	Übertragungsart Leitungspaare	Upstream-Datenrate in Mbit/s*	Downstream-Datenrate in Mbit/s*	Reichweite in km ca.*
ADSL TS 101388	**A**symmetric **D**igital **S**ubscriber **L**ine	asymmetrisch 1	0,768	8	5
SDSL TS 101524	**S**ymmetric **D**igital **S**ubscriber **L**ine	symmetrisch 1	2,048	2,048	2,5
HDSL ETSI TS 101135	**H**igh Data Rate **D**igital **S**ubscriber **L**ine	symmetrisch 3 bei 2,048 Mbit/s	2,048	2,048	4
VDSL ETSI TS 1011270	**V**ery High Data Rate **D**igital **S**ubscriber **L**ine	sym./asymmtr. 1	2,3	52	1,5
SHDSL ITU G.991.2	**S**ingle-Pair **H**igh-Speed **D**igital **S**ubscriber **L**ine	symmetrisch 1	2,3	2,3	3
VDSL2 ITU G.993.2	**V**ery High Data Rate **D**igital **S**ubscriber **L**ine	sym./asymmtr. 1	100	100	0,5

* Datenraten und Entfernungen sind abhängig von Leitungsqualität und vom Leitungsquerschnitt.

Begriffe und Merkmale

- Die Begriffe DSL und ADSL werden häufig synonym verwendet. Auf dieser Seite werden asymmetrische Übertragungsverfahren (ADSL) besprochen.
- **ADSL-Prinzip**

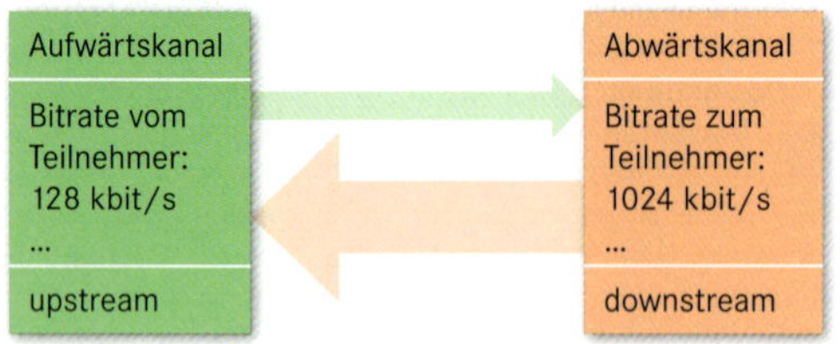

- **POTS**
  Plain **O**ld **T**elephone **S**ervice: Analoger Bereich der Telekommunikation (300 Hz bis 3,4 kHz)
- **BBAE, Splitter** ①
  Die **B**reit**b**and**a**nschluss**e**inheit wird zur Trennung der Signale (POTS, ISDN, ADSL) verwendet

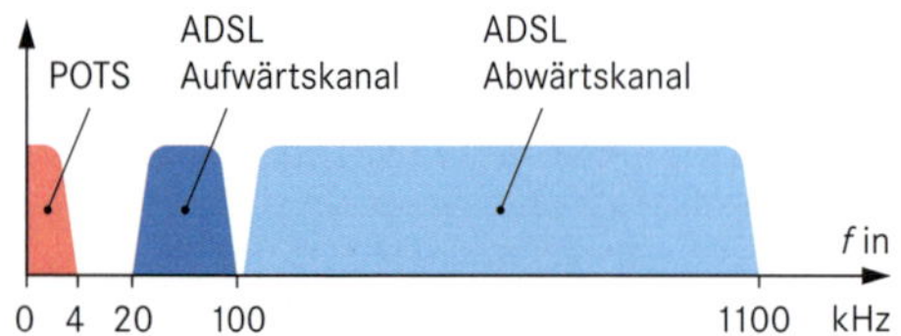

- **Upstream-Kanal** (Aufwärtskanal)
  Aufwärtskanal vom Teilnehmer aus (bei ADSL von 20 kHz bis 100 kHz)
- **Downstream-Kanal** (Abwärtskanal)
  Abwärtskanal zum Teilnehmer (bei ADSL von 100 kHz bis 1,1 MHz)
- **NTBBA** ②
  Netzwerk**t**erminationspunkt **B**reit**b**and**a**nschluss: ADSL-Modem zur bidirektionalen Verarbeitung der ADSL-Signale. Die Verbindung zum PC erfolgt über RJ 45 Steckverbinder und Netzwerkkarte
- **ISDN-NTBA** ③
  Weiterleitung der ISDN-Signale zur TK-Anlage
- **Datenraten**

Datenrate in kbit/s	ADSL 1000	ADSL 2000	ADSL 3000	ADSL 2 6000
Downstream	1024	2084	3072	6016
Upstream	128	193	384	576

- **Theoretische Datenraten**
  Die tatsächlich erreichte Datenrate hängt von der Leitungsdämpfung, der Entfernung des Nutzers bis zum DSL-Multiplexer (**DSLAM**) und vom Übersprechen zwischen den Leitungen ab.

ADSL	ADSL 2	ADSL 2+	VDSL
8 Mbit/s	12 Mbit/s	25 Mbit/s	52 Mbit/s

- **ADSL 2+**
  - Der Frequenzbereich wurde gegenüber ADSL 2 auf 2,2 MHz erweitert
  - Es stehen dadurch doppelt so viele Multiträger zur Verfügung
  - Die erreichbare Datenrate beträgt 25 Mbit/s

Anschlussbeispiele

PC mit Ethernet-Karte

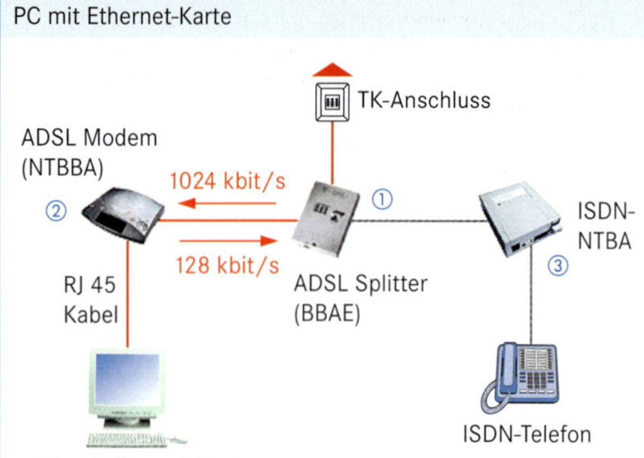

Anschluss über einen Hub

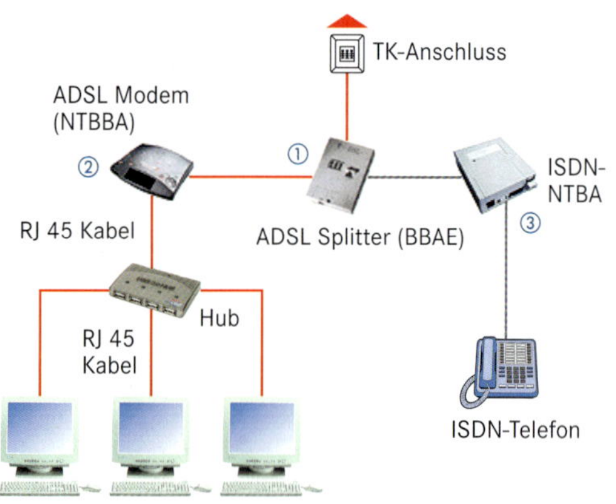

- Der Hub verbindet mehrere PCs mit individuellen Zugangsdaten über einen ADSL-Anschluss mit dem Internet.
- Die PCs stellen eigenständig und unabhängig voneinander ihre Verbindung her.

Anschluss über einen Router

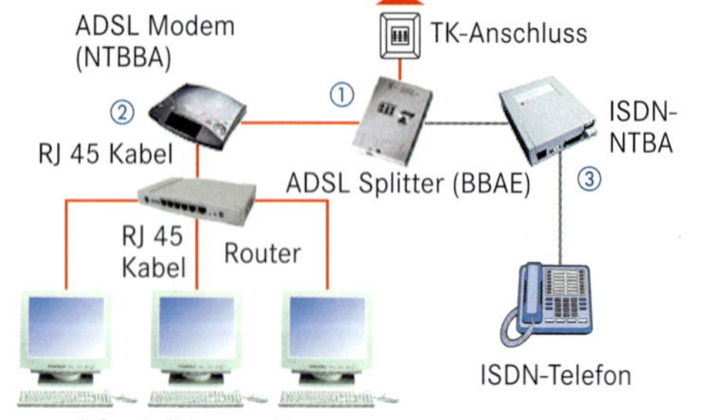

- Der Router verbindet über einen gemeinsamen ADSL-Zugang mehrere PCs mit dem Internet.
- Er übernimmt auf Anforderung eines PCs die Einwahl.
- Er sorgt für die Verteilung der Datenströme zwischen den einzelnen PCs.
- Alle PCs verwenden dieselben Zugangsdaten.

Merkmale

- VDSL-Techniken werden besonders in hybriden Netzen (Glasfaser-/Kupferkabelnetzen) für Datenraten bis 100 Mbit/s bei Downstream (Downlink) und Upstream (Uplink) eingesetzt.
- Die Datenrate von 100 Mbit/s ist ein theoretischer Wert ①. Die tatsächliche Datenrate hängt von der Entfernung sowie von der Länge und Qualität der Kupferleitung vom Kabelverzweiger ② bis zum Teilnehmeranschluss ab.

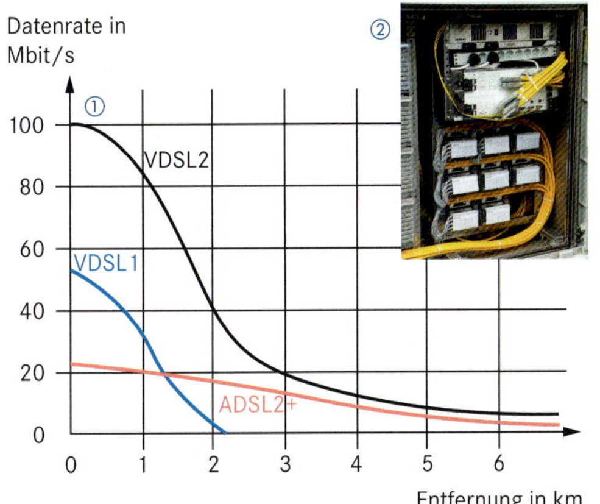

- Das schnelle VDSL-Übertragunsverfahren wird auch als Breitband-Internet bezeichnet und bei **Triple Play** eingesetzt (gemeinsames Angebot von Internet, Telefonie (VoIP) und Fernsehen (IPTV)).
- VDSL1 hat sich in Deutschland nicht durchgesetzt. Es ist nicht kompatibel zu VDSL2.
- VDSL2 reicht bis zum Frequenzbereich von 30 MHz, ist zu ADSL, ADSL2 und ADSL2+ abwärtskompatibel und kann mit symmetrischer oder asymmetrischer Übertragung arbeiten.
- Die symmetrische Übertragung wird vor allem von Unternehmen genutzt, die nicht nur Informationen aus dem Internet beziehen, sondern auch als Informationsanbieter agieren.

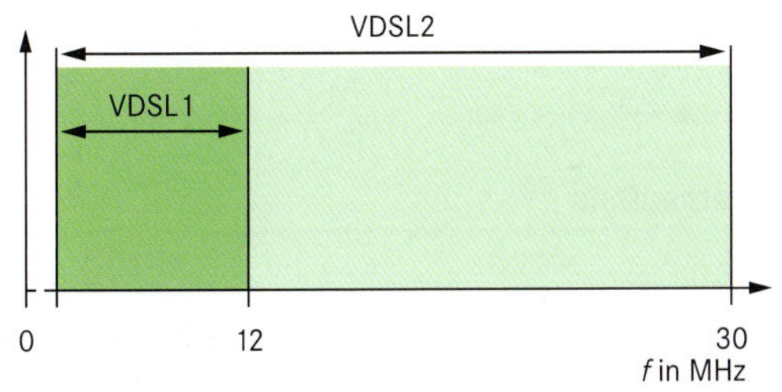

- VDSL2 ermöglicht garantierte Datenraten (**QoS: Q**uality **o**f **S**ervice).
- Das Netz wird vorwiegend in Baumstruktur aufgebaut. Die DSL-Vermittlungsstelle (**DSLAM: D**igital **S**ubscriber **L**ine **A**ccess **M**ultiplexer) befindet sich nicht in der Ortsvermittlungsstelle, sondern in den Kabelverzweigern (KVz, Ortsverteiler), z. B. am Straßenrand (FTTC).
- Ein DSLAM kann ca. 100 Haushalte versorgen.

VDSL-Profile und Frequenzen

- In den Profilen sind u. a. die Grenzfrequenz, der Trägerabstand und die Signalstärke definiert.
- Der Netzbetreiber legt sein jeweiliges Profil fest.
- Zusätzlich zum Profil gibt es einen Frequenzbandplan, in dem die gemeinsame Nutzung der Frequenzen mit POTS, ISDN, ADSL ... festgelegt ist.

Profil	Bandbreite in MHz	Anzahl der genutzten Frequenzen ③	Frequenzabstand in kHz ④	Übertragungspegel in dBm	Max. Datenrate ⑤ [1]
8a	8,832	2047	4,3125	+ 17,5	50
8b	8,832	2047	4,3125	+ 20,5	50
8c	8,5	1971	4,3125	+ 11,5	50
8d	8,832	2047	4,3125	+ 14,5	50
12a	12	2782	4,3125	+ 14,5	68
12b	12	2782	4,3125	+ 14,5	68
17a	17,6604	4095	4,3125	+ 14,5	100
30a	30	3478	8,625	+ 14,5	200

[1] symmetrisch

- Die Modulation erfolgt mit **DMT** (**D**iscrete **M**ulti**t**one **M**odulation, **QAM: Q**uadratur**a**mplituden**m**odulation). Dabei wird der genutzte Frequenzbereich in bis zu 4096 Träger unterteilt ③. Die Bandbreite beträgt 4,3125 bzw. 8,625 kHz ④.
- Der gesamte Frequenzbereich wird in unterschiedliche Downstream- und Upstream-Bereiche aufgeteilt ⑤.
- In Deutschland wird der Frequenzbereich bis mindestens 138 kHz für POTS (analoges Telefon) und ISDN ausgeblendet, um gegenseitige Störungen zu vermeiden.

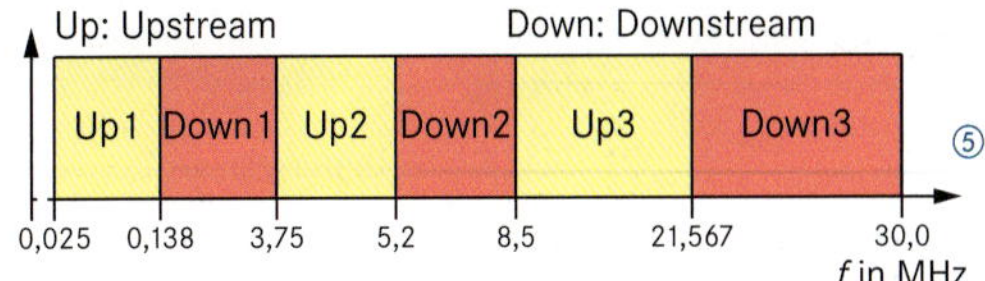

Netzarchitekturen

- **FTTN** (**F**iber-**t**o-**t**he-**n**ode, node: Knoten)
  Das Glasfaserkabel ist weit weg vom Endkunden, bis zu mehreren Kilometern.
- **FTTC** (**F**iber-**t**o-**t**he-**c**abinet, cabinet: Schrank)
  Das Glasfaserkabel endet in einer Straße (am Bürgersteig), typischerweise 300 m von dem Standort des Kunden. Die endgültige Anschlussleitung ist aus Kupfer (städtischer Bereich ⑥).
- **FTTP** (**F**iber-**t**o-**t**he-**p**remises, premises: Gelände)
  Glasfaserkabel reicht bis zum Gelände
- **FTTB** (**F**iber-**t**o-**t**he-**b**uilding, building: Gebäude)
  Glasfaserkabel reicht bis zur Grenze des Gebäudes
- **FTTH** (**F**iber-**t**o-**t**he-**h**ome, home: Wohnraum)
  Glasfaserkabel reicht bis zur Grenze des Wohnraums ⑦

ca. 1700 m
ca. 300 m
Endkunde
Kabelverzweiger
Endverzweiger
Teilnehmervermittlungsstelle für Hauptverteiler
Glasfaser
Kupferkabel
ADSL
⑥
Glasfaser
Glasfaser für VDSL
Kupferkabel
FTTC
Glasfaser
FTTH
⑦

Merkmale

- **DECT** ist ein europäischer Standard für schnurlose Telekommunikation.
- Ist standardisiert durch ETSI in ETS 300175.
- Anwendungsbereiche sind
  - Telefonie, Datenübertragung
- Anwendungsgebiete werden definiert für
  - Privathaushalte
  - Klein-, Mittel- und Großbetriebe
  - öffentliche Netze
- Reichweiten innerhalb von Gebäuden liegen zwischen 20 m und 50 m, außerhalb bis zu 300 m. DECT ist multizellenfähig und unterstützt Verfahren wie Roaming und Handover.
- Übergänge in das ISDN sind realisiert; für GSM in der Realisierungsphase.
- Verkehrswerte von bis zu 10000 Erlang/km^2, d. h. 100000 Teilnehmer pro Quadratkilometer.
- Sprachqualität aufgrund der verwendeten Codierung (**ADPCM: A**daptive **P**uls **C**ode **M**odulation; nach G.726) besser als bei GSM.
- Die Sprachcodierung erfolgt mit 32 kbit/s.
- Verwendeter Frequenzbereich liegt europaweit zwischen 1880 MHz und 1900 MHz mit 10 Trägerfrequenzen bei 1,8 MHz Bandbreite pro Träger.
- Übertragungsverfahren verwenden **TDMA** (**T**ime **D**ivision **M**ultiple **A**ccess) und **TDD** (**T**ime **D**ivision **D**uplex).
- Jede Trägerfrequenz arbeitet mit 12 Duplex- bzw. 24 Simplex-Übertragungskanälen; insgesamt also 120 Übertragungskanäle bidirektional.
- Durch Zeitmultiplexverfahren können mehrere Mobilgeräte gleichzeitig mit einer Basisstation und untereinander kommunizieren.
- Mobilteile können an mehreren Basisstationen angemeldet werden und sind dann über verschiedene Rufnummern erreichbar (Multilink); angewendet überwiegend bei schnurlosen Telekommunikationsanlagen.
- Die Grundlage für alle Sprachanwendungen in DECT sind im **GAP** (**G**eneric **A**ccess **P**rofile) festgelegt.
- Durch die verwendeten Zugriffsverfahren ist eine hohe Übertragungssicherheit gegen Abhören gegeben.
- Für Datenübertragungen ist die Möglichkeit von Kanalbündelungen mit n x 24 kbit/s bis auf max. 552 kbit/s gegeben.

Rahmenstruktur

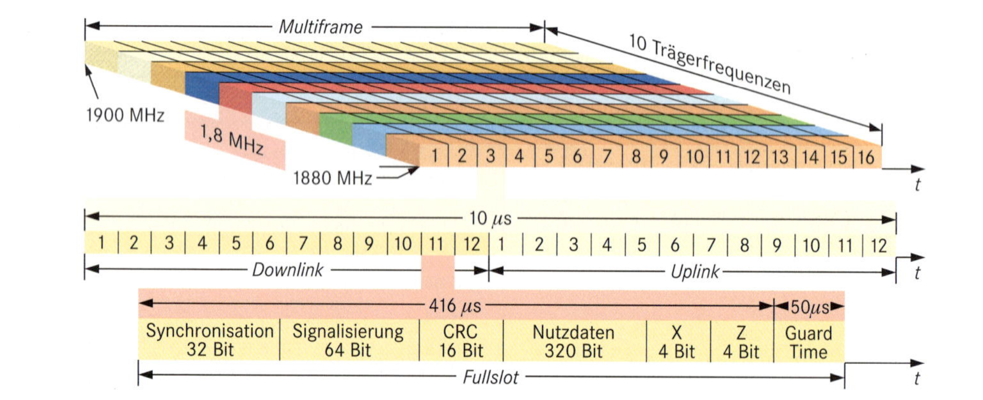

Guardtime: Schutzzeit (entspricht 40 Bit-Zeiten); X- und Z-Feld sind spezielle Kennungsfelder.

Mobilgerät

Tastatur
Display
HF-Teil
Analogteil
Tonruf
DECT-Digitalteil
Stromversorgung
EE-PROM
NiCd-Akku
Ladeanschluss

Systemaufbau

Handy
Basisstation
ISDN Anschluss
Terminal Adapter für DÜ
Leitungsgebundene Anschlüsse

Merkmale

- **ATM** ist eine verbindungsorientierte Multiplex- und Vermittlungstechnik
- Findet Anwendung im Bereich **globaler Netze** und lokaler **multimediafähiger Netze**
- Ist eine Kombination der Vorteile von **paket**- und **leitungsvermittelnden** Netzen (paketvermittelt bietet variable Bitraten; leitungsvermittelt bietet Echtzeit)
- Ist derzeit die Grundlage für **B-ISDN** (**B**reitband **ISDN**)
- Dient zur Übertragung von digital codierten Informationen, wie z. B.
  - Sprache
  - Stand- und Bewegungsbilder
  - Daten und Texte
  - Datenströme jeder Kapazität (z. B. **Video on Demand** Video auf Anfrage)
- Arbeitet mit Nutz- und Steuerungskanälen, über die **Nutzzellen** und **Steuerungszellen** übertragen werden
- Zellen haben das einheitliche Format mit 53 Byte (Kopffeld 5 Byte, Informationsfeld 48 Byte)
- Im **Kopffeld** sind die Adressierungsdaten zur Vermittlung enthalten
- Die Vermittlungsknoten werten lediglich die Adressinformationen (mit Hardwareschaltungen) aus, wodurch die hohe Vermittlungsgeschwindigkeit erreicht wird
- Für die Teilnehmer-Schnittstelle (**UNI: U**ser **N**etwork **I**nterface) sind Datenraten spezifiziert mit 2, 34, 140, 155, 622 Mbit/s
- Zwischen den Netzknoten (**NNI: N**etwork **N**ode **I**nterface) und dem Übergang zwischen Netzen verschiedener Betreiber (**BICI: B**roadband **I**nter**c**arrier **I**nterface) sind Datenraten mit 34, 140, 155 und 622 Mbit/s festgelegt
- ATM arbeitet nach OSI-Referenzmodell auf der Schicht 1 und Teilen von Schicht 2

Schichtenmodell

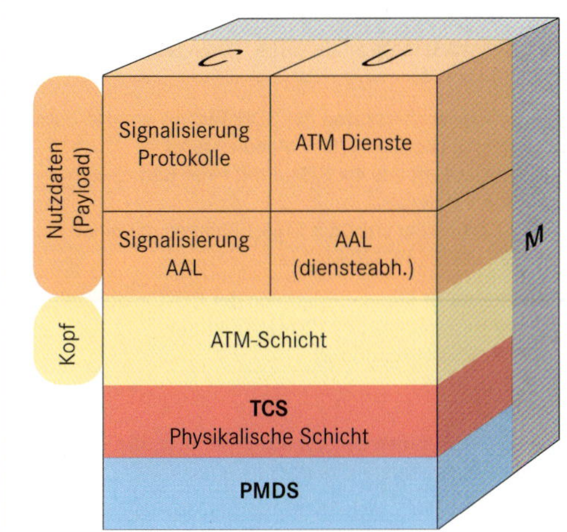

- **U-Plane** (**U**ser-Plane: Anwender-Säule) enthält Regeln und Protokolle für die Übertragung der Nutzinformationen über ATM-Verbindungen.
- **C-Plane** (**C**ontrol-Plane: Signalisierungssäule) enthält Regeln und Protokolle für die Übertragung der Steuerung, die für die Signalisierung benötigt werden.
- **M-Plane** (**M**anagement-Säule) enthält Regeln und Protokolle für die Übertragung der Managementinformationen der Nutz- und Signalisierungsverbindungen.
- **ATM**-Schicht realisiert den dienstunabhängigen Transport von ATM-Zellen sowie die Identifikation virtueller ATM-Verbindungen.
- **AAL**-Schicht (**A**TM **A**daptation **L**ayer: ATM Anpassung) realisiert Funktionen zur Unterstützung unterschiedlicher Telekommunikationsdienste; bildet die ATM-Zellen.

Physikalische Schicht

- Die physikalische Schicht ist wegen der Abhängigkeit vom Übertragungsmedium in zwei Schichten unterteilt.
- **TCS** (**T**ransmission **C**onvergence **S**ublayer) erzeugt beim Senden
  - Prüfsumme für den Zellkopf (**HEC: H**eader **E**rror **C**heck); wird auf Empfangsseite zur Fehlererkennung verwendet;
  - Leerzellen für einen kontinuierlichen Zellenstrom
- Leerzellen werden besonders markiert und an der Empfangsseite wieder entfernt.
- **PMDS** (**P**hysical **M**edium **D**ependent **S**ublayer) realisiert:
  - Leitungscodierung
  - Timing und Synchronisation auf dem Signalniveau

Zellenaufbau

Beispiel: UNI-Schnittstelle

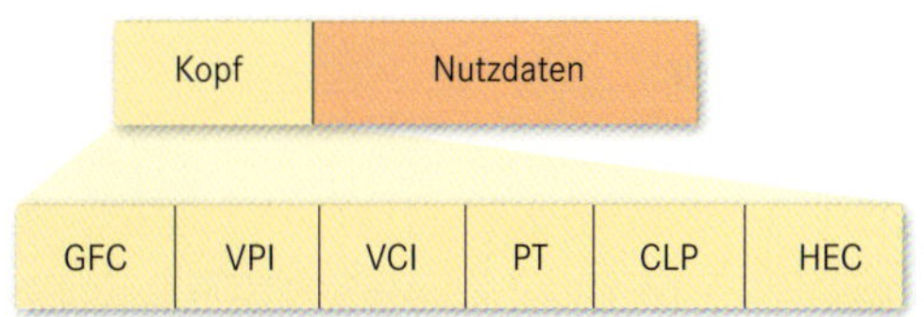

GFC: **G**eneric **F**low **C**ontrol (Flusskontrolle)
VPI: **V**irtual **P**ath **I**dentifier (virtuelle Pfadkennung)
VCI: **V**irtual **C**hannel **I**dentifier (virt. Kanalkennung)
PT: **P**ayload **T**ype (Nutzlastkennung)
CLP: **C**ell **L**oss **P**riority (Zellen Verlustpriorität)
HEC: **H**eader **E**rror **C**ontrol (Kopfprüfsumme)

Einteilung

- Zur Übertragung mehrerer logischer Kommunikationskanäle über einen physikalischen Übertragungsweg (Kabel) wird die **Multiplextechnik** angewendet.
- Anwendung hauptsächlich auf Fernleitungen, um Kosten für Übertragungskabel gering zu halten.
- Grundsätzliche Multiplexprinzipien sind:
  - **Frequenzmultiplex** (Leitungsbandbreite wird in mehrere Frequenzbereiche aufgeteilt)
  - **Zeitmultiplex** (Übertragungskanälen werden einzelne Zeitabschnitte zugeteilt)

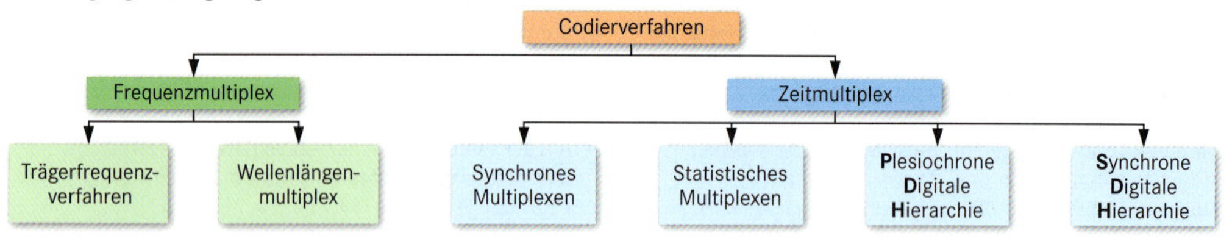

PDH: ‚fast' synchrone Multiplextechnik; Vorgänger der SDH-Technik

Synchrone Digitale Hierarchie

- Die **S**ynchrone **D**igitale **H**ierarchie (**SDH**)-Technik ist eine spezielle digitale, transparente, zeitsynchrone Multiplex-Übertragungstechnik für Weitverkehrsnetze.
- Übertragungsmedium sind Lichtwellenleiter und Richtfunkstrecken (niedrige Bitraten).
- Datenströme mit unterschiedlichen (niedrigeren) Bitraten werden auf einheitliche, standardisierte höhere Bitraten für den Transport umgesetzt (gemultiplext), bzw. am Empfangsort wieder entnommen (demultiplext).
- Zentrale Elemente eines SDH-Systems sind u. a.:
  - **Terminalmultiplexer** (fassen Eingangssignale mit unterschiedlichen Bitraten zusammen)
  - **Add Drop Multiplexer**
  - **Regeneratoren**
- SDH-Strecken können als **Ring**- oder **Maschenstruktur** aufgebaut werden.
- Netzweit wird mit einem **Mastertakt** gearbeitet.
- Mastertakt wird in kleinen Netzen von einem Multiplexknoten erzeugt.
- Bei größeren Netzen (internationale Verbindungen) werden spezielle, hochgenaue Taktgeneratoren (z. B. GPS oder Caesium-Zeitnormale) eingesetzt. Verwendet zur Übertragung zwischen den Netzknoten (Multiplexern) strukturierte Zeitrahmen. Zeitrahmen werden als Synchronous Transport Module (STM-1, da erste Multiplexerstufe) bezeichnet.
- Die Gesamtdatenrate an der STM-1 Schnittstelle beträgt 155,520 Mbit/s.
- **Höhere Hierarchiestufen** der SDH-Technik werden durch Zusammenfassen von STM-1 Modulen erreicht.
  - **STM-4** besteht aus 4 x STM-1 mit einer Bitrate von 622,080 Mbit/s
  - **STM-16** besteht aus 16 x STM-1 Rahmen mit einer Bitrate von 2488,320 Mbit/s
- SDH-Technik ist standardisiert von der ITU-T in der G-Reihe:
  - G.707 (Bitraten), G.708 (Signalstrukturen) G.709 (Multiplexstruktur)

Rahmenaufbau

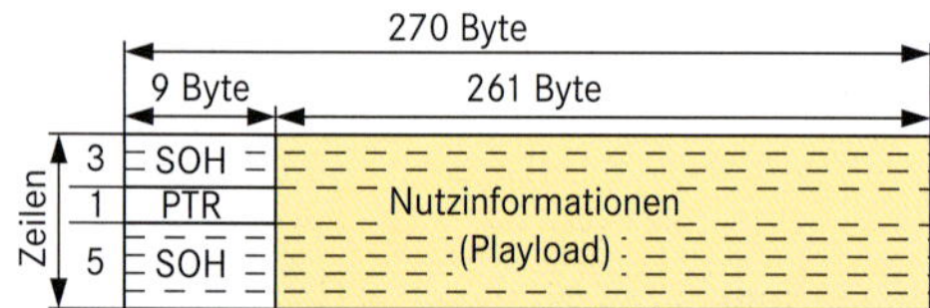

SOH (**S**ection **O**ver**h**ead): Transportinformation
PTR (**Point**e**r**): Anfangsadresse der Nutzinformation

- Jeder STM-1 Rahmen besteht aus 2430 Byte, die in 9 Zellen zu je 270 Byte eingeteilt sind.
- In jeder Zelle sind 9 Byte für die Rahmenorganisation und die Steuerung reserviert.
- Die Nutzlast (Payload) ist in 261 Byte pro Zelle enthalten.
- Insgesamt werden pro Sekunde 8000 Rahmen übertragen (125 μs pro Rahmen).

Netzstruktur Ring

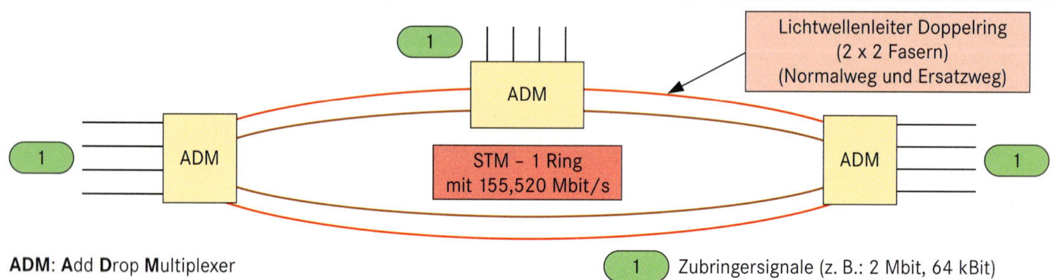

ADM: **A**dd **D**rop **M**ultiplexer

1 Zubringersignale (z. B.: 2 Mbit, 64 kBit)

Merkmale

- Frame Relay ist ein **schnelles paket- und verbindungsorientiertes Übermittlungsverfahren** für Breitbandanwendung im Punkt- zu Punkt-Betrieb.
- Vereinigt die Eigenschaften des X.25-Protokolls in Verbindung mit statistischen Multiplexern.
- FR bietet in der Regel die **geringste Durchlaufverzögerung** gegenüber anderen Protokollen; maximale Grenze der Durchlaufverzögerung kann nicht garantiert werden.
- Für **Sprach- und Videoübertragung** nur begrenzt verwendbar.
- FR stellt **hohe Anforderungen** an Qualität der Übertragungsleitungen (Bit Error Rate: Bitfehlerrate).
- **Vermittlung** der Frames erfolgt anhand der Daten im Header (**DLCI:** Data **L**ink **C**onnection **I**dentifier).
- Ermöglicht **gleichzeitig mehrere virtuelle Übertragungskanäle** über ein Übertragungsmedium.
- Die Datenübermittlung erfolgt abschnittsweise zwischen den Netzknoten ohne Quittung.
- FR-Verbindungen sind **duplexfähig**.
- Die Netzknoten prüfen lediglich auf **Übertragungsfehler** mittels CRC-Verfahren.
- Die Überprüfung der Vollständigkeit der Daten muss von den Endteilnehmern durchgeführt werden.
- **Fehlerhafte** oder **verlorene Datenpakete** müssen von den Partner-Endgeräten erneut angefordert bzw. übertragen werden.
- Verkehrsparameter definieren u. a. die **garantierte Informationsrate** (**CIR: C**ommitted **I**nformation **R**ate).
- Die **logische Struktur** von FR-Netzen ist ähnlich der von X.25-Netzen.
- FR arbeitet auf den OSI-Schichten 1 und 2.
- Die Netzzugangsschnittstelle wird als **FR-UNI** (**FR-U**ser **N**etwork **I**nterface) bezeichnet.
- Der Anschluss ans Netz kann mit allen üblichen physikalischen Schnittstellen (z. B. X.21, V.35, E1) aus dem Bereich der Datenkommunikation erfolgen.
- Die **Paketlänge** ist variabel von 261 Byte (Grundeinstellung) bis 8192 Byte.
- Angewendet werden in der Regel 1512 Byte.
- **Übertragungsgeschwindigkeiten** sind einstellbar von
  - 56 kbit/s bzw. 64 kbit/s
  - n x 64 kbit/s
  - bis 1,544 Mbit/s bzw. 2,048 Mbit/s
- Die wesentlichen **Steuerungsmechanismen** sind im Rahmenkopf enthalten (z. B. **Zieladresse**).
- FR unterstützt **permanente** und **geschaltete virtuelle** Verbindungen.
- **Überlastkontrolle** im Netz erfolgt durch Verfahren wie
  - **BECN** (**B**ackward **E**xplicit **C**ongestion **N**otification: Überlast-Rückwärtsanzeige)
  - **FECN** (**F**orward **E**xplicit **C**ongestion **N**otification: Überlast-Vorwärtsanzeige)
  - **DE** (**D**iscard **E**ligibility: Wegwerf-Erlaubnis)
- FR wird eingesetzt zur Kopplung von LANs, als Backbone für X.25-Systeme und in privaten Datennetzen.

Übermittlungsprinzip

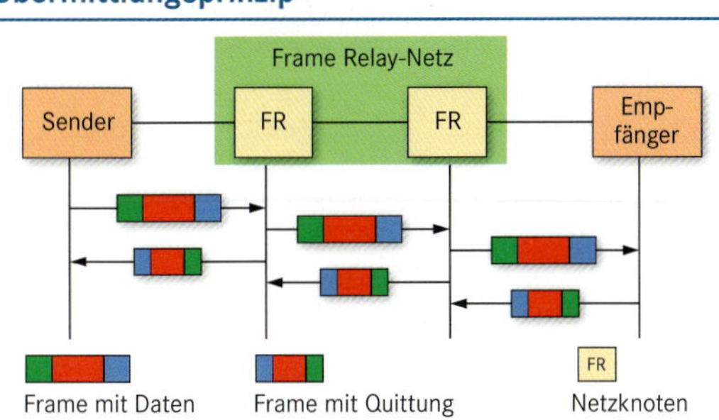

Netzknotenaufbau

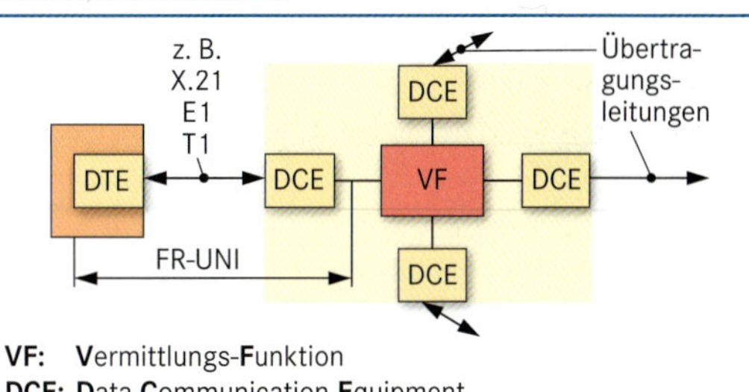

VF: **V**ermittlungs-**F**unktion
DCE: **D**ata **C**ommunication **E**quipment
DTE : **D**ata **T**erminal **E**quipment

Rahmenaufbau

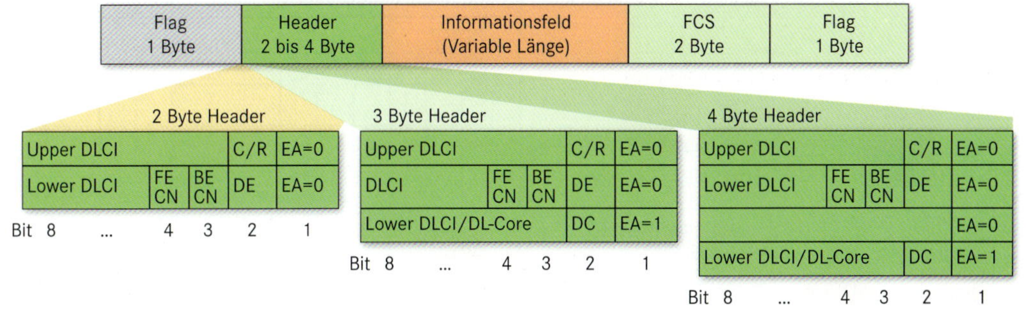

BECN: **B**ackward **E**xplicit **C**ongestion **N**otification
C/R: **C**ommand/**R**esponse Field
DC: **D**LCI oder DL-**C**ore Control Indicator
DE: **D**iscard **E**ligibility Indicator
DLCI: **D**ata **L**ink **C**onnection **I**dentifier
EA: **A**ddress **E**xtension
FECN: **F**orward **E**xplicit **C**ongestion **N**otification
Flag: 01111110

Merkmale

- **FDDI:** verteilte Schnittstelle auf LWL-Basis
- Kommunikationsnetz für höhere Geschwindigkeiten, größere Entfernungen und große Anzahl von Endgeräten
- Netzwerk besteht aus zwei LWL-Ringen (**Primär-** und **Sekundärring**; werden in entgegengesetzter oder gleicher Richtung betrieben)
- LWL-Ring ist definiert für:
  - Maximal 100 km Leitungslänge (pro Ring)
  - Maximal 1000 optische Transceiver, die jeweils bis zu 2 km bei Gradientenfaser und 60 km bei Monomodefaser auseinander liegen dürfen
  - Übertragungsrate beträgt 100 Mbit/s
- Zugriff zum Übertragungsmedium erfolgt im **Token-Passing-Verfahren**, wobei der Frei-Token unmittelbar nach Aussenden des letzten Datenpaketes von der sendenden Station erzeugt wird (Early Token Release: Frühestmögliche Freigabe), Stationen sind mit zwei oder vier LWL-Anschlüssen ausgerüstet
- Stationen mit vier LWL-Anschlüssen werden direkt an doppelten Glasfaserring angeschlossen (**Class A**)
- Stationen mit zwei Anschlüssen (**Class B**) werden über Konzentrator (**Class C**) an den doppelten Ring angeschlossen
- Konzentrator übernimmt die 'back-up'-Funktion als eine Art Ringleitungsverteiler
- Class A und C werden als **DAS**-Stationen (**D**ual-**A**ttached-**S**tation), Class B als **SAS** (**S**ingle-**A**ttached-**S**tation) bezeichnet
- **FDDI 1** Standard unterstützt asynchrone und synchrone Datenübertragung
- **FDDI 2** Standard realisiert auch isochrone Datenübertragung; hierzu wird der Ring zentral verwaltet (cycle master: Zyklus Meister).
- FDDI ist auch mit Kupferleitungen realisierbar (twisted pair: Verdrilltes Paar)
  - **SDDI** (**S**hielded **D**istributed **D**ata **I**nterface: Verteilte Datenschnittstelle mit Schirmung)
  - **CDDI** (**C**opper **DDI**: Verteilte Datenschnittstelle mit Kupfer, ungeschirmt, RJ 45 Stecker)
  - **FDDI TP-PMD** (**T**wisted **P**air **P**hysical Layer **M**edium **D**ependent: Verdrilltes Paar Medienabhängig, mit STP oder UTP, Codierung gemäß MLT-3 (Multi Level Transmit-3 Kodierung))
  - **FDDI nach Greenbook** (FDDI nach Grünbuch: Mit 150 Ω oder 100 Ω STP, Kategorie 5 Kabel, höhere Pegel als SDDI)
  - Versionen beziehen sich alle auf 100 m Leitungslänge in Sternverkabelung

Topologie

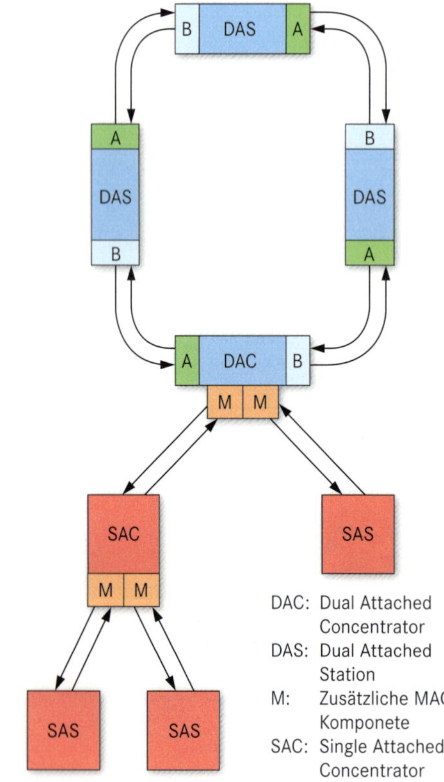

Rahmenformat

PA	SD	FC	DA	SA	Anwenderdaten	FCS	ED	FS
8 Byte	14 Byte				46 Byte	6 Byte		

PA: **P**re**a**mble (Vorlauf)
SD: **S**tart **D**elimiter (Anfangsbegrenzung)
FC: **F**rame **C**ontrol (Rahmenkontrolle)
DA: **D**estination **A**ddress (Zieladresse)
SA: **S**ource **A**ddress (Quelladresse)
FCS: **F**rame **C**heck **S**um (Rahmenprüfsumme)
ED: **E**nd **D**elimeter (Ende Begrenzung)
FS: **F**rame **S**tatus (Rahmen Status)

NRZI/MLT-3-Codierung

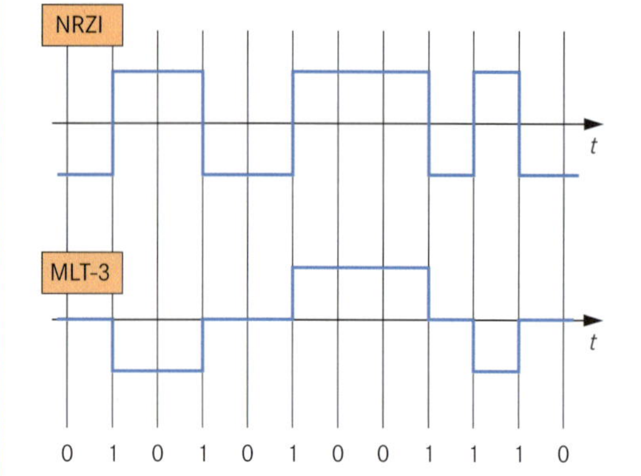

Merkmale

- **GSM: G**lobal **S**ystem for **M**obile Communication (Mobilfunksystem).
- Weltweit sind drei Frequenzbänder für GSM freigegeben:
  - GSM 900 (Up: 890 MHz...915 MHz/Down: 935 MHz... 960 MHz)
  - GSM 1800 (Up: 1710 MHz...1785 MHz/Down: 1805 MHz... 1880 MHz)
  - GSM 1900 (Up: 1850 MHz...1910 MHz/ Down: 1930 MHz... 1990 MHz)
- Dienste im GSM orientieren sich an den Diensten im ISDN
- Neben Sprachdiensten werden auch Datendienste angeboten, z. B. GPRS: General Packet Radio Service (Paketorientierter Datendienst)
- Versorgungsgebiet ist in Funkbereiche aufgeteilt (Funkzelle max. 35 km Durchmesser)

Netzarchitektur

Wabenförmige Anordnung der Funkzellen

f_1 ... f_7: Funkzellen mit fest zugeteilten Frequenzbündeln. Wegen begrenzter Reichweite können Frequenzbündel in anderen Zellen wieder verwendet werden.

Technische Daten

Funkübertragung erfolgt nach **TDMA**-Prinzip (**T**ime **D**ivision **M**ultiple **A**ccess: Zeitschlitz mit Vielfachzugriff)

Frequenzen	
Uplink (UL) Mobilstation → Basisstation	890 ... 915 MHz
Downlink (DL) Basisstation → Mobilstation	935 ... 960 MHz
Kanalraster	200 kHz
Trägerfrequenzen (gesamt)	2 x 124
Bitrate (gesamt)	270,833 kBit/s
Sprachkanal	13 kBit/s
Anzahl Sprachkanäle/Träger	8
Modulationsverfahren	GMSK
Modulationsindex	0,3

Netzkonfiguration

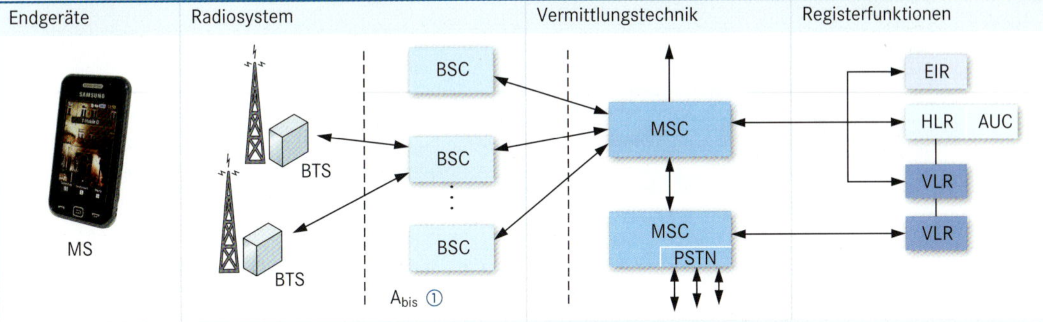

MS (**M**obile **S**tation)

Teilnehmereinrichtung; Teilnehmer wird unabhängig vom Gerät über **SIM** (**S**ubscriber **I**dentity **M**odule: Teilnehmer Erkennungs-Modul) identifiziert.

BTS (**B**ase **T**ransceiver **S**tation)

Basisstation versorgt jeweils eine Funkzelle und wickelt Funkverkehr mit Mobilstationen über Luftschnittstelle ab.

BSC (**B**ase **S**tation **C**ontroller)

- Steuert eine oder mehrere BTS
- Ist über Datenleitungen (A_{bis}-Schnittstelle) ① mit den BTS verbunden
- Verwaltet die Funkkanäle
- Steuert HF-Leistung der Basis- und Mobilstationen und Handover zwischen BTS

MSC (**M**obile **S**witching **C**entre)

- Mobilfunkvermittlungsstelle verwaltet die BSCs und stellt den Übergang in das Drahtnetz (PSTN-Public Switched Telephone Network) her.
- Führt zentrale Steuerung durch, z. B. für
  - Gesprächsaufbau und Gesprächsabbau
  - Location Update (Orts-Aktualisierung)
  - Handover (Gesprächsweitergabe)
- **EIR** (**E**quipment **I**dentity **R**egister): Geräte-Kennungsverzeichnis
- **HLR** (**H**ome **L**ocation **R**egister): Heimat-Standortverzeichnis
- **VLR** (**V**isitor **L**ocation **R**egister): Besucher-Standortverzeichnis
- **AUC** (**Au**thentication **C**enter): Authentisierungszentrum

Merkmale

- **UMTS** (**U**niversal **M**obile **T**elecommunications **S**ystem: Universelles mobiles Telekommunikations System) wird als **Mobilfunk der dritten Generation** (3G) bezeichnet und wurde von **ETSI** (**E**uropean **T**elecommunication **S**tandards **I**nstitut: Europäisches Telekommunikations Standardisierungs Behörde) spezifiziert.
- International wird UMTS von der ITU mit **IMT** (**I**nternational **M**obile **T**elecommunication: Internationale Mobile Kommunikation) bezeichnet.
- UMTS erlaubt weltweit angeglichene drahtlose **paketorientierte** Kommunikation mit im Wesentlichen zwei Endgerätetypen.
- Endgeräte müssen in der Lage sein, im **Multi-Band-Betrieb** arbeiten zu können.
- Insgesamt realisiert UMTS ein modulares Kommunikationskonzept mit terrestrisch festen und mobilen Bestandteilen und auch satellitengestützten Bestandteilen.
- Luftschnittstelle **UTRA** (**U**niversal **T**errestrial **R**adio **A**ccess: Universeller terrestrischer Funkzugriff) wird realisiert über
  - **W-CDMA** (**W**ideband **C**ode **D**ivision **M**ultiple **A**ccess) für Versorgung größerer Bereiche
  - **TD-CDMA** (**T**ime **D**ivision **CDMA**) für lokale Gebiete
- **Angebotene Dienste** sind:
  - Sprachübertragung (hohe Qualität)
  - E-Mail Versand
  - SMS (short message service)
  - Informationsdienste (Nachrichten, Wetter, Verkehr)
  - Internet-Zugriff (mittels WAP)
  - electronic shopping
  - Multimedia-Dienste (interaktiv)
  - Verteildienste, breitbandig (Video- und Audiodaten in Echtzeit)
  - Bildtelefonie und
  - elektronische Finanzdienstleistungen (electronic bankingelectronic cash, Börsendienste)
- **Gebietseinteilung** erfolgt in vier Bereichen:
  - **Piko-Zelle, Heim-Zelle:** Hohe Teilnehmerzahlen, hoher Kommunikationsverkehr, Radius ca. 500 m, Datenrate bis 2 Mbit/s
  - **Mikro-Zelle:** Innerstädtischer Betrieb, erhöhter Kommunikationsaufwand, Radius ca. 3 km, Datenrate bis 384 kbit/s
  - **Makro-Zelle:** Außerstädtische Gebiete, niedriges Verkehrsaufkommen, höhere Mobilität der Teilnehmer, Datenrate deutlich über 144 kbit/s
  - **Welt-Zelle:** Uneingeschränkte Mobilität (Kommunikation auch aus Flugzeugen), Übertragungsraten noch oberhalb 144 kbit/s

Gebietseinteilung

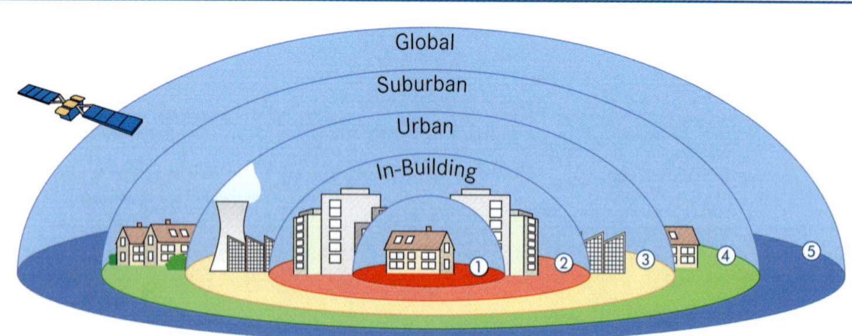

① Heim-Zelle
② Piko-Zelle
③ Mikro-Zelle
④ Makro-Zelle
⑤ Welt-Zelle

Frequenzbereichseinteilung

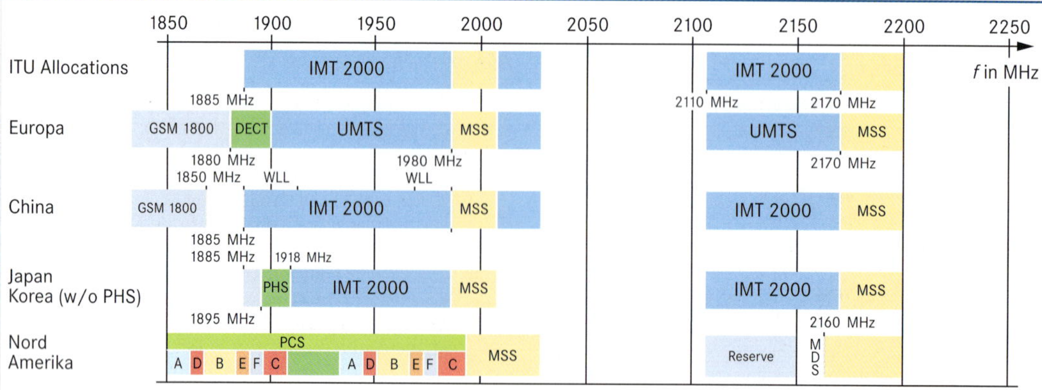

Dargestellt ist der Stand Jahr 2000. Ab Jahr 2010 kommen die Bänder **MSS** (**M**obile **S**atellite **S**ystem) und **PCS** (**P**ersonal **C**ommunication **S**ystem) hinzu: 806 ... 960 MHz; 1710 ... 1885 MHz und 2500 ... 2690 MHz.

Merkmale der Netzarchitektur

- Die UMTS Netzarchitektur besteht aus den Komponenten
  - **CN** (**C**ore **N**etwork: Kernnetz),
  - **UTRAN** (**U**MTS **R**adio **A**ccess **N**etwork: UMTS Funkzugangsnetz) und
  - **UE** (**U**ser **E**quipment: Endgerät)
- Da für UMTS eine andere Funktechnik eingesetzt wird als für GSM, müssen Endgeräte auch entsprechend ausgerüstet sein.
- Das UTRAN besteht aus den Komponenten
  - **RNC** (**R**adio **N**etwork **C**ontroller: Funknetzwerkcontroller) und
  - einem oder mehreren (typisch 3) **NodeB**s (Basisstationen).
- Jeder RNC verwaltet die Funkresourcen (z. B. Sendeleistung, WCDMA Kanalcodes) seiner an ihn angeschlossenen **RNS** (**R**adio **N**etwork **S**ystem).
- Im NodeB wird die Funkverbindung über die physikalische und die Netzwerkschicht realisiert (z. B. die Kanalcodierung, Modulation, Demodulation).

Netzarchitekturbeispiel

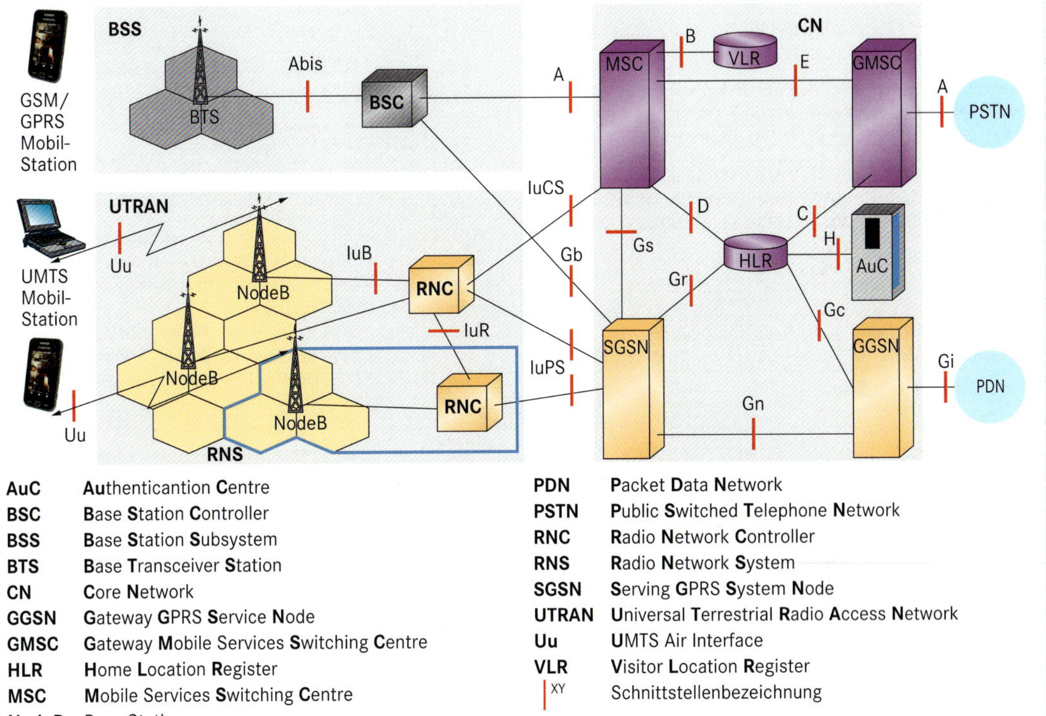

AuC	**Auth**enticantion **C**entre	**PDN**	**P**acket **D**ata **N**etwork
BSC	**B**ase **S**tation **C**ontroller	**PSTN**	**P**ublic **S**witched **T**elephone **N**etwork
BSS	**B**ase **S**tation **S**ubsystem	**RNC**	**R**adio **N**etwork **C**ontroller
BTS	**B**ase **T**ransceiver **S**tation	**RNS**	**R**adio **N**etwork **S**ystem
CN	**C**ore **N**etwork	**SGSN**	**S**erving **GPRS** **S**ystem **N**ode
GGSN	**G**ateway **GPRS** **S**ervice **N**ode	**UTRAN**	**U**niversal **T**errestrial **R**adio **A**ccess **N**etwork
GMSC	**G**ateway **M**obile Services **S**witching **C**entre	**Uu**	UMTS Air Interface
HLR	**H**ome **L**ocation **R**egister	**VLR**	**V**isitor **L**ocation **R**egister
MSC	**M**obile Services **S**witching **C**entre	XY	Schnittstellenbezeichnung
NodeB	Base Station		

Weiterentwicklungen

- **HSDPA** (**H**igh **S**peed **D**ownlink **P**acket **A**ccess)
  - Hochgeschwindigkeits-Paket Zugang in Abwärtsrichtung (Downlink)
  - Übertragungsraten von 5,76 Mbit/s (Empfänger Kategorie 8)
  - Latenzzeit (Verzögerungszeit bei Übertragung) liegt zwischen 50 ms und 100 ms.
  - Erweiterung auf bis zu 15 Kanäle
  - **QPSK**-Modulation (**Q**uadrature **P**hase **S**hift **K**eying, Vierphasenmodulation), bei guter Empfangslage **16QAM** (**Q**uadratur **A**mplituden **M**odulation)
- **HSUPA** (**H**igh **S**peed **U**plink **P**acket **A**ccess)
  - Hochgeschwindigkeits-Paket Zugang in Aufwärtsrichtung (Uplink)
  - Übertragungsraten 5,76 Mbit/s (Kategorie 69 und bis 23 Mbit/s (Kategorie 9)
- **HSPA+**
  - **MIMO**-Antennentechnologie (**M**ultiple **I**nput **M**ultiple **O**utput), Verbesserung der Funkverbindung durch mehrere Antennen
  - Übertragungsrate bis 28 Mbit/s (Downlink) und 11 Mbit/s (Uplink), Release 7
  - Modulationsverfahren Uplink 16QAM, Downlink zusätzlich 64QAM
  - Kanalbündelung (Dual-Carrier), Zusammenfassung von zwei 5 MHz Kanälen
- **HSOPA** (**H**igh **S**peed **OFDM** **P**acket **A**ccess)
  - Effektivere Nutzung des Frequenzspektrums durch **OFD** (**O**rthogonal **F**requency **D**ivision **M**ultiplexing)
  - Kanalbandbreite zwischen 1,25 MHz und 20 MHz (5 MHz bei UMTS)
  - Vorgängertechnik von **LTE** (**L**ong **T**erm **E**volution)

Merkmale

- LTE wird als **4G** (4. Mobilfunkgeneration) bezeichnet, kann als Nachfolger von UMTS (3G) aufgefasst werden, mit u. a. erhöhter Datenrate, größerer Bandbreiteneffizienz, geringeren Verzögerungszeiten, verbesserten Modulationsverfahren (**QAM**: **Q**uadratur**a**mplituden**m**odulation), geringerem Energieaufwand.
- Begründung für die Einführung: Durch eine verstärkte Internetnutzung im Mobilfunkbereich reicht die Kapazität des UMTS-Netzes nicht mehr aus.
- Für die Nutzung des LTE-Netzes sind eigene Endgeräte erforderlich.
- Durchmesser der Zellengrößen bis zu 5 km.
- Verwendung von Mehrfachantennen (**MIMO**: **M**ultiple **I**nput **M**ultiple **O**utput)

Frequenzbänder

- **800-MHz-Frequenzband**

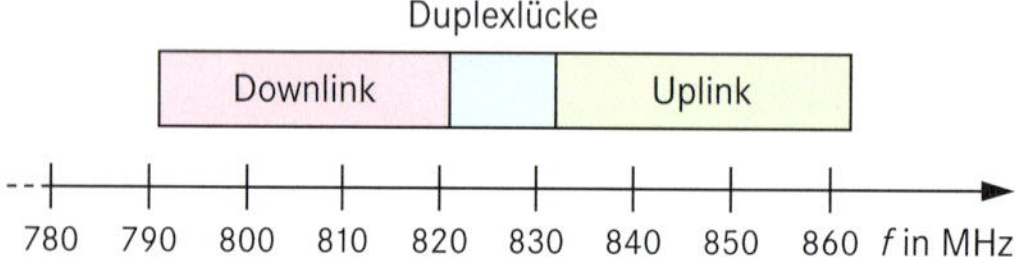

- 791 MHz ... 862 MHz, Aufteilung in 5 MHz Bänder
- Duplexlücke 11 MHz
- Beispiel der Nutzung durch Deutsche Telekom: Uplink 852 MHz ... 862 MHz, Downlink 811 MHz ... 821 MHz
- **2,6-GHz-Frequenzband**

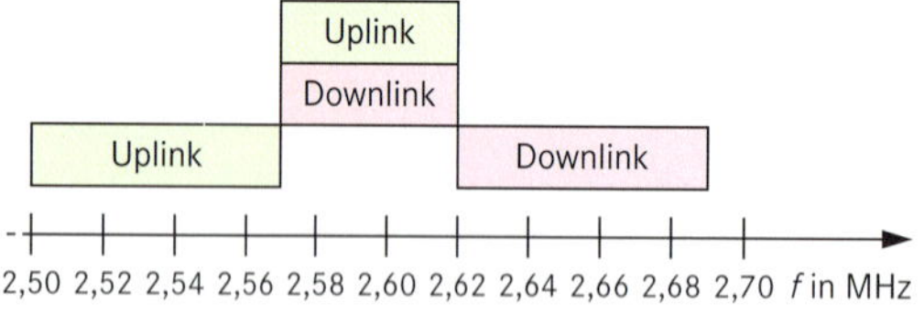

- 2,5 GHz ... 2,69 GHz
- Einsatz besonders in Metropolregionen
- Beispiel der Nutzung durch Deutsche Telekom:
  - Frequenzduplex (**FDD**)
    Uplink 2,52 MGHz ... 2,54 MGHz,
    Downlink 2,64 GHz ... 2,66 GHz
  - Zeitduplex (**TDD**)
    Uplink und Downlink 2,605 GHz ... 2,61 GHz

Modulation

- **OFDMA** (**O**rthogonal **F**requency **D**ivision **M**ultiple **A**ccess)
  - Festgelegt bei LTE für den Downlink
  - Die verfügbare Bandbreite wird in viele Subträger aufgeteilt (orthogonale zueinander, dadurch kaum gegenseitige Beeinflussung der Trägersignale).
  - Bei 20 MHz sind beispielsweise im Abstand von 15 kHz 1333 Subträger vorhanden.
  - Jeder Subträger kann unabhängig moduliert werden, je nach Empfangslage z. B. mit QPSK, 16QAM (4 Bits pro Signal) oder 64QAM (8 Bits pro Signal).
  - Jeder Subträger enthält nur die Informationen eines Signals.
  - Mehrere Nutzer können auf die verfügbare Bandbreite zugreifen.
  - Zeitintervall 1 ms, vor jedem Zeitintervall wird entschieden, welcher Nutzer welche Ressourcen erhält.
- **SC-FDMA** (**S**ingle **C**arrier-**F**requency **D**ivision **M**ultiple **A**ccess)
  - Festgelegt für den Uplink
  - Ähnlich OFDMA, verringerte Leistung bei LTE-Geräten
  - Jeder Subträger enthält die Informationen über alle in einer Periode übertragenen Signale.
- **TDD** (**T**ime **D**ivision **D**uplex, Zeitduplexverfahren)
  - Aufteilung der Signale in Subframes von 1 ms
  - Up- und Downlink-Frames werden zeitlich getrennt über den selben Kanal übertragen.
  - Zwischen der Umschaltung vom Down- zum Uplink wird ein Subframe benötigt (**DwPTS**: **Dow**nlink **P**ilot **T**ime**s**lot, **GP**: **G**uard **P**eriod, **UpPTS**: **Up**link **P**ilot **T**ime**s**lot).

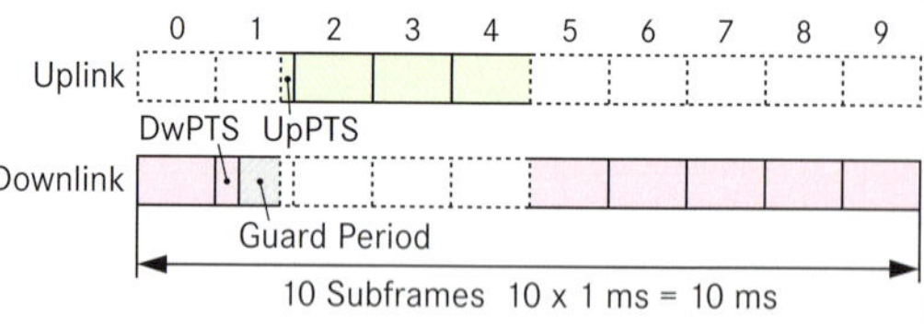

- **FDD** (**F**requency **D**ivision **D**uplex, Frequenzduplexverfahren)
  - Je ein Kanal wird für Up- und Downlink-Frames verwendet.

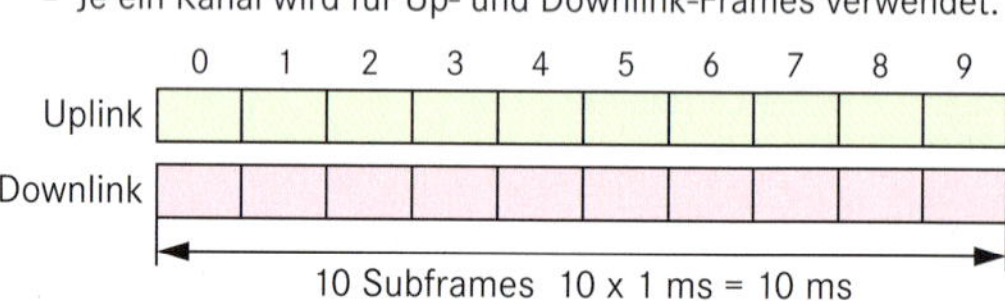

Vergleich

	UMTS	LTE	
Frequenzband in GHz	2,1	0,8	2,6
Datenraten - maximal in Mbit/s - durchschnittlich in Mbit/s - bei Drosselung[1] in kbit/s	 21,6 < 2 64	 50 mindestens 2 384	 100
Verlust durch geteilte Datenrate[2], je nach Nutzeranzahl	deutlich	geringer	
Bandbreite in MHz	5	5, 10, 20	
Reichweite in km	bis 5	bis 10	
Antennenzahl	1	4 (MIMO)	

[1] bei Ausschöpfung des Tarifvolumens
[2] mehrere Nutzer teilen sich die maximale Datenrate

Netzarchitektur

- LTE besitzt gegenüber UMTS eine vereinfachte Netzarchitektur.
- Die einzelnen Funknetze werden als **E-UTRAN** (Evolved UTRAN) bezeichnet (**UTRAN**: **U**niversal **T**errestrial **R**adio **A**ccess **N**etwork, evolved: entwickelt). E-UTRAN wird auch als LTE-Luftschnittstelle bezeichnet.
- Ein RNC (Radio Network Controller) wie bei UMTS wird nicht mehr benötigt. Seine Funktionen übernehmen LTE-Basisstationen (**eNodeB**, Evolved Node B).
- eNodeB sind miteinander vermascht und kommunizieren untereinander über X2-Schnittstellen.
- Über S1-Schnittstellen kommunizieren die eNodeB direkt mit dem Kernnetz (**EPC**: **E**volved **P**acket **C**ore Network).
- Weiterentwicklung: **LTE-Advanced** mit Datenraten bis zu 1000 Mbit/s und geringeren Latenzzeiten

Merkmale

- Cloud Computing (‚Rechnen in der Wolke') bezeichnet das **dynamisch an den Bedarf** angepasste
  - **Anbieten**,
  - **Nutzen** und
  - **Abrechnen** von IT-Dienstleistungen

  über ein Netz.
- Angebot und Nutzung dieser Dienstleistungen erfolgen dabei ausschließlich über
  - definierte technische Schnittstellen und
  - Protokolle.

(Definition nach BSI [Bundesamt für Sicherheit in der Informationstechnik])

- Angebotene Dienstleistungen beinhalten das komplette Spektrum der Informationstechnik z. B.
  - Rechenleistung, Speicherplatz,
  - Plattformen und
  - Software.
- **Vorteile** u. a.:
  - Einsparungen bei eigener IT-Infrastruktur (z. B. bei IT-Systemen, Energiekosten, Personal)
  - Ressourcen können auf Anforderung genutzt werden
- **Nachteile** u. a.:
  - Datenschutz und -kontrolle bei Speicherung von Daten (insbesondere länderübergreifend)

Cloud-Arten

Private Cloud (Private Cloud)	**Public Cloud** (Öffentliche Cloud)	**Community Cloud** (Gemeinschafts-Cloud)
▪ Cloud-Infrastruktur wird nur für eine Institution betrieben. ▪ Sie kann von der Institution selbst oder einem Dritten organisiert und geführt werden. Kann im Rechenzentrum der eigenen oder einer fremden Institution stehen.	▪ Die Services können von der Allgemeinheit oder einer großen Gruppe (z. B. ganze Industriebranche) genutzt werden. ▪ Die Services werden von einem Anbieter (Provider) zur Verfügung gestellt.	▪ Die Infrastruktur wird von mehreren Institutionen geteilt, die ähnliche Interessen haben (z. B. öffentliche Verwaltungen). ▪ Kann von einer dieser Institutionen oder einem Dritten betrieben werden.
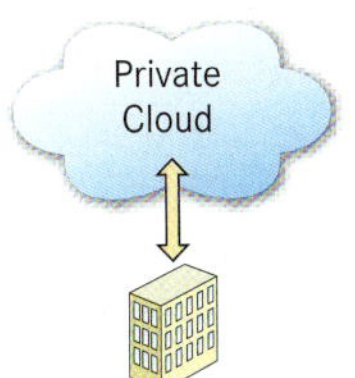	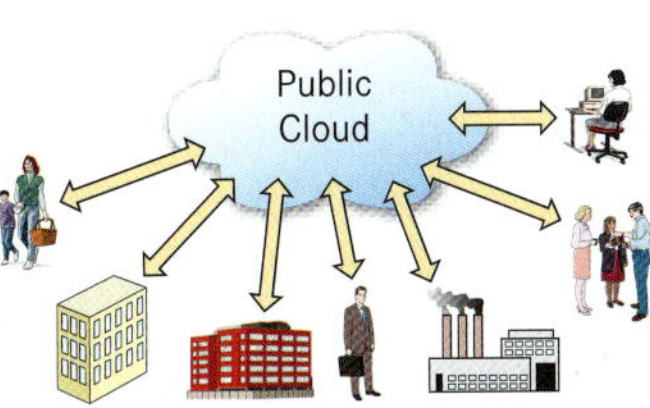	

Hybrid Cloud (Gemischte Cloud)

- Mehrere Cloud-Infrastrukturen, die für sich selbst eigenständig sind, werden über standardisierte Schnittstellen gemeinsam genutzt (z. B. private Cloud in Verbindung mit öffentlicher Cloud)

Basis-Servicemodelle

IaaS ①
(**I**nfrastructure **as a** **S**ervice: Infrastruktur als Service)

- Hier werden IT-Ressourcen als Service zur Nutzung angeboten (z. B. Rechenleistung, Datenspeicher oder Netze).
- Der Cloud-Kunde kauft bzw. mietet diese virtualisierten (in hohem Maß standardisierten Services) und baut darauf eigene Services zum internen oder externen Gebrauch auf (z. B. Betriebssystem mit Anwendungen).

PaaS ②
(**P**latform **as a** **S**ervice: Plattform als Service)

- PaaS-Provider stellt komplette Infrastruktur bereit und bietet dem Kunden standardisierte Schnittstellen an, die von den Services des Kunden genutzt werden.
- Der Kunde hat keinen Zugriff auf die darunterliegenden Schichten (Betriebssystem, Hardware); kann aber auf der Plattform eigene Anwendungen laufen lassen.

SaaS ③
(**S**oftware **as a** **S**ervice: Software als Service)

- Vom Kunden gewünschte Anwendungen werden vom Provider bereitgestellt, aktualisiert und gewartet
- Beispiele: Finanzbuchhaltung, Textverarbeitung

Referenzarchitektur

- Gibt eine Übersicht über die Komponenten, die vom **Service Provider** vorzuhalten und zu managen sind.
- Zur Umsetzung der vielfältigen und komplexen Aufgaben wird die Anwendung von Vorgehensmodellen (z. B. ILTIL oder COBIT) empfohlen.

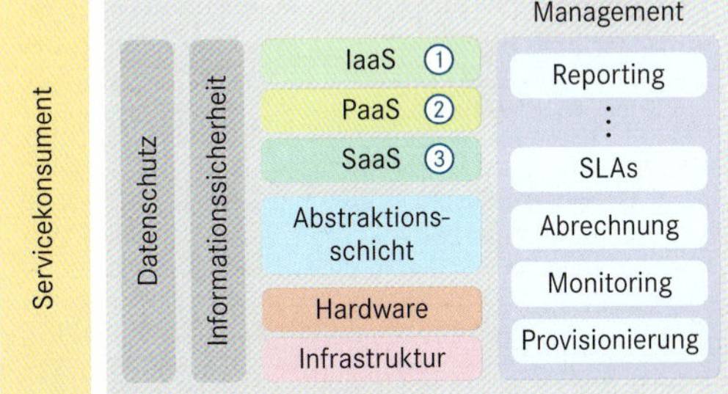

① ② ③ Externe Service Leistungen
Reporting: Berichterstattung (u. a. Störungsstatistik)
ALA (Service Level Agreement: Dienstgütevertrag)
Monitoring: Überwachung des Betriebes
Provisioning: Bereitstellung von Software und Hardware

Merkmale

- **WAP** (**W**ireless **A**pplication **P**rotocol: Drahtloses Anwendungsprotokoll) ist ein Stamdard für drahtlose Informationsdienste über digitale mobile Telefone und andere drahtlose Terminals, z. B. **PDA** (**P**ersonal **D**igital **A**ssistant)
- Überträgt Internet-Inhalte, E-Mail und FTP-Dienste
- Unterstützt verschiedene **Übermittlungsdienste** und **Übertragungssysteme**
- Spezifikation beschreibt die Architektur als Cient-Server-Modell
- Schichtenmodell lehnt sich an OSI an
- Nutzt Standardaufrufe des WWW mit URLs
- Verwendet HTML, Java Script und HTTP
- Endgeräte enthalten **Mikro-Browser** (arbeiten analog zu Standard WEB-Browsern)
- Kommunikation zwischen Client (Endgerät) und Server erfolgt über **WAP-Proxy**
- WAP-Proxy arbeitet als **Protokoll-Gateway** und Codierer bzw. Decodierer
- Übersetzt Anfragen (requests) aus dem WAP-Protokoll-Stack (z. B. **WSP: W**ireless **S**ession **P**rotocol) in WWW Protocol-Stacks wie HTTP oder TCP/IP
- Kodierfunktion übersetzt u.a. den WAP-Inhalt in kompaktes Format zur Reduzierung des Datenaufkommens im Netz
- **WTA** (**W**ireless **T**elephony **S**erver: Drahtloser Telefon Server) für normale Sprachkommunikation dient zum Übergang vom digitalen Mobilfunknetz in entsprechendes Festnetz
- **WML** (**W**ireless **M**ark-up **L**anguage: Drahtlose Darstellungssprache) ist eine spezielle Sprache zur Wiedergabe von Informationen auf Displays von mobilen Endgeräten

Protokolle

- **WDP** (**W**ireless **D**atagram **P**rotocol: Drahtloses Daten-Protokoll) ist das Transport-Layer-Programm
- WDP verwendet unterschiedliche Anpassungen (Profile) für die Übermittlungsdienste
- Enthält **WCMP** (**W**ireless **C**ontrol **M**essaging **P**rotocol: Drahtloses Kontroll-Nachrichten-Protokoll) zur Übertragung von Fehlermeldungen an Netzknoten
- **WTLS** (**W**ireless **T**ransport **L**ayer **S**ecurity) ist ein Sicherheitsprotokoll mit der Realisierung folgender Funktionen:
  - Daten-Integrität zwischen Server und Client
  - Privacy (Vertraulichkeit)
  - Authentication (Schutz vor unberechtigtem Zugriff)
  - Denial of Service Protection (Zugriffsverweigerung auf Dienste) zum Entdecken und Zurückweisen unkorrekt verifizierter Daten
- **WTP** (**W**ireless **T**ransaction **P**rotocol) realisiert den Datagramm-Dienst, arbeitet transaktionsorientiert und bietet drei Dienstklassen:
  - **Erste Klasse:** Unzuverlässige Einwege-Kommunikation für gelegentlichen Datenverkehr ohne Antwort
  - **Zweite Klasse:** Zuverlässige Einwege-Kommunikation mit Antwort
  - **Dritte Klasse:** Zuverlässige Zweiwege-Kommunikation für gegenseitigen Datenaustausch mit wechselseitiger Bestätigung
- **WSP** (**W**ireless **S**ession **P**rotocol) bietet WAE zwei Dienste zur Datenübertragung:
  - **Erster Dienst:** Sicher, verbindungsorientiert
  - **Zweiter Dienst:** Verbindungslos, sicher oder nicht sicher

Protokollstruktur

Wireless Application Layer (**WAE**)

Wireless Session Layer (**WSP**)

Wireless Transaction Layer (**WTP**)

Wireless Security Layer (**WTLS**)

Andere Anwendungen und Dienste

Wireless Transport Layer (**WDP**) | **WCMP**

Träger: SMS | GSM | CSD | PDC-P | IS-136 | CDMA | andere

WAP-Modell

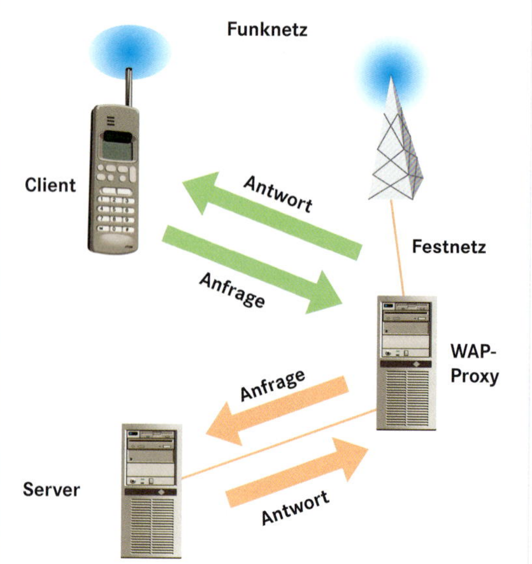

Merkmale

- **GPRS** (**G**eneral **P**acket **R**adio **S**ervice) ist eine Erweiterung des **circuit switched** zum **packet switched** GSM-Netz
- Realisiert die **Funk-Datenübertragung** mit bis zu 171,2 kbit/s
- Arbeitet als **paketorientierter** Dienst
- Datenstrom wird dabei in Pakete aufgeteilt, die über momentan freie GSM-Kanäle übertragen werden
- Empfänger setzt die Datenpakete in der richtigen Reihenfolge wieder zusammen
- Für GPRS ist das GSM-Netz erweitert worden um
  - **paketorientiertes Protokoll** für die Luftschnittstelle
  - **Core Netzwerk**, auf Internet-Protokoll basierendes Netzwerk, das über Standardschnittstellen an GSM angeschlossen wird
- Standards (ETSI) für GPRS sind spezifiziert in z. B.:
  - GSM 02.60 (GPRS Überblick)
  - GSM 03.60; 03.64; 03.61; 03.62 (Systemarchitektur und Dienste-Definitionen)
- GRPS ist erster Dienst im Rahmen der **GSM-Phase 2+**
- Bietet Zugang zu paketorientierten Datendiensten wie z. B. Internet oder Intranet
- Codierungsverfahren auf der Luftschnittstelle ist in vier Gruppen eingeteilt (**CS 1** bis **CS 4**)
- CS 1: Geringster Datendurchsatz, beste Fehlerkorrektur
- CS 4: Höchster Datendurchsatz ohne Fehlerkorrektur
- **Nettodatenrate** wird bestimmt durch:
  - Verfügbarkeit von Zeitschlitzen (speziell in Spitzenzeiten)
  - Qualität der Funkübertragung (Wiederholung von fehlerhaften Datenpaketen)
  - Verhältnis von Overhead- zu Nutz-Daten
- GSM-Netze mit GPRS-Funktionen enthalten neue Netzelemente wie
  - **SGSN** (**S**erving **G**PRS **S**upport **N**ode)
  - **GGSN** (**G**ateway **G**PRS **S**upport **N**ode)
  - **BG** (**Bo**rder **G**ateway)
  - **PTM-SC** (**P**oint-**t**o-**M**ultipoint **S**ervice **C**entre)

Datendurchsatz

Kanal-Codierungsverfahren	CS 1	CS 2	CS 3	CS 4
Einfacher Zeitschlitz (kbit/s)	9,05	13,4	15,6	21,4
Achtfacher Zeitschlitz (kbit/s)	72,0	107,2	124,8	171,2

Endgeräteklassen

Class	Merkmal
A	Sprach- und Datenverbindungen **gleichzeitig**
B	**Entweder** Sprach- oder Datenverbindung (automatische Umschaltung)
C	Manuelle Auswahl von Sprach- oder Datenverbindung

Referenzmodell

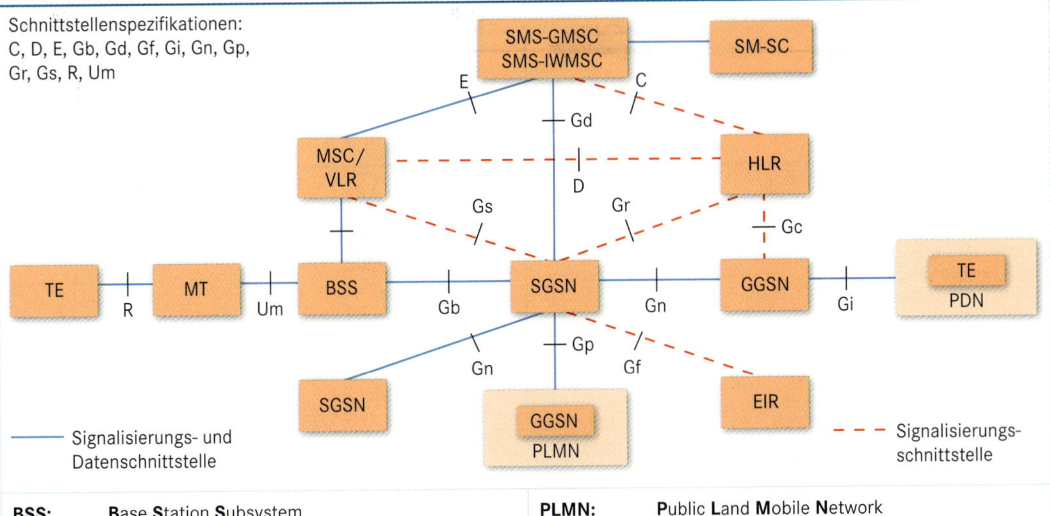

BSS:	**B**ase **S**tation **S**ubsystem
EIR:	**E**quipment **I**dentity **R**egister
GGSN:	**G**ateway **G**PRS **N**ode
HLR:	**H**ome **L**ocation **R**egister
MSC/VLR:	**M**obile **S**witching **C**entre/ **V**isitors **L**ocation **R**egister
MT:	**M**obile **T**erminal
PDN:	**P**ublic **D**ata **N**etwork
PLMN:	**P**ublic **L**and **M**obile **N**etwork
SGSN:	**S**erving **G**PRS **S**upport **N**ode
SMS-GMSC:	**S**hort **M**essage **S**ervice-**G**ateway **M**essage **S**ervice **C**entre
SMS-IWMSC:	**S**hort **M**essage **S**ervice-**I**nter**w**orking **M**essage **S**ervice **C**entre
SM-SC:	**S**hort **M**essage-**S**ervice **C**entre
TE:	**T**erminal **E**quipment

Merkmale

- **TETRA** (**Te**rrestrial **T**runked **Ra**dio: „gebündelter irdischer Funk“) ist ein zellulares digitales **Bündelfunksystem** für Sprach- und Datenübertragung
- Wird eingesetzt für private und öffentliche **Betriebsfunknetze** (z. B. Taxi- und Fuhrunternehmen) und für Sicherheitsfunkanwendungen (z. B. Polizei und Feuerwehr) in Form geschlossener Benutzergruppen
- Standardisiert durch ETSI in
  - ETS 300 392 TETRA **V**oice + **D**ata
  - ETS 300 383 TETRA **P**acket **D**ata **O**ptimised
  - ETS 300 396 TETRA **D**irect **M**ode **O**peration
  - ETS 300 394 TETRA Testing
- Im Gegensatz zu öffentlichen Mobilfunksystemen bietet TETRA schnellen Verbindungsaufbau (max 500 ms)
- Angebotene Dienste (Teledienste):
  - Individual Call (Individualruf)
  - Group Call (Gruppenruf)
  - Broadcast Call (Punkt-zu Multipunkt-Ruf)
  - Emergency Call (Notruf)
  - Open Channel (Offener Sprechkanal)
- **Datendienste:**
  - Status Transmission
  - Short Data Service
  - Leitungsvermittelte Datendienste (ungeschützte, geschützte und hochgeschützte Datenübertragung)
  - Paketvermittelte Datendienste (verbindungsorientiert, verbindungslos und TCP/IP-Zugriff)
- **Zusatzdienste** sind u. a. Priority Call, Discreet und Ambience Listening
- Frequenzbereiche in Europa:
  - 410 ... 430 MHz; 450 ... 470 MHz
  - 870 ... 876 MHz gepaart mit 915 ... 921 MHz
  - 385 ... 390 MHz gepaart mit 395 ... 399,9 MHz
- Pro Zelle werden typisch vier bis fünf Träger (16 bis 20 logische Kanäle) aufgebaut

Netzstruktur

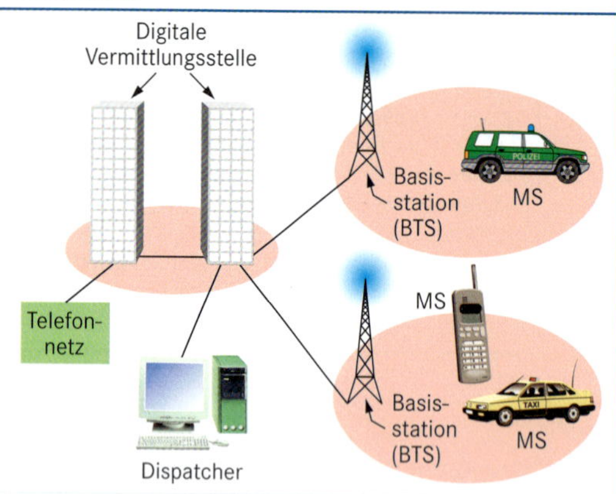

Betriebsarten

DMO (**D**irect **M**ode **O**peration)

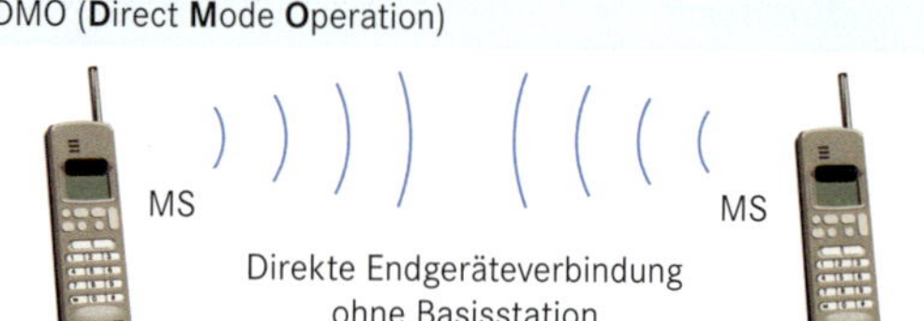

DMO mit Repeater

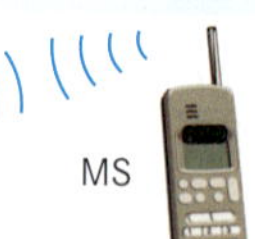

Kenndaten

Parameter	Wert
Kanalraster	25 kHz
Sendeleistung Basisstation pro Trägerfrequenz (typ.)	25 W ERP
Sendeleistung Mobilgerät	1 W, 3 W, 10 W
Empfängerempfindichkeit statisch (BER = 1,2 %; 4,8 kBit/s; N = 4)	MS: −113 dBm BTS: −115 dBm
Empfängerempfindichkeit dynamisch (TU50; N = 4; BER = 1,2 %; 4,8 kBit/s)	MS: −104 dBm BTS: −106 dBm
Betriebsart	Semi-, Vollduplex
Kanalzugriffsverfahren	TDMA
Modulation	π/4-DQPSK
Kanalbitrate	36 kbit/s
Maximale Datenrate, ungeschützt (gross bit rate)	28,8 kbit/s

Parameter	Wert
Netto-Datenrate: - non-protected - low-protected - high-protected	(n = 1, 2, 3, 4) n x 7,2 kbit/s n x 4,8 kbit/s n x 2,4 kbit/s
Sprachcodierung (**A-CELP: A**lgebraic **C**ode-**E**xcited **L**inear **P**redictive)	4,567 kbit/s
Spektrumseffiziens in interferenzbegrenzter Umgebung (viel Verkehr, viele Zellen)	50 bit/(s · kHz · Zelle)
Spektrumseffiziens in rauschbegrenzter Umgebung (eine isolierte Zelle)	384 bit/(s · kHz)
Reichweite: - Rural - Suburban	 ca. 14 km ca. 14,5 km

Merkmale

- Bei Richtfunk wird eine Funkstrecke zwischen zwei festen Punkten (Antennen) aufgebaut.
- Die elektromagnetische Energie wird gebündelt im Freiraum übertragen.
- Durch starke Bündelung bleibt der Einfluss auf gleicher Frequenz sehr klein und ermöglicht kleine Sendeleistungen.
- Unterer anwendbarer Frequenzbereich liegt bei 200 MHz.
- Allgemein verwendet wird der Frequenzbereich zwischen 2 GHz und 60 GHz.
- Übertragungskapazitäten: 2 Mbit/s, 4 Mbit/s, 8 Mbit/s, 2 x 8 Mbit/s, 34 Mbit/s, 140 Mbit/s.
- Modulationsverfahren: 4 PSK, 4 FSK, 16 QAM, 64 QAM, 128 TCM.
- Übertragungsentfernungen liegen zwischen 5 km und 50 km (freie Sichtverhältnisse); größere Entfernungen werden durch hintereinander geschaltete Stationen erreicht.
- Reichweite wird begrenzt durch:
  - **Flachschwund**; entsteht durch Änderung des Brechungsindexes der Luft (breitbandige Reduzierung des Empfängersignals), Niederschläge (Regen oder Nassschnee).
  - **Mehrwegeschwund**; entsteht durch Beugung oder Reflexion an Luftschichten oder Reflexionen an der Erdoberfläche (Verzerrungen).
- Freiraumausbreitung bedeutet freie optische Sicht zwischen den Antennen (Fresnelzone).
- Fresnelzone beschreibt ein Ellipsoid mit den Antennen als Brennpunkte.

Frequenzbandeinteilung

- Schwerpunktmäßig genutzter Bereich im Richtfunk verwendet 4 GHz bis 38 GHz mit Teilbändern von 200 MHz bis 2 GHz
- Frequenzbereiche werden in **Ober-** und **Unterband** eingeteilt
- Teilbänder werden durch Mittenlücke getrennt (in der Regel größer als der Nachbarkanalabstand)
- Bänder mit gleichen Ziffern in beiden Bändern bilden Frequenzpaare für die Hin- und Rückübertragung einer Verbindung

Fresnel-Zone

Reflexionsfreie Übertragung ist gegeben, wenn keine Hindernisse in die 1. Fresnelsche Zone ragen.

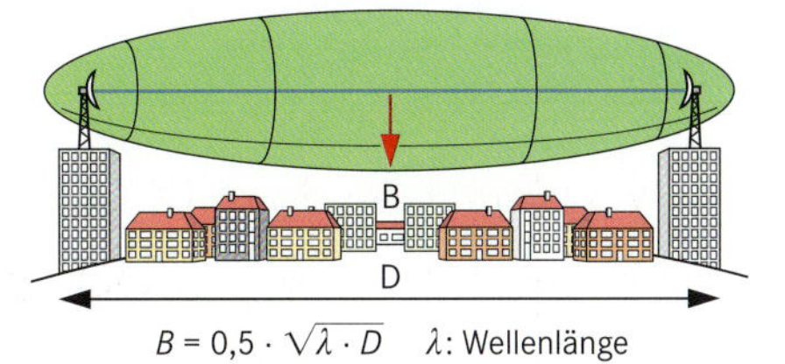

$B = 0{,}5 \cdot \sqrt{\lambda \cdot D}$ λ: Wellenlänge

Antennen

- Sendeantennen wandeln die Leitungswelle in eine Raumwelle
- Empfangsantennen wandeln die Raumwelle in eine Leitungswelle
- Die abgestrahlte Energie wird durch die Bauform der Antenne scharf gebündelt und in bevorzugter Richtung abgestrahlt

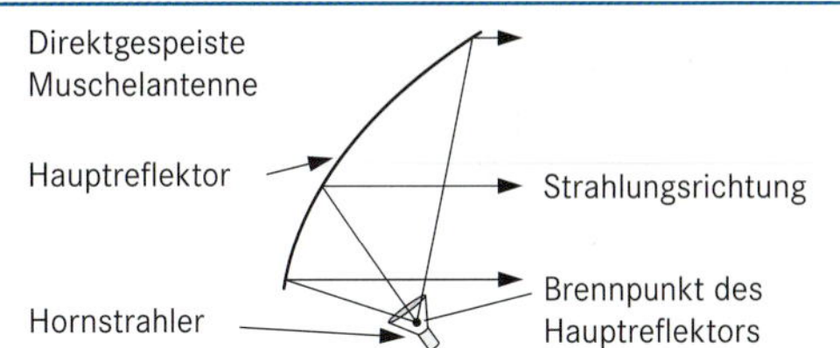

Beispiel Standortvernetzung

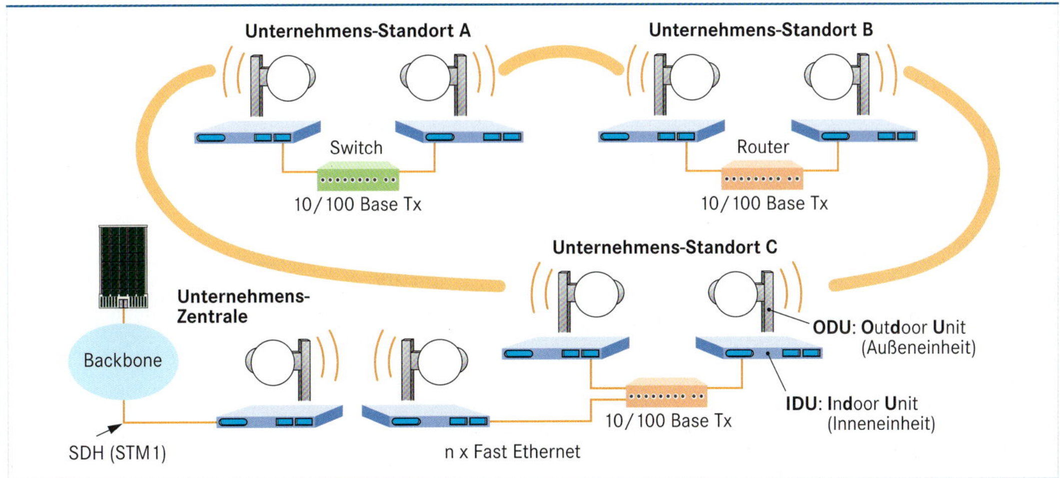

DVB

- **DVB: D**igital **V**ideo **B**roadcasting (Digitaler Fernsehempfang)
- **DVB-T** (**D**igital **V**ideo **T**errestrial)
  - Drahtlose Ausbreitung über terrestrische Sender
  - 4 bis 32 Mbit/s, Bandbreite 7 MHz bzw. 8 MHz
  - Modulation QPSK und QAM-16, QAM-64

- **DVB-C** (**DVB C**able)
  - Ausbreitung über Kabelnetze
  - Hyperbandkanäle S21 bis S41
  - Datenrate bis 51 Mbit/s, Bandbreite 8 MHz
  - Modulation QAM-64, QAM-256
- **DVB-C2**
  - Effektivere Datenreduktion durch MPEG-4 (H.264), dadurch Steigerung der Übertragungskapazität
  - Neue Dienste wie z. B. Video on Demand, interaktive Angebote
- **DVB-S** (**DVB S**atellite)
  - Drahtlose Ausbreitung über Satelliten
  - Transponder zwischen 26 und 54 MHz
  - Modulation QPSK, Datenrate bis 65 Mbit/s
- **DVB-S2**
  - Andere Modulationsverfahren als bei DVB-S (z. B. PSK, APSK)
  - Datenübertragungsrate um ca. 30 % höher als bei DVB-S

HDTV

- **HDTV: H**igh **D**efinition **T**ele**v**ision (hochauflösendes Fernsehen)
- Größere Bildauflösung (siehe Tabelle rechts) im Vergleich zum analogen PAL-Fernsehen
- Bildformat 16:9 (Kinoformat), PAL-Fernsehen 4:3
- Verbesserte Tonübertragung (Dolby Digital 5.1 oder Dolby Digital Plus)
- Die Datenraten betragen bis zu 25 Mbit/s. Der Bandbreitenbedarf steigt dadurch auf das Vierfache.
- Datenreduktion (Codecs) mit MPEG-2, MPEG-4, H.264/AVC
- Bei der Abtastung der Bildvorlage werden folgende Verfahren angewendet:
  - **Vollbildverfahren** (Kennzeichnung: **p**)
    Jede Zeile wird nacheinander abgetastet (progressive scan).
  - **Zeilensprungverfahren** (Kennzeichnung: **i**)
    Das Bild wird in zwei Teilbilder zerlegt, wobei beim ersten Halbbild die geraden Zeilen und beim zweiten Halbbild die ungeraden Zeilen abgetastet und übertragen werden (**interlaced**).

HDTV Standards

HD ready 1080p

- Auflösung: 1.920 x 1.080 Bildpunkte
- Analoger Eingange **YUV** (Y: Helligkeit und Farbdifferenzsignale U: Rot, V: Blau), Signale werden direkt Cinch-Verbindung weitergegeben (ab 2007)
- Digitale Eingänge mit
  - **HDMI** (**H**igh **D**efinition **M**ultimedia **I**nterface)
  - oder **DVI** (**D**igital **V**isual **I**nterface), rein digitales Signal, bis zu 4,9 Gbit/s und
  - mit Kopierschutz **HDCP** (**H**igh Bandwidth **D**igital **C**ontent **P**rotection).
- **Overscan** (Bereich an den äußeren Rändern eines Videobildes) im Setup-Menü ist abschaltbar.
- **Auflösungen**, die über YUV unterstützt werden müssen:
  - 720p (1.280 x 720 Pixel progressiv) und
  - 1080i (1.920 x 1.080 interlaced) mit 50 und 60 Hz
- **Auflösungen**, die über HDMI oder DVI unterstützt werden müssen:
  - 720p (1.280 x 720 Pixel progressive[1])
  - 1080i (1.920 x 1.080 interlaced[2]) mit 50 und 60 Hz
  - 1080p (1.920 x 1.080 progressive) mit 50 und 60 Hz
  - 1080p/24 Hz (24p) (1.920 x 1.080 progressive)

[1] Progressive Scan: Vollbildverfahren
[2] Interlace: Zeilensprungsverfahren

HDTV 1080p

- Es gelten die gleichen Bedingungen wie beim Logo „HD ready 1080p".
- Zusätzlich muss das Gerät direkt HDTV-Signale über DVB-C, DVB-S und DVB-S2 verarbeiten können und in 720p/1080i an das Display weiterleiten können.
- Die Decodierung von MPEG-2 und MPEG-4/AVC muss unterstützt werden.

Vergleich

Merkmale	PAL	720p	1080i
Auflösung	786 x 576	1.280 x 720	1.920 x 1.080
Pixel gesamt	442.368	921.600	2.073.600
Pixel/s	11.059.200	46.080.000	51.840.000
Bildaufbau	Halbbild (interlaced)	Vollbild (progressive)	Halbbild (interlaced)
Bildfrequenz	50 Hz	50 Hz	50 Hz
Bildformat	4:3	16:9	16:9

TV-Standards

Qualität	LDTV **L**ow **D**efinition **T**elevision VHS-Qualität	SDTV **S**tandard **D**efinition **T**elevision PAL-Qualität	EDTV **E**nhanced **D**efinition **T**elevision Studioqualität	HDTV **H**igh **D**efinition **T**elevision – Hochauflösendes Fernsehen
Auflösung in Pixel x Pixel	376 x 282	640 x 480	704 x 480	1920 x 1080
Datenrate in Mbit/s	1,5	4 ... 6	8	24 ... 30

Merkmale

- Unter IPTV versteht man eine Fernsehübertragung unter Verwendung des Internetprotokolls (IP).
- Weitere Protokolle sind
  - **IGMP** (**I**nternet **G**roup **M**anagement **P**rotocol) für die Kanal-Signalisierung beim Livestream ① (s. Abb. unten) und
  - **RSTP** (**R**apid **S**panning **T**ree **P**rotocol) für zeitversetztes ② On-Demand (auf Anforderung, bei Bedarf).

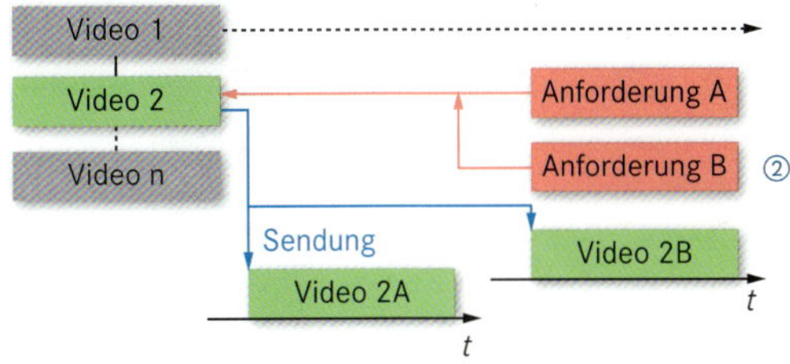

- Der Datenstrom setzt sich aus Paketen konstanter Größe zusammen, die auf verschiedenen Wegen den Empfänger über das Internet erreichen. Durch die IP-Adressen erfolgt ein gezielter Informationsaustausch zwischen zwischen dem Provider und den jeweiligen Endgeräten.
- Im Gegensatz zum Digital-TV ist IPTV **interaktiv** verwendbar:
  - Bereitgestellte Programme können gleichzeitig von vielen Teilnehmern abgerufen werden ②.
  - Die Sendungen lassen sich bedarfsgerecht und zeitversetzt (On-Demand, Timeshift-TV) abrufen bzw. speichern ④.
- Für die Übertragung von IPTV werden die Daten in Videocodecs komprimiert. Verwendet werden z. B. MPEG-2, MPEG-4, H.264/AVC, XviD, DivX oder WMV9.
- Für die Qualität und Abbildungsgröße auf dem Bildschirm ist die benutzte Hard- und Software sowie die im Netz verfügbare Datenübertragungsrate (Bandbreite) entscheidend. ADSL ist für IPTV gerade ausreichend. Eine höhere Qualität wird mit ADSL2+, VDSL und VDSL2 erzielt. Es können aber auch optische Netze oder die Funknetztechnik (WiMAX) eingesetzt werden. Für HDTV (1920 x 1080 Pixel) ist eine Datenübertragungsrate von 8 Mbit/s erforderlich.

Unterschied zum TV-Empfang über ein Kabelnetz

- Im TV-Kabelnetz (BK-Netz) sind alle Programme und Dienste bestimmten Frequenzbereichen zugeordnet. Sie können deshalb von den Abnehmern gleichzeitig genutzt werden.
- IPTV erfolgt in der Regel über den DSL-Anschluss des TK-Netzes. Grundsätzlich ist auch eine Überragung über das BK-Netz und über Funknetze möglich.
- Bei IPTV hängt die gleichzeitige Nutzung von der zur Verfügung gestellten Daterate (Bandbreite) des Anbieters ab. Bei z. B. 2 Mbit/s kann nur auf ein Programm bzw. einen Dienst gleichzeitig zugegriffen werden.

Streaming-Verfahren

- Beim Streaming ③ (Strömung) handelt sich um eine kontinuierliche Übertragung von Daten, bei der diese im Endgerät sofort für die Wiedergabe aufbereitet werden (Echtzeit).
- Für die Laufzeitunterschiede der Datenpakete werden je nach Bedarf Zwischenspeicher von einigen Sekunden eingesetzt.
- Im Gegensatz zum Rundfunk werden beim Streaming jedem Empfänger die Daten direkt zugeführt.
- Für die Wiedergabe wird entsprechende Software eingesetzt, die als Player bezeichnet werden. Beispiele: Windows Media Player, Real Player, Quicktime Player, Flash Player

Podcasting

- Allgemein wird beim Podcasting ④ (Kunstwort aus **iPod** und Broad**casting**) auf gespeicherte Daten eines Servers zurückgegriffen.
- Die Wiedergabe kann in der Regel erst dann erfolgen, wenn die Speicherung abgeschlossen ist.
- Wenn die gespeicherten Daten eines Servers genutzt werden, kann dieses als On-Demand oder als Download erfolgen.
- Unter Podcasting wird auch das Anbieten und abonnieren von Multimediadateien (Audio und Video) über das Internet verstanden. Das Abonnieren kann automatisiert werden, so dass der Abnehmer stets auf dem neusten Stand gehalten wird. Das Aufrufen der Webseite und das manuelle Abrufen der Daten entfallen.

Möglichkeiten für IPTV

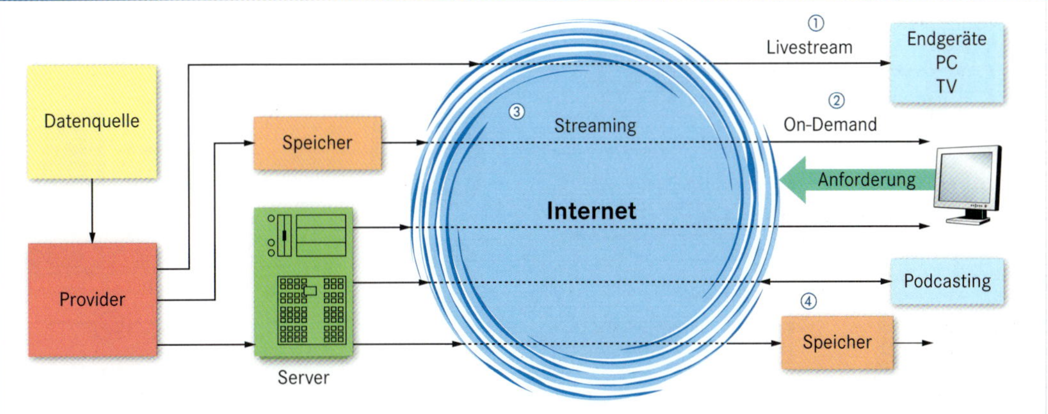

Breitbandkabelnetz

- Breitbandkabelnetze (BK-Netze) sind in der Regel Hausverteilanlagen bis zu einer Frequenz von 862 MHz mit einem Rückkanal (z. B. das bestehende analoge Kabelnetz) in Baumtopologie.
- Anbieterseite:
  CMTS (**C**able **M**odem **T**ermination **S**ystem)
  Diese Einheit befindet sich in der Regel in oder der Nähe der Kopfstelle und ist für die bidirektionale Datenübertragung im Hin- und Rückkanal verantwortlich (arbeitet wie eine Vermittlungsstelle).
- Jede CMTS besitzt nur eine bestimmte Anzahl von Modulatoren für die Hinkanäle und eine entsprechende Zahl von Demodulatoren für die Rückkanäle. Deshalb kann nur eine begrenzte Teilnehmerzahl angeschlossen werden (z. B. 5000 bis 10000).
- Bei großen Kabelnetzen werden Teilnetze (Cluster) gebildet.
- Die Up- und Downstreamdaten liegen in unterschiedlichen Frequenzbändern.
  - Downstream: Kanäle oberhalb 450 MHz, Quadraturamplitudenmodulation (QAM)
  - Upstream (Rückkanal): 10 MHz bis 65 MHz, Quadraturphasenumtastung (QPSK)
- Auf der Teilnehmerseite befindet sich das Kabelmodem.

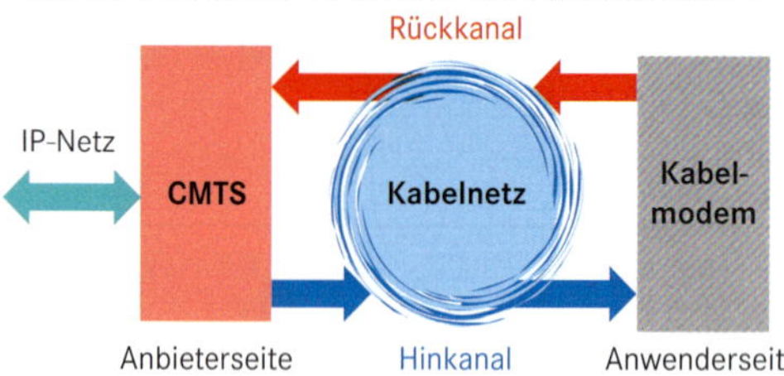

- Für das Zusammenwirken zwischen CMTS und Kabelmodem wird der **DOCSIS**-Standard (**D**ata **O**ver **C**able **S**ervice) verwendet. Mit DOCIS werden Kabelinternet und -telefonie realisisert (Voice over Cable, Variante von IP-Telefonie).
- Die DOCIS-Komponente **MAC** (**M**edia **A**ccess **C**ontrol) steuert folgende Funktionen:
  - Konfiguration des Kabelmodems
  - Aktivierung und Deaktivierung der Dienste
  - Verschlüsselung (Data Encryption Standard)
- DOCSIS 3.0:
  - Hinkanal max. 200 Mbit/s bei Bündelung von vier Kanälen
  - Rückkanal max. 120 Mbit/s

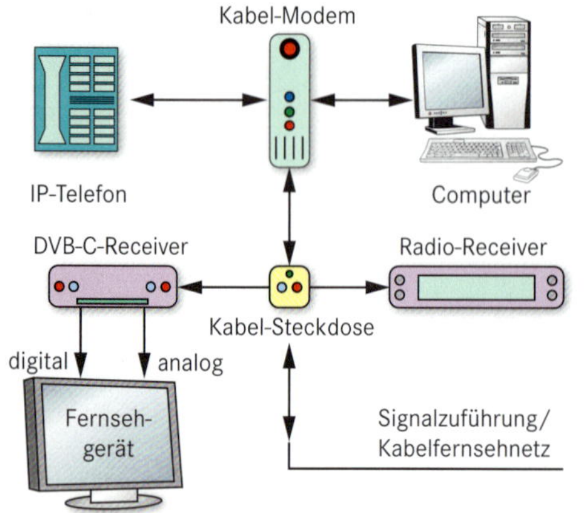

Kabelmodem

- Das Kabelmodem ist ein Gerät, mit dem Daten im Breitbandkabelnetz übertragen werden. Es befindet sich zwischen dem Kabelanschluss und dem Router bzw. PC.
- Ein Splitter zur Frequenztrennung ist nicht erforderlich.
- Die Verbindung erfolgt über Ethernet oder die USB-Schnittstelle.
- Der Netzwerkanschluss des PCs wird nicht benötigt.

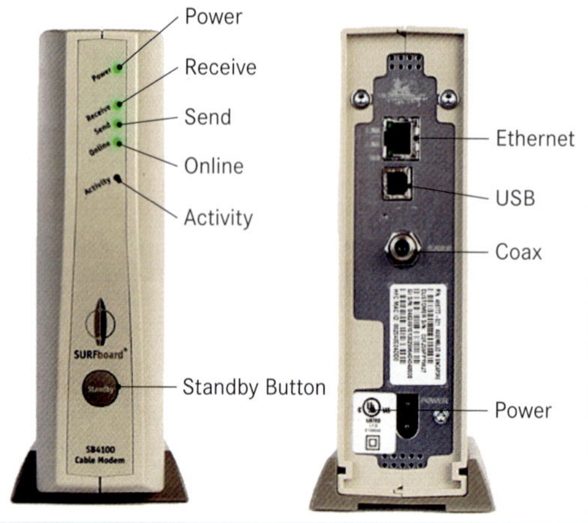

TK-Netz

- Breitbandige, zuverlässige und verzögerungsarme IP-basierte Zugänge (ADSL, VDSL, Glasfasern) sind für die Übertragung erforderlich.
- Leistungsfähige Datenreduktionen werden benutzt (z. B. MPEG-4, AVC).

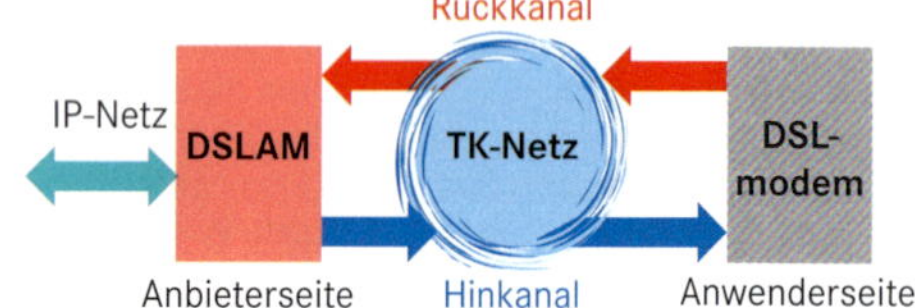

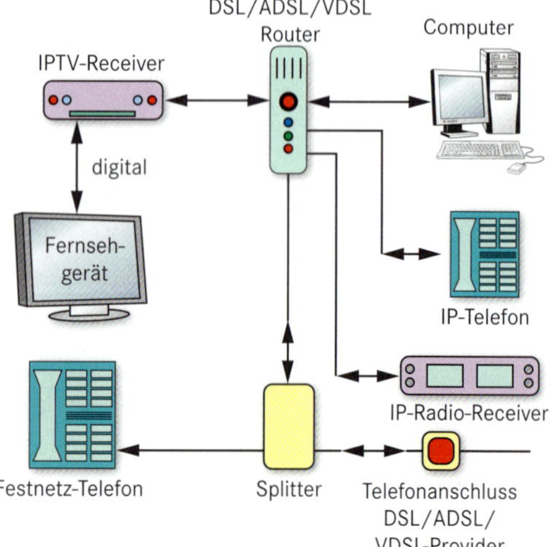

Parabol-Offset

Breite
Höhe

Nenndurchmesser in cm		55 ... 150
Abmessungen in mm	Höhe	694 ... 1661
	Breite	568 ... 1525
Frequenzbereich in GHz		10,95 ... 12,75
Gewinn bei 11,325 GHz 12,1 GHz 12,625 GHz		34,1 dBi ... 43 dBi 34,75 dBi ... 43,5 dBi 35,10 dBi ... 43,9 dBi
Windlast bei Staudruck q = 800 N/m^2		256 N ... 1920 N

Parabol-Reflektor

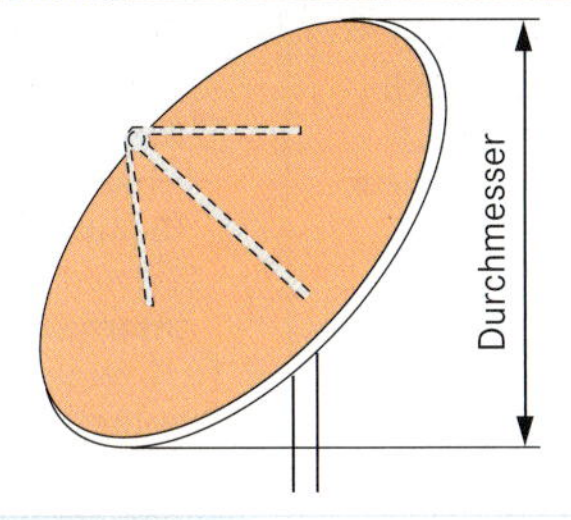

Nenndurchmesser in cm	60 ... 150
Frequenzbereich in GHz	10,95 ... 12,75
Gewinn bei 11,325 GHz 12,1 GHz 12,625 GHz	34,5 dBi ... 42,4 dBi 35,1 dBi ... 42,9 dBi 35,6 dBi ... 43,4 dBi
Windlast bei Staudruck q = 800 N/m^2	339 N ... 2120 N

Planar

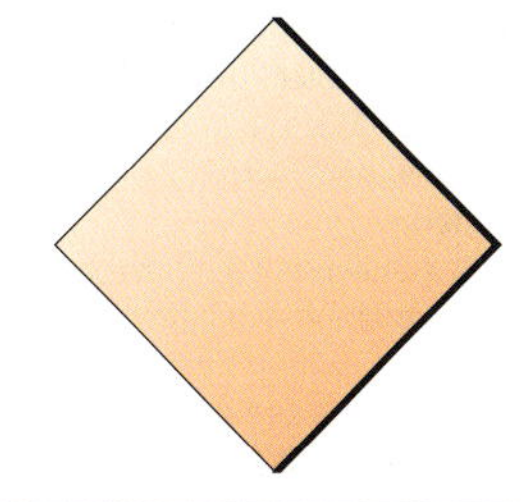

Nenndurchmesser in cm	Kantenlänge 32 Dicke 6
Frequenzbereich in GHz	11,7 ... 12,5
Gewinn bei 11,7 ... 12,5 GHz	≥ 30 dBi
Elevation **Azimut**	0° ... 40° 0° ... 360°
Polarisation	linksdrehend zirkular

dBi ≙ dB bezogen auf den isotropen Strahler (isotroper Strahler: strahlt in den gesamten Raumwinkel 4 π mit der gleichen Intensität elektromagnetische Wellen ab).

Antennenausrichtung

- Es können nur die Satelliten empfangen werden, die in der Nähe des Längengrades des Nutzers positioniert sind.
- Zusätzlich ist der Breitengrad, in dem sich der Nutzer befindet, ausschlaggebend.
- Die Blickrichtung zum Satelliten darf nicht durch Gebäude o. Ä. verhindert sein.
- **Azimut**
  Himmelsrichtung, aus der ein Satellitensignal empfangen wird.
  Beispiele: 0° ≙ Norden, 120° ≙ Südosten
  180° ≙ Süden, 240° ≙ Südwesten
- **Elevation**
  Erhebungswinkel; Winkel zwischen theoretischem Horizont und Satellit
  Beispiele: 0° ≙ Waagerechte, 90° ≙ Senkrechte

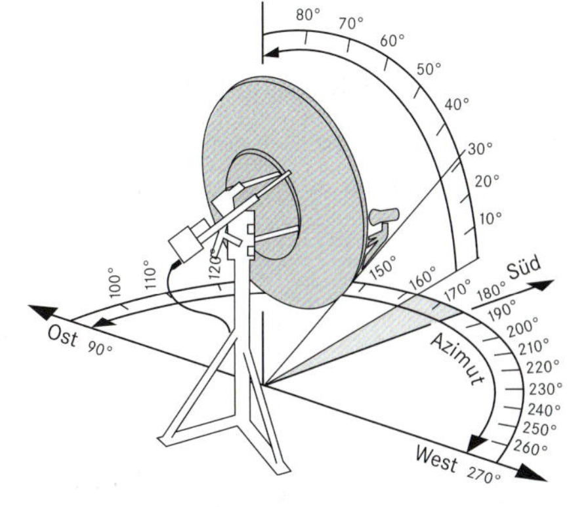

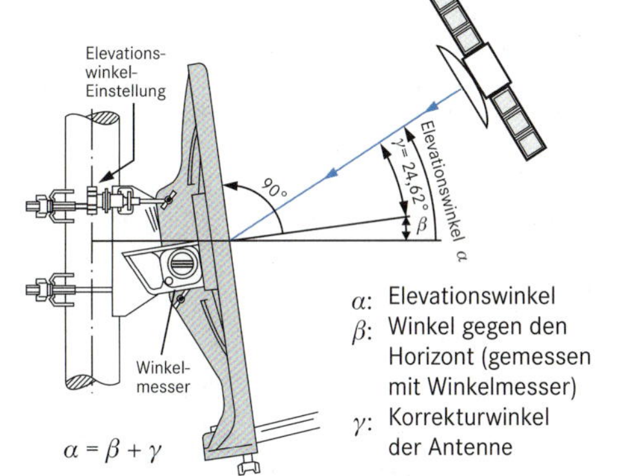

Elevations- und Azimut-Winkel für Satellit Astra (19,2° Ost)

Stadt	Elevation in Grad	Azimut in Grad	Stadt	Elevation in Grad	Azimut in Grad
Berlin	29,8	172,3	Leipzig	30,8	171,3
Braunschweig	29,6	169,1	München	34,3	169,8
Kiel	30,6	167,6	Zwickau	31,6	171,5

Merkmale

- Satellitendirektempfang erfolgt über Empfangsanlagen, die aus einer **Satellitenantenne** (Schüssel), einem **LNB** (**L**ow **N**oise **B**lock: Beinhaltet Verstärker und Down Converter) und dem **Satelliten-Receiver** oder einer **PC-Karte** bestehen.
- Empfangen werden die Signale geostationärer Satelliten, auf die die Empfangsantenne mit freier Sicht ausgerichtet sein muss.
- Zur Ausnutzung des Frequenzbereichs werden die Signale **horizontal, vertikal, linksdrehend** und **rechtsdrehend zirkular polarisiert** ausgestrahlt.

Dienste

- Dienste bei ASTRA NET sind
  - **IP-Multicast-Package-Delivery** (Übertragen von Datenpaketen an geschlossene Benutzergruppen, z. B. Firmenzentrale an Außenfilialen).
  - **IP-Multicast-Streaming-Service** (Übermittlung von PC-TV, Audio- oder Datentickern, z. B. Börsenkurse).
  - **Internet-Services** (Internetdienste).
- Für Internetdienste war bisher als Rückkanal (Kunde zum Provider) ein Telefonanschluss erforderlich; zukünftig wird mit direktem Rückkanal zum Satelliten - **Satellite Interactive Terminal** (**SIT**) - eine Übertragung mit 150 kbit/s möglich.

LNB-Arten

- Bei Empfang des Satellitensystems ASTRA ist ein Universal LNB mit **Empfangsbereich von 10,70 GHZ bis 12,75 GHz** erforderlich (analoger und digitaler Empfang).
- **Universal LNB** erlaubt die Auswahl zwischen unterem oder oberen ASTRA-Band (22 kHz Schaltton) sowie zwischen horizontaler und vertikaler Polaristion (14 V oder 18 V Schalt-Gleichspannung jeweils vom Receiver ausgegeben).
- Universal **Twin LNB** verfügt über zwei getrennte Ausgänge; damit ist die gleichzeitige Ansteuerung von zwei digitalen, einem digitalen und einem analogen oder von zwei analogen Empfängern möglich.
- **Quatro LNBs** liefern über vier Ausgänge beide Bandbreiten und Polarisationen gleichzeitig.
- Satellitenempfänger sind verfügbar für analogen und digitalen Empfang.
- Digitale Empfänger sind als **Set-Top-Box** für freie Dienste oder **Pay-TV-Box** eines Anbieters digitaler Programmpakete erhältlich.
- **Multimedia-Dienste** über Satellit versenden Inhalte direkt an adressierte PCs in Unternehmen oder Privathaushalte (z. B. ASTRA NET).
- Die Datenübertragung erfolgt dabei verschlüsselt oder unverschlüsselt auf der Basis von Internet-Protokollen und den DVB/MPEG-Standards.
- Die **Nettodatenrate** liegt bei 6,5 Mbit/s (einzelner PC) und 38 Mbit/s bei Server-Anschluss.

Satellitenstandorte

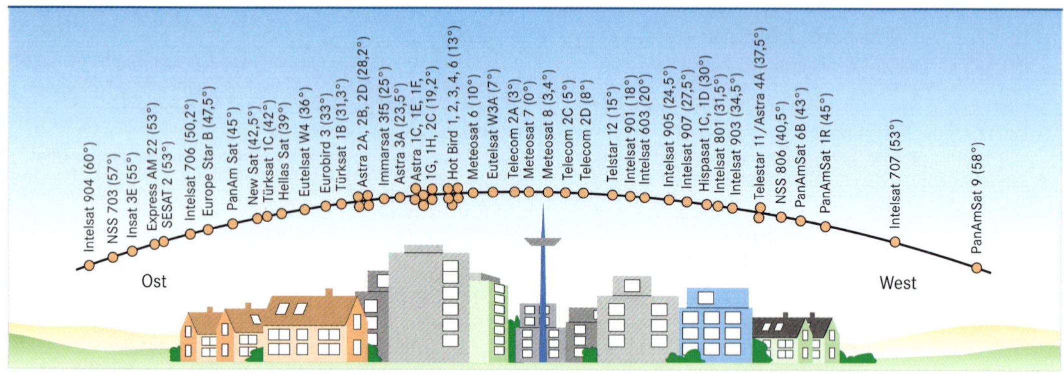

Empfangsanlage

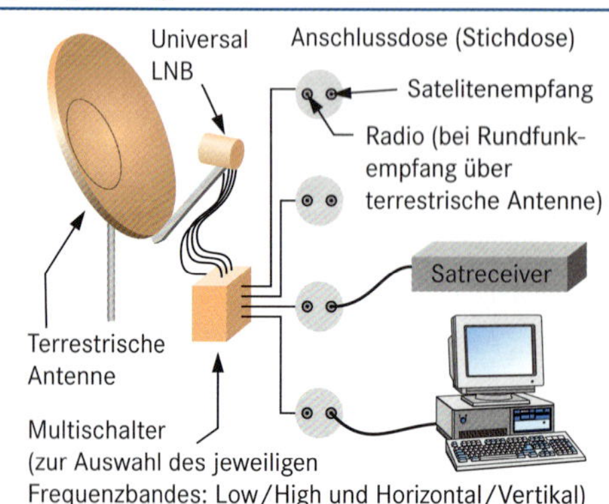

Bidirektionale Satelliten-Kommunikation

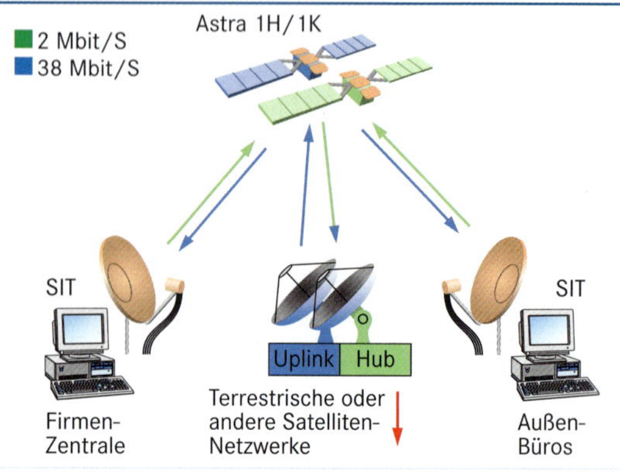

Ortungsprinzip

Nacheinander werden zwei Entfernungen zu einem sich bewegenden Satelliten gemessen (Messung der **Entfernungsänderung**).
a_1: Entfernung zum Satelliten zum Zeitpunkt t_1
a_2: Entfernung zum Satelliten zum Zeitpunkt t_2
$\Delta a = a_2 - a_1$
Diese Entfernungsänderung ist ein Messgröße, die für eine Ortung verwendbar ist.

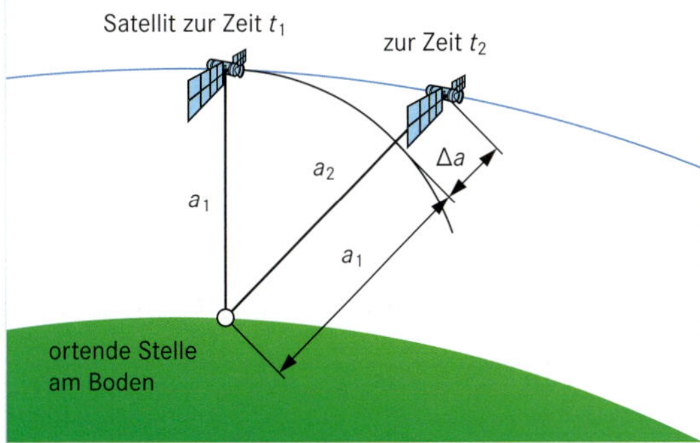

Segmente im GPS-System

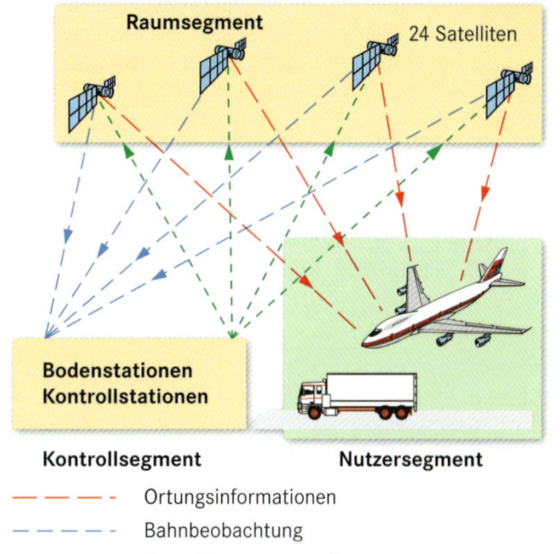

GPS-Grundkonzeption

Aufgaben	Positionsbestimmung (Ortung), Geschwindigkeitsbestimmung, Zeitinformationsbestimmung
Ortungsverfahren	Entfernungsmessung, dreidimensional
Satelliten	24 umlaufende Satelliten (21 aktiv, 3 Ersatz)
Bahnhöhe	20 230 km
Sendefrequenzen (Träger)	Träger L1: f_1 = 1575,42 MHz Träger L2: f_2 = 1227,60 MHz (aus Atomfrequenznormal f_0 = 10,23 MHz abgeleitet)
Messgrößen	Entfernung durch Messen von **Signallaufzeiten** (Impulslaufzeitverfahren), **Trägerphasendifferenz** (kontinuierliche Schwingungen, CW-Verfahren)
Positionsbestimmung	Genauigkeit: Signallaufzeitmessung: 30 bis 100 m Trägerphasendifferenz: 3 bis 30 cm
Geschwindigkeit	Genauigkeit: Fehler 3 m/s
Zeitinformation	Genauigkeit: Fehler 100 ns

Anwendung von GPS im zivilen Bereich

Ortung und Navigation:

- **C/A**-Code (**C**oarse **A**cquisation) des Trägers L1 wird empfangen, ausgewertet und daraus die Position berechnet.
- Zur Berechnung muss der Standort des Satelliten bekannt sein. Die Daten liefern 5 auf der Erde verteilte Kontrollstationen (Kontrollsegmente).
- Zur dreidimensionalen Positionsbestimmung sind Signale von drei Satelliten erforderlich.
- Voraussetzung für eine exakte Messung ist die mitgesendete „Uhrzeit" (GPS-Zeit).

Differenzial-GPS (DGPS)

Bei der Auswertung der GPS-Signale können Abweichungen von 30 bis 500 m auftreten. Eine verbesserte Positionsbestimmung wird durch eine **Differenzialmessung** erreicht.

Prinzip:

- Genau vermessene Referenzstation mit GPS-Empfänger, Referenzprozessor, Referenzsender.
- Die Differenz zwischen den über die GPS-Daten ermittelten Koordinaten und den geodätischen Koordinaten wird ständig ermittelt, ausgewertet und Korrekturdaten errechnet.
- Die Korrekturdaten werden über einen Sender abgestrahlt (z. B. über RDS, Langewelle).
- Der GPS-Nutzer kann beide Signale verwenden, um seine Position zu bestimmen. Genauigkeit bis zu 10 m.

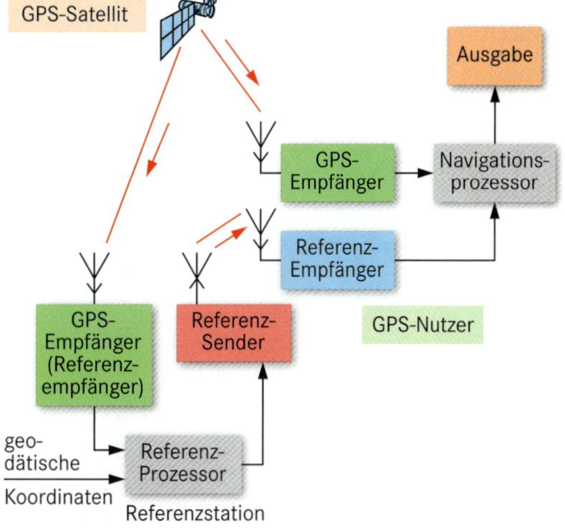

Schwingung

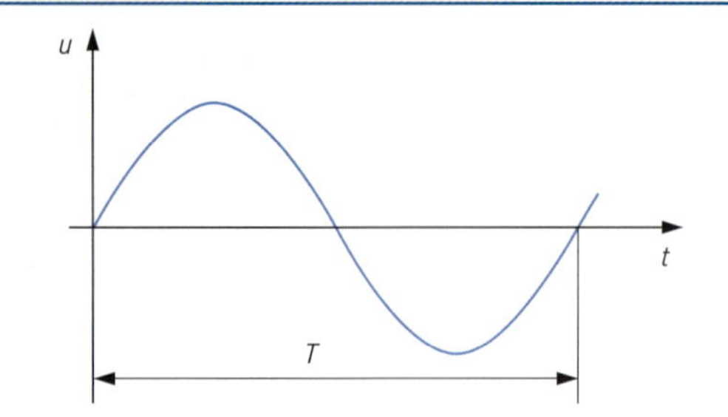

T: Periodendauer — $[T] = \mathrm{s}$

f: Frequenz — $[f] = \mathrm{Hz}$

$f = \frac{1}{T}$ $\quad 1\ \mathrm{Hz} = \frac{1}{\mathrm{s}}$

Welle

$c = 3 \cdot 10^8\ \frac{\mathrm{m}}{\mathrm{s}}$ (Vakuum)

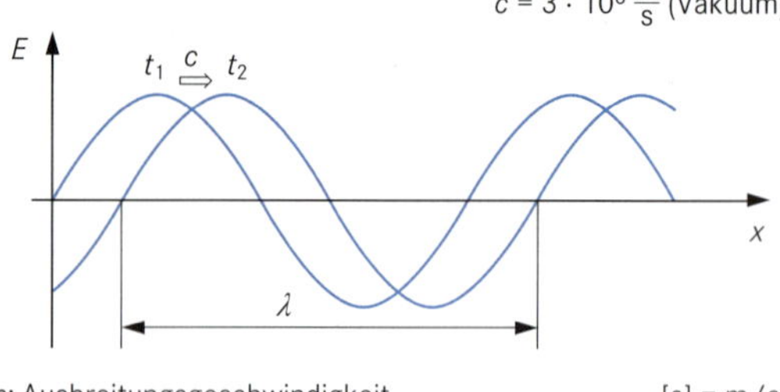

c: Ausbreitungsgeschwindigkeit, Lichtgeschwindigkeit — $[c] = \mathrm{m/s}$

λ: Wellenlänge — $[\lambda] = \mathrm{m}$

f: Frequenz — $[f] = \mathrm{Hz}$

x: Weg, Strecke

$\lambda = \frac{c}{f}$ $\quad \lambda = c \cdot T$

Wellenabstrahlung

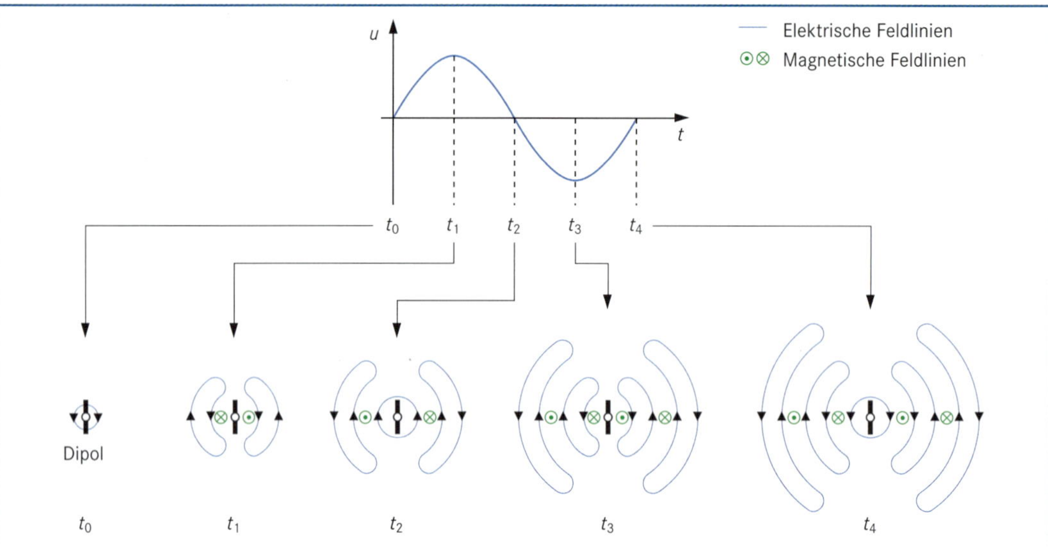

Ausbreitungseigenschaften verschiedener Wellenlängenbereiche

Kurzwellen

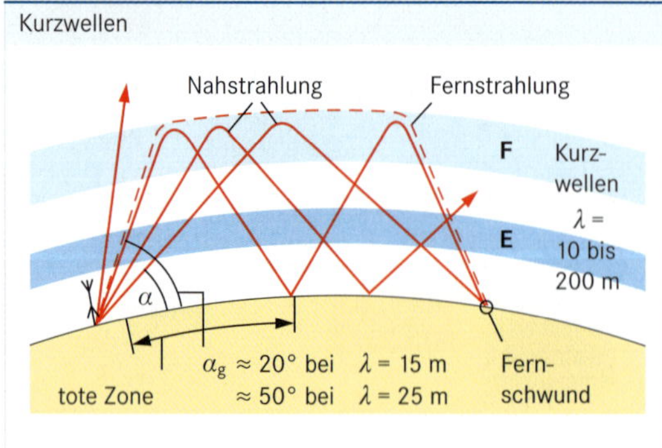

Vorwiegend Raumwelle.
Ausbreitung abhängig von Tages- und Jahreszeit und von Sonnenaktivität, Mehrfachreflexion möglich.

Ultrakurzwellen

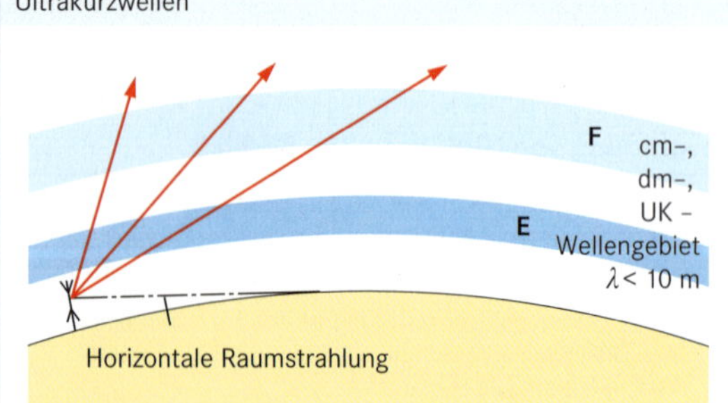

Quasioptische Wellen

E, F: Schichten der Erdatmosphäre

Elektromagnetischer Frequenz- und Wellenlängenbereich

$$c = \lambda \cdot f$$

c: Ausbreitungsgeschwindigkeit der elektromagnetischen Welle
c = 299792,5 m/s

λ: Wellenlänge *f*: Frequenz

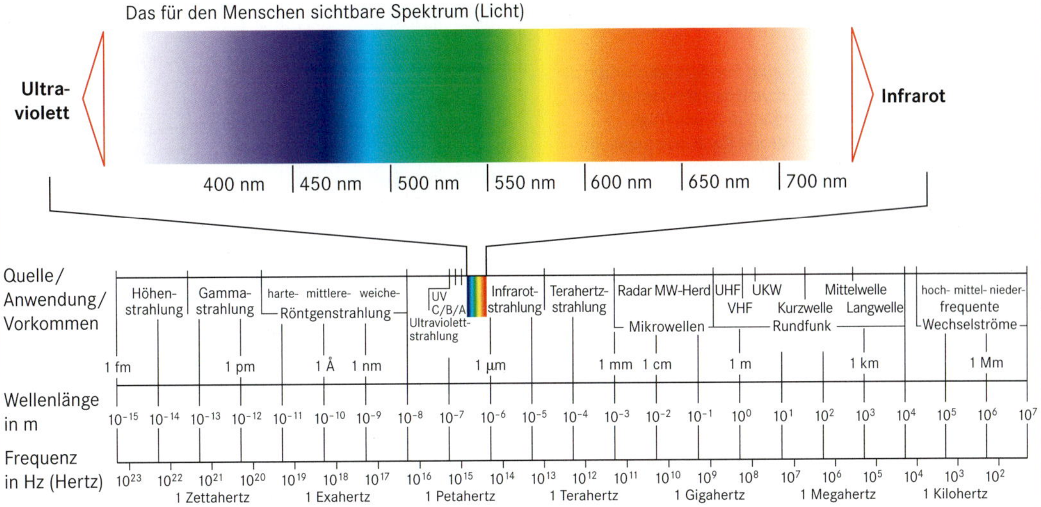

Frequenzbänder von Mobilfunksystemen

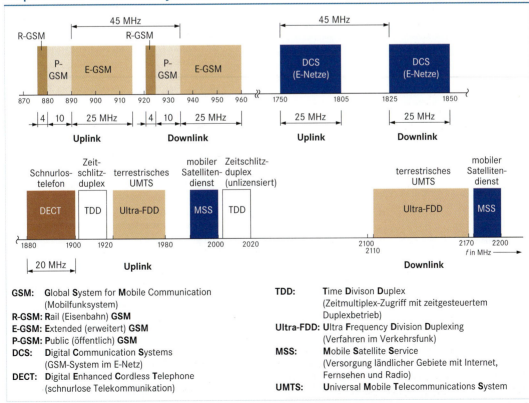

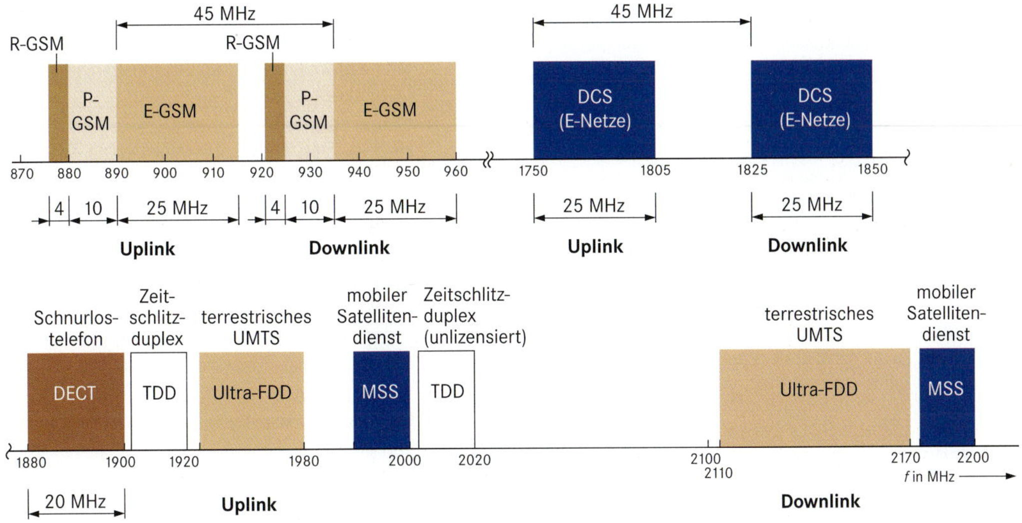

GSM: **G**lobal **S**ystem for **M**obile Communication (Mobilfunksystem)
R-GSM: **R**ail (Eisenbahn) **GSM**
E-GSM: **E**xtended (erweitert) **GSM**
P-GSM: **P**ublic (öffentlich) **GSM**
DCS: **D**igital **C**ommunication **S**ystems (GSM-System im E-Netz)
DECT: **D**igital **E**nhanced **C**ordless **T**elephone (schnurlose Telekommunikation)

TDD: **T**ime **D**ivison **D**uplex (Zeitmultiplex-Zugriff mit zeitgesteuertem Duplexbetrieb)
Ultra-FDD: **U**ltra **F**requency **D**ivision **D**uplexing (Verfahren im Verkehrsfunk)
MSS: **M**obile **S**atellite **S**ervice (Versorgung ländlicher Gebiete mit Internet, Fernsehen und Radio)
UMTS: **U**niversal **M**obile **T**elecommunications **S**ystem

Institutionen und Organisationen

- International werden für die einzelnen Frequenzbänder verschiedene Bezeichnungen verwendet, die mitunter willkürlich oder nach dem jeweiligen technischen Entwicklungsstand festgelegt wurden. Verschieden Institutionen und Organisationen befassen sich mit der Festlegung der Frequenzbänder.
- **ITU: I**nternational **T**elecommunication **U**nion, Internationale Fernmeldeunion
  - Es handelt sich hierbei um eine Sonderorganisation der Vereinten Nationen die sich weltweit mit technischen Aspekten der Telekommunikation beschäftigt.
  - Sie ist **WRC**-Veranstalter (**W**orld **R**adiocommunication **C**onference), in der über die Zuweisung von Frequenzbändern entschieden wird.
- **Struktur der ITU**
  - **ITU-T** (Telecommunication Standardization Sector), früher **CCITT** (**C**omité **C**onsultatif **I**nternational **T**éléphonique et **T**élégraphique, Beratender Ausschuss für den Telegrafen- und Telefondienst)
  - Wesentliches Aufgabengebiet der ITU-T:
    Herausgabe von technischen Normen, Standards und Empfehlungen für alle Gebiete der Telekommunikation, die weltweit anerkannt werden.
  - **ITU-R** (Radiocommunication Sector), früher **CCIR** (**C**omité **C**onsultatif **I**nternational des **R**adiocommunication, Internationaler Beratender Ausschuss für den Funkdienst)
  - **ITU-D** (Telecommunication Development Sector)
- **FCC** (**F**ederal **C**ommunications **C**ommission)
  Es handelt sich um eine unabhängige Fernmeldebehörde der US-Regierung. Sie hat die Aufgabe, Richtlinien für die Rundfunk-, Fernseh-, Satelliten- und Kabel-Kommunikation zu erarbeiten und regulierend einzugreifen.
- **CEPT** (**C**onférence **E**uropéenne des Administrations des **P**ostes et des **T**élécommunications, Europäische Konferenz der Verwaltungen für Post und Telekommunikation)
  - Es handelt sich um eine Dachorganisation für die Zusammenarbeit der **Regulierungsbehörden** aus 48 Staaten Europas.
  - Für Deutschland ist die **Bundesnetzagentur** die Regulierungsbehörde für das Postwesen und für Telekommunikation.
- Nach **IEEE** (**I**nstitute of **E**lectrical and **E**lectronics **E**ngineers) werden die Frequenzbänder systematisch gemäß den unterschiedlichen Eigenschaften annähernd logarithmisch eingeteilt.
  - Die Einteilung erfolgt in alphabetischer Reihenfolge, beginnend mit dem A-Band.
  - Beim M-Band ist die obere Bandgrenze nicht festgelegt.

Terrestrische Rundfunkbänder (ITU und CEPT)

Band	Frequenz Bereich in MHz	Rundfunkdienste und Nutzung
I	47–68	[1], feste Funkdienste; Amateurfunk
II	87,5–108	Hörfunk, UKW (FM)
III	174–230	[1], [2], T-DAB, DVB-T, DMB
IV	470–582	[1], [2], DVB-T, DVB-H
V	582–960	[1], [2], DVB-T, DVB-H
L	1000–2000	T-DAB, DMB

[1] Analoges Fernsehen (auslaufend) [2] drahtlose Mikrofone

Frequenzbänder nach ITU und FCC

- Das Frequenzband ist dekadisch von 3 Hz bis 3 THz unterteilt.
- Die Unterteilung erfolgt durch Bandnummern von 1 bis 12.

Band-nummer	Frequenzbereich und Bezeichnung
1	3 Hz – 30 Hz **ELF** (**E**xtremly **L**ow **F**requencies), Niederfrerquenz
2	30 Hz – 300 Hz **SLF** (**S**uper **L**ow **F**requencies)
3	300 Hz – 3 kHz **ULF** (**U**ltra **L**ow **F**requencies)
4	3 kHz – 30 kHz **VLF** (**V**ery **L**ow **F**requencies), Myriameterwellen, Längstwellen
5	**LF** (**L**ow **F**requencies), Kilometerwellen, Langwellen
6	0,3 MHz – 3 MHz **MF** (**M**edium **F**requencies), Hektometerwellen, Mittelwellen
7	3 MHz – 30 MHz **HF** (**H**igh **F**requencies), Dekameterwellen, Kurzwellen
8	30 MHz – 300 MHz **VHF** (**V**ery **H**igh **F**requencies), Meterwellen, Ultrakurzwellen
9	300 MHz – 3 GHz **UHF** (**U**ltra **H**igh **F**requencies), Dezimeterwellen, Ultrakurzwellen
10	3 GHz – 30 GHz **SHF** (**S**uper **H**igh **F**requencies), Zentimeterwellen
11	30 GHz – 300 GHz **EHF** (**E**xtremly **H**igh **F**requencies), Millimeterwellen
12	300 GHz – 3 THz **THF** (**T**remendously **H**igh **F**requencies), Dezimeterwellen

Einteilung in Deutschland (alt)

VHF | UHF | L | S | C | X | Ku | K | Ka | Millimeter

0,2 0,25 0,5 1,0 2 3 4 6 8 10 20 40 60 100

Einteilung in Europa (neu) f in GHz

A | B | C | D | E | F | G | H | I | J | K | L | M

300 150 60 30 15 7,5 5 3 1,5 0,75 0,5 0,3

λ in cm

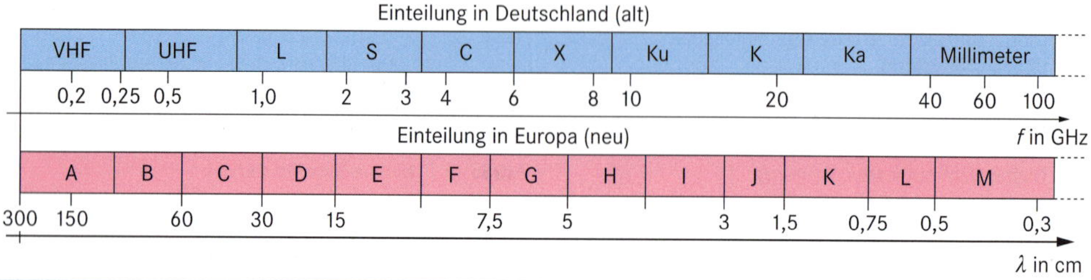

Dämpfungs- und Übertragungsfaktoren

Schaltung	Dämpfungsfaktor D		Übertragungsfaktor, Verstärkungsfaktor T	
I_1, U_1, P_1 – Dämpfung oder Verstärkung – I_2, P_2, U_2; Eingang, Ausgang	Stromdämpfungsfaktor	$D_I = \frac{I_1}{I_2}$	Stromübertragungsfaktor	$T_I = \frac{I_2}{I_1}$
	Spannungsdämpfungsfaktor	$D_U = \frac{U_1}{U_2}$	Spannungsübertragungsfaktor	$T_U = \frac{U_2}{U_1}$
	Leistungsdämpfungsfaktor	$D_P = \frac{P_1}{P_2}$	Leistungsübertragungsfaktor	$T_P = \frac{P_2}{P_1}$

Dämpfungs- und Übertragungsmaße

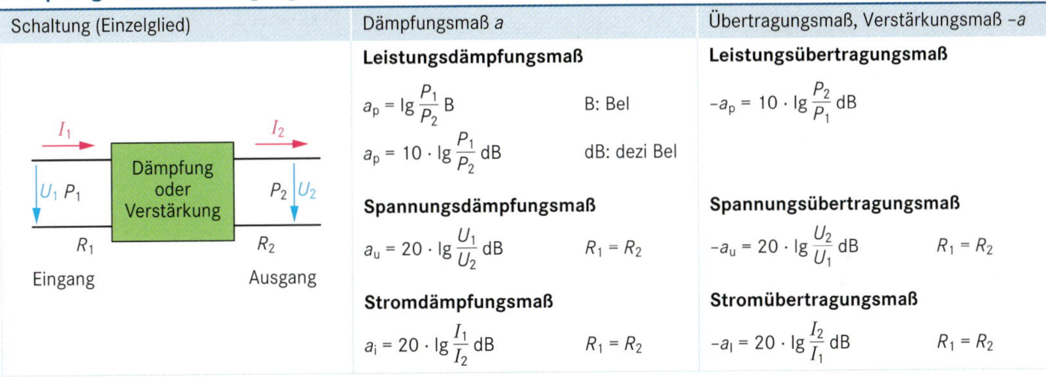

Schaltung (Einzelglied)	Dämpfungsmaß a		Übertragungsmaß, Verstärkungsmaß $-a$	
I_1, U_1, P_1, R_1 – Dämpfung oder Verstärkung – I_2, P_2, U_2, R_2; Eingang, Ausgang	**Leistungsdämpfungsmaß**		**Leistungsübertragungsmaß**	
	$a_p = \lg \frac{P_1}{P_2}$ B	B: Bel	$-a_p = 10 \cdot \lg \frac{P_2}{P_1}$ dB	
	$a_p = 10 \cdot \lg \frac{P_1}{P_2}$ dB	dB: dezi Bel		
	Spannungsdämpfungsmaß		**Spannungsübertragungsmaß**	
	$a_u = 20 \cdot \lg \frac{U_1}{U_2}$ dB	$R_1 = R_2$	$-a_u = 20 \cdot \lg \frac{U_2}{U_1}$ dB	$R_1 = R_2$
	Stromdämpfungsmaß		**Stromübertragungsmaß**	
	$a_i = 20 \cdot \lg \frac{I_1}{I_2}$ dB	$R_1 = R_2$	$-a_i = 20 \cdot \lg \frac{I_2}{I_1}$ dB	$R_1 = R_2$

Zusammenhang zwischen Dämpfungsfaktoren und Dämpfungsmaßen

Dämpfungsmaß in dB	a	0	1	3	6	10	20	30	40
Leistungsdämpfungsfaktor	D_p	0	1,26	2	4	10	100	1000	10000
Spannungsdämpfungsfaktor	D_u	1	1,12	1,41	2	3,16	10	31,6	100

Absoluter Pegel L_{abs}

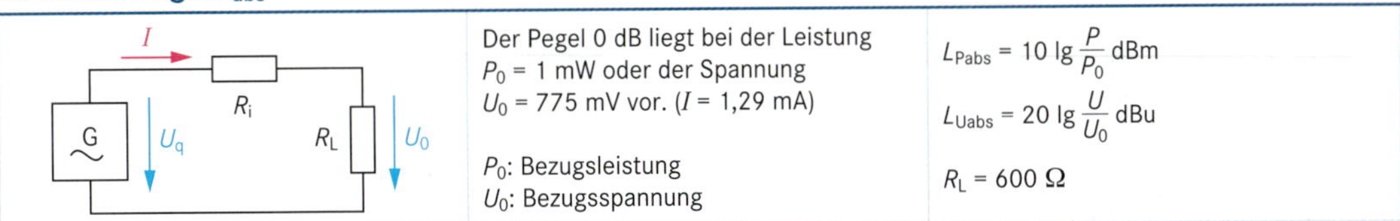

Der Pegel 0 dB liegt bei der Leistung P_0 = 1 mW oder der Spannung U_0 = 775 mV vor. (I = 1,29 mA)

P_0: Bezugsleistung
U_0: Bezugsspannung

$L_{Pabs} = 10 \lg \frac{P}{P_0}$ dBm

$L_{Uabs} = 20 \lg \frac{U}{U_0}$ dBu

$R_L = 600\ \Omega$

Pegelplan

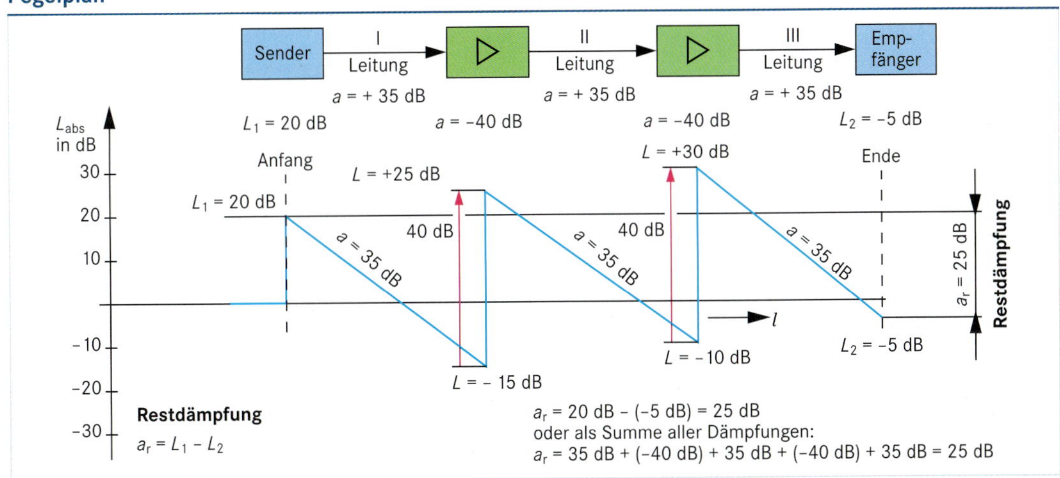

Restdämpfung
$a_r = L_1 - L_2$

a_r = 20 dB - (-5 dB) = 25 dB
oder als Summe aller Dämpfungen:
a_r = 35 dB + (-40 dB) + 35 dB + (-40 dB) + 35 dB = 25 dB

Kabel für Telekommunikations- und Informationsverarbeitungsanlagen
Cable for Telecommunication and Information Processing Systems

Schaltkabel

Schaltkabel zur Signalübertragung
z. B. S-Y(ST)Y 10 x 2 x 0,6 BD
Kupferleiter von 0,6 mm Durchmesser, PVC-Isolierhülle,
Adern zu Paaren, Dreiern oder Fünfern verseilt,
je 5 Verseilelemente zum Bündel verseilt,
Bündel zur Seele verseilt

Verseilung

Adern a bis e entsprechend verseilt zu Paaren, Dreiern, Vierern oder Fünfern

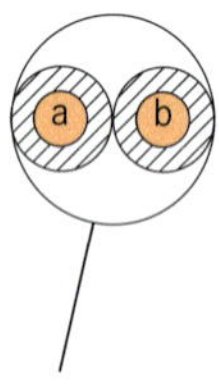

Paar:
2 Adern

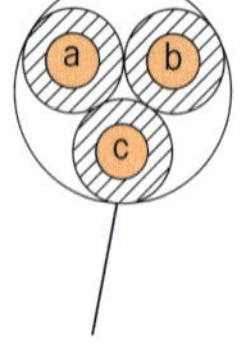

Dreier:
3 Adern

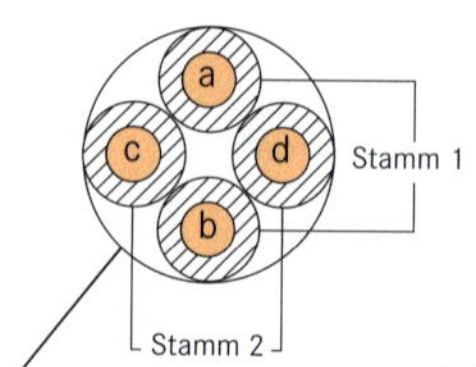

Vierer:
4 verseilte Adern

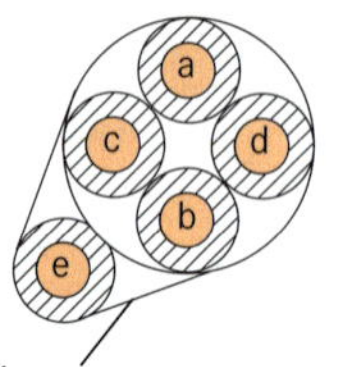

Fünfer:
Vierer und eine unverseilte Ader

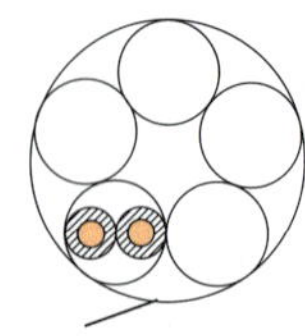

Bündel:
5 Verseilelemente,
z. B. 5 Paare

Arten

- Schaltkabel mit geschirmter Kabelseele
  z. B. S-Y (ST) Y 10 x 3 x 0,6 BD
- Schaltkabel mit geschirmten Paaren
  z. B. S-YY 10 x 2 x 0,6 PIMF LG
- Schaltkabel für Signalzwecke
  z. B. S-YY 30 (5 x 6) x 1 x 0,6 LG

Kurzzeichen

S: Schaltkabel
Y: Isolierhülle oder Mantel (PVC)
(ST): statischer Schirm
PIMF: geschirmtes Paar
BD: Bündelverseilung
LG: Lagenverseilung

Aufbau, Verwendung und elektrische Kennwerte

Schaltkabel	S-Y(ST)Y... BD				S-YY... PIMF LG	S-YY... LG		
Verseilart	Bündelverseilung				Lagenverseilung			
Verseilelement	Paar	Dreier	Vierer	Fünfer	Paar (geschirmt)	Ader		
Cu-Leitung d in mm	0,6				0,6	0,5	0,6	1,0
Isolierhülle, Wanddicke in mm	0,2				0,4	0,3	0,4	0,5
Anzahl der Verseilelemente	1 3 4 5 6 10 11 12 15 16 18 20 22 24 25 30 32 40 50	5 10 11 15 18 20 21 24 25 28	1 5 10 20 25	10	2 5 6 10 12 20	60	10 20 30 60 80	20 24 32 40 60
Verwendung	■ Verlegung in trockenen, zeitweise feuchten Betriebsstätten ■ nicht zugelassen für Starkstrominstallation und im Erdreich							
R_{Ltg}, 1 km, in Ω	Schleife: 130					96	65	23,4
R_{iso}, 1 km, in MΩ	100 (bei 20 °C)							
C_b bei 800 Hz max. 1 km, in nF	120				150	–		
Verlustfaktor bei 800 Hz max.	0,1							
Spannungsfestigkeit U_{eff} in kV	0,8/0,8					2/–	2,5/–	
U_b, U_{max} in V	300					374	375	600

C_b: Betriebskapazität

Bezeichnungsbeispiel:

75 – J – 0,7/4,8 – Cu – 12

- 12: Dämpfungsklasse
- Cu: Kupferfolie
- 0,7/4,8: Durchmesserverhältnis
- J: Innenkabel
- 75: Wellenwiderstand 75 Ω

Wellenwiderstand

$$Z \approx \frac{\ln \frac{D}{d}}{\sqrt{\varepsilon_r}} \cdot 60\ \Omega$$

D: Außendurchmesser
d: Innendurchmesser
ε_r: Permittivitätszahl

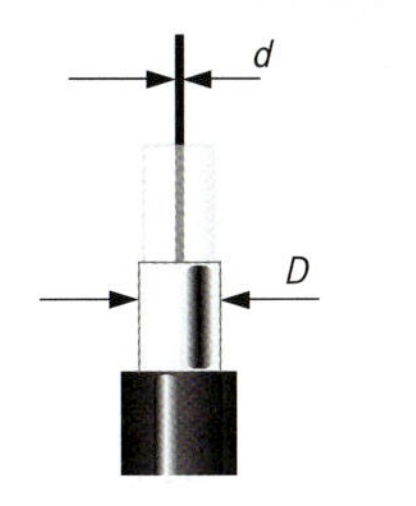

Kabeltyp HF-Kabel 75-J-... (Abmessungen in mm)

Merkmale		0,4/1,9-Al	0,6/2,7-Al	0,7/4,8-Al	0,7/4,8-Cu
Werkstoff des Innenleiters		Stahlkupfer	Stahlkupfer	Kupfer	Kupfer
Werkstoff der Isolierung		Zell-PE[1)]	Zell-PE[1)]	Voll-PE[1)]	Voll-PE[1)]
Werkstoff der Außenleiterfolie		Alu-Doppelverbundfolie	Alu-Doppelverbundfolie	Alu-Doppelverbundfolie	Kupfer-Folie
d (Richtwert)		0,40	0,57	0,73	0,73
Durchmesser über Isolierung		1,9 ± 0,1	2,7 ± 0,1	4,8 ± 0,2	4,8 ± 0,2
Dicke der Außenleiterfolie		0,04 ... 0,06	0,04 ... 0,06	0,04 ... 0,06	0,02 ... 0,03
Durchmesser der Geflechtdrähte		0,10 ... 0,14	0,10 ... 0,14	0,12 ... 0,16	0,12 ... 0,16
Wanddicke des Mantels (Nennwert)		0,5	0,6	0,7	0,7
D (Höchstwert)		4,0	5,0	7,5	7,5
Wellenwiderstand in Ω		75 ± 4	75 ± 4	75 ± 3	75 ± 3
Isolationswiderstand bei 20 °C, in GΩ · km (mindestens)		10	10	10	10
Rückflussdämpfung (mind.) in dB	40 ... 300 MHz	18	18	19	19
	>300 ... 600 MHz	15	15	16	16
	>600 ... 860 MHz	12	12	14	14
Schirmungsmaß (mind.) in dB	50 ... 100 MHz	70	70	70	70
	>100 ... 500 MHz	75	75	75	75
	>500 ... 1000 MHz	70	70	70	70
Wellendämpfung (höchstens) in dB/100 m	50 MHz	12,2	8,4	6,4	5,8
	100 MHz	17,0	12,1	8,6	8,2
	200 MHz	24,3	17,5	12,2	11,8
	300 MHz	30,2	21,8	15,1	14,6
	500 MHz	39,8	29,0	20,0	19,5
	800 MHz	51,6	37,8	26,0	25,2
	1000 MHz	58,5	43,0	29,4	28,5
einmaliger zulässiger Biegeradius in der Steckdose, mind.		10	13	18	18
zul. Biegeradius, Montage, mindestens		20	25	35	35
zul. Biegeradius unter Zugbelastung, mindestens		40	50	75	75
Zugkraft während der Montage in Newton, höchstens		30	40	60	60

1) PE: Polyethylen

AM – Amplitudenmodulation

AM – Amplitude Modulation

Prinzip

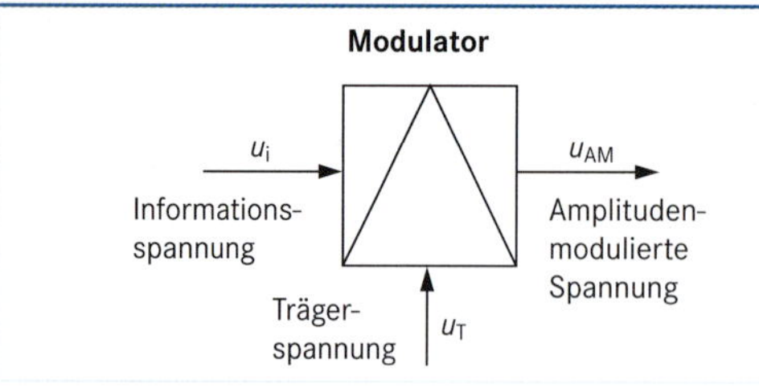

Frequenzsspektrum

Seitenfrequenzen

B: Bandbreite

f_i: Frequenz der Informationsspannung

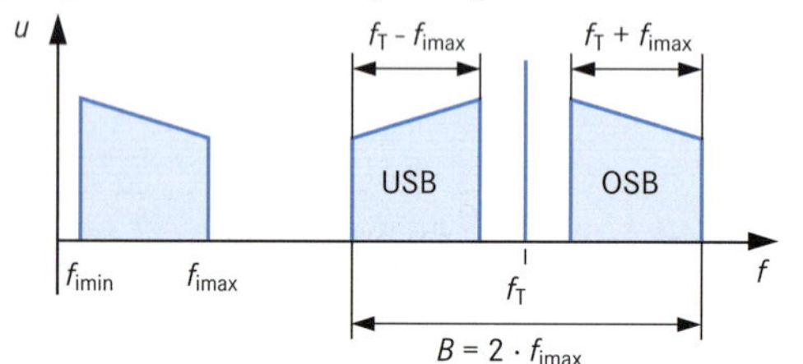

Liniendiagramme

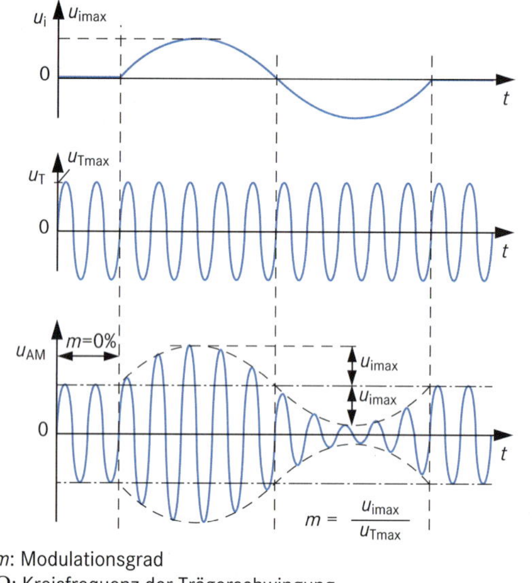

m: Modulationsgrad

Ω: Kreisfrequenz der Trägerschwingung

ω: Kreisfrequenz der Informationsschwingung

FM – Frequenzmodulation

FM – Frequency Modulation

Frequenzmoduliertes Signal

u_i: Informationsspannung

u_T: Trägerspannung

u_{FM}: Frequenzmodulierte Spannung

f_i: Informationsfrequenz

f_{imin}: minimale Informationsfrequenz

f_{imax}: maximale Informationsfrequenz

ω_i: Kreisfrequenz Informationsspannung

m: Modulationsindex

f_T: Trägerfrequenz

ω_T: Kreisfrequenz der Trägerspannung

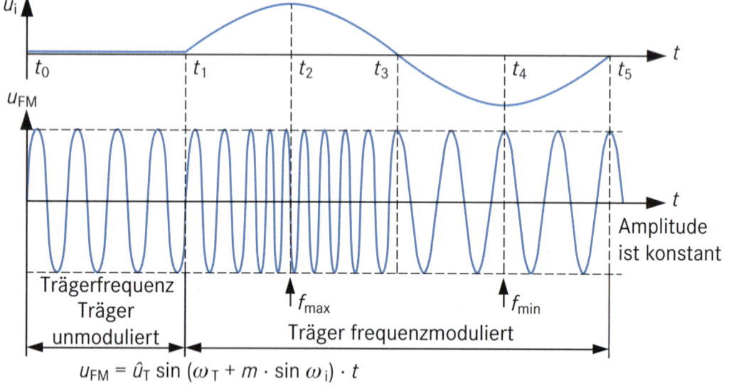

$u_{FM} = \hat{u}_T \sin(\omega_T + m \cdot \sin \omega_i) \cdot t$

Frequenzhub Δf_T

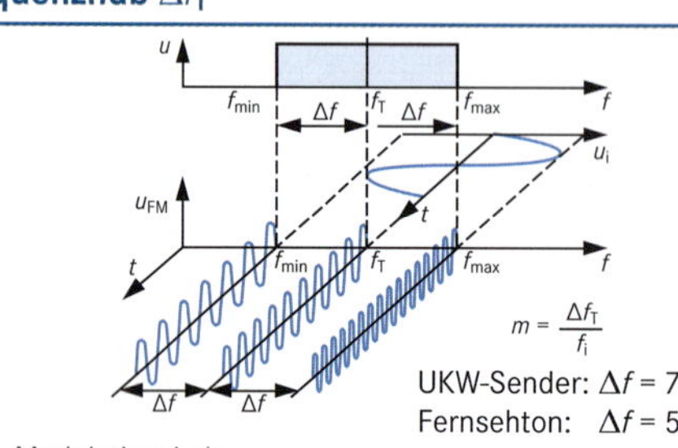

UKW-Sender: $\Delta f = 75$ kHz

Fernsehton: $\Delta f = 50$ kHz

m: Modulationsindex

Δf_T: Frequenzhub

f_i: Informationsfrequenz

Bandbreite B

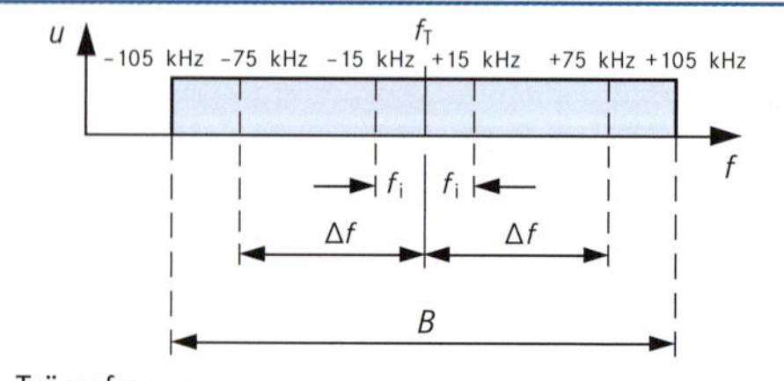

f_T: Trägerfrequenz

B: Bandbreite

Δf_T: Frequenzhub

f_i: Informationsfrequenz

$B = 2(\Delta f_T + f_{max})$

Prinzip

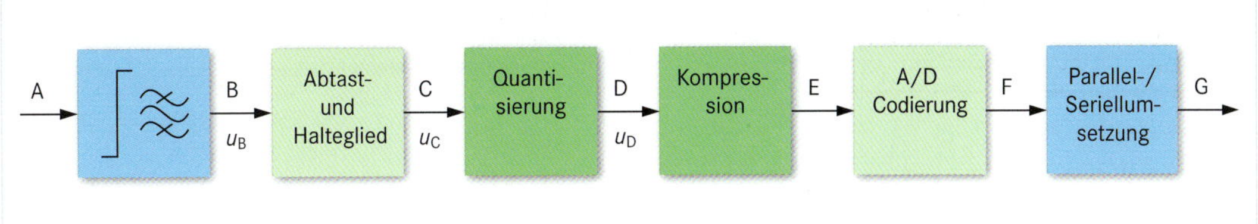

Erläuterungen (Sprachsignale)

A: Analoges Signal als Eingangssignal.

B: Sprachsignal auf 3,4 kHz begrenzt (Bandbreite *B*).

C: **Abtastung**: Erzeugung eines PAM-Signals (zeitdiskret amplituden-analog),
Abtastfrequenz $f \geq 2 \cdot B$ (8 kHz, CCITT); Signalspeicherung

D: **Quantisierung**: Zuordnung der Analogwerte zu diskreten Werten, 256 Quantisierungsabschnitte

E: **Kompandierung** (nichtlineare Quantelung): Kleine Quantisierungsstufen in der Mitte und große am Ende des Aussteuerbereichs (vgl. Kompressionskennlinie).

F: **Codierung**: 256 Code-Wörter, PCM-Bitrate, 64 kbit/s je Sprachkanal

G: Serielle Bitfolge zur Signalübertragung

Kompressionskennlinie

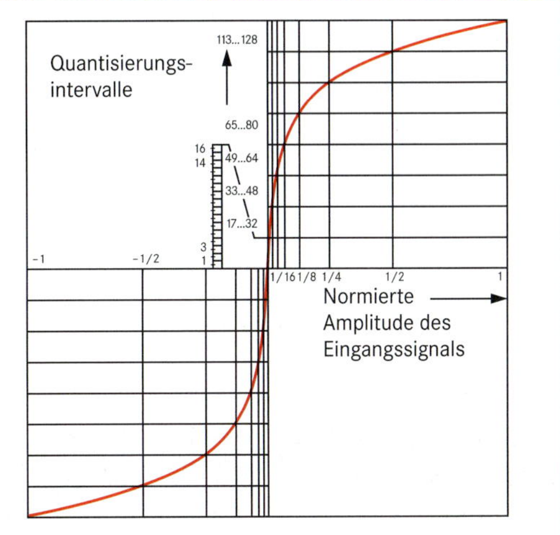

Quantisierung eines Signals und Zuordnung zu Code-Wörtern

Stufe	Code-wort
8	111
7	110
6	101
5	100
4	011
3	010
2	001
1	000

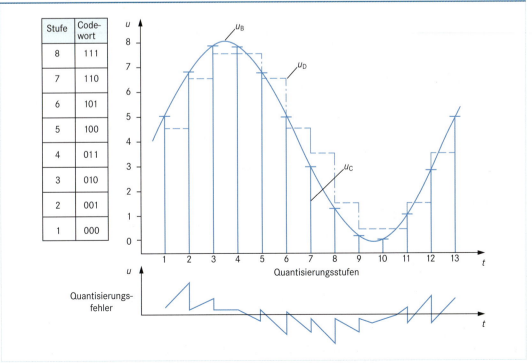

Quantisierungsstufen

Quantisierungsfehler

Amplitudenumtastung, ASK (Amplitude Shift Keying)

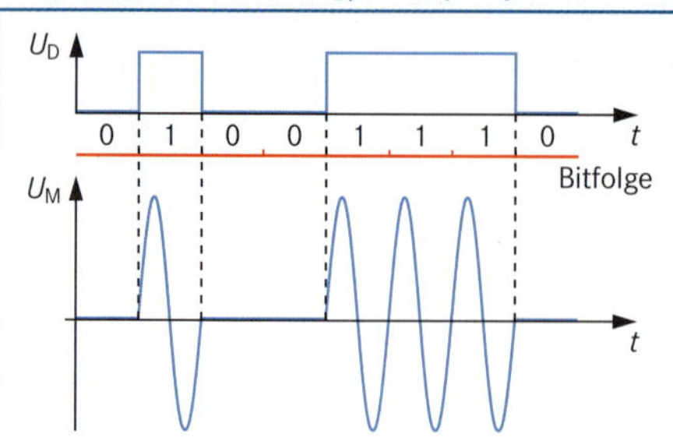

- Amplitude des Trägers wird geändert (Ein- und Ausschalten des Trägers, **ON-Off-Keying**, OOK, digitale Glasfasersysteme).

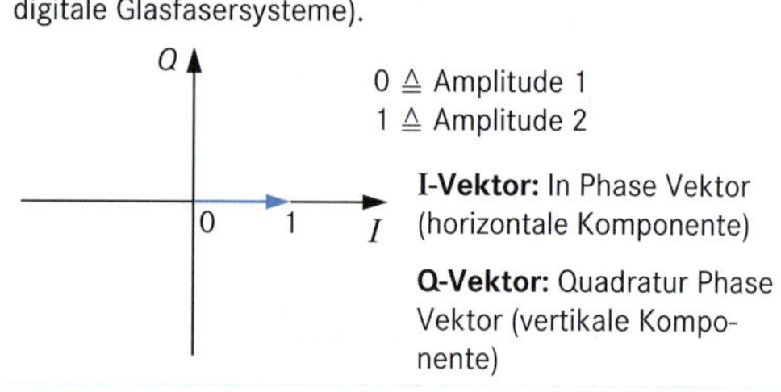

0 ≙ Amplitude 1
1 ≙ Amplitude 2

I-Vektor: In Phase Vektor (horizontale Komponente)

Q-Vektor: Quadratur Phase Vektor (vertikale Komponente)

Frequenzumtastung, FSK (Frequency Shift Keying)

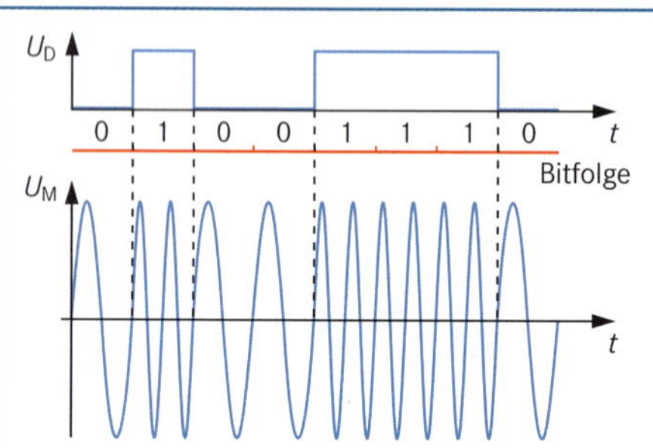

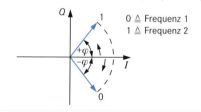

- Umschaltung von zwei Oszillatoren (Phasensprünge)
- Umschaltung eines Oszillators (phasenkontinuierliche FSK, **CPFSK**, **C**ontinuous **P**hase **F**requency **S**hift **K**eying)

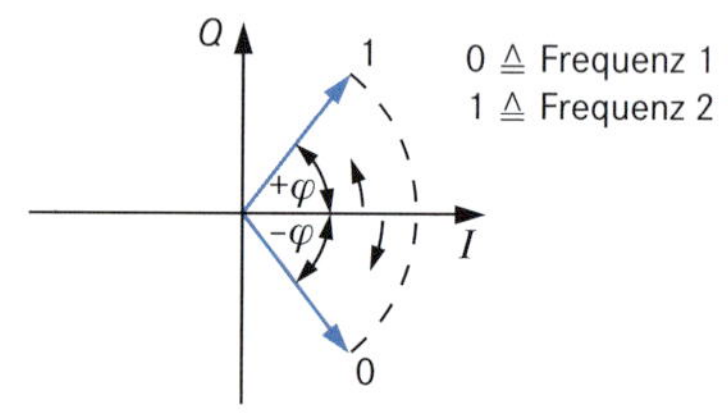

0 ≙ Frequenz 1
1 ≙ Frequenz 2

Phasenumtastung, PSK (Phase Shift Keying)

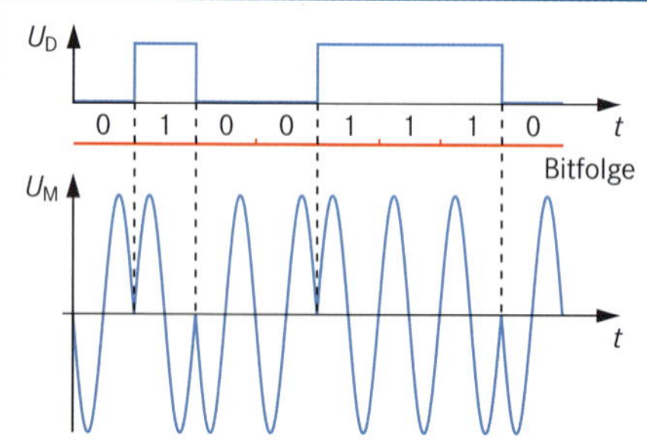

(**binäre PSK, BPSK**)

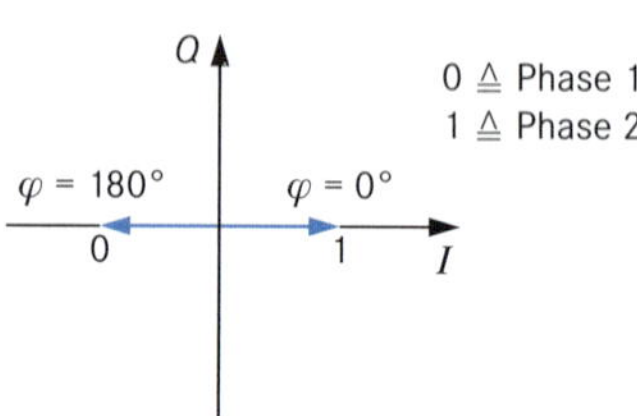

0 ≙ Phase 1
1 ≙ Phase 2

Höherwertige Verfahren der Phasenumtastung

- **Quadrature PSK, QPSK (Vierphasenumtastung)**

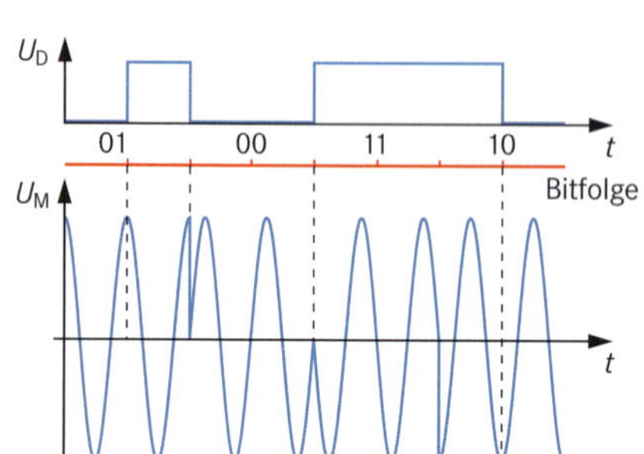

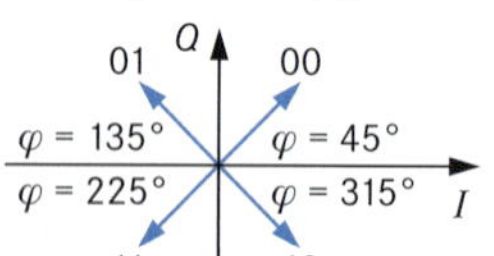

Zusammenfassung von je 2 Bits (Dibit) für vier verschiedene Phasenlagen (Satellitenübertragung).

Bit	Phase	*I*-Komp.	*Q*-Komp.
00	45°	+1	+1
01	135°	−1	+1
11	225°	−1	−1
10	315°	+1	−1

- **8-PSK** (Zusammenfassung von 3 Bits)
  000 ≙ 45°; 001 ≙ 90°; 010 ≙ 135° usw. (360°/8 = 45°)
- **16-PSK** (360°/16 = 22,5°)

Anwendung: UMTS (4-PSK)
EDGE: **E**nhanced **D**ata Rates for **G**SM **E**volation (8-PSK)

Höherwertige Verfahren der Phasenumtastung

- **Quadratur PSK, QPSK (Vierphasenumtastung)**

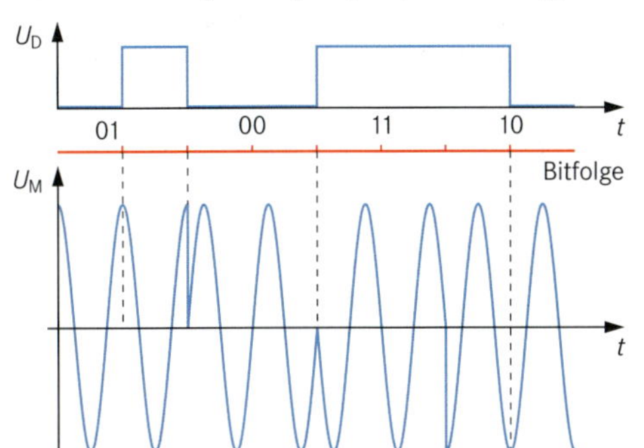

Zusammenfassung von je 2 Bits (Dibit) für vier verschiedene Phasenlagen (Satellitenübertragung).

Bit	Phase	I-Komp.	Q-Komp.
00	45°	+1	+1
01	135°	-1	+1
11	225°	-1	-1
10	315°	+1	-1

- **8-PSK** (Zusammenfassung von 3 Bits)
  000 ≙ 45°; 001 ≙ 90°; 010 ≙ 135° usw. (360°/8 = 45°)
- **16-PSK** (360°/16 = 22,5°)

Anwendung: UMTS (4-PSK)
EDGE: **E**nhanced **D**ata rate for **G**lobal **E**volation (8-PSK)

Offset QPSK, OQPSK

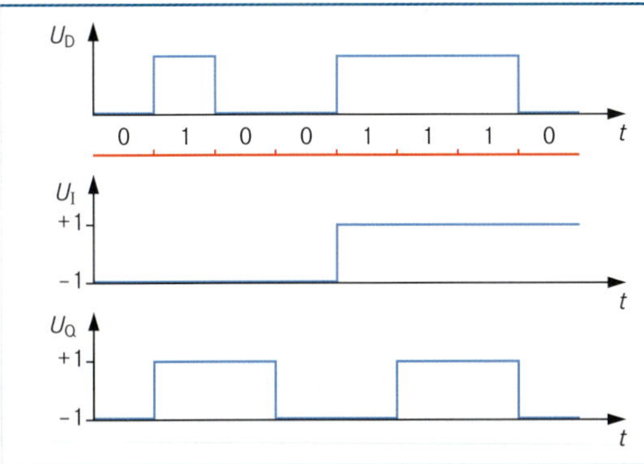

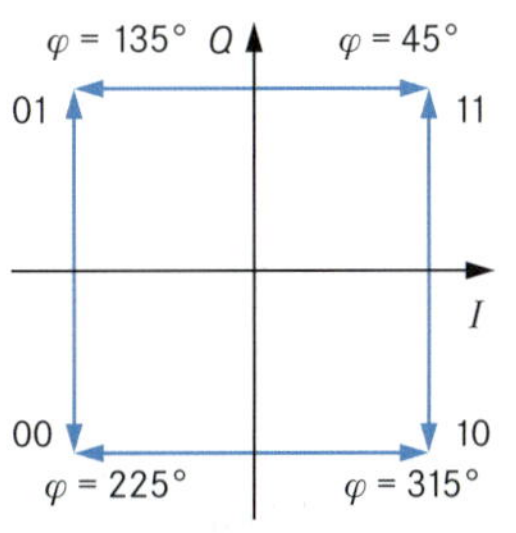

Übergänge zwischen den verschiedenen Phasenlagen erfolgen zeitlich versetzt in jeder Achsenrichtung. Vorteil: Geringere Schwankung der Amplitude als bei QPSK.

Differenzielle QPSK, DQPSK

DPSK: Differential **P**hase **S**hift **K**eying

Bitfolge	$\Delta\varphi$ (Phasenänderung)
11	$-3\,\pi/4$
01	$3\,\pi/4$
00	$\pi/4$
10	$-\pi/4$

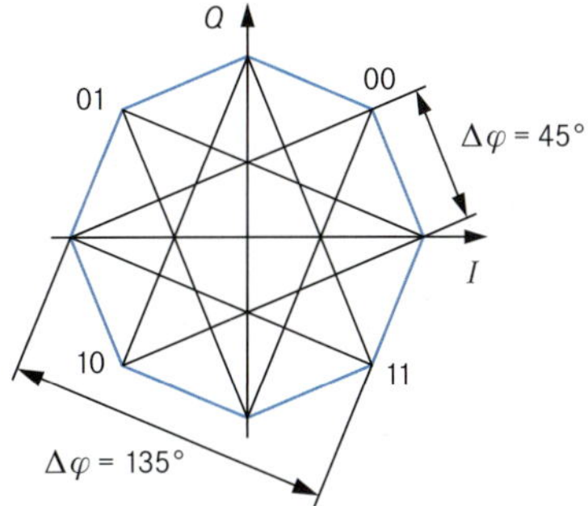

Die Information ist in der Phasenänderung enthalten ($\Delta\varphi$);

- Mobilfunk ADC/JDC (amerikanisch/japanisch)
- WLAN-Standard IEEE 802-11b

Minimum Shift Keying, MSK

- **CPFSK** mit Modulationsindex 0,5 (Optimale Unterscheidung von Bit 1 und 0).
- **Gauß'sche MSK, GMSK**
  Keine Rechteckimpulse für die Daten, sondern Gaußimpulse (Vorteil: günstigeres Spektrum als bei MSK). Anwendung: Mobilfunk, GSM.

Quadratur Amplitudenmodulation, QAM

- Phasen- und Amplitudenumtastung kombiniert.
- Zusammenfassung mehrerer Bits;
  z. B. 16 QAM (16 Symbole, jeweils 4 Bit).
- Systeme: 16-, 64-, 256-, 1024-QAM.
- Anwendung: DVB (64- und 256 QAM)

Zeitmultiplex, TDM
Time Division Multiplex

Prinzip

- Mehrere Signale werden zeitlich gestaffelt (zeitversetzt) in bestimmten Zeitabschnitten (**Zeitschlitzen**) übertragen.
- Abtasttheorem:

$$T_A \leq \frac{1}{2 \cdot f_{imax}}$$

T_A: Abtastfrequenz
f_{imax}: Maximale Informationsfrequenz

- Es sind mindestens zwei Abtastungen innerhalb einer Periodendauer der Übertragungsfrequenz erforderlich.

Synchrones Verfahren (STDM)

- Zur Übertragung werden Übertragungsrahmen definiert, die aus einer bestimmten Anzahl von Zeitschlitzen fester Größe bestehen. Für jeden Sender ist ein fester Zeitschlitz vorgesehen (feste Position des Senders).
- Vorteile: Für jede Verbindung kann eine konstante Datenrate genutzt werden. Jeder Sender ist durch seine Position im Übertragungskanal identifizierbar.
- Nachteil: Wenn nicht gesendet wird, bleiben die reservierten Zeitabschnitte ungenutzt (keine optimale Ausnutzung).

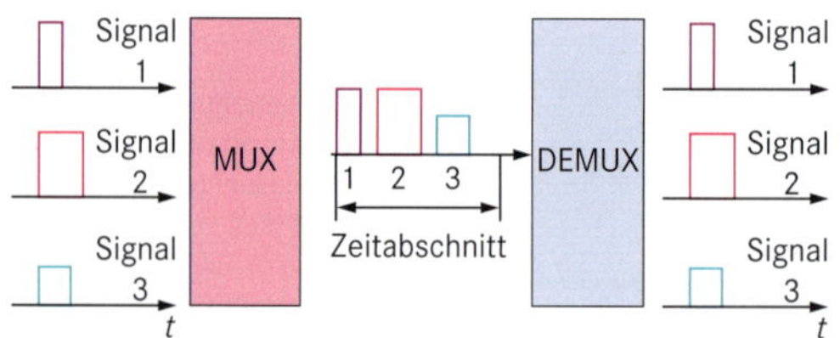

Asynchrones Verfahren (ATDM)

- Bei diesem Verfahren dürfen nur diejenigen Sender auf den Übertragungskanal zugreifen, die senden wollen.
- Damit noch eine eindeutige Zuordnung von Senderdaten und Zeitabschnitt bestehen bleibt, werden jedem Datenpaket eine Kanalinformation hinzugefügt (Header, Channel Identifier). Das Verfahren wird deshalb auch als Adressen-Multiplexing (Label-Multiplexing) bezeichnet.
- Mit der Kanalinformation können im Demultiplexer die Datenpakete dem richtigen Strom zugeordnet werden.
- Freie Zeitabschnitte können durch andere Sender mitbenutzt werden (dynamisches Multiplexing)
- Vorteil: Ökonomische Nutzung des Datenübertragungskanals.

PCM 30

- 30 Fernsprechkanäle in PCM-codierter Form
- Informationsfrequenz f_{imax} = 3,4 kHz
  Trägerfrequenz f_T = 8 kHz
- Periodendauer der Abtastung 125 μs
- 32 Kanäle, zwei für Synchronisier-, Kennzeichen- und Alarminformationen (Kanal 0 und Kanal 16)

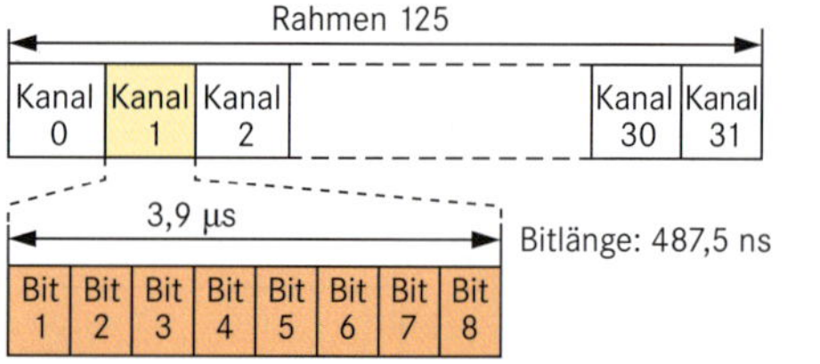

Frequenzmultiplex, FDM
Frequency Division Multiplex

- **Leitungsübertragung**
  Mehrere Signale werden frequenzmäßig gestaffelt übertragen
- **Funkübertragung**
  Mehrere Signale werden mit unterschiedlichen Wellenlängen übertragen
- **Optische Übertragung** (Optisches Wellenlängenmultiplexverfahren)
  - **WDM: W**avelength **D**ivision **M**ultiplex
  - Licht mit unterschiedlichen Spektralfarben (Lichtfrequenzen) wird zur Übertragung in einem Lichtwellenleiter verwendet
  - Unterscheidungen: **DWDM, CWDM und WWDM**
- **DWDM: D**ense **W**avelength **D**ivision **M**ultiplex (Dichtes ...)
  - Dichter Wellenlängenabstand (C- oder L-Band) von 0,4 nm (50 GHz) bis 1,6 nm (200 GHz)
  - Datenraten 10 Gbit/s bis 40 Gbit/s pro Kanal
- **CWDM: C**oarse **W**avelength **D**ivision **M**ultiplex (Grobes ...)
  - 18 genormte Wellenlängen zwischen 1311 nm und 1611 nm
  - Kanalbreite 20 nm
  - Datenraten 10 Gbit/s pro Kanal
- **WWDM: W**ide **W**avelength **D**ivision **M**ultiplex (Weites ...)
  - Einfachstes und am häufigsten verwendete Verfahren
  - Gleichzeitige Übertragung bei 1310 nm und 1550 nm in einer Faser

- **Beispiel Trägerfrequenztechnik (TF), Sprachkanal mit 300 Hz bis 3,4 kHz**

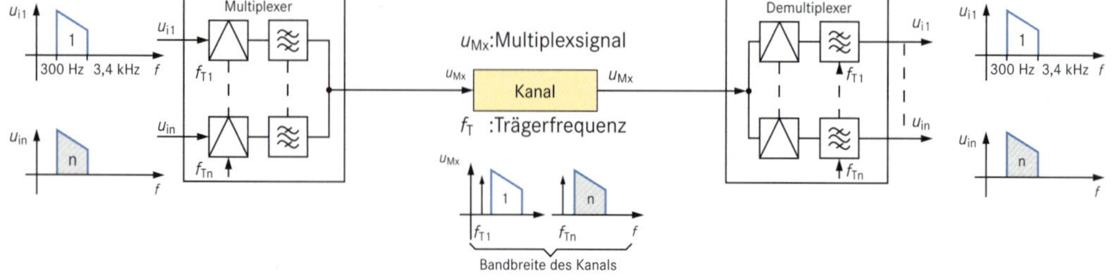

Projekte, Sicherheit, Qualität

364 Projekte
368 Lastenheft, Pflichtenheft
369 SAS - Software Anforderungsspezifikation
370 Projektmanagement/Begriffe
371 Bildschirm- und Büroarbeitsplätze
372 Prüfzeichen an elektrischen Betriebsmitteln und Geräten
373 Prüfsiegel
374 Energy Star
375 Energielabel
376 Regeln für das Arbeiten in elektrischen Anlagen
377 Umweltschutz
378 Arbeits- und Gesundheitsschutz
379 Recycling
380 IT-Sicherheitsstandards
381 Sicherheit von Einrichtungen der Informationstechnik
382 Rechenzentrum, Energieeffizienz
383 Rechenzentrum, Hochverfügbarkeit
384 Verfügbarkeit
385 Redundante Systeme
386 Firewall-Systeme
387 Sicherheit und Datenschutz
388 Datentechnische Sicherheit
389 IT-Systemsicherheit
390 Sicherheitsebenen
390 Qualität
392 Qualitätsmanagement
393 Kontinuierlicher Verbesserungsprozess (KVP)
394 Grundbegriffe der Codierung
395 Zahlencodes
396 ASCII-Code
397 Lineare Barcodes
398 2D-Codes
399 Codierungsverfahren
401 Codes
402 Verschlüsselungsverfahren - AES
405 Kryptografische Netzprotokolle
406 Zuverlässigkeit, Ausfall, Verfügbarkeit
406 Lebenszykluskosten
407 Fehlerbaumanalyse
408 Entwicklung von Qualitätsmerkmalen
409 Entwicklungsbewertung
410 Kundendokumentation

Charakteristika

- Projekte sind zeitlich befristet und einmalige Vorhaben.
- Der Zeitrahmen von Projekten kann vorab festgelegt werden, bzw. er wird vom Auftraggeber vorgegeben.
- Die **Zielfestlegung** erfolgt zum Projektbeginn.
- In Projekten werden umfangreiche und vielschichtige Aufgabenstellungen behandelt.
- Während eines Projektes arbeiten verschiedene Abteilungen (Stellen) und Personen zusammen.
- Die Zusammenarbeit der einzelnen Mitarbeiter muss koordiniert werden.
- Zur Projektdurchführung können nur begrenzte Ressourcen verwendet werden.
- Unterschieden werden **sachzielorientierte** von **prozessorientierten Projekten** und **Produkt**- und **Anlagen-Projekten**.
- Während der Projektdurchführung müssen erreichte Ziele, Probleme usw. dokumentiert werden.
- Liegen konkurrierende Zielkomponenten vor, müssen die Prioritäten festgelegt werden.
- Der **Projektträger** erteilt den Projektauftrag und trägt letztlich die Entscheidungen.
- Das **Projektmanagement** ist für die konkrete Projektdurchführung verantwortlich.
- Die **Projektdefinition** wird vom Projektmanagement in Abstimmung mit dem Projektträger vorgenommen.
- Aufgaben des Projektmanagements:
  - **Planung** (Entwurf eines Projektablaufs)
  - **Organisation** (Definition der Arbeitsstrukturen)
  - **Personaleinsatz** (Personalauswahl/-fortbildung)
  - **Führung** [Überwachung] (Leitung der Arbeiten und des Personals)
  - **Kontrolle** (Überprüfung der erreichten Ergebnisse)
- **Interne Projekte:** Im Unternehmen werden Projekte von Führungsstellen durchgeführt.
- **Externe Projekte:** Auftraggeber eines Projektes ist ein Kunde außerhalb des Unternehmens.

Projektvorgaben /-ziele

Einzuhaltende Aspekte eines Projektauftrages

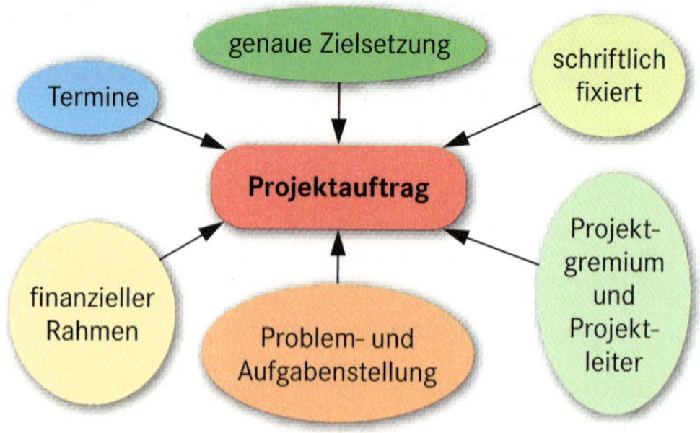

- Wesentlich ist eine exakte Bestimmung des **Projektziels**, das verbindlich für **Auftraggeber** und **-nehmer** ist.
- Bei der **Zielfestlegung** müssen
  - **sachliche**
  - **ökonomische (finanzielle)**
  - **zeitliche**
  - **soziale** Vorgaben und Möglichkeiten (→ **Rahmenbedingungen**) beachtet werden.
- Die festgelegten Ziele müssen
  - schriftlich festgelegt
  - eindeutig definiert
  - klar und widerspruchsfrei formuliert
  - realistisch ausgewählt
  - transparent festgelegt
  - überprüf- und beurteilbar sein.
- Mit der konkreten Zielbestimmung müssen
  - ein exakter **Anforderungskatalog,**
  - die **Nachweisform der erreichten Ergebnisse,**
  - die denkbaren Verhaltensweisen bei **Durchführungsschwierigkeiten** und
  - die Kriterien zur Erfassung der **Projektergebnisse**
- nachvollziehbar festgelegt werden.

Projektablauf

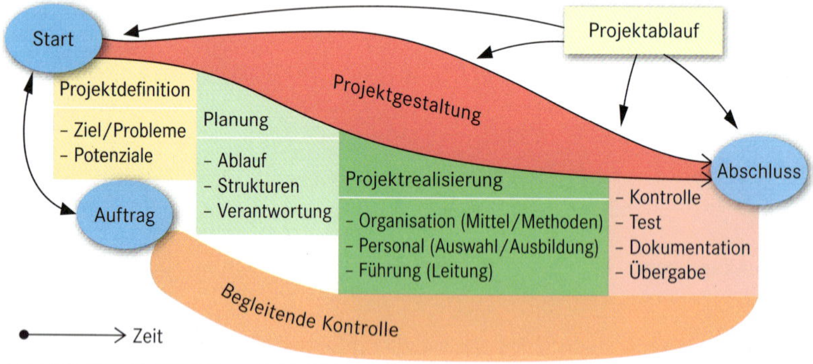

Projektstart

- Initiierung und Gründung des Projektes
- Definition der Projektziele
- Analyse der zu lösenden Probleme
- Bestimmung der Lösungsmöglichkeiten
- Festlegung eines Lösungsansatzes
- Ermittlung der organisatorischen Möglichkeiten
- Festlegung eines Projektauftrages

Planungsphase

Aufgaben innerhalb der **Planungsphase**

- Inhaltliche und terminliche Strukturierung der Projektarbeit
- Abschätzung des Arbeitsaufwands
- Festlegung des Kostenrahmens
- Bestimmung der Projektteilverantwortung
- Definition wesentlicher Zwischenziele
- Im Rahmen der Planung ist festzulegen, auf welchen Wegen die einzelnen Teilziele zu erreichen sind.
- Die Zielerreichungskriterien (Maßstäbe/Qualitätskriterien) sind festzulegen.
- Die Vernetzung und Abhängigkeit der Inhalte und Ziele ist übersichtlich darzustellen.

Planungsdarstellung

- Planungsabläufe, Planungsaktivitäten, Zwischenziele und Termine können mit **Tabellen**, **Diagrammen** und **Graphen** anschaulich dargestellt werden.
- Wesentliche Zwischenergebnisse werden auch als **Meilensteine** in der Projektabwicklung bezeichnet.
- Mit den **Ablaufplänen** können Aktivitätsabhängigkeiten übersichtlich dargestellt werden.

Entwicklungswege mit wesentlichen Zwischenergebnissen

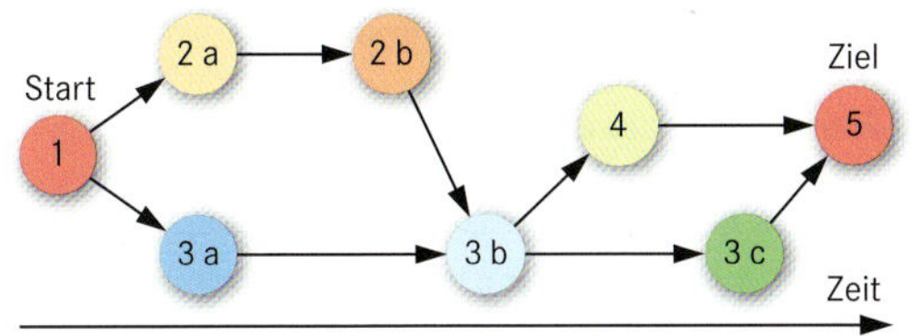

Projektrealisierung

Während der Projektrealisierung müssen drei Managementfunktionen erfüllt werden:
- die konkrete **Projektorganisation**
- der **Personaleinsatz**
- die konkrete **Leitung der Arbeitsausführung**

Personaleinsatz

Aufgaben beim **Personaleinsatz**
- Bestimmung der notwendigen Personalqualifikationen
- Personalsuche/-werbung (Stellenanzeigen)
- Personalauswahl
- Weiter- und Fortbildung des Personals
- Zuordnung des Personals auf Stellen
- Gestaltung einer leistungsgerechten Entlohnung

Projektorganisation

Aufgaben innerhalb der **Projektorganisation**
- Erstellung eines zielorientierten Handlungsgefüges
- Festlegung von überschaubaren Aufgabeneinheiten
- Kompetenz- und Stellenzuweisungen
- Schaffung einer Kommunikationsstruktur

Projektführung

Aufgaben innerhalb der **Projektführung**
- Feinregelung der alltäglichen Arbeitsaufgaben
- Kontinuierliche und konkrete Motivation, Regulierung und Entscheidungen im Arbeitsprozess
- Abstimmungen zwischen den Beteiligten
- Gestaltung der konkreten Kommunikation
- Kontinuierliche Überprüfung der Arbeiten

Teamarbeit

Die vorherrschende Arbeitsform ist die Teamarbeit innerhalb der Projektarbeiten. Deren Qualität bestimmt auch die Qualität der Projektarbeit. Die Gestaltung der Kommunikationsbeziehungen (Effektivität, Sensibilität, Klarheit, Eindeutigkeit und Zielorientierung) bestimmt die Qualität der Arbeitsbeziehungen.

Projektkontrolle

- Die Projektkontrolle erfolgt kontinuierlich während der Projektdurchführung und stellt darüber hinaus auch eine eigenständige Phase dar.
- Generell wird ein SOLL-IST-Abgleich vorgenommen.
- Die kontinuierliche Kontrolle ist vom Projektleiter vorzunehmen.
- Bei umfangreichen Projekten sind autonome Kontrollteams zu bilden.

Kontrollaspekte im Projekt
- Aufwands- und Kostenkontrolle (Budgetrahmen)
- Terminkontrolle
- Projekt- und Produktfortschritt
- Qualitätsentwicklung
- Gestaltung der Produktdokumentation
- Entwicklung der Projekt-/Fortschrittsberichte
- Projektdokumentation und -präsentation

Projektabschluss

Aufgaben gegenüber dem Auftraggeber
- Dem Auftraggeber ist das Produkt zu präsentieren.
- Die Abnahmetestergebnisse sind vorzustellen.
- Das Produkt ist zu übergeben.
- Eine Produktdokumentation ist auszuhändigen.
- Eine Analyse der Produkteigenschaften (Abweichungsanalyse) ist zu erstellen.
- Ein Produktabnahmebericht ist zu erstellen.
- Eine Abschlusskalkulation muss erarbeitet und dem Auftraggeber übergeben werden.

Aufgaben innerhalb der Projektgruppe
- Der Projektphasenablauf muss analysiert werden.
- Herausstellung der Stärken und der Schwachpunkte.
- Diskussion der Qualität des Projektmanagements und der Projektleitung.
- Die Produktqualität, die Qualität der Dokumentation und der Präsentation müssen erfasst werden.
- Erstellung einer internen Kostenanalyse.
- Beurteilung der Projektteilnehmer (⟶ Zeugnisse).
- Das Projekt und die Projektgruppe sind aufzulösen.

Alltag von Projektmanagern

- Projektmanager benötigen etwa **70 %** ihrer Arbeitszeit für **Gespräche.**
- Die Kontakte/Begegnungen sind durch **Fragen** und **Zuhören** bestimmt.
- **Anweisungen** treten nur selten auf.
- **Probleme** sind oftmals nicht eindeutig aufzulösen.
- **Sach- und Personalaspekte** sind oft nicht klar voneinander zu trennen.
- **Freie Gestaltungsräume** treten nur begrenzt auf.
- Die **Prozessabläufe** sind oft sehr komplex, ineinander verschränkt und können nur schwer strukturiert werden.
- Die **Informationsbasis** zur Lösung (**Entscheidung**) vieler Probleme ist fast immer unvollständig und uneindeutig.
- **Handlungserfordernisse** und innere und äußere **Handlungsbegrenzungen** bestimmen wesentliche Entscheidungsmöglichkeiten der Projektbeteiligten.

Team-Kennzeichen

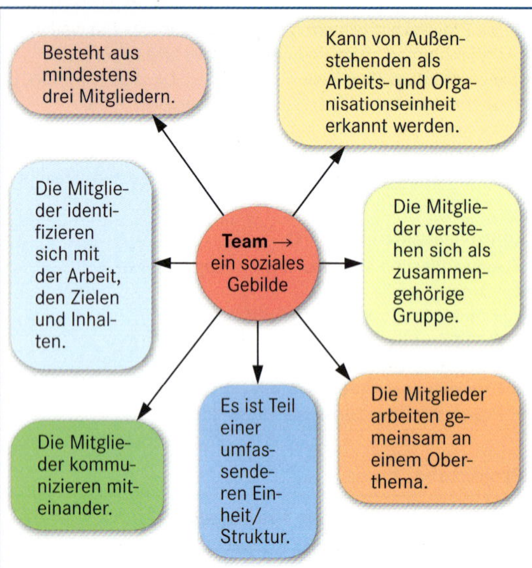

Teamarbeitsqualität

- Offene und transparente **Kommunikationsbeziehungen** unter den Mitgliedern
- **Klare** und **eindeutige Aufgabenkoordination** durch die Projektleitung
- **Gerechte** und **einsichtige Arbeitsverteilungen** innerhalb des Teams
- **Gleichberechtigung** der Mitgliederbeiträge
- Gegenseitige **Unterstützung** der Teammitglieder
- **Einheitliche** (Arbeits-)**Erwartungsnormen** bei den Mitgliedern
- **Zufriedenheit** des einzelnen Mitarbeiters mit dem Arbeitsprozess im Team
- **Positive Akzeptanz** der eigenen Rolle im Team
- **„Innere Identität"** (Zusammenarbeit/Kohäsion) in der Gruppe
- **Positive Einschätzung** der Teamarbeitsziele durch die Mitarbeiter (**„Innere Übereinstimmung"** mit dem Projekt)
- Eindruck/Einschätzung/Gefühl der **Sinnhaftigkeit** des Tuns der Teamgruppe, wobei dieser Sinn einheitlich – von allen Mitgliedern – benannt werden kann.

Optimierungsregeln für die Teamarbeit

- **Zuhören** ist (oftmals) wichtiger als reden.
- **Schweigen** ist weder als Zustimmung noch als Ablehnung zu verstehen.
- **Konflikte** und Irritationen sollen benannt und besprochen werden.
- **Missverständnisse** sind (unverzüglich) aufzuklären.
- Probleme sollen selbstständig gelöst werden.
- Besprechungsergebnisse sind zu **dokumentieren.**
- Alle Vereinbarungen, Festlegungen, Dokumente usw. sind **für alle jederzeit einsehbar.**
- **Zuständigkeiten** sind überprüfbar und eindeutig festzulegen.
- **Vorgehensweise** und Positionen sind abzusprechen und einzuhalten.
- **Alle Mitglieder** begreifen sich **als vollwertige** und **gleichberechtigte** Projektmitarbeiter.
- **Probleme** der Projektentwicklung sind zu thematisieren.
- Der **Kundenwunsch** steht zentral im Mittelpunkt des Arbeitsinteresses (**Kundenorientierung** der Arbeit).

Ebenen der Kommunikationsbeziehungen

(1) Eigen- und Selbstverständigung (innerer Monolog)
(2) Dialogische Kommunikationsstruktur (Ich-Du-Beziehung)
(3) Verständigung zwischen Gruppen und Abteilungen
(4) Komplexe (taktische und strategische) interne und externe Unternehmenskommunikation

Training schrittweise von (1) zu (4).

Formale Projektbeschreibungen

1. Funktionsmatrix /-diagramm	2. Verantwortungsmatrix
3. Meilensteinpläne /-listen	4. Netzablaufpläne
5. Aktivitätspläne	6. Fortschrittsberichte

Zu allen Aspekten existieren Anwenderprogramme (MS Project ...).

Projektarbeitsaufwand

Zur Festlegung von Projektteams muss der zu erwartende Arbeitsaufwand geschätzt und der Bedarf an Mitarbeitern festgelegt werden.

- Der Zeitaufwand für die Kommunikation in Teamgruppen hängt von der Anzahl der Mitarbeiter exponentiell ab:

  $\mathbf{KA = A \cdot exp\,(AM \cdot B) = A \cdot e^{AM \cdot B}}$

  PM: Projektmonate; **A, B:** Faktoren

  KA: Kommunikationaufwand in PM

  AM: Anzahl der Projektmitarbeiter
- Der Zeitaufwand für die Lösung einer Projektaufgabe nimmt mit der Zahl der Mitarbeiter ab.

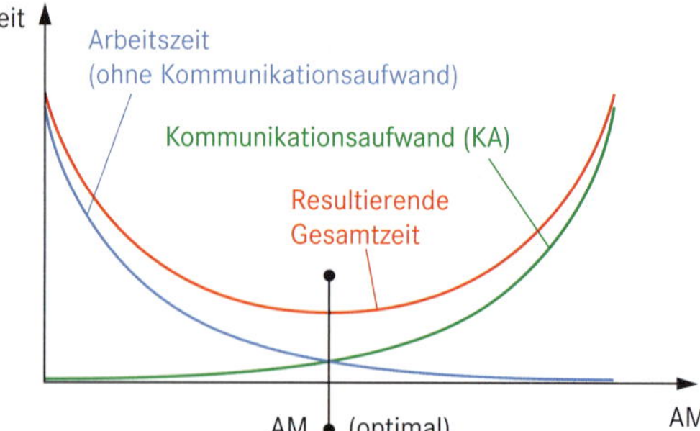

Der Projektaufwand kann mit folgenden – auch kombiniert eingesetzten – Methoden abgeschätzt werden:

- **Expertenschätzung**: Ein Fachmann hat bereits entsprechende Pojekte durchgeführt.
- **Delphi-Methode**: Mehrere Fachleute prognostizieren unabhängig voneinander den Aufwand. Diese Einschätzungen werden später offen diskutiert und die ursprünglichen Einschätzungen werden modifiziert.
- **Berechnungsmethoden**: Expertenwissen wird mathematisch aufbereitet.

Begriffe von Softwareprojekten

Ausfallzeit:
Die Zeit, in der die Anlage oder Geräte keine oder fehlerhafte Leistungen erbringen.

Ausweichanlage:
Eine der Konfigurationen des Anwenders entsprechende Anlage, die für seine Programme geeignet ist.

Betriebsbereitschaft:
Uneingeschränkte Einsatzfähigkeit der Anlage(n) oder Geräte

DV-Anlage:
Zentraleinheit(en) einschließlich angeschlossener und zugeordneter Geräte

DV-Geräte:
Zentraleinheit oder die an diese unmittelbar oder mittelbar angeschlossenen oder der Anlage zugeordneten Maschinen.

DV-technisches Feinkonzept:
Festlegung der DV-technischen Realisierungen der maschinell auszuführenden Funktionen eines DV-gestützten Verfahrens zur Erfüllung der Programmanforderungen. Die Festlegung ermöglicht unmittelbar und ohne weitere Vorarbeiten die Programmierung.

Fachliches Feinkonzept:
Vollständige Festlegung eines Verfahrens durch die detaillierte Beschreibung der Funktionen und Schnittstellen sowie der von ihnen benötigten und zu erzeugenden Informationen. Bei DV-gestützten Verfahren sind deren maschinell auszuführende Funktionen als solche ausgewiesen.

Grobkonzept:
Der nach vorbereitenden Arbeiten vorgeschlagene Lösungsweg. Lösungsweg in diesem Sinne ist ein Verfahrenskonzept, das die Forderungen an Leistung und Eigenschaften des Verfahrens berücksichtigt.

Grundsoftware:
Elementare Betriebsprogramme speziell zur Steuerung, Überwachung, Wartung und Diagnose der einzelnen Systeme (Zentraleinheit, Arbeitsspeicher, Anschlussgeräte) sowie die zur Verwaltung/Kontrolle der Programmabläufe erforderlichen Betriebsprogramme.

Instandhaltung:
Alle vorbeugenden, zur Werterhaltung und Aufrechterhaltung der Betriebsbereitschaft der Anlage oder Geräte erforderlichen Leistungen.

Instandsetzung:
Beseitigung von Störungen an der Anlage durch Reparatur und/oder Ersatz.

Mängelbeseitigung:
Umfasst neben der endgültigen Beseitigung des Mangels auch die Diagnose und gegebenenfalls eine behelfsmäßige Lösung.

Programm:
Eine Anweisung zur Aufgabenlösung zusammen mit allen erforderlichen Vereinbarungen (DIN 44300). In den BVB auch benutzt für Programmsysteme einschließlich der für deren Funktionsfähigkeit notwendigen Hilfsmittel.

Programmeinführung:
Der Programmzustand auf einer EDV-Anlage ermöglicht die Aufnahme der Funktionsüberprüfung.

Vorbereitende Arbeiten:
Vorarbeiten für ein Grobkonzept (Verfahrensiodee, Ist-Analyse, Forderungen)

Wartung:
Leistungen zur Instandhaltung und Instandsetzung der EDV-Anlage bzw. Geräte

IT-Projektmitarbeiter/Führungsorganisation

Grundsätzlich ist die intrinsische und extrinsische Motivation der Mitarbeiter zu beachten. Anreizsysteme (Entlohnung ...) können die Motivation lenken und stärken. Einzelne Mitarbeiter sind für spezielle Aufgaben besoonders geeignet.

Mitarbeitertypologie speziell mit Blick auf die IT-Projektarbeit (Benennung und nähere Charakterisierung)	
Completer, Finisher sorgfältig, zielorientiert, Interesse an vollständigen Handlungen	**Plant** originelle, anregend, mit Blick auf die Hauptlinie, Details vernachlässigend
Implementer pragmatische Machbarkeitsorientierung, kein Visionär	**Monitor Evaluator** hohe Analysefähigkeit, kreativ, zum Teil distanziert
Coordinator Teamführer, diszipliniert, ruhig, gelassen	**Resource Investigator** Kommunikator (nach außen)
Shaper Teamkoordinierung, problemlösungsorientiert	**Spezialist** technisches Detailinteresse
Teamworker anpassungsfähig, Kooperationsfähigkeit	

Arbeitstreffen (Gestaltungsprinzipien)

Veranstaltung langfristig planen und organisieren	Tagesordnungspunkte vorab allen rechtzeitig mitteilen
Allen Teilnehmern alle Materialien (vorab) zustellen	Pünktliche, präzise Gestaltung
Klare Vorstellung/Absprachen	Thema und Teilnehmer vorstellen/bekannt machen
Termine vereinbaren	Verbindliche Vergabe von Aufträgen und Vorgaben
Kontrollen, Rückmeldungen und Überprüfungen festlegen	Erfolgskontrolle (IST-SOLL-Vergleich; Schwachstellenanalyse)
Protokolle zeitnah erstellen und allen zugänglich machen	
Vorleben der eigenen Maßstäbe und Ideen	

Prinzipien der Mitarbeiterführung

Klare, eigene Wertvorstellungen und Beurteilungsmaßstäbe	Präzise, eindeutig und zeitlich knapp fragen und antworten
Ohne Hektik, ohne Zeitnot in der Begegnung	Keine Abwertungen von Beiträgen und Mitteilungen
Lösungsorientiert arbeiten und diskutieren	Trennung von sachlichen und persönlichen Facetten
Konzentration auf das Wesentliche	Delegation von Routineaufgaben
Vorleben der eigenen Maßstäbe und Ideen	

Lastenheft

Definition

DIN VDI/VDE 3694: 91-04

- Das Lastenheft enthält alle Forderungen des Auftraggebers (Kunden) an die Lieferungen und/oder Leistungen eines Auftragnehmers.
- Die Forderungen sind aus Anwendersicht einschließlich aller Randbedingungen zu beschreiben. Diese sollten quantifizierbar und prüfbar sein.
- Im Lastenheft wird definiert, was für eine Aufgabe vorliegt und wofür diese zu lösen ist.

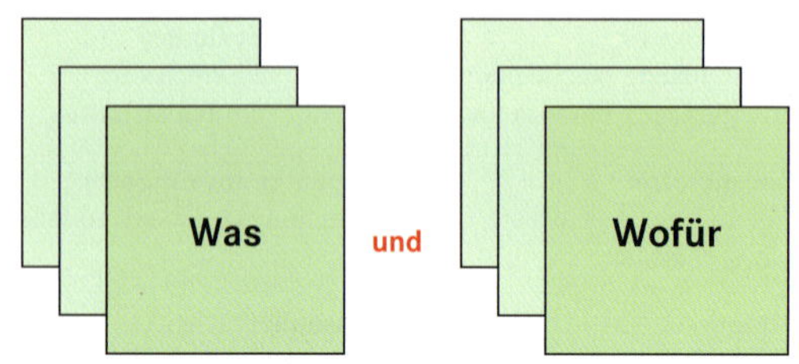

Pflichtenheft

Definition

DIN VDI/VDE 3694: 91-04

- Das Pflichtenheft enthält das vom Auftragnehmer erarbeitete Realisierungsvorhaben auf der Grundlage des Lastenheftes.
- Das Pflichtenheft enthält als Anlage das Lastenheft.
- Im Pflichtenheft werden die Anwendervorgaben detailliert und in einer Erweiterung die Realisierungsforderungen unter Berücksichtigung konkreter Lösungsansätze beschrieben.
- Im Pflichtenheft wird definiert, wie und womit die Forderungen zu realisieren sind.

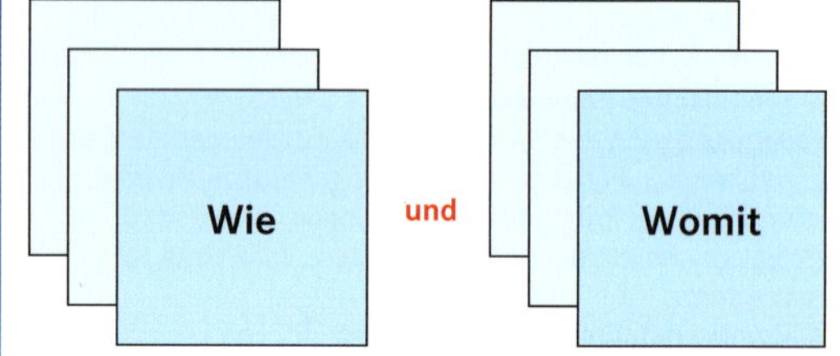

Voraussetzungen für die Erstellung

- Guten Kontakt zwischen allen Beteiligten herstellen
- Wesentliche Anforderungen durch Markt-, Kunden- und Umfeldanalyse ermitteln

Funktion

- „Roter Faden" während des Ablaufs der Entwicklung, Produktion, ...

Durchführung

- Keine allgemeingültigen Vorgaben
- Umfang und Inhalt ist stark von der Zielsetzung abhängig
- Ermittlung der z. B.
  - Anforderungsträger
  - Produktfaktoren aus Kundensicht
  - Kaufentscheidende Faktoren
  - Anforderungen aus dem Umfeld
  - Anforderungen aus dem Unternehmen
  - Anforderungen des Vertriebs
  - Anforderungen von Lieferanten und von Kooperationspartnern
  - Produktionsprofile

Vorteile

- Einheitliche Vorgabe für alle am Entwicklungsprozess Beteiligten
- Weniger Missverständnisse und Versäumnisse durch eine systematische Dokumentation
- Rechtsverbindliche Festlegungen

Nachteile

- Hoher Aufwand
- Individuelle Erstellung (keine Standardisierung)
- Statische Problemlösungsstruktur

Einsatzbereiche

- Dokumentation der Anforderungen als Abschluss der Planung eines Produktes bzw. einer Dienstleistung
- Prinzipiell für alle Produkte bzw. Dienstleistungen einsetzbar

Wesentliche Bestandteile (Beispiele)

- Name des Prozesses, Projektes, Vorhabens, ...
- Verfasser des Pflichtenheftes
- Version
- Ablage der Datei, Dokumentation
- Ziele
  Beschreibung, Nutzen für den Auftraggeber (Kunden), aktuelle Situation (z. B. bisheriges System)
- Anforderungen
  - **Vollständigkeit**
    Alle Details der Anforderungen sind zu definieren. Es sollten so wenig wie möglich Aspekte als selbstverständlich eingeschätzt werden.
  - **Eindeutigkeit**
    Damit keine Missverständnisse entstehen, sind die Anforderungen möglichst mit einfachen Worten zu definieren.
  - **Testbarkeit**
    Alle Anforderungen müssen überprüfbar sein. Dieses ist eine Voraussetzung für die Abnahme durch den Auftraggeber.
- Schnittstellen
  (Verbindungen zu anderen Systemen, Projekten usw.)
- Randbedingungen
- Service- und Wartungshinweise
  (Kontaktadressen)
- Unterschriften
  (Projektauftraggeber/Projektleiter/...)

SAS – Software Anforderungsspezifikation
SRS – Software Requirements Specification

Merkmale	Qualitätsanforderungen
▪ Die SRS - dient zur Spezifikation (Definition und Festlegung) von zu entwickelnder Software (Entwicklungsgrundlage), - beschreibt die Anforderungen aus dem Lasten- und Pflichtenheft für den Softwareanteil und - beinhaltet **funktionale** und **nichtfunktionale** Anforderungen.	▪ Der Inhalt einer SRS muss sein: - Korrekt (correct) - Unzweideutig (unambiguous) - Vollständig (complete) - Konsistent (consistent) - Verifizierbar (verifable) - Modifizierbar (modifiable) - Nachverfolgbar (traceable)

Gliederung

1. Introduction *(Einführung)*	
1.1 Purpose *(Zweck)*	Zweck der Spezifikation und Leserkreis
1.2 Scope *(Umfang)*	Produkt und Anwendungsbereich
1.3 Definitions, Acronyms and Abbrevations *(Definitionen, Kurzbegriffe u. Abkkürzungen)*	
1.4 References *(Referenzen)*	Normen, Richtlinien, Vorgängerprodukte
1.5 Overview *(Übersicht)*	Inhalt und Struktur der restlichen SRS
2. Overall Description *(Gesamtübersicht)*	
2.1 Product Perspective *(Produktumfang)*	Kurze Beschreibung aller externen Schnittstellen: System, Nutzer, Hardware; Software
2.2 Product Functions *(Produktfunktionen)*	
2.3 User Characteristics *(Anwendermerkmale)*	
2.4 General Constraints *(Allgemeine Randbedingungen)*	Entwicklungseinschränkungen: Normen, Anwendungsbereich
2.5 Assumptions and Dependencies *(Annahmen und Abhängigkeiten)*	
3. Specific Requirements *(Spezifische Anforderungen)*	
3.1 External Interface Requirements *(Anforderungen an externe Schnittstellen)* 3.1.1 User Interfaces *(Anwenderschnittstellen)* 3.1.2 Hardware Interfaces *(Hardwareschnittstellen)* 3.1.3 Software Interfaces *(Softwareschnittstellen)* 3.1.4 Communication Interfaces *(Kommunikationsschnittstellen)* 3.2 Functional Requirements *(Funktionale Anforderungen)* 3.2.1 Mode 1 *(Betriebsart 1)* 3.2.1.1 Functional Requirement 1.1 *(Funktionale Anforderungen 1.1)* ... 3.2.2 Mode 2 *(Betriebsart 2)* 3.2.2.1 Functional Requirement 2.1 *(Funktionale Anforderungen 2.1)* ... 3.3 Performance Requirements *(Leistungsanforderungen)* 3.4 Design Constraints *(Einschränkungen, z.B. Speichervolumen)* 3.4.1 Standards Compliance *(Normen – Übereinstimmung)* 3.4.2 Hardware Limitations etc. *(Hardwarebegrenzungen usw.)* 3.5 Software System Attributes *(Merkmale des Softwaresystems)* 3.5.1 Reliability *(Zuverlässigkeit)* 3.5.2 Availability *(Verfügbarkeit)* 3.5.3 Security *(Sicherheit)* 3.5.4 Maintainability *(Wartbarkeit)* 3.5.5 Portability *(Portierbarkeit)* 3.6 Other Requirements *(andere (weitere) Anforderungen)* 3.6.1 Project Documentation *(Projektdokumentation)* 3.6.2 User Documentation *(Anwenderdokumentation)* ...	**Detaillierte Anforderungen** Hilfsmittel zur Darstellung (u.a.): - Ablaufdiagramme - Zustands-/Übergangsdiagramme - Funktionstabellen - Algorithmen - ...
Anmerkung: - Struktur nach IEEE STD 830 – Ist bei Bedarf auf das vorliegende Projekt anzupassen	

Abnahmebereitschaft

Zustand, in dem alle Bedingungen von Seiten des Auftraggebers und Auftragnehmers erfüllt sind, die für die Durchführung der Abnahme erforderlich sind.

Abnahmeerklärung; Abnahmebestätigung

Bestätigung durch den Abnahmeberechtigten, dass vertraglich vereinbarte Lieferungen und Leistungen erbracht sind.

Abnahmephase

Projektphase, in der eine oder mehrere Abnahmen erfolgen.

Abwicklungsmanagement

Aufgabengebiet innerhalb des Projektmanagements, das sich auf die auftrags- bzw. vertragsgerechte Realisierung des Projektziels (Objektes) erstreckt.

Auftragsverhandlung

Verhandlung zwischen Auftraggeber und Anbieter zur Festlegung der für den Fall der Auftragserteilung zum Auftrag gehörenden Lieferungen und Leistungen beider Seiten sowie der sonstigen vertraglichen Bedingungen.

Freigabe

Erlaubnis zur Durchführung nachfolgender Arbeiten festgelegten Inhalts.

Nachforderungsmanagement (engl.: claim management)

Aufgabengebiet innerhalb des Projektmanagements zur Übrwachung und Beurteilung von Abweichungen bzw. Änderungen und deren wirtschaftlichen Folgen zwecks Ermittlung und Durchsetzung von Ansprüchen.

Restleistungen (engl.: pending points)

Zum Auftragsumfang gehörende, nicht planmäßig erbrachte Liefer- und Leistungsanteile von untergeordneter Bedeutung, die erst nachträglich erbracht werden.

Projektabschluss

Beendigung aller Tätigkeiten, die mit dem Projekt in Zusammenhang stehen.

Projektabwicklung

Aufgabendurchführung vom Anfang bis zum Ende eines Projekts.

Projektaudit

Von einem unabhängigen Auditor systematisch durchgeführte Projektanalyse.

Projektgegenstand

Durch die Aufgabenstellung gefordertes materielles oder immaterielles Ergebnis der Projektarbeit.

Projekthandbuch

Zusammenstellung von Informationen und Regelungen, die für die Planung und Durchführung eines bestimmten Projekts gelten sollen.

Projektinformationsmanagement

Aufgabengebiet innerhalb des Projektmanagements, das sich mit der Erfassung, Weiterleitung, Be- und Verarbeitung, Auswertung und Speicherung der Projektinformationen befasst.

Projektinfrastruktur

Alle materiellen und immateriellen Einrichtungen und Hilfsmittel, die zur Durchführung eines Projekts notwendig sind.

Projektkalkulation

Ermittlung der voraussichtlichen kostenwirksamen Projektleistungen und ihre Bewertung.

Projektmanagementhandbuch

Zusammenstellung von Regelungen, die innerhalb einer Organisation generell für die Planung und Durchführung von Projekten gelten.

Projektmanagement-Instrumentarium

Gesamtheit der Arbeitsmittel, Methoden, Verfahren und Vorgehensweisen, die dem Projektmanagement zur Verfügung stehen. Unter diesen werden diejenigen im Einzelfall ausgewählt, die der Durchführung der Aufgaben dienen sollen.

Projektbeobachtung (engl.: project monitoring)

Fortlaufende Erfassung von Ist-Werten der Projektabwicklung einschließlich Berichterstattung.

Projektplan; Projektmanagementplan

Gesamtheit aller im Projekt vorhandenen Pläne.

Projektrisiko

Risiko, durch das der vorgesehene Ablauf oder Ziele des Projekts gefährdet werden.

Projektziel

Gesamtheit von Einzelzielen, die durch das Projekt erreicht werden sollen, bezogen auf Projektgegenstand und Projektablauf.

Risikoanalyse; Projektrisikoanalyse

Teil einer Projektanalyse, der sich auf das Projektrisiko bezieht.

Risikomanagement

Aufgabengebiet innerhalb des Projektmanagements zur Ausschaltung, Vermeidung oder Verringerung von Projektrisiken.

Sistierung

Vom Auftraggeber formell geforderter Stillstand in der Auftrags- bzw. Projektabwicklung, bei dem zunächst offenbleibt, ob der Auftrag bzw. das Projekt weitergeführt wird.

Teilabnahme

Abnahme einer Teillieferung oder Teilleistung aus dem Vertrag, die funktions- bzw. objektbezogen oder aufgrund besonderer Umstände abgegrenzt wird.

Übergabe

Nach Form, Inhalt und Durchführung vertraglich vereinbarte oder durch Rechtsvorschriften geregelte Abgabe von Lieferungen und Leistungen an den Empfänger.

Übernahme

Nach Form, Inhalt und Durchführung vertraglich vereinbarte oder durch Rechtsvorschriften geregelte Entgegennahme von Lieferungen und Leistungen von einem Abgebenden.

Vertragsmanagement

Aufgabengebiet innerhalb des Projektmanagements zur Steuerung der Gestaltung, des Abschlusses, der Fortschreibung und der Abwicklung von Verträgen zur Erreichung der Projektziele.

Vorabangebot; Richtangebot; Schätzangebot

Angebot mit vorläufigem Charakter zum Abstecken des Rahmens.

Grundlagen

- Die **Bildschirmarbeitsverordnung** (BildscharbV) wurde durch die BGI 650 (**B**erufs**g**enossenschaftliche **I**nformation) konkretisiert.
- **BGI 650**
  Ein Leitfaden als praktische Hilfen für die Gestaltung der Arbeit an Bildschirm- und Büroarbeitsplätzen (im Rahmen der Schriftenreihe „Prävention“)
- **DIN EN ISO 9241**
  Ergonomie der Mensch-System-Interaktion, Ergonomische Anforderungen für Bürotätigkeiten mit Bildschirmgeräten
- **DIN EN 1335-1: 2002-08**
  Büromöbel – Büro-Arbeitsstuhl (Maße; Bestimmung der Maße)
- **DIN EN 527-1: 2011**
  Büromöbel – Büroarbeitstische

Sehraum

- Der Sehraum ist der Bereich, in dem Objekte durch Augen- und Kopfbewegungen wahrgenommen werden.

A: bevorzugt B: zulässig

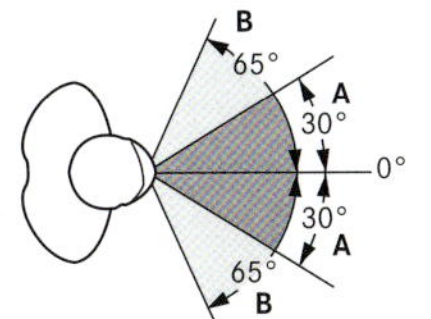

Greifraum

- Abmessungen für den Greifraum werden bestimmt aus den Maßen für die „Reichweite nach vorn“ und die „Schulterbreite“
- DIN 33 402-2:2005-12, Ergonomie – Körpermaße des Menschen

A: Bevorzugter Greifraum B: Zulässiger Greifraum

A_b: beidhändig
A_l: linke Hand
A_r: rechte Hand

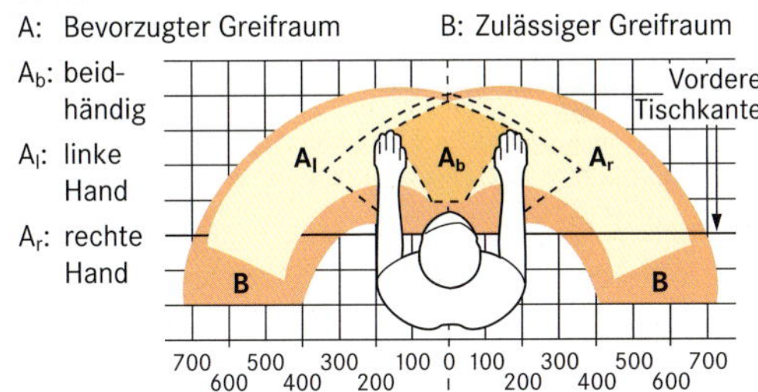

Beispiel für einen Büroarbeitsplatz

Maße in cm

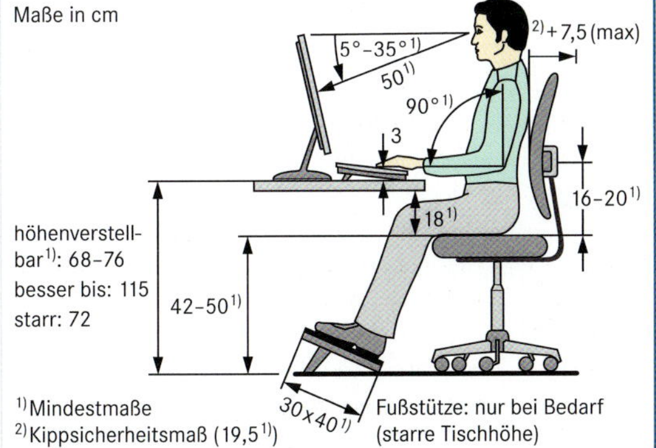

[1] Mindestmaße
[2] Kippsicherheitsmaß (19,5 [1])

Ergonomische Anforderungen

- **Bildschirmgeräte**
  - Bildschirmdiagonale: 19 bis 21 Zoll (bei Grafik)
  - Bildschirm frei von Reflexionen und Blendungen
  - Bildschirm frei drehbar und neigbar (25 bis 30 Grad)
  - Bild stabil, flimmerfrei, ohne Verzerrungen
  - Zeichen scharf, deutlich und ausreichend groß, keine „verwaschenen“ Konturen
    Zeichenbreite: mind. 50 % der Schrifthöhe
    Strichstärke: 10 % ... 20 % der Zeichenhöhe
    Zeichenabstand: mind. 15 % der Schrifthöhe
    Zeilenabstand: mind. 15 % der Schrifthöhe
    Rasterung: mind. 5 x 7 Punkte
  - Schrifthöhe

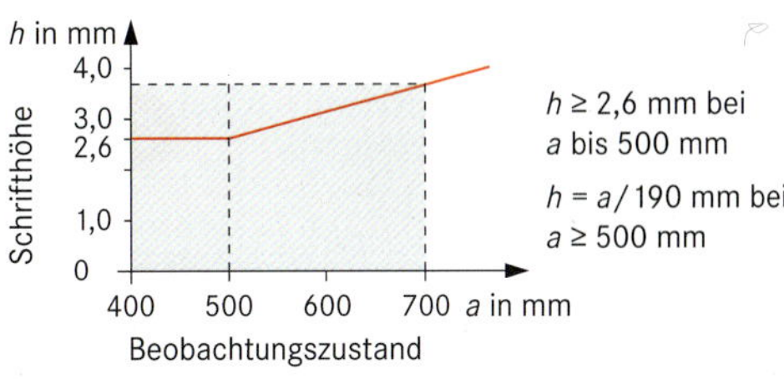

  - Helligkeit und Kontrast leicht der Umgebung anpassbar
  - Kontrast:
    Helle Zeichen auf dunklem Grund 5:1 bis 10:1
    Dunkle Zeichen auf hellem Grund: > 5:1
  - Farbwahl der Funktion angepasst (Verzicht auf gesättigte Farben bei großen Flächen)
- **Tastatur**
  - Ergonomische Bedienung
  - Vor Bildschirmgerät getrennt neigbar (bis 15 Grad)
  - Variabel anzuordnen
  - Auflegen der Hände möglich
  - Reflexionsarme Oberfläche (20 bis 50 %)
  - Tastendurchmesser 12 mm bis 15 mm
  - Tastenhub 2 mm bis 4 mm
- **Arbeitstisch**
  - Schreibfläche mindestens 1600 mm x 800 mm mit reflexionsfreier Oberfläche
  - Abgerundete Ecken, Tischplatte max. 30 mm stark
  - Ausreichender Raum für ergonomisch günstige Arbeitshaltung
  - Beinraum ohne Einschränkungen
  - Kabelkanäle zur einwandfreien Führung der Gerätezuleitungen
- **Arbeitsstuhl**
  - Ergonomisch gestaltet sowie stand- und kippsicher
  - Fünf Rollen, gegen unbeabsichtigtes Wegrollen gesichert
  - Rollenwiderstand angepasst an Fußbodenbelag
  - Sitzflächenhöhe 40 cm bis 50 cm, verstellbar
  - Verstellbare Armauflagen
- **Arbeitsumgebung**
  - Ausreichender Raum für wechselnde Arbeitshaltungen und Bewegungen
  - Beleuchtung der Sehaufgabe und an das Sehvermögen angepasst
  - Lichtschutzvorrichtungen verhindern Blendungen und Reflexionen
  - Kein Lärm durch Arbeitsmittel
  - Keine erhöhten Wärmebelastungen durch Arbeitsmittel

Nationale Prüfzeichen an elektrischen Betriebsmitteln und Geräten

Zeichen	Erklärung	Zeichen	Erklärung	Zeichen	Erklärung
D V E	VDE-Zeichen Verband der Elektrotechnik Elektronik Informationstechnik e.V.	GS	Sicherheitszeichen Prüfzeichen Geprüfte Sicherheit	IZE	Informationszentrale der Elektrizitätswirtschaft in Frankfurt/M.
◁VDE ▷◁HAR ▷	VDE-Harmonisierungszeichen für Kabel und Leitungen	GS	Sicherheitszeichen Prüfstelle: VDE	DIN AGI	Qualitätszeichen für geräuscharme Ausführung elektr. Geräte
	Funkschutzzeichen Im freien Ausschnitt Funkstörgrad: G, N, K oder O	TÜV GS	Sicherheitszeichen Prüfstelle: TÜV (Technischer Überwachungsverein)		Qualitätssicherheit für gasdichte, wiederaufladbare Knopfzellen, Norm: DIN-ISO 9001
BZT A999 999N	Bundesamt für Zulassungen in der Telekommunikation	DIN-DVGW GS	Sicherheitszeichen Prüfstelle: DIN	DIN ISO 9001 DQS	Qualitätssicherheit für Schutzbauelemente, Norm: DIN-ISO 9001
	Zulassungszeichen für Messwandler und Zähler der Phys.-Technischen Bundesanstalt Braunschweig	GS	Sicherheitszeichen Prüfstelle: Berufsgenossenschaft		Prüfzeichen Sicherheitsprüfung z. B. bei elektrischen Geräten
E	Zulassungszeichen für Tarifschaltuhren der Phys.-Technischen Bundesanstalt Braunschweig		Kennzeichen, Vereinigung der Hersteller und Verarbeiter von Kunststoffen		Recyclingzeichen Wiederaufbereitung nach Verwendung

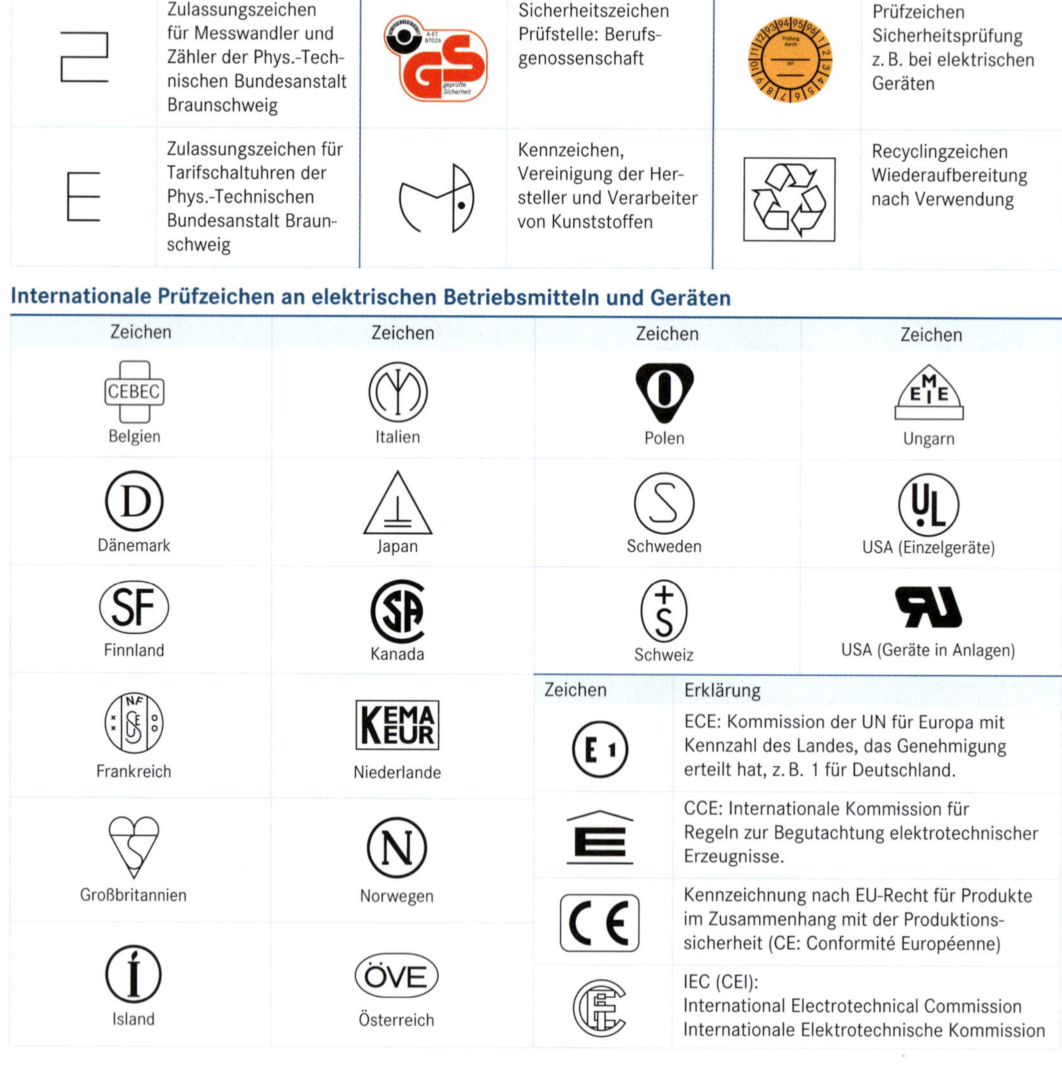

Internationale Prüfzeichen an elektrischen Betriebsmitteln und Geräten

Zeichen	Zeichen	Zeichen	Zeichen
Belgien	Italien	Polen	Ungarn
Dänemark	Japan	Schweden	USA (Einzelgeräte)
Finnland	Kanada	Schweiz	USA (Geräte in Anlagen)
Frankreich	Niederlande		
Großbritannien	Norwegen		
Island	Österreich		

Zeichen	Erklärung
E 1	ECE: Kommission der UN für Europa mit Kennzahl des Landes, das Genehmigung erteilt hat, z. B. 1 für Deutschland.
	CCE: Internationale Kommission für Regeln zur Begutachtung elektrotechnischer Erzeugnisse.
CE	Kennzeichnung nach EU-Recht für Produkte im Zusammenhang mit der Produktionssicherheit (CE: Conformité Européenne)
	IEC (CEI): International Electrotechnical Commission Internationale Elektrotechnische Kommission

Prüfsiegel
Test Marks

Funktion

- Prüfsiegel geben **Auskunft über Qualitätskriterien.** Beispiele:
  Bildschirmstrahlung, Bildschirmergonomie, Ergonomie allgemein, Umweltverträglichkeit, Energiesparfunktion, Recyclingfähigkeit, Lärmemission, Arbeitssicherheit, Betriebssicherheit, Elektromagnetische Verträglichkeit usw.
- **Vergabe und Kontrolle**
  - Bei einigen Prüfsiegeln reicht es aus, wenn Hersteller die Einhaltung der Kriterien schriftlich erklären.
  - In anderen Fällen müssen Prüfberichte unabhängiger Prüfinstitute (z. B. Jury „Umweltzeichen") vorliegen.

Blauer Engel

Arbeitssicherheit
Bildschirmstrahlung
Bildschirmergonomie
Energiesparfunktion
Lärmemission
Recyclingfähigkeit
Umweltverträglichkeit

- Bei der Konstruktion ist auf recyclinggerechte Konstruktion zu achten (u. a. Steck- statt Schraubverbindungen)
- Gehäuse ohne PVC
- Bildröhre cadmiumfrei
- Verpackung ohne FCKW
- Garantie auf Rechner 3 Jahre, Monitore mindestens 1 Jahr
- Geringe Geräuschabgabe
- Energiesparfunktion

Vergabe: Schriftliche Erklärung der Hersteller bzw. Jury.

ECO-Kreis 99

Arbeitssicherheit
Betriebssicherheit
Bildschirmstrahlung
Bildschirmergonomie
EMV
Energiesparfunktion
Ergonomie
Lärmemission
Produkterweiterung
Recyclingfähigkeit
Softwareergonomie
Umweltverträglichkeit

Prüfsiegel für:
PC, Monitor, Tastatur, Notebook

- EMV: EN 55022, EN 61000, EN 50082
- Energiespareigenschaften: Einhaltung der EPA durch Protokolle und unabhängige Prüfstelle
- Ergonomie: ISO 9241, MPR II oder EN 50279
- Lärm: DIN EN 27779
- Recycling: Anforderungskatalog ‚Recycling von Bürogeräten'
- Schadstofffreiheit: Prüfstellen und Herstellererklärung
- Sicherheit: Einhaltung der EN 60950
- Qualitätsmanagementsystem: Zertifikat QMS ISO 9000 und UMS ISO 14000

Vergabe: TÜV-Rheinland in Verbindung mit anerkannten Prüflabors.

Europäisches Umweltzeichen

- Prüfsiegel für Computer, Systemeinheiten, Monitore und Tastaturen
- Geprüft werden
  - Energieverbrauchsanforderungen gemäß Energy Star
  - Recyclinggerechte Konstruktion
  - Umweltfreundliche Materialien (frei von Blei- und Cadmiumzusätzen)
  - Emissionsgrenzwerte für elektromagnetische Strahlung
  - Geräuschemission

Quality Office

- Qualitätszeichen für Büroarbeitsplätze
- Die Leitlinien definieren Qualitätsstandards unter Berücksichtigung ergonomischer Erkenntnisse für:
  - Büroarbeitsstühle
  - Büroarbeitstische
  - Büroschränke
  - Raumgliederungselemente
  - ...

TCO-Gütesiegel

- Das TCO-Gütesiegel wird vom Dachverband der schwedischen Angestellten- und Beamtengewerkschaft (**TCO: T**jänstemännens **C**entral**o**rganisation) vergeben.
- Es handelt sich um ein Qualitäts- und Umweltsiegel, mit dessen Hilfe man die Entwicklung von Produkten mit guten Anwendungseigenschaften und geringer Umweltbelastung fördern will.
- Die TCO-Gütesiegel erleichtert dem Konsumenten die Auswahl von umweltfreundlichen IT- und Büroausrüstungen.
- Beispiele:

TCO'03, Display

- Auflösung
  - Anzeige mindestens 30 Pixel/Grad
- Helligkeit
  - Mindestens 150 cd/m²
- Kontrast
  - Kontrastmodulation ≥ 0,8 bei 30° in der Horizontalen
- Farbwiedergabe
  - Anpassmöglichkeit der Farbtemperatur
  - Farben dürfen bei winkliger Betrachtung nicht verzerrt werden
- Emission (bestimmte Abstände vor dem Display, 30 cm und 50 cm vor dem Display)
  - Elektrische Wechselfelder ≤ 10 V/cm bei 5 Hz bis 2 kHz; ≤ 1,0 V/cm bei 2 kHz bis 400 kHz
  - Magnetische Wechselfelder ≤ 200 nT bei 5 Hz bis 2 kHz; ≤ 25 nT bei 2 kHz bis 400 kHz
- Energie
  - Maximal 2 W im niedrigsten Standby-Modus
  - Anzeige der Energiesparfunktion

TCO'05, Desktop

- Ergonomie
  - Flimmerfreies Bild, gute Helligkeit, guter Kontrast
- Emission
  - Deutliche Reduzierung von elektrischen und magnetischen Feldern
  - Niedriger Geräuschpegel
- Energie
  - Niedriger Energieverbrauch, Energiespar-Funktion
- Ökologie
  - Reduzierung umweltschädlicher Stoffe

Wirkungsbereich

- Energy Star ist ein Gütezeichen für ein umweltbewusstes (energiesparsames) Gerät.
- Es handelt sich um eine US-amerikanische Produktbezeichnung für energiesparsame Geräte. Energy Star kennzeichnet, dass Energiesparkriterien der amerikanischen Umweltschutzbehörde **EPA** (**E**nviroment **P**rotection **A**gency) und des US-Department of Energy erfüllt werden.
- Energy Star wurde 2003 durch eine EU-Verordnung in Europa eingeführt.
- Ab 1. Juli 2009 gilt die Richtlinie Energy Star 5.0. Sie gilt für
  - Desktop-PCs
  - Notebooks
  - Thin Clients
  - Workstations
  - Kleine Server-Systeme

Betriebszustände

- **IDLE**
  Das System ist vollständig aktiv. Das Betriebssystem, alle Tools oder Anwendungen der Hersteller sind geladen.
- **Sleep**
  Dieser Energiesparmodus wird vom System nach einer vorgegebenen Zeit erreicht. Aus diesem Zustand kann das System innerhalb von maximal 5 Sekunden aktiviert werden.
- **Off Mode (Stand-by)**
  Es handelt sich um den Zustand des geringsten Energieverbrauchs.
- **Active State**
  Vom System werden einfache Aufgaben verrichtet.
  Der Prozessor, die Festwertspeicher und die Arbeitsspeicher sind aktiviert.
- **Typical Energy Consumption (TEC)**
  Es handelt sich um eine Methode, bei der man die Energieausnutzung eines Systems ermittelt bzw. Systeme miteinander vergleichen kann, wenn im Zeitraum eines Jahres definierte Aufgaben verrichtet werden.
  Die Angabe erfolgt in kWh.

Weitere Vorgaben

Bei Inaktivität Umschaltung in den Energiesparmodus:

- Monitor nach spätestens 15 Minuten
- Gesamtsystem nach 30 Minuten

Sleep-Mode:

- GBit-Netzwerkarte mit niedriger Datenübertragungsrate

Kenngrößen für Energy Star

Desktop-PCs				
Kategorie	A	B	C	D
Prozessorkerne	–	2	≥ 2	≥ 2
TEC in kWh	≥ 148	≥ 175	≥ 209	≥ 234
Weitere Merkmale	weder B, C noch D	≥ 2 GB RAM	≥ 2 GB RAM oder diskrete GPU[1]	≥ 2 GB RAM oder diskrete GPU[1] > 128 Bit
Hauptspeicher	+ 1 kWh je zusätzlichem 1 GB			
Diskrete GPU[1]	+ 35 kWh für FB-Bus < 128 Bit; + 50 kWh für FB-Bus > 128 Bit;		+ 50 kWh für FB-Bus > 128 Bit;	
Zusätzliche HDD[2]	+ 25 kWh			
Netzteil	80 Plus Bronze			

Notebooks			
Kategorie	A	B	C
TEC in kWh	≥ 40	≥ 53	≥ 88,5
Hauptspeicher	+ 0,4 kWh je zusätzlichem 1 GB		
Diskrete GPU[1]		+ 3 kWh für FB-Bus > 64-Bit;	
Zusätzliche HDD[2]	+ 3 kWh		

[1] GPU: Graphics Processing Unit (Prozessor auf Grafikkarte)

[2] HDD: Hard Disk Drive (Permanent-/Massenspeicher, Festplatte)

80 PLUS

- Es handelt sich hierbei um eine Initiative zur Förderung von PC-Netzteilen, die einen Wirkungsgrad > 80 % aufweisen.
- Die Wirkungsgrade (η) der Netzteile sind bei den Belastungen von 20 %, 50 % und 100 % festgelegt

Belastung 20 %			
$\eta \geq 80$ %	$\eta \geq 80$ %	$\eta \geq 85$ %	$\eta \geq 87$ %
Belastung 50 %			
$\eta \geq 80$ %	$\eta \geq 85$ %	$\eta \geq 88$ %	$\eta \geq 90$ %
Belastung 100 %			
$\eta \geq 80$ %	$\eta \geq 82$ %	$\eta \geq 85$ %	$\eta \geq 87$ %

Begriffsbestimmung

- Quelle:
  Ergänzung der Richtlinie 2010/30/EU des Europäischen Parlaments und des Rates im Hinblick auf die Kennzeichnung von Fernsehgeräten in Bezug auf den Energieverbrauch vom 28.09.2010
- **Fernsehapparat**
  ist ein Gerät, das vorwiegend zur Anzeige und zum Empfang audiovisueller Signale verwendet wird mit
  - Bildschirm,
  - einem oder mehreren Signalempfängern (Tuner/Receiver) sowie mögliche
  - Komponenten mit Zusatzfunktionen für Datenspeicherung (z. B. Festplatte) und/oder -anzeige (z. B. DVD-Laufwerk) als Einheit oder getrennt sind.
- **Videomonitor**
  ist ein Gerät zur Anzeige eines Videosignals auf einem integrierten Bildschirm, gespeist aus unterschiedlichen Quellen, einschließlich Fernsehsignalen. Fakultativ können Audiosignale von einer externen Quelle wiedergegeben und gesteuert werden.

Energieeffizienzklassen (EEI)

Energieeffizienzklasse	Energieeffizienzindex
A+++ höchste Effizienz	$EEI < 0{,}10$
A++	$0{,}10 \leq EEI < 0{,}16$
A+	$0{,}16 \leq EEI < 0{,}23$
A	$0{,}23 \leq EEI < 0{,}30$
B	$0{,}30 \leq EEI < 0{,}42$
C	$0{,}42 \leq EEI < 0{,}60$
D	$0{,}60 \leq EEI < 0{,}80$
E	$0{,}80 \leq EEI < 0{,}90$
F	$0{,}90 \leq EEI < 1{,}00$
G geringste Effizienz	$1{,}00 \leq EEI$

Berechnungsformeln: $EEI = \frac{P}{P_{ref}}(A)$

$$P_{ref}(A) = P_{basic} + A \cdot 4{,}3224\ \mathrm{W/dm^2}$$

P: Leistung des Fernsehgerätes im Ein-Zustand, gerundet auf eine Dezimalstelle

A: Sichtbare Bildschirmfläche in $\mathrm{dm^2}$

P_{basic} in W	Gerät, Ausstattung
20	Fernsehapparate mit einem Signalempfänger und ohne Festplatte
24	Fernsehapparate mit Festplatte(n)
24	Fernsehapparate mit zwei oder mehr Signalempfängern
28	Fernsehapparate mit Festplatte(n) und zwei oder mehr Signalempfängern
15	Videomonitore

Jährlicher Energieverbrauch E im Ein-Zustand in kWh:

$$E = 1{,}46 \cdot P \cdot h$$

Label

- Nutzung:
  - Freiwillig: ab 20.12.2010
  - Verpflichtend: ab 30.11.2011

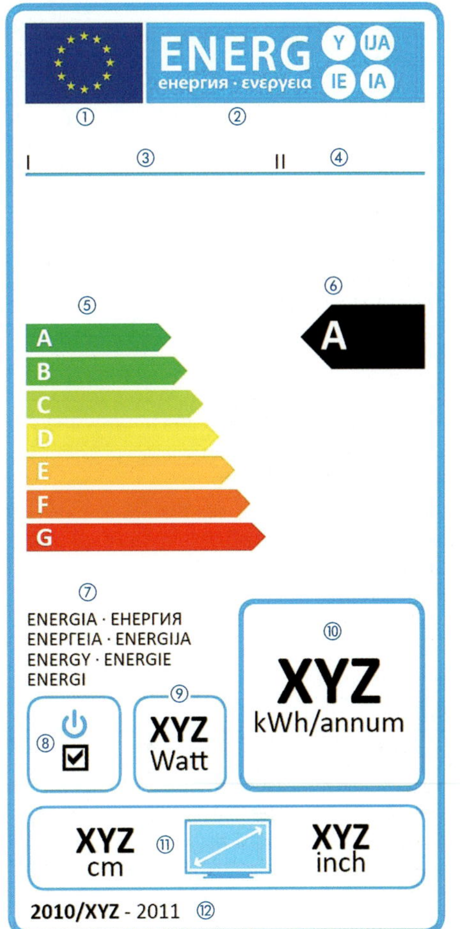

- Elemente des Labels:

①	EU-Logo	⑦	Energie
②	Etiketten-Logo	⑧	Schalter-Logo (ja/nein)
③	Name oder Warenzeichen des Lieferanten	⑨	Text zur Leistung im Ein-Zustand
④	Modellkennung des Lieferanten	⑩	Text zum jährlichen Energieverbrauch in kWh/Jahr [1)]
⑤	Skala A bis G	⑪	Bildschirmdiagonale
⑥	Energieeffizienzklasse	⑫	Bezugszeitraum

[1)] Täglich vierstündiger Betrieb an 365 Tagen

- Weitere Kennzeichnung:
  Geräte, die neben energiesparenden Eigenschaften weiteren strengen Umweltanforderungen des Europäischen Umweltzeichens entsprechen, tragen zusätzlich das EU Eco-Label (stilisierte Blume).

5 Sicherheitsregeln

Freigabe der Anlage zur Arbeit
durch die verantwortliche Aufsichtsperson nach Befolgen aller 5 Sicherheitsregeln.

Vor Beginn der Arbeiten:

1. Freischalten
2. Gegen Wiedereinschalten sichern
3. Spannungsfreiheit feststellen
4. Erden und kurzschließen[1)]
5. Benachbarte, unter Spannung stehende Teile abdecken oder abschranken

Wiedereinschalten

- Werkzeug und Hilfsmittel entfernen
- Gefahrenbereich verlassen
- Kurzschließung und Erdung zuerst an der Arbeitsstelle, dann an den übrigen Stellen aufheben
- Erdungsseil zuerst von den Anlagenteilen (z. B. Leitung), dann erst von der Erde heben
- Anlagenteile und Leitungen ohne Erdungsseil dürfen nicht mehr berührt werden
- Entfernte Schutzverkleidungen und Sicherheitsschilder wieder anbringen
- Schutzmaßnahmen an den Schaltstellen erst nach Freimeldung von den Arbeitsstellen aufheben

Erste Hilfe

- Strom sofort unterbrechen
- Feststellen, ob Atemstillstand vorliegt, dann mit Beatmung einsetzen
- Feststellen, ob Kreislaufstillstand vorliegt, dann neben Beatmung auch mit Herzmassagen beginnen
- Liegt kein Atem- oder Kreislaufstillstand vor, dann Verunglückten in Seitenlage bringen
- Bei Atem- und Kreislaufstillstand, größeren Verbrennungen, Ohnmacht schnellen Transport ins Krankenhaus veranlassen

[1)] In Anlagen mit Nennspannungen bis 1000 V darf unter bestimmten Umständen hiervon abgewichen werden (vgl. DIN VDE 0105 T. 1).

Sicherheitsschilder

Darstellung	
P9 	Verbotsschild: Nicht berühren, Gehäuse unter Spannung
P10 	Verbotsschild: Nicht schalten
ZS 1 Es wird gearbeitet! Ort: Entfernen des Schildes nur durch:	Zusatzschild
W8 	Warnschild: Warnung vor gefährlicher elektrischer Spannung
ZS 2 Hochspannung Lebensgefahr	Zusatzschild
W10 	Warnschild: Warnung vor Laserstrahl
W20 	Warnschild: Warnung vor Gefahren durch Batterien
M13 	Gebotsschild: Vor Öffnen Netzstecker ziehen

Hinweisschilder

HS 1	HS 2	HS 3	HS 4
Entladezeit länger als 1 Minute	Teil kann im Fehlerfall unter Spannung stehen	Fünf Sicherheitsregeln Vor Beginn der Arbeiten: • Freischalten • Gegen Wiedereinschalten sichern • Spannungsfreiheit feststellen • Erden und kurzschließen • Benachbarte, unter Spannung stehende Teile abdecken oder abschranken	Vor Berühren: Entladen Erden Kurzschließen

Verpackungsverordnung

- Verordnung über die Vermeidung und Verwertung von Verpackungsabfällen (VerpackV, Bundesrechtsverordnung)
- Zielsetzung:
  - Umweltbelastungen verringern
  - Wiederverwendung oder Verwertung von Verpackungen fördern
  - vorrangiger Einsatz verwertbarer Abfälle oder sekundärer Rohstoffe
  - Mehrfachverwertung
  - Einsatz langlebiger Produkte
- Geltungsbereich: Bundesrepublik Deutschland
- Letzte Änderung: 02.04.2008 (Inkrafttreten 01.01.2009)
  Alle Hersteller und Vertreiber von Gütern in Verpackungen, die beim privaten Endverbraucher landen, sind verpflichtet, sich am flächendeckenden Rücknahmesystem der Verpackung zu beteiligen (auch Versandhandel).

Transport-Verpackung
Fässer
Kanister
Säcke
Paletten
usw.

Umverpackung (Doppelverpackung)
Folien
Kartonagen
usw.

Verkaufsverpackung (Einzelverpackung)
Becher
Dosen
Flaschen
Tragetaschen
usw.

Geschäft

Rücknahme der Verpackung durch:

Hersteller und Vertreiber | **Vertreiber** | **Hersteller und Vertreiber**

Wiederverwertung

oder

Stoffliche Verwertung (Recycling)

Duales System
Gebrauchte Verpackungen werden beim Verbraucher gesammelt und der stofflichen Verwertung (Recycling) zugeführt.

DER GRÜNE PUNKT

Grüner Punkt
Hersteller, die sich am dualen System beteiligen, kennzeichnen ihre Produkte mit dem grünen Punkt.

Kreislaufwirtschaft

1

Abfälle verringern

- **Produktion:**
  - „Abfallstoffe" der Produktion wieder zuführen.
  - „Abfallarme" Produktion durch Materialeinsparung, Einsatz langlebiger Produkte, „sparsame" Verpackung usw.
- **Verbraucher:**
  Veränderung der Einstellungen gegenüber Abfällen (jeder kann etwas zur Verringerung beitragen).

2

Abfälle verwerten

- **Recycling:**
  Wiederverwertung von Abfallstoffen
  - im gleichen Produktionskreislauf und
  - in einem anderen Produktionsprozess.
- **Energetische Verwertung:**
  Abfälle als Ersatzbrennstoffe umweltverträglich nutzen.

3

Abfälle verwerten

- **Trennung:**
  Sortengerechte Trennung und Lagerung
- **Lagerung:**
  Umweltschonende Lagerung auf entsprechenden Deponien
- **Verbrennung:**
  Umweltschonende Verbrennung

Arbeitsweise Duales System
Verpackungen im Kreislauf

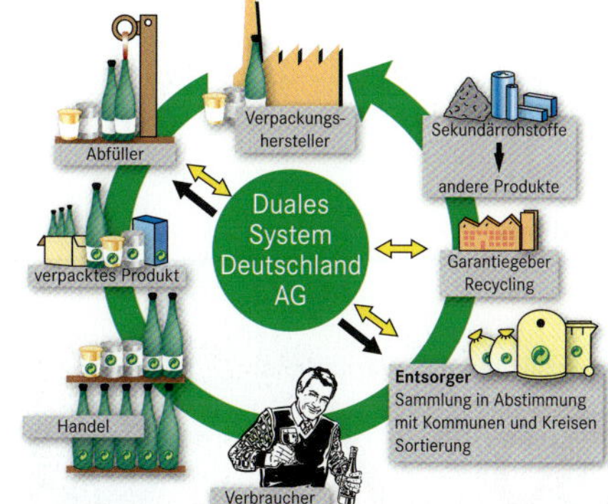

Vertragsbeziehungen
Finanzierung über Lizenzentgelte für den Grünen Punkt

Gesetzliche Grundlagen

- **Ziel**: Gesundheit aller Beschäftigten durch Maßnahmen des Arbeitsschutzes zu sichern und zu verbessern
- **Arbeitsschutzgesetz** (**ArbSchG**):
  Gesetz über die Durchführung von Maßnahmen des Arbeitsschutzes zur Verbesserung der Sicherheit und des Gesundheitsschutzes der Beschäftigten bei der Arbeit.
- Verordnungen:
  - Arbeitsstättenverordnung (ArbStättV)
  - Baustellenverordnung (BaustellV)
  - Betriebssicherheitsverordnung (BetrSichV)
  - Bildschirmarbeitsverordnung (BildscharbV)
  - Lärm- und Vibrations-Arbeitschutzverordnung (LärmVibrationsArbSchV)
  - Lastenhandhabungsverordnung (LasthandhabV)
  - PSA-Benutzungsverordnung (**PSA**: **P**ersönliche **S**chutz**a**usrüstung, PSA-BV)
- **Mitbestimmung**:
  In Betrieben mit Betriebsräten besteht eine Aufsichts- und Mitbestimmungspflicht der Mitarbeitervertretungen, z. B. bei Risikobeurteilungen, Präventionsmaßnahmen, Wirksamkeitskontrollen.
- **Überwachung**:
  Zuständige Behörden und/oder Berufsgenossenschaften (BGV)

Pflichten des Arbeitgebers

- Elektrische Anlagen und Betriebsmittel
  - nach den elektrotechnischen Regeln betreiben,
  - nur von einer Elektrofachkraft bzw. unter deren Aufsicht errichten, ändern und instand halten,
  - auf einen ordnungsgemäßen Zustand prüfen und
  - Mängel unverzüglich beseitigen.
- Erforderliche persönliche Schutzkleidung dem Arbeitnehmer zur Verfügung stellen.
- Sicherheitsrelevante Arbeitsgeräte (z. B. Leitern) in ausreichender Anzahl und technisch einwandfreiem Zustand zur Verfügung stellen.

Pflichten des Arbeitnehmers

- Sicherheitstechnische Bestimmungen am Arbeitsplatz einhalten und Anweisungen befolgen.
- Vor Arbeitsbeginn alle sicherheitsrelevanten Arbeitsgeräte und Hilfsmittel überprüfen.
- Elektrotechnische Bestimmungen einhalten.
- Bei Übertragung der Unternehmerpflichten an die Elektrofachkraft (BGV A1, § 13) deren Einhaltung kontrollieren. Die Übertragung muss schriftlich bestätigt werden.
- Persönliche Schutzausrüstung tragen.

Hinweiszeichen

- Hinweiszeichen dienen dem Arbeits- und Gesundheitsschutz
- Beispiele:

Verbotszeichen	**Warnzeichen**	**Gebotszeichen**
P8	W3	M1
Berühren verboten	Warnung vor giftigen Stoffen	Augenschutz tragen

Handlungsschritte zum Arbeitsschutz

- Um den Arbeits- und Gesundheitsschutzes zu gewährleisten, sind die abgebildeten Schritte durchzuführen.
- Die Gefährdungsbeurteilung sollte ständig fortgeschrieben werden.
- Es ist sinnvoll, die einzelnen Schritte zu dokumentieren.

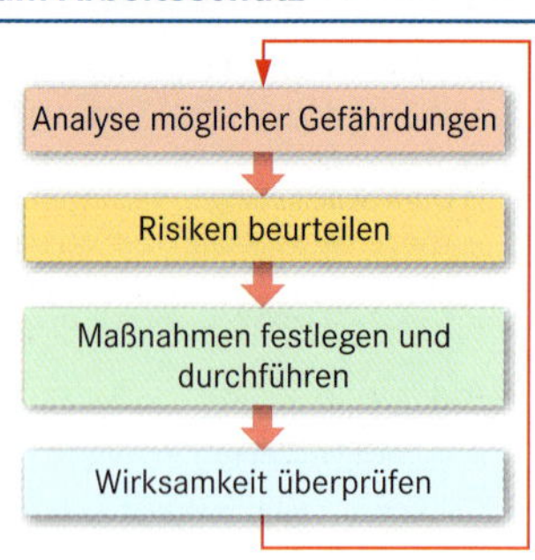

Gefahrstoffverordnung

- Die Gefahrstoffverordnung (**GefStoffV**) dient dem Schutz vor gefährlichen Stoffen und ist im Arbeitsschutz verankert.
- Bei der Beurteilung der Gefährdung werden die physikalisch-chemischen und toxischen Eigenschaften sowie besondere Eigenschaften im Zusammenhang mit bestimmten Tätigkeiten unabhängig voneinander betrachtet.
- Um die Gefahren beim Arbeiten mit Gefahrstoffen abschätzen zu können, werden sie in vier Schutzstufen eingeteilt:
  1. Mindestmaßnahmen
  2. Standardschutzstufe für Tätigkeiten mit Gefahrstoffen
  3. Zusätzliche Anwendung bei Arbeiten mit giftigen und sehr giftigen Stoffen
  4. Zusätzliche Anwendung bei Arbeiten mit krebserzeugenden, erbgutverändernden und fruchtbarkeitsschädigenden Stoffen
- Symbolbeispiele:

Sehr giftig	Reizend	Hochentzündlich	Ätzend

Gefahrenklassen

- Gefahrenklassen werden in Gefahrenkategorien unterteilt.
- Um den Schweregrad der einzelnen Gefährdungen zu erkennen, werden Gefahrenpiktogramme, Signalwörter und Gefahrenhinweise angegeben.

Gefahrenhinweise

- Es handelt sich um einen standardisierten Text, der die Art und gegebenenfalls den Schweregrad der Gefährdung beschreibt.
- Beispiel:

H 3 01
- 01 → laufende Nummer
- 3 → Gruppierung 2 = Allgemein, 3 = Gesundheitsgefahren, 4 = Umweltgefahren
- H → steht für Gefahrenhinweis (**H**azard Statement)

Recycling-Code

- Der Recycling-Code wird zur Kennzeichnung verschiedener Materialien zwecks Rückführung in den Verwertungskreislauf verwendet.
- Das Recyclingsymbol besteht aus drei (oft grünen) Pfeilen und einer Nummer, die das Material kennzeichnet. Die Kürzel für Kunststoffe basieren auf den genormten Kurzzeichen der Kunststoffe.

Allgemeines Symbol

Beispiel: PVC

Recyclingcode		
01	PET	Polyethylenterephtalat
02	HDPE	Polyethylen hoher Dichte
03	PVC	Polyvinylchlorid
04	LDPE	Polyethylen niedriger Dichte
05	PP	Polypropylen
06	PS	Polystyrol
07	0	andere Kunststoffe
20	PAP	Wellpappe
21	PAP	sonstige Pappe
22	PAP	Papier
40	FE	Stahl
41	ALU	Aluminium
50	FOR	Holz
51	FOR	Kork
60	TEX	Baumwolle
61	TEX	Jute
70	GL	Farbloses Glas
71	GL	Grünes Glas
72	GL	Braunes Glas
80	-	Papier + Pappe/verschiedene Metalle
81	-	Papier + Pappe/Kunststoffe
82	-	Papier + Pappe/Aluminium
83	-	Papier + Pappe/Weißblech
84	-	Papier + Pappe/Kunststoff/Aluminium
85	-	Papier + Pappe/Kunststoff/Aluminium/Weißblech
90	-	Kunststoff/Aluminium
91	-	Kunststoff/Weißblech
92	-	Kunststoff/verschiedene Metalle
95	-	Glas/Kunststoff
96	-	Glas/Aluminium
97	-	Glas/Weißblech
98	-	Glas/verschiedene Metalle

Elektro- und Elektronikgerätegesetz ElektroG: 2005-03

Elektro- und Elektronikgerätegesetz

- EG-Richtlinie 2002/95 „Beschränkung der Verwendung bestimmter gefährlicher Stoffe in Elektro- und Elektronikgeräten“ (RoHS[1])
- EG-Richtlinie 2002/96 „Elektro- und Elektronikalt-/schrottgeräte“ (WEEE[2])

Beschränkung der Verwendung bestimmter gefährlicher Stoffe in Elektro- und Elektronikgeräten	
Giftige Substanzen dürfen in der Elektronik nur noch in maximal festgelegten Gewichtsprozenten verwendet werden.	
Cadmium	0,01 %
Blei	0,1 %
Quecksilber	
sechswertiges Chrom	
Polybromierte Biphenyle (PBB)	
Polybromierte Diphenylether (PBDE)	
Ausnahmen bestehen für Ersatzteile von Elektro- und Elektronikgeräten, die vor dem 1.6.2006 auf den Markt gebracht wurden.	

Elektro- und Elektronikalt-/schrottgeräte

Alle Hersteller von Elektro- und Elektronikgeräten in Deutschland müssen die Rücknahme und Entsorgung der Geräte sicherstellen, die nach dem 13.8.2005 in Verkehr gebracht wurden.

Gruppen	Beispiele
große Haushaltsgeräte	Backofen, Kühlschrank, Elektrische Heizgeräte
kleine Haushaltsgeräte	Staubsauger, Toaster, Bügeleisen, Haartrockner
Informations- und Kommunikationsgeräte	Computer, Drucker, Faxgeräte, Kopiergeräte, Telefone, Mobiltelefone
Geräte der Unterhaltungselektronik	Radiogeräte, Fernseher, HiFi-Anlagen, Videokamera
Leuchtmittel	stabförmige Leuchtstofflampen, Kompaktleuchtstofflampen
Elektrowerkzeuge	Bohrmaschinen, Nähmaschinen, Rasenmäher, Schweiß- und Lötwerkzeuge
Spiel- und Freizeitgeräte	Videospielkonsolen, Fitnessgeräte, Geldspielautomaten
Überwachungsgeräte	Rauchmelder, Thermostate
Ausgabesysteme	Geldautomaten, Getränkeautomaten

Elektro- und Elektronikgeräte müssen für die getrennte Sammlung mit einem sichtbaren, erkennbaren und dauerhaften Symbol gekennzeichnet sein (durchgestrichener Abfallbehälter).

[1] **RoHS**: **R**estriction **o**f the use of certain **h**azardous **s**ubstances in electrical and electronic equipment
[2] **WEEE**: **W**aste **E**lectrical and **E**lectronic **E**quipment

Grundlegende Standards

ISO/IEC 13335	Management of information and communications technology security (Management von Sicherheit der Informations und Kommunikationstechnik (IuK))
ISO/IEC 27001	Information security management systems – Requirements (Informationssicherheits-Managementsysteme – Anforderungen)
ISO/IEC 27002	Code of practice for information security management (Leitfaden zum Informationssicherheitsmanagem.ent)
IT-GS	IT-Grundschutz
ISO/IEC 18028	IT network security (IT Netzwerksicherheit)
ISO/IEC TR18044	Information security incident management (Management von Sicherheitsvorfällen in der Informationssicherheit)
ISO/IEC 18043	Selection, deployment and operation of intrusion detection systems (IDS) (Auswahl, Einsatz und Betrieb von Systemen zur Erkennung des Eindringens in Netze und Systeme)
ISO/IEC TR15947	IT intrusion detection systems (IDS) (Leitfaden für Systeme zur Erkennung des Eindringens in Netze und Systeme (IDS))
ISO/IEC 15816	Security information objects for access control (Sicherheitsobjekte für Zugriffskontrolle)

Standards mit Sicherheitsaspekten

Cobit	Control Objectives for Information and Related Technology (Kontrollziele Informations- und verwandte Techniken)
ITIL IT	Infrastructure Library (IT Infrastruktur Verfahrensbibliothek)
IDW PS 330	Abschlussprüfung bei Einsatz von Informationstechnologie

Vorschriften

KonTraG	Gesetz zur Kontrolle und Transparenz im Unternehmensbereich
Basel II	–
SOX	Sarbanes-Oxley Act
BDSG	Bundesdatenschutzgesetz

Evaluierung von IT-Sicherheit

ISO/IEC 15408 (CC)	Evaluation criteria for IT security (CC) (Evaluationskriterien für IT-Sicherheit)
ISO/IEC TR 15443	A framework for IT security assurance (Rahmenrichtlinien für Sicherung von IT-Sicherheit)
ISO/IEC 18045	Methodology for IT security evaluation (Methodik zur Evaluation von IT-Sicherheit)
ISO/IEC TR 19791	Security assessment for operational systems (Bewertung Sicherheit von Systemen im Betrieb)
ISO/IEC 19790 (FIPS140-2)	Security Requirements for Cryptographic Modules (Anforderungen an kryptographische Module)
ISO/IEC 19792	Security evaluation of biometrics (Evaluation der IT-Sicherheit biometrischen Technologien)
ISO/IEC 21827 (SSE-CMM)	System Security Engineering – CMM Modell der Ablaufstauglichkeit (ISO 21827)

Kryptografische-/IT-Sicherheitsverfahren

ISO/IEC 7064	Check character systems (Prüfsummensysteme)
ISO/IEC 18033	Encryption algorithms (Verschlüsselungsalgorithmen)
ISO/IEC 10116	Modes of operation for an n-bit block cipher (Betriebsarten für einen n-bit-Blockschlüssel-Algorithmus)
ISO/IEC 19772	Data encapsulation mechanisms (Daten verkapselnde Mechanismen)
ISO/IEC 9796	Digital signature schemes giving message recovery (Digitaler Unterschriftsmechanismus mit Rückgewinnung der Nachricht)
ISO/IEC 14888	Digital signatures with appendix (Digitale Signaturen mit Anhang)
ISO/IEC 15946	Cryptographic techniques based on elliptic curves (Auf elliptischen Kurven aufbauende kryptografischeTechniken)
ISO/IEC 10118	Hash functions (Hash-Funktionen)
ISO/IEC 18031	Random bit generation (Erzeugung von Zufallszahlen)
ISO/IEC 18032	Prime number generation (Primzahlerzeugung)
ISO/IEC 9798	Entity authentication (Authentisierung von Instanzen)
ISO/IEC 9797	Message Authentication Codes (Nachrichten-Authentisierungscodes)
ISO/IEC 15945	Specification of TTP services to support the application of digital signatures (Spezifizierung der Dienste eines vertrauenswürdigen Dritten zur Unterstützung der Anwendung von digitalen Signaturen)
ISO/IEC TR14516	Guidelines for the use and management of Trusted Third Party Services (Richtlinien für die Nutzung und das Management eines vertrauenswürdigen Dritten)
ISO/IEC 11770	Key management (Schlüsselmanagement)
ISO/IEC 13888	Non-repudiation (Nicht-Abstreitbarkeit)
ISO/IEC 18014	Time-stamping services (Zeitstempeldienste)

Physische Sicherheit

Technische	Produkte für die materielle Sicherheit
DIN 4102	Brandverhalten von Baustoffen und Bauteilen
DIN 18095	Rauchschutztüren
DIN EN 1047	Wertbehältnisse – Klassifizierung/Methoden zur Prüfung des Widerstandes gegen Brand
DIN EN 1143-1	Widerstandsgrad
DIN V ENV 1627	Fenster, Türen, Abschlüsse – Einbruchhemmung
DIN EN 60529	Schutzart durch Gehäuse
DIN 32757	Vernichtung von Informationsträgern

Quelle:
BITKOM/DIN: Kompass der IT-Sicherheitsstandards V 3.0

Vorgaben

- IT-Systeme werden von einem großen Anwenderkreis (Benutzer, Instandhalter) verwendet.
- Deshalb müssen diese Systeme
  - die bestimmungsgemäßen Funktionen und
  - entsprechende Sicherheitsfunktionen erfüllen.
- Bei der Entwicklung und Konstruktion sind deshalb neben gerätetypischen Sicherheitsanforderungen u. a. folgende allgemeine Sicherheitsanforderungen zu beachten.
  - wahrscheinliche Fehlerbedingungen (Fehler oder Ausfall),
  - Folgefehler,
  - vorhersehbarer Missbrauch,
  - äußere Einflüsse, wie z. B. Temperatur, Höhenlage, Verschmutzung, Feuchte, Überspannungen.
- Im Rahmen der Entwicklung bzw. Konstruktion sind deshalb folgende Maßnahmen anzuwenden (Reihenfolge der Priorität: 1, 2, 3):

1. Merkmale festlegen, die Gefahren
   - ausschließen,
   - verringern,
   - Schutz davor bieten.
2. Schutzmaßnahmen festlegen (z. B. Personenschutzeinrichtungen).
3. Falls 1. und 2. nicht durchführbar, mit Aufschriften und/oder Anleitungen auf die verbliebene Gefahr hinweisen.

Übersicht

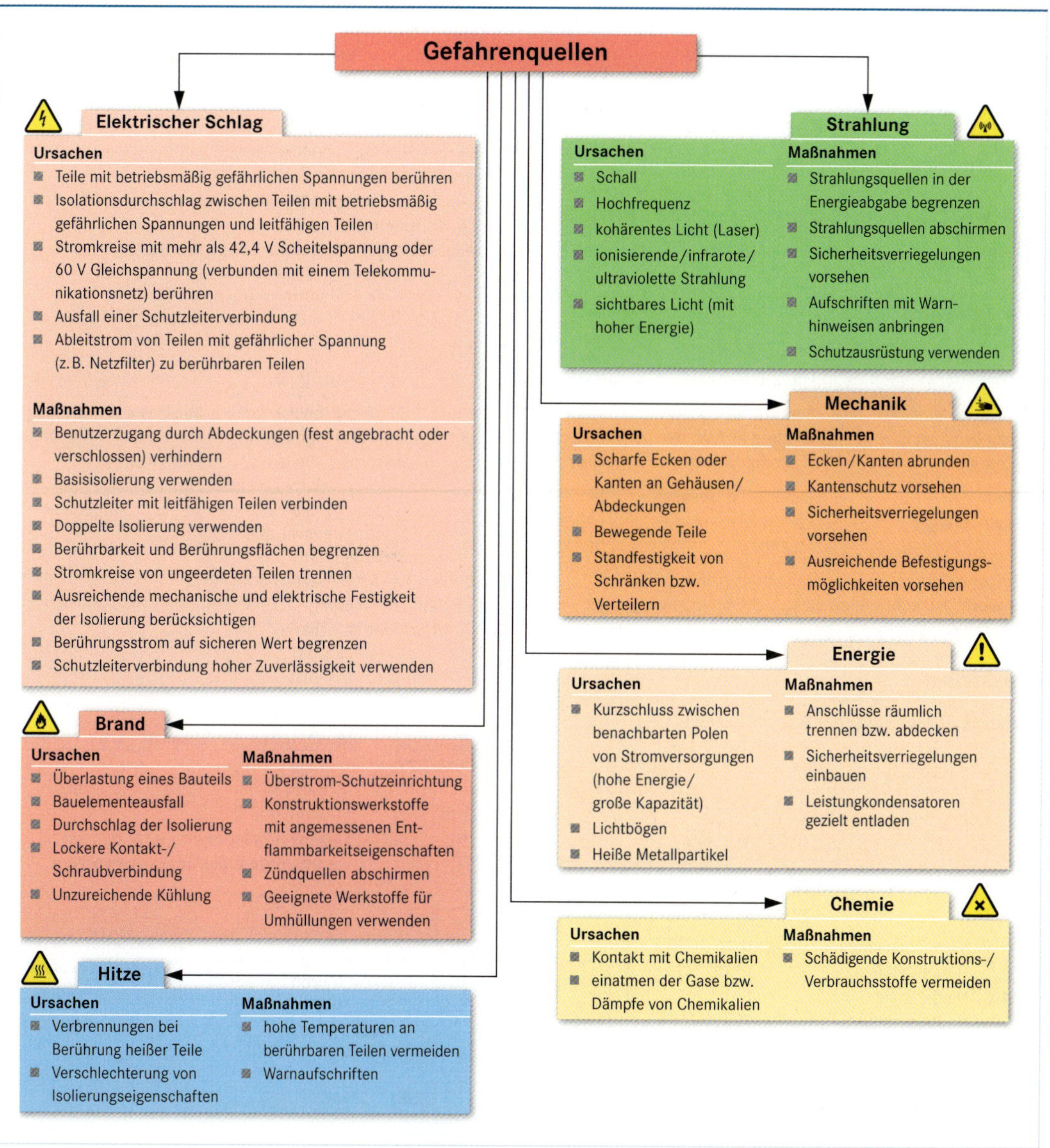

Energiebedarf

- Der für den Betrieb eines Rechenzentrums erforderliche elektrische Energiebedarf (Energieverbrauch)
  - steigt mit zunehmendem Datenaufkommen (Rechenleistung, Speichervolumen, Serveranzahl) und
  - teilt sich auf verschiedene Verbraucher auf.
- Die **Energieeffizienz** eines RZs wird durch Kennzahlen dargestellt (z. B. PUE).
- Die Kennzahlanalyse ermöglicht die Ermittlung von Optimierungspotenzial z. B. für
  - Beschaffung leistungsarmer IT-Infrastruktur
  - USV Anlagen
  - Lüftung, Klimatisierung, Kühlung
  - Outsourcing, Cloud-Computing
- Grundlage für die Kennzahlen ist das Verhältnis des Energieverbrauchs für die reine Rechenleistung zum gesamten Energieverbrauch des Rechenzentrums.

Beispiel: Energiebedarfsaufteilung eines RZs (in %)

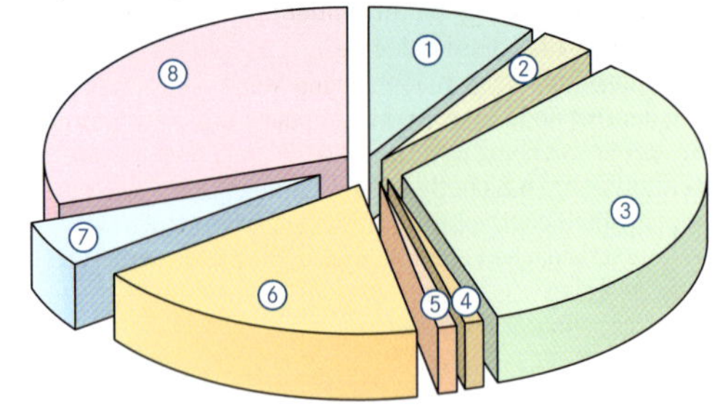

① Klimaanlage 9 % ② Luftbefeuchter 3 % ③ Kühlgeräte 33 % ④ Beleuchtung 1 % ⑤ Schaltanlagen 1 % ⑥ USV Verluste 18 % ⑦ Stromverteilung 5 % ⑧ IT-Ausrüstung 30 %

PUE Kennzahl

Allgemein

$$PUE = \frac{\text{Gesamtenergieverbrauch des RZ}}{\text{Energieverbrauch der IT-Einrichtungen}}$$

PUE (**P**ower **U**sage **E**ffectiveness): Energieeinsatz-Effektivität

RZ: Rechenzentrum

- Gesamtenergieverbrauch:
  Alle elektrisch betriebenen Geräte und Systeme **einschließlich** der IT-Einrichtungen
- Energieverbrauch der IT-Einrichtungen: **Nur** die IT-Technik
- PUE Wertebereich: $1 \leq PUE \leq \infty$
- Beispielwert (abhängig vom Aufbau des RZs):
  $PUE = 2{,}0$ (Uptime Institute, Studie 2011, 500 RZ)

PUE Kategorien

	0	1	2	3
Ort der Energiemessung	USV Ausgang ①	USV Ausgang ①	PDU Ausgang ②	IT-Einrichtung Eingang ③
Definition der elektrischen Leistung bzw. IT-Energie	Elektrische Spitzenleistung (in kW) der IT-Einrichtungen	Jährlicher Energieverbrauch (in kWh) der IT-Einrichtungen	Jährlicher Energieverbrauch der IT-Einrichtungen	Jährlicher Energieverbrauch der IT-Einrichtungen
Defintion Gesamtenergie	Elektrische Gesamtspitzenleistung (in kW)	Jährlicher Gesamtenergieverbrauch (in kWh)	Jährlicher Gesamtenergieverbrauch (in kWh)	Jährlicher Gesamtenergieverbrauch (in kWh)

Kategorie 0: Ursprüngliche Definitionsgröße; nur **wenn ausschließlich** elektrische Energie eingesetzt wird (kein Erdgas, keine Fernkälte)

Kategorie 1 bis 3: Falls zusätzlich andere Energieträger eingesetzt werden, sind diese entsprechend zu messen und in elektrische Energiewerte umzurechnen.

Messstellen

Beispiel: Einfache Stromversorgungsanlage

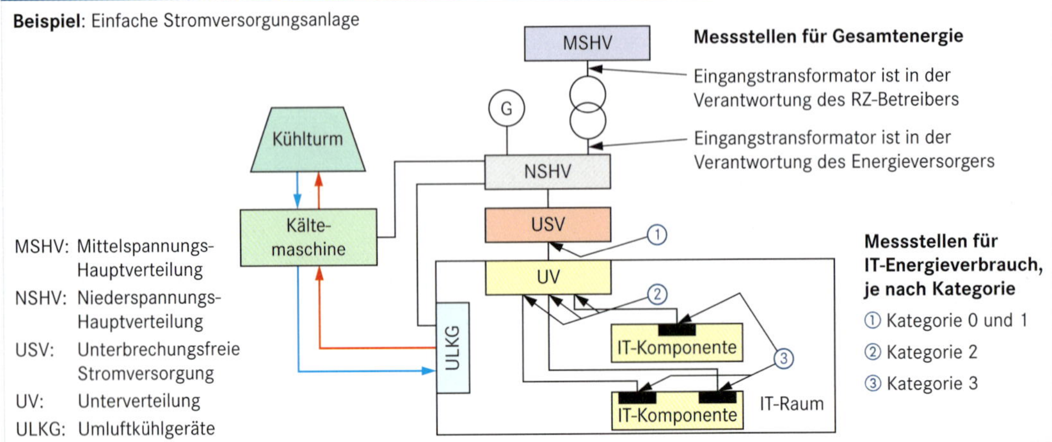

Standards

- Maßnahmen gegen bzw. bei Verlust der Verfügbarkeit werden in die drei Kategorien **Organisation**, **IT-Systeme** und **Infrastruktur** gegliedert.
- Innerhalb jeder Kategorie sind eine Reihe von Standards, Regeln bzw. Vorgaben vorhanden, die sich entsprechend ergänzen.
- **ITIL**
  Bündelung der Betriebsleistungen der IT-Organisation und IT-Services; beschreibt Prozesse und organisatorische Strukturen für den Betrieb der IT-Services
- **COBIT**
  Beschreibt Qualitätsanforderungen aus Sicht der Geschäftsprozesse an die von der IT gelieferten Services
- **ISO**
  Internationale Standards u. a. zum IT-Sicherheitsmanagement
- **DIN/IEEE**
  Standards aus technischer Sicht (z. B. elektrotechnische Anforderungen)
- **Grundschutz**
  BSI-Standards/ -Empfehlungen und -Lösungsvorschläge u. a. zum Thema Managementsysteme für Informationssicherheit, Risikoanalyse auf Basis IT-Grundschutz

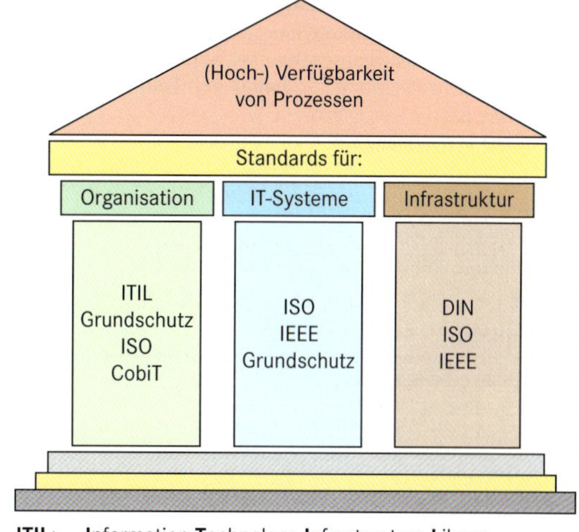

ITIL: **I**nformation **T**echnology **I**nfrastructure **L**ibrary
ISO: **I**nternational **O**rganization for **S**tandardization
CobiT: **C**ontrol **Obj**ectives for **I**nformation and Related **T**echnology

Verfügbarkeitsansätze

- Die Erhöhung der Verfügbarkeit im IT-Bereich ist durch unterschiedliche aufeinander abgestimmte Maßnahmen realisierbar.
- Die anwendbaren Prinzipien wirken jeweils gegen spezifische Ausfall-/Störungsarten.

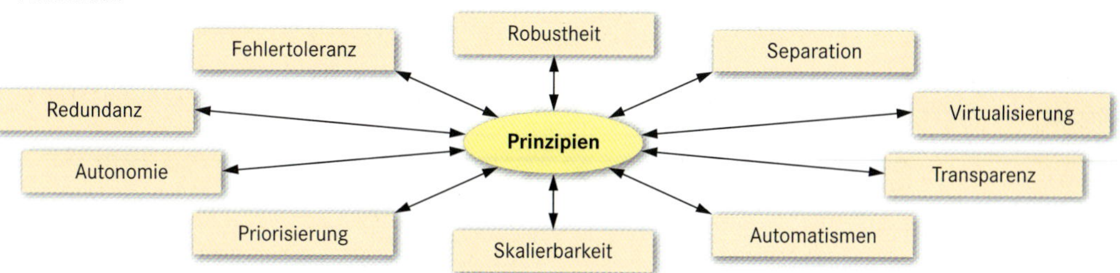

Fehlertoleranz
Gewährleistet die Diensterbringung auch im Fall von Störungen/bei Ausfall von Teilsystemen.
Beispiel: Zurücksetzen auf vorherigen betriebsfähigen Stand

Robustheit
Der funktionelle Ablauf ist durch äußere Störungen nicht beeinflussbar.
Beispiel: Einsatz robuster Hardwarekomponenten, die im erweiterten Temperaturbereich arbeiten können.

Separation
Bedarfsgerechte Trennung von Prozessen und Ressourcen
Beispiel: Speicheraufteilung nach Hierarchien

Virtualisierung
Anwendungen für Ablauf auf unterschiedlichen Umgebungen gestalten
Beispiel: Server-, Speicher- oder Anwendungsvirtualisierung

Transparenz
IT-Ressourcen unabhängig vom Ort der Implementierung zugreifbar halten
Beispiel: Allgemein verständliche Darstellung im Rahmen der Dokumentation (Anwendung z.B. von UML)

Automatismen
Automatischer Ablauf der Aufrechterhaltung des Betriebes (ohne menschliches Einwirken)
Beispiel: Umschaltung im Fehlerfall

Skalierbarkeit
Bedarfsgerechte Bereitstellung von IT-Ressourcen
Beispiel: Dynamische Speicherzuordnung ohne Veränderung der Architektur

Priorisierung
Geschäftskritische Anwendungen im Fehlerfall mit Vorrang bedienen
Beispiel: Netzwerkkommunikation für untergeordnete Funktionen einschränken

Autonomie
Selbstverwaltung von IT-Ressourcen (Selbststabilisierend)
Beispiel: Bedarfsgerechte Selbstkonfiguration bei Hinzufügen von Komponenten

Redundanz
Gleichartige Komponenten sind mehrfach vorhanden (z. B. Geräte im stand-by-Betrieb)
Beispiel: Übernahme der Energieversorgung bei Ausfall des primären Netzes durch Dieselgenerator

Definition

- Die **Verfügbarkeit** (availability) einer Betrachtungseinheit ist die **Wahrscheinlichkeit**, dass die Betrachtungseinheit alle zugesicherten Eigenschaften bei den beschriebenen Umgebungsbedingungen zum **beliebigen Teitpunkt *t***
  - einhält oder
  - fehlerfrei funktioniert.
- Die Verfügbarkeit beschreibt den Zustand der Betrachtungseinheit über die diskreten Werte
  - Einheit funktioniert (ist verfügbar) oder
  - Einheit funktioniert nicht (ist nicht verfügbar).
- Angegeben wird die Verfügbarkeit als Prozentzahl zwischen 0 % und 100 % (z. B. 99,99 %).
- **Verfügbarkeitsklassen** (VK 0 bis VK 5) definieren Mindestverfügbarkeiten bei zulässigen Ausfallzeiten pro Monat oder Jahr.
- Sie werden im Rahmen von Verträgen (z. B. **SLA**: **S**ervice **L**evel **A**greement [Dienstgütevereinbarung]) festgelegt.
- Sie dienen u. a. als Grundlage für Zahlungen des Dienstleistungsnehmers an den Dienstleistungsgeber.

Berechnung

Verfügbarkeit allgemein

$$V = \frac{\text{Ausfallfreie Betriebszeit}}{\text{Ausfallfreie Betriebszeit + Ausfallzeit}}$$

Ausfallfreie Betriebszeit: System funktioniert

Ausfallzeit: System ist ausgefallen, z. B. Reparaturzeit

$$V = \frac{MTTF}{MTTF + MTTR} \quad \text{ohne Einheit}$$

MTTF: Mean Time To Failure (Mittlere ausfallfreie Zeit)

MTTR: Mean Time To Repair (Mittlere Reparaturzeit)

Nicht-Verfügbarkeit *N*

$$N = 1 - V \qquad N = \frac{MTTR}{MTTF + MTTR}$$

Verfügbarkeitsklassen

Verfügbarkeitsklasse	Mindestverfügbarkeit in %	Ausfallzeit pro Jahr
VK 0	~ 95	438 Stunden
VK 1	99	87,6 Stunden
VK 2	99,9	8,76 Stunden
VK 3	99,99	52,56 Minuten
VK 4	99,999	5,256 Minuten
VK 5	100	0

VK 0: Ohne zugesicherte Verfügbarkeit
VK 1: Normale Verfügbarkeit
VK 2: Erhöhte Verfügbarkeit
VK 3: Hochverfügbarkeit
VK 4: Höchstverfügbarkeit
VK 5: Verfügbar unter extremen Bedingungen (Disaster Tolerant: Höhere Gewalt, z. B. Feuer, Erdbeben, Überschwemmung)

Beispiel

Ausgangssituation

Komponenten **einfach** vorhanden

Gesamtverfügbarkeit:
= Produkt der Einzelverfügbarkeiten

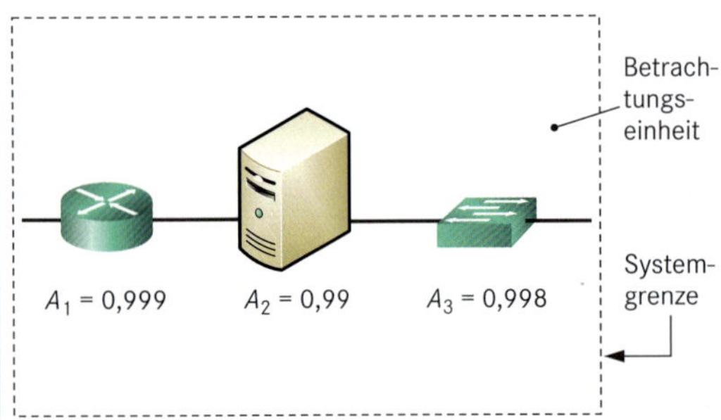

$A_{Gesamt} = A_1 \cdot A_2 \cdot A_3$
$= 0{,}999 \cdot 0{,}99 \cdot 0{,}998$
$= 0{,}98703$
$= 98{,}703\ \%$

$N_{Gesamt} = 1{,}297\ \%$

Hinweis: Gesamtverfügbarkeit ist niedriger als kleinste Einzelverfügbarkeit

Ausfallzeit pro Jahr = 113,617 h

Optimierte Version

Komponenten **verdoppelt** (Systemverdoppelung)

Gesamtausfallzeit:
= Produkt der Einzelausfallzeiten

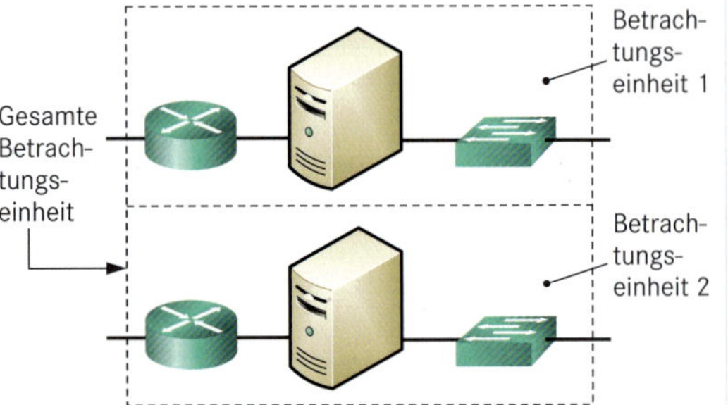

$N_{Gesamt} = N_1 \cdot N_2$
$= 0{,}01297 \cdot 0{,}01297$
$= 0{,}000168221$

$V_{Gesamt} = 1 - N_{Gesamt}$
$= 1 - 0{,}000168221$
$= 0{,}99983$
$= 99{,}98\ \%$

Ausfallzeit pro Jahr = 1,57 h

Merkmale

- Sie dienen zur Erhöhung der **Verfügbarkeit** von technischen Systemen (Redundanz: Überfluss).
- Je nach Anforderung sind die Redundanzmittel einzelne Komponenten (z.B. verdoppeltes Netzteil) oder komplette Systeme (z.B. verdoppelte Server).
- Es wird unterschieden in
  - heiße Redundanz,
  - warme Redundanz und
  - kalte Redundanz.
- **Heiße Redundanz** (hot standby):
  - Redundanzmittel ist ständig im Betrieb (aktiv, parallel)
  - Unterliegt funktionsbedingter Beanspruchung (gleiche Beanspruchung wie die Primäreinheit)
- **Warme Redundanz** (warm standby):
  - Redundanzmittel ist bis zum Ausfall der funktionierenden Primäreinheit oder bis zu seinem eigenen Ausfall geringer als das Primärelement belastet
- **Kalte Redundanz** (cold standby):
  - Redundanzmittel ist bis zum Ausfall der funktionierenden Primäreinheit keiner Belastung ausgesetzt (unbelastete Redundanz)

Definitionen (DIN EN 13306)

- **Redundanz (Redundancy)**
  Vorhandensein von mehr als einem Mittel in einer Einheit zu einem gegebenen Zeitpunkt zur Ausführung einer geforderten Funktion.
- **Ausfall (Failure)**
  Beendigung der Fähigkeit einer Betrachtungseinheit, eine geforderte Funktion zu erfüllen.
- **Ausfallrate (Failure Rate)**
  - Anzahl der Ausfälle einer Einheit während eines gegebenen Zeitbereiches dividiert durch diesen Zeitbereich.
  - Wird ermittelt aus der Beobachtung einer Vielzahl gleicher Komponenten oder Systeme. Die Einheit ist h^{-1} (z.B. $20 \cdot 10^{-6}\,h^{-1} \Rightarrow 20$ Ausfälle in 10^6 h).
  - Ist ein Kennwert für die Zuverlässigkeit.

Nicht reparierbare Einheit

$$\lambda = \frac{1}{MTTF}$$

Reparierbare Einheit

$$\lambda = \frac{1}{MTBF}$$

MTTF: Mean Time To First Failure
MTBF: Mean Time Between Failures

Einzelsystem

Beispiel: Einzelner e-mail Server

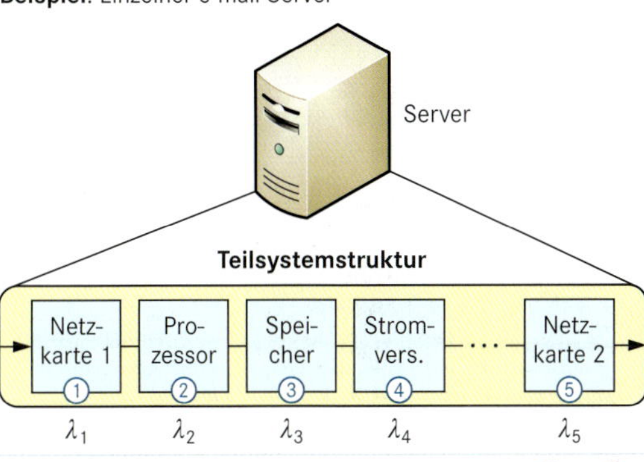

- Server ist funktionstüchtig, wenn die Teilsysteme ① bis ⑤ funktionieren (nicht ausgefallen sind)
- Gesamtfunktion entspricht einer logischen Reihenschaltung der Teilsysteme (Seriensystem)

Teilsystemausfallraten:
$\lambda_1 = 3 \cdot 10^{-6}\,h^{-1}$ $\lambda_2 = 8 \cdot 10^{-6}\,h^{-1}$ $\lambda_3 = 5 \cdot 10^{-6}\,h^{-1}$
$\lambda_4 = 9 \cdot 10^{-6}\,h^{-1}$ $\lambda_5 = 8 \cdot 10^{-6}\,h^{-1}$

Gesamtausfallrate:
Summe der Teilsystemausfallraten
$\lambda_S = \lambda_1 + \lambda_2 + \lambda_3 + \lambda_4 + \lambda_5$
$\lambda_S = 28 \cdot 10^{-6}\,h^{-1}$

Mittlere Zeit zwischen zwei Ausfällen (*MTBF*):

$$MTBF_S = \frac{1}{\lambda_S} = \frac{1}{28 \cdot 10^{-6}\,h^{-1}} = \frac{10^6\,h}{28} = 35714{,}285\,h$$

Mittlere Zeit zwischen zwei Ausfällen entspricht ca. 4,07 Jahre (1 Jahr = 8760 h)

Doppelsystem

Beispiel: Redundanter e-mail Server

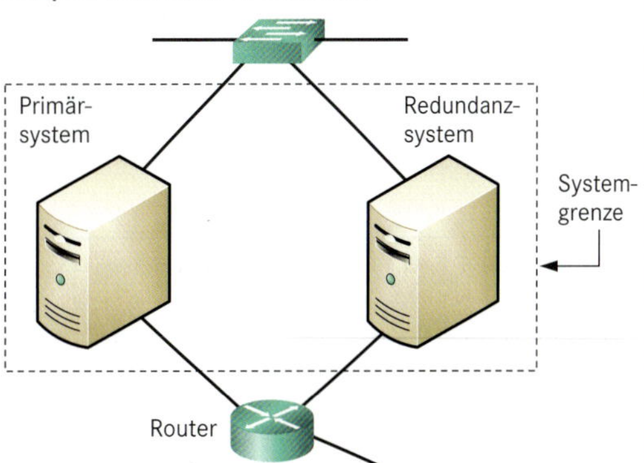

- Beide Server mit identischer Ausfallrate λ_S

Heiße Redundanz

- Gesamtfunktion entspricht einer logischen Parallelschaltung

$$MTBF_{RS} = \frac{2}{\lambda_S} - \frac{1}{2 \cdot \lambda_S} = \frac{3}{2 \cdot \lambda_S} = \frac{3}{2 \cdot 28 \cdot 10^{-6}\,h^{-1}} = 53571{,}428\,h$$

Mittlere Zeit zwischen zwei Ausfällen entspricht ca. 6,11 Jahre (1 Jahr = 8760 h)

Kalte Redundanz

$$MTBF_{RS} = \frac{2}{\lambda_S} = \frac{2}{28 \cdot 10^{-6}\,h^{-1}} = 71428{,}571\,h$$

Mittlere Zeit zwischen zwei Ausfällen entspricht ca. 8,15 Jahre (1 Jahr = 8760 h)

MTBF: Mean Time Between Failure
RS: Redundantes System

Merkmale

- Als **Firewall**-Systeme werden alle Schutzmaßnahmen bezeichnet, die einen unerlaubten Zugriff von außen auf ein **Privates Netzwerk** verhindern.
- Diese Systeme können in Form von Hardware, Software oder einer Kombination von beidem realisiert werden.
- Hauptsächlicher Anwendungsbereich liegt im Schutz von **Intranets** (firmenspezifischen Netzwerken), die mit unsicheren Netzwerken (z. B. **Internet** oder Remote-Zugriff über ISDN Router) verbunden sind.
- Firewalls werden auch zur Strukturierung eigener Netze verwendet, um **Domänen** mit unterschiedlichem Schutzbedarf zu realisieren.
- Die grundsätzliche Schutzfunktion eines Firewalls ist das Blockieren von Kommunikationsdaten zwischen den Netzen, wenn bestimmte festgelegte Sicherheitskriterien verletzt werden.
- Firewall-Systeme sollen verhindern (**Schutzziel**):
  - Unerlaubten Zugriff auf Daten,
  - Datenverlust,
  - Einschleppen von Viren.
- Grundsätzlich werden diese Systeme nach ihrer Funktion unterschieden in
  - **Packet filter**
  - **Application gateway und**
  - **Proxy server**
- **DMZ** (**Dem**ilitarized **Z**one: entmilitarisierte Zone) ist ein abgegrenztes Netzwerk, das z. B. Dienste für Internet-Nutzer bereitstellt.
- Das eingesetzte Firewall-System stellt bei der Kopplung verschiedener Netze den **Common Point of Trust** (gemeinsamer Punkt des Vertrauens) dar.

Aufbau

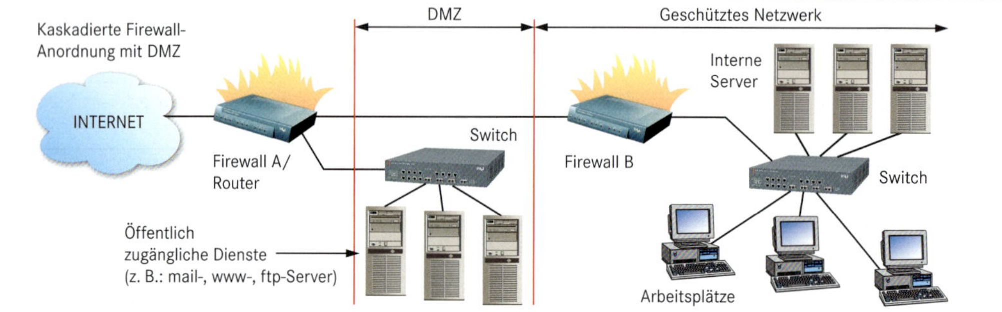

Packet filter

- **Packet filter** (Paketfilter) ist ein Softwarepaket, das in der Regel auf Routern läuft, die zur Netzwerkkopplung eingesetzt werden.
- Analysiert und kontrolliert alle ein- und ausgehenden Datenpakete auf der
  - **Netzzugangsebene**
  - **Netzwerkebene**
  - **Transportebene**
- Wertet die Inhalte der Pakete aus und überprüft die Einhaltung der festgelegten Regeln
- Geprüft werden die
  - **Quelladressen**
  - **Zieladressen**
  - **Portnummern** von **TCP**- und **UDP** Paketen
  - Richtung des Datenverkehrs
- Die zugehörigen Regeln werden vom Systemadministrator in entsprechenden Tabellen im Router (Verbindungsrechner) abgelegt.
- Die Erstellung der Überwachungstabellen ist zeitaufwändig und fehleranfällig, insbesondere bei größeren Netzen
- Dieses Verfahren schützt nicht gegen gezielte Datenverfälschung (z. B. **Address Spoofing:** Adressenvortäuschung).
- Es ist das schwächste Verfahren gegen unerlaubte Netzwerkeinbrüche.

Application gateway

- **Application Gateways** (Anwendungs-Verbinder) sind eigene Kommunikationrechner
- Sie sind in der Regel mit zwei Netzwerkanschlüssen (auch zwei Adressen) ausgerüstet (**dual homed gateway**)
- Eine Adresse gehört zum geschützten Netzwerk, die zweite Adresse ist die Ansprechadresse von außerhalb.
- Das Application Gateway trennt die Netze sowohl logisch als auch physikalisch.
- Da alle Kommunikationsabläufe über diesen einen Rechner laufen, bleiben die internen Netzwerkstrukturen nach außen hin verborgen.
- Jeder externe Kommunikationspartner benötigt auf dem Gateway eine Zugangskennung (**Identifikation** und **Authentisierung**).
- Ist der Partner akzeptiert, arbeitet das Gateway transparent für die weitere Kommunikation.
- Weitere Kontrollmechanismen sind:
  - **Passworterkennung** und -verwaltung
  - **Nutzerprofilüberwachung**
- Nutzerprofile sind z. B.:
  - Unterschiedliche Zugriffsrechte für verschiedene Personen oder Gruppen
  - Zeitpunkt des Zugriffs
- Application Gateways sind wegen der Vielfalt der Dienste zwar relativ langsam, bieten aber den höchsten Zugangsschutz.
- **Proxy** (sinngemäß: Stellvertreter-Funktionen) sind zusätzliche Softwarepakete, die u. a. zur Analyse und Kontrolle der Kommandos der Anwenderprotokolle eingesetzt werden.

Sicherheit und Datenschutz
Safety and Data Security

Unfallverhütung

Kennfarben (Schilder/Hinweise/ ...)			
rot	**gelb**	**grün**	**blau**
Verbot Halt	Gefahr Vorsicht	Erste Hilfe Gefahrlosigkeit	Gebot Hinweis
P18  Mobilfunk verboten	W16  Warnung vor Absturzgefahr	E6  Erste Hilfe	M1  Augenschutz tragen
P2: Feuer ... P4: mit Wasser löschen verboten ...	W4: ätzende Stoffe W8: Gefahrenstelle	E1: Rettungsweg E8: Notdusche	M2: Schutzhelm M3: Gehörschutz

Elektromagnetische Verträglichkeit

Im Zusammenhang mit der Diskussion zu den Wirkungen elektromagnetischer Felder, die von Mobilfunkantennen ausgehen, gibt es eine anhaltende Diskussion zum Elektrosmog.

Beeinflussungen:
Folgende Effekte werden diskutiert: Veränderung ...
- des Ionen- und Kalziumhaushaltes in den Zellen
- der Zellteilungsrate
- der Blutkörperbildung
- der Enzymaktivitäten
- der Zellwände /-anordnungen
- der Fortpflanzungsfähigkeit und -aktivität
- kognitiver Leistungen
- von Gedächtnisleistungen

Warnung vor elektrischem Feld (W12):

S: Strahlungsdichte

Es gilt allgemein:
$\vec{S} = \vec{E} \times \vec{H}$

Für $\vec{E} \perp \vec{H}$ gilt
$S = E \cdot H$

$$SAR = \frac{\text{absorbierte HF-Leistung}}{\text{Körpermasse}}$$

(Einheit in W/kg)

Problematische Werte:
über 0,08 W/kg bzw. über 2 W/m^2

Sicherheitsphilosophien

Wertansatz

Die Bedeutung legislativer Maßnahmen wird für die Definition von sicherheitstechnischen Verfahren und Abläufen betont. Der Erhalt der menschlichen Gesundheit wird zum Bezugspunkt der Sicherheitstechnik.

Personaler Ansatz

Die Verantwortung einzelner Menschen für eine nachvollziehbare und zugleich nicht manipulierbare Sicherheitstechnik wird betont. Das Verantwortungsbewusstsein des einzelnen Mitarbeiters ist zu stärken.

Methodischer Ansatz

Zur Ermittlung objektiver Sicherheitskriterien werden mathematische Modellierungen des Sicherheitsproblems vorgenommen. Eine genaue quantitative Risikoeinschätzung wird gefordert. Weiterhin müssen Instrumente auf der technischen Ebene eingesetzt wedren.

Im Kern beschreiben die Ansätze spezifische Sichten und Problemzugänge. Sie müssen verbunden beachtet werden. Grundsätzlich ist die Fehlerhaftigkeit der Technik und Nutzer zu sehen. Die Risikoabschätzung ist unabdingbar.

Datenschutz und -recht

Gefährdungen

- Sie erfolgen durch zufällige oder durch von Menschen beabsichtigte Einwirkungen und führen zu Zerstörung von Gebäuden, technischen Geräten und Software.
- **Einwirkungsursachen**
  Höhere Gewalten: Feuer, Sturm, Frost, Überschwemmungen, Schnee, Blitzschlag, Erdbeben.
  Sabotage: Brandstiftung, Aufhebung der elektrischen Versorgung, Zerstörung von essentiellen technischen Hilfsgeräten.
  Kriminalität/Missbrauch/Spionage: Unberechtigte Nutzung von Geräten und Software; unbefugtes Eindringen in Daten und DV-Anlagen; Verrat von geschützten Daten; Ausspähen und Verändern von Daten, Software, Programmen.

Rahmenbedingungen des Datenschutzes

1. Gesellschaftliche und rechtliche Vorgaben
2. Bauliche Gestaltungen
3. Konkrete betriebliche Organisation in der Datenverarbeitung
4. Einzelne informationsverarbeitende Anwendungen
5. Eingesetzte Betriebssoftware (Systeme und Datenübertragung)
6. Gerätetechnik (Hardware)

Gesetze im Bereich des „Computerrechts“	
Gesetz über Fernmeldeanlagen	Das Patentgesetz
Netzzugangsverordnung	Das Produkthaftungsgesetz
Telekommunikationsgesetz (TKG)	Das Urheberrecht

BDSG: Bundesdatenschutzgesetz (8 Gebote – Kontrollen)	
Auftragskontrolle	Weitergabekontrolle
Eingabekontrolle	Zugangskontrolle
Verarbeitungsverbot	Zugriffskontrolle
Verfügbarkeitskontrolle	Zutrittskontrolle

IT-Sicherheitsregeln

- PC in gesicherten Räumen unterbringen, ihn vor fremden Personen, Wasser, Feuer usw. schützen
- Kein PC-Zugang für fremde Personen
- Inhaltliche Arbeit von organisatorischer Arbeit trennen
- Keine Kundenbegegnung in sicherheitsrelevanten Räumen
- Regelmäßige Sicherung aller (relevanten) Daten
- Datensicherung z. B.nach dem Großvater-Vater-Sohn-Prinzip (3-Generationen-Prinzip)
- Sicherungskopien räumlich getrennt vom PC aufbewahren
- Datenträger vor mag. und elektrischen Feldern schützen
- Passwörter verwenden. Mindestens acht Zeichen einsetzen. Dabei auch Zahlen und Sonderzeichen verwenden.
- Passwörter häufig modifizieren
- Passwörter, Kennungen usw. nicht einsehbar lagern, verstecken, sichern – eventuell verschlüsseln
- PC-Tastaturschloss einsetzen, Zugangscode einsetzen
- Datenträger regelmäßig mit Virenschutzprogrammen überprüfen
- Netz- und Datenleitungen prüfen
- EMV-Strahlung (Bildschirm) reduzieren
- WLAN-Betrieb durch Verschlüsselung sichern
- USB-Sticks verschlüsseln
- Gesicherte Datenübertragung im Internet nutzen
- Karteneingaben (PIN-Nummern usw.) verbergen/schützen.

Grundlagen

- Die **Betriebsfähigkeit** und **Stabilität** datentechnischer Anlagen kann durch die **Infiltration** unerwünschter Software gefährdet werden. Dies betrifft Funktionsabläufe und Datensätze.
- Die Schädigungen reichen von manipulierten Bildschirmausgaben bis zur Zerstörung von Programmen.
- Schädigende Software wird zumeist über das **Internet** transportiert. Sie befinden sich aber auch auf **Datenträgern**.
- Zum Teil besitzt diese Software die Fähigkeit, sich selbst reproduzieren und eventuell auch **modifizieren** bzw. **mutieren** („evolutionär entwickeln") zu können. Diese **Selbstreproduktionsfähigkeit** wurde von Neumann (1946) beschrieben und von Cohen um 1970 erprobt.
- Große Schadwirkungen entfaltet auch **Spamware** („Müllsoftware" zum Sammeln von Mail-Adressen.
- **Problematisch sind auch Dialer** (kostenverursachende Einwählsoftware) und **Spionageprogramme** (unerwünschte **Agenten; Spyware**).
- Zur **Abwehr** und Aufhebung der Schadwirkung werden
  - **Proxy-Server und Firewalls**
  - **Spam-Schutzsysteme** und Anti-Spam-Filter
  - **Virenscanner (Antivirensoftware)**
  - verbessertes maschinelles Lernen (Switch) und intelligente Filter eingesetzt.

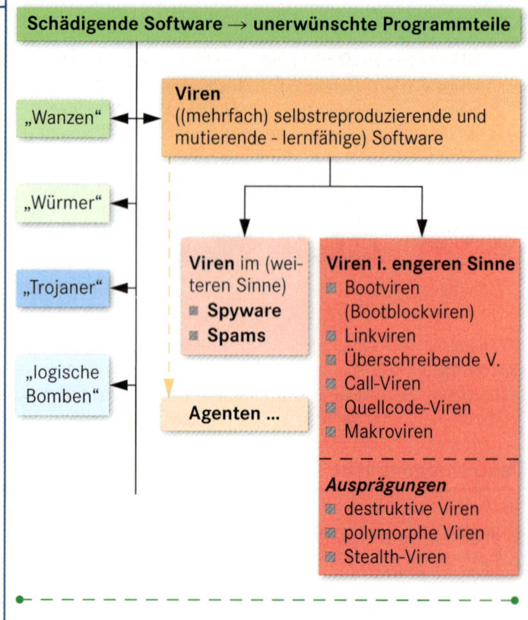

Speicherposition eines Virus

- angehängte Viren

Virus	Ursprüngliche Datei

- eingebettetes Virenprogramm (in einer Datei)

D-i : Dateianteile   V-Ti : Virenteil

Viren, Wanzen, Würmer, Trojanische Pferde

- **Bootsektorviren** (Speicherresidente Viren): Sie setzen sich im Bootbereich des Speichers fest. Sie nehmen einen festen Platz in der Konfiguration der Systemsoftware ein, da sie den Originalcode im Bootsektor ersetzen.
  Sie reagieren u. a. auf Systemanforderung.
- **Call-Viren:** Ein Virenprogramm wird als ein (externes) Unterprogramm abgelegt und über einen Call-Aufruf aktiviert. Nach außen wird ein veränderter Speicherplatzbedarf selten sichtbar, da diese Viren sehr klein sein können.
- **Linkviren**: Nicht überschreibende Viren: Sie nisten sich im Wirtsprogramm ein. Oftmals besetzen sie den Speicherplatz direkt vor oder nach dem Trägerprogramm. Das Wirtsprogramm bleibt dabei funktionsfähig. Die Prüfsummen der einzelnen Programme werden oftmals nicht verändert, manipulieren Informationen zur Dateilänge, die Dateiattribute und Einsatzzeit des Programms. Bei MS-DOS sind besonders *.COM-, *.Bat-, und *.EXE-Dateien betroffen.
- **Makro-Viren:** Aktivierung über Dokumenten-Makros.
- **Quellcode-Viren:** Sie sind Bestandteile von Programmbibliotheken. Aktivierung über Anwendungsprogramme.
- **Überschreibende Viren:** Sie zerstören in Wirtsprogrammen Programmabschnitte. Wird das entsprechende Programm aufgerufen, arbeitet nur das Virenprogramm - das Wirtsprogramm ist funktionsunfähig.
- **Computerwanzen:** Sie können Software und Betriebssysteme manipulieren. Ihre Wirkung bleibt jedoch lokal begrenzt.
- **Computerwürmer:** Durch ihre Aktivierung werden meistens ungefährliche Meldungen in den befallenen Rechner ausgegeben. Selten kommt es zu tiefgreifenden Funktionsbeeinträchtigungen.
- **Trojanische Pferde:** Es sind funktionsfähige Programme, die eine gewünschte Aufgabe kontrolliert ausführen. Erst durch spezifische Aktivierungen - zum Beispiel Kalenderdaten - werden die Wirkungen hervorgerufen.

Fehlermerkmale

- Werbefenster öffnen sich unaufgefordert.
- PC läuft verzögert hoch (Bootprozess)/... arbeitet langsamer.
- Unbekannte Startseiten öffnen sich beim Internetzugang/ beim Aktivieren des Browsers.
- Datenaustauschvorgänge im Internet werden angezeigt, obwohl der Internetzugang nicht aktiviert wurde.

Dateiendungen

- Dateien mit folgenden Endungen kritisch „ansehen" und vermeiden. Zum Teil akzeptieren die Provider diese Dateien nicht.
  1. *.**bat**, *.**com**, *.**exe**, *.**js**, *.**pif**, *.**shs**, *.**vbs**
  2. *.**doc**, *.**etc**, *.**mbd**, *.**scr**, *.**wpd**, *.**xls**
- „Sichere" Dateien sind: *.**dat**, *.**txt**, *.**zip**, *.**rtf**

Abwehrstrategien

- Im E-Mail-Verkehr möglichst nur einfache Textdateien - ohne Anhänge versenden
- Regelmäßig das **Betriebssystem**, die **Anwendungssoftware** und die **Anti-Virensoftware** aktualisieren

Systemsicherheitsbewertung

Geschichte/Hintergrund

- 1983 wurde das **„Orange Book"** vom amerikanischen Verteidigungsministerium (Pentagon) verabschiedet
  - Darin werden Sicherheitsstandards zum Schutz von Kommunikationssystemen vor unberechtigter Benutzung festgelegt. Es wird auch mit **TCSEC** (**T**rusted **C**omputer **S**ystem **E**valuation **C**riteria) bezeichnet.
  - Es definiert sieben Sicherheitsebenen, die jeweils verschiedene Sicherheitsmechanismen vorsehen:
    Level D: kein Schutz
    Level C: vom Benutzer festlegbarer Grundschutz
    Level B: vorab definierter (regelorientierter) Schutz
    Level A: nachprüfbare Schutzvorgänge
- 1987: HP legt kommerzielle Fassung vom „Orange Book" vor
- 1987 wurden Sicherheitskriterien vom Pentagon für Netze unter der Bezeichnung **TNI** (**T**rusted **N**etwork **I**nterpretation) bzw. auch **„Red Book"** veröffentlicht
- 1988: ISO veröffentlichte **„Security Architecture"**
- 1989: **ZSI** (**Z**entralstelle für **S**icherheit in der **I**nformationstechnik, später **BSI**) legt die Sicherheitsklassen F1 bis F10 fest

Kern der Sicherheitsstruktur

- Der Zugriff eines Nutzers (eines Systems) auf Hardware, Datenspeicher, Daten, Betriebssysteme, Software eines anderen System (Zugriffs-Objekt) wird im Sinne des „Orange Book" auf der Basis definierter (externer) Sicherheitsregeln durch einen Referenzmonitor ermöglicht und kontrolliert.

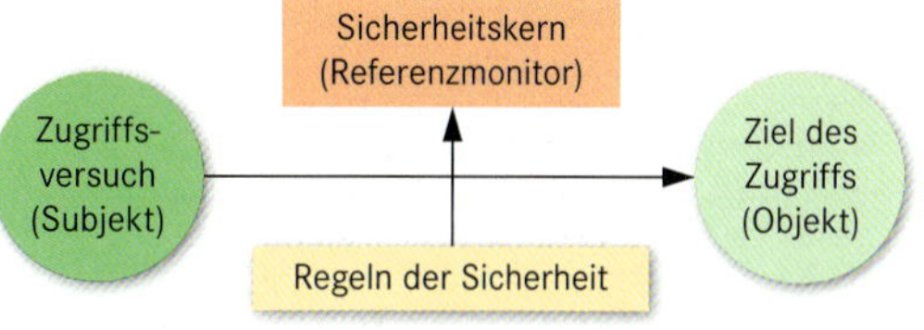

- Wesentlich ist das Interesse der Informationsbeteiligten, dass die Informationen privat (also geheim) bleiben.
- Darüber hinaus ist es bedeutsam, dass die Informationen nicht verfälscht werden. Hierzu werden z. B. Prüfsummen gebildet. Es werden kryptologische Verfahren benötigt.

Systemsicherheitsebenen

Sicherheitsebenen		Aufgabe	Sicherungsvorgang
1	Identifikation	Identitätsbestimmung der Teilnehmer	Anonymität
2	Authentizität	Verifizierung der angegebenen Identität – auch während der Datenübertragung. **Teilnehmerauthentifizierung:** Teilnehmer beweist seine Identität, **Datenursprungsauthentifizierung:** Empfänger kennt den Datenursprung	(Permanenter) Nachweis der Identität
3	Zugriffskontrolle	Überprüfung der Zugangsberechtigung des Teilnehmers auf ein System, eine Ressource oder einen Datenbestand	Prüfung und Verwaltung der Rechte
4	Protokollierung	Protokollierung der Abläufe (Systemeinsatz, Datum, Zeit, Aktionen)	Erfassung der Zugriffe und der Ausübung von Rechten
5	Regeneration	Regeneration der Betriebssoftware	Wiederaufbereitung/Erneuerung
6	Datenintegrität	Überprüfung und Gewährleistung der **Fälschungssicherheit** von Daten und Gewährung der **Datenkonsistenz**	Authentizität und Unversehrtheit von Nachrichten
7	Vertraulichkeit	Verhinderung der Ausforschung einer Nachricht	Vertraulichkeit einer Nachricht garantieren
8	Fehlerfolgenreduktion	Reduzierung der Fehlverhaltensfolgen	Funktionalität des Systems ermöglichen
9	Systemfunktionalität	Funktionalitätsgewährung eines Systems und seiner Prozesse und Sicherung von Datenübertragungen	

IT-Sicherheitszertifizierungen

Zertifizierungsinhalte/-bereiche

- Wichtige Prüfaspekte nach der **ITSEC** (**I**nformation **T**echnology **S**ecurity **E**valuation **C**riteria) von 1991 sind:
  - **Funktionalität** und **Vertrauenswürdigkeit**
- Die Vertrauenswürdigkeit wird in die Aspekte
  - **Korrektheit** und **Wirksamkeit** aufgegliedert
- **Zertifizierungsbereiche** (Produkte/Produktbereiche):
  - Großrechner-Systeme
  - Mittlere Systeme
  - Sicherheitsoberflächen
  - Viren-Scanner und Integritätsschutz
  - Datenübertragung
  - Smartcard (Betriebssysteme, Kartenleser) und
  - Chipkarten-Lesegeräte

Zertifizierungsklassen

- F1 bis F10: IT-Sicherheitsklassen in Deutschland
- Die Klassen F1 bis F5 betreffen **Betriebssysteme** Definiert wurden Anforderungen bezüglich
  - der **Identifikation** und **Authentisierung**
  - der **Rechteverwaltung** und **-prüfung**
  - der **Beweissicherung** und der **Wiederaufbereitung**
- F1: geringste Anforderungen;
- F5: umfassende Anforderungen
- F6: Kriterien bezüglich der integrität der Daten
- Bzgl. **Fehlerüberbrückung** und **Gewährleistung der Funktionalität** wurden in der Klasse F7 Anforderungen bestimmt
- In der Klasse F8 werden Forderungen für die
  - **Identifikation** und **Authentisierung**
  - **Übertragungssicherung** und
  - **Beweissicherung** vorgenommen
- F9–F10: Forderungen zur Datenverschlüsselung

Sicherheitsebenen
Security Levels

Gegenüberstellung der Sicherheitsebenen von TCSEC/BSI

TCSEC	Inhalte der Sicherheitsebenen des „Orange Book“/BSI-Funktionalitätsklassen	BSI
D	Kein Schutz (bzw. nur ein minimaler Schutz)	-
C1	Benutzergesteuerter Zugangsschutz (Authentifizierung und Identifikation)	F1
C2	Kontrollierter Zugriffsschutz auf die Systeme; alle Vorgänge (Zugriffe und Prozesse) werden protokolliert	F2
B1	Objektklassifikation - Vorgeschriebene Zugriffskontrolle	F3
B2	Strukturierungsschutz	F4
B3	Anlegen von Sicherheitsdomänen - Systemverwaltung durch einen zentralen Administrator	F5
A1	Komplexer Sicherheitsentwurf	
-	Integritäts-Anforderungen für Datenbanken	F6
-	Verfügbarkeit besonders bei Prozessrechner	F7
-	Beweis-, Integritäts- und Übertragungssicherung bei Datenübertragungen (im Netz)	F8
-	Verschlüsselung/Geheimhaltung von Nutzdaten bei Datenübertragungen (Vertraulichkeit)	F9
-	Integrität und Vertraulichkeit bei vernetzten Strukturen	F10

Qualität
Quality

Begriff und Grundlagen

- **Qualität** heißt im eigentlichen Sinne des Wortes **„Beschaffenheit“** (auch „Eigenschaft“)
- Umgangssprachlich wird das Wort nicht einheitlich verwendet
- Qualität und Qualitätssicherung sind in den Unternehmen zu strategischen Zielen geworden, da nur so Kunden zufriedengestellt, langfristig gebunden und kostengünstige - auch umweltfreundliche - Produkte erstellt werden können.
- **Klassische Qualitätssicherung** in der Industrie wurde als **Abnahmeprüfung** verstanden. Diese Kontrolle basierte auf der Erhebung von Stichproben. Hierzu wurde eine umfangreiche statistische Testtheorie entwickelt. In zunehmendem Maße wird der gesamte Fertigungsprozess überwacht.
- Im Rahmen der Qualitätssicherung sind zu unterscheiden:
  - die **Qualitätsplanung** unter Beachtung der Qualitätsziele,
  - die **Qualitätsprüfung** und
  - die **Qualitätslenkung.**

ISO 9000–9004 ff

- Die ISO 9000 - 9004 Normen legen Maßnahmen fest, durch deren Einhaltung ein Unternehmen eine hochwertige Qualitätssicherung erreichen kann.
- Die ISO 9000 gibt Hinweise zur Anwendung der ISO 9001 - 9004 Normen.
- 20 Einzelaspekte müssen von einem Unternehmen im Rahmen der Qualitätssicherung beachtet werden.

Elemente der ISO 9001

Ebene der Unternehmensleitung	(1): **Verantwortung der Unternehmensführung** für den Qualitätsprozess (Qualitätspolitik des Unternehmens); (2): Konkret eingesetztes **Qualitätsmanagementsystem;**
Ebene des Produktionsprozesses	(3): **Vertragsprüfung;** (4): Steuerung von **Design** und **Entwicklung;** (6, 7): Steuerung der **Beschaffung;** (9): Steuerung des Produktionsprozesses
Regelungsebene (Controlling)	(5): Lenkung der Dokumente und Daten; (8): Kennzeichnung der Produkte; (10): Testuntersuchungen; Prüfungen; (11): Überwachung von Test- und Prüfmitteln; (12): Test- und Prüfstatus; (13, 14): Fehlersteuerung; korrigierende Maßnahmen; (16): Lenkung d. Qualitätsaufzeichnungen; (17): Gestaltung interner Qualitätsaudits; (20): Methoden zur statistischen Erschließung
Ebene von Lager, Versand, Service	(15): Handhabung, Lagerung, Verpackung, Konservierung und Versand; (19): Wartung (Kundendienst) und Service;
Ebene der Mitarbeiter	(18): (interne) Schulung und Training der Mitarbeiter

ISO 9002, 9003, 9004

ISO 9002: Mit Ausnahme der Positionen (4) und (19) müssen alle ISO 9001 Normpositionen erfüllt werden.
ISO 9003: Die Positionen (3), (4), (6), (7), (9), (14), (17) und (19) der ISO 9001 entfallen.
ISO 9004: Beschreibung der einzelnen Qualitätssicherungselemente.

Qualitätskreis

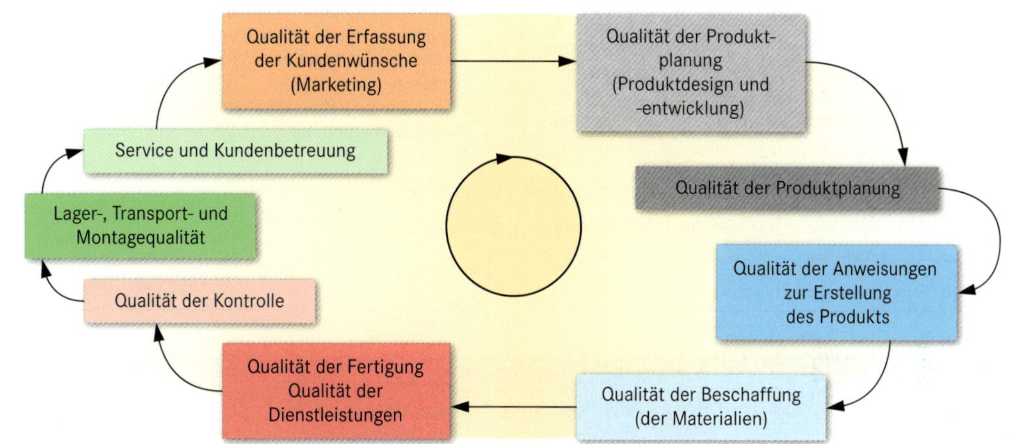

- Die ISO 9000ff ist gültig in Deutschland (DIN) und Europa (EN). Es wird auch von der DIN EN ISO 9000 Normenreihe gesprochen. ISO steht für die weltweite Gültigkeit der Norm.
- Unternehmen können sich durch unparteiische Dritte ihr internes Qualitätsmanagement – orientiert an der DIN 9000 – zertifizieren lassen. Dies wird auch von Unternehmen aus dem Dienstleistungs- und Bildungsbereich vorgenommen.
- Grundlegende Qualitätssicherungsnormen sind in der **ISO 9000ff** definiert.
- Im Rahmen der umfassenden Qualitätsorientierung wurde ein **Total Quality Management** (**TQM**) – Ansatz entwickelt. Dieser erfasst die gesamte Unternehmenskultur. Definiert wird dieser Ausdruck des Total Quality Managements (TQM) in der DIN EN ISO 8402, die 1995 veröffentlicht wurde.

Qualitätsbeurteilungsaspekte in Unternehmen

- Bei der Umsetzung eines umfassenden betrieblichen Qualitätsmanagementsystems werden neun Kernbereiche von der European Foundation for Quality – u. a. auch für einen jährlichen Preis – betrachtet.
- Die internen Faktoren – wie z. B. die transparente Gestaltung der Unternehmensprozesse – werden dabei ebenso beachtet wie Ergebnisse, zu denen u. a. auch grundsätzlich die Kundenzufriedenheit gehört.

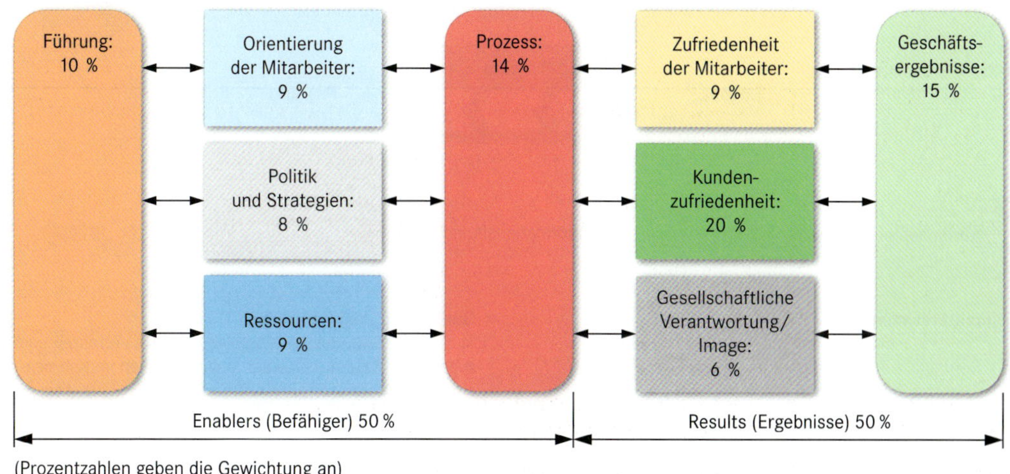

(Prozentzahlen geben die Gewichtung an)

Kennzeichen

- Qualitätsmanagementsysteme beinhalten Anforderungen unter anderem zur **Qualitätssicherung** z. B. bei Produkten.
- Ein **prozessorientierter Ansatz** in einem QM-System ist dabei definiert als die Anwendung eines Systems von Prozessen in einer Organisation, verbunden mit dem Erkennen und den Wechselwirkungen dieser Prozesse sowie deren Management.
- Wird der prozessorientierte Ansatz in einem **QM-System** verwendet, sind folgende Punkte von hoher Bedeutung:
  - Verstehen und Erfüllen von Anforderungen
  - Prozesse aus der Sicht der Wertschöpfung betrachten
  - Ergebnisse bezüglich Prozessleitung und -wirksamkeit erzielen
  - ständige Verbesserung von Prozessen auf der Grundlage objektiver Messungen
- Die DIN EN ISO 9001: 2000 beschreibt einen prozessorientierten Ansatz für die
  - Entwicklung,
  - Verwirklichung und
  - Verbesserung der Wirksamkeit eines QM-Systems.
- Diese Norm ist anzuwenden von Organisationen
  - die ihre Fähigkeit zur ständigen Bereitstellung von Produkten darzulegen hat, die die Anforderungen der Kunden und die zutreffenden behördlichen Anforderungen erfüllen,
  - die danach streben, die Kundenzufriedenheit durch wirksame Anwendung des Systems zu erhöhen.

Prozessorientiertes QM-System

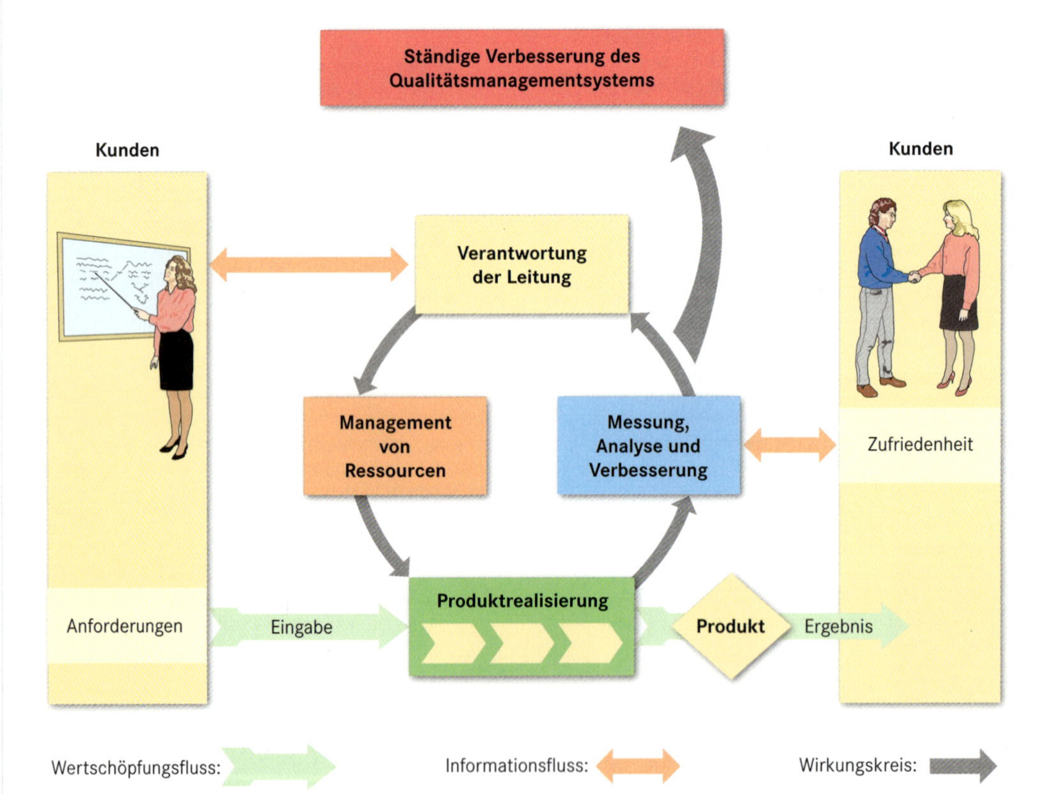

- **Qualitätssicherung**
  - Teil des Qualitätsmanagements.
  - Gerichtet auf das Erzeugen von Vertrauen, dass Qualitätsanforderungen erfüllt werden
- **Ständige Verbesserung**
  Wiederkehrende Tätigkeiten zum Erhöhen der Fähigkeiten, Anforderungen zu erfüllen
- **Qualitätsmanagementplan**
  In diesem Dokument ist festgelegt, welche Verfahren und zugehörige Ressourcen wann und durch wen im Rahmen eines spezifischen Projekts, Prozesses oder Vertrages anzuwenden sind.
- **Konformität**
  Erfüllung einer Anforderung

Kontinuierlicher Verbesserungsprozess (KVP)
Continuous Improvement Process

Begriff

KVP ist die Anpassung des japanischen Management-Prinzips **Kaizen** ① auf den westlichen Kulturkreis.

Der Prozess ist dauerhaft angelegt.

Ziel:
Verbesserung der Produkt- und Prozessqualität durch
- ständige Verbesserung der Organisations- und Arbeitsabläufe
- mit vielen kleinen Schritten, nicht in großen Sprüngen.

Alle Mitarbeiter und Führungskräfte werden einbezogen.

Notwendigkeiten zur ständigen Verbesserung ergeben sich aus Veränderungen der
- Anforderungen
- Bedingungen
- Umwelt
- ...

Kaizen ① (Japanisch)

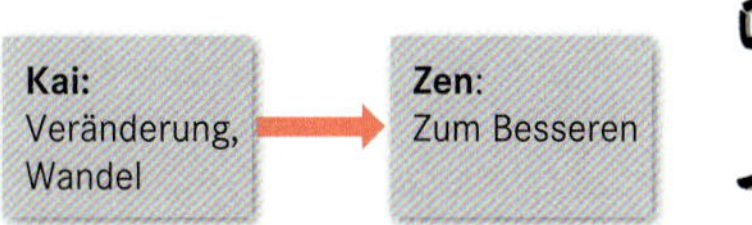

改善

- Jedes System ist ab dem Zeitpunkt seiner Einrichtung dem Zerfall preisgegeben, wenn es nicht ständig erneuert bzw. verbessert wird.
- Um auf Veränderungen zu reagieren, sind ständig Anpassungen und Flexibilität erforderlich.

Merkmale

- Ständiges Streben nach Perfektion
- Problembewusstsein ist Voraussetzung, wird gegebenenfalls geweckt.
- Probleme bzw. Schwachstellen werden identifiziert.
- Alle Hierarchieebenen werden einbezogen, jeder Mitarbeiter wird einbezogen.
- „Verborgene" Aktivitäts- und Innovationspotenziale werden freigesetzt.
- Motivierende Zusammenarbeit der Mitarbeiter
- Durch Fehler werden Verbesserungsmöglichkeiten erkannt.
- Bei Fehlentwicklungen werden Schuldige nicht gesucht, sondern Lösungen der Probleme angestrebt.
- Gemeinsam wird nach kostengünstigen Lösungen gesucht.
- KVP ist Bestandteil der täglichen Arbeitsabläufe.
- Die Umsetzung der Verbesserungen erfolgt durch die Mitarbeiterinnen und Mitarbeiter selbst.
- KVP ist überall anwendbar.

Moderation

Kontinuierliche Verbesserungsprozesse müssen durch geeignete Moderatorinnen bzw. Moderatoren begleitet werden.

Aufgaben der Moderation:
- Regelmäßige Zusammenkünfte der Mitarbeiterinnen und Mitarbeiter organisieren
- Arbeitsfähige Gruppen bilden (definierte Teams)
- Themen analysieren und aufbereiten
- Themen optisch darstellen und ordnen
- Fragen zur Auflösung von Interaktionen stellen
- Regeln vereinbaren
- Gruppe zu einem gemeinsamen Ergebnis führen
- Gruppenergebnisse festhalten
- Vereinbarungen mit der Gruppe treffen

Schritte im KVP-Prozess

Ablauf

	Mitarbeiter
Identifikation von Möglichkeiten der Verbesserung	Verstehen von Problemzusammenhängen
↓ Analyse der Ursachen	Analysekompetenz
↓ Festlegung der Ziele	Teambesprechung, Abstimmung
↓ Umsetzungsvorschlag	Konstruktive Vorschläge
↓ Dauerhafte Verbesserung	Zufriedenheit, Motivation

Auf jeden Durchlauf folgt ein weiterer.

Zyklischer Durchlauf

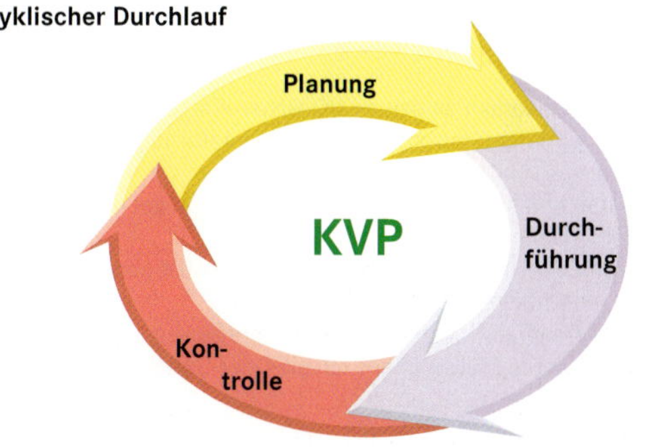

Bewertbarkeit

Jeder Stelle der Binärzeichen ist hierbei eine definierte Wertigkeit zugeordnet.
Beispiel: Mögliche Wertigkeiten von BCD-Codes.

Nr.	Wertigkeit			
1	8	4	2	1
2	7	4	2	1
3	6	4	2	1
4	5	4	2	1
5	4	4	2	1
6	7	3	2	1
7	6	3	2	1
8	5	3	2	1

Nr.	Wertigkeit			
9	4	3	2	1
10	3	3	2	1
11	6	2	2	1
12	5	2	2	1
13	4	2	2	1
14	6	3	1	1
15	5	3	1	1
16	4	3	1	1
17	5	2	1	1

Zusammenhang zwischen Wertigkeit und Dezimalzahl bei BCD-Codes:

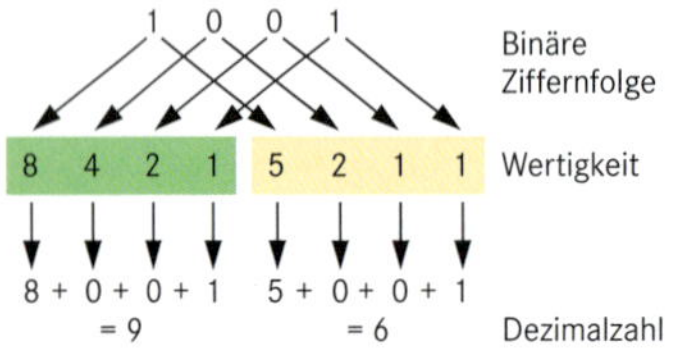

Fehlererkennbarkeit

Codes, die einfache oder mehrfache Verfälschungen von Stellen innerhalb eines Codewortes aufzeigen, sind fehlererkennbar (z. B. 1 aus 10- und 2 aus 5-Code).

Parität

Jedem Codewort kann durch Hinzufügen einer einzelnen Prüfstelle die Fähigkeit zum Erkennen einfacher Fehler gegeben werden.

- **Gerade Parität:** Paritätsbit wird auf 0 gesetzt, wenn Quersumme der mit 1 besetzten Stellen im Codewort gerade ist Paritätsbit = 1, wenn Quersumme ungerade
- **Ungerade Parität:** Paritätsbit = 1, wenn Quersumme gerade; Paritätsbit = 0, wenn Quersumme ungerade

Beispiel:

Parität	gerade (even)	ungerade (odd)
Codewort 1	0110 0	0110 1
Codewort 2	1110 1	1110 0

Paritätsbit

Rechenfähigkeit

Beispiel: Aiken-Code

Subtraktion		Addition durch Neunerkomplement	
Dezimalzahlen	Aiken-Code	Aiken-Code	
8	1110	1110	
–	+	+	
5	1011	0100	Invertieren
=	=	=	
		1 0010	Abtrennen der
		+	ersten Stelle
		0001	Addition von 1
3	0011	0011	

Blockprüfung

Auch als Longitudinale Redundanzprüfung bezeichnet. Sichert durch **BCC** (**B**lock **C**heck **C**haracter: Paritätszeichen) einen Datenblock.

- Alle Bitstellen mit derselben Bitnummer innerhalb des Blockes werden addiert
- Dafür wird jeweils ein Paritätsbit gebildet
- Die zusammengefassten Paritätsbits ergeben das BCC

Beispiel:

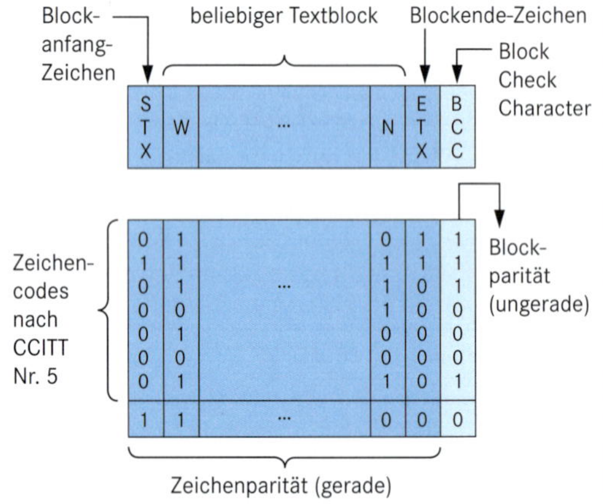

Zyklische Redundanzprüfung

- Beim **CRC**-Verfahren (**C**yclic **R**edundancy **C**heck) wird die gesamte Nachricht als serieller Bitstrom betrachtet.
- Alle Bits werden an einen CRC-Generator gegeben.
- Hier wird der Bitstrom durch ein Generatorpolynom dividiert und eine Kontrollzahl erzeugt.
- Daten und Kontrollzahl werden vom Empfänger ebenfalls durch Generatorpolynom dividert.
- Wenn der Divisionsrest gleich 0 ist, dann hat keine Verfälschung stattgefunden.
- CRC-Generator besteht aus Schieberegistern, die an bestimmten Stellen über Exclusiv-Oder-Gatter zurückgekoppelt sind.

Übertragungsprinzip mit CRC-Verfahren

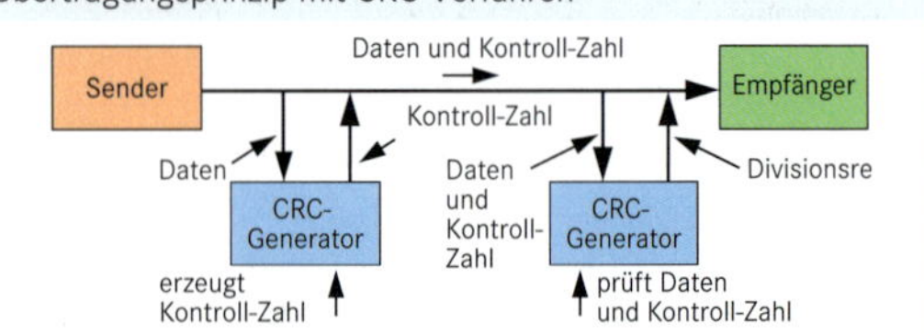

Generatorpolynome für CRC-Generator

ITU-T: $G(x) = x^{16} + x^{12} + x^5 + 1$	CRC-12: $G(x) = x^{12} + x^{11} + x^3 + x^2 + x + 1$
CRC-16 (IBM): $G(x) = x^{16} + x^{15} + x^2 + 1$	CRC-8 (LRC): $G(x) = x^8 + 1$

Zahlen-Codes
Numeric Codes

- Codieren bedeutet, den gegebenen Vorrat an Symbolen eines Zeichensatzes den Symbolen eines anderen Zeichensatzes zuzuordnen.
- Codieren erfolgt aus verschiedenen Gründen:
  - Bei Datenübertragung: Einfache und zeitsparende Übertragung der Symbole.
  - Für Datensicherheit: Daten möglichst schwer entschlüsselbar (kryptologische Codierungen).
- Für Datenverarbeitung: Mathematische Operationen mit geringem technischen Aufwand durchführen.
- Überwiegend verwendet werden binäre Codes.
- Besondere Bedeutung haben die Codes, bei denen die Codewörter aus gleich vielen Elementen bestehen (z. B. vier Bit).
- Bei n Elementen pro Codewort und v unterscheidbaren Zuständen pro Element sind $M = v^n$ Codewörter darstellbar. (Binärsystem mit $v = 2$ ist $M = 2^n$.)

Tetradische Codes

- Bestehen aus vier Bit (**Tetrade**) je Codewort
- Codieren die Dezimalziffern 0...9
- Enthalten sechs Codewörter (Dezimalzahlen 10 ... 15), die **nicht** verwendet werden (**Pseudotetraden**)

Mehrschrittige Tetradische Codes

- Ändern mehrere Binärstellen beim Übergang von einem Codewort zum folgenden
- **BCD**-Code: **B**inary-**C**oded **D**ecimals (binärcodierte Dezimalziffern), geeignet für Addition
- **Aiken**-Code: geeignet für Addition und Subtraktion

Einschrittige Tetradische Codes

- Ändern nur eine Binärstelle beim Übergang von einem Codewort zum folgenden
- Anwendung bei Analog-Digital-Umsetzern (z. B. Winkelcodierern)

Dezimal-Ziffer	BCD-Code	Aiken-Code	Gray-Code	Glixon-Code	O'Brien-Code
0	0 0 0 0	0 0 0 0	0 0 0 0	0 0 0 0	0 0 0 1
1	0 0 0 1	0 0 0 1	0 0 0 1	0 0 0 1	0 0 1 1
2	0 0 1 0	0 0 1 0	0 0 1 1	0 0 1 1	0 0 1 0
3	0 0 1 1	0 0 1 1	0 0 1 0	0 0 1 0	0 1 1 0
4	0 1 0 0	0 1 0 0	0 1 1 0	0 1 1 0	0 1 0 0
5	0 1 0 1	1 0 1 1	0 1 1 1	0 1 1 1	1 1 0 0
6	0 1 1 0	1 1 0 0	0 1 0 1	0 1 0 1	1 1 1 0
7	0 1 1 1	1 1 0 1	0 1 0 0	0 1 0 0	1 0 1 0
8	1 0 0 0	1 1 1 0	1 1 0 0	1 1 0 0	1 0 1 1
9	1 0 0 1	1 1 1 1	1 1 0 1	1 0 0 0	1 0 0 1
Wertigkeit	8 4 2 1	2 4 2 1			
Stelle	4 3 2 1	4 3 2 1	4 3 2 1	4 3 2 1	4 3 2 1

Höherstellige Codes

- Verwenden mehr als vier Stellen zur Darstellung eines Codewortes
- 2 aus 5-Code: gleichgewichtiger Code; jeweils zwei von fünf Stellen sind in jedem Codewort mit 1 besetzt; fehlererkennbar
- 1 aus 10-Code: fehlererkennbar
- Libaw-Craig-Code: einschrittiger Code
- Biquinär-Code: 2 aus 7-Code

Dezimal-Ziffer	2 aus 5-Code	1 aus 10-Code	Libaw-Craig-Code	Biquinär-Code
0	0 0 0 1 1	0 0 0 0 0 0 0 0 0 1	0 0 0 0 1	1 0 0 0 0 0 1
1	0 0 1 0 1	0 0 0 0 0 0 0 0 1 0	0 0 0 1 1	1 0 0 0 0 1 0
2	0 0 1 1 0	0 0 0 0 0 0 0 1 0 0	0 0 1 1 1	1 0 0 0 1 0 0
3	0 1 0 0 1	0 0 0 0 0 0 1 0 0 0	0 1 1 1 1	1 0 0 1 0 0 0
4	0 1 0 1 0	0 0 0 0 0 1 0 0 0 0	1 1 1 1 1	1 0 1 0 0 0 0
5	0 1 1 0 0	0 0 0 0 1 0 0 0 0 0	1 1 1 1 0	0 1 0 0 0 0 1
6	1 0 0 0 1	0 0 0 1 0 0 0 0 0 0	1 1 1 0 0	0 1 0 0 0 1 0
7	1 0 0 1 0	0 0 1 0 0 0 0 0 0 0	1 1 0 0 0	0 1 0 0 1 0 0
8	1 0 1 0 0	0 1 0 0 0 0 0 0 0 0	1 0 0 0 0	0 1 0 1 0 0 0
9	1 1 0 0 0	1 0 0 0 0 0 0 0 0 0	0 0 0 0 0	0 1 1 0 0 0 0
Stelle	5 4 3 2 1	9 8 7 6 5 4 3 2 1 0	5 4 3 2 1	6 5 4 3 2 1 0

Nichtdekadische Codes

- Zahlen werden vollständig in einem Codewort dargestellt
- Codes müssen auf die Menge der zu codierenden Zahlen ausgelegt sein

Dezimal-Ziffer	Dual-Code	Hamming-Code	Dezimal-Ziffer	Dual-Code	Hamming-Code
0	0 0 0 0	0 0 0 0 0 0 0	8	1 0 0 0	1 0 0 1 0 1 1
1	0 0 0 1	0 0 0 0 1 1 1	9	1 0 0 1	1 0 0 1 1 0 0
2	0 0 1 0	0 0 1 1 0 0 1	10	1 0 1 0	1 0 1 0 0 1 0
3	0 0 1 1	0 0 1 1 1 1 0	11	1 0 1 1	1 0 1 0 1 0 1
4	0 1 0 0	0 1 0 1 0 1 0	12	1 1 0 0	1 1 0 0 0 0 1
5	0 1 0 1	0 1 0 1 1 0 1	13	1 1 0 1	1 1 0 0 1 1 0
6	0 1 1 0	0 1 1 0 0 1 1	14	1 1 1 0	1 1 1 1 0 0 0
7	0 1 1 1	0 1 1 0 1 0 0	15	1 1 1 1	1 1 1 1 1 1 1

Zeile \ Spalte	00	01	02	03	04	05	06	07
00	**NUL** 0 0 P000 0000 000	**DLE** 10 16 P001 0000 020	**SP** 20 32 P010 0000 040	**0** 30 48 P011 0000 060	**@** 40 64 P100 0000 100	**P** 50 80 P101 0000 120	**`** 60 96 P110 0000 140	**p** 70 112 P111 0000 160
01	**SOH** 01 1 P000 0001 001	**DC_1** 11 17 P001 0001 021	**!** 21 33 P010 0001 41	**1** 31 49 P011 0001 061	**A** 41 65 P100 0001 101	**Q** 51 81 P101 0001 121	**a** 61 97 P110 0001 141	**q** 71 113 P111 0001 161
02	**STX** 02 2 P000 0010 002	**DC_2** 12 18 P001 0010 022	**“** 22 34 P010 0010 042	**2** 32 50 P011 0010 062	**B** 42 66 P100 0010 102	**R** 52 82 P101 0010 122	**b** 62 98 P110 0010 142	**r** 72 114 P111 0010 162
03	**ETX** 03 3 P000 0011 003	**DC_3** 13 19 P001 0011 023	**#** 23 35 P010 0011 043	**3** 33 51 P011 0011 063	**C** 43 67 P100 0011 103	**S** 53 83 P101 0011 123	**c** 63 99 P110 0011 143	**s** 73 115 P111 0011 163
04	**EOT** 04 4 P000 0100 004	**DC_4** 14 20 P001 0100 024	**$** 24 36 P010 0100 044	**4** 34 52 P011 0100 064	**D** 44 68 P100 0100 104	**T** 54 84 P101 0100 124	**d** 64 100 P110 0100 144	**t** 74 116 P111 0100 164
05	**ENQ** 05 5 P000 0101 005	**NAK** 15 21 P001 0101 025	**%** 25 37 P010 0101 045	**5** 35 53 P011 0101 065	**E** 45 69 P100 0101 105	**U** 55 85 P101 0101 125	**e** 65 101 P110 0101 145	**u** 75 117 P111 0101 165
06	**ACK** 06 6 P000 0110 006	**SYN** 16 22 P001 0110 026	**&** 26 38 P010 0110 046	**6** 36 54 P011 0110 066	**F** 46 70 P100 0110 106	**V** 56 86 P101 0110 126	**f** 66 102 P110 0110 146	**v** 76 118 P111 0110 166
07	**BEL** 07 7 P000 0111 007	**ETB** 17 23 P001 0111 027	**’** 27 39 P010 0111 047	**7** 37 55 P011 0111 067	**G** 47 71 P100 0111 107	**W** 57 87 P101 0111 127	**g** 67 103 P110 0111 147	**w** 77 119 P111 0111 167
08	**BS** 08 8 P000 1000 010	**CAN** 18 24 P001 1000 030	**(** 28 40 P010 1000 050	**8** 38 56 P011 1000 070	**H** 48 72 P100 1000 110	**X** 58 88 P101 1000 130	**h** 68 104 P110 1000 150	**x** 78 120 P111 1000 170
09	**HT** 09 9 P000 1001 011	**EM** 19 25 P001 1001 031	**)** 29 41 P010 1001 051	**9** 39 57 P011 1001 071	**I** 49 73 P100 1001 111	**Y** 59 89 P101 1001 131	**i** 69 105 P110 1001 151	**y** 79 121 P111 1001 171
10	**LF** 0A 10 P000 1010 012	**SUB** 1A 26 P001 1010 032	***** 2A 42 P010 1010 052	**:** 3A 58 P011 1010 072	**J** 4A 74 P100 1010 112	**Z** 5A 90 P101 1010 132	**j** 6A 106 P110 1010 152	**z** 7A 122 P111 1010 172
11	**VT** 0B 11 P000 1011 013	**ESC** 1B 27 P001 1011 033	**+** 2B 43 P010 1011 053	**;** 3B 59 P011 1011 073	**K** 4B 75 P100 1011 113	**[** 5B 91 P101 1011 133	**k** 6B 107 P110 1011 153	**{** 7B 123 P111 1011 173
12	**FF** 0C 12 P000 1100 014	**FS** 1C 28 P001 1100 034	**,** 2C 44 P010 1100 054	**<** 3C 60 P011 1100 074	**L** 4C 76 P100 1100 114	**** 5C 92 P101 1100 134	**l** 6C 108 P110 1100 154	**¦** 7C 124 P111 1100 174
13	**CR** 0D 13 P000 1101 015	**GS** 1D 29 P001 1101 035	**–** 2D 45 P010 1101 055	**=** 3D 61 P011 1101 075	**M** 4D 77 P100 1101 115	**]** 5D 93 P101 1101 135	**m** 6D 109 P110 1101 155	**}** 7D 125 P111 1101 175
14	**SO** 0E 14 P000 1110 16	**RS** 1E 30 P001 1110 036	**.** 2E 46 P010 1110 056	**>** 3E 62 P011 1110 076	**N** 4E 78 P100 1110 116	**^** 5E 94 P101 1110 136	**n** 6E 110 P110 1110 156	**~** 7E 126 P111 1110 176
15	**SI** 0F 15 P000 1111 17	**US** 1F 31 P001 1111 037	**/** 2F 47 P010 1111 057	**?** 3F 63 P011 1111 077	**O** 4F 79 P100 1111 117	**_** 5F 95 P101 1111 137	**o** 6F 111 P110 1111 157	**DEL** 7F 127 P111 1111 177

Erklärung

ASCII-Zeichen — DLE; 20 — Wert hexadezimal; 16 — Wert dezimal; Wert binär — P001 0000; 020 — Wert oktal

LSB (Least Significant Bit: niederwertiges Bit)

MSB (Most Significant Bit: höchstwertiges Bit)

P: Paritätsbit (P = 0 oder P = 1 muss vereinbart sein; s. DIN 66 022).

Befehl	Art des Befehls	Bedeutung englisch	Bedeutung deutsch
NUL	–	NULL	Null, Nichts
SOH	TC	START OF HEADING	Kopfzeilenbeginn
STX	TC	START OF TEXT	Textanfangzeichen
ETX	TC	END OF TEXT	Textendezeichen
EOT	TC	END OF TRANSMISSION	Ende der Übertragung
ENQ	TC	ENQUIRY	Aufforderung zur Datenübertragung
ACK	TC	ACKNOWLEDGE	Positive Rückmeldung
BEL	–	BELL	Klingelzeichen
BS	FE	BACKSPACE	Rückwärtsschritt
HT	FE	HORIZONTAL TABULATION	Horizontal-Tabulator
LF	FE	LINE FEED	Zeilenvorschub
VT	FE	VERTICAL TABULATION	Vertikal-Tabulator
FF	FE	FORM FEED	Formularvorschub
CR	FE	CARRIAGE RETURN	Wagenrücklauf
SO	–	SHIFT OUT	Dauerumschaltungszeichen

Befehl	Art des Befehls	Bedeutung englisch	Bedeutung deutsch
SI	–	SHIFT IN	Rückschaltungszeichen
DLE	TC	DATALINE ESCAPE	Datenübertragungs-Umschaltung
DC 1...4	DC	DEVICE CONTROL 1...4	Gerätesteuerzeichen 1...4
NAK	TC	NEGATIVE ACKNOWLEDGE	Negative Rückmeldung
SYN	TC	SYNCHRONOUS IDLE	Synchronisierung
ETB	TC	END OF TRANSMISSION BLOCK	Ende des Übertragungsblocks
CAN	–	CANCEL	Ungültig
EM	–	END OF MEDIUM	Ende der Aufzeichnung
SUB	–	SUBSTITUTE	Substitution
ESC	–	ESCAPE	Umschaltung
FS	IS	FILE SEPARATOR	Hauptgruppen-Trennzeichen
GS	IS	GROUP SEPARATOR	Gruppentrennzeichen
RS	IS	RECORD SEPARATOR	Untergruppen-Trennzeichen
US	IS	UNIT SEPARATOR	Teilgruppen-Trennzeichen
SP	–	SPACE	Leerzeichen
DEL	–	DELETE	Löschen

Lineare Barcodes
Linear Barcodes

Begriffe und Prinzipien

- Bezeichnungen:
  - Strichcode
  - Balkencode
  - Barcode (engl. Bar: Balken)
  - Linearer 1D Barcode
- Der dargestellte Code besteht aus verschieden breiten, parallelen Strichen und Lücken, die nebeneinander liegen. Breitenverhältnis zwischen schmalen und breiten Balken: 1 : 1,8 bis 1 : 3,4 (üblich: 1 : 2 bis 1 : 3)
- Um den Code einwandfrei dekodieren zu können bleibt nach dem Code ein Feld frei (Ruhezone) oder es sind Trennungslinien vorhanden.
- Als erstes und als letztes Zeichen sind in der Regel Start- und Stoppzeichen eingefügt.
- Die Daten im Strichcode lassen sich optisch erfassen durch:
  - Lesestift (Bewegung von Hand über den Barcode, Decodierer empfängt das Hell-/Dunkel-Signal)
  - CCD-Scanner (Beleuchtung des Codes mit LEDs, reflektiertes Licht wird ausgewertet)
  - Laser-Scanner (ein oder mehrere Laserstrahlen werden auf den Barcode gerichtet und werden verschieden reflektiert)
  - Handy-Scanner (Barcode wird als Bild erfasst und decodiert)
- Anwendungen:
  Automatische Identifikation und Datenerfassung, **AIDC** (**A**utomatic **I**dentification and **D**ata **C**apture), z. B.:
  - Produktion (Produktkennzeichnung, ...)
  - Lager (Lagerplatzcode, ...)
  - Transport (Zielort, ...)
- Vorteile:
  - Sicher, geringe Fehlerwahrscheinlichkeit
  - Einfach, mit Druckern herstellbar
- Nachteil:
  Begrenzte Datenmenge

Fehlererkennung

Beispiel:
- Code 2/5 Industrial
- Am Ende des Codes befindet sich eine Prüfziffer.
- Stimmt die errechnete Prüfsumme nicht mit der übertragenen Ziffer (im unteren Beispiel 4) überein, wird erneut gelesen.

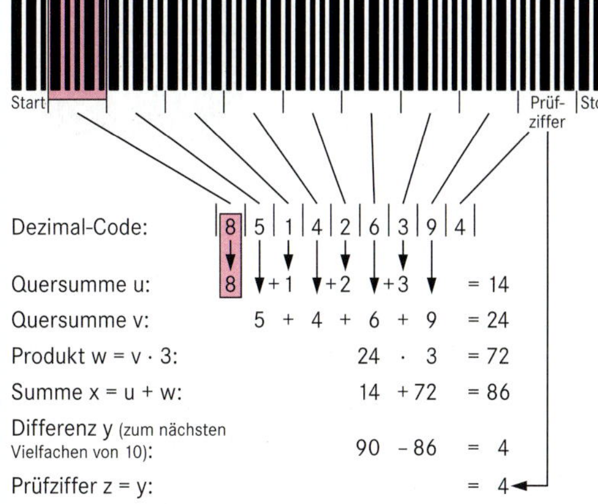

EAN

- **EAN** (**E**uropean **A**rticle **N**umber) wird zur Produktkennzeichnung für Handelsartikel verwendet (**Handelsstrichcode**).
- Die Artikelnummer besteht aus 8 bzw. 13 Ziffern (**EAN 8** und **EAN 13**). Die ersten 2 bzw. 3 oder 7, 8 oder 9 werden zentral durch die **GSI**-Gruppe (**G**lobal **T**rade **I**tem **N**umber) verwaltet und vergeben.
- Der numerische Code hat eine feste Länge, darstellbar sind die Zahlen 0 bis 9, die üblicherweise auch analog angezeigt werden.

Code 2/5 Industrial (Code 2 of 5 Industrial)

- Numerischer Code, Zeichensatz 0 bis 9
- Die Zahlen 2 und 5 sagen aus, dass jedes Strichcodezeichen aus 2 breiten und 3 schmalen, also insgesamt 5 Elementen besteht. Die Lücken enthalten keine Information.
- Anwendung: Warenhäuser Flugtickets

Code 2/5 Interleaved (Code 2 of 5 Interleaved)

- Bezeichnungen auch: **ITF** (**I**nterleaved **T**wo of **F**ive), Interleaving: Verschränkung
- Numerischer Code, Zeichensatz 0 bis 9
- Der Code ist aufgebaut aus zwei breiten und drei schmalen Strichen bzw. zwei breiten und drei schmalen Lücken (immer fünf Elemente). Striche und Lücken tragen also eine Information. Zwischen dem Start- und Stoppzeichen sind somit zwei Ziffern codiert (überlappend, verschränkt).
- Vorteil: Hohe Informationsdichte
- Anwendung: Paketdienst, Industrieanwendung

Code 128

- 128 bezieht sich auf die 128 darstellbaren ASCII-Zeichen
- Es handelt sich um einen alphanumerischen Code hoher Informationsdichte.
  - Zeichensatz A: Ziffern, Großbuchstaben, Sonderzeichen, ASCII-Steuerzeichen
  - Zeichensatz B: Ziffern, alle Groß- und Kleinbuchstaben, Sonderzeichen und Umschaltzeichen
- Jedes Zeichen besteht aus 11 Modulen, die in drei Striche und drei Lücken aufgeteilt sind. Die vier Strich- und vier Lückenbreiten variieren.
- Vorteil: ASCII-Zeichnsatz, hohe Informationsdichte
- Anwendung: Paketdienste, Elektronik-Industrie, Chemische Industrie, Gesundheitssektor

Begriff und Prinzipien

- Bezeichnungen:
  Matrix-Code, 2D-Barcode, Punktcode
- Es handelt sich um eine Anordnung verschieden breiter Quadrate, Punkte oder Striche, die durch Lücken getrennt sind. Die darin enthaltenen Informationen sind mit entsprechenden optoelektronischen Geräten lesbar (Kamera-Scanner).
- Die Daten sind nicht in eine Richtung (eindimensional) sondern in der Fläche (zweidimensional) codiert.
- Vorteil gegenüber dem Barcode (eindimensional):
  Höhere Dichte an Nutzinformationen
- Verwendung:
  - Warenkennzeichnung (verschiedenartige), Informationsspeicherung
  - Mobile-Tagging
- Gruppen:
  - Gestapelte Codes (übereinander gestapelte Strichcodes) z.B. Codablock, Code 49, PDF417
  - Matrix-Codes z. B. QR-Code, DataMatrix-Code, MaxiCode, Aztec-Code
  - Punktcodes

Mobile-Tagging

- Mit diesem Begriff kennzeichnet man ein Verfahren, bei dem man mit Hilfe der Kamera eines Handys die in einem 2D-Code enthaltenen Informationen (Codeinhalt) ausliest.

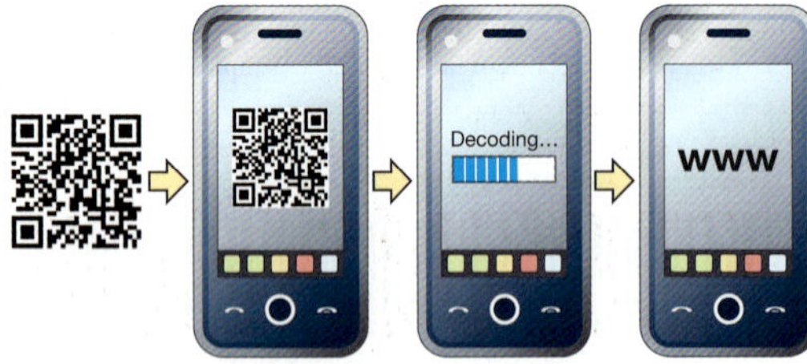

- Beispiele für Codeinhalte:
  - Internetadresse, direkte Weiterleitung ist möglich
  - Transaktionscode zur Durchführung von Programmschritten
  - Zugangscode für den einmaligen Zugriff
  - Adressensatz (z. B. in Form einer Visitenkarte)

Aztec-Code

- Der Name leitet sich ab von den Azteken in Zentralmexiko (Blick auf eine Stufenpyramide aus der Vogelperspektive).
- Aufbau:
  - In der Mitte das Suchelement, mehrere ineinander verschachtelte Quadrate
  - Symbolelemente sind quadratisch
- Kapazität: über 3000 Zeichen
- Reed-Solomon-Fehlerkorrektur bis zu 32 Levels
- Anwendung:
  - Online-Tickets der Deutschen, Österreichischen und Schweizer Bundesbahn sowie Verband Deutscher Verkehrsunternehmen, Mobile-Tickets
  - Speicherung biometrischer Daten (USA)

QR-Code

- **QR**: **Q**uick **R**esponse (schnelle Antwort)
- Aufbau:
  Quadratische Matrix aus mindestens 21 x 21 bis 177 x 177 schwarzen und weißen Flächen mit speziellen Markierungen an drei Ecken (Position).

- Fehlerkorrektur-Levels (Kapazität der Fehlerkorrektur in %)
  L: 7 %; M: 15 %; Q: 25 %; H: 30 %
- Beispiel für den Informationsgehalt:
  177 x 177 Elemente, Fehlerkorrekturlevel L $\Rightarrow$ 23.624 Bit (7.089 Dezimalziffern, 4.296 alphanumerische Zeichen sind darstellbar)
- Vielfältige Anwendungsmöglichkeiten: Produktionslogistik, Fahrplanauskunft, Navigation, Werbung, Aufruf von Websites, usw.
- **Weiterentwicklungen**:
  - **Micro-QR-Code**
    ist verwendbar für kleine Abmessungen, besitzt nur eine Orientierugsmarkierung, max. 35 Zahlen bzw. 21 alphanumersiche Zeichen sind codierbar
  - **Secure-QR-Code**
    enthält erweiterte Funktionen zum Verschlüsseln von Daten
  - **iQR-Code**
    besitzt rechteckiges Format, ist kleiner als der QR-Code und kann mehr Daten speichern

DataMatrix-Code

- Aufbau:
  - Variable rechteckige Form als Matrix
  - 10 x 10 bis 144 x 144 Symbolelemente
  - waagerechte und senkrechte Umrandung dient der Orientierung
- Kapazität bei 7 Bit z. B. 2.334 ASCII-Zeichen oder 3.116 Ziffern
- Vorteile:
  Kompakt und sicher, sehr gute Fehlerkorrektur (Reed-Solomon), Rekonstruktion des Dateninhalts bei Beschädigungen bis 25 %
- Anwendungen:
  - Direktbeschriftung mit Laser oder durch Nadelprägung in der Produktion
  - Analysegeräte für die Chemieindustrie, Medizintechnik
  - Gedruckte Form: Tickets, Postversand, elektronische Briefmarke

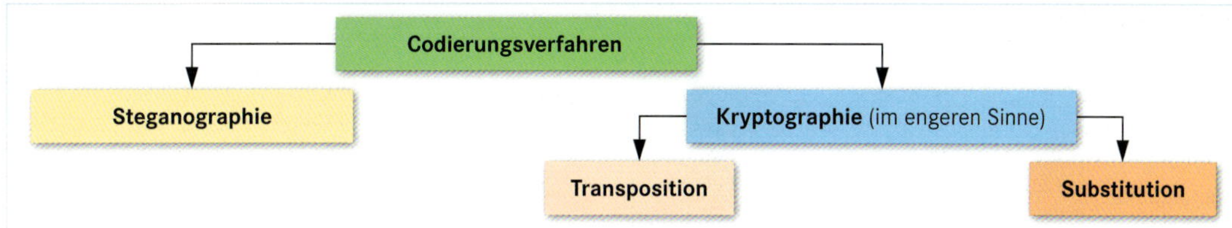

Basisbegriffe

- **Steganographie** (steganos (gr.: bedeckt); graphein (gr.: schreiben)). Zum Beispiel:
  - Texte/Bilder (räumlich) verstecken
  - Verwendung von unsichtbarer Tinte
  - Information wird im offenen Text versteckt
- Die **„versteckten Verfahren"** (Steganographie) zählen auch zu den „indirekten Chiffrierverfahren". Hierzu zählen auch **„Chaffing"** und **„Frequency Hopping"**.
  - Beim **Chaffing** werden Bitpakete übertragen, die zum Teil aus **Zufallsbitfolgen** bestehen
  - Beim **Frequency Hopping** wird die Nachricht im Ablauf mit verschiedenen Trägerfrequenzen übertragen
- **Kryptographie** (kryptos (gr.: verbergen)) Der Inhalt (der Sinn der Nachricht) wird verborgen.
- **Transposition (auch: Permutationsverfahren)** Der Informationsträger bleibt gleich; er erhält jedoch einen neuen Ort. – Z. B.: die Folge von Buchstaben wird vertauscht.
- **Substitution:** Der Informationsträger behält seinen Ort/seine Position; er wird jedoch verändert dargestellt. Z. B. werden Buchstaben durch Zahlen dargestellt.
- **Substitutions-**, **Permutations-** und **Stromverfahren** zählen zu den **„Direkten Chiffrierverfahren"**. Mit einem Schlüssel wird der Algorithmus-Einsatz zur Klartext-Verwandlung gesteuert.
- **Klartextalphabet (KTA):** Ursprüngliche Zeichenmenge, aus der ein **Klartext** (engl. **plain text**) geschrieben wurde.
- **Verschlüsselungsalphabet (Geheimtextalphabet (GTA)):** Zeichenmenge, auf die die Zeichen des Klartextalphabets zum Geheimtext (engl.: **cipher text**) übersetzt werden.

Monoalphabetische Verschlüsselung

Die Zeichen des KTA werden auf ein beliebig angeordnetes GTA in einheitlicher Art abgebildet.

- **Beispiel: Cäsar-Kodierung**
  Geht auf C. J. Cäsar (100–44 v. Chr.) zurück und ist eine Sonderform der monoalphabetischen Verschlüsselung.
  - Die Zeichenfolge der GTA entspricht der Abfolge der KTA. Der Schlüssel gibt die Buchstabenverschiebung an. Beispiel (Verschiebung um eine Position):
    KTA: A, B, C, D, ..., X, Y, Z
    GTA: B, C, D, E, ..., Y, Z, A
  - Allgemeine Übersetzungsvorschrift (Verschiebung: n) Zeichen(GTA) = Zeichen((Nr-KTA + n) [mod 26])

Polyalphabetische Verschlüsselung

- Es werden mehrere unabhängige GTA verwendet. Zum Beispiel wird mit einem Schlüsselwort festgelegt, in welches GTA die einzelnen Buchstaben übersetzt werden.
- **Beispiel: Vigenère-Codierung:**
  Sie geht auf Blaise de Vigenère (1523–1585) zurück und ist eine Sonderform der polyalphabetischen Verschlüsselung. Die Zeichenfolgen der einzelnen GTA entspricht der des KTA. Zum Beispiel – verwendet werden zwei GTA –:
  KTA: A, B, C, ..., X, Y, Z
  GTA-1: B, C, D, ..., Y, Z, A
  GTA-2: D, E, F, ..., A, B, C
  Der 1., 3., ... Buchstabe wird zum Beispiel ins GTA-1 übersetzt; der 2., 4., ... Buchstabe ins GTA-2.

Buchstabenhäufigkeiten

In der deutschen (oberer Wert) und englischen (unterer Wert) Schriftsprache (Wert jeweils in %)

A	B	C	D	E	F	G	H	I
6,51	2,57	2,84	5,41	16,7	2,04	3,65	4,06	7,82
8,20	1,50	2,80	4,30	12,7	2,20	2,00	6,10	7,00

J	K	L	M	N	O	P	Q	R
0,19	1,88	2,83	3,01	9,92	2,29	0,94	0,07	6,54
0,20	0,80	4,00	2,40	6,70	7,50	1,90	0,10	6,00

S	T	U	V	W	X	Y	Z
6,78	6,74	3,70	1,07	1,40	0,02	0,03	1,00
6,30	9,10	2,80	1,00	2,40	0,20	2,00	0,10

- Häufigkeit von **Bigrammen** in der deutschen Sprache (Bigramme: zwei Buchstaben in Folge) en (4,47 %); er (3,40 %); ch (2,80 %); nd (2,58 %); ei (2,26 %); de (2,14 %); in (2,04 %); es (1,81 %); te (1,78 %); ie (1,76 %); un (1,73 %); ge (1,68 %); st (1,24 %); ic (1,19 %); he (1,17 %)
- Häufigkeit von **Trigrammen** in der deutschen Sprache (Trigramme: drei Buchstaben in Folge) ein (1,22 %); ich (1,11 %); nde (0,89 %); die (0,87 %); und (0,87 %); der (0,86 %); che (0,75 %); end (0,75 %); gen (0,71 %); sch (0,66 %)

Mono- und polyalphabetische Verschlüsselungen können durch statistische Analysen zur Häufigkeit einzelner Zeichen und ganzer Zeichenfolgen entschlüsselt werden: **statistische Kryptoanalyse** nach **Kasiski** (polnischer Mathematiker; Entdeckung 1863)

Information und Codierungen

- **Quellcodierung:** Findung von geeigneten Quellsymbolverteilungen, zur Eliminierung (Reduktion) der Redundanzen.
- **Kanalcodierung:** Kontrollierte Erhöhung der Redundanz, um eine Fehlererkennung und -korrektur zu ermöglichen.
- **Leitungscodierung:** Konkrete Endcodierung.

Anforderungen an die Leitungscodierung

1. Hohe Effizienz
2. Hoher Taktgehalt
3. Gleichstromfreiheit
4. Geringer Implementierungsaufwand
5. Geringe Störempfindlichkeit
6. Transparenz (Bitübertragungsprinzip)

Kanalbeziehungen

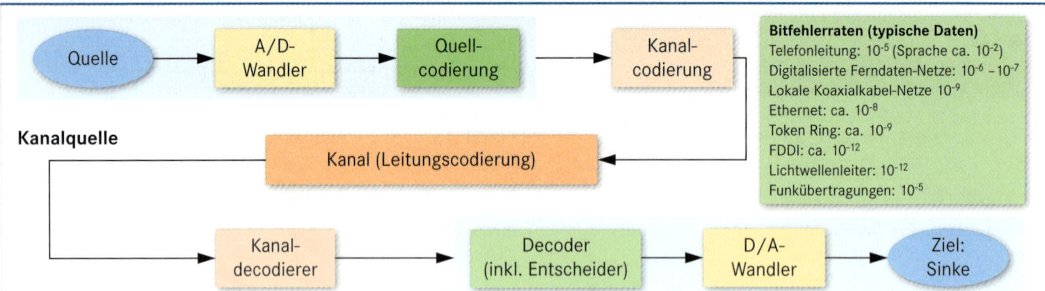

Abstand und Fehler

- Abstand (a) zwischen zwei Codewörtern ist definiert als Anzahl unterschiedlicher Stellen von zwei Codewörtern.
- Hamming-Distanz (t): Mindestabstand zwischen Codewörtern in einem Hamming-Code (Codematrix ist aus linear unabhängigen Codewörtern aufgebaut).
- Fehlererkennung ist möglich bei (t - 1) Fehlern
- Fehlerkorrektur ist möglich bei f Fehlern mit $(t - 1)/2 \geq f$

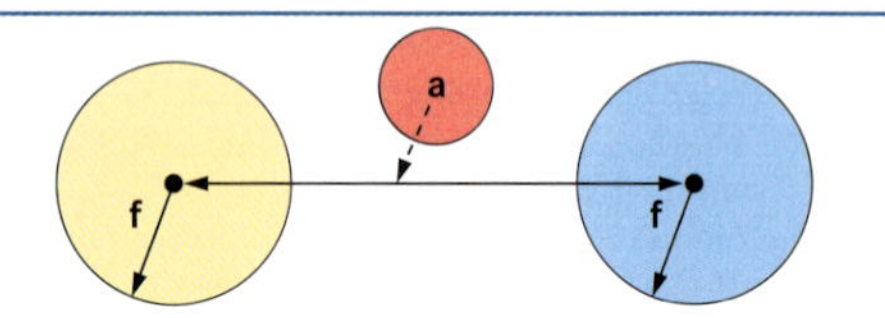

Bei überlappenden Sphären ist keine Korrektur möglich.

Huffman-Codierung

- Konstruktionsprinzip zur Findung einer geeigneten Quellsymbolcodierung
- **Verfahrensablauf:**
  A. Sortierung der Quellsymbole nach der Wahrscheinlichkeit ihres Auftretens
  B. Zusammenfassung von immer zwei Symbole bzw. Einheiten beginnend bei den kleinsten Wahrscheinlichkeitswerten. Sukzessives Fortführen der Sortierung (Pos. A). Prozessabschluss, wenn alle Symbole erfasst sind.
  C. Schrittweise Zuordnung von Codewörter zu den gefundenen Einheiten
- **Redundanzsparende Codierungsideen** und **-konzepte** existieren auch von **Fano** und **Shannon**

Beispiel

i	1	2	3	4	5
P (x_i)	**0,5**	**0,25**	**0,15**	**0,06**	**0,04**

Umsortiert ergibt das folgende Zuordnung:
x_4 (0), x_5 (1); x_3 (0), x_4x_5 (1); x_2 (0), $x_3x_4x_5$ (1) x_1 (0), $x_2x_3x_4x_5$ (1)

Ergebnis:

i	1	2	3	4	5
Codewort	0	10	110	1110	1111

Zugehöriger Codebaum

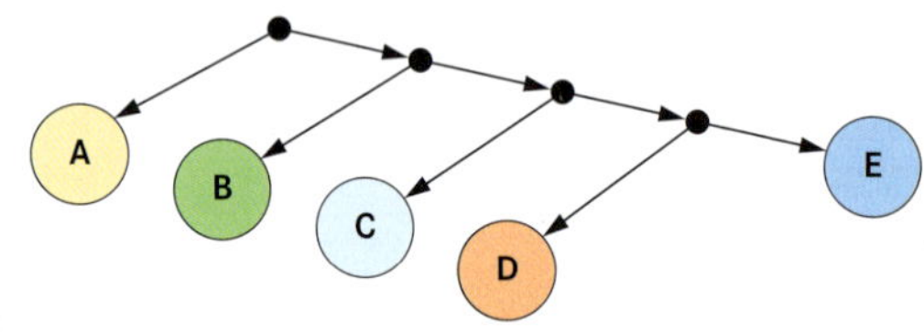

E: x_5; D: x_4; C: x_3; B: x_2; A: x_1
Die Codewörter sind hierbei unterschiedlich lang.

Codebäume

- Prinzipiell können Codewörter als Knoten in einem Codebaum verstanden werden. Die Codebäume entsprechen vom Prinzip Baumdiagrammen.
- Beim **Präfixcode** nimmt jedes Codewort nur die Stellung eines Endknoten ein: kein Codewort ist Anfang eines anderen Codewortes.

Modulo-2-Rechnung

- Binäre Codes basieren auf der Modulo-2-Rechnung
- **Die Verrechnung erfolgt dabei pro Bitstelle**

Addition			**Multiplikation**		
⊕	- 1 -	- 0 -	(•) ≡ ⊗	- 1 -	- 0 -
- 1 -	0	1	- 1 -	1	0
- 0 -	1	0	- 0 -	0	0

Blockcodes
Durch einheitliche Codewortlängen kann der Code aus sich selbst synchronisiert werden. Hierzu werden Block-Codes verwendet.

Blockcode-Einteilungen

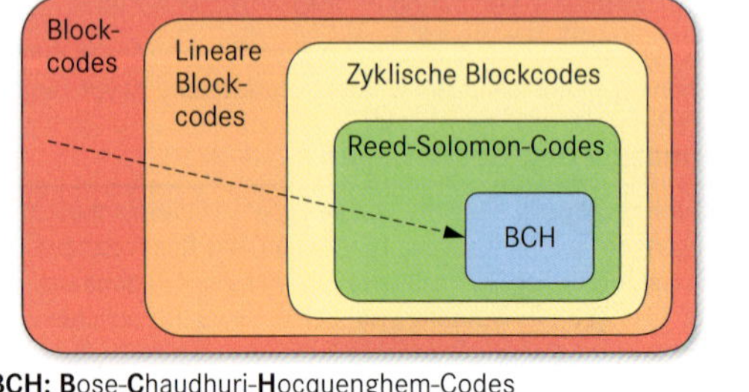

BCH: Bose-**C**haudhuri-**H**ocquenghem-Codes

Blockcodes

- Nachrichten werden in Blöcke (Bitfolge als Vektor Y_i) zergliedert, die gesondert codiert und einzeln übertragen werden
- Die Codewörter (X_i) errechnen sich durch die Multiplikation der Bitfolgen (Y_i) mit der Generatormatrix G
- Allgemein gilt: **X = Y · G (X, Y:** Vektoren; **G:** Matrix)
- $g_m = (g_{m1}\, g_{m2}\, g_{m3} \ldots g_{mj})$ ist ein Basisvektor der Generatormatrix G, mit $1 \leq m \leq k$

Lineare Block-Codes

- Sie bestehen aus linear unabhängigen Zeilenvektoren. Durch das Anhängen einer Einheitsmatrix (E) an die Generatormatrix eines Block-Codes kann die Generatormatrix eines linearen Block-Codes gebildet werden.
- Die Zeilen einer Generatormatrix eines linearen Codes sind linear unabhängig voneinander. D. h., eine Zeile wird nicht durch eine beliebige Kombination anderer Zeilen der Matrix bestimmt.
- Die Diagonalmatrix wird – als eine Möglichkeit – an die (k, j)-Matrix angeheftet.

DES

- **DES** ist die Abkürzung für **D**ata **E**ncryption **S**tandard, der 1976 in den USA entwickelt wurde.
- Er gehört zu den Blockalgorithmen.
- Klartexte werden als Bitfolge dargestellt.
- Er ist in seinem Aufbau vollständig veröffentlicht.
- Einsatz z. B.: Geheimzahlbestimmung eines Geldkassenchip
- Die Zeichenfolge des Klartextes wird in Datenblöcke von 64 Bits umgewandelt. Der DES nimmt die Verschlüsselung dieser Blöcke vor. Hierzu wird ein 56 Bit langer Schlüssel eingesetzt.
- Heutzutage wird der Triple-DES verwendet.

Hamming-Codes

- Hamming-Codes sind einfache lineare Blockcodes
- Eigenschaften:
  - Codewortlänge: $n = 2^m - 1$
  - Nachrichtenstellen im Codewort: $k = 2^m - 1 - m$
  - Anzahl der Prüfstellen im Codewort: $m = n - k$
  - Fehlerkorrekturmöglichkeit: $t = 1$; $d_{min} = 3$
- Durch das Anhängen von jeweils einer Null an eine Generator-Codezeile und dem Einfügen einer zusätzlichen Zeile aus Einsen – dies garantiert die lineare Unabhängigkeit der Codezeilen – kann der Grad des Hamming-Codes um Eins erhöht werden

CRC

- CRC steht für **C**yclic-**R**edundancy-**C**heck-Codes
- Sie werden auch Abramson-Codes genannt
- Sie sind eine Erweiterung zyklischer Hamming-Codes
- Das Generatorpolynom eines CRC-Codes wird über eine Polynommultiplikation der Art $g(X) = (1 + X) \cdot g_1(X)$ bestimmt, Hierbei ist $g_1(X)$ ein primitives Polynom vom Grad k_1
- Durch die Polynommultiplikation mit x wird der Grad des Polynoms um Eins erhöht. Somit steigt auch die Hamming-Distanz
- Sie werden bei vielen technischen Anwendungen wie z. B.
  - X25-Protokoll
  - HDLC
  - ISDN D-Kanal-Protokoll
  - ATM-Technik;

  eingesetzt.
  Zum Beispiel bestimmen sie dort die FCS-Werte (Frame-Checking-Sequence).

RSA

- RSA bezieht sich auf die Namen **R**ivest, **S**hamir, **A**dleman (Veröffentlichung des Verfahrens 1977).
- Das RSA-Verfahren basiert im Kern auf dem kleinen Satz von Fermat. Von besonderem Interesse ist hierbei zu wissen, ob zwei Zahlen teilerfremd sind.
- **Teilerfremde Zahlen:** Für die Anzahl $\varphi(n)$ der teilerfremden Zahlen zur Zahl n gilt:

Anzahl der teilerfremden Zahlen

n	1	2	3	4	5	6	7	8	9
$\varphi(n)$	1	1	2	2	4	2	6	4	6
n	**10**	**11**	**12**	**13**	**14**	**15**	**16**	**17**	**18**
$\varphi(n)$	4	10	4	12	6	8	8	16	6

Basis des RSA-Verfahrens

- Mit $s \in N$ gilt: $a^{s[(p_1 - 1) \cdot (p_2 - 1)] + 1} = a \bmod n$

  $\rightarrow a^{s[(p_1 - 1)(p_2 - 1)] + 1} \bmod n = a$, mit $a < n = p \times q$

  Weiter gilt: $e \times d = s\,(p_1 - 1) \times (p_2 - 1) + 1$;

  p_1 und p_2 sind hierbei zwei große Primzahlen, mit $n = p_1 \times p_2$
- **RSA-Prinzip:** e und d werden gebildet und veröffentlicht d bleibt geheim. Ein Angreifer muss n in p_1 und p_2 zerlegen.

RSA-Sicherheit

- Die Sicherheit des RSA-Verfahrens begründet sich in der Problematik, große Zahlen schnell in ihre Primzahlen zerlegen zu müssen/zu wollen.
- Von daher ist das RSA-Verfahren prinzipiell lösbar, aber unter Beachtung der aktuellen Lösungsfähigkeit faktisch sicher.
- Von hierher begründet sich das Interesse an geeigneten Verfahren zur Primzahlzerlegung.

RSA-Verfahrensgestaltung

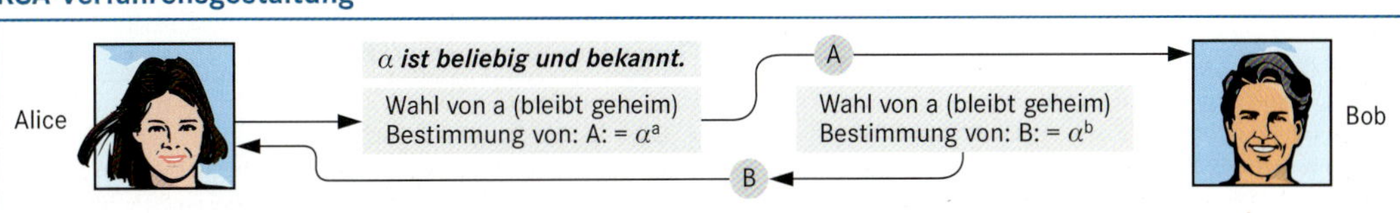

Nun gilt: $B^a = \alpha^{ba} = A^b = \alpha^{ab}$, da die Einwegfunktion ($\alpha^{ba} = \alpha^{ab}$) kommutativ ist.

RSA-Verfahrensablauf

Allgemeiner Ablauf		Beispiel (gerechnet mit übersichtlichen Primzahlwerten)
1.	Alice wählt p und q. p, q sind (möglichst große) Primzahlen. Es gilt dann N = p · q	p = 13; q = 23 N = 13 · 23 = 299
2.	Wahl von e Hierbei sind e und (p – 1) · (q – 1) teilerfremd	e = 7; (p – 1) · (q – 1) = 12 · 22 = 264 264 = 2 · 2 · 2 · 3 · 11 (Dies ist teilerfremd zu 7)
3.	Alice veröffentlicht die Zahlen e und N Dies ist der **öffentliche** Schlüssel	e = 7 und N = 299
4.	Die zu **verschlüsselnde Nachricht** M (eine dezimale Zahl) wird von Bob nun verarbeitet: C = M^e (mod N). M ist hierbei die Klartextzahl.	M = 123_{10}; M^e = (123)^7; M^e = 425927596977747 Me/N = 425927596977747/299 C = 150 (Also: M^e = 1424507013303 · 299 + 150)
5.	e · d = 1 (mod((p-1) · (q-1)) Es soll d bestimmt werden. d wird auch als **privater** Schlüssel bezeichnet.	e · d = 7 · d = 1 (mod((p-1) · (q-1))) = 1 mod(264) Nun gilt: 7 · d = 265 oder 529 oder ... Es folgt: e · d = 1057(mod 264) = 1 für d = 151
6.	Zur **Entschlüsselung** wird nun gerechnet: M = C^d (mod N) = 150^{151} (mod 299)	M = 150^{151} (mod 299) = 150^1(mod 299) · ((150^6(mod 299))^{25} = ... = = 150 · 246 (mod 299) = 123 = M

Primzahlen und RSA

- Die **RSA-Verfahrenssicherheit** ist keine absolute. Angesichts der Problematik, große Zahlen in Primzahlen zu zerlegen, ergibt sich eine relative Sicherheit in Abhängigkeit vom technischen Stand.
- Von hierher begründet sich z. B. das Interesse an schnellen Algorithmen, um geeignete Primzahlzerlegungen zu finden. Insofern interessiert man sich für die Verteilung der Primzahlen.

RSA-Schlüssel

Schlüssellänge	Max. Dezimalzahl	Primzahlanzahl	Berechnungszeit (2002)
8 Bit	256	54	
512 Bit	$1{,}3 \cdot 10^{154}$	$3{,}8 \cdot 10^{151}$	Ca. 1 Jahr
768 Bit	$1{,}6 \cdot 10^{231}$	$1{,}5 \cdot 10^{228}$	
1024 Bit	$1{,}8 \cdot 10^{308}$	$2{,}5 \cdot 10^{305}$	Ca. 10 Jahre
2048 Bit	Ca. 10^{617}		Ca. 500 Jahre

Weitere Verschlüsselungsalgorithmen

- **BB84-Verfahren** (nach Bennett und Brassard; 1984): ein polyalphabetisches Verschlüsselungsverfahren
- **CAST** (1996): Blockcode; symmetrischer Code. Schlüssellänge zwischen 40 bis 128 Bit. Wird auch im PGP-Verfahren genutzt.
- **IDEA** (**I**nternational **D**ata **E**ncryption **A**lgorithm; von Xueija Lai und James Massey (ETH Zürich); 1990/1992): Ein Blockcode mit 64 Bit; Schlüssellänge: 128 Bit. Es ist ein symmetrisches Verfahren mit Blockchiffren.
- **MPEG** (MP3-Format (Uni. Erlangen; 1988): ein asymmetrisches Verschlüsselungsverfahren (MPEG1 folgt JPEG)
- **PEM** (Privacy Enhanced Mail; 1988): asymmetrisches Verschlüsselungsverfahren für E-Mails
- **PGP** (**P**retty **G**ood **P**rivacy – von Philipp R. Zimmermann; 1991): Verschlüsselungsverfahren für E-Mails basiert unter anderem auf dem **RSA-Verfahren** und dem **IDEA**.
- **Rijndael-Algorithmus:** Funktionsweise entspricht dem AES. Jedoch sind hier auch Datenblöcke mit 192 und 256 Bit möglich.
- **Ron's Cipher 4 (RC4)** (von Rivest; 1987): ein Stromchiffre (einmalige Zufallsfolge wird mit Klartext verknüpft).
- **S/MIME** (**S**ecure/**M**ultipurpose **I**nternet **M**ail **E**xtensions): asymmetrisches Verschlüsselungsverfahren für E-Mails.
- **SSH** nutzt zur Verschlüsselung **RC4**.
- **WAP/WAP2:** Verschlüsselungsverfahren, das WEP ersetzt hat. (Normierung unter IEEE 802.11i)
- **WEP** (Wired Equivalent Privacy): basiert auf **RC4**
- **Zero-Knowledge-Verfahren**
  - Goldwasser, Micali und Racoff; 1985
  - Amos Fiat und Adi Shamir; 1986

Anforderungen zum RSA-Verfahren

- Folgende Anforderungen an Verschlüsselungsverfahren wurden von der Regulierungsbehörde für Telekommunikation und Post mit Blick auf die elektronische Signatur festgelegt.
  Zur Lage von q und p soll beachtet werden:
  $\varepsilon 1 < | \log_2(p) - \log_2(q) | < \varepsilon_2$ mit $\varepsilon_1 \approx 0{,}1$ und $\varepsilon_2 \approx 30$
  p und q sollen zufällig und unabhängig voneinander sein.
  Für e (den öffentlichen Exponenten) gilt:
  ggt (e, (p – 1), (q – 1)) = 1 (e soll unabhängig von n sein)
  Für **d** (den **geheimen Exponenten**) gilt:
  e · d = 1 mod kgV (p – 1, q – 1)

Anwendungen (Angaben in bit)

Verfahren	Schlüssellänge	Block	Anwendungsbereiche
DES	56	64	Standardschlüssel
3DES	56, 112, 168	64	VPN mit Hardwarechips
IDEA	128	64	PGP, OpenPGP
Blowfish	von 32 bis 448	64	Open-Source-Tools
AES	128, 192, 256	128, 192, 256	VPN-Standard
Twofish	128, 192, 256	128	Mailverschlüsselung
RC6	max. 2040	128	RSA-Produkte

Geeignete Signaturverfahren

- RSA-Verfahren
- **DSA** (**D**igital **S**ignatur **A**lgorithmen)
- DSA-Verfahren unter Verwendung elliptischer Kurven: EC-DAS, EC-KDSA, EC-GDSA (auch: EC-ElGamal) Nyberg-Rueppel-Signaturen

Hintergrund

- **AES: A**dvanced **E**ncryption **S**tandard - Basiert auf einer öffentlichen Ausschreibung der **NIST** (**N**ational **I**nstitute of **S**tandards and **T**echnology - US-amerikanische Normierungsbehörde).
- Bekannt auch als **Rijndael-Algorithmus**: entwickelt von Vincent Rijmen und Joan Daemen.
- AES basiert auf und ergänzt DES, TripelDES (3DES) und IDEA.
- Der Verschlüsselungscode ist getestet und frei zugänglich.
- AES ist für die höchste Sicherheitsebene bei der Verschlüsselung von Dokumenten in den USA zugelassen.

Konstruktionsprinzipien

- Es ist ein symmetrischer Verschlüsselungsalgorithmus.
- Es ist ein Blockcode.
- Die Blockgröße beträgt 128 Bits beim AES (Blockgrößen von 192 und 256 Bits sind an sich beim Rijndael-Algorithmus möglich).
- Die Schlüssellänge entspricht zumindest der Blocklänge. Üblich sind beim AES bei einer Blockgröße von 128 Bit Schlüssel von 128, 192 und 256 Bit. Entsprechend lauten die Bezeichnungen:
- AES-128, AES-192, AES-256.
- Es treten keine Symmetrien in der Schlüsselkonstruktion auf.
- Die Signale werden gespreizt. Dadurch wird das Signal konstruktiv verrauscht. Insofern kann das Signal nicht als
- informationshaltiges Signal auf der physikalischen Ebene erkannt und im Weiteren auch auf der statistischen Ebene nicht transparent werden.
- Linearitäten werden auf der Darstellungsebene vermieden.

Verschlüsselungsablauf

- i = 1: **Initialisierungsschritt**
  XOR-Operation des Klartexts unter Verwendung des Rundenschlüssels k_1
- i = 2 ... n: **Weitere Verschlüsselungsschritte**
  XOR-Operation von Klartext unter Verwendung des Rundenschlüssels k_i (k_2, ..., k_n)
  Die Operationen ByteSub, ShiftRow und MicColumn werden nacheinander angewandt.
- i = n + 1: **Abschließender Verschlüsselungsschritt**
  XOR-Operation des Klartexts unter Verwendung des Rundenschlüssels $k_n + 1$.
  Danach werden die Operationen ByteSub und ShiftRow nacheinander angewandt.
- k_1 bis k_{n+1} werden von einem Eingangsschlüssel k abgeleitet.
- Die Schlüssellänge entspricht der Eingangsblocklänge.
- Gesamtschlüssellänge (bei 128 Bit) = $(n + 1) \cdot 128$. Verallgemeinert gilt bei einer Klartextlänge von b Bit: $(n + 1) \cdot b$
- Die XOR-Operation zielt auf die Byte-Einheit. Die Texteinheiten werden bei 128 Bit in eine 4 x 4 - Matrix aufgegliedert.
- Die Rechenoperationen erfolgen im Z_2 - Körper ({0, 1}).
- Bis zur Rundenzahl n = 9 können Angriffe erfolgreich sein.
- **ByteSub** ist eine Rundenfunktion. Sie basiert auf der Verrechnung von Polynomen. Dies ergibt eine monoalphabetische Verschlüsselung. Diese Substitutionsprozess ist algorithmisch fest verankert.
- **ShiftRow** ist eine Verschiebefunktion, die die einzelnen Matrixelemente linear transformiert. So werden Informationen - in systematisch kontrollierter Art - verschoben bzw. „verschmiert". Dadurch wird erreicht, dass mittels kryptologisch-stochastischer Methoden keine Analyse möglich wird.
- **MixColumn** wirkt im Sinne einer Matrixmultiplikation auf die Spalten der Zustandsmatrix (Spaltenvermischung).

Ablaufstruktur

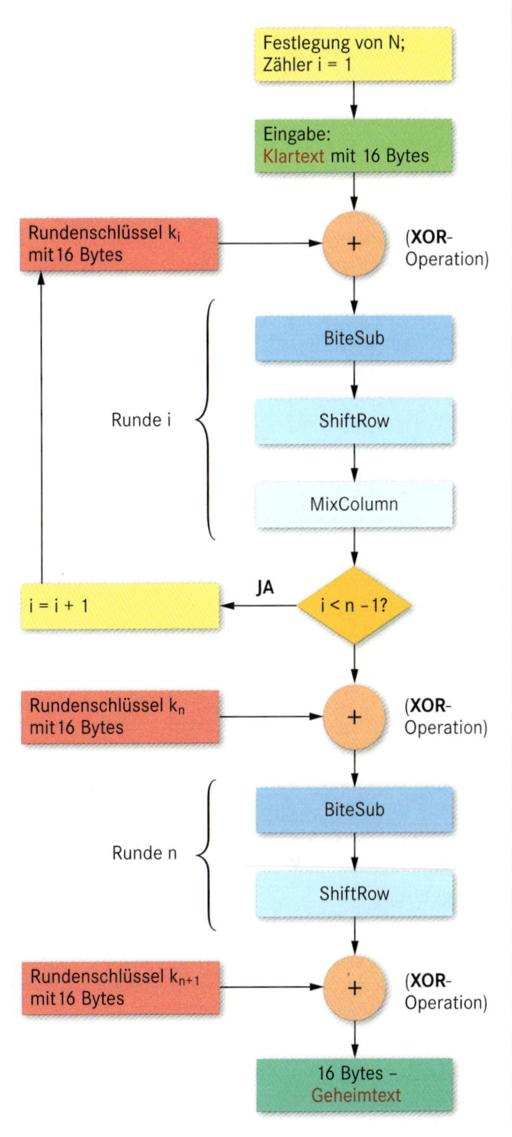

Entschlüsselung

- In symmetrischer Art erfolgt die Entschlüsselung. Dabei muss die Substitution in umgekehrter Abfolge vorgehen. Ebenso werden die Matrixoperationen umgekehrt.

Einsatz

- Verwendung bei: Wireless LAN (gemäß IEEE 802.11i) und IPSec.
- Nutzung zur Datenkomprimierung: 7-Zip, GnuPG, PGP, RAR, SSH, SRTP.
- Nutzung bei Betriebssystemen z. B.: MS Windows XP (EFS), Mac OS X.

Zyklische Codes

- C ist ein linearer Code. Er ist zyklisch, wenn für die Code-Wörter (Codevektoren) a, a* ∈ C gilt:
  $a = (a_{m-1}, a_{m-2}, \ldots, a_1, a_0) \in C$
  $\Rightarrow a^* = (a_{m-2}, a_{m-3}, \ldots, a_0, a_1) \in C$ (usw.)
- Dem m-Tupel $a = (a_{m-1}, a_{m-2}, \ldots, a_1, a_0)$ entspricht ein Polynom der Art: $a(x) = a_{m-1} \cdot x^{m-1} + \ldots + a_1 \cdot x^1 + a_0 \cdot x^0$
- Ein normiertes Polynom liegt bei $a_{m-1} = 1$ vor.
- Grad des Polynoms: d = m – 1
- Beispiel: Dem Polynom $g_1(x) = x^4 + x + 1$ entspricht die Bitfolge g = 10011 (Wertigkeit: $2^n \mid 2^{n-1} \mid \ldots \mid 2^1 \mid 2^0$)
- g(x) heißt Generatorpolynom
- Bildung von G (Generatormatrix) über:

$$G = \begin{bmatrix} x^{n-1} \cdot g(x) \\ \ldots \\ x \cdot g(x) \\ g(x) \end{bmatrix}$$

- Zu G gehören für $g(X) = x^4 + x + 1$ die Bitfolgen: 0...010011 | 0...0100110 | 0...01001100 usw.
- $h(x) = (x^m - 1) / g(x)$ (h(x) : Kontrollpolynom)
- Minimalpolynome bezüglich q werden „Primitive Polynome" zu GF(q) genannt.

Primitive Generatorpolynome (aus F2(x) ⇒ q = 2)

Grad	Polynom	Grad	Polynom
1	$X + 1$	8	$X^8 + X^4 + X^3 + X^2 + 1$
2	$X^2 + X + 1$	9	$X^9 + X^4 + 1$
3	$X^3 + X + 1$	10	$X^{10} + X^3 + 1$
4	$X^4 + X + 1$	11	$X^{11} + X2 + 1$
5	$X^5 + X^2 + 1$	12	$X^{12} + X^6 + X^4 + X + 1$
6	$X^6 + X + 1$	13	$X^{13} + X^4 + X^3 + X + 1$
7	$X^7 + X^3 + 1$	14	$X^{14} + X^{10} + X^6 + X + 1$

Grad	Polynom
15	$X^{15} + X^{14} + X^{13} + X^{12} + X^4 + X^3 + X^2 + X + 1$
32	$X^{32} + X^{26} + X^{23} + X^{22} + X^{16} + X^{12} + X^{11} + X^{10} + X^8 + X^7 + X^5 + X^4 + X^2 + X + 1$

Faltungscodes

- Mit Faltungscodieren kann ein Bitstrom codiert werden. Prinzipiell wird eine Folge von Info-Vektoren mit k Symbolen auf eine Folge von Code-Vektoren mit n Symbolen abgebildet.
- Der Codierer arbeitet mit einem Gedächtnis: Die Codevektoren hängen ab entweder von den
  - vorausgegangenen Info-Vektoren oder aber bei
  - rekursiven Codes von den vorausgegangenen Code-Vektoren.
- L bezeichnet die Gedächtnistiefe (Rückgrifftiefe)
- L + 1: Einflusstiefe
- Die konkrete Nachrichtenfolge wird schrittweise mit der Code-Impulsantwort diskret gefaltet. Dieser Prozess ist über einen Schieberegister-Prozess realisiert werden.
- Konkrete Faltungscode-Schaltung

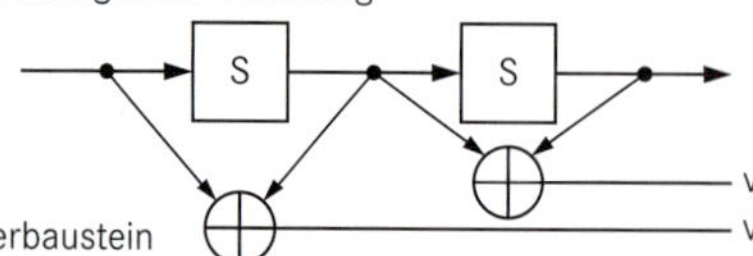

S: Speicherbaustein

- Zugehörige Koeffizientenmatrix:

$$G = \begin{bmatrix} 1 & 1 & 0 \\ 0 & 1 & 1 \end{bmatrix} = \begin{bmatrix} g_1 \\ g_2 \end{bmatrix}$$

- Anzahl der Speicherbausteine = Spaltenzahl – 1
- Anzahl der Ausgangsvektoren v = Zeilenzahl

ECC – Elliptic Curve Cryptography

- Elliptische Kurve: auch ebene kubische Kurve
- Seit den 1980er Jahren wurden unter Verwendung elliptischer Kurven asymmetrische Verschlüsslungssysteme entwickelt. Mit kurzen Schlüsseln werden hohe Sicherheitsebenen erreicht.
- Die elliptischen Funktionen, auf denen die entsprechenden Kurven basieren, ermöglichen eine Einwegfunktion.
- Der ECC stellt eine effektive Alternative zur RSA-Konzeption dar.

Elliptische Funktionen

- Funktionsgleichung: $y^2 = x^3 + a \cdot x + b$ mit $x \in \mathbb{R}$ und $a, b \in \mathbb{R}$.
- Gleichungen mit $4a^3 + 27a^2 \neq 0$ ermöglichen nichtsinguläre, ebene Kurven, die für die Verschlüsselungsprozesse geeignet sind.
- Additionsregel für Punkte auf den zugehörigen Kurven:
  1. Zwei Punkte werden durch die Funktionsgleichung bestimmt. $P_1 = (x_1, y_1)$; $P_2 = (x_2, y_2)$
  2. Geometrisch gesehen, soll eine Gerade durch P_1 und P_2 gelegt werden. Ein dritter Punkt (x_3, y_3), der auf der Geraden und der elliptischen Kurve liegen soll, ist zu bestimmen. Die Geradengleichung lautet: $f(x) = y = \lambda \cdot x + \nu$
     Mit $P_1 \neq P_2$ folgt: $\lambda = (y_2 - y_1)/(x_2 - x_1) = (3 \cdot x_1^2 + a)/(2 \cdot y_1)$
  3. Ergebnis: $x_3 = \lambda^2 - x_1 - x_2$; $y_3 = (x_1 - x_3) \cdot \lambda - y_1$
- Diese Gleichungen müssen nun auf diskrete Gegebenheiten angewandt werden. Für λ gilt: $\lambda = ((y_2 - y_1)/(x_2 - x_1)) \bmod p$, also: $\lambda = ((3 \cdot x_1^2 + a)/(2 \cdot y_1)) \bmod p$. Durch diese modulo-Addition wird wieder ein Kurvenpunkt bestimmt. Die Berechnung der Punkte im diskreten (modulo) Fall ist aufwändig.
- **Elliptische Kurvenverläufe**:

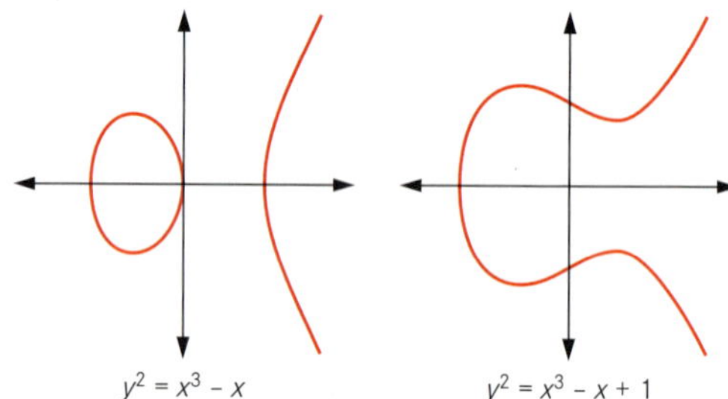

- Geeignet sind für die ECC-Technik Kurvenverläufe, bei denen keine Schnittpunkte auftreten.

Codierungsidee und -einsatz

- Zwei Punkte P und Q mit $Q = n \cdot P$ sollen diskret bekannt sein. n ist zu bestimmen. Und diese Bestimmung ist hochkomplex.
- Die komplexe Mathematik garantiert die hohe Effektivität und Qualität der Verschlüsselung. Dies hat zur Folge, dass mit relativ geringen Schlüssellängen sichere Kodierungen zu erzielen sind.
- Der Schlüssellänge kann bei etwa 5 % der Schlüssellänge im Diffie-Hellmann-Verfahren (384 Bit gegenüber 7.680 Bit) liegen. Insofern sind ECC-Systeme schneller als RSA-Systeme.
- Einsatzbereiche:
  - Öffentliche Kommunikation (Regierung, Botschaften)
  - Radaranlagen (Straßenverkehr), Navigationssysteme
  - Kartensysteme, Smartcards und eingebettete Systeme (Embedded Systems) zum Beispiel im Kfz-Bereich.
- Probleme: Viele Ideen zum ECC-Verfahren sind patentrechtlich geschützt. Zugleich wird so eine Exklusivität garantiert.

Hintergrund

- Ziel ist es, durch die Aufnahme von kryptographischen Aspekten in Netzprotokollen die aktive und passive Sicherheit bei der Datenübertragung in Netzen zu gewährleisten.
- Im Kern werden aktive und passive Netzbedrohungen bzw. Angriffe unterschieden:

Passive Angriffe: → Datenzugriff ohne Manipulation

Aktive Angriffe: → Datenmanipulation
- **IP Spoofing:** Änderung des IP-Headers (Verschleierung von Angriffen)
- **Port Scans:** offene Türen
- **DNS Poisoning:** Täuschungen; Veränderung (Manipulationen bei DN Servern)
- **DoS: D**enial-**o**f-**S**ervice-Angriffe

- Im Detail sollen folgende Aspekte garantiert werden:

Anonymität Die Identität der Beteiligten bleibt gegenüber Dritten gewahrt.	**Integrität** Der Informationsinhalt wird während der Übertragung nicht verändert. (Eingriffe werden sicher erkannt.)
Authentizität Den Beteiligten ist der Kommunikationspartner bekannt.	
Vertraulichkeit Die übermittelten Inhalte bleiben gegenüber Dritten vertraulich.	**Verbindlichkeit** Der Partner kann – auch gegenüber Dritten – sicher identifiziert und belegt werden.

Verstöße gegen diese Grundaspekte sollen mit den eingesetzten Sicherungsverfahren verhindert und zugleich erkannt werden.

- In den Bedrohungsszenarien werden Angriffe bzw. Eingriffe zu verschiedenen Beziehungen thematisiert:
  - Bürger – Bürger und Behörde – Behörde
  - Bürger – Staat respektive Staat – Bürger
  - Unternehmen – Staat respektive Staat – Unternehmen
  - Kunde – Unternehmen respektive Unternehmen – Kunde

Sicherheitsarchitektur gemäß ISO

1. **Analyse** der **Gefährdungen und Bedrohungen**
   - Abhören von Informationen (Vertraulichkeit)
   - Identifizieren der Kommunikationspartner (Anonymität)
   - Erkennbare Manipulation der Inhalte (Integrität der Nachricht)
   - Unerkennbare Manipulation der Inhalte (Nachrichtenintegrität)
   - Fälschen der Senderangabe (Authentizität)
   - Fälschen der Empfänger-Identität (Authentizität) – Maskerade
   - Weiterleitung an Dritte (Zugriffsverletzung)
   - Vortäuschen eines (falschen) Empfängers
   - Sende- bzw. Empfangsverleugnung (Verbindlichkeit)

2. **Reaktionen**

2a. Festlegung der **Sicherheit**

2b. Bestimmung der **passiven Sicherung** der **Vertraulichkeit** (Protokoll-Dienste)

2c. Auswahl von **aktiven Mechanismen** (Verschlüsselungsverfahren)

2d. Einsatz von Verschlüsselungsalgorithmen

- **E-Mail-Prozesse** – siehe allgemein: RFC 822
- Sicherungsprotokolle: – POP (Post Office Protocol) und:
  - POP3 (Post Office Protocol Version 3); - IMAP; - MIME;
  - SMTP; - S/MIME ( ) - Standard für sichere E-Mails

Verfahren

Abk.	Name/Hinweise	(RFC) etc.
[**OSI – x**] – Schicht x im OSI; [**SV**] – Symmetrisches Verfahren; [**AV**] – Asymmetrisches Verfahren; [**BCh**] – Bloch Chiffren		
AES	Advanced Encryption Standard [**SV**](3602, 3566, 3686)	
AH	Authentication Header	2402
CBC	Cipher Block Chaining [**BCh**]; Cipher Feedback-Modus (CFB); Output Feedback-Modus (OFB)	
CMS	Cryptographic Message Syntax	2630
CSS	Content Srramling System	
DAS	Digital Signature Algorithmus – eine ElGamal-Variante	
DES	Data Encryption Standard [**SV**] (und Triple-DES: 3-DES)	
Diameter	Protokoll: löst Radius ab	2058
DSS	Digital Signature Standard	
ECB	Electronic Codebook-Modus [**BCh**]	
ElGamal	Von Taber Eigamal – Basis diskreter Logarithmus [**AV**]	
ESP	Encapsulation Security Payload Zur Realisierung der IP-Vertraulichkeit)	1829, 2405, 2451
HTTP	Hypertext Transfer Protocol	2069, 2616
S-HTTP	Secure-HTTP (Konkurrent von SSL)	2660
IDEA	International Data Encryption Algorithm [**SV**] (Blocklänge: 64 Bit; Schlüssellänge 128 Bit)	
IKE	Internet Key Exchange	2408/9
IMAP	Internet Message Access Protocol	1730
IPv4	Internet Protocol - Version 4 bzw. 6	791
IPv6	Zentrales Protokoll der OSI-Schicht 3	1883
IPSec	IP Security (over L2TP) [**OSI** – 4] (Verschlüsselung: ESP; Authentifizierung: AH, ESP; Schlüsselmanagement: IKE) (im Transport Mode oder im Tunnel Mode)	2888
MAC	Message Authentication Code	2104
MIME	Multipurpose Internet Mail Extensions	2045–2049
NAT	Network Address Translation	3715, 3947f.
OCSP	Online Certificate Status Protocol	2560
PEM	Privacy Enhanced Mail	1421–1424
PGP Open PGP	Pretty Good Privacy (von Philip Zimmerman) – de facto Internet-Standard	1991, 2015, 2440
PKCS	**S/MIME-Standard**	2634
POP	Post Office Protocol	1725
POP3	Post Office Protocol Version3	1725
PPP	Point-to-Point-Protocol: Speziell für Einwahlverbindungen in Netze	1661
RADIUS	Remote Authentication Dial-In User Service	2058
SKIP	Simple Key Management for Internet Protocols	
SMTP	Simple Mail Transfer Protocol	821
S/MIME	(Enhanced) Security Multipurpose Internet Mail Extensions => sichere E-Mails	2311–2315 2632–2634
SSL	Secure Socket Layer-Protocol	
SSL V3	3. SSL-Version (genaue Bezeichnung: Transport Layer Security Protocol Version)	2246
SMTP	Simple Mail Transfer Protocol	821
WEP/WPA/2, EAP – [W-LAN-Sichungsprotokolle]		
X.509	Zertifikationsstandard	3280

Zuverlässigkeit, Ausfall, Verfügbarkeit
Reliability, Failure, Availability

- Bei technischen Systemen ist Zuverlässigkeit definiert als die Beschaffenheit einer Einheit (z. B. Bauelement, Baugruppe, Anlage) bezüglich ihrer Eignung während oder nach vorgegebenen Zeitspannen bei vorgegebenen Anwendungsbedingungen die Zuverlässigkeitsforderung zu erfüllen (DIN 40 041).

- Zur Berechnung der vorausgesagten Zuverlässigkeit werden zahlreiche Zuverlässigkeitsmodelle angewendet, z. B.:
  - Fehlerbaumanalyse (Analyse potenzieller Störfälle)
  - Monte-Carlo-Simulation (Simulationsmodelle mit Zufallsvariablen)

Ausfall, Ausfallrate

- Der **Ausfall** ist die Beendigung der Funktionsfähigkeit einer Einheit, im Rahmen der zugelassenen Beanspruchung.

- Die **Ausfallrate** λ (failure rate) ist der Anteil ausgefallener Bauelemente (oder Systeme) während einer Beanspruchungsdauer geteilt durch die Beanspruchungsdauer.

- Die Ausfallrate wird in **fit** (**f**ailure **i**n **t**ime) angegeben. 1 fit entspricht einem Ausfall in 1 Million Betriebsstunden.

Beispiele für Ausfallraten:

Pentium Prozessor	300 fit
Bestückte Leiterplatte	800 bis 4000 fit
Maschinenlötstelle	0,01 fit

- Das Ausfallverhalten von technischen Bauelementen und Geräten wird u.a. durch eine „Badewannenkurve" beschrieben
  - Phase A: Frühausfälle
  - Phase B: Zufallsausfälle **(konstante Ausfallrate)**
  - Phase C: Verschleißausfälle

- *MTBF* (**M**ean **T**ime **B**etween **F**ailure) ist die mittlere Betriebsdauer zwischen zwei Ausfällen $MTBF = \frac{1}{\lambda}$

Verfügbarkeit

- Die **Momentane Verfügbarkeit** ist die **Wahrscheinlichkeit**, eine Einheit zu einem vorgegebenen Zeitpunkt der geforderten Anwendungsdauer in einem funktionsfähigen Zustand anzutreffen.

- Die **Stationäre Verfügbarkeit** ist die mittlere Betriebsdauer zwischen zwei Ausfällen dividiert durch die Summe von mittlerer Betriebsdauer zwischen zwei Ausfällen und mittlerer Störungsdauer.

Bei konstanter Ausfallrate und Instandsetzungsrate ist die stationäre Verfügbarkeit definiert als

$$P_A = \frac{MTBF}{MTBF + MDT}$$

P_A: **P**oint **A**vailability (Stationäre Verfügbarkeit)
MTBF: **M**ean **T**ime **B**etween **F**ailure (mittlere Betriebsdauer zwischen zwei Ausfällen)
MDT: **M**ean **D**own **T**ime (mittlere Störungsdauer)

Lebenszykluskosten
Life Cycle Costs

- Lebenszykluskosten **LCC** (**L**ife **C**ycle **C**osts) sind alle Kosten einer Anlage oder eines Systems, die während der gesamten Lebenszeit der Anlage oder des Systems entstehen.

- Die Berechnung der Lebenszykluskosten dient als Vergleichsmaßstab für Varianten von Anlagen oder Systemen und ist Basis der Wirtschaftlichkeitsbetrachtung.

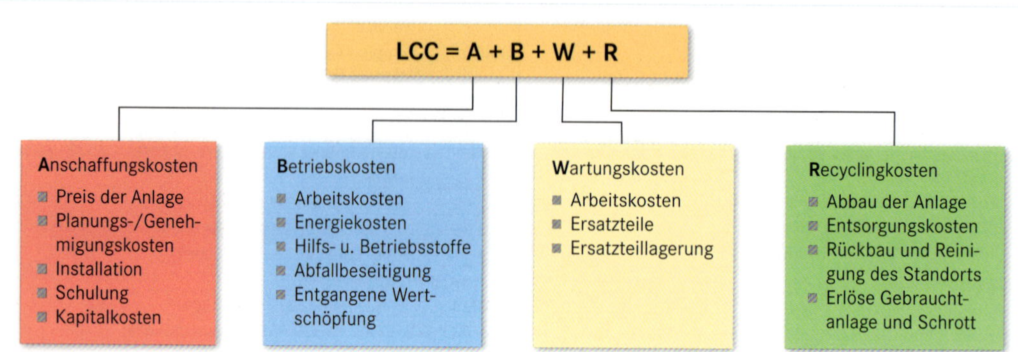

Merkmale

- Die Fehlerbaumanalyse **FTA** (**F**ault **T**ree **A**nalysis) dient zur systematischen Ermittlung der logischen Verknüpfung von Komponenten- und Teilsystemausfällen, die zu einem **unerwünschten Ereignis** (TOP-EVENT) führen.
- Die Vorgehensweise bei der Fehlerbaumanalyse umfasst dabei alle möglichen Ausfallkombinationen, die zu dem unerwünschten „Top"-Ereignis (z. B. Totalausfall) führen.
- Die **Ausfallkombinationen** werden durch einen endlichen Grafen mit endlich vielen Eingängen und einem Ausgang (Top-Ereignis) dargestellt.
- FTA Basiert auf der mathematischen Theorie der Boolschen Algebra.
- Ziel ist die Ermittlung von **Zuverlässigkeitskenngrößen** wie z. B.:
  - Eintrittshäufigkeit der Ausfallkombinationen
  - Nichtverfügbarkeiten des Systems/Produkts bei den gestellten Anforderungen
  - Aufstellen eines grafischen Systemmodells

Ablaufvorgang

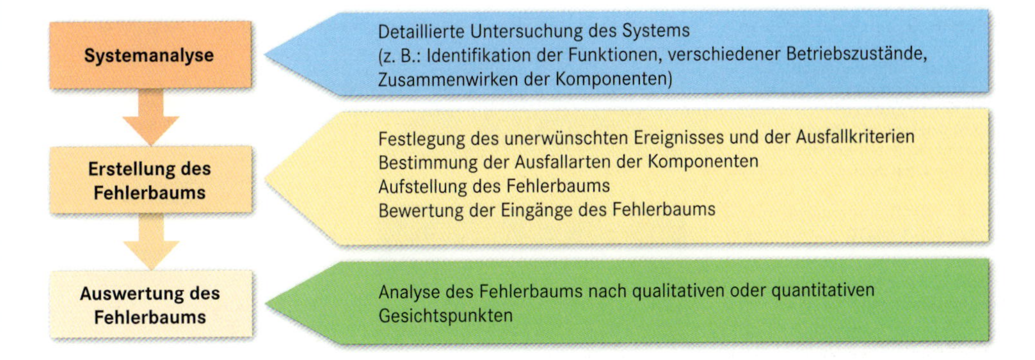

Bildzeichen

Symbol	Bedeutung
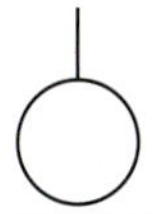 ○	**Standardeingang** steht für Funktionselementausfall, wenn primäres Versagen möglich ist.
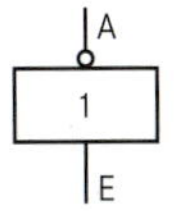 A, 1, E	**NICHT-Verknüpfung** steht für Negation
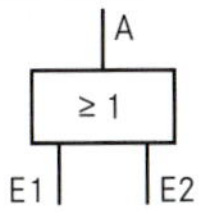 A, ≥ 1, E1, E2	**ODER-Verknüpfung** steht für logische Vereinigung
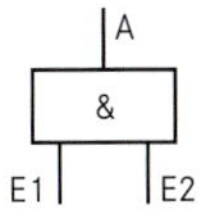 A, &, E1, E2	**UND-Verknüpfung** steht für logischen Durchschnitt
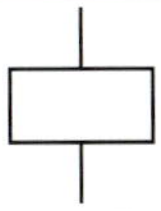 ▭	**Kommentar** Beschreibung von Ein-, Ausgängen und Verknüpfungen
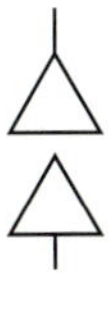 △ / △	**Übertragung-Eingang** / **Übertragung-Ausgang** — Abbruch bzw. Fortsetzung des Fehlerbaums an anderer Stelle

Struktur

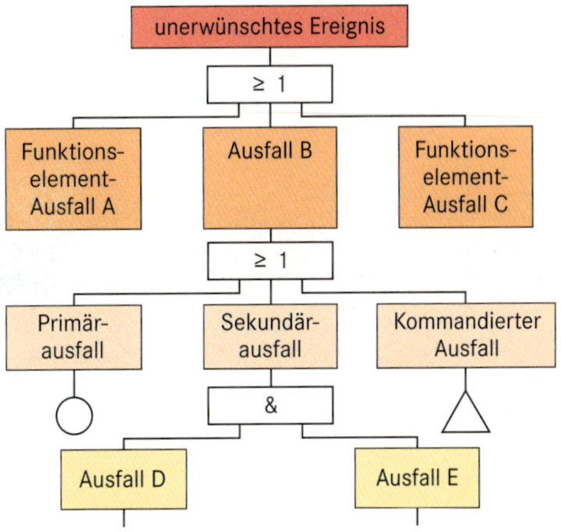

Primärausfall
Ausfall ist durch innewohnende Schwäche verursacht.

Sekundärausfall
Folgeausfall eines Teilsystems (Komponente) durch unzulässige Einsatzbedingungen oder Umgebungsbedingungen.

Kommandierter Ausfall
Ausfall infolge einer falschen oder fehlenden Ansteuerung oder Ausfall einer Hilfsquelle.

Merkmale

- **QFD** (**Q**uality **F**unction **D**eployment)
  - ist eine strukturierte Methode zur systematischen und ganzheitlichen Produkt- und Qualitätsplanung
  - wird angewendet zur gezielten Umsetzung von **Kundenwünschen** (Forderungen) in Produktmerkmale und in Prozessabläufe
  - hat bei konsequenter Anwendung einen hohen Einfluss auf die Qualität
  - wird eingesetzt in den Phasen von der **Produktidee** bis zur **Prozessplanung**
- Ziele von QFD sind:
  - Gewinnung zufriedener Kunden
  - Optimierung des Kundennutzens
  - Verbesserung der relativen Wettbewerbsposition
  - Gewinnung von Marktanteilen
- Aus der Orientierung an den Kundenwünschen (Stimme des Kunden) werden alle Anforderungen an das Produkt in Form eines Lastenheftes für alle betroffenen Abteilungen innerhalb einer Firma zur Realisierung als verbindlich vorgegeben.

Qualitätshaus

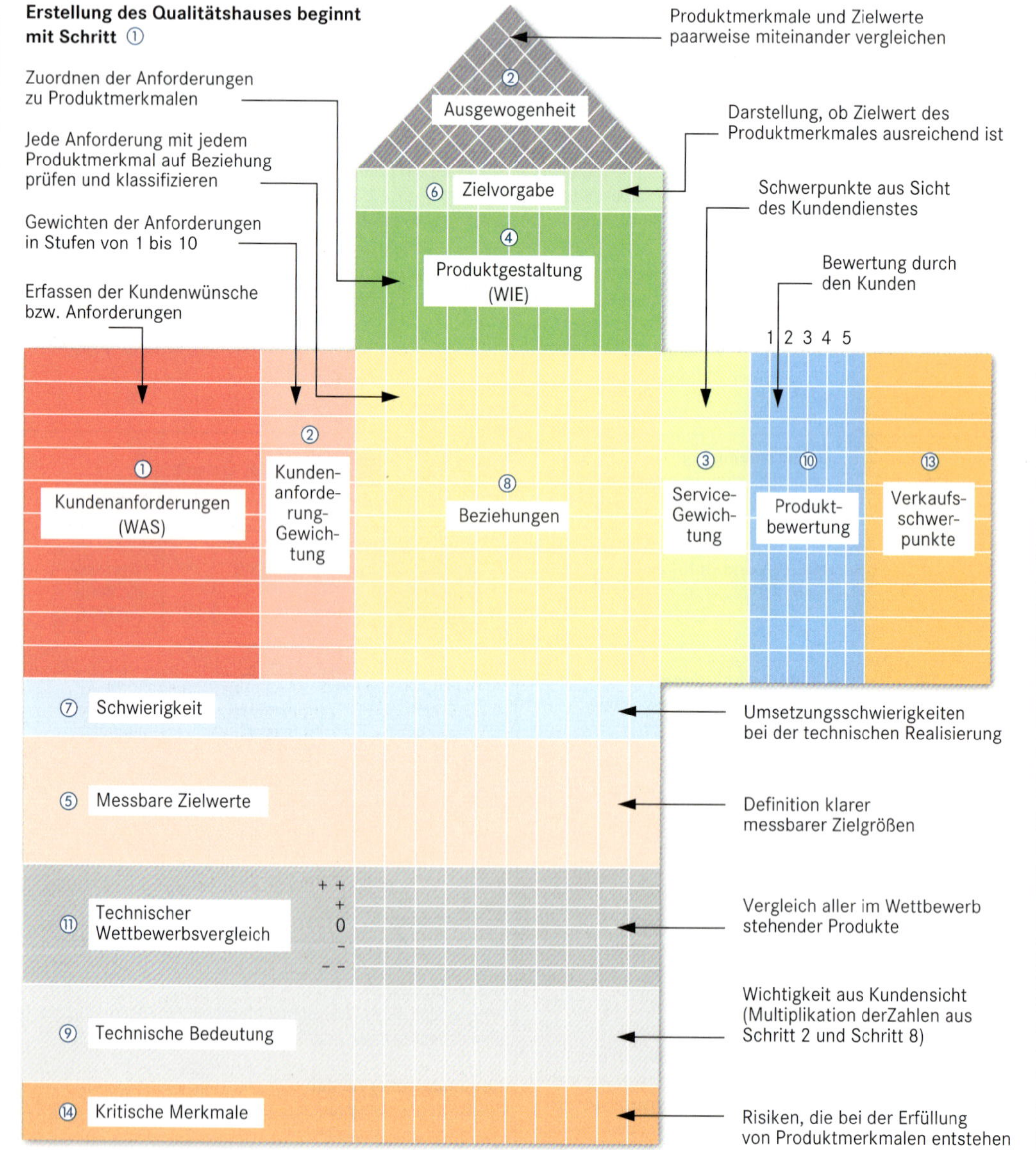

Entwicklungsbewertung

Design Review

Merkmale

- Die Entwicklungsbewertung dient als Überprüfung (**Verifizierung**) einer Entwicklungsleistung.
- Es wird dabei ermittelt, ob die am Anfang definierten Entwicklungstätigkeiten
  - geeignet,
  - angemessen und
  - wirksam

  sind, die festgelegten Ziele zu erreichen.
- Im Rahmen der Bewertung erfolgt ein **Soll-Ist-Abgleich** von festgelegten, mit den jeweils zu dem Zeitpunkt erreichten Zielen.
- Der **Zeitpunkt** der Bewertung(en) wird im Rahmen der Entwicklungsplanung festgelegt und kann z. B. erfolgen
  - nach Erstellung des Lastenheftes (Lastenheftreview),
  - nach Erstellung des Pflichtenheftes (Pflichtenheftreview),
  - nach Aufbau der Prototypen (Prototypenreview).
- Die **Inhalte** der Bewertung orientieren sich u. a. an
  - den Anforderungen an das Produkt (System),
  - bereits in früheren Projekten gemachten Erfahrungen (**Lernkurve**) und
  - dem Entwicklungsprozess.
- Entwicklungsbewertung ist eine **beratende Tätigkeit** und dient zur Anregung für das Entwicklungsteam ggf. bestimmte Aspekte zur Produkt- und Prozessverbesserung zu optimieren.
- Kreative Neuentwicklungen sind nicht gewollt.
- Die Entwicklungsbewertung dient **nicht** zur **Kritik** an einer Entwicklungsleistung bzw. einem Entwicklerteam.
- Die **Zusammensetzung** des Bewertungsteams muss sich an der Entwicklungsaufgabe orientieren.
- Es sind entsprechende Erfahrungsträger bzw. fachkundige Mitarbeiter (ggf. auch der Kunde) einzubeziehen.
- Entwicklungsbewertungen sind nicht zu verwechseln mit dem Projektmanagement.
- Der Projektleiter kann aus den Ergebnissen der Bewertung Entwicklungsentscheidungen (ggf. auch Korrekturen) ableiten und umsetzen, damit die Entwicklungsziele (u. a. Funktionalität, Termin, Kosten) erreicht werden.

Ablauf Entwicklungsbewertung

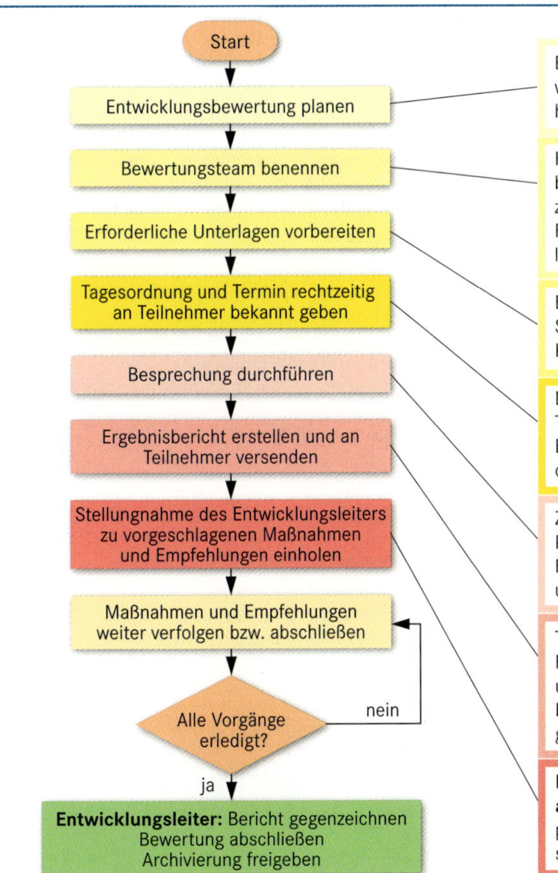

Empfohlene Termine: immer vor Entscheidungen, die wesentlichen Einfluss auf die Entwicklungsrichtung haben (Kosten, Termine, Produkteigenschaften).

Kompetente Fachleute, die nicht an der Entwicklung beteiligt sind; Entwicklungsleiter; Projektmitarbeiter zur Vorstellung des Entwurfs und zur Klärung von Fragen; Schriftführer; Besprechungsleiter mit Entwicklungserfahrung und Fachwissen.

Entwicklungsplan; Entwicklungsannahmen; Studien; Spezifikationen; Wettbewerberinformationen; Normen; Kostenschätzungen; Fragen- und Checklisten.

Datum; Ort; Zeitpunkt; Zweck und Ziel; Projektname; Teilnehmer und Funktionen; Themen (z. B. bisherige Ergebnisse früherer Bewertungsdurchsprachen; offene Punkte)

Ziele der Durchsprache erläutern (Sitzungsleiter); Präsentation der Lösung; Fragen ansprechen und klären; Empfehlungen aufzeichnen; Maßnahmen definieren und personengebunden beauftragen.

Teilnehmerliste; Fragen und Stellungnahmen; Liste der Empfehlungen und dringende Maßnahmen (mit Namen und Termin); Liste der Referenzdokumente; neue offene Punkte; Entwicklungshistorie fortschreiben; ggf. Patentansprüche ableiten; Wissen konservieren.

Ergebnisse durch Entwicklungsleiter bewerten und **annehmen** oder **begründet ablehnen** (z. B. weil nicht praktikabel); Unklarheiten (unterschiedliches Verständnis) klären.

Merkmale

- Zu der Lieferung eines Produkts an einen Kunden gehört nebem dem eigentlichen Produkt die zugehörige Kundendokumentation.
- Unter dem Begriff Kundendokumentation werden Dokumente definiert, die sich auf die **technischen Eigenschaften** und die **Anwendungsvorschriften** bzw. **Anwendungsregeln** beziehen.
- Zu diesen Dokumenten gehören z. B.
  - Betriebs-/Bedienungsanleitungen
  - Montagerichtlinien/-anweisungen
  - Sicherheitshandbücher (allgemeine, spezielle)
  - Reparatur-/Austauschanweisungen
  - Prüfanweisungen.
- Die Grundlagen für diese Dokumente entstammen aus verschiedenen Rechtsbereichen
- Die **Form** der Anleitung muss sicherstellen, dass der Anwender sie dann lesen kann, wenn es erforderlich ist.
- **Landesspezifische Sprachen** sind in der Regel nur bei sicherheitsrelevanten Teilen der Dokumente erforderlich (Abweichungen sind vertraglich zu regeln).
- Verantwortlich für das Vorhandensein, die Richtigkeit, die Vollständigkeit und Verständlichkeit ist der Hersteller (auch bei Übersetzungen).
- Identifikation des Produktherstellers (Postadresse) am Produkt ist teilweise erforderlich.
- Zeitraum für die Aufbewahrung der Unterlagen: u. a. mindestens 10 Jahre nach letztmaligem In-Verkehr-Bringen.
- Aufbewahrungsart:
  Keine Vorgaben ob digitalisiert oder in Papierform (vorzugsweise, da schnell verfügbar).

Anforderungen

Rechtsbereiche

Haftungsrecht | Gewährleistungsrecht | Strafrecht | In-Verkehr-Bringen

Haftungsrecht

- Enthält keine Regelungen für Kundendokumentation
- Wird wirksam, wenn der Endkunde tatsächlich einen Schaden erleidet und entsprechende **Schadenersatzansprüche** an den Hersteller gestellt werden.
- Um die Haftungsansprüche zu vermeiden, muss der Hersteller nachweisen, dass er seine **Instruktionspflichten** erfüllt hat.
- Vorbeugende Maßnahme seitens des Herstellers: Verständliche Kundendokumente!

Gewährleistungsrecht

- Kommt zur Anwendung bei einem **Sachmangel**.
- Ein Sachmangel kann z. B. eine fehlerhafte Montageanleitung für die Installation eines Schaltgerätes sein.
- Sachmängel können Ansprüche begründen auf
  - Nacherfüllung
  - Nachbesserung
  - Minderung
  - Wandelung
  - Schadenersatz.

Strafrecht

- Kommt dann zur Anwendung, wenn ein **Personenschaden** entsteht, weil in der Dokumentation nicht ausreichend auf entsprechende Gefahren und deren Vermeidung hingewiesen wurde.
- Die Mangelhaftigkeit in der Anleitung kann u. a. **grobe Fahrlässigkeit** sein, wie z. B. der Hinweis auf Anwendung isolierter Werkzeuge fehlt.
- Die Folgen aus einem strafrechtlichen Vorgang betreffen immer die verantwortliche natürliche Person (z. B. den Verfasser des Dokumentes), nicht eine Firma.

In-Verkehr-Bringen

- EU-Richtlinien und nationale Gesetze stellen Anforderungen an die Dokumentation aus Sicht der **Produktsicherheit**.
- Aussagen zu Inhalten sind nicht vorgegeben.
- Gefährdungsanalysen und Risikobewertungen durch den Hersteller sind zwingend erforderlich.
- Produktsicherheitsrichtlinien in Deutschland umgesetzt durch: Geräte- und Produktsicherheitsgesetz (GPSG) und entsprechende Verordnungen.

Gliederungsbeispiel

Betriebshandbuch

Herstellerangaben
Geräte-/Produkteigenschaften
Anwendungs-/Einsatzbereiche
Allgemeine Sicherheitshinweise
Spezifische Sicherheitshinweise
Technische Daten
Anschlüsse und Bedienelemente
Inbetriebnahme/Bedienung
Konfiguration der Betriebsarten

Betriebshandbuch

Parametereinstellung
Betriebszustand-/Fehlermeldung
Fehlerbeseitigung
Reparatur/Austausch
Prüfungsvorgaben/Einstellungsanweisungen nach Reparatur/Austausch
Zyklische Prüfungen/Inspektionsintervalle
Ersatzteile/Zusatzstoffe
Support-/Reparaturanschrift
Konformitätserklärung

Markt- und Kundenbeziehungen

412 Unternehmensphilosophie

412 Unternehmensstrategie

413 Marketing

415 Markterkundung und Marktforschung

416 Primärforschung: Auswahlverfahren und Erhebungsmethoden

416 Sekundärforschung: Betriebsinterne und -externe Quellen

417 Kundenanalyse und Käuferverhalten

418 Produkt- und Sortimentspolitik

419 Preis- und Konditionenpolitik

422 Kommunikationspolitik

424 Distributionspolitik

427 Marketing-Mix

428 Internationales Marketing

429 Angebotserstellung

429 Beschaffung von Fremdleistungen

432 Optimale Bestellmenge

433 Lagerkennziffern

433 Lagerbestandsgrößen

434 Bestellung

434 Kaufvertrag

435 Rechnungsprüfung

435 Kaufvertragsstörungen

436 Mangelhafte Lieferung

437 Arten des Kaufvertrags

438 Erfüllungsort

438 Gerichtsstand

438 Gesetz gegen unlauteren Wettbewerb (UWG)

439 Rechtsgeschäfte von natürlichen und juristischen Personen

439 Vertragsarten

440 Leasing

442 E-Commerce

443 SCM – Supply Chain Management

443 CRM – Customer Relationship Management

444 Kundenmanagement

Unternehmensphilosophie
Corporate Philosophy

Langfristige Grundlage für das Agieren eines Unternehmens im Markt ist die **Unternehmensphilosophie**. Diese „Weltanschauung" des Unternehmens legt grundlegende Wertvorstellungen und Ziele fest, die detailliert in Form von Unternehmensgrundsätzen im **Unternehmensleitbild** schriftlich fixiert werden. Eine ganz spezifische Unternehmensethik kann zum Beispiel dazu führen, dass ein Unternehmen sich spezielle soziale oder ökologische Ziele setzt. Gerade aber bei der Verfolgung dieser gewählten sozialen oder ökologischen Ziele kann es zu **Zielkonflikten** mit wirtschaftlichen Zielen kommen. Wird zum Beispiel in wirtschaftlich schwierigen Zeiten auf die Verfolgung vorher festgelegter sozialer oder ökologischer Ziele verzichtet, kann es unter Umständen zu langfristigen Problemen mit den Kunden kommen - die **Unternehmensidentität** wird aus Kundensicht nachhaltig gestört. Die Folge könnte sein, dass die Kunden zu einem Mitbewerber wechseln.

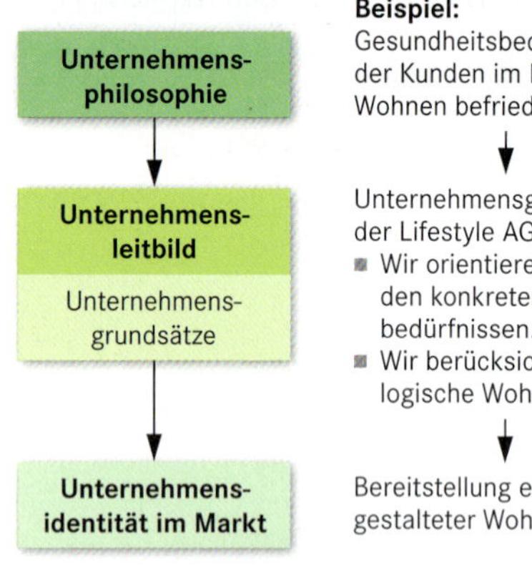

Beispiel:
Gesundheitsbedürfnisse der Kunden im Bereich Wohnen befriedigen

↓

Unternehmensgrundsätze der Lifestyle AG (Auszug):
- Wir orientieren uns an den konkreten Kundenbedürfnissen.
- Wir berücksichtigen ökologische Wohnbedürfnisse.

↓

Bereitstellung ergonomisch gestalteter Wohnmöbel

Unternehmensstrategie
Corporate Strategy

Begriff

Mithilfe von **Unternehmensstrategien**, d. h. langfristigen Planungen, positioniert sich das Unternehmen im Markt. Dazu gehören:
- Festlegung der **Geschäftsfelder**, in denen das Unternehmen tätig sein soll
- Aufstellung von **obersten Unternehmenszielen**
- Bestimmung **unternehmenspolitischer Instrumente** (z. B. im Absatzbereich die Festlegung der Preispolitik) zur Beeinflussung der Marktgegebenheiten

Zielhierarchie

Um **oberste Unternehmensziele**, die sich direkt aus der Unternehmensphilosophie ableiten, verwirklichen zu können, müssen verschiedene **Einzelziele** in eine Rangfolge gebracht werden: man spricht von einer **Zielhierarchie**.

Unternehmensphilosophie / Unternehmensleitbild → Oberziel(e) / Unterziele

Beispiele von Einzelzielen:

Wirtschaftliche Ziele
- **Wachstumsziele:** Steigerung von Absatz, Marktanteil, Umsatz, Produktqualität
- **Erfolgsziele:** Gewinn, Rentabilität des Eigenkapitals bzw. des Gesamtkapitals
- **Finanzziele:** Sicherung der Liquidität, der Kreditwürdigkeit, der Kapitalstruktur

- **Soziale Ziele**
  Sicherung des Arbeitsplatzes, der Arbeitszufriedenheit, Ausbau der sozialen Leistung
- **Ökologische Ziele**
  Umweltverträgliche Produkte, Produktionsverfahren
- **Gesellschaftliche Ziele**
  Image, Corporate Identity, Macht

Zielarten (Auswahl)

Unterscheidungskriterium	Ausprägungen	Erklärung	Beispiele
Priorität	**strategische Ziele**	werden langfristig verfolgt	grundlegende Positionierung im Markt
	operative Ziele	werden kurzfristig verfolgt	Aufbau eines neuen Vertriebssystems
Formalisierungsgrad der Ziele	**Formalziele**	beschreiben langfristige, wünschenswerte Zielvorstellungen	Erhöhung des Marktanteils auf 60 %
	Sachziele	dienen der Verwirklichung der Formalziele durch Festlegung von konkreten Maßnahmen	Schnellere Abwicklung der Auftragsabwicklung durch Software
Hierachische Einordnung	**Oberziele**	werden im Topmanagement festgelegt	Langfristige Gewinnmaximierung
	Unterziele	werden im Middle Management zur Verwirklichung der Oberziele festgelegt	Senkung der Personalkosten im Bereich des Vertriebs

Die Marktsituation und unternehmerisches Handeln

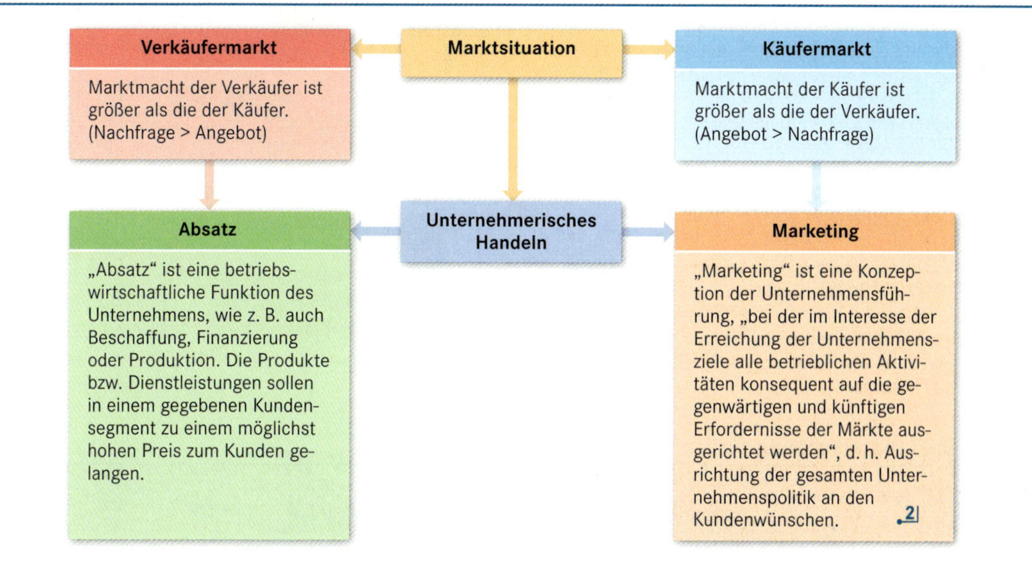

Das Marketing-Management-Konzept

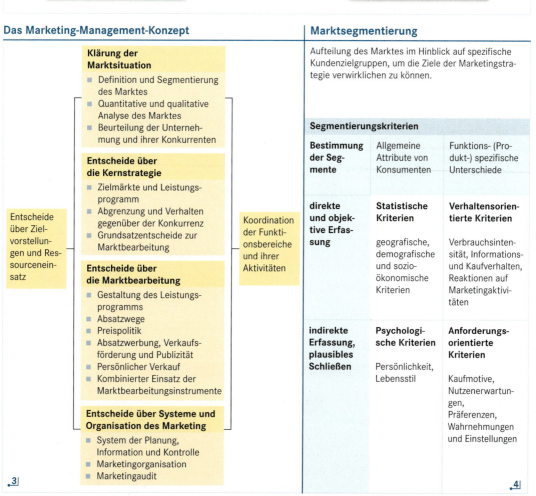

Klärung der Marktsituation
- Definition und Segmentierung des Marktes
- Quantitative und qualitative Analyse des Marktes
- Beurteilung der Unternehmung und ihrer Konkurrenten

Entscheide über die Kernstrategie
- Zielmärkte und Leistungsprogramm
- Abgrenzung und Verhalten gegenüber der Konkurrenz
- Grundsatzentscheide zur Marktbearbeitung

Entscheide über die Marktbearbeitung
- Gestaltung des Leistungsprogramms
- Absatzwege
- Preispolitik
- Absatzwerbung, Verkaufsförderung und Publizität
- Persönlicher Verkauf
- Kombinierter Einsatz der Marktbearbeitungsinstrumente

Entscheide über Systeme und Organisation des Marketing
- System der Planung, Information und Kontrolle
- Marketingorganisation
- Marketingaudit

Entscheide über Zielvorstellungen und Ressourceneinsatz

Koordination der Funktionsbereiche und ihrer Aktivitäten

3

Marktsegmentierung

Aufteilung des Marktes im Hinblick auf spezifische Kundenzielgruppen, um die Ziele der Marketingstrategie verwirklichen zu können.

Segmentierungskriterien		
Bestimmung der Segmente	Allgemeine Attribute von Konsumenten	Funktions- (Produkt-) spezifische Unterschiede
direkte und objektive Erfassung	**Statistische Kriterien** geografische, demografische und sozioökonomische Kriterien	**Verhaltensorientierte Kriterien** Verbrauchsintensität, Informations- und Kaufverhalten, Reaktionen auf Marketingaktivitäten
indirekte Erfassung, plausibles Schließen	**Psychologische Kriterien** Persönlichkeit, Lebensstil	**Anforderungsorientierte Kriterien** Kaufmotive, Nutzenerwartungen, Präferenzen, Wahrnehmungen und Einstellungen

4

Quantitative Analyse des Marktes

Bei der quantitativen Marktanalyse geht es um die Erfassung der mengen- und wertmäßigen Größe des Marktes sowie um die Prognose seiner Entwicklung in der Zukunft.

Dabei sind drei Marktgrößen zu unterscheiden:

Das **Marktpotenzial** entspricht der überhaupt möglichen Aufnahmefähigkeit eines Marktes für eine Güterart oder eine Art von Dienstleistungen.

Das **Marktvolumen** ist die realisierte oder prognostizierte effektive Absatzmenge aller Hersteller in einem Markt.

Der **Marktanteil** ist der realisierte Umsatz oder die realisierte Absatzmenge einer Unternehmung, ausgedrückt als Prozentsatz des Marktvolumens.

Menge/Wert
Marktpotenzial
Marktvolumen
Marktanteil
Zeit

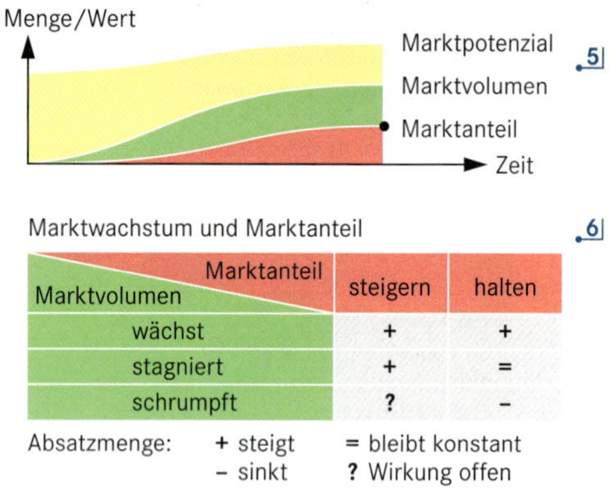

5

Marktwachstum und Marktanteil 6

Marktanteil / Marktvolumen	steigern	halten
wächst	+	+
stagniert	+	=
schrumpft	?	–

Absatzmenge: + steigt = bleibt konstant
– sinkt ? Wirkung offen

Von der Marktuntersuchung zur Marketingkonzeption

7

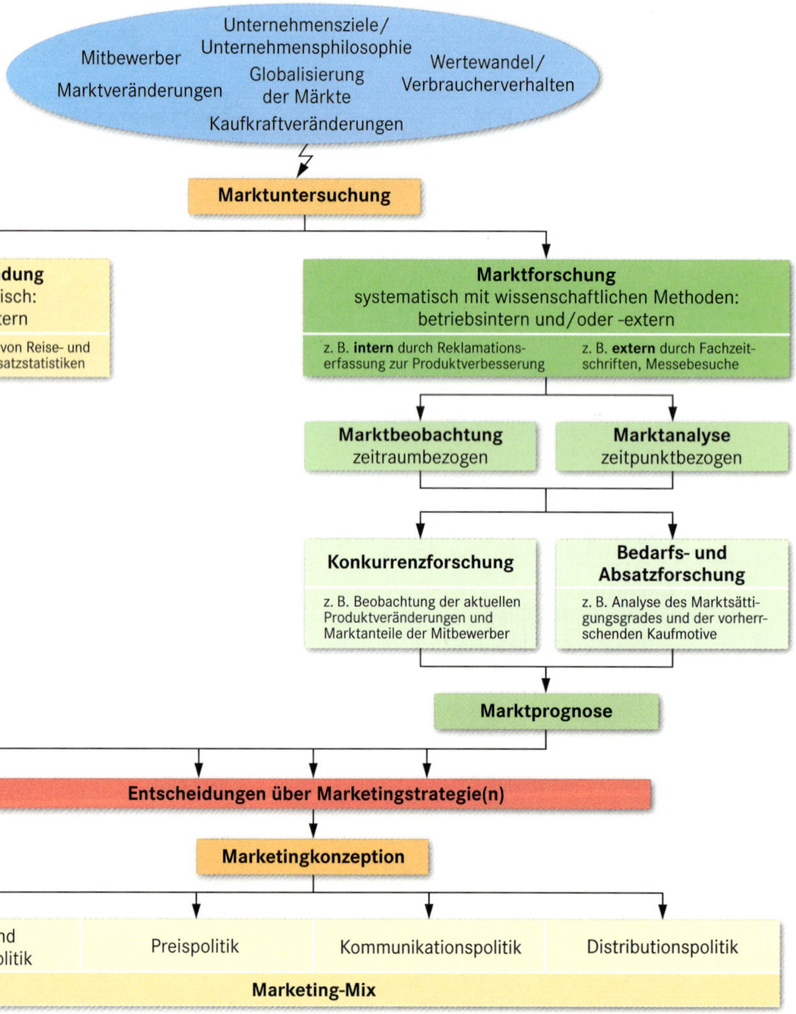

Unternehmensziele/
Unternehmensphilosophie
Mitbewerber
Wertewandel/
Verbraucherverhalten
Globalisierung
der Märkte
Marktveränderungen
Kaufkraftveränderungen
Marktuntersuchung
Markterkundung
unsystematisch:
betriebsintern
z. B. durch Auswertung von Reise- und Marktberichten und Absatzstatistiken
Marktforschung
systematisch mit wissenschaftlichen Methoden:
betriebsintern und/oder -extern
z. B. intern durch Reklamationserfassung zur Produktverbesserung
z. B. extern durch Fachzeitschriften, Messebesuche
Marktbeobachtung
zeitraumbezogen
Marktanalyse
zeitpunktbezogen
Konkurrenzforschung
z. B. Beobachtung der aktuellen Produktveränderungen und Marktanteile der Mitbewerber
Bedarfs- und Absatzforschung
z. B. Analyse des Marktsättigungsgrades und der vorherrschenden Kaufmotive
Marktprognose
Entscheidungen über Marketingstrategie(n)
Marketingkonzeption
Produkt- und Sortimentspolitik
Preispolitik
Kommunikationspolitik
Distributionspolitik
Marketing-Mix

Markterkundung und Marktforschung
Market Reconnaissance and Market Research

Marktuntersuchung

Gründe

Ständige internationale und nationale Marktveränderungen, hervorgerufen z. B. durch den Wertewandel in der Gesellschaft oder durch die unterschiedliche ökonomische Entwicklung einzelner Regionen, machen eine Marktuntersuchung für die agierenden Unternehmen unverzichtbar. Unterbleibt die Beobachtung und Untersuchung von Marktveränderungen, besteht die Gefahr, dass einzelne Unternehmen vom Markt verschwinden und sich Mitbewerber durchsetzen.

Formen

- Bei der **Markterkundung** handelt es sich um eine betriebsinterne, unsystematische Informationssammlung durch Einzelbeobachtungen und Gespräche, z. B. Auswerten von Reiseberichten und Marktberichten, Auswerten interner Absatzstatistiken, Gespräche mit Kunden etc.
- Bei der **Marktforschung** handelt es sich um das systematische Beschaffen und Verarbeiten von Informationen mit Hilfe wissenschaftlicher Methoden. Bei der Marktforschung werden unternehmensintern (Buchhaltung, Verkaufsberichte, Reklamationen etc.) und/oder unternehmensextern (Statistiken, Fachzeitschriften, Messebesuche etc.) Daten beschafft.

8|

Marktprognose

Bei der **Marktprognose** handelt es sich um eine Vorhersage zur Marktentwicklung auf der Grundlage gesammelter Daten der Markterkundung bzw. -forschung. Die Marktprognose unterstützt die Entscheidung über absatzpolitische Aktivitäten des Unternehmens.

8|

Marktforschung

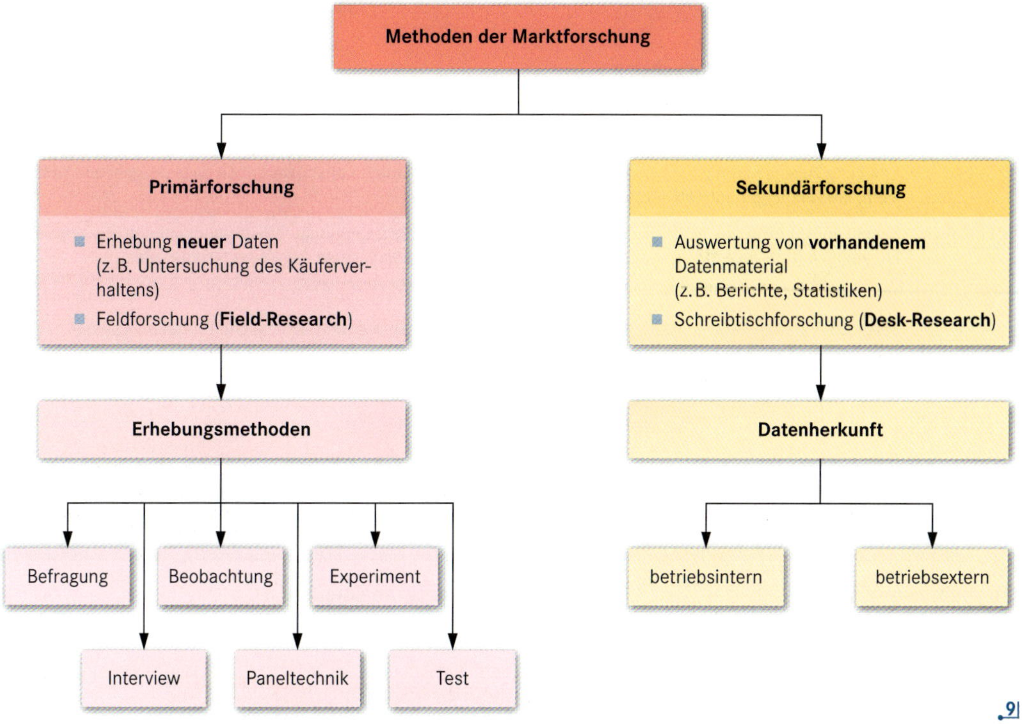

Methoden der Marktforschung

Primärforschung
- Erhebung **neuer** Daten (z. B. Untersuchung des Käuferverhaltens)
- Feldforschung (**Field-Research**)

Erhebungsmethoden: Befragung, Beobachtung, Experiment, Interview, Paneltechnik, Test

Sekundärforschung
- Auswertung von **vorhandenem** Datenmaterial (z. B. Berichte, Statistiken)
- Schreibtischforschung (**Desk-Research**)

Datenherkunft: betriebsintern, betriebsextern

9|

Marketingforschungsprozess

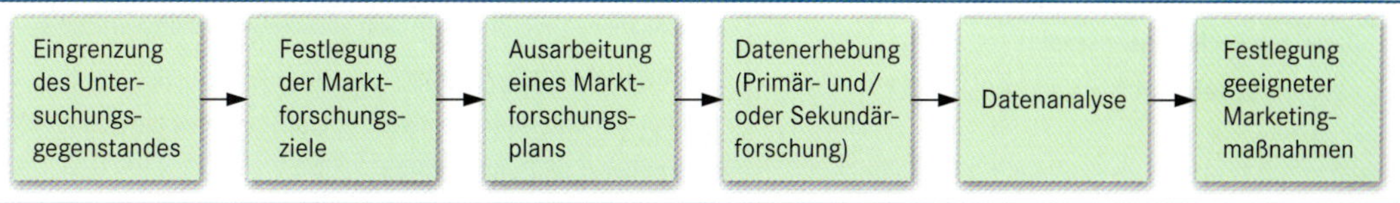

Primärforschung: Auswahlverfahren und Erhebungsmethoden
Initial Research: Selection Principles and Survey Methods

Auswahlverfahren der Primärforschung

Vollerhebung:	**Alle** Angehörigen einer Zielgruppe werden untersucht; nur bei kleiner, überschaubarer Zielgruppe praktikabel (z. B. Käufer von Spezialmaschinen).
Teilerhebung:	Angehörige einer Zielgruppe werden stichprobenhaft (i. d. R. repräsentativ) untersucht. Man unterscheidet insbesondere zwischen der **Zufallsauswahl** (Randomverfahren) und dem **Quotenverfahren**. Bei der Zufallsauswahl wird aufgrund der Wahrscheinlichkeitstheorie zum Beispiel jeder hundertste Bürger aus einem Adressbuch ausgesucht. Bei dem Quotenverfahren werden nach vorher festgelegten Merkmalen, wie z. B. Alter, Geschlecht, Einkommen, beliebige Bürger nach bestimmten prozentualen Anteilen (Quoten) ausgewählt. Die Teilerhebung bietet sich bei sehr großen Zielgruppen (z. B. Käufer von Fernsehzeitschriften) an.

10

Beispiel: Quotenanweisung

Befragung Nr.:	125	
Fragebogen Nr.:	851-866	
Interviewer/-in:	Claudia Buchholz	
Ausweis Nr.:	86	
Gesamtzahl der Interviews:		16
Planquadrate des Erhebungsgebietes:		
	B6	4
	B7	7
	B8	5
Geschlecht:	männlich:	7
	weiblich:	9
Alter:	18–25	3
	26–35	4
	36–45	3
	46–55	3
	56–65	2
	66–75	1
Berufsgruppe:	Arbeiter	5
	Angestellte	6
	Beamte	2
	Selbstständige	2
	ohne Beruf	1

11

Erhebungsmethoden der Primärforschung

Befragung:	Schriftliche, mündliche oder fernmündliche Datenerhebung zur Erstellung eines Meinungsbildes zu einem bestimmten Produkt bzw. zu einer bestimmten Produktgruppe.
Interview:	Erhebung zu einer grundsätzlichen Meinung, die für ein bestimmtes Konsumverhalten ausschlaggebend sein kann, um wirkliche Kaufmotive offenzulegen.
Paneltechnik:	Regelmäßige Befragung einer bestimmten Personengruppe über einen längeren Zeitraum anhand von speziellen Fragebögen (z. B. regelmäßige Aufzeichnung des Konsumverhaltens eines 4-Personen-Haushaltes).
Test:	Meinungserhebung in einer Zielgruppe für ein bestimmtes Produkt anhand von neutral verpackten Warenproben.
Experiment:	Spezielle Form der Beobachtung oder Erfragung von Reaktionen auf unterschiedliche Produktmerkmale (z. B. Gestaltung, Qualität und Preise).
Beobachtung:	Erhebung von Sachverhalten und Verhaltensweisen ohne Befragung.

12

Sekundärforschung: Betriebsinterne und -externe Quellen
Secondary Research: Firm Internal and External Sources

Betriebsinterne Quellen

- Berichte der Außendienstmitarbeiter
- Daten der Lagerbuchhaltung
- Absatz- und Umsatzstatistiken
- Kundendateien
- Eigene Messeberichte
- Daten des Rechnungswesens
- Auswertung des Verhaltens der Mitbewerber

Betriebsexterne Quellen

- Statistische Jahrbücher
- Veröffentlichungen der Industrie- und Handelskammern bzw. Handwerkskammern
- Publikationen staatlicher Stellen, z. B. von Ministerien
- Veröffentlichungen der EZB und der Bundesbank
- Publikationen von Branchen- und anderen Wirtschaftsverbänden
- Geschäftsberichte, Kataloge
- Daten von Unternehmensberatern und Marktforschungsinstituten
- Fachbücher und -zeitschriften

Clusteranalyse

Die Clusteranalyse stellt eine Möglichkeit dar, durch die **Primärerhebung** gewonnene, große **Datenmengen** mit Hilfe **mathematisch-statistischer Verfahren** auszuwerten.

Die Zielsetzung der Clusteranalyse ist es, große Datenmengen von Befragten **nach bestimmten Merkmalen** zu **aussagefähigen Größen** (Gruppen) **zusammenzufassen**.

13

Beispiel:

Von vielen Konsumenten liegen aufgrund einer Befragung Merkmale, wie z. B. Haushaltseinkommen, Haushaltsgröße, Alter, Geschlecht, vor. Die befragten Konsumenten werden mithilfe der Clusteranalyse so zusammengefasst, dass verschiedene (heterogene) Konsumentengruppen (Cluster) mit möglichst ähnlichen (homogenen) Merkmalen entstehen. So können Konsumentengruppen, wie z. B. gut verdienende Singles, allein Erziehende mit geringem Einkommen, gebildet werden.

Kundentypologie (Beispiel)

14	Typ 1 Umweltbewusster Konsument	Typ 2 Fortschrittsbewusster Konsument	Typ 3 Die Neuen Alten	Typ 4 Einkommensschwache Teens und Twens
Einstellung	Persönlicher Beitrag zur Umwelt	Orientierung an technischem Stand/Zeitgeist	Persönlicher Beitrag zur Umwelt	nicht signifikant
Geschlecht (Prozentanteile)	weibl.: 62 % männl.: 38 %	weibl.: 42 % männl.: 58 %	weibl.: 59 % männl.: 41 %	weibl.: 47 % männl.: 53 %
durchschnittl. Alter	29 Jahre	38 Jahre	64 Jahre	20 Jahre
durchschnittliche Haushaltsgröße	2,6 Personen	1,5 Personen	1,7 Personen	1,2 Personen
durchschnittl. Haushaltsnettoeinkommen	2.100 Euro	2.400 Euro	1.500 Euro	900 Euro
durchschnittl. akzept. Mehraufwand	70 Euro	80 Euro	100 Euro	10 Euro

Typen von Käuferverhalten/Faktoren der Kaufentscheidung

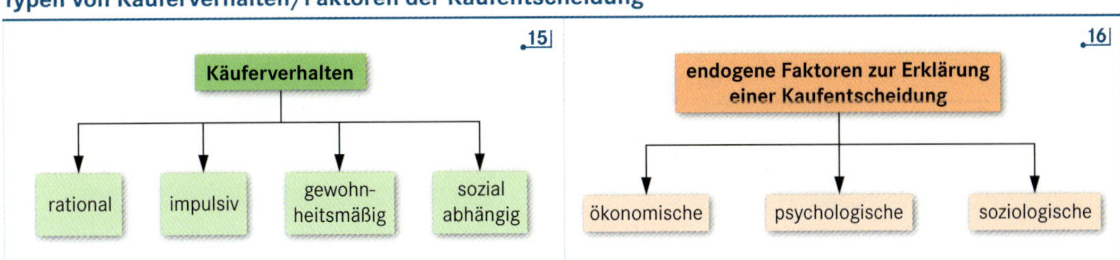

Erklärung konsumtiven Verhaltens

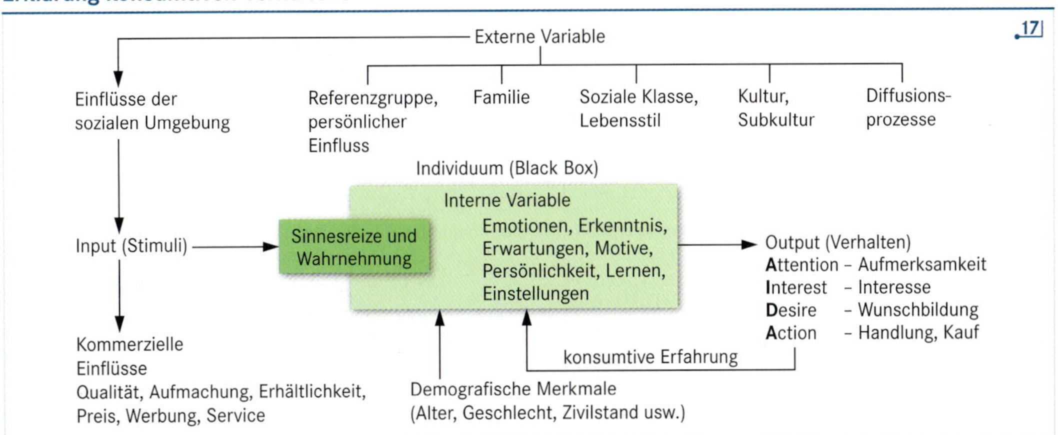

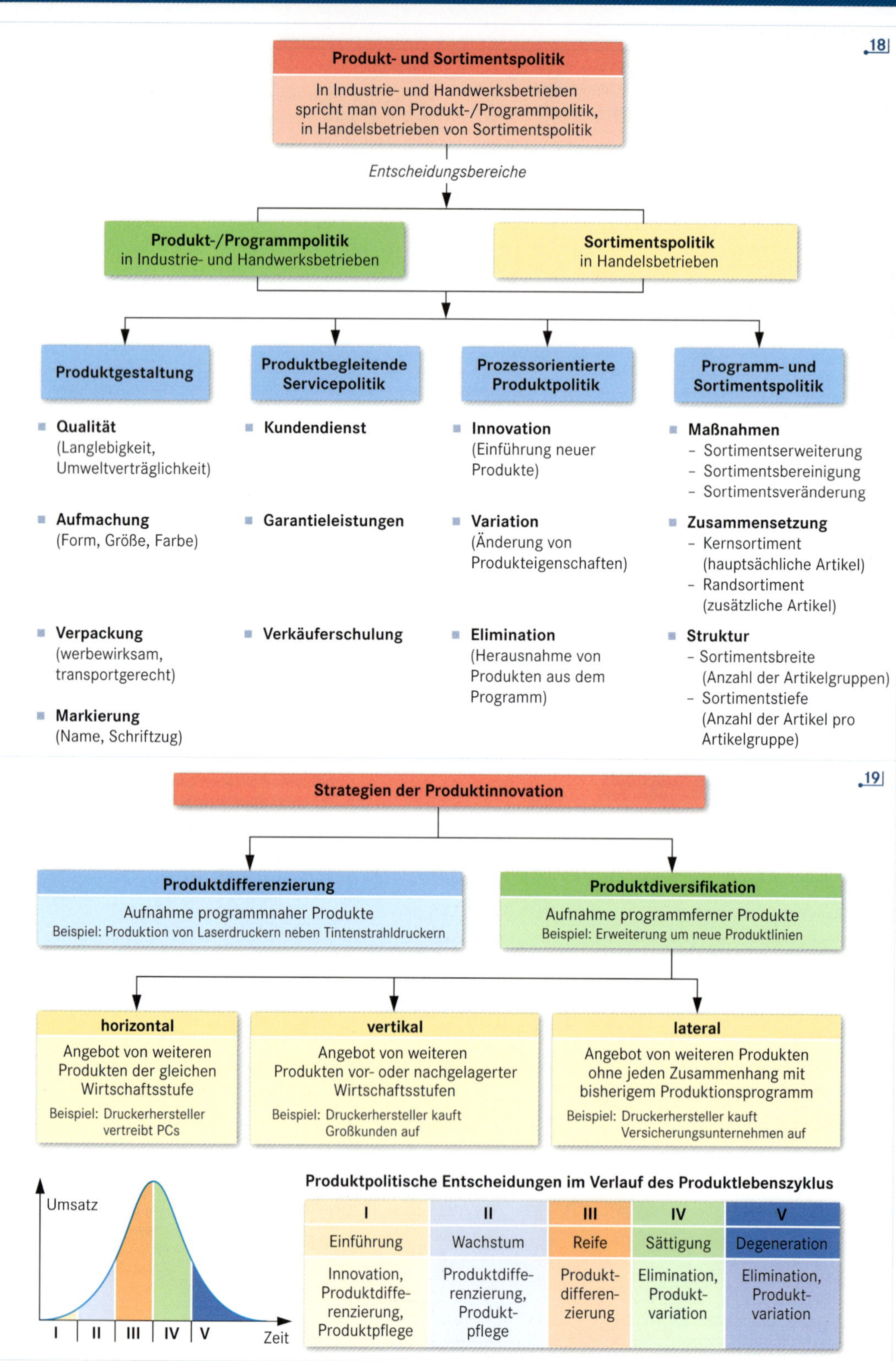
18
Produkt- und Sortimentspolitik
In Industrie- und Handwerksbetrieben spricht man von Produkt-/Programmpolitik, in Handelsbetrieben von Sortimentspolitik
Entscheidungsbereiche
Produkt-/Programmpolitik
in Industrie- und Handwerksbetrieben
Sortimentspolitik
in Handelsbetrieben
Produktgestaltung
Produktbegleitende Servicepolitik
Prozessorientierte Produktpolitik
Programm- und Sortimentspolitik
Qualität (Langlebigkeit, Umweltverträglichkeit)
Aufmachung (Form, Größe, Farbe)
Verpackung (werbewirksam, transportgerecht)
Markierung (Name, Schriftzug)
Kundendienst
Garantieleistungen
Verkäuferschulung
Innovation (Einführung neuer Produkte)
Variation (Änderung von Produkteigenschaften)
Elimination (Herausnahme von Produkten aus dem Programm)
Maßnahmen
- Sortimentserweiterung
- Sortimentsbereinigung
- Sortimentsveränderung
Zusammensetzung
- Kernsortiment (hauptsächliche Artikel)
- Randsortiment (zusätzliche Artikel)
Struktur
- Sortimentsbreite (Anzahl der Artikelgruppen)
- Sortimentstiefe (Anzahl der Artikel pro Artikelgruppe)
19
Strategien der Produktinnovation
Produktdifferenzierung
Aufnahme programmnaher Produkte
Beispiel: Produktion von Laserdruckern neben Tintenstrahldruckern
Produktdiversifikation
Aufnahme programmferner Produkte
Beispiel: Erweiterung um neue Produktlinien
horizontal
Angebot von weiteren Produkten der gleichen Wirtschaftsstufe
Beispiel: Druckerhersteller vertreibt PCs
vertikal
Angebot von weiteren Produkten vor- oder nachgelagerter Wirtschaftsstufen
Beispiel: Druckerhersteller kauft Großkunden auf
lateral
Angebot von weiteren Produkten ohne jeden Zusammenhang mit bisherigem Produktionsprogramm
Beispiel: Druckerhersteller kauft Versicherungsunternehmen auf
Umsatz
I II III IV V
Zeit
Produktpolitische Entscheidungen im Verlauf des Produktlebenszyklus
I Einführung: Innovation, Produktdifferenzierung, Produktpflege
II Wachstum: Produktdifferenzierung, Produktpflege
III Reife: Produktdifferenzierung
IV Sättigung: Elimination, Produktvariation
V Degeneration: Elimination, Produktvariation

Begriffliche Abgrenzung

Die Preis- und Konditionenpolitik, in der fachwissenschaftlichen Literatur häufig als Kontrahierungspolitik zusammengefasst, kennzeichnet die folgenden Entscheidungsbereiche eines Unternehmens bei der Berechnung des Verkaufspreises:

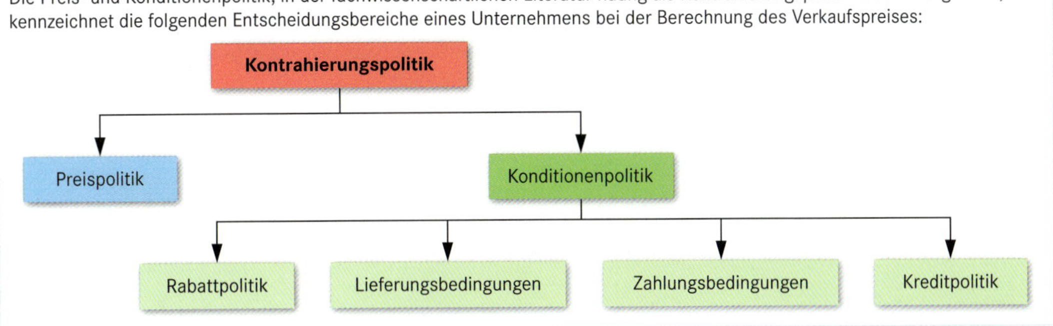

Zielsetzung

Ziel des Einsatzes dieses absatzpolitischen Instrumentes ist es, unter Berücksichtigung der Kosten im Unternehmen und des preispolitischen Verhaltens der Mitbewerber (Konkurrenten) und der Konsumenten, langfristig den Unternehmensgewinn zu sichern und zu steigern. Die Kontrahierungspolitik muss in die Unternehmensphilosophie (vgl. S. 412), die allgemeine Unternehmenszielsetzung, eingebettet sein.

Entscheidungsbereiche der Preis- und Konditionenpolitik

Einflussgrößen der Preispolitik

Der Preis eines Produktes wird betriebsintern durch die Kosten und betriebsextern durch die Marktbedingungen – das Verhalten der Mitbewerber und Kunden – beeinflusst. Ein Unternehmen muss versuchen zwischen der kosten- und der marktorientierten Preisbildung eine Verbindung herzustellen.

Kostenorientierte Preisfindung

Jedes Unternehmen wird bei der kostenorientierten Preisfindung zunächst fragen, welche Kosten die Herstellung und der Vertrieb eines Produktes verursachen. Zu diesem Zweck ermitteln Industrieunternehmen den Verkaufspreis eines Produktes mit Hilfe des folgenden Kalkulationsschemas:

Rechenbeispiel:

Fertigungsmaterial (Einzelkosten)[1]		300,00 EUR		
+ Materialgemeinkosten[2]	5 %	15,00 EUR		
= Materialkosten (I)		**315,00 EUR**		
Fertigungslöhne (Einzelkosten)[1]		235,00 EUR		
+ Fertigungsgemeinkosten[2]	150 %	352,50 EUR		
+ Sondereinzelkosten der Fertigung[3]		7,50 EUR		
= Fertigungskosten (II)		**595,00 EUR**		
= Herstellkosten (I + II)				**910,00 EUR**
+ Verwaltungsgemeinkosten[2]	14 %			127,40 EUR
+ Vertriebsgemeinkosten[2]	12 %			109,20 EUR
+ Sondereinzelkosten des Vertriebs[3]				53,40 EUR
= Selbstkosten		100 %		**1.200,00 EUR**
+ Gewinnzuschlag	15 %	15 %		180,00 EUR
= Barverkaufspreis		115 %	95 %	**1.380,00 EUR**
+ Kundenskonto (i. H.)	3 %		3 %	43,58 EUR
+ Vertreterprovision (i. H.)	2 %		2 %	29,05 EUR
= Zielverkaufspreis		95 %	100 %	**1.452,63 EUR**
+ Kundenrabatt (i. H.)	5 %	5 %		76,45 EUR
= Listenverkaufspreis		100 %		**1.529,08 EUR**

Erläuterungen:

1) **Einzelkosten:** Kosten, die dem Produkt direkt zugerechnet werden können (z. B. Kosten eines Elektromotors für eine Waschmaschine).

2) **Gemeinkosten:** Kosten, die dem Produkt nicht direkt zugerechnet werden können (z. B. Gehalt für eine Chefsekretärin). Die Gemeinkosten werden den Einzelkosten prozentual zugeschlagen (z. B. über einen Verteilungsschlüssel).

3) **Sondereinzelkosten:** Kosten, die aufgrund eines speziellen Kundenauftrages entstehen (z. B. Maschineneinstellkosten für die Herstellung von Sondermaßen oder Kosten für Sondertransporte).

Einflussgrößen der Preispolitik

Kostenorientierte Preisfindung

Der Wettbewerbsdruck durch die Mitbewerber kann ein Unternehmen dazu zwingen, den kalkulierten Verkaufspreis zu unterschreiten. In dieser Situation stellt sich für ein Unternehmen die Frage, bis zu welcher **Preisuntergrenze** ein Produkt auf dem Markt angeboten werden kann.

Für einen längeren Zeitraum kann ein Unternehmen das Produkt zum Selbstkostenpreis anbieten (z. B. in konjunkturschwachen Zeiten).
Kurzfristig kann der Verkaufspreis bis zur Höhe der variablen Kosten gesenkt werden, da die fixen Kosten unabhängig von der Produktionsmenge gleich bleibend anfallen.

langfristige Preisuntergrenze = Höhe der Selbstkosten

kurzfristige Preisuntergrenze = Höhe der variablen Kosten

Variable Kosten:
Beschäftigungs- (umsatz-) abhängige Kosten, z. B. Materialkosten.

Fixe Kosten:
Beschäftigungs- (umsatz-) unabhängige Kosten, z. B. Leasing-Rate für EDV-Anlage.

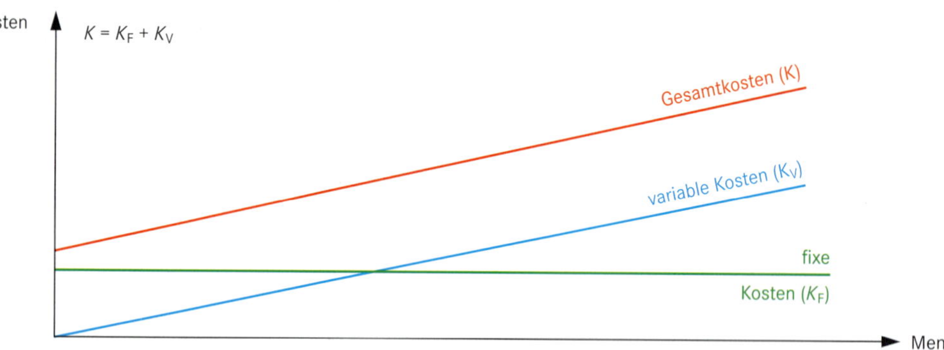

Gesamtbezogene Kostenentwicklung bei linearen Kostenverläufen

Kundenorientierte Preisfindung

Jedes Unternehmen muss sich bei der Preisfindung an der **Kaufkraft der Kunden** orientieren. Deshalb wird sich die Preisgestaltung auch an den am Markt erzielbaren Preisen ausrichten. Liegt der bisher kalkulierte Preis über dem am Markt realisierbaren, muss das Unternehmen nach Möglichkeiten suchen, Kosten zu senken, z. B. bei der Beschaffung oder Herstellung. Kosten können auch reduziert werden, indem die Absatzmenge gesteigert wird. In diesem Fall werden die Fixkosten auf eine größere Produktionsmenge verteilt; man spricht von der Fixkostendegression.

Den Zusammenhang zwischen der abgesetzten Menge und den erzielbaren Marktpreisen drückt die so genannte Preis-Absatzfunktion aus. Sie zeigt auf, welche Mengen zu welchen Preisen absetzbar sind.

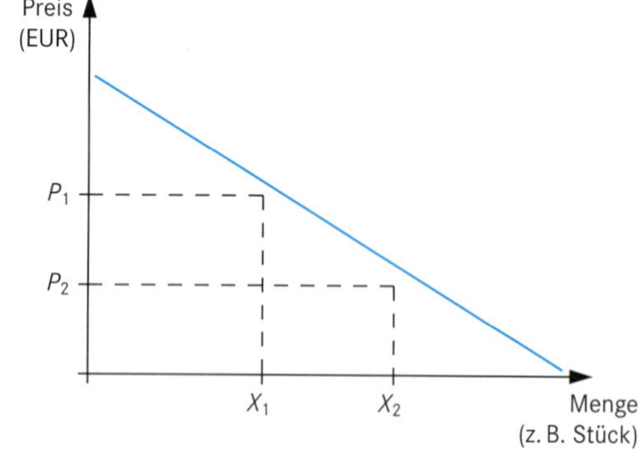

Konkurrenzorientierte Preisfindung

Bei der konkurrenzorientierten Preisfindung beziehen die Unternehmen die preispolitischen **Verhaltensweisen der Mitbewerber** in ihre Preisgestaltung ein.

Die Unternehmen können einerseits aggressive Preispolitik betreiben, um so Marktanteile auf Kosten der Mitbewerber zu gewinnen.

Sinnvoll ist diese Preispolitik nur, wenn durch den gesteigerten Gesamtumsatz der geringere Erlös pro Stück mindestens ausgeglichen werden kann.

Andererseits können sich die Unternehmen an die Preispolitik der Mitbewerber anpassen, die Preisführerschaft von mächtigen Konkurrenten wird dabei anerkannt.

Strategien der Preis- und Konditionenpolitik

22

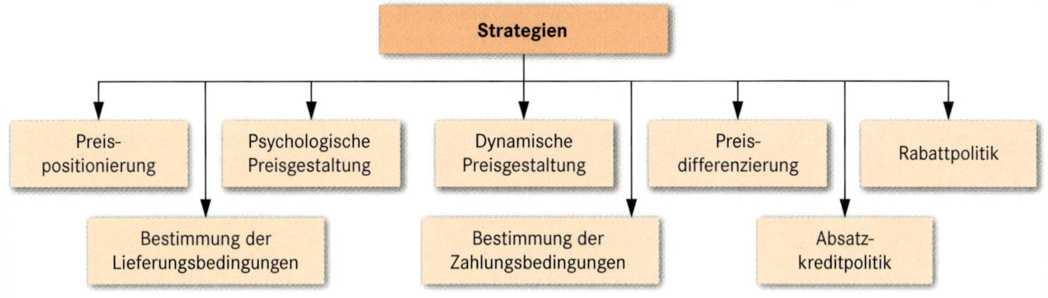

Preispositionierung

Mit der Preispositionierung steuert ein Unternehmen mit seinem Produkt ganz bewusst einen bestimmten Preisbereich an. Dies erfolgt z. B. bei **Markenwaren**, die im oberen Preissegment angeboten werden.

Ein hoher gleich bleibender Qualitätsstandard, verbunden mit einem entsprechenden Marken- bzw. Firmenimage, soll über empfohlene Verkaufspreise zu einer einheitlichen Preisgestaltung im Facheinzelhandel führen.

Psychologische Preisgestaltung

Die häufig in Unternehmen anzutreffende **psychologische Preisgestaltung** ist vor allem in **drei Varianten** (Spielarten) anzutreffen.

- **Preise unterhalb runder Preise,**
  z. B. 1,99 € statt 2,00 €

  Der Kunde soll durch die geschickte psychologische, optische Gestaltung eines „gebrochenen Preises" verleitet werden, die besonders preiswert erscheinende Ware zu kaufen.

- **„runde Preise"**

  Durch runde Preise (z. B. 200 € oder alle Artikel zu 1 €) soll der Eindruck erweckt werden, die Preise seien vertrauensvoll kalkuliert worden, auf „psychologische Tricks" habe man verzichtet.

- **„Multipack-Preise"**

  Bei dieser Preisgestaltung wird das Produkt in Multipacks angeboten (z. B. drei Dosensuppen zu 2,99 € statt zum Einzelpreis von 0,95 €), um den Kunden zum Kauf von vermeintlich günstigeren Großabnahmemengen zu verleiten.

  Dass drei Einzeldosen zu je 0,95 € 2,85 € ergeben, merken die Kunden häufig nicht, da sie nicht nachrechnen.

Dynamische Preisgestaltung

Mit der dynamischen Preisgestaltung versucht ein Unternehmen Preise flexibel an die Marktsituation anzupassen. Dies kann z. B. durch einen niedrigen Einführungspreis für ein neues Produkt geschehen, um so schnell einen großen Umsatz zu erzielen (sogenannte **Penetrationsstrategie**).

Eine andere Möglichkeit wäre, zunächst einen hohen Preis zu verlangen, der von einer bestimmten Käuferschicht akzeptiert wird. Um danach neue Käuferschichten zu erschließen, wird der Preis schrittweise gesenkt (sogenannte **Skimmingstrategie**).

Preisdifferenzierung

Formen:*

- **räumliche** Preisdifferenzierung (unterschiedliche Preise, z. B. in Großstädten und ländlichen Gebieten)
- **mengenmäßige** Preisdifferenzierung (z. B. Mengenrabatt)
- **zeitliche** Preisdifferenzierung (z. B. Saisonpreise)
- **verwendungsbezogene** Preisdifferenzierung (z. B unterschiedliche Mietpreise für private und gewerbliche Nutzung)
- **personenbezogene** Preisdifferenzierung (z. B. Sondertarife für Schüler/-innen in öffentlichen Verkehrsmitteln)

* [Vgl. Hüttner, M. u. a.: Marketing-Management, München 1994]

Rabattpolitik

Die Unternehmen nutzen z. B. folgende Preisnachlässe, um Preisdifferenzierungen (s. o.) vornehmen zu können:

- **Mengenrabatt** (z. B. für Großabnehmer)
- **Wiederverkäuferrabatt** (z. B. für Großhändler)
- **Treuerabatt** (z. B. für Stammkunden)
- **Saisonrabatt**
- **Sonderrabatt** (z. B. bei Messen)
- **Bonus** (nachträglicher Preisnachlass bei Erreichen eines Mindestumsatzes)
- **Skonto** (Nachlass für vorzeitige Zahlung)

Bestimmung der Lieferungsbedingungen

Kundenorientierte Lieferungsbedingungen können dazu beitragen, sich von Wettbewerbern abzuheben.

Zu den wichtigen Lieferungsbedingungen gehören:

- Gestaltung der Transport- und Versicherungskosten (besonders wichtig im Auslandsgeschäft)
- Verpflichtung des Herstellers zur Zahlung einer Konventionalstrafe (Vertragsstrafe) bei verspäteter Lieferung, Regelung des Umtauschrechtes (besonders wichtig bei Versandhäusern)

Bestimmung der Zahlungsbedingungen

Zu den wichtigsten Zahlungsbedingungen gehören:

- Bestimmung von Zahlungsfristen (z. B. Skontofrist)
- Regelung der Zahlungsweise/Zahlungsabwicklung (z. B. Barzahlung, Ratenzahlung)
- Zahlungssicherung (z. B. Eigentumsvorbehalt)

Absatzkreditpolitik

Wichtige absatzkreditpolitische Maßnahmen:

- Einräumen eines Kreditrahmens unter Gewährung eines günstigen Zinssatzes
- Zahlungsaufschub
- Leasing (Leistung einer geringen Anzahlung und laufender Ratenzahlungen während der vertraglichen Nutzungsdauer)

Begriffliche Abgrenzung und Zielsetzung

Die Kommunikationspolitik versucht gezielt das Verhalten von potenziellen Kunden mit Hilfe besonderer Kommunikationsmittel zu beeinflussen:

Entscheidungsbereiche der Kommunikationspolitik

(Klassische) Werbung

- **Werbende:** Wer wirbt?

  Nach der Stellung der Werbenden im Absatzprozess unterscheidet man zwischen **Herstellerwerbung** und **Handelswerbung.**

  Nach der Anzahl der Werbenden unterteilt man in **Einzelwerbung** und **Kollektivwerbung**, die sich wiederum in **Sammelwerbung** (mehrere Unternehmen werben unter Nennung der Einzelfirmen) und **Gemeinschaftswerbung** (mehrere Unternehmen werben ohne Nennung ihrer Firma, z. B. „Die Milch machts") aufgliedert.

- **Werbeziel:** Welche Wirkung soll erzielt werden?*

  In der Fachliteratur werden **ökonomische** (z. B. Umsatzsteigerung) und **außerökonomische Ziele** (z. B. Markenimage verbessern) unterschieden.

  Eine weitere geläufige Unterteilung von Werbezielen lautet: **Einführungswerbung** (z. B. für ein neues Produkt), **Expansionswerbung** (z. B. zur Erhöhung des Marktanteils) und **Erinnerungswerbung** (z. B. zum Erhalt des bisherigen Bekanntheitsgrades).

- **Werbezielgruppen:** Wer soll umworben werden?*

  Die Werbezielgruppe muss genau bestimmt werden, um **Streuverluste** beim Einsatz der Werbeträger und Werbemittel so gering wie möglich zu halten.

- **Werbezielgebiet:** Wo soll geworben werden?

  Das Unternehmen hat zu entscheiden, ob auf dem **Gesamtmarkt** oder auf bestimmten **Teilmärkten** geworben werden soll.

- **Werbeträger:** Welche Medien sollen genutzt werden?*

  Werbeträger werden gewöhnlich in **Printmedien** (z. B. Zeitschriften), **elektronische Medien** (z. B. Internet) und **Außenwerbung** (z. B. Plakaten) unterteilt, deren Nutzung sich in sehr unterschiedlich hohen Werbekosten niederschlagen kann.

- **Werbebotschaft:** Wie soll geworben werden?*

  Die Werbebotschaft sollte den **Nutzen, den Vorteil** des Produktes für den Umworbenen herausstellen.

- **Werbeetat:** Welche Geldmittel stehen zur Verfügung?*

  Häufig wird ein **prozentualer Anteil der Werbeausgaben** am Umsatz festgelegt, obwohl ein antizyklisches Vorgehen sinnvoller wäre. Der Werbeetat soll vor allem an den Werbezielen ausgerichtet werden.

* [Vgl. Hüttner, a. a. O., S. 220 ff.]

- **Werbemittel:** In welcher Form soll geworben werden?*

  Die Auswahl der geeigneten Werbemittel muss Erkenntnisse der Wahrnehmungspsychologie berücksichtigen. Die Gestaltung des Werbemittels entscheidet meistens darüber, ob die Werbebotschaft den Umworbenen zielgerichtet erreicht und die beabsichtigte Wirkung erzielt.

  Beim **Abfassen von Werbetexten** sollte die sogenannte **AIDA-Regel** berücksichtigt werden:

  A: Attention: Der Werbetext muss die Aufmerksamkeit beim Umworbenen wecken. Die geschickte Platzierung eines sogenannten **Eye-Catchers** (z. B. eines Fotos) oder eines **Werbeslogans** entscheiden häufig schon innerhalb der ersten Sekunde beim Betrachter darüber, ob er gewillt ist, weiterzulesen.

  I: Interest: Das sprachlich und grafisch gut gestaltete Werbemittel (z. B. ein Werbebrief) soll **Interesse** beim Betrachter wecken. Wichtig ist es, die Interessen, die Bedürfnisse des potenziellen Kunden zu erkennen – diese Interessen müssen gezielt angesprochen werden.

  D: Desire: Das Interesse des Kunden ist bereits geweckt, jetzt gilt es, den Kaufwunsch gezielt anzusprechen. Der Leser des Werbetextes soll ja schließlich dazu angeregt werden, das Produkt oder die Dienstleistung zu erwerben. Produktvorteile müssen kundenorientiert herausgestellt werden.

  A: Action: Nachdem der Kaufwunsch angesprochen wurde, muss der Kunde konkret **zum Kauf veranlasst** werden. Z. B. kann eine fertig gestaltete Bestellpostkarte oder ein Bestell-Fax diese Kundenaktivität herausfordern.

- **Werbetiming:** Wann soll (wie) geworben werden?*

  Die Werbemaßnahmen sollten in einem **Werbeplan** festgehalten werden, auch wenn Werbeaktionen der Mitbewerber kurzfristige Änderungen hervorrufen können.
  Das Werbetiming ist gerade bei der Einführung neuer Produkte besonders wichtig.

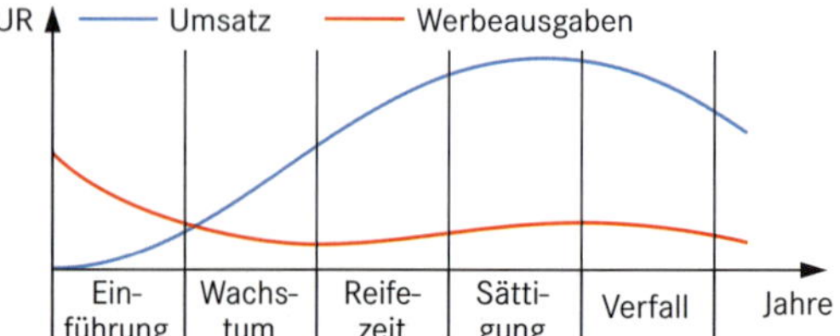

- **Werbeerfolgskontrolle:** Wie soll der Werbeerfolg gemessen werden?

  Man unterscheidet die **ökonomische** von der **außerökonomischen Werbeerfolgskontrolle**.

Entscheidungsbereiche der Kommunikationspolitik

24

Direktwerbung

Im Gegensatz zur anonymen Massenumwerbung werden bei der Direktwerbung die Zielpersonen direkt, individuell angesprochen.
Diese Form der Werbung hat an Bedeutung so stark zugenommen, dass zusammen mit dem Direktverkauf an Letztverwender und -verbraucher vom so genannten **Direktmarketing** gesprochen wird. Neben individuell adressierten Werbesendungen zählt zur Direktwerbung vor allem das **Telefonmarketing**. Die neuen elektronischen Medien bieten eine Vielzahl von Möglichkeiten für Direktwerbung.
Um eine zielgenaue Direktwerbung durchführen zu können, wird eine umfangreiche Datei (Datenbank) über die anzusprechenden Zielgruppen geführt.
Bei dieser Form der Werbung lässt sich der Werbeerfolg in der Regel besser messen.

Sales Promotion (Verkaufsförderung)

Sales Promotion umfasst eine Vielzahl von verkaufsfördernden Aktionen, um den Absatz kurzfristig zu steigern.
Nach den **Zielgruppen** dieser Aktion unterscheidet man:

- Verbraucher-Promotions

  Die Konsumenten werden auf ein Produkt aufmerksam gemacht oder zum Kauf angeregt.

  Beispiele: Gewinnspiele, Produktproben, Warengutscheine, Produktvorführung im Einzelhandelsgeschäft.

- Außendienst-Promotions

  Der firmeneigene Außendienst wird z. B. durch Sonderprämien oder Wettbewerbe motiviert; Schulungen und geeignete Verkaufsunterlagen unterstützen den Außendienst.

- Händler-Promotions

  Sonderrabatte, Verkaufsprämien und Rücknahmegarantien motivieren die Handelspartner; das Zurverfügungstellen von Display-Material (z. B. Aufsteller, Schaufensterdekoration) und die Durchführung von Schulungen unterstützen die Beratungs- und Verkaufstätigkeit des Handels.

Public Relations (PR)

Im Mittelpunkt der **Öffentlichkeitsarbeit** (PR) steht nicht ein Produkt des Unternehmens, sondern **das ganze Unternehmen**. Ziel der PR-Maßnahmen ist vor allem die Imagepflege des Unternehmens in der Öffentlichkeit, daneben auch eine nach innen gerichtete Wirkung: Die Mitarbeiter/-innen des Unternehmens sollen ein Wir-Gefühl entwickeln, die Motivation gesteigert werden. Ein besonderes Interesse gilt bei den PR-Aktivitäten so genannten Meinungsführern oder Multiplikatoren (z. B. Medienvertreter). Gute Pressebeziehungen werden in der Regel durch eine Presseabteilung unterstützt.

Mögliche **PR-Maßnahmen** sind:
- Veröffentlichungen (Pressemitteilungen, Erstellung von Sozial- und Ökobilanzen),
- Vorträge und Diskussionsrunden,
- Veranstaltungen und Ausstellungen,
- Werksbesichtigungen.

Der PR-Gedanke wird bei der Gestaltung einer **Corporate Identity** (Unternehmensidentität) aufgegriffen. Ein einheitliches Bild des Unternehmens nach außen, eine Unternehmenskultur soll geschaffen werden. Dies geschieht z. B. durch Schaffung von einheitlichen Zeichen (Symbolen) des Unternehmens (z. B. auf Briefbögen, Visitenkarten, Firmen-PKWs und -LKWs) oder durch besondere Verhaltensregeln, die von den Mitarbeiterinnen und Mitarbeitern gegenüber Kunden, Lieferanten und der Öffentlichkeit einzuhalten sind.

Sponsoring

Das Unternehmen (der Sponsor) unterstützt durch Finanz-, Sach- oder Dienstleistungen Personen, Organisationen oder Institutionen (Gesponsorte) und erwartet dafür bestimmte Gegenleistungen (z. B. besondere Werbemöglichkeiten), die vertraglich abgesichert sind.
Mit Hilfe des Sponsoring versucht das Unternehmen das positive Image des Gesponsorten auf sich zu übertragen. Die Sponsoring-Aktivitäten erreichen auch Zielgruppen, die sich mit herkömmlichen Mitteln der Kommunikationspolitik nicht oder kaum ansprechen lassen.

Formen des Sponsoring sind vor allem:
- Sportsponsoring
- Kultursponsoring
- Sozialsponsoring
- Umweltsponsoring

Product Placement*

Durch Product Placement versucht ein Unternehmen **Markenartikel** z. B. in Kinofilmen, Fernsehsendungen, Videoclips oder Theateraufführungen so geschickt zu platzieren, dass sie vom Zuschauer nicht als Werbemaßnahme identifiziert werden. Produktinnovationen (z. B. neue Automodelle) werden gern in neue Filmproduktionen eingebaut (Innovation Placement).
Insbesondere das Zapping, d. h. das Umschalten des Fernsehprogramms mit Hilfe der Fernbedienung bei Werbeblöcken, führt zu einem sprunghaften Anstieg des Product Placement. In Privatfernsehgesellschaften haben sich spezielle Dauerwerbesendungen etabliert, bei denen Firmenprodukte geschickt als Gewinne platziert werden.

* [Vgl. Hüttner, a. a. O., S.250 ff.]

Begriffliche Abgrenzung und Zielsetzung

Die **Zielsetzung** der Distributionspolitik, die mit den übergeordneten Zielen der Unternehmenspolitik (Unternehmensphilosophie) abgestimmt sein muss, besteht darin, „... das richtige Produkt zur richtigen Zeit, im richtigen Zustand, in der richtigen Menge am richtigen Ort den Abnehmern zur Verfügung zu stellen."

[Vgl. Knoblich, H.: Absatzpolitik, Göttingen 1994, S. 158]

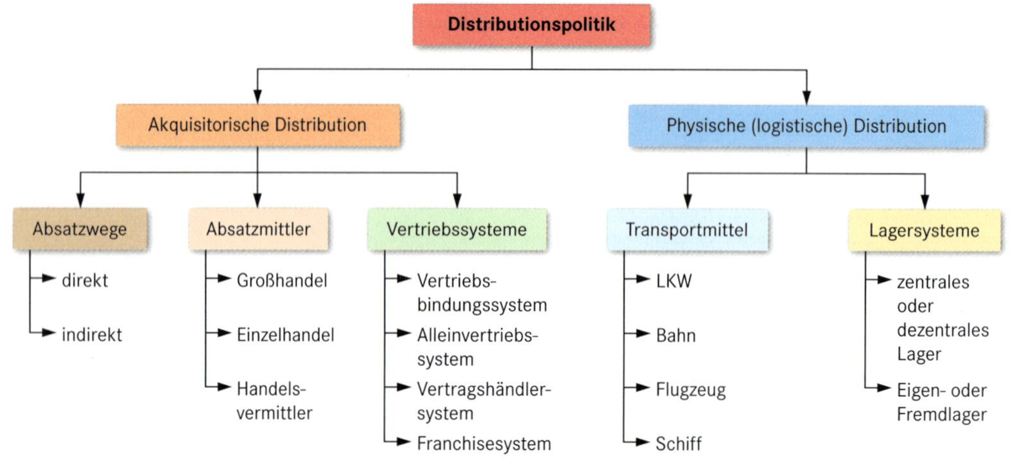

Die **akquisitorische Distribution** kann als das Management der Verteilungskanäle bezeichnet werden. Sie beschäftigt sich vor allem mit der Wahl des Distributionssystems.

[Vgl. Hüttner, a. a. O., S. 255]

Unter **physischer Distribution** (**Marketinglogistik**) versteht man die Planung, Steuerung, Realisation und Kontrolle aller Güter und Dienstleistungen, die von Anbietern zu den Abnehmern gelangen sollen.

[Vgl. Weis, H. C.: Marketing, Ludwigshafen 2007, S. 411 ff.]

Entscheidungsbereiche der akquisitorischen Distribution

1. Entscheidung über den Absatzweg

Direkter Absatzweg

Beim direkten Absatzweg übernimmt der Hersteller alle Verteilerfunktionen seines Produktes bis zum Verwender bzw. Konsumenten unter Umgehung des institutionellen Handels. Der Hersteller kann sich dabei entweder direkt an den Kunden wenden (z. B. bei Großkunden) oder es werden betriebseigene Absatzorgane (u. a. Verkaufsniederlassungen und/oder **Reisende**) dazwischengeschaltet.

Indirekter Absatzweg

Beim indirekten Absatzweg verteilt der Hersteller sein Produkt mit Hilfe betriebsfremder Organe: Selbstständige Handelskettenglieder (Groß- und Einzelhandel) und/oder selbstständige Handelsvermittler (Handelsvertreter, Kommissionär, Handelsmakler).

Bestimmungsfaktoren für die Wahl des Absatzweges *

- Betriebsinterne Faktoren, wie u.a. Betriebsgröße (z.B. Groß- oder Kleinbetrieb) oder eigene Absatzorganisation (stark oder schwach ausgebaut).
- Die Eigenart der Ware, wie z.B. der Verwendungszweck (Produktionsmittel/Konsumgut) oder die Erklärungsbedürftigkeit (technische Komplexität).
- Betriebsexterne Faktoren, wie z.B. die Anzahl und Größe der Abnehmer, Entfernung zu den Absatzmärkten oder gesetzliche Bestimmungen.

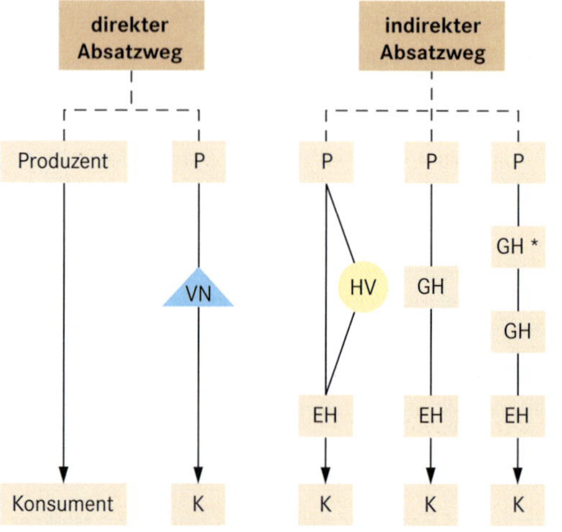

* [Vgl. Knoblich, H.: Absatzpolotik, a. a. O., S. 162 f.]

Entscheidungsbereiche der akquisitorischen Distribution

26

2. Entscheidung über Absatzmittler

Großhandel

Der Großhandel kauft in der Regel von Produktionsunternehmen in eigenem Namen und für eigene oder fremde Rechnung Waren.
Es ist u. a. abhängig von der jeweiligen Betriebsform (z. B. Sortiments- und/oder Spezialgroßhandel), welche Distributionsfunktionen (u. a. Lagerung, Transport, Sortimentsbildung, Qualitätskontrolle etc.) vom Großhandel übernommen werden können.

Einzelhandel

Der Einzelhandel kauft entweder direkt vom Hersteller und/oder über Handelsvermittler oder dem Großhandel in eigenem Namen und für eigene oder fremde Rechnung Waren, um sie an den Konsumenten weiterzuverkaufen. Für den Hersteller ist es von Bedeutung, inwiefern der Einzelhändler das Marketing-Konzept des Herstellers mitträgt.

Handelsvermittler

Zu den Handelsvermittlern zählen der Handelsvertreter (§§ 84–92 HGB), Kommissionär (§§ 383–406 HGB) und Handelsmakler (§§ 93–104 HGB).

- Der **Handelsvertreter** ist selbstständiger Gewerbetreibender und ständig damit beauftragt, für andere Unternehmen (d. h. in fremdem Namen) Geschäfte abzuschließen. Er kann im Wesentlichen seine Tätigkeit selbst bestimmen. In der Regel ist er für mehrere Unternehmen tätig (Mehrfirmenvertreter). Als Vergütung erhält er eine Vermittlungs- oder Abschlussprovision.

- Der **Kommissionär** ist selbstständiger Gewerbetreibender und übernimmt es gewerbsmäßig, Verträge im eigenen Namen auf fremde Rechnung abzuschließen. Der Kommissionär trägt kein Absatzrisiko, da er nicht verkaufte Ware an den Hersteller zurückgeben kann. Als Vergütung erhält er eine Provision (festen Prozentsatz) vom vereinbarten Preis.

- Der **Handelsmakler** ist selbstständiger Gewerbetreibender und wird nur im Bedarfsfall aufgrund seiner guten Marktkenntnisse mit der Anschaffung oder dem Verkauf von Waren oder Dienstleistungen beauftragt. Als Vergütung erhält er je zur Hälfte vom Verkäufer und Käufer (falls nicht anders vertraglich vereinbart) einen bestimmten Prozentsatz vom Auftragsvolumen.

3. Entscheidung über die Form des vertraglichen Vertriebssystems

Durch den Aufbau eines vertraglichen Vertriebssystems versucht der Hersteller bestimmte Abnehmer seiner Produkte von der Belieferung durch Vertragsregelungen auszuschließen. Der Hersteller verfolgt damit die Absicht, die ausgewählten selbstständigen Handelsunternehmen in seine Vertriebskonzeption einzubinden.

Vertriebsbindungssystem

Vertriebsbindungen können sich je nach Gestaltung der Verträge u. a. erstrecken auf:

- Vertriebswegebindungen in räumlicher Hinsicht, z. B. Exportverbot für inländische Abnehmer,
- Vertriebswegebindungen in personeller Hinsicht, z. B. Vertriebsbeschränkung auf bestimmte Abnehmerkreise (so genannte Kundenbeschränkungsklauseln),
- Vertriebsbindungen in zeitlicher Hinsicht, z. B. Beschränkungen hinsichtlich der Vertriebszeit neuer bzw. auslaufender Modelle.*

Vertragshändlersystem

Der Vertragshändler verpflichtet sich durch vertragliche Regelungen in eigenem Namen und auf eigene Rechnung Waren des Herstellers unter Einhaltung der Marketingkonzeption zu vertreiben (u. a. Bewahrung des Images und angemessener Kundendienst).

Alleinvertriebssystem

Der Hersteller verpflichtet sich in einem bestimmten Absatzgebiet nur den alleinvertriebsberechtigten Händler zu beliefern (z. B. bei Neueinführung eines Produktes).

Franchisesystem

Der Franchisenehmer (z. B. Groß- oder Einzelhandelsbetrieb) schließt mit einem Franchisegeber (z. B. Hersteller) einen Vertrag.
Der Franchisevertrag geht in der vertraglichen Bindung über den Vertrag mit dem Vertragshändler hinaus, da der Name bzw. die Firma des Franchisenehmers in den Hintergrund treten. Für die Übernahme eines ausgereiften Marketing- und Verkaufskonzepts (z. B. Fast-Food-Kette) hat der Franchisenehmer eine Gebühr an den Franchisegeber zu entrichten.

* [Vgl. Knoblich, a. a. O., S.189]

Intensitätsskala der Bindungen in Absatzkanälen

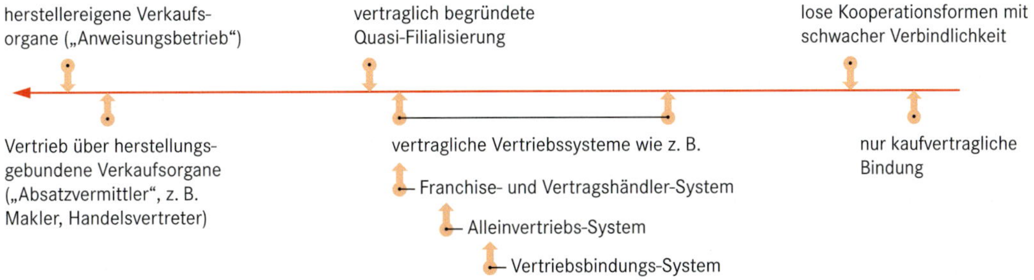

herstellereigene Verkaufsorgane („Anweisungsbetrieb“)

vertraglich begründete Quasi-Filialisierung

lose Kooperationsformen mit schwacher Verbindlichkeit

Vertrieb über herstellungsgebundene Verkaufsorgane („Absatzvermittler“, z. B. Makler, Handelsvertreter)

vertragliche Vertriebssysteme wie z. B.
- Franchise- und Vertragshändler-System
- Alleinvertriebs-System
- Vertriebsbindungs-System

nur kaufvertragliche Bindung

Entscheidungsbereiche der akquisitorischen Distribution

4. Festlegung eines vertikalen Marketings

Unter vertikalem Marketing versteht man die Einflussnahme auf die zwischen Hersteller und Handel auftretenden Zielkonflikte, die u. a. aus der Aufteilung der Vertriebsspanne resultieren. Zur Problemlösung werden deshalb zwischen Hersteller und Handel häufig vertragliche Vereinbarungen zur Durchsetzung eines einheitlichen Marketings eingesetzt.

[Vgl. Hüttner, a. a. O., S. 265]

Entscheidungsbereiche der physischen Distribution

1. Entscheidung über die Transportmittel

Im Rahmen der physischen Distribution (**Marketinglogistik**) geht es um die Problemlösung, wie Güter durch Transportmittel und die entsprechenden Transportvorgänge über Lagersysteme in die Nähe des Verwenders/Kunden (gewerbliche Abnehmer, Händler, Verbraucher) gelangen.

Die wichtigsten **Gründe** für die Auswahl eines Transportmittels sind:

- Eigenart des Produkts (z. B. Verderblichkeit, Gewicht, Größe des Produkts)
- Kosten des Transportmittels
- Transportgeschwindigkeit
- Zuverlässigkeit des Transportträgers
- Haftungsumfang
- Umweltverträglichkeit des Transportmittels

Diese Bestimmungsgründe entscheiden auch darüber, ob ein eigener oder fremder Fuhrpark genutzt werden soll.

2. Entscheidung über das Lagersystem

Bei der Festlegung des Lagersystems muss zunächst geklärt werden, ob nur ein Zentrallager oder auch regionale Auslieferungslager (dezentrale Lager) errichtet werden sollen. Das hat nicht nur Auswirkungen auf die Kosten im Unternehmen, genauso wichtig sind beispielsweise die Gesichtspunkte Lieferfähigkeit und -geschwindigkeit. Gerade Letzteres wird langfristig über den Unternehmenserfolg entscheiden.

- Zentrallager oder Regionallager

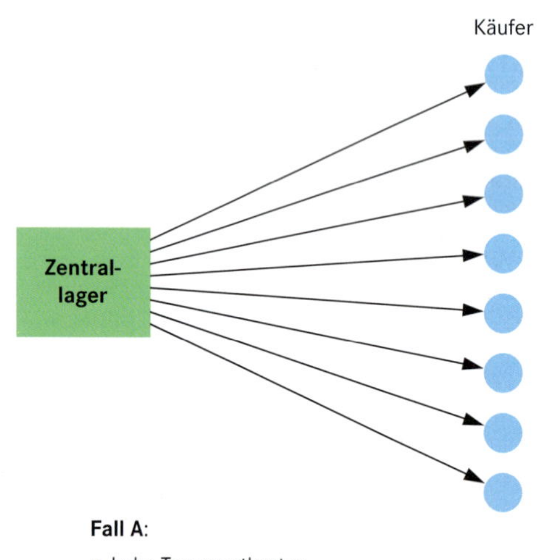

Fall A:

- hohe Transportkosten
- niedrige Lagerkosten
- langsame Liefermöglichkeiten

Käufer

Zentral-
lager

Regional-
lager

Regional-
lager

Fall B:

- geringe Transportkosten
- hohe Lagerkosten
- schnelle Liefermöglichkeiten

Aus: Weiss, a. a. O., S. 417 f.

- Eigen- und Fremdlager

Für die Entscheidung, ob ein Lager in Eigen- oder Fremdregie geführt werden soll, sind vor allem die unterschiedlich hohen Kosten ausschlaggebend (z. B. hohe Fixkosten beim Eigenlager). Ein weiterer Grund für diese Entscheidung könnte z. B. die Einflussnahme auf die Kontrolle des Lagerpersonals sein.

Die absatzpolitischen Instrumente dürfen nicht isoliert voneinander eingesetzt werden, sie müssen **aufeinander abgestimmt** sein, um oberste Unternehmens- bzw. Marketing-Ziele zu verfolgen. Wird diese Abstimmung nicht beachtet, kann das Image des Unternehmens bei den Kunden schweren Schaden erleiden. Diese eintretende Verunsicherung auf Kundenseite kann das Unternehmen langfristig in seinem Bestand gefährden.

Marketing ist als eine Konzeption der Unternehmensführung zu verstehen, „bei der im Interesse der Erreichung der Unternehmensziele alle betrieblichen Aktivitäten konsequent auf die gegenwärtigen und künftigen Erfordernisse der Märkte ausgerichtet werden".* Die zunehmende Marktmacht der Kunden zwingt die Unternehmen dazu, sich in ihrer gesamten Unternehmenspolitik an den Kundenwünschen auszurichten.

* [Vgl. Bidlingmaier, J.: Marketing, Reinbek 1973, S. 15]

Das so genannte **Marketing-Mix** ist eine möglichst optimale Kombination des Mitteleinsatzes, d. h. eine „zielgerichtete Auswahl und qualitative, quantitative sowie zeitliche Kombination der absatzpolitischen Instrumente".[1] Der qualitative Aspekt des Marketing-Mix betrifft die Art der einzelnen Instrumente, der quantitative Aspekt bezieht sich auf das Gewicht der einzelnen Instrumente innerhalb des Marketing-Mix, und der zeitliche Aspekt beinhaltet Dauer und Abfolge des Einsatzes der einzelnen Instrumente.[2] Das Marketing-Mix ist eingebettet in die vom Unternehmen festgelegten **Marketingstrategien**, also in unternehmenspolitische Richtlinien, die einen Handlungsrahmen für den Einsatz der absatzpolitischen Instrumente vorgeben.[3]

1) [Vgl. Hüttner, a. a. O., S. 278]
2) [Vgl. Knoblich, a. a. O., S. 300 f.]
3) [Vgl. Hüttner, a. a. O., S. 81]

Marketing-Strategien

↓

Marketing-Mix

Produkt- und Sortimentspolitik	Preis- und Konditionenpolitik	Kommunikationspolitik	Distributionspolitik

↓

Optimale Kombination der absatzpolitischen Instrumente

Im Rahmen des Marketing-Mix müssen die unterschiedlichen **Beziehungen** beachtet werden, die prinzipiell zwischen diesen Instrumenten bestehen können:

- Konkurrierende Beziehungen

  d. h. zwei Instrumente stören sich in ihrer Wirkung (z. B. stehen Premiumpreise im Widerspruch zum Vertrieb über Absatzkanäle, welche untere Einkommensschichten ansprechen).

- Substitutive Beziehungen

  d. h. zwei Instrumente sind austauschbar in Bezug auf eine bestimmte Wirkung (z. B. lassen sich durch den Vertrieb über den Fachhandel in gewissen Grenzen unternehmenseigene Beratungsleistungen – „begleitende" Servicepolitik – ersetzen).

- Komplementäre Beziehungen

  d. h. zwei Instrumente stützen sich in ihrer Wirkung (z. B. wird das Image hoher Qualität, das durch entsprechende Werbung erzeugt werden soll, durch eine aufwendige Verpackung unterstützt).

- Konditionale Beziehungen

  d. h. der Einsatz des einen setzt den Einsatz des anderen voraus (z. B. setzt die Präsentation der Produktverpackung im Rahmen der Werbung deren Gestaltung voraus).

- Indifferente Beziehungen*

  d. h. es bestehen keine erkennbaren gegenseitigen Beeinflussungen zwischen zwei Instrumenten (z. B. Werbung und Marketing-Logistik).

* [Vgl. Hüttner, a. a. O., S. 281]

Das Marketingmix dient letztendlich dazu, bei den anvisierten Kundenzielgruppen eine **Positionierung** der Produkte bzw. des Unternehmens im Markt zu ermöglichen, um sich von den Produkten der Mitbewerber abzugrenzen.

Unter **Internationalem Marketing** versteht man Marketing-Aktivitäten eines Unternehmens, das nennenswerte Umsätze im Auslandsgeschäft tätigt. Dabei müssen exportorientierte Unternehmen, die im Inland produzieren, aber einen wichtigen Teil ihres Umsatzes im Ausland erzielen, von multinationalen Unternehmen unterschieden werden, die in mehreren Ländern produzieren, ein- und verkaufen.

Je stärker die Integration in internationale Märkte erfolgt, um so größer ist die Komplexität von Marketingentscheidungen. Internationales Marketing muss die besonderen **Risiken** auf Auslandsmärkten berücksichtigen – sowohl wirtschaftliche (z. B. Wechselkurs-Risiko) als auch politische (z. B. Einfluss des Staates auf die Wirtschaftspolitik).

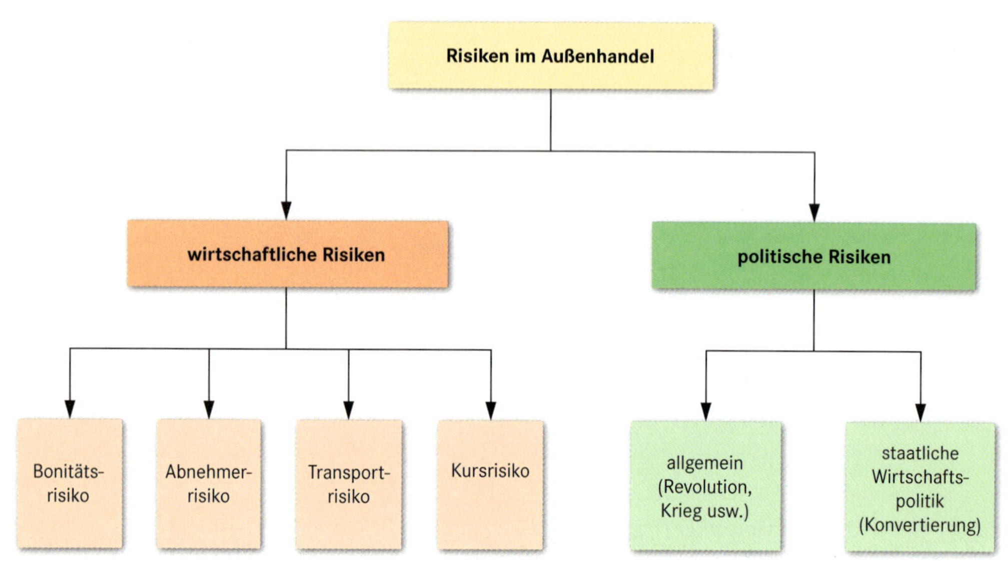

[Vgl. Hüttner, a. a. O., S. 506]

Bevor die absatzpolitischen Instrumente (Produkt-und Sortimentspolitik, Preispolitik, Kommunikationspolitik, Distributionspolitik) zielgerichtet auf Auslandsmärkten eingesetzt werden können, muss die Strategie des internationalen Marketing festgelegt werden.

Mindestens die folgenden **internationalen Marketing-Strategien** können unterschieden werden:

- Erschließung ausgesuchter Auslandsmärkte (z. B. Nachbarländer, Wirtschaftsregionen, Kontinente).
- Reine Wachstumsstrategie, unabhängig von Eingrenzungen auf bestimmte Auslandsmärkte (z. B. Umsatzmaximierung).
- Erschließung ausgesuchter Marktsegmente in internationalen Märkten (z. B. Bearbeitung nur des oberen Preissegments in verschiedenen Ländern).

Bei der Umsetzung dieser Strategien ist weiterhin zu fragen, ob das Produktionsprogramm **standardisiert**, d. h. international einheitlich angeboten werden soll (globales Marketing) oder ob die Produkte und die Marktbearbeitungsmethoden nach nationalen Märkten **differenziert** werden sollen (z. B. unterschiedliche PKW-Modelle eines Automobilunternehmens in den jeweiligen nationalen Märkten).

[Vgl. Hüttner, a. a. O., S. 491 ff. und Hill, W. u. Rieser, J.: Marketing-Management; Bern, Stuttgart, Wien 1993]

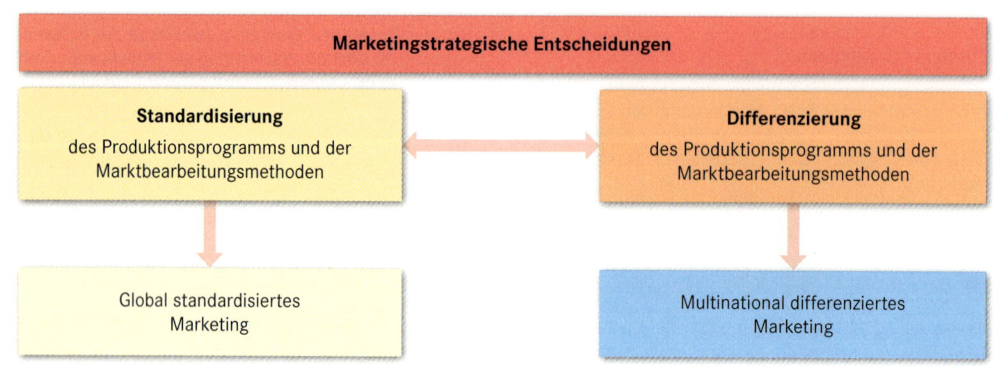

30

Betriebswirtschaftliche und rechtliche Bedeutung des Angebotes

Ein **vollständiges** Angebot enthält mindestens folgende Angaben:
Ware, Preis, evtl. Rabatt, Verpackungs- und Beförderungskosten, Lieferzeit und Zahlungsbedingungen. Außerdem enthält es den Erfüllungsort (Ort, an dem der Schuldner seine Leistungen zu erfüllen hat) und den Gerichtsstand (Sitz des Gerichtes, das im Streifall zuständig ist).

Ein Angebot ist grundsätzlich **verbindlich**. Falls ein Lieferant sich **nicht binden** will, muss das Angebot entweder zeitlich befristet sein oder so genannte Freizeichnungsklauseln (z. B. „unverbindlich", „freibleibend") enthalten.

Widerruf
Ein Angebot kann vom Anbietenden innerhalb einer bestimmten Frist widerrufen werden. Der Widerruf muss vor oder gleichzeitig mit dem Angebot eintreffen (z. B. durch ein Fax). Dadurch wird die rechtliche Verbindlichkeit des Angebotes aufgehoben.

Anpreisungen
Bei Schaufensterauslagen und Anzeigen in Zeitungen oder Zeitschriften handelt es sich nicht um Angebote, sondern um so genannte Anpreisungen, die sich an die Allgemeinheit richten und daher unverbindlich sind.

Aufbau und Inhalt eines Angebotes

- Eingehen auf Anfrage (verlangtes Angebot) oder Vorstellen des Unternehmens (unverlangtes Angebot)
- Beschreiben des Artikels bzw. des Sortiments
- Nennen der Angebotsbedingungen (Preise, Lieferungs- und Zahlungsbedingungen, Lieferzeit, Erfüllungsort, Gerichtsstand)
- Freundl. Abschlusssatz (Hoffnung auf Bestellung)

Allgemeine Geschäftsbedingungen (AGB)

Die Allgemeinen Geschäftsbedingungen regeln alles, was nicht im konkreten Angebot enthalten ist. Weichen einzelne Bestimmungen der AGB vom Angebot ab, gelten die Angebotsabsprachen. Die AGB-Bestimmungen des BGB sollen den Kunden vor unlauteren AGB schützen.

Beschaffung von Fremdleistungen
Acquisition of External Services

31

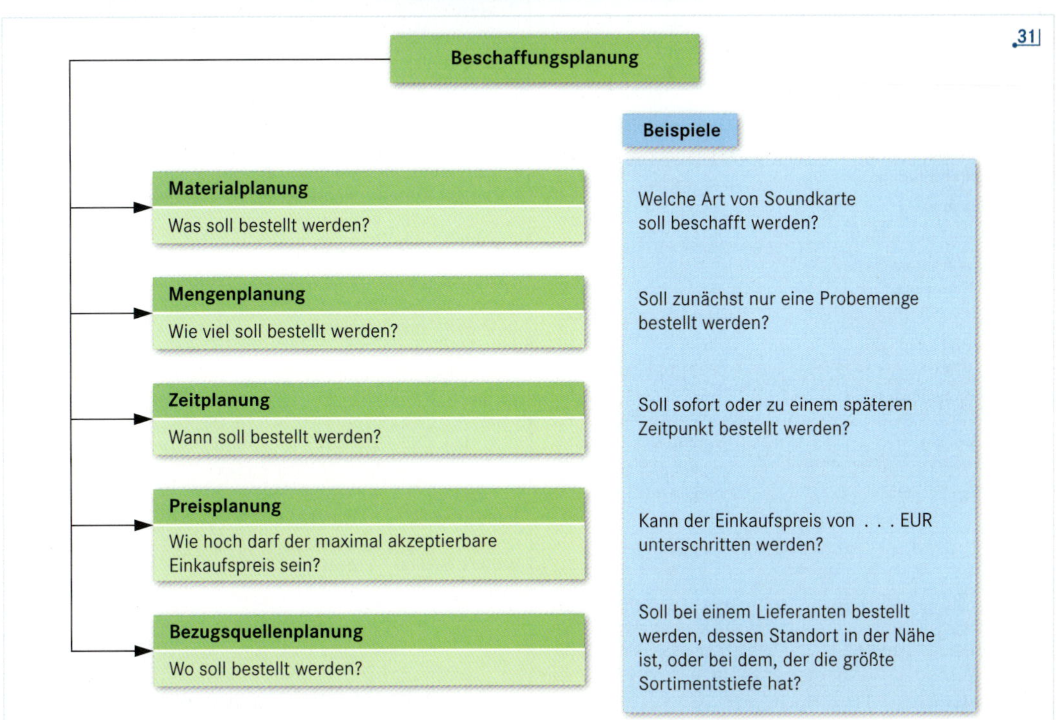

Anfrage 32

Betriebswirtschaftliche und rechtliche Bedeutung der Anfrage	Aufbau und Inhalt einer Anfrage
Eine Anfrage dient der Geschäftsanbahnung und Information und ist unverbindlich. **Allgemeine Anfrage:** Bitte um Zusendung von allgemein. Informationsmaterial (z. B. Katalog), gegebenenfalls mit Mustern. **Spezielle Frage:** Bitte um spezielle Informationen über die Lieferung von bestimmten Artikeln, ggf. mit Mustern.	1. Grund der Anfrage 2. Nennen der gewünschten Ware 3. Angabe der erforderlichen Menge 4. Erfragen der Preise, Lieferungs- und Zahlungsbedingungen 5. Hinweis auf gewünschten Liefertermin

Angebotsvergleich 33

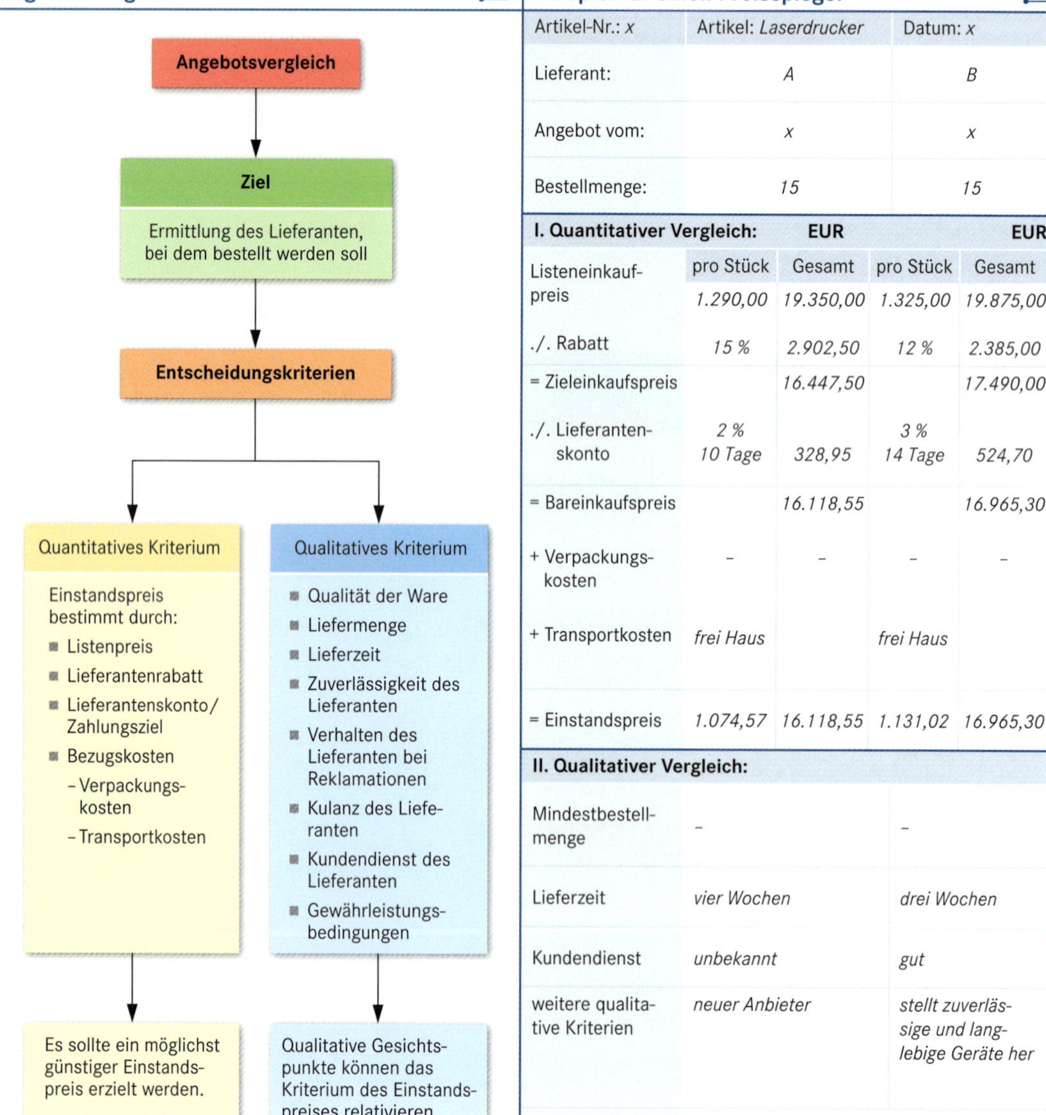

Beispiel für einen Preisspiegel 34

Artikel-Nr.: *x*	Artikel: *Laserdrucker*		Datum: *x*	
Lieferant:	*A*		*B*	
Angebot vom:	*x*		*x*	
Bestellmenge:	*15*		*15*	
I. Quantitativer Vergleich:		**EUR**		**EUR**
	pro Stück	Gesamt	pro Stück	Gesamt
Listeneinkaufpreis	*1.290,00*	*19.350,00*	*1.325,00*	*19.875,00*
./. Rabatt	*15 %*	*2.902,50*	*12 %*	*2.385,00*
= Zieleinkaufspreis		*16.447,50*		*17.490,00*
./. Lieferantenskonto	*2 % 10 Tage*	*328,95*	*3 % 14 Tage*	*524,70*
= Bareinkaufspreis		*16.118,55*		*16.965,30*
+ Verpackungskosten	–	–	–	–
+ Transportkosten	*frei Haus*		*frei Haus*	
= Einstandspreis	*1.074,57*	*16.118,55*	*1.131,02*	*16.965,30*
II. Qualitativer Vergleich:				
Mindestbestellmenge	–		–	
Lieferzeit	*vier Wochen*		*drei Wochen*	
Kundendienst	*unbekannt*		*gut*	
weitere qualitative Kriterien	*neuer Anbieter*		*stellt zuverlässige und langlebige Geräte her*	
Bestellung bei	*abhängig von der Gewichtung der Kriterien*			

Nutzwertanalyse

Begriff

Lieferantenauswahl auf der Grundlage

- **quantifizierbarer Größen** wie Einkaufspreis, Lieferungs- und Zahlungsbedingungen und
- **qualitativer Aspekte** wie Qualität und Umweltverträglichkeit der Produkte, Kulanzverhalten, Zuverlässigkeit, Kundendienst usw.

Als Entscheidungsgrundlage dient die **Lieferantenmatrix**.

Vorgehensweise

(1) Auswahl der Entscheidungskriterien

(2) Gewichtung der Kriterien in v. H.; je höher die Prozentzahl, desto wichtiger ist das entsprechende Kriterium für den Entscheidungsprozess.

(3) Bewertung der in Frage kommenden Lieferanten anhand der Kriterien (z. B. sehr gut = 5 Punkte; ungenügend = 0 Punkte).

(4) Errechnung der gewichteten Punktewerte durch Multiplikation der Gewichtungsfaktoren mit den vergebenen Punktezahlen.

(5) Addition der gewichteten Punktewerte; der Lieferant mit der höchsten Punktewertsumme erhält den Zuschlag.

Beispiel

Entscheidungskriterien	Gewichtung der Kriterien	Lieferant A		Lieferant B	
		Punkte	gewichtete Punkte	Punkte	gewichtete Punkte
Preis	40 %	5	200	4	160
Qualität	30 %	3	90	5	150
Zuverlässigkeit	20 %	4	80	2	40
Kulanzverhalten	10 %	2	20	3	30
Summe	100 %		390		380

Eigenfertigung oder Fremdbezug?

Insourcing/Outsourcing

Unternehmen überlegen prinzipiell, ob sie Güter und Dienstleistungen selbst erstellen oder von anderen Unternehmen beziehen sollen. Entscheidet man sich dafür, bisher im eigenen Unternehmen erstellte Leistungen von anderen erstellen zu lassen, spricht man von **Outsourcing**. Umgekehrt bedeutet die Erstellung bisher fremder Leistungen in eigener Regie **Insourcing**.

Einflussgrößen

- Kosten
- Sicherheit (Unabhängigkeit vom Lieferanten)
- betriebliche Einflussnahme auf die Endleistung (z. B. Produktqualität, Kundenservice)
- ökologische Aspekte (z. B. Entsorgung)
- organisatorischer Aufwand
- Qualifikation des Personals

Kostenvergleich

Werden nur die Kosten als Entscheidungsgrundlage herangezogen, könnte sich ergeben, dass ab einer bestimmten Menge **(kritische Menge)** die Eigenfertigung günstiger ist als der Fremdbezug (Fixkostendegression durch Auslastung der teueren Maschinen).

Beispiel:
Das Unternehmen kann ein Einbauteil, das es bisher selbst gefertigt hat, auch von einem Lieferanten beziehen:

Kosten der **Eigenfertigung**:
K_f = 12.000 €; k_v = 20 €
→ K_E = 12.000 + 20 x

Kosten des **Fremdbezugs**:
Bezugspreis: 50 €
→ K_F = 50 x

Bei der Entscheidung „Eigenfertigung oder Fremdbezug" spielen neben den Kosten auch die übrigen Einflussgrößen und deren Gewichtung eine Rolle.

Die kritische Menge ist die Menge, bei der die Kosten von Eigenfertigung und Fremdbezug gleich hoch sind, und bei der langfristig über die Beschaffungsalternative entschieden werden muss.

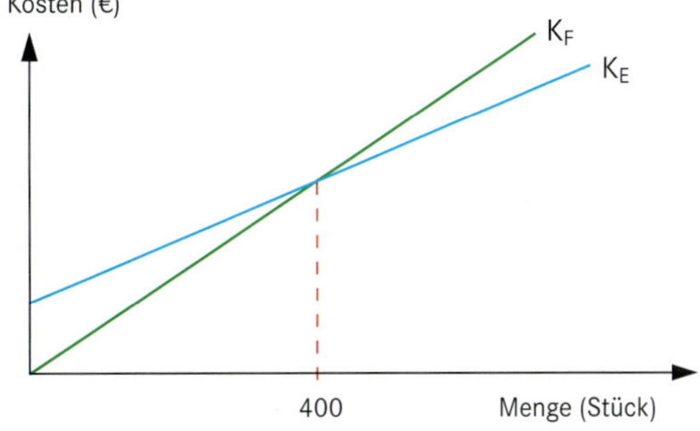

Kritische Menge:
12.000 + 20 x = 50 x
x = 400

Optimale Bestellmenge

35

Begriff	Zielkonflikt zwischen Lager- und Bestellkosten
Bei der Planung der Bestellmengen muss die Einkaufsabteilung eines Betriebes die entstehenden Kosten grundsätzlich möglichst gering halten. Die optimale Bestellmenge ist die Menge, bei der die Summe aus Lager- und Bestellkosten am geringsten ist.	▪ Die Beschaffung größerer Mengen in größeren Zeitabständen verursacht relativ hohe Lagerkosten. ▪ Die Beschaffung kleinerer Mengen in kleineren Zeitabständen verursacht relativ hohe Bestellkosten.

Beispiel

Die OfficeCom AG ermittelt in der nachstehenden Tabelle die optimale Bestellmenge für den Laserdrucker LD 02, der vor einiger Zeit in das Sortiment aufgenommen wurde, aufgrund folgender Bedingungen:

- Pro Jahr werden aufgrund der Nachfrage 20 000 Laserdrucker benötigt. Eine Bestelleinheit umfasst eine Palette mit 50 Laserdruckern. Im Jahr werden somit 400 Paletten benötigt.
- Unser Lieferant berechnet bei jeder Bestellung unabhängig von der Menge 20,00 € für die Auftragsbearbeitung.
- Die OfficeCom AG kalkuliert – ebenfalls unabhängig von der Bestellmenge – 20,00 € für die Arbeitsvorgänge beim Wareneingang und bei der Rechnungsprüfung ein.
- Eine Palette mit 50 Laserdruckern verursacht während der Lagerdauer durchschnittliche Lagerkosten (anteilige Lagerverwaltungs- und Zinskosten für das in der Ware gebundene Kapital) von 5 €.
- In einem Jahr besteht die Möglichkeit, bis zu sechzehnmal zu bestellen.

Bei der Ermittlung der optimalen Bestellmenge (siehe Tabelle) sind für die OfficeCom AG folgende Fragen zu klären:

a) Bei welcher Bestellhäufigkeit sind die Gesamtkosten am geringsten?
*(hier: bei **8 Bestellungen** pro Jahr = 570,00 € Gesamtkosten)*

b) Wie viele Paletten müssen jeweils bestellt werden, um die Summe aus Lager- und Bestellkosten zu minimieren (optimale Bestellmenge)?
*(hier: **50 Paletten**)*

Ermittlung der optimalen Bestellmenge – Laserdrucker LD 02 –

Mögliche Anzahl der Bestellungen bei unserem Lieferanten pro Jahr	Bestellmenge Palette	Lagerkosten €	Bestellkosten €	Gesamtkosten €
1	400	2.000	40	2.040
2	200	1.000	80	1.080
4	100	500	160	660
5	80	400	200	600
8	**50**	**250**	**320**	**570**
10	40	200	400	600
16	25	125	640	765

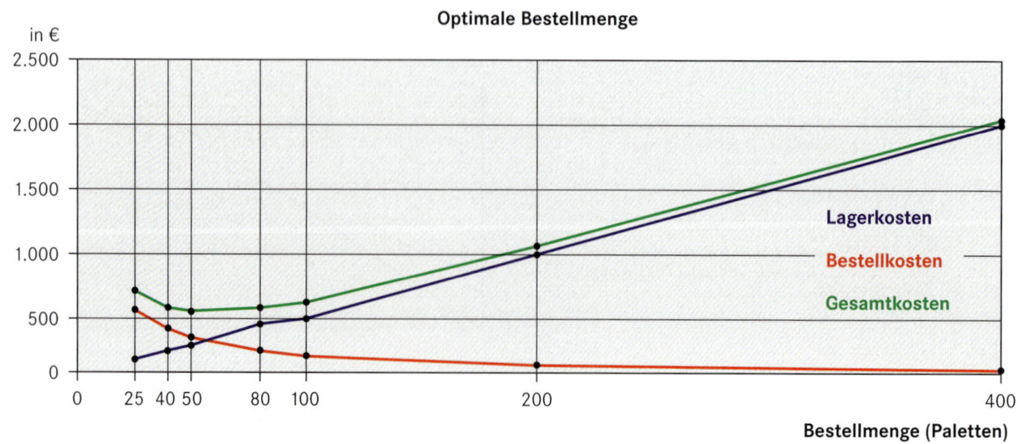

Lagerkennziffern
Inventory Turnover Ratios

36

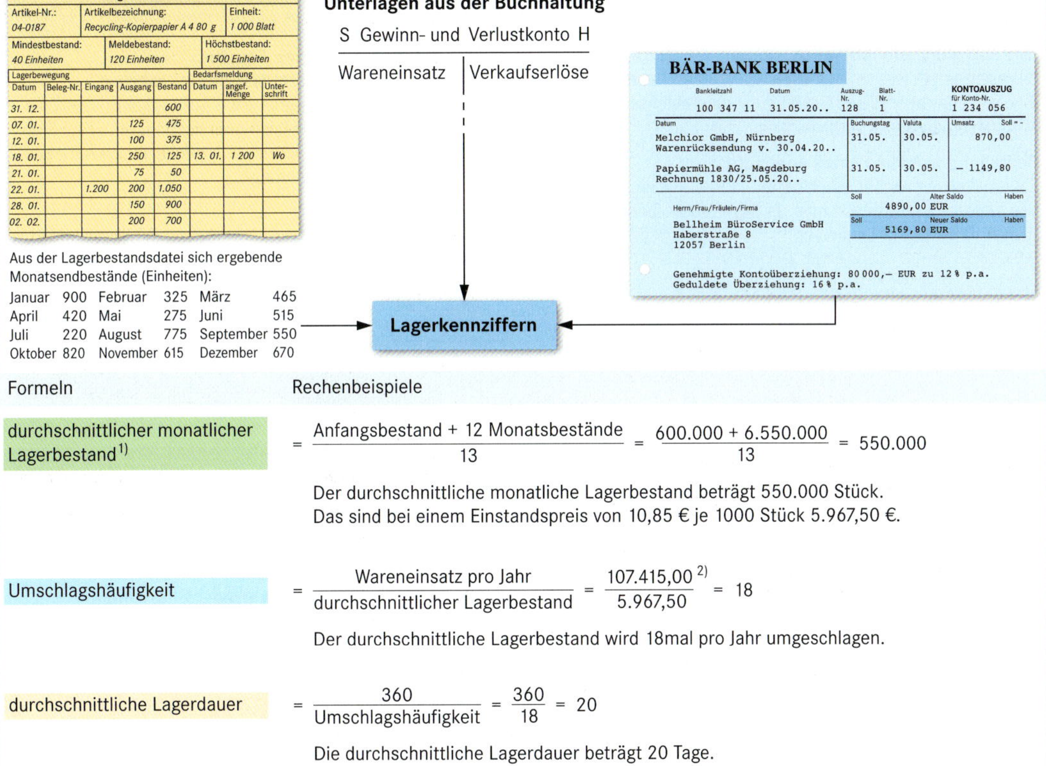

Lagerbestandsdatei

Artikel-Nr.:	Artikelbezeichnung:	Einheit:
04-0187	*Recycling-Kopierpapier A 4 80 g*	*1 000 Blatt*

Mindestbestand:	Meldebestand:	Höchstbestand:
40 Einheiten	*120 Einheiten*	*1 500 Einheiten*

Lagerbewegung					Bedarfsmeldung		
Datum	Beleg-Nr.	Eingang	Ausgang	Bestand	Datum	angef. Menge	Unterschrift
31. 12.				*600*			
07. 01.			*125*	*475*			
12. 01.			*100*	*375*			
18. 01.			*250*	*125*	*13. 01.*	*1 200*	*Wo*
21. 01.			*75*	*50*			
22. 01.		*1.200*	*200*	*1.050*			
28. 01.			*150*	*900*			
02. 02.			*200*	*700*			

Aus der Lagerbestandsdatei sich ergebende Monatsendbestände (Einheiten):

Januar	900	Februar	325	März	465
April	420	Mai	275	Juni	515
Juli	220	August	775	September	550
Oktober	820	November	615	Dezember	670

BÄR-BANK BERLIN

Bankleitzahl	Datum	Auszug-Nr.	Blatt-Nr.	KONTOAUSZUG für Konto-Nr.
100 347 11	31.05.20..	128	1	1 234 056

Datum	Buchungstag	Valuta	Umsatz Soll = -
Melchior GmbH, Nürnberg Warenrücksendung v. 30.04.20..	31.05.	30.05.	870,00
Papiermühle AG, Magdeburg Rechnung 1830/25.05.20..	31.05.	30.05.	– 1149,80

Herrn/Frau/Fräulein/Firma

Bellheim BüroService GmbH
Haberstraße 8
12057 Berlin

Soll – Alter Saldo – Haben: 4890,00 EUR

Soll – Neuer Saldo – Haben: 5169,80 EUR

Genehmigte Kontoüberziehung: 80 000,– EUR zu 12 % p.a.
Geduldete Überziehung: 16 % p.a.

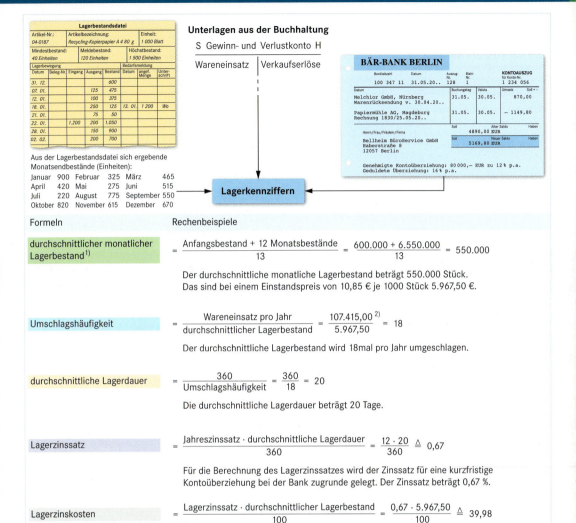

Formeln	Rechenbeispiele
durchschnittlicher monatlicher Lagerbestand[1]	$= \frac{\text{Anfangsbestand + 12 Monatsbestände}}{13} = \frac{600.000 + 6.550.000}{13} = 550.000$ Der durchschnittliche monatliche Lagerbestand beträgt 550.000 Stück. Das sind bei einem Einstandspreis von 10,85 € je 1000 Stück 5.967,50 €.
Umschlagshäufigkeit	$= \frac{\text{Wareneinsatz pro Jahr}}{\text{durchschnittlicher Lagerbestand}} = \frac{107.415{,}00^{2)}}{5.967{,}50} = 18$ Der durchschnittliche Lagerbestand wird 18mal pro Jahr umgeschlagen.
durchschnittliche Lagerdauer	$= \frac{360}{\text{Umschlagshäufigkeit}} = \frac{360}{18} = 20$ Die durchschnittliche Lagerdauer beträgt 20 Tage.
Lagerzinssatz	$= \frac{\text{Jahreszinssatz} \cdot \text{durchschnittliche Lagerdauer}}{360} = \frac{12 \cdot 20}{360} \triangleq 0{,}67$ Für die Berechnung des Lagerzinssatzes wird der Zinssatz für eine kurzfristige Kontoüberziehung bei der Bank zugrunde gelegt. Der Zinssatz beträgt 0,67 %.
Lagerzinskosten	$= \frac{\text{Lagerzinssatz} \cdot \text{durchschnittlicher Lagerbestand}}{100} = \frac{0{,}67 \cdot 5.967{,}50}{100} \triangleq 39{,}98$ Die Lagerzinskosten für das Produkt betragen 39,98 EUR pro Lagerperiode.

[1] Es gibt auch andere Zeiteinteilungen, z. B. quartalsmäßig, jährlich. [2] Beim Wareneinsatz handelt es sich um einen angenommenen Wert.

Lagerbestandsgrößen
Stock Keeping Quantities

37

Mindestbestand (Eiserner Bestand)

Er gibt die Vorratsmenge an, die nur bei außerordentlichen Lieferschwierigkeiten (z. B. Streik) in Anspruch genommen werden darf. Dazu muss der zu überbrückende Zeitraum geschätzt und als Rechengröße festgelegt werden.

Höchstbestand

Er gibt die Warenmenge an, die höchstens eingelagert werden kann (z. B. abhängig von Lagerkapazität, Verderb).

Meldebestand

Er gibt die Warenmenge an, bei der die Lagerverwaltung der Einkaufsabteilung mitteilt, dass Ware nachbestellt werden muss.

Meldebestand = (Tagesabsatz · Lieferzeit) + Mindestbestand

Bestellung
Order

Bestellung 38

Rechtliche Bedeutung

Eine Bestellung ist **verbindlich**, sie kann schriftlich oder mündlich erteilt werden. Bei einer mündlichen Bestellung ist eine sofortige schriftliche Bestätigung empfehlenswert, um Missverständnisse zu vermeiden.

Bestellung aufgrund eines Angebotes:
Ein Kaufvertrag wird abgeschlossen. In der Bestellung wird auf das Angebot Bezug genommen. Es liegen zwei übereinstimmende Willenserklärungen vor.

Bestellung ohne vorheriges Angebot:
Die Bestellung muss konkrete Angaben enthalten.
Sie ist nur für den Auftraggeber/die Auftraggeberin verbindlich, der Lieferant kann ablehnen oder zustimmen. Es liegt nur eine Willenserklärung vor; die zweite erfolgt durch Auftragsbestätigung oder Warenlieferung.

Widerruf:
Der Widerruf muss vor oder gleichzeitig mit der Bestellung eintreffen, z. B. per Telefon oder als Fax.

Aufbau und Inhalt

1. Auf das Angebot, den Katalog, die Preisliste etc. eingehen
2. Art, Preis, Menge und Qualität der Ware angeben
3. Liefertermin und Lieferungsbedingungen nennen
4. Gewünschte Zahlungsweise angeben

Kaufvertrag
Purchase Contract

- Bei einem Kaufvertrag handelt es sich um ein zwei- oder mehrseitiges Rechtsgeschäft.
- Willenserklärungen, die im Rahmen eines Kaufvertrages abgegeben werden, heißen **Antrag** und **Annahme**. 39

I. Verpflichtungsgeschäft

a) Zustandekommen des Kaufvertrages

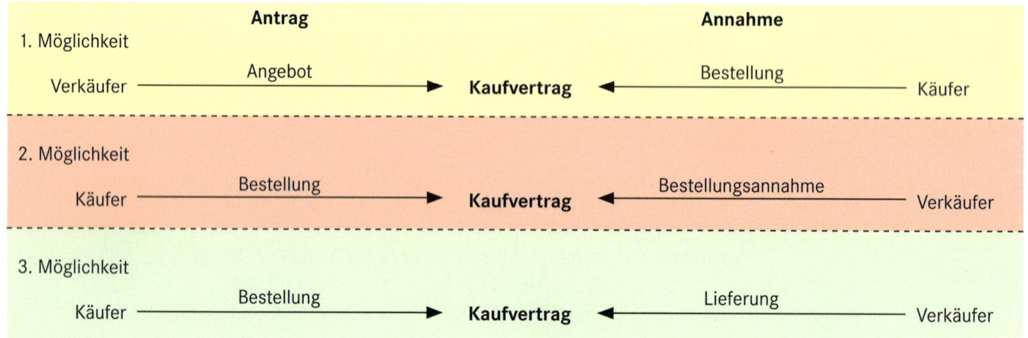

Das Verpflichtungsgeschäft ist abgeschlossen, wenn zwei übereinstimmende Willenserklärungen vorliegen.

b) Pflichten des Verkäufers und Käufers

- Die Ware zur rechten Zeit, am richtigen Ort, in der richtigen Art und Weise liefern;
- Eigentum an der Ware übertragen;
- den Kaufpreis annehmen.

- Die ordnungsgemäß gelieferte Ware annehmen und prüfen;
- den Kaufpreis vereinbarungsgemäß bezahlen.

II. Erfüllungsgeschäft

Das Erfüllungsgeschäft ist abgeschlossen, wenn Verkäufer und Käufer ihre Pflichten erfüllt haben.
Werden die Pflichten nicht erfüllt, spricht man von **Störungen des Kaufvertrages.**

Arten 40

Ist die eingetroffene Ware mangelfrei, wird die Rechnung wegen Nutzung möglicher Skontofristen unverzüglich geprüft.

Rechnerische Prüfung:
Überprüfung der rechnerischen Daten (z. B. Listenpreis, Rabatt, Transportkosten)

Sachliche Prüfung:
Überprüfung von Art, Güte und Menge der aufgeführten Waren anhand des Bestelldurchschlages und des Lieferscheines.

Geldschulden 41

Geldschulden sind **Schick-** oder **Bringschulden** (§ 270 ff. BGB). Daraus ergibt sich für den Käufer:

- Er muss die **Überweisungskosten** übernehmen;
- er muss das **Transportrisiko** für das Geld tragen;
- er muss darauf achten, dass das Geld rechtzeitig auf dem Konto des Zahlungsempfängers eingeht, wenn als vertraglicher Erfüllungsort der Geschäftssitz des Verkäufers vereinbart ist (geschäftsüblich).

Gilt nur der **gesetzliche** Erfüllungsort, genügt die rechtzeitige **Absendung** des Geldbetrages.

Kaufvertragsstörungen: Überblick
Anomalies in Sales Contracts: Overview 42

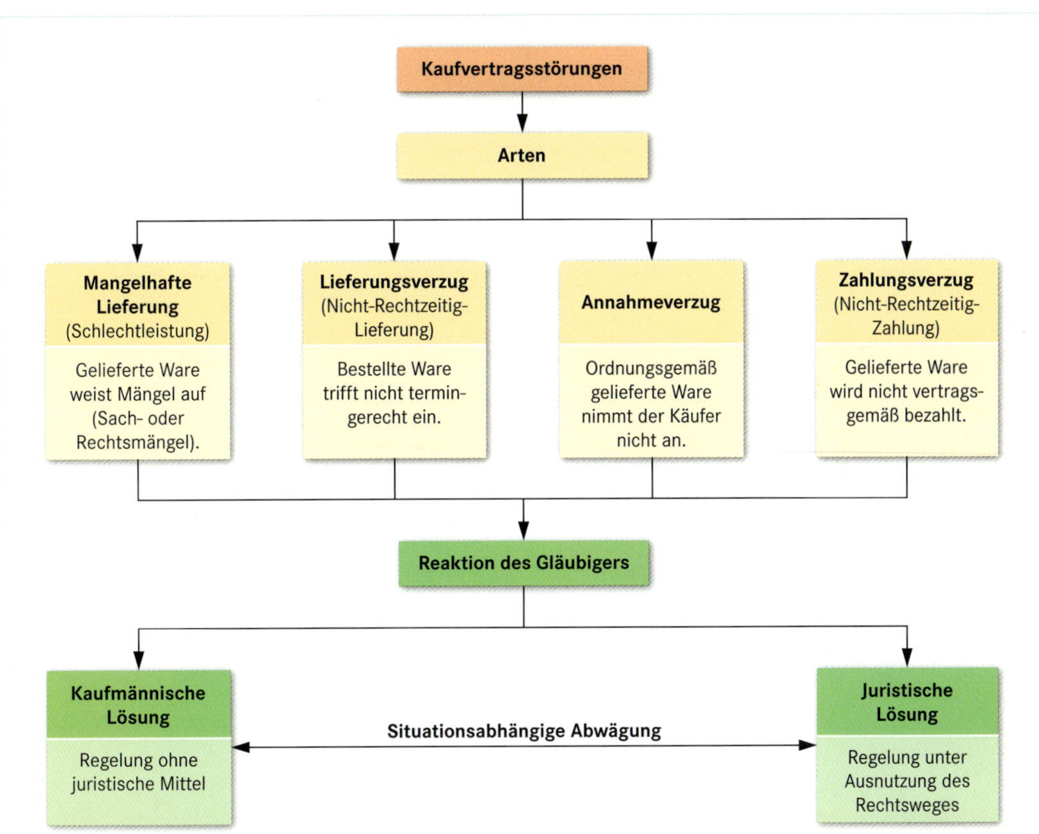

Kaufmännische Lösungen bei Kaufvertragsstörungen

Der Unternehmer wird nur in Ausnahmefällen zum Kaufvertragsrecht des BGBs und HGBs greifen, um nach Lösungen für Kaufvertragsstörungen zu suchen. Zunächst wird er stets eine **kaufmännische Lösung** für Vertragsstörungen suchen, da es für ihn am wichtigsten ist, zu Kunden und Lieferanten gute Geschäftsverbindungen aufrechtzuerhalten. Er wird dem Vertragspartner entgegenkommen, damit sich **langfristige Geschäftsbeziehungen** ergeben können, denn nur dadurch wird er seine **Unternehmensziele** erreichen können.
Im Zweifel wird er sogar dem Vertragspartner Rechte zubilligen, die BGB bzw. HGB gar nicht vorsehen. Nur wenn eine gütige Einigung nicht möglich ist, wird er vom Vertragsrecht Gebrauch machen und eventuell den **Rechtsweg**, z. B. mithilfe eines Rechtsanwaltes, einschlagen.

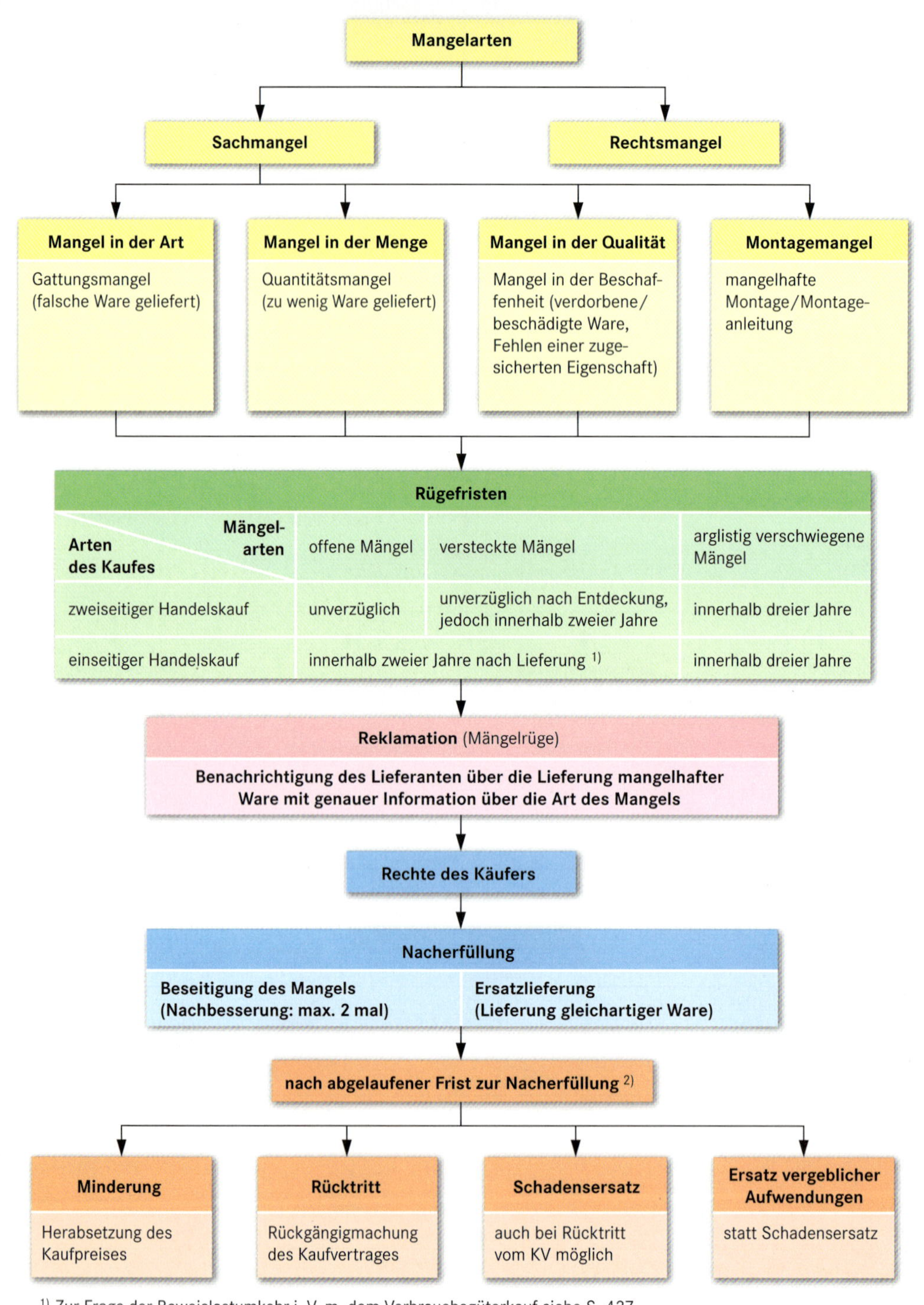

Arten des Kaufes / Mängelarten	offene Mängel	versteckte Mängel	arglistig verschwiegene Mängel
zweiseitiger Handelskauf	unverzüglich	unverzüglich nach Entdeckung, jedoch innerhalb zweier Jahre	innerhalb dreier Jahre
einseitiger Handelskauf	innerhalb zweier Jahre nach Lieferung [1]		innerhalb dreier Jahre

[1] Zur Frage der Beweislastumkehr i. V. m. dem Verbrauchsgüterkauf siehe S. 437

[2] Das Setzen einer angemessenen Nachfrist ist z. B. entbehrlich (vgl. § 281 BGB), wenn
- der Verkäufer die Nacherfüllung verweigert oder
- wenn besondere Umstände vorliegen, die unter Abwägung der beiderseitigen Interessen die sofortige Geltendmachung des Schadensersatzanspruches rechtfertigen.

Kaufvertragsarten: Unterscheidung nach ...

der Art, Güte und Beschaffenheit der Ware

- **Kauf auf Probe**
  Rückgaberecht innerhalb einer vereinbarten Frist (z. B. Rückgabe innerhalb zweier Wochen)
- **Kauf nach Probe**
  Qualität der kostenlosen Probe ist für Folgemenge verbindlich (z. B. Kauf von Sweatshirts aufgrund eines Musters)
- **Kauf zur Probe**
  Kauf einer kleinen Menge zu Testzwecken
- **Gattungskauf**
  Kauf von vertretbarer Ware (nur der Gattung nach bestimmbare Ware, also mehrfach vorhanden), die sich nach Maß, Zahl oder Gewicht bestimmen lässt (z. B. fabrikneue Markenskier)
- **Stückkauf**
  Kauf nicht vertretbarer Ware (einmalig nur vorhanden), z. B. Kauf eines gebrauchten Paar Skier
- **Spezifikationskauf**
  Bei Vertragsabschluss werden nur Art und Menge der Ware bestimmt, die nähere Bestimmung der Ware (z. B. Farbe) erfolgt innerhalb einer vereinbarten Frist (z. B. bei Kauf von Trainingsanzügen: Farbe, Maß, Form)
- **Ramschkauf**
  Kauf der gesamten Warenmenge zu einem Pauschalpreis (z. B. bei einer Insolvenz Pauschalpreis für Gesamtwarenbestand)

dem Zeitpunkt der Zahlung

- **Kauf auf Anzahlung**
  Käufer leistet eine Anzahlung vor der Warenlieferung (z. B. wenn keine zuverlässigen Angaben über die Zahlungsfähigkeit eines neuen Kunden vorliegen)
- **Kauf auf Vorauszahlung**
  Käufer zahlt Ware vor der Lieferung (z. B. bei Sonderanfertigung)
- **Barkauf**
  Käufer zahlt Ware bei Übergabe (z. B. Wocheneinkauf in einem Supermarkt)
- **Zielkauf**
  Käufer zahlt nach der Lieferung (z. B. vereinbartes Zahlungsziel 30 Tage)
- **Ratenkauf**
  Käufer zahlt in mehreren Raten

der rechtlichen Stellung der Vertragspartner

- **Verbrauchsgüterkauf**
  Endverbraucher kauft Ware vom Unternehmer, laut § 476 ff. BGB gilt die **Beweislastumkehr**. (Tritt in den ersten 6 Monaten nach Kauf ein Sachmangel auf, wird davon ausgegangen, dass er schon bei Lieferung bestand. Der Verkäufer hat die Ware zurückzunehmen. Nach Ablauf von 6 Monaten liegt die Beweislast beim Käufer.)
- **Bürgerlicher Kauf**
  Beide Vertragspartner sind Privatpersonen (z. B. Wolfgang kauft das gebrauchte Fahrrad von Kai)
- **Einseitiger Handelskauf**
  Ein Vertragspartner ist Kaufmann laut HGB, der andere Privatperson (z. B. ein Unternehmer kauft in einem Fachgeschäft Handschuhe)
- **Zweiseitiger Handelskauf**
  Beide Vertragspartner sind Kaufleute laut HGB (z. B. die Sports Fashion GmbH kauft Sweatshirts vom Hersteller)

der Lieferzeit

- **Sofortkauf**
  Kauf einer Ware gegen sofortige Zahlung (Zug-um-Zug-Geschäft)
- **Terminkauf**
  Kauf einer Ware und Lieferung innerhalb eines festgelegten Zeitraums oder bis zu einem Zeitpunkt (z. B. „Lieferung binnen 10 Tagen nach Auftragseingang")
- **Fixkauf**
  Kauf einer Ware und Lieferung zu einem genau festgelegten Lieferzeitpunkt (z. B. „fix am 30. Mai"), Liefertermin ist wesentlicher Vertragsbestandteil, d. h., nach Ablauf des Liefertermins hat Lieferung keinen Sinn mehr für Käufer
- **Kauf auf Abruf**
  Kauf einer Ware und Lieferung zu vom Käufer zu bestimmenden Lieferzeitpunkten

dem Ort der Warenübergabe

- **Handkauf**
  Ware wird im Geschäftssitz des Verkäufers gegen Bezahlung dem Käufer übergeben
- **Platzkauf**
  Ware wird an den Geschäftssitz des Käufers gesendet; Käufer und Verkäufer haben Geschäftssitz am selben Ort
- **Versendungskauf**
  Ware wird zum Käufer versendet; Käufer und Verkäufer haben Geschäftssitz an verschiedenen Orten

Erfüllungsort
Place of Fulfilment

Begriff

Der Erfüllungsort ist der Ort, an dem der Verkäufer die Ware liefert bzw. der Käufer die Ware bezahlt. Der Erfüllungsort kann vertraglich festgelegt werden.
Geschieht dies nicht, gilt die gesetzliche Regelung:
Der Erfüllungsort ist der Wohn- bzw. Geschäftssitz des Waren- bzw. Geldschuldners (§ 269 f. BGB).

Bedeutung

Am Erfüllungsort geht die Gefahr im Rahmen der Warenlieferung auf den Käufer über (z. B. bei Sachbeschädigung). Geldschulden sind Schick- oder Bringschulden, daher hat der Käufer das Geld auf seine Gefahr und Kosten an den Wohn- bzw. Firmensitz des Verkäufers zu senden (§ 270 BGB). Der Erfüllungsort bestimmt den Gerichtsstand.

Gerichtsstand
Court of Jurisdiction

Kommt es zwischen Käufer und Verkäufer zu Streitfällen, wird der so genannte Gerichtsstand wichtig, also der Ort, an dem in einem Prozess der Streitfall gerichtlich geklärt wird. Nach der gesetzlichen Regelung ist der Gerichtsstand abhängig vom Wohn- oder Geschäftssitz des jeweiligen Schuldners.

Bei einem Streitwert bis zu 5.000 € ist das Amtsgericht zuständig, bei einem höheren Streitwert das Landgericht. Bei einem zweiseitigen Handelskauf kann der Gerichtsstand vertraglich festgelegt werden.

Gesetz gegen den unlauteren Wettbewerb (UWG)
Law Against Unfair Competition

Begriff

Das UWG soll sowohl die **Unternehmen** als auch die **Verbraucher** vor unlauterem Wettbewerb schützen, d. h. vor Aktivitäten bewahren, die nicht einem fairen Wettbewerb zwischen den Marktteilnehmern entsprechen. § 3 UWG (so genannte **Generalklausel**) bestimmt, dass **unlautere geschäftliche Handlungen unzulässig** sind, die die Interessen der Marktteilnehmer spürbar beeinträchtigen. Wer dieser Vorschrift **vorsätzlich** oder **fahrlässig** zuwiderhandelt, ist den Mitbewerbern laut § 9 UWG zum **Ersatz des** daraus entstehenden **Schadens** verpflichtet.

Beispiele unlauteren Wettbewerbs

Unlauter im Sinne von § 4 UWG handelt, wer z. B.

1. Geschäftliche Handlungen vornimmt, die die **Entscheidungsfreiheit** von Marktteilnehmern durch Ausübung von **Druck** oder in **menschenverachtender Weise** beeinträchtigt;
2. Geschäftliche Handlungen vornimmt, die die geschäftliche **Unerfahrenheit** insbesondere von **Kindern** oder **Jugendlichen** ausnutzt;
3. die Teilnahme von Verbrauchern an einem **Preisausschreiben** oder **Gewinnspiel** von dem Erwerb einer Ware oder der Inanspruchnahme einer Dienstleistung abhängig macht;
4. die Kennzeichen, Waren, Dienstleistungen oder persönliche oder geschäftliche Verhältnisse eines Mitbewerbers **herabsetzt** oder **verunglimpft**;
5. **gesetzlichen Vorschriften** zuwiderhandelt.

Irreführende geschäftliche Handlungen

Verboten sind **nicht wahrheitsgemäße** oder **irreführende Aussagen** in der Werbung z. B. über

- die Verfügbarkeit,
- die Art,
- die Ausführung,
- die Zusammensetzung,
- das Verfahren und den Zeitpunkt der Herstellung,
- die Verwendungsmöglichkeiten,
- die Menge,
- die Beschaffenheit,
- die Herkunft der Ware oder Dienstleistung.

In § 5 Absatz 4 UWG wird die sogenannte **Mondpreiswerbung** verboten. Demnach darf nicht mit der Preisherabsetzung geworben werden, wenn der unmittelbar vorher geforderte (höhere) Preis nur für eine unangemessen kurze Zeit verlangt wurde.

Vergleichende Werbung

Verboten ist beispielsweise vergleichende Werbung laut § 6 UWG, wenn der **Vergleich**

- sich nicht auf Waren oder Dienstleistungen für den **gleichen Bedarf** oder **dieselbe Zweckbestimmung** bezieht;
- nicht objektiv auf eine oder mehrere wesentliche, relevante, nachprüfbare oder typische **Eigenschaften** oder den **Preis** dieser Waren oder Dienstleistungen bezogen ist;
- die Waren, Dienstleistungen, Tätigkeiten oder persönlichen oder gesellschaftlichen Verhältnisse eines Mitbewerbers **herabsetzt** oder **verunglimpft**.

Belästigende Werbung

Verboten sind laut § 7 UWG **unzumutbare Belästigungen** z. B. durch **Telefon-** oder **elektronische Werbung** (E-Mail-, SMS-Werbung).

Bei diesen Werbemaßnahmen ist die **vorherige Einwilligung** des Adressaten erforderlich, ein Unterdrücken der Rufnummer des Anrufenden ist unzulässig.

Auch muss ein entsprechender Vermerk auf einem **Briefkasten** (z. B. „Keine Werbung“, „Keine kostenlosen Zeitungen“) respektiert werden.

Rechtsgeschäfte von natürlichen und juristischen Personen
Legal Transactions of Natural and Legal Persons

Sowohl **natürliche Personen** (Menschen) als auch **juristische Personen** (des öffentlichen Rechts: z. B. Bund, Länder und Gemeinden; des privaten Rechts: z. B. Aktiengesellschaften) können rechtswirksame **Rechtsgeschäfte** abschließen.
Sie kommen durch **Willenserklärungen** zustande.
Entsteht ein Rechtsgeschäft durch die Willenserklärung einer Person (z. B. Testament), spricht man vom **einseitigen Rechtsgeschäft**.
Zwei- bzw. **mehrseitige Rechtsgeschäfte** kommen durch übereinstimmende Willenserklärungen von zwei oder mehreren Personen zustande, diese Rechtsgeschäfte werden als Vertrag bezeichnet.

Vertragsarten
Kinds of Contracts

Vertragsart	Vertragspartner	Vertragsinhalt	Gesetzliche Regelung
Kaufvertrag	Käufer/Verkäufer	Entgeltliche Veräußerung von Sachen und Rechten	§§ 433–473 BGB
Verbrauchsgüterkauf	Verbraucher/ Unternehmer	Entgeltliche Veräußerung von beweglichen Sachen	§§ 474–479 BGB
Darlehensvertrag	Darlehensgeber/ Darlehensnehmer	Entgeltliche Überlassung eines Geldbetrages	§§ 488–498 BGB
Sachdarlehensvertrag	Darlehensgeber/ Darlehensnehmer	Unentgeltliche oder entgeltliche Überlassung von vertretbaren Sachen gegen spätere Rückerstattung gleicher Art, Güte und Menge	§§ 607–609 BGB
Ratenlieferungsvertrag	Verbraucher/ Unternehmer	Lieferung mehrerer zusammengehörend gekaufter Sachen in Teilleistungen und entgeltliche Entrichtung in Teilzahlungen	§ 505 BGB
Schenkungsvertrag	Schenker/ Beschenkter	Unentgeltliche Zuwendung	§§ 516–534 BGB
Mietvertrag	Mieter/Vermieter	Entgeltliche Überlassung der vermieteten Sache zum Gebrauch	§§ 535–580 BGB
Pachtvertrag	Pächter/Verpächter	Entgeltliche Überlassung der verpachteten Sache zum Gebrauch sowie Genuss der Erträge	§§ 581–597 BGB
Leihvertrag	Verleiher/Entleiher	Unentgeltliche Überlassung von Sachen zum Gebrauch	§§ 598–606 BGB
Dienstvertrag	Arbeitnehmer/ Arbeitgeber	Entgeltliche Leistung von Diensten	§§ 611–630 BGB
Werkvertrag	Unternehmer/Besteller	Herstellung eines versprochenen Werks gegen Entgelt	§§ 631–651 BGB
Reisevertrag	Reisender/ Reiseveranstalter	Entgeltliche Erbringung einer Gesamtheit von Reiseleistungen (Reise)	§ 651 a–m BGB
Gesellschaftsvertrag	Gesellschafter/ Gesellschafter	Gegenseitige Verpflichtung der Gesellschafter, die Erreichung eines gemeinsamen Zweckes in der durch den Vertrag bestimmten Weise zu fördern	§§ 705–740 BGB

44

Begriff

Werden Leasingobjekte (z. B. Maschinen, Autos) durch einen Leasinggeber (z. B. einen Hersteller) vermietet, spricht man von Leasing.
Im Leasingvertrag sind in der Regel die folgenden Größen vereinbart:

- Höhe der Anzahlung,
- Vertragslaufzeit und
- Höhe der monatlichen Leasingrate.

Diese Größen werden individuell nach Kundenwünschen festgelegt.

Nach Ablauf der Vertragslaufzeit kann das Leasingobjekt weiter gemietet, zum Restwert gekauft oder zurückgegeben werden.

Grundform des Leasings

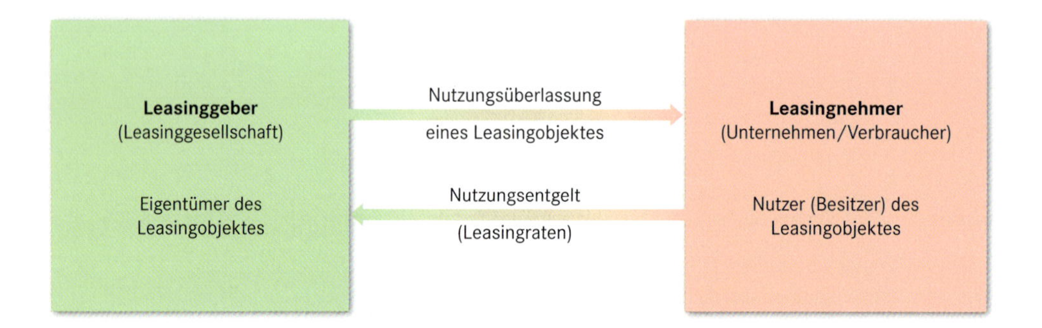

Merkmale des Leasings

45

1. 100 %ige Fremdfinanzierung, also kein Eigenkapitalbedarf
2. Steuerliche Berücksichtigung der Leasingraten als Aufwand
3. In der Regel keine Bilanzierung von Leasingobjekt und Leasingfinanzierung
4. Kein Eigentum
5. Häufig Einbeziehung von Dienstleistungen
6. Vielfältige Erscheinungsformen mit unterschiedlicher Vertragsgestaltung
7. Die Vorteilhaftigkeit des Leasings lässt sich nur individuell ermitteln, da sie von einer Mehrzahl von Einflussfaktoren abhängt, die für jedes Unternehmen unterschiedlich sein können.

Vorteile des Firmenleasings aus der Sicht des Leasingnehmers

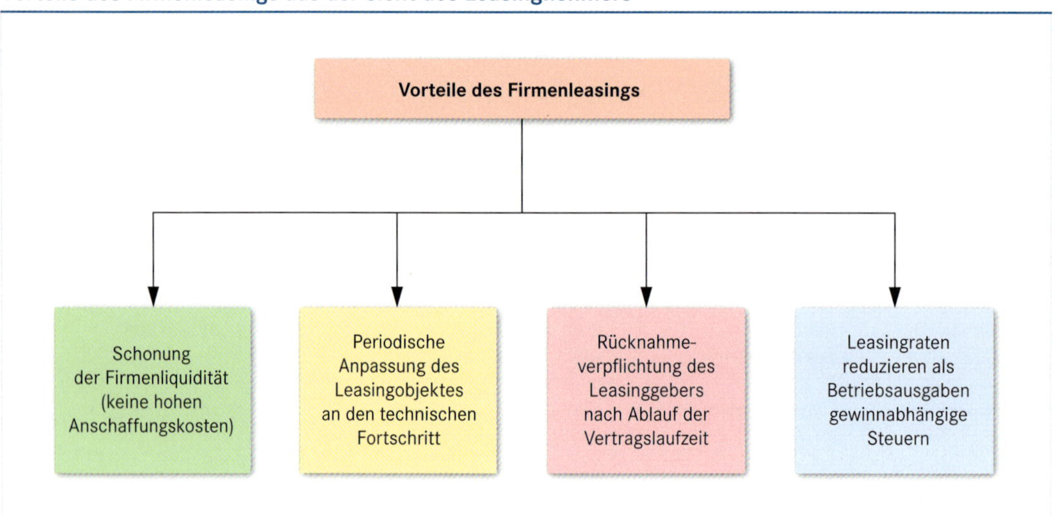

Nachteile des Firmenleasings aus der Sicht des Leasingnehmers

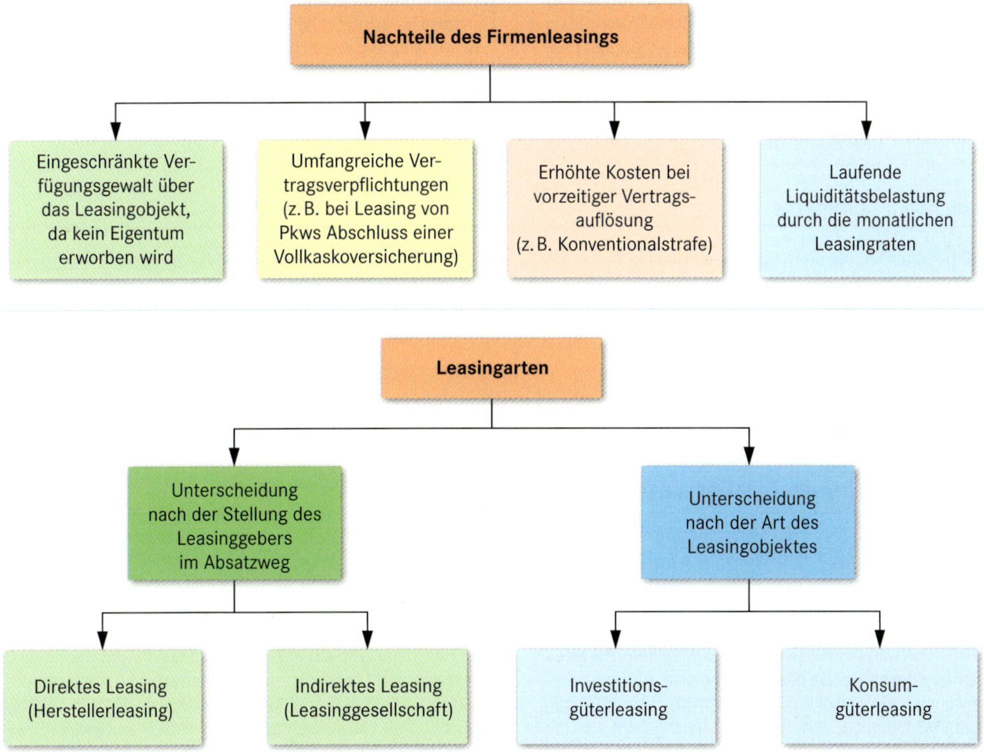

Nachteile des Firmenleasings
Eingeschränkte Verfügungsgewalt über das Leasingobjekt, da kein Eigentum erworben wird
Umfangreiche Vertragsverpflichtungen (z. B. bei Leasing von Pkws Abschluss einer Vollkaskoversicherung)
Erhöhte Kosten bei vorzeitiger Vertragsauflösung (z. B. Konventionalstrafe)
Laufende Liquiditätsbelastung durch die monatlichen Leasingraten
Leasingarten
Unterscheidung nach der Stellung des Leasinggebers im Absatzweg
Unterscheidung nach der Art des Leasingobjektes
Direktes Leasing (Herstellerleasing)
Indirektes Leasing (Leasinggesellschaft)
Investitionsgüterleasing
Konsumgüterleasing

Direktes Leasing

Leasingnehmer
Leasingobjekt
Leasingrate
Leasinggeber (Hersteller)

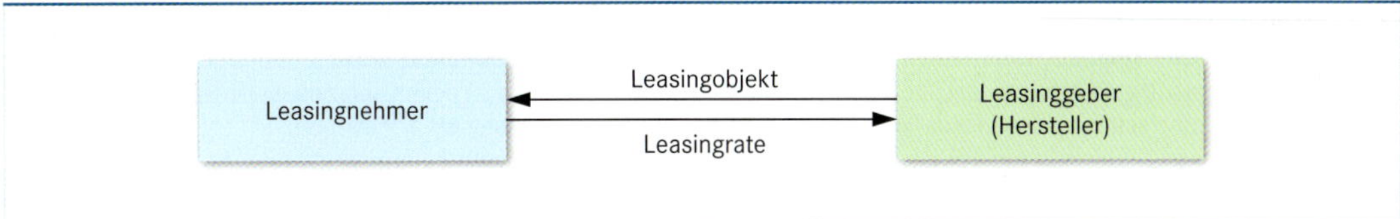

Indirektes Leasing

Leasingnehmer
Leasingrate
Leasinggeber
Leasingobjekt
Hersteller
Kaufpreis

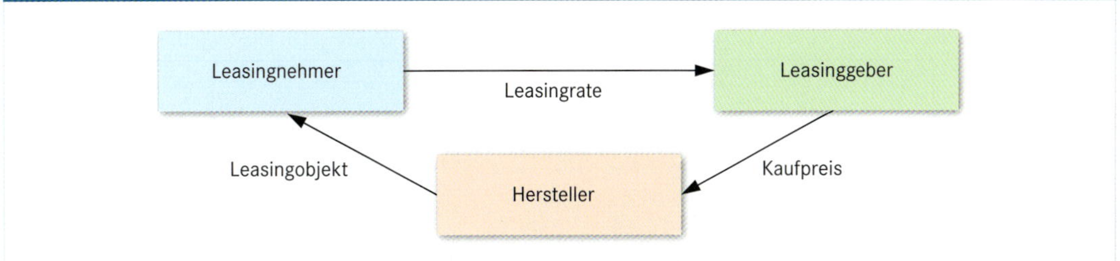

Privatleasing

Leasen Privatpersonen Leasingobjekte (z. B. Autos, PCs), entfällt der steuerliche Vorteil für den Leasingnehmer. Trotzdem gibt es Leasingverträge, bei denen die Privatperson nicht schlechter gestellt sein muss als beim Finanzierungskauf.

In diesen Fällen wird zur Förderung des Absatzes eines Produktes ein Kostenvorteil gewährt (z. B. bei Pkws einer auslaufenden Serie).

Begriff

Electronic-Commerce („E-Commerce" oder „E-Business") ermöglicht die umfassende, digitale Abwicklung von Geschäftsprozessen zwischen Unternehmen und deren Kunden über private und öffentliche (Internet) Netze. Dabei beinhaltet das Electronic-Commerce auch die digitale Bezahlung und, was digitalisierbare Güter (z. B. Musik, Videoclips) und Dienstleistungen angeht, eine digitale Übertragung.

Ziele

E-Commerce beschleunigt die Abwicklung von Geschäftsprozessen, gestaltet häufig Prozessabläufe effizienter und senkt damit die Kosten für die Beteiligten. Auf Marktveränderungen (z. B. Preisveränderungen) kann mithilfe von E-Commerce in der Regel schneller reagiert werden (z. B. über sofortigen Informationsaustausch).

Formen des E-Commerce

B 2 B = Business-to-Business: Geschäftsbeziehungen zwischen Unternehmen sowie öffentlichen Institutionen

B 2 C = Business-to-Consumer oder Business-to-Customer: „Electronic Shopping" von Konsumenten, die über das Internet oder per Onlinedienst Waren kaufen

B 2 G = Business-to-Government: Geschäftsbeziehungen zwischen Unternehmen und staatlichen Einrichtungen

Intra-Business: Intra- und/oder Extranet unterstützen Geschäftsprozesse und Kommunikationsbeziehungen

Elektronische Marktplätze im Beschaffungsprozess

Unternehmen vereinbaren mit Mitbewerbern für den kostengünstigen Einkauf von Produkten einen gemeinsamen **Handelsplatz** im Internet einzurichten. Beispielsweise entstand über eine derartige Vereinbarung ein elektronischer Megamarktplatz für die Zuliefererbetriebe von Autokonzernen. Spezielle Softwarehäuser richten dazu geeignete **Portale** ein. Die entstandenen **Online-Marktplätze** ermöglichen aufgrund der raschen elektronischen Reaktionsmöglichkeiten kurzfristige Dispositionen, die Preistransparenz erhöht sich. Viele Einzelarbeitsschritte des bisherigen Beschaffungsvorganges werden verzichtbar. Die Einkäufer können sofort vergleichen, wer das günstigste Angebot offeriert; sie können sich auch zusammenschließen, um höhere Rabattsätze zu erreichen, oder sie führen Auktionen durch, bei denen die Lieferanten mit ihren Angeboten in Wettbewerb treten. Der Einkauf mittels der E-Commerce-**Plattform** führt in der Regel zu einer deutlichen Kostensenkung. Diese Preisvorteile beim Einkauf können kalkulatorisch dazu führen, dass die Unternehmen ihre Produkte und Dienstleistungen preiswerter im Absatzmarkt anbieten können. Betriebswirtschaftlich effizientere Lösungen führen somit volkswirtschaftlich zu einem verstärkten (internationalen) Wettbewerb und zu einer möglichen Erhöhung des Bruttoinlandsproduktes.

Arten von Portalen

Ziel: Reduzierung der Informationsflut des Internets (Kosten- und Zeitersparnis) beim User, zielgruppenspezifisches Direktmarketing beim Anbieter (Vermeidung von Streuverlusten, Erhöhung der Kontaktrate)

↓

Lösung: Zielgruppenspezifischer Einsatz des Internets durch Nutzung von **Portalen**

↓

Arten von Portalen

B 2 B-Portale	B 2 C-Portale	Portal-Networks
für spezielle Produkte/Leistungen eines informationssuchenden **Unternehmers**	für spezielle Produkte/Leistungen eines informationssuchenden **Konsumenten**	„Eingangstore" für spezifische User, die Verknüpfungen zu **sämtlichen Bedürfnissen** des Users bieten
Beispiel: Ein Industriebetrieb sucht in einem Portal für Büroausstattung nach Schreibtischen.	**Beispiel:** Ein Endverbraucher sucht in einem Portal für Musik nach einer CD-Rarität.	**Beispiel:** Ein Autokäufer sucht in einem Portal für Autos nach einem neuen Auto, einer geeigneten Finanzierung und einer günstigen Versicherung.

Supply Chain Management (SCM)

47

Begriff

Bei **SCM** handelt es sich um ein **Managementkonzept**, das die Optimierung der gesamten Wertschöpfungskette zwischen den Lieferanten, Logistikdienstleistern und dem betreffenden Unternehmen durch Abstimmung des Geld-, Informations- und Materialflusses unter Umständen bis hin zum Kunden zum Inhalt hat. Gerade in Zeiten, in denen ergänzende Wertschöpfungsprozesse zunehmend in andere Unternehmen ausgelagert werden (siehe auch „Outsourcing" S. 431), ist es um so wichtiger, eng mit den Zulieferern zusammenzuarbeiten.

Ziele

Mithilfe einer speziellen SCM-Software sollen folgende **Ziele** im Unternehmen erreicht werden:

- **Kostensenkung** im Beschaffungs-, Produktions- und Distributionsbereich durch schnelle Verfügbarkeit relevanter Entscheidungsdaten, Verringerung von Lagerbeständen und Beschleunigung von Durchlaufzeiten.
- **Zeitersparnis** durch Optimierung von Entscheidungsprozessen. Zum Beispiel kann das Unternehmen flexibler auf sich verändernde Rahmenbedingungen reagieren.
- Verbesserung der **Kundenorientierung** durch genauere Prognose von Entwicklungen entlang der gesamten Wertschöpfungskette. Zum Beispiel können Kundenwünsche umgehend an Lieferanten und Logistikdienstleister weitergeleitet werden.
- **Optimierung** von unternehmensübergreifenden **Planungs-** und **Steuerungsprozessen** durch enge Kooperation mit Geschäftspartnern.

Customer Relationship Management (CRM)

48

Begriff

CRM stellt eine **Managementphilosophie** dar, die eine vollständige Ausrichtung des Unternehmens auf vorhandene und potenzielle Kundenbeziehungen zum Inhalt hat. Das Unternehmen hat sich also eher am Kunden und seinen Wünschen als am Produkt auszurichten.

CRM-Systeme koordinieren und optimieren marketingpolitische Entscheidungen in einem Anwendungssystem, das neben der Kunden- und Artikelstammdatenverwaltung z. B. noch die Komponenten Versandwegverfolgung und Callcenterunterstützung beinhaltet.

Ziele

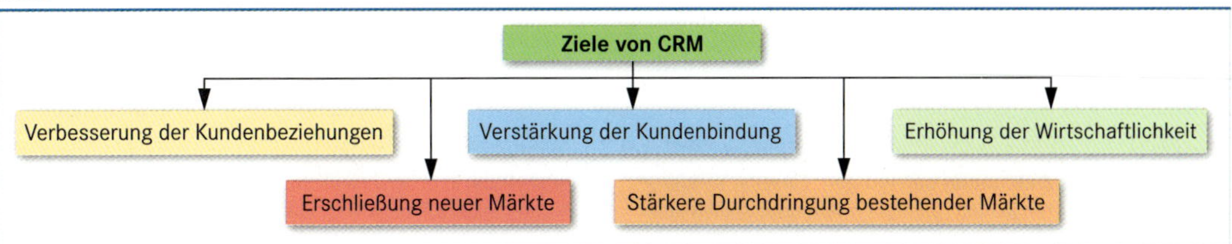

Kundenorientierung

49

Die zehn Gebote für kundenorientierte Unternehmen (Auszug)

1. Gebot
Pflegen Sie einen engen Kontakt mit Ihren Kunden, dies gilt insbesondere für leitende Angestellte (dazu gehören: sehen, berühren, fühlen, sich treffen und in regelmäßigen Abständen – außerhalb der Geschäftsräume – ein Gespräch von Angesicht zu Angesicht mit dem Kunden zu führen).

2. Gebot
Machen Sie sich mit den Bedürfnissen, Erwartungen und Wünschen Ihrer Kunden vertraut. Es sollte das Ziel Ihrer gesamten Organisation sein, die Erwartungen Ihrer Kunden noch zu übertreffen.

3. Gebot
Überprüfen Sie regelmäßig die Zufriedenheit Ihrer Kunden mit Ihren Produkten und Dienstleistungen.
Ein ständiger Informationsfluss zwischen Ihnen und Ihren Kunden ist sehr wichtig – sei er positiv, neutral oder negativ. Verschließen Sie sich dem nicht, heißen Sie es willkommen!

4. Gebot
Konzentrieren Sie sich auf alle Ihre Leistungen, mit denen Sie die Wertschöpfung für den Kunden erhöhen, wie z. B. Qualität und Service, Umweltfreundlichkeit, Wirtschaftlichkeit, Eingehen auf die Wünsche und Bedürfnisse des Kunden, schnelle Lieferung sowie Leistung, Sicherheit u. a.

5. Gebot
Beziehen Sie Ihre Kunden in Ihre Entscheidungsfindung, in themenmäßige Schwerpunktgruppen, Treffen, Planungen und sogar in betriebsinterne Überlegungen ein. Schließen Sie sie nicht aus.

6. Gebot
Verlangen Sie von jeder Person innerhalb der Organisation, Ihre Kunden mindestens einen oder mehrere Tage im Jahr persönlich zu treffen und zu bedienen. Es gibt keinen Ersatz dafür, um am Puls Ihres Unternehmens und Ihrer Kunden zu bleiben. ...

Begriff und Zielsetzung

Internationaler Wettbewerbsdruck macht es für die Unternehmen zunehmend erforderlich, von der **Produkt-** zur **Kundenorientierung** überzugehen, das heißt der Kundengewinnung und -pflege erhöhte Aufmerksamkeit zu schenken.

Aufgrund der IT-Technologie ist es heutzutage möglich, zu vertretbaren Kosten mit dem **einzelnen** Kunden in Interaktion zu treten, z. B. durch die Nutzung von Datenbanken. Wird dies verwirklicht, spricht man vom **Kundenmanagement** (siehe auch S. 443 zum **C**ustomer **R**elationship **M**anagement).

Phasen

Phase des Kundenmanagements	Hauptaufgabe 51
Die Zielkunden finden	▪ Zielmärkte definieren ▪ Zielkunden gewinnen
Die Bedürfnisse der Zielkunden befriedigen	▪ Den Kundenwert in konkrete Kundenvorteile verwandeln ▪ Die Marktangebote auf den Entscheidungskontext des Kunden abstimmen
Eine Bindung zu den Zielkunden aufbauen	▪ Loyalität der Kunden fördern ▪ Ein Marktinformationssystem entwickeln

Erläuterungen:

Zielkunden finden: Zu diesem Zweck wird der Gesamtmarkt in Teilmärkte, in **Marktsegmente**, zerlegt. In diesen Marktsegmenten werden die für das Unternehmen als am wichtigsten geltenden Kunden als **Zielkunden** identifiziert bzw. definiert. Da nicht alle Kunden in einem Teilmarkt gleich wertvoll für das Unternehmen sind, muss ihr **gegenwärtiger** und ihr **zukünftiger** Wert für das Unternehmen eingeschätzt werden. Die Folge könnte z. B. sein, dass man sich intensiver um die bestehenden Top-Kunden des Unternehmens kümmert, mit dem Ziel, sie langfristig an das Unternehmen zu binden.

Bedürfnisse der Zielkunden befriedigen: Einzelne Kundenzielgruppen erwarten je nach Marktsegment unterschiedliche oder unterschiedlich gewichtete Kundenvorteile (z. B. abhängig vom Einkommen), die vom Unternehmen individuell befriedigt werden müssen.

Wie man beim Produkt vom Produktlebenszyklus spricht (siehe S. 418), so spricht man auch beim Kunden vom **Kundenlebenszyklus**: In unterschiedlichen Lebenssituationen erwartet der Kunde andere Produkte (z. B. Kleinwagen als Jugendlicher, später Familienwagen). Die Positionierung des Produktangebotes muss darauf jeweils genau abgestimmt werden, damit die Unternehmensziele realisiert werden können.

Bindung zu den Zielkunden aufbauen: Das Kundenmanagement erfordert umfassende **Marktinformationssysteme**, mit denen die Kundendaten gesammelt und schließlich auch ausgewertet werden müssen.

Neben Angaben über Einkommen, Alter und Bildungsstand sind genaue Kundenpräferenzen, bestimmte Konsummuster zu erheben, man spricht von **Kundenprofildaten**. Die Erhebung der Daten muss zu passgenauen Kundenangeboten führen.

Eine enge Verzahnung mit der Beschaffungsabteilung bzw. der Produktentwicklung ist aus diesem Grund notwendig. Softwaregestützte Plattformen wie **E**nterprise **R**esource **P**lanning und **S**upply **C**hain **M**anagement (siehe S. 443) unterstützen diesen Abstimmungsprozess.

Kann dem einzelnen Kunden ein individuelles Angebot unterbreitet werden, das den Kundenvorteil erhöht, lassen sich meist auch **langfristige Kundenbeziehungen** aufbauen.

Rechnungswesen/Controlling

446 Bereiche und Aufgaben des betrieblichen Rechnungswesens

447 Teilbereiche des betrieblichen Rechnungswesens

448 Kosten- und Leistungsrechnung (Überblick)

449 Abgrenzung Aufwendungen - Kosten, Erträge - Leistungen

450 Kostenartenrechnung

453 Kostenstellenrechnung

454 Durchführung der Kostenstellenrechnung

455 Ermittlung der Gemeinkostenzuschlagssätze

456 Kostenträgerrechnung/Kostenträgerblatt

457 Kalkulationsverfahren

458 Unterschied zwischen Vollkosten- und Teilkostenrechnung

459 Deckungsbeitragsrechnung

461 Normalkosten-/Istkostenrechnung

462 Plankostenrechnung

463 Prozesskostenrechnung

465 Controlling

468 Statistische Kennzahlen

Begriff

- Betriebliches Rechnungswesen als **Tätigkeit** ist das systematische zahlenmäßige Erfassen, Aufbereiten, Analysieren, Auswerten und Darstellen von Zahlen als Mengen- und Wertgrößen aller wirtschaftlichen Tatbestände eines Betriebes und seiner Beziehungen zu anderen Betrieben.
- Betriebliches Rechnungswesen als das **Ergebnis einer Tätigkeit** ist nach H. K. Weber ein System von Zahlen über den einzelnen Betrieb und seine Beziehungen zu anderen Wirtschaftssubjekten.

1

Allgemeine Aufgaben des betrieblichen Rechnungswesens

- **Dokumentation**
  Erfassen von Einnahmen und Ausgaben, ...
- **Information**
  Herkunft der Einnahmen und Ausgaben, ...
- **Kontrolle**
  Ursachen eines Verlustes, ...
- **Rechenschaftslegung**
  Legitimation gegenüber den Geldgebern des Unternehmens, ...
- **Planung**
  Abschätzung von Investitionsentscheidungen, ...

Teilbereiche des betrieblichen Rechnungswesens

- Finanzbuchhaltung
- Kosten- und Leistungsrechnung
- Statistik
- Planung

Verknüpfung der Teilbereiche des betrieblichen Rechnungswesens

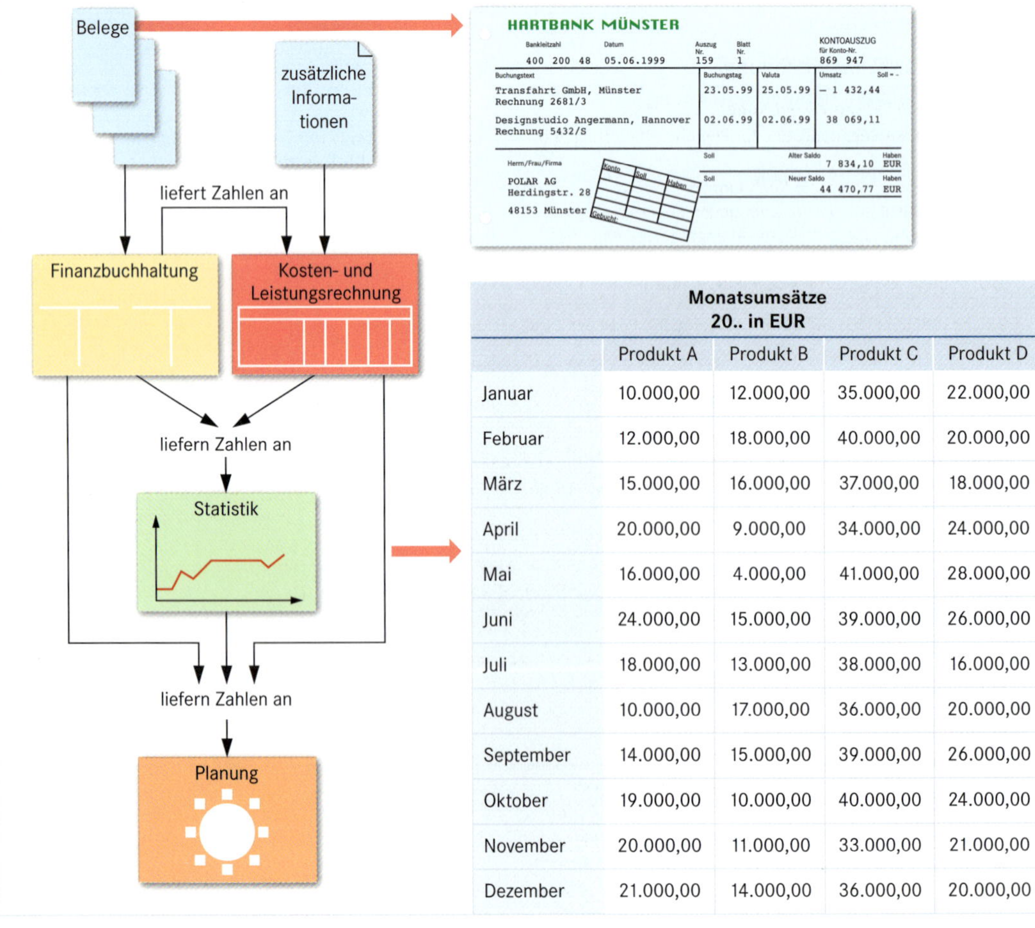

HARTBANK MÜNSTER

Bankleitzahl	Datum	Auszug Nr.	Blatt Nr.	KONTOAUSZUG für Konto-Nr.
400 200 48	05.06.1999	159	1	869 947

Buchungstext	Buchungstag	Valuta	Umsatz Soll = -
Transfahrt GmbH, Münster Rechnung 2681/3	23.05.99	25.05.99	– 1 432,44
Designstudio Angermann, Hannover Rechnung 5432/S	02.06.99	02.06.99	38 069,11

Herrn/Frau/Firma
POLAR AG
Herdingstr. 28
48153 Münster

Konto | Soll | Haben
Gebucht:

Soll — Alter Saldo — Haben: 7 834,10 EUR
Soll — Neuer Saldo — Haben: 44 470,77 EUR

Monatsumsätze 20.. in EUR	Produkt A	Produkt B	Produkt C	Produkt D
Januar	10.000,00	12.000,00	35.000,00	22.000,00
Februar	12.000,00	18.000,00	40.000,00	20.000,00
März	15.000,00	16.000,00	37.000,00	18.000,00
April	20.000,00	9.000,00	34.000,00	24.000,00
Mai	16.000,00	4.000,00	41.000,00	28.000,00
Juni	24.000,00	15.000,00	39.000,00	26.000,00
Juli	18.000,00	13.000,00	38.000,00	16.000,00
August	10.000,00	17.000,00	36.000,00	20.000,00
September	14.000,00	15.000,00	39.000,00	26.000,00
Oktober	19.000,00	10.000,00	40.000,00	24.000,00
November	20.000,00	11.000,00	33.000,00	21.000,00
Dezember	21.000,00	14.000,00	36.000,00	20.000,00

Teilbereiche des betrieblichen Rechnungswesens
Sub-areas of Company's Accountancy

Finanzbuchhaltung

Die Finanzbuchhaltung

- ist eine **externe** Rechnung, die überwiegend die finanziellen Beziehungen zwischen dem Unternehmen und der Außenwelt (z. B. Kunden) erfasst;
- ist eine **unternehmensbezogene** Rechnung, die **alle** Erträge und Aufwendungen einer Abrechnungsperiode, unabhängig von ihrem Entstehungsgrund, aufzeichnet;
- ermittelt aus deren Gegenüberstellung in der Gewinn- und Verlustrechnung das **Gesamtergebnis** der Unternehmung;
- wird auf **Konten** durchgeführt;
- unterliegt **gesetzlichen Vorschriften** wie dem HGB, EStG, UStG usw.

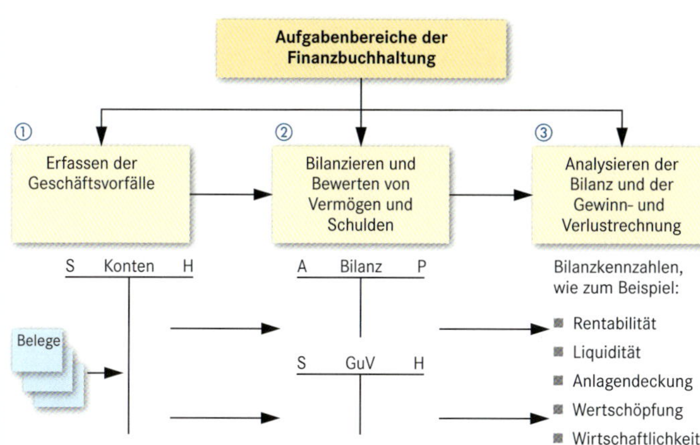

① Erfassung aller wirtschaftlich relevanten Geschäftsvorfälle wie Einkäufe, Verkäufe, Gehaltszahlungen u. a. m. auf Konten

② Erstellung der Bilanz, aus der die Bestände der verschiedenen betrieblichen Vermögensgegenstände, der Schulden und des Eigenkapitals hervorgehen, und der Gewinn- und Verlustrechnung (GuV) als Gegenüberstellung von Erträgen und Aufwendungen

③ Analyse von Bilanz und Gewinn- und Verlustrechnung mit Hilfe von Bilanzkennzahlen

Kosten- und Leistungsrechnung

Die **Kosten- und Leistungsrechnung**

- ist eine **interne** Rechnung, die der Planung, Steuerung und Kontrolle dient;
- ist eine **betriebsbezogene** Rechnung, die nur die Erträge (Leistungen) und Aufwendungen (Kosten) einer Abrechnungsperiode erfasst, die in engem Zusammenhang mit dem eigentlichen **Betriebszweck** – in einem Industriebetrieb Beschaffung, Produktion und Absatz – stehen;
- ermittelt aus der Gegenüberstellung von Leistungen und Kosten das **Betriebsergebnis**;
- wird in der Regel außerhalb der Konten in **tabellarischer Form** durchgeführt;
- unterliegt **keinen gesetzlichen Vorschriften**.

Aufeinander aufbauende Stufen der KLR sind Kostenarten-, Kostenstellen- und Kostenträgertrechnung.

Statistik

Begriffe	Ziele	Beispiele
▪ Zahlenmäßige Erfassung und Analyse von Massenerscheinungen im Sinne großer Mengen – als Tätigkeit oder als Ergebnis dieser Tätigkeit ▪ in neuerer Zeit auch Analyse von Stichproben kleinen Umfanges, sodass das Wort „Masse" nur als „Mehrheit" interpretiert werden darf	▪ Betriebliche Information ▪ Kontrolle der Wirtschaftlichkeit durch innerbetriebliche und zwischenbetriebliche Vergleiche ▪ Gewinnung neuer Erkenntnisse und Informationen, die die anderen Zweige des Rechnungswesens nicht liefern können ▪ Grundlage für Unternehmensplanung und -entscheidungen	▪ Vertriebsstatistiken ▪ Beschaffungs- und Lagerstatistiken ▪ Produktions- und Kostenstatistiken ▪ Personal-, Lohn- und Gehaltsstatistiken ▪ Bilanz- und Erfolgsstatistiken

Planungsrechnung

- Planung ist die gedankliche Vorwegnahme zukünftigen Handelns.
- Planungsgrundlagen sind Informationen (Zahlen) der anderen Rechnungswesenzweige sowie z. B. des Marktes wie Konkurrenz- und Verbraucherverhalten.
- Der betriebliche Gesamtplan setzt sich aus vielen Einzelplänen zusammen wie z. B. aus Absatzplan, Beschaffungsplan, Kapazitätsplänen wie Personalplan und Investitionsplan, Produktionsplan usw.

Kosten- und Leistungsrechnung (Überblick)
Cost and Performance (Overview)

Übersicht über die Kosten- und Leistungsrechnung

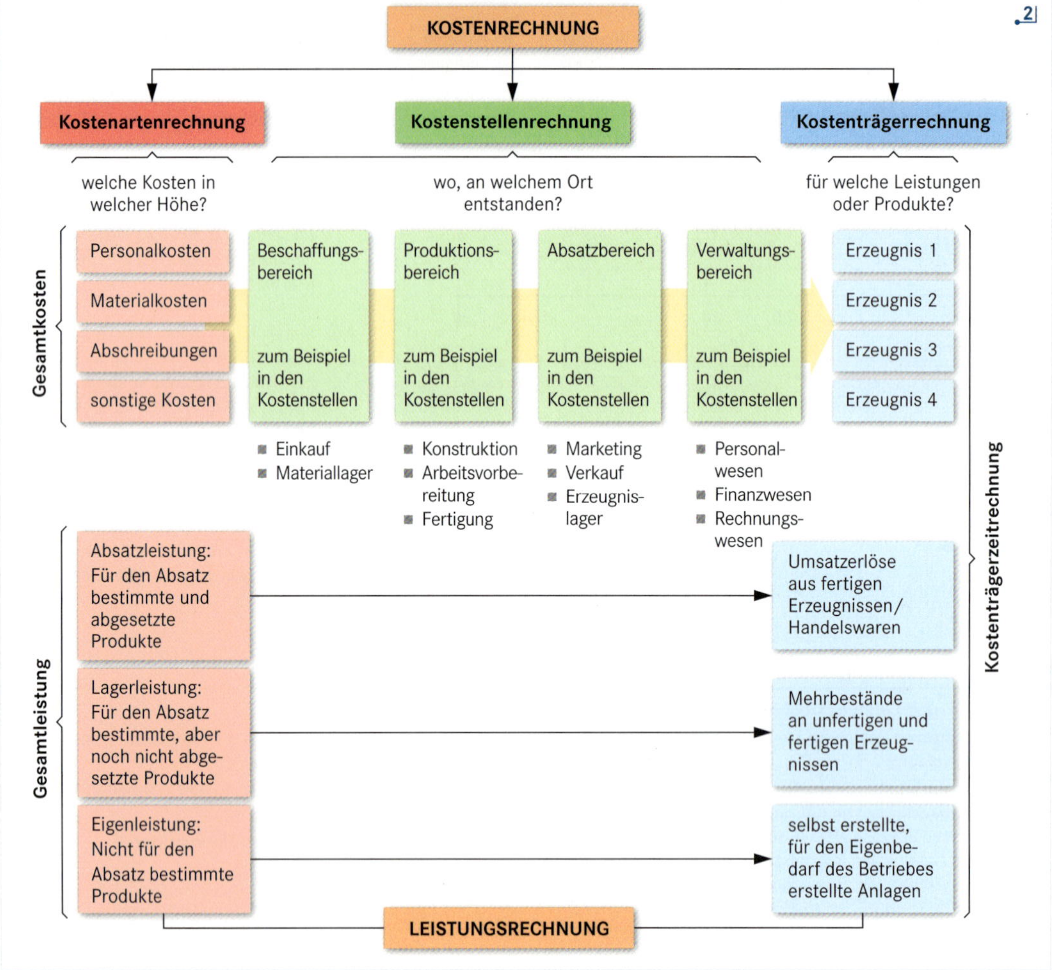

2
KOSTENRECHNUNG
Kostenartenrechnung
Kostenstellenrechnung
Kostenträgerrechnung
welche Kosten in welcher Höhe?
wo, an welchem Ort entstanden?
für welche Leistungen oder Produkte?
Gesamtkosten
Personalkosten
Materialkosten
Abschreibungen
sonstige Kosten
Beschaffungsbereich zum Beispiel in den Kostenstellen
Produktionsbereich zum Beispiel in den Kostenstellen
Absatzbereich zum Beispiel in den Kostenstellen
Verwaltungsbereich zum Beispiel in den Kostenstellen
Erzeugnis 1
Erzeugnis 2
Erzeugnis 3
Erzeugnis 4
Einkauf
Materiallager
Konstruktion
Arbeitsvorbereitung
Fertigung
Marketing
Verkauf
Erzeugnislager
Personalwesen
Finanzwesen
Rechnungswesen
Gesamtleistung
Absatzleistung: Für den Absatz bestimmte und abgesetzte Produkte
Lagerleistung: Für den Absatz bestimmte, aber noch nicht abgesetzte Produkte
Eigenleistung: Nicht für den Absatz bestimmte Produkte
Umsatzerlöse aus fertigen Erzeugnissen/Handelswaren
Mehrbestände an unfertigen und fertigen Erzeugnissen
selbst erstellte, für den Eigenbedarf des Betriebes erstellte Anlagen
Kostenträgerzeitrechnung
LEISTUNGSRECHNUNG

Phasen der Kostenrechnung

Kostenerfassung
Kostenzuordnung
Kostenverrechnung
Kostenartenrechnung
Erfassung aller Kostengüterarten in einer Abrechnungsperiode
Zuordnung der Kostengüterarten zu den Kostenkategorien
Gemeinkosten
Einzelkosten
Kostenstellenrechnung
Verursachungsgerechte Verteilung der Gemeinkosten auf die Kostenstellen
Kostenträgerrechnung
Verursachungsgerechte Zurechnung der Gemeinkosten über die Kostenstellenrechnung und der Einzelkosten auf die Kostenträger

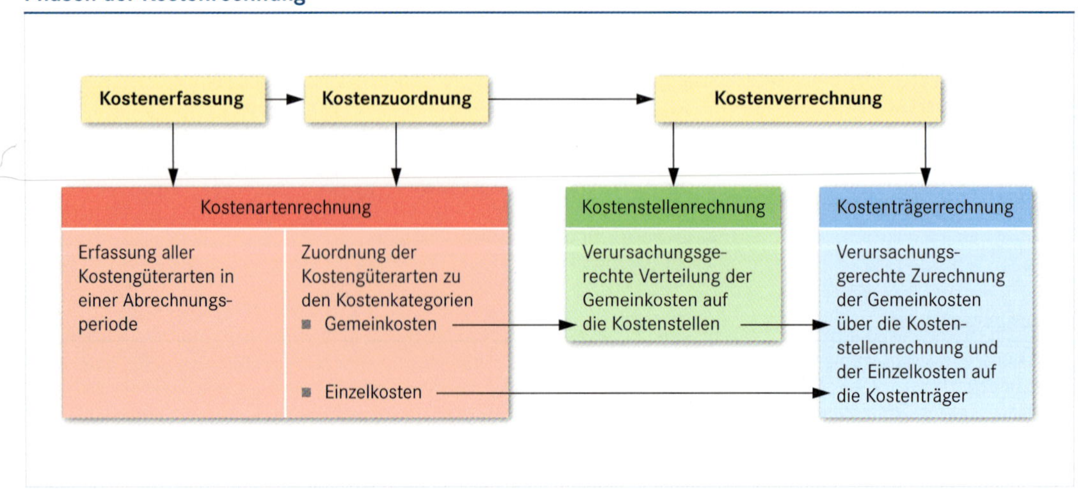

Kosten und Aufwendungen

Kosten
= in Geldeinheiten (GE) bewerteter mengenmäßiger Verbrauch an Gütern und Leistungen zum Zweck der betrieblichen Leistungserstellung in einer Abrechnungsperiode.

Aufwendungen
= gesamter in GE bewerteter mengenmäßiger Verbrauch an Gütern und Leistungen in einem Unternehmen, unabhängig von ihrem Entstehungsgrund, in einer Abrechnungsperiode.

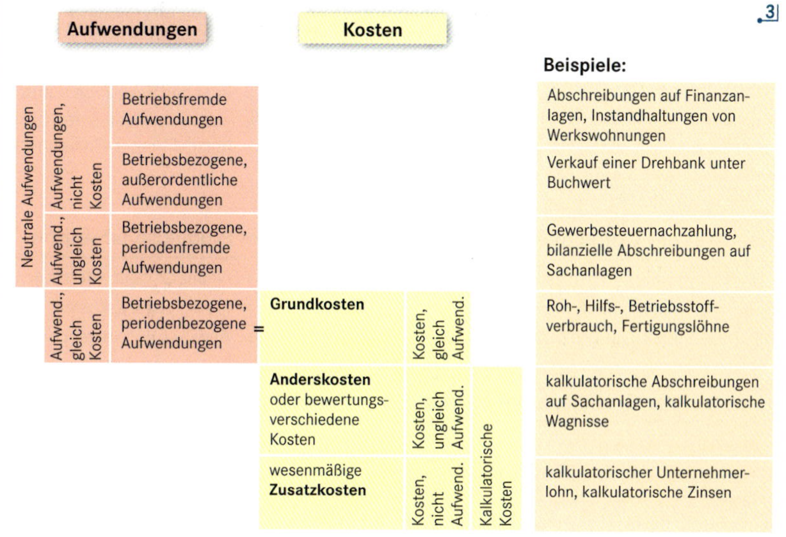

3
Aufwendungen
Kosten
Beispiele:
Neutrale Aufwendungen
Aufwendungen, nicht Kosten
Betriebsfremde Aufwendungen
Abschreibungen auf Finanzanlagen, Instandhaltungen von Werkswohnungen
Betriebsbezogene, außerordentliche Aufwendungen
Verkauf einer Drehbank unter Buchwert
Aufwend., ungleich Kosten
Betriebsbezogene, periodenfremde Aufwendungen
Gewerbesteuernachzahlung, bilanzielle Abschreibungen auf Sachanlagen
Aufwend., gleich Kosten
Betriebsbezogene, periodenbezogene Aufwendungen =
Grundkosten
Kosten, gleich Aufwend.
Roh-, Hilfs-, Betriebsstoffverbrauch, Fertigungslöhne
Anderskosten oder bewertungsverschiedene Kosten
Kosten, ungleich Aufwend.
kalkulatorische Abschreibungen auf Sachanlagen, kalkulatorische Wagnisse
wesenmäßige Zusatzkosten
Kosten, nicht Aufwend.
Kalkulatorische Kosten
kalkulatorischer Unternehmerlohn, kalkulatorische Zinsen

Leistungen und Erträge

Leistungen
= lediglich die in GE bewerteten erfolgswirksamen Wertezuflüsse in einer Abrechnungsperiode, die aus der betrieblichen Leistungserstellung resultieren.

Erträge
= alle erfolgswirksamen, in GE bewerteten Wertezuflüsse in einem Unternehmen, unabhängig von ihrem Entstehungsgrund, in einer Abrechnungsperiode.

4

		Erträge	Leistungen			Beispiele:
Neutrale Erträge	Erträge, nicht Leistungen	Betriebsfremde Erträge				Mieterträge, Zinserträge, Erträge aus Beteiligungen
Neutrale Erträge	Erträge, nicht Leistungen	Betriebsbezogene, außerordentliche Erträge				Verkauf einer Maschine über Buchwert
Neutrale Erträge	Erträge, ungleich Leistungen	Betriebsbezogene, periodenfremde Erträge				Rückzahlung einer ausgebuchten Forderung, Erträge aus der Auflösung von Rückstellungen
	Erträge, gleich Leistungen	Betriebsbezogene, periodenbezogene Erträge =	**Grundleistungen** (Grunderlöse)	Leistungen, gleich Erträge		Umsatzerlöse aus dem Verkauf von Fertigerzeugnissen, Mehrbestände an unfertigen und fertigen Erzeugnissen
			Andersleistungen oder bewertungsverschiedene Erlöse (Anderserlöse)	Leistungen, ungleich Erträge	Kalkulatorische Leistungen	Erhöhung des nach Handels- und Steuerrecht ermittelten Wertes der unfertigen und fertigen Erzeugnisse, wenn sie in der Bilanz sehr niedrig angesetzt sind
			Zusatzleistungen (Zusatzerlöse)	Leistungen, nicht Erträge	Kalkulatorische Leistungen	Originärer Firmenwert, originäre Patente

Unternehmensergebnis, Betriebsergebnis, Neutrales Ergebnis

Betriebsergebnis	= Leistungen	– Kosten
+ Neutrales Ergebnis	= Neutrale Erträge	– Neutrale Aufwendungen
= Unternehmensergebnis	= sämtliche Erträge	– sämtliche Aufwendungen

Einteilung der Kosten (Überblick)

Die Kostenartenrechnung ermittelt die in einem Betrieb entstandenen Kosten, die nach verschiedenen **Kriterien** eingeteilt werden können, für eine bestimmte Abrechnungsperiode (Monat, Quartal, Jahr):

- auf der Grundlage betriebswirtschaftlicher Produktionsfaktoren
- auf der Grundlage betrieblicher Funktionen
- nach ihrer Zurechenbarkeit auf die Kostenträger
- nach ihrer Zurechenbarkeit auf die Kostenstellen
- in Abhängigkeit von der Beschäftigung
- in Abhängigkeit von der Bezugsgrundlage
- nach ihrem Verhältnis zu den Aufwendungen der Finanzbuchhaltung (kalkulatorische Kosten)

Kosten auf der Grundlage der betriebswirtschaftlichen Produktionsfaktoren

- Werkstoffkosten, z. B. Rohstoffverbrauch
- Personalkosten, z. B. Gehälter
- Betriebsmittelkosten, z. B. Abschreibungen
- Finanzierungskosten, z. B. Abschlussprovisionen
- Fremdleistungskosten, z. B. Telefonkosten
- Abgaben mit Kostencharakter, z. B. Kfz-Steuer

Kosten auf der Grundlage der betrieblichen Funktionen

- Beschaffungskosten
- Produktions- oder Fertigungskosten
- Absatz- oder Vertriebskosten
- Verwaltungskosten
- Lagerkosten
- Finanzierungskosten

Kosten in Abhängigkeit von ihrer Zurechenbarkeit auf die Kostenträger

- **Einzelkosten:**
  Kosten, die direkt den Kostenträgern zugerechnet werden können

Beispiele:
Rohstoffkosten und Fremdbauteile aufgrund von Konstruktionszeichnungen und Materialentnahmescheinen; Fertigungslöhne aufgrund von Zeitmessungen und Lohnscheinen

- **Gemeinkosten:**
  Kosten, die nicht direkt, sondern nur mit Hilfe von Verteilungsschlüsseln über die Kostenstellenrechnung den Kostenträgern zugerechnet werden können

Beispiele:
Gehälter der Angestellten, lineare Abschreibungen auf Maschinen und Gebäude, Hilfslöhne

Kosten in Abhängigkeit von ihrer Zurechenbarkeit auf die Kostenstellen

- **Kostenstelleneinzelkosten:**
  Gemeinkosten in Bezug auf die Kostenträger, die den Kostenstellen direkt zugerechnet werden können

Beispiele:
Hilfslöhne aufgrund von Stempelkarten, Gehälter aufgrund von Gehaltslisten des Personalbüros, Abschreibungen auf Maschinen

- **Kostenstellengemeinkosten:**
  Gemeinkosten in Bezug auf die Kostenträger, die den Kostenstellen nicht direkt, sondern nur mit Hilfe von Verteilungsschlüsseln zugerechnet werden können

Beispiele:
Heiz- und Stromkosten, wenn die Kostenstellen über keine eigenen Zähler verfügen, Gehälter von Meistern, die mehrere Arbeitsplätze (Kostenstellen) betreuen

Kosten in Abhängigkeit von der Beschäftigung

Fixe Kosten:
Kosten, die unabhängig von der Produktionsmenge in einer Abrechnungsperiode in gleicher Höhe anfallen (Kosten der Betriebsbereitschaft),

z. B. Mietkosten für eine Lagerhalle, Gehälter, Abschreibungen auf Sachanlagen

Variable Kosten:
Kosten, deren Höhe sich in Abhängigkeit von der Produktionsmenge in einer Abrechnungsperiode verändert,

z. B. Rohstoffkosten, Hilfsstoffkosten, Fertigungslöhne

Kosten in Abhängigkeit von der Bezugsgrundlage

Gesamt- oder Periodenkosten:
Kosten, die insgesamt in einer Abrechnungsperiode anfallen,

z. B. im Monat, im Quartal, im Jahr

Stückkosten oder Kosten pro Leistungseinheit:
Kosten pro Mengeneinheit

z. B. Kosten pro Stück, pro Liter

Grafische Darstellung von Kostenkurven

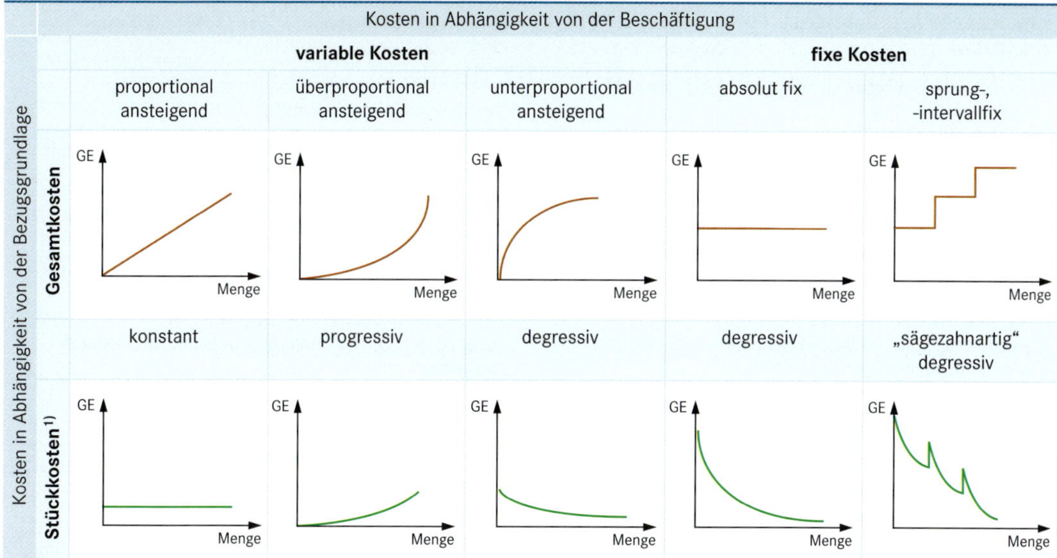

[1] Die Verläufe der Stückkostenkurven ergeben sich aus den darüber abgebildeten Verläufen der Gesamtkostenkurven, indem die jeweiligen Gesamtkosten durch die dazugehörigen Mengen geteilt werden.

Gesetz der Massenproduktion

Gesamtkostenfunktion linear:

$K = K_f + K_v\,(x)$
$K = K_f + k_v \cdot x$

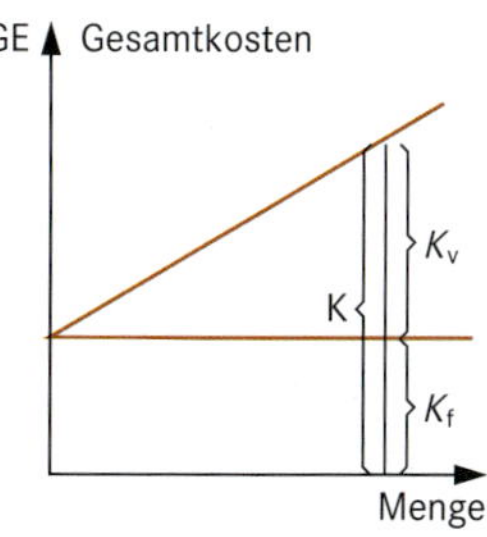

Stückkostenfunktion:

$k = \frac{K}{x} \quad k = \frac{K_f}{x} + k_v$

Die (fixen) Stückkosten nehmen mit zunehmender Produktionsmenge ab.

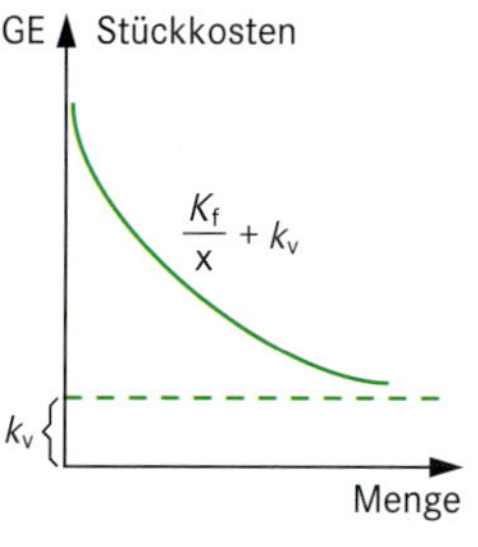

Legende:

GE: Geldeinheiten
K: Gesamtkosten pro Periode
K_f: Fixe Kosten pro Periode
K_v: Variable Kosten pro Periode
x: Produktionsmenge
k: Kosten pro Mengeneinheit
k_v: Variable Kosten pro Mengeneinheit
k_f: Fixe Kosten pro Mengeneinheit

Kosten nach ihrem Verhältnis zu den Aufwendungen der Finanzbuchhaltung

In ihrem Verhältnis zu den Aufwendungen der Finanzbuchhaltung lassen sich die Kosten wie folgt einteilen (siehe auch Grafik Seite 449 „Kosten und Aufwendungen"):

- **Grundkosten** sind Aufwendungen der Finanzbuchhaltung, die unverändert in die Kosten- und Leistungsberechnung (KLR) übernommen werden können, z. B. Aufwendungen für Roh, Hilfs- und Betriebsstoffe, Löhne, Gehälter, Personalnebenkosten.
- **Anderskosten** sind Aufwendungen der Finanzbuchhaltung, die in der KLR mit einem anderen Wert angesetzt werden müssen: kalkulatorische Abschreibungen auf Sachanlagen, kalkulatorische Wagniskosten.
- **Zusatzkosten** sind kalkulatorische Kosten, denen in der Finanzbuchhaltung keine Aufwendungen gegenüberstehen: kalkulatorische Zinsen, kalkulatorischer Unternehmerlohn.

Kalkulatorische Abschreibungen

Kalkulatorische Abschreibungen = Kosten	Bilanzielle Abschreibungen = neutrale Aufwendungen
▪ werden vom **betriebsnotwendigen** abnutzbaren Anlagevermögen berechnet;	▪ werden von **allen** Gegenständen des abnutzbaren Anlagevermögens berechnet;
▪ werden vom **Wiederbeschaffungswert** berechnet (reale Kapitalerhaltung);	▪ werden höchstens von den **Herstellungs- bzw. Anschaffungskosten** berechnet (nominale Kapitalerhaltung);
▪ sollen dem **tatsächlichen Werteverzehr** entsprechen;	▪ werden **weitgehend unabhängig vom tatsächlichen Werteverzehr** ermittelt;
▪ werden häufig wegen gleichmäßig hoher Kosten im Zeitvergleich nach der **linearen** Methode errechnet;	▪ werden häufig über eine **kürzere** Nutzungsdauer als die kalkulatorische Abschreibung berechnet;
▪ beeinflussen nur das **Betriebsergebnis**, sind bezüglich des Gesamtergebnisses erfolgsneutral.	▪ beeinflussen das **Neutrale Ergebnis** und das **Gesamtergebnis**.

5

Kalkulatorische Wagnisse

- Das **allgemeine Unternehmerwagnis**, das z. B. auf einer Fehleinschätzung des Absatzmarktes beruht, ist nicht kalkulierbar und daher nicht Gegenstand der KLR; entsprechende Verluste sind aus dem Eigenkapital des Unternehmens zu decken.
- Die **speziellen Einzelwagnisse** sind dagegen in der KLR zu berücksichtigen:

- **Beständewagnis** (z. B. Verlust von Vorräten durch Verderb, Veralten)
- **Fertigungswagnis** (z. B. Mehrkosten aufgrund von Arbeitsfehlern)
- **Anlagenwagnis** (z. B. Verluste durch Schadensfälle)
- **Entwicklungswagnis** (z. B. Verluste aus fehlgeschlagenen Produktentwicklungen)
- **Vertriebswagnis** (z. B. Ausfälle bei Kundenforderungen)
- **Gewährleistungswagnis** (z. B. kostenlose Ersatzlieferung)

- Werden Einzelwagnisse durch Versicherungen abgedeckt (z. B. Brandschäden), gehen die entsprechenden **Versicherungsprämien** in die Kosten ein (fremdversicherte Einzelwagnisse).
- Für Einzelwagnisse, die nicht fremdversichert werden können (z. B. Währungsverluste), werden in der Kostenrechnung **kalkulatorische Kosten** angesetzt (selbstversicherte Einzelwagnisse).

Kalkulatorische Zinsen

- Die Zinsaufwendungen der Finanzbuchhaltung können nicht in die KLR übernommen werden, da man nicht weiß, ob mit dem entsprechenden Fremdkapital nur betriebsbedingtes Vermögen finanziert wurde.
- Andererseits verursacht Eigenkapital keine Zinsaufwendungen, obwohl der Nutzenentgang für eine anderweitige Verwendung (z. B. Verzicht auf Zinserträge wegen Nichtanlage in Wertpapieren) Kosten im Sinne der KLR darstellt.
- Für die KLR werden daher die kalkulatorischen Zinsen wie folgt berechnet:

	Betriebsnotwendiges Anlagevermögen (Wiederbeschaffungspreis – kalkulatorische Abschreibungen)
+	Betriebsnotwendiges Umlaufvermögen [(Anfangsbestand + Endbestand) : 2]
=	Betriebsnotwendiges Vermögen
–	Abzugskapital (zinslos überlassenes Fremdkapital)
=	Betriebsnotwendiges Kapital
x	landesüblicher durchschnittlicher Zinssatz für langfristige Darlehen
=	kalkulatorische Zinsen

Kalkulatorischer Unternehmerlohn

- In Kapitalgesellschaften erhalten Vorstandsmitglieder (z. B. Aktiengesellschaft) und Geschäftsführer (GmbH) für ihre Arbeitsleistung Gehälter, die in der Geschäftsbuchhaltung dieser Unternehmungen als gewinnmindernder Aufwand gebucht und in gleicher Höhe in die Kosten- und Leistungsrechnung übernommen werden.
- Für die Arbeitsleistung geschäftsführender Inhaber von Einzelunternehmungen und Gesellschafter von Personengesellschaften (OHG und KG) dürfen nach Handels- und Steuerrecht keine gewinnmindernden Aufwendungen geltend gemacht werden. Die Arbeitsleistung ist vielmehr aus dem Gewinn abzugelten.
- Bei Einzelunternehmungen und Personengesellschaften können die vollhaftenden Geschäftsinhaber aufgrund ihrer unternehmerischen Tätigkeit in der Kosten- und Leistungsrechnung einen so genannten kalkulatorischen Unternehmerlohn ansetzen – als Ausgleich für Nutzenentgang. Dadurch werden zudem die Kostenstrukturen und Betriebsergebnisrechnungen von Unternehmungen unterschiedlicher Rechtsform vergleichbar.
- Die Höhe des kalkulatorischen Unternehmerlohnes könnte sich nach den Gehältern leitender Angestellter in vergleichbaren Positionen richten.

6

Aufgaben

- Ermittlung der Kosten einer Abrechnungsperiode in den verschiedenen Kostenstellen des Betriebes
- Notwendige Schnittstelle zwischen Kostenarten- und Kostenträgerrechnung
- Grundlage für die Zurechnung der Gemeinkosten auf die hergestellten Produkte (Kostenträger)
- Kontrolle der Kosten und der Wirtschaftlichkeit in den Kostenstellen

Kostenstellen

- Orte, an denen die Kosten entstehen
- Zurechnungseinheiten, deren Bildung nur dann erforderlich ist, wenn mehrere Erzeugnisse einen Betrieb ungleichmäßig in Anspruch nehmen
- Sie können einen Arbeitsplatz, eine Unterabteilung, eine Abteilung oder einen aus den betrieblichen Funktionen abgeleiteten Betriebsbereich umfassen.

Einteilung der Kostenstellen

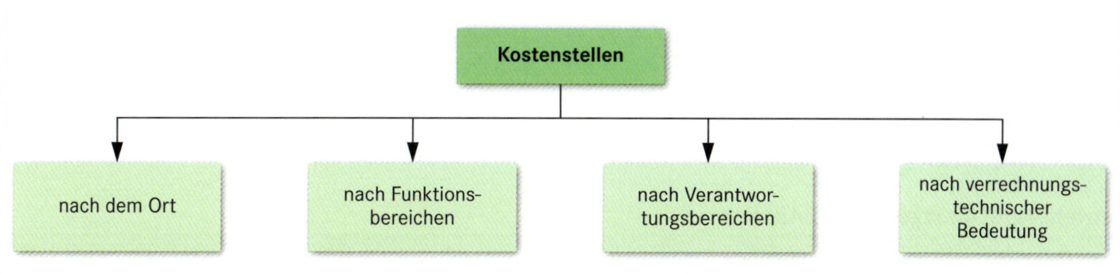

Kostenstellen nach dem Ort

- Zusammenfassung räumlich abgegrenzter Betriebsteile mit jeweils einheitlichen Aufgaben oder
- Zusammenfassung unterschiedlicher Arbeitsgänge, die abrechnungstechnisch gleich behandelt werden können

oder

- Bildung eines einheitlichen räumlich abgegrenzten Verantwortungsbereichs, der aus Kontrollgründen als Ganzes abgerechnet werden soll

Kostenstellen nach Funktionsbereichen

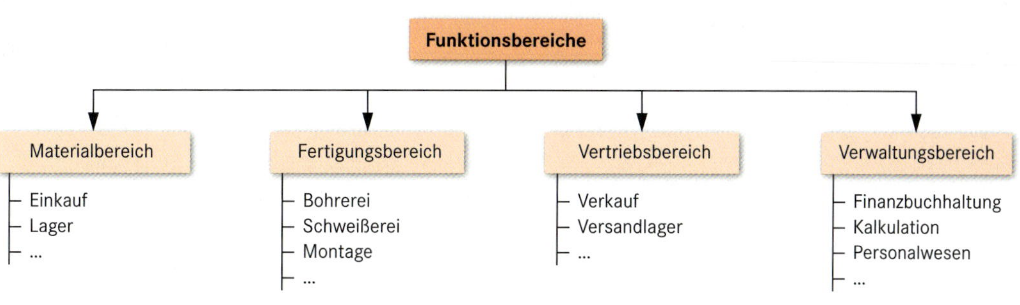

Kostenstellen nach Verantwortungsbereichen

Die Kostenstellenbildung nach Verantwortungsbereichen deckt sich im Regelfall mit der nach Funktionsbereichen.

Kostenstellen nach verrechnungstechnischer Bedeutung

Selbstständige Stellen oder Hauptkostenstellen:
Ihre Kosten werden den Kostenträgern unmittelbar zugerechnet.

Beispiele:
Einkauf, Lager, Fertigung, Verkauf, Versand, Werbung

Unselbstständige Stellen:

- **Hilfskostenstellen** erbringen Leistungen für Hauptkostenstellen; ihre Kosten werden den Hauptkostenstellen zugerechnet.

Beispiele:
Arbeitsvorbereitung für die Fertigung, Werkzeugmacherei für die Fertigung

- **Allgemeine Kostenstellen** erbringen Leistungen für alle übrigen Kostenstellen; ihre Kosten werden den Hilfs- und Hauptkostenstellen zugerechnet.

Beispiele:
Telefonzentrale, Archiv, werkseigenes Kraftwerk, Fuhrpark, Buchhaltung, Personal, allg. Verwaltung

Sie wird monatlich und jährlich in der Regel tabellarisch mit Hilfe des so genannten Betriebsabrechungsbogens (BAB) durchgeführt und vollzieht sich in fünf Schritten:

1. **Erstellung des „Betriebsabrechnungsbogens"**
   Der Betriebsabrechnungsbogen (BAB) ist eine tabellarische Darstellung der Kostenstellenrechnung, der senkrecht nach Gemeinkostenarten und waagerecht nach Kostenbereichen bzw. Kostenstellen gegliedert ist.

2. **Überprüfung sämtlicher Kostenarten im Hinblick auf ihre Zurechenbarkeit auf die Kostenträger**
   Sämtliche Kosten werden daraufhin untersucht, ob sie sich den Erzeugnissen (= Kostenträgern) direkt zurechnen lassen (= Einzelkosten), oder ob sie sich den Kostenträgern nicht direkt zurechnen lassen (= Gemeinkosten).

3. **Verteilung der Gemeinkostenarten auf die Kostenbereiche oder Kostenstellen**
   Die auf die Erzeugnisse bezogenen Gemeinkosten können entweder Kostenstelleneinzelkosten sein, die den Kostenstellen direkt mit Hilfe von Belegen zugerechnet werden. Kostenstellengemeinkosten hingegen werden mit Hilfe von Verteilungsschlüsseln auf die Kostenstellen aufgeteilt.

4. **Ermittlung der Gemeinkostensummen für die Kostenbereiche oder Kostenstellen**
   Addition der Gemeinkostenbeträge für jeden Kostenbereich bzw. jede Kostenstelle

5. **Errechnung der so genannten Gemeinkostenzuschlagssätze der Kostenbereiche**
   Die Gemeinkostensummen der jeweiligen Kostenbereiche werden zu bestimmten Zuschlagsgrundlagen ins Verhältnis gesetzt. Das Ergebnis sind die Gemeinkostenzuschlagssätze (s. S. 455), mit deren Hilfe die in den Kostenstellen des BAB ermittelten Gemeinkosten den verschiedenen Kostenträgern (Erzeugnissen bzw. Erzeugniseinheiten) zugerechnet werden können (s. S. 457 f.).

Betriebsabrechnungsbogen (BAB) Beispiel

Gemeinkostenarten	Zahlenwerte des KLR-Bereichs in EUR	Verteilungsgrundlagen	Kosten der Kostenstellen in EUR			
			I Material	II Fertigung	III Verwaltung	IV Vertrieb
Aufwendungen für Hilfsstoffe	465.600,00	Materialentnahmescheine	34.920,00	349.200,00	11.640,00	69.840,00
Aufwendungen für Betriebsstoffe	66.490,00	Umbauter Raum in m^3	2.092,66	61.071,32	1.637,73	1.688,29
Hilfslöhne	46.225,00	Lohn- und Gehaltsliste	2.890,00	25.560,00	17.015,00	760,00
Gehälter	73.000,00	Lohn- und Gehaltsliste	8.770,00	27.890,00	29.350,00	6.990,00
soziale Aufwendungen	42.026,80	Hilfslöhne/Gehälter	4.110,15	18.841,12	16.343,66	2.731,87
Kalkulatorische Abschreibungen	4.670.320,00	Anlagendatei	700.548,00	3.035.708,00	700.548,00	233.516,00
Kalkulatorische Wagniskosten	25.000,00	Kostenstelle Vertrieb	0,00	0,00	0,00	25.000,00
Kalkulatorische Zinsen	112.450,00	Betriebsnotw. Kapital	16.867,50	73.092,50	16.867,50	5.622,50
Steuern	6.320,00	Steuergegenstände	1.264,00	2.528,00	1.896,00	632,00
Fremdinstandhaltungen	23.510,00	Rechnungen	4.702,00	12.538,67	4.702,00	1.567,33
sonstige Aufwendungen	39.180,00	Rechnungen u. a.	5.597,14	8.395,71	8.395,72	16.791,42
Summe	5.570.121,80		781.761,45	3.614.825,32	808.395,61	365.139,42
		Zuschlagsgrundlage:	Fertigungsmaterial 3.480.000,00	Fertigungslöhne einschließlich anteiliger sozialer Aufwendungen 933.502,20	Herstellkosten des Umsatzes 8.767.088,97	
		Gemeinkostenzuschlagssatz:	22,4644 % ≈ 22,46 %	387,23264 % ≈ 387,23 %	9,22079 % ≈ 9,22 %	4,1644 % ≈ 4,16 %

Ermittlung der Gemeinkostenzuschlagssätze
Determination of Overhead Costs Surcharge Rates

Die Berechnung der Gemeinkostenzuschlagssätze wird auf der Grundlage der im Betriebsabrechnungsbogen ermittelten Gemeinkostensummen vorgenommen. Dabei werden die Gemeinkostensummen der einzelnen Kostenbereiche auf jeweils gesonderte Zuschlagsgrundlagen bezogen. (Die folgenden Beispiele beziehen sich auf den BAB, siehe S. 454)

Materialgemeinkostenzuschlagssatz (MGKZ)

$$\text{MGKZ} = \frac{\text{Materialgemeinkosten}}{\text{Fertigungsmaterial}} \cdot 100$$

Es wird unterstellt, dass sich die Gemeinkosten des Materialbereichs im gleichen Verhältnis wie die Materialeinzelkosten (Fertigungsmaterial, z. B. Verbrauch der Rohstoffe) entwickeln.

Beispiel:

$$\text{MGKZ} = \frac{781.761{,}45 \text{ EUR}}{3.480.000{,}00 \text{ EUR}} \cdot 100 = 22{,}4644\,\% \approx 22{,}46\,\%$$

Bei einem Rohstoffverbrauch (Einzelkosten) von 100,00 EUR fallen noch zusätzlich Materialgemeinkosten in Höhe von 22,46 EUR an.

Fertigungsgemeinkostenzuschlagssatz (FGKZ)

$$\text{FGKZ} = \frac{\text{Fertigungsgemeinkosten}}{\text{Fertigungslöhne}} \cdot 100$$

Die Gemeinkosten des Fertigungsbereichs entwickeln sich ebenfalls proportional zu den Fertigungseinzelkosten (= Fertigungslöhne).

Beispiel:

$$\text{FGKZ} = \frac{3.614.825{,}32 \text{ EUR}}{933.502{,}20 \text{ EUR}} \cdot 100 = 387{,}23264\,\% \approx 387{,}23\,\%$$

100,00 EUR an Fertigungslöhnen (Einzelkosten) führen noch zu zusätzlichen Gemeinkosten im Fertigungsbereich in Höhe von 387,23 EUR.

Vertriebsgemeinkostenzuschlagssatz (VtrGKZ)

$$\text{VtrGKZ} = \frac{\text{Vertriebsgemeinkosten}}{\text{Herstellkosten des Umsatzes}} \cdot 100$$

Die Vertriebsgemeinkosten werden in der Praxis entweder zu den Herstellkosten der Erzeugung oder zu den Herstellkosten des Umsatzes ins Verhältnis gesetzt.

Die **Herstellkosten des Umsatzes** errechnen sich wie folgt:

Fertigungsmaterial
+ Materialgemeinkosten
= Materialkosten (I)

Fertigungslöhne
+ Fertigungsgemeinkosten
= Fertigungskosten (II)

I + II = Herstellkosten der Erzeugung
- Bestandsmehrungen an unfertigen/fertigen Erzeugnissen
+ Bestandsminderungen an unfertigen/fertigen Erzeugnissen
= Herstellkosten des Umsatzes

Beispiel:

Fertigungsmaterial	3.480.000,00 EUR
+ Materialgemeinkosten	781.761,45 EUR
= Materialkosten (I)	4.261.761,45 EUR
Fertigungslöhne	933.502,20 EUR
+ Fertigungsgemeinkosten	3.614.825,32 EUR
= Fertigungskosten (II)	4.548.327,52 EUR
I + II = Herstellkosten der Erzeugung	8.810.088,97 EUR
- Bestandsmehrungen an unfertigen/fertigen Erzeugnissen	46.000,00 EUR
+ Bestandsminderungen an unfertigen/fertigen Erzeugnissen	3.000,00 EUR
= Herstellkosten des Umsatzes	**8.767.088,97 EUR**

$$\text{VtrGKZ} = \frac{365.139{,}42 \text{ EUR}}{8.767.088{,}97 \text{ EUR}} \cdot 100 = 4{,}16488\,\% \approx 4{,}16\,\%$$

Umgesetzte, verkaufte Erzeugnisse im Wert von 100,00 EUR verursachen an Vertriebsgemeinkosten zusätzlich 4,16 EUR.

Verwaltungsgemeinkostenzuschlagssatz (VwGKZ)

$$\text{VwGKZ} = \frac{\text{Verwaltungsgemeinkosten}}{\text{Herstellkosten des Umsatzes}} \cdot 100$$

Auch die Verwaltungsgemeinkosten werden in der Praxis entweder zu den Herstellkosten der Erzeugung oder zu den Herstellkosten des Umsatzes in Verhältnis gesetzt.

Beispiel:

$$\text{VwGKZ} = \frac{808.395{,}61 \text{ EUR}}{8.767.088{,}97 \text{ EUR}} \cdot 100 = 9{,}22079\,\% \approx 9{,}22\,\%$$

100,00 EUR umgesetzter Erzeugnisse verursachen 9,22 EUR an Verwaltungsgemeinkosten.

Definition Kostenträger

Unter **Kostenträger** sind die in einem Industriebetrieb in einer Abrechnungsperiode hergestellten Produkte zu verstehen. Der Begriff „Kostenträger" entspricht damit dem Begriff „Leistung". In manchen Wirtschaftszweigen ist ein Kostenträger gleichzeitig Kostenstelle, so etwa in der Bauindustrie das zu errichtende Bauwerk.

Ziel der Kosten- und Leistungsrechnung

Eine wesentliche Aufgabe der Kosten- und Leistungsrechnung besteht darin, die in einem Betrieb entstandenen Kosten den hergestellten Produkten (Kostenträgern) verursachungsgerecht zuzurechnen – **Kostenträgerrechnung**.

Rechnungssysteme der Kostenträgerrechnung

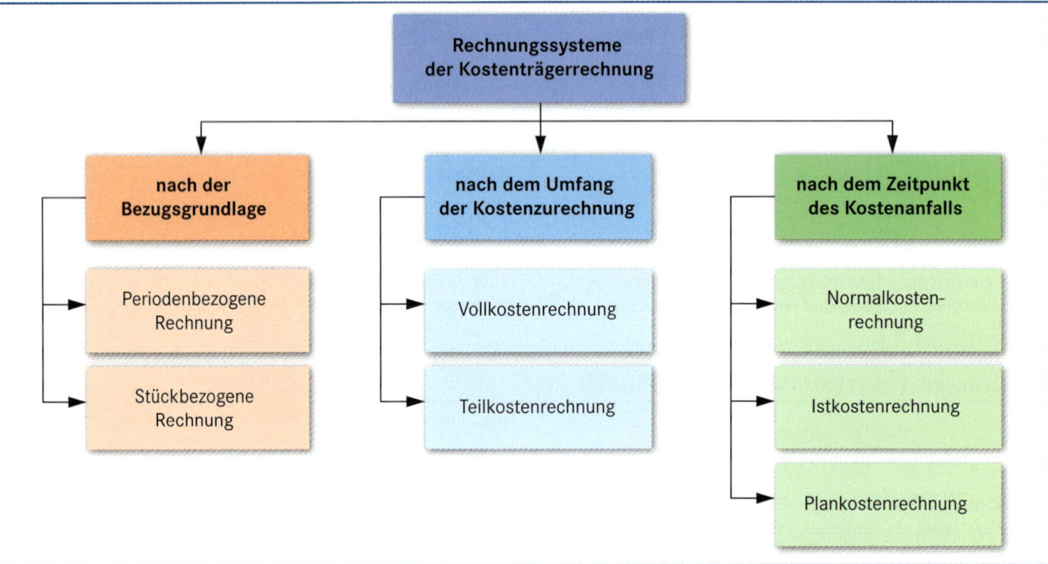

Kostenträgerblatt (Beispiel):

* Die Zahlen des Kostenträgerblattes basieren auf dem BAB (siehe S. 454) und den Gemeinkostenzuschlagssätzen (siehe S. 455). Da den Rechnungen in BAB und Kostenträgerblatt miteinander verknüpfte EXCEL-Tabellen zugrunde lagen, wurde im Kostenträgerblatt mit den nicht gerundeten Gemeinkostenzuschlagssätzen gerechnet.

Kalkulationsschema	Zuschlags-sätze gemäß BAB in % *	Istkosten gesamt	Kosten der Kostenträger in EUR		
			Telefon T 20/23	Telefax TF 16	Anrufbeantworter ABW 20
1 Fertigungsmaterial	22,4644 %	3.480.000,00	383.500,00	2.678.000,00	418.500,00
2 Materialgemeinkosten	≈ 22,46 %	781.761,45	86.151,01	601.596,89	94.013,55
3 Materialkosten (1 + 2)		4.261.761,45	469.651,01	3.279.596,89	512.513,55
4 Fertigungslöhne	387,23264 %	933.502,20	76.600,00	751.400,00	105.502,20
5 Fertigungsgemeinkosten	≈ 387,23 %	3.614.825,32	296.620,21	2.909.666,14	408.538,97
6 Fertigungskosten (4 + 5)		4.548.327,52	373.220,21	3.661.066,14	514.041,17
7 Herstellkosten der Erzeugung (3 + 6)		8.810.088,97	842.871,22	6.940.663,03	1.026.554,72
8 Mehrbestand unfertige Erzeugnisse		46.000,00	15.000,00	11.000,00	20.000,00
9 Minderbestand fertige Erzeugnisse		3.000,00	1.000,00	1.000,00	1.000,00
10 Herstellkosten des Umsatzes (7 – 8 + 9)		8.767.088,97	828.871,22	6.930.663,03	1.007.554,72
11 Verwaltungsgemeinkosten	9,22079 ≈ 9,22 %	808.395,61	76.428,55	639.062,47	92.904,59
12 Vertriebsgemeinkosten	4,16488 ≈ 4,16 %	365.139,42	34.521,56	288.654,34	41.963,52
13 Selbstkosten des Umsatzes (10 + 11 + 12)		9.940.624,00	939.821,33	7.858.379,84	1.142.422,83
14 Umsatzerlöse		12.463.890,00	1.221.767,72	10.215.893,80	1.026.228,48
15 Betriebsergebnis (14 – 13)		2.523.266,00	281.946,39	2.357.513,96	–116.194,35

Kostenträgerrechnung als periodenbezogene Vollkostenrechnung (Kostenträgerzeitrechnung)

- Werden sämtliche Kosten einer Abrechnungsperiode auf die Produkte verteilt, so wird von einer **Kostenträgerzeitrechnung** auf Vollkostenbasis gesprochen.
- Die **Einzelkosten** wie Fertigungsmaterial und Fertigungslöhne werden den Produkten anhand von Belegen (Stücklisten, Materialentnahmescheine, Lohnscheine, Arbeitskarten) direkt zugerechnet.
- Die **Gemeinkosten** werden über die Kostenstellenrechnung mit Hilfe der im BAB errechneten Gemeinkostenzuschlagssätze anteilig (indirekt) auf die Produkte aufgeteilt.
- Das Ergebnis dieser Kostenverteilung wird auf dem so genannten **Kostenträgerblatt**, das auch als BAB II bezeichnet wird, festgehalten. Je Kostenträger sind ersichtlich die Herstellkosten der Erzeugung und des Umsatzes sowie die Selbstkosten des Umsatzes.
- Werden dann noch die Umsatzerlöse der Produkte derselben Abrechnungsperiode den Kosten gegenübergestellt, können die Anteile der verschiedenen Produkte am **Betriebsergebnis** ermittelt werden.
- Dadurch wird die Kostenträgerrechnung zu einer **Ergebnisrechnung** ausgeweitet.

Kostenträgerrechnung als stückbezogene Vollkostenrechnung (= Kostenträgerstückrechnung oder Kalkulation)

- Werden die Selbstkosten für eine Leistungseinheit (z. B. Kosten pro Stück oder pro Tonne oder pro Meter) ermittelt, so handelt es sich um die **Kostenträgerstückrechnung**, die dem Begriff der **Kalkulation** entspricht.
- Werden noch Gewinnzuschlag, Rabatt und Skonto in die Rechnung einbezogen, so wird die Kostenkalkulation zu einer **Angebotspreiskalkulation** ausgeweitet.
- Je nach vorliegenden Produktions-, Fertigungsorganisations- und Absatzverhältnissen (z. B. Einproduktarten- oder Mehrproduktartenunternehmung) kommen unterschiedliche **Kalkulationsverfahren** zum Einsatz.

Kalkulationsverfahren
Costing Techniques

Divisionskalkulation

Betriebe, die nur **ein einzelnes Produkt** in großen Stückzahlen herstellen, wenden zur Ermittlung der Selbstkosten einer Mengeneinheit die Divisionskalkulation an. Dabei werden sämtliche Kosten einer Abrechnungsperiode durch die hergestellte (und abgesetzte) Menge der Abrechnungsperiode geteilt. Dieses einfache Kalkulationsverfahren kann deshalb eingesetzt werden, weil sämtliche Kosten durch dieses eine Produkt verursacht werden.

Kalkulationsschema der Divisionskalkulation:

$$\text{Selbstkosten pro Stück} = \frac{\text{Gesamtkosten der Abrechnungsperiode}}{\text{Produktionsmenge der Abrechnungsperiode}}$$

Zuschlagskalkulation

In Betrieben, die **mehrere unterschiedliche Produkte** herstellen, stellt die Zuschlagskalkulation ein geeignetes Kalkulationsverfahren dar, um die Selbstkosten für eine Mengeneinheit des jeweiligen Produktes zu ermitteln. Ausgehend von den Einzelkosten (Fertigungsmaterial und Fertigungslöhne) werden dem Kostenträger schrittweise die Gemeinkosten mit Hilfe der Gemeinkostenzuschlagssätze aus dem BAB bis zu den Selbstkosten hinzugerechnet.

Kalkulationsschema der Zuschlagskalkulation:

1.	Fertigungsmaterialkosten	(gemäß Stückliste)
2.	+ Materialgemeinkosten	(...% gemäß BAB)
3.	= Materialkosten (1 + 2)	
4.	Fertigungslöhne	(gem. Lohnschein)
5.	+ Fertigungsgemeinkosten	(...% gemäß BAB)
6.	+ Sondereinzelkosten der Fertigung	(gemäß Auftrag)
7.	= **Fertigungskosten** (4 + 5 +6)	
8.	= **Herstellkosten** (3 + 7)	
9.	+ Verwaltungsgemeinkosten	(...% gemäß BAB)
10.	+ Vertriebsgemeinkosten	(...% gemäß BAB)
11.	+ Sondereinzelkosten des Vertriebs	(gemäß Einzelnachweis)
12.	= **Selbstkosten des Kostenträgers** (8 + 9 + 10 + 11)	

Kalkulation von Handelswaren

Handelswaren sind Produkte, die ein Unternehmen kauft und ohne Be- oder Verarbeitung weiter verkauft. Sie dienen Industrieunternehmen zur Abrundung ihres Absatzprogramms.

	Position						
Bezugspreiskalkulation	Listeneinkaufspreis (netto)			100 %			
	– Lieferantenrabatt	v. H.	z. B.	– 20 %			
	= Zieleinkaufspreis			= 80 %	→		100 %
	– Lieferantenskonto	v. H.				z. B.	– 3 %
	= Bareinkaufspreis						= 97 %
	+ Bezugskosten						↓
	= Einstandspreis (Bezugspreis)						100 %
Absatzpreiskalkulation	+ Handlungskostenzuschlag	v. H.				z. B.	+ 18 %
	= Selbstkostenpreis			100 %	←		= 118 %
	+ Gewinnzuschlag	v. H.	z. B.	+ 8 %			
	= Barverkaufspreis			= 108 %	→		93 %
	+ Kundenskonto*	i. H.				z. B.	+ 2 %
	+ Verkaufs- oder Vertreterprovision*	i. H.				z. B.	+ 5 %
	= Zielverkaufspreis			85 %	←		= 100 %
	+ Kundenrabatt	i. H.	z. B.	+ 15 %			
	= Listenverkaufspreis (netto)			= 100 %	→		100 %
	+ Umsatzsteuer	v. H.					+ 19 %
	= Listenverkaufspreis (brutto)						= 119 %

* Die Kalkulationsprozentsätze für Kundenskonto und Verkaufsprovision sind zu addieren und vom verminderten Grundwert des Barverkaufspreises zu berechnen.

Bezugskosten sind zum Beispiel: Verpackungskosten, Transportkosten wie Fracht, Rollgeld und Transportversicherung, Zoll.

Handlungskosten sind Kosten, die durch Lagerung und Verkauf der Handelswaren entstehen, wie zum Beispiel: Löhne und Gehälter des Lagerpersonals, Abschreibungen auf das Lagergebäude und die Lagereinrichtung, Transport- und Verpackungskosten, anteilige Verwaltungskosten, Zinsen für das in den Handelswaren gebundene Kapitel.

Handlungskostenzuschlagssatz in v. H. =

$$\frac{\text{Handlungskosten der vergangenen Periode}}{\text{Wareneinsatz der vergangenen Periode}} \cdot 100$$

Gewinn ist das Entgeld für das in das Unternehmen eingebrachte Eigenkapital (Eigenkapitalverzinsung), die vom Unternehmer geleistete Arbeit (Unternehmerlohn) und das Risiko der Kapitalanlage im eigenen Unternehmen (Risikoprämie).

Unterschied zwischen Vollkostenrechnung und Teilkostenrechnung
Difference Between Full and Direct Costing

Vollkostenrechnung

Die Vollkostenrechnung verteilt **sämtliche Kosten** einer Abrechnungsperiode auf die Kostenträger (Kostenträgerzeitrechnung) bzw. ermittelt die Selbstkosten pro Mengeneinheit (Kostenträgerstückrechnung oder Kalkulation).

Teilkostenrechnung

Die Teilkostenrechnung rechnet, je nach angewandtem Teilkostenrechnungssystem, dem Kostenträger nur **Teile der insgesamt angefallenen Kosten** zu: entweder nur die variablen Kosten oder die Einzelkosten.

Kritik an der Vollkostenrechnung

- Die Gemeinkosten werden nicht nach dem in der Kostenrechnung geltenden Verursachungsprinzip den Kostenträgern zugerechnet, sondern mit Hilfe von Verteilungsschlüsseln auf die Kostenträger verteilt.
- Die Fixkosten (häufig Gemeinkosten) werden über die Gemeinkostenzuschlagssätze proportionalisiert: Steigen etwa die Fertigungseinzelkosten (Fertigungslöhne) aufgrund steigender Beschäftigung, so steigen proportional die Fertigungsgemeinkosten (z. B. Abschreibungen auf Anlagen), da die Fertigungsgemeinkosten mit Hilfe von durchschnittlichen, vergangenheitsbezogenen Normalgemeinkostenzuschlagssätzen den Kostenträgern zugeschlagen werden. Die Kostenträger werden also, unabhängig von der Höhe der Beschäftigung, mit einem festen Fixkostenanteil belastet, obwohl mit zunehmender Beschäftigung der Fixkostenanteil pro Erzeugniseinheit abnimmt bzw. mit abnehmender Beschäftigung zunimmt. Dieser Kostenentwicklung wird bei der Vollkostenrechnung nicht Rechnung getragen.
- Schließlich bestehen erhebliche Zweifel an der Brauchbarkeit der Vollkostenrechnung als Grundlage für Unternehmensentscheidungen.

Systeme der Teilkostenrechnung

Teilkostenrechnung auf der Grundlage von variablen und fixen Kosten

- mit globaler Fixkostenbehandlung (einfaches Direct Costing),
- mit differenzierender Fixkostenbehandlung (stufenweise Fixkostendeckung).

Begriff Deckungsbeitrag

Die Teilkostenrechnung auf der Grundlage von variablen und fixen Kosten wird als Deckungsbeitragsrechnung bezeichnet. Zieht man von den Umsatzerlösen der verschiedenen Produkte die jeweiligen variablen Kosten ab, erhält man die so genannten Deckungsbeiträge der einzelnen Produkte, die die gesamten Fixkosten decken und noch einen Gewinn erzielen sollen.

Anwendungsbereiche der Deckungsbeitragsrechnung

Unternehmensentscheidungen wie zum Beispiel

- Erweiterung oder Bereinigung des Produktionsprogramms,
- Annahme oder Ablehnung eines Zusatzauftrages,
- Ermittlung der kurzfristigen Preisuntergrenze,
- Gestaltung des optimalen Sortiments,
- Analyse der Gewinnschwelle.

Deckungsbeitragsrechnung mit globaler Fixkostenbehandlung (Direct Costing)

Periodenbezogene Deckungsbeitragsrechnung

Umsatzerlöse des Produktes der Abrechnungsperiode
– Variable Kosten des Produktes der Abrechnungsperiode
= **Deckungsbeitrag des Produktes der Abrechnungsperiode**

Summe der Deckungsbeiträge aller Produkte der Abrechnungsperiode
– Gesamte Fixkosten der Abrechnungsperiode
= Betriebsergebnis

Beispiel:

	Telefon T 20/23	Telefax TF 16	Anrufbeantworter ABW 97	Gesamt
Umsatzerlöse (EUR)	1.221.767,72	10.215.893,80	1.026.228,48	
– Variable Kosten (EUR)	432.317,81	3.614.854,73	525.514,50	
= Deckungsbeitrag (EUR)	789.449,91	6.601.039,07	500.713,98	7.891.202,96
– Fixe Kosten (EUR)				5.367.936,96
= Betriebsergebnis (EUR)				2.523.266,00

Stückbezogene Deckungsbeitragsrechnung

Verkaufspreis/Mengeneinheit
– Variable Kosten/Mengeneinheit
= Deckungsbeitrag/Mengeneinheit

Beispiel:

Verkaufspreis/Mengeneinheit	324,00 EUR
– Variable Kosten/Mengeneinheit	198,00 EUR
= Deckungsbeitrag/Mengeneinheit	126,00 EUR

Deckungsbeitragsrechnung mit stufenweiser Fixkostendeckung

Umsatzerlöse
– Variable Kosten
= Deckungsbeitrag I
– Erzeugnisfixe Kosten
= Deckungsbeitrag II
– Erzeugnisgruppenfixe Kosten
= Deckungsbeitrag III
– Kostenstellenfixe Kosten
= Deckungsbeitrag IV
– Bereichsfixe Kosten
= Deckungsbeitrag V
– Unternehmensfixe Kosten
= Betriebsergebnis

Beispiel (in Tausend GE):

	Produkte A	B	C	D	Gesamt
Umsatzerlöse	180	140	50	360	730
– Variable Kosten (EUR)	140	85	52	306	583
= Deckungsbeitrag I	40	55	–2	54	147
– Erzeugnisfixe Kosten	8	5	3	10	26
= Deckungsbeitrag II	32	50	–5	44	121
	82		39		
– Bereichsfixe Kosten	34		18		52
= Deckungsbeitrag IV	48		21		69
– Unternehmensfixe Kosten					48
= Betriebsergebnis					**21**

Anwendungsbeispiel Sortimentsbereinigung

- Das Kostenträgerblatt S. 456 zeigt, dass die OfficeCom AG in der zugrunde gelegten Periode auf der Basis der Vollkostenrechnung mit dem Produkt Anrufbeantworter einen Verlust von 116.194,35 € gemacht hat.
- Dieses Ergebnis könnte zu der Überlegung führen, die Anrufbeantworter langfristig aus dem Produktions- und Absatzprogramm zu nehmen, um diesen Verlust zu vermeiden. Die Entscheidung auf Vollkostenbasis wäre unter dem Gesichtspunkt Betriebsergebnis falsch.
- Um zu einer richtigen Entscheidung zu gelangen, müssen die gesamten Kosten in fixe und variable Kosten unterteilt werden, um die Deckungsbeiträge der Produkte ermitteln zu können.
- So lange der Deckungsbeitrag eines Produktes **positiv** ist, sollte es im Sortiment bleiben, da es mit dazu beiträgt, fixe Kosten zu decken. Würde es aus dem Sortiment genommen, blieben die Fixkosten bestehen und müssten von den übrigen Produkten abgedeckt werden – das Betriebsergebnis würde sich verschlechtern.

Angenommen, 46 % der Selbstkosten der OfficeCom AG wären variabel und 54 % fix und das Sortiment würde um die Anrufbeantworter bereinigt, dann würde die Deckungsbeitragsrechnung als Direct Costing auf der Grundlage des Kostenträgerblattes S. 456 unter sonst gleichen Umständen folgendes Aussehen haben:

Produkte	Telefon T20/23	Telefax TF 16	Gesamt
Umsatzerlöse	1.221.767,72	10.215.893,80	
– variable Kosten (in €)	432.317,81	3.614.854,73	
= Deckungsbeitrag (in €)	789.449,91	6.601.039,07	7.390.488,98
– fixe Kosten (in €)			5.367.936,96
= Betriebsergebnis (in €)			2.022.552,02

Das Betriebsergebnis würde sich durch die Sortimentsbereinigung um 500.713,98 €, nämlich um den jetzt fehlenden Deckungsbeitrag der Anrufbeantworter (siehe Tabelle S. 459), verschlechtern.

Anwendungsbeispiel Gewinnschwellenanalyse (Break-even-Analyse)

- Ist der Absatzpreis für ein Produkt durch den Markt bestimmt, kann der Gewinn nur dadurch gesteigert werden, dass die Produktions- und Absatzmenge erhöht wird. Dabei stellt sich die Frage, welche Menge mindestens produziert und abgesetzt werden muss, ab der überhaupt ein Gewinn erzielt wird.
- Mithilfe der Gewinnschwellenanalyse – auch Break-even-Analyse genannt – wird die Produktions- und Absatzmenge (Break-even-Menge) ermittelt, bei der der Gewinn gleich null ist.
- Bedingung:
  Gewinn = Umsatz – Kosten = 0

$G = U - K = 0 \Rightarrow U = K$

$U = p \cdot x;\ K = K_f + k_v \cdot x$

$p \cdot x = K_f + k_v \cdot x$

$p \cdot x - k_v \cdot x = K_f$

$(p - k_v) \cdot x = K_f$

$db \cdot x = K_f$

Der Gewinn ist also gleich null, wenn die Summe der Stückdeckungsbeiträge (db · x) gleich den Fixkosten (K_f) ist.

Beispiel:
Absatzpreis/Stück (p): 50,00 €
variable Stückkosten (k_v): 30,00 €
fixe Kosten (K_f): 60.000,00 €

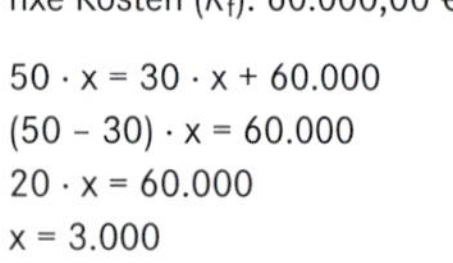

$50 \cdot x = 30 \cdot x + 60.000$

$(50 - 30) \cdot x = 60.000$

$20 \cdot x = 60.000$

$x = 3.000$

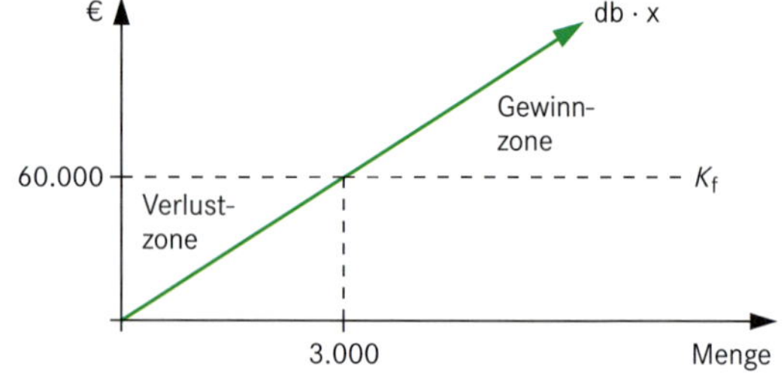

Anwendungsbeispiel Preisuntergrenze

- **Kurzfristige Preisuntergrenze**
  Preis = variable Stückkosten
  Der Deckungsbeitrag ist gleich null; das Unternehmen macht Verlust in Höhe der Fixkosten.
- **Langfristige Preisuntergrenze**
  Preis = Selbstkosten pro Stück
  Der Deckungsbeitrag ist positiv; das Unternehmen macht keinen Verlust, aber auch keinen Gewinn.

Normalkostenrechnung

- Rechnung, die auf den Kosten **vergangener Abrechnungsperioden** basiert
- **Normalgemeinkosten** sind Gemeinkosten, die bei der Angebotskalkulation mit Hilfe von Normalgemeinkostenzuschlagssätzen in den Selbstkosten- bzw. Angebotspreis eingerechnet werden.
- **Normalgemeinkostenzuschlagssätze** ergeben sich als Durchschnittswerte von Istgemeinkostenzuschlagssätzen mehrerer vergangener Abrechnungsperioden.

Istkostenrechnung

- **Gegenwartsbezogene** Rechnung, die die Kosten der laufenden Abrechnungsperiode erfasst und auswertet
- **Istgemeinkosten** sind Gemeinkosten, die in der laufenden Abrechnungsperiode entstanden sind und im BAB ausgewiesen werden.
- **Istgemeinkostenzuschlagssätze** werden errechnet, indem die Istgemeinkosten der Kostenstellen bzw. Kostenbereiche im BAB in Beziehung gesetzt werden zu den entsprechenden Zuschlagsgrundlagen (siehe S. 457).

Kostenüberdeckung (in EUR)

Normalgemeinkosten (kalkulierte) > Istgemeinkosten (tatsächlich entstandene)

Kostenunterdeckung (in EUR)

Normalgemeinkosten (kalkulierte) < Istgemeinkosten (tatsächlich entstandene)

Kostenüber-, -unterdeckung

Beispiel:

Die Zahlen des folgenden Beispiels basieren auf den Zahlen des Kostenträgerblattes von Seite 458.

Kostenüberdeckung/Kostenunterdeckung (in EUR)

Normalgemeinkostenzuschlagssätze:

Materialbereich: 23,61 % Verwaltungsbereich: 9,37 %

Fertigungsbereich: 375,00 % Vertriebsbereich: 4,19 %

Kalkulationsschema	Istkostenrechnung gemäß BAB Monat Mai 01		Normalkostenrechnung (kalkuliert für Monat Mai 01)		Kostenüberdeckung (+) Kostenunterdeckung (–)	
Fertigungsmaterial	3.480.000,00		3.480.000,00			
Materialgemeinkosten	781.761,45		821.628,00			
Materialkosten		4.261.761,45		4.301.628,00	39.866,55	Materialbereich
Fertigungslöhne	933.502,20		933.502,20			
Fertigungsgemeinkosten	3.614.825,32		3.500.633,25			
Fertigungskosten		4.548.327,52		4.434.135,45	-114.192,07	Fertigungsbereich
Herstellkosten der Erzeugung		8.810.088,97		8.735.763,45		
Bestandsmehrungen unfertige Erzeugnisse		-46.000,00		-46.000,00		
Bestandsminderungen fertige Erzeugnisse		3.000,00		3.000,00		
Herstellkosten des Umsatzes		8.767.088,97		8.692.763,45		
Verwaltungsgemeinkosten		808.395,61		814.511,94	6.116,33	Verwaltungsbereich
Vertriebsgemeinkosten		365.139,42		364.226,79	-912,63	Vertriebsbereich
Selbstkosten des Umsatzes		**9.940.624,00**		**9.871.502,18**	**-69.121,82**	**Gesamt**

Verfahren der Kostenkontrolle (Vergleiche)

Istkosten mit Istkosten	Istkosten mit Normalkosten	Istkosten mit Plankosten
▪ Vergangenheitsbezogene Rechnung ▪ Anteile von Einflussgrößen möglicher Kostendifferenzen wie z. B. Veränderungen der Beschäftigung, der Beschaffungspreise, der Tariflöhne und -gehälter oder des Werkstoffverbrauchs sind kaum ermittelbar. ▪ Damit sind Verantwortlichkeiten für Kostendifferenzen nicht zurechenbar.	▪ Vergangenheitsbezogene Rechnung ▪ Feststellbar sind nur Kostenüber- bzw. -unterdeckungen. ▪ Kostenschwankungen vergangener Perioden werden wegen der Durchschnittsbildung der Normalgemeinkosten nur nivelliert, nicht beseitigt.	▪ Zukunftsorientierte Rechnung ▪ Planung von Kosten, die auf technischer Grundlage unter Beteiligung von REFA-Ingenieuren, Mitarbeitern der Abteilungen Arbeitsvorbereitung, Kostenrechnung und Konstruktion ermittelt und vorgegeben und mit den Istkosten verglichen werden ▪ Kostenabweichungen werden auf ihre Ursachen zurückgeführt, Verantwortlichkeiten zugewiesen.

Verrechnete Plankosten

Verrechnete Plankosten = Plankostenverrechnungssatz (PVS) x Istbeschäftigung

Beispiel:
Die Kostenstelle „Bohrerei“ plant mit folgenden Größen:
Planbeschäftigung: 4.000 Mengeneinheiten (ME)
Plankosten: 45.000 Geldeinheiten (GE)

$PVS = \frac{45.000\ GE}{4.000\ ME}$ $PVS = 11{,}25\ \frac{GE}{ME}$

Istbeschäftigung: 3 850 ME

Verrechnete Plankosten:
11,25 GE/ME x 3.850 ME = 43.312,50 GE

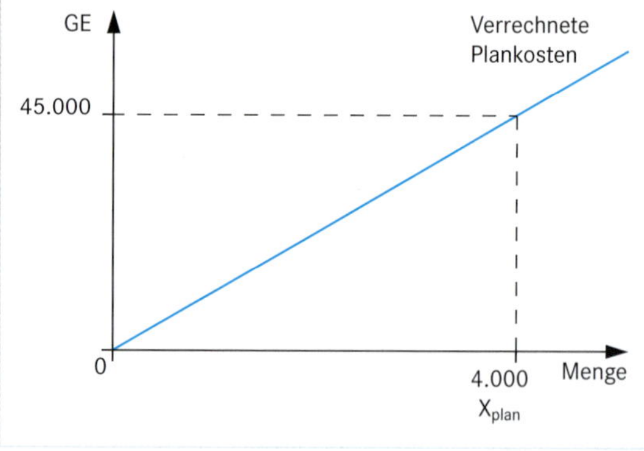

Sollkosten

- Sollkosten sind die auf die Istbeschäftigung (X_{ist}) umgerechneten Plankosten.
- Plankosten werden unterschieden in fixe und variable Plankosten ($K_{plan} = K_{fplan} + K_{vplan}$).
- Einzelkosten können als variabel angesehen werden; Gemeinkosten müssen auf variablen bzw. fixen Charakter untersucht und ggf. mit Hilfe von Kostenauflösungsverfahren in fixe und variable Bestandteile zerlegt werden. Die Funktion der Sollkosten ist linear:

$K_{Soll} = K_f + k_v \cdot X_{ist}$ $K_f = K_{fplan}$ $k_v = \frac{K_{vplan}}{X_{plan}}$

Beispiel: Kostenauflösungsverfahren

Monat	Produktionsmenge in ME	Gesamtkosten Betriebsstoffe
November	120	220.000 €
Dezember	150	265.000 €
Differenz	30	45.000 €

k_v = 45.000 €: 30 ME = 1.500 €/ME
November: K_v = 120 ME x 1.500/ME = 180.000 €
K_f = 220.000 – 180.000 = 40.000 €

Beispiel:

X_{plan}: 4.000 ME

K_{plan}: 45.000 GE

K_{fplan}: 9.000 GE

k_v: $\frac{36.000\ GE}{4.000\ ME} = 9\ \frac{GE}{ME}$

K_{soll}: $9.000 + 9X_{ist}$

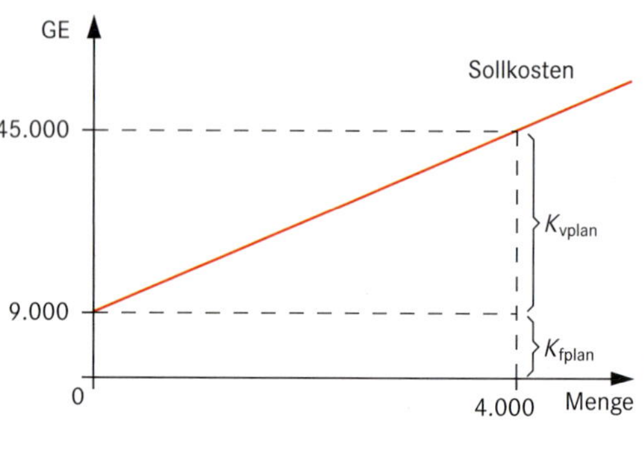

Arten der Kostenabweichungen

- **Preis- und Lohnsatzabweichung:**
  Die Istpreise und -lohnsätze weichen von den Planpreisen und -lohnsätzen ab. Diese Kostenabweichung kann aus der Abweichungsanalyse herausgehalten werden, wenn die Verbrauchsmengen und -zeiten bei Istbeschäftigung wie bei Planbeschäftigung mit den gleichen Verrechnungspreisen und -lohnsätzen bewertet werden.
- **Beschäftigungsabweichung:**
  Die Istbeschäftigung weicht von der Planbeschäftigung ab.

  Verrechnete Plankosten (bei Istbeschäftigung)
  – Sollkosten (bei Istbeschäftigung)
  = Beschäftigungsabweichung

- **Verbrauchsabweichung:**
  Der Istverbrauch an Mengen und Zeiten weicht vom Planverbrauch ab.

  Sollkosten (bei Istbeschäftigung)
  – Istkosten (bei Istbeschäftigung)
  = Verbrauchsabweichung

- **Gesamtabweichung:**

  Beschäftigungsabweichung
  + Verbrauchsabweichung
  = Gesamtabweichung

Beispiel:

X_{plan}: 4.000 ME X_{ist}: 2.500 ME
K_{plan}: 45.000 GE K_{ist}: 33.000 GE
K_{fplan}: 9.000 GE K_{soll}: 31.500 GE
K_{vplan}: 36.000 GE

PVS: 11,25 GE

Verrechnete Plankosten: 28.125 GE

Beschäftigungsabweichung (28.125 GE – 31.500 GE)	= –3.375 GE
+ Verbrauchsabweichung (31.500 GE – 33.000 GE)	= –1.500 GE
= Gesamtabweichung	= –4.875 GE

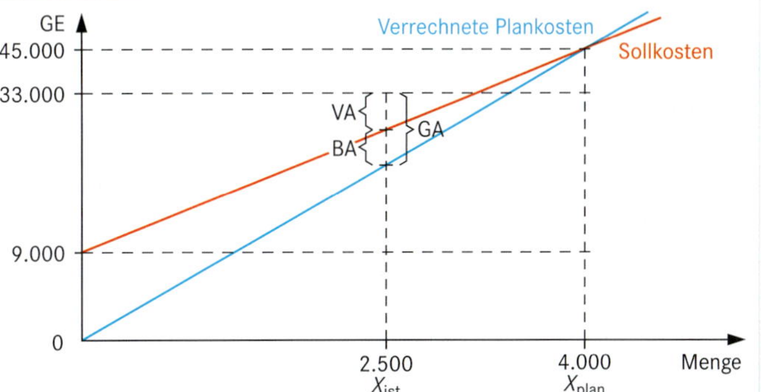

Begriff

- Prozesskostenmanagement betrifft vornehmlich den „Gemeinkostenbereich“ der Unternehmung – z. B. Beschaffung, Arbeitsvorbereitung, Rechnungswesen – (auch als „indirekter Bereich“ oder „fertigungsferner Bereich“ bezeichnet).
- Planung, Kontrolle und Zurechnung dieser Kostenträger-Gemeinkosten, die in der Regel Kostenstellen-Einzelkosten sind, auf die Produkte mit Hilfe von Prozessen.

Ziele

- Erhöhung der Kostentransparenz in den indirekten, also eher fertigungsfernen Bereichen.
- Effiziente Planung und Kontrolle der Gesamtkosten
- Gegenüber den traditionellen Kostenrechnungssystemen verbesserte verursachungsgerechte Zurechnung insbesondere der Gemeinkosten über die Geschäftsprozesse auf die Produkte (Produktkalkulation).

Schritte der Prozesskostenrechnung

1. Schritt: Tätigkeitsanalyse

Beispiel:
Zusammenhang zwischen Hauptprozess „Kundenauftrag abwickeln“, Teilprozessen und ausführenden Kostenstellen

Teilprozesse	Kostenstellen
Auftragsformular mit Auftragsdaten anlegen	z. B. Vertriebsaußendienst
Auftragsdaten an Vertriebsinnendienst übermitteln	Vertriebsaußendienst
Überprüfung Kundenbonität (weitere Teilprozesse möglich)	Debitorenbuchhaltung
Weitergabe Auftragsdaten an Logistik, Einkauf, Buchhaltung	Vertriebsinnendienst
Überprüfung Lagerbestand (weitere Teilprozesse möglich)	Logistik
Evtl. Erstellung Fertigungsauftrag bzw. Auslösung Teilebestellung bei Lieferanten (weitere Teilprozesse möglich)	Fertigungssteuerung
Auslieferung veranlassen (weitere Teilprozesse möglich)	Logistik
Rechnungserstellung	Debitorenbuchhaltung
Prüfung Zahlungseingang (weitere Teilprozesse möglich)	Debitorenbuchhaltung

8

2. Schritt: Wahl geeigneter Maßgrößen

Im „direkten Bereich", der Fertigung, abgedeckt durch die **klassische Kostenrechnung**, ist die **Ausbringungsmenge** die Maß- oder Bezugsgröße für die Kosten.

Bei den Bezugsgrößen des „indirekten Bereichs" in der **Prozesskostenrechnung** handelt es sich um bestimmte **Transaktionen**.

- Ermittlung der „Kostentreiber" (cost-driver), also der leistungsbestimmenden und damit kostenverursachenden Faktoren (Transaktionen)
- Unterscheidung in
  - **leistungsmengeninduzierte (lmi) oder -variable Teilprozesse und**
  - **leistungsmengenneutrale (lmn) oder -fixe Teilprozesse.**
- Ermittlung adäquater **Maßgrößen**

Beispiel: Maß- oder Bezugsgrößen für leistungsmengeninduzierte Teilprozesse:

Hauptprozess „Material/Waren annehmen"	
Teilprozesse	Kostentreiber
▪ Anlieferung entgegennehmen - Fremdteile - Eigengefertigte Teile	 ▪ Entladezeit je Lieferung ▪ Entladezeit je Lieferung
▪ Zugang über Terminal eingeben und Zugangsbeleg erstellen	▪ Anzahl der Zugänge
▪ Lieferung auf Identität prüfen	▪ Anzahl Zugänge
▪ Verpacken der Teile und einlagern in Gitterboxen	▪ Anzahl Zugänge

9

3. Schritt: Festlegung der Planprozessmengen

- Bestimmung der Mengengerüste der leistungsmengeninduzierten Teilprozesse

Beispiel: Zahl der abgewickelten oder in der nächsten Periode abzuwickelnden Fertigungsaufträge

4. Schritt: Planung der Prozesskosten

- Identifizierung der durch die Teilprozesse verursachten Kostenarten und Berechnung ihrer Höhe auf der Grundlage der Planprozessmengen

Beispiel: Der Teilprozess „Montageaufträge disponieren" verursacht Personalkosten, Büromaterialkosten, Abschreibungen auf die Geschäftsausstattung, Energiekosten usw.

5. Schritt: Ermittlung von Prozesskostensätzen

In den Prozesskostensätzen, die die Kosten für die einmalige Durchführung eines (Teil- oder Haupt-)Prozesses angeben, werden leistungsmengeninduzierte (lmi) und leistungsmengenneutrale (lmn) Kosten berücksichtigt, wobei die Kosten von lmn-Prozessen über Umlagesätze zu den Kosten von lmi-Prozessen hinzugerechnet werden.

Beispiel: Umlage der Kosten mengenfixer Prozesse in der Kostenstelle „Einkauf" 10

Prozesse		Maßgrößen	Planprozessmengen	Plankosten	Prozesskostensatz (lmi)	Umlagesatz (lmi)	Gesamtprozesskostensatz
Angebote einholen	lmi	Anzahl der Angebote	1.200	300.000,00	250,00	21,28	271,28
Bestellungen aufgeben	lmi	Anzahl der Bestellungen	3.500	70.000,00	20,00	1,70	21,70
Reklamationen bearbeiten	lmi	Anzahl der Reklamationen	100	100.000,00	1.000,00	85,10	1.085,10
Abteilung leiten	lmn	-	-	40.000,00	-	-	-

Prozesskostensätze		Beispiel: Prozess „Angebote einholen"
Prozesskostensatz (lmi)	$= \frac{\text{(Plan)Prozesskosten/Prozess (lmi)}}{\text{Leistungsmenge (Kostentreibermenge)}}$	$\frac{300.000}{1.200} = 250,00$
Zuschlagssatz (lmn) in v.H.	$= \frac{\Sigma \text{ (Plan)Prozesskosten (lmn)} \times 100}{\Sigma \text{ (Plan)Prozesskosten der Prozesse (lmi)}}$	$\frac{40.000}{300.000 + 70.000 + 100.000} \times 100 = 8,51\,\%$
Umlagesatz (lmn)	= Zuschlagssatz (lmn) x Prozesskostensatz (lmi)	250 x 8,51 % = 21,28
Gesamtkostensatz/ Prozess	= Prozesskostensatz (lmi) + Umlagesatz (lmn)	250,00 + 21,28 = 271,28 Ein Angebot einholen kostet 271,28 €.

Begriff

- Ursprünglich Kontrolle bzw. Überwachung des betrieblichen Leistungsprozesses;
- Heute Informations-, Entscheidungs- und Führungsinstrument durch ergebnisorientierte Planung, Steuerung und Überwachung des Unternehmens in allen seinen Bereichen und Ebenen.

Operatives Controlling:
- Vollzugsüberwachung und Abweichungsanalyse,
- beruht weitgehend auf quantitativen Informationen.

Strategisches Controlling:
- Erweiterung des operativen Controlling,
- Planung unterstützende und reflektierende Funktion,
- Einbeziehung langfristiger, qualitativer Informationen.

Controlling als Regelkreissystem

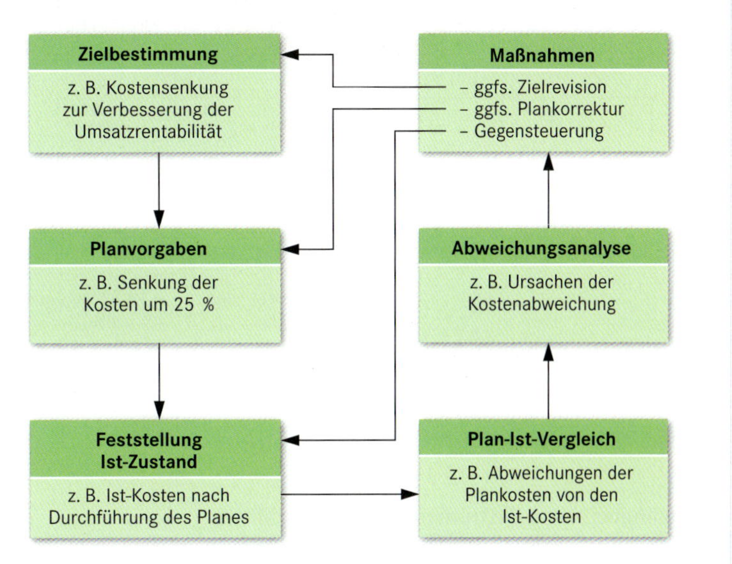

Controlling als Instrument der Willenssicherung

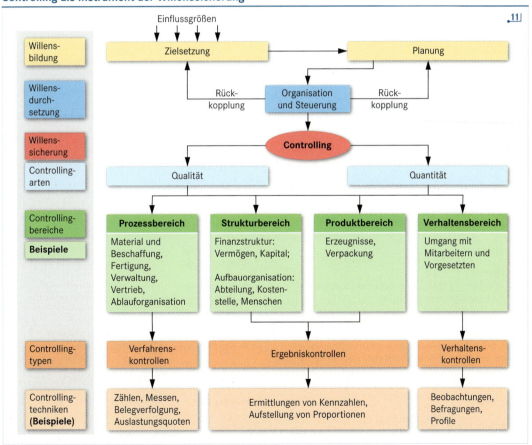

11

Einflussgrößen

Ebene				
Willensbildung	Zielsetzung		Planung	
Willensdurchsetzung	Rückkopplung	Organisation und Steuerung	Rückkopplung	
Willenssicherung		Controlling		
Controllingarten	Qualität		Quantität	
Controllingbereiche	**Prozessbereich**	**Strukturbereich**	**Produktbereich**	**Verhaltensbereich**
Beispiele	Material und Beschaffung, Fertigung, Verwaltung, Vertrieb, Ablauforganisation	Finanzstruktur: Vermögen, Kapital; Aufbauorganisation: Abteilung, Kostenstelle, Menschen	Erzeugnisse, Verpackung	Umgang mit Mitarbeitern und Vorgesetzten
Controllingtypen	Verfahrenskontrollen	Ergebniskontrollen		Verhaltenskontrollen
Controllingtechniken **(Beispiele)**	Zählen, Messen, Belegverfolgung, Auslastungsquoten	Ermittlungen von Kennzahlen, Aufstellung von Proportionen		Beobachtungen, Befragungen, Profile

Controlling in der Aufbauorganisation

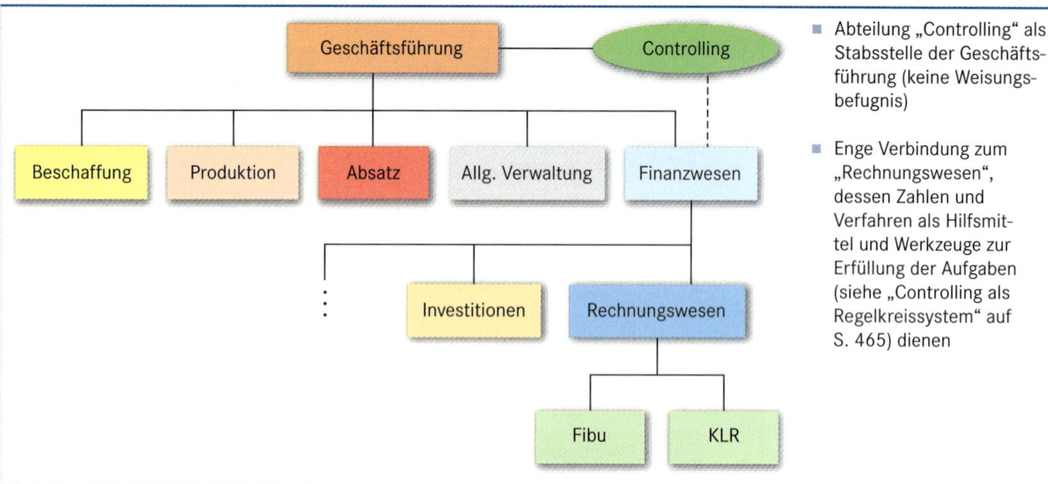

- Abteilung „Controlling“ als Stabsstelle der Geschäftsführung (keine Weisungsbefugnis)
- Enge Verbindung zum „Rechnungswesen“, dessen Zahlen und Verfahren als Hilfsmittel und Werkzeuge zur Erfüllung der Aufgaben (siehe „Controlling als Regelkreissystem“ auf S. 465) dienen

Controllingbereiche, -instrumente und -kennzahlen

Beschaffungscontrolling

Beispiele für Instrumente:
- Einsatz eines Warenwirtschaftssystems
- ABC-Analyse der Lieferanten und der Waren
- Angebotsvergleich und Nutzwertanalyse
- Ermittlung optimaler Bestellmengen

Beispiele für Kennziffern:
- Kosten pro Bestellvorgang (Prozesskostenrechnung)
- Reklamationsquote
- Kosten pro 1,00 € Bestellwert

Lagercontrolling

Beispiele für Instrumente:
- Einführen von Lagerkennzahlen zur Optimierung der Lagerhaltung
- ABC-Analyse der Waren
- Kontrolle der Lagerkosten

Beispiele für Kennzahlen:
- durchschnittlicher Lagerbestand
- Lagerumschlagshäufigkeit
- durchschnittliche Lagerdauer
- Lagerzinssatz
- Mindest-, Melde-, Höchstbestand

Produktionscontrolling (Beispiele für Kennzahlen)

Produktivität

Allgemeiner Produktivitätsbegriff:

$$\text{Produktivität} = \frac{\text{Output}}{\text{Input}}$$

Output:
Erbrachte Leistung in Mengeneinheiten pro Zeiteinheit, z. B. Ausbringungsmenge pro Monat

Input:
Eingesetzte Mengen der Produktionsfaktoren pro Zeiteinheit, z. B. Arbeits-, Maschinenstunden und Werkstoffverbrauchsmengen pro Monat (Problem: nicht addierbare Mengengrößen)

Teilproduktivitäten:

- Produktivität des Arbeitseinsatzes $= \frac{\text{Ausbringungsmenge}}{\text{Zahl der Arbeitsstunden}}$
- Produktivität des Betriebsmitteleinsatzes $= \frac{\text{Ausbringungsmenge}}{\text{Zahl der Maschinenstunden}}$
- Produktivität des Werkstoffeinsatzes $= \frac{\text{Ausbringungsmenge}}{\text{Menge einer bestimmten Werkstoffart i}}$

Wirtschaftlichkeit

Enger Begriff:

$$\text{Wirtschaftlichkeit} = \frac{\text{(Bewertete) Leistung}}{\text{Kosten}}$$

Weiter Begriff:

$$\text{Wirtschaftlichkeit} = \frac{\text{Erträge}}{\text{Aufwendungen}}$$

Absatzcontrolling

Beispiele für Instrumente:
- ABC-Analyse der Kunden
- Deckungsbeitragsrechnung
- Führen einer Renner-Penner-Liste

Beispiele für Kennziffern:
- Umsatz je Mitarbeiter oder Verkaufsteam
- Deckungsbeitrag pro Stück oder Warengruppe
- Marktanteil
- Umsatz/Absatz pro Kunde, pro m^2 Verkaufsfläche

Personalcontrolling

Beispiele für Instrumente:
- Analyse der Personalkosten
- Analyse der Personalstruktur
- Analyse der Personalentwicklung
- Entwicklung von Personalbeurteilungsbögen

Beispiele für Kennzahlen:
- Alters- und Geschlechtsstruktur
- Fluktuationsrate, Anzahl Versetzungswünsche
- Fehl-, Krankheitsquote
- Personalkosten je Mitarbeiter

Finanzcontrolling (Beispiele für Kennzahlen)

Liquidität

- **Liquiditätsgrad I (Barliquidität):**

$$= \frac{\text{Liquide Mittel}}{\text{Kurzfristige Verbindlichkeiten}} \cdot 100$$

- **Liquiditätsgrad II (Einzugsbedingte Liquidität/ quick ratio):**

$$= \frac{\text{Liquide Mittel + kurzfristige Forderungen und Wertpapiere}}{\text{Kurzfristige Verbindlichkeiten}} \cdot 100$$

- **Liquiditätsgrad III (Umsatzbedingte Liquidität/ current ratio):**

$$= \frac{\text{Umlaufvermögen}}{\text{Kurzfristige Verbindlichkeiten}} \cdot 100$$

Cashflow

Jahresüberschuss (Jahresgewinn)
+ Abschreibungen auf Anlagen
+ Zuführungen zu langfristigen Rückstellungen
= Cashflow

Messzahl für die Selbstfinanzierungskraft einer Unternehmung

Selbst erwirtschaftete Mittel, die der Unternehmung zur Verfügung stehen für die
- Finanzierung von Investitionen
- Schuldentilgung
- Gewinnausschüttung

Rentabilität

- Rentabilität des Eigenkapitals $= \frac{\text{Gewinn}}{\text{Eigenkapital}} \cdot 100$
- Rentabilität des Gesamtkapitals $= \frac{\text{Gewinn + Fremdkapitalzinsen}}{\text{Eigenkapital + Fremdkapital}} \cdot 100$
- Rentabilität des Umsatzes $= \frac{\text{Gewinn}}{\text{Umsatz}} \cdot 100$

Return on Investment (RoI)

Return on Investment = Rückfluss des investierten Kapitals

$$\text{RoI} = \underbrace{\frac{\text{Gewinn}}{\text{Umsatz}}}_{\text{Rentabilität des Umsatzes}} \cdot \underbrace{\frac{\text{Umsatz}}{\text{investiertes Kapital}}}_{\text{Umschlagshäufigkeit des investierten Kapitals}} \cdot 100$$

Kennzahlensystem RoI (DuPont-Schema)

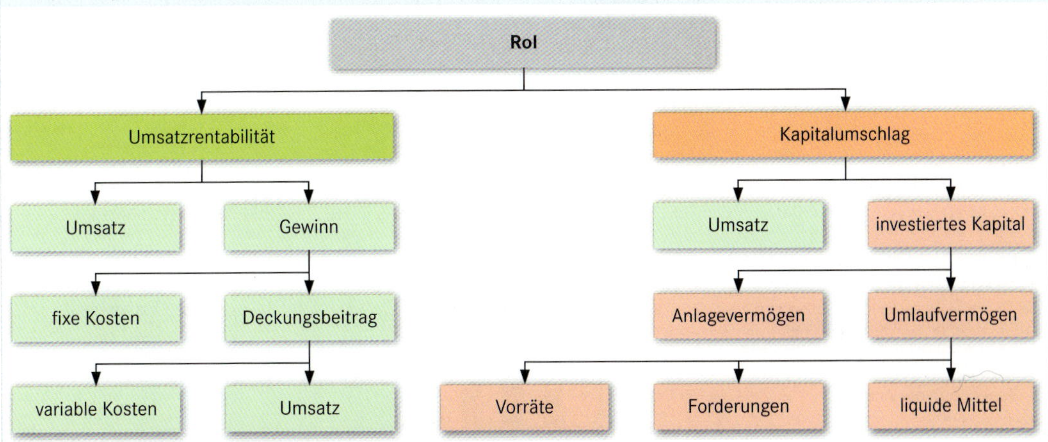

Durch die Zerlegung der übergeordneten Zielgröße RoI in seine einzelnen Elemente zeigt das DuPont-Schema die Einflussfaktoren des Unternehmenserfolgs. Es gibt damit Hinweise auf Steuerungs- und Verbesserungsmaßnahmen.

Begriffe/Anforderungen

- Kennzahlen oder Maßzahlen sind numerische Informationen, die eindeutig definiert sein müssen.
- Aufbau und Eignung einer Kennzahl haben ihren Ausgangspunkt in der aus ihr erwachsenden sachlichen Fragestellung.

Arten

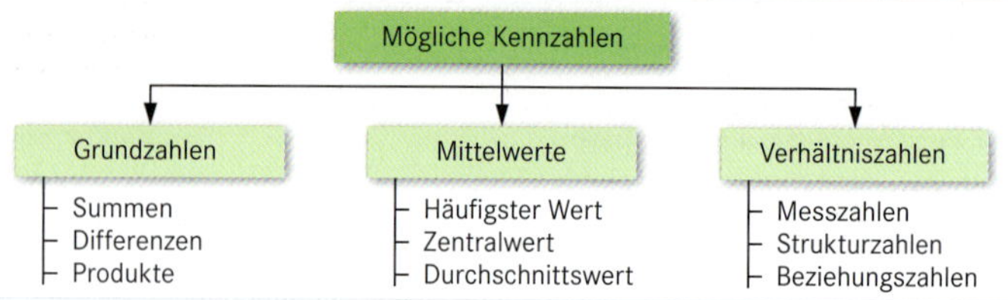

Grundzahlen

- Sie sind absolute Zahlen zur Darstellung quantitativer Sachverhalte.
- Sie erhalten ihre Bedeutung, wenn sie mit anderen absoluten Zahlen ins Verhältnis gesetzt werden.

Mittelwerte

Häufigster Wert	Zentralwert	Durchschnittswert
Er ist der in einer beliebigen Zahlenreihe am häufigsten vorkommende Wert (dichtester Wert oder Modus).	Er teilt eine der Größe nach geordnete Zahlenreihe (auf- oder absteigend); er liegt in der Mitte der Zahlenreihe (Median).	Er errechnet sich aus der Summe der Zahlenwerte, dividiert durch die Anzahl der Zahlenwerte (einfaches arithmetisches Mittel).

Verhältniszahlen

- Sie ergeben sich dadurch, dass zwei in einem sachlichen Zusammenhang stehende absolute Maßzahlen zueinander ins Verhältnis gesetzt werden.

Messzahlen

- Eine Reihe gleichartiger Größen wird auf eine dieser Größen als gemeinsame Basis bezogen, z. B. Monatsumsätze.
- Messzahlen eignen sich gut zur Darstellung der zeitlichen Entwicklung von Sachverhalten.

Darstellungsformen

Tabelle

Anforderungsmerkmale zur Gestaltung gemäß Normblatt DIN 55 301 sind u. a.

- Gliederung in Zeilen und Spalten, deren Kreuzung Fächer ergeben;
- Kennzeichnung des Zeileninhaltes in der Vorspalte, der Spalteninhalte im Tabellenkopf;
- Beschreibung des dargestellten Sachverhaltes in einer Überschrift mit örtlicher/zeitlicher Abgrenzung.

Monatsumsätze (in Tausend EUR) **des Unternehmens XY in 20..**

	Produkt A	Produkt B	Produkt C	Produkt D	Gesamt
Januar	10	12	35	22	79
Februar	12	18	40	20	90
März	15	16	37	18	86
April	20	9	34	24	87
Mai	16	4	41	28	89
Juni	24	15	39	26	104
Juli	18	13	38	15	85
August	10	17	36	20	83
September	14	15	39	26	94
Oktober	19	10	40	24	93
November	20	11	33	21	85
Dezember	21	14	36	20	91
	199	154	448	265	1.066

Säulendiagramm

- Eignet sich zur Darstellung der zeitlichen Entwicklung nur einer Zahlenreihe
- Beschreibung des dargestellten Sachverhaltes mit einer Überschrift
- Benennung der Achsen

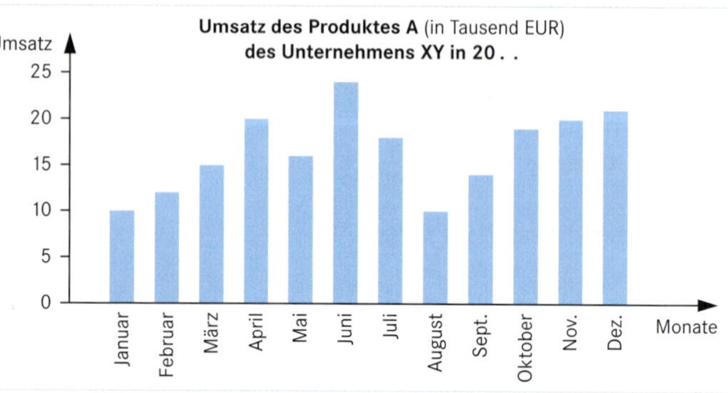

Darstellungsformen

Liniendiagramm

- Diese Art Diagramm ist geeignet, die zeitliche Entwicklung eines Sachverhaltes, der mehrere Zahlenreihen umfasst, übersichtlich darzustellen.

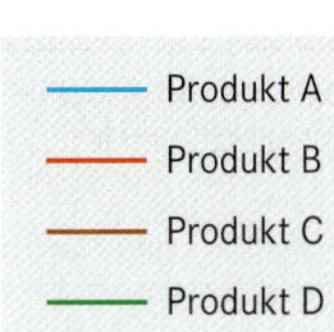

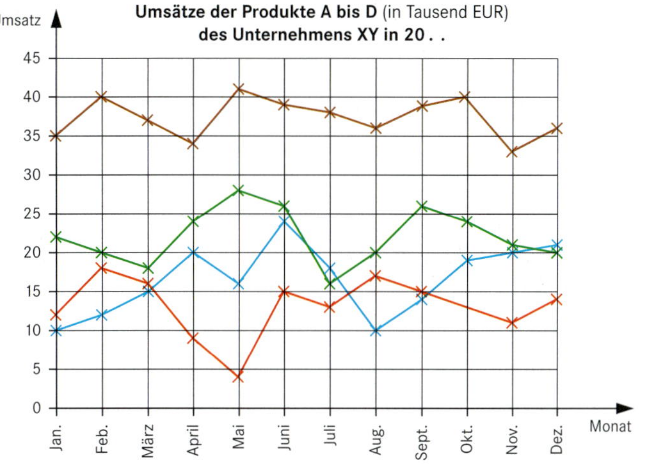

Struktur- oder Gliederungszahlen

Sie machen die Struktur einer Gesamtheit sichtbar.

$$\text{Strukturzahl (in \%)} = \frac{\text{Teilgröße (Einzelposition)}}{\text{Übergeordnete Größe (Summe der Einzelpositionen)}} \cdot 100$$

Anwendungsbeispiele

Umsatzstruktur

Anteile der Produkte des Unternehmens XY am Gesamtumsatz von 1.066.000,00 EUR in 20. .

24,86 %
18,67 %
14,45 %
42,03 %

Produkt A Produkt B Produkt C Produkt D

Strukturbilanz

Aktiva	Strukturbilanz des Unternehmens XY am 31.12.20..		Passiva
EUR	%	EUR	%
Anlagevermögen 300.000,00	27,27	Eigenkapital 240.000,00	21,82
Umlaufvermögen 800.000,00	72,73	Fremdkapital 860.000,00	78,18
1.100.000,00	**100,00**	**1.100.000,00**	**100,00**

Beziehungszahlen

- Bei ihnen werden zwei verschiedene Größen, die in einem sachlich sinnvollen Zusammenhang stehen, zueinander ins Verhältnis gesetzt.

Anwendungsbeispiele aus dem Rechnungswesen

Analyse der Bilanz

$$\text{Barliquidität} = \frac{\text{Flüssige Mittel}}{\text{Kurzfristige Verbindlichkeiten}} \cdot 100$$

$$\text{Anlagendeckungsgrad I} = \frac{\text{Eigenkapital}}{\text{Anlagevermögen}} \cdot 100$$

Analyse der Bilanz i.V. mit der GuV-Rechnung

$$\text{Eigenkapitalrentabilität} = \frac{\text{Gewinn}}{\text{Eigenkapital}} \cdot 100$$

$$\text{Umschlagshäufigkeit der Forderungen} = \frac{\text{Umsatzerlöse}}{\text{durchschnittlicher Forderungsbestand}}$$

Analyse der Gewinn- und Verlustrechnung

$$\text{Wirtschaftlichkeit} = \frac{\text{Erträge}}{\text{Aufwendungen}}$$

$$\text{Personalintensität} = \frac{\text{Personalaufwand}}{\text{Betriebsaufwendungen}}$$

Kosten- und Leistungsrechnung

$$\text{Leistungsergiebigkeit} = \frac{\text{Leistungen}}{\text{Kosten}}$$

$$\text{Stückkosten} = \frac{\text{Gesamtkosten}}{\text{Produktionsmenge}}$$

zu Kapitel 1:

1) Aus: Bentin, Margit u. a.: Handbuch für Bürokaufleute, 6. Auflage, Braunschweig 2011, S. 14
2) Aus: Erich Schmidt Verlag, Zahlenbilder Nr. 243513
3) Aus: Bentin, Margit u. a.: Handbuch für Bürokaufleute, 6. Auflage, Braunschweig 2011, S. 15
4) Aus: Bentin, Margit u. a.: Handbuch für Bürokaufleute, 6. Auflage, Braunschweig 2011, S. 16
5) Aus: Bentin, Margit u. a.: Handbuch für Bürokaufleute, 6. Auflage, Braunschweig 2011, S. 19
6) Aus: Bentin, Margit u. a.: Handbuch für Bürokaufleute, 6. Auflage, Braunschweig 2011, S. 17
7) Aus: Bentin, Margit u. a.: Handbuch für Bürokaufleute, 6. Auflage, Braunschweig 2011, S. 18
8) Aus: Koppelmann, Udo: Beschaffungsmarketing, 4. Auflage, Berlin, Heidelberg, New York 2004, S. 87
9) Aus: Struwe, Jochen: Kursbuch Betriebswirtschaftslehre, Frankfurt a. M. 1994, S. 30
10) Nach: Brockhaus Enzyklopädie in 24 Bänden, Dritter Band, 19. Auflage, Mannheim 1987, S. 231
11) Aus: Bentin, Margit u. a.: Handbuch für Bürokaufleute, 6. Auflage, Braunschweig 2011, S. 143 f.
12) Aus: Bundesverband deutscher Banken (Hrsg.): Schul/Bank, Wirtschaft, Materialien für den Unterricht, Köln 1994, 1.2/4
13) Nach: Böker, Jürgen u. a.: Wirtschaftspolitik/Wirtschaftsordnung, 3. Auflage, Darmstadt 2005, S. 15
14) Aus: Geißler, Rainer: Die Sozialstruktur Deutschlands. Zur gesellschaftlichen Entwicklung mit einer Bilanz zur Vereinigung. 6. Auflage 2011, VS Vertrag, Wiesbaden, S. 26. Mit aktueller Ergänzung von R. Geißler
15) Nach: Erich Schmidt Verlag, Zahlenbilder Nr. 240010
16) Aus: Bundesverband deutscher Banken (Hrsg.): Schul/Bank, Wirtschaft, Materialien für den Unterricht, Köln 1994, 1.2/4
17) Aus. Herber, Hans/Engel, Bernd: Volkswirtschaftslehre für Bankkaufleute, 6. neubearbeitete Auflage, Wiesbaden 1994, S. 3 f.
18) Aus: Detjen, Joachim u. a.: Mensch und Politik für die Sekundarstufe I, Hannover 2003, S. 185
19) Aus: Altmann, Jörn: Wirtschaftspolitik, 6. erweiterte und völlig überarbeitete Auflage, Stuttgart, Jena 1995, S. 7
20) Aus: Böker, Jürgen u. a.: Wirtschaftspolitik/Wirtschaftsordnung, 3. Auflage, Darmstadt 2005, S. 37
21) Aus: Bundesverband deutscher Banken (Hrsg.): Schul/Bank, Wirtschaft, Materialien für den Unterricht, Köln 1994, 1.6/3

zu Kapitel 2:

1) Aus: Wamper, Horst: Betriebliche Organisationslehre, Büroorganisation, Automatisierte Datenverarbeitung. 6. Auflage, Köln, München 2002, S. 27
2) Nach: Wamper, Horst: Betriebliche Organisationslehre, Büroorganisation, Automatisierte Datenverarbeitung. 6. Auflage, Köln, München 2002, S. 50
3) Aus: Berner, Steffen u. a.: Betriebswirtschaftslehre der Unternehmung, 25. Auflage, Haan-Gruiten 2010, S. 202
4) Nach: Berner, Steffen u. a.: Betriebswirtschaftslehre der Unternehmung, 25. Auflage, Haan-Gruiten 2010, S. 205
5) Nach: Berner, Steffen u. a.: Betriebswirtschaftslehre der Unternehmung, 25. Auflage, Haan-Gruiten 2010, S. 184
6) Nach: Wamper, Horst: Betriebliche Organisationslehre, Büroorganisation, Automatisierte Datenverarbeitung. 6. Auflage, Köln, München 2002, S. 76
7) Nach: Berner, Steffen u. a.: Betriebswirtschaftslehre der Unternehmung, 25. Auflage, Haan-Gruiten 2010, S. 137
8) Aus: IT-Ausbildung, Lernfelder und Kernkompetenzen, Der Betrieb und sein Umfeld, Geschäftsprozesse und betriebliche Organisation, Informationsquellen und Arbeitsmethoden, Band 1, 1. Auflage, Bremen 2003, S. 63
9) Aus: IT-Ausbildung, Lernfelder und Kernkompetenzen, Der Betrieb und sein Umfeld, Geschäftsprozesse und betriebliche Organisation, Informationsquellen und Arbeitsmethoden, Band 1, 1. Auflage, Bremen 2003, S. 63
10) Aus: IT-Ausbildung, Lernfelder und Kernkompetenzen, Der Betrieb und sein Umfeld, Geschäftsprozesse und betriebliche Organisation, Informationsquellen und Arbeitsmethoden, Band 1, 1. Auflage, Bremen 2003, S. 71
11) Aus: Staud, Josef: Geschäftsprozessanalyse, Ereignisgesteuerte Prozessketten und objektorientierte Geschäftsprozessmodelierung für Betriebswirtschaftliche Standardsoftware, Berlin, Heidelberg, New York 2006, S. 9
12) Nach: IT-Ausbildung, Lernfelder und Kernkompetenzen, Der Betrieb und sein Umfeld, Geschäftsprozesse und betriebliche Organisation, Informationsquellen und Arbeitsmethoden, Band 1, 1. Auflage, Bremen 2003, S. 58
13) Nach: Staud, Josef: Geschäftsprozessanalyse, Ereignisgesteuerte Prozessketten und objektorientierte Geschäftsprozessmodelierung für Betriebswirtschaftliche Standardsoftware, Berlin, Heidelberg, New York 2006, S. 11
14) Aus: Steinbuch, Pitter A. (Hrsg.):Prozessorganisation - Business Reengineering - Beispiel R/3, Lugwigshafen (Rhein) 1998, S. 34 f.
15) Aus: Scheer, August Wilhelm/Zimmermann, Volker: Geschäftsprozessmanagement und integrierte Informationssysteme: Prozessmodellierung, Referenzmodelle und Softwaretechnologie, in: Töpfer, Armin (Hrsg.): Geschäftsprozesse analysiert & optimiert, Neuwied, Kriftel, Berlin 1996, S. 274
16) Nach: Scheer, August Wilhelm/Zimmermann, Volker: Geschäftsprozessmanagement und integrierte Informationssysteme: Prozessmodellierung, Referenzmodelle und Softwaretechnologie, in: Töpfer, Armin (Hrsg.): Geschäftsprozesse analysiert & optimiert, Neuwied, Kriftel, Berlin 1996, S. 278
17) Aus: Scheer, August Wilhelm/Zimmermann, Volker: Geschäftsprozessmanagement und integrierte Informationssysteme: Prozessmodellierung, Referenzmodelle und Softwaretechnologie, in: Töpfer, Armin (Hrsg.): Geschäftsprozesse analysiert & optimiert, Neuwied, Kriftel, Berlin 1996, S. 280
18) Aus: Steinbuch, Pitter A. (Hrsg.):Prozessorganisation - Business Reengineering - Beispiel R/3, Lugwigshafen (Rhein) 1998, S. 98
19) Aus: Steinbuch, Pitter A. (Hrsg.):Prozessorganisation - Business Reengineering - Beispiel R/3, Lugwigshafen (Rhein) 1998, S. 98
20) Nach: Staud, Josef: Geschäftsprozessanalyse, Ereignisgesteuerte Prozessketten und objektorientierte Geschäftsprozessmodellierung für Betriebswirtschaftliche Standardsoftware, Berlin, Heidelberg, New York 2006, S. 27 ff.
21) Nach: Hansen, Hans Robert/Neumann Gustaf.: Wirtschaftsinformatik 1, 10. Auflage, Stuttgart 2009, S. 283 ff.
22) Nach: Hansen, Hans Robert/Neumann, Gustaf: Wirtschaftsinformatik 1, 10. Auflage, Stuttgart 2009, S. 310 ff.
23) Aus: Hansen, Hans Robert/Neumann, Gustaf: Wirtschaftsinformatik 1, 10. Auflage, Stuttgart 2009, S. 287 ff.
24) Nach: Hansen, Hans Robert/Neumann, Gustaf: Wirtschaftsinformatik 1, 10. Auflage, Stuttgart 2009, S. 329 ff.
25) Aus: Steinbuch, Pitter A. (Hrsg.):Prozessorganisation - Business Reengineering - Beispiel R/3, Lugwigshafen (Rhein) 1998, S. 339
26) Nach: Steinbuch, Pitter A. (Hrsg.):Prozessorganisation - Business Reengineering - Beispiel R/3, Lugwigshafen (Rhein) 1998, S. 345
27) Nach: Steinbuch, Pitter A. (Hrsg.):Prozessorganisation - Business Reengineering - Beispiel R/3, Lugwigshafen (Rhein) 1998, S. 117
28) Aus: Steinbuch, Pitter A. (Hrsg.):Prozessorganisation - Business Reengineering - Beispiel R/3, Lugwigshafen (Rhein) 1998, S. 119
29) Aus: Steinbuch, Pitter A. (Hrsg.):Prozessorganisation - Business Reengineering - Beispiel R/3, Lugwigshafen (Rhein) 1998, S. 120
30) Aus: Steinbuch, Pitter A. (Hrsg.):Prozessorganisation - Business Reengineering - Beispiel R/3, Lugwigshafen (Rhein) 1998, S. 324 f.
31) Nach: Imai, Masaaki: KAIZEN, Der Schlüssel zum Erfolg der Japaner im Wettbewerb, 4. Auflage, München 1994, S. 25
32) Nach: Pfeifer, Tilo: Qualitätsmanagement, München, Wien 2001, S. 9

zu Kapitel 9:

1) Aus: Bentin, Margit u. a.: Handbuch für Industriekaufleute, 6. Auflage, Braunschweig 2012, S. 61
2) Nach: Bidlingmeier, Johannes: Marketing, Reinbeck 1973, S. 15
3) Aus: Hill, Wilhelm/Rieser, Ignaz: Marketing-Management, 2. durchgesehene Auflage, Bern, Stuttgart, Wien, S. 23
4) Aus: Hill, Wilhelm/Rieser, Ignaz: Marketing-Management, 2. durchgesehene Auflage, Bern, Stuttgart, Wien, S. 99
5) Aus: Hill, Wilhelm/Rieser, Ignaz: Marketing-Management, 2. durchgesehene Auflage, Bern, Stuttgart, Wien, S. 111 f.
6) Aus: Hill, Wilhelm/Rieser, Ignaz: Marketing-Management, 2. durchgesehene Auflage, Bern, Stuttgart, Wien, S. 177
7) Aus: Bentin, Margit u. a.: Handlungsorientierte Materialien in Wirtschaft und Verwaltung, Absatz/Marketing Lehrerband, 4. Auflage, Braunschweig 2009, S. 122

8) Nach: Bentin, Margit u. a.: Handlungsorientierte Materialien in Wirtschaft und Verwaltung, Absatz/Marketing, 4. Auflage, Braunschweig 2009, S. 19
9) Aus: Bentin, Margit u. a.: Handlungsorientierte Materialien in Wirtschaft und Verwaltung, Absatz/Marketing, Lehrerband, 4. Auflage, Braunschweig 2009, S. 123
10) Aus: Bentin, Margit u. a.: Handlungsorientierte Materialien in Wirtschaft und Verwaltung, Absatz/Marketing, 4. Auflage, Braunschweig 2009, S. 21
11) Aus: Bentin, Margit u. a.: Handlungsorientierte Materialien in Wirtschaft und Verwaltung, Absatz/Marketing, 4. Auflage, Braunschweig 2009, S. 25
12) Nach: Bentin, Margit u. a.: Handlungsorientierte Materialien in Wirtschaft und Verwaltung, Absatz/Marketing, 4. Auflage, Braunschweig 2009, S. 24
13) Aus: Bentin, Margit u. a.: Handlungsorientierte Materialien in Wirtschaft und Verwaltung, Absatz/Marketing, 4. Auflage, Braunschweig 2009, S. 26
14) Nach: Bentin, Margit u. a.: Handlungsorientierte Materialien in Wirtschaft und Verwaltung, Absatz/Marketing, 4. Auflage, Braunschweig 2009, S. 26
15) Aus: Vry, Wolfgang: Absatzwirtschaft, Lehrbücher für Fachwirte und Fachkaufleute, 6. Auflage, Ludwigshafen (Rhein) 2004, S. 40
16) Aus: Vry, Wolfgang: Absatzwirtschaft, Lehrbücher für Fachwirte und Fachkaufleute, 6. Auflage, Ludwigshafen (Rhein) 2004, S. 44
17) Aus: Hill, Wilhelm/Rieser, Ignaz: Marketing-Management, 2. durchgesehene Auflage, Bern, Stuttgart, Wien, S. 68
18) Nach: Bentin, Margit u. a.: Handlungsorientierte Materialien in Wirtschaft und Verwaltung, Absatz/Marketing, Lehrerband, 4. Auflage, Braunschweig 2009, S. 124
19) Nach: Bentin, Margit u. a.: Handlungsorientierte Materialien in Wirtschaft und Verwaltung, Absatz/Marketing, 4. Auflage, Braunschweig 2009, S. 40 f.
20) Aus: Bentin, Margit u. a.: Handlungsorientierte Materialien in Wirtschaft und Verwaltung, Absatz/Marketing, 4. Auflage, Braunschweig 2009, S. 48
21) Aus: Bentin, Margit u. a.: Handlungsorientierte Materialien in Wirtschaft und Verwaltung, Absatz/Marketing, 4. Auflage, Braunschweig 2009, S. 49
22) Nach: Bentin, Margit u. a.: Handlungsorientierte Materialien in Wirtschaft und Verwaltung, Absatz/Marketing, 4. Auflage, Braunschweig 2009, S. 50 f.
23) Nach: Bentin, Margit u. a.: Handlungsorientierte Materialien in Wirtschaft und Verwaltung, Absatz/Marketing, 4. Auflage, Braunschweig 2009, S. 54 f.
24) Aus: Bentin, Margit u. a.: Handlungsorientierte Materialien in Wirtschaft und Verwaltung, Absatz/Marketing, 4. Auflage, Braunschweig 2009, S. 56 f.
25) Nach: Bentin, Margit u. a.: Handlungsorientierte Materialien in Wirtschaft und Verwaltung, Absatz/Marketing, 4. Auflage, Braunschweig 2009, S. 60 f.
26) Nach: Bentin, Margit u. a.: Handlungsorientierte Materialien in Wirtschaft und Verwaltung, Absatz/Marketing, 4. Auflage, Braunschweig 2009, S. 62 f.
27) Aus: Bentin, Margit u. a.: Handlungsorientierte Materialien in Wirtschaft und Verwaltung, Absatz/Marketing, 4. Auflage, Braunschweig 2009, S. 63 f.
28) Nach: Bentin, Margit u. a.: Handlungsorientierte Materialien in Wirtschaft und Verwaltung, Absatz/Marketing, 4. Auflage, Braunschweig 2009, S. 67 f.
29) Aus: Bentin, Margit u. a.: Handlungsorientierte Materialien in Wirtschaft und Verwaltung, Absatz/Marketing, 4. Auflage, Braunschweig 2009, S. 70
30) Aus: Bentin, Margit u. a.: Handlungsorientierte Materialien in Wirtschaft und Verwaltung, Beschaffungsprozess, 5. Auflage, Braunschweig 2012, S. 26
31) Nach: Bentin, Margit u. a.: Handlungsorientierte Materialien in Wirtschaft und Verwaltung, Beschaffungsprozess, Lehrerband, 3. Auflage, Braunschweig 2012, S. 128
32) Aus: Bentin, Margit u. a.: Handlungsorientierte Materialien in Wirtschaft und Verwaltung, Beschaffungsprozess, 5. Auflage, Braunschweig 2012, S. 18
33) Aus: Bentin, Margit u. a.: Handlungsorientierte Materialien in Wirtschaft und Verwaltung, Beschaffungsprozess, Lehrerband, 3. Auflage, Braunschweig 2012, S. 125
34) Aus: Bentin, Margit u. a.: Handlungsorientierte Materialien in Wirtschaft und Verwaltung, Beschaffungsprozess, Lehrerband, 3. Auflage, Braunschweig 2012, S. 31
35) Aus: Bentin, Margit u. a.: Handbuch für Bürokaufleute, 6. Auflage, Braunschweig 2011, S. 89
36) Aus: Bentin, Margit u. a.: Handlungsorientierte Materialien in Wirtschaft und Verwaltung, Beschaffungsprozess, Lehrerband, 3. Auflage, Braunschweig 2012, S. 134
37) Aus: Bentin, Margit u. a.: Handlungsorientierte Materialien in Wirtschaft und Verwaltung, Beschaffungsprozess, 5. Auflage, Braunschweig 2012, S. 47
38) Aus: Bentin, Margit u. a.: Handlungsorientierte Materialien in Wirtschaft und Verwaltung, Beschaffungsprozess, 5. Auflage, Braunschweig 2012, S. 40
39) Aus: Bentin, Margit u. a.: Handlungsorientierte Materialien in Wirtschaft und Verwaltung, Beschaffungsprozess, 5. Auflage, Braunschweig 2012, S. 42
40) Aus: Bentin, Margit u. a.: Handlungsorientierte Materialien in Wirtschaft und Verwaltung, Beschaffungsprozess, 5. Auflage, Braunschweig 2012, S. 52
41) Aus: Bentin, Margit u. a.: Handlungsorientierte Materialien in Wirtschaft und Verwaltung, Beschaffungsprozess, 5. Auflage, Braunschweig 2012, S. 55
42) Aus: Bentin, Margit u. a.: Handlungsorientierte Materialien in Wirtschaft und Verwaltung, Beschaffungsprozess, Lehrerband, 3. Auflage, Braunschweig 2012, S. 140
43) Aus: Bentin, Margit u. a.: Handbuch für Industriekaufleute, 6. Auflage, Braunschweig 2012, S. 288
44) Aus: Bentin, Margit u. a.: Handbuch für Industriekaufleute, 6. Auflage, Braunschweig 2012, S. 455
45) Nach: Jahrmann, Ulrich: Finanzierung, Darstellung, Kontrollfragen, Fälle und Lösungen, 3. Auflage, Herne/Berlin 1996, S. 24 und S. 447
46) Aus: Bentin, Margit u. a.: Handbuch für Industriekaufleute, 6. Auflage, Braunschweig 2012, S. 456
47) Aus: Bentin, Margit u. a.: Handbuch für Industriekaufleute, 6. Auflage, Braunschweig 2012, S. 92
48) Aus: Bentin, Margit u. a.: Handbuch für Industriekaufleute, 6. Auflage, Braunschweig 2012, S. 92
49) Aus: Raab, Gerhard/Lorbacher, Nicole: Customer Relationship Managment. Aufbau dauerhafter und profitabler Kundenbeziehungen. I.H. Sauer-Verlag GmbH, Heidelberg 2002, S. 20
50) Aus: Bentin, Margit u. a.: Handbuch für Industriekaufleute, 6. Auflage, Braunschweig 2012, S. 408 f.
51) Aus: Kotler, Philip u. a. Marketing der Zukunft. Mit „Sense and Response" zu mehr Wachstum und Gewinn. Campus Verlag, Frankfurt/ Main 2002, S. 145

zu Kapitel 10:

1) Nach: Weber, Helmut Kurt, Rogler Silvia: Betriebswirtschaftliches Rechnungswesen 1, Bilanz sowie Gewinn- und Verlustrechnung, 5. Auflage, Müchen 2004, S. 2
2) Nach: David, Chritian u. a.: Kosten- und Leistungsrechnung Schritt für Schritt, 2. Auflage, Haan-Gruiten 1989, S. 33
3) Aus: Scharf, Dirk: Grundzüge des betrieblichen Rechnungswesens, 3. Auflage, Wiesbaden 1997, S. 25
4) Aus: Scharf, Dirk: Grundzüge des betrieblichen Rechnungswesens, 3. Auflage, Wiesbaden 1997, S. 26
5) Aus: Bentin, Margit u. a.: Absatz/Marketing, Handlungsorientierte Materialien in Wirtschaft und Verwaltung, Lehrerband, Braunschweig 2009, S. 56
6) Aus: Bentin, Margit u. a.: Absatz/Marketing, Handlungsorientierte Materialien in Wirtschaft und Verwaltung, Lehrerband, Braunschweig 2009, S. 63
7) Aus: Bentin, Margit u. a.: Absatz/Marketing, Handlungsorientierte Materialien in Wirtschaft und Verwaltung, Lehrerband, Braunschweig 2009, S. 111
8) Aus: Burger, Anton: Kostenmanagement, 3. Auflage, München, Wien 1999, S. 223
9) Aus: Burger, Anton: Kostenmanagement, 3. Auflage, München, Wien 1999, S. 239
10) Aus: Burger, Anton: Kostenmanagement, 3. Auflage, München, Wien 1999, S. 248
11) Nach: Scharf, Dirk: Grundzüge des betrieblichen Rechnungswesens, 3. Auflage, Wiesbaden 1997, S. 55

Symbole

1:1-Beziehung
1:1 relation 232
1 aus 10-Code
1 out of 10-code 395
1:n-Beziehung
1:n relation 232
2 aus 5-Code
2 out of 5-code 395
2B1Q (2 Binary 1 Quaternary)
2B1Q (2 Binary 1 Quaternary) 329
2D-Codes
2D-Codes 398
3DES
3DES 403
3K-Modell
3K-model 248
3-Schichten-Modell
3-level model 309
5 Sicherheitsregeln
5 safety rules 376
7-U Rack
7-U Rack 279
8-PSK
8-PSK 360, 361
10 Gigabit Ethernet
10 Gigabit Ethernet 275
16-PSK
16-PSK 360, 361
80 PLUS
80 PLUS 374
1000 BASE-CX
1000 BASE-CX 274
1000 BASE-LX
1000 BASE-LX 274
1000 BASE-SX
1000 BASE-SX 274
1000 BASE-T
1000 BASE-T 274
#include
#include 223

A

AAA
Authentication, Authorization, Accounting 313
AAA-Protokoll
AAA protocol 313
AAC (Advanced Audio Coding)
AAC (Advanced Audio Coding) 164
Aachener Bibliothek
Aachen's library 214
AAL-Schicht (ATM Anpassung)
ATM Adaptation Layer 333
Abfolge
sequence 215
Abfragen
enquiries 234
Abgeleitete Klasse
derived class 225
Ablaufdiagramm
flow chart 39
Ablauf Entwicklungsbewertung
workflow design review 409
Ablauffehler
run-time error 212
Ablauforganisation
workflow organization 39, 40
Ablaufplan
flow chart 365
Ablaufsteuerung
sequence control 125
Ablaufstruktur
control structure 213
Ableitung
derivation 211
Ableitungsbaum
derivation tree 211
Abnahmemessung
acceptance test 287
Abnahmemessungen
acceptance measurements 288
Abnahmeprüfung
acceptance test 390
Absatz
sales 32, 413
Absatzcontrolling
sales controlling 467
Absatzforschung
market research 414
Absatzkanäle
sales channels 425
Absatzkreditpolitik
sales credit policy 421
Absatz/Marketing
sales/marketing 38
Absatzmarkt
sales market 17
Absatzmittler
functional middleman 424
Absatzpolitische Instrumente
sales political instruments 427
Absatzpreiskalkulation
sales price calculation 458
Absatzwege
sales channels 424
Abschirmung
shielding 87
Absoluter Pegel
absolute level 355
Abstand
distance 400
Abstrakte Klassen
abstract classes 228
Abstrakter Markt
abstract market 26
Abtasttheorem
sampling theorem 362
Abtastung
sampling 90, 359
Abteilungsbildung
departmentation 34 f.
Abwehrstrategie
defence strategy 388
Abwicklungsmanagement
handling management 370
Accounting
accounting 313
A-CELP (Algebraic Code-Excited Linear Predictive)
A-CELP (Algebraic Code-Excited Linear Predictive) 344
Ackermann
Ackermann 215
AC-Koeffizient
AC-coefficient 178
ACL (Asynchronous Connectionless)
ACL (Asynchronous Connectionless) 305
ACR (Attenuation Cross Ratio)
ACR (Attenuation Cross Ratio) 286, 290
ActiveX
ActiveX 259
ActiveX-Steuerelement
ActiveX-control element 259
Ada
Ada 222
Adapter 25-polig auf 9-polig
adapter, 25pole to 9pole 150
Adaptive Software Development
Adaptive Software Development 264
Adaptives Switching
adaptive switching 277
Add Drop Multiplexer (ADM)
Add Drop Multiplexer (ADM) 334
ad hoc-Mode
ad hoc-mode 297
Adjazenzmatrix
adjacency matrix 321
ADM (Add Drop Multiplexer)
ADM (Add Drop Multiplexer) 334
Adobe Flash
Adobe Flash 180
ADPCM (Adaptive Puls Code Modulation)
ADPCM (Adaptive Puls Code Modulation) 173, 332
Adressanzahl
amount of addresses 277
Adress-Übersetzungs-Puffer
address translation buffer 127
ADSL 2+
ADSL 2+ 330
ADSL-Anschlüsse
ADSL connections 330
ADSL (Asymmetric DSL)
ADSL (Asymmetric DSL) 329
AES (Advanced Encryption Standard)
AES (Advanced Encryption Standard) 300, 403
AG (Aktiengesellschaft)
plc. (public limited company) 20
AGB (Allgemeine Geschäftsbedingungen)
general standard terms and conditions 429
Agenten
agents 388
Aggregation
aggregation 211
Agile Methoden
Agile methods 264
AH (Authentication Header: Authentifikations-Kopf)
AH (Authentication Header: Authentifikations-Kopf) 317
Ähnlichkeit
analogy 197
AIDA-Regel
AIDA rule 422
AIFF (Audio Interchange File Format)
AIFF (Audio Interchange File Format) 164
Aiken-Code
Aiken-Code 395
AIT
AIT 137
Ajax
Asynchronous JavaScript 239
Akquisitorische Distribution
distribution by acquisition 424 f.
Akteur
actor 219
Aktiengesellschaft (AG)
public limited company 20
Aktive Transponder
active transponder 306
Aktivitätsdiagramm
activity diagram 220
Aktivitätsplanung
activity planning 58
Aktivmatrix
active matrix 188
Akustik
acoustics 80
Algebraic Code-Excited Linear Predictive (A-CELP)
Algebraic Code-Excited Linear Predictive (A-CELP) 344
Algorithmenkonzept
algorithm concept 198
Algorithmus
algorithm 213, 322
Alleinvertriebssystem
sole distribution system 424 f.
Allgemeine Geschäftsbedingungen (AGB)
general standard terms and conditions 429
Allgemeine Kostenstelle
general cost centre 453
Allomorphie
allomorphism 211
Aloha
Aloha 308
ALU (Arithmetic and Logic Unit)
ALU (Arithmetic and Logic Unit) 125, 127
AM (Amplitudenmodulation)
AM (Amplitude Modulation) 358
Amdahl
Amdahl 126
American Wire Gauge
American Wire Gauge 285
Ampere
ampere 82
Amplitude
amplitude 83
Amtszeit
term in office 10
Analog-Digital-Umsetzer
analog-digital-converter 90, 123
Analoges Signal
analog signal 89
Analyseansichten
analysis views 219
Analyse und Gestaltung von Geschäftsprozessen
analysis and design of business processes 45 ff.
Analysierende Testverfahren
analysing testing principles 205
AN (Auto Negotiation)
AN (Auto Negotiation) 275
Anbieter- und Nachfragerverhalten
suppliers and buyers behaviour 27
Änderbarkeit
changeability 196
Anderskosten
outlay costs 449
Anforderung
requirement 200
Anforderungsmanagement
requirements engineering 266
Anfrage
enquiry 430
Angebotserstellung
offer preparation 429
Angebotskurve
supply curve 27
Angebotsmenge
quantity of supply 27
Angebotspreiskalkulation
quotation price calculation 457
Angebotsüberhang
excessive supply 28
Angebotsvergleich
offer comparison 430
Angemessenheit
adequateness 247

Ankathete
adjacent side 76
Ankunftsrate
incoming traffic 260
Anlagenanschluss
system connection 327
Anlagen-Projekt
plant project 364
Annahme
acceptance 434
Annahmeverzug
acceptance delay 435
Anonymität
anonymity 405
Anpassungsdämpfung
matching loss 295
Anpreisung
recommendation 429
Anschaffungskosten
purchasing costs 406
Anschluss analoger Telekommunikationsgeräte
connection of analog telecommunication devices 326
Anschlüsse an IT-Geräten
interfaces at IT equipment 150
Anschluss nach X.24
connection to X.24 150
Anschluss von ISDN-Geräten
connection of ISDN equipment 328
ANSI (American National Standards Institute)
ANSI (American National Standards Institute) 190, 223
Antenne
aerial (antenna) 298
Antennenausrichtung
aerial orientation 349
Antennensystem
aerial system 301
Anti-Virensoftware
anti-virus software 388
Antrag
application 434
Anweisungsüberdeckung
instruction overlap 205
Anwendungsfalldiagramm
application case diagram 219
Anwendungsneutrale Verkabelung
generic cabling system 282
Anwendungsregeln
codes of practice 410
Anwendungsschicht
application layer 268, 309
Anwendungsspezifische IC (ASIC)
Application specific integrated circuits 140
Anwendungsvorschriften
instructions for use 410
AP (Access Point)
AP (Access Point) 297
Apache-Server
Apache server 278
APD (Avalanche Photodiodes Detectors)
APD (Avalanche Photodiodes Detectors) 292
API (Application Programming Interface)
API (Application Programming Interface) 241 f.
Applet
applet 211
Application gateway
application gateway 386
Applikation
application 211
Arbeit
work 21
Arbeitgeberverband
employers association 13, 24
Arbeitsaufwand
effort 366
Arbeitsgemeinschaft
joint venture 29
Arbeitsgericht
labour court 23
Arbeitsgerichtsbarkeit
labour jurisdiction 23
Arbeitsgruppe
Workgroup 63
Arbeitsorganisation
work organization 58
Arbeitsprozessorganisation
work flow organization 202
Arbeitsrecht
labour law 8
Arbeitsschutz
occupational safety 378
Arbeitsschutzgesetz
act on occupational health and safety 378
Arbeitsteilung
division of labour 22
Arbeitsteilung in der Wirtschaft
division of labour in the economy 22
Arbeitstreffen
working meeting 367
Arbitrated Loop
arbitrated loop 281
Architekturprinzip
architecture principle 126, 313
arglistig verschwiegene Mängel
fraudulently concealed defects 436
ARIS-Fachkonzeptebene
ARIS-domain concept level 46
ARIS-Konzept
ARIS concept 45
Arithmetische Codierung
arithmetic encoding 175
arithmetisch-logische Einheit
arithmetic logic unit 125
ARP (Address Resolution Protocol)
ARP (Address Resolution Protocol) 312
ARQ (Automatic Retransmission Query)
ARQ (Automatic Retransmission Query) 305
Array
array 216
Artbevollmächtigter
authorised representative 37
Arten des Kaufvertrages
kinds of sales contracts 437
Arten von Betrieben
classification of business enterprises 18
Artvollmacht
power of attorney 37
ASCII-Code
ASCII-Code 396
ASIC - Anwendungsspezifische ICs
ASIC - Application Specific Integrated Circuits 140
ASK (Amplitudenumtastung)
Amplitude Shift Keying 360
Assoziation
association 211
Assoziationsbeziehung
associative relation 219
Asymmetrisches DSL
asymmetric DSL 329
Asynchroner Datentransfer
asynchronous data transfer 157
ATDM
ATDM 362
ATM (Asynchronous Transfer Mode)
ATM (Asynchronous Transfer Mode) 333
Atomare Formeln
atomic formulas 246
Atomarität
atomicity 232
Attenuation (Dämpfung)
attenuation 274
Attribut
attributes 219, 232 f.
ATX-Format
ATX format 191
ATX-Standards
ATX standards 191
Audio-CD
Audio CD 160
Audiocodierung
audio-encoding 173
Audiodatenreduktion
audio data reduction 174, **177**
Audio-Formate
audio-formats 164
Audio-Konfiguration
audio configuration 131
Aufbauorganisation
functional organization structure 34 f., 46, 466
Aufgabenanalyse
task analysis 34
Aufgabensynthese
task synthesis 34
Aufgaben und Ziele von Betrieben
roles and objectives of business enterprises 18
Aufholverstärker
repeater 277
Auflösungsvermögen
resolution 185
Aufsichtsrat
board of management 20
Auftraggeber
employer 365
Auftragsverhandlung
order negotiation 370
Aufwendung
expenses 449
Augenempfindlichkeit
eye sensitivity 81
Ausbilder
trainer 6
Ausbildungsordnung
training regulations 6
Ausbildungsrahmenplan
skeleton training schedule 6
Ausbildungsvertrag
articles of apprenticeship 6
Ausbreitungsverzögerung
propagation delay 298
Ausfall
failure 406
Ausfallkombination
fault combination 407
Ausfallrate
failure rate 406
Ausfallzeit
down time 384
Ausgabegerät
output device 125
Ausgangsfilter
output filter 130
Ausgleichsfunktion
balancing function 28
Ausleuchtung
illumination 190
Aussagenlogik
prepositional logic 246
Außendienst-Promotion
field service promotions 423
Außenleiter
phase conductor 98 f.
Außenverhältnis
external representation 20
Außenwerbung
outside advertising 422
Außerökonomischen Werbeerfolgskontrolle
advertising effectiveness aside economics 422
Aussperrung
lock-out 13 f.
Auswahlanweisung
decision instruction 224
Auswirkungen der Arbeitsteilung
effects of the division of labour 22, **24**
Auszubildender
trainee 6
Authentication
authentication 313
Authentication (Authentisierung)
authentication 300
Authentifizierung
authentication 305
Authentizität
authenticity 299, 389, 405
Authorization
authorization 313
Automat
automaton 197
AVC (Advanced Video Coding)
AVC (Advanced Video Coding) 177
AVCHD
AVCHD 181
AVP
Attribute Value Pair 313
AWG
American Wire Gauge 285
Azimut
azimuth 349
Aztec-Code
Aztec-Code 398

B

B 2 B
B 2 B 442
B 2 C
B 2 C 442
B 2 G
B 2 G 442
BaAs (Basisanschluss)
Basic Access 327
BAB (Betriebsabrechnungsbogen)
expense distribution sheet 454
Backplane
backplane 271
Backplanedurchsatz
back plane throughput 277
Backup-Server
backup-server 279
Badewannenkurve
bathtub curve 406
Balkencode
barcode 397
Balkendiagramm
bar chart 66

Bandbreite
bandwidth 358
Bandlaufwerk
tape drive 137
Barcode
barcode 397
Bareinkaufspreis
cash purchase price 430
Bare-Metal Virtualisierung
Bare-Metal virtualization 254
Barkauf
cash purchasing 437
Barliquidität
available cash 469
Barrierefreier Zugriff
barrier-free access 241
Barverkaufspreis
cash sales price 419
Basic
Basic 199
Basis
base 93
Basis-Algorithmen
basic algorithm 213
Basisband
baseband 272
Basisklasse
basic class 225
Basisschutz
basic electrical protection 106
Batch
batch 211
Batterieanlage
battery installation 193
Baum
tree 211
Baumdiagrammdarstellung
tree diagram representation 260
BBAE
Broadband Basic Access Unit 330
BBiG (Berufsbildungsgesetzes)
vocational training act 6
B-Bild
B-picture 179
BCC (Block Check Character)
BCC (Block Check Character) 394
BCH (Bose-Chaudhuri-Hocquenghem-Codes)
BCH (Bose-Chaudhuri-Hocquenghem-Codes) 400
BDA (Bundesvereinigung der Deutschen Arbeitgeberverbände)
Federal Confederation of German Employers' Association 24
BD (Blu-ray Disc)
BD (Blu-ray Disc) 162
BDC (Backup Domain Controller)
BDC (Backup Domain Controller) 278
BDSG
Federal Data Protection Law 387
Beamer
Beamer 190
BECN (Backward Explicit Congestion Notification)
BECN (Backward Explicit Congestion Notification) 335
Bedarf
demand 26
Bedarfsforschung
demand research 414
Bedienkonzeptfehler
operating concept error 212
Bedienmodelle
operating models 261
Bedienprozesse
operating processes 260 f.
bedingtes Urteil
conditional judgment 245
Bedingte Verzweigung
conditional branch 209
Bedürfnis
need 18, 26
Beeinflussungsspannung
interference voltage 286
Befehls-Pipeline
instruction pipeline 129
Befragung
interview 416
Behaltensquote
remember rate 60
Bekleidungs-Tag
clothing tag 306
Belästigende Werbung
incommoding advertising 438
Benchmark-Tests
Benchmark tests 197
Benutzername
user name 299
Benutzeroberflächen
graphical user interface 247
Benutzerschnittstelle
user interface 241
Benutzersicht
user's view 255
Beobachtung
observation 416
Beratende Tätigkeit
supportive activity 409
Berechnungsmethode
calculation method 366
Bereiche und Aufgaben des betrieblichen Rechnungswesens
areas and roles of companies cost accounting 446
Bericht
report 55
Berufsschule
vocational school 6
Beschaffung
acquisition 38, 429 f.
Beschaffungscontrolling
procurement controlling 466
Beschaffungskartell
procurement cartel 32
Beschaffungsmarkt
input (procurement) market 17
Beschaffungsplanung
procurement planning 429
Beschaffungsprozess
procurement process 442
Beschaffung von Fremdleistungen
acquisition of external services 429 f.
Beschäftigungsabweichung
activity variance 463
Beschlussverfahren
decision making processes 23
Bestellkosten
order costs 432
Bestellung
order 434
Betrieb
business enterprise 16
Betriebliche Mitbestimmung
in-company co-determination 12
Betriebliches Rechnungswesen
business accounting 447
Betriebliches Rechnungswesen, Begriff
business accounting, term 446
Betriebsabrechnungsbogen
expense distribution sheet 454
Betriebsarten
operating modes 252
Betriebsausschuss
works committee 12
Betriebsergebnis
operating result 456 f.
Betriebsexterne Quellen
firm external sources 416
Betriebsfunknetz
service radio network 344
Betriebshandbuch
instruction manual 410
Betriebshierarchie
companies organization structure 34
Betriebsinterne Quellen
firm internal sources 416
Betriebskapazität
operating capacity 286
Betriebskosten
operating costs 406
Betriebsrat
works council 10 f.
Betriebsratsmitglied
members of works council 11
Betriebsratssitzung
works council meeting 11
Betriebssystem
operating system 252
Betriebssystemprozesse
operating system processes 253
Betriebsvereinbarung
works agreement 11
Betriebsverfassungsgesetz
works constitution act 10
Betriebsversammlung
works meeting 11 f.
Betriebswirtschaftliche Produktionsfaktoren
industrial factors of production 21
Bewerbungsunterlagen
application documents 8
Bewertungsgröße
quantifiying parameters 321
Bezeichnungsschema
designation scheme 121, 271
Beziehung
relation 211, 234
Beziehungszahlen
ratio figures 469
Bezugsebene
reference layer 287
Bezugskosten
procurement costs 458
Bezugsleistungsmessung
reference power measuring 287
Bezugspreiskalkulation
procurement price calculation 458
Bezugsquellenplanung
supply sources planning 429
BGB-Gesellschaft
civil-law association 20
BG (Border Gateway)
BG (Border Gateway) 343
BGI 650
professional association instruction 650 371
Bibliothek
library 198
BICI (Broadband Intercarrier Interface)
BICI (Broadband Intercarrier Interface) 333
Bidirektionale Satelliten-Kommunikation
bidirectional satellite communication 350
Bigramm
bigram 399
Bilanzielle Abschreibung
book depreciation 452
Bildart
image type 168
Bildaufnehmer
image sensor 186
Bildbearbeitung
picture processing 170
Bildschärfe
image contrast 185
Bildschirmarbeitsplätze
VDU workplaces 371
Bildschirmarbeitsverordnung
VDU workplace ordinance 371
Bildschirmaufbau
screen layout 221
Bild und Grafik
picture and graphic 168
Bildung (human capital)
education 21
Bildwandler
image converter 186
Bildzeichen der Elektrotechnik
symbols in electrical engineering 113
Binärbaum
binary tree 126
Binäre PSK
Binary Phase Shift Keying 360
Biometrische Authentifizierung
biometric authentication 187
BIOS (Basic Input Output System)
BIOS (Basic Input Output System) 250
Bipolarer Transistor
bipolar transistor 93
Biquinär-Code
biquinary code 395
Bit
bit 90
Bitfehlerrate
bit error rate 275
Bitübertragungsschicht
bit transportation layer 268, 309
B-Komplement
binary-complement 77
Blade-Server
Blade-Server 279
Blauer Engel
Blue Angel 373
Blindwiderstand
reactance 92
Blitzschutz
lightning protection 108
Blockchiffre mit Blockverkettung
cipher block chaining mode 300
Blockcode
block code 400 f.
Blue-Book
Blue-Book 160
Bluetooth
Bluetooth 305
Blu-ray Disc (BD)
Blu-ray Disc (BD) 162
Bonus
bonus 421
Booch-Modell
Booch model 217
Boolean
Boolean 216
Bootsektorviren
boot sector viruses 388
Botschaft

message 217, 220
BPSK
Binary Phase Shift Keying 360
Brainstorming
Brainstorming 62
Branchentarifverträge
sectoral collective agreements 13
Brandverhalten
fire behaviour 286
Break-even-Analyse
break-even analysis 460
Break-even-Menge
break-even quantity 460
Brechungsindex
refraction index 295
Breitbandkabelnetz
broadband cable network 348
Breitband WDM
broad band WDM 293
Breitengliederung
width segmentation 34
Bridge
bridge 277
Bridging Router - BRouter
Bridging Router - BRouter 277
Bringschulden
debts lying in render 435
broadcast
broadcast 314
Broadcast-Domäne
broadcast domain 316
Browser
browser 240
Brücke
bridge 277
Brückenproblem
bridge problem 320
BSC (Base Station Controller)
BSC (Base Station Controller) 337
BSI
BSI 390
BSS
BSS 297, 343
BTS (Base Transceiver Station)
BTS (Base Transceiver Station) 337
Bubblesort
bubble sort 214
Buchstabenhäufigkeiten
letter frequencies 399
Bug 211 f.
Bündelfunk-TETRA
trunked radio TETRA 344
Bundesarbeitsgericht
Federal Labour Court 23
Bundessozialgericht
Federal Social Court 12
Bürgerlicher Kauf
civilian sale 437
Büroarbeitsplätze
office workplaces 371
Business Process Reengineering
business process reengineering 50
Bussystem
bus system 125
Byte
byte 90
ByteSub
ByteSub 403
BZT (Bundesamt für Zulassung in der Telekommunikation)
Federal Office of Approval in Telecommunications 326

C

C
C 199, **223 f.**
C#
C# **226**
C++
C++ 199, **225 f.**
CABAC (Context Adaptive Binary Arithmetic Coding)
CABAC (Context Adaptive Binary Arithmetic Coding) 177
C/A-Code
C/A-code 351
Call-by-reference
call-by-reference 211
Call-by-value
call-by-value 211
calloc
calloc 224
Call-Viren
call-viruses 388
CAN (Controller Area Network)
CAN (Controller Area Network) 269
CAP (Carrierless AM/PM: Trägerloses AM/PM)
CAP (Carrierless AM/PM) 329
Cäsar-Kodierung
Caesar encoding 399
CASE-Instrumente
CASE instruments 220
Cashflow
cashflow 467
Cat. 5
Cat. 5 274
Cathode Ray Tube (CRT)
Cathode Ray Tube (CRT) 188
CAV
Constant Angular Velocity 159, 161
CAVLC (Context Adaptive Variable Length Coding)
CAVLC (Context Adaptive Variable Length Coding) 177
Cayley
Cayley 321
CBC (Cipher Block Chaining Mode)
CBC (Cipher Block Chaining Mode) 300
C-Bibliotheken
C-libraries 226
CCD (Charge Coupled Device)
CCD (Charge Coupled Device) 183
CCM (Counter with CBC-MAC)
CCM (Counter with CBC-MAC) 300
CCMP (Counter mode with CBC-MAC Protocol)
CCMP (Counter mode with CBC-MAC Protocol) 299
CD-Audio
CD audio 159
CD-Aufzeichnungsstandard
CD recording standard 160
CDDI (Copper DDI)
CDDI (Copper DDI) 336
CD-Digital-Audio
CD digital audio 159
CDMA (Code Division Multiple Access)
CDMA (Code Division Multiple Access) 301
CD-R
CD-R 159
CD-Recordable
CD Recordable 159
CD-ReWritable
CD ReWritable 159
CD-ROM
CD ROM 159
CD-ROM-Laufwerk
CD-ROM drive 159
CD-RW
CD-RW 159
CELP (Codebook-Excited-LP)
CELP (Codebook-Excited-LP) 173
Central Processing Unit (CPU)
Central Processing Unit (CPU) 125
CEPT
Conférence Européenne des Administrations des Postes et des Télécommunications 354
CF Karte
CF card 139
CGI (Common Gateway Interface)
CGI (Common Gateway Interface) 244
Chaffing
chaffing 399
Channel Link
Channel Link 290
Char
Char 216
Charakteristik
characteristics 210
Charge Coupled Device (CCD)
Charge Coupled Device (CCD) 183
Chipkarte
chip card 184
Chipsatz
chipset 141
CIF (Common Intermediate Format)
CIF (Common Intermediate Format) 173
CIR (Committed Information Rate)
CIR (Committed Information Rate) 335
CISC-Architektur
CISC architecture 125
class
class 225
Client-Server-Struktur
client-server structure 315
Cloud Computing
cloud computing 341
Clusteranalyse
cluster analysis 417
CLV
Constant Linear Velocity 159, 161
CMIS
CMIS 241
CMS
CMS 241, 313
CMYK
CMYK 167
Coarse Wavelength Division Multiplex
Coarse Wavelength Division Multiplex 362
COBIT
COBIT 383
Code 2/5 Industrial
Code 2/5 Industrial 397
Code 2/5 Interleaved
Code 2/5 Interleaved 397
Codebaum
code tree 400
Codes
Codes 128, 397, **401**
Codierung
encoding 359
Codierungsverfahren
encoding methods 399 f.
COM (Component Object Model)
COM (Component Object Model) 217
CompactFlash
CompactFlash 138
Compact PCI
compact PCI 184
Compiler
compiler 198, 227
Compilierungsprozess
compilation process 223
Complete Trust Model
Complete Trust Model 278
Computerrecht
computer law 387
Computerwanze
computer bug 388
Computerwurm
computer worm 388
Constant Angular Velocity
Constant Angular Velocity 159
Constant Linear Velocity
Constant Linear Velocity 159
Content-Prozess
content process 241
Controlling
controlling 390, **465 f.**
Co-Prozessor
co-processor 125
Core Netzwerk
core network 343
Corporate Identity
corporate identity 423
Coulomb
Coulomb 82
cPCI
compactPCI 143
CPFSK (Continuous Phase Frequency Shift Keying)
CPFSK (Continuous Phase Frequency Shift Keying) 360
C-Plane (Signalisierungssäule)
Control-Plane 333
CPU (central processing unit)
CPU (central processing unit) 125
CRC (Cyclic Redundancy Check)
CRC (Cyclic Redundancy Check) 394, 401
CREATE
CREATE 235
Credit-Control
Credit-Control 313
CRM (Customer Relationship Management)
CRM (Customer Relationship Management) 443
Crossbar-Struktur
crossbar structure 126
Crosstalk
crosstalk 290
CRT (Cathode Ray Tube)
CRT (Cathode Ray Tube) 188
Cryptokarte mit mathematischem Coprozessor
crypto card with mathematical co-processor 184
CSCL (Computer Supported Cooperative/ Collaboratives Learning)
CSCL (Computer Supported Cooperative/ Collaborative Learning) 248
CSCW (Computer Supported Cooperative Work)
CSCW (Computer Supported Cooperative Work) 248
C Sharp
C Sharp 226
CSMA/CD (Carrier Sense Multiple Access/ Collision Detection)
CSMA/CD (Carrier Sense Multiple Access/ Collision Detection) 272, 308
CSMA-Verfahren
CSMA principle 308
CSS

Cascading Style Sheets 239
CSS (Cascading Style-Sheets)
CSS (Cascading Style-Sheets) 243
CTS (Clear-to-Send)
CTS (Clear-to-Send) 308
Customer Relationship Management (CRM)
Customer Relationship Management (CRM) 443
Cut-Through
Cut-Through 277
CVSD (Continuous Variable Slope Delta Verfahren)
CVSD (Continuous Variable Slope Delta) 305
CWDM
Coarse Wavelength Division Multiplex 362, 292
Cyberwelt
cyber world 211
CYM
CYM 167

D

Daisy Chain
daisy chain 157
Dämpfung
attenuation 274, 290 f., **355**
Dämpfungsfaktor
loss factor 355
Dämpfungsmaß
attenuation constant 355
Darlehensvertrag
loan contract 439
Darstellungsschicht
presentation layer 268, 309
DAS
DAS 280, 336
DAT
DAT 137
Data Flow Control
Data Flow Control 309
Datagramm
datagram 311
Datagramm-Länge
datagram length 311
Datagramm-Transport
datagram transport 311
Data Link Control
Data Link Control 309
DataMatrix-Code
DataMatrix-Code 398
Data Memory Address-Bus: Datenspeicher Adressbus (DMA-Bus)
Data Memory Address-Bus: Datenspeicher Adressbus (DMA-Bus) 130
Dateiendung
file extension 388
Datei-Server
file server 279
Dateisystem
file system 230
Dateisysteme
data base systems 135, 252
Dateiverwaltungsbefehl
file management instruction 224
Datenaustauschphase (Verbindungsphase)
message exchange phase 315
Datenbankarchitektur
database architecture 231
Datenbankmanagementsystem
database management system 230
Datenbanksprachen
database languages 233
Datenbankübersicht
database overview 230
Datendienst
data service 344
Datenfehler
data error 212
Datenherkunft
data origin 415
Datenintegrität
data integrity 389
Datenkabelaufbau
mechanical construction of data cables 285
Datenkern
data kernel 228
Datenkompression
data compression 174
Datenkonsistenz
data consistency 389
Datenkontextüberdeckung
data context overlap 205
Datennetz
data network 270
Daten-Parallelisierung
data parallelization 127
Daten-Programm-Abhängigkeit
data-program dependency 230
Datenprojektoren (Beamer)
data projectors 190
Datenrecht
data law 387
Datenreduktion
data reduction 174
Datenreduktion bei bewegten Bildern
data reduction on moving pictures 179
Datenschutz
data privacy 387
Datensicherungsschicht
control layer 268
Datensicht
data view 46
Datenspeicher
data memory 125
Datenstruktur
data structure 216
Datentechnische Sicherheit
data security 388
Datentyp
data type 216, 234
Datenübermittlungsnetz
data transmission network 325
DB2
DB2 233
DBMS
DBMS 230
DBS (Datenbanksystem)
database system 230
DC-Koeffizient
DC-coefficient 178
DCL (Data Control Language)
DCL (Data Control Language) 233
DCS
Digital Communication Systems 353
DCT (Discrete Cosine Transformation)
DCT (Discrete Cosine Transformation) 173, 178
DDL (Data Definition Language)
DDL (Data Definition Language) 233
DDR1
DDR1 133
DDR2
DDR2 133
DDR-RAM
Double Data Rate RAM 132 f.
Deadlock
deadlock 211
Debugger
debugger 197, 211
debugging
debugging 212
Deckungsbeitrag
contribution margin 459
Deckungsbeitragsrechnung
contribution margin accounting 459
DECT
Digital Enhanced Cordless Telephone 332, **353**
DE (Discard Eligibility: Wegwerf-Erlaubnis)
Discard Eligibility 335
Deduktiv
deductive 73
DEE (Datenendeinrichtung)
DEE (data termination equipment) 269
default-Zustand
default state 228
Degeneration
degeneration 418
Deklaratorisch (rechtsbezeugend)
declarative 19
Dekrement
decrement 211
Delay (Laufzeitverzögerung)
delay 274
delete
delete 225
Delphi-Methode
Delphi method 366
De Morgansches Gesetz
De Morgan's law 120
Demultiplexer
demultiplexer 124
Denial-of-Service
Denial-of-Service 405
Denkfehler
error in reasoning 212
Dense Wavelength Division Multiplex
Dense Wavelength Division Multiplex 362
Derivativer Produktionsfaktor
derived factors of production 21
DES (Data Encryption Standard)
DES (Data Encryption Standard) 401
Destination MAC
Destination MAC 273
Destruktor
destructor 211
Determinismus
determinism 213
Dezimales Teil
decimal part 78
Dezimalzahlen-System
decimal number system 77
DHCP (Dynamic Host Configuration Protocol)
DHCP (Dynamic Host Configuration Protocol) 314
DHTML
Dynamic HTML 239, 240
Diagramme
Charts 66 f.
Dialekt
dialect 211
Dialer
dialer 388
Dial-in-Zugang
dial-in access 313
Dialogschnittstelle
dialogue interface 241
Dialogverständlichkeit
dialogue comprehensibility 247
Diascanner
slide scanner 183
Diensteintegration
service integration 269
Dienstgütevereinbarung
service level agreement 384
Dienstklasse
service class 281
Dienstleistung
service 18
Dienstvertrag
service contract 439
Differenzierer
differentiator 94
Differenzverstärker
differential amplifier 94
Digital-Analog-Umsetzer
digital to analog converter 90, 123, 130
Digitale Fotografie
digital photography 185
Digitale Logik
digital logic 120
Digitale Modulationsverfahren
digital modulation principles 360 f.
Digitaler Funktionsbaustein
digital function block 124
Digitaler Signalumsetzer
digital signal converter 123
Digitales Signal
digital signal 89
Digitalisierung
digitalization 90
Digital Subscriber Line Access Multiplexer
Digital Subscriber Line Access Multiplexer 331
Digital-TV
Digital Television 346
Digital Visual Interface
Digital Visual Interface 166
DIHK (deutsche Industrie- und Handelskammertag)
German Chambers of Industry and Commerce day 24
Dijkstra-Algorithmus
Dijkstra algorithm 322 f.
DIMM
Dual Inline Memory Module 132
DIN VDE 0100
DIN VDE 0100 103
Diode
diode 93, 95
Direct Costing
direct costing 459
DirectX
DirectX 259
DirectX-Foundation
DirectX-foundation 259
Direkter Absatzweg
exclusive marketing system 424
Direktes Berühren
direct contact 193
Direktes Leasing
direct leasing 441
Direktmarketing
direct marketing 423
Direkt-Umsetzer
direct converter 123
Direktwerbung
direct advertising 422 f.
Disc-at-Once
Disc-at-Once 159

Disjunktion
disjunction 120
Disjunktive Minimalform
sum of products 122
Disk Array Controller
Disk Array Controller 147
DisplayPort
DisplayPort 149
Display-Technologien
display-technologies 188
Disposition
disposition 34
Dispositive Arbeit
dispositive work 32
Dispositiver Faktor
dispositive factor of production 21
Distributionspolitik
distribution policy 424 f.
Divisionskalkulation
process cost accounting 457
DLCI (Data Link Connection Identifier)
DLCI (Data Link Connection Identifier) 335
DLP-Projektor
DLP-projector 190
DLT
DLT 137
DMA-Bus (Data Memory Address-Bus: Datenspeicher Adressbus)
DMA-Bus (Data Memory Address-Bus: Datenspeicher Adressbus) 130
DMD (Digital Micromirror Device)
DMD (Digital Micromirror Device) 190
DML (Data Manipulation Language)
DML (Data Manipulation Language) 233
DMO (Direct Mode Operation)
DMO (Direct Mode Operation) 344
DMT (Discrete Multi Tone)
DMT (Discrete Multi Tone) 329
DNS (Domain Name Service)
DNS (Domain Name Service) 314
DNS Poisoning
DNS poisoning 405
Domänen
domain 278
DoS (Denial of Service)
DoS (Denial of Service) 300, 405
Double Data Rate RAM
Double Data Rate RAM 132
DPCM (Differential Pulse Code Modulation)
DPCM (Differential Pulse Code Modulation) 173, 178
dpi (dots per inch)
dpi (dots per inch) 171, 182 f.
DQPSK (Differenzielle QPSK)
Differential Quadrature Phase Shift Keying 361
Drahtlose Netzwerk-Technologie
wireless network technology 296
DRAM (Dynamic RAM)
DRAM (Dynamic RAM) 132
Dreheisenmessinstrument
moving iron instrument 85
Drehspulmessinstrument
permanent-magnet moving coil instrument 85
Drei-Draht-Kopplung DTE-DCE
three wire coupling DTE-DCE 150
Drei-Schicht-Architektur
three level architecture 231
Dritte Normalform
third canonical form 232
DRLA
Diameter-Relay-Agenten 313
Druckauflösung
print resolution 182
Drucker
printer 182
Druckmedien
print media 52
DS
DS 297
DSAP (Destination Service Access Point)
DSAP (Destination Service Access Point) 273
DSLAM
Digital Subscriber Line Access Multiplexer 330 f.
DSL-Technik
Digital Subscriber Line 329
DSP (Digitale Signalprozessoren)
DSP (digital signal processors) 130
Dual-Code
binary code 395
Dual-Core
dual core 128
Duales Ausbildungssystem
dual system of education 6
Duales Ausbildungssystem in Deutschland
dual system of education in Germany 6
Duales System
Dual System 377
Dual-Slope-Umsetzer
dual slope converter 123
Dualzahlen-System
binary numbers system 77
Duplex-Betrieb
duplex operation 88
DuPont-Schema
DuPont scheme 467
Durchführung der Kostenstellenrechnung
carrying out cost centre accounting 454
Durchlichtverfahren
backlight principle 188
Durchschnittliche Lagerdauer
average time of storage 433
Durchschnittlicher monatlicher Lagerbestand
average monthly warehouse stock 433
Durchschnittswert
average value 468
DVB
Digital Video Broadcasting 346
DVB-C
Digital Video Cable 346
DVB-H
Digital Video Broadcasting for Handhelds 346
DVB-S
Digital Video Satellite 346
DVB-T
Digital Video Terrestrial 346
DVD
Digital Versatile Disc 161
DVD-5
DVD-5 161
DVD-9
DVD-9 161
DVD-10
DVD-10 161
DVD-18
DVD-18 161
DVI
Digital Visual Interface 166
DVI-Anschluss
DVI connector 166
DVI-Standard
DVI standard 149
DWDM
Dense Wavelength Division Multiplex 293, 362
Dynamic HTML (DHTML)
Dynamic HTML (DHTML) 240
Dynamic RAM (DRAM)
Dynamic RAM (DRAM) 132
Dynamische Preisgestaltung
dynamic pricing 421
Dynamischer Lautsprecher
dynamic loudspeaker 165
Dynamische Speicherplatzreservierung
dynamic memory allocation 224

E

EAN
EAN 397
EAP
Extensible Authentication Protocol 300, 313
EAPOL (Extensible Authentication Protocol over LAN)
EAPOL (Extensible Authentication Protocol over LAN) 300
EAP-TLS (EAP-Transport-Layer Security)
EAP-TLS (EAP-Transport-Layer Security) 300
E-Business
E-Business 442
ECC (Elliptic Curve Cryptography)
ECC (Elliptic Curve Cryptography) 404
EC (Echo Cancellation)
EC (Echo Cancellation) 329
Ecke
edge 320
Eclipse Way Process
Eclipse Way Process 264
ECO-Kreis
ECO circle 373
E-Commerce
e-commerce 442
E-Commerce-Plattform
e-commerce platform 442
EDGE (Enhanced Data rate for GSM Evolation)
EDGE (Enhanced Data rate for GSM Evolution) 360 f.
EDTV (Enhanced Definition Television)
EDTV (Enhanced Definition Television) 346
EEPROM
EEPROM 140
Effektivität
effectiveness 247
Effektivwert
root mean square value (rms.) 83
Effizienz
efficiency 196, 201, 247
E-GSM
Extended (erweitert) GSM 353
EIA 485 (RS 485)
EIA 485 (RS 485) 153
EIA/TIA 568A
EIA/TIA 568A 285
EIA/TIA 568B
EIA/TIA 568B 285
Eigenfertigung
self production 431
Eigenkapitalrentabilität
return on equity 469
Eigenlager
own stock of goods 424, 426
Eindeutigkeit
uniqueness 197, 368
Eindring-Erkennungssystem
intrusion detection system 300
Einfachkeit
simplicity 197
Einführung
introduction 418
Einführungswerbung
introduction advertising 422
Eingabegerät
input device 125
Einheiten
units 79
Einigungsstelle
arbitration board 12
Einkommenselastizität
income elasticity 27
Einliniensystem
single line system 35
Einmoden-LWL
single mode fibre optic 283
Einmoden-Stufenfaser
single mode fibre 291
Einseitiger Handelskauf
single-sided trade sales 436
Einstandspreis
cost price 430
Einteilung lokaler Netze
segmentation of local networks 270
Einzelarbeit
individual working 62
Einzelhandel
retail trade 425
Einzelkosten
direct costs 419, 450, 457
Einzelprokura
individual power of procuration 37
Einzelunternehmung
individual proprietorship 20
Einzelwerbung
single advertising 422
Einzugscanner
feeding scanner 183
Eisbergmodell
iceberg model 74
Eiserner Bestand
base stock 433
Elektrische Arbeit
electric work 82
Elektrische Feldstärke
electric field intensity 87
Elektrische Leistung
electric power 82
Elektrische Leitfähigkeit
electrical conductivity 111
Elektrischer Schlag
electric shock 381
Elektrische und magnetische Felder
electric and magnetic fields 87
Elektrochemische Spannungsquellen
electrochemical voltage sources 97
Elektrodynamisches Messinstrument
electrodynamic instrument 85
Elektrogesetz
electrical equipment act 379
Elektrolyt
electrolyte 193
Elektromagnetische Umgebung
electromagnetic environment 117
Elektromagnetische Verträglichkeit
electromagnetic compatibility 117, 387
Elektromagnetische Welle
electromagnetic wave 352 f.
Elektronikgerätegestz
electronic equipment act 379
Elektronische Medien
electronic media 422
Elektronischer Verstärker
electronic amplifier 96

Elektronisches Unternehmensregister
electronic register of companies 19
Elektronische Werbung (E-Mail)
electronic advertising 438
Elektrostatischer Lautsprecher
electrostatic loudspeaker 165
Elektrotechnik
electrical engineering 82
Elementarfaktor
basic factor of production 21
Elevation
elevation 349
Elimination
elimination 418
Elliptische Funktionen
elliptic functions 404
E-Mail
Electronic Mail 52
EMI (Electromagnetic Interference)
EMI (Electromagnetic Interference) 118
Emitter
emitter 93
Empfang über Satellit
reception via satellite 349
Empfehlung
recommendation 102
Empfehlungen der X-Serie
recommendations of X-series 325
EMV
EMV 117
EMV-Normen
EMC-standards 118
Encryption Methods
encryption methods 403 f.
Endlichkeit
finiteness 213
Endlosschleife
infinite loop 211
End User (SMB: Server Message Block)
End User (SMB: Server Message Block) 309
Energieeffizienz
energy efficiency 382
Energieeffizienzklassen
energy efficiency classes 375
Energielabel
energy label 375
Energienetz
power network 99
Energy Star
Energy Star 374
Entfernungsermittlung
displacement calculation 295
Entgeltabrechnung
remuneration account 15
Entity
entity 46, 233
Entity-Referenzen
entity references 242
Entity-Relationship-Modell
Entity-Relationship-Model 46, 211, 233
Entropiecodierung
entropy encoding 175
Entstörung
interference suppression 101
Entwicklungsbewertung
design review 409
Entwicklungsleiter
development manager 409
Entwicklungsprojekte
development projects 204
Entwurf
design 200
Entwurfsfehler
design flaw 212
EOF
End of File 211
EOL
End of Line 211
EPK (Ereignisgesteuerte Prozesskette)
EPK 47 f.
EPLD (Erasable Programmable Logic Device)
EPLD (Erasable Programmable Logic Device) 140
Erder
earth electrode 108
ER-Diagramm
ER diagram 211
Erdung
earthing arrangement 108
Erdunsymmetrie
unbalanced to earth 286
Erfolgsindikatoren
success indicators 49
Erfolgsziel
performance objective 18
Erfüllungsgeschäft
legal transaction in fulfilment of an obligation 434
Erfüllungsort
place of fulfilment 438
Ergebnisprotokoll
minutes of meeting 55
Ergebnisrechnung
operating statement 457
Ergonomie
ergonomics 58
Erhebungsmethoden
survey methods 415 f.
Erinnerungswerbung
reminder advertising 422
Erkennung
recognition 295
ERM (Entity-Relationship-Model)
ERM (Entity-Relationship-Model) 46
Ermittlung der Gemeinkostenzuschlagssätze
determination of overhead costs surcharge rate 455
Ersatz vergeblicher Aufwendung
compensation of vainly expenditure 436
Erste Hilfe
first aid 376
Erste Normalform
first canonical form 232
Erstes Kirchhoffsches Gesetz
Kirchhoff's first law 86
Ertrag
revenue 449
Erwartungshorizont
horizon of expectation 247
Erwartungswert
expected value 260, 262
Erweiterte Partition
extended partition 134
ER-Welt
Entity-Relationship-world 211
Erwerbswirtschaftliche Betriebe
commercial business enterpris 18
Erziehungsfunktion
training function 28
Escape-Sequenz
escape sequence 225
ESD (Electrostatic Discharge)
ESD (Electrostatic Discharge) 118
ESP (Encapsulated Security Payload)
ESP (Encapsulated Security Payload) 317
ESS
ESS 297
Etagenverteiler
floor distribution rack 283
Ethernet
Ethernet 272 f.
Ethernet-Bezeichnungen
Ethernet types 271
Ethernet Parameter
Ethernet parameter 273
ETSI (European Telecommunications Standards Institute)
ETSI (European Telecommunications Standards Institute) 296
Euklidischer Algorithmus
Euclid's algorithm 213
Euler
Euler 320
Eulersche Polyederformel
Euler's polyhedron formula 322
Europäisches Umweltzeichen
European Union eco-label 373
Evaluierung von IT-Sicherheit
evaluation of IT-security 380
Evolutionäres Modell
evolutionary model 202
Evolutionäres Software Engineering
evolutionary software engineering 203
Exklusiv-ODER
exclusive OR 120
Expansionswerbung
expansion advertising 422
Experiment
experiment 416
Expertenschätzung
experts estimation 366
Expertensystem
expert system 247
Explosionsgefahr
explosion risk 193
Exponent
exponent 210
ExpressCard
ExpressCard 152
Extensible Authentication Protocol
Extensible Authentication Protocol 313
eXtensible Markup Language (XML)
eXtensible Markup Language (XML) 242
Externe Sicht
external view 230
Externes Projekt
external project 364
Extreme Programming
Extreme Programming 264
Exzerpt
excerpt 54
Eye-Catcher
eye catcher 422

F

Fabric-Switching
Fabric-switching 281
Fachbuch
specialist book 52
Fachgrundnormen
generic standards 118
Fachkonzept
domain specific concept 45, 211
Fachzeitschrift
professional journal 52
FADD (Floating Point Add Unit)
FADD (Floating Point Add Unit) 127
failure in time (fit)
failure in time (fit) 406
Fairness
fairness 322
Faktorkombination
factor combination 21
Fallabfrage
case query 209
Fallunterscheidung
case distinction 209, 215
Faltungscodes
convolutional codes 404
Fano
Fano 400
Farbinformation
colour information 168
Farbkennzeichnung von Widerständen
colour marking of resistors 91
Farblaserdrucker
colour laser printer 182
Farbmanagement
colour management 169
Farbmodell
Colour model 167
Farbraum
colour space 57
Farbsättigung
colour saturation 168
Farbschlüssel
colour code 91
Farbtiefe
colour intensity 168
Farbton
hue 168
Fast Ethernet Switch
Fast Ethernet Switch 276
FAT
File Allocation Table 252
FCC
Federal Communications Commission 354
FC (Fibre Channel)
FC (Fibre Channel) 281
FCFS
First Come First Served 211
F-Codierung
voice encoding 326
FCS (Frame Checking Sequence)
FCS (Frame Checking Sequence) 273
FC-Switch
FC switch 281
FDDI (Fibre Distributed Data Interface)
FDDI (Fibre Distributed Data Interface) 336
FDDI TP-PMD (Twisted Pair Physical Layer Medium Dependent)
FDDI TP-PMD (Twisted Pair Physical Layer Medium Dependent) 336
FDMA (Frequency Division Multiple Access)
FDMA (Frequency Division Multiple Access) 301
FDM (Frequency Division Multiplex)
FDM (Frequency Division Multiplex) 329
FEC-Codierung (Forward Error Correction)
FEC-Coding (Forward Error Correction) 305
FECN (Forward Explicit Congestion Notification)
FECN (Forward Explicit Congestion Notification) 335
Federal Communications Commission
Federal Communications Commission 354
Fehler
error 212, 400
Fehlerbaumanalyse
fault tree analysis 407
Fehlererkennung
error detection 400

Fehlerfolgenreduktion
error consequence reduction 389
Fehlerkorrektur
error correction 400
Fehlerkorrekturmöglichkeit
error correction opportunity 401
Fehlerschutz
fault protection 106
Fehlerstrom-Schutzeinrichtung
residual current protective device 107
Fehlerstromstärke
residual current intensity 104
Fehlersuche
fault search 287
Fehlertolerante Speicherung
fault tolerant storage 147
Fehlertoleranz
fault tolerance 247, 383
Fehlschluss
false conclution 212
Feldeffekttransistoren (FET)
field-effect transistor 96
Feldforschung
field research 415
Feldlinie
field line 87
Feldoptionen
field options 234
Fenster
window 247
Fernkopierer
fax machine 171
Fertigung
manufacturing 17, 43
Fertigungsgemeinkostenzuschlagssatz
production overhead surcharge rate 455
Fertigungskosten
production costs 419
Festkommadarstellung
fixed point representation 210
Festplatte
hard disk 134, 135
FEXT (Far-End Cross Talk)
FEXT (Far-End Cross Talk) 274
FFD (Full Function Device)
FFD (Full Function Device) 304
FGKZ (Fertigungsgemeinkostenzuschlagssatz)
manufacturing overhead costs surcharge rate 455
FHSS (Frequency Hopping Spread Spectrum)
FHSS (Frequency Hopping Spread Spectrum) 305
Fiber-to-the-building
Fiber-to-the-building 331
Fiber-to-the-cabinet
Fiber-to-the-cabinet 331
Fiber-to-the-home
Fiber-to-the-home 331
Fiber-to-the-node
Fiber-to-the-node 331
Fiber-to-the-premises
Fiber-to-the-premises 331
Fibonacci
Fibonacci 215
FIFO
First In - First Out 211
Filialisierung
branch founding 425
Filialprokura
branch power of procuration 37
Filterrate
filter rate 277
Finanzbereich
financial area 17
Finanzbewegung
financial flow 17
Finanzbuchhaltung
financial accounting 446
Finanzcontrolling
financial controlling 467
Finanzierung
financing 17
Finanzierung/Rechnungswesen
financing/accountancy 38
Finanzziel
financial objective 18
finger
finger 320
Fingerabdruckerkennung
finger print recognition 187
Firewall
firewall 315
Firewall-System
Firewalls 386
FIR (Fast)
FIR (Fast) 156
Firma
company 19
Firmenausschließlichkeit
companys exclusiveness 19
Firmenbeständigkeit
companys consistency 19
Firmengrundsätze
companys policy 19
Firmenklarheit
companys clarity 19
Firmenleasing
company leasing 440 f.
Firmenöffentlichkeit
companys publicity 19
Firmenwahrheit
companys verity 19
fit (failure in time)
fit (failure in time) 406
Fixe Kosten
fixed costs 420, 451
Fixkauf
time purchase 437
Flachbettscanner
flatbed scanner 183
Flachbild-Anzeigen
flatscreen displays 189
Flächenstreik
blanket strike 14
Flächentarifverträge
collective bargaining agreement 13
Flachschwund
flat fading 345
Flame Retardant
Flame Retardant 285
Flame Retardant Non Corrosive
Flame Retardant Non Corrosive 285
Flash EEPROM
Flash EEPROM 140
Flash-Speicherung
flash-storing 138
Fließkomma-Einheit
floating-point unit 127
Fließkommazahl
floating-point number 225
Float
float 216
Floating Point Add Unit (FADD)
Floating Point Add Unit (FADD) 127
Floating Point Unit (FPU)
Floating Point Unit (FPU) 127
FLOPS
FLOPS 197
Flussdiagramm
flow chart 40, 67
FM (Frequenzmodulation)
FM (Frequency Modulation) 358
Foiled Twisted Pair
Foiled Twisted Pair 285
Formalziel
formal objectiv 412
Format
Format 210
Formelzeichen
formula signs 79
Formen der Kooperation und Konzentration
forms of co-operation and concentration 29
Fortran
Fortran 222
Forward Error Correction (FEC-Codierung)
Forward Error Correction (FEC-Coding) 305
Forward Explicit Congestion Notification (FECN)
Forward Explicit Congestion Notification (FECN) 335
Fotokatode
photo cathode 186
Fotowiderstand
light dependent resistor 95
Fourier-Analyse
Fourier analysis 89
FPLA (Field Programmable Logic Array)
FPLA (Field Programmable Logic Array) 140
FPU (Floating Point Unit)
FPU (Floating Point Unit) 127
FR
Flame Retardant 285
Fragestellung
question 54
Fragment-Free
Fragment-Free 277
Frame
frame 240
Frame Check Sequence (FCS)
Frame Check Sequence (FCS) 273
Frame Relay (FR)
Frame Relay (FR) 335
Frame-Transfer-Bildaufnehmer
frame transfer image sensor 186
Franchisesystem
Franchise system 424 f.
free
free 224
Freeware
Freeware 196, 211
Freie Güter
free goods 18
Freier Puffer
free buffer 40
Freiraumausbreitung
free space propagation 345
Fremdbezug
outside purchasing 431
Fremdlager
external stock 424, 426
Fremdschlüssel
foreign key 232
Fremdspannung
interfering voltage 286
Frequency Division Multiple Access (FDMA)
Frequency Division Multiple Access (FDMA) 301
Frequency Division Multiplex (FDM)
Frequency Division Multiplex (FDM) 329
Frequency Hopping
frequency hopping 399
Frequency Hopping Spread Spectrum (FHSS)
Frequency Hopping Spread Spectrum (FHSS) 305
Frequenz
frequency 83
Frequenzbandeinteilung
frequency band allocation 303
Frequenzbereiche
Frequencies 353
Frequenzbereichseinteilung
frequency allocation 338
Frequenzhub
frequency swing 358
Frequenzmodulation (FM)
frequency modulation 358
Frequenzmultiplex
frequency division multiplex 334, **362**
Frequenzspektrum
frequency spectrum 89
Frequenzsprungverfahren
frequency hopping 305
Frequenzteiler
frequency divider 124
Frequenzumtastung (FSK)
frequency shift keying 360
Fresnel-Zone
Fresnel zone 345
FRNC
Flame Retardant Non Corrosive 285
Front-Side-Bus Schnittstelle (FSB)
Front-Side-Bus interface (FSB) 128
FR-UNI (FR-User Network Interface)
FR-UNI (FR-User Network Interface) 335
FR-User Network Interface (FR-UNI)
FR-User Network Interface (FR-UNI) 335
FSK (Frequenzumtastung)
Frequency Shift Keying 360
FTA (Fault Tree Analysis)
FTA (Fault Tree Analysis) 407
FTP
File-Transfer-Protocol 52, 239, 285
FTTB
Fiber-To-The-Building 331
FTTC
Fiber-To-The-Cabinet 331
FTTD (Fibre To The Desk)
FTTD (Fibre To The Desk) 294
FTTH
Fiber-To-The-Home 331
FTTH (Fibre To The Home)
FTTH (Fibre To The Home) 294
FTTN
Fiber-To-The-Node 331
FTTP
Fiber-To-The-Premises 331
Führung
management 364
Führungsorganisation
management organization 367
Führungsstelle
management position 364
Full Function Device (FFD)
Full Function Device (FFD) 304
Funkausleuchtung
radio coverage 298
Funkentstörung
radio interference suppression 101
Funkschutzzeichen
radio interference protection symbol 101
Funkstörgrad

degree of radio interference 101
Funktionale Anforderungen
functional requirements 266
Funktionalität
functionality 196
Funktionalitätsmodell
functionality model 217
Funktionen des Betriebes
the company functions 38
Funktionsgleichung
functional equation 122
Funktionshierarchiebaum
function hierarchy tree 46
Funktionskleinspannung
functional extra low voltage 106
Funktionsorientierte Aufbauorganisation
function oriented organization 35
Funktionsorientierte Organisation
function oriented organization 41
Funktionsorientierung
function orientation 36, 41
Funktionsprinzipien
function principles 309
Funktionsschnittstelle
functional interface 241
Funktionssicht
function view 46
Funkzelle
radio cell 337
Fusion
merger 29
Fusionskontrolle
merger control 31
Fußgesteuerte Schleife
bottom-controlled loop 215
F/UTP Cat.5/Cat.5e
F/UTP Cat.5/Cat.5e 285
Fuzzy-Inferenz
Fuzzy inference 246
Fuzzy-Logik
Fuzzy logic 201

G

Gameport
game port 163
GAP (Generic Access Profile)
GAP (Generic Access Profile) 332
Garantieleistung
warranty 418
Gasdichte Zelle
valve regulated sealed cell 193
Gasentladung
gas discharge 188
Gate Array
Gate Array 140
Gatekeeper
gatekeeper 318
Gatekeeper (Netzverwalter)
gatekeeper 172
Gateway
gateway 277, 318
Gateway GPRS Support Node (GGSN)
Gateway GPRS Support Node (GGSN) 343
Gateways (Netzkoppler)
gateways 172
Gattungskauf
purchase by description 437
Gattungsmangel
generic goods defect 436
Gaußscher Algorithmus
Gaussian algorithm 213
Gebäude-/Etagenverteiler
building-/floor distribution rack 283
Gebietskartell
regional cartel 32
Gebrauchsgüter
consumer durables 18
Gebrauchstauglichkeit
usability 247
gebrochene Preise
broken prices 421
Gefährdungen
hazards 299
Gefährdungsgrade
hazard rates 294
Gefahren des elektrischen Stromes
hazards of electric current 104
Gefahrenhinweise
risk phrases 378
Gefahrenklassen
hazard classes 378
Gefahrenquellen
hazard sources 381
Gefahrstoffverordnung
ordinance on hazardous substances 378
Gegenbetrieb
duplex transmission 88
Gegenereignis
complementary event 260
Gegenkathete
opposite side 76
Gegentaktstörung
series mode interference 101
Geheimhaltungspflicht
obligation of secrecy 11
Geheimtextalphabet
cipher text alphabet 399
Geldschulden
money debts 435
Geldströme
money flows 17
Geld- und Güterströme eines Betriebes
the flow of goods and money in a business enterprise 17
Geld- und Kapitalmarkt
money and capital market 17
Gemeinkosten
overhead costs 419, 450, 457
Gemeinkostenarten
overhead costs, kinds of 454
Gemeinkostenzuschlagssatz
overhead costs surcharge rate 454 f.
Gemeinschafts-Cloud
community cloud 341
Gemeinschaftswerbung
collective advertising 422
Gemeinwirtschaftliche Betriebe
social economic companies 18
Generalisierung
generalization 211
Generalklausel
all-purpose clause 438
Generatormatrix
generator matrix 401, 404
Generatorpolynom
generator polynomial 401
Generische Prozedur
generic procedure 222
Genossenschaft
cooperative association 20
Genossenschaftliche Betriebe
cooperative companies 18
Geräuschspannung
noise voltage 286
Gerichtsstand
court of jurisdiction 438
Gerüst
framework 321
Gesamtabweichung
total deviation 463
Gesamtkostensatz
total expense ratio 464
Gesamtprokura
complete power of procuration 37
Gesamtpuffer
total buffer 40
Gesamtsystemspezifikation
complete system specification 204
Gesamtübersicht
overall description 369
Gesamt-Verbundentropie
complete interconnection entropy 263
Gesamtverfügbarkeit
total availability 384
Geschäftsprozess
business process 42 f., 47, 219
Geschäftsprozessanalyse
business process analysis 220
Geschäftsprozessarchitektur
business process architecture 44
Geschäftsprozessmanagement
business process management 44
Geschäftsprozessmodellierung
business process modelling 44
Geschäftsprozessoptimierung
business process optimization 42
Geschäftsprozessorientierung
business process orientation 41
Geschlossene Zelle
vented cell 193
Gesellschaftliches Ziel
objectives of society 18
Gesellschaft mit beschränkter Haftung
limited corporation 20
Gesellschaftsunternehmung
corporation 20
Gesellschaftsvertrag
partnership agreement 439
Gesetz der Massenproduktion
law of volume production 451
Gesetz gegen den unlauteren Wettbewerb (UWG)
law against unfair competition 438
Gesetz gegen Wettbewerbsbeschränkung (GWB)
act against restraints of competition 32
Gesetzliche Kündigungsfrist
legal notice period 11
Gespräch
conversation 71
Gesprächsphase
conversation phase 71
Gesprächsregel
conversation rule 69
gesteuerter Ring
controlled ring 281
Gesundheitsschutz
health protection 378
Gewährleistungsrecht
warranty law 410
Gewerkschaft
trade union 13, 24
Gewinn
profit 458
Gewinnschwellenanalyse
break-even analysis 460
Gewinnspiel
lottery 438
GGSN (Gateway GPRS Support Node)
GGSN (Gateway GPRS Support Node) 343
Gigabit-Ethernet
Gigabit-Ethernet 274
Gitterstruktur
grid structure 126
Glas-Tag
glass tag 306
Glastransponder
glass transponder 306
Gleichgewichtsmenge
equilibrium quantity 28
Gleichgewichtspreis
equilibrium price 28
Gleichordnungskonzern
horizontal group 29
Gleichspannung
D.C. voltage 84
Gleichtaktstörung
common mode interference 101
Gleitkommadarstellung
floating point representation 210
Gliederungszahlen
structure figures 469
Glixon-Code
Glixon code 395
globale
global 211
GmbH (Gesellschaft mit beschränkter Haftung)
limited liability company 20
GNU
GNU 211
GPRS (General Packet Radio Service)
GPRS (General Packet Radio Service) 343
GPS (Global Positioning System)
GPS (Global Positioning System) 351
Gradation
gradation 170
Gradientenindex-Profil
gradient-index profile 291
Grafikkarte
Graphic board 166
Grafische Benutzeroberfläche
graphical user interface 252
Grammatik
grammer 211
Granularität
granularity 126
Graphen
graphs 320, 322
Graphenbeschreibung
graphs description 320 f.
Graphenmodell
graph model 321
Graph K3,3
graph K3,3 322
Gray-Code
Gray code 395
Green-Book
Green-Book 160
GRE (Generic Routing Encapsulation)
GRE (Generic Routing Encapsulation) 317
Greifraum
space within reach 371
Griechisches Alphabet
Greek alphabet 78
Grobes Wellenlängenmultiplex
coarse wavelength division multiplex 292
Größen und Formeln der Elektrotechnik
basic quantities and formulas in electrical engineering 82
Großhandel
wholesale distribution 425
Grundbegriffe der Codierung

basic terms in encoding 394
Grundfunktion
basic function 38
Grundkosten
basic costs 449
Grundnormen
basic standard 118
Grundschutz
basic protection 383
Grundzahlen
basic figures 468
Grundzüge staatlicher Wettbewerbspolitik
essential features of governmental competition policy 30
Grüner Punkt
Green Dot 377
Gruppenarbeit
group working 62 f.
Gruppenbildung
team formation 63
Gruppenmerkmal
team characteristic 63
GSM
Global System for Mobile Communication 337, **353**
GTA
GTA 399
GUI (Graphical User Interface)
GUI (Graphical User Interface) 211, 247, 252
Güterströme
goods flows 17
Güteverhandlung
conciliation hearing 23
GZB (Grenzwerte zugänglicher Bestrahlung)
AEL (Accessible Emission Limits) 294

H

H.261
H.261 173
H.323
H.323 318
Haftung
liability 20
Haftungsrecht
liability law 410
Halbduplex-Betrieb
half duplex operation 88
Halbduplex–Bus
half-duplex bus 153
Halbleiterbauelement
semiconductor component 93
Halbleiter-Bildaufnehmer
semiconductor image sensor 186
Halbleiterdiode
semiconductor diodes 95
Halbleiterspeicher
semiconductor memory 132
Hamming-Code
Hamming code 395, 401
Hamming-Distanz
Hamming distance 400
Handbuch
manual 52
Handelsmakler
mercantile broker 425
Handelsplatz
market place 442
Handelsregister
register of companies 19
Handelsvermittler
trade middleman 424 f.
Handelsvertreter
commercial agent 425
Handelswaren
commodities 458
Handelswerbung
commercial advertising 422
Handkauf
handsale 437
Händler-Promotion
merchant-promotion 423
Handlungsbegrenzung
action limitation 365
Handlungsbevollmächtigter
authorised signatory 37
Handlungskosten
handling costs 458
Handlungskostenzuschlagssatz
handling costs surcharge rate 458
Handlungsvollmacht
limited commercial authority 37
Handscanner
hand scanner 183
Hardware
hardware 196
Hardware-Architektur
hardware architecture 204
Hartley
Hartley 263
Harvard-Architektur
Harvard architecture 125, 129
Häufigster Wert
most frequent value 468
Hauptkostenstelle
direct cost centre 453
Hauptprozess
main process 42
Haustarifvertrag
company pay agreement 13
HBA (Host Bus Adapter)
HBA (Host Bus Adapter) 145
HCI (Human Computer Interaction)
HCI (Human Computer Interaction) 248
HDMI
High Definition Multimedia Interface 148
HDSL
HDSL 329
HDTV
High Definition Television 190, 346
HDV
HDV 181
HD Video-Aufzeichnung
HD Video recording 181
Header-Checksum
Header-Checksum 311
Header-Vereinbarungen
header declarations 224
Heap
heap 224
Heapsort
Heap sort 214
Heimarbeiter-Anbindung
home worker connection 317
heiße Redundanz
hot standby 385
„Heißer Fleck"
hot spot 300
Helligkeit
brightness 168, 190
Herstellerleasing
manufacturer leasing 441
Herstellerspezifischer Standard
manufacturer specific standard 102
Herstellerwerbung
manufacturer advertising 422
Herstellkosten
manufacturing costs 419
Herstellkosten der Erzeugung
costs of manufacturing 455 f.
Herstellkosten des Umsatzes
costs of sales 455 f.
Hexadezimal-Zahlensystem
hexadecimal system 77
Hierarchiestufe
hierarchy level 334
Hierarchisches Modell
hierarchical model 231
High Definition Television
High Definition Television 346
Hilfskostenstelle
indirect cost centre 453
Hinweisschilder
order signs 376
HIPER LAN (High Performance LAN)
HIPER LAN (High Performance LAN) 297
HIPPI (High Performance Parallel Interface)
HIPPI (High Performance Parallel Interface) 281
Histogramm
histogram 170
HKEY_CLASSES_ROOT
HKEY_CLASSES_ROOT 258
HKEY_CURRENT_CONFIG
HKEY_CURRENT_CONFIG 258
HKEY_USERS
HKEY_USERS 258
Hochfrequente Störung
high frequency interference 286
Hochgeprägte Karte
high embossed card 184
Höchstbestand
maximum quantity 433
Höhere Gewalt
force majeure 299
Höhere Protokolle
higher protocols 309
Homogen
homogeneous 87
Hops
hops 323
Horizontaler Zusammenschluss
horizontal merger 32
Horn-Klausen
Horn clauses 246
Host-Adapter
host adapter 145
Hosted Virtualisierung
Hosted virtualization 254
Hotspot
Hotspot 300
HPFS (High Performance File System)
HPFS (High Performance File System) 134, 252
HSPA+
HSPA+ 339
HTML-Code
HTML-code 244
HTML (Hypertext Markup Language)
HTML (Hypertext Markup Language) 240
HTT
Hyper-Threading Technology 253
HTTP (Hypertext Transfer Protocol)
HTTP (Hypertext Transfer Protocol) 315
Hub
hub 277
Hub Polling
hub polling 308
Huffman-Codierung
Huffman Encoding 175, 178, 400
Hybridfestplatte
hybrid hard disk 136
Hypercube (p-cube)
hypercube 126
Hyperlinks
hyperlinks 240
Hypertask
hyper task 211
Hyper-Threading
hyper-threading 125
Hyper-Threading Technology
Hyper-Threading Technology 253
Hypertransport-Schnittstelle
hyper transfer interface 128
Hypervisor
Hypervisor 254
Hypotenuse
hypotenuse 76

I

I²C - Bus
Inter IC bus 154
IAE
ISDN Access Unit 328
I-Bild
I-picture 179
IBSS (Independent BSS)
IBSS (Independent BSS) 297
ICH-DU-Beziehung
I-You-relation 366
ICMP-Nachricht
Internet Control Message Protocol 278
IDE
Integrated Development Enviroment 211
IDEA (International Data Encryption Algorithm)
IDEA (International Data Encryption Algorithm) 402
Identifikation
identification 389
Identität
identity 187
Identitätssatz
principle of identity 245
ID (Instruction Decoder)
ID (Instruction Decoder) 127
IDS (Intrusion Detection System)
IDS (Intrusion Detection System) 300
IEEE
Institute of Electrical and Electronics Engineers 354
IEEE 802.3
IEEE 802.3 272
IEEE 802.11
IEEE 802.11 297
IEEE 1284
IEEE 1284 151
IEEE 1394
IEEE 1394 157
IESG (Internet Engineering Steering Group)
IESG (Internet Engineering Steering Group) 307
IETF (Internet Engineering Task Force)
IETF (Internet Engineering Task Force) 307
iFCP (Internet Fibre Channel Protocol)
iFCP (Internet Fibre Channel Protocol) 280
IF (Instruction Fetch: Befehlsabruf)
IF (Instruction Fetch) 129
IFIP-Schnittstellenmodell
IFIP interface model 241
IGMP
Internet Group Management Protocol 347

IHK (Industrie- und Handelskammer)
German Chambers of Industry and Commerce 6
ILP (Instruction Level Parallelism)
ILP (Instruction Level Parallelism) 127
Implementierung
implementation 200
Implementierungsfehler
implementation mistake 212
Implementierungsphase
implementation phase 220
Improvisation
improvisation 34
IMSL (International Mathematical and Statistical Library)
IMSL (International Mathematical and Statistical Library) 214
IMT (International Mobile Telecommunication)
IMT (International Mobile Telecommunication) 338
INCITS (InterNational Committee on Information Technology Standards)
INCITS (InterNational Committee on Information Technology Standards) 145
Indirekter Absatzweg
indirect channel of distribution 424
Indirektes Berühren
indirect touch 193
Indirektes Leasing
indirect leasing 441
Individualisierbarkeit
individualization opportunity 247
Individual- Kollektivrechte
individual-collective rights 12
Induktion
induction 87
Induktionsspannung
induction voltage 87
Induktiv
inductive 73
Induktivität
inductance 92
Industriestandard
industrial standard 102
Inferenz
inference 247
Inferenzformen
inference types 263
Inflexibilität
inflexibility 230
Information
information 88, 262
Informationsform
kind of information 88
Informationsgehalt
information content 262
Informationsquelle
information source 52
Informationstechnische Verkabelung von Gebäudekomplexen
communication cabling of buildings 282
Informationstheorie
information theory 198, **263**
Informationsübertragung
information transmission 88
Informationswesen
information technology 38
Infrared Data Association (IrDA)
Infrared Data Association (IrDA) 156
Infrastructure-Mode
infrastructure-Mode 297
Inhaltsauszug
excerpt 54
Inhomogen
inhomogeneous 87
Initiator
initiator 142, 145
Inkonsistenz
inconsistency 230
Inkrement
increment 211
Inkrementelle Systementwicklung
incremental system development 204
Innenverhältnis
internal relationship 20
Insertionsort
Insertion sort 214
Insourcing
insourcing 431
Inspection
inspection 205
Installationsstrecke
permanent link 283
Instanz
instance 211, 217
Institute of Electrical and Electronics Engineers
Institute of Electrical and Electronics Engineers 354
Integer
Integer 216
Integrierer
integrator 94
Integrität
integrity 187, 206, 299, 405
Integritätsbedingung
integrity condition 231
Intelligente Speicherchipkarte
intelligent memory chip card 184
Interessengemeinschaft
community of interests 29
Interface
interface 211, 228
Interline-Transfer-Bildaufnehmer
interline transfer image sensor 186
Internationale Prüfzeichen
international test marks 372
Internationales Marketing
international marketing 428
International Telecommunication Union
International Telecommunication Union 354
Interne Sicht
internal view 230
Internes Projekt
internal project 364
Internet
Internet 52
Internet-Dienst
Internet service 52
Internet Drafts
Internet Drafts 307
Internet Group Management Protocol
Internet Group Management Protocol 347
Internet Protocol Suite
Internet Protocol Suite 307
Internet-Service
Internet-Service 350
Internet Telefonie
Voice over IP 318
Interpolierte Auflösung
interpolated resolution 183
Interpreter
interpreter 198
Interpretersprache
interpreter language 229
Interrupt
interrupt 253
Interview
interview 416
Intra-Business
intra-business 442
Intranet
Intranet 317
In-Verkehr-Bringen
put in circulation 410
Invertierer
inverter 94
Investition
investment 17
iostreams
iostreams 225
ipconfig
ipconfig 320
IPI (Intelligent Peripheral Interface)
IPI (Intelligent Peripheral Interface) 281
IP (Internet Protocol)
IP (Internet Protocol) 311, 318
IP-Multicast-Package-Delivery
IP-Multicast-Package-Delivery 350
IP-Multicast-Streaming-Service
IP-Multicast-Streaming-Service 350
IPS
IPS 197
IPSec
IPSec 317, 405
IP Spoofing
IP spoofing 405
IP-Telefon
IP telephone 318
IPTV
IPTV 347
IPv6
IPv6 312
IrDA (Infrared Data Association)
IrDA (Infrared Data Association) 156
Iriserkennung
iris recognition 187
IrLAP (IrDA Link Access Protocol)
IrLAP (IrDA Link Access Protocol) 156
IrPHY (IrDA Physical)
IrPHY (IrDA Physical) 156
IRQ
Interrupt Request 253
Irreführende Werbung
deceptive advertising 438
Irrelevanter Datenstrom
irrelevant data stream 173
Irrelevanz
irrelevance 263
Irrelevanz-Reduktion
irrelevance reduction 174
IrSimple
IrSimple 156
IR-Strahlung (Infrarot-Strahlung)
infrared radiation 81
iSCSI
iSCSI 280
ISDN-Anschluss
ISDN connection 327
ISDN-Dienst
ISDN service 327
ISDN-NTBA
ISDN-NTBA 330
ISM-Band
ISM band 305
ISO 9000–9004 ff
ISO 9000–9004 ff 390
Isochroner Datentransfer
isochronous data transmission 157
Isolationswiderstand
insulation resistance 286
ISO-Modell
ISO model 310
ISO - OSI
ISO - OSI 309
Isotroper Strahler
isotropic radiator 349
Istanalyse
actual state analysis 43
Istaufnahme
actual state recording 43
Istkostenrechnung
actual cost accounting 456, **461**
Iteration
iteration 215
Iterative Verfahrensweise
iterative method 217
ITIL
ITIL 383
ITSEC (Information Technology Security Evaluation Criteria)
ITSEC (Information Technology Security Evaluation Criteria) 389
IT-Sicherheitsregeln
IT security rules 387
IT-Sicherheitsstandard
IT security standard 380
IT-Sicherheitsverfahren
IT security methods 380
IT-System
IT-system 99
IT-Systemsicherheit
IT-systems security 389
ITU
International Telecommunication Union 354
ITU (CCITT) Empfehlung
ITU recommendation 324 f.
ITU-R Serie
ITU-R series 325
ITU-T
ITU-T 324 f.

J

Jam
jam 308
Java
Java 199, **227 f.**
javac
javac 227
Java-Packages
Java Packages 228
Java-Prinzip
Java principle 227
JavaScript
JavaScript 242 f.
JCR-Schnittstelle
JCR interface 241
JDK
JDK 227
JEIDA-Standard (Japanese Electronic Industry Development Association)
JEIDA-Standard (Japanese Electronic Industry Development Association) 152
JGFET (Isolierschicht-Feldeffekttransistoren)
insulated gate FET 96
Join
join 211
JOINS
JOINS 234
Joystick
Joystick 163
JPEG (Joint Photographic Experts Group)
JPEG (Joint Photographic Experts Group)

173, **178**
Jugend- und Auszubildendenvertretung (JAV)
representation of juvenile employees and trainees 10
Just-in-Time-Fertigung
just-in-time manufacturing 50
JVM
JVM 227, 253

K

Kabelauslegung
cable laying 288
Kabel für Telekommunikations- und Informationsverarbeitungsanlagen
cable for telecommunication and information processing systems 356
Kabelkonzentrator
cable concentrator 277
Kabelmodem
cable modem 348
KAIZEN
KAIZEN 50, 393
Kalibrieren
calibrate 169
Kalkulation
costing 457
Kalkulationsverfahren
Costing techniques 457 f.
Kalkulation von Handelswaren
calculation of commodities 458
Kalkulatorische Kosten
imputed costs 451
Kalkulatorischer Unternehmerlohn
imputed owner's salary 452
Kalte Redundanz
cold standby 385
Kanalausgangsentropie
channel output entropy 263
Kanalcodierung
channel encoding 399
Kanaldiagramme
channel diagrams 263
Kanaleingangsentropie
channel input entropy 263
Kanban
Kanban 50
Kante
edge 49, 320
Kapazität
capacity 92
Kapazitive Kopplung
capacitive coupling 286
Kapitalausfuhr
capital export 25
Kapitaleinfuhr
capital import 25
Kapital (Realkapital)
non monetary capital 21
Kapselung
encapsulation 217
Kardinalität
cardinality 211
Kartell
cartel 29, 32
Kartellarten
types of cartels 32
Kartellkontrolle und Marktbeherrschung
cartel control and market dominance 32
Kartellverbot
ban on cartels 32
Katodenlumineszenz
cathode luminescence 188
Kauf auf Abruf
purchase on call 437
Kauf auf Anzahlung
purchase on advanced payment 437
Kauf auf Probe
purchase on approval 437
Kauf auf Vorauszahlung
purchase on prepayment 437
Kaufentscheidung
purchase decision 417
Käufermarkt
buyer's market 26, 413
Käuferverhalten
buyer's behaviour 417
Kaufmann
merchant 37
Kauf nach Probe
purchase according to sample 437
Kaufvertrag
purchase contract 439
Kaufvertragsstörung
anomalies in sales contract 435
Kaufwunsch
buying desire 422
Kauf zur Probe
purchase for approval 437
Kenndaten, Logikfamilien
characteristic data logic families 121
Kennzahlen
reference figures 468 f.
Kennzeichnung von Kondensatoren
designation of capacitors 91
Kennzeichnung von Widerständen
designation of resistors 91
Kernel
kernel 253, 255
Kerngeschäftsprozess
business core process 43
Kernsortiment
core assortment of goods 418
Keystone-Korrektur
Keystone-Shift 190
KG (Kapitalgesellschaft)
incorporated firm 20
Kipp-Schaltungen
flip-flop circuits 124
Kirchensteuer
church tax 15
KIVIAT
KIVIAT 206
Klageverfahren
action principles 12
Klartextalphabet
plain text alphabet 399
Klasse
class 218 f.
Klassenbeschreibung
classes description 218
Klassendefinition
classes definition 225
Klassendiagramm
classes diagram 219
Klassennotation nach Booch
class notation in accordance to Booch 218
Klassennotation nach Rumbaugh
class notation in accordance to Rumbaugh 218
Klassen und Objekte
classes and objects 216
Klassifikation an Standorten
classification for locations 284
Klassifizierung
classification 194
Klassische Aufbauorganisation
functional organization structure 34
Klause
clause 246
Klimabedingung
climatic condition 194
Klimagebiete
climatic areas 194
Klimagruppen
climatic groups 194
Knappe Güter
rare goods 18
Knoten
node 211, 320
Knotenregel
Kirchhoff's first law 86
Koalitionsfreiheit
freedom to form a coalition 24
Koaxiales HF-Kabel für Innenverlegung
coaxial HF-Cable for indoor use 357
Kollaborationsdiagramm
collaboration diagram 220
Kollektivwerbung
collective advertising 422
Kollektor
collector 93
Kommandierter Ausfall
commanded break 407
Kommanditgesellschaft
limited commercial partnership 20
Kommanditist
limited partner 20
Kommissionär
commission agent 425
Kommunikation
communication 69, 88, 248
Kommunikationsbeziehungen
communication relations 366
Kommunikationskabelanlage
communication cabling system 282
Kommunikationsmodell
communication model 69
Kommunikationspolitik
communication policy 422 f., 427
Kommunikationsprozesse
communication process 253
Kommunikationsrichtung
communication direction 269
Kommunikationssteuerungs (sitzungs)- schicht
session layer 309
Kommunikationsverkabelung
communication cabling 282
Kompandierung
companding 359
Kompatibilität
compatibility 206
Kompetenzentwicklung
competence development 239
Komplementär
general partner 20
Komplementbildung
complementation 77
Komplexe-Algorithmen
complex algorithms 213
Komplexe Anwendungssysteme
complex systems of application 247, 256
Komplexitätsreduktion
reduction of complexity 202
Komponentendiagramm
component diagram 220
Kompressionsfaktor
compression factor 174
Kompressionskennlinie
compression characteristics 359
Kompressionsrate
compression rate 174
Kompressionsverfahren
compression procedure 173
Komsumgüter
consumer goods 18
Kondensator
capacitor 92
Kondensatormikrofon
capacitor microphone 165
Konditionenkartell
conditions cartel 32
Konditionenpolitik
conditions policy 419 f., 427
Konfigurationsmangement
configuration management 200
Konfigurationsspeicher
configuration memory 142
Konflikt
Conflict 74, 366
Konfliktanalyse
conflict analysis 74
Konfliktgespräch
conflict conversation 74
Konformität (Übereinstimmung)
conformity 392
Konjunktion
conjunction 120
Konjunktive Minimalform
conjunctive normal form 122
Konkreter Markt
concrete market 26
Konkurrenzforschung
competitor research 414
Konkurrenzorientierte Preisfindung
pricing oriented on competitors 420
Konsortium
consortium 29
Konstitutiv (rechtserzeugend)
constitutive 19
Konstruktor
constructor 211
Kontaktbelegung Endgerät
contact layout terminal device 285
Kontinuierlicher Verbesserungsprozess (KVP)
continuous improvement process 393
Kontrahierungspolitik
contract policy 419
Kontrastverhältnis
contrast ratio 190
Kontrolle von Geschäftsprozessen
controlling of business processes 49
Kontrollspanne
control span 34
Kontrollstruktur
control structure 215
Konzentration
concentration 28 f.
Konzeptfehler
concept mistake 212
Konzeptionelles Modell
conceptual model 231
Konzern
group of affiliated companies 29
Kooperation
cooperation 28 f., 248
Kooperationssystem
cooperative system 248
Kooperation und Konzentration
cooperation and concentration 28
Koordination
coordination 248

Kopfgesteuerte Schleife
top-controlled loop 215
Kopierschutz AACS
copy protection AACS 162
Korrektheit
correctness 201, 206, 213
Korrekturfähigkeit
correction capability 247
Kosten
costs 449
Kostenabweichung
costs deviation 463
Kostenarten
cost types 454
Kostenartenrechnung
cost type accounting 450 f.
Kostenauflösungsverfahren
method of cost classification 462
Kostenerfassung
cost collection 448
Kostenkontrolle
cost control 462
Kostenorientierte Preisfindung
cost oriented pricing 420
Kostenrechnung
cost accounting 446, 448
Kostenstelle
cost centre 453 f.
Kostenträgerblatt
cost unit sheet 456 f.
Kostenträgerrechnung
cost unit accounting 448, **456 f.**
Kostenträgerstückrechnung
cost unit accounting 457
Kostenträgerzeitrechnung
cost unit period accounting 457
Kostenüberdeckung
surplus in cost coverage 461
Kosten- und Leistungsrechnung
cost and activity accounting 448
Kostenunterdeckung
deficit in cost coverage 461
Kostenverrechnung
cost allocation 448
Kostenzuordnung
cost assignment 448
Kreditinstitut
credit institution 25
Kreditpolitik
credit policy 419
Kreisdiagramm
pie chart 66
Kreisfrequenz
angular frequency 83
Kreislaufwirtschaft
recirculation of materials 377
Kristallmikrofon
crystal microphone 165
Kritische Menge
critical mass 431
Kritischer Weg
critical path 40
Kryptoanalyse
crypto analysis 399
Kryptografische-Sicherheitsverfahren
cryptographic security methods 380
Kryptographie
cryptography 399
Kryptographische Netzprotokolle
cryptographic network protocols 405
KTA
KTA 399
Kundenanalyse und Käuferverhalten
customer analysis and buyers behaviour 417
Kundenanforderung
customer requirement 408
Kundenbeziehung
customer relationship 443
Kundenbindung
customer loyalty 443
Kundendienst
customer support 418
Kundendokumentation
customer documentation 410
Kundengespräch
customer conversation 72
Kundenlebenszyklus
customer life cycle 444
Kundenmanagement
customer management 444
Kundenorientierte Preisfindung
customer oriented pricing 420
Kundenorientierung
customer orientation 366, 443 f.
Kundentest
customer test 212
Kundentypologie
customer typology 417
Kundenwunsch
customer requirement 366
Kündigungsfrist
period of notice 11
Kunststofftransponder
plastic transponder 306
Kupferdatenkabel
copper data cable 288
Kupfer-Verkabelung
copper cabling 283
Kurzfristige Preisuntergrenze
short term lowest price limit 420, 460
Kurzschluss
short circuit 193
Kurzwelle
short wave 352
Kurzzeiteinfluss
short-term interference 286
K-V-Tafel
K-V-map 122

L

L1-Cache
L1-cache 128
L2TP
L2TP 317
Label
label 375
Ladung
charge 82
Lager
stock 17
Lagerbestandsgrößen
stock keeping quantities 433
Lagercontrolling
warehouse controlling 466
Lagerkennziffer
inventory turnover ratio 433
Lagerkosten
storage cost 432
Lagersystem
stock system 424, 426
Lagerzinskosten
stock interest costs 433
Lagerzinssatz
stock interest rate 433
Landesarbeitsgericht
Higher Labour Court 23
Landessozialgericht
Higher Social Court 12
Landklima
country climate 194
Lane
lane 144
Langfristige Preisuntergrenze
long term lowest price limit 420, 460
Langzeiteinfluss
long term interference 286
LAN (Local Area Network)
LAN (Local Area Network) 269 f., 296
LAP (Lower Address Part)
LAP (Lower Address Part) 305
Laser
Laser (Light Amplification by Stimulated Emission of Radiation) 294
Laser-Klassifizierung
laser classification 294
Laserschutz in LWLKS
laser protection in fibre optic communication systems 294
Lastenheft
requirement specification 368
LaTeX
LaTeX 237
Lauflängencodierung
run length encoding 175
Laufzeit
propagation time 290
Laufzeitfehler
run-time error 212
Laufzeitverzögerung
delay 274
Lautheit
loudness 80
Lautsprecher
loudspeaker 165
Lautstärkepegel
sound intensity level 80
Layer 1, 2
Layer 1, 2 277
Layer3-Switch
layer3 switch 277
LCC (Life Cycle Costs)
LCC (Life Cycle Costs) 406
LCD (Liquid Crystal Display)
LCD (Liquid Crystal Display) 188
LCD-Projektor
LCD-Projector 190
LDR (Light-Dependant-Resistor)
LDR (Light-Dependant-Resistor) 95
LDTV (Low Definition Television)
LDTV (Low Definition Television) 346
Lead-in
Lead-in 159
Lead-out
Lead-out 159
Lean Management
lean management 50
Lean Production
lean production 50
Leasing
Leasing 440 f.
Leasingarten
kinds of leasing 441
Leasinggeber
lessor 440
Leasinggesellschaft
leasing company 441
Leasingnehmer
lessee 440
Leasingobjekte
leasing object 440
Leasingraten
leasing charges 440
Lebenszykluskosten
life cycle costs 406
LED (Light-Emitting-Diode)
LED (Light-Emitting-Diode) 95
Lehrplan
training schedule 6
Leihvertrag
leasing contract 439
Leistung
performance 84, 448 f.
Leistung, Optische
performance, optical 295
Leistungserstellung
performance generation 38
Leistungsfaktor
performance factor 111
Leistungskurve
performance curve 58
Leistungsmengeninduzierte Teilprozesse
acitivity quantity induced sub-processes 464
Leistungsmengenneutrale Teilprozesse
acitivity quantity neutral sub-processes 464
Leistungsrechnung
performance accounting 446, 447, 448
Leistungssicht
power view 45, 47
Leistungsverlust
power loss 295
Leiterkennzeichnung
conductor marking 99
Leiterwiderstand
conductor resistance 286
Leitungen zur Energieübertragung
cables for power transmission 98
Leitungscode
line code 329
Leitungscodierung
line encoding 399
Leitungsdämpfung
line attenuation 286, 290
Leitungsmessung
power measuring 84
Leitungssystem
Management system 35 f.
Leitwerk
control unit 125
Leitwert
conductance 82
Lempel-Ziv-Welch (LZW)
Lempel-Ziv-Welch 175
Lenkungsfunktion
direction function 28
Lernen
learning 60
Lernfähigkeit
abilities in learning 60
Lernförderung
educational support 247
Lernorte
learning locations 6
Lerntyp
learning type 60
Lesbarkeit
readability 197
Lesetechnik
reading practice 54
Leuchtfeuer
beacon 300

Leuchtverfahren
lighting principle 188
Lexikon
lexicon 52
Libaw-Craig-Code
Libaw-Craig-Code 395
Lichtquellen-Wellenlänge
light source wavelength 295
Lichtwellenleiter
fibre optic cable 291
Lichtwellenleiterdatenkabel
fibre optic data cable 288
Lichtwellenleiteruntersuchung
fibre optic testing 295
Lichtwellenleiter-Verkabelung
fibre optic cabling 283
Lieferantenmatrix
supply matrix 431
Lieferungsbedingung
term of delivery 419, 421
Lieferungsverzug (Nicht-Rechtzeitig-Lieferung)
delayed delivery 435
LIFO
Last In - First Out 211
Lineare Barcodes
linear barcodes 397
Line of Sight
Line of Sight 302
Liniendiagramm
line chart 469
Linienspektrum
line spectrum 89
Linienstelle
line position 34 f.
Linkprozess
link process 223
Linkviren
link viruses 388
Liquidität
liquidity 467
Liquiditätsgrad I (Barliquidität)
liquidity level (available cash) 467
Listeneinkaufpreis
suppliers list price 430
Listenverkaufspreis
list sales price 419
Literale
literals 246
LLC (Logical Link Control)
LLC (Logical Link Control) 309
lmi-Prozesse
lmi processes 464
lmn-Prozesse
lmn processes 464
LNB (Low Noise Block)
LNB (Low Noise Block) 350
Logik
Logic 201, **245 f.**
Logikfamilien
logic families 121
Logische Bomben
logical bombs 388
Logische Formatierung
logical formatting 134
Logische Operationen
logical operations 227
Logischer Fehler
logical error 212
Logisches Laufwerk
logical drive 135
Logisches Quadrat
logical square 245
Lohnsatzabweichung
wage rate variance 463
Lohnsteuer
income tax 15
Long Haul
Long Haul 293
Longitudinalwelle
longitudinal wave 80
long tail
long tail 239
Loop
loop 320
Loopback-Adresse
loopback address 319
Lossless Compression
Lossless Compression 175
Lösungsalgorithmus
solution algorithm 223
Low Smoke Zero Halogen
Low Smoke Zero Halogen 285
LPC (Linear Predictive Coding)
LPC (Linear Predictive Coding) 173
LSB (Least Significant Bit)
LSB (Least Significant Bit) 396
LSOH
Low Smoke Zero Halogen 285
LS-Schalter (Leitungsschutz-Schalter)
circuit breaker 105
LTE
LTE 340
LTO
LTO 137
Lumineszenzdiode
luminescence diode 95
LWLKS (Lichtwellenleiter Kommunikations-systeme)
LWLKS (fibre optic communication system) 294
LZW-Codierung
LZW encoding 175

M

MAC-Adresse
MAC-address 319
MAC-IP-Adressen
MAC-IP adresses 319
MAC (Media Access Control)
MAC (Media Access Control) 309, 319
MAC Rahmenformat
MAC frame format 304
MAC Sublayer
MAC sublayer 304
„Magisches Sechseck“
magic hexagon 30
„Magisches Viereck“
magic quadrangle (of economic policy) 30
Magnetische Flussdichte
magnetic flux density 87
Magnetisches Feld
magnetic field 87
Magnet-Karten
magnetic-cards 184
Magnetstreifenkarte
magnetic stripe card 184
Mail-Server
mail-server 279
Makro-Viren
macro viruses 388
Makro-Zelle
macro cell 338
malloc
malloc 224
Management Information System (MIS)
Management Information System (MIS) 248
Managementphilosophie
management philosophy 443
Mängelarten
type of defects 436
Mangelhafte Lieferung
defective delivery 435 f.
Mängelrügel
complaint 436
Man in the Middle
Man in the Middle 300
MAN (Metropolitan Area Network)
MAN (Metropolitan Area Network) 269, 296
Manteltarifvertrag
framework on employment conditions 14
Mantisse
mantissa 210
Maple
Maple 238
Marke
brand name 49
Markenartikel
brand product 423
Marketing
Marketing 413 f., 427
Marketingforschungsprozess
marketing research process 415
Marketingkonzeption
marketing conception 414
Marketinglogistik
marketing logistic 426
Marketing-Management-Konzept
marketing management concept 413
Marketing-Mix
marketing mix 414, **427**
Marketingstrategie
marketing strategy 427
Markierung
marking 418
Markoff'sche Prozessbedingung
Markoff's process condition 261
Markt
market 26
Marktanalyse
market analysis 414
Marktanteil
market share 414
Marktbeeinflussung
market influence 31
Marktbeherrschung
market domination 32
Marktbeobachtung
market investigation 414
Markterkundung
market reconnaissance 414, 415
Markterkundung und Marktforschung
market reconnaissance and market research 415
Marktformen
market structures 26
Marktpotenzial
market potential 414
Marktprognose
market forecast 414, 415
Marktregulierung
market regulation 31
Marktsegmente
market segments 444
Marktsegmentierung
market segmentation 413
Marktsituation
market situation 413
Marktstrukturen und ihre Auswirkungen
market structures and their effects 26
Marktuntersuchung
market analysis 414, 415
Marktvolumen
market volume 414
Marktwirtschaft
market economy 31
Maskierbyte
masking byte 319
Mastertakt
master clock 334
Materialgemeinkostenzuschlagssatz
material cost overhead surcharge rate 455
Materialkosten
material costs 419
Materialplanung
material planning 429
Mathematische Software
mathematical software 214
Mathematische Zeichen und Begriffe
mathematical signs and terms 76
Matrix
array (matrix) 321
Matrix-Code
Matrix-Code 398
Matrixorganisation
matrix organization 36
Matrize
array 321
Maximumprinzip
maximum principle 18
Maxtermmethode
maxterm method 122
MCR (Maximum Ratio Combining)
MCR (Maximum Ratio Combining) 301
MCU (Multipoint Control Units)
MCU (Multipoint Control Units) 172, 318
Mechanik
mechanics 381
Meeresklima
sea climate 194
Mehrliniensystem
multi-line system 36
Mehrmoden-Gradientenfaser
multimode gradient fibre 291
Mehrmoden-LWL
multi-mode fibre optic 283
Mehrmoden-Stufenfaser
multimode step-index fibre 291
Mehrprozessorkern
multi-core processor 125
Mehrpunktnetz
multi-point network 269
Mehrseitige Rechtsgeschäfte
multi-lateral legal acts 439
Mehrwegausbreitung
multi-path propagation 298
Mehrwegeschwund
multi-path fading 345
Mehrwertige Logik
multi-stage logic 246
Meilenstein
milestone 365
Meldebestand
reordering quantity 433
Memory Controller
memory controller 128
Memory-Effekt
memory effect 97
Memory Stick
Memory Stick 138
Mengenlehre
set theory 76, 245

Mengenplanung
quantity planning 429
Menschliche Fehlhandlung
human error 299
Merkmale zur Authentifizierung
characteristics for authentication 187
Messen elektrischer Grundgrößen
measurement of electrical quantities 84 f.
Messen in Datennetzen
measuring in data networks 290
Messfaktoren
benchmarks 49
Messinstrument
measuring instrument 85
Messstellen
measuring points 382
Messzahlen
ratio figures 468
Metapher
metaphor 73
Metasuchmaschinen
meta search engines 53
Methode
method 217, 219
Methoden
methods 228
Methodenbeispiele
method examples 264
Methodischer Ansatz
methodical approach 387
Metrik
metric 205 f.
MGKZ (Materialgemeinkostenzuschlagssatz)
material overhead costs surcharge rate 455
MICE-Klassen
MICE classes 284
Michael (Message Integrity Check)
Michael (Message Integrity Check) 299
MIC (Message Integrity Check)
MIC (Message Integrity Check) 300
Microdrive
microdrive 138
Micro-Zelle
micro-cell 338
MIDI-Schnittstelle
MIDI interface 163
Mietvertrag
rental contract 439
Mikrofon
Microphone 165
Mikroprozessor
Microprocessor 127
MIMD (multiple instruction, multiple data)
MIMD (multiple instruction, multiple data) 125, 126
MIMO
MIMO 301
Minderung
reduction of purchase price 436
Mindestabstand
minimum clearance 400
Mindestbestand
inventory reserve 433
Mindestkapital
minimum capital 20
Mindesttrennabstand
minimum separation distance 288
Mind-Mapping
Mind-Mapping 68
Mini-DisplayPort
Mini-DisplayPort 149
Minimalpolynome
minimum polynomial 404
Minimumprinzip
minimum principle 18
Mintermmethode
minterm method 122
MIPS (Microprocessor without Interlocked Pipe Stages)
MIPS 129
MIPv4
Mobile IPv4 313
MIR
MIR 156
MISD
MISD 125
MIS (Management Information System)
MIS (Management Information System) 248
MISO
MISO 301
Missbrauch
abuse 387
Mitarbeiterführung
personnel management 367
Mitarbeitertypologie
employee typology 367
Mitbestimmungsrecht
co-determination right 11
Mithörschwelle
threshold of masking 174
Mittelstandskartelle
medium-sized business cartel 32
Mittelwert
mean value 468
Mitwirkungsrecht
participation right 11
MixColumn
MixColumn 403
M/M/1-Wartesystem
M/M/1-delay system 261
MMC (Micro-scheduled Management Command)
MMC 303
m:n-Beziehung
m:n relation 232
Mobile IPv4
Mobile IPv4 313
Mobile-Tagging
Mobile-Tagging 398
Modallogik
modal logic 246
Modem
Modem 171
Moderation
Moderation 70, 393
Moderationsphase
moderation phase 70
Moderator
moderator 70
Modul 211
module 198
Modulationsgrad
modulation factor 358
Modulationsindex
modulation index 358
Modulator
modulator 358
Momentane Verfügbarkeit
stationary availability 406
Mondpreiswerbung
moonlight price advertising 438
Monopol
monopoly 26
Montageanleitung
installation instruction 436
Montagemangel
installation defect 436
Mosaiksensor
mosaic sensor 185
MOS-FET (Metall-Oxid-Semiconductor-Feldeffekttransistoren)
MOS-FET (Metal-Oxide-Semiconductor-Field Effect Transistor) 96
MP3
MP3 177
MPEG
Moving Picture Experts Group 402
MPEG-1
MPEG-1 176
MPEG-2
MPEG-2 173, 176
MPEG-4
MPEG-4 173, 176
MPEG (Moving Picture Experts Group)
MPEG (Moving Picture Experts Group) 173
MPEG-Standards
Motion Pictures Expert Group standards 176
M-Plane (Management-Säule)
M-Plane (management-plane) 333
MPLS (Multi Protocol Label Switching)
MPLS (Multi Protocol Label Switching) 323
MSB (Most Significant Bit)
MSB (Most Significant Bit) 396
MSC (Mobile Switching Centre)
MSC (Mobile Switching Centre) 337
MS-DOS
MS-DOS 256
MSK (Minimum Shift Keying)
MSK (Minimum Shift Keying) 361
MS (Mobile Station)
MS (Mobile Station) 337
MSN (Multiple Subscriber Number)
MSN (Multiple Subscriber Number) 327
MSS
Mobile Satellite Service 353
MS Windows
MS Windows 257
MTBF (Mean Time Between Failure)
MTBF (Mean Time Between Failure) 406
MTTF
MTTF 384
MTTR
MTTR 384
MUL (Multiplication Unit)
MUL (Multiplication Unit) 127
Multi-Band-Betrieb
multi band operation 338
Multi-Core Prozessor
Multi-Core processor 128
Multigraph
multigraph 320
Multi-Master-System
multi-master-system 154
Multimedia
multimedia 52
MultiMediaCard
MultiMediaCard 138
Multimedianetze
multimedia networks 348
Multipack-Preise
multipack prices 421
Multiple Master Domain Model
Multiple Master Domain Model 278
Multiplexer
multiplexer 124
Multiplextechnik
multiplexing technique 334
Multiplikations-Einheit
multiplication unit 127
Multiplizität
multiplicity 211
Multiport-Repeater
multi-port repeater 277
Multipunktverbindungen
multi-point connections 153
Multitasking
multitasking 211, 253
Multithreading
multithreading 211, 220
Multi-Threading
multi-threading 127
MZB (Maximal zulässige Bestrahlung)
MPE (Maximum Permissible Exposure) 294

N

Nabe
hub 277
Nachbesserung
improvement 436
Nacherfüllung
rectification of performance 436
Nachforderungsmanagement
claim management 370
Nachfrage
demand 26 f.
Nachfrageüberhang
excess in demand 28
Nachricht
message 88
Nachrichtenkabel (Kupfer)
communication cable (copper) 286
Nachrichtenübertragung
message transfer 69, 88
Nachrichten Unversehrtheitsüberprüfung
message integrity check 300
Nachtsehen
night vision 81
NAG (Numerical Algorithms Group)
NAG (Numerical Algorithms Group) 214
NAND-Verknüpfung
NAND operation 120
NAP (Non Significant Address Part)
NAP (Non Significant Address Part) 305
NAS
Network Access Server 280, 313
Nassi-Shneidermann
Nassi-Shneidermann 209
Nationale Prüfzeichen
national test marks 372
Natur
nature 21
NBSTAT
NBSTAT 320
N-Codierung
Non-Voice encoding 326
Nebensprechen
crosstalk 286, 290
Nebentätigkeit
side-line employment 7
Negation
negation 120
Netstat
Netstat 320
Network Access Server
Network Access Server 313
Netzbeschreibungen
network description 322
Netze
networks 269
Netzkommunikation
network communication 314 f.

Netzplantechnik
network planning technique 40
Netzprogrammierung
network programming 229
Netzprotokoll
network protocol 311 f.
Netz-Referenzmodell
network reference model 310
Netzstrukturen
network structures 269
Netzteil
power supply unit 191
Netztopologie
network topology 269, 304
Netzwerk-Adresse
network address 319
Netzwerkkomponenten
network components 277
Netzwerkmodell
network model 231
Netzwerktools
network tools 320
Netzwerkverkabelung
network cabling 288
Netzzugriffsverfahren
network access methods 308
Neutrale Aufwendung
neutral expenses 449
Neutraler Ertrag
non-operating revenue 449
Neutrales Ergebnis
non-operating result 449
Neutralleiter
neutral conductor 98 f.
new
new 225
News
news 52
NEXT (Near-End Cross Talk)
NEXT (Near-End Cross Talk) 274
NGN-Protokolle (Next Generation Networks Protocols)
NGN-Protokolle (Next Generation Networks Protocols) 312
Nichtflüchtige Speicher
non-volatile memory 140
NICHT-Funktion
NOT-function 120
nichtfunktionale Anforderungen
non-functional requirements 266
Nichtinvertierer
non-inverter 94
Nichtplanarer Graph
non-planar graph 322
Nicht-Terminal
non-terminal 211
Niederspannungsanlagen
low-voltage installations 103
NNI (Network Node Interface)
NNI (Network Node Interface) 333
Nodes
nodes 320
Nonce
nonce 300
Non Line of Sight
Non Line of Sight 302
Nonpersistent
nonpersistent 308
Normalisierung
normalization 232
Normalkostenrechnung
normal cost accounting 456, **461**
Normen
standards 102
Normenreihe des VDE
standards series of VDE 102
Normenübersicht
standards overview 103
Normungsgremien
standards organizations 102
Normungskartell
standards cartel 32
Normungsverfahren
standardization process 102
Notation
notation 47 f.
NPN
NPN 93
nslookup
nslookup 320
NTBA (Network Termination for ISDN Basic Access)
NTBA (Network Termination for ISDN Basic Access) 327 f.
NTBBA
NTBBA 330
NTFS (New Technology File System)
NTFS (New Technology File System) 134, 252
NTPMA (Network Termination for ISDN-Primary Rate Access)
NTPMA (Network Termination for ISDN-Primary Rate Access) 327
Nutzerprofilüberwachung
user's profile monitoring 386
Nutzwertanalyse
benefit analysis 431
Nutzzelle
application cell 333
NV-RAM (Non Volatile Random Access Memory)
NV-RAM (Non Volatile Random Access Memory) 140

O

O2SQL
O2SQL 233
Oberschwingung
harmonic oscillation 100
Oberziele
main targets 412
Object Management Group
Object Management Group 218
Objekt
object 211, 218 f., 243
Objekte und Klassen
objects and classes 217
Objektmenge
object quantum 201
Objektmodell
object model 217
Objektorientierte Datenbank
object oriented database 233
Objektorientierte Programmiersprache
object oriented programming language 217
Objektorientierter Ansatz
object oriented approach 217
Objektorientierte Systementwicklungen
object oriented system designs 211
O'Brien-Code
O'Brien code 395
ODER-Funktion
OR function 120
ODER-Verknüpfung
OR operation 120
ODP (Open Distributed Processing)
ODP (Open Distributed Processing) 217
OFDMA
OFDMA 340
OFDM (Orthogonal Frequency Division Multiplex)
OFDM (Orthogonal Frequency Division Multiplex) 303
Offene Handelsgesellschaft (OHG)
ordinary partnership 20
Offener Markt
open market 26
Öffentliche Betriebe
public business enterprises 18
Öffentliche Cloud
public cloud 341
Öffentlicher Haushalt
government budget 25
Öffentliche Schlüssel-Infrastruktur
public-key infrastructure 300
Office-Software
Office software 237
Offset QPSK (OQPSK)
Offset QPSK (OQPSK) 361
OHG (Offene Handelsgesellschaft)
ordinary partnership 20
Ohm
Ohm 82
Ohmsches Gesetz
Ohm's law 82
Ökologisches Ziel
ecological target 18
Ökonomisches Prinzip
economic principle 18
Ökonomische Werbeerfolgskontrolle
economic advertising success control 422
OLED (Organic-Light Emitting Displays)
OLED (Organic-Light Emitting Displays) 189
Oligopol
oligopoly 26
OMA (Object Management Architecture)
OMA (Object Management Architecture) 217
OMG (Object Management Group)
OMG (Object Management Group) 217
Online-Marktplätze
online market places 442
ON-Off-Keying
ON-Off-keying 360
On-the-Fly
On-the-Fly 159
OPAL
OPAL 233
Operation
operation 219
Operationsverstärker
operational amplifier 94
Operatives Controlling
operative controlling 465
Operative Ziele
operational targets 412
Operator
operator 48
Optik
optics 81
Optimale Bestellmenge
economic order quantity 432
Optimierungsprinzip
optimization principle 202
Optionalität
optionality 211
Optische Auflösung
optical resolution 183
Optische Fenster
optical windows 291
Optische Messtechnik
optical measurement technique 295
Optisches Rückstreumessgerät
optical time domain reflectometer 295
Optische Verstärker
optical amplifier 293
Optoelektronisches Bauelement
optoelectronic component 95
OQPSK (Offset QPSK)
OQPSK (Offset QPSK) 361
ORACLE
ORACLE 233
Orange-Book
Orange-Book 160, 389
Organic-Light Emitting Displays (OLED)
Organic-Light Emitting Displays (OLED) 189
Organigramm
organization chart 35, 46, 67
Organisation
organization 34, 364
Organisationssicht
organization view 46
Organisatorische Mängel
organizational deficiencies 299
Organisatorische Maßnahme
organizational measure 298
Originäre Produktionsfaktoren
original factors of production 21
Orthogonal Frequency Division Multiplex (OFDM)
Orthogonal Frequency Division Multiplex (OFDM) 303
Orthogonalität
orthogonality 197
Ortsfrequenz
spatial frequency 178
OSI 7-Schichtenmodell
OSI 7-layer model 268
OSI-Referenzmodell
OSI-reference model – Open System Interconnection 268, 270
OSPF (Open Shortest Path First)
OSPF (Open Shortest Path First) 323
Oszilloskop
oscilloscope 85
OTDR (Optical Time Domain Reflectometer)
OTDR (Optical Time Domain Reflectometer) 295
Outsourcing
outsourcing 431

P

Pachtvertrag
leasing contract 439
Packetfilter
packet filter 386
Packet Sniffer
packet sniffer 211
Paket
packet 311
Pakete
packets 222
Paketvermittlungsverfahren
packet exchange method 311
PAL (Programmable Array Logic)
PAL (Programmable Array Logic) 140
PAM (Pulse-Amplitude Modulation)
PAM (Pulse-Amplitude Modulation) 329
Paneltechnik
panel method 416
PAN (Personal Area Network)
PAN (Personal Area Network) 269, 296
Papiermaße
paper measures 56
Parabol-Offset
parabolic offset 349

Parabol-Reflektor
parabolic reflector 349
Paralle Befehlsverarbeitung
parallel instruction processing 127
Parallelbetrieb
parallel operation 125
Parallele Rechnerstruktur
parallel computer architectures 126
Paralleler Peripheriebus
parallel peripheral bus 145
Parallelschaltung
parallel connection 86
Paravirtualisierung
Paravirtualization 254
Parität
parity 394
Paritätsbit
parity bit 396
Partial CAV
partial CAV 159
Partition
partition 134
Partitionieren von Festplatten
partitioning hard disks 135
Passive Angriffe
passive attacks 405
Passive Transponder
passive transponder 306
Passivmatrix
passive matrix 188
Passwort
password 299
Passworterkennung
password identification 386
Patch
patch 211
Path Control
path control 309
Pay-TV-Box
Pay-TV-Box 350
P-Bild
P-picture 179
PC-Anschlüsse
PC-connectors 141
PCIe (Peripheral Component Interconnect express)
PCIe (Peripheral Component Interconnect express) 144
PCI (Peripheral Component Interconnect)
PCI (Peripheral Component Interconnect) 142
PCM 30
PCM 30 362
PCMCIA-Card
PCMCIA-Card 152
PC-Motherboard
PC-Motherboard 131
PCM (Pulscodemodulation)
PCM (Pulse Code Modulation) 173, **359**
PC-Netzteil
PC power supply unit 191
PC-Netzteilstecker
PC power supply connector 191
PC-Schnittstelle
PC-interface 141
PCS (Physical Coding Sublayer)
PCS (Physical Coding Sublayer) 275
PDC (Primary Domain Controller)
PDC (Primary Domain Controller) 278
PDF
Portable Document Format 249
PDN (Public Data Network)
PDN (Public Data Network) 343
Pegel
level 355
Pegelplan
level diagram 355
PELV (Protective Extra-Low Voltage)
PELV (Protective Extra-Low Voltage) 106
PEM
PEM 402
Penetrationsstrategie
penetration strategy 421
PEN-Leiter
PEN conductor 98 f.
Periodendauer
cycle duration 83
Periodenkosten
period costs 450
Peripheral Component Interface (PCI)
Peripheral Component Interface (PCI) 142
Perl
Perl 229
Permanent Link
permanent link 290
Persistent
persistent 308
Personalaspekt
staff aspect 365
Personalbeschaffung
personnel recruitment 8
Personalcontrolling
personal controlling 467
Personaleinsatz
staff deployment 364 f.
Personaleinstellung
staff recruitment 8
Personaler Ansatz
personal approach 387
Personal Home Pages
Personal Home Pages 244
Personalwesen
human resources department 38
Personengesellschaft
unincorporated firm 20
Petrinetz
Petri net 49
Pflichten des Ausbildenden
duties of trainee 7
Pflichtenheft
system specification 368
P-GSM
Public (öffentlich) GSM 353
Phänomen
phenomena 229
Phasen der Kostenrechnung
phases in cost accounting 448
Phasenkonzept
phase concept 203
PHP
PHP 244
PHY Layer
PHY layer 304
Physikalische Einheiten
physical units 78
Physikalische Formatierung
physical formatting 134
Physikalische Gleichung
physical equation 78
Physikalische Größen
physical quantities 78
Physische Distribution
physical distribution 424, 426
Physische Sicherheit
physical safety 380
Pico-Netz
pico-network 305
Pico-Zelle
pico-cell 338
Piezoelektrischer Lautsprecher
piezoelectric loudspeaker 165
Piezoelektrisches Verfahren
piezoelectric principle 182
Ping
ping 320
Pipeline/Pipeling
pipeline/pipeling 211
Pipeline (Warteschlange)
pipeline 127, 129
Pixelgrafik
pixel graphics 168
PKI (Public Key Infrastructure)
PKI (Public Key Infrastructure) 300
Planar
planar 322, 349
Planarität
planarity 322
Plankostenrechnung
standard cost accounting 456, **462 f.**
Planungsablauf
planning process 365
Planungsaktivität
planning activity 365
Planungsphase
planning phase 364
Planungsrechnung
accounting for planning and control 446
PLA (Programmable Logic Array)
PLA (Programmable Logic Array) 140
Platzkauf
local purchase 437
PLD (Plasma-Displays)
PLD (Plasma-Displays) 189
PLD (Programmable Logic Device)
PLD (Programmable Logic Device) 140
Plesiochrone Digitale Hierarchie
Plesiochronous Digital Hierarchy 334
PLMN (Public Land Mobile Network)
PLMN (Public Land Mobile Network) 343
Plumbicon
plumbicon 186
PMA-Bus (Program Memory Address-Bus)
PMA-Bus (Program Memory Address-Bus) 130
PMDS
PMDS 333
PNP
PNP 93
Podcasting
podcasting 347
Point to Multi-Point
Point to Multi-Point 302
Point-to-Multipoint Service Centre (PTM-SC)
Point-to-Multipoint Service Centre 343
Point to Point Backhaul
Point to Point Backhaul 302
Politischer Streik
political strike 14
Polling
polling 253
Polyalphabetische Verschlüsselung
polyalphabetic encryption 399
Polymorphie
polymorphism 217
Polynomfunktionen
polynomial functions 198
Polynommultiplikation
polynomial multiplication 401
Polypol
polypoly 26 f.
Port
Port 314
Portabilität
portability 211
Portal
portal 297, 442
Port Scans
port scans 405
Positionierung im Markt
positioning in the market 427
Postfix-Notation
postfix notation 227
PostScript-Interpreter
PostScript-interpreter 249
PostScript (PS)
PostScript (PS) 249
POTS (Plain Old Telephone Service)
POTS (Plain Old Telephone Service) 330
Power over Ethernet
Power over Ethernet 276
P-persistent
p-persistent 308
ppi (pixel per inch)
ppi (pixel per inch) 183
PPTP
PPTP 317
Präambel
preamble 272
Prädikatenlogik
predicate logic 246
Präfixcode
prefix code 400
Präsentation
presentation 65
Präsentationssoftware
presentation software 65
Preis
price 27
Preisabweichung
price deviation 463
Preisausschreiben
contest 438
Preisbildung auf dem vollkommenen Markt
pricing in an ideal market 27
Preisdifferenzierung
price differentiation 421
Preiselastizität
price elasticity 27
Preisfindung
pricing 419
Preiskartell
price cartel 32
Preisplanung
price planning 429
Preispolitik
price policy 419 f., 427
Preispositionierung
price positioning 421
Preissatzabweichung
price rate divergence 463
Preisspiegel
price mirror 430
Preis- und Konditionenpolitik
price and conditions policy 419 ff.
Preisuntergrenze
lower price limit 460
Presentation Service
presentation service 309
Primärausfall
primary failure 407
Primärerhebung
primary survey 417

Primärer Sektor
primary sector 24
Primäre Verkabelung
primary cabling 283
Primärforschung
primary research 415 f.
Primärforschung: Auswahlverfahren und Erhebungsmethoden
initial research: selection principles and survey methods 416
Primärmeldung
primitive 315
Primärmultiplexanschluss
primary multiplex access 327
Primärpartition
primary partition 134
Primärring
primary ring 336
Primärschlüssel
primary key 232, 234
Primzahl
prime number 402
Printmedien
print media 52, 422
Priorität
priority 364
private
private 225, 228
Private Cloud
private cloud 341
Privater Verbrauch
private consumption 25
Privatleasing
private leasing 441
Probezeit
probation time 7
Problemklassen
problem classes 198
Problemlösung
problem solving 61
Product Backlog
Product Backlog 265
Product Owner (PO)
Product Owner (PO) 265
Product Placement
product placement 422 f.
Produktbegleitende Servicepolitik
product supporting service policy 418
Produktdifferenzierung
product differentiation 418
Produktdiversifikation
product diversification 418
Produktgestaltung
product design 418
Produktinnovation
product innovation 418
Produktion
production 211
Produktionscontrolling
production controlling 466
Produktionsfaktoren
factors of production 18, 21
Produktionsfaktoren und Faktorkombination
factors of production and factor combination 21
Produktionsgüter
production goods 18
Produktionsunternehmen
manufacturer 25
Produktivität
productivity 466
Produktlebenszyklus
product life cycle 418
Produktmaß
product measure 206
Produktmerkmale
product features 408
Produktnormen
product standards 118
Produktorientierte Aufbauorganisation
product oriented organization structure 35
Produkt-/Programmpolitik
product and product range policy 418
Produkt-Projekt
product project 364
Produkt- und Sortimentspolitik
product and assortment policy 418, 427
Profilieren
profile 169
Programmablaufplan
program flowchart 208 f.
Programmablaufsteuerung
program control sequence 222
Programmbeschreibungen
program descriptions 208
Programmbibliothek
program library 126
Programmierfehler
programming mistakes 212
Programmiersprachen
programming languages 199
Programmierung
programming 246
Programmspeicher
program memory 125
Programmtest
program test 205
Projektabschluss
final completion 370
Projektbegriffe
project terms 203
Projekte
projects 364 ff.
Projekt-Handbuch
project manual 204
Projektmanagement
project management 365
Projektmanagement/Begriffe
project management/terms 370
Projektmanager
project manager 365
Projektmaß
project measure 206
Projektmethode
project method 60
Projektorganisation
project organization 365
Projektrisikoanalyse
project risk analysis 370
Projektziel
project target 370
Prokura
power of procuration 37
Prokurist
authorized signatory 37
PROLOG
PROLOG 246
PROM (Programmable Read Only Memory)
PROM (Programmable Read Only Memory) 140
Prompt
prompt 243
protected
protected 225, 228
Protokoll
minutes of meeting 55, 217
Protokoll-Diameter
protocol diameter 313
Protokolle
protocols 310
Protokollfamilien
protocol familiies 309
Protokollgestaltungen
protocol design 309
Protokollierung
logging 389
Provider
provider 388
Proxy Server
proxy server 315, 386, 388
Prozessablauf
process flow 365
Prozessanalyse
process analysis 43
Prozesse
processes 253, 256
Prozesskette
process chain 43
Prozesskostenrechnung
activity based costing 463 f.
Prozesskostensatz
process cost rate 464
Prozessmanagement
process management 44
Prozessmaß
process measure 206
Prozessmodell
process model 201
Prozessoptimierung
process optimization 44
Prozessorchipkarte
processor chip card 184
Prozessorientierte Organisation
process oriented organization 41
Prozessorientierte Produktpolitik
process oriented product policy 418
Prozessorientierter Ansatz
process oriented approach 392
Prozessortopologie
processor topology 126
Prozessplanung
process planning 408
Prozessschritte
process steps 207
Prozessuntersuchung
process investigation 260
Prozessverklemmung
process deadlock 211
PR (Public Relations)
PR (Public Relations) 423
Prüfen installierter Verkabelung
testing of installed cabling 287
Prüfleistungsmessung
test power measuring 287
Prüfparameter
testing parameter 287
Prüfsiegel
test marks 373
Prüfstelle
test centre 401
Prüfsumme
check sum 311
Prüfverfahren
testing methods 287
Prüfzeichen an elektrischen Betriebsmitteln und Geräten
test marks for electrical equipment 372
PSE (Power Sourcing Equipment)
PSE (Power Sourcing Equipment) 276
Pseudocode
pseudo code 208
PS-Interpreter
PS interpreter 249
PSK (Phasenumtastung)
Phase Shift Keying 360
PSK (Pre-Shared-Key)
PSK (Pre-Shared-Key) 299 f.
PSP
Personal Software Process 212
Psychologische Preisgestaltung
psychological price definition 421
PTM-SC (Point-to-Multipoint Service Centre)
PTM-SC (Point-to-Multipoint Service Centre) 343
PTR (Pointer)
PTR (Pointer) 334
public
public 225, 228
Public Domain
public domain 211
Public Relations (PR)
Public Relations (PR) 423
PUE Kategorien
PUE categories 382
Punkt-zu-Punkt-Verbindung
point-to-point connection 153
PVS (Plankostenverrechnungssatz)
PVS (standard costs accounting rate) 462

Q

QAM (Quadratur Amplitudenmodulation)
Quadrature Amplitude Modulation 329, 361
QBE (Query by Example)
QBE (Query by Example) 233
QCIF (Quarter CIF)
QCIF (Quarter CIF) 173
QFD (Quality Function Deployment)
QFD (Quality Function Deployment) 408
QM-System
QM-system 392
QoS (Quality of Service)
QoS (Quality of Service) 172
QPSK
Quadrature PSK 360, 361
QR-Code
QR-Code 398
QS-Handbuch
QS-manual 204
Quad-Core
Quad-Core 128
Quadratur PSK
quadrature PSK 360, 361
Qualität
quality 196, 365, **390 f.**
Qualitätsanforderungen
quality requirements 266
Qualitätsebene
quality level 201
Qualitätshaus
house of quality 408
Qualitätskreis
quality circle 391
Qualitätslenkung
quality control 390
Qualitätsmanagement
quality management 392
Qualitätsmanagementplan
quality management plan 392
Qualitätsmangel
quality deficit 436

Qualitätsplanung
quality planning 390
Qualitätsprüfung
quality audit 390
Qualitätssicherung
quality assurance 392
Qualitätssicherungsnorm
quality assurance standard 391
Qualitätssicht
quality view 201
Qualitätszielbestimmung
quality target definition 206
Quantisierung
quantization 359
Quantisierungstufe
quantization level 90
Quantorenlogik
quantum logic 246
Quatro LNBs
quad LNB's 350
Quellcodegestaltung
source code design 223
Quellcode-Viren
source code virus 388
Quellcodierung
source encoding 399
Quellenangabe
source entry 54
Querschnittsfunktion
cross section function 38
Quicksort
Quick sort 214
Quick Time
Quick Time 180
Quotenanweisung
quota instruction 416
Quotenverfahren
quota principle 416
QXGA
QXGA 190

R

Rabattkartell
discount cartel 32
Rabattpolitik
discount policy 419, 421
Radiosystem
radio system 337
RADIUS-Protokoll
RADIUS protocol 313
RADIUS (Remote Authentication Dial-In User Service)
RADIUS (Remote Authentication Dial-In User Service) 300, 313
Rahmendefinitionen
frame definitions 273
Rahmenformate
frame formats 272
Rahmenlehrplan
framework curriculum 6
Rahmenprüfbits
Frame Check Sequence 273
Rahmentarifvertrag
industry-wide (master) agreement 14
RAID (Redundant Array Independent Disc)
RAID (Redundant Array Independent Disc) 147
RAM
Random Access Memory 132
Ramschkauf
rummage purchase 437
Randbedingungen
constraints 266
Randomverfahren
random method 416
Randsortiment
subsidiary assortment 418
Rang
order 322
Rapid Spanning Tree Protocol
Rapid Spanning Tree Protocol 347
RAS (Remote Access Service)
RAS (Remote Access Service) 313, 318
Rastergrafik
bitmap graphics 168
Ratenkauf
hire purchase 437
Ratenlieferungsvertrag
hire purchase delivery contract 439
Rationalisierungskartell
rationalization cartel 32
Rausch-Signal-Abstand
noise-signal-distance 290
R-Bus
Result-Bus 130
RCD (Residual Current protective Device)
RCD (Residual Current protective Device) 107
RDRAM (Rambus DRAM)
RDRAM (Rambus DRAM) 132
RD (Register Decode)
RD (Register Decode) 129
Real
real 216
Real Audio
Real Audio 164
realloc
realloc 224
Rechenschaltungen
computing circuits 124
Rechenwerk
arithmetic logic unit 125
Rechenzentrum Energieeffizienz
data center energy efficiency 382
Rechenzentrum, Hochverfügbarkeit
data processing center, high availability 383
Rechnerarchitektur
computer architecture 125
Rechnernetz
computer network 321
Rechnungsprüfung
invoice auditing 435
Rechtecksignale
square wave signal 89
Rechte und Pflichten laut Berufsbildungsgesetz (BBiG)
rights and duties of vocational training act 7
Rechtsbereiche
legal spheres 410
Rechtsbezeugend (deklaratorisch)
right-attesting 19
Rechtserzeugend (konstitutiv)
right-generating 19
Rechtsform
legal form 19 f.
Rechtsformen der Unternehmungen
legal forms of enterprises 20
Rechtsformzusatz
legal form supplement 19
Rechtsgeschäfte von natürlichen und juristischen Personen
legal transactions by natural and legal persons 439
Rechtsmangel
legal infirmity 436
Record-Typ
record type 216
Recycling
recycling 377, **379**
Recycling-Code
recycling code 379
Recyclingkosten
recycling costs 406
Recyclingzeichen
recycling symbol 372
Red-Book
Red-Book 160, 389
Reduktionsfaktor
reduction factor 174
Reduktionsrate
reduction rate 174
Redundanter Code
redundant code 208
Redundanter Datenstrom
redundant data stream 173
Redundante Speicherung
redundant storage 147
Redundante Systeme
redundant systems 385
Redundanz
redundancy 230
Redundanz-Reduktion
redundancy reduction 174
Referat
Presentation 73
Referenzmodell
reference model 343
Referenzmonitor
reference monitor 389
Reflexionsverfahren
reflection method 188
Regeln für das Arbeiten in elektrischen Anlagen
rules for working on electrical installations 376
Regelungsebene
controlling level 390
Regeneration
regeneration 389
Regenerator
regenerator 334
Regionallager
regional warehouse 426
Registerfunktion
register function 337
Registry
registry 258
Reihenfolge (Sequenz)
sequence 209
Reihenschaltung
series connection 86
Reisevertrag
travel agreement 439
Reklamation (Mängelrüge)
complaint 436
Rekursion
recursion 215
Relation
relation 211, 232
Relationale Datenbank
relational database 232
Relationale Datenbankerstellung
relational database design 235 f.
Relationales Modell
relational model 231
Relationen
relations 76
Relationenalgebra
relational algebra 211
Relationenmodell
relational model 211
Remote Access Services
Remote Access Services 313
Remote Authentication Dial-in User Service
Remote Authentication Dial-in User Service 313
Remotezugriff
remote access 317
Reparatur und Änderung elektrischer Geräte
repair and modification of electrical devices 112
Repeater
repeater 277
Reservierte Adresse
allocated address 154
Return Loss (Rücklaufverluste)
return loss 274
Return on Investment
Return on Invest 467
Review
review 205
RFC (Request for Comments)
RFC (Request for Comments) 307
RFD (Reduced Function Device)
RFD (Reduced Function Device) 304
RFID (Radio Frequency Identification)
RFID (Radio Frequency Identification) 306
RGB
RGB 167
R-GSM
Rail (Eisenbahn) GSM 353
Richtfunk
microwave radio system 345
Richtungsbetrieb
directional operation 88
Rijndael-Algorithmus
Rijndael algorithm 402 f.
RIMM
Rambus Inline Memory Module 132
Ringtopologie
loop topology 126
RIP (Raster Image Processor)
RIP (Raster Image Processor) 249
RIP (Routing Information Protocol)
RIP (Routing Information Protocol) 323
RISC-Architektur
RISC architecture 125
RISC (Reduced Instruction Set Computer)
RISC (Reduced Instruction Set Computer) 129
Risiken
risks 428
Risikoanalyse
risk analysis 370
RLE (Run Length Encoding)
RLE (Run Length Encoding) 175
RNC
RNC 339
RNS
RNS 339
Robustes Netz
robust network 300
Robustes Verfahren
robust method 322
Robustheit
robustness 201, 383
RoI
RoI 467
Rollen
roles 265

Rollenspiel
role game 60
Römische Zahlen
Roman numerals 77
ROM (Read Only Memory)
ROM (Read Only Memory) 140
Roter Faden
central theme 368
Router
router 277
Routine
routine 198
Routing
routing 322 f.
Routingprotokolle
routing protocols 323
Routingtabellen
routing tables 323
Routing-Verfahren
routing principle 322
RS-232
RS-232 151
RSA (Rivest, Shamir, Adleman)
RSA (Rivest, Shamir, Adleman) 401
RSA-Verfahrensablauf
RSA-principle 402
RSN (Robust Security Network)
RSN (Robust Security Network) 300
RSS
Really Simple Syndication 239
RSTP
Rapid Spanning Tree Protocol 347
RTCP (Real Time Control Protocol)
RTCP (Real Time Control Protocol) 318
RTP (Real Time Protocol)
RTP (Real Time Protocol) 318
RTS (Ready-to-Send)
RTS (Ready-to-Send) 308
Rückflussdämpfung
return loss 290
Rücklaufverluste
return losses 274
Rückschlussentropie
inference entropy 263
Rücktritt
withdrawal 436
Rückwandbus-Einheit
back plane unit 143
Ruhehörschwelle
resting threshold 174
Rumbaugh-Modell
Rumbaugh model 217
runde Preise
round prices 421
Rundungsfehler 212

S

S_0-Bus
S_0 bus 328
Sachaspekte
factual aspects 365
Sachdarlehensvertrag
loan of fungible things contract 439
Sachgüter
real assets 18
Sachmangel
defect of quality 436
Sachziele
contend goals 412
Sachzielorientierte Projekte
contend goals oriented projects 364
Safety Extra-Low Voltage (SELV)
Safety Extra-Low Voltage (SELV) 106
Sales promotion (Verkaufsförderung)
sales promotion 423
Sammelwerbung
collective advertising 422
Sample & Hold-Schaltung
sample & hold circuit 130
SAN
SAN 280
SAP R/3
SAP R/3 43
SASH (Stand Alone Shell)
SASH (Stand Alone Shell) 255
SAS (Serial Attached SCSI)
SAS (Serial Attached SCSI) 145, **146**, 336, **369**
SATA (Serial ATA)
SATA (Serial ATA) 135
SATA Tunnelling Protocol (STP)
SATA Tunnelling Protocol (STP) 146
Satelliten für Direktempfang
satellites for direct reception 350
Sättigung
saturation 418
Sätze von Shannon
theorems of Shannon 263
Satzspiegel
type area 56
Satz vom ausgeschlossenen Dritten
principle of excluded third 245
Satz vom Widerspruch
principle of contradiction 245
Säulendiagramm
bar chart 66, 468
Scanner
scanner 183
Scatter-Netz
scatter-network 305
SC-FDMA
SC-FDMA 340
Schadensersatz
damages 436
Schall
sound 80
Schalldruckpegel
sound intensity level 80
Schallgeschwindigkeit
sound velocity 80
Schaltalgebra
Boolean algebra 120
Schaltungen mit Widerständen
circuits with resistors 86
Schaltzeichen der Elektrotechnik
circuit symbols in electrical engineering 114 ff.
Scheduling
scheduling 211, 253
Schenkungsvertrag
donation contract 439
Schichten
level 45
Schichtenmodell
layer model 309
Schickschulden
obligations to be performed at debtor's place of business by dispatch of debtor 435
Schleife
loop 215, 224, 320
Schleife mit Unterbrechung
loop with interrupt 209
Schlichtungsverfahren
conciliation procedure 13, 14
Schlinge
loop 320
Schlüsse
syllogisms 245
Schlüssel
key 233
Schlussfiguren
syllogism figures 245
Schlussweisen
inferences 263
Schmelzsicherung
fuse 105
Schmitt-Trigger
Schmitt-Trigger 123
Schnittstellen
interfaces 241
Schreibtischforschung
desk research 415
Schriftarten
font types 55
Schriftgröße
font size 56
Schriftschnitte
typefaces 55
Schutz gegen gefährliche Körperströme
protection against electric shocks 106
Schutzklasse
protection class 112
Schutzleiter
protective conductor 98 f.
Schutzmaßnahmen
protective meassures 103
Schutzpotenzialausgleich
protective equipotential bonding 108
Schutzzeit
guard-time 332
Schweigen
silence 366
Schwerpunktstreik
main focus strike 14
Schwingung
oscillation 352
SCL (Serial Clock Line: serielle Taktleitung)
SCL (Serial Clock Line: serielle Taktleitung) 154
SCM (Supply Chain Management)
SCM (Supply Chain Management) 443
SCO (Synchronous Connection Oriented)
SCO (Synchronous Connection Oriented) 305
Scrum
Scrum 265
Scrum Master
Scrum Master 265
SCSI Management Protocol (SMP)
SCSI Management Protocol (SMP) 146
SCSI (Small Computer System Interface)
SCSI (Small Computer System Interface) 145
SCTP
Stream Control Transmission Protocol 313
SDA (Serial Data Line: serielle Datenleitung)
SDA (Serial Data Line: serielle Datenleitung) 154
SDDI (Shielded Distributed Data Interface)
SDDI (Shielded Distributed Data Interface) 336
SDH (Synchrone digitale Hierarchie)
SDH (Synchronous Digital Hierarchy) 334
SD Karte
SD card 139
SDLT
SDLT 137
SDMA (Space Division Multiple Access)
SDMA (Space Division Multiple Access) 301
SDRAM
Synchronous Dynamic Random Access Memory 132
SDSL
SDSL 329
SDTV (Standard Definition Television)
SDTV (Standard Definition Television) 346
Section Overhead (SOH)
Section Overhead (SOH) 334
Secure Digital Memory Card
Secure Digital Memory Card 138
Security Architecture
security architecture 389
Security Policy
security policy 298
Sedezimal-System
hexadecimal system 77
Segmentierungskriterien
segmentation criteria 413
Sehraum
visual space 371
SEI (Software Engineering Institute)
SEI (Software Engineering Institute) 204
Seitenaufbau
page layout 56
Seitenformat
page format 56
Seitenfrequenz
side band frequency 358
Seitengestaltung
page layout 56
Sekundärausfall
secondary failure 407
Sekundärelement
electric storage battery 97
Sekundärer Sektor
secondary sector 24
Sekundäre Verkabelung
secondary cabling 283
Sekundärforschung
secondary research 415 f.
Sekundärforschung: Betriebsinterne und -externe Quellen
secondary research: firm internal and external sources 416
Sekundärring
secondary ring 336
Selbstadaptives Verfahren
self-adopting diversity 322
Selbsterklärung
self declaration 247
Selbstkosten
total production cost 419
Selbstkosten des Umsatzes
total costs of sales 456
Selbstreproduktionsfähigkeit
self-production capability 388
Selectionsort
Selection sort 214
SELV (Safety Extra-Low Voltage)
SELV (Safety Extra-Low Voltage) 106
Senat
senate 23
Sendeaufruf (Polling)
transmit call 308
Sendediversität
transmission diversity 301
Sequential Polling
sequential polling 308
Sequenzendiagramm
sequence diagram 220
Serial ATA (SATA)
Serial ATA (SATA) 135

Serial Attached SCSI (SAS)
Serial Attached SCSI (SAS) 145 f.
Serial Clock Line: serielle Taktleitung (SCL)
Serial Clock Line: serielle Taktleitung (SCL) 154
Serial Data Line: serielle Datenleitung (SDA)
Serial Data Line: serielle Datenleitung (SDA) 154
Serial Presence Detect (SPD)
Serial Presence Detect (SPD) 133
Serial SCSI Protocol (SSP)
Serial SCSI Protocol (SSP) 146
Serielles Buskonzept
serial bus principle 146
Serielle Schnittstelle
serial interface 150 f.
Server
server 278
Server-Blade
Server Blade 279
Service Class
service class 281
Servicepolitik
service policy 418
Serviceprozess
service process 42
Serving GPRS Support Node (SGSN)
Serving GPRS Support Node (SGSN) 343
Session Initiation Protocol: Sitzungs-Initiierungs Protokoll (SIP)
Session Initiation Protocol: Sitzungs-Initiierungs Protokoll (SIP) 318
Set-Top-Box
Set-Top-Box 350
SGML (Standard Generalized Markup Language)
SGML (Standard Generalized Markup Language) 242
SGSN (Serving GPRS Support Node)
SGSN (Serving GPRS Support Node) 343
Shannon
Shannon 400
Shared medium
shared medium 299
Shareholder
shareholder 16
Shareware
Shareware 196, 211
SHDSL
SHDSL 329
Shells
shells 247, 255
ShiftRow
ShiftRow 403
Shortcut
shortcut 211
SHTTP
Secure Hypertext Transfer Protocol 315
SI-Basiseinheit
SI-basic unit 78
Sicherheit
safety 387
Sicherheitsarchitektur
security architecture 405
Sicherheitsbestimmungen für netzbetriebene elektronische Geräte
safety regulations for mains powered electronic devices 112
Sicherheitsebene
security level 389 f.
Sicherheitskleinspannung
safety extra low voltage 106
Sicherheitsmechanismen
security mechanisms 299
Sicherheitsphilosophien
safety philosophies 387
Sicherheitsschilder
safety signs 376
Sicherheitsstruktur
security structure 389
Sicherheitszeichen
safety symbols 372
Sicherheit von Einrichtungen der Informationstechnik
safety of Information Technology Equipment 381
Sicherungsprotokolle
security protocols 405
Sicherungsschicht
data link control 309
Sichten
views 45
Siemens
Siemens 82
Signalcodierung für Basisbandübertragung
signal encoding in baseband transmission 289
Signale
signals 89
Signaleinteilung
signal classification 89
Signalfunktion
signal function 28
Signaturverfahren
signature methods 402
SIMD (Single Instruction, Multiple data)
SIMD (Single Instruction, Multiple data) 125 f.
SIMM
Single Inline Memory Module 132
SIMO
SIMO 301
Simplex-Betrieb
simplex operation 88
SIM (Subscriber Identity Module)
SIM (Subscriber Identity Module) 337
Simulation
simulation 211, **229**
Single Data Rate (SDRAM)
Single Data Rate (SDRAM) 133
Single Domain Model
Single Domain Model 278
Single Input Multiple Output (SIMO)
Single Input Multiple Output (SIMO) 301
Single Input Single Output (SISO)
Single Input Single Output (SISO) 301
Single Instruction Multiple Data (SIMD)
Single Instruction Multiple Data (SIMD) 125 f.
Single Instruction Single Data (SISD)
Single Instruction Single Data (SISD) 127
Single Master Domain Model
Single Master Domain Model 278
„single point of failure“
„single point of failure“ 146
Sinnbilder
symbols 208
Sinnbilder der EPK-Technik
symbols in EPK technique 48
Sinusförmige Wechselspannung
sinusoidal a.c. voltage 83
SIP (Session Initiation Protocol)
SIP (Session Initiation Protocol) 318
SIR (Slow)
SIR (Slow) 156
SISD (Single Instruction Single Data)
SISD (Single Instruction Single Data) 125, 127
SISO
SISO 301
SIS (Social Information Systems)
SIS (Social Information Systems) 248
Sitzungsschicht
session layer 268
SJF
Shortest Job First 211
Skalar
scalar 78
Skalierbarkeit
scalability 383
Skimmingstrategie
skimming strategy 421
Skonto
cash discount 421
SLA
SLA 384
Small Computer System Interface (SCSI)
Small Computer System Interface (SCSI) 145
Small Office Home Office (SOHO-WLAN)
Small Office Home Office (SOHO-WLAN) 299
SMART
SMART 134
SMB (Side Band Management-Bus)
SMB (Side Band Management-Bus) 152
SMP (Serial Management Protocol)
SMP (Serial Management Protocol) 146
SMS-Werbung
SMS advertising 438
SNMP (Simple Network Management Protocol)
SNMP (Simple Network Management Protocol) 311
Social Information Systems (SIS)
Social Information Systems (SIS) 248
Socket
Socket 314
SO-DIMM (Small Outline DIMM)
SO-DIMM (Small Outline DIMM) 132
Sofortkauf
spot purchase 437
Sofort-Prinzip
immediately principle 59
Software
software 196
Software Anforderungsspezifikation
software requirements specification 369
Software-Architektur
software architecture 204
Software Engineering
software engineering 200 ff.
Softwareentwicklung
software design 198
Softwaregeneratoren
software generators 257
Softwaregrundlagen
software basics 196 f.
Software-Messung
software measuring 206
Softwareprojekte
software projects 203, 367
Softwarequalität
software quality 206 f.
Softwaretest
software test 207
SOHO-WLAN (Small Office Home Office)
SOHO-WLAN (Small Office Home Office) 299
SOH (Section Overhead)
SOH (Section Overhead) 334
Solidaritätszuschlag
solidarity contribution 15
Solid State Drive
Solid State Drive 136
Soll-Ist-Abgleich
target-performance comparison 409
SOLL-IST-Abgleich
nominal-actual comparison 365
Sollkosten
budget costs 462
Sondereinzelkosten
special direct cost 419
Sortieralgorithmus
sorting algorithm 214
Sortierkomplexität
sorting complexity 214
Sortierung
sorting 400
Sortierverfahren
sorting procedures 214
Sortimentsbereinigung
product assortment streamlining 418, 460
Sortimentsbreite
product assortment diversification 418
Sortimentserweiterung
product assortment extension 418
Sortimentspolitik
assortment policy 418
Sortimentstiefe
product assortment depth 418
Sortimentsveränderung
product assortment modification 418
Soundkarte
sound card 163
Source MAC
source MAC 273
Soziales Lernen
social learning 239
Soziales Ziel
social target 18, 412
Sozialgericht
social court 11
Sozialgerichtsbarkeit
social jurisdiction 11
Sozialleistungen
social benefits 25
Sozialpartner
social partner 13
Sozialstaatsprinzip
social state principle 31
Spamware
spamware 388
Spannung
voltage 82 f.
Spannungsfall auf Leitungen
voltage drop on cables 111
Spannungsmessung
voltage measurement 84
Spannungsteiler
voltage divider 86
SPARC (Scalable Processor Architecture)
SPARC (Scalable Processor Architecture) 129
S/PDIF
S/PDIF 131
SPD (Serial Presence Detect)
SPD (Serial Presence Detect) 133
Speicher
memory 132
Speicherkarten
memory cards 138
Speichermodule
memory modules 132
Speicherorganisation
memory organization 126
Speicherresidente Viren
memory resident viruses 388
Speichersystem
Storage system 280

Spektrale Leistungsdichte
spectral power density 303
Spezialisierungskartell
specialization cartel 32
Spezialvollmacht
special power of attorney 37
Spezielle Funktionen
special functions 121
Spezifikation
specification 207
Spezifikationskauf
sale by description 437
spezifische Anforderungen
specific requirements 369
Spiegelplatte
mirror disk 147
Spionage
espionage 387
Spionageprogramm
espionage program 388
Spiralmodell
spiral model 202
Spitzenwert
peak value 83
Splitter
splitter 330
Sponsoring
sponsoring 422 f.
Sprachen
languages 196
Sprecherausschuss
committee of spokesmen 12
Sprint Planning
Sprint Planning 265
Sprunganweisung
jump instruction 224
Sprünge
jumps 215
Spulen
coils 92
Spyware
spyware 388
SQL
SQL 233, **234 f.**
SQL-Basisbefehle
SQL-basic instructions 235
SRAM
Static Random Access Memory 132
sRGB
sRGB 57
SRS
SRS 369
SSAP (Source Service Access Point)
SSAP (Source Service Access Point) 273
SSD
Solid State Drive 136
SSI
Server Side Includes 239
SSP (Serial SCSI Protocol)
SSP (Serial SCSI Protocol) 146
Staatliche Wettbewerbspolitik
national competition policy 30
Stabilitätsgesetz
law of stability 30
Stab-Linien-System
staff-line-system 36
Stabsstelle
staff position 34 f.
Stack
stack 211, 224
Stakeholder
stakeholder 16
Standardbibliothek
standard library 224
Standardfunktion
basic function 226
Standards mit Sicherheitsaspekten
standards with security aspects 380
Standardsoftware
standard software 43
Standard-Zahlenmengen
standard number sets 77
Standortverteiler
location distribution rack 283
STA (Station)
station 297
Stationäre Verfügbarkeit
stationary availiability 406
Statistik
statistic 446
Statistisches Multiplex
statistical multiplex 334
Status-Mitteilung
status message 315
STDM
STDM 362
Steckverbinder PCIe x16
connector for PCIe x16 144
Steganographie
steganography 399
Stelle
position 34, 49
Stellenbildung
jobs generation 34
Stellung eines Betriebes in Wirtschaft und Gesellschaft
social and economic position of a business enterprise 16
Sternkoppler
star coupler 277
Stern-Netz
star network 304
Sternverteiler
star distributor 277
Sternvierer
star quad 326
Steuerbarkeit
controllability 247
Steuerung
controlling 45
Steuerungssicht
control view 47
Steuerungszelle
control cell 333
STM-16
STM-16 334
Stochastische Grundbegriffe
basic terms of stochastics 260
Store-and-Forward
store-and-forward 277
Störgröße
interference signal 117
Störquelle
source of interference 117
Störungen über Energienetze
disturbances via power networks 100
STP (SATA Tunnelling Protocol)
STP (SATA Tunnelling Protocol) 146
Strafrecht
criminal law 410
Strahlung
radiation 381
Strategisches Controlling
strategic controlling 465
Strategische Ziele
strategic targets 412
Stream-Cipher
stream-cipher 305
Stream Control Transmission Protocol
Stream Control Transmission Protocol 313
Streaming
streaming 347
Streaming Media
streaming media 180
Streik
strike 14
Streuverluste
distribution losses 422
Strichcode
barcode 397
String
string 216
Stromdichte
current density 82
Stromstärke
current intensity 82 f.
Stromstärkemessung
current intensity measuring 84
Stromverfahren
stream principles 399
struct
struct 225
Struktogramm
structured chart 209
Strukturbilanz
structure balance 469
Strukturen
structures 216
Strukturierte Verkabelung
structured cabling 283
Strukturzahlen
structure figures 469
Stückkauf
purchase of specific goods 437
Stückkosten
unit costs 451
Stufenindex-Profil
step-index profile 291
Stufenweise Fixkostendeckung
successive fixed-charge coverage 459
Submissionskartell
submission cartel 32
Subnetz
sub-network 319
Subnetz-Maske
sub-net mask 319
Subprozess
sub-process 43
Substitution
substitution 399
Subventionen
subsidy 25
Suchalgorithmus
searching algorithm 214
Suchen im Internet
Searching on the Internet 53
Suchmaschinen
search engines 53
Suchprozesse
search processes 320
Suchstrategie
search strategy 53
Summierer
summing unit 94
Superskalare Prozessoren
superscalar processors 127
Supertask
supertask 211
Supplicant
supplicant 300
Supply Chain Management (SCM)
Supply Chain Management (SCM) 443
Supportprozess
support process 43
SVGA
SVGA 190
Switch
switch 277
Switched Diversity
switched diversity 301
SXGA
SXGA 190
SYBASE
SYBASE 233
Syllogismus
syllogism 245
Symmetrische Tertiärverkabelung
symmetrical tertiary cabling 283
Synchrones Multiplex
synchronous multiplex 334
Syndikat
syndicate 32
Synentropie
synentropy 263
Syntaxfehler
syntax error 212
Syntaxüberprüfung
syntax check 212
Systemadministration
system administration 256
Systemfunktionalität
system functionality 389
Systemkriterien
system criteria 252
Systemsicherheitsebenen
system security layers 389
Systemwiederherstellung
system restoration 257

T

Tabelle
table 468
Tabellenbuch
table book 52
TAE 3 x 6 NFN
TAE 3 x 6 NFN 326
TAE (Telekommunikations-Anschluss-Einheit)
Telecommunication Line Unit 326
Tagessehen
day vision 81
Tags
tags 242
Target
target 142, 145
Tarifautonomie
free collective bargaining 13
Tarifrecht
collective bargaining right 8
Tarifvertrag
collective agreement 13 f.
Tarifvertragsgesetz
collective bargaining law 13
Tarifvertragsparteien
collective bargaining units 13
Tarifvertragsrecht
right of collective bargaining 13 f.
Tarifvertragsverhandlung
collective bargaining 13
Task
task 211, 253

Task-Manager
task manager 257
Tauchspul-Mikrofon
moving coil microphone 165
TCO-Gütesiegel
TCO quality mark 373
TCP/IP (Transmission Control Protocol/Internet Protocol)
TCP/IP (Transmission Control Protocol/Internet Protocol) 309
TCP-Port
TCP-port 315
TCP (Transmission Control Protocol)
TCP (Transmission Control Protocol) 311, 318
TCSEC/BSI
TCSEC/BSI 390
TCSEC (Trusted Computer System Evaluation Criteria)
TCSEC (Trusted Computer System Evaluation Criteria) 389
TCS (Transmission Convergence Sublayer)
TCS (Transmission Convergence Sublayer) 333
TD-CDMA (Time Division CDMA)
TD-CDMA (Time Division CDMA) 338
TDD (Time Division Duplex)
TDD (Time Division Duplex) 305, 353
TDMA-Prinzip
TDMA principle 337
TDMA (Time Division Multiple Access)
TDMA (Time Division Multiple Access) 301
Teamarbeit
teamwork 365
Technische Maßnahme
technical measure 298
Technisches Versagen
technical failure 299
Technoklimate
technical climates 194
Teilerhebung
incomplete census 416
Teilkostenrechnung
direct costing 456, 458
Teilmärkte
sub-markets 422
Telefonmarketing
telephone marketing 423
Telefon-Werbung
telephone advertising 438
telnet
telnet 320
Temporale Logik
temporal logics 246
Temporäres Schlüssel-Integritätsprotokoll
temporal key integrity protocol 300
Terminalmultiplex
terminal multiplex 334
Terminalnetz
terminal network 269
Terminkauf
forward purchase 437
Terrestrische Rundfunkbänder
terrestrial radio bands 354
Tertiärer Sektor
tertiary sector 24
Tertiäre Verkabelung
tertiary cabling 283
Testbarkeit
testability 368
Test Driven Development
Test Driven Development 264
Testende Verfahren
testing principles 205
Testfall
test condition 205
Testfehler
test error 212
Testkonzept
test concept 205
Testphase
test phase 207
Testverfahren
test method 205
TE (Terminal Equipment)
TE (Terminal Equipment) 343
Tetrade
tetrad 395
Tetradischer Code
tetradic code 395
TETRA (Terrestrial Trunked Radio)
TETRA (Terrestrial Trunked Radio) 344
TeX
TeX 237
Textaufbau
Text structure 55
Textmarkierung
text marking 54
TFF Technologie (Thin Film Filter)
TFF Technology (Thin Film Filte) 292
TFT-Displays (Thin-Film-Transistor)
TFT-Displays (Thin-Film-Transistor) 188
TFT-LCD
TFT-LCD 189
Theoretische Kanalkapazität
theoretical channel capacity 301
Thermo-Verfahren
thermo principle 182
These von Church
Thesis of Church 197
Thread
thread 125, 211
Threads
threads 253
Tiefengliederung
depth segmentation 34
Timesharing
time-sharing 255
TINA (Technical Information Network Architecture)
TINA (Technical Information Network Architecture) 217
Tintenstrahldrucker
inkjet printer 182
TKIP (Temporal Key Integrity Protocol)
TKIP (Temporal Key Integrity Protocol) 299 f.
TLB (Translation Lookaside Buffer)
TLB (Translation Lookaside Buffer) 127
TLP
Transport Layer Protocol 313
TLP (Thread Level Parallelism)
TLP (Thread Level Parallelism) 127
TN-C-S-System
TN-C-S system 99, 106
TN-System
TN system 99
Token-Passing-Verfahren
token passing principle 336
Tonformat
sound format 164
Tonwert
hue value 170
Tools
tools 320
TOP-EVENT
TOP-EVENT 407
Tortendiagramm
pie chart 66
TOSLINK-Anschluss
TOSLINK interface 163
TPID
TPID 316
TQM
TQM 50
TQM (Total Quality Management)
TQM (Total Quality Management) 391
traceroute
traceroute 320
Transformatorisches Modell
transformable model 202
Transistor
transistor 93
Transition
transition 49
Transmission Control
transmission control 309
Transponderart
kind of transponder 306
Transport Layer Security
Transport Layer Security 313
Transportmittel
means of transport 424
Transportschicht
transportation layer 268, 309
Transposition
transposition 399
Transversalwelle
transverse wave 80
Travan
Travan 137
Trigramm
trigram 399
TripelDES
tripel DES 403
Trojanisches Pferd
Trojan horses 388
Trommelscanner
drum scanner 183
TT-System
TT system 99
Tupel
tuple 232
Turing-Maschine
Turing machine 197
TV-Standard
TV standard 346
TWAIN
TWAIN 183
Typungskartell
standardization cartel 32

U

UAE (Universal Anschlusseinheit)
Universal Access Unit 328
UAP (Upper Address Part)
UAP (Upper Address Part) 305
Übergangsmatrix
transition matrix 261
Überlastkontrolle
overload control 335
Überlauffehler
overflow error 212
Übermaßverbot
excess prohibition 14
Überschreibende Viren
overwriting viruses 388
Übersetzer
translator 198
Überspannungsschutz
overvoltage protection 108
Übersprechdämpfung
cross talk attenuation 286
Überstromschutzorgan
overcurrent protective device 105, 109 f.
Übertragbarkeit
portability 196
Übertragung
transmission 355
Übertragungsbandbreite
transmission bandwidth 269
Übertragungsfaktor
transmission coefficient 165, 355
Übertragungsfolge
transmission sequence 315
Übertragungsmaß
transmission constant 355
Übertragungsmedium
transmission media 269
Übertragungsprinzipien
transmission principle 309
Übertragungsstrecke
transmission link 283, 287
Übertragungsstrecken-Klassifikation
Transmission link classification 283, **284**
Übertragungstechnik
transmission technology 269
Übertragungsweisen
kind of transmission 269
UDP
User Datagram Protocol 313
UDP-Port
User Datagram Protocol port 315
UDP (User Datagram Protocol)
UDP (User Datagram Protocol) 311, 318
UEFI
UEFI 251
UFIR (Ultra Fast)
UFIR (Ultra Fast) 156
Ultra-FDD
Ultra Frequency Division Duplexing 353
Ultrakurzwelle
ultra short wave 352
Ultra Long Haul
ultra long haul 293
Umgang mit Text
Dealing with text 54
Umgebungsbedingung
environmental condition 194
Umgebungsklasse
environmental classes 117
Umlagesatz
levy rate 464
UML (Unified Modeling Language)
UML (Unified Modeling Language) 218, 220 f.
Umschlagshäufigkeit
turnover rate 433, 469
UMTS
Universal Mobile Telecommunications System 338 f., 353
Umweltbedingung
environmental condition 194
UND-Funktion
AND function 120
UND-Verknüpfung
AND operation 120
Unicode
Unicode 227
UNI (User Network Interface)
UNI (User Network Interface) 333
Universalität
universality 213

Universal LNB
universal Low Noise Block 350
Universalmaschine
universal machine 125
Universal Twin LNB
Universal Twin LNB 350
UNIX
UNIX 255
Unlauterer Wettbewerb
unfair competition 438
Unshielded Twisted Pair
Unshielded Twisted Pair 285
Unterbrechungsfreie Stromversorgungsanlage
uninterruptible power supply installation 192
Unternehmen
business enterprise 16
Unternehmensergebnis
operating result 449
Unternehmensgründung
company foundation 19
Unternehmensidentität
corporate identity 412
Unternehmensleitbild
corporate mission statement 412
Unternehmensleitung
management 35
Unternehmensphilosophie
corporate philosophy 412
Unternehmensstrategie
corporate strategy 412
Unternehmensziele
corporate goals 412
Unternehmenszusammenschluss
co-operation 28
Unternehmergesellschaft
limited liability company 20
Unterordnungskonzern
vertical group 29
Unterschied zwischen Vollkostenrechnung und Teilkostenrechnung
difference between full and direct costing 458
Unterziele
sub-targets 412
Unveränderbare Dateien
unchangeable files 256
Unvollkommener Markt
imperfect market 26
U-Plane (User-Plane: Anwender-Säule)
U-Plane (User-Plane) 333
UPnP
Universal Plug and Play 158
Upstream-Kanal
upstream-channel 330
Urabstimmung
strike/no strike vote 13
Urnenmodell
urn model 260
Ursache-Wirkung-Diagramm
cause-effect diagram 67
Urteilslehre
doctrine of judgment 245
Urteilsverfahren
court proceedings 23
USB (Universal Serial Bus)
USB (Universal Serial Bus) 155
USCM (Universal Service Component Model)
USCM (Universal Service Component Model) 217
User Datagram Protocol
User Datagram Protocol 313
USV-Anlagen
uninterruptible power supply systems 192
UTP
Unshielded Twisted Pair 285
UTRAN
UTRAN 339
UTRA (Universal Terrestrial Radio Access)
UTRA (Universal Terrestrial Radio Access) 338
U/UTP Cat.5
U/UTP Cat.5 285
UV-Strahlung (Ultraviolettstrahlung)
ultra-violet radiation 81
UWB-Technologie
Ultra Wide Band technology 303
UWB (Ultra-Wide Band)
UWB (Ultra-Wide Band) 296
UWG (Gesetz gegen den unlauteren Wettbewerb)
UCA (Unfair Competition Act) 438
UXGA
UXGA 190

V

V.24
V.24 151
Validation
validation 205
Variable
variable 211
Variable Kosten
variable costs 420, 451
Variablentyp
variable type 198
Variation
variation 418
VDSL
VDSL 329 f.
Vektor
vector 78
Vektor-Grafik
vector graphics 168
Verarbeitung
processing 209
Verbindlichkeit
commitment 405
Verbindungsabbau
disconnection 315
Verbindungsaufbau
connection set-up 315
Verbindungsregel (Assoziatives Gesetz)
associative rule 120
Verbindungsweg
connection route 323
Verbraucher-Promotion
consumer promotion 423
Verbrauchsabweichung
budget variance 463
Verbrauchsgüter
consumer goods 18
Verbrauchsgüterkauf
purchasing of consumer goods 437, 439
Verdeckungseffekt
masking effect 174
Vereinfachung mit K-V-Tafel
minimization with KV maps 122
Vererbung
inheritance 217 f.
Verfahrensablauf
procedure 213
Verfahrensfehler
procedural error 212
Verfahrenskorrektheit
procedure correctness 322
Verfügbarkeit
availability 384, **406**
Verfügbarkeitsansätze
availability approach 383
Verfügbarkeitsklassen
availability classes 384
Vergleich
comparison 23
Vergleichende Werbung
comparative advertising 438
Vergleichsoperatoren
relational operators 234
Verhaltensdiagramme
behaviour diagram 220
Verhältniszahlen
ratio figures 468
Verifikation
verification 205
Verifizierende Testerfahren
verifying testing principles 205
Verkabelungsstrecke
permanent link 287
Verkabelungsstruktur
cabling structure 283
Verkäufermarkt
sellers market 26, 413
Verkäuferschulung
sales people training 418
Verknüpfungen
linkings 76
Verknüpfungsbaustein
logic gate 120
Verlaufsprotokoll
narrative report 55
Verlegeanforderungen
laying requirements 288
Verlustfreie Kompression
lossless compression 175
Verlustsystem
loss system 261
Vermaschtes Netz
meshed network 304
Vermittlungskosten
switching costs 321
Vermittlungsschicht
network layer 268, 309, 320
Vermittlungstechnik
exchange technology 269, 337
Vermögenswirksamen Sparleistung
capital-forming saving 15
Vernetzte Sterne
meshed stars 304
Verpackungsverordnung
packing ordinance 377
Verpflichtungsgeschäft
obligatory contract 434
Verrechnete Plankosten
allocated planning costs 462
Verschlossene Zelle
gas tight sealed cell 193
Verschlüsselung
encryption 305, 399
Verschlüsselungsverfahren
encryption methods 402 ff.
Verschlüsselungsverfahren – AES
encryption methods – AES 403
Verseilung
stranding 356
Versendungskauf
sale by description 437
Verständigungssystem
communication system 248
Verständlichkeit
audibility 71
Verstärkungsfaktor
amplification factor 96, 355
Verstärkungsmaß
amplification rate 355
Verstärkungsprinzip
amplification principle 96
Vertauschungsregel (Kommutatives Gesetz)
commutative rule 120
Verteilungsdiagramm
deployment diagram 220
Verteilungsregel (Distributives Gesetz)
distributive rule 120
Vertices
vertices 320
Vertragsarten
kinds of contracts 439
Vertragshändlersystem
distributor system 424 f.
Vertragsmanagement
contract management 370
Vertragsprüfung
contract checking 390
Vertraulichkeit
confidentiality 187, 299, 389
Vertriebsbindungssystem
distributional restraint system 424 f.
Vertriebsgemeinkostenzuschlagssatz (VtrGKZ)
sales overhead costs surcharge rate 455
Vertriebssystem
distribution system 424 f.
Verwaltungsgemeinkostenzuschlagssatz (VwGKZ)
administration overhead costs surcharge rate 455
Very Long Haul
very long haul 293
Verzweigung
branch 215
VFD (Voltage and Frequency Dependent)
VFD (Voltage and Frequency Dependent) 192
VFIR (Very Fast)
VFIR (Very Fast) 156
VFI (Voltage and Frequency Independent)
VFI (Voltage and Frequency Independent) 192
VGA
VGA 166, 190
VGA-Anschluss
VGA connector 166
Video auf Anforderung
video on demand 329
Videocodierung
video-encoding 173
Video Graphics Array
Video Graphics Array 166
Videokonferenz
video conference 172
Videostandard
video standard 173
Vidikon
vidicon 186
Vielfache von Einheiten
multiple of units 78
Vier-Ebenen-Modell
four-level model 44
Vier-Ohren-Modell
four ears model 69
Vierphasenumtastung
four phase shift keying 360 f.
Vier Seiten einer Nachricht
four aspects of a news 69
Vigenère-Codierung
Vigenère-encoding 399
Viren
viruses 388

Virenscanner
virus scanner 388
Virtualisierung
virtualization 254
Virtualität
virtuality 211
Virtuelle Maschine
virtual machine 227
Visualisierung
Visualization 64
Visualisierungs-Regel
visualization rule 64
VI (Voltage Independent)
VI (Voltage Independent) 192
VKD (Vorgangskettendiagramm)
process chains chart 47 f.
VLAN
Virtual LAN 316
VLSM (Variable Length Subnet Mask)
VLSM (Variable Length Subnet Mask) 319
VMM
VMM 254
V-Modell XT
V-model XT 204
Volkswirtschaftliche Produktionsfaktoren
economic factors of production 21
Volldisjunktion
full disjunction 122
Vollduplex-Bus
full-duplex bus 153
Vollerhebung
full census 416
Vollfarben Bildsensor
full colour image sensor 185
Vollkommener Markt
ideal market 26 f.
Vollkonjunktion
full conjunction 122
Vollkostenrechnung
full costs accounting 457 f.
Vollmachten
powers of attorney 37
Vollständigkeit
completeness 368
Volt
volt 82
Von-Neumann-Rechner
von-Neumann-Computer 125
Vorab vereinbarter Schlüssel
pre-shared key 300
Vorgangskettendiagramm (VKD)
process chains chart 47
Vorgangssteuerung
process control 44
Vorgehensmodelle in Entwicklungsprojekten
design methods in development projects 204
Vorgehensweise
approach 366
Vorsatz
prefix 78
Vorsätzliche Handlungen
wilful act 299
Vorsatzzeichen
prefix sign 78
Vorstand
board of directors 20
Vortäuschung
spoofing 300
Vortrag
lecture 73
Vorwärts-Fehlerkorrektur
forward error correction 305
VPN (Virtuelles privates Netzwerk)
VPN (Virtual private network) 317
VQF
VQF 164
V-Serie (Datenübertragung über das Telefonnetz)
V-series (data transmission via telephone network) 324

W

Wachstum
growth 418
Wachstumsziel
growth target 18
Wählbarkeit
eligibility 10
Wahlberechtigte
eligible voter 10
Wahlen
elections 10
Wahrnehmungsregel
perception rule 69
Wahrscheinlichkeit
probability 260
Walkthrough
walkthrough 205
Wandel der IT-Berufe
change of IT professions 6
WAN (Wide Area Network)
WAN (Wide Area Network) 269, 296
Wanze
bug 388
WAP (Wireless Application Protocol)
WAP (Wireless Application Protocol) 342, 402
warme Redundanz
warm standby 385
Warnstreik
warning strike 14
Wartbarkeit
maintainability 201
Wartesystem
queuing system 261
Wartungsarbeiten
maintenance works 193
Wartungskosten
maintenance costs 201, 406
Wasserfallmodell
waterfall model 201
Watt
watt 82
Wattsekunde
watt-seconds 82
Wave
wave 164
W-CDMA (Wideband Code Division Multiple Access)
W-CDMA (Wideband Code Division Multiple Access) 338
WCMP (Wireless Control Messaging Protocol)
WCMP (Wireless Control Messaging Protocol) 342
WC (Workgroup Computing)
WC (Workgroup Computing) 248
WDM-Gegenüberstellung
WDM comparison 292
WDM (Wavelength Division Multiplex)
WDM (Wavelength Division Multiplex) 292 f.
WDP (Wireless Datagram Protocol)
WDP (Wireless Datagram Protocol) 342
Webdesign
webdesign 57
WEB Kamera
web camera 172
Web-Katalog
Web catalogue 53
Webseitengestaltung
website design 241
Webserver
Web server 279
Web-Technologien
Web technologies 239
Webusability
Webusability 57
Web-Verzeichnis
Web directory 53
Wechselbetrieb
half duplex operation 88
Wechselspannung
a.c. voltage 84
Welle
wave 352
Wellenabstrahlung
wave radiation 352
Wellenarten
kind of waves 80
Wellenlängenbänder
wavelength bands 292
Wellenlängenbereiche
wavelength ranges 353
Wellenlängenmultiplex
wavelength division multiplex 293
Wellenwiderstand
wave impedance 286, 357
Welt-Zelle
world-cell 338
WEP
WEP 402
WEP (Wired Equivalent Privacy)
WEP (Wired Equivalent Privacy) 299
Werbeausgabe
advertising costs 422
Werbebotschaft
advertising message 422
Werbeerfolgskontrolle
success control of advertising 422
Werbemittel
advertising material 422
Werbeplan
advertising plan 422
Werbetext
advertising text 422
Werbetiming
advertising timing 422
Werbeträger
advertising medium 422
Werbezielgebiet
advertising target 422
Werbezielgruppe
advertising target group 422
Werbung
advertising 422
Werkvertrag
works contract 439
Wertansatz
value approach 387
Wertetabelle
logic table 122
Wertschöpfung
net product 24
Western-Steckverbindung
Western plug and socket connection 326
Wettbewerbspolitik in der Sozialen Marktwirtschaft
competition policy in the social market economy 31
White-Book
White-Book 160
Wichtige Gesetze zum Arbeits- und Tarifrecht
important laws of labour and collective bargaining right 8
Wichtigkeits-Dringlichkeits-Prinzip
importance-urgency principle 59
Wide Area Network (WAN)
Wide Area Network (WAN) 269, 296
Wideband Code Division Multiple Access (W-CDMA)
Wideband Code Division Multiple Access (W-CDMA) 338
Widerruf
cancellation 429
Widerspruch
appeal 12
Widerstände
resistors 82
Widerstandsmessgerät
resistance meter 85
Widerstandsmessung
resistance measuring 85
Wide Wavelength Division Multiplex
Wide Wavelength Division Multiplex 362
Wiedereinschalten
re-closing 376
Wiederholung (fußgesteuerte Schleife)
repetition (bottom controlled loop) 209
Wiederholung (kopfgesteuerte Schleife)
repetition (top controlled loop) 209
Wiederholungsanforderung
automatic retransmission query 305
Wi-Fi Alliance
Wi-Fi Alliance 300
Wi-Fi (Wireless Fidelity)
Wi-Fi (Wireless Fidelity) 296
Wilder Streik
unofficial strike 14
Willenserklärung
declaration of intent 439
WiMAX
Worldwide Interoperability for Microwave Access 296, **302**
Windows Media
Windows Media 180
Winkelfunktionen
trigonometric functions 76
Wired Equivalent Privacy (WEP)
Wired Equivalent Privacy (WEP) 299
Wireless Application Protocol (WAP)
Wireless Application Protocol (WAP) 342
Wireless Control Messaging Protocol (WCMP)
Wireless Control Messaging Protocol (WCMP) 342
Wireless Datagram Protocol (WDP)
Wireless Datagram Protocol (WDP) 342
Wireless Fidelity (Wi-Fi)
Wireless Fidelity (Wi-Fi) 296
Wireless LAN Access Point
Wireless LAN Access Point 276
Wireless LAN (WLAN)
Wireless LAN (WLAN) 270, **297**
Wireless Mark-up Language (WML)
Wireless Mark-up Language (WML) 342
Wireless Personal Area Network (WPAN)
Wireless Personal Area Network (WPAN) 297
Wireless Session Protocol (WSP)
Wireless Session Protocol (WSP) 342
Wireless Telephony Server (WTA)
Wireless Telephony Server (WTA) 342
Wireless Transaction Protocol (WTP)
Wireless Transaction Protocol (WTP) 342

Wireless Transport Layer Security (WTLS)
Wireless Transport Layer Security (WTLS) 342
Wirtschaftliche Ziele
economic targets 412
Wirtschaftlichkeit
profitability 466, 469
Wirtschaftsausschuss
committee for economics policies 12
Wirtschaftskreislauf
economic circular flow 25
Wirtschaftsorganisationen
economic organizations 24
Wirtschaftssubjekt
economic unit 25
Wirtschaftszweige
industrial sectors 18
Wissensbereiche
knowledge areas 200
Wissensmanagement
knowledge management 263
Wissenspyramide
knowledge pyramid 262
WLAN Begriffe
WLAN terms 300
WLAN-Betrieb
WLAN operation 298
WLAN-Einsatz
WLAN deployment 298
WLAN-Reichweite
WLAN coverage 299
WLAN-Sicherheit
WLAN safety 299
WLAN (Wireless LAN)
WLAN (Wireless LAN) 297
WML (Wireless Mark-up Language)
WML (Wireless Mark-up Language) 342
Workflow
workflow 220
Workflow-Management-System
Workflow-Management-System 248
Workgroup Computing (WC)
Workgroup Computing (WC) 248
Worldwide Interoperability for Microwave Access (WiMAX)
Worldwide Interoperability for Microwave Access (WiMAX) 296
World Wide Name (WWN)
World Wide Name (WWN) 146
World-Wide-Web (WWW)
World-Wide-Web (WWW) 52
WPA
Wireless Privacy Access 299
WPAN (Wireless Personal Area Network)
WPAN (Wireless Personal Area Network) 270, 297
WSP (Wireless Session Protocol)
WSP (Wireless Session Protocol) 342
WTA (Wireless Telephony Server)
WTA (Wireless Telephony Server) 342
WTLS (Wireless Transport Layer Security)
WTLS (Wireless Transport Layer Security) 342
WTP (Wireless Transaction Protocol)
WTP (Wireless Transaction Protocol) 342
Wurm
worm 388
WUSB (Wireless USB)
WUSB (Wireless USB) 303
WWDM
Wide Wavelength Division Multiplex 362
WWN (World Wide Name)
WWN (World Wide Name) 146
www-Kommunikation von php
www-communication from php 244
WYSIWYG
What You See Is What You Get 237, 248

X

X Attachment Unit Interface (XAUI)
X Attachment Unit Interface (XAUI) 275
XAUI (X Attachment Unit Interface)
XAUI (X Attachment Unit Interface) 275
XGA
XGA 190
X-Kondensator
X-capacitor 101
XML (eXtensible Markup Language)
XML (eXtensible Markup Language) 242
XS-Werkzeuge
XS tools 247
x-y-adressierte Bildaufnehmer
x-y-addressed image sensor 186

Y

YCbCr
YCbCr 167
YCBCR
YCBCR 167
Yellow-Book
Yellow-Book 160
YIQ
YIQ 167
Y-Kondensator
X-capacitor 101
YUV
YUV 167

Z

Zahl
number 77
Zahlen-Codes
numeric codes 395
Zahlensystem
number system 77
Zahlungsbedingung
terms of payment 419, 421
Zahlungsverzug (Nicht-Rechtzeitig-Zahlung)
delay in payment 435
Z-Diode
Z-diode 95
Zeiger
pointer 216, 225
Zeilensensor
line sensor 186
Zeitmanagement
time management 59
Zeitmultiplex
time division multiplex 334, **362**
Zeitplanung
time planning 59, 429
Zellorientierte Übertragung
cell-oriented transmission 309
Zellvermittlungsschicht
cell-forwarding layer 309
Zentrallager
central warehouse 426
Zentralprozessor
central processing unit 125
Zentralwert
median 468
Zertifikat
certificate 300
Zertifizierungsbereich
certification area 389
Zertifizierungsklasse
certification class 389
Zick-Zack-Abtastung
zig-zag-scanning 178
Zieleinkaufspreis
maximum purchase price 430
Zielerreichungskontrolle
target achievement control 49
Ziele von Betrieben
objectives of business enterprises 18
Zielfestlegung
target agreement 364
Zielgerichtetheit
target oriented 213
Zielkauf
credit sale 437
Zielkunde
target customer 444
Zielverkaufspreis
target sales price 419
ZigBee
ZigBee 304
Zufallsalgorithmus
random algorithm 214
Zufallsauswahl
random selection 416
Zufallsvariable
random variable 260
Zufriedenheit
satisfaction 247
Zugriffsform
access method 308
Zugriffskontrolle
access control 389
Zugriffskontrollliste
access control list 299
Zugriffsrechte
access rights 255
Zulassungszeichen
test marks 372
Zuordnung von Überstrom-Schutzorganen
assignment of overcurrent protective devices 109 f.
Zusatzkosten
additional costs 449
Zuschlagskalkulation
overhead percentage cost accounting 457
Zuschlagssatz
surcharge rate 464
Zusicherung
confirmation 219
Zuständigkeit
responsibility 366
Zustandsdiagramm
state diagram 220, 261
Zustandsübergangsdiagramm
state transition diagram 261
Zuverlässigkeit
reliability 196, 201, **406**
Zuverlässigkeitskenngröße
reliability characteristics 407
Zweierkomplementbildung
two's complement creation 210
Zweigüberdeckung
path coverage 205
Zweiseitige Rechtsgeschäfte
bilateral legal transaction 439
Zweiseitiger Handelskauf
bilateral trading 436, 437
Zweite Normalform
second canonical form 232
Zweites Kirchhoffsches Gesetz
Kirchhoff's second law 86
Zwischenziel
milestone 365
Zyklische Codes
cyclic codes 404
Zyklische Redundanzprüfung
cyclic redundancy check 394

Bildquellenverzeichnis
List of picture reference

Caro Fotoagentur, Berlin (Riedmiller: 43
Fotostudio Druwe & Polastri, Cremlingen: 87, 326
Fujitsu Siemens Computers GmbH, München: 279
Heinrich Hübscher, Lüneburg: 148, 149, 170, 182
Olympus Europa Holding GmbH, Hamburg: 138
Samsung Electronics GmbH, Schwalbach/ T.: 138
San Disk GmbH, Hannover: 136
SATAGear, Clearwater, FL: 139 (unten rechts)
Siemens AG, München: 356
Westermann Archiv, Braunschweig: 93, 98, 107, 135, 137, 138, 139, 143, 152, 163, 169, 331, 337

...weitere interessante Produkte für den

Gratzke

Wirtschafts- und Geschäftsprozesse

464 S., vierfarbig, 4. Auflage, 2012
Best-Nr. 978-3-8045-**5380**-4

Arbeitsheft

Best-Nr. 978-3-8045-**5386**-6

CD-ROM

Best-Nr. 978-3-8045-**2117**-9

Zimmermann, Zimmermann

Informations- und Telekommunikations-technik

416 S., vierfarbig, 3. Auflage, 2012
Best-Nr. 978-3-8045-**5382**-8

Arbeitsheft

Best-Nr. 978-3-8045-**5387**-3

Ringhand, Wittmann

Entwickeln und Bereitstellen von Anwendungssystemem

360 S., vierfarbig, 2. Auflage, 2011
Best-Nr. 978-3-8045-**5384**-2

Arbeitsheft

Best-Nr. 978-3-8045-**5385**-9